SÜD-MÄHREN
62 Blansko
63 Brünn-Land
64 Brünn-Stadt
65 Göding
66 Iglau
67 Kremsier
68 Lundenburg
69 Proßnitz
70 Saar
71 Trebitsch
72 Ungarisch Hradisch
73 Wischau
74 Zlin
75 Znaim

OST-BÖHMEN
41 Chrudim
42 Deutschbrod
43 Jičin
44 Königgrätz
45 Nachod
46 Pardubitz
47 Reichenau an der Kněžna
48 Semil
49 Trautenau
50 Wildenschwert
51 Zwittau

NORD-MÄHREN
52 Freudenthal
53 Friedek-Mistek
54 Karwin
55 Ostrau-Stadt
56 Mährisch Schönberg
57 Neutitschein
58 Olmütz
59 Prerau
60 Troppau
61 Wsetin

KRÖNERS TASCHENAUSGABE BAND 329

HANDBUCH
DER HISTORISCHEN STÄTTEN

BÖHMEN UND MÄHREN

Herausgegeben von

JOACHIM BAHLCKE
WINFRIED EBERHARD
und
MILOSLAV POLÍVKA

14 Karten, 22 Stadtpläne, 3 Stammtafeln

ALFRED KRÖNER VERLAG STUTTGART

Handbuch der historischen Stätten
Böhmen und Mähren
Hrsg. von Joachim Bahlcke,
Winfried Eberhard und Miloslav Polívka
1. Auflage 1998. – Stuttgart: Kröner
(Kröners Taschenausgabe; Band 329)
ISBN 3-520-32901-8

Mit finanzieller Unterstützung der
Robert Bosch Stiftung
und des Bundesministeriums des Innern

INHALT

MITARBEITER

Dr. Joachim Bahlcke, Leipzig (Bah)
Dr. Werner Bein, Würzburg (Bei)
Dr. Rainer Bendel, Tübingen (Ben)
Dr. Hans-Jürgen Bömelburg, Warszawa (Bb)
Doz. PhDr. Václav Bůžek, CSc., České Budějovice (Bůž)
Heidrun Dolezel M.A., Rosdorf (Do)
PhDr. Tomáš Durdík, Dr. Sc., Praha (Dur)
PhDr. Jindřich Francek, Jičín (Fr)
PhDr. Josef Grulich, České Budějovice (Gr)
Dr. Frank Hadler, Berlin (Had)
Dr. Peter Hilsch, Tübingen (Hil)
Dr. Eberhard Holtz, Berlin (Hol)
Dr. Norbert Kersken, Linden/Hessen (Ke)
Dr. Thomas Kletečka, Wien (Kle)
Dr. Thomas Krzenck, Leipzig (Krz)
PhDr. František Kubů, CSc., Prachatice (Kub)
Dr. Karen Lambrecht, Leipzig (Lb)
Doz. PhDr. Václav Ledvinka, CSc., Praha (Led)
Prof. Dr. Christian Lübke, Berlin (Lüb)
Robert Luft, München (Lu)
Prof. Dr. Franz Machilek, Bamberg (Ma)
Dr. Ralph Melville, Mainz (Me)
PhDr. Jiří Mikulec, CSc., Praha (Mik)
PhDr. Karel Müller, Opava (Mü)
Prof. PhDr. Jaroslav Pánek, Dr. Sc., Praha (Pán)
PhDr. Jan Pelant, CSc., Plzeň (Pe)
PhDr. Miloslav Polívka, CSc., Praha (Pol)
PhDr. Bohumír Roedl, Louny (Rd)
Dr. Joachim Rogall, Stuttgart (Rog)
Dr. Martin Schulze Wessel, Berlin (MSW)

Prof. Dr. František Šmahel, Dr. Sc., Praha (Šma)
PhDr. Jan Smetana, Litoměřice (Sm)
PhDr. Vladimír Spáčil, Olomouc (Sp)
PhDr. Ivan Štarha, Brno (Šta)
Dr. Helmut Teufel, Großostheim-Pflaumheim (Teu)
PhDr. Petr Vorel, CSc., Pardubice (Vor)
Dr. Hugo Weczerka, Marburg an der Lahn (We)
Dr. Thomas Weiser, Detmold (Wei)
PhDr. Josef Žemlička, Dr. Sc., Praha (Žem)

VORWORT

Die Reihe des »Handbuchs der historischen Stätten« hatte sich zunächst nur auf die gegenwärtigen deutschen Länder bezogen. Inzwischen wurden aber in der bewährten Konzeption auch andere historische Länder Mitteleuropas behandelt: Dänemark, Schlesien, Pommern, Ost- und Westpreußen, Österreich, Schweiz. Der Plan, auch die böhmischen Länder, mit denen Deutschland die längste Grenze gemeinsam hat, in die Reihe aufzunehmen, stammt bereits aus der Mitte der sechziger Jahre. Damals legten Karl Bosl, Vorsitzender des Collegium Carolinum München, und Josef Macek, Direktor des Historischen Instituts der Tschechoslowakischen Akademie der Wissenschaften, mit einer Ortsliste bereits den Grundstein dazu. Das Ende des »Prager Frühlings« und die beginnende »Normalisierung« in der ČSSR zerschlugen jedoch die gute Absicht der Zusammenarbeit. Erst die Gründung eines »Forschungsschwerpunkts Geschichte und Kultur Ostmitteleuropas« 1992 in Berlin mit Hilfe der »Förderungsgesellschaft wissenschaftliche Neuvorhaben« ermöglichte es, den alten Plan wiederaufzunehmen und seine Realisierung in dem 1996 gegründeten »Geisteswissenschaftlichen Zentrum Geschichte und Kultur Ostmitteleuropas e.V.« in Leipzig mit der Förderung der Deutschen Forschungsgemeinschaft zum Abschluß zu bringen. Beiden Instituten sind die Herausgeber daher zu großem Dank verpflichtet. Das Vorhaben konnte aber nur gelingen in Kooperation mit dem Prager Historischen Institut der Tschechischen Akademie der Wissenschaften. Für dessen problemlose und hilfsbereite Partnerschaft sind die Herausgeber seinem Direktor, Prof. Dr. František Šmahel, dankbar verbunden.

Mit Böhmen und Mähren vereint dieser Band zwei historische Länder, die seit dem Hochmittelalter politisch miteinander verbunden waren und die heute in den nach 1945 festgelegten Grenzen das Staatsgebiet der Tschechischen Republik (10,3 Millionen Einwohner) bilden. Sowohl in ihrer politisch-gesellschaftlichen Geschichte als auch in der kirchlichen Kultur, in Kunst und Musik gehören sie zu den bedeutendsten, interessantesten und dichtesten Kulturlandschaften Mitteleuropas. Nicht nur durch ihre jahrhundertelange formale Zugehörigkeit zum Heiligen Römischen Reich, dann zum Deutschen Bund und durch ihre Einbindung in die Habsburgermonarchie sind diese Länder besondere Partner der deutschen und österreichischen Geschichte; und nicht nur durch adelige und geistliche Verbindungen waren sie mit der Entwicklung des Alten Reiches eng verbunden. Vielmehr und vor allem boten sie auch seit dem hochmittelalterlichen Landesausbau (»Ostsiedlung«) Bauern, Bürgern und Mönchen aus den deutschen Nachbarländern Lebens- und Aufstiegsmöglichkeiten, so daß sich in Böhmen-Mähren – noch mehr als in anderen Regionen Ostmitteleuropas – in allen Gesellschaftsschichten eine gemeinsame Geschichte von Tschechen und Deutschen ausbildete, an der in zunehmendem Maße auch die Juden beteiligt waren. Trugen doch die Neusiedler des Mittelalters und der frühen Neuzeit auch ihrerseits zur ökonomischen und kulturellen Verdichtung dieser Länder bei. In wechselnden Konstellationen ist die Geschichte der tschechischen und deutschen Böhmen und Mährer von selbstverständlichem Zusammenwirken und Gemeinsamkeit mehr geprägt als von spannungsreichem Nebeneinander und Konflikten, die erst seit der Mitte des 19. Jahrhunderts beherrschend wurden und in der Katastrophe von 1938–1945 endeten. Zur Überwindung von deren mentalen Folgen, die durch die politische Distanz der Zeit des »Eisernen Vorhangs« noch verstärkt wurden, möchte dieser Band einen spezifischen Beitrag leisten.

Die Vorbereitungen für das Werk begannen Ende 1993. Für die Bearbeitung der Ortsartikel konnten je neunzehn Autoren aus Tschechien und Deutschland sowie einer aus Österreich gewonnen werden. Darstellungen und Literaturverzeichnis beruhen auf dem Forschungsstand von Ende 1996. Die Darstellung dieses Handbuchs bezieht sich auf das heutige tschechische Staatsgebiet mit seinen Bezirkseinteilungen von 1960, deren geringfügige Änderung von 1995 (neuer Bezirk Jeseník) jedoch nicht mehr berücksichtigt werden konnte. Dementsprechend ist unter Mähren auch das ehemals österreichische Schlesien einbezogen, das in den Schlesien-Band dieser Reihe nicht aufgenommen worden war. Nur das hier wiederum bearbeitete Hultschiner Ländchen und Teschen waren dort bereits dargestellt worden. Die Gestaltung des Bandes folgt den Richtlinien für das Handbuch der historischen Stätten.

Die Ortsartikel werden hier jedoch nicht für Böhmen und Mähren getrennt, sondern für beide Länder zusammen alphabetisch aufgeführt. Die Entscheidung, Böhmen und Mähren in einem gemeinsamen Band zu behandeln, hatte zur Folge, daß die Anzahl der Artikel gegenüber den ursprünglichen Vorstellungen auf 724 reduziert werden mußte. Unter den dargestellten historischen Stätten sind Städte und Marktflecken, Burgen, Schlösser, Klöster und andere Orte zu verstehen, an denen sich historische Entwicklungen verdichtet haben oder die für bestimmte geschichtliche Erscheinungen einer Region repräsentativ sind. Dabei werden alle Städte und nahezu alle Marktflecken erfaßt, während insbesondere bei den zahlreichen kleinen Burgen und Adelssitzen auf Vollständigkeit verzichtet werden mußte. Vielfach werden Burgen, Schlösser und Klöster, die in der Nähe einer Ortschaft liegen, bei dieser mitbehandelt. Vorrangig berücksichtigt sind die Hauptsitze großer Grundherrschaften und bekannter Adelsgeschlechter sowie künstlerisch bedeutende Schlösser. Kleinere Orte ohne eigenen Stichwortartikel sind ebenfalls oft in anderen Artikeln erwähnt und daher über ein Ortsregister zu erschließen.

Die einzelnen historischen Stätten werden – entsprechend dem Schlesien-Band – in ihrer historischen deutschen Namensform aufgeführt, falls eine solche um 1930 existiert hat, und zwar nach Ernst Pfohl: Orientierungslexikon der Tschechoslowakischen Republik, 3., neubearbeitete Auflage, Reichenberg 1931. Entsprechendes gilt für Fluß- und Landschaftsnamen innerhalb der Artikel. Auf diese Weise wird dem historisch interessierten Benutzer die Identifikation der Ortsnamen in Quellen und älteren Darstellungen erleichtert. Die Zuordnung der heutigen amtlichen Ortsnamen auf Straßenkarten ermöglicht eine Konkordanz der tschechischen und deutschen Namen der Orte im Anhang. Der historischen deutschen Namensform am Anfang der Ortsartikel folgt die heutige tschechische Namensform, gegebenenfalls auch der davon abweichende historische tschechische Name, in Klammer. Dahinter wird der entsprechende Bezirk aufgeführt, so daß mit Hilfe der Bezirks- und Teilgebietskarten der betreffende Ort topographisch zugeordnet werden kann.

Für die Gestaltung der einzelnen Artikel war der Umfang entsprechend der Bedeutung der historischen Stätten den Autoren von den Herausgebern vorgegeben. Freilich war dabei auch bei wichtigen Städten die Darstellung auf das Notwendige zu begrenzen. Soweit möglich wurde auf eine gemeinsame inhaltliche Struktur der Artikel geachtet, so daß wesentliche Entwicklungsfaktoren oder Epochen regelmäßig und in gleichbleibender Reihenfolge berücksichtigt sind. Dies erleichtert es dem Leser, die gesuchte Information zu finden und ermöglicht ihm den raschen Vergleich der Ortsgeschichten. Wo bekannt erscheinen so zum Beispiel immer Informationen zu Orts- und Pfarreigründung, Kirchenbau und Besitzwechsel, Hussiten- und Reformationszeit, wirtschaftlichen Grundlagen und Industrialisierung sowie zu den ethnischen Verhältnissen und den Judengemeinden. Am Schluß der Artikel ist jeweils, wo bekannt und sinnvoll, die Entwicklung der Einwohnerzahlen seit dem 19. Jahrhundert angegeben. Bei ethnisch gemischten Orten wird dabei das quantitative Verhältnis zwischen tschechischen, deutschen und jüdischen Einwohnern berücksichtigt, so daß oft auch die Ursache des demographischen Rückgangs nach 1945 erkennbar ist. Trotz des Bemühens um eine gewisse Vereinheitlichung sind die Artikel aber individuell gestaltet, und die Verantwortung der Autoren für die Darstellung und Informationsqualität bleibt erhalten.

Einen wesentlichen Bestandteil des Bandes bildet das Literaturverzeichnis mit den wichtigsten bis 1996 vorliegenden wissenschaftlichen Untersuchungen zur Lokal- und Regionalgeschichte sowie zur allgemeinen böhmisch-mährischen Geschichte. Bei der zu den einzelnen Ortsartikeln angegebenen Spezialliteratur werden wo möglich neueste tschechische und deutsche Arbeiten bevorzugt zitiert.

Das Personenregister erfaßt neben den Lebensdaten auch die gesellschaftliche Funktion und ermöglicht es, Querverbindungen zwischen den Ortsartikeln herzustellen und so den politischen, wirtschaftlichen, kirchlichen und künstlerischen Wirkungskreis der betreffenden Personen zu erschließen. Im Register und in den Texten erscheinen die Namen der Personen je nach deren Herkunft in der sprachlichen Originalform, wobei die Vornamen im allgemeinen ins Deutsche übersetzt sind. Gerade in Böhmen-Mähren ist jedoch die sprachliche Namensform häufig nicht mit der deutschen oder tschechischen Herkunft zu identifizieren. Hier ist nach aller Erfahrung Flexibilität angebracht.

Die Bezirks- und Regionalkarten sollen die topographische Identifikation der Orte ermöglichen, können aber keine moderne Landkarte ersetzen. Auch die historischen Stadtpläne mußten zugunsten der Übersichtlichkeit stark vereinfacht gezeichnet werden. Sie sollen die historische Entwicklung und Struktur der Stadt verdeutlichen und verzeichnen die dafür wichtigsten Gebäude.

Die Koordination der zahlreichen Autoren und Bearbeiter erforderte einen erheblichen Kraft- und Zeitaufwand. Damit erklärt sich die fünfjährige Produktionszeit. Umso mehr empfinden die Herausgeber und alle Beteiligten nun die Zufriedenheit darüber, daß die Zusammenarbeit tschechischer und deutscher Historiker so ergebnisorientiert verlief und zum Erfolg geführt hat. Diese Zusammenarbeit hat in erster Linie das Erscheinen dieses Bandes ermöglicht. Neben den bereits eingangs genannten Instituten, die die Arbeit mit ihren Möglichkeiten unterstützten, danken die Herausgeber zunächst den Autoren für ihre Bereitschaft zur Mitarbeit. Für großzügige finanzielle Förderung gebührt der Dank der Robert Bosch Stiftung und der Deutschen Forschungsgemeinschaft. Zu größtem Dank verpflichtet sind wir sodann zuvorderst Frau Uta Bock (Leipzig) für ihre herausragende Sorgfalt bei der Redaktion der Texte, Stammtafeln und Register, sowie Herrn Dr. Jürgen Heyde für die redaktionelle Mitarbeit. Herrn Dr. Thomas Krzenck verdanken wir die besonders fachkundige Arbeit bei der Übertragung der tschechischen Artikel ins Deutsche. Unter den Mitarbeitern am Prager Historischen Institut der Akademie der Wissenschaften ist Frau Dr. Eva Semotanová für den Entwurf der Karten und Stadtpläne, Herrn Dr. Josef Žemlička für die Beratung bei der Erstellung der Ortsliste und der Bibliographie und Herrn Robert Šimůnek für die fachliche Hilfe bei der Bearbeitung des Registers zu danken. Für zahlreiche kompetente Ratschläge sind die Herausgeber auch Herrn Prof. Dr. Ivan Hlaváček (Karls-Universität Prag) sehr dankbar. Unser Dank gilt schließlich dem Lektor, Herrn Dr. Ulrich Nolte, und vor allem dem Verleger, Herrn Arno Klemm, dem dieses Werk ein besonderes Anliegen war und der an seiner Entstehung stets starken persönlichen Anteil nahm.

Die Herausgeber hoffen, daß dieses Buch zur fundierteren und breiteren Kenntnis der Geschichte und Kultur Böhmens und Mährens beiträgt, deren Vielfalt und Dichte zwischen Böhmerwald und Beskiden, nicht nur in der Hauptstadt Prag, Beachtung verdient. Möge die bessere Kenntnis gerade beim deutschen Leser auch das tiefere Verständnis für das tschechische Nachbarland begründen. Der wissenschaftliche Benutzer dieses Bandes könnte darüber hinaus vielleicht, so unser unbescheidener Wunsch, sich durch dieses Hilfsmittel zur eingehenderen Beschäftigung mit der böhmisch-mährischen Geschichte anregen lassen.

Leipzig – Prag

Joachim Bahlcke, Winfried Eberhard, Miloslav Polívka

ABKÜRZUNGEN

A.	=	Anfang	Ehzgn.	=	Erzherzogin
allg.	=	allgemein	einschl.	=	einschließlich
archäolog.	=	archäologisch	engl.	=	englisch
ausschl.	=	ausschließlich	Entw.	=	Entwicklung
bayer.	=	bayerisch	erbl.	=	erblich
Bearb.	=	Bearbeiter	erstm.	=	erstmalig,
bearb.	=	bearbeitet			erstmals
begr.	=	begründet	europ.	=	europäisch
bes.	=	besonders	ev.	=	evangelisch
Bev.	=	Bevölkerung	Ew.	=	Einwohner
Bez.	=	Bezirk	Fa.	=	Firma
Bf.	=	Bischof	Fam.	=	Familie
bfl.	=	bischöflich	Frh.	=	Freiherr
böhm.	=	böhmisch	frz.	=	französisch
brand.	=	brandenburgisch	Fst.	=	Fürst
Btm.	=	Bistum	Fstn.	=	Fürstin
bzw.	=	beziehungsweise	fstl.	=	fürstlich
Calv.	=	Calvinist, Calvinismus	Fstm.	=	Fürstentum
			geb.	=	geboren
calv.	=	calvinistisch	gegr.	=	gegründet
chr.	=	christlich	geistl.	=	geistlich
ČR	=	Česká Republika	Gem.	=	Gemeinde
			germ.	=	germanisch
ČSR	=	Československá Republika	Ges.	=	Gesellschaft
			gesch.	=	geschichtlich
ČSSR	=	Československá Socialistická Republika	gest.	=	gestorben
			Gf.	=	Graf
			Gfn.	=	Gräfin
dt.	=	deutsch	gfl.	=	gräflich
dynast.	=	dynastisch	Gft.	=	Grafschaft
E.	=	Ende	got.	=	gotisch
Ebf.	=	Erzbischof	H.	=	Hälfte
ebfl.	=	erzbischöflich	Habs.	=	Habsburg
Ebtm.	=	Erzbistum	habs.	=	habsburgisch
ehem.	=	ehemalig	Hg.	=	Herausgeber
Ehzg.	=	Erzherzog	hg.	=	herausgegeben

hist.	=	historisch	m	=	Meter
Hl.	=	Heilige	MA	=	Mittelalter
hl.	=	heilig	ma.	=	mittelalterlich
Herrsch.	=	Herrschaft	mähr.	=	mährisch
herrschl.	=	herrschaftlich	masch.	=	maschinenschrift-
Huss.	=	Hussit, Hussitis-			lich
		mus	milit.	=	militärisch
huss.	=	hussitisch	Mkgf.	=	Markgraf
Hzg.	=	Herzog	mkgfl.	=	markgräflich
Hzgn.	=	Herzogin	Mkgft.	=	Markgrafschaft
hzgl.	=	herzoglich	N	=	Norden
Hzt.	=	Herzogtum	n.	=	nördlich
ital.	=	italienisch	nat.	=	national
jähr.	=	jährig	ND	=	Neudruck
Jh.	=	Jahrhundert	O	=	Osten
Jt.	=	Jahrtausend	ö.	=	östlich
jüd.	=	jüdisch	örtl.	=	örtlich
Kath.	=	Katholik, Ka-	Österr.	=	Österreich
		tholizismus	österr.	=	österreichisch
kath.	=	katholisch	pfälz.	=	pfälzisch
Kfst.	=	Kurfürst	piast.	=	piastisch
kfstl.	=	kurfürstlich	pol.	=	politisch
Kg.	=	König	poln.	=	polnisch
Kgn.	=	Königin	preuß.	=	preußisch
kgl.	=	königlich	Prof.	=	Professor
Kgr.	=	Königreich	Prot.	=	Protestant, Pro-
Kl.	=	Kloster			testantismus
kl.	=	klösterlich	prot.	=	protestantisch
klassiz.	=	klassizistisch	Prov.	=	Provinz
Komm.	=	Kommunist,	quadrat.	=	quadratisch
		Kommunismus	r.	=	rechts
komm.	=	kommunistisch	rechtl.	=	rechtlich
kroat.	=	kroatisch	Ref.	=	Reformation
Ks.	=	Kaiser	ref.	=	reformiert
ksl.	=	kaiserlich	rel.	=	religiös
l.	=	links	röm.	=	römisch
lat.	=	lateinisch	rom.	=	romanisch
Luth.	=	Lutheraner,	romant.	=	romantisch
		Luthertum	russ.	=	russisch
luth.	=	lutherisch	S	=	Süden
LV	=	Literaturverzeich-	s.	=	südlich
		nis	sächs.	=	sächsisch
M.	=	Mitte	Schles.	=	Schlesien

schles.	=	schlesisch	türk.	=	türkisch
schriftl.	=	schriftlich	u. a.	=	und andere, unter anderem
schwäb.	=	schwäbisch			ter anderem
schwed.	=	schwedisch	ungar.	=	ungarisch
SdP	=	Sudetendeutsche Partei	Univ.	=	Universität
			Urk.	=	Urkunde
selbst.	=	selbständig	urk.	=	urkundlich
Siedl.	=	Siedlung	urspr.	=	ursprünglich
slaw.	=	slawisch	Utraqu.	=	Utraquist, Utraquismus
slow.	=	slowakisch			Utraquismus
sog.	=	sogenannt	utraqu.	=	utraquistisch
sowjet.	=	sowjetisch	verm.	=	vermutlich
sozialist.	=	sozialistisch	versch.	=	verschieden
staatl.	=	staatlich	Verw.	=	Verwaltung
städt.	=	städtisch	volkskundl.	=	volkskundlich
ständ.	=	ständisch	vorgesch.	=	vorgeschichtlich
stellv.	=	stellvertretend	W	=	Westen
sud.dt.	=	sudetendeutsch	w.	=	westlich
teilw.	=	teilweise	wahrsch.	=	wahrscheinlich
theol.	=	theologisch	weltl.	=	weltlich
tradit.	=	traditionell	wirtsch.	=	wirtschaftlich
Tsch.	=	Tscheche, Tschechien	wiss.	=	wissenschaftlich
			zahlr.	=	zahlreich
tsch.	=	tschechisch	zeitl.	=	zeitlich
Tschsl.	=	Tschechoslowakei	zus.	=	zusammen
			zw.	=	zwischen
tschsl.	=	tschechoslowakisch			

Verdoppelung des letzten Buchstabens bei Titeln = Mehrzahl, z. B. Kgg. = Könige; Eww. = Einwohner.

ABBILDUNGSNACHWEIS

Die Karten und Pläne wurden von Frau Dr. Eva Semotanová, Praha, für dieses Buch neu gezeichnet und von der Firma Ditta Ahmadi, Berlin, technisch gestaltet. Alle Rechte, auch die des teilweisen Nachdrucks, vorbehalten.

GESCHICHTLICHE EINFÜHRUNG

Böhmen und Mähren von den Anfängen bis zum Ende des 18. Jahrhunderts

von Winfried Eberhard

1. Naturräumliche Grundlagen

Böhmen wurde in seiner Gestalt eines auf die Spitze gestellten Vierecks, das von Randgebirgen umrahmt wird, häufig als Becken, Kessel oder gar als Festung bezeichnet, nicht zuletzt um seine jahrhundertelange historische Einheit und Geschlossenheit zu betonen. Das Erzgebirge im Nordwesten, das Elbsandsteingebirge, die aneinandergereihten Bergländer der Sudeten – vom Riesengebirge bis zum Adlergebirge – im Nordosten, der Böhmerwald im Südwesten und der niedere Oberpfälzerwald im Westen bilden in der Tat seit dem Mittelalter die böhmischen Grenzräume nach außen, jedoch keine geschlossene Barriere. Das südböhmische Hügelland verbindet das Land mit dem österreichischen Mühl- und Waldviertel, ebenso wie der Böhmerwald von alten Handelspfaden durchzogen (Salzpfad, Goldener Steig). Durch die Hügel des Oberpfälzerwaldes gehen Handel und Verkehr schon immer nach Westen, und die Gebirgsdurchbrüche der Elbe im Norden und des Glatzer Beckens sowie der Mährischen Pforte mit der Oder im Osten bilden seit ältester Zeit Zuzugstor. Vollends bietet die Böhmisch-Mährische Höhe im Südosten einen sanften, breiten Übergang aus dem Nachbarland Mähren. Gegliedert ist Böhmen durch das Flußsystem der von Osten kommenden Elbe, so vor allem durch die Moldau aus dem Süden und ihre rechten (Lužnitz, Sazau) und linken (Ottau, Beraun) Nebenflüsse sowie von der aus dem Fichtelgebirge fließenden Eger. Das Innere Böhmens bildet keineswegs ein Becken, sondern im allgemeinen ein vielfältiges Hügelland mit 850–950 Höhenmetern: Zwischen Sazau und Lužnitz beginnt die Böhmisch-Mährische Höhe, zwischen Moldau und Beraun breitet sich der Brdywald aus, im Westen südlich der Eger das Tepler Bergland, das Duppauer Gebirge und der Kaiserwald, im Norden östlich und westlich der Elbe das Böhmische Mittelgebirge. Wirkliche Beckenlandschaften, die für die frühe Besiedlung bedeutsam waren, finden sich lediglich um die Elbe und untere Moldau und Eger östlich und nördlich von Prag, im Westen um Pilsen und im Süden um Böhmisch Budweis und Wittingau. Mähren ist naturräumlich nach Süden orientiert und von Böhmen durch die europäische Wasserscheide getrennt. Die Gesamtfläche Böhmens und Mährens ist mit knapp 79000 qkm größer als die Bayerns und kleiner als die Österreichs. Dabei entfallen auf Böhmen etwa 53000 qkm, auf Mähren zusammen mit dem ehemaligen österreichischen Schlesien etwa 26000 qkm. Der Name des Landes Mähren ist im Tschechischen mit dem seines Hauptflusses March (Morava) identisch, der es mit seinem Flußsystem (Thaya, Iglau, Schwarzau, Zwittau) nach Süden zur Donau entwässert. Die dadurch bewirkte Öffnung nach Südosteuropa war auch historisch und kulturell wirksam. Die früheste slawische Besiedlung erfolgte über die südmährischen Niederungslandschaften. Im Westen, Norden und Osten ist Mähren von Bergland umschlossen, von der Böhmisch-Mährischen Höhe mit dem Iglauer Bergland, einem Teil der Sudeten (Altvatergebirge, Gesenke, Odergebirge), schließlich im Osten von den Beskiden und Weißen Karpaten. Über die Mährische Pforte am Oberlauf der Oder fand das Land aber auch schon frühe Handels- und Kulturverbindungen (»Bernsteinstraße«) in die polnische Tiefebene, so daß es zwischen Donau und Ostseeraum einen typischen Durchgangsraum und eine kulturelle Drehscheibe darstellte. Das Niederungsland der March bildet im Inneren gleichsam die Achse. Daneben ist auch Mähren weithin ein Mittelgebirgs- und Hügelland, insbesondere zwischen der Böhmisch-Mährischen Höhe und Brünn (Mährisches Stufenland), so mit dem Marsgebirge, Drahan-Gebirge, dem Mährischen Karst und der fruchtbaren Hanna um Olmütz.

Im europäischen Maßstab landwirtschaftlich besonders ertragreiche Gebiete erstrecken sich auf den Kreide-, Mergel- und Lößböden in Mittelböhmen um die obere Elbe, im Saazer Gebiet an der Eger, in einigen Beckenlagen Südböhmens, in der mährischen Hanna und im Marchtal. Der Reichtum an Bodenschätzen erklärt z. T. die historische Bedeutung der beiden Länder, die Position ihrer Herrscher und später des Adels, aber auch die relativ frühe Ausbildung von Gewerbelandschaften und Industrie. Gold- und Silberförderung vom Mittelalter bis ins 16. Jahrhundert begründeten den Reichtum der Herrscher; dazu kamen Eisen, Blei, Zinn und bis heute Magnesit und Uran. Für die Industrialisierung sind die Braunkohleförderung in einer breiten Zone südlich des Erzgebirges und der Steinkohlebergbau um Ostrau bedeutsam geworden. Schließlich bilden Kaolin und Quarz die Grundlage für die traditionsreiche Keramik- und Glasherstellung. Insgesamt stehen Industrie und Landwirtschaft in einem relativ ausgewogenen Verhältnis zueinander.

Historische Fernhandelsstraßen führten durch die Mährische Pforte, andere kreuzten sich – von Nürnberg über Eger oder Pilsen, von Linz über Taus, von Breslau über Glatz, von Südmähren über Iglau – in Prag. Im 18. Jahrhundert wurden von Kaiser Karl VI. und Kaiserin Maria Theresia zu Handels-, Post- und Militärzwecken die Straßen ausgebaut und die Grundlagen für ein dichteres, modernes Straßennetz geschaffen. 1839 begann man mit dem Bau von Eisenbahnstrekken, deren System 1919 weitgehend abgeschlossen war. Bis dahin war der Verkehr auf die Kommunikation mit Wien ausgerichtet, seither jedoch orientiert er sich auf die Hauptstadt Prag.

2. Vor- und Frühgeschichte

Bereits in der Altsteinzeit (50 000–10 000 v. Chr.) waren die Lößgebiete Böhmens und Mährens besiedelt. Die bezeugten Überreste verdichten sich hier jedoch erst in der Jungsteinzeit (5000–1800 v. Chr.) mit ersten geschlossenen Dörfern aus Pfostenhäusern, einer Bauern- und Viehzüchterkultur, jedoch an wechselnden Siedlungsplätzen vor allem nördlich der Beraun und Sazau sowie an March, Thaya und Waag. Die frühesten für Böhmen und Mähren spezifischen Formen bildete dabei die bandkeramische Kultur, die auch nach Süd-, Mittel- und Westdeutschland ausstrahlte (Fundplätze in Mähren: Unter-Wisternitz, Pollau und Předmost bei Prerau, Müglitz und Hluboké Mašuvky bei Znaim; in Böhmen Bylany bei Kolin und Prag-Bubeneč). Einflüsse aus dem Balkan über Mähren formten sie um zur Stichbandkeramik der Lengyel-Kultur. Die folgende Trichterbecherkultur – möglicherweise in Mähren entstanden mit Schwerpunkten auch in Böhmen, Südpolen, Schlesien und Mitteldeutschland – zeigt schon eine deutlichere Seßhaftigkeit mit Feldgras- und Viehwirtschaft. Letzte steinzeitliche Formenkreise bildeten schließlich die aus Osten eingewanderte und auch in ost-, mittel- und nordeuropäischen Gebieten verbreitete schnurkeramische Kultur von Schafzüchtern in Mittel- und Nordwestböhmen sowie die aus Westeuropa stammende Glockenbecherkultur. Beide werden mit Wanderungsbewegungen in Verbindung gebracht.

Mit der in den böhmischen Ländern um 1800 v. Chr. beginnenden Bronzezeit bildete sich auf der Grundlage von Landwirtschaft und hochentwickeltem Metallhandwerk in den fruchtbaren Ebenen der nördlichen Regionen Böhmens die Aunětitzer Kultur aus, die sich in Südböhmen und Mähren zur Wieterschau-(Věteřov-)Kultur weiterentwickelte, wo sich mykenische Ziermuster und befestigte Höhensiedlungen mit Burgen herrschender Familien finden (Cezavy bei Blučina). Sie leitete zur Hügelgräberkultur über, die ihrerseits in der

jüngeren Bronzezeit um 1200 v. Chr. vor allem in Süd- und Mittelmähren von der Urnenfelderkultur aus dem Karpatenraum abgelöst
wurde.

In der Eisenzeit (8.–5. Jahrhundert v. Chr.) verbreitete sich in Böhmen und Mähren die östliche Gruppe der Hallstattkultur. Die Keramik weist geometrische Verzierungen auf; Wagen, Werkzeuge,
Schmuck und Waffen sind aus Eisen gefertigt. Man unterscheidet
dabei die südmährische Horákover und die Nikolsburger Kultur-
gruppe, die Platenitzer Kultur in Nordmähren und Nordostböhmen,
in der noch Urnengräberfelder vorherrschen, die Bylaner Gruppe in
Mittel- und Nordwestböhmen mit der Lausitzer Kultur Nordböhmens. Überall belegen hier fürstliche Wagengräber, Burgwälle und
Wehrbauten die Existenz einer führenden Oberschicht. Eine noch
deutlichere gesellschaftliche Schichtung und herrschaftliche sowie
wirtschaftliche Organisation zeigt die folgende, von den Kelten getragene Latène-Kultur seit etwa 400 v. Chr. Im 3. und 2. Jahrhundert
v. Chr. trat diese keltische Kultur vor allem in Böhmen nördlich von
Beraun und Sazau auf sowie in Mähren im Gebiet der March und
nördlich der Thaya. Reiche Fürstengräber wurden in Süd- und Westböhmen gefunden. Italischer Import von Schmuck und Gefäßen
weist auf weite Kultur- und Handelsverbindungen hin. Neben Ak-
kerbau und Viehzucht mit dem Pferd als Reit- und Zugtier sind insbesondere die handwerkliche Massenproduktion in Herstellungszen-
tren sowie der Fernhandel und die Münzprägung aus einheimischem
Gold und Silber bemerkenswert. Charakteristisch sind jedoch vor allem die sog. »Oppida«, stadtähnlich befestigte Höhensiedlungen mit
Burgkern (»Akropolis«), Kultstätte sowie Handwerker- und Händ-
lervierteln: Zawist bei Königsaal südlich von Prag, Stradonitz bei Beraun, Hrazany an der mittleren Moldau, Nevězice und Třísov in Süd-
und Lhotice in Ostböhmen sowie Libenice bei Kolin; in Mähren Staré Hradisko bei Brünn und Hostein am Rande der Hanna. Einer der
bedeutendsten keltischen Stämme dieser Zivilisation waren die Bojer,
deren Gebiet Tacitus als Boiohaemum bezeichnete, daher der spätere
Name Bohemia/Böhmen. Um 60 v. Chr. zogen sich die Bojer allmählich nach Pannonien und an die Donau (Boiodurum = Passau)
zurück vor den im 2. Jahrhundert nach Nordböhmen und im 1. Jahrhundert v. Chr. weiter nach Südböhmen vordringenden Germanen.
Die einzige germanische politische Stammesbildung in Böhmen und
Mähren war die der Markomannen und Quaden. Die letzteren
wuchsen als Stamm aus germanischen Einwanderern und ansässiger
keltischer Bevölkerung in Mähren in der Zeit um Christi Geburt zusammen. Der suebische Stamm der Markomannen wich 9 v. Chr.
vom mittleren Main römischem Druck nach Böhmen aus. Ihr An-

führer Marbod († 36 n. Chr.) verband dort andere Stämme wie Quaden, Hermunduren und Lugier zu einem Großstamm. Nach einer zeitweiligen Expansion nach Mitteldeutschland, die aber an den Cheruskern scheiterte, mußte er seine Herrschaft auf Böhmen beschränken. Sein dortiges Herrschaftszentrum ist jedoch bislang nicht lokalisiert. Für die Agrargesellschaft dieser Zeit sind Dörfer und Hofgruppen charakteristisch, die keltische Oppida-Zivilisation war zerfallen. Nach Marbods Sturz im Jahre 19 durch einen Rivalen gerieten Markomannen und Quaden unter Einfluß Roms, mit dem sie ein Klientelverhältnis eingehen mußten. Die Markomannenkriege Kaiser Marc Aurels (166/67, 179) führten zwar nicht zu der beabsichtigten Eingliederung als Provinz ins Römerreich, aber die Abhängigkeit von Rom blieb bis zu neuen Kämpfen Ende des 4. Jahrhunderts erhalten, als Rom die Markomannen in Oberpannonien ansiedelte. Der Einfall der Hunnen Anfang des 5. Jahrhunderts führte das Ende dieses Stammes herbei. Nach Attilas Niederlage 451 auf den Katalaunischen Feldern und dem Zerfall des Hunnenreiches siedelten verschiedene frei gewordene Germanenstämme auf dem Gebiet Böhmens und Mährens.

3. Slawische Stammesbildungen und Großmährisches Reich

Als Ende des 5. Jahrhunderts die Langobarden in das Gebiet nördlich der Donau einrückten, gerieten auch die restlichen in Mähren siedelnden Quaden unter ihren Einfluß (langobardische Grabfunde von Blučina und Žuráň bei Brünn). Anfang des 6. Jahrhunderts gelang den Langobarden durch die Könige Tato und Wacho eine eigene Reichsbildung, in die auch das fruchtbare Flachland Mährens und Teile Böhmens einbezogen wurden; das Zentrum bildete seit 526/27 Pannonien. Infolge der Expansion nach Süden verdünnte sich jedoch die langobardische Präsenz zumindest in Böhmen, das wohl seit der Zerschlagung des Thüringerreichs durch die Franken (531) bereits in der ersten Hälfte des 6. Jahrhunderts bis auf einige Reste von Germanenstämmen geräumt war. In Mähren verschwand die langobardische Herrschaft spätestens, als das heranrückende mongolische Reitervolk der Awaren in Pannonien 568 den Abzug der Langobarden unter König Alboin nach Italien erzwang.
Der Druck der Hunnen und dann der Awaren hatte die Slawen aus ihren Gebieten nördlich und östlich des Karpatenbogens nach Westen verdrängt. Wahrscheinlich wanderten bereits nach 510 Slawen in die nördliche Hälfte Böhmens ein und siedelten dort in den fruchtbaren Gebieten der Elbe, Moldau und Eger (frühslawische Siedlung des 6. Jahrhunderts in Priesen bei Laun). Nach Mähren dürften die

Slawen nicht nur im 6. Jahrhundert von Böhmen aus, sondern bereits
früher von Osten und Südosten her in das südliche Marchtal eingewandert sein (Funde von Welatitz und Prittlach in Südmähren schon
aus dem 5. Jahrhundert). Jedenfalls waren Keramik des »Prager Typs«,
Brandgräber mit Urnen und eingetiefte quadratische Blockbauten im
6. Jahrhundert sowohl in Böhmen als auch in Mähren verbreitet. Die
slawische Pufferzone, die sich zwischen dem Awarenreich in Pannonien, den Langobarden in Italien und dem fränkischen und baju-
warischen Herrschaftsgebiet herausbildete, stand jedoch unter dem
Einfluß und in der Abhängigkeit der Awaren; das gilt vor allem für
Mähren. Erst nach der Schwächung des Awarenreiches durch Byzanz
626 vermochten sich die slawischen Verbände zu verselbständigen.
Die Slawen siedelten zunächst in Einzelhofgruppen, später auch in
Dörfern und lebten vor allem vom Ackerbau, daneben auch von Jagd,
Fischfang, Imkerei und Nomadenviehzucht. Gewerblich entwickelt
wurden Töpferei, Weberei, Lederhandwerk und Metallverarbeitung.
Nach der Ansiedlung organisierten sie sich auf der Basis von Groß-
familien als gentile Siedelverbände (Sippengemeinde) und entwik-
kelten sich so zu Kleinstämmen. Bald bildete sich eine politisch führende Oberschicht heraus. Seit dem 7. Jahrhundert finden sich zahlreiche Burgwälle als Fluchtorte und als Residenzen von Herren der
jeweiligen Kleinstämme. Die Wälle, in Trockenbauweise gefertigt
und mit Holzpalisaden versehen, lagen meist auf Bergspornen oder
Inseln, vermehrten sich und entwickelten sich zu großen Anlagen
(Prag-Šárka, Prachover Felsen, Zámky bei Bohnice an der Moldau,
Klučov, Tetschen-Quaderberg, Přívory, Sváčov bei Soběslau). Feu-
erbestattungen in Brandgräberfeldern belegen, daß die Slawen vom
Christentum noch unberührt waren.
Als die Awaren in der Auseinandersetzung mit Byzanz gebunden
waren, erhob sich gegen ihre drückende Tributherrschaft der slawische Widerstand. An dessen Spitze setzte sich 623/24 der Fernhändler
Samo, der aus der Zentralregion des Frankenreiches um Sens stammte. Da es ihm gelang, die Awaren mehrfach zu schlagen und so deren
Oberherrschaft abzuschütteln, gelangte er zu königsgleicher Stellung
und vermochte für eine Generation die slawischen Stämme in Böhmen und Mähren unter seiner Herrschaft zu einigen. Auch die Slawen in der westlichen Slowakei und am oberen Main sowie der Sor-
benfürst Dervan schlossen sich ihm an. Als der Merowingerkönig
Dagobert I. Alemannien, Bayern und Thüringen seinem Reich wieder fester einzufügen gedachte, kam es zum Konflikt mit Samo, der
sich 631 bei Wogastisburc aber gegen den Frankenkönig behaupten
konnte. Wo dieses Zentrum des Samoreiches lag, ist umstritten; man
lokalisiert es neuerdings auf dem Berg Rubín bei Podersam. Nach

dem Tode Samos (658/59) zerfiel sein Reich in verschiedene slawische Teilstämme, und Mähren geriet wieder unter awarischen Einfluß.

Die Namen und die vermutliche Lokalisation der slawischen »Stämme« – nicht ethnische, sondern politische Einheiten um eine Burg mit einem Kleinfürsten – kennt man zwar erst aus späterer Zeit; die Struktur dürfte sich jedoch bereits spätestens im 8. Jahrhundert gebildet haben, zumal aus dem 9. Jahrhundert schon Namen von Stammesfürsten überliefert sind. So siedelte der Stamm der Tschechen im mittleren Böhmen um die untere Moldau, Elbe und Beraun. Im östlichen Mittelböhmen lebten die Zlitschanen (Kauřimer Fürstentum), im Nordosten die Charwaten, im Norden die Lemuzer, Lutomeritzer, Detschanen und die sorbischen Pschowanen, im Nordwesten im Saazer Becken die Lutschanen und in Südböhmen die Doudleber. Die bereits erwähnten Burgwälle entwickelten sich im 8. und vor allem in der ersten Hälfte des 9. Jahrhunderts zu großen Anlagen, die als Militär- und Verwaltungszentren, als Produktions- und Handelsstätten, teilweise auch als Kultorte dienten und in denen von der weitläufigen Vorburg eine eigens befestigte Akropolis als Sitz des Fürsten und seines Gefolges abgegrenzt wurde. Im 9. Jahrhundert nennt der anonyme »bayrische Geograph« 15 solcher »civitates« der »Beheimare«. Die größten Befestigungsanlagen fungierten als Machtzentren der voneinander unabhängigen Stammesfürsten, so etwa Libitz und Alt-Kauřim für die Zlitschanen seit Beginn bzw. Mitte des 9. Jahrhunderts, Levý Hradec seit der ersten Hälfte des 9. Jahrhunderts für die Tschechen, Bilin für die Lemuzer und Teindles für die Doudleber. Der Begriff »Stamm« meint also vor allem den politischen Aufbau einer regionalen Herrschaft.

Diesen böhmischen Stämmen wurde zu Beginn des 9. Jahrhunderts die Auseinandersetzung mit dem Fränkischen Reich aufgezwungen. Karl der Große betrieb nämlich seit 788 eine weiträumige und expansive Herrschaftssicherung im Ostteil seines Reichs. So warf er, um Kärnten für die Franken zu befreien, zwischen 791 und 803 die Awaren mehrfach nieder und beendete mit der Errichtung der Ostmark ihre Herrschaft endgültig. Danach suchte er die Ostgrenze des 788 neugewonnenen Bayern gegen die Slawen abzusichern: Feldzüge nach Böhmen 805/06 erzwangen die Anerkennung der fränkischen Oberhoheit durch die Slawen in Form einer jährlichen Tributzahlung. In der Reichsteilung von 817 erhielt Ludwig der Deutsche Bayern als Zentrum einer bis Kärnten und Böhmen beanspruchten Herrschaft. Die »Behaimi« erschienen auch seit 815 auf den Reichsversammlungen. Eine Anerkennung der fränkischen Herrschaft bedeutete es auch, als 845 vierzehn böhmische Fürsten sich mit

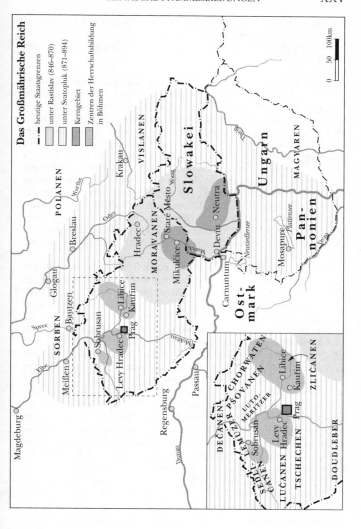

Gefolge in Regensburg taufen ließen. Der Beginn einer kontinuierlichen Christianisierung ist hierin zwar noch nicht zu sehen, wohl jedoch der Anspruch Regensburgs auf die Slawenmission in der Nachbarschaft.

Während Böhmen noch in Teilfürstentümer zergliedert war, konnte sich im 9. Jahrhundert nach der Niederwerfung der Awaren durch Karl den Großen in Mähren für ein Jahrhundert eine zentrale und weitausgreifende Herrschaftsbildung entwickeln, das Großmährische Reich, wie es von byzantinischer Seite genannt wurde. Seit 830 konnte nämlich Mojmir I. als »Herzog der Mährer« die verschiedenen Regionen politisch vereinigen und bereits 836 den bedeutenden Handelsplatz und konkurrierenden Fürstensitz Neutra einnehmen. Dort wie in Mähren selbst wirkte bereits die salzburgische Mission und damit fränkischer Einfluß. Als nach Mojmirs Tod 846 der ostfränkische König Ludwig der Deutsche in Mähren einfiel und Mojmirs Neffen Rastislav (846–70) zum Herrscher erhob, gelang es ihm dennoch nicht, Mähren in eine Tributärherrschaft zu zwingen. Rastislav vermochte vielmehr, seinen Einfluß bis zum Plattensee und nach Böhmen auszuweiten.

Um seine Unabhängigkeit vom Frankenreich zu verstärken, suchte er eine eigene, von der bayrisch-salzburgischen Mission unabhängige Kirchenorganisation aufzubauen. Als Papst Nikolaus I. seiner Bitte um Entsendung von Priestern, die nur Rom unterstehen sollten, nicht entsprach, wandte er sich an Byzanz. Kaiser Michael III. entsandte darauf die in der Slawenmission erfahrenen Brüder Konstantin und Methodius aus Thessalonike 863/64 nach Mähren. Konstantin erfand eine den slawischen Lauten entsprechende Schrift, die Glagolica; mit ihr übersetzten sie die für den Gottesdienst notwendigen Texte – Evangelien, Psalmen, Glaubensbekenntnis und Gebete – und verfaßten überdies ein kurzes Rechtsbuch. So schufen die beiden Slawenapostel eine vom Ostfrankenreich unabhängige Kirchenorganisation mit slawischer Liturgiesprache. Die Spannungen mit den in Mähren tätigen bayrischen Missionaren gipfelten in deren Häresieanklage, so daß sich Konstantin und Methodius 867 in Rom verantworten mußten. Papst Hadrian II. anerkannte jedoch die slawische Liturgiesprache und ernannte Methodius zum päpstlichen Legaten für Mähren und Pannonien. Während Konstantin unter dem Namen Kyrill in ein römisches Kloster eintrat und dort 869 verstarb, erfuhr Methodius 870 eine weitere Stärkung seiner Autorität durch die päpstliche Erhebung zum Erzbischof von Sirmium und somit durch die Errichtung einer romunmittelbaren mährisch-pannonischen Kirchenprovinz. Als jedoch König Ludwig der Deutsche Mähren unter

Kontrolle zu bringen suchte und 870 ein fränkisches Heer in Mähren einrückte, wurden sowohl Fürst Rastislav als auch Erzbischof Methodius gefangengenommen. Den Erzbischof verurteilte eine bayrische Synode zu Kirchenbuße in Klosterhaft. Nach Einspruch Papst Johannes' VIII. kam er 873 wieder frei.

Der Nachfolger des gefangenen Fürsten Rastislav, sein Neffe Svatopluk (Zwentibold, 871–94), übertrug Methodius alle Kirchen auf den »Burgen« Mährens. Ein antifränkischer Widerstand, an dessen Spitze sich Svatopluk stellte und bayrische Heere mehrfach schlug, hatte nämlich inzwischen die fränkische Besatzung ebenso wie deren Priester vertrieben. Nach dem Friedensschluß mit König Ludwig 874, in dem die Mährer jährliche Tributzahlungen versprachen, kehrten die bayrischen Priester allerdings zurück, so daß es zu neuen Spannungen und Beschuldigungen gegen Erzbischof Methodius kam. Papst Johannes VIII. anerkannte jedoch 880 die aus byzantinischen und lateinischen Elementen gebildete Liturgie und Lehre des Methodius und unterstellte Mähren dem unmittelbaren »Schutz des hl. Petrus«, eine bedeutende Aufwertung des Reiches gegenüber dem Westen. Zugleich weihte er jedoch den Alemannen Wiching zum Bischof von Neutra als Vertreter des lateinischen Ritus. Als Methodius diesen 884 absetzte, bestätigte ihn Papst Stephan VI. und verbot die slawische Liturgie. Methodius resignierte und starb bald danach 885. So blieb Wiching bis 893 der einzige Bischof in Mähren und konnte den am Einvernehmen mit den Franken interessierten Svatopluk dazu bewegen, die Anhänger des Methodius zu vertreiben und die slawische Liturgie sowie die volkssprachliche Predigt zu verbieten. Das Missionsprogramm der Slawenapostel, ostkirchliche Elemente mit der römischen Autorität zu verbinden, war damit gescheitert. Mähren gehörte in der Folge endgültig zum lateinischen Kulturkreis.

Nach einer erneuten Aussöhnung mit dem Frankenreich wurde Svatopluk 884 von Kaiser Karl III. mit Ostpannonien (zwischen Donau und Plattensee) belehnt, so daß er den Rücken frei hatte für Missionskriege gegen die heidnischen Slawen im Norden. Er unterwarf Böhmen, und sein Einfluß reichte bald bis an die Saale, mittlere Elbe, Oder und obere Weichsel. Nach einem Konflikt mit König Arnulf, dem er noch 890 die Treue geschworen und der ihm die Herrschaft über Böhmen verliehen hatte, wurde er 893 gestürzt und starb im folgenden Jahr bei einem Ungarneinfall. Sein Nachfolger Mojmir II. (894–907) erneuerte zwar den Treueid, verlor jedoch in Konkurrenz mit seinem Bruder Svatopluk II. viele Gebiete, so daß das Mährische Reich um 900 nur noch die Kernregion zwischen Marchfeld und Mährischer Pforte umfaßte. Durch den Sieg der Ungarn über bayrische und mährische Truppen 906/07 wurde das Großmährische Reich endgültig zerschlagen, weite Teile gerieten für längere Zeit unter ungarische Kontrolle.

4. Die Ausbildung und Stabilisierung des Herzogtums Böhmen

Für die Vereinigung der slawischen Stämme und die Ausbildung einer zentralen Herrschaft besaßen die Tschechen unter der Fürstenfamilie der Přemysliden gute Voraussetzungen infolge ihres großen, fruchtbaren und im Kreuzungspunkt von bedeutenden Handelswegen gelegenen mittelböhmischen Siedlungsgebietes. Die Herkunft der Přemysliden ist nur in einem Ursprungsmythos überliefert. Demnach soll der weise Crocco, Sohn des Urvaters Čech (Bohemus), eine Herrschaft errichtet haben. Seine jüngste Tochter Libuše (Libussa), Richterin und Wahrsagerin ihres Volkes, heiratete den Pflüger Přemysl (Primizl). Beide regierten gemeinsam die Tschechen und wurden zu Stammeltern der bis 1306 in Böhmen herrschenden Dynastie. Sie gründeten Prag (Praha), dessen Name vom tschechischen Wort für Schwelle oder Stromschnelle abgeleitet wird.

Der erste historisch bekannte Herzog Böhmens aus dieser Dynastie war Bořivoj I. (850–95). Die Konsolidierung und Ausweitung seiner Macht beruhte auch auf der Christianisierung und der Anlehnung an die Nachbarreiche. Im selben Jahr, als die böhmische Tributpflicht gegenüber dem Ostfrankenreich 869 erneuert wurde, oder im Jahr danach ließ sich Bořivoj mit Familie und Gefolge taufen – der Legende nach durch Methodius am Hofe Svatopluks. Großmährischer Einfluß ist jedenfalls in Böhmen verschiedentlich nachweisbar, vor allem im Fürstentum der Zlitschanen und seiner Burgstadt Alt-Kauřím sowie bei den Charwaten in der Burganlage der Prachover Felsen. Schüler des Methodius missionierten in Böhmen, und altkirchenslawische Schriften haben sich dort bis ins 10. Jahrhundert erhalten. Bořivoj öffnete das Land aber auch der lateinischen Mission, die von Regensburg ausging, und damit dem fränkischen Einfluß. In den Burganlagen bezeugt auch der beginnende Kirchenbau die Festigung des Christentums seit der zweiten Hälfte des 9. Jahrhunderts. Den Přemysliden gelang es in dieser Zeit auch, die anderen Stammesverbände allmählich in ihre Herrschaftsorganisation einzubinden. Durch Heirat der Tochter Ludmila des Fürsten der Lutschanen im Norden und durch Unterwerfung der Lutschanen im Nordwesten dehnte Bořivoj seine Herrschaft aus. Um 900 hielten sich außer dem tschechischen Machtbereich jedenfalls nur noch das Gebiet der Charwaten, das südböhmische der Doudleber und das Kauřimer Fürstentum der Zlitschanen selbständig. Konkurrenten der Přemysliden wurden vor allem die Slawnikiden mit ihren mächtigen ausgebauten Zentren Libitz und Alt-Kauřim. Die Söhne Bořivojs, Spytihněv I. (895–905/15) und Vratislav I. (905/15–21), vermochten in der Schwächephase des ostfränkischen Reiches ihre Herrschaft zu konsolidieren und auch auf Teile Mährens auszuweiten. Ihre Verlegung des Herrschersitzes von Levý Hradec auf den Hradschin nach Prag richtete sich wohl auch gegen die Doudleber und das Kauřimer Fürstentum.

Für den Sohn Vratislavs, Herzog Wenzel I. den Heiligen (921–29/35), regierte zunächst seine Mutter Drahomira, die im Konflikt um die kirchenslawische oder lateinische Erziehung des Sohnes 921 ihre Schwiegermutter Ludmila ermorden ließ. Während Wenzel seit 924 in Prag regierte, erhielt sein jüngerer Bruder Boleslav das Teilfürstentum Bunzlau. Infolge der Konsolidierung des deutschen Königtums durch Heinrich I. geriet Böhmen nun in das Spannungsfeld des bayrisch-sächsischen Gegensatzes. Wenzel, von Heinrich zur Unterwerfung gezwungen, hielt zur sächsischen Seite. Daher wurde die von ihm errichtete Großkirche auf der Prager Burg auch dem sächsischen Patron St. Vitus (Veit) geweiht (Veits-Rotunde), als Kompromiß jedoch durch den Regensburger Bischof am St. Emmeramstag. Außerdem erweiterte er die St.-Georgs-Kirche im Prager Burgareal und ließ dorthin die Gebeine seiner Großmutter, der hl. Ludmila, transferieren. Nachdem 929 ein bayrisches Heer zur Erneuerung der Tributpflicht nach Böhmen eingefallen war, wurde Wenzel von seinem Bruder Boleslav in Altbunzlau 929 oder 935 ermordet. Man hat dies mit der grundsätzlichen politischen Orientierung nach Bayern oder Sachsen in Zusammenhang gebracht. Wahrscheinlich ging es jedoch um einen innenpolitischen Konflikt zwischen Adelsgruppen. Wenzel wurde sofort als Heiliger verehrt, so daß Boleslav die Gebeine bald in den Prager Veitsdom überführen ließ. Ende des 10. Jahrhunderts gehörte er bereits zu den bekanntesten Heiligen in Europa. Vor allem besaßen die Přemysliden nun einen Gründerheiligen; Prag wurde zur Kultstätte und der hl. Wenzel zur Identifikationsgestalt, um die sich das böhmische Landesbewußtsein formte. Er gehört wie seine Großmutter Ludmila zu den ältesten Landespatronen.

Herzog Boleslav I. (929/35–967/72) versuchte zunächst, die Politik der Unabhängigkeit gegenüber dem bisher gewachsenen sächsischen Einfluß durchzusetzen, vertrieb deutsche Geistliche, bekämpfte einen fürstlichen Gefolgsmann der Sachsen in Nordböhmen und geriet so in einen langdauernden Konflikt mit Kaiser Otto I., dessen Truppen er zunächst zurückschlagen konnte. Bei einer Belagerung mußte er jedoch schließlich 950 kapitulieren und die Lehenspflicht Böhmens gegenüber dem römisch-deutschen Reich anerkennen. Daran hielt er sich auch in der Folgezeit, z. B. 955 mit der Heeresgefolgschaft in der Schlacht auf dem Lechfeld gegen die Magyaren und mit der Teilnahme an der Niederwerfung eines Slawenaufstandes zwischen Unterelbe und Ostsee. Das Lehensverhältnis zum Reich stellte für Böhmen seither bis ins 13. Jahrhundert immer ein ambivalentes Problem dar. Einerseits gefährdeten die Ansprüche des großen Nachbarn und dessen immer drohende Eingriffe eine unabhängige Entfaltung des Landes und seiner Herrschaft. So intervenierte der deutsche König häufig bei Thronfolgekonflikten der Přemysliden und unterstützte dabei jeweils den ihm nahestehenden Prätendenten, um »Ordnung zu schaffen«; das bedeutete aber, daß eine selbstbestimmte Entwicklung der Herrschaftsordnung in Böhmen selten möglich war. Andererseits hatte ein funktionierendes Lehensverhältnis, d. h. eine konfliktfreie Gefolgschaft der böhmischen Herrscher zur Folge, daß sie mit Rückendeckung des Reiches die Kräfte frei hatten für den inneren Ausbau von Staatlichkeit und Herrschaftsorganisation und auch für Expansionsversuche nach Osten. Darüber hinaus brachte der Einfluß des Reiches mit Geistlichen, Mönchen, Bischöfen, später mit Adligen und Bürgern, kurz: mit innovativen Gruppen auch kulturelles Wissen, wirtschaftliche Techniken und Organisationskompetenz ins Land. Dies betont man immer wieder als Vorteil für den Landesausbau. Das Beispiel des mittelalterlichen Ungarn zeigt jedoch, daß Kulturtransfer keineswegs die politische Bindung zur Voraussetzung haben mußte.

Die Absicherung des Verhältnisses zum deutschen Königtum ermöglichte Boleslav I. jedenfalls den Ausbau seiner Herrschaft. In der Osthälfte Böhmens vollzog sich nämlich eine der přemyslidischen Herrschaftsexpansion parallele Einigungsbewegung des Kauřimer Fürstentums unter dem Fürsten Slavník († 981), der die Gebiete der Charwaten und der Doudleber – wohl im Kampf mit den Přemysliden – seiner Herrschaft integrierte. Gegen diese überlegene Gegenmacht organisierte Boleslav seinen Herrschaftsbereich zentral. Die Hauptburg Prag baute er als administratives und geistliches Zentrum aus. Neben den dort bestehenden Sakralbauten gründete er bei St. Georg das erste Benediktinerinnen-Kloster in Böhmen. Eine Rolle gegen den nordöstlichen Konkurrenten spielte auch der Burgwall von Altbunzlau. Auf das Zentrum zugeordnet teilte Boleslav sein Land in Burgbezirke ein. Auf der jeweiligen Burg hatte seine Gefolgschaft den Bezirk militärisch zu sichern und die Abgabenleistungen der unfreien Bevölkerung aus den darum gruppierten Dienstsiedlungen zu verwalten. Damit war eine konsequente Nutzung der Ressourcen des Landes gewährleistet. Überdies begann er 955 in Prag mit

eigener Münzprägung, womit er seinen politischen Anspruch ebenso
wie die Bedeutung Prags für den Handel betonte. Schließlich unternahm er sogar eine Expansion nach Mähren durch einen Sieg über die
Ungarn sowie nach Schlesien und an die obere Weichsel, kooperierte
jedoch mit dem polnischen Fürsten Mieszko I. in der Folgezeit fried-
lich.

Sein Sohn Boleslav II. (967/72–99) vermochte die Konsolidierung
des přemyslidischen Herzogtums zu einem Abschluß zu bringen. Die
zentrale Rolle Prags konnte er nämlich 973 mit der Erhebung zum
selbständigen Bistum für ganz Böhmen, um die sich schon sein Vater
bemüht hatte, beträchtlich stärken. Vorbereitet war dieser Erfolg
durch das gute Verhältnis zu Rom und Regensburg. Auf einer Pilgerfahrt nach Rom war seine Schwester von Papst Johannes XIII. zur
ersten Äbtissin des neugegründeten St. Georgsklosters geweiht worden; sein Bruder trat in das Regensburger Kloster St. Emmeram ein;
und seine Heirat mit Hemma verband ihn mit der bayrischen Linie
der Ottonen. Auch der Kaiser hat die Prager Bistumspläne unterstützt. So wurde das Bistum Prag von Regensburg abgetrennt, wogegen allerdings der dortige Bischof sich nachhaltig wehrte, so daß
der erste Prager Bischof, der Sachse Thietmar, erst 976 durch den
Mainzer Metropoliten geweiht werden konnte, dem nun Prag unterstand. Die Vorgänge und der schließliche Erfolg spiegeln vor allem
Boleslavs I. ausgewogene Beziehungen sowohl zu Sachsen als auch zu
Bayern wider. Prag war aber vor allem ein přemyslidischer Bischofssitz, über den die Herzöge weitgehend frei verfügten und den sie
auch zur Machtausweitung nutzten. Das gute Verhältnis zur Kirche
und die Förderung ihrer Organisation durch Boleslav II. äußerten
sich auch in zahlreichen Kirchengründungen mit reicher Ausstattung.
Politisch geriet der Herzog jedoch mit Kaiser Otto II. in Konflikt, da
er dessen Gegenspieler unterstützte, den bayrischen Herzog Heinrich
den Zänker. Erst nach mehreren fehlgeschlagenen Anläufen konnte
Otto II. durch einen Einfall in Böhmen 977 Boleslav zur Anerkennung zwingen. Eine erneute Auseinandersetzung mit Otto III. erwuchs aus der Besetzung der Mark Meißen durch den Böhmenherzog, der aber nach Rückgabe Meißens an den Markgrafen Ekkehard
vom Kaiser 986 auf dem Hoftag in Quedlinburg wieder in Gnaden
aufgenommen und reich beschenkt wurde. Boleslav II. konzentrierte
sich nun auf Expansionsversuche nördlich der Karpaten, die jedoch in
Kämpfen mit dem polnischen Herzog scheiterten, so daß er Kleinpolen und Oberschlesien wieder abtreten mußte.

Wesentlich erfolgreicher war er dagegen bei der inneren Herrschaftssicherung. Der konkurrierende Herzog Slavník († 981), der die Osthälfte Böhmens beherrschte, war ein treuer Parteigänger der Sach-

senkaiser, während die Přemysliden eher nach Bayern tendierten. Sein Sohn und Nachfolger Soběslav (Soběbor) stand überdies mit dem polnischen Herzog Bolesław Chrobry im Bunde, der die Expansion der Přemysliden bekämpfte. Der Machtkampf zwischen den beiden böhmischen Herzögen spitzte sich 995 zu, als sowohl Soběslav zusammen mit dem Polenherzog als auch ein přemyslidisches Kontingent an einem Feldzug Kaiser Ottos III. gegen die Obodriten teilnahmen. Soběslav erhob bei dieser Gelegenheit Klage beim Kaiser gegen die Přemysliden. In dieser Situation rückte trotz Waffenstillstandes ein přemyslidisches Heer gegen Libice, das Zentrum der Slavnikiden, brannte es nieder und ermordete alle vier Brüder Soběslavs, der danach im polnischen Exil blieb. Mit dieser brutalen Ausrottung der Slavnikiden war der Machtkampf beendet und Böhmen unter den přemyslidischen Herrschern dauerhaft vereinigt.

In die Spannungen dieses Endkampfes der beiden Herzogshäuser wurde auch Soběslavs Bruder Adalbert (Vojtěch) verwickelt, der auf Empfehlung Kaiser Ottos II. 982 zum zweiten Bischof von Prag gewählt und im folgenden Jahr geweiht wurde. Mit dieser Erhebung, die nicht gegen den Willen Boleslavs II. möglich war, zielte dieser wohl auf einen politischen Ausgleich mit den Slavnikiden und auf deren Bereitschaft, das Prager Bistum anzuerkennen. Die Ausbildung in der Magdeburger Domschule, Bischof Thietmar von Prag, in dessen Domkapitel er danach eintrat, schließlich der Kontakt zum Abt von Cluny auf Ottos II. Italienzug, auf dem er 983 Investitur und Bischofsweihe erhielt, machten Adalbert zu einem Vertreter der kirchlichen Reformbewegung, die sich gegen die auch in Prag übliche Instrumentalisierung kirchlicher Ämter durch die weltlichen Gewalten wandte. Dies und die Verschärfung des slavnikidisch-přemyslidischen Gegensatzes bewogen wohl Adalbert 989, das Land zu verlassen und nach einer Pilgerfahrt ins Hl. Land in das römische Kloster San Alessio einzutreten, eine vom Kaiser geförderte Missionszentrale für den slawischen Osten. Auf Wunsch des Mainzer Erzbischofs kehrte er zwar 992 nach Prag zurück, gründete dort 993 das erste böhmische Benediktinerkloster Břevnov bei Prag und besetzte es mit Mönchen aus San Alessio. Wegen neuer Spannungen verließ er aber Prag erneut 994 nach Rom und bewog den Bruder Boleslavs II., den Regensburger Mönch Strahkvas-Christian, das Bistum zu verwalten. Mit päpstlicher Erlaubnis zog er 997 auf Missionsreise an die untere Weichsel und nach Pomesanien zu den Pruzzen, von denen er im selben Jahr getötet wurde. Vom polnischen Herzog Bolesław Chrobry im Dom des neuen Erzbistums Gnesen beigesetzt und schon 999 heiliggesprochen, wurde Adalbert zu einem der böhmischen ebenso wie polnischen Landespatrone.

Nach der so erfolgreichen Herrschaftskonsolidierung durch Boleslav II. führte die Rivalität seiner Söhne Boleslav, Jaromir und Udalrich (Oldřich) eine über dreißig Jahre dauernde Krise herbei, in der durch die Expansionspolitik Bolesław Chrobrys sogar die Selbständigkeit Böhmens gefährdet war. Außerdem ging es in diesen Kämpfen um die Herrschaft über Mähren. Das mehrfache Eingreifen der Kaiser Heinrich II. und Konrad II. komplizierte die Situation zusätzlich, anstatt zu einer dauerhaften Lösung zu verhelfen. Boleslav III. (999–1003) suchte zunächst seine Brüder auszuschalten, so daß sie nach Bayern fliehen mußten. Danach ergriff er Maßnahmen gegen die konkurrierende mächtige Adelssippe der Wrschowetze (Vršovice). Vor dem dadurch ausbrechenden Aufruhr suchte er in Polen Schutz. Dies war für den Polenherzog der Anlaß, Böhmen und Mähren zu besetzen und Boleslav zurückzuführen. Als dieser die führenden Mitglieder der Wrschowetze umbringen ließ, entledigte sich Bolesław Chrobry des Böhmenherrschers und setzte ihn in Krakau gefangen. Da der polnische Herzog nicht bereit war, die Lehenshoheit Kaiser Heinrichs II. anzuerkennen, vertrieb dieser ihn 1004 aus Böhmen und erhob Jaromir (1004–12, 1033/34) zum Herzog, der ihm dafür bei seinen Feldzügen gegen Polen Truppen stellte. Nur Mähren blieb noch unter polnischer Herrschaft. Da der äußere Feind abgedrängt, der letzte Slavnikide Soběslav gefallen und die Adelsopposition ausgeschaltet war, hätte die Lage wieder stabil sein können. Da vertrieb 1012 Udalrich seinen Bruder Jaromir vom Thron und nahm das Land von Heinrich II. zu Lehen, der den Umsturz hinnahm, da Jaromir zuvor bei ihm in Ungnade gefallen war. Udalrich (1012–33) ging nun seit 1015 an die Rückeroberung Mährens. Sie wurde 1029 erfolgreich abgeschlossen, als Kaiser Konrad II., von Böhmen unterstützt, einen Angriff des polnischen Herzogs abwehrte, Udalrichs Sohn Břetislav bei dieser Gelegenheit die Polen aus dem Marchgebiet vertrieb und dort eine eigene Herrschaft aufbaute. Trotz Befehl Konrads II. erschien Herzog Udalrich 1033 nicht auf dem Hoftag in Merseburg, ein Akt der Ablehnung der Lehenshoheit des Kaisers. Darauf fiel dessen Sohn, Heinrich III., in Böhmen ein und nahm den Herzog gefangen. Der Kaiser setzte ihn ab, rief den 1012 gestürzten Jaromir zurück und belehnte Břetislav mit Mähren. Nach seiner Begnadigung regierte Udalrich noch kurze Zeit mit seinem Bruder gemeinsam, starb aber bereits 1034; ein Jahr später wurde Jaromir von der wiedererstarkten Adelssippe der Wrschowetze ermordet, nachdem er zuvor noch seinen Neffen Břetislav als Nachfolger empfohlen hatte, der dann auch 1035 vom Kaiser belehnt wurde.

Die Regierung Herzog Břetislavs I. (1034–55) brachte die endgültige Konsolidierung der Přemyslidenherrschaft nach außen und innen. Nachdem er schon Mähren erobert hatte, fiel er 1039 in Polen ein, besetzte Schlesien, zerstörte Krakau und andere Städte und raubte in Gnesen zahlreiche Reliquien, darunter die Gebeine des hl. Adalbert, die er nach Prag überführen ließ. Verschleppte Polen siedelte er zum Landesausbau mit eigener Rechtsverwaltung bei Beraun und bei Rakonitz an, vielleicht auch schon als Grenzwächter (Choden) in der Gegend um Tachau. Gegen diese Expansion griff König Heinrich II. in Böhmen ein, zwang den Herzog 1041 schließlich zur Unterwerfung und belehnte ihn darauf erneut mit Böhmen und Mähren, während er auf die Eroberungen in Polen verzichten mußte und nach weiteren Auseinandersetzungen auch Schlesien wieder verlor, das so bis ins 14. Jahrhundert immer wieder Konfliktstoff zwischen Přemysliden und Piasten bot. Durch strikte Einhaltung der Lehensverpflichtungen (Teilnahme an Hoftagen und Heerfahrten) hatte er jedoch seit 1041 freie Hand zur inneren Organisation seiner Länder. Für Mähren errichtete er eine Landesverwaltung mit Burgbezirken, besetzte sie mit böhmischen Ministerialen, aus denen später der mährische Adel hervorging, und kolonisierte das Land planmäßig. Er reformierte das Münzwesen durch Einführung der Prager Mark und schärfte den Untertanen die Heeresfolgepflichten ein. Vor allem aber hatte er bereits in Böhmen zusammen mit Bischof Severus Dekrete erlassen, die als die ältesten schriftlichen Gesetze bei den Slawen gelten. Darin geht es um die Durchsetzung der christlichen Pflichten im Zusammenwirken der weltlichen und geistlichen Gewalt. Da er überdies den Plan verfolgte, Prag zum Erzbistum zu erhöhen, und den Landesausbau begünstigen wollte, förderte er auch sonst die Kirche durch Ausstattung des Bischofs mit einem Hofstaat und durch Gründung von Klöstern. Neben der Bestätigung und reichen Ausstattung des Klosters Sazau (Sázava) als Zentrum kirchenslawischer Liturgie und Literatur gründete er – zur Sühne für den Gnesener Reliquienraub – in Altbunzlau 1039 das erste böhmische Kollegiatkapitel St. Wenzel, in Raigern bei Brünn 1048 das erste mährische Benediktinerkloster, schließlich förderte er besonders das Kloster Břevnov bei Prag. Die Klöster blieben ebenso wie der Bischof vom Herzog abhängig und bildeten dadurch eine feste geistliche Stütze seiner Herrschaft.

Von folgenschwerer Bedeutung wurde Břetislavs Einführung einer neuen Thronfolgeordnung. Statt der bisherigen Primogenitur galt nun nämlich das Senioratsprinzip, nach dem der jeweils Älteste des Přemyslidenhauses die Nachfolge als Herzog antrat, die jüngeren Brüder aber mit einer eigenen, theoretisch dem Senior unterstehenden Teilherrschaft ausgestattet wurden. Die vermutliche Absicht, damit die bisherigen Herrschaftsrivalitäten künftig zu vermeiden, scheiterte allerdings. Da die innerdynastischen Konkurrenten nun jeweils eine eigene Machtbasis besaßen, wurden sie nämlich zu stärkeren Rivalen als bisher, und andererseits war dadurch der Senior versucht, die abhängigen Provinzen in die eigene Hand zu nehmen. Überdies provozierten solche Rivalitäten immer wieder die Intervention des deutschen Königs. So trug das Senioratsprinzip in der Folgezeit eher zu einer Schwächung der Herzogsmacht und der Landeseinheit bei. Břetislav I. hatte seinen ältesten Sohn Spytihněv II. (1055–61) zum Herzog und zum Herrn über Böhmen bestimmt, unter dessen Oberherrschaft seine jüngeren Brüder Vratislav, Konrad und Otto die mährischen Teilfürstentümer Olmütz, Brünn und Znaim verwalten sollten. Hier deutete sich das Problem der Nachfolgeordnung bereits an. Spytihněv ergriff nämlich sofort Maßnahmen gegen seine Brüder in Mähren ebenso wie gegen den mährischen Adel. Er zwang Vratislav zur Flucht nach Ungarn und setzte Konrad und Otto in abhängige Ämter an seinem Hof ein. Auf Veranlassung des ungarischen Königs mußte er jedoch 1058 Vratislav die Rückkehr nach Mähren gestatten. Ansonsten förderte Spytihněv die böhmische Kirche, begann mit dem romanischen Neubau der St. Veits-Kathedrale und gründete in Leitmeritz 1057 ein Kollegiatkapitel.

Nachfolger Spytihněvs wurde mit Zustimmung des Adels sein ältester Bruder Vratislav II. (1061–92). Als vormaliger Fürst von Olmütz widmete er sich vor allem der Stabilisierung und Bedeutungssteigerung Mährens. Er teilte das Land nach ökonomischen Gesichtspunkten entlang der March in einen östlichen Teil um Olmütz, den sein Bruder Otto erhielt, und einen westlichen um Brünn und Znaim für Konrad. Der jüngste Bruder Jaromir, der ebenfalls Ansprüche anmeldete, mußte in den geistlichen Stand eintreten. Seit der Eroberung Mährens 1029 hatte das Land zum Bistum Prag gehört. Vermutlich um es über die kirchliche Organisation stärker zu beaufsichtigen und zugleich an sich zu binden, erneuerte nun Vratislav 1063 das schon im 10. Jahrhundert erwähnte Bistum Olmütz ohne Rücksprache mit Papst oder Kaiser und erhob den Břevnover Mönch Johannes zum ersten Bischof. Als der Prager Bischof Severus starb, designierte der Herzog den Leitmeritzer Propst zum Nachfolger, mußte jedoch unter dem Druck seiner Brüder und des Adels 1068 die Wahl seines Bruders Jaromir hinnehmen, der von Kaiser Heinrich IV. belehnt und vom Mainzer Erzbischof geweiht wurde. Als Bischof trug er den Namen Gebhard. Wie ein Fürst regierte und agierte er auf der Burg bei St. Veit, was die Spannungen zum Herzog noch steigerte.

Dieser antwortete mit dem Entzug kirchlicher Einkünfte und mit der Verlegung der Herzogsresidenz auf den Wyschehrad, die er mit der Gründung des dortigen Kollegiatkapitels noch betonte. Der Konflikt um die Entschädigung für den mit der Olmützer Bistumsgründung verbundenen Verlust der Einkünfte des Prager Bischofs kulminierte in dessen Überfall auf den Olmützer Bischof. Den Streit schlichtete der Kaiser, indem er in einer Urkunde 1086 die territoriale Zuständigkeit des Prager Bistums auf Mähren ebenso ausdehnte wie – dem Anspruch nach – auf Teile Oberungarns, Polens und der Ukraine. Dies sollte wohl zugleich den přemyslidischen Wunsch nach einem Erzbistum Prag der Realisierung näherbringen. Allerdings wurde das Bistum Olmütz wenige Jahre später endgültig erneuert.

Bischof Gebhard war im Investiturstreit ein treuer Anhänger Kaiser Heinrichs IV., als dessen Kanzler er zeitweilig sogar amtierte. Herzog Vratislav II. stand nicht – wie es die Spannungen zu seinem bischöflichen Bruder nahegelegt hätten, wie es jedoch der přemyslidischen Politik, die geistliche für die weltliche Gewalt zu funktionalisieren, widersprochen hätte – auf päpstlicher Seite, sondern hielt ebenso zum Kaiser, den er in seinen militärischen Unternehmungen mit Truppen und dem böhmischen Silberreichtum unterstützte. Dafür schützte Heinrich IV. Böhmen nicht nur vor erneuten polnischen Expansionsversuchen, sondern übertrug dem Herzog 1075 auch die Oberlausitz als Reichslehen, schließlich auch die Mark Meißen und die bayrische Ostmark, die Vratislav aber beide nicht halten konnte. Den politischen Höhepunkt dieser Verbindung zwischen Kaiser und Herzog bildete jedoch die Verleihung des Titels »König von Böhmen und Polen«, der allerdings auf die Person Vratislavs II. beschränkt blieb. Heinrich IV. krönte ihn 1085 auf der Mainzer Synode, und der Erzbischof von Trier vollzog in Prag die Königssalbung. Dies bedeutete die sinnfällige Ehrung eines der bedeutendsten hochmittelalterlichen böhmischen Herrscher.

Es war ihm nicht nur gelungen, Interventionen von außen zu vermeiden und die innerdynastischen Rivalitäten in Grenzen zu halten, sondern auch seine Länder, vor allem Mähren, politisch und kirchlich stabil zu organisieren. Das Verhältnis zum römisch-deutschen Reich war prinzipiell unumstritten und das böhmische Herzogtum in seiner Sonderstellung zum Reich anerkannt; die Herrschaft der Přemysliden über Mähren war ebenso konsolidiert wie der Bestand des Bistums Olmütz. Insbesondere aber gelang es Vratislav, seinen Ländern die Auseinandersetzungen des Investiturstreits zu ersparen. Infolge der Kaisertreue des Herzogs wie des Bischofs konnte der Papst keinen Keil zwischen geistliche und weltliche Gewalt in Böhmen treiben. Dennoch förderte Vratislav II. Kirchenorganisation und Christianisierung nicht nur mit der Olmützer Bistumsgründung und der Stiftung des Kollegiatkapitels Wyschehrad, aus dem schon aus dieser Zeit der älteste böhmische Prachtkodex erhalten ist, sondern auch mit der reichen Ausstattung des Klosters Sazau (Sázava) – in das 1063 wieder Mönche des slawischen Ritus einzogen, die aber 1096 lateinischen Mönchen unter dem Einfluß des Klosters Břevnov weichen mußten – und mit der Erhebung der Břevnover Filialen Hradisch bei Olmütz (1078) und Opatowitz (1086) zu selbständigen Abteien.

Als nach dem Tod seines mährischen Bruders Otto ein Konflikt um das Teilfürstentum Olmütz mit Vratislavs jüngerem Bruder Konrad, auf dessen Seite sich auch der Herzogssohn Břetislav schlug, ausbrach, hielt sich auch diese Auseinandersetzung in Grenzen. Břetislav unterwarf sich und ging ins ungarische Exil. Zum Nachfolger Vratislavs erhob der Adel 1092 Konrad, der nach wenigen Monaten verstarb, und danach Břetislav II. (1092–1100).

5. Verhältnis zum Reich, Herrschaftsstruktur, Kirche

Die Regierung König Vratislavs II. bedeutete in mehrerer Hinsicht eine Vollendung des Aufbaus des böhmisch-mährischen Herzogtums, sowohl in der Konsolidierung der inneren Herrschaftsorganisation als auch in der Stabilisierung der Außenbeziehungen. Im Verhältnis zum römisch-deutschen Reich kann man sogar von einer Wende sprechen. Seit Karl dem Großen suchte das ostfränkische, dann deutsche Reich, Böhmen in Abhängigkeit zu halten. Dabei handelte es sich zunächst um ein reines Tributverhältnis, das seit Kaiser Heinrich II. (1004) in ein formelles Lehensverhältnis überging, das auch von přemyslidischer Seite seit 1041 nicht grundsätzlich bestritten wurde. Die sich daraus ergebenden Verpflichtungen für die böhmischen Herzöge waren neben der Lehenshuldigung die Heerfolge und der Besuch der kaiserlichen Hoftage. Die Anerkennung des Lehensverhältnisses und die Einhaltung der Lehenspflichten wurden notfalls gewaltsam durchgesetzt, so daß dadurch die Abhängigkeit verstärkt wurde. Stabile Lehensbeziehungen zum Reich ermöglichten es dagegen den Přemysliden, sich der inneren Herrschaftsstabilisierung zu widmen und dadurch ihre Eigenstaatlichkeit zu stärken. Dabei wurden sie ebenso wie bei der Abwehr von Expansionen – entsprechend der Schutzpflicht des Oberlehensherrn – vom Kaiser auch unterstützt. Infolge des stabilen guten Verhältnisses Vratislavs zu Kaiser Heinrich IV. veränderte sich nun sogar die Lehensabhängigkeit in eine aktiv mitgestaltende Rolle der Přemysliden – des Bischofs wie des Herzogs – in der Reichspolitik. So wußte Vratislav die Bindung an das Reich für die Erhöhung der Stellung Böhmens und Mährens in Politik und Kirche zu nutzen. Die Wechselwirkung zwischen innerer Herrschaftssicherung und Verhältnis zum Reich hatte freilich auch eine Kehrseite. Situationen innerer Herrschaftsschwäche durch Thronkämpfe oder auch Expansionsversuche provozierten nämlich in der Folgezeit immer wieder das Eingreifen des deutschen Königs, obwohl es dabei nicht um die Sicherung der Lehenspflichten ging. Diese Interventionen gefährdeten grundsätzlich die Eigenständigkeit des Landes, auch wenn sie faktisch die Přemyslidenherrschaft festigten. Die Oberherrschaft über Böhmen und Mähren wurde vom deutschen Königtum offenbar als Funktion seiner Ordnungs- und Friedensgewalt aufgefaßt. Die Lehensbindung an das Reich bedeutete nicht als solche ein Moment der Schwäche der böhmisch-mährischen Herzogsherrschaft; umgekehrt provozierte jedoch innere Schwäche durch Thronrivalitäten Interventionen und äußere Abhängigkeit.

Böhmen und Mähren sind als Reichslehen jedoch nicht vergleichbar mit anderen Herzogtümern, nicht einmal mit Reichsitalien. Sie gehörten nicht in derselben Weise zum Reich und entwickelten sich weit selbständiger als andere Reichsfürstentümer. Die Einheit der Přemyslidenherrschaft über die beiden Länder war unbestritten; Herrschaftsteilungen regelte die Dynastie mit ihrer Gefolgschaft ohne Zuziehung des Kaisers. Das Land unterstand allein dem Herzog, der nach innen eine königsgleiche Stellung einnahm. Es gab hier weder weltliches noch geistliches Reichsgut, so daß die deutschen Könige ihren Reichsumritt bei Herrschaftsantritt nicht auf Böhmen oder Mähren ausdehnten. Die Gerichtsgewalt des Kaisers erstreckte sich daher nicht auf Teile oder Einwohner des Herzogtums, sondern nur auf den herzoglichen Lehensmann. Böhmen und Mähren gehörten auch nicht zur Reichskirche, da die Bischöfe von Prag keine Reichsbischöfe waren, sondern direkt dem böhmischen Herzog unterstanden, der ja auch das Kirchengut der Bistümer und Klöster gestiftet hatte. So besaß der Kaiser keinen direkten Einfluß auf die Kirche in Böhmen und Mähren. Die Eigenständigkeit und politische Sonderstellung Böhmens und seiner angestammten Dynastie wurden noch gestärkt durch ein spezifisches Landesbewußtsein, das sich im Kult des hl. Wenzel besonders ausdrückte und religiös gesteigert wurde. Seit der hl. Wenzel Anfang des 11. Jahrhunderts zum Landespatron aufstieg, erhöhte dies nicht nur das Prestige des Přemysliden-Hauses, sondern schuf auch ein eigenes Wir-Bewußtsein als politische Größe. Wenzel wurde zunehmend zum eigentlichen Herrn des Landes, sein Untertanenverband im 12. Jahrhundert zur »Familie des hl. Wenzel« und er zu »unserem Fürst«, so daß das Land und sein Adel auch ohne den regierenden Herzog eine religiös legitimierte Einheit bildeten.

Die Stärke und Eigenständigkeit des böhmischen Herzogtums lag auch in seiner zentralstaatlichen Herrschaftsorganisation, die im 11. Jahrhundert auch in Mähren systematisch ausgebaut wurde, sowie in seinen ökonomischen Ressourcen Ackerbau, Handel und Edelmetallförderung. Die Siedlungsflächen wurden von den fruchtbaren Flußniederungen Mittelböhmens und Mährens schon seit der zweiten Hälfte des 10. Jahrhunderts allmählich ausgeweitet, und im 11. Jahrhundert ist bereits eine Binnenkolonisation im Gang, bei der schon der Wendepflug und allmählich auch die Dreifelderwirtschaft zur Ertragssteigerung angewandt wurden. Die vom Landesherrn abhängigen Bauern entrichteten Naturalabgaben, seit Mitte des 11. Jahrhunderts eine jährliche Friedenssteuer und leisteten seit Břetislav I. die Landesrobot als Fronarbeit beim Bau und Unterhalt von Burgen und Wegen und bei Verpflegungs- und Spanndiensten für das Heer. Ursprünglich freie, erbberechtigte Bauern verschwanden allmählich, da sie sich zunehmend in herzoglichen, adeligen oder kirchlichen Schutz begaben. Das přemyslidische Herzogsgut als Machtbasis konzentrierte sich in den frühbesiedelten und ertragreichen Regionen Mittelböhmens um Moldau und Elbe und in Mähren am Flußsystem der March sowie in der Hanna. Hier lagen die frühesten Burgzentren, deren System Břetislav I. auf ganz Mähren und Böhmen ausweitete, indem er eine Burgbezirksordnung (»Kastellaneiverfassung«) einführte. Das ganze Land war damit in Bezirke eingeteilt, in deren zentralen Großburgen jeweils vom Fürsten ernannte und abhängige Dienstleute (Kastellane) – bald Grafen (comites) genannt – Gerichts-, Militär- und Verwaltungsfunktionen ausübten und die Abgaben- und Robotleistungen organisierten. Sie wurden durch regelmäßige Bereisungen des Herzogs kontrolliert. Damit war ein deutlich auf das Herrschaftszentrum ausgerichtetes Verwaltungsnetz entstanden, das – abgesehen vom späteren England und Frankreich – nur noch in Polen und Ungarn Parallelen kannte. Die Burgen waren überdies systematisch von jeweils auf ein Gewerbe spezialisierten Dienstsiedlungen umgeben, in denen neben Bauern unfreie Handwerker für die Bedürfnisse der Burg und des Herzogs produzierten. Die Vorburgen (Suburbien), in denen ebenfalls fürstliche Dienstleute als handwerkliche Spezialisten arbeiteten, entwickelten sich zu präurbanen Siedlungen und Marktorten.

Böhmen und Mähren entwickelten sich infolge ihrer Lage zu bedeutenden Durchgangsländern für den Transithandel, für den der Prager Markt zentral wurde, da sich hier bedeutende Fernhandelswege kreuzten. Die wichtigsten Verkehrswege verliefen von Nürnberg über Tachau nach Prag und weiter durch die Nachoder Pforte und das Glatzer Becken nach Krakau, der »Goldene Steig« von Regens-

burg und Passau durch den Böhmerwald sowie aus der bayrisch-ba-
benbergischen Ostmark über Gmünd und Linz. Diese Wege waren
ebenso wie der aus Halle und Leipzig über Kaaden, Saaz und Brüx
auch für den Import von Salz, von dem Böhmen abhängig war, aus
dem Salzkammergut und Halle bedeutend. Mit der Mark Meißen war
Prag über Aussig verbunden, und Regensburg fungierte als Knotenpunkt für den Handelsverkehr mit dem Süden und Westen Europas.
So wurde der herzogliche Zoll seit dem 11. Jahrhundert zu einer be-
achtlichen Einnahmequelle ebenso wie der Handel mit dem böhmischen Silber und den seit dem 10. Jahrhundert geprägten Münzen,
die weite Verbreitung fanden. Mähren spielte eine bedeutende Rolle
im europäischen Nord-Süd-Verkehr mit seinen schon seit ältester
Zeit bezeugten Handelswegen durch das Marchtal, das Böhmen mit
den Donauländern verband. Davon profitierten die Herzogstädte
Brünn und Olmütz. Eigentliche Städte im Rechtssinne hatten sich
allerdings noch nicht herausgebildet. Die bedeutendsten Marktorte
befanden sich in den Vorsiedlungen (Suburbien) der herzoglichen
Burgen.

Die Burgbezirksordnung bildete nicht nur die Grundlage für die Zusammenfassung der ökonomischen Ressourcen des Landes und für
die strikte Zentralherrschaft des Herzogs, sondern auch für die Entstehung des Adels. Schon seit dem 10. Jahrhundert ist eine Aristokratie an der Erhebung der Herzöge und Bischöfe beteiligt. Dabei
mag es sich zunächst noch um Vertreter des alten slawischen Stam-
mesadels gehandelt haben. Im wesentlichen entstand der Adel aber
aus der Gefolgschaft der Herzöge, vor allem als deren Dienstleute in
den Burgbezirken zunahmen. Der Herzog belohnte diese mit Anteilen von Abgaben der Untertanen und Schenkungen von Hörigen
und Land. Die Rangfolge im Dienst für den Herrscher und die Für-
stennähe entschieden dabei über die Chancen des gesellschaftlichen
Aufstiegs. Über die allmähliche Erblichkeit der Funktionen im Herrscherdienst verselbständigte sich der Amtsadel und konnte dann im
12. Jahrhundert aus den ihm zugewachsenen Privilegien und Gütern
eigene Herrschaften aufbauen und sich schließlich zu einem selbständigen Geblütsadel mit eigenen Burgen formieren. Die beste Aus-
gangsbasis für den Aufstieg in die Aristokratie besaßen die Burggrafen. Diesen »comites« oder »primates« wuchs bald ein Mitsprache-
recht bei Thronstreitigkeiten zu. Der Herrscher berief diese hohen
Dienstleute auch gelegentlich zu Beratungen in wichtigen Entscheidungen. Außer bei Thronkämpfen war jedoch dadurch die Allein-
herrschaft des Herzogs kaum gefährdet, zumal weder Ämter noch
Landschenkungen in einem Lehensverhältnis formalisiert wurden
und im übrigen der Herzog die Amtleute mit regelmäßigen Berei-

sungen der Burgen kontrollierte. Die Verselbständigung des Dienst-
und Amtsadels gegenüber den Herrschern war vielmehr ein langfri-
stiger und allmählicher Prozeß, der im 12. Jahrhundert erst einsetzte.
Neben dem Aufstieg über den Herrscherdienst in Burgämtern war
auch das militärische Gefolge des Herzogs an der Ausbildung einer
Aristokratie beteiligt, da die Krieger ebenfalls mit Land und besonderen Rechten belohnt wurden.

Der mährische Adel entstand vorwiegend aus den zur Eroberung ent-
sandten Kriegern und aus den Dienstleuten der Burgbezirke, die von
den Přemysliden aus Böhmen eingesetzt wurden. Diese böhmische
Dienstleuteschicht entwickelte aber bereits im 12. Jahrhundert eine
spezifische Bindung an Mähren, vorwiegend allerdings an die Teilfürstentümer Brünn, Olmütz und Znaim, die die nichtregierenden,
jüngeren Mitglieder des Přemyslidenhauses als Apanagen zur Nutzung erhielten. Ebenso wie das Bistum Olmütz bildeten sie unmittelbare Lehen des böhmischen Königs. In den kleinen Teilfür-
stentümern vermochte sich jedoch, anders als in Böhmen, kein mächtiger Adel als unabhängige Gruppe zu entwickeln. Dies war erst unter
den Bedingungen einer einheitlichen Markgrafschaft im 13. Jahrhundert möglich.

Zur Stabilisierung des böhmischen Herzogtums gehörte als funda-
mentaler Faktor die Christianisierung mit dem Ausbau der Kirchenorganisation, zumal diese eng an den Herrscher gebunden war.
Die Bischöfe von Prag und Olmütz besaßen keine fürstliche Stellung
als Reichsbischöfe, auch wenn sie die Investitur vom Kaiser und die
Weihe vom Mainzer Bischof erhielten. Sie wurden vielmehr allein
vom Herzog mit Zustimmung der Großen eingesetzt und blieben
ihm unterstellt. Die Kirchen von Prag und Olmütz betrachtete er als
seine Eigenkirchen – waren sie doch aus Herzogsgut gegründet und
dotiert worden – und den Prager Bischof als seinen Hofkaplan. Auch
die Pfarreiorganisation war an die fürstliche Herrschaftsstruktur gebunden. Die Burgbezirke bildeten nämlich Großpfarreien, die vom
Fürsten mit Gütern ausgestattet und von einem Erzpriester mit einem
Priesterkollegium geleitet wurden. Das Recht der Priestereinsetzung
an den fürstlichen, später auch an adligen Eigenkirchen konnten die
Bischöfe sich erst im 13. Jahrhundert verbindlich sichern. Als Zentren
der Kultur und Bildung sowie der Kolonisation gründeten und förderten die Herzöge auch Klöster und Stifte (vgl. Karte S. LII). Nach
dem Nonnenkloster St. Georg in der Prager Burg (um 970) für adlige
Töchter wurde vor allem das Benediktinerkloster Břevnov bei Prag
(992), das bald unter dem Einfluß des bayrischen Klosters Niederaltaich stand, zum Impuls für die Ausbreitung von Benediktinerklö-

stern. Von hier aus wurden Ostrov-Insula (999/1000 mit dem ersten Abt aus Niederaltaich), in Mähren die Propstei Raigern bei Brünn (1048) und die Filiale Hradisch bei Olmütz (Abtei 1078), in Böhmen die Filiale Opatowitz an der Elbe (Abtei 1086) gegründet. Auch das Kloster Sazau (Sázava, 1032) kam Ende des 11. Jahrhunderts unter den Einfluß Břevnovs. Klöster und Stifte wurden vor allem von den Herzögen Břetislav I. und Vratislav II. gefördert. Neben den Klosterschulen erfüllten insbesondere die Stiftskapitel die Funktion der Priesterausbildung für die Pfarreien. Den Gründungen der Kapitel Altbunzlau (1039), Leitmeritz (1057) und Wyschehrad (1070/88) folgten um 1100 noch Melnik und um 1117 Sadska. Die genannten Benediktinerklöster und Stiftskapitel waren ebenso wie die bis Mitte des 12. Jahrhunderts noch folgenden Klöster (Trebitsch 1101, Kladrau 1108, Seelau 1144) přemyslidische Gründungen und blieben auch in weitgehender Abhängigkeit von den Herzögen. Bei zwei Klöstern des 12. Jahrhunderts läßt sich jedoch bereits adlige Gründungsaktivität beobachten (Postelberg, zwischen 1108 und 1119/22; Wilhelmow 1120/21). Mit 12 Benediktinerklöstern, davon nur zwei in Mähren, und fünf Chorherrenstiften war bis Mitte des 12. Jahrhunderts das klösterliche Netz noch nicht sehr dicht, wurde jedoch bald von der Gründungswelle der Prämonstratenser- und Zisterzienserklöster ergänzt. Die Gründung und Entwicklung der Klöster und Kapitel war in hohem Maße unterstützt und abhängig vom Zuzug deutscher, wohl auch polnischer Mönche und Kleriker. Allerdings zeigen Aversionen gegen die fremden Kollegen, daß Anfang des 12. Jahrhunderts bereits zahlreiche einheimische Chorherren herangebildet waren. Für Akkulturation, Christianisierung und die Verbindung zum Westen spielten die vorerst wenigen Klöster und Stifte eine herausragende Rolle. Die Ideale der Kloster- und Kirchenreform ließen sich in Böhmen und Mähren jedoch nur zögernd verwirklichen. Der Zölibat konnte im Lauf des 12. Jahrhunderts nur mühsam und gegen erheblichen Widerstand teilweise durchgesetzt werden. Die Laieninvestitur blieb in der Einsetzung von Bischöfen und Äbten durch den Herzog eine selbstverständliche Praxis. Die Freiheit der Geistlichen von der weltlichen Gewalt stellte noch im 14. Jahrhundert ein konfliktträchtiges Problem dar.

6. Intensivierung und Expansion: Landesherrschaft, Kolonisationspolitik, Kultur

Die Politik der Herrschaftsstabilisierung mit expansiven Perspektiven ist wie bereits bei Břetislav I. auch bei Herzog Břetislav II. (1092–1100) zu beobachten. In zwei Feldzügen gegen Polen sicherte er

dessen Tributpflicht für Schlesien, und in einer auffallenden Heiratspolitik verband er seine Familie mit den Nachbarn in Bayern, Österreich, Meißen, im Vogtland und – wie bereits sein Vater – mit Ungarn und Polen. Neu ist hier die Intensität der Hinwendung zum
Reichsadel. Obwohl er die mächtige, seit hundert Jahren konkurrierende Adelsfamilie der Wrschowetz nach Polen verdrängt hatte, wurde er von einem ihrer Gefolgsleute ermordet. In den folgenden 25
Jahren wurde nicht zum letzten Mal in der Přemysliden-Dynastie die
ungeklärte Thronfolge ausgekämpft, da das agnatische Prinzip der
Primogenitur sich noch nicht durchgesetzt hatte. Zusätzlich komplizierte sich die Situation durch Ansprüche der in Mähren seit Vratislavs II. dortiger Landesteilung entstandenen přemyslidischen Nebenlinien. So kämpften Břetislavs Brüder Bořivoj, Vladislav und Soběslav sowie ihre Vettern Udalrich von Brünn und Svatopluk von
Olmütz um die Herrschaft. Dabei spielten sowohl die zunehmend
wichtigen Adelsgefolgschaften eine Rolle als auch die Interventionen
Polens, Ungarns und Kaiser Heinrichs V., die eine Lösung jedoch
eher verzögerten, indem sie die Konkurrenzsituation verstärkten. In
den Auseinandersetzungen Bořivojs II., Udalrichs und Svatopluks
setzte sich schließlich der letztere mit kaiserlicher Unterstützung
kurzfristig durch. Nachdem er aber durch ein Hofgericht die Familie
der Wrschowetze, die Bořivoj unterstützten, verurteilen ließ und sie
danach umbrachte, wurde auch er von einem ihrer Parteigänger ermordet. Danach kämpften vor allem seine Brüder Vladislav I. (1109–
25), den der Kaiser in Prag einsetzte, und der von Polen unterstützte,
immer wieder auf Teilherrschaften beschränkte Soběslav um die
Herzogswürde. Verschiedene Versöhnungsversuche bewogen Vladislav schließlich vor seinem Tod (1125), seinen Bruder für die Nachfolge vorzuschlagen.
Seit Soběslav I. (1125–40) stabilisierten sich allmählich die přemyslidische Thronfolge ebenso wie die innere Herrschaft und das Verhältnis zum Reich. Andererseits formte sich die Gemeinschaft des Adels,
der in den vergangenen Kämpfen seine Bedeutung gesteigert hatte,
zum natürlichen Konkurrenten, aber auch politischen Partner des
Fürsten. Auch die Bischöfe von Prag und Olmütz nahmen in ihrem
politischen Einfluß zu. Alle diese Faktoren sind auf dem Hintergrund
einer ökonomischen Intensivierung durch Landesausbau mit Klostergründungen und Bauernansiedlung zu verstehen. Zunächst mußte sich Soběslav in der Schlacht bei Kulm (1126) gegen König Lothar
durchsetzen, der seinen mährischen Konkurrenten Otto von Olmütz
unterstützte. Der in Gefangenschaft geratene König belehnte den
Herzog mit Böhmen und gewann so einen zuverlässigen Partner in
der Reichspolitik. Eine Adelsverschwörung mit den mährischen Für-

sten schlug Soběslav blutig nieder; danach verstärkte er seine Herr-
schaftskontrolle in Mähren durch gezielten Burgenbau. Nach mehrfachen Einfällen in Polen erreichte er überdies im Frieden von Glatz
1137 die endgültige Festschreibung der polnisch-böhmischen Grenze, die er mit der Errichtung von Burgen in Glatz und Görlitz sicherte.

Bei der Herrschaftsintensivierung in Mähren wirkte Soběslav I. mit
dem von ihm eingesetzten Olmützer Bischof Heinrich Zdik (1126–
50) eng zusammen. Dieser herausragende Organisator und Anhänger
der Kirchenreform verbesserte die Verwaltung des geistlichen Besitzes durch Anlage eines Kirchengüterverzeichnisses und die Aufsicht
über den Klerus durch Einführung des Archidiakonats. Mit der Li-
turgiereform verband er ein bedeutendes Skriptorium zur Herstellung liturgischer Bücher. Die Olmützer Wenzelskirche erhob er zur
neuen Kathedrale. Nach einer Jerusalempilgerfahrt nahm er die Lebensform der Regularkanoniker an und führte die neuen Reformorden ein, die für Besiedlung und Landesausbau eine bedeutende
Rolle spielten. So entstand Strahov neben der Prager Burg 1140 als
Augustiner-, bald darauf aber als Prämonstratenserkloster. Ihm folgten rasch weitere fünf Prämonstratenserkonvente (Seelau 1149 von
den Benediktinern übernommen, 1144/45 und 1150 die Frauenkonvente Doxan und Launowitz, weiter Leitomischl und Hradisch bei
Olmütz). Auch die Zisterzienser gründeten erste Niederlassungen
1142/43 in Sedletz, 1144/45 in Plaß, Nepomuk und Münchengrätz
sowie um 1149 in Heiligenfeld.

Nach dem Tod Soběslavs I. wählte der Adel 1140 nicht dessen desi-
gnierten Sohn, sondern den gleichnamigen Neffen Vladislav II.
(1140–73, † 1174) zum Nachfolger. Er mußte sich jedoch bald mit
den mährischen Herzögen Konrad von Znaim, Vratislav von Brünn
und Otto von Olmütz auseinandersetzen, die mit einer Adelsopposition zusammenwirkten. Mit Hilfe des ihm eng verbundenen Königs
Konrad II. konnte er sich aber 1142 in Prag und 1143 auch in Mähren
durchsetzen. Da der Olmützer Bischof Heinrich Zdik ihn unterstützt
hatte, erteilte er diesem 1144 gegen den Einfluß des Adels ein Immunitätsprivileg, das die geistlichen Güter und Untertanen der Aufsicht der mährischen Herzöge entzog, sie von Steuern und Fron befreite und sie allein dem Gericht des Bischofs unterstellte. Der poli-
tisch-wirtschaftlichen Stärkung des Bischofs diente auch die Verleihung des Münzregals. Auch die genannten, von Bischof und Herzog
geförderten Klostergründungen zur Organisation der Binnenkolonisation sollten den herzoglichen und bischöflichen Einfluß erweitern und den des konkurrierenden Adels eindämmen.

Unter Kaiser Friedrich I. vertieften sich die Beziehungen zum Reich, nachdem Vladislav II. 1156 mit ihm ein Bündnis schloß, in dem er dem Kaiser die Heerfolge versprach und dafür neben der Burg Bautzen und der Bestätigung der polnischen Tributpflicht für Schlesien vor allem die Königskrone zugesichert erhielt. In der Folgezeit beteiligte sich Böhmen sowohl an den Polenkriegen als auch an den Italienzügen Barbarossas, der 1158 Böhmen zum Königreich erhob – allerdings ohne die päpstliche Anerkennung – und Vladislav in Regensburg sowie erneut in Mailand krönte. Damals soll der Löwe ins böhmische Wappen eingeführt worden sein. Nachdem der Böhmenherzog bereits 1114 als Erzmundschenk des Reiches genannt worden war, nahm er nun endgültig unter den Reichsfürsten den höchsten Rang ein. Die innere und äußere Herrschaftssicherung hatte so unter Vladislav II. (I.) eine neue Stufe erreicht; dazu gehörte auch die politische Stabilisierung des Bistums Olmütz. Ein Problem blieben allerdings immer noch die přemyslidischen Nebenlinien in Mähren.

Infolge kirchenpolitischer Spannungen zum Kaiser dankte Vladislav 1172 zugunsten seines Sohnes Friedrich ab, um dadurch die Herrschaftskontinuität nach dem Prinzip der Primogenitur zu sichern, eröffnete damit aber eine fünfundzwanzigjährige Phase erneuter Thronkämpfe, in die der Adel, der Kaiser und die mährischen Fürsten involviert waren. Statt des vom Adel unterstützten Friedrich belehnte der Kaiser zunächst den Sohn Soběslavs I., Ulrich, der die Herrschaft aber an seinen Bruder Soběslav II. (1173–78) abtrat. Berühmt sind dessen Freibriefe für die Fremdengemeinden der Deutschen, Romanen und Juden in Prag mit dem Privileg der Selbstverwaltung nach eigenem Recht – ein Zeichen für die Förderung des Handels und des Prager Marktes, der bereits der Bau der ersten steinernen Moldaubrücke (»Judithbrücke«) unter Vladislav II. gedient hatte. Juden wohnten schon seit dem 11. Jahrhundert dauerhaft in Prag, wo ihre Gemeinde um 1100 bezeugt ist.

Letztlich wegen seiner Expansionsversuche in Mähren und Richtung Donau brachte Soběslav jedoch den Kaiser gegen sich auf, der nun auf den 1173 abgesetzten Herzog Friedrich (1178–89) setzte. Dieser vermochte seine Herrschaft in Prag mit Hilfe des mährischen Fürsten Konrad Otto von Znaim zu etablieren, wurde aber 1182 vom opponierenden Adel vertrieben, der Konrad Otto selbst zum Herzog ausrief. Die »Friedensvermittlung« Barbarossas auf dem Regensburger Hoftag suchte zugleich die Reichsinteressen in Böhmen und Mähren deutlich durchzusetzen und gefährdete damit die Einheit der přemyslidischen Herrschaft. Der Kaiser erzwang nämlich einerseits die Annahme Friedrichs als Herzog, belehnte aber andererseits Konrad Otto als selbständigen Reichsfürsten mit Mähren, das er zur reichsunmittelbaren Markgrafschaft erhob. Zusammen mit der Verselbständigung des Olmützer Bistums (1144) bedeutete dies einen weiteren Schritt zur Ablösung Mährens von Böhmen. Konrad Otto setzte denn auch 1184 den neuen Olmützer Bischof eigenmächtig ein und ließ ihn vom Kaiser bestätigen. Überdies nutzte Barbarossa einen Streit zwischen Herzog Friedrich und dem Prager Bischof Heinrich-Břetislav (1182–97) um Kirchengüter, um den Bischof zum Reichsfürsten zu erheben und damit den Prager Kirchenbesitz in seine Kontrolle zu bringen. Die Investitur der Olmützer und Prager Bischöfe deklarierte er als Kompetenz des römisch-deutschen Königs. Nach Herzog Friedrichs Tod konnte Konrad Otto (1189–91) mit Zustimmung des Adels und des Kaisers die Nachfolge antreten. Damit war die Herrschaft über Böhmen und Mähren in einer Hand vereinigt. Um die herzogliche Gewalt gegenüber dem Adel zu stabilisieren, aber auch um dessen Unterstützung zu gewinnen, ließ Konrad Otto das Gewohnheitsrecht des Landes vor allem im Gerichtswesen kodifizieren. Am folgenreichsten war dabei die Anerkennung der Rechte des Adels auf die in seiner Hand befindlichen Güter. In den Thronkämpfen des 12. Jahrhunderts hatte der Adel, dem bei der Erhebung der Herzöge und bei der Mitregierung eine immer größere Rolle zugewachsen war, herzogliche Güter an sich gebracht. Der Status quo der adeligen Eigengüter wurde nun durch die »Konradinischen Statuten« legitimiert – eine wesentliche ökonomische Basis für den später entstehenden Ständestaat.

Nach dem Tod des Herzogs auf dem Italienzug Kaiser Heinrichs VI. erhoben vier Angehörige des Přemysliden-Hauses Anspruch auf die Nachfolge. Zunächst waren die Söhne Vladislavs II. erfolgreich, da der Kaiser Přemysl Otakar I. mit Böhmen und Vladislav Heinrich mit Mähren belehnte. Da Otakar aber auf die welfische Opposition im Reich setzte, übertrug Kaiser Heinrich VI. Böhmen dessen Vetter, dem Prager Bischof Heinrich-Břetislaw (als Herzog 1193–97), der 1195 auch Mähren eroberte. Die Einheit von Böhmen und Mähren innerhalb des Přemyslidenhauses war also durch Barbarossas Reichspolitik nicht nachhaltig gestört worden, zumal diese Einheit auch auf den Verbindungen des jeweiligen Adels beruhte. Nach dem Tod des Bischof-Herzogs begnügte sich der vom Adel erhobene Vladislav Heinrich mit der Markgrafschaft Mähren und überließ Böhmen seinem Bruder Přemysl Otakar I. (1197–1230). Mit ihm begann eine glanzvolle Epoche des politischen, ökonomischen und kulturellen Aufstiegs Böhmens und Mährens. Die äußeren Bedingungen dafür lagen in den welfisch-staufischen Thronkämpfen im Reich, die von den Přemysliden zur Stärkung ihrer Unabhängigkeit genutzt werden

konnten, im Inneren war der Aufschwung begründet durch Landesausbau, Städte- und Klostergründungen.

In der Epoche der Thronkämpfe im Reich, in denen Staufer, Welfen
und Papst ihre jeweilige Anhängerschaft zu begünstigen suchten,
wechselte Otakar fünfmal die Partei und vermochte so, die fürstliche
Herrschaft in Böhmen und Mähren auf bisher unerhörte Weise auszuweiten und ihre Unabhängigkeit zu stabilisieren. So erlangte er
bereits 1198 von König Philipp die erbliche Königswürde und 1203
seine Krönung in Merseburg durch den päpstlichen Legaten. In der
»Goldenen Sizilischen Bulle« bestätigte sie Friedrich II. 1212 und definierte dabei die relativ unabhängige Stellung des Königreichs Böhmen innerhalb des Reiches, die Integrität seines Territoriums einschließlich Mährens und die freie Königswahl. Otakar erlangte auch
das Recht der Investitur der Bischöfe, und als er 1206 dem Olmützer
Bistum seine Güter und Abgabenfreiheit bestätigte, dokumentierte
dies die unmittelbare Zuordnung des Bistums zum böhmischen König, nicht mehr zum Reich. Allerdings kam es 1216–21 mit dem Prager Bischof Andreas zum Streit um die Immunität des Bistums (»böhmischer Investiturstreit«). Am Ende mußte der König alle Güter der
Prager Kirche bestätigen, auf die Abgaben kirchlicher Institutionen
verzichten und den Klöstern die Exemtion gewähren. Zwar hatte
damit die reichsbischöfliche Stellung der Prager und Olmützer Bischöfe nur kurze Zeit gedauert. Ihre Immunität begründete jedoch
zum einen die Entwicklung des geistlichen Standes neben dem Adel,
zum anderen den Anreiz zur Beteiligung an der Kolonisation durch
den Ausbau der geistlichen Güter. Der Verlust der geistlichen Abgaben mußte aber auch das Königtum zum kolonisatorischen Landesausbau und zur Städtegründung zusätzlich motivieren. Infolge des
königlichen Investiturrechts blieben die Bischöfe freilich politisch
eng an den Herrscher gebunden; und der Adel behandelte Pfarreien
und Klöster auf seinen Gütern weiterhin wie sein Eigentum.

Wie Přemysl Otakar I. schon zu Beginn seiner Herrschaft praktisch
die Primogenitur zu sichern gewußt hatte, so gelang es ihm auch in
der Thronfolge, die Herrschaftskontinuität zu sichern, indem er
schon 1216 seinen Sohn Wenzel zum Nachfolger als »jüngeren König« wählen und 1228 krönen ließ. Nach dem Tod seines Bruders
Vladislav Heinrich übertrug er 1222 außerdem ohne Probleme die
Markgrafschaft Mähren sukzessive seinen eigenen Söhnen Vladislav
und Přemysl.

Aufgrund seiner im Inneren gestärkten Königsherrschaft begann
Otakar auch eine Expansionspolitik in Ostmitteleuropa, die seine
Nachfolger bis zum Ende der Dynastie fortsetzten und dabei letztlich
eine Großreichsbildung zwischen Ostsee und Adria anstrebten. Zu-

nächst zielte diese Politik nach Süden Richtung Donau, als Otakar 1226 und zusammen mit seinem Sohn erneut 1230 in Österreich einfiel. König Wenzel I. (1228/30–53) setzte diese Ambitionen auf das Herzogtum Österreich fort, indem er sich 1236 an der Exekution der Reichsacht gegen den letzten babenbergischen Herzog beteiligte. Als Österreich nach dem Tod Kaiser Friedrichs II. 1250 erneut zur Disposition stand, fiel Wenzel wieder in Österreich ein, erreichte 1251 die Huldigung der mächtigsten Adelspartei und setzte seinen Sohn Přemysl Otakar II. als Statthalter ein, der zur Absicherung seiner Herrschaftslegitimation die letzte Babenbergertochter heiratete. Gegen die konkurrierenden Ansprüche anderer Nachbarfürsten bestätigte schließlich 1254 ein päpstlich vermittelter Frieden mit dem ungarischen König, der die Steiermark besetzt hatte, Otakar II. den Besitz des Großteils von Österreich.

Vor dem Expansionserfolg in Österreich sah sich Wenzel I. jedoch mit einer gefährlichen inneren Opposition konfrontiert. Die Ursache war das wachsende politische Mitsprachebedürfnis des Adels, der Anlaß war Mähren. Anfangs mußte er dort seinen Bruder Přemysl zur Unterwerfung zwingen. Nach dessen Tod übergab er die Markgrafschaft seinem ältesten Sohn Vladislav, der jedoch 1247 verstarb. Im selben Jahr mußte der König nach jahrelangem Streit um die Besetzung des Bistums Olmütz den auf dem Konzil in Lyon ernannten päpstlichen Kandidaten Bruno von Schauenburg (1247–81) anerkennen. Dieser Übergang Wenzels ins päpstliche Lager provozierte vollends den Widerstand des prostaufischen Adels, der nun Přemysl Otakar II. zum »jüngeren König« wählte und Wenzel zum Herrschaftsverzicht zwang. Dieser vermochte jedoch 1249 Prag wieder einzunehmen und seinen Sohn gefangenzusetzen, entließ ihn aber bald in die ihm bereits 1247 übertragene Markgrafschaft Mähren. Bei der Expansion in Österreich agierten Vater und Sohn dann wieder in enger Verbindung.

Unter Přemysl Otakar II. (1253–78) erreichte die přemyslidische Herrschaft ihre größte Ausdehnung. Gleich nach dem Friedensschluß mit Ungarn unternahm er in päpstlichem Auftrag 1254/55 einen Kreuzzug gegen die heidnischen Pruzzen. Als Ergebnis davon blieben allerdings nur die Machtdemonstration bei den polnischen Nachbarfürsten und die Gründung des nach ihm benannten Königsberg. 1267/68 wiederholte er den Versuch, im Preußenland Fuß zu fassen, um dort für seinen Kanzler und Olmützer Bischof Bruno von Schauenburg ein Erzbistum von der Ostsee bis zur Donau zu errichten. Das Unternehmen scheiterte aber. Dagegen gelang die Expansion im Süden, als er 1260 mit Unterstützung des steirischen Adels nach einem

Sieg über den Ungarnkönig Béla IV. die Steiermark an sich brachte. Aufgrund eines Erbvertrages mit dem kinderlosen Herzog Ulrich von Kärnten fielen 1269 schließlich noch Kärnten und Krain an den böhmischen König, der nun fast bis zur Adria herrschte.

Möglich waren diese Erfolge auf dem Hintergrund der schwachen römisch-deutschen Königsgewalt während des Interregnums, in dem Otakar stets die päpstliche Politik und die antistaufischen Gegenkönige unterstützte. So verlieh ihm König Richard von Cornwall Österreich und die Steiermark als Reichslehen und übertrug ihm 1265 mit der Würde eines Reichsvikars den Schutz des Reichsguts rechts des Rheins. Diese Position nutzte Otakar sogleich 1266 zur Auseinandersetzung mit Bayern und zur Besetzung des Reichslandes Eger. Přemysl Otakar II. wurde in dieser Zeit zum mächtigsten Fürsten im Reich und versuchte überdies noch, in Westungarn zu expandieren. Seine Macht weckte jedoch die Eifersucht und Ablehnung der Reichsfürsten sowie das Mißtrauen des Papstes, so daß 1273 nicht er, sondern Rudolf von Habsburg zum römischen König gewählt wurde. Die Aufforderung der Reichsfürsten an König Rudolf, entfremdetes Reichsgut zurückzugewinnen, richtete sich vorwiegend gegen Přemysl Otakar und seine Erwerbungen. Dessen Weigerung, vor dem Lehensgericht zu erscheinen und den gewählten König anzuerkennen, hatte die Reichsacht gegen ihn zur Folge. In deren Exekution zog Rudolf 1276 in Österreich ein und zwang Otakar zu seiner Anerkennung sowie zum Verzicht auf alle Eroberungen außerhalb Böhmens und Mährens. Als dieser erneut versuchte, bei den Nachbarfürsten und beim österreichischen Adel Unterstützung für seine Wiederaufnahme des Kampfes gegen Rudolf zu gewinnen, kam es 1278 zur Entscheidungsschlacht bei Dürnkrut auf dem Marchfeld, in der Rudolf siegte und Přemysl Otakar den Tod fand. Eine wesentliche Ursache für den raschen Sturz des mächtigen Königs lag in der zunehmenden inneren Opposition des Hochadels seiner Länder. Der führende böhmische Adel, an der Spitze die südböhmische Familie der Witigonen, sah sich vom zentralisierenden Regiment des Königs beeinträchtigt und im Ausbau der Adelsgüter und -herrschaft durch den königlichen Landesausbau mit seinen Kloster- und Städtegründungen beschränkt. Der österreichische, steirische und kärntnerische Adel empörte sich vor allem über die Besetzung der Ämter mit Adeligen aus Böhmen. Durch den offenen Aufruhr der adeligen Führungsgruppen, an der Spitze die südböhmische Familie der Witigonen mit Zawisch von Falkenstein, verlor Otakar die politisch-militärische Unterstützung in seinen Ländern zur Verteidigung seiner Herrschaftsexpansion.

Da Přemysl Otakars II. Sohn Wenzel noch unmündig war, brach
1278 eine jahrelange Anarchie aus. Der oppositionelle Hochadel –
Witigonen, Lichtenburger und Seeberger – besetzte königliche Güter
und Städte. König Rudolf nahm Mähren ein, das er vom Olmützer
Bischof Bruno verwalten ließ, während er Böhmen dem Vormund
Wenzels, Markgraf Otto von Brandenburg, überlassen mußte. Gegen
dessen gewalttätiges Regiment und Ausbeutung des Landes traten
schließlich die sich auf Landesversammlungen formierenden Stände –
Adel, Geistlichkeit und Städtevertreter – unter Führung des Prager
Bischofs Tobias von Bechin und Diepolts von Riesenburg zusammen, um den Abzug der brandenburgischen Besatzung und die Erneuerung der Einheit des Landes zu erreichen. Es gelang ihnen 1283,
Wenzel aus seiner Spandauer Geiselhaft freizukaufen und nach Prag
zurückzuführen. Den größten Einfluß und damit praktisch die Regentschaft erlangte nun allerdings der Witigone Zawisch von Falkenstein. Als dieser sich weigerte, die besetzten Königsgüter herauszu-
geben, vermochte die Gegenpartei um Bischof Tobias und den
Anführer des Herrenstandes, Burkhard von Janowitz, ihn mit habsburgischer Hilfe des Hochverrats anzuklagen und gefangenzuneh-
men. Als die Witigonen-Sippe sich dennoch nicht unterwarf, wurde
er 1290 enthauptet. Jetzt erst war Wenzel II. in der Lage, die Herrschaft eigenständig auszuüben.

In dieser Zeit des Interregnums war der Adel, zusammen mit führenden Geistlichen und gelegentlich auch Stadtpatriziern, deutlich als
korporative Repräsentation des Landes aufgetreten. Die Ausformung
einer »Landesgemeinde«, einer mitregierenden Genossenschaft neben dem Herrscher, aus der sich später der Ständestaat entwickelte,
erschien hier erstmals in ihrer politischen Bedeutung. Aus den Hofbeamten und Verwaltern der Burgbezirke, die aus der herzoglichen
Gefolgschaft stammten, war seit dem 11. Jahrhundert ein neuer Adel
entstanden, der im 12. Jahrhundert während der häufigen Auseinandersetzungen um die Thronfolge in der Přemyslidenfamilie durch
seine Mitentscheidung politische Bedeutung gewann und sich die
Güter der Burgbezirke aneignete oder sie zum Geschenk erhielt.
Durch die Entstehung großer Adelsgüter und die unmittelbare Beziehung des Adels zu den Untertanen verlor das Kastellaneisystem an
Bedeutung. Kastellane und Burggrafen verselbständigten sich als regionale Herren großer Adelsgüter, die sie durch Kolonisationstätigkeit noch erweiterten. Die Konradinischen Statuten (1189) bestätigten schließlich dem Adel endgültig seine Eigengüter mit ihrer fiskalischen und gerichtlichen Immunität. Diese bildeten die Grundlage
für eine starke Magnatenschicht, die nun auch eigene Burgen errich-

tete (vgl. Karte S. LII) und sich allmählich nach diesen benannte (u. a. Hrabschitze/Riesenburger, Witigonen/Rosenberger, Lichtenburger, Markwartinger, in Mähren Pernsteiner, Žerotín). Die Magnaten blieben zwar immer noch eng auf den Herrscher bezogen, der sie von sich aus zur Mitentscheidung in »Kolloquien« versammelte, aber die Herrschaft lag nicht mehr ausschließlich in der Verfügung des Herrschers. Der Adel bezeichnete und verstand sich nämlich bereits zu Beginn des 13. Jahrhunderts als mitregierende Gemeinschaft (»universitas/communitas nobilium«), die sich auch in eigenständigen Einungen zur Interessenwahrnehmung verband, besonders deutlich in der Opposition gegen Wenzel I. und Přemysl Otakar II.

Im 13. Jahrhundert ist die gesellschaftliche Differenzierung des Adels auch an der Begrifflichkeit ablesbar. Zunächst unterschied man die Adeligen nach Besitz und Amt in »maiores« und »minores«. Bald jedoch hoben sich die in Verwaltungs- und Hofämter aufgestiegenen großen Herren mit umfangreichen Gütern durch die Bezeichnung »baro vel nobilis« hervor, während der mittlere Dienstadel mit »nobilis« und der vorwiegend im Kriegsdienst tätige niedere Adelige mit »vladyk« (später: Ritter) benannt wurde. Die adelige Genossenschaft und die Opposition gegen Wenzel I. und Přemysl Otakar II. war natürlich von den Interessen der magnatischen Barone bestimmt.

Diese beiden Könige steigerten nämlich die Effizienz der zentralen Verwaltung und Rechtsprechung, indem sie den traditionellen Hofämtern die Kanzlei mit ihren geistlichen Experten zur Ausweitung der schriftlichen Verwaltung überordneten und dem Oberstkämmerer die Verwaltung des Königsgutes sowie den Vorsitz beim Landgericht übertrugen. Das königliche Landgericht für schwere Kriminalfälle, Hochverrat und Besitzstreitigkeiten unter dem Adel und mit dem König brachte Přemysl Otakar um 1260 in eine verbindliche Verfahrensform. Ein Kodifikationsversuch scheiterte jedoch 1272 am Widerstand des Adels ebenso wie später unter Wenzel II. Nach Otakars Sturz wandelte sich das königliche Gericht jedoch zum »Landrecht« mit ausschließlich adeligen Schöffen, dessen Urteile seit 1287 in die »Landtafeln« eingetragen wurden. Die adelige Landesgemeinde wirkte mit dieser Institution nun selbst und regelmäßig für die innere Sicherheit und Rechtswahrung, aber auch für die friedliche Beilegung der häufigen Besitzstreitigkeiten und die Sicherung adeligen Grundeigentums. Neben den Landtagen wirkte so vor allem die Vergenossenschaftlichung der Rechtsprechung im Landrecht für die Wahrung der Landeseinheit. Auch in der Markgrafschaft Mähren, die dem böhmischen König unterstand, entwickelten sich die Zentralämter, wobei die Kanzlei vom Olmützer Bischof geführt wurde und ein Landeshauptmann als Stellvertreter des Königs fungierte. In Ol-

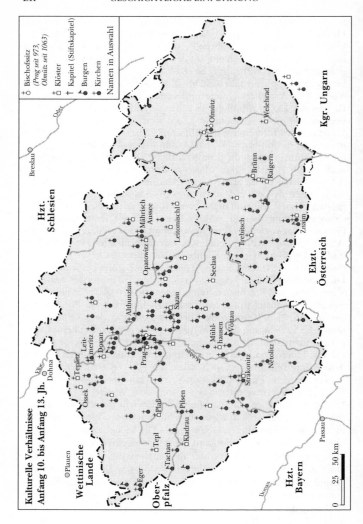

Kulturelle Verhältnisse
Anfang 10. bis Anfang 13. Jh.

✝ Bischofssitz (Prag seit 973, Olmütz seit 1063)
† Klöster
☐ Kapitel (Stiftskapitel)
▲ Burgen
● Kirchen
Namen in Auswahl

Kgr. Ungarn

Ehzt. Österreich

Hzt. Schlesien

Hzt. Bayern

Oberpfalz

Wettinische Lande

Breslau

Plauen

Eger

Tachau

Tepl

Kladrau

Pilsen

Plaß

Osek

Teplitz

Dohna

Leitmeritz

Doxan

Prag

Altbunzlau

Sazau

Mühlhausen

Voitau

Strakoniz

Nekoliz

Seelau

Leitomischl

Trebitsch

Znaim

Opatowitz

Mährisch Aussee

Olmütz

Welehrad

Brünn

Raigern

Passau

Elbe

Oder

Moldau

Donau

0   25   50 km

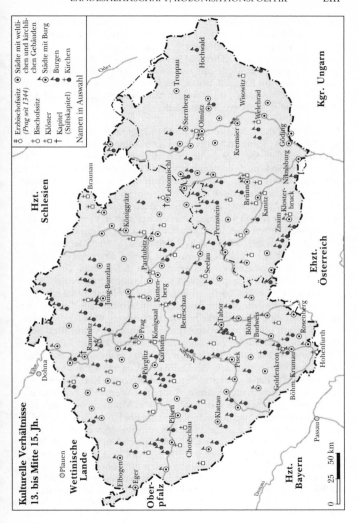

Kulturelle Verhältnisse
13. bis Mitte 15. Jh.

Städte mit weltli-
chen und kirchli-
chen Gebäuden
Städte mit Burg
Burgen
Kirchen

Erzbischofssitz
(Prag seit 1344)
Bischofssitz
Klöster
Kapitel
(Stiftskapitel)
Namen in Auswahl

mütz und Brünn etablierten sich ebenfalls Landrechte und Landtafeln. Daneben errichtete der Bischof von Olmütz eine eigene Le-
hensorganisation mit Lehensgericht für seine Güter. »Intensivierung«
bedeutete somit im 13. Jahrhundert nicht nur Sicherung der Thronfolge und politische Bedeutungssteigerung der böhmischen Könige
als Kurfürsten im römisch-deutschen Reich, nicht nur kolonisatorischen Landesausbau (s. u.), sondern auch Intensivierung und Differenzierung der inneren Staatlichkeit.

Wenzel II. (1283–1305) achtete und bestätigte das entstandene Kräf-
teverhältnis im Land, indem er den Güterbesitz rechtlich in ein »dominium speciale« des Königs und ein »dominium generale« der Stände einteilte. So konnte er – auch gestützt durch seinen Silberreichtum
und seine Münzreform – die Expansionspolitik seines Vaters wieder
aufnehmen, diesmal jedoch ohne Ambitionen in Österreich, sondern
im Einvernehmen mit den Habsburgern außerhalb des Reiches
Richtung Polen und Ungarn. Vorbereitet durch Verträge mit den
piastischen Fürsten und durch eine Legitimation König Rudolfs, besetzte Wenzel 1291/92 einen Teil Schlesiens sowie Kleinpolen mit
Krakau. Nach dem Tod des polnischen Königs Przemysł eroberte er
1300 mit Unterstützung einer polnischen Adelspartei Großpolen,
ließ sich in Gnesen zum polnischen König krönen und vermählte sich
danach mit Przemysłs Tochter Elisabeth von Polen-Kalisch (genannt
Rejčka). Als ein Jahr danach das ungarische Königshaus der Arpaden
erlosch, bot eine oberungarische Magnatenpartei Wenzel die Krone
an, der darauf seinen mit einer Arpaden-Prinzessin vermählten Sohn
Wenzel als Ladislaus V. zum ungarischen König krönen ließ. Dieser
Expansion widersetzten sich nun jedoch die Habsburger, die plün-
dernd in Böhmen einfielen. Als Ladislaus-Wenzel sich in Ungarn gegen den vom Papst unterstützten Konkurrenten Karl Robert von
Anjou nicht mehr halten konnte, führte ihn Wenzel II. mit dem ungarischen Kronschatz nach Böhmen zurück. Mit dem römischen König Albrecht von Habsburg schloß er schließlich noch unter Verzicht
auf Meißen und das Egerland Frieden, um wenigstens seinem Sohn
die Krone zu retten, bevor er 1305 starb. Der Sohn regierte als Wenzel III. nur ein Jahr; er wurde 1306 aus unbekannten Motiven in
Olmütz ermordet, noch bevor er in Polen die böhmische Herrschaft
festigen konnte, und hinterließ keinen Erben. Das Ende der jahrhun-
dertelang regierenden Přemysliden-Dynastie führte das Land in eine
schwierige politische Kontinuitätskrise. Der Verlust der »natürlichen
Herren« des Landes war umso einschneidender, als die Přemysliden-
Könige des 13. Jahrhunderts Böhmen und Mähren einen unerhörten
Aufschwung in politischer, wirtschaftlicher und kultureller Hinsicht
verschafft hatten.

Der Landesausbau durch Binnenkolonisation mit dem Ergebnis einer ökonomischen und kulturellen Intensivierung war ein gesamteuropäischer Vorgang des 12. bis 14. Jahrhunderts, der die ostmitteleuropäischen Länder vor allem im 13. Jahrhundert erfaßte. Charakteristisch war hier, daß die Siedlungsverdichtung durch Anwerbung und Zuzug fremder, meist deutscher Bevölkerung betrieben wurde. Die Herrscher Böhmens und Mährens wirkten dabei mit Kirche und Klöstern zusammen, denen daher beim agrarischen Landesausbau eine führende Rolle zukam. Durch die Kooperation Soběslavs I. und Vladislavs II. mit dem Olmützer Bischof Heinrich Zdík, aber auch durch die Initiative von Adeligen war bereits Mitte des 12. Jahrhunderts eine Welle von Klostergründungen der Rodungsorden der Prämonstratenser und Zisterzienser zu beobachten gewesen. Eine zweite Gründungswelle erfolgte Ende des 12./Anfang des 13. Jahrhunderts mit den Prämonstratenserklöstern von Mühlhausen (1184/87), Klosterbruck bei Znaim (1190), Tepl (1193), Obrowitz bei Brünn (1200/09) sowie den Prämonstratenserinnenkonventen von Kanitz bei Brünn (1183), Chotěschau bei Mies (um 1202) und Neureisch bei Teltsch (1211). Zisterzienserklöster entstanden in Maschau bei Kaaden (1192/93, 1198 nach Ossek verlegt) und – als erstes in Mähren – Welehrad (1205), zisterziensische Frauenkonvente in Oslawan (1225) und Tischnowitz (1232). Während bei den Prämonstratensern die Gründungsinitiative des Landesherrn vorherrschte, waren die Zisterzienserklöster überwiegend adelige Gründungen, deren Patronatsrecht aber im Laufe des 13. Jahrhunderts häufig auf den König überging. Wenzel I., Přemysl Otakar II. und Wenzel II. förderten nämlich die Zisterzienser besonders, so daß eine weitere Gründungswelle der zweiten Hälfte des 13. Jahrhunderts ausschließlich diesem Orden galt (Saar 1252, Hohenfurth 1259, Wisowitz in Mähren 1261, Goldenkron 1263, Königsaal als přemyslidische Grablege 1292 sowie die Frauenklöster Sezemice 1250 und Frauenthal 1265). Diese Zisterzienserabteien standen in enger politischer und ökonomischer Beziehung zum Herrscherhaus. Benediktinerabteien entstanden seit 1150 nur noch in Podlažitz (1159) und Teplitz (Nonnen, 1160/67), Priorate bzw. Propsteien in Politz (1213), St. Johann unter dem Felsen (vor 1310), Braunau (1322) und Ottau (1367). Auch die Prämonstratenser kamen im 14. Jahrhundert noch zu je einem Männer- und Frauenkloster (Skalitz 1357, Altbrünn 1322).

Die Klöster entwickelten ihre Rodungsgüter mit Hilfe ertragsfördernder westeuropäischer Agrartechniken und durch den Zuzug bäuerlicher Siedler aus den Nachbarländern, denen eine Verbesserung des untertänigen Rechtsstandes gewährt wurde: Erblichkeit des Leiheguts, abgabenfreie Jahre, danach begrenzter Zins, Freiheit von Fron-

arbeit. Dieses emphyteutische oder »deutsche« Recht wurde bald
auch auf tschechische Bauernsiedlungen übertragen, um den Ausbau
des älteren Kulturlandes um die přemyslidischen Burgen und die
Adelssitze ebenso zu beschleunigen. Der Bevölkerungszuzug aus
Österreich, Bayern, Franken und Meißen förderte vor allem die agra-
rische Entwicklung der zuvor schwach besiedelten Randregionen
Böhmens und Mährens, aber auch Teile der Böhmisch-Mährischen
Höhe. Daher liegt in der mittelalterlichen Siedlungsintensivierung
die Ursache für die Zweisprachigkeit dieser Länder. An der agrarischen Ansiedlung beteiligten sich bald auch der Adel und der König
auf ihren Gütern, und zwar in zunehmender Konkurrenz gegeneinander. So wurden etwa die Witigonen mächtig durch Kolonisation in
Südböhmen mit Siedlern aus Österreich. In Mähren wirkten bei der
bäuerlichen Kolonisation vor allem der Olmützer Bischof Bruno von
Schauenburg und Přemysl Otakar II. zusammen.

Mit dem agrarischen Landesausbau hing auch die Förderung von
Handel und Handwerk durch Städtegründungen zusammen. »Stadtgründung« bedeutete jedoch nur in wenigen Fällen die Neuanlage
einer Stadt aus »wilder Wurzel« durch den König, so etwa Budweis,
Nimburg und Polička. Infolge des zunehmend besiedelten Hinter-
landes entwickelten sich vielmehr die älteren Siedlungen vor allem
bei den herrscherlichen Burgen, die durch die Lage an Handelswegen
im Vorteil waren, zu Städten, seltener dagegen Siedlungen und unfreie Marktorte auf adeligen (Deutschbrod, Böhmisch Krumau) oder
geistlichen Gütern (Leitomischl, Přibram, Prachatitz), die erst im 14.
Jahrhundert einen städtischen Aufschwung nahmen. Bei der Stadtgründung ging es in Böhmen und Mähren im allgemeinen um die
Umsetzung solcher bestehender Burg- und Marktsiedlungen zu
neuem Recht, d. h. um die Verleihung von Stadtrechten nach Magdeburger, Nürnberger oder Wiener Muster. Sie bedeutete neben
dem Markt- und Befestigungsrecht vor allem bessere Besitzrechte der
Bürger und Selbstverwaltung der Gemeinde unter einem königlichen
Stadtrichter. Dabei erfolgte oft eine topographische Verlagerung gegenüber dem alten Herrschaftszentrum oder eine Zusammenfassung
mehrerer älterer Siedlungskerne. Vor allem aber hing die Stadtrechtsverleihung meist mit der Zuwanderung deutscher Neubürger zusammen, für die das deutsche Stadtrecht einen sozialen Anreiz bot. Der
Rat als Selbstverwaltungsorgan trat in den böhmischen und mährischen Städten daher bereits seit den vierziger Jahren des 13. Jahrhunderts auf.

Vor allem Přemysl Otakar II. betrieb eine gezielte Politik der Stadtgründungen und Rechtsverleihungen, da die Ansiedlung von Handwerkern und Händlern die Abgaben steigerte und die Befestigungs-

anlagen der königlichen Städte ein Netz von politisch-militärischen Stützpunkten bildeten. Überdies förderte er mit seinem Schutzprivileg von 1255 die Ansiedlung von Juden, deren Gemeinden Selbstverwaltung genossen und nur dem König unterstanden. Mit dem Aufschwung des Städtewesens entstanden dank dieses »Ottokarianums« auch außerhalb Prags zahlreiche Judengemeinden, die bis Ende des 14. Jahrhunderts vor größeren Pogromen sicher waren.

Die böhmischen Könige förderten im 13. Jahrhundert auch den Silberbergbau und das Münzwesen als die wichtigste Grundlage ihres Reichtums, indem sie Bergstädte gründeten und mit besonders attraktiven Rechten ausstatteten, um Bergleute aus Sachsen, Tirol und dem Harz anzuziehen: Mies um 1200, Iglau 1240, Deutschbrod um 1250, Kuttenberg nach 1275. Die bedeutendste Silberbergstadt im 13. Jahrhundert war Iglau, dessen Berg- und Stadtrecht (1249) zum Modell für andere, auch ungarische und sächsische Bergstädte wurde. Seit Ende des 13. Jahrhunderts wurde es jedoch von Kuttenberg überflügelt. In Bergbau und Bergstädten waren die angeworbenen deutschen Bürger und Experten ebenso führend wie im königlichen Münzwesen. Florentiner Bankiers und Kaufleute wurden dagegen von Wenzel II. beauftragt, 1300 die große Münzreform zu organisieren, mit der der »Prager Groschen« eingeführt und erfolgreich verbreitet wurde.

Mit der Vermehrung und Erweiterung der Städte mußte auch die Kirche ihre institutionelle Präsenz und ihre Seelsorge für die neue Stadtbevölkerung intensivieren. Seit Anfang des 13. Jahrhunderts wurden die alten Burgpfarrbezirke und adeligen Eigenkirchen abgelöst durch ein Netz neuer Pfarrsprengel, die von Dekanen unter der Weisungsgewalt des Bischofs und der Archidiakone betreut wurden. Für Predigt und Seelsorge in der Stadt wirkten daneben und vor allem die dafür geschaffenen neuen Bettelorden. Bereits 1228 entstand als älteste Niederlassung der Franziskaner das Kloster St. Jakob in der Prager Altstadt. Agnes gründete die hl. Agnes, Tochter König Přemysl Otakars I., als Anhängerin der franziskanischen Armutsbewegung 1233 dort ein Spital mit einer Bruderschaft, einen weiteren Minoritenkonvent sowie das älteste Klarissenkloster nördlich der Alpen. Unter der Regierung ihres Bruders, Wenzels I., entstanden in rascher Folge weitere Minoritenklöster vor allem in königlichen Städten Mährens und Böhmens. Einige weitere kamen noch nach der Jahrhundertmitte dazu, so daß die 1254 eingerichtete böhmische Minoritenprovinz 1284 bereits 31 Konvente zählte. – Die Dominikaner, die schon 1226 als ihre erste Niederlassung St. Clemens in Prag gründeten, wurden besonders von König Přemysl Otakar II. und Wenzel II. gefördert, so daß deren Gründungswelle bis zum Jahrhundertende reichte, die der Dominikanerinnen noch weit ins 14. Jahrhundert hinein. In vielen Städten besaßen beide Mendikantenorden Niederlassungen, deren Gebäude vielfach von Anfang an in die Stadtplanung einbezogen wurden.

In der zweiten Hälfte des 13. Jahrhunderts erhielten auch die Augustiner-Eremiten vier Klöster in Böhmen und Mähren sowie 1285 ihre Zentrale St. Thomas auf der Prager Kleinseite. Ein weiterer Reformorden, der sich in dieser Zeit vor allem in Böhmen ausbreitete, waren die Magdalenerinnen, die sich um gefallene Frauen kümmerten, offenbar ein Sozialproblem der aufstrebenden Städte ebenso wie das der Kranken- und Armenfürsorge. Der in Prag entstandene Spitalorden der Kreuzbrüder breitete sich in Böhmen-Mähren und den Nachbarländern erfolgreich aus und wurde besonders von Wenzel I. gefördert. Die Bruderschaft erhielt nicht nur Spitäler, sondern auch Pfarrseelsorge zugewiesen. Mit der Verleihung eines besonderen Abzeichens durch den Prager Bischof wurden sie 1252 zu den »Kreuzherren mit dem roten Stern« und erhielten ihre Zentrale an der Prager Moldaubrücke. Zu den Hospitalorden gehörten auch die Ritterorden, von denen die Johanniter (Malteser) bereits seit 1160 in Böhmen ertragreiche Kommenden errichteten und Pfarreien übernahmen, daneben die Templer und schließlich seit Anfang des 13. Jahrhunderts der Deutsche Orden, den Přemysl Otakar II. und Wenzel II. besonders begünstigten und dessen beträchtlicher Besitz vom Landkomtur in Komotau verwaltet wurde.

Die neuen Klöster und Orden intensivierten die personellen und kulturellen Verbindungen Böhmens und Mährens mit den Nachbarländern und vor allem mit der Reichskirche. Insbesondere verdichteten sie im Lande selbst das Netz der geistigen und religiösen Kultur (vgl. Karte S. LIII). Aber auch die adelige Laienkultur wurde am Hof Přemysl Otakars II. und Wenzels II. gepflegt, der zu einem Mittelpunkt deutschsprachiger höfischer Literatur wurde. Die beiden Könige förderten bedeutende Autoren höfischer Epen und Romane, und Wenzel II. trat sogar selbst als Autor des späten Minnesangs auf. Mit der Steigerung des Landesausbaus im 13. Jahrhundert durch Königtum, Bischöfe, Klöster und Adel, mit der agrarischen Kolonisation, mit Siedlerzuzug und Bevölkerungszunahme, mit Stadterweiterungen und –gründungen, mit der Organisation und Förderung des Silberbergbaus und mit der Verdichtung des Kloster- und Ordenswesens erfuhren Böhmen und Mähren eine enorme ökonomische und kulturelle Intensivierung, aber auch eine gesellschaftliche Differenzierung in Adel, Geistlichkeit und Stadtbürgertum. Auf diese Weise verbesserten sich zugleich die politisch-herrschaftlichen Ressourcen des Königtums. Böhmen und Mähren wurden zu reichen

Ländern, die bei Dynastiewechseln immer wieder die Ambitionen auswärtiger Fürsten anreizten. Der Landesausbau und der politische Aufstieg der böhmischen Könige im 13. Jahrhundert begründeten schließlich den Entwicklungsausgleich gegenüber den westlichen europäischen Ländern, der im 14. Jahrhundert ganz deutlich zutage trat.

7. Die böhmischen Länder als Zentrum Mitteleuropas: Glanz und Krise des 14. Jahrhunderts

In der Thronvakanz nach dem Mord am letzten Přemysliden-König war es die Aufgabe der ständischen Landesgemeinde – Barone, hohe Geistlichkeit, Stadtpatriziat –, einen geeigneten Nachfolger zu finden. Zunächst wählte eine Adelsmehrheit Herzog Heinrich von Kärnten, der die Schwester Wenzels III. geheiratet hatte. Als jedoch Rudolf von Habsburg in Böhmen einfiel und sich mit der Witwe Wenzels II. Elisabeth (Rejčka) vermählte, erreichte er mit Unterstützung seines Vaters, des römischen Königs Albrecht I., seinerseits die Zustimmung des Adels, starb jedoch bereits im folgenden Jahr 1307 beim Kampf gegen die Opposition in Westböhmen. Daraufhin wurde Heinrich von Kärnten (1307–10) erneut gewählt, vermochte jedoch nicht, Frieden und Einigkeit im Land herzustellen. Angesichts der wachsenden Spannungen zwischen den Ständen ergriffen die Zisterzienseräbte zusammen mit den bedeutendsten Baronen und dem Prager Patriziat die Initiative für eine Krisenlösung und verhandelten erfolgreich mit dem neuen römischen König, dem Luxemburger Heinrich VII. Das Ergebnis war die Heirat Elisabeths, der jüngsten Tochter Wenzels II., mit Heinrichs VII. Sohn Johann, die Privilegienbestätigung durch den König und die nachfolgende Wahl Johanns durch die Stände zum böhmischen König. Da Heinrich von Kärnten keine Unterstützung mehr fand, konnte Johann von Luxemburg (»der Blinde« 1310–46) Böhmen rasch einnehmen und sich am 11.2.1311 in Prag krönen lassen.

In der Thronvakanz und bei den wechselnden Königswahlen war die gewachsene Macht und politische Bedeutung der Stände klar zum Ausdruck gekommen. Zur Absicherung ihrer alten Rechte hatte der neue König dann auch sofort 1310 für Böhmen und 1311 für das aus habsburgischer Pfandschaft gelöste Mähren Inaugurationsdiplome auszustellen. Darin wurden Ämter und Gütererwerb den Landeseinwohnern vorbehalten, außerordentliche Steuern von der Zustimmung des Landtags abhängig gemacht und das Landesaufgebot auf Verteidigung innerhalb der Grenzen beschränkt. Das Privileg wurde zur Grundlage für den sich entwickelnden ständisch-monarchischen Dualismus. Gegen die Berater, die der jugendliche König aus dem

Reich mitbrachte – an ihrer Spitze der einstige Kanzler Wenzels II., Peter von Aspelt, nunmehr Erzbischof von Mainz –, gegen ihre zentralistischen Tendenzen und die Forderung nach Rückgabe entfremdeter Königsgüter formierte sich der Widerstand der Barone um Heinrich von Leipa. Auf der anderen Seite bildete sich um Königin Elisabeth eine Partei aus Adeligen, Zisterzienseräbten und Städtern, die auf die Erneuerung monarchischer Herrschaft aus přemyslidischer Tradition zielte. In den bürgerkriegsähnlichen Spannungen konnte sich König Johann nicht durchsetzen, zumal er die obersten Landesämter den Baronen hatte überlassen müssen. Auch der zum »Generalkapitän« erhobene Peter von Aspelt vermochte keine Vermittlung zu erreichen. Angesichts der drohenden Absetzung sah sich der König 1318 auf dem Landtag in Taus zu einem vom römischen König Ludwig IV. vermittelten Ausgleich genötigt, in dem er auf die fremden Berater verzichten und den oppositionellen Beamten die Aufsicht über die königlichen Städte überlassen mußte. Als die von dieser Kapitulation enttäuschte Gegenpartei um die Königin in einem Staatsstreich Johann 1319 abzusetzen versuchte, retteten ihn jedoch die Barone. Deren Führer Heinrich von Leipa – unterstützt von Wenzels II. Witwe Elisabeth – besaß nun die stärkste Machtposition im Lande, während der König sich künftig als Reichsvikar vor allem in der Italien- und Reichspolitik engagierte und wenig Interesse an den inneren Verhältnissen seiner Länder zeigte.

In der äußeren Expansion der böhmischen Königsherrschaft erreichte König Johann in der Folgezeit dagegen beträchtliche und dauerhafte Erfolge. Nach dem Aussterben der brandenburgischen Askanier gelang ihm bereits 1319, gestützt auf přemyslidische Erbansprüche, der Erwerb eines Teils der Oberlausitz mit Bautzen und Kamenz. Kurz darauf anerkannte ihn der Herzog von Troppau als Lehensherrn. Und für die politisch-militärische Unterstützung im deutschen Thronkampf übertrug Ludwig IV. 1322 der Krone Böhmen das Egerland. Aus přemyslidischer Tradition hatte Johann auch den Titel eines Königs von Polen übernommen und versuchte diesen Anspruch bei einem ersten Feldzug 1327 durchzusetzen. Dabei erreichte er die Huldigung der oberschlesischen Herzöge von Teschen, Falkenberg, Ratibor und Oppeln, bald auch des Herzogtums Breslau. Da der polnische König nichts dagegen unternehmen konnte, unterstellten sich 1329 auch die Fürsten von Liegnitz, Brieg, Sagan und Oels dem König von Böhmen als Lehensherrn, der schließlich auch noch Görlitz gewann und 1331 Glogau zur Unterwerfung zwang. Bis auf Schweidnitz gehörte damit ganz Schlesien zur Krone Böhmen. König Kasimir III. von Polen anerkannte das Ergebnis gegen Johanns Verzicht auf seine polnischen Thronansprüche 1335 im berühmten Vertrag von Trentschin. In den Zusammenhang der gegen Polen gerichteten Politik gehörten auch Johanns Feldzüge zur Unterstützung des Deutschen Ordens und gegen die heidnischen Litauer (1328/29, 1337, 1344), die ihm allerdings wenig einbrachten. Im Unterschied zur Expansion in Schlesien scheiterte schließlich sein 1330 begonnener Versuch, Tirol für seinen jüngeren Sohn Johann Heinrich zu gewinnen, da dieser auf Betreiben des Kaisers 1341 aus dem Land verdrängt und seine Ehe mit der Erbin von Tirol, Margarete »Maultasch«, annulliert wurde. Danach richtete sich König Johanns ganze Energie auf den Sturz des gebannten Kaisers und auf die Erhebung seines Sohnes Karl zum römischen König, für die er bei mehreren Besuchen in Avignon die päpstliche Zustimmung und schließlich 1346 bei der Wahl in Rhens die Stimmen der fünf nichtwittelsbachischen Kurfürsten gewann. Einen Monat später fand der im Alter erblindete König in der Schlacht bei Crécy auf französischer Seite den Tod.

König Johann hatte seinen ältesten Sohn Wenzel 1319 seiner Mutter entzogen und zur Erziehung nach Paris geschickt, wo sich Pierre Roger, später Papst Clemens VI., seiner Ausbildung annahm. Bei der Firmung erhielt er den Namen seines Firmpaten, König Karls IV. von Frankreich. Seine politischen Lehrjahre erlebte er in Oberitalien, wohin sein Vater den Fünfzehnjährigen 1331 als Statthalter entsandte. Da er dort die Herrschaft nicht halten konnte, zog er sich nach Tirol zurück. Hier bat ihn 1333 eine Gesandtschaft des böhmischen Adels, ins Land zu kommen, um die seit dem Tod Heinrichs von Leipa sich ausbreitende Anarchie zu beenden. Mit der Ernennung Karls zum Markgrafen von Mähren und Landeshauptmann von Böhmen stimmte dem auch König Johann zu. Da Karl sich umsichtig und energisch der Probleme des Landes, insbesondere der von Johann vermehrten Kronschulden und der Rückgewinnung des Krongutes (1337 Erneuerung des Hofgerichts für königliche Güter- und Rechtsansprüche), annahm und konsequent im Lande residierte, gewann er rasch das Vertrauen der Stände, die ihn mit Johanns Zustimmung 1341 zum Erben und Nachfolger erklärten. Mit seinen guten Beziehungen zu Papst Clemens VI. betrieb nun vor allem Karl selbst seine Nachfolge im Reich und den diplomatisch-militärischen Kampf gegen die Wittelsbacher, den er vor allem durch Heiratspolitik gewann. Ebenso widmete er sich damals bereits dem Ziel der politischen Erhöhung und Unabhängigkeit der Böhmischen Krone, zunächst auf kirchlichem Gebiet. So erreichte er 1344 die von den Přemysliden immer wieder erfolglos angestrebte Abtrennung Prags von der Mainzer Kirchenprovinz und die Erhebung zum eigenständigen

Erzbistum mit Olmütz und dem neugegründeten Leitomischl als Suffraganbistümern. Am Tag der Inthronisation des bisherigen Bischofs Ernst von Pardubitz als Erzbischof erfolgte auch die Grundsteinlegung für den Neubau der St.-Veits-Kathedrale, in dem sich neben der Erneuerung des verfallenen Königspalastes auf der Prager Burg das Ziel des Ausbaus der Stadt zum Herrschaftszentrum sinnfällig manifestierte.

Nach dem Tod seines Vaters 1346 und nach der Bonner Krönung zum römischen König – die er nach seiner Durchsetzung im Reich 1349 in Aachen wiederholte – wurde Karl IV. (1346–78) in Prag am 2.9.1347 als böhmischer König gekrönt. Gleich im Jahr danach erfolgten konzentrierte und nachhaltige Maßnahmen zur Verselbständigung Böhmens im Reich, zur Erhebung Prags zur kulturellen und politischen Metropole sowie zur rechtlichen Systematisierung der Kohärenz der böhmischen Länder. Mit der Anlage der Prager Neustadt verdreifachte Karl nicht nur das Areal der Residenzstadt, sondern zog auch Handwerk und Handel aus dem tschechischen Mittelböhmen an. Als intellektuelles Zentrum gründete er mit päpstlicher Zustimmung in der Prager Altstadt die erste Universität nördlich der Alpen. Sie umfaßte alle vier Fakultäten (Artes liberales, Theologie, Jura, Medizin) und war außerdem in vier Nationen gegliedert. Schließlich befahl er den Bau der Burg Karlstein in der Nähe Prags als Aufbewahrungsort der Kroninsignien und der von ihm gesammelten Reliquien – gleichsam als heiliger Schrein seines Reiches. Den Dombau und die Erneuerung der Moldaubrücke übertrug er 1356 dem damals innovativsten Baumeister Peter Parler.

Aus der Machtvollkommenheit des römischen Königs konnte er nun aber auch das bislang nicht ganz klare Rechtsverhältnis Böhmens zum Reich und der böhmischen Länder untereinander ordnen. So bestätigte er 1348 nicht nur die alten Rechte des böhmischen Königs als Reichserzschenken und Kurfürsten, das Verbot des Heimfalls Böhmens ans Reich als erledigtes Lehen und das Recht zur freien Königswahl, sondern nach seiner Kaiserkrönung (1355) fixierte er in der Goldenen Bulle 1356 auch reichsrechtlich die Unabhängigkeit der Gerichte der böhmischen Kronländer, von denen es keine Berufung an das Reich gab. Ebenfalls 1348 bestätigte er die ausschließliche Lehensbeziehung der Markgrafschaft Mähren, des Bistums Olmütz und des Herzogtums Troppau zum böhmischen König ohne Lehensbindung an das Reich. Mit der Markgrafschaft war bereits 1346 sein aus Tirol verdrängter Bruder Johann Heinrich belehnt worden. Überdies erklärte er 1348 und – nachdem er 1353 mit Anna von Schweidnitz dieses letzte schlesische Herzogtum erheiratet hatte – 1355 die schlesischen Herzogtümer und die Mark Bautzen und Görlitz zu inkorporierten Lehen der Böhmischen Krone, wiederum ohne direkte Bindung ans Reich. Den Begriff der »Krone« (corona Bohemiae) verwendete Karls Kanzlei seither als höchsten und abstrakten Staatsbegriff, in dem das Konglomerat der böhmischen Länder in rechtstheoretischer Überhöhung als Einheit verbunden war. Der Krone als oberstem Herrschaftssymbol waren sowohl das Land Böhmen als »regnum« und die Person des Königs als auch die Stände untergeordnet. Der Lehenseid galt künftig nicht nur dem König, sondern auch der Krone. Außerdem sakralisierte Karl IV. die Krone Böhmens im Kult des hl. Wenzel, dem die böhmische Königskrone zugeeignet war und dessen Verehrung Karl aus přemyslidischer Tradition intensivierte. Die Wenzelskapelle der Kathedrale wurde so zum Staatsheiligtum. Auch der Kult der anderen Landespatrone diente der religiösen Vertiefung der Herrschaft und der zentralen Position der böhmischen Länder in Mitteleuropa. Schließlich verband Karl seine Dynastie mit den böhmischen Ländern in einer vom Landtag 1355 gebilligten Erbfolgeordnung, nach der die Stände nur bei völligem Aussterben der Dynastie das Königswahlrecht behielten. Als einigendes Forum der böhmischen Kronländer berief Karl für wichtige Zustimmungsfragen 1348, 1355 und 1356 Generallandtage aller Landstände. Infolge des Selbstbewußtseins und Eigeninteresses der verschiedenen Länder ebenso wie infolge der oppositionellen Tendenzen erwies sich dieses Instrument jedoch als untauglich und entwickelte sich zu keiner dauerhaften Institution der Kohärenz der böhmischen Länder.

Da Karl IV. mit geschickter Diplomatie und den Mitteln der Heiratspolitik seine Herrschaft im Reich durch den Ausgleich mit den konkurrierenden Dynastien der Habsburger und Wittelsbacher und durch gute Beziehungen zu den Kurfürsten ebenso abzusichern wußte wie sein Verhältnis zu Polen und Ungarn, gelang ihm auch die weitere Expansion seiner böhmischen Hausmacht. Aus der oberpfälzischen Mitgift seiner wittelsbachischen zweiten Gemahlin Anna von der Pfalz entwickelte er 1353 zwischen Böhmen und Nürnberg das Territorium »Neuböhmen« und inkorporierte es der böhmischen Krone. Bald richteten sich seine Expansionsziele jedoch nach Norden. Dort löste er 1364 die Niederlausitz ein, erwarb sie 1367 durch Kauf von den Wittelsbachern und vereinigte sie mit der Krone Böhmen. In Konkurrenz mit Wittelsbach gelangte er 1365 zur Verwaltung der Mark Brandenburg, die er schließlich 1373 von den Wittelsbachern gegen den Verzicht auf die Oberpfalz erwarb und seinem Sohn Sigismund übertrug.

Den inneren Herrschaftsaufbau Karls IV. kennzeichnet zunächst die Steigerung der Schriftlichkeit, der Ausbau der königlichen Kanzlei

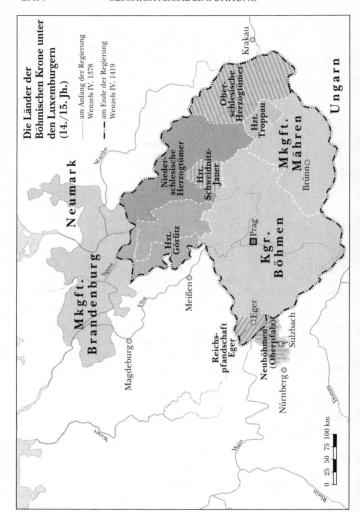

Die Länder der Böhmischen Krone unter den Luxemburgern (14./15. Jh.)

········· am Anfang der Regierung Wenzels IV. 1378

▬ ▬ ▬ am Ende der Regierung Wenzels IV. 1419

Ungarn

Neumark

Oberschlesische Herzogtümer

Hzt. Troppau

Mkgft. Mähren

Brünn

Niederschlesische Herzogtümer

Hzt. Schweidnitz-Jauer

Hzt. Görlitz

Prag

Kgr. Böhmen

Mkgft. Brandenburg

Meißen

Eger

Reichspfandschaft Eger

Neuböhmen (Oberpfalz)

Sulzbach

Nürnberg

Magdeburg

Krakau

Warthe

Spree

Elbe

Weser

Main

Rhein

Donau

0 25 50 75 100 km

mit ergebenen Fachleuten und vorhumanistisch gelehrten Geistlichen (Johannes von Neumarkt 1354 Kanzler, Bischof von Leitomischl 1353, Bischof von Olmütz 1364) und die Anlage eines Kronarchivs. Mit bürgerlichen Finanzfachleuten reorganisierte Karl die Verwaltung der königlichen Einkünfte. Durch Privilegien förderte er Handwerk und Handel der Städte und insbesondere den Handelsweg über Prag und Breslau. Da Böhmen und Mähren von der ersten großen Pest und den folgenden Krisenerscheinungen nicht erfaßt waren, gelang ihm auf diese Weise – neben den Erträgen aus Bergregal, Silberproduktion und Judenregal – eine Einkunftssteigerung, mit der er die Einlösung der verpfändeten Krongüter ebenso wie seine territorialen Expansionen finanzieren konnte. Zur Sicherung der königlichen Gerichtsexekution und regionalen Kontrolle hatte er schon als Markgraf und Landeshauptmann begonnen, ein Netz von königlichen Burgen zu errichten und zu erwerben, mit dem zugleich die Handelswege zu schützen waren.

Karls Versuch, nach französischem Vorbild eine direkte, ligische Lehensbindung aller Untertanen an den König einzuführen, scheiterte jedoch ebenso wie seine Absicht, mit der Kodifikation des Landrechts die königliche Prärogative in allen Bereichen durchzusetzen. Diese »Maiestas Carolina« mußte er angesichts der Opposition des Adels 1356 zurückziehen. Lediglich eine Ordnung des Landrechts (ordo iudicii terrae) gelang ihm, nach der königliche Landrichter in den Kreisen für alle Fälle von Landfriedensbruch zuständig waren. Das höchste Gericht im Lande blieb jedoch das für alle Besitzer freier Güter zuständige, viermal jährlich zusammentretende adelige Landrecht, neben dem ein »Kleines Landrecht« für geringere Fälle sowie mehrere Kreisgerichte geschaffen wurden. Mit den Baronen vermied der König Konflikte und überließ ihnen die regulären obersten Landesämter. Im Kronrat stützte er sich aber vorwiegend auf den Lehensadel, bürgerliche Experten und die Geistlichkeit. Besonders eng kooperierte er mit Erzbischof und Bischöfen als Beratern und Gesandten.

Aus persönlicher Frömmigkeit förderte Karl nicht nur die religiöse Staatsrepräsentation, sondern auch die kirchlichen Institutionen und die religiöse Kultur. Mit seiner Unterstützung sorgte insbesondere Erzbischof Ernst von Pardubitz (1344–64) für die Stärkung und Unabhängigkeit der kirchlichen Rechtsprechung durch Bildung eines Konsistoriums und durch konsequente Systematik der administrativen Schriftlichkeit sowie für die Klerusdisziplin durch Synoden und ständige Visitationen. Seine 1349 erlassenen Statuten sollten die adeligen Patronatsrechte einschränken und die bischöfliche Autorität im

Gericht über den Klerus und in der Pfarrstellenbesetzung sichern. Zur Darstellung kaiserlicher und kirchlicher Universalität, aber auch als Siedlungskerne des großen Stadtareals gründete Karl IV. in der Prager Neustadt mehrere Klöster unterschiedlicher Orden und Liturgien: 1347 das Karmeliterkloster Maria Schnee, das 1379 ein Generalstudium erhielt; 1347/48 das benediktinische Slawenkloster (Emaus) zur Pflege slawischer Liturgie; 1354 Augustiner-Eremitinnen St. Katharina; 1354/55 das Benediktinerkloster St. Ambrosius für ambrosianische Liturgie; 1362 das Kollegiatstift St. Apollinaris. Erzbischof und König bevorzugten vor allem dezentrale Orden, so in erster Linie die Augustiner-Chorherren. Deren erstes Stift gründete bereits 1333 Bischof Johannes von Draschitz in Raudnitz ausschließlich für Tschechen, eine Bestimmung, die 1349 wieder aufgehoben wurde. Der Orden widmete sich der Pflege der Wissenschaft und der Anleitung zum geistlichen Leben. Die Raudnitzer Klosterregeln wurden für weitere Gründungen des Königs, Erzbischofs und des Hochadels vorbildlich (1349/50 Glatz, 1351 Jaroměř, 1361 Rokytzan, 1362 Sadska, 1367 Wittingau, 1371 Landskron und Sternberg, 1387 Fulnek, 1391 Proßnitz). Raudnitz wurde überdies ein Zentrum der verinnerlichten Religiosität, Bibelfrömmigkeit und Nachfolge Christi (»Devotio moderna«). In dieser Zeit hielten auch die auf Askese, religiöse Verinnerlichung und Studium ausgerichteten Kartäuser Einzug in Böhmen und Mähren. Nach der ersten Kartause Mariengarten bei Prag (1342) entstanden weitere in Königsfeld bei Brünn (1375) und Tržek bei Leitomischl (1378, 1388 nach Dolein bei Olmütz übertragen). Ebenso wie die Kartäuser waren auch die Augustiner-Eremiten als Lehrer der Prager Universität verbunden. Nach deren ersten Gründungen unter Wenzel II. förderte nun besonders auch Karls Kanzler und Bischof von Olmütz, Johannes von Neumarkt, neue Niederlassungen (1350 Brünn, 1355 Leitomischl und Mährisch Kromau, 1356 Senftenberg, 1358 Oswětiman bei Welehrad, 1372 Gewitsch, 1373 Dolní Ročov). Von Maria Schnee in der Prager Neustadt aus gründete Karl IV. 1351 ein weiteres Karmeliterkloster in Tachau.

Mit dem Ausbau Prags, der Kathedrale und der Burg Karlstein und mit den zahlreichen Kloster- und Kirchenbauten erfuhren Böhmen und Mähren einen unerhörten Aufschwung in der damals modernen Architektur und Kunst (vgl. Karte S. LIII). Sie wurden zu einer mitteleuropäischen Zentralregion der internationalen Gotik und des höfischen »Schönen Stils«, nicht zuletzt durch die anregende Bauhütte Peter Parlers. Die zahlreichen Klöster und geistlichen Pfründen vermehrten aber auch den Klerus in einem ökonomisch kaum erträglichen Maß. Überdies erlaubte das Einverständnis Karls IV. mit den

Päpsten in Avignon diesen ein starkes Einwirken auf die böhmische Kirche und eine plötzliche Ausdehnung päpstlicher Pfründenbesetzungen. Dies alles hatte ein zunehmend fiskalisches Denken der Geistlichen zur Folge. Zumal die Bettelorden wurden reich und fixierten sich auf Geldgeschäfte. Kritiker bezeichneten dies als Simonie, gegen die in der Hauptstadt alsbald Reformprediger auftraten. Karl IV. selbst berief den Augustiner-Chorherrn Konrad Waldhauser 1363 nach Prag, wo er in wirkungsvollen Predigten die Nachlässigkeit des Klerus, die Geldgeschäfte der Bettelorden und den Luxus der reichen Bürger kritisierte. Aus seinem Schülerkreis erwuchs Johannes Militsch von Kremsier, der 1363 auf seine Pfründen verzichtete und als Bußprediger in Prag wirkte. Seine Klerus- und Gesellschaftskritik stand unter der apokalyptischen Erwartung des nahen Antichrist. Aus Häuserstiftungen gründete er nach dem Ideal urchristlicher Brüderlichkeit das »Neue Jerusalem« für eine Gemeinschaft bekehrter Dirnen und für seine Predigerschüler. Aus deren Kreis kam Matthias von Janov, der nach seinem Studium in Paris als Reformprediger in Prag 1381–89 wirkte. Gegen Mißstände in Klerus und Orden und gegen eine veräußerlichte Religiosität verkündete er eine urchristliche Frömmigkeit auf der Grundlage des Evangeliums. Kirchlicher Aufschwung und religiöse Innerlichkeit in den Klöstern auf der einen, Kleruskritik und Reformpredigt auf der anderen Seite verbanden sich unter der Regierung Karls IV. In der Folgezeit lief beides immer mehr auseinander. Die Prager Reformbewegung gipfelte später in Jan Hus und in der böhmischen Reformation.

Seit der Geburt seines Sohnes Wenzel 1361, der schon 1363 zum böhmischen König gekrönt wurde, bemühte sich Karl in intensiver Diplomatie bei den Kurfürsten um dessen Nachfolge im Reich. 1376 erreichte er schließlich Wenzels Wahl und Krönung zum römischen König. Gemäß Karls Testament erhielt sein zweiter Sohn Sigismund die Mark Brandenburg, sein dritter Sohn Johann als Herzog von Görlitz einen Teil der Lausitz, während der Sohn Jobst seines Bruders Johann Heinrich Markgraf von Mähren blieb. Unter Karl IV. waren die böhmischen Länder zum Zentrum von Politik und Kultur in Mitteleuropa geworden. Als »Kaiser in Europa« wirkte er überdies durch zielstrebige Ausgleichspolitik und Diplomatie ebenso für seine Hausmacht wie für die Stabilität des römischen Königtums.

König Wenzel IV. (1378–1419) war mit Krisenerscheinungen konfrontiert, zu deren Bewältigung es einer aktiveren und konsequenteren Herrscherpersönlichkeit bedurft hätte. Die europäischen Krisenursachen – Pestwellen und Rückgang der agrarischen Einkünfte mit daraus folgender Verschärfung der Konkurrenz um Güter

und Rechte – erfaßten nun auch die böhmischen Länder. Juden-
pogrome etwa, die in anderen Ländern viel früher ausgebrochen waren, duldete Wenzel 1389 in Prag tatenlos. Der entscheidende Fehler,
der ihn in seinem Land in Schwierigkeiten brachte, bestand zum einen darin, daß er sich vorwiegend auf Berater und Amtsträger aus
dem Niederadel und Stadtpatriziat stützte und die Barone ignorierte,
zum anderen daß er die geistlichen Rechte mißachtete und so in
schwere Konflikte mit der Kirche geriet, die sich in der Situation des
Papstschismas seit 1378 ohnehin selbst in einer schweren Krise befand. Damit fehlten ihm die unter Karl IV. noch so wirksamen geistlichen Räte.

Im Reich betrieb Wenzel allerdings in den ersten zehn Jahren mit
einigem Erfolg eine Landfriedenspolitik und schränkte die Aktivität
der Städtebünde ein. In Böhmen stützte er sich zunächst auf den vom
Vater übernommenen Kronrat aus Baronen und Geistlichkeit.
Karl IV. hatte auch bereits 1376 als Wenzels Kanzler Johannes von
Jenstein eingesetzt, der 1378 Erzbischof von Prag wurde. Die Spannungen zwischen dem Kronrat und den königlichen Beratern aus
niedererem Stand veranlaßten ihn jedoch bereits 1384 zum Rücktritt
vom Kanzleramt. Der Erzbischof, der sich um kontemplative Spiri-
tualität und Disziplin des Klerus bemühte, geriet in der Verteidigung
kirchlicher Güter- und Gerichtsrechte in immer schärferen Gegensatz zum König und seinen Räten. Als er schließlich einen eigenmächtigen königlichen Bistumsgründungsversuch in Westböhmen
vereitelte, ließ ihn Wenzel zusammen mit dem Generalvikar Johannes von Nepomuk verhaften. Während der Erzbischof entkam, ließ
Wenzel den Generalvikar foltern und in die Moldau stürzen (1393).
Jenstein floh nach Rom, wo er vergeblich eine Klageschrift vorlegte,
und resignierte dort 1396. Das Grab Johannes' von Nepomuk wurde
bald nach seiner Überführung in den Prager Veitsdom zum Zentrum
der Verehrung. In der Barockzeit reihte man ihn unter die heiligen
Landespatrone ein und propagierte seinen Kult vor allem in den
Habsburgerländern.

Wenzels Justizmord gab den Anstoß dazu, daß sich die unzufriedenen
Barone unter Führung Heinrichs von Rosenberg in der Fronde eines
»Herrenbundes« formierten, an der auch der Bischof von Leitomischl, Johannes von Bucca, »der Eiserne«, beteiligt war. Sie setzten
den König 1394 gefangen und bestellten Jobst von Mähren zum Statthalter, den Wenzel nach seiner bedingten Freilassung verhaften ließ
und so den Konflikt verschärfte. Sein Bruder Sigismund, inzwischen
König von Ungarn, konnte aber 1396 einen Ausgleich vermitteln, in
dem Wenzel die adeligen Mitspracherechte und die Besetzung der
Landes- und Hofämter allein durch die Barone akzeptieren mußte.

Jobst erhielt überdies das Herzogtum Görlitz und die Oberlausitz als Lehen, nachdem ihm Sigismund bereits 1388 die Mark Brandenburg verpfändet hatte. Da die militärischen Auseinandersetzungen mit dem Herrenbund 1399 erneut ausbrachen, versäumte es Wenzel, der Vorladung der Kurfürsten, die seine Absetzung betrieben, nachzukommen, so daß ihm im Jahre 1400 die römische Königswürde zugunsten Ruprechts von der Pfalz tatsächlich entzogen wurde. In Böhmen versuchte nun Sigismund 1402, sich an die Spitze der Fronde zu setzen, indem er Wenzel gefangensetzte und nach Wien brachte. Es gelang jedoch Jobst von Mähren, die Führung des Herrenbundes zu übernehmen und nach Wenzels Flucht nach Böhmen den König endgültig zur Kapitulation zu zwingen: Ämter und Landfriedensrichter durften allein aus dem Kreis des Hochadels besetzt werden. Auf die Königswürde im Reich verzichtete Wenzel jedoch erst 1411 zugunsten seines Bruders Sigismund.

In Böhmen war die ständische Machtsteigerung des Adels zu einem neuen Höhepunkt gelangt. Das Königtum dagegen befand sich in der Dauerkrise. Der folgenschwerste Konflikt entwickelte sich jedoch aus der Kirchenreformbewegung, die ihre führende Persönlichkeit im Prager Universitätsmagister Jan Hus (um 1370–1415) fand. Dieser wirkte nämlich seit 1402 als tschechischer Volksprediger im Geist der älteren böhmischen Reformer. Er kritisierte nicht nur die Simonie des Klerus, sondern verkündete auch eine ganz am Evangelium ausgerichtete Christusfrömmigkeit und gewann damit eine unerhörte Breitenwirkung in allen Schichten der Bevölkerung. Entscheidend wurde aber der gleichzeitige Streit um die Lehre des englischen Reformators John Wyclif, mit der sich Hus und die Magister der böhmischen Universitätsnation seit 1398 befaßten, obwohl sie in England bereits als Häresie verurteilt war. Sie rezipierten weniger seine Abendmahlslehre als vor allem seinen philosophischen Realismus, der auch sein strenges Bibelverständnis von der »lex Dei« des Evangeliums prägte, seine Auffassung von der Kirche als Gemeinschaft der Prädestinierten und daher auch seine scharfe Kritik an kirchlichen Äußerlichkeiten, Hierarchie sowie Simonie und weltlicher Herrschaft der Geistlichen. Die drei deutschsprachigen Universitätsnationen hingen dem philosophischen Nominalismus an und verurteilten 45 Artikel Wyclifs 1403. Hus trat dagegen für Disputationsfreiheit ein und verteidigte Wyclif gegen die Verfälschung seiner Lehre. 1408 wurde der Streit vor die römische Kurie getragen, die die Wyclif-Thesen verurteilte. Die Prager Universität spaltete jedoch nicht nur der Wyclif-Streit, sondern auch das Papst-Schisma. Während die deutschen Nationen mit dem römischen König Ruprecht Rom anhingen, optierten die Böhmen mit König Wenzel 1409 für das Pisaner Konzil und dessen neugewählten Papst. So ließ sich Wenzel zum Kuttenberger Dekret bewegen, in dem er der böhmischen Universitätsnation drei Stimmen, den ausländischen Deutschen nur noch eine Stimme zuerkannte, so daß bald darauf die deutschen Magister Prag verließen und in Leipzig eine neue Universität gründeten. Im Ergebnis stärkte diese Sezession jedoch den Prager Wyclifismus und die Reformbewegung, an deren Spitze nun Jan Hus trat. Gegen einen erneuten Prozeß des Erzbischofs und dessen Bücherverbrennungen appellierte er 1410 an die päpstliche Kurie, wurde jedoch 1412 gebannt und Prag mit dem Interdikt belegt. Da er gleichzeitig gegen den Handel mit einem vom König unterstützten Ablaß agierte, verlor er die Gunst Wenzels und mußte Prag verlassen, nachdem er gegen das päpstliche Urteil an Christus als obersten Richter appelliert und sich damit von der päpstlichen Jurisdiktion distanziert hatte. Die wahre Kirche bestand für ihn nämlich in der Gemeinschaft der Auserwählten unter Christus als alleinigem Haupt, für die die sichtbare Kirche nur eine Funktion besitzt, sofern sie das wahre Evangelium verkündet und lebt. Auf dem Land unter adligem Schutz verbreitete Hus nun sein Reformanliegen und verfaßte seine Hauptwerke (z. B. *De ecclesia*). Auf Drängen König Sigismunds, des präsumptiven Nachfolgers seines Bruders Wenzel, erklärte er sich 1414 bereit, vor dem Konstanzer Konzil zu erscheinen, um die böhmische Reformbewegung zu rechtfertigen. In Konstanz wurde er jedoch verhaftet und einem Inquisitionsprozeß unterzogen, bei dem er den Widerruf standhaft verweigerte, um die Reformbewegung nicht zu diskreditieren. Daher wurde er am 6.7.1415 als Häretiker verurteilt und verbrannt. Sein Schüler und Freund Hieronymus von Prag endete ein Jahr später in Konstanz ebenfalls auf dem Scheiterhaufen.

8. Die Epoche der böhmischen Reformation und des Ständestaates (1415–1620)

Mit dem Tod von Jan Hus und Hieronymus besaßen die Reformanhänger ihre Märtyrer. Von außen wurden sie nun als Hussiten bezeichnet. Ihr Identifikationssymbol fanden sie im Laienkelch, den Magister Jacobellus von Mies 1415 an den Prager Kirchen zusammen mit der tschechischen Messe einführte und den die Universität 1417 für allgemeinverbindlich erklärte. Daher nannte man die gemäßigten Hussiten auch Kelchner oder Utraquisten. Die regionale und gesellschaftliche Breite der Bewegung zeigte sich bereits an einem Protestschreiben an das Konstanzer Konzil, in dem mehrere hundert Adelige dessen Urteil als Schandmal für Böhmen und Mähren ablehnten. Die

Bewegung breitete sich in den Städten sowie in Ost-, Mittel- und Südböhmen rasch aus. Als König Wenzel unter dem Druck des Papstes und König Sigismunds 1419 in den königlichen Städten Kelchpriester und hussitische Räte beseitigte, kam es zur Radikalisierung. Auf dem Land formierten sich Massenwallfahrten auf Berge, die man nach biblischen Vorbildern benannte (Tabor, Horeb) und wo man das Erscheinen eines neuen gerechten Zeitalters der Herrschaft Christi erhoffte. In Prag sammelte der Prediger Johannes von Seelau (Jan Želivský) die Anhänger. Am 30.7.1419 zogen sie in einer Kelchprozession zum Neustädter Rathaus, ermordeten die katholischen tschechischen Ratsherren (1. Prager Fenstersturz) und setzten eine neue hussitische Stadtregierung ein. König Wenzel mußte die Gemeinderevolution hinnehmen und starb bald danach an einem Schlaganfall. Es folgten Kirchen- und Klostersturm in den Prager Städten sowie Flucht und Vertreibung der kelchfeindlichen deutschen Bürger.

Nachdem Huldigungsverhandlungen König Sigismunds (1419–37) an der Kelchforderung gescheitert waren, ließ er auf einem Reichstag in Breslau im Frühjahr 1420 einen vom Papst verkündeten Kreuzzug gegen die Hussiten vorbereiten. Die Bedrohung radikalisierte die Bewegung erneut und formierte sie auf einer neuen Stufe. Auf Antrag des Hochadels definierte die Universität die Selbstverteidigung als gerechten Krieg. Überdies einigten sich die hussitischen Richtungen auf das Rahmenprogramm der Vier Prager Artikel, die aus den Diskussionen seit 1417 hervorgingen und die sich später in zahlreichen Manifesten in Europa verbreiteten: Freie Predigt des Evangeliums, Kommunion unter beiden Gestalten (Laienkelch), Verbot kirchlicher Güter und apostolische Armut der Geistlichen, Bestrafung der öffentlichen Sünden. Kurz zuvor war in der südböhmischen Wallfahrergemeinde des Berges »Tabor« die pazifistische Endzeiterwartung in sozialrevolutionäre Endzeitaktivität umgeschlagen. Unter der Führung des Jan Žižka von Trocnov, der schon beim Prager Umsturz mitgewirkt und danach in Pilsen den Widerstand organisiert hatte, gründete man ein neues Tabor als befestigte Siedlung und als Zentrum der »Gottesstreiter« für eine egalitäre Gesellschaftsordnung, orientiert am urchristlichen Gemeindekommunismus und an einem strengen Biblizismus. Zu ihrem Bischof wählten sie Nikolaus von Pilgram. Vor allem organisierte Žižka aus den Bauern und Handwerkern ein schlagkräftiges Volksheer mit neuen, effizienten Kriegstechniken. Die Taboriten galten bald als unbesiegbar, da an ihrer Militärtaktik und religiös-politischen Motivation Kreuzzüge und Reichsheere regelmäßig scheiterten (1420, 1421, 1422, 1427, 1431).

So gelang es den Pragern mit taboritischer Unterstützung, die Hauptstadt gegen Sigismunds Kreuzfahrerheer erfolgreich zu verteidigen. Da der Hradschin jedoch noch in der Hand seiner Anhänger war, ließ er sich dort in aller Eile zum böhmischen König krönen, bevor er abzog. Im Juni 1421 bestätigte ein Generallandtag der böhmischen und mährischen Stände nicht nur die Vier Artikel als Landesgesetz, sondern erklärte auch endgültig die Ablehnung von Sigismunds Thronanspruch und setzte als Regierung ein ständisches Direktorium aus Vertretern des Adels und der Städte ein. In dieser Zeit vermochten die Prager – gestärkt durch einen erneuten Sieg über König Sigismund im November 1420 sowie durch den Übertritt Erzbischof Konrads von Vechta zu den Vier Artikeln 1421 – kurzfristig die politische Führung im Land zu übernehmen. Sie endete jedoch spätestens, als der Versuch des Predigers Johannes von Seelau scheiterte, in der vereinigten Prager Alt- und Neustadt eine republikanische Diktatur zu errichten, und er im März 1422 abgesetzt und hingerichtet wurde.

Schon mit der Ablehnung des Konstanzer Konzils und der kirchlichen Jurisdiktion und mit der Erhebung der Prager Universität zur obersten Lehrautorität, dann vor allem mit den Forderungen der Vier Artikel, insbesondere mit der nach Säkularisierung der Kirchengüter, war die böhmische Reformbewegung endgültig zur systemsprengenden Reformation geworden, der ersten in Europa, die nicht mehr wie ältere Häresiebewegungen gewaltsam beseitigt werden konnte. In politischer und gesellschaftlicher Hinsicht entwickelte sich diese Reformation aber zugleich auch zur Revolution durch gewaltsame Systemveränderungen.

Bis 1436 wurden Böhmen und Mähren offiziell von den Landtagen und ihren Direktorenkollegien regiert, praktisch jedoch – neben katholischen Landfriedensbünden – von den gegensätzlichen hussitischen Bündnissen, die sich jeweils nur aus Anlaß der Abwehr kurzfristig einigten. Keinem von ihnen gelang es, das ganze Land einzunehmen. Trotz militärischer Hegemonie erreichten auch die Taboriten keine allgemeine politische Vorherrschaft. Mit dem die Landtage beherrschenden Hochadel konkurrierten die Städtebünde der Prager, der Taboriten und der Orebiten. Der Prager Städtebund umfaßte 1421 Mittel- und Westböhmen. Im Unterschied zu Adel, Universität und Taboriten entwickelte das tschechische Prager Bürgertum eine besondere sprachnationale Begründung und Abgrenzung des Hussitismus. Neben dem taboritischen Städtebund Mittel- und Südböhmens hatte der Hochadelige Hynek von Lichtenburg aus den Wallfahrern am »Berg Horeb« bei Königgrätz unter Führung des Priesters Ambrosius den ostböhmischen Städtebund der Orebiten be-

gründet, der ähnlich egalitäre Vorstellungen wie die Taboriten verfolgte. Während diese sowohl die Monarchie als auch kirchliche
Sakramente, Tradition und Priesteramt ablehnten, zielten die gemä
ßigten, utraquistischen Hussiten im Hochadel und Prager Städtebund
nur auf eine Erweiterung der Ständerechte gegenüber dem Königstum und auf eine am Evangelium und den Vier Artikeln orientierte
Kirchenrefom, besonders die Beseitigung geistlicher Vorrechte und
Güter. Nach der Ausrottung extrem spiritualistischer Richtungen
(»Pikarden«) erneuerte Žižka in Tabor die herkömmliche städtische
Sozialordnung und die Autorität des gewählten Bischofs Nikolaus
von Pilgram. Danach verließ er Tabor und übernahm 1423 die Führung der Orebiten, eroberte noch Teile Mährens und einige böhmische Städte, starb aber bereits 1424. Seine Anhänger, die »Waisen«,
fanden im Priester Prokop dem Kahlen (dem Großen), die Taboriten
in Prokop dem Kleinen nun ihre Anführer. Beide Gruppen agierten
in der Folgezeit meist gemeinsam und drangen seit 1426 in alle Nachbarländer vor, um ihre Ziele zu verbreiten, aber auch um die Versorgung ihrer Feldheere zu sichern. Dagegen hatte der Hochadel, um
die Ordnung im Land nach seinen Vorstellungen einer Ständemonarchie wiederherzustellen, sich bereits 1421 an Polen gewandt und
die Entsendung von Sigismund Korybut(owicz), eines Neffen des litauischen Großfürsten Witold, erreicht. Dieser scheiterte jedoch bei
seinen zweimaligen Ausgleichs- und Restaurationsversuchen
1422/23 und 1424–28.

Infolge der Erschöpfung des Landes und der Unmöglichkeit seiner
revolutionären Einigung wuchs die Verhandlungsbereitschaft auf
hussitischer Seite, auf königlich-katholischer Seite jedoch erst nach
dem Scheitern des letzten Kreuzzuges bei Taus 1431. Zum Verhandlungsforum wurde das soeben einberufene Konzil in Basel, mit dem
nach Vorverhandlungen in Eger eine hussitische Delegation eine
Vereinbarung (»Kompaktaten«) traf, die die Vier Artikel in katholischer Interpretation akzeptierte. Die davon enttäuschten Taboriten
und Waisen versuchten den Druck noch einmal mit der Belagerung
des katholischen Pilsen zu verstärken, erlitten jedoch gegen den verständigungsbereiten utraquistischen und katholischen Adel sowie den
Prager Städtebund 1434 bei Lipan nahe Prag die entscheidende Niederlage, in der ihre Führer fielen und von der sie sich nicht mehr
erholten. Verhandlungen in Prag und 1435 in Brünn brachten den
Durchbruch, nach dem die Stände in Iglau 1436 die Kompaktaten
beschworen und damit Kaiser Sigismund der Weg zum Herrschaftsantritt in Prag eröffnet wurde. Entscheidend dafür war, daß neben
den Konzilskompaktaten Sigismund in einem besonderen Majestätsbrief (kaiserliche Kompaktaten) den hussitischen Ständen ihre Privi

legien sowie vor allem den Besitz der Kirchengüter und den Status
quo ihrer konfessionellen Ausdehnung bestätigt hatte. Außerdem
überließ er ihnen die Wahl eines neuen Erzbischofs. Der gewählte
utraquistische Magister Jan Rokycana wurde jedoch von Konzil und
Papst nicht bestätigt. In Prag begünstigte der Kaiser überdies die rom-
freundlichen Kräfte und den Konzilslegaten Philibert de Coutance als
kirchlichen Administrator, so daß Jan Rokycana als Haupt der Utraquisten nach Ostböhmen verdrängt wurde, nachdem in Prag ein utra-
quistisches Konsistorium neben dem zurückgekehrten katholischen
Domkapitel eingesetzt worden war. Auf einer Reise nach Ungarn
starb Kaiser Sigismund bereits Ende 1437.

Die böhmische Reformation erbrachte als entscheidende Ergebnisse
die weitgehende Säkularisierung der Kirchengüter in Böhmen, die
Verdrängung des geistlichen Standes aus dem Landtag und die erste
dauerhafte Konfessionsspaltung in einem europäischen Land. Die
katholische Kirche hatte sich nur in Südböhmen und in den deutschsprachigen Regionen des Nordens und Nordwestens gehalten. Als
Revolution blieb die hussitische Bewegung zwar im Rahmen der
ständischen Gesellschaftsordnung, verschob die Gewichte aber erheblich zugunsten einer breiteren Partizipation der Stände. Die Verfassung einer von den Ständen dominierten Monarchie war nun fest
verankert. Als Sieger erwies sich vor allem der Hochadel, der – ob
hussitisch oder katholisch – durch die Besetzung der kirchlichen und
königlichen Güter erheblich an ökonomischer Potenz gewonnen
hatte. In den Kriegskämpfen hatte sich auch der niedere Adel als Ritterstand endgültig etabliert. Schließlich waren die Städte als Machtbasis des Hussitismus nun zum dritten Stand im Landtag geworden
und gewannen auch in der Folgezeit noch an innerer Unabhängigkeit
vom geschwächten Königtum. Das Recht dieser Stände zur freien
Königswahl war praktisch unbestreitbar geworden. In Mähren waren
zwar einige Adelsregionen im Norden zum Hussitismus übergegangen. Die deutschsprachigen königlichen Städte Brünn, Olmütz, Iglau
und Znaim hatten sich aber erfolgreich dagegen gewehrt. Auch der
Bischof von Olmütz und viele Klöster hatten sich behauptet. Im
Landtag war der geistliche Stand jedoch geteilt, da der Bischof in der
Kurie der Herren, die Klöster in der der Städte integriert waren. In
der Abwehr der Hussiten in Mähren war besonders Sigismunds
Schwiegersohn, Herzog Albrecht V. von Österreich, seit 1422 auch
Markgraf von Mähren, engagiert. Durch die kostspieligen Kriege, die
Unsicherheit und Handelsbehinderung hatte in Böhmen aber die
Wirtschaftskraft der Städte erheblich gelitten, und die Fernhandels-
wege hatten sich nach Norden verlagert. Erst seit etwa 1480 setzte
eine merkliche ökonomische Erholung ein.

Trotz der Übereinkunft von 1436 hielten in der Folgezeit die Spannungen zwischen den konfessionellen Lagern an. Wie von Sigismund noch vorgeschlagen, wählte eine Ständemehrheit zwar Ende 1437 den Markgrafen von Mähren als Albrecht I. (1437–39) zum böhmischen König, der auch im Reich und in Ungarn die Nachfolge antreten konnte, jedoch bereits zwei Jahre später starb. Sein 1440 nachgeborener Sohn Ladislaus »Posthumus« (1453–57) fand zwar in Mähren, Schlesien und den Lausitzen Zustimmung. Die unüberbrückbaren Gegensätze in Böhmen – zwischen den Katholiken und gemäßigten Utraquisten unter Führung Ulrichs von Rosenberg einerseits und den strengen Utraquisten, die sich 1440 in einem ostböhmischen Landfriedensbund unter Führung des Hynek Ptáček von Birkenstein formierten – hatten eine dreizehnjährige Thronvakanz zur Folge. Dem utraquistischen Bündnis trat auch der Hauptmann des Bunzlauer Kreises bei, Georg von Kunstadt und Podiebrad. Alsbald zum Führer der Utraquisten aufgestiegen, setzte er als deren geistliches Haupt wieder den erwählten Erzbischof Jan Rokycana ein. Gegen eine drohende katholische Reaktion gelang es Georg 1448, die Hauptstadt und die Burg im Handstreich einzunehmen und die Gegner militärisch zu zwingen, ihn als Landesverweser anzuerkennen. Als solchen bestätigte ihn 1452 ein Landtag ebenso wie der römische König und Vormund Ladislaus' Friedrich III., der nun bereit war, den Thronkandidaten nach Prag zu entsenden, wo Ladislaus nach Verhandlungen über die Wahlkapitulation und nach der Huldigung in Mähren 1453 zum böhmischen König gekrönt wurde. Der Gubernator Georg versöhnte seine Gegner, indem er ihnen die Statthalterschaft in Schlesien und den Lausitzen übertrug. Als König Ladislaus 1457 in Prag plötzlich starb, setzte sich Georg von Podiebrad (1458–71) gegen mehrere Thronbewerber durch, wurde im Februar 1458 von einer utraquistischen Ständemehrheit zum König erhoben und am 7.5.1458 gekrönt. Zuvor war gegen den Einspruch der katholischen Städte auch die Wahl zum Markgrafen von Mähren erfolgt.

Die Krönung des »Ketzerkönigs« durch ungarische Bischöfe war jedoch nur möglich, weil er am Vorabend in einem geheimen Eid dem Papst Gehorsam und die Beseitigung der Häresie gelobt hatte. An diesem Versprechen mußte er jedoch scheitern, da er der Lage nach nicht mit Waffengewalt, sondern nur »mit Rat und Klugheit« vorgehen konnte und die Utraquisten auf der Einhaltung der Kompaktaten bestanden. Zwar ergriff er Maßnahmen gegen die seit 1457 in Kunwald aus taboritischer Tradition entstehende, jedoch streng pazifistische Gemeinde der Böhmischen Brüder; ihr Begründer war Petr Chelčický (um 1390–1460), der in strengem Biblizismus ständische Ungleichheit und jede staatliche Gewalt ablehnte. Eine Einschränkung der Häresie genügte jedoch der Kurie nicht. Um das Problem der Legitimität seines Königtums zu lösen, entsandte Georg 1462 eine Delegation nach Rom, um vom neuen Papst Pius II. (Enea Silvio Piccolomini), der Böhmen gut kannte, die Approbation der Kompaktaten und des Erzbischofs Rokycana zu erreichen. Dabei gab sein Kanzler die berühmte Erklärung zur konfessionellen Toleranz ab: Der böhmische König sei Herr über »zweierlei Volk« und müsse beide tolerieren, wenn er sich nicht eines davon zum Gegner machen wolle. Die Verhandlungen scheiterten nicht nur, sondern der Papst widerrief formell die Gültigkeit der Kompaktaten. In der verschärften Situation sicherte sich Georg zwar den Rückhalt des Kaisers, der Reichsfürsten und des polnischen Königs. Überdies ließ er den berühmten Plan eines Friedensbundes der europäischen Fürsten zur Türkenabwehr ausarbeiten, der auf der Gleichberechtigung der Monarchen beruhte und dem Papst keinen Einfluß einräumte.

Die Konfrontation begann jedoch 1465 mit der Vorladung des Königs nach Rom, der Lösung der Untertanen vom Treueid und dem Kirchenbann über Georg. Der Beginn dieses Kirchenprozesses bedeutete für die Opposition des katholischen Hochadels das Signal zum Widerstand. Sie forderte vom König eine weitgehende politische Mitsprache und verbündete sich am 28.11.1465 gegen ihn in der Liga von Grünberg unter Führung des Oberstburggrafen Zdeněk von Sternberg und des Breslauer Bischofs Jodok von Rosenberg. Damit begann ein zweiter erbitterter Hussitenkrieg mit fast ebenso umfangreichen Verwüstungen wie im ersten. An die Spitze des Widerstandes setzte sich bald der ungarische König Matthias Corvinus, von der Kurie mit der Exekution des Kirchenbannes beauftragt. Er eroberte 1468 Mähren und ließ sich am 3.5.1469 in Olmütz von der katholischen Partei zum böhmischen König wählen. Auch Schlesien und die Lausitzen konnte er für sich gewinnen. Die folgenden erbitterten Kämpfe brachten keine Entscheidung, obwohl Georg allmählich militärisch und politisch seine Position auszubauen verstand. Kurz vor dem greifbaren Erfolg starb er jedoch 1471, im selben Jahr wie Jan Rokycana. Auf seinen klug berechnenden Vorschlag hatte bereits 1469 ein Landtag den katholischen Nachfolger Wladislaw aus dem polnischen Königshaus gewählt. Während der böhmische Landtag 1471 die Wahl bestätigte und Wladislaw II. (1471–1516) in Prag die Wenzelskrone empfing, krönte der päpstliche Legat zuvor Matthias Corvinus in Iglau zum böhmischen König.

Wladislaws Königtum wurde somit weder von Rom noch von der katholischen Adelspartei anerkannt. Die militärische Auseinandersetzung um die böhmischen Länder ging daher mit Unterbrechungen weiter, brachte aber für keine Seite den eindeutigen Erfolg, so daß schließlich Verhandlungen in Brünn und Buda 1478 zu einem Kompromißfrieden führten, den ein glanzvoller Fürstentag in Olmütz 1479 bestätigte: Den Titel eines Königs von Böhmen sollten sowohl Wladislaw als auch Matthias behalten; der ungarische König blieb im Besitz Mährens, Schlesiens und der Lausitzen; der Überlebende sollte die gesamte Krone Böhmens erben, wobei Wladislaw dann die Nebenländer mit 400 000 Dukaten abzulösen hatte.

Mähren war nach Karls IV. Gesetzgebung als Kronlehen eigentlich Böhmen unterstellt, hatte jedoch wie Schlesien in der hussitischen Revolution eine eigene Position eingenommen und seine Friedensordnung selbständig organisiert. Das daraus entwickelte Landesbewußtsein verstärkte sich nun noch in der Zeit der herrschaftlichen Trennung von Böhmen. König Matthias ließ die mährischen Stände in ihrer Landesverwaltung unangetastet, außer daß er 1484 seinen Kanzler Johann Filipec, Bischof von Großwardein, als Administrator des Bistums Olmütz durchsetzte. Die Regierung und Gerichtsgewalt im Lande übte Ctibor Tovačovský von Cimburg aus auf der Grundlage von ständischen Landfriedensbündnissen. Überdies förderte Matthias Stände und Städte durch Privilegien und verzichtete auf seine Einkünfte aus dem geschundenen Land. Zur Rechtssicherung wurden die Landrechtsurteile in dieser Zeit im Tobitschauer Rechtsbuch kompiliert. Darin wurde auch ein Beschluß aufgenommen, der die allgemeine Religionsfreiheit der Pfarrgemeinden zum dauernden Recht erhob. Durch die Verbindung Mährens zum Hof in Buda entwickelte sich hier beim Adel und am Bischofshof auch frühzeitig die Kultur des Humanismus und der Renaissance. Das besondere Landesbewußtsein Mährens und die Abwehr gegen die politische Einwirkung der böhmischen Landesbeamten prägte auch die weitere Zukunft Mährens bis ins 17. Jahrhundert. Diese Rivalität schwächte aber letztlich auch das politische Gewicht und die Interessenverbindung der Stände der Wenzelskrone gegenüber dem Königtum bis 1619.

In Böhmen leitete König Wladislaw eine offene Rekatholisierungspolitik ein, um beim Papst seine Anerkennung zu erwirken, die er allerdings erst 1487 erhielt. So setzte er in Prag und Kuttenberg romfreundliche Ratsherren ein und bestrafte engagierte utraquistische Prediger. Domkapitel und Mönche kehrten nach Prag zurück. Die Situation verschärfte sich überdies durch den Frieden von 1478 entscheidend, da nun die bislang oppositionellen Barone der katholischen Liga wieder offiziell in den Landtag aufgenommen wurden und ihre im Krieg verlorenen Grundherrschaften zurückerhielten, wo sie utraquistische Pfarreien zu rekatholisieren begannen. Im politisch entscheidenden Herrenstand besaßen nun die Katholiken das Übergewicht. Die Utraquisten waren dagegen durch Priestermangel geschwächt, da sie an der apostolischen Sukzession festhielten und daher für ihre Priesterweihen fremde katholische Bischöfe gewinnen mußten. Plötzlich sahen sie sich nun auch politisch in die Defensive gedrängt. Daher schlossen die utraquistischen Stände 1478 ein Bündnis zum Schutz ihrer Konfession und erneuerten ihre Kirchenverfassung, in der ein Konsistorium mit Administrator, das im Collegium Carolinum der Universität amtierte, die geistliche und drei adelige Defensoren die politische Führung übertragen bekamen. Weitere Widerstandsbündnisse gegen König und katholische Partei forderten die Einhaltung der Kompaktaten. Als der konservative Prager Rat sich gegen die Bürgergemeinde mit dem katholischen Adel verbündete, kam es 1483 zum Aufstand, bei dem die alten Ratsherren beseitigt und durch eine gewählte Gemeinderegierung ersetzt wurden. Prag trat nun dem utraquistischen Bündnis bei. Da die katholischen Stände einen neuen Religionskrieg fürchteten, mußte der König die Aufstandsergebnisse akzeptieren und Verhandlungen für einen Religionsausgleich eröffnen. Der Kuttenberger Religionsfrieden von 1485 bestätigte nun nicht nur die Kompaktaten und den konfessionellen Status quo der Pfarreien ohne Rücksicht auf die Konfession der Grundherren, sondern erlaubte auch die individuelle Religionsfreiheit und damit den Glaubenswechsel der Untertanen. Erst mit diesem Religionsfrieden war die lange gewaltsame Konfrontation der ersten Reformation in Böhmen wirklich beendet.

Nicht einbezogen in den Ausgleich war allerdings die Unität der böhmisch-mährischen Brüdergemeinden (Unitas Fratrum), die sich 1468 von den Utraquisten durch die Wahl eigener Prediger abgetrennt hatte und die Kompaktaten ablehnte. Aus einer kleinen Bruderschaft hatte sie sich unter adeligem Schutz in Böhmen und Mähren verbreitet. Ihre Mitglieder aus Handwerkern und Bauern praktizierten eine strenge, an der Bergpredigt orientierte Moral. Eid und Schwert lehnten sie ebenso ab wie die wissenschaftliche Spekulation. Synoden in Brandeis und Reichenau milderten jedoch 1490 und 1494 diese Grundsätze ab, so daß nun auch bürgerliche Amtsträger, Adelige und Gebildete Aufnahme fanden und für die Ausbildung der Geistlichen, die den Zölibat zu halten hatten, ein vorbildliches Schulwesen entwickelt wurde. Ihre Gemeinden und Geistlichen in Ostböhmen, Ost- und Südmähren wurden von vier gewählten Ältesten (Senioren, Bischöfe) geleitet sowie von einem Engeren Rat; höchstes Leitungsgremium war die Synode. Durch ihre Ausbreitung sah sich die utraquistische Kirche in ihrem Bestand gefährdet, so daß sie die Brüder immer wieder heftig attackierte. Die Sympathien einiger Barone schützten sie jedoch trotz wiederholter Verbote und Verfolgungen, die ihren Höhepunkt in einem Mandat des St. Jakobslandtages 1508 fanden.

Die katholische Kirche war in Böhmen im wesentlichen reduziert auf die Randgebiete im Norden, Westen und Süden (Rosenberger Herrschaft) sowie auf fünf der etwa 30 königlichen Städte, vor allem Pilsen und Budweis. Sie wurde geleitet vom Prager Domkapitel (»oberes Konsistorium«) mit dem Domdekan als Administrator. Die Erneuerung früherer Klöster und besetzter Klostergüter gelang in dieser Zeit nur allmählich, etwa im Prämonstratenserstift Tepl 1483–86. Auf katholischen Adelsherrschaften, zumal der Rosenberger, sind jedoch bereits Neu- und Umbauten von Pfarrkirchen zu beobachten (Dekanatskirche Böhmisch Krumau 1439, 1497; Wallfahrtskirche Gojau 1471–85; Prachatitz 1490–1513; Soběslau um 1500; Blatna 1515 und ca. neun weitere). Vor allem aber breiteten sich seit den Predigten des Johannes Capestrano (1451/52) in Mähren und von hier aus auch in Böhmen die Franziskanerobservanten aus (Brünn, Olmütz, Troppau und Brüx 1451, Jamnitz 1455, Pilsen 1460, Prag/St. Ambrosius 1461–83, Eger und Tachau 1464, Znaim 1468, Kaaden 1473, Graupen 1474, Neuhaus 1478, Feldsberg 1487, Bechin 1490, Ungarisch Hradisch 1491, Horažd'owitz 1483, Pardubitz 1507–17) daneben auch Karmeliter (Chiesch 1454, Rabenstein 1483) und Paulaner (Neubistritz und Kugelwaid 1483).

Die utraquistische Kirche betonte vor allem unter dem Administrator Wenzel Koranda d. J. (1471–97) ihre Unabhängigkeit von Rom in Lehre und Jurisdiktion sowie die Ablehnung von Mönchtum, Fegefeuer und Ablaß. Dieser strenge Utraquismus radikalisierte sich sogar Anfang des 16. Jahrhunderts in der Ablehnung katholischer Riten und in streng biblischer Orientierung, so daß er sich der Brüderunität annäherte (Neu-Utraquisten). Demgegenüber gaben sich die romnahen Alt-Utraquisten mit Laienkelch, tschechischer Messe und Kinderkommunion zufrieden und bemühten sich in Verhandlungen über die Wiederbesetzung des Erzbistums wiederholt um eine Verständigung mit Rom. Sie scheiterte, letztmals 1525, nicht nur am Laienkelch, sondern vor allem an der Forderung nach Rückgabe der Kirchengüter.

Das Königtum Wladislaws gilt als schwach, da seine Ressourcen infolge des Niedergangs der Silberförderung und Münzqualität sowie der Besetzung und Verpfändung königlicher Güter geschwächt waren. So mußte er zu Steuerbewilligungen des Landtages und immer weiteren Verpfändungen an die Barone seine Zuflucht nehmen. In ihrer Präpotenz hatten diese schon 1479 alle obersten Landesämter für sich gefordert und den Städten die Teilnahme am Landtag bestritten.

Wladislaws Vermittlung führte 1484 zur Bestätigung der »dritten Stimme« der Städte im Landtag und zur Aufteilung der Beisitzer im Landgericht auf zwölf Barone und acht Ritter. Das Recht zur Besetzung von drei obersten Landesämtern durch den Ritterstand ließ sich erst 1497 endgültig durchsetzen. Nach diesem Interessenausgleich bildeten damals die beiden Adelsstände eine Kommission zur Kodifikation des Landrechts in ihrem Sinne. Sie wurde als »Wladislawsche Landesordnung« 1500 von König und Landtag angenommen, jedoch ohne Mitbeteiligung der Städte. Die adeligen ständischen Vorrechte wurden darin denn auch fest verankert, und ohne Zustimmung des Adels konnte daran nichts geändert werden. Die Landesordnung wurde so zum Grundgesetz der Ständeherrschaft. Aus der Politik des Hochadels seit 1479 wurde zugleich deutlich, daß die von den katholischen Landesbeamten zunehmend bestimmte Adelspartei eine Magnatenoligarchie auf Kosten des Königtums und der Städte anstrebte.

Als König Matthias Corvinus 1490 starb und Wladislaw zum König von Ungarn gewählt wurde, waren auch Mähren, Schlesien und die Lausitzen wieder unter seiner Herrschaft vereinigt. Da er sich zur Residenz in Buda verpflichtet hatte, erschien er jedoch in Böhmen nur noch 1497, 1502 und 1508/09, so daß die obersten Landesbeamten als Statthalter ihre Interessenposition umso uneingeschränkter ausbauen konnten. Trotz seiner Finanzprobleme veranlaßte Wladislaw die Erneuerung und den spätgotischen Ausbau der Prager Burg und des königlichen Schlosses Pürglitz durch seine Baumeister Matthias Rejsek und Benedikt Ried, der auch in Kuttenberg die prächtige St.-Barbara-Kirche errichtete. Ebenso ließen aber auch die großen Barone ihre Herrensitze zu mächtigen Befestigungen ausbauen, so etwa in Pardubitz, Schwihau und Raby.

Der Adel betrieb in dieser Zeit auch zielbewußt die wirtschaftliche Entwicklung seiner Grundherrschaften. Infolge der guten Konjunktur für Agrarprodukte gingen zumal Barone mit großen Herrschaften vom Einkommen aus bäuerlichen Abgaben zur Eigenbewirtschaftung mit unfreien Bauern und zentraler Verwaltung über (Rosenberg, Pernstein). Daher verminderten sie die Rechtsstellung der grundhörigen Bauern und verboten auf dem Landtag 1487 deren Abwanderung in die Städte, und weitere Landtage verschärften die bäuerliche Schollenbindung und Leibeigenschaft. In der Eigenbewirtschaftung wurden vor allem Fischzucht und Brauerei entwickelt. Überdies förderte der Adel die handwerkliche Produktion und den Handel in seinen untertänigen Städten und Marktflecken und insbesondere in Nordböhmen Bergbau, Metallverarbeitung und Glasherstellung.

Neben der politischen Einschränkung ihrer Rechte in Gerichtswesen und Landtag sahen sich die Städte daher auch wirtschaftlich vom Adel bedroht durch den Bruch ihres Brau- und Marktmonopols. Der Streit darüber brach seit dem Landtag von 1502 aus und verband sich mit den religiösen Gegensätzen. Städte und entschiedene Utraquisten verbündeten sich gegen die katholische Partei der Barone und Landesbeamten. Auf dem Landtag 1508 setzten die katholischen Barone jedoch einen Regierungswechsel durch mit dem Oberstburggrafen Zdeněk Lev von Rožmital an der Spitze und steigerten die Macht der Landesbeamten noch, indem die Verwaltung der königlichen Einkünfte und die Ämterbesetzung in ihre Hand gelegt wurde – ein Tiefpunkt der königlichen Autorität. Ein Widerstandsbündnis gegen diese Verwaltung, dem sich 1514 sogar der König anschloß, führte schließlich 1517 zum St. Wenzelsvertrag über die ökonomischen und politischen Rechte der Städte.

Die Zugeständnisse an den Landtag von 1508 mußte Wladislaw wohl auch hinnehmen, um die Krönung (1509) seines 1506 geborenen Sohnes Ludwig zum böhmischen König zu erreichen. In der Dynastiepolitik, in der er mehr Handlungsspielraum besaß, erwiesen sich Wladislaws Fähigkeiten überhaupt sehr viel deutlicher. Mit dem römischen König Maximilian I., seinem Konkurrenten um den ungarischen Thron, einigte er sich 1491 im Frieden von Preßburg, der den Habsburgern die Nachfolge in Ungarn und Böhmen in Aussicht stellte. Überdies vereinbarte er mit ihm 1506 einen geheimen Ehevertrag für seine Kinder Anna und Ludwig sowie Maximilians Enkel Ferdinand und Maria. Die Erbvereinbarung wurde 1515 in Preßburg und Wien offiziell getroffen und durch eine symbolische Doppelhochzeit besiegelt, die zwischen Ferdinand und Anna 1521 sowie zwischen Ludwig und Maria 1522 tatsächlich vollzogen wurde.

Nach dem Tod König Wladislaws 1516 lebte der Konflikt unter den Ständen neu auf, und zwar wegen der Bezahlung der Kronschulden: Gläubiger waren die Barone der Regierung, bezahlen sollten vor allem die Städte. Nach einem Sieg des Städteheeres über den Adel 1520 schlug sich auch der Hof auf die Seite der Opposition gegen die Regenten. Ziel war die Wiederherstellung der königlichen Autorität gegen die Oligarchie der Landesbeamten und die Rektifizierung der Kronschulden. Als König Ludwig 1522/23 endlich in Prag erschien, gelang es mit Hilfe der Widerstandspartei, die regierenden Barone zu stürzen und die Ämter mit ihren Gegnern zu besetzen. Zu deren Gunsten wurde auch der Rat der Stadt Prag ausgewechselt, die seit 1518 in einer Union aus Alt- und Neustadt verbunden war.

Diese Prager Ratsveränderung begünstigte religiöse Neuerungen, die seit 1513 im Gange waren. Die scharf antirömischen Neu-Utraqui-

sten hatten sich nämlich inzwischen durch Annäherung an die
Brüderunität radikalisiert. Überdies öffneten sie sich nun auch lutherischen Einflüssen, da Luther auf der Leipziger Disputation 1519
Hus und die Böhmen positiv zu werten begann, so daß sich die Utraquisten aus ihrer Isolierung befreit und ihren Standpunkt bestätigt
sahen. Bis 1523 wuchs der Einfluß der Neu-Utraquisten so weit, daß
sie nun das Konsistorium dominierten und den Lutherschüler Gallus
Cahera als Administrator einsetzten. Eine Synode beschloß 1524 in
den »Lichtmeß-Artikeln« sogar neue Richtlinien für die utraquistische Kirche, die sich im Verständnis des Priestertums, der Messe und
der biblischen Orientierung an den Brüdern ebenso wie an Luther
anlehnten. Bald darauf beseitigte jedoch ein konservativer Putsch den
Rat ebenso wie das Konsistorium. Der frühere Primator Johannes
Pašek von Vrat kehrte an die Spitze der Stadtregierung zurück, und
Administrator Cahera schlug sich auf seine Seite. Diese Wende stand
bereits unter dem Vorzeichen der vom päpstlichen Legaten betriebenen Unionsverhandlungen mit Rom, in deren Kontext nun auch
König Ludwig Mandate gegen Lutheraner und Brüder erließ und sich
genötigt sah, 1525 die Landesbeamten erneut auszutauschen und Lev
von Rožmital wieder an ihre Spitze zu berufen. Während die Unionsverhandlungen scheiterten, spalteten sich Stände und Landtage in
erbittertem Machtkampf, verschärft durch den Streit um das Erbe der
Rosenberger, so daß bereits ein Bürgerkrieg drohte. In dieser Situation kam König Ludwig 1526 in der Türkenschlacht bei Mohács ums
Leben.

Der habsburgische Erbfall gemäß dem Vertrag von 1515 wurde nun
aktuell. Während die Mährer ohne Probleme Erzherzog Ferdinand
von Österreich als Landesherrn annahmen, bestanden die böhmischen Stände jedoch auf einer freien Königswahl. Dabei favorisierte
die Partei der katholischen Landesbeamten unter Lev von Rožmital
vor allem Herzog Wilhelm von Bayern. Ihre neu-utraquistischen
Gegner mit den katholischen Rosenbergern verbündeten sich dagegen ganz entschieden für den Habsburger, da sie gegen die Oligarchie
der Landesbeamten ein starkes Königtum anstrebten. Daß dem
schließlich auch Rožmital zustimmte, hing wohl damit zusammen,
daß er als einer der Hauptgläubiger die Bezahlung der Kronschulden
am ehesten dem Habsburger zutraute. Am 23.10.1526 wurde daher
Ferdinand I. (1526–64) zum König von Böhmen gewählt und am
24.2.1527 gekrönt. In zähen Verhandlungen hatte er zuvor zwar die
Ständeprivilegien und die Kompaktaten bestätigt, sich aber Handlungsspielräume in der Ämterbesetzung und im Thronfolgerecht aus-
bedungen. Nach seiner Krönung hob er alle bestehenden Sonder-

bündnisse auf, verbot alle eigenmächtigen Stände- und Gemein-
deversammlungen und annullierte die Union der Prager Städte ebenso wie ihr seit 1514 bestehendes Recht auf freie Ratswahl. Die
bisherigen Beamten beließ er zwar vorerst in ihren Ämtern. Da sie
jedoch gegen seine Ungarnpolitik, wo er sich des Gegenkönigs Johann Zapolya erwehren mußte, konspirierten und gegen die häufigen
Steuern zur Türkenabwehr opponierten, stürzte er 1530 den Oberstburggrafen Lev von Rožmital sowie den Prager Primator Johannes
Pašek. Durch strikte Wahrnehmung des königlichen Ernennungs-
rechts formte er in der Folgezeit aus dem Kreis der Landesbeamten
eine loyale königliche Adelspartei. Schon 1527 führte er überdies
eine Reform der königlichen Kammerverwaltung durch, in die er
frei ausgewählte Experten einsetzte und die die Kronschulden kontrollieren und die königlichen Einkünfte und Rechtsansprüche strikt
durchsetzen sollte. Dazu gehörte auch 1528 ein Vertrag mit den im
Kreis Elbogen begüterten Grafen Schlick, die für ihre reiche Silberförderung in St. Joachimsthal 1520 das Münzrecht für die dort geprägten »Taler« erhalten hatten und die es nun dem König wieder
abtreten mußten.
In der Religionspolitik verfolgte Ferdinand das Ziel einer Union der
utraquistischen mit der katholischen Kirche, begünstigte daher die
romnahen Alt-Utraquisten und kontrollierte in diesem Sinne die Besetzung des Konsistoriums. So versuchte er auch, die Ausbreitung des
Luthertums und der Brüderunität zu verhindern. Das gelang ihm aber
allenfalls in Prag und zeitweise in den mährischen königlichen Städten, wo in Iglau und Olmütz schon seit 1522 und 1525 lutherische
Prediger wirkten. Der Adel dagegen nahm auf seinen Herrschaften
die Religionsfreiheit in Anspruch. Auf den Adelsgütern des deutschsprachigen Nordböhmen mit seinen engen Beziehungen zu Sachsen
bildeten sich schon sehr früh lutherische Gemeinden, besonders auf
den Herrschaften der Schlick und Pflug von Rabstein. In Elbogen
entstand 1523 die älteste evangelische Kirchenordnung, in St.
Joachimsthal wurde die Lateinschule unter dem Rektor Johannes
Mathesius zum reformatorischen Ausstrahlungszentrum. Auch in den
königlichen Städten Trautenau, Saaz, Kaaden und Leitmeritz begann
das Luthertum zu wirken. 1540 hatte das Erzbistum Prag schon über
250 Pfarreien verloren. In Südmähren, insbesondere um Nikolsburg
und Austerlitz, breitete sich durch Protektion des Hochadels das Täu-
fertum aus. Die pazifistischen »Hutterischen Brüder« entwickelten
dort eine Lebensform des urchristlichen Produktions- und Kon-
sumtionskommunismus. Ihre periodischen Verfolgungen durch König Ferdinand waren immer nur kurzfristig wirksam, da der mährische Adel seine Religionsfreiheit stets vehement verteidigte, obwohl

er gegenüber Habsburg politisch loyal blieb. So entwickelte sich in Mähren eine unübersichtliche Konfessionslandschaft ohne einheitliche Organisation, zumal hier die Autorität des Prager utraquistischen Konsistoriums seit langem nicht mehr wirksam war. Die Böhmischen Brüder konnten es sogar wagen, 1530 eine Reihe von Adeligen öffentlich in die Unität aufzunehmen, so daß sie nun als Religionspartei auch im Landtag vertreten waren. Sie standen unter ihrem Senior Jan Augusta in engem Kontakt zu Wittenberg und Straßburg. Dem König legten sie 1535 einen Konfessionstext zur Billigung vor, erhielten freilich nicht die erhoffte Anerkennung. Bei den Utraquisten in Böhmen verbreitete sich um 1540 nicht nur in Universität, Konsistorium und Prager Rat, sondern auch in anderen Städten die neuutraquistische Richtung in Annäherung an das Luthertum und die Brüderunität. Als 1543 eine Synode die Messe und Abendmahlslehre zu verändern gedachte, verwies der König den führenden Reformutraquisten Václav Mitmánek des Landes. Im übrigen verhinderten scharfe theologische Auseinandersetzungen zwischen Utraquisten und Brüdern eine Verbindung mit der Unität.

Nicht nur die religiösen Diskriminierungen, sondern vor allem auch die Einschränkung der politischen Mitsprachemöglichkeiten der Stände, die Unterdrückung ihrer Beschwerden auf den Landtagen und die Behinderung ihrer Versammlungsfreiheit, nicht zuletzt aber die ständigen Steuern für die Türkenkriege bis 1545, für die Böhmen unter den Habsburgerländern den größten Anteil aufzubringen hatte, ließen die Opposition gegen Ferdinand I. anwachsen. Sie äußerte sich in einem scharfen Memorandum des Barons Johann von Pernstein an den König. Obwohl Ferdinand das habsburgische Erbfolgerecht noch 1545 im Landtag sanktionieren lassen konnte, entzündete sich der offene Konflikt aus Anlaß des Schmalkaldischen Krieges des Kaisers gegen die Protestanten (1545/46). Als Ferdinand zur Unterstützung des Kaisers das Landesaufgebot nämlich ohne Landtagszustimmung einberief, brach die Rebellion aus. Auf Initiative der Prager verbündeten sich am 15.2.1547 die nichtkatholischen Stände zum Schutz ihrer Freiheiten und verweigerten dem König die Heerfolge. Auf einer nichtgenehmigten Ständeversammlung im März legten sie einen ausführlichen Verfassungsentwurf vor, der auf Kosten der königlichen Gewalt in Ämterbesetzung, Gericht und Landtag ein ständisches Wahl- und Repräsentativsystem sowie konfessionelle Ämterparität und freie Königswahl vorsah. Überdies beschlossen sie ein ständisches Landesaufgebot, das den Kaiser am Durchzug nach Sachsen hindern sollte, und setzten als Exekutivausschuß ein Direktorium ein. Die letztlich defensive und legalistische Grundeinstellung verhinderte jedoch die Sammlung des Aufgebots, so daß der Kaiser ohne

Eingreifen der Böhmen die Protestanten des Schmalkaldischen Bundes besiegen konnte. Damit brach auch der böhmische Aufstand zusammen, an dem sich Mähren abgesehen von der Stadt Iglau nicht beteiligt hatte. Königliche Truppen konnten nach kurzer Gegenwehr die Hauptstadt und die Burg einnehmen. Das folgende Strafgericht verhängte Todesurteile gegen die Anführer, Güterkonfiskationen, Geldstrafen und Umwandlung von Eigengütern in Lehen gegen die anderen adeligen Rebellen. Die im Aufstand besonders aktiven königlichen Städte, außer den royalistischen katholischen, verloren ihre Privilegien und Landgüter und mußten für alle Zukunft die Aufsicht königlicher Richter und Stadthauptleute sowie die Zahlung einer »ewigen Biersteuer« hinnehmen. Den Zünften wurden ihre politischen Rechte entzogen. Als oberste Instanz für das Stadtrecht errichtete Ferdinand ein königliches Appellationsgericht. Zur Verstärkung der monarchischen Kontrolle bestimmte er überdies seinen Sohn Ferdinand von Tirol als ständig anwesenden Statthalter (bis 1567). Schließlich mußten die Stände das habsburgische Erbrecht bestätigen und den Thronfolger Maximilian zum böhmischen König wählen.

In den religionspolitischen Gegenmaßnahmen erzielte Ferdinand I. jedoch wenig dauerhaften Erfolg. Da der Adel der Böhmischen Brüder am Aufstand führend beteiligt war, verfügte Ferdinand zwar 1548 gegen die Brüderunität Verbot und Ausweisung. Viele Brüder gingen ins Exil nach Polen, wo sie neue Gemeinden gründeten, andere konnten nach Mähren ausweichen; bald lebten aber auch in Böhmen die Gemeinden wieder auf. Gerichtsvorladungen des Statthalters gegen lutherische Prediger endeten zwar mit Ausweisungen. Auf den nordböhmischen Adelsherrschaften breitete sich das Luthertum in der Folgezeit jedoch mehr denn je aus. Die utraquistischen Stände widersetzten sich bereits 1549 der Zumutung, die Lehre ihrer Kirche der römischen anzugleichen. Und die strikte königliche Kontrolle über die Wahl des Konsistoriums und der Defensoren, die dabei die anpassungsbereiten Alt-Utraquisten begünstigte, hatte vor allem den Autoritätsschwund der Kirchenleitung zur Folge. Dagegen verbreitete sich in den Gemeinden, beim Adel und an der Universität immer mehr der von Wittenberg beeinflußte evangelische Neu-Utraquismus.

Nachhaltigere Wirkung zeigten Ferdinands positive Maßnahmen zur Erneuerung der katholischen Kirche in der Zielsetzung des Trienter Konzils. So berief er 1556 die Jesuiten nach Prag, deren Collegium Clementinum 1562 die Universitätsrechte erhielt. Unter seinem Sohn folgte 1566 die Errichtung des Jesuitenkollegs in Olmütz und 1573 seine Erhebung zur Universität. Die vorbildlichen Schulen der Jesuiten wirkten insbesondere in der Priesterausbildung und Adelser-

ziehung. Vor allem aber erreichte Ferdinand I. 1561 die Wiederbesetzung des Prager Erzbistums mit dem Großmeister des Kreuz-
herrenordens Anton Brus von Müglitz (1561–80), der sich dann als
Erzbischof ab 1564 um die Erneuerung der bischöflichen Verwaltung
und der Pfarrorganisation bemühte. Mit seiner Hoffnung, durch die
päpstliche Konzession des Laienkelchs die Utraquisten für die katholische Kirche zu gewinnen, scheiterte er jedoch.

Ferdinands Sohn Maximilian II. (1564–76) war bereits 1562 zum
böhmischen König gekrönt worden. Seine ständigen hohen Steuerforderungen wegen eines neuen Krieges in Ungarn und wegen seiner
polnischen Thronambitionen provozierten eine Opposition auch katholischer Adeliger, die eine Steuerreform und -reduktion verlangte.
Die schärfste Opposition bildete sich jedoch unter den nichtkatholischen Ständen. Sie verlangten 1567 bei der Privilegienbestätigung
von Maximilian die Streichung der Kompaktaten, die sie inzwischen
als Rekatholisierungsinstrument erfahren hatten. Statt dessen forderten sie nach österreichischem Vorbild 1571 die Freiheit für die Augsburgische Konfession, die Maximilian jedoch ablehnte. Zwar war er
den Protestanten gewogen, mußte jedoch den politischen Einfluß des
spanischen und des päpstlichen Hofes berücksichtigen. In diesem Sinne besetzte er das utraquistische Konsistorium gezielt mit Alt-Utraquisten, was jedoch die Entschlossenheit der Evangelischen nur verstärkte. Wie weit bei der Mehrheit der utraquistischen Stände das
Luthertum vorgedrungen war, zeigte der Landtag 1575. Als Maximilian dabei nicht nur neue Steuern, sondern auch die Annahme seines Sohnes Rudolf als böhmischen König forderte, trat die evangelische Ständeopposition mit Gegenforderungen auf. Sie legte dem
König einen Konfessionstext vor, der auf der Augsburgischen Konfession beruhte und mit einigen hussitischen Änderungen versehen
war. Für diese »Confessio Bohemica«, die auch von der Brüderunität
anerkannt wurde, forderten sie Religionsfreiheit zusammen mit einer
ständisch bestimmten Kirchenordnung. Nach zähen Verhandlungen
akzeptierte Maximilian die Confessio aber nur mündlich und ausschließlich für die adeligen Stände, die nun auch wieder das Recht zur
Wahl der Defensoren erhielten. Eine gemeinsame Kirchenorganisation der Nichtkatholiken gab es jedoch nicht. Immerhin waren die
evangelischen Stände nun in einer Konfession verbunden und besaßen mit dem Defensorenkollegium ein politisches Vertretungsin-
strument.

Unter Rudolf II. (1576–1612) erlebte Prag eine glanzvolle Epoche als
europäische Metropole, da er 1583 seine Kaiserresidenz von Wien

hierher verlegte und die Prager Burg im Stil der Renaissance ausbaute. Durch italienische Baumeister hatte bereits Ferdinand I. die Architektur der Renaissance in Prag eingeführt. In der Folge wetteiferten viele Adelsfamilien in der Modernisierung ihrer Schlösser in diesem neuen Stil. An Rudolfs Hof blühte auch die bildende Kunst auf, und in seinem neuen Palast legte er eine berühmte Sammlung von manieristischen Gemälden und Plastiken, Pretiosen und technischen Wunderwerken an, ein Abbild des kaiserlichen Kosmos in Kunst und Natur. Er förderte die Astronomie (Tycho de Brahe, Johannes Kepler) wie die chemischen Versuche der Alchimisten und unterhielt eine berühmte Hofkapelle mit ausländischen Komponisten und Musikern.

Der Repräsentationsbedarf und die Bautätigkeit des Adels beruhten auch auf gesellschaftlichen und ökonomischen Entwicklungen in der zweiten Hälfte des 16. bis Anfang des 17. Jahrhunderts. In den Grundherrschaften, die etwa zu zwei Dritteln dem Adel gehörten, setzte nämlich ein Differenzierungsprozeß ein, bei dem die großen Gutskomplexe der Barone zunahmen und die kleinen sich verminderten. Der Hochadel, der in Böhmen über 45%, in Mähren über einen noch höheren Anteil des Bodens verfügte, baute seine Gutswirtschaften immer weiter aus und bildete allmählich eine Gruppe von Magnaten mit einer ritterlichen regionalen Klientel, die teils in deren Gutsverwaltung beschäftigt wurde. Diese Aristokraten gestalteten ihre Zentren zu repräsentativen Residenzen um. Der allmähliche Bevölkerungsanstieg erlaubte es, auf den Gütern statt ineffizienter Robotleistungen von Leibeigenen Lohnarbeiter einzusetzen – ein Trend, der sich dann seit dem Dreißigjährigen Krieg wieder umkehrte. Neben dem produzierten Getreideüberschuß und der Waldnutzung führte die Intensivierung der Gutswirtschaften – zumal in den Randgebieten des Böhmerwaldes, Erz- und Riesengebirges – zur Entwicklung der Glasherstellung, Schafhaltung, Tuch- und Leinenproduktion. Die dafür nötige Neuansiedlung deutscher Bauern und Handwerker verschob in diesen Regionen allmählich die Sprachgrenze. Dem ökonomischen Aufschwung stand jedoch eine die Kapitalbildung beeinträchtigende hohe Steuerlast für die Türkenabwehr gegenüber, für die die böhmischen Länder um 1600 etwa zwei Drittel der Steuerleistung der habsburgischen Länder aufbrachten. Überproportional waren davon jedoch die königlichen Städte belastet, die ohnehin dem wirtschaftlichen Konkurrenzdruck der adeligen Gutswirtschaft ausgesetzt waren. Pogrome und Vertreibungsforderungen gegen die Juden gingen dann auch seit etwa 1540 vor allem von den Städten aus, während der Adel die Juden als Kreditvermittler, Importeure von Luxusgütern und Verkäufer landwirtschaftlicher Produkte protegierte. Trotz des städtischen Antijudaismus lebten z. B. im Prager Ghetto um 1600 über 9000 Menschen.

Die Epoche Kaiser Rudolfs II. ist vor allem durch eine zunehmende konfessionelle Polarisierung geprägt. Den ständigen Landtagsforderungen nach Anerkennung der Confessio Bohemica, der in Böhmen zwei Drittel bis drei Viertel der Pfarreien anhingen, mit einer unabhängigen Kirchenorganisation stand die Rekatholisierungspolitik der Prager päpstlichen Nuntiatur gegenüber. Dem Erzbischof gelang es 1587 sogar, den alt-utraquistischen Administrator zur Absage an den Hussitismus und zur Unterwerfung unter den Papst zu bewegen. Durch den Aufschwung der Orden, besonders der Prämonstratenser unter dem Strahover Abt und späteren Erzbischof Johannes Lohelius, konnte die Seelsorge intensiviert werden. Katholische Barone gründeten weitere Jesuitenkollegien, so die Rosenberger 1584/86 in Böhmisch Krumau, die Lobkowitz 1590 in Komotau und die Neuhauser 1594 in Neuhaus. In Mähren trat neben die Olmützer Jesuiten-Universität 1573 ein Kolleg in Brünn und 1616 in Holleschau. Für die tschechische Volksseelsorge wirkten schließlich die Kapuziner, die sich 1600 in Prag niederließen und innerhalb von sechzehn Jahren in Böhmen-Mähren acht Klöster errichteten. In Mähren, wo die Bischöfe Wilhelm Prusinovský, Stanislaus Pavlovský und Kardinal Franz von Dietrichstein die katholische Erneuerung im Geist des Trienter Konzils zielbewußt betrieben, konvertierten wie in Böhmen bedeutende Adelsfamilien zum katholischen Glauben (Liechtenstein, Slawata). In den Landesämtern beließ der Kaiser, der auf das finanzielle Wohlwollen der Stände angewiesen war, aber auch Protestanten – zumal nach dem Sturz des allzu machtversessenen katholischen Obersthofmeisters Georg Popel von Lobkowitz 1592. Dem Nuntius gelang es jedoch 1599, Rudolf zu einer Ämterbesetzung mit entschiedenen katholischen Baronen zu bewegen. An die Spitze trat der Oberstkanzler Zdeněk Adalbert Popel von Lobkowitz, ein Vorkämpfer des katholischen Abolutismus und Onkel des Erzbischofs Zbynko Berka von Dubá, der 1603 zum Fürsten erhoben wurde und es nun 1605 wagen konnte, die erste offizielle Prager Diözesansynode zur Verkündigung der Trienter Konzilsbeschlüsse einzuberufen. Auch in Mähren wurde die katholische Kirche politisch gestärkt, als 1598 der Katholik Joachim Haugwitz von Biskupitz das Mitglied der Brüderunität Karl d. Ä. von Žerotín als Landeshauptmann ablöste und 1599 Kardinal Franz von Dietrichstein zum Olmützer Bischof erhoben wurde.

Auf der anderen Seite formierte sich in den folgenden Jahren die protestantische Ständeopposition. Ansatzpunkt war die ungeklärte Nachfolge des unverheirateten Kaisers, wobei sein Bruder, Erzherzog

Matthias, als Konkurrent auftrat. Als ein ungarischer Adelsaufstand unter Führung des siebenbürgischen Magnaten Stephan Bocskay 1604–06 die kaiserlichen Rekatholisierungsmaßnahmen bekämpfte und durch Matthias im Wiener Frieden 1606 mit der Anerkennung der ständischen und religiösen Freiheiten beendet wurde, war dies das Signal für eine ständische Integrationsbewegung der böhmischen und mährischen Protestanten, die vor allem über das kaiserliche Mandat gegen die Brüderunität (1602) und über die Niederschlagung des Protestantismus in Troppau aufgebracht waren. Zunächst verbündeten sich die ungarischen und österreichischen Stände 1608 in Preßburg mit dem gegen den Kaiser zum Haupt des Hauses Habsburg erklärten Matthias. Dieser Konföderation schlossen sich die mährischen Stände zur Sicherung ihrer Freiheiten an, setzten zur Kontrolle der Landesbeamten ein ständisches Direktorium ein und huldigten Matthias als künftigem Landesherrn. Der Vormarsch der Aufständischen Richtung Prag zwang Rudolf zum Vertrag von Lieben, in dem er Matthias die Herrschaft über Österreich, Ungarn und Mähren bestätigte. Die Böhmen blieben zwar noch dem Kaiser treu, bewaffneten sich jedoch, errichteten ebenfalls ein ständisches Direktorium und schlossen ihrerseits eine Konföderation mit den schlesischen Ständen. So zwangen sie Rudolf II. 1609, den berühmten Majestätsbrief auszustellen, in dem er die Confessio Bohemica anerkannte, eine evangelische Kirchenordnung sowie die Wahl von Defensoren zuließ und den evangelischen Ständen das Konsistorium und die Universität übergab. Die Religionsfreiheit mit der Zulassung neuer Schulen und Kirchen galt nun auch für die königlichen Städte.

Als der kaiserliche Neffe und Bischof von Passau, Erzherzog Leopold, zu Rudolfs Unterstützung und zur Beseitigung der ständischen Freiheiten sein »Passauer Volk« 1611 gegen Prag führte, vermochte er die Hauptstadt nicht einzunehmen und wurde von den ständischen Truppen und Matthias vertrieben. Der desavouierte Kaiser mußte daraufhin abdanken und der Wahl Matthias' zum König von Böhmen zustimmen. Wenige Monate später starb er 1612.

Obwohl Matthias (1611–19) den Majestätsbrief bestätigte, begünstigte er unter dem Einfluß seines Hauptratgebers, des Wiener Bischofs Kardinal Melchior Khlesl, die Rekatholisierung und den katholischen Hofadel. Den Forderungen nach einer Konföderation der böhmischen Kronländer verweigerte er 1615 seine Zustimmung, da er eine Stärkung der ständischen Position ebenso wie der evangelischen Opposition verhindern wollte. Dennoch erreichte er 1617 die Annahme und Krönung des radikal gegenreformatorisch eingestellten Erzherzogs Ferdinand von der Steiermark zum böhmischen König. Maß-

nahmen zur Einschränkung des Protestantismus in den königlichen
Städten und auf kirchlichen Gütern trieben die immer spannungs-
geladenere Situation zum offenen Konflikt. Eine von den Defensoren einberufene evangelische Ständeversammlung protestierte beim
Kaiser gegen die Verletzungen des Majestätsbriefes. Als Matthias die
Beschwerden zurückwies und weitere Versammlungen verbot, beschlossen die evangelischen Stände Gewaltmaßnahmen gegen die königlichen Statthalter, zogen zur Burg und stürzten drei der verhaßten
katholischen Landesbeamten aus den Fenstern der Kanzlei. Dieser
zweite Prager Fenstersturz war das Signal zum bewaffneten Aufstand,
der sich im Grunde schon seit 1608 entwickelt hatte. Es ging dabei
nicht nur um Religionsfreiheit, sondern auch um die revolutionäre
Errichtung eines Ständestaates.

Sofort wurde eine ständische Verwaltung von dreißig Direktoren
eingesetzt, die die Verteidigung der ständischen und religiösen Freiheiten und die Entthronung der Habsburger zum Ziel hatte. Man
stellte Truppen auf und knüpfte Verbindungen zu den protestanti-
schen Reichsständen. Nachdem der verhandlungsbereite Kaiser
Matthias im März 1619 gestorben war, trat mit Ferdinand II. (1619–
37) die unversöhnliche militärische Lösung in den Vordergrund. Nun
schlossen sich auch die schlesischen, lausitzischen und mährischen
Stände nach allzu langem Zögern dem böhmischen Aufstand an,
schließlich auch die österreichischen. Ein Generallandtag der böhmischen Länder beschloß in einer Konföderationsakte am 31.7.1619
eine ständestaatliche Verfassung, in der alle Kronländer gleichberech-
tigt waren und die so jene seit langem von den Mährern und Schlesiern kritisierte Unterordnung unter das Hauptland Böhmen beseitigte. Die bedeutendste Funktion war dabei den Defensoren als Stän-
deausschuß zugedacht, während das Königtum nur auf der freien
Wahl der Stände beruhte. Schließlich wurde Ferdinand II. abgesetzt
und der Calvinist Friedrich V. von der Pfalz zum König von Böhmen
gewählt. Der Ständerevolution fehlte es jedoch an innerem Zusam-
menhalt, finanziellen Ressourcen, hinreichender militärischer Organisation und vor allem an außenpolitischer Unterstützung durch
die antihabsburgischen Mächte. Dagegen vermochte Ferdinand II.
durch Übereinkünfte mit Polen, Sachsen und Bayern die Aufständischen militärisch und politisch zu umzingeln. Nach der Einnahme
von Oberösterreich zogen kaiserliche und bayerische Truppen über
Südböhmen nach Prag, wo sie in der kurzen Entscheidungsschlacht
am Weißen Berg am 8.11.1620 das Ständeheer besiegten und nach
der hastigen Flucht König Friedrichs die Stadt einnahmen. Der Niederschlagung des Aufstandes folgte in Böhmen unter dem Statthalter
Karl von Liechtenstein 1621 das Strafgericht über die Aufständischen,

in Mähren 1622 unter dem als Gubernator eingesetzten Kardinal Dietrichstein. Während auf dem Altstädter Ring in Prag 27 Aufstandsführer hingerichtet wurden, vollstreckte man in Mähren die Todesurteile nicht mehr. Das Prager »Blutgericht« gilt in der traditionellen tschechischen Geschichtsauffassung als das Ende des unabhängigen böhmischen Staates und als der Beginn der Epoche der »Finsternis« (temno).

9. Habsburgischer Absolutismus, Barockkultur, Adelsgesellschaft

Nach der Niederschlagung der Ständerevolution ging es Kaiser Ferdinand II. um die Neukonsolidierung und Steigerung der monarchischen Gewalt, um die Schaffung eines loyalen Adels und um die konfessionelle Vereinheitlichung Böhmens und Mährens. Das Gericht über die Rebellen verurteilte hunderte von Adeligen, Bürgern und Städten zum Verlust ihrer Güter, die die Hofkammer verkaufte oder dem katholisch einheimischen Adel, den Bischöfen und Orden, vor allem den Jesuiten, aber auch kaiserlichen Generalen und loyalen österreichischen Adelsfamilien schenkte, die damit die Basis für eine neue, habsburgtreue Adelsschicht bildeten. Zu den großen Gewinnern zählten etwa Karl von Liechtenstein und Albrecht von Waldstein/Wallenstein, der den Besitz der Herren Smiřický übernahm, zu den neuen Familien die Eggenberg mit den Gütern der Rosenberger, die Trauttmansdorff, Thun, Metternich und Clary. In der konfessionellen Vereinheitlichungspolitik befürworteten der Statthalter und die Landesbeamten ein allmähliches, mildes Vorgehen. Beim Kaiser setzte sich jedoch die Konzeption des Nuntius Caraffa und der Jesuiten durch, die für eine rasche »Generalaktion« zur Rekatholisierung plädierten. Zunächst mußten 1621/22 alle nichtkatholischen Geistlichen das Land verlassen. 1624 erhob man das katholische Bekenntnis zur allein anerkannten Religion, so daß alle nichtkatholischen Bürger vor die Wahl zwischen Bekehrung oder Auswanderung gestellt wurden. Nachdem der Kaiser gegen die Dänen die Oberhand behalten hatte und die neue Landesordnung eingeführt war, wurde auch dem Adel eine Frist für Bekehrung oder Güterverkauf und Exil gesetzt. Den Bauern war freilich die Auswanderung verwehrt. Bereits 1626 wurden Reformationskommissionen aus Beamten und Geistlichen unter dem Erzbischof Kardinal Harrach eingesetzt, die die Pfarreien zu visitieren und die Konversionen notfalls mit militärischem Nachdruck zu kontrollieren hatten. Das Bildungswesen sollte nach dem Willen Ferdinands II. in die Hände der Jesuiten gelegt werden, deren Prager Akademie er bereits 1622 mit der Karls-Universität zur »Carolo-Ferdinandea« vereinigte, die ihre Neuorganisation aber

erst 1654 vollenden konnte. Zur Behebung des beträchtlichen Prie-
stermangels gründete Kardinal Harrach um 1630 überdies ein erzbi-
schöfliches Seminar und der Prämonstratenserabt von Strahov das
Collegium Norbertinum.

Den politischen Abschluß der Systemveränderung bildete die »Verneuerte Landesordnung«, die Ferdinand II. in Böhmen 1627, in
Mähren 1628 verkünden ließ. Sie erklärte die böhmischen Länder
zum habsburgischen Erbkönigreich. Dem König waren Gesetzgebung, Beamtenernennung und -absetzung, oberste Rechtsprechung
sowie Adelserhebung und Inkolatserteilung vorbehalten. Im Landtag,
dem das Recht zur Steuerbewilligung und -erhebung verblieb, war
die Geistlichkeit nun wieder vertreten und nahm den ersten Rang
ein, während allen königlichen Städten zusammen nur noch eine
Stimme zustand und sie damit vollends zur politischen Bedeutungs-
losigkeit verurteilt waren. Die Regierung bildeten die nur noch auf
fünf Jahre ernannten Obersten Landesbeamten (-offiziere) als »königliche Statthalter«. Für die Angelegenheiten der böhmischen Länder beim Kaiser war vor allem die 1624 nach Wien verlegte Böhmische Hofkanzlei zuständig. Die nun festgelegte Gleichberechtigung beider Landessprachen hatte schließlich das Vordringen der
deutschen Amtssprache zur Folge. Überdies bewirkten die Konfiskationen und Ausweisungen und die danach ermöglichte Neuein-
gliederung von Adeligen aus dem Reich, Österreich, Italien, Spanien
und den Niederlanden einen erheblichen Elitenwechsel, der sich im
Lauf des Dreißigjährigen Krieges noch fortsetzte. Vor allem als Albrecht von Wallenstein, der als Feldherr gegen die Dänen 1625–29
und gegen die Schweden, von denen er 1632 Prag zurückeroberte,
für den Kaiser so erfolgreich gewesen war, 1634 in Eger ermordet
wurde, fielen dessen konfiszierte Güter um Friedland, Reichenberg
und Jičin ebenso wie die seiner Vertrauten an die neuen Familien
Gallas, Piccolomini, Colloredo, Aldringen und andere. Insgesamt
wurde zwischen 1627 und 1656 das böhmische Inkolat 417 Personen
erteilt. Um 1650 kamen im Herrenstand in Böhmen auf 169 altein-
gesessene Mitglieder immerhin 128 neue (in Mähren 39 zu 27).
Durch Verwandtschaft, gemeinsame Religion und Güterbindung
verschmolzen beide Gruppen jedoch bald und entwickelten neben
der Verbundenheit mit dem Herrscherhaus auch wieder einen böhmischen und mährischen Landespatriotismus.

Der Krieg schädigte die böhmischen Länder schwer und nachhaltig
infolge der mehrfachen Einfälle feindlicher Heere und der kaiserlichen Rückeroberungen. So drangen die Dänen 1626/27 in Nordmähren und Troppau ein, die Sachsen und Schweden 1631/32 in
Mittelböhmen und Prag und 1634 erneut in Nordböhmen und Prag.

Nach dem Prager Frieden (1635), bei dem die Lausitzen an Sachsen abgetreten wurde, wüteten in der neuen Kriegsphase unter Ferdinand III. (1637–57) die Schweden 1639/40 in Ostböhmen, eroberten 1642–45 große Teile Mährens, besetzten Olmütz bis 1650, belagerten Brünn jedoch vergeblich, drangen auch in Böhmen ein und setzten sich noch 1648/49 erneut in Prag fest. Vertreibungen, Kampfhandlungen, Brände, Hungersnöte und Pestseuchen dezimierten die Bevölkerung in Böhmen und Mähren um etwa ein Drittel. Am schwersten waren Bevölkerung und Wirtschaft in den Städten betroffen, wo die Einwohnerzahl teilweise auf die Hälfte zurückging. Infolge des Arbeitskräftemangels erhöhten nun die Grundbesitzer die Robotleistungen und verschärften die Leibeigenschaft. Die Magnaten verfügten in Böhmen und Mähren über 60, die Kirche in Böhmen über 12, in Mähren über 20 Prozent des Bodens. Der Besitz der Liechtensteiner umfaßte allein 18,2 % der Fläche Mährens. Hatte sich doch der schon im 16. Jahrhundert begonnene Konzentrationsprozeß zugunsten der großen Magnaten inzwischen noch wesentlich verstärkt.

Die international versippte Aristokratie bewirkte jedoch auch eine Europäisierung der böhmisch-mährischen Adelsgesellschaft und -kultur. Ihr Repräsentationsbedürfnis veranlaßte die großen Grundbesitzer, die sich das leisten konnten, bereits seit dem ersten Jahrzehnt nach dem Krieg zum Umbau oder Neubau ihrer Schlösser im frühbarocken Stil, nachdem bereits Wallenstein mit seiner Prager Residenzanlage damit vorangegangen war. Neben den Herrensitzen auf dem Land errichteten sie schließlich auch neue Stadtpaläste in Prag und Wien. Mit dem Adel wetteiferten die Bischöfe und Klöster im barocken Ausbau ihrer Residenzen und Kirchen, für den sie ebenso wie der Adel vor allem italienische, später auch deutsche Baumeister engagierten. Der begüterte Jesuitenorden begann bereits 1653 mit dem Neubau des großen Areals seines Prager Clementinums. Dem folgten die Kollegien St. Niklas/Kleinseite und St. Ignaz/Neustadt. Während des Krieges hatten die Jesuiten bereits weitere Niederlassungen in Böhmen und Mähren gegründet: 1624 in Jičin, Iglau und Znaim, in Troppau 1625, Kuttenberg 1626, Eger 1627, Leitmeritz 1628, Königgrätz 1632, Kremsier 1636, Klattau 1637, Březnitz 1640, Ungarisch Hradisch 1644, Teltsch 1651. Unter den etwa sieben neuen Orden, die sich in Böhmen und Mähren außerdem niederließen, ist besonders der Schulorden der Piaristen bemerkenswert, dessen erstes Kloster nördlich der Alpen auf Veranlassung von Kardinal Dietrichstein 1631 in Nikolsburg entstand. Es folgten 1633 Straßnitz, 1634 Lipnik und 1644 Mährisch Kromau. Wegen des Mangels an Diözesanpriestern wuchs allen Orden eine besonders große Bedeutung in der Pfarrei- und Wallfahrtsseelsorge zu. Wie der Adel mit seinen Hofkapellen, so entwickelten auch die Klöster mit Chören, Musikschulen und Opern eine beachtliche barocke Musikkultur. Vor allem in der volkssprachlichen Literatur der Jesuiten und in der religiösen Erbauungsliteratur wurde auch die tschechische Sprache weitergepflegt.

Zur besseren Aufsicht über die Pfarreien und zur Förderung der Bekehrung verbliebener protestantischer Untertanen richtete Kardinal Harrach Vikariatssprengel mit Synoden- und Berichtspflicht ein. 1655 wurde schließlich das Bistum Leitmeritz und 1664 das Bistum Königgrätz zur Intensivierung der Seelsorgeorganisation errichtet. Trotz allem hielt sich unter den Scheinbekehrten bis ins 18. Jahrhundert ein Kryptoprotestantismus, vor allem in den Grenzgebieten zu evangelischen Nachbarregionen in Schlesien, Sachsen und Oberungarn. So kam es unter dem gegenreformatorischen Druck nach 1725 erneut zu Massenauswanderungen, aus denen sich u. a. die Herrnhuter Brüdergemeine in Sachsen konstituierte.

Seit Verlegung der Kaiserresidenz nach Wien und insbesondere seit Kriegsende waren Böhmen und Mähren zu Provinzen des Habsburgerreichs herabgesunken, denen keine eigenständige politische Rolle mehr zukam. Auch die Zentralisierung der Verwaltung wurde weiterentwickelt. Die Böhmische Hofkanzlei als höchstes Verwaltungs- und Gerichtsorgan der böhmischen Länder amtierte seit 1624 in Wien. Die Statthalterei der obersten Landesämter in Böhmen und die Landeshauptmannschaft in Mähren unterstanden als rein landesfürstliche Verwaltungen der strikten Aufsicht des Monarchen. Nicht nur die Hoheitsrechte einzelner Fürsten, sondern auch die Sonderstellung des Fürstbistums Olmütz wurden allmählich abgebaut. Im übrigen blieb die Stellung der Aristokraten innerhalb ihrer Güter und gegenüber ihren Untertanen unangetastet. Vor allem in der langen Regierungszeit Lepolds I. (1657–1705) hatten böhmische Herren auch einflußreiche Hofämter in Wien inne, so etwa Wenzel Eusebius von Lobkowitz als Präsident des Hofkriegsrates. Sowohl der 1660 ausgebrochene Türkenkrieg, als auch die Kämpfe des Kaisers mit Frankreich, schließlich die Rückeroberung Ungarns nach 1683 belasteten allerdings die Steuerkraft Böhmens und Mährens überproportional. Zusammen mit Schlesien trugen sie etwa 60 % der Steuerlast der Habsburgermonarchie. Sogar der Prager Erzbischof und der Olmützer Bischof protestierten 1683 gegen weitere Steuererhöhungen. Der an die Untertanen weitergegebene ökonomische Druck sowie die Beschränkung bäuerlicher Rechte lösten denn auch um 1680 Bauernunruhen aus, als deren Ergebnis ein kaiserliches Robotpatent immerhin die Fronleistungen begrenzte. Es mußte jedoch nach erneuten Unruhen 1717 und 1738 wiederholt werden.

Dem Wunsch, die Position der Stände zeitgemäß zu verbessern, entsprach Josef I. (1705–11) 1709 mit der Einsetzung einer Kommission zur Revision der Verneuerten Landesordnung. Karl VI. (1711–40) stoppte deren Arbeit jedoch bereits 1712 wieder, bewilligte jedoch 1714 die Einrichtung eines Landesausschusses, der als ständisches Exekutivorgan vor allem für Steuer- und Militärangelegenheiten zuständig war. Mit diesem Zugeständnis ebenso wie mit einer neuen, ergebnislosen Kommission zur Überarbeitung der Landesordnung (1720–23) suchte der Kaiser die Zustimmung zur »Pragmatischen Sanktion« (1713) zu fördern, in der er die Erbfolge und die Unteilbarkeit der Habsburgermonarchie regelte.

Der Adel besaß zwar keinen wesentlichen politischen Gestaltungsspielraum, war jedoch nicht nur im kulturellen, sondern auch im wirtschaftlichen Ausbau seiner Gutsherrschaften erfolgreich. In den königlichen Städten, deren Bevölkerung erst um 1700 wieder zu wachsen begann, kam die wirtschaftliche Erholung aber nur sehr langsam voran, obwohl seit 1704 in Böhmen kaiserliche Wirtschaftsinspektoren, in Mähren seit 1726 Wirtschaftsdirektionen, ein 1714 geschaffenes Merkantilkollegium, die Verbesserung der Straßen, der Ausbau von Elbe und Moldau sowie die Vermehrung der Jahrmärkte die Entwicklung fördern sollten. Die Konkurrenz des merkantilistischen Adels, dessen Städte zu prosperieren begannen, war jedoch zu stark. Die großen Gutsherren bauten mit Hilfe unzünftiger Handwerker vor allem die Textil- und Glasproduktion in arbeitsteiligen Manufakturen aus und beteiligten sich an der Eisengewinnung und -verhüttung im Erz- und Riesengebirge sowie im Brdywald. Die Grafen Gallas entwickelten die Tuchproduktion um Friedland und Reichenberg, der Abt von Ossek im Erzgebirge, die Kaunitz in Austerlitz, die Waldstein in Oberleutensdorf, die Jesuiten in Neutitschein. Die Manufakturen wurden von ausländischen Fachleuten aufgebaut und die Textilerzeugnisse von Nürnberger, Leipziger, Görlitzer und Magdeburger Firmen aufgekauft und weiterverarbeitet. Die Glasherstellung, die im 16. Jahrhundert im Riesengebirge begonnen hatte, verbreitete sich in Nordostböhmen und im Böhmerwald. Die Glasmanufakturen nahmen einen bedeutenden Aufschwung und exportierten in viele europäische Länder.

Während Ferdinand II. und Ferdinand III. die Rechtsstellung der Juden in Böhmen und Mähren gegen eine Jahressteuer noch bestätigt hatten, forderten die Landtage und vor allem die Städte immer wieder, den Tätigkeitsbereich der Juden als Zollpächter und Immobilienverwalter einzuschränken. Die folgenden Herrscher bestätigten dann

die Judenprivilegien nur noch auf Widerruf. Karl VI. dekretierte
schließlich 1726/27 eine Begrenzung der jüdischen Familien in Böhmen auf 8541, in Mähren auf 5106 sowie eine Einschränkung ihrer
Wirtschaftstätigkeit. Im Prager Ghetto stellten um 1700 die 11 000
Juden ein Viertel der Prager Einwohner, ihre Zahl sank nach der Pest
von 1713 aber auf unter 8000.

Die Epoche Maria Theresias (1740–80) brachte den böhmischen
Ländern erneut erhebliche Belastungen durch Kriege, die schließlich
aber auch den Impuls zu administrativen und fiskalischen Reformen
bildeten. Nach dem Tod Karls VI. erhob Kurfürst Karl Albrecht von
Bayern Nachfolgeansprüche, und der Preußenkönig Friedrich II.
forderte mit dem Hinweis auf alte hohenzollerische Rechte die Abtretung Schlesiens. So begann der Österreichische Erbfolgekrieg mit
der preußischen Besetzung Schlesiens und eines Teils von Nordostböhmen, während Karl Albrecht mit französischer Unterstützung
1741 Prag einnahm und die Huldigung etwa der Hälfte der böhmischen Stände erreichte. Nach der Besetzung Ostböhmens von Leitmeritz bis Königgrätz und Nordmährens bis Troppau und Olmütz
scheiterte Friedrich II. jedoch bei der Eroberung Mährens an der Festung Brünn; und da überdies die Österreicher Richtung Prag zogen,
kam es 1742 zum Friedensschluß, nach dem Schlesien an Preußen
fiel. Habsburg konnte lediglich Teschen, die Herzogtümer Troppau
und Jägerndorf südlich der Oppa sowie Hennersdorf behaupten
(»Österreichisch-Schlesien«). Obwohl in der Folge erneut umkämpft,
blieb es bei dieser Lösung. 1744 rückte Friedrich II. wiederum in
Böhmen ein, eroberte Prag und Südböhmen, wurde aber von österreichischen Truppen bald wieder vertrieben. Da überdies Karl Albrecht (als Kaiser Karl VII.) Anfang 1745 verstarb, konnte Maria
Theresia ihre Herrschaft über Böhmen-Mähren stabilisieren. Auch
im Siebenjährigen Krieg (1756–63) wurden Böhmen und Mähren
wieder in Mitleidenschaft gezogen, als Friedrich II. 1756 in Böhmen
und 1757 in Mähren einrückte und seine Truppen nach den Nieder-
lagen bei Kolin und vor der Festung Olmütz das nördliche Böhmen
und Mähren plünderten. Auch vom Bayerischen Erbfolgekrieg waren diese Gegenden durch preußische und sächsische Einfälle 1778
wieder betroffen.
Kriegserfahrungen und politische Mißerfolge gaben neben der modernen Staatsauffassung auch die Impulse für Verwaltungs- und
Steuerreformen unter Maria Theresia und Joseph II., der seit 1765
»Mitregent« war. Schon 1742 wurde eine zentrale Staatskanzlei für
auswärtige Angelegenheiten eingerichtet, die 1760 zum Staatsrat erhoben wurde. In Böhmen schaffte die Kaiserin nach der Rückerobe-

rung Prags zwar die bayerischen Verwaltungsinstitutionen ab, beließ aber die obersten Landesoffiziere in ihren Ämtern. Für die Verwaltung des verbliebenen Teils Schlesiens richtete sie in Troppau ein Landesgubernium ein unter Vorsitz des Grafen Friedrich Wilhelm von Haugwitz, der in der Folgezeit zum führenden Ratgeber bei der Verwaltungsreorganisation aufstieg. In Troppau tagte auch der neue schlesische Landtag. Zur Finanzierung eines stehenden Heeres ließ sich die Kaiserin 1748 von den Ständen eine Steuer auf zehn Jahre bewilligen und beschnitt damit das Steuerbewilligungsrecht und die Steuerverwaltung der Stände. Zugleich wurde ein neuer Steuerkataster erlassen, nach dem auch der Adel auf seinem Dominikal-(Herren-)land der allgemeinen Steuerpflicht unterworfen wurde. Das 1749 errichtete »Directorium in publicis et cameralibus«, das die Kompetenzen der aufgelösten Österreichischen und Böhmischen Hofkanzlei sowie der Hofkammer erhielt, beseitigte die administrative Eigenständigkeit der böhmischen Länder. Dementsprechend wurde die Prager Statthalterei in eine »Königliche Repräsentation und Kammer« verwandelt. Schließlich gestaltete eine Kreisreform der nunmehr 16 böhmischen und 6 mährischen Kreise mit besoldeten Kreishauptleuten die mittlere Verwaltungsebene zu einem Kontrollorgan über den Adel um. Unter dem Einfluß des späteren Staatskanzlers Wenzel Anton Fürst von Kaunitz-Rietberg wurde allerdings das Directorium 1761 wieder aufgelöst, die Böhmische und Österreichische Hofkanzlei erneuert und 1763/64 die »Königliche Repräsentation« in je ein Gubernium für Böhmen, Österreichisch-Schlesien und Mähren mit Ständevertretern umgewandelt. Dennoch war der Einfluß des Adels nun auf Landtagsteilnahme, Besetzung der Landesämter und Mitwirkung in den Kreisen beschränkt.

Unter der Alleinregierung Josephs II. (1780–90), der die völlige politische Ausschaltung des Adels, die Rechtsangleichung aller Untertanen und ihre Ausbildung zu nützlichen Staatsbürgern erstrebte, wurden die absolutistischen Reformen 1782/83 wieder radikalisiert. Die Böhmisch-österreichische Hofkanzlei wurde mit der Hofkammer zur Vereinigten böhmisch-österreichischen Hofkanzlei zusammengelegt und das österreichisch-schlesische mit dem mährischen Gubernium verbunden. Gravierender war die Aufhebung des Landrechts und aller ständischen Gerichte. Statt ihrer wurden die königlichen Appellationsgerichte in Prag und Brünn zur Berufungsinstanz für alle, auch die adeligen Landeseinwohner erhoben. Überdies berief Joseph II. 1783–89 keine Landtage mehr ein, erhob ohne Zustimmung die Steuer für sechs Jahre, löste 1784 folgerichtig auch die Landesausschüsse auf und legte schließlich 1789 in einem Steuer- und

Urbarialpatent einen neuen Steuerkataster vor, nach dem der Adel im Verhältnis zu den Untertanen stärker belastet worden wäre. Die tumultartigen Proteste der Ständeopposition veranlaßten jedoch den Nachfolger, Leopold II., den Plan fallenzulassen und Landtage sowie Landesausschüsse wieder in ihre Rechte einzusetzen. Das ständische Steuerbewilligungsprivileg erlosch erst 1848.

Besondere Aufmerksamkeit widmete Joseph II. als Anhänger des Physiokratismus der Landwirtschaft, wo sich das Robotsystem als unproduktiv und als Anlaß für ständige Bauernunruhen erwies, die auch nach Einschränkung der Robotpflichten (1771, 1775, 1774 Aufteilung der Meierhöfe) nicht aufhörten. So verfügte der Kaiser 1781 gegen die Einwände des Adels die Aufhebung der Leibeigenschaft, die zwar begrenzte Robotleistungen bestehen ließ, mit dem Recht des Ortswechsels sowie der freien Berufswahl und Eheschließung aber vor allem den bäuerlichen Nebenerben und Unterschichten soziale Aufstiegschancen bot. In Verbindung mit dem allgemeinen Bevölkerungswachstum führte dies zur Zunahme der Stadtbevölkerung und nach Freigabe vieler Gewerbe und Auflösung des Zunftzwangs zum Aufschwung der Frühindustrialisierung.

Von den Prinzipien der Zentralisierung, Rationalisierung und des Utilitarismus waren auch Josephs II. Kirchenreformen geprägt. Schon Maria Theresia hatte den Kirchenbesitz stärker der staatlichen Aufsicht unterstellt. Verhinderung nichtkatholischer Lehren, Verbesserung der Seelsorge und Vermehrung der Seelsorger sowie Ausbau des Pfarreinetzes waren dann 1777 die Ziele bei der Gründung des Bistums Brünn, das dem zum Erzbistum erhobenen Olmütz unterstellt wurde. Ein weiteres Bistum wurde 1785 in Budweis errichtet. Nachdem bereits 1773 der Jesuitenorden aufgehoben worden und sein Vermögen an einen Studienfonds gefallen war, verfügte Joseph II. 1781 die Auflösung aller »unnützen« Klöster, soweit sie nicht in Krankenpflege, Schulunterricht oder Wissenschaft tätig waren. Aus ihrem verkauften Besitz schuf er einen Religionsfonds zur Finanzierung neuer Pfarreien, der Pfarrerbesoldung und der Volkserziehung. Die Auflösung traf in Böhmen 61 Männer- und 13 Frauenklöster, in Mähren 33 bzw. 7. Im Sinne der Unterordnung der Staatskirche und ihrer Funktionalisierung für die Wohlfahrt beschränkte der Kaiser überdies den Einfluß Roms, errichtete staatliche Generalseminare statt der bischöflichen Seminare zur Priesterausbildung, unterstellte die Pfarrer der Kontrolle der Kreisämter und reduzierte kirchliche Feiertage und Wallfahrten. Manche allzu rigiden Bestimmungen mußten jedoch unter den Nachfolgern Josephs II. zurückgenommen werden.

Die Heranführung an den Staat als nützliche Bürger erstrebte Joseph II. auch für bisher religiös diskriminierte Bevölkerungsgruppen. Während unter Karl VI. und Maria Theresia Protestanten noch mehrfach verfolgt, zu Galeerenstrafen verurteilt oder nach Siebenbürgen ausgesiedelt worden waren, verkündete nun 1781 ein Toleranzpatent für Lutheraner, Calvinisten und Orthodoxe Kultusfreiheit, Zugang zu Bürger- und Meisterrechten, akademischen Würden, städtischen Ämtern sowie Haus- und Grunderwerb. Die katholische Kirche blieb zwar die »dominante Religion«, und die hussitisch geprägten Geheimprotestanten Böhmens und Mährens mußten sich zu lutherischen oder reformierten Gemeinden melden. Doch entstanden in Mähren bis 1790 bereits 32 Toleranzgemeinden, die dem später nach Wien verlegten Konsistorium im schlesischen Teschen unterstanden. Dort genossen die Protestanten Kultusfreiheit an der »Gnadenkirche«, die Joseph I. – neben fünf anderen im damaligen Schlesien – in der Altranstädter Konvention mit Karl XII. von Schweden 1707 hatte zugestehen müssen. In der katholischen Kirche Böhmens und Mährens fanden Toleranzpolitik und Kirchenreform bei aller Kritik am meisten Unterstützung, da hier die katholische Aufklärung und Staatsloyalität des Klerus im Habsburgerreich am weitesten entwickelt waren.

Im selben Jahr 1781 erließ Joseph II. auch mehrere Toleranzpatente für die zahlenmäßig stark zunehmenden Juden seiner Länder, um ihre Assimilation und ihren Nutzen für den Staat zu fördern. Sie wurden von den Kleidervorschriften befreit und erhielten Zugang zu Gewerbe, Gütererwerb, Hochschulstudium und Militärdienst. Weltliche jüdische Schulen mit allgemeinem, deutschsprachigem Unterricht sollten gegründet werden; die hebräische Sprache blieb auf den Gottesdienst beschränkt. Während orthodoxe Juden das Patent als Identitätsgefährdung ablehnten, nutzten es die gebildeten und wohlhabenden als Aufstiegschance im Prozeß der Frühindustrialisierung. Die Juden in Böhmen-Mähren begrüßten es überwiegend und entwickelten mit Unterstützung des Oberrabbiners Ezechiel Landau rasch ein deutschsprachiges jüdisches Schulwesen.

Die Reform des Bildungswesens setzte bereits unter Maria Theresia mit der Erneuerung der Universitäten und Studienordnungen (in Prag 1752) ein. Sie veranlaßte auch die Einführung des Tschechisch-Unterrichts an der Militärakademie sowie an der Ingenieurakademie und der Ritterakademie in Wien und errichtete 1775 einen Tschechisch-Lehrstuhl an der Wiener Universität. Die Einführung der allgemeinen Schulpflicht an der Grund-(Trivial-)schule erfolgte in Böhmen vor allem durch Ferdinand Kindermann aufgrund der »Allgemeinen Schulordnung«, die der Saganer Augustinerabt Johann

Ignaz Felbiger erarbeitet hatte. Kindermann legte als Oberaufseher der Normal-(Volks-)schulen Böhmens auch großen Wert auf die Pflege der Volkssprache, so daß eine große Zahl von Lehrbüchern in Tschechisch herausgegeben wurden. Förderung der Volkssprache und Förderung einer einheitlichen Staatssprache hielten sich bei Maria Theresia und Joseph II. die Waage. 1784 verordnete der Kaiser für die ganze Monarchie die deutsche Amtssprache. Im selben Jahr wurde von tschechischen und deutschen Gelehrten in Prag die »Böhmische Gesellschaft der Wissenschaften« gegründet.

Im Bereich der Wirtschaft, vor allem des Handels und der gewerblichen Produktion, versuchte man bereits unter Maria Theresia eine Belebung durch administrative Förderung zu bewirken. So wurde 1751 in Brünn ein Manufakturamt, 1753 in Prag eine Commerz- und Manufakturkommission und 1762 als Wiener Zentralbehörde ein Hofkommerzienrat eingerichtet. Effizienter waren jedoch private Initiativen des Adels, der bei stagnierenden Agrarerlösen seine Chancen in der Beschäftigung der Untertanen in Manufakturen sah, während Zunftwesen und Kapitalarmut in den Städten den Aufbau einer arbeitsteiligen Produktionsweise noch erschwerten. Den Ausbau und die Qualitätssteigerung der Textilproduktion förderte vor allem Franz Stephan von Lothringen, als Gatte Maria Theresias Kaiser Franz I. Als Textilunternehmer ragte Joseph Graf Kinsky heraus, der für eine rasche Industrialisierung Böhmens eintrat. Joseph Graf Bolza führte 1763 mit Baumwollweberei und Kattundruckerei überdies einen neuen ertragreichen Produktionszweig in den böhmischen Ländern ein. Der Glasproduktion kamen die Schulung der Arbeiter und die Qualitätssteigerung in der Glasschleiferei zugute. Daneben entstand auch eine chemische Industrie. Die Steigerung der Eisenerzeugung in über 60 Hütten erhielt ihre Impulse insbesondere durch die Eröffnung von Steinkohlelagerstätten 1760 bei Rossitz westlich von Brünn, 1765 bei Kladno und 1770 im Revier von Ostrau. Staatliche Maßnahmen wirkten sich in erster Linie im Bereich der Infrastruktur als förderlich aus, so der Ausbau der Staatsstraßen (Kaiserstraßen), unter denen der 1760 vollendeten Strecke von Wien über Znaim und Iglau nach Prag besondere Bedeutung zukam, aber auch des regionalen Wegenetzes und schließlich die 1774 abgeschlossene Schiffbarmachung der Moldau. Unter Josephs II. Regierung soll die Zahl der Fabriken in Böhmen von 50 auf 172 gestiegen sein. Die dynamische Entwicklung der Wirtschaft, an der sich zunehmend auch bürgerliche Unternehmer beteiligten, wurde nicht zuletzt durch die josephinischen sozialen Reformen vorangetrieben, die Aufhebung der Leibeigenschaft, die Beseitigung des Zunftwesens, aber auch die Toleranzpatente. So begann in dieser Zeit die frühindustrielle Phase der böhmischen Länder, in der diese zum wirtschaftlich fortgeschrittensten Teil der Habsburgermonarchie aufstiegen.

Böhmen und Mähren im 19. und 20. Jahrhundert

von Frank Hadler

10. *Erwachendes Nationalbewußtsein und Frühindustrialisierung (1790–1848)*

Am 20.2.1790 starb Kaiser Joseph II. in Wien. Seine unter dem Begriff des »Josephinismus« zusammengefaßte Reformtätigkeit, namentlich die Aufhebung der Leibeigenschaft, die Toleranz- und Robotpatente sowie der Aufbau einer Zentralverwaltung, hatten in Böhmen und Mähren keine ungeteilt positive Aufnahme gefunden. Vor allem die von einem konsequenten Gesamtstaatsdenken geleiteten Zentralisierungsmaßnahmen, die Auflösung der ständischen Landesausschüsse und nicht zuletzt die sprachlichen Unifizierungsbemühungen führten hier zur Entwicklung von Landespatriotismus. Obgleich sich die Begriffe »Bohemismus« oder »Moravismus« nie mit letzter Konsequenz – weder bei den Zeitgenossen noch bei den Historikern – durchsetzten, können sie besser als andere Wortschöpfungen zur Umschreibung jenes national noch undifferenzierten Heimat-, Lokal- und Landesbewußtseins in den Ländern der Böhmischen Krone dienen, das dann bis zur Mitte des 19. Jahrhunderts nationalpolitisch überformt werden sollte. Die so folgenreiche Entwicklung von Nationalbewußtsein setzte nicht nur bei den Tschechen, sondern auch bei anderen Völkern der Habsburgermonarchie ein, als sich das josephinische Reformzeitalter seinem Ende zuneigte. Sowohl in Böhmen als auch in Mähren vollzog sich dieser Nationsbildungsprozeß parallel und im Wechselspiel mit der beginnenden Industrialisierung.

Die Nachfolger Josephs II. haben dessen aktiven Reformabsolutismus zugunsten eines passiven Konservierungsabsolutismus aufgegeben. Nicht mehr die Führung der Gesellschaft war ihr Ziel, sondern deren Beherrschung. Vor allem die Ereignisse im revolutionären Frankreich, deren Bedrohlichkeit durch Nachrichten aus dem benachbarten Polen zusätzlich verstärkt wurde, haben die neuen Kaiser dazu veranlaßt, einen gewichtigen Teil der josephinischen Reformen zurückzunehmen. So wurden in Böhmen und Mähren schon 1790 die Landesausschüsse wieder zugelassen, nachdem dies von den Ständen als »Vertretern der Nation« in den sogenannten Desiderien eingefordert worden war. Eine andere Regelung sah vor, zugunsten der »landesüblichen«, also der »böhmischen« (= tschechischen) Sprache auf die Einführung des Deutschen als allgemeine Amtssprache zu verzichten. Anders als Joseph II. ließen sich seine Thronerben bis 1848 zu Königen von Böhmen krönen. Am 6.9.1791 nahm Leopold II. die

Wenzelskrone entgegen. Das Rahmenprogramm der Prager Krönungsfeierlichkeiten brachte das für den weiteren Gang der Geschichte der böhmischen Länder bestimmend werdende Wechselspiel von Frühindustrialisierung und nationaler Bewußtseinsbildung auf signifikante Weise zum Ausdruck: Im Clementinum fand eine »Industrieausstellung« genannte Schau von Manufakturprodukten aus Böhmen statt, im Carolinum hielt der Nestor der Slawistik Josef Dobrovský (1753–1829) im Beisein des Monarchen einen Vortrag »Über die Ergebenheit und Anhänglichkeit der slawischen Völker an das Erzhaus Österreich«.

Auch in Böhmen und Mähren gab es zu diesem Zeitpunkt ein »slawisches Volk«, zu dem mehr als eine Million ganz selbstverständlich tschechisch sprechende Landeskinder gehörten. Die Lebendigkeit dieser slawischen Sprache im Volk – zunächst nur von einer kleinen Schar gelehrter Köpfe reflektiert – sollte zur Basis der späteren Entfaltung eines nationalen Bewußtseins bei den Tschechen werden. Gefördert durch die 1790 in Prag gegründete Königliche Böhmische Gesellschaft der Wissenschaften, schrieb Dobrovský die erste *Geschichte der böhmischen Sprache* (1792). Im Jahre 1800 legte er sein *Ausführliches Lehrgebäude der böhmischen Sprache* sowie ein *Deutsch-böhmisches Wörterbuch* vor. Damit waren die Grundlagen der neuzeitlichen tschechischen Sprachlehre geschaffen. Der Historiker Franz Martin Pelzel (1734–1801) übernahm Ende 1792 den ersten Lehrstuhl für tschechische Sprache an der Prager Universität und verlieh in seiner Antrittsrede dem Wunsche Ausdruck, daß künftighin auch die Sprosse der großen Adelsgeschlechter Böhmens wieder »böhmisch« sprechen mögen. 1816 wurde dann in der Tat ein Hofkanzleidekret erlassen, demzufolge die tschechische Sprache als Unterrichtssprache in den Mittelschulen zugelassen und im öffentlichen Leben nicht weiter diskriminiert werden sollte. Als dieses Dekret nach nur fünf Jahren zurückgenommen wurde, war die Entwicklung des tschechischen Nationalbewußtseins bereits nicht mehr aufzuhalten. Dazu hatte vor allem Josef Jungmann (1773–1847) beigetragen, der 1820 ein *Slovesnost* betiteltes Lese- und Übungsbuch der Stilistik des Tschechischen vorlegte und so zum eigentlichen Schöpfer der tschechischen Schriftsprache wurde.

Hervorzuheben ist, daß die Herausbildung eines differenzierten, geistig-kulturellen und schließlich nationalen Eigenbewußtseins unter den Tschechen zunächst ohne Spitze gegen die in den böhmischen Länder siedelnden Deutschen auskam. Die gemeinsame Sorge um den allgemeinen Fortschritt der sich verbürgerlichenden Gesellschaft schuf einen böhmischen und mährisch/schlesischen Landespatriotismus, der, vielfach von adeligen Mäzenen in den Bereichen Wissen schaft und Kultur unterstützt, nicht das national Trennende, sondern das übernational Verbindende in den Vordergrund stellte. Zu einem praktischen Bindeglied zwischen Tschechen und Deutschen in den böhmischen Ländern wurde das wachsende Interesse an der gemeinsamen »vaterländischen Geschichte«. Als Orte der binationalen Geschichtspflege entstanden in allen drei Kronländern Museen, die zum Teil von staatlicher Seite gefördert wurden und bis heute existieren: 1814 das (spätere) Schlesische Museum in Troppau, 1817 das mährische Franzens-Museum in Brünn und 1818 das Königlich Böhmische Landesmuseum in Prag. Zum Zeitpunkt der Museumsstiftungen hatte der Philosoph Bernard Bolzano (1781–1848), den man den Weisen von Prag nannte, die Idee eines echten »Bohemismus« propagiert. Sein Ziel war die Schaffung einer »böhmischen Nation« durch das Zusammenwachsen der beiden »Volksstämme«.

Dieser Bohemismus-Idee entgegengesetzt waren Versuche, den Vorrang der Tschechen vor den Deutschen aus der Vergangenheit abzuleiten und mit gefälschten historischen Dokumenten zu belegen. Václav Hanka (1791–1861), ein von Jakob Grimm (1785–1863) zum Sammeln von Volksliedern angeregter Parteigänger Jungmanns, hatte 1817/18 im Kloster Königinhof sowie auf Schloß Grünberg Fragmente von Handschriften »entdeckt«, die angeblich aus dem 13. bzw. 9. Jahrhundert stammten. Während Dobrovský umgehend von Fälschungen sprach – eine Auffassung, die sich erst nach 1886 endgültig durchsetzen sollte –, blieb selbst der spätere Nestor der kritischen tschechischen Historiographie, Franz/František Palacký (1798–1876), von den bald in andere Sprachen übersetzten Handschriften tief beeindruckt. Gemeinsam mit Jungmann hatte der gebürtige Mährer Palacký maßgeblichen Einfluß auf die Entwicklung des Landesmuseums von einem böhmisch-patriotischen hin zu einem tschechisch-nationalen Zentrum nehmen können. Als Museumssekretär redigierte er die seit 1827 zweisprachig erschienene *Monatsschrift der Gesellschaft des vaterländischen Museums in Böhmen*. Nachdem 1831 mit der nach serbischem Vorbild konzipierten Matice česká ein patriotischer Verein zur Unterstützung der tschechischen Museumszeitschrift entstanden war, stellte die deutsche Zeitschrift jedoch ihr Erscheinen ein. Im Führungskomitee der Matice, die 1835–39 für die Veröffentlichung von Jungmanns fünfbändigem *Tschechisch-deutschen Wörterbuch* sorgte, versammelte sich die Elite der nationalbewußten tschechischen Geisteswelt.

Palacký, 1831 zum Landeshistoriographen ernannt und mit dem Verfassen einer böhmischen Landesgeschichte betraut, gehörte zu dieser Elite. Seine zunächst noch in deutscher Sprache erschienene *Geschichte von Böhmen* (1836) legte den Grundstein für eine national-

tschechische Geschichtsdeutung, derzufolge die friedlichen Tschechen als slawische Ureinwohner einen jahrhundertelangen Freiheits-
kampf gegen die als Eroberer nach Böhmen eingedrungenen Deutschen geführt hatten. Palacký war überzeugt, »daß die tschechische
Geschichte überhaupt auf dem Kampf mit dem Deutschtum beruht
oder in der Aufnahme und Ablehnung deutscher Gewohnheiten und
Ordnungen durch die Tschechen« besteht. Sein Geschichtswerk erschien nach 1848 auch in tschechischer Übersetzung. Es verfehlte seine Breitenwirkung nicht und trug viel dazu bei, daß der Historiker
zum ersten politischen Führer der Tschechen werden konnte.

Die philologische und historiographische Beschäftigung mit
tschechischen Themen blieb nicht ohne Einfluß auf die Entwicklung
der tschechischen Sprache in anderen Wissenschaften. So war bereits
1821 die erste tschechische wissenschaftliche Zeitschrift *Krok* (Der
Schritt) erschienen, deren Herausgeber Jan Svatopluk Presl (1791–
1849) bis 1835 mit seinen Fachlexika über Botanik, Mineralogie,
Zoologie und Chemie Maßgebliches zur Entwicklung einer wissenschaftlichen Terminologie im Tschechischen beitrug. Auch das allgemeine Kulturleben in den böhmischen Ländern erfuhr von der
Musik bis zur bildenden Kunst eine nationaltschechische Erweiterung. Nachdem 1826 die erste tschechische Oper *Dráteník* (Der
Drahtbinder) am Prager Ständetheater aufgeführt worden war, er-
klang acht Jahre später erstmals jenes »Kde domov můj« (Wo ist meine
Heimat) genannte Lied, das seit 1918 tschechische National- und
Staatshymne ist.

Das Wirken der ersten tschechischen »Erwecker«-Generation entfaltete sich während der langen Regierungszeit von Kaiser Franz II. (I.)
1792–1835. Der als reformfeindlich geltende Monarch hatte sich
trotz seines Desinteresses an den Geschicken der böhmischen Länder
kurz nach seiner Kaiserwahl in den Prager Veitsdom begeben, um am
9.8.1792 die böhmische Krone zu empfangen. Wenige Jahre später
ging Napoleon daran, Europa sein Siegel aufzudrücken. Am
2.12.1805, dem ersten Jahrestag seiner Selbstkrönung zum erblichen
Kaiser der Franzosen, beendete er in Austerlitz den dritten, hauptsächlich in Böhmen und Mähren ausgefochtenen Koalitionskrieg mit
einem grandiosen Sieg über die Truppen der Kaiser von Österreich
und Rußland. Durch die Dreikaiserschlacht war der kleine mährische
Ort östlich von Brünn zu einer welthistorischen Stätte geworden.
Franz I., seit dem 11.8.1804 Kaiser von Österreich, legte kurz darauf
die deutsche Kaiserkrone nieder und erklärte das Heilige Römische
Reich Deutscher Nation für aufgelöst. Mit diesem Schritt endete am
6.8.1806 die Zugehörigkeit der Länder der Böhmischen Krone zum
Reich. Die böhmische Kurwürde erlosch, die Wenzelskrone wurde

der österreichischen Kaiserkrone untergeordnet. Alle habsburgisch regierten Länder blieben weiter unter dem Wappen des Doppeladlers vereint. Als einheitliche Staatsbezeichnung legte man 1812 »kaiserlich-österreichisch« fest, während die landesherrlichen Behörden bereits seit 1806 als »kaiserlich-königlich (k.k.)« bezeichnet wurden. 1811 schließlich erfolgte nach dem Muster des Napoleonischen Code civil (1804) die Vereinheitlichung des österreichischen Gerichtswesens durch ein Allgemeines Bürgerliches Gesetzbuch.

Nach dem Ende der Napoleonischen Kriege wurde auf dem Wiener Kongreß 1815 ein europäisches Staatensystem entworfen, das als Pentarchie der großen Mächte bis zum Ersten Weltkrieg den Gang der europäischen Geschichte bestimmte. Architekt dieses Systems, in dem die Länder der Böhmischen Krone zum Deutschen Bund gehörten, war der spätere (ab 1821) Haus-, Hof- und Staatskanzler Kaiser Franz' I., Fürst Metternich (1773–1859). Außenpolitisch strebte er durch die am 26.9.1815 beschlossene Schaffung eines »Weltfriedensbundes der Heiligen Allianz« nach Beendigung jeglicher revolutionärer Bewegungen in Europa. Ziel seiner Politik nach innen war die Unterbindung nationaler und vor allem demokratischer Gesinnung durch die Verschärfung der Zensur sowie den Aufbau eines effizienten Polizeiapparates. In Prag führte dieses in den Karlsbader Beschlüssen von 1819 festgeschriebene »System Metternich« zur Entfernung Bolzanos von der Universität.

Wenn das Abhalten von Industrieausstellungen (die erste fand 1756 in London statt) ein Indikator für das Voranschreiten von Industrialisierung ist, dann lagen die böhmischen Länder ohne jeden Zweifel im Trend der Zeit. Nachdem die Wirtschaftsdepression überwunden war, die der kriegsbedingte Staatsbankrott von 1811 hervorgerufen hatte, erlebte Prag in den Jahren 1828/29 zwei Industrieausstellungen, an denen sich 220 bzw. 257 Aussteller mit 1498 bzw. 2198 Produkten beteiligten. Die vom Prager Oberstburggrafen Karl Chotek (1783–1868) forcierte Ausstellungsinitiative ging 1833 an die Vereinigung zur Hebung der Industrie in Böhmen über, die in eben diesem Jahr nach dem Vorbild der französischen Société d'encouragement pour l'industrie nationale gegründet worden war. Auf einer anläßlich der Krönung des neuen Kaisers Ferdinand II. zum böhmischen König im September 1836 organisierten Ausstellung bewarben sich 251 Unternehmer mit 4046 Produkten um die ausgesetzten Preise. Daß diese dann eher an Produzenten adeliger Herkunft als an Neuerer aus der sich erst in Aufbau befindlichen bürgerlichen Schicht vergeben wurden, weist auf eine Besonderheit der Frühindustrialisierung in den böhmischen Ländern hin: auf den hohen Anteil des sogenannten Unternehmeradels an den Industriegründungen, dessen

Ursachen vor allem im Arbeitskräftemonopol und in der Finanzkraft der Grundherren lagen.

Ein Blick auf die Standortverteilung der zuerst eingeführten Industrien, besonders der maschinellen Textilproduktion (Wolltuche, Leinen und Baumwolle), zeigt zudem ein für Böhmen und Mähren spezifisches Ineinanderwirken von wirtschafts- und nationalpolitischen Entwicklungstendenzen, denn die erste Welle der Industrialisierung konzentrierte sich eher auf die überwiegend von Deutschen besiedelten Mittelgebirgslandschaften und die größeren Städte als auf das tschechisch bewohnte flache Land. Obgleich die Ursachen dieser Entwicklung in der Regel rein wirtschaftliche waren (Handwerkertraditionen, dichte Besiedlung, geschulte Manufakturarbeitskräfte in den historischen Gewerbelandschaften), sollte die territoriale Ungleichverteilung später zum Gegenstand nationalpolitischer Auseinandersetzungen werden. Daran konnten auch ländliche Industrieansiedlungen wenig ändern, deren Zahl im Zuge der maschinellen Verarbeitung neuer landwirtschaftlicher Produkte (Zuckerrübe und Kartoffel) schnell anstieg. Den wertmäßig größten Zuwachs verzeichnete der Montansektor (Braun- und Steinkohle, Eisenerz), der bereits Mitte der dreißiger Jahre den ersten Platz einnahm. Zum Industriezweig mit der größten Innovationskraft indes wurde der Maschinen- und Werkzeugbau, der sich zuerst im mährischen Brünn entwickelte. Mit einem hohen Exportanteil produzierte die nordböhmische Schmuck- und Glasindustrie. Auch das Karlsbader Porzellan wurde auf ausländischen Märkten geschätzt.

Zu einer entscheidenden Voraussetzung der Frühindustrialisierung wurde neben der Bereitstellung finanziellen Startkapitals durch den Adel die Sicherung des geistigen Startkapitals in Form des technischen und logistischen know how. Oft brachten es ausländische Fachleute nach Böhmen und Mähren, meist aus England, bis Napoleon 1806 die Kontinentalsperre verhängte. Wohl nicht nur aus Zufall wurde am 10. November des gleichen Jahres mit dem Prager Polytechnikum eine der frühesten Ausbildungsstätten technischer Intelligenz in Mitteleuropa eröffnet. Die Kombination beider Startkapitale machte die gezielte Nutzung der Dampfmaschine möglich. Die ersten Exemplare dieser naturunabhängig einsetzbaren Energiequelle kamen 1816 in Mähren und 1823 in Böhmen zum Einsatz. 1841 wurden bei einer Industriezählung in den böhmischen Ländern 156 Maschinen registriert, deren Gesamtleistung auf 1845 PS hochgerechnet werden kann.

Die sozialen Konsequenzen der maschinengestützten Produktion nahmen vor allem in der Textilindustrie dramatische Züge an. Im Laufe eines guten Jahrzehnts nach der Einführung der ersten, noch wassergetriebenen Baumwollspinnmaschine in Wernstädt (1797) hatten von den damals in Lohn und Brot stehenden 40 000 Baumwollhandspinnern 35 000 ihre Arbeit verloren. Beinahe jeder der 320 000 von der Flachsspinnerei lebenden Textilarbeiter verlor nach der 1810 begonnenen Einführung der maschinellen Flachsspinnerei den Lebensunterhalt für sich und seine Familie. Die Aufstellung mechanischer Webstühle, erstmals 1801 in Warnsdorf, machte bald alle Handweber arbeitslos. Nach Mißernten 1842/43, die im Erzgebirge zu Hungersnöten führten, häuften sich Fälle von Maschinenstürmerei und Streiks. Innerhalb des »Proletariats«, wie man die daran beteiligte arbeitslose Arbeiterschaft in Wien nannte, stand das gemeinsame Interesse an wirtschaftlicher Existenzsicherung höher als nationaldeutsche oder nationaltschechische Werte. Die fortschreitende soziale Verelendung großer Teile der von 1790 knapp 4,5 Millionen auf über 6,5 Millionen im Jahre 1851 angewachsenen Bevölkerung (davon 4 385 894 in Böhmen, 1 799 838 in Mähren und 438 585 in Österreichisch-Schlesien) war begleitet von einer zunehmenden geographischen Mobilität vom Dorf in die Stadt. Auch wenn die Stadtmauern fielen und die Wälle geschleift wurden, konnte die Urbanisierung nicht mit dem Tempo der Industrialisierung Schritt halten. So blieb die hohe Dichte der für die böhmischen Länder typischen Streusiedlungen erhalten. 1854 wurden 8920 Gemeinden in Böhmen und 3142 Gemeinden in Mähren gezählt.

Weniger durch Bevölkerungsmobilität als durch topographische Gegebenheiten und Rohstoffnähe bestimmt, begannen sich bereits in der Zeit der Frühindustrialisierung jene Industrieregionen herauszubilden, die bis heute auf der wirtschaftsgeographischen Karte der böhmischen Länder als Zentren zu finden sind: das nordböhmische Braunkohlerevier um Eger und Brüx, das mährische Maschinenbauzentrum um Brünn und das Zentrum der Montanindustrie um Mährisch Ostrau und im schlesischen Karwin. Mit dem Wachsen der Städte (über ein Dutzend zählte bis 1850 mehr als 10 000 Einwohner) und dem Entstehen der Industrieregionen stellte sich die Frage nach ihrer Verkehrsverbindung. Die 1813 verstaatlichte Post war auf Straßen angewiesen, deren Netz sich nur sehr langsam vergrößerte. Mit der Inbetriebnahme der vom ersten Direktor des Prager Polytechnikums Franz Josef von Gerstner (1756–1832) entworfenen und von seinem Sohn Franz Anton (1796–1840) gebauten Pferdebahn zwischen Böhmisch Budweis und Linz wurde eine Verbindung zwischen Donau, Moldau und Elbe realisiert. Die eigentliche Revolution des Verkehrswesens aber brachte auch in den böhmischen Ländern der Bau von Eisenbahnstrecken. Auf den ersten in der Habsburgermonarchie fertiggestellten Streckenabschnitten der privaten Kaiser-

Ferdinands-Nordbahn konnte man 1839 von Wien nach Brünn fahren. Noch bevor Olmütz angebunden wurde, war der Eisenbahnbau 1841 in die Hände des Staates übergegangen. 1845 feierte man in Prag die Ankunft des ersten Zuges. Er kam aus Wien via Olmütz. Zu dieser Zeit hatte der Schaufelraddampfer »Bohemia« bereits ein paar Jahre Liniendienst auf der Strecke Dresden-Prag hinter sich. Als seinerzeit schnellste Art der Nachrichtenübermittlung wurde in den Jahren 1846/47 eine Telegraphenleitung aufgebaut, die zuerst Wien mit Brünn und dann mit Olmütz verband. Zu dem Zeitpunkt, als sich die Reisezeit zwischen Wien und Prag nicht mehr in Tagen sondern in Stunden rechnen ließ und ein Schriftstück binnen Minuten von Wien nach Brünn »gedrahtet« werden konnte, als also diese Zentralorte der Habsburgermonarchie näher denn je aneinander gerückt waren, häuften sich in Böhmen die Anzeichen für ein Ende des tschechisch-deutschen Miteinanders. In Mähren indes hielt der Zustand des nationalen Utraquismus länger an, bis Anfang der sechziger Jahre mit der Gründung des tschechischen patriotischen Vereins Matice moravská der nationale Aufspaltungsprozeß auch hier verstärkt einsetzte.

1844, im Jahr der ersten Maschinenstürmereien, hatten sich in Prag junge Radikaldemokraten zusammengefunden, um einen geheimen Club zu gründen, den sie »Repeal« (Widerruf) nannten. Der Name sollte die Sympathie der Gründer für den Kampf der Iren gegen England belegen, dem sie eine Vorbildwirkung für den Kampf der Tschechen gegen die Deutschen zumaßen. Einem der Repealisten, dem Journalisten Karel Havlíček Borovský (1821–56), gelang es mit seiner 1846 in den *Pražské noviny* (Prager Zeitung) erschienenen Artikelserie »Slovan a Čech« (Slawe und Tscheche) den vormärzlichen Entwicklungsweg der tschechischen Nationalbewegung abzuschließen, indem er die bürgerlich-nationale Ideologie der Tschechen mit einer Progammatik versah: mehr Selbständigkeit für die böhmischen Länder und mehr Beteiligung der Tschechen an der Regierung Österreichs. Mit dem Glauben an eine allslawische, von Rußland geführte Einheit zwischen Riesengebirge und Ural, Tatra und Montenegro, der einst von den beiden slowakischen Protestanten Jan Kollár (1793–1852) und Pavol Šafárik (1795–1861) von ihren Studien in Jena nach Prag getragen worden war, hatte das nicht mehr viel zu tun. »Als Tscheche, als purer unnachgiebiger Tscheche« lehnte Havlíček Borovský den Panslawismus ab. Seine Forderung nach nationaler Freiheit innerhalb eines slawischen Österreich wies der tschechischen Nationalbewegung den Weg in den politischen Austroslawismus, dessen Geburtsstunde im Revolutionsjahr 1848 schlug.

11. Nationalgesellschaft und Industrialisierung (1848–1918)

Die Revolution von 1848 hatte ihren böhmischen Schauplatz vor allem in Prag. Zwei Tage vor dem Rücktritt Metternichs am 13.3.1848 fand hier eine von vielleicht 3000 Bürgern beider Nationalitäten besuchte Versammlung statt, zu der die radikal-demokratische Repeal-Bewegung aufgerufen hatte. Es wurde eine Delegation nach Wien entsandt, die sowohl staatsrechtliche als auch national-politische Forderungen übermitteln sollte. Diese lauteten: Austritt Böhmens aus dem Deutschen Bund, administrative Selbständigkeit der böhmischen Länder mit einem Gesamtlandtag und vollkommene Gleichstellung der tschechischen Nationalität mit der deutschen in den Schulen und Ämtern aller böhmischen Länder.

Noch bevor die als Böhmische Charte bezeichnete Antwort vom 8. April in Prag eintraf, hatte der Repeal-Aktivist Havlíček Borovský in der ersten Nummer der *Národní noviny* (Nationalzeitung) verkündet, daß die Vorherrschaft in den künftig staatsrechtlich zusammengefaßten böhmischen Ländern einzig den Tschechen zustehe. Die Tatsache, daß diese Extremauffassung von der zweifellos sensibilisierten Prager Öffentlichkeit ohne direkten Widerspruch hingenommen wurde, läßt erahnen, wie tief sich der nationale Trennungsgedanke bereits im »böhmischen Volke« verwurzelt hatte. Auch die Neuordnung der Prager Studentenschaft in nationalen Lagern – bedeutungsvoll Slavia und Teutonia genannt – sowie das Auseinanderbrechen der Künstlervereinigung Concordia belegen die Tendenz zur Bildung zweier Nationalgesellschaften in den böhmischen Ländern, die in die Zeit des Vormärz zurückreicht. Mit der fast gleichzeitigen Entstehung des Vereins der Deutschen aus Böhmen, Mähren und Schlesien zur Aufrechterhaltung ihrer Nationalität in Wien am 9. April sowie des Národní výbor (Nationalausschuß) in Prag am 10. April wurde 1848 die Trendwende definitiv vollzogen. Die hernach rasch fortschreitende nationale Desintegration vollzog sich zunächst weiter auf der Ebene von Vereinen. Das konnte nicht ohne Wirkung auf die spätere politische Landschaft bleiben, in der es neben deutschen, d. h. deutschböhmischen/-mährischen Parteien tschechische, d. h. tschechischböhmische/-mährische Parteien gab, die sich »československvanský« (tschechoslawisch) nannten. Da es im Tschechischen nur das Wort »český« zur Bezeichnung von »böhmisch« und »tschechisch« gibt, wurde auf »slawisch« zurückgegriffen, um sich von den bzw. dem Deutschen abzusetzen. In dieser komplizierten Sprachlandschaft passierte es, daß ein Deutscher in Böhmen im Tschechischen ganz selbstverständlich als »český Němec« bezeichnet wurde, weil klar war, daß »český« in dieser Kombination nur »böhmisch« und nicht »tschechisch« bedeuten konnte. Ein Tscheche in Mähren hingegen war im deutschmährischen Sprachgebrauch ein »böhmisch sprechender Mährer«.

Das Jahr 1848 hat aber nicht nur nationalpolitische, sondern auch staatsrechtliche Weichenstellungen vorbereitet. Diese waren verbunden mit der Forderung nach einer administrativen Einheit der böhmischen Länder, die jedoch auf den Widerstand der Wiener Zentralbehörden stieß. In der Böhmischen Charte hatten sie zwar mehr Selbständigkeit angekündigt, nicht aber für alle Länder der Böhmischen Krone, sondern nur für das Königreich Böhmen. Eine kategorische Absage wurde den Prager Vereinigungsplänen auch aus dem benachbarten Mähren sowie dem »k.k. Antheil von Schlesien« erteilt. Vor allem in Brünn wollte man die anstehenden Entscheidungen selbständig fällen. Eine dieser Entscheidungen betraf die Teilnahme an den Wahlen zur Deutschen Nationalversammlung. Palacký war ersucht worden, an den Beratungen des Frankfurter Vorparlaments teilzunehmen. Er weigerte sich jedoch und formulierte ein Antwortschreiben, das einerseits als Abschiedsbrief der tschechischen/böhmischen Nation an die deutschen Staaten und andererseits als Geburtsurkunde des politischen Austroslawismus gelten kann. »Existierte der österreichische Kaiserstaat nicht schon längst,« schrieb Palacký am 11.4.1848, »man müßte im Interesse Europa's, im Interesse der Humanität selbst sich beeilen, ihn zu schaffen.« Hinter diesen oft zitierten Worten stand die Überlegung, daß einzig Österreich den kleinen slawischen Völkern und somit auch den Tschechen verläßlichen Schutz sowohl vor pangermanisch-deutschen als auch vor panslawisch-russischen Expansionsbestrebungen bieten könne.

Da sich der Prager Nationalausschuß der Meinung Palackýs angeschlossen und sich gegen die Abhaltung der Wahlen in die Frankfurter Paulskirche ausgesprochen hatte, wurden in den tschechisch besiedelten Wahlkreisen Böhmens keine Mandate vergeben. Dennoch waren die böhmischen Länder mit 68 Abgeordneten im ersten gesamtdeutschen Parlament vertreten. Quasi als Gegenprogramm zu Frankfurt trat am 2. Juni in Prag ein Slawenkongreß zusammen, dessen 340 Teilnehmer zu zwei Dritteln aus Böhmen und Mähren kamen. Alle bedienten sich der deutschen Sprache. Der in einer böhmischen, einer polnisch-ruthenischen und einer südslawischen Sektion tagende Kongreß endete ohne konkrete Ergebnisse, da in Prag der Pfingstaufstand ausbrach. Die Barrikadenkämpfer wurden nach nur fünf Tagen von Alfred Fürst zu Windischgrätz (1787–1862) zur Kapitulation gezwungen, woraufhin dem Feldmarschall von deutschböhmischer Seite Dankesbekundungen zugingen. Nach dem Beginn der Oktoberunruhen in Wien vertagte sich der im Juli eröffnete verfassungsgebende Reichstag, an dem sich 76 tschechische Abgeord-

nete beteiligten, ins mährische Kremsier. Ebenfalls nach Mähren war
der Kaiser samt Familie geflohen. In Olmütz entschied sich Ferdinand II., zugunsten seines Neffen Franz Joseph I. abzudanken. Am
2.12.1848 trat der gerade achtzehnjährige neue Kaiser an, um die
Geschicke Österreichs zu lenken. Er blieb 68 Jahre auf dem Thron,
bis kurz vor dem endgültigen Staatsverfall im Ersten Weltkrieg. Sein
erster Schritt war der Oktroy einer Verfassung, die das zentralistische
System der Monarchie stärkte und dem Souverän ein absolutes Ve-
torecht einräumte. Drei Tage später ließ er den Reichstag zu
Kremsier mit Waffengewalt auflösen. Das geschah am 7.3.1849, auf
den Tag genau ein Jahr bevor nahe der südmährischen Stadt Göding
jener Mann zur Welt kam, der 1918 zum Gründungspräsidenten der
Tschechoslowakischen Republik wurde – Tomáš G. Masaryk.

Das in Österreich nach den 1848 gescheiterten Liberalisierungsbe-
strebungen entstandene politische System war ein neoabsolutisti-
sches. Es war vor allem mit dem Namen von Alexander Bach (1813–
93) verbunden, der als Innenminister dafür Sorge trug, daß die am
20.8.1851 eingeführten »Grundsätze für organische Einrichtungen in
den Kronländern des österreichischen Kaiserstaates« eingehalten wurden. Die oktroyierte Verfassung blieb außer Kraft, bis mit dem Ok-
toberdiplom von 1860 ein »beständiges und unwiderrufliches Staats-
grundgesetz« erlassen wurde, das den Weg in eine Verfassungsord-
nung ebnete. Im Februarpatent von 1861 war die Wiedereröffnung
des Reichstages in Wien festgelegt worden. Das neue Parlament
(Reichsrat) bestand aus zwei Kammern: dem Abgeordnetenhaus, dessen Mitglieder in den einzelnen Landtagen gewählt werden sollten
(ab 1873 Direktwahlen), sowie dem Herrenhaus, dessen Mitglieder
vom Kaiser persönlich auf Lebenszeit berufen wurden. Nach den ersten Wahlen zogen 58 deutsche und 24 tschechische Abgeordnete aus
Böhmen und Mähren in den Reichsrat ein; der prominenteste Tscheche im Herrenhaus war Palacký.

Nachdem bei Königgrätz, in Böhmen also, am 3.7.1866 mit dem Sieg
der Preußen über die Österreicher die Entscheidung für eine klein-
deutsche Lösung der deutschen Frage gefallen war, begann die Wiener Regierung, den nationalen Problemen der Monarchie mehr Aufmerksamkeit zu widmen. Was im Februar 1867 mit der Ernennung
einer ungarischen Regierung begann, mündete ungeachtet sofortiger
tschechischer Proteste in den mit der Dezemberverfassung festge-
schriebenen österreichisch-ungarischen Dualismus. Während Au-
ßen-, Verteidigungs- und Finanzfragen weiterhin im Verantwor-
tungsbereich der Wiener Reichsministerien blieben, hatte Ungarn
durch den »Ausgleich« genau die Selbständigkeit erhalten, die von
tschechischen Nationalaktivisten für die unter einem gemeinsamen

Prager Landtag zu vereinigenden böhmischen Länder angestrebt worden war. Doch die Erweiterung des Dualismus auf einen Trialismus sollte Illusion bleiben. Das von Franz Joseph II. geleitete Reich hieß ab dem 14.11.1868 »Österreichisch-Ungarische Monarchie«. Der damals zweitgrößte Staat Europas setzte sich zusammen aus dem »Staat der im Reichsrat vertretenen Königreiche und Länder« in Zisleithanien (diesseits des Flusses Leitha) sowie dem »Königreich Ungarn« in Transleithanien (jenseits der Leitha). Die Wiener Zentralbehörden wurden ab 1890 einheitlich »kaiserlich und königlich (k.u.k.)« genannt.

Die tschechische liberale Politik reagierte auf diese Entwicklung mit passiver Resistenz. Bis 1874 blieben ihre Vertreter dem böhmischen Landtag fern, erst 1879 beteiligten sie sich wieder am Wiener Reichsrat. In der Zwischenzeit war in den böhmischen Ländern ein politisches Leben entstanden, das sowohl das Neben- als auch das Gegeneinander der Nationalgesellschaften widerspiegelte. Dabei war ein Generationswechsel zu beobachten. 1873 spalteten sich die »Jungen« von den deutschböhmischen Liberalen und stellten fortan den deutsch-nationalen Gedanken der österreichischen Staatsidee in den Vordergrund. Auf der tschechischen Seite vollzog sich die Spaltung in »Jungtschechen« und »Alttschechen« ein Jahr später im Zusammenhang mit dem Wiedereintritt in den böhmischen Landtag, in dem es nicht zuletzt als Folge einer Wahlrechtsreform ab 1883 eine tschechische Mehrheit gab. Parallel zu dieser Entwicklung erweiterte sich das bis dahin bürgerlich geprägte Parteienspektrum durch das Hinzutreten von Arbeiterparteien. 1874 war in Neudörfl die Sozialdemokratische Arbeiterpartei in Österreich gegründet worden, deren tschechische Mitglieder 1878 eine eigene, »tschechoslawisch« genannte Partei schufen. Zehn Jahre später trat sie auf dem vom Austromarxisten Victor Adler (1852–1918) organisierten Hainfelder Vereinigungsparteitag der gesamtösterreichischen Sozialdemokratie bei, die nach ihrem Parteitag in Brünn (1899) für die Umwandlung des Reiches in einen Bund nationaler Mitgliedsstaaten auf ethnischer Basis kämpfte. Mit der Gründung weiterer deutscher Parteien (Christlich-Soziale, Agrarier, Deutschradikale, Alldeutsche) sowie der Entstehung tschechischer Parteien (Christlich-Soziale, National-Soziale, Agrarpartei, Volkspartei), war in den böhmischen Ländern um die Jahrhundertwende jene Parteienlandschaft gestaltet worden, die im Kern bis 1938 Bestand hatte. Trotz gewachsener Möglichkeiten einer differenzierten politischen Meinungsbildung kamen die 1890 auf Grundlage der sogenannten Punktationen erneut begonnenen Verhandlungen über den tschechisch-deutschen Ausgleich nicht wesentlich voran. Einzig in Mähren konnten die nationalen

Spannungen spürbar abgebaut werden. Der am 27.11.1905 vom Kaiser bestätigte Mährische Ausgleich legte fest, daß in diesem Kronland fortan in nationalen Katastern gewählt wurde, d. h. Tschechen konnten nur noch Tschechen und Deutsche nur noch Deutsche in den Landtag wählen. Während es in Österreichisch-Schlesien aufgrund klarer Mehrheitsverhältnisse keine Ausgleichsverhandlungen gab, führte der Streit um den Ausgleich in Böhmen bis zur Auflösung des Landtages am 26.7.1913.

Auch wenn die politische Kultur Österreichs mit zunehmender Dauer der Regierungszeit Franz Josephs mehr und mehr von der Kunst des »Fortwurstelns« geprägt war, gab es doch eine grundsätzliche Modernisierung, die das Leben aller Untertanen gleich welcher Nationalität erleichterte. Am 14.5.1869 war die allgemeine Schulpflicht bis zum 14. Lebensjahr eingeführt worden, ein Jahr zuvor die Zivilehe. In den böhmischen Ländern, wo es durch die nationale Doppelung das dichteste Schulnetz der Gesamtmonarchie gab, sollte durch Sprachverordnungen von 1880 und 1897 dafür gesorgt werden, daß man mit tschechisch vorgebrachten Anliegen in den Ämtern genauso schnell genauso weit kam wie mit der deutschen Sprache. Seit dem 21.1.1907 schließlich galt in Österreich das allgemeine, gleiche, geheime und direkte Wahlrecht für jeden Mann über 24 Jahren. Die Altersgrenze für das passive Wahlrecht in den Reichsrat wurde auf 30 festgelegt.

Die Nationalgesellschaften schufen sich eigene kulturelle Lebenswelten, die sich durch eine bemerkenswerte Parallelität und eine Vielzahl struktureller Ähnlichkeiten auszeichneten. Im Zuge des nationalen Auseinandertretens dieser Gesellschaften offenbarten sich jedoch Unterschiede. Während man sich auf deutscher Seite vornehmlich auf die Kulturmetropole Prag sowie auf die großen Städte konzentrierte und sich an Wien orientierte, war man auf tschechischer Seite an Breitenwirkung interessiert, nicht zuletzt deshalb, weil die Tschechen nach 1861 in nahezu allen Gemeindevertretungen die Mehrheit besaßen.

Als die Wenzelskrone nach Beendigung des Preußenkrieges 1867 in einer Augustnacht aus der Schatzkammer der Wiener Hofburg zurück nach Prag gebracht wurde, hatten sich auf den Stationen entlang der Bahnstrecke Gruppen nationalbewußter Tschechen versammelt. Die Zahl derartiger Kleindemonstrationen nahm nach der Grundsteinlegung für das Nationaltheater im Mai 1868 weiter zu. Auf »meetings«, wie die bald wöchentlich an geschichtlich symbolträchtigen Orten organisierten Treffen mit abermaligem Blick nach Irland zunächst genannt wurden (die spätere hussitische Bezeichnung »tábory« soll auf einen Vorschlag des Historikers Jaroslav Goll, 1846–

1929, zurückgehen), konnte die Nationalbewegung binnen kurzer Zeit zur aktiven Kollektiverfahrung von Hunderttausenden Tschechen werden. Der Formierungsprozeß der »neuzeitlichen tschechischen Nation« hatte hiermit seinen Höhepunkt erreicht. Dem gewachsenen nationalen Selbstvertrauen entsprachen die Teilung des Prager Polytechnikums 1869 und besonders die Teilung der Prager Universität 1882 in eine deutsche und eine tschechische Alma mater, die beide den Namen Carolo-Ferdinandea tragen durften. 1899 schließlich wurde in Brünn neben der deutschen Technischen Hochschule eine tschechische eröffnet.

Die Bevölkerungszahl in den böhmischen Ländern war von 1848 bis 1890 um 30% gestiegen. In den folgenden zwei Jahrzehnten wuchs sie nochmals um 15%. Von den 1910 mehr als zehn Millionen Menschen lebten 6 712 944 in Böhmen, 2 604 857 in Mähren und 741 456 in Österreichisch-Schlesien. Da bei den Volkszählungen in Österreich, denen diese Angaben zugrunde liegen, nur nach der Umgangssprache, nicht aber nach einem nationalen Bekenntnis gefragt wurde, ist bei Aussagen über die Verteilung der Bevölkerung nach Nationalitäten stets mit gewissen Unschärfen zu rechnen. Als Umgangssprache gaben 1910 in Böhmen 2 467 717 Personen (36,7 %) Deutsch und 4 241 925 (63,1 %) Tschechisch an. In Mähren bevorzugten 27,6 % (719 439) der Befragten die deutsche und 71,7 % (1 868 999) die tschechische Sprache. In Österreichisch-Schlesien bedienten sich 325 530 Bewohner (43,9 %) des Deutschen, 180 341 (24,3 %) des Tschechischen und 235 224 (31,7 %) des Polnischen. Die in den einzelnen Ortsartikeln gemachten Angaben über Einwohnerzahlen und nationale Bevölkerungsverteilungen basieren, sofern sie die Zeit vor dem Ersten Weltkrieg betreffen, in der Regel auf den österreichischen Volkszählungsergebnissen. Angaben für die Zeit nach 1918 stützen sich auf die in der Tschechoslowakei realisierten Volkszählungen, bei denen 1921 das Prinzip der subjektiven Deklaration der Nationalität eingeführt wurde.

Kompliziert gestaltet sich vor diesem Hintergrund die zahlenmäßige Erfassung der seit dem Mittelalter in den böhmischen Ländern nachweisbaren jüdischen Bevölkerung. Im täglichen Umgang verwendete sie beide Landessprachen. Mit dem josephinischen Toleranzpatent vom 20.10.1781 hatte ein Emanzipationsprozeß eingesetzt, der nach den Judenverordnungen von 1848/49 weiter voranschritt und in der am 21.12.1867 verfassungsmäßig garantierten staatsbürgerlichen Gleichstellung der Juden gipfelte. Große Teile der jüdischen Bewohner hatten sich im Rahmen der beiden Nationalgesellschaften assimiliert. In Böhmen, wo es 1849 10 218 jüdische Familien gab, weisen die Statistiken für 1910 die Zahl von 85 327 Juden (1,3 % der Gesamtbevölkerung) aus. Ein Drittel von ihnen lebte in Prag. Hier bildete sich in einem spezifisch jüdisch-deutschen Milieu jene »Prager deutsche Literatur« heraus, für die die Werke von Franz Kafka (1883–1924), Max Brod (1884–1968), Franz Werfel (1890–1945) oder Egon Erwin Kisch (1885–1948) stellvertretend genannt werden können. Die Zahl der Juden in Mähren, wo es anders als in Böhmen selbstverwaltete jüdische Gemeinden gab, kann für 1850 mit 38000 angenommen werden, was einem Anteil von 2% entsprach. In Österreichisch-Schlesien lebten zu diesem Zeitpunkt rund 2500 Juden. Die Möglichkeit, sich bei Volkszählungen zur jüdischen Nation zu bekennen, war erst in der Tschechoslowakei gegeben. Aber auch mit dieser Optionsmöglichkeit konnten die Juden in den böhmischen Ländern der Zwickmühle nicht entrinnen, in die sie historisch hineingewachsen waren: der tschechischen Nationalgesellschaft galten sie zu ihrem Großteil als Vertreter des deutschen Gegenübers, der deutschen Nationalgesellschaft erschienen sie nicht deutsch genug. Überproportional in der Hochfinanz und der Großindustrie vertreten, standen die Juden häufig nicht nur an den Schnittpunkten nationalpolitischer, sondern auch sozialpolitischer Auseinandersetzungen, die sowohl deutsche als auch tschechische Spielarten von Antisemitismus hervorbrachten.

Die nach 1848 rasch fortschreitende Industrialisierung der böhmischen Länder hatte dazu geführt, daß der Anteil der Berufstätigen in der Land- und Forstwirtschaft bis zum Beginn des 20. Jahrhunderts auf 38 % sank, während der Beschäftigungsgrad in Industrie, Handwerk und Gewerbe mit 36 % nahezu mitteleuropäischen Standard erreichte. Die Basis dieser Entwicklung war mit der von Hans Kudlich (1823–1917) entworfenen und vom Wiener Reichstag am 7.9.1848 beschlossenen Aufhebung der Erbuntertänigkeit der Bauern gelegt worden, in deren Folge die geographische und soziale Mobilität der Landbevölkerung stieg. Die Gründung von Handels- und Gewerbekammern ab 1850, die Bereitstellung von Unternehmerkrediten durch Vorschußkassen wie die 1856 in Wien eröffnete Creditanstalt und nicht zuletzt eine liberale Wirtschaftsgesetzgebung, die die Gewerbefreiheit 1859 so weit faßte, daß zur Eröffnung eines Gewerbebetriebes eine bloße Mitteilung genügte, führte auch in den böhmischen Ländern zu einem rapiden wirtschaftlichen Aufschwung. Hier entstand 1869 mit der »Živnostenská banka pro Čechy a Moravu v Praze« (Gewerbebank für Böhmen und Mähren in Prag) eine Zentrale aller Vorschußkassen, die zur führenden tschechischen Großbank wurde. Zu diesem Zeitpunkt gab es bereits Handelskammern, die teilweise national utraquistisch organisiert wurden. Da in dieser auch finanziell überhitzten Manchesterphase der österreichischen Industrie bald mehr produziert wurde, als verkauft werden konnte, kam es am 9.5.1873 zu einem Krach an der Börse in Wien – und das ausgerechnet zu dem Zeitpunkt, da die Wiener Weltausstellung ihre Tore öffnete. Ein neuer wirtschaftlicher Aufschwung setzte in den neunziger Jahren ein. Inzwischen waren namentlich in den Bereichen von Textil-, Eisen- und Glaserzeugung Großindustrien entstanden, die den Zuzug von mehr als einer halben Million Menschen aus dem tschechischen Binnenland in die Städte und die sich seit Anfang des Jahrhunderts herausbildenden Industrieregionen bewirkten. Mit den 1887 beginnenden Versuchen, Kranken- und Unfallversicherungen einzuführen, sollten die aufkommenden sozialen Spannungen gemildert werden. Trotz des übernationalen Ansatzes der proletarischen Bewegung waren nationale Spannungen unter der Arbeiterschaft immer dann zu beobachten, wenn in Krisenzeiten – wie in den siebziger Jahren – die Rivalität um den Arbeitsplatz wuchs. Erschwerend kam hinzu, daß sich die Großindustrie bis auf die von Emil von Škoda (1839–1900) 1869 in Pilsen gekaufte Metall- und Waffenfabrik durchgehend in deutschem bzw. jüdisch-deutschem Besitz befand.

Das Finanzsystem Österreichs, durch die enormen Kosten des Krimkrieges (1853–56) stark belastet, sollte durch Steuerreformen gestärkt werden, die Verbrauchs- und Personalsteuern vor die traditionelle Grundsteuer stellten. Seit 1858 gab es den »Gulden österreichischen Zinsfußes« zu je 100 Kreuzern, der 1892 nach Einführung der Goldwährung durch Krone und Heller ersetzt wurde. Dies trug zur allgemeinen Konsolidierung der Wirtschaft ebenso bei wie die gezielte Verbesserung der Infrastruktur. Die auch in den böhmischen Ländern meist privat finanzierten Eisenbahnstrecken hatten 1897 eine Länge von fast 7000 km erreicht, wodurch sich das Streckennetz seit 1850 mehr als versiebenfacht hatte. Zu diesem Zeitpunkt fuhren in Prag die ersten elektrischen Straßenbahnen durch eine Stadt, deren Einwohnerzahl bis 1910 auf 442 000 ansteigen sollte, von denen sich 32 000 als Deutsche fühlten. 1847 hatten in der böhmischen Hauptstadt noch 66 000 Deutsche gelebt, denen weniger als 37 000 Tschechen und etwa 6000 Juden gegenüberstanden. Dieser Prozeß der nationalen Umschichtung sowie der am Prager Beispiel augenfällige Zusammenhang von Industrialisierung und Urbanisierung war abgeschwächt auch in den anderen Großstädten (Brünn, Mährisch Ostrau oder Pilsen) zu beobachten. Im Regelfall aber vollzog sich die Industrialisierung der böhmischen Länder in Kleinstädten oder »Industriedörfern«, wo nach wie vor 70 % der Bevölkerung lebten.

In Europa um 1900 gab es wohl keine zweite Nation ohne Staat, die einen derart hohen sozioökonomischen, soziokulturellen und sozioorganisatorischen Entwicklungsstand erreicht hatte, wie das den Tschechen im Habsburgerreich gelungen war. Entsprechend groß war ihr nationaler Stolz. Auf der unter Ausschluß deutscher Beteiligung durchgeführten Jubiläumsausstellung von 1891, ein Jahrhundert nach der Prager Industrieausstellung von 1791, wurde dieser Stolz ebenso zur Schau getragen wie in der Welt der Wissenschaft oder auf dem Gebiet des Sports, wobei dem 1862 gegründeten tschechischen Turnverband »Sokol« (Falke) eine besondere Bedeutung zukam. In den ersten Jahren des 20. Jahrhunderts sollte Österreich als territorialstaatlicher Rahmen für die unter anderen von Masaryk 1895 in seinem gleichnamigen Buch gestellte *Česká otázka* (Die tschechische Frage) in dem Maße zu eng werden, wie sich die vielfach angemahnte tiefgreifende Reorganisation Zisleithaniens in eine Föderation gleichberechtigter Völker verzögerte. »Ich selber gebe jetzt leider schon die Hoffnung auf dauernde Erhaltung Österreichs auf«, hatte der als Austroslawist in die Politik eingetretene Palacký schon 1872 in sein politisches Testament geschrieben. Doch selbst 40 Jahre später schien nur wenigen tschechischen Politikern die Existenz der böhmischen Länder außerhalb Österreichs vorstellbar. In dem Moment aber, da der Erste Weltkrieg den Rahmen jenes internationalen, einst von Metternich geschaffenen Systems der großen Mächte zerbrach, ging mit dem dynastischen Ordnungsprinzip des alten Europa auch die Idee des österreichischen Staates verloren. Masaryk, der noch 1914 ins Exil ging, um nach Verbündeten für eine internationale Lösung der tschechischen Frage zu suchen, hatte am 3.11.1916 in London formuliert: »Der Feind ist Österreich, weg von Österreich!« Als dann kurz darauf unter nicht unbedeutender Federführung der Neuen Welt mit dem *principle of nationality* ein neues Ordnungsprinzip nach Europa getragen wurde, begann Masaryk sein »Neues Europa« (so der Titel seiner Streitschrift von 1918 *The New Europe*) zu entwerfen. Die böhmischen Länder sollten ihren Platz darin als Teil eines »tschechoslowakischen Staates« finden, der schließlich wenige Tage vor Kriegsende ohne Masaryks persönliches Beisein in Prag gegründet wurde.

12. Nationalitätenstaat Tschechoslowakei (1918–1992)

Am 28.10.1918 wurde in Prag das Kapitulationsangebot bekannt, das der österreichisch-ungarische Außenminister Gyula Andrássy (1860–1929) tags zuvor an den amerikanischen Präsidenten Woodrow Wilson gesandt hatte. In die allgemeine Freude über das Ende des Krieges mischte sich die Gewißheit, daß auch Österreich am Ende war. Nachdem die ersten Insignien Wiener Macht aus dem Prager

Stadtbild beseitigt worden waren, verkündete eine Gruppe von vier tschechischen und einem eher zufällig hinzugezogenen slowakischen Politiker, daß der »tschecho-slowakische Staat ins Leben getreten« sei. Die Männer des 28. Oktober gehörten dem Tschechoslowakischen Nationalausschuß an, der am 13.7.1918 entstanden war und dessen erste Garnitur, ausgestattet mit österreichischen Pässen, zu eben dieser Zeit in Genf weilte, um mit dem Generalsekretär des im Exil gegründeten Tschechoslowakischen Nationalrats, Edvard Beneš (1884–1948), über die Schaffung eines tschechoslowakischen Nationalstaates zu verhandeln. Die Genfer Beschlüsse, eine Republik aufzubauen, an deren Spitze Masaryk als Präsident stehen sollte, waren vor dem Bekanntwerden der Prager Ereignisse gefällt worden. Nach der Kapitulation Österreich-Ungarns am 3. November und dem mit der Kapitulation des Deutschen Reiches am 11. November zusammenfallenden Thronverzicht des letzten österreichischen Kaisers Karl I. wurde in Prag eine Provisorische Nationalversammlung eröffnet, die das Haus Habsburg für abgesetzt erklärte. Anschließend erlebten die 256 Abgeordneten, wie der erste Premierminister Karel Kramář (1860–1937) den tschechoslowakischen Staat als Republik proklamierte.

In dem auf Grundlage der Wahlergebnisse von 1911 zusammengesetzten ersten tschechoslowakischen Parlament saßen keine deutschen Vertreter. Ihr Fehlen läßt sich einerseits aus dem Bemühen der Staatsgründer herleiten, einen tschechoslowakischen Nationalstaat zu schaffen, der dem als Ordnungsprinzip des Neuen Europa anerkannten principle of nationality entsprechen sollte. Andererseits spiegelt das Fehlen der Deutschen die tschechische Reaktion auf die deutsche Ablehnung der Staatsgründung wider. Unter Berufung auf das damals allgegenwärtige Schlagwort vom nationalen Selbstbestimmungsrecht der Völker hatten die aus Böhmen, Mähren und Österreichisch-Schlesien stammenden deutschen Abgeordneten des Wiener Reichsrates schon am 29.10.1918 beschlossen, in den deutsch besiedelten Gebieten der gerade ausgerufenen Tschechoslowakei eigenständige Provinzen zu bilden, die dem deutsch-österreichischen Staat angeschlossen werden sollten. Für zwei der vier entstandenen Provinzen war dieser Anschluß mit einem geographischen Problem verbunden. Dies galt für das vom mittleren Böhmerwald nordwärts bis nach Nordostböhmen reichende »Deutschböhmen« mit der Hauptstadt Reichenberg sowie das »Sudetenland«, dessen Gebiet den deutschsprachigen Teil Schlesiens, Nordmährens sowie einen kleinen Teil Nordostböhmens umfaßte und als dessen Hauptstadt Troppau bestimmt worden war. Während diese beiden Provinzen ebenso wie die deutschen Sprachinseln Brünn, Iglau und Olmütz dem deutschösterreichischen Staat direkt unterstellt wurden, schlossen sich der »Böhmerwald« und die Provinz »Deutsch-Südmähren« an Ober- bzw. Niederösterreich an. Acht Tage nachdem die Prager Nationalversammlung mit Blick auf diese Entwicklung ohne deutsche Mandatsträger zusammengetreten war und Masaryk per Akklamation zum Staatspräsidenten bestimmt hatte, bestätigte die Wiener Nationalversammlung am 22.11.1918 die Zugehörigkeit der deutschen Provinzen in der Tschechoslowakei zu Deutschösterreich. Im Laufe des Dezember wurde das deutschböhmische und deutschmährische Separatismusstreben von der Prager Regierung mit militärischer Macht beendet, worauf die Landesregierung Deutschböhmens von Reichenberg nach Wien übersiedelte. Auch die Regierung des Sudetenlandes ging nach der Zusicherung freien Geleits außer Landes. Masaryk kehrte mitten in diesen Auseinandersetzungen am 21.12.1918 aus dem vierjährigen Weltkriegsexil zurück und betonte die Notwendigkeit einer konsequenten »Entösterreicherung«. Von der Prager deutschen Zeitung *Bohemia* wurde gefragt, ob es eine vertragliche Regelung der Beziehungen von Tschechen und Deutschen geben könne, »mögen sie nun nur noch eine kurze Spanne Zeit oder vielleicht Jahrhunderte lang zusammen zu leben haben«. Die Todesopfer der kopflosen Schießereien, die es am 4.3.1919 in einigen nordwestböhmischen Städten zu beklagen gab, markierten den unglücklichen Beginn des letztlich doch nur noch kurzen deutsch-tschechischen Zusammenlebens in der gemeinsamen Tschechoslowakischen Republik.

Völkerrechtlich kodifiziert wurde die »Republika Československá«, so die erste offizielle Staatsbezeichnung der Tschechoslowakischen Republik, durch die Pariser Vorortverträge von 1919/20. Neben Beneš, der den neuen Staat als Außenminister vertrat, hatte auch der offiziell als Delegationsleiter nach Paris gereiste Premierminister Kramář den Versailler Friedensvertrag mit Deutschland unterzeichnet. In bezug auf die Tschechoslowakei war darin die Übergabe des 317 qkm kleinen, aber steinkohlereichen Hultschiner Ländchens (38 Gemeinden) fixiert worden. Ungleich bedeutender für die Tschechoslowakei waren die Friedensverträge, die mit Österreich in Saint-Germain-en-Laye und mit Ungarn in Trianon am 10.9.1919 bzw. am 4.6.1920 geschlossen wurden. Auch wenn darin nicht alle Grenzen der Tschechoslowakei in ihrem endgültigen Verlauf festgeschrieben werden konnten, so stand Anfang 1921 doch fest, daß der von Prag aus regierte Siegerstaat mit einem Anteil von gut 20 % an der ehemaligen Gesamtfläche der Doppelmonarchie zu deren größtem Nachfolgestaat geworden war.

Im Jahre 1930, nach der Regelung aller Grenzprobleme, setzte sich das auf 140 493 qkm vermessene Staatsterritorium der Tschechoslowakischen Republik aus vier Ländern zusammen. Mit 52 062 qkm und 8442 Gemeinden stellte Böhmen den größten Flächenanteil. Mähren, das am 1.1.1928 mit Österreichisch-Schlesien zum Land Mähren-Schlesien vereinigt worden war, brachte 26 808 qkm mit 3326 Gemeinden ein. Im schlesischen Norden dieses Landes war es 1920 nach militärischen Auseinandersetzungen mit Polen zu einer Teilung des früheren Herzogtums Teschen gekommen (1273 qkm an die Tschechoslowakei, 1009 qkm an Polen). Im Süden hatte Österreich schon 1919 zwei kleine Gebiete abtreten müssen: Feldsberg und Böhmisch Gmünd (zusammen 188 qkm). Die in ihrer Größe somit nur geringfügig veränderten historischen Länder nahmen mehr als die Hälfte des tschechoslowakischen Staatsgebietes ein. Zur Fläche der neuen Länder trugen die Slowakei mit 49 006 qkm und die Karparto-Ukraine mit 12 656 qkm bei. Bei einer Gesamtgrenzlänge von 4029 km erreichte die Tschechoslowakei eine West-Ost-Ausdehnung von 928 km, was dazu führte, daß man selbst mit dem Schnellzug fast 20 Stunden brauchte, um von Prag nach Užhorod, der Hauptstadt der Karparto-Ukraine, zu gelangen.

Die Tschechoslowakische Republik war als Nationalitätenstaat entstanden. Zum Ausweis für das Bemühen ihrer Schöpfer, sie entsprechend dem principle of nationality dennoch als Nationalstaat zu definieren, sollte die Verfassung vom 29.2.1920 werden. Diese unterschied ein tschechoslowakisches »Staatsvolk« und nationale »Minderheiten«. Bei einer zehn Jahre später durchgeführten Volkszählung wurden 9,75 Millionen (66,25 %) der insgesamt 14,7 Millionen der Bewohner als Tschechoslowaken ausgewiesen. Die 3,32 Millionen Deutschen (22,5 %), 720 000 Ungarn (4,7 %), 410 000 Ruthenen (2,9 %) und 100 000 Polen (0,7 %) galten als nationale Minderheiten. Staatsvolk und Minderheiten standen sich somit in einem Verhältnis von zwei zu eins gegenüber. Obwohl die Chancen einer Verständigung zwischen beiden Bevölkerungsteilen unter den Bedingungen einer sich rasch etablierenden parlamentarisch-demokratischen Ordnung sehr bald eher stiegen als fielen, blieben sie bis 1926 praktisch ungenutzt. Erst im Gefolge der durch den Vertrag von Locarno im Oktober 1925 eingetretenen Entspannung der internationalen Lage, die Prag und Berlin bewogen, einen Schiedsvertrag abzuschließen, waren die sogenannten Aktivisten unter den deutschen politischen Parteien (Bund der Landwirte und Christlich Soziale Partei) mit je einem Minister in die Regierung der Tschechoslowakei eingetreten. Das bewirkte eine spürbare innenpolitische Konsolidierung, denn fortan war der Prager Parlamentsalltag nicht mehr durch national-

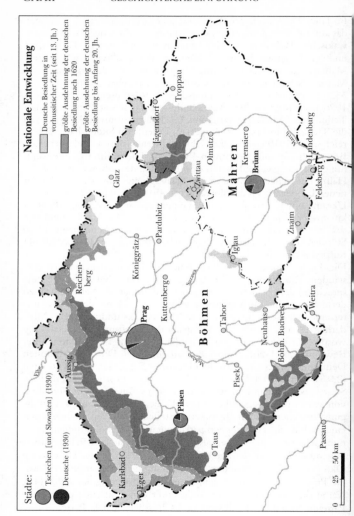

Nationale Entwicklung

Deutsche Besiedlung in vorhussitischer Zeit (seit 13. Jh.)

größte Ausdehnung der deutschen Besiedlung nach 1620

größte Ausdehnung der deutschen Besiedlung bis Anfang 20. Jh.

Städte:

Tschechen [und Slowaken] (1930)

Deutsche (1930)

0   25   50 km

politisch bestimmte Obstruktion gekennzeichnet, die häufig zu Saalschlachten geführt hatte. So wie die Parteienlandschaft in den böhmischen Ländern in ihrem Kern bereits vor der Jahrhundertwende entstanden war, gehörte auch die Spaltung dieser Landschaft in nationale Lager zum österreichischen Erbe, das einzig von der 1921 gegründeten Kommunistischen Partei durchbrochen wurde. Die Sozialdemokraten hingegen hatten eine Partei für die deutschen Genossen, der seit 1920 mit Ludwig Czech (1870–1942) ein späterer Minister der Prager Regierung vorstand, und eine zweite für die tschechoslowakischen Genossen, die bis zu dessen Tode von Antonín Němec (1858–1926) geleitet wurde.

In den inflationsgeschüttelten Nachkriegsjahren galt die Tschechoslowakische Krone als eine der stabilsten Währungen Europas. Ihre Stärke basierte weniger auf der erfolgreichen Deflationspolitik des 1923 bei einem Attentat ums Leben gekommenen Finanzministers Alois Rašín als vielmehr auf dem Umstand, daß die Tschechoslowakei als Industriestaat auf die Bühne der Geschichte getreten war. Auf dem Territorium des neuen Staates, schwerpunktmäßig in den böhmischen Ländern, waren vor 1918 nahezu 70% der in Österreich-Ungarn hergestellten Industrieerzeugnisse produziert worden. Allein aus Böhmen, Mähren und Österreichisch-Schlesien kamen 95% des Zuckers, 93% der Malzerzeugnisse und 57% des in Zisleithanien nahebrauten Bieres. In den auch in ihrer Nahrungsmittelversorgung nahezu autarken historischen Ländern waren 75% der Gesamtkapazitäten in der Eisenindustrie, 60% der Metallverarbeitung und des Maschinenbaus, nahezu 90% der Textilherstellung, 70% der Lederwarenproduktion sowie 75% der noch jungen chemischen Industrie angesiedelt. Dieses Erbe gab der Prager Regierung bei weitem keine carte blanche für sofortige wirtschaftliche Stabilität in die Hand. Nicht allein die Tatsache, daß sich nur ein Sechstel der tschechoslowakischen Montanindustrie, ein Achtel der Textilindustrie und ein Fünfzehntel der Glas- und Porzellanindustrie in tschechischem Besitz befanden, auch das rapide Industrialisierungsgefälle in Richtung Slowakei und Karparto-Ukraine stellten schwer lösbare Strukturprobleme dar. Gravierender noch waren die Absatzprobleme, vor denen die tschechoslowakische Wirtschaft stand. Für mindestens 30% der Industrieproduktion mußten neue Märkte jenseits neuer Zollgrenzen gefunden werden, denn mit dem Zerfall der Doppelmonarchie war der bis dahin größte Binnenmarkt Europas zusammengebrochen. Produkte »made in Czechoslovakia« hatten aber bald einen guten Namen in der Welt. Die schnell zunehmenden Exporte ermöglichten eine durchgehend positive Außenhandelsbilanz und trugen maßgeblich zur allgemeinen Prosperität des Landes bei, bis die mit dem Schwarzen Freitag am 24.10.1929 begonnene Weltwirtschaftskrise dafür sorgte, daß das Ausfuhrvolumen von 21,2 Milliarden Kronen 1928 auf 7,4 Milliarden im Jahre 1932 sank und 1933 mit 5,8 Milliarden seinen Tiefststand erreichte.

Von 920 000 Arbeitslosen, die es im Winter zwischen diesen beiden Krisenjahren gab, waren rund zwei Drittel Deutsche. Die ohnehin schleppende Konjunkturbelebung setzte in der vorrangig vom Export abhängigen deutschböhmischen und deutschmährischen Leichtindustrie verspätet ein. Getragen von der Überzeugung, durch die Konsolidierungspolitik der Prager Regierung bewußt benachteiligt worden zu sein und nicht zuletzt auch unter dem Eindruck der spektakulären Erfolge Hitlers im benachbarten Deutschland, wurde die deutsche Bevölkerung Böhmens und Mährens von einer nationalpolitischen Sammlungsbewegung erfaßt. Dabei festigte sich ein gemeinverbindliches Volksbewußtsein, das auf der bereits 1918 gezeigten negativistischen Abwehrhaltung gegen die Tschechoslowakei basierte. Ausdruck des immer häufiger mit dem Begriff des Sudetendeutschtums bezeichneten Einheitsgedankens war die Gründung der Sudetendeutschen Heimatfront am 1.10.1933 in Eger. Seit dem April 1935 in Sudetendeutsche Partei umbenannt, errang die vom Ascher Turnlehrer Konrad Henlein (1898–1945) geführte »deutsche Kultur- und Schicksalsgemeinschaft« bei den Wahlen 1935 68% der deutschen Stimmen, worauf sie mit 44 Abgeordneten ins Prager Parlament einzog.

Außenpolitisch stand die Tschechoslowakei vor dem Grunddilemma zwischen der politischen Orientierung auf die als Garantiemächte angesehenen Siegerstaaten Frankreich sowie England und der gleichzeitigen ökonomischen Abhängigkeit von den historisch gewachsenen Wirtschaftsverbindungen mit den Nachbar- und Verliererstaaten Österreich und Deutschland. Beneš, der eigentliche Schöpfer und langjährige Spiritus rector der tschechoslowakischen Diplomatie, war sich dieser Lage durchaus bewußt. Dennoch schlug er alle Warnungen in den Wind, die auf die Möglichkeit eines Abfalls der Westmächte von der Tschechoslowakei hinwiesen, sollte Deutschland einst wieder erstarkt sein. Als diese Vision in Form der in Paris und London nach Hitlers Machtantritt praktizierten Appeasement-Politik Realität wurde, war es nur noch ein kurzer Weg, bis die mit »München« umschriebenen Ereignisse des Jahres 1938 das Ende der Ersten Tschechoslowakischen Republik einläuteten. Am 29.9.1938 setzten die Regierungschefs von England, Frankreich und Italien, Chamberlain, Daladier und Mussolini, gemeinsam mit Hitler in München ihre Namen unter ein Abkommen, das der ungefragten Prager Regierung die Übergabe der »Sudetengebiete« an das Deutsche Reich zum 1.10.1938 diktierte. Abgetreten wurden 28749 qkm, von denen 22612 qkm mit 3161 Gemeinden in den später gebildeten Reichsgau Sudetenland eingingen. Der Rest fiel an Bayern (1696 qkm, 124 Gemeinden) sowie die damaligen Reichsgaue Oberdonau und Niederdonau (4323 qkm, 381 Gemeinden). Das nicht zum gewachsenen Bestand der in ihrer historischen Einheit nunmehr zerstörten böhmischen Länder zählende Hultschiner Ländchen wurde Preußisch-Schlesien zugeteilt.

Obwohl Hitler in seiner erpresserischen Propaganda stets mit der Befreiung der Sudetendeutschen vom »tschechischen Joch« und ihrer Heimholung ins Reich argumentierte, gibt es keinen Zweifel, daß er in erster Linie an der Zerschlagung der demokratischen Tschechoslowakei und der Ausbeutung ihrer hochindustrialisierten und wegen der Bodenschätze wirtschaftlich bedeutungsvollen westlichen Landesteile interessiert war. Mit der am 15.3.1939 erfolgten Okkupation der sogenannten Zweiten Republik realisierte Hitler seinen Plan zur »Erledigung der Rest-Tschechei«. Durch die Errichtung des »Protektorates Böhmen und Mähren«, in dem auf 48915 qkm rund 7,4 Millionen Tschechen lebten, erreichte er die Zwangseingliederung der erwähnten Gebiete in das Reich. Während die Slowakei als deutscher Schutzstaat seit dem 14.3.1939 eine Pseudo-Souveränität führte, wurde die Karparto-Ukraine Ungarn zugesprochen.

Das Erlebnis all dieser Ereignisse war dem »Präsident-Befreier« Masaryk erspart geblieben. Wie der Schriftsteller Karel Čapek (1890–1938) in den Tagen des Münchner Abkommens bemerkte, war Masaryk wie stets in seinem langen Leben klug genug gewesen und starb rechtzeitig am 14.9.1937. Beneš, seit dem 18.12.1935 Masaryks Nachfolger im Präsidentenamt, trat am 5.10.1938 zurück und ging 17 Tage später ins Exil. Während die deutschen Besatzer ein vor allem gegen die tschechische Intelligenz (Schließung aller tschechischen Hochschulen im November 1939) gerichtetes Terrorregime installierten, war Beneš in London darangegangen, eine Exilregierung aufzubauen, die Deutschland am 3.9.1939 den Krieg erklärte und alsbald von den Alliierten anerkannt wurde. Sie stand anfangs in Verbindung mit der von Emil Hácha (1872–1945) geführten Protektoratsregierung und organisierte das Attentat auf den am 27.9.1941 zum stellvertretenden Reichsprotektor ernannten Chef des Sicherheitsdienstes Reinhard Heydrich (1904–42). Nach dessen Tod am 4.6.1942 hatte Hitler die Erschießung von 10000 Tschechen angeordnet. Um aber die Rüstungsproduktion nicht zu gefährden, konzentrierten sich die Vergeltungsaktionen auf die Zerstörung des Bergarbeiterdorfes Lidice, bei der alle männlichen Bewohner über 14 Jahre erschossen wurden. Auch die Ermordung sämtlicher Einwoh-

ner des Dorfes Ležáky oder die insgesamt 1357 gegen Tschechen in
Folge des Attentates verhängten Todesurteile konnten die weitere
Entwicklung der tschechischen Widerstandsbewegung nicht verhin-
dern.

Unter der deutschen Okkupation hatten vorrangig die in den böhmischen Ländern lebenden und die dorthin geflohenen Juden zu leiden. Sofern sie nicht rechtzeitig fliehen konnten, wurden sie in das im
November 1941 von der SS eingerichtete Konzentrationslager Theresienstadt verbracht. Von den bis April 1945 gezählten 141 000 Häft-
lingen starben 33 000 im Ghetto, rund 88 000 wurden in die Vernichtungslager deportiert. Am 1.10.1939 waren in Böhmen und Mähren
90 147 Juden registriert worden, Mitte 1943 wiesen die Statistiken
nur noch 8695 aus. Nach Kriegsende lebten in der gesamten
Tschechoslowakei 14–18 000 Juden, von denen zwei Drittel das Land
wenig später verließen.

In seiner außenpolitischen Nachkriegsplanung hatte Exilpräsident
Beneš eingedenk der tiefen Enttäuschung über den in München 1938
erfolgten Verrat der Westmächte damit begonnen, sich der Sowjet-
union anzunähern. Als an der Ostfront die kriegsentscheidende Wen-
de eingetreten war, reiste Beneš nach Moskau, wo am 12.12.1943 ein
Vertrag über Freundschaft, gegenseitige Unterstützung und Zusammenarbeit nach dem Krieg unterzeichnet wurde. In der sowjetischen
Hauptstadt kam Beneš auch mit dem Kopf des kommunistischen
Exils, Klement Gottwald (1896–1953), zusammen. Als Beneš im
März 1945 erneut nach Moskau reiste, war bereits klar, daß die
Tschechoslowakei von der Roten Armee befreit werden würde. Das
in Zusammenarbeit mit den Kommunisten erarbeitete und in Mos-
kau beschlossene Programm der unter Leitung des Sozialdemokraten
Zdeněk Fierlinger (1891–1976) stehenden Regierung wurde am
5.4.1945 im ostslowakischen Kaschau, also bereits auf befreitem
tschechoslowakischem Boden, verkündet. Am 10. Mai traf die Regierung der erneuerten Tschechoslowakei in Prag ein, wo Präsident
Beneš sechs Tage später ein triumphaler Empfang bereitet wurde.

Mit dem Kaschauer Programm waren all jene Weichenstellungen
möglich geworden, die die Tschechoslowakei der Nachkriegszeit auf
den Weg in die »Volksdemokratie« bringen sollten. Angekündigt
wurde die Bildung von Nationalausschüssen sowie einer Nationalen
Front. Die Parteien des »Rechtsblocks« aus der Vorkriegszeit (Agrarier und Nationaldemokraten in den böhmischen Ländern, der
Volkspartei in der Slowakei) wurden verboten. Industriebetriebe,
Banken und Versicherungen sollten nationalisiert, Kollaborateure vor
Gericht gestellt und enteignet werden. Als außenpolitische Orientierung der Tschechoslowakei wurde eine enge Zusammenarbeit mit

der Sowjetunion vorgesehen. Diese hatte im Gegenzug für ihre am 9.5.1945 abgeschlossene Befreiungstat Ende Juni die Abtretung der Karparto-Ukraine durchgesetzt, was ihr nicht nur eine gemeinsame Grenze mit der Tschechoslowakei, sondern auch einen strategisch wichtigen Brückenkopf in Ostmitteleuropa bescherte. Auch die von der Exilregierung vorgesehene und mit den Alliierten abgestimmte Ausbürgerung, Aussiedlung sowie die später per Präsidentendekret verfügte entschädigungslose Enteignung der deutschen und ungarischen Bevölkerung waren mit dem Kaschauer Programm in Gang gesetzt worden. Es sah vor, daß die antifaschistischen Widerstandskämpfer ihre Staatsbürgerschaft behalten konnten, während denjenigen, die sich Verbrechen gegen den Staat hatten zuschulden kommen lassen, der Prozeß gemacht werden sollte. Der großen Masse der »übrigen« plante man die staatsbürgerlichen Rechte zu entziehen, was auf ihre Zwangsaussiedlung hinauslief. Bereits während des Prager Aufstandes vom 5.5.1945 hatte sich jedoch gezeigt, wie schnell der während der Okkupationszeit angestaute antideutsche Haß in Gewaltaktionen umschlagen konnte. Im Juni und Juli schloß sich die »wilde Vertreibung« der Sudetendeutschen an, bei der es zu Exzessen kam, für die die »Brücke in Aussig« oder der »Brünner Todesmarsch« zu Symbolen geworden sind.

Viele Zehntausende waren bereits gewaltsam zum Verlassen ihrer Heimat gezwungen worden, bevor die Siegermächte in Artikel 13 des Potsdamer Abkommens vom 2.8.1945 die »Überführung der deutschen Bevölkerung nach Deutschland auf eine geregelte und menschliche Weise« billigten. Die Prager Regierung richtete ein Referat beim Innenministerium ein, das ein Netz von Sammellagern über die zunehmend entvölkerten Sudetengebiete legte (75 in Böhmen, 29 in Mähren). Ein Plan sah vor, daß von den 2,5 Millionen betroffenen Sudetendeutschen 1 750 000 in die amerikanische und 750 000 in die sowjetische Zone des besetzten Deutschland abgeschoben werden sollten. Es war ihnen erlaubt, 30 kg Handgepäck, 500 Reichsmark und Proviant für drei Tage mitzunehmen. Nachdem die letzten planmäßigen Transporte im Herbst 1946 die böhmisch-bayerische Grenze passiert hatten, war die Jahrhunderte während gemeinsame Geschichte von Deutschen und Tschechen in Böhmen und Mähren beendet. Nach der Revision der territorialen Trennungslösung des deutsch-tschechischen Problems, die mit der Abtrennung der Sudetengebiete versucht worden war, wurde somit die unumkehrbare physische Trennungslösung gewählt.

Die in ihrer großen Mehrheit persönlich unschuldig gebliebenen Sudetendeutschen hatten die nationalsozialistische Schreckensherrschaft der Protektoratszeit mit Vertreibung, Enteignung und Heimatverlust bezahlt. Die Anzahl der Todesopfer und ungeklärten Schicksale wurde in deutschen statistischen Erhebungen mit bis zu einer viertel Million angegeben. Die gemeinsame deutsch-tschechoslowakische Historikerkommission sprach sich in ihrer Presseerklärung vom 17.12.1996 dafür aus, »auf die Zahl von 220 000 oder mehr ›Vertreibungsopfern‹ nicht nur in der wissenschaftlichen Diskussion, sondern auch in politischen Auseinandersetzungen zu verzichten« und von maximal 30 000 in Detailuntersuchungen nachgewiesenen Todesfällen auszugehen. Während die Langzeitwirkung der Beendigung der historischen Symbiose von Tschechen und Deutschen somit noch ein halbes Jahrhundert später wie ein Schatten auf den deutsch-tschechischen Beziehungen lag, waren ihre unmittelbaren Folgen vor allem in Städten und Dörfern zu spüren. Bis Ende 1946 hielt ein starker Zuzug meist mittelloser Landarbeiter und Kleinbauern in die nunmehr einheitlich »pohraničí« (Grenzgebiet) genannten Sudetengebiete an. 1959 erreichte die Bevölkerungszahl 70% des Vorkriegsstandes. Die Neusiedler stammten aus dem dichter besiedelten Mittelböhmen oder aus der Slowakei. Sie taten sich schwer damit, eine neue Bodenständigkeit zu entwickeln. Obwohl die wirtschaftliche Konsolidierung der meisten betroffenen Orte schon in den fünfziger Jahren einsetzte, stieg die Zahl der »eingegangenen« auf über 300. Lebten in der Tschechoslowakei 1948 noch 165 000 Deutsche, so waren es 1970 nur noch 85 000. 1990 wurde ihre Zahl mit 50 000 angegeben.

Der Prager Regierung, die nach dem Sieg der Kommunisten in den Maiwahlen des Jahres 1946 (mit 37,94% der Stimmen errangen sie 114 der 300 Parlamentssitze) unter Gottwalds Führung stand, war es rasch gelungen, die wenig zerstörte Industrie wieder in Gang zu setzen. Ein Jahr nach der am 28.10.1945 per Präsidentendekret verfügten Verstaatlichung der Großbetriebe, Bergwerke, Versicherungen und Banken (1948 zu 98% abgeschlossen) wurde ein Zweijahresplan beschlossen, dessen Ziel in der Beseitigung der Kriegsfolgen bestand. Als der Prager Regierung Mitte 1947 in Moskau mitgeteilt wurde, daß sie den Marshall-Plan abzulehnen habe, sprach der parteilose tschechoslowakische Außenminister Jan Masaryk (1886–1948) von »Bohemia finita«. Ihm war klar geworden, daß die von Präsident Beneš bereits im Exil verfolgte Vision, aus der Tschechoslowakei ein vermittelndes Bindeglied zwischen Ost und West zu machen, nunmehr unmöglich geworden war. Die politische Eigenständigkeit seines Landes ging vollends verloren, als die Kommunisten am 25.2.1948 auf verfassungskonformem Weg an die Macht gekommen waren. Nur eine Woche nach Beneš Rücktritt vom Präsidentenamt zog Gottwald am 14.6.1948 als Präsident in den Hradschin ein. Von

hier aus hatte Masaryk einst dafür Sorge getragen, daß die Tschechoslowakei als einziger Nachfolgestaat Österreich-Ungarns mit de-
mokratisch-parlamentarischer Ordnung zum Exilland deutscher Demokraten werden konnte. Nunmehr verließen viele tschechische
Demokraten das Land in Richtung Westen.

Mit der Verfassung vom 9.5.1948 wurde nicht nur die politische Vor-
rangstellung der Kommunistischen Partei festgeschrieben, sondern
auch die Auflösung der historischen Ländereinteilung beschlossen.
Während der erste Gesetzesakt den Weg für die Eingliederung der
Tschechoslowakei in das gerade entstehende sozialistische Lager ebnete, führte der zweite zu einer am 1.1.1949 durchgesetzten neuen
Verwaltungsgliederung. Die historischen Länder Böhmen und Mähren wurden in acht bzw. fünf Kreise aufgeteilt, die Slowakei in sechs.
Die somit 13 tschechischen Kreise umfaßten 179 Bezirke mit 10 867
Gemeinden. Diese mit der im Jahre 1921 eingeführten Gauverfas-
sung vergleichbare Gliederung galt bis 1960, als mit einer abermaligen
Gebietsreform versucht wurde, Verwaltungseinheiten zu schaffen,
die in etwa die gleiche Größe und Wirtschaftskraft besaßen. Da es
keine landwirtschaftlichen Flächenkreise mehr geben sollte, mußten
die Kreishauptstädte einen Wirtschaftskern darstellen. Der neuen
Struktur von sieben tschechischen und drei slowakischen, in Bezirke
untergliederten Kreisen entsprach auch ein neues System im Ver-
waltungsaufbau und in der Struktur von Parteien, Verbänden und
Organisationen. Überall gab es, von unten nach oben betrachtet, die
Ebenen von Gemeinde (obec), Bezirk (okres) und Kreis (kraj). Das
Markante dieser neuen Kreiseinteilung war, daß die ehemalige Landesgrenze zwischen Böhmen und Mähren nun vollkommen ver-
wischt wurde, womit ein Verlust an historischer Substanz verbunden
war. Daran konnte auch die erneute Verwendung von »böhmisch«
und »mährisch« in den Kreisnamen nichts ändern. Seit dem 9.4.1960
gab es auf dem Territorium der historischen Länder den mittel-,
nord-, ost-, süd- und westböhmischen sowie den nord- und den südmährischen Kreis. Zusammen umfaßten diese Kreise 225 Bezirke.
Die Zahl der Gemeinden nahm durch Zusammenlegungen und Eingemeindungen weiter ab.

Die neue Kreisverfassung war bereits gültig, als am 11.7.1960 in der
Prager Nationalversammlung eine Verfassung verabschiedet wurde,
in deren Präambel stand: »Der Sozialismus hat in unserem Vaterland
gesiegt!« Die ČSSR war entstanden. Zu diesem Zeitpunkt lag die
Parteiführung in den Händen von Gottwalds Nachfolger Antonín
Novotný (1904–75), der seit 1957 auch das Amt des Staatspräsidenten
bekleidete. Dem nach der Moskauer Geheimrede Chruschtschows
auf dem 20. Parteitag der KPdSU im Jahre 1956 einsetzenden Tau-

wetter hatte sich Novotný lange verwehren können. So begann die Entstalinisierung erst 1962, was sich augenfällig in der Demontage des monumentalen Prager Stalindenkmals zeigte, das erst am 1.5.1955, also mehr als zwei Jahre nach dem Tode des Diktators, enthüllt worden war. In dem Maße, in dem nun in der Bevölkerung die Kritik an den politischen, sozialen und wirtschaftlichen Verhältnissen zunahm, sie von Schriftstellern, Wissenschaftlern und Studenten immer klarer artikuliert wurde, wuchs auch innerhalb der Partei ein Reformbegehren.

Am 5.1.1968 wurde Novotný durch den slowakischen Parteisekretär Alexander Dubček (1921–92) abgelöst. Das unter seiner Führung auf den Tag genau 23 Jahre nach dem Kaschauer Programm verabschiedete Aktionsprogramm der Kommunistischen Partei der Tschechoslowakei sah die Errichtung eines »Sozialismus mit menschlichem Antlitz« vor. Die Einführung des Rechts auf freie Meinungsäußerung und die eingeleiteten Maßnahmen zum Schutz der Bürgerrechte lösten eine Reformbegeisterung aus, die als »Prager Frühling« in die Geschichte einging. Doch dem Reformexperiment wurde in der Nacht zum 21.8.1968 mit dem Einmarsch von fünf Armeen des Warschauer Paktes ein gewaltsames Ende gesetzt. Die Rote Armee, die das Land im Dezember 1945 als Befreier verlassen hatte, kam nun über den karparto-ukrainischen Brückenkopf als Besatzer zurück. Sie wurde zum Garanten einer als »Normalisierung« bezeichneten politischen Verfolgung der Reformer, die mit den Namen des neuen Parteichefs und späteren Staatspräsidenten (ab 1975) Gustáv Husák (1913–91) verbunden bleiben wird. Als einziges direktes Ergebnis der Reformzeit trat am Neujahrstag 1969 eine neue Verfassung in Kraft, die die Tschechoslowakei zum föderativen Staat zweier gleichberechtigter Nationen erklärte.

Nach der Unterzeichnung der KSZE-Schlußakte von Helsinki meldete sich in der Tschechoslowakei erstmals im Januar 1977 eine Bürgerrechtsbewegung zu Wort. Sie wurde von ehemaligen Politikern sowie von Schriftstellern und Wissenschaftlern geführt, die in Verbindung mit dem nach 1968 stark angewachsenen Exil standen. Obgleich die »Charta 77« nicht zuletzt wegen der massiven politischen Repression ihrer Unterzeichner keine Massenbasis hat finden können (bis Ende der achtziger Jahre war die Charta von kaum mehr als 1800 Personen unterzeichnet worden), trug sie dazu bei, daß die mit der sowjetischen Perestrojka-Politik schließlich auch in der Tschechoslowakei einsetzende politische Umgestaltung in die »samtene Revolution« münden konnte. Das im November 1989 in Prag gegründete Bürgerforum wurde vom Chartisten der ersten Stunde Václav Havel geleitet. Die Integrationskraft seiner Person als

Künstler und die Popularität seines unkonventionellen Vorgehens als Politiker führten dazu, daß er wiederholt zum Präsidenten des gemeinsamen Staates der Tschechen und Slowaken gewählt wurde. Als von seiten führender slowakischer Politiker allerdings verstärkt darauf gedrängt wurde, die tschechisch-slowakische Föderation in eine Konföderation zweier autonomer Staaten zu verwandeln und die zwischen Prag und Bratislava (Preßburg) um diese Frage geführten Verhandlungen im Sommer 1992 für gescheitert erklärt worden waren, beschloß das Prager Bundesparlament die Trennung des Staates in eine Tschechische und eine Slowakische Republik. Beide Staaten traten am 1.1.1993 ins Leben.

Die historischen Länder der Böhmischen Krone bilden seither das Staatsgebiet der Tschechischen Republik. Es umfaßt 78 864 qkm, auf denen 10,3 Millionen Menschen leben, die zu 95% Tschechen und zu 3% Slowaken sind. Böhmen, Mähren und das ehemalige Österreichisch-Schlesien sind damit erstmals zu einer selbständigen staatsrechtlichen Einheit verbunden worden, die als Nationalstaat bezeichnet werden kann.

Abertham (Abertamy, Bez. Karlsbad). A. ist einer jener westerzge-
birgischen Bergorte, die im Zusammenhang mit der Entstehung
→ Sankt Joachimsthals von sächs. Bergleuten zw. 1525 und 1529
gegr. worden sind, gerufen vom Großunternehmer Gf. Stefan
Schlick, um Silber und Zinn zu fördern. Um 1579 wurde das knapp
900 m hoch gelegene, auf planmäßigem Grundriß erbaute A. von Kg.
Rudolf II. zum Bergstädtchen erhoben. Der anfangs hohe Silber-
ertrag, bes. im sog. Schlickenstollen, nahm jedoch rasch ab. Um 1600
wütete die Pest, danach brachte der 30jähr. Krieg große Schäden. Die
Gegenref. zwang viele Eww. um 1676 zur Auswanderung nach Sachsen. Mit bescheidenem Hausgewerbe, vor allem der Spitzenklöppelei, suchte die Bev. ihr Leben zu fristen. Erst 1792 wurde A. das
Marktrecht verliehen, 1876 wurde es zur Stadt erhoben. Seit 1850
entwickelte sich in A. Handschuhindustrie. Nach 1945 wurde die
Stadt, die heute ein Erholungszentrum bes. für den Wintersport ist,
ein Zentrum des Uranbergbaus. – 1847: 1842, 1921: 2400, 1930:
3512 (davon 3 Tsch.), 1991: 1052 Eww.   (I) *Hil*
LV 507, 50f.; J. Rödig, Gebirgsheimat. Heimatkundliche Darstellung des Bezirkes
Neudek, Abertham 1921; F. Schmied, Der alte Silberbergbau zu Abertham, in:
ZMVE 10 (1856), 1–4, 9–11, 21–22, 33–36, 45–47, 55–56, 61–62.

Adamsthal (Adamov, Bez. Blansko). Seit dem 15. Jh. sind in dem
14 km nö. von → Brünn gelegenen A., in dessen Umgebung bedeutende Funde aus prähist. Zeit gemacht wurden, Eisenhütten nachgewiesen, die 1506 nach ihrer VeRödung von Benesch Černohorský v.
Boskowitz erneuert wurden. 1732 wurde eine rasch aufblühende
neue Siedl. auf einer herrschl. Rodung gegr., die nach Josef Johann
Adam v. Liechtenstein benannt wurde, und die Eisenproduktion
wieder aufgenommen. 1842 erhielt A. eine eigene Pfarrei. In der
1857 errichteten neugot. Pfarrkirche St. Barbara wurde der Torso des
berühmten spätgot. »Zwettler Altars« (1516–25) des Andreas Morgenstern aus → Böhm. Budweis aufgestellt. Die Liechtenstein und
nach 1905 die Fa. Bromovský wandelten A. in ein bedeutendes Ei-
senindustriezentrum der Habsburgermonarchie um, in dem u. a. die
Fa. Daimler-Motoren Wien, Ringhoffer und Škoda Filialen eröffneten. Bis zum Zweiten Weltkrieg lebte in A., das 1964 zur Stadt
erhoben wurde, eine dt. Minderheit. Nach 1945 stieg durch Ma-

schinenbau, Meßtechnik und Kunststoffherstellung die Eww.-Zahl
spürbar an. – 1880: 888 Tsch. und 89 Dt., 1930: 1102 Tsch. und 36
Dt., 1950: 2090, 1991: 5089 Eww.   (VIII) *Teu*

V. Dolejš, 600 roků železářské tradice, Adamov 1980; V. Grolich, Vývoj litinového
zboží v Adamově v období od 17. století do začátku 20. století, in: ZDH 3 (1976),
99–117; LV 253, Bd. 10, 91f.; I. Hlobil, Světelský oltář, Praha 1974; M. Kreps,
Dějiny adamovských železáren a strojíren do roku 1905, Brno 1976; J. Pilnáček,
Adamovské železárny 1350–1928, Brno 1928; LV 898, Bd. 1, 27f.; LV 290, Bd.
II/6, 47–50; LV 791, II/4, 342ff.

Adersbach (Adršpach, Bez. Nachod). Die Majestas Carolina erwähnt für 1348 erstm. ein »castrum Eberspach«, eine 14 km w. von
→ Braunau gelegene kgl. Burg, die im 13. Jh. im Zuge der Besiedl.
des Grenzwaldes gegr. worden war. Der erste namentlich bekannte
Besitzer dieser Feste war 1354 Hanuss v. A., später ging die Felsenburg in die Hände der Berka v. Dubá über. In den Huss.kriegen geriet
die Burg in feindliche Hände; da die Besatzung nach der Rückgabe
der Burg an die urspr. Besitzer ihr Raubrittertum nicht einstellte, ließen die schles. Fstt. und Städte diese 1447 schleifen. Erhalten blieben
Reste der Felsenkeller und ein Teil des Mauerwerks. Den Mittelpunkt der Herrsch. bildete ein Kastell, das die Herren Berka v. Dubá
unweit der ehem. Burg im späteren Nieder-A. errichten ließen.
Adam Bohdanecký v. Hodkov ließ dieses Kastell 1577–80 zu einem
Renaissance-Schloß umbauen (heute Archiv). 1534 unterschied man
erstm. die Dörfer Nieder- und Ober-A.; die Besitzer wechselten häufig, letzte Eigentümer waren bis 1945 die Erben von Johann Nádherný (†1860). Der sog. Umlaufhof von 1670 in Nieder-A. diente
einst als Gerichtsgebäude und zählt heute zu den ältesten Fachwerk-
bauten der Region Braunau. Den größten Bekanntheitsgrad trugen
A. Sandsteinfelsen ein, die 1790 Goethe besuchte. Seit 1949 tragen
Nieder- und Ober-A. den gemeinsamen Namen A.; urspr. besaß dieses rein dt.sprachigen Charakter, eine dt. Schule und dt. Vereine.
1945 führten Vertreibung und Aussiedl. zu einer ethnischen Umstrukturierung und zu einem Rückgang der Eww.-Zahl. – 1833:
1188, 1900: 1538 (davon 1519 Dt.), 1930: 1490 (davon 1390 Dt.),
1991: 535 Eww.   (III) *Fr*

Das Braunauer Land, Forchheim 1971, 433–445; LV 905, Bd. 45, 1–7; S. Fiedler,
Der Reisegefährte in Adersbach, Adersbach 1855; LV 259, Bd. 6, 33; J. Kafka, Or-
lické hory. Kladský Sněžník a Vysoký Jeseník. Adersbašské a teplické skály, Praha
1908; LV 279, Bd. 5, 169–174.

Adlerkosteletz (Kostelec nad Orlicí, Bez. Reichenau an der Kněžna). Das 7 km sw. von → Reichenau an der Kněžna gelegene A. wurde erstm. 1303 erwähnt und ist 1358 als Marktort, 1568 als Stadt

belegt. Es gehörte bis 1746 zur Herrsch. → Pottenstein und erlebte im 16. Jh. als Zentrum der Tuchherstellung einen wirtsch. Aufschwung. Aus dieser Zeit ist das 1574 errichtete Rathaus an der Stirnseite des länglichen Marktplatzes im Mittelpunkt der Stadtanlage erhalten, das barock und klassiz. umgebaut wurde. Zugleich hielt die Ref. in A. Einzug: 1580–86 errichteten die Böhm. Brüder im Zentrum der Stadt auf einer Anhöhe eine Kirche (nach 1620 kath. Wenzelskapelle). Im 17. Jh. ist in A. eine Festung belegt, die 1668 von Wenzel Zaruba v. Hustířan, dem Herrn von → Wamberg und Pottenstein, zu dem sog. Alten Schloß ö. des Stadtzentrums umgebaut wurde. Der heutige Zustand datiert aus dem Umbau nach dem Brand von 1777. Die frühbarocke Friedhofskirche St. Anna, die 1686–91 umgebaut wurde, sowie die Pfarrkirche St. Georg (1769–73) sind Zeugen für eine ausgedehnte barocke Bautätigkeit. 1796 kaufte Gf. Josef Kinsky (1751–98) Stadt und Herrsch., 1829–35 ließ sein Enkel Josef (1806–62) an der Straße nach → Častolowitz als Wohnsitz das Neue Schloß im Empirestil mit einem engl. Park errichten, das bis 1945 von der Fam. bewohnt wurde. Im 19./20. Jh. siedelten sich hier eine Gießerei, Maschinenbau (Bremsenproduktion) und textilverarbeitende Industrie an. – 1845: 2629, 1898: 5000, 1980: 7018 Eww.   (IV) *Bb*

LV 259, Bd. 6, 213ff.; K. Křížová, Z obrazové sbírky Kinských na zámku Kostelci nad Orlicí, in: PAP 13 (1988), 257–264; G. J. Lašek, Hejtmanství Rychnovské, Bd. 1: Kostelec nad Orlicí, Velké Meziříčí o.J; LV 952, Bd. 2, 322; LV 906, Bd. 2, 111f.

Aicha → Böhmisch Aicha

Albersdorf (Albrechtice, Bez. Karwin). Dem 1447 erstm. erwähnten schles. Haufendorf ging, wie archäolog. Grabungen zeigten, eine slaw. Siedl. voraus. Zeitweise aufgeteilt und unter wechselnden Besitzern, fiel A. 1611 vollständig an die Herrsch. → Karwin und damit an die Herren Larisch v. Ellgoth und Karwin. Die ev. Pfarrkirche St. Peter und Paul wurde 1654 rekatholisiert, war vorübergehend Erzengel Michael geweiht und wurde 1766 als Holzkirche St. Peter und Paul erneuert. 1918–20 und 1938/39 von Polen besetzt, wurde die Gem. dann bis 1945 an das Dt. Reich angegliedert. Die ev. und kath. gemischte Gem., in der 1921 von 1260 Eww. 62,4% Polen waren, verdreifachte ihre Bev. durch Zuwanderung von Bergarbeitern zw. 1880 (1062 Eww.) und 1991 (3904 Eww., mit einem poln. Anteil von 28,8%).   (V) *Lu*

LV 255, Bd. 2, 915f.; LV 950, Bd. 1, 44; LV 898, Bd. 1, 28; Č. Valošek, Z kronikářských záznamů o vývoji obce Albrechtic u Českého Těšína po roce 1945, in: TĚ 29/4 (1986), 9–12.

Albrechtsried (Albrechtice, seit 1972 Albrechtice u Sušice, Bez. Klattau). Im 12. Jh. schenkte Kg. Vladislav II. (†1174) A. dem bayer. Kl. Windberg, in dessen Besitz es bis 1804 verblieb. Vladislavs Sohn, Ebf. Adalbert v. Salzburg, weihte 1179 die auf dem Friedhof oberhalb des Dorfes befindliche Marienkirche. Das verm. aus Holz errichtete Gotteshaus ersetzte man noch vor 1250 durch einen frühgot. Neubau, dessen Portal erhalten ist. 1778/79 wurde die Kirche durch eine Vorhalle und Kapelle erweitert. Das ansonsten unbedeutende kleine Dorf A. (1869: 302, 1991: 61 Eww.) ist heute in dem 4 km nw. befindlichen → Schüttenhofen eingemeindet. Im S des Ortes liegt der Berg und Aussichtspunkt Kefenstein, an dem Spuren alter Burgstätten der Hallstatt-, Latène- und slaw. Zeit gefunden wurden. (VI) *Hol*
LV 905, Bd. 12, 3–7; LV 871, 113ff.; LV 952, Bd. 1, 8f.; LV 289, 582f.; LV 906, Bd. 1, 25f.

Altbunzlau (Stará Boleslav, Bez. Prag-Ost). A., heute Bestandteil der Doppelstadt → Brandeis an der Elbe-A., liegt an einer alten Furt eines bedeutenden Handelsweges von Leipzig nach Wien. Urspr. stand hier eine Burgstätte, wo – nach dem Bericht des Chronisten Cosmas – Boleslav, der Bruder des böhm. Hzg. Wenzel, einen durch eine Mauer röm. Typs befestigten Hof erbauen ließ. Bei der Weihe der hiesigen Kirche St. Cosmas und Damian ließ Boleslav 929 oder 935 den später hl. gesprochenen Wenzel ermorden und usurpierte den Fürstenthron. Hzg. Břetislav I. ließ 1046 die im 15. Jh. got. veränderte und 1740 barockisierte St.-Wenzels-Kirche erbauen und gründete an dieser ein Kollegiatkapitel. Neuere archäolog. Ausgrabungen wiesen in A. eine weitere Steinkirche nach. 1420 eroberten die huss. Prager A., 1631 nahmen die Sachsen, 1639 die Schweden den Ort ein. Nach dem 30jähr. Krieg organisierten die örtl. Jesuiten in A. Wallfahrten zur weithin bekannten got. A.er Madonna, dem sog. Palladium des Landes Böhmen. 1617–27 hatte Giovanni Maria Filippi an dem Ort, an dem der Legende nach ein Bauer das Relief eines Palladiums in den Ackerboden gezeichnet haben soll, die Marienkirche erbaut. Ks. Franz Joseph I. hob A. 1898 in den Rang einer Stadt und erteilte dieser 1910 ein Wappen mit dem Motiv des hl. Wenzel. – 1850: 2451, 1900: 3387, 1950: 4959, 1991: 5663 Eww.
(II) *Led*

J. Boháčová/J. Frolík/J. Špaček, Předběžná zpráva o záchranném archeologickém výzkumu ve Staré Boleslavi v letech 1988–1992, in: AH 18 (1993), 239–246; dies., Stará Boleslav. Archeologický výzkum 1988–1994, Čelákovice 1994; LV 722, 11; V. Ryneš, Paladium země české, Praha 1948; P. Sommer, Archeologický výzkum staroboleslavského hradiště, in: AP 29 (1977), 394–405.

Altenburg (Staré Hrady, Bez. Jičín). Die Anfänge des 12 km sw. von → Jičin gelegenen, urspr. Stará genannten Kastells reichen verm. in das 13. Jh. zurück. 1340 wird es als Gut des Ernst v. Stará erwähnt. 1297 wurde hier verm. der spätere erste Prager Ebf. Ernst v. Pardubitz geb. Im 14. Jh. errichtete man eine neue got. Burg mit der Kapelle Johannes des Täufers, die Besitzer der Feste wechselten wiederholt. 1503 erwarb diese Johann Rašín v. Riesenburg, 1567 verkaufte dessen Sohn die erstm. A. genannte Burg an Christoph v. Lobkowitz. 1571 folgte Georg Pruskovský v. Pruskov, unter dem der Umbau der Anlage zu einem Renaissance-Schloß begann. Dessen Sohn Ulrich Desiderius starb 1618, die mittlerweile verschuldete Herrsch. ging zunächst an Wilhelm v. Lobkowitz und 1628 an Albrecht v. Wallenstein. Nach dessen Ermordung 1634 gelangte der Besitz an die Schlick, die in → Kopidlno residierten. A. bildete zwar das wirtsch. Zentrum der Herrsch., das Schloß verfiel jedoch. 1906 erwarb nach dem Tod des kinderlosen Erwin Schlick die Fam. Weißenwolf die Herrsch., letzte Besitzerin wurde Henriette v. Thurn und Taxis. 1921 ging A. in Staatsbesitz über. Erst 1960 begann eine umfangreiche Restauration der zum Abriß bestimmten Anlage, in der sich heute eine Außenstelle des Literaturarchivs des Museums für das Nat. Schrifttum befindet. – 1843: 449, 1900: 432, 1930: 310, 1991: 153 Eww. (III) *Fr*

K. Bílek, Dějiny Starých Hradů, in: V. Holman [u. a.], Staré Hrady, Libáň/Praha 1986, 3–11; LV 259, Bd. 6, 462–465; Stručný nástin dějin panství a hraběcího rodu šlikovského, Jičín 1895; LV 906, Bd. 3, 410ff.

Altenteich (Starý Rybník, Bez. Eger). Das 8 km n. von → Eger gelegene A. erwuchs um eine got. Wasserburg, die um 1360 das Geschlecht der Ráb v. Mechelsgrün erbauen ließ. 1395 erscheint A. im Egerer Steuerregister als zur Pfarrei Wildstein gehörig; E. 14. Jh. befand sich die Feste A. in Händen Egerer Bürger, denen in beständigem Wechsel Kleinadelige und Egerer Patrizier als Besitzer folgten. Seit etwa 1550 gehörte die mit dem benachbarten → Wildstein vereinigte Herrsch. A. den Wirsberg, denen 1594–1663 die Trautenberg und 1663–1711 die Hartenberg folgten. 1699 fiel Adam Erdman v. Trautenberg in der Burg einem Mordanschlag zum Opfer. Die urspr. got., im Renaissance- und Barockstil mehrfach umgebaute Burg brannte 1792 infolge Blitzeinschlag nieder und wurde schrittweise aufgegeben. Der damalige Besitzer Johann Georg Wilhelm v. Helmfeld ließ n. davon 1823–26 ein neues Empireschloß erbauen. Die Herren Wilhelm v. Helmfeld, denen A. bis 1945 gehörte, inkorporierten 1829 die säkularisierten Besitzungen der Egerer Klarissen in ihre Herrsch. – 1850: 1061, 1900: 986, 1930: 984 (davon 977 Dt.), 1950: 252 und 1991: 139 Eww. (I) *Kub*

J. Hemmerle, Kolonisation und Lehenbesitz der Herren von Nothaft im westlichen Böhmen, in: StJ 4 (1955), 57–78; LV 287, 240f.; H. Weinelt, Die Burgruine Altenteich, in: UE 40 (1936), 45ff.

Alt-Habendorf (Starý Habendorf, seit 1950 Stráž nad Nisou, Bez. Reichenberg). Die Marktgem. liegt am nw. Stadtrand von → Reichenberg am Zusammenfluß von Schwarzer und Görlitzer Neiße und wurde 1411 zus. mit der hier befindlichen Kirche erstm. erwähnt. Das heutige Gotteshaus stammt aus dem Jahr 1727 und zählt zu den schönsten der Gegend. 1761 ließ Gf. Johann Christoph v. Clam am r. Ufer der Schwarzen Neiße als Siedl. für Textilarbeiter Neu-H. anlegen, das seit 1850 mit A.-H. vereint ist. Mit der Aufstellung von 32 Webstühlen durch den Reichenberger Kaufmann Johann Georg Berger, der Errichtung weiterer Textilfabriken sowie dem Einsatz moderner Technik wurde hier seit A. 19. Jh. ein Ausgangspunkt für die Industrialisierung Nordböhmens geschaffen. 1844 ereignete sich in A.-H. ein früher Fall der Maschinenstürmerei, als Arbeiter aus Angst vor dem Verlust ihres Broterwerbs durch die neue Technik die Anlagen einer Fabrik zerstörten. Textilproduktion, Maschinenbau und Eisengießerei bildeten hier bis in das 20. Jh. hinein einen bedeutenden Industriestandort. – 1869: 1866 (überwiegend Dt.), 1930: 2323 Dt. und 69 Tsch., 1991: 1618 Eww.   (III) *Hol*
LV 905, Bd. 51, 3–10; Reichenberg. Stadt und Land im Neißetal. Ein Heimatbuch. Bearb. v. R. Gränzer, Augsburg 1974, 404–410; LV 906, Bd. 3, 442f.

Alt-Hart (Staré Hobzí, Bez. Neuhaus). 1190 wird »Gobza«, über der Mähr. Thaya gelegen, als landesfstl. Schenkung an das Prämonstratenserkl. Klosterbruck bei → Znaim erstm. erwähnt. Das Patronat über die Andreaskapelle, dann Pfarrkirche (Mariä Himmelfahrt, St. Andreas), mit got. Chor und Turm sowie nach 1630 angefügtem, 1832 klassiz. umgestaltetem Schiff blieb bis 1784 bei dem Stift. Neben diesem kl. »Obergut« wird 1351 erstm. eine zweite Herrsch. mit Feste und Dorf, das »Untergut«, erwähnt, das sich im Besitz wechselnder Adelsfam. befand. Beide Güter, 1645 von den Schweden verwüstet, wurden 1694 durch Verkauf des Kl.-Guts vereint. 1726–33 wurde das dreiflügelige Schloß mit Kapelle errichtet. A.-H., seit 1908 städt., dann Markt, wurde 1938 dem Sudetenland (Gau Niederdonau) zugeschlagen, direkt an der Grenze. 1960 wurde es mit dem Bez. → Datschitz dem Bez. → Neuhaus angegliedert. – 1837: 951 (davon 90 Juden), 1890: 895 (davon 771 Dt., 124 Tsch.), 1930: 851 (davon 321 Dt.), 1950: 606, 1994: 620 Eww. – Zum Untergut gehörte nach 1658 die seit 1650 w. von A.-H. bestehende Marienwallfahrt Montserrat mit Kirche nach span. Vorbild von 1712–17 (1786 aufgehoben, 1858–65 erneuert) mit neurom. Fassade.   (VII) *Me*

L. Hosák, Středověká kolonisace horního poříčí Dyje, in: ČSPS 56 (1953), 80–93; LV 259, Bd. 1, 216; R. Hruschka, Feste und Schloß Althart, in: ZVGMS 43 (1941), 89–95; K. Smutná/B. Smutný, Staré Hobzí 1190–1990, Staré Hobzí 1990; LV 290, Bd. II/82, 117–136; LV 906, Bd. 2, 441, Bd. 3, 408f.; LV 294, Bd. 3, 78–88, Bd. 6, 171.

Altkestržan (Staré Kestřany, seit 1960 Kestřany, Bez. Pisek). Das 6 km sw. von → Pisek unweit des l. Ufers der Wottawa gelegene Dorf A. gehörte im HochMA als Lehen der Burg → Klingenberg. Es besaß urspr. 3 Festen, von denen 2 bis heute erhalten blieben, während auf dem Areal der dritten 1651 ein frühbarockes Schloß erbaut wurde. Die Schriftquellen bezeugen einen Adelssitz erst für A. 14. Jh.; das längliche Gebäude mit von Rippengewölben gezierten Räumen auf dem Areal der oberen Feste beweist jedoch, daß die hiesige Feste als eine der ältesten in Böhmen bereits in der 2. H. 13. Jh. existiert haben muß. Zudem lassen sich architektonisch Parallelen zu kgl. Bauten in Pisek und Klingenberg belegen. In vorhuss. Zeit wurde der Wohnturm in der benachbarten unteren Feste erbaut. Beide Adelssitze erfuhren verm. nach 1491, als alle 3 Festen in den Besitz der Herren v. Schwanberg übergingen, umfangreiche spätgot. Veränderungen, die auch einen großzügigen Ausbau der Befestigungsanlagen umfaßten. Die frühgot. Katharinenkirche in der Gem. wurde 1852 in neogot. Stil restauriert.   (VI) *Dur*

F. Kašička, Soubor tří feudálních sídel a dvorce v Kestřanech u Písku, in: AH 12 (1987), 331–343; LV 875, 371ff.; LV 879, Bd. 1, 277f., Bd. 2, 343f., 490ff.; LV 279, Bd. 7, 240–246.

Altstadt → Mährisch Altstadt

Altwasser (Stará Voda, Bez. Olmütz). Der alte Wallfahrtsort in den Oderhügeln unweit von → Stadt Liebau ist erstm. in einer Urk. des Olmützer Bf. Bohuslaus v. Zwole im Jahre 1456 belegt. In der Zeit vor der Schlacht am Weißen Berg war A. das bekannteste und reichste Dorf in der Region Stadt Liebau. Die erste belegbare Nachricht über Wallfahrten zur St.-Annen-Kapelle stammt von 1529, ihren Höhepunkt erreichten diese um 1700. An der Stelle der urspr. Kapelle entstand nach Plänen von Giovanni Pietro Tencalla 1683–1690 die barocke Wallfahrtskirche St. Anna. Der Olmützer Bf. Karl v. Liechtenstein-Kastelkorn (1664–95) übertrug sie den Piaristen in → Kremsier, die hier 1695 ein Kolleg mit Gymnasium begründeten. 1922 wurde die Aufsicht über das Kolleg und die Kirche den Benediktinern des Emauskl. in → Prag übertragen. 1930 lebten in A. 323 vorwiegend dt. Eww., die nach Kriegsende 1945 zwangsausgesiedelt wurden. Als Teil eines milit. Übungsgeländes wurde A. 1950 aufgegeben. Ledig-

lich die stark beschädigte Wallfahrtskirche, in die in den letzten Jahren
wiederum geistl. Leben Einzug hielt, blieb erhalten.   (V) *Sp*

J. Bombera, Několik poznámek ke kulturním dějinám Staré Vody, in: SPPSK 3
(1977), 191–194; A. Losert, Der Wallfahrtsort »St. Anna« und seine Geschichte,
Bayreuth 1980; LV 290, Bd. II/51, 194–203; E. Pillich, Der Wallfahrtsort »St. Anna«
in Altwasser, Jägerndorf 1923; J. Vlach, Nízký Jeseník a Oderské vrchy, Praha 1967.

Amschelberg (Kosova Hora, Bez. Příbram). Die erste urk. Erwähnung des 3 km ö. von → Selčan gelegenen A. stammt von 1290, als
ein gewisser »Henricus de Cossowohora« aus dem Geschlecht der
Witigonen als Besitzer des Kastells in A. genannt wird. Unterhalb des
Kastells entstand ein Dorf, das verm. bereits 1354 zum Städtchen aufstieg, als solches jedoch erst im 16. Jh. nachweisbar ist. Die einschiffige, urspr. rom.-got. Kirche St. Bartholomäus wurde später barok-
kisiert. Nach dem Aussterben der Herren v. A. ging der gesamte Besitz an die mit den Witigonen verwandten Herren K. v. Říčan. Ein
Angehöriger dieses Geschlechts, Wilhelm d. J. K. v. Říčan, verlor
aufgrund seiner Beteiligung am böhm. Ständeaufstand 1618–20 die
H. seiner Besitzungen. 1622 wurde Albrecht v. Wallenstein kurzzeitig Besitzer von A. Der dt. Name taucht erst im 17. Jh. auf, als 1670
das Schloß »Ambslberg« genannt wird, das an die Stelle des got. Kastells trat. 1786 erwarb die Fam. Lobkowitz A. und machte das Städtchen zum Mittelpunkt einer ausgedehnten Herrsch.; verm. gab es
bereits seit dem 15. Jh. einen stetig wachsenden jüd. Bev.anteil, der
1870 schließlich mit 400 Personen die H. der Eww.schaft stellte; bald
darauf setzte jedoch eine Abwanderung der Juden in größere Städte
ein. Die wirtsch. Bedeutung blieb gering. – 1890: 1057 (davon 33
Dt.), 1910: 981, 1950: 798, 1991: 1284 Eww.   (VI) *Krz*

M. Blažek, 700 let Kosovy Hory, Kosova Hora 1972; LV 259, Bd. 4, 155; LV 906,
Bd. 2, 105; St. Polák, Kosova Hora, in: VSP 20 (1982), 136–139; LV 540, 6–10; R.
Rosenzweig, Die Familien vom Amschelberg und Rothradek, in: ZGJ 3 (1932),
61–71; LV 279, Bd. 15, 221ff.

Arnau (Hostinné, Bez. Trautenau). Die 12 km w. von → Trautenau
gelegene Stadt wurde verm. in der 2. H. 13. Jh. auf dem Gebiet des
Trautenauer Lehensbez. gegr., die erste urk. Erwähnung stammt von
1270. Zu dieser Zeit wurde auch eine Burg erbaut, die für 1316 bezeugt ist, als ein gewisser Botho v. Turgov diese als Pfand hielt. A.
15. Jh. endete die Herrsch. der Herren v. Turgov, deren Güter erbl.
geteilt wurden, wobei A. an die Herren v. Redern fiel. Binnen kurzer
Zeit vereinigten Hynek und Johann Kruschina v. Lichtenburg die
Besitzungen erneut. In den Huss.kriegen belagerte Jan Žižka den Ort
vergeblich. Aus den Händen der Herren v. Lichtenburg ging A. 1467
an Ulrich Zajíc v. Hasenburg und dessen Bruder Johann, der die

Herrsch. 1474 an Aleš Šanovec v. Šanov verkaufte. Dessen Nachfahren regierten bis 1507 und teilten A. dann abermals. 1519 erwarb Johann v. Wartenberg beide Teile, verkaufte diese aber bereits 1521 an Zdeněk v. Waldstein, unter dessen Nachfahren die Herrsch. einmal mehr aufgeteilt wurde. Nach einem Feuer 1610 erhielt das Stadtbild eine neue Gestalt, woran der Baumeister Carlo Valmadi maßgeblich beteiligt war. Im Zuge der Konfiskationen 1620 ging A. an Albrecht v. Wallenstein, nach dessen Tode 1634 an Guillaume Lamboy de Desseneur. Im 17./18. Jh. gab es weiterhin häufig wechselnde Besitzverhältnisse. Seit 1835 diente das Schloß unter dem Namen Elbmühle als Papierfabrik. Die Anfänge der Dreifaltigkeitskirche reichen in die Gotik, wovon u. a. Portal und Gewölbe Zeugnis ablegen. In der ehem., 1667–89 erbauten Barockkirche St. Franziskus wurde 1969 eine Galerie antiker Kunst eingerichtet. Das ehem. Franziskanerkl. stammt von 1684–1742. Das got. Rathaus von 1525 wurde E. 16. Jh. im Renaissancestil umgebaut. Im 19. Jh. prägten Textil- und Papierherstellung die industrielle Entw. – 1843: 207, 1900: 4193 (davon 104 Tsch.), 1930: 4502 (davon 602 Tsch.) und 1991: 5181 Eww. (III) *Fr*

A. Hanke, Das Stadtbild von Arnau, Hohenelbe 1933; LV 259, Bd. 6, 130f.; C. Leeder, Beiträge zur Geschichte von Arnau, Bde. 1–2, Prag 1872–73; LV 279, Bd. 5, 209–218; LV 906, Bd. 1, 443f.; V. Wolf, Počátky Dvora Králové nad Labem a Hostinného, in: Krkonoše – Podkrkonoší, Trutnov 1963, 16–23.

Asch (Aš, Bez. Eger). Die Region wurde im MA als Teilgebiet des hist. Egerlandes kolonisiert und stand bereits seit dem 12. Jh. unter dem Einfluß der Vögte von Weida und Plauen. Diese erhielten den Ort 1281 als Pfandschaft aus den Händen Kg. Rudolfs I. v. Habs. Seit Anfang 14. Jh. setzte sich jedoch immer stärker das einheimische Geschlecht der Herren v. Neuberg durch, das sich 1331 mit der gesamten Region A. der Böhm. Krone unterstellte. In den Quellen erschien A. erstm. 1270; 1281 tauchte es bereits als Marktsiedl. (forum) auf, Kirche und Kommende des Dt. Ordens zeugen von seiner wachsenden Bedeutung. Bis 1386 gehörte es formal den Herren v. Plauen. Im Laufe des 14. Jh. stieg A. zum Mittelpunkt der Region auf, die um 1400 die Herren v. Zedtwitz beherrschten. Diese trennten das A.er Gebiet vom Egerland ab und erhielten 1422 durch Kg. Sigismund den Autonomiestatus ihrer Besitzungen bestätigt. Die gesamte Landschaft geriet im 16. Jh. unter den Einfluß der luth. Ref.; die Herren v. Zedtwitz übernahmen die Aufsicht über das Kirchenleben. Auch nach 1620 blieb das Gebiet prot., da die Zedtwitz es verstanden, die schützende Hand des sächs. Kfst. zu nutzen. Die autonome Stellung festigte sich dadurch nur, zumal sich die Region schon zuvor von Steuern, öffentlichen Abgaben sowie von der Unterbringung milit.

Besatzungen hatte freimachen können. Diese Autonomie von A. beendete nach langem Widerstand 1775 erst Ksn. Maria Theresia. Die
Stadt übernahm von den bisherigen Zedtwitzer Schlössern die Funktion eines regionalen Zentrums, und innerhalb weniger Jahrzehnte
verwandelte sie sich E. 18. Jh. in einen bedeutenden Standort der
Textilindustrie. Der A.er Bürger Körner konstruierte hier 1834 den
ersten Jacquardschen Webstuhl; zu dieser Zeit wurden Strümpfe,
Überzugstoffe aus Seide, Gardinen, Decken und Kleider hergestellt.
Vor 1850 zählte A. 612 Häuser und mehr als 6000 Eww.; ihren Höhepunkt fand die Textilproduktion 1870–80, als A. – es erhielt 1872
auch formal das Stadtrecht – zur zehntgrößten Stadt in Böhmen aufstieg. Die Textilindustrie entfaltete sich im 20. Jh. weiter: 1924 gab es
122 Webereien, 13 Färbereien, 52 Produzenten von gewirkten Stof-
fen sowie 129 Strumpfhersteller. Das städt. Areal dehnte sich aus,
auch die Eww.-Zahl nahm zu. Der Zweite Weltkrieg unterbrach diese Entw. jedoch, die Ausweisung der dt. Bev. 1945 blieb nicht ohne
Auswirkung auf die Textilindustrie. – 1850: 6825, 1900: 18 674,
1930: 22 930 (98,5% Dt.), 1950: 10 784 und 1991: 11 410 Eww.

(I) *Kub*

K. Alberti, Ortsteile, Gassen, Straßen und Plätze der Stadt Asch, Asch 1923; ders.,
Beiträge zur Geschichte der Stadt Asch und des Ascher Bezirkes, Bde. 1–4, Asch
1935–40; J. Boháč/F. Kubů, Města ČSSR. Aš, Praha 1988; H. Gradl, Materialien zur
Geschichte des Ascher Gebietes, in: MVGDB 20 (1882), 87–98; LV 507, 53–56; LV
283, Bd. 15, 364–372; J. Tittmann, Heimatkunde des Ascher Bezirkes für Schule
und Haus, Asch 1893; A. Winter, Heimatkunde des Ascher Gebietes und Bezirkes,
Bde. 1–4, Asch 1925ff.

Auňětitz (Únětice, Bez. Prag-West). Vor der Gem. erstreckt sich
eine bedeutende archäolog. Ausgrabungsstätte mit typischen Reihen-
gräbern und präparierten Steinen. Ein Gräberfeld wurde um 1880
von Čeněk Rýzner entdeckt, der hier eine Vielzahl von Bronze-,
Bernstein- und Goldgegenständen fand. Der Terminus »A.er Kultur«
kennzeichnet bis heute kulturelle Gruppen der älteren Bronzezeit in
Mitteleuropa. – Die erste Erwähnung des n. von → Prag bei Rostok
gelegenen Dorfes stammt von 1233. Es gehörte urspr. den Prager
Hzgg., später dem Domkapitel zu St. Veit und teilw. dem Kapitel bei
St. Apollinaris. In A. selbst befand sich ein Hof des Propstes. 1420
wurde die Gem. an Johann v. Suchdol verpfändet, 1547 gewann das
Prager Kapitel A. zurück. Seit 1850 bildete es zus. mit der Siedl.
Schwarzochs eine örtl., zur Bez.-Hauptmannschaft Smichow gehörende Gem.; seit 1960 ist A. in den Bez. Prag-W. integriert. Die spätbarocke Kirche Mariä Himmelfahrt von 1770 wurde 1909 restauriert
und steht an der Stelle eines Vorgängerbaus vom A. 12. Jh. Das spätbarocke Pfarrhaus von 1766 wurde 1905 umgebaut.   (II) *Led*

J. Böhm, Rozšíření kultury únětické, in: PA 34 (1924–25), 1–14; L. Ludvíková, Střední Čechy, centrum únětické kultury, in PSČ 3 (1988), 61–79; V. Moucha, Únětická kultura, in: SČSA 3 (1963), 9–60; Č. Rýzner, Řadové hroby blíže Únětic, in: PA 11 (1880), 289–308.

Auscha (Úštěk, Bez. Leitmeritz). A. verdankt die Bewahrung seines geschlossenen ma. Stadtbildes der Lage auf einem schmalen Bergrükken; ob das 1057 urk. erwähnte »Hvcsci« A. meinte, ist nicht ganz sicher. Burg und Siedl. am Weg von → Böhm. Leipa nach → Leitmeritz entwickelten sich unter den Herren v. Michelsberg seit dem 13. Jh. zu einem Städtchen, in dem es auch eine 1327 erwähnte jüd. Gem. gab. Städt. Privilegien erhielt A. 1384, als die Herren Berka v. Dubá die Pfandherrsch. innehatten. 1426 erlangte es der Hauptmann des Prager Städtebundes, Wenzel Carda v. Petrowitz. Trotz Zerstörungen 1428 und 1467 erlebte A. seit dem 15. Jh. eine Blütezeit; der »Picarden«-Turm wurde 1428 erbaut, und mit der Ansiedl. von Handwerkern (darunter viele dt. Tuchmacher) entstanden »dt.« und »böhm.« Vorstädte. Die Bausubstanz, gefördert bes. durch Johann Sezima v. Ústí (1494–1545), blieb trotz wechselnder Besetzung im 30jähr. Krieg erhalten. Die seit der Zeit Wenzel Cardas und im Besitz der Sezima (seit 1465) stets huss. und utraqu. Stadt, in der auch die Ref. Fuß faßte, wurde 1621 vom Ks. an die Jesuiten gegeben; nur kath. Bürger durften in der Stadt bleiben. Seit M. 17. Jh. wurden Rat und Bürgerschaft zunehmend dt.; die Jesuiten gestalteten die Burg um (1677; ab 1779 städt. Brauerei), ließen ein stattliches Pfarrhaus errichten (1722) und erbauten 1764–69 die neue Stadtkirche Peter und Paul. Zum Zentrum ihrer Domäne wurde aber das nahe → Liebeschitz; die Hinrichtung der Anführer eines Bauernaufstandes fand 1680 in A. statt. 1763 wurde Alois Clar in A. geb., der sich 1. H. 19. Jh. in Prag und ganz Böhmen um die Schulbildung und Versorgung von Blinden in der Clar'schen Anstalt verdient machte. Nach der Aufhebung des Jesuitenordens (1773) erhielt A. als Munizipalstadt ein selbst. Stadtregiment und nahm, trotz mehrfacher Feuersbrünste, eine lebhafte Entw.; es wurde 1849 Sitz von Bez.-Amt bzw. Bez.-Gericht und erhielt 1898 Eisenbahnanschluß. Die Bev.-Zahl wuchs von 1128 (1789) auf 2439 (1900) fast ausschl. dt.sprachige Eww.; die jüd. Gem., die 1900 144 Mitglieder zählte, verfügte seit 1794 über eine Synagoge. Eine tsch. Schule wurde erst 1922 eingerichtet. Neben dem Handwerk gewann seit dem 18. Jh. der Handel mit Hopfen an Bedeutung, während die Tuchmacherei nur bis A. 20. Jh. betrieben wurde. Die Verarbeitung von Obst und Hopfen blieb auch nach dem Zweiten Weltkrieg die wirtsch. Basis des nun unter Denkmalschutz stehenden Städtchens, dessen Bev.-Zahl aber durch Krieg und Vertreibung nahezu halbiert wurde. – 1950: 1315, 1991: 1709 Eww.

(II) *Lüb*

LV 264, 433–443; M. Farka, Město Úštěk a jeho stavební vývoj, in: ZPP 21 (1961),
9–20; F. Gabriel/J. Smetana, Ke stavební podobě hradu v Úštěku, in: Lit 21–22
(1985–86), 77–95; LV 259, Bd. 3, 487ff.; J. Jarschel, Die ältesten Privilegien von
Auscha, in: MNEK 29 (1906), 257–262; ders., Gedenkbuch der Stadt Auscha, in:
MVHW 59 (1936), 12–18, 51–68; ders., Geschichte der Stadt Auscha, Auscha 1922;
J. Smetana, Počátky Úštěku, in: Lit 24 (1988), 91–109; J. Tomas, Úštěk. Průvodce
památkovou rezervací, Ústí nad Labem 1975; M. Zápotocký, Příspěvek k osídlení
Úštěcka v pravěku a raném středověku, in: Lit 9 (1972), 67–81.

Auspitz (Hustopeče, Bez. Lundenburg). Der Name der an der alten
Handelsstraße Brünn–Pohrlitz–Lundenburg an den w. Ausläufern
des Steinitzer Waldes errichteten slaw. Siedl. wird von dem Personennamen *Usopek abgeleitet. Von der Altsiedl. im Bereich des späteren Böhmendorfs sind Reste einer Burganlage des 13. Jh. erhalten.
Die spätere Stadt A. entstand aus einem vor M. 13. Jh. durch Lokation
wohl auf landesfstl. Grund planmäßig angelegten Marktort mit großem Marktplatz. Die dt. Besiedl. erfolgte von Niederösterr. aus. Bei
der Lokation scheint A. in die Hand des Wilhelm v. Egerberg gelangt
zu sein, der 1249 als Wilhelm v. A. urkundet. Zus. mit anderen von
Mitgliedern der Fam. v. Egerberg erkauften Besitzungen stiftete Elisabeth v. Polen-Kalisch (†1335), die Witwe Wenzels II. und Rudolfs III., A. 1323 dem Zisterzienserinnenkl. zu Altbrünn. Mit der
Stiftung gelangte auch das Patronatsrecht auf die mit der Marktsiedl.
errichtete Pfarrkirche St. Wenzel an das Kl.; die Pfarrkirche wurde
diesem später inkorporiert. Als wichtiger Weinbauort war A. Sitz eines Berggerichts. Seit dem späten MA entwickelte sich A. zu einem
Zentrum des Ochsen- und Pferdehandels für Mähren sowie vor allem
zw. Ungarn und Nürnberg. 1569 errichtete Kg. Maximilian II. hier
ein Dreißigstamt zur Erhebung des Viehzolls. 1572 erhob Kg. Maximilian II. A. zur Stadt. Der 1595 errichtete große Röhrenbrunnen
auf dem Stadtplatz diente vor allem zur Versorgung bei Viehtrans-
porten. Seit A. 17. Jh. befand sich A. im Besitz des Hauses Liechtenstein.
Im 16. Jh. befand sich die Pfarrkirche zeitweilig im Besitz von Luth.
und Böhm. Brüdern. 1529 erlaubte Johanna v. Boskowitz, Äbtissin
des Altbrünner Kl. (1508–32), Täufern aus Rossitz, sich in A. nie-
derzulassen. 1757 gründeten die Piaristen eine Niederlassung mit
Gymnasium. Die Schule wurde 1773 in eine Hauptschule umgewandelt und 1852 mit der dt. Realschule vereinigt; an der bis 1866
von Piaristen betreuten Schule war in den Jahren 1861/63 Tomáš G.
Masaryk (1850–1937) als Schüler eingeschrieben. Die auf älteren Ansichten des 18. Jh. sichtbaren Türme wurden vor 1850 abgerissen.
Nach 1848 war A. Sitz von Verw.-Behörden der unteren Ebene.
Neben Weinbau und Viehhandel gewannen in jüngerer Zeit Tucherzeugung und Zuckerfabriken an Bedeutung. Anstelle der nach Ein-

sturz des Turms 1961 gesprengten got. Pfarrkirche wurde zu Beginn der neunziger Jahre des 20. Jh. nach Plänen von Ludvík Kolek eine moderne neue Kirche St. Wenzel und St. Agnes gebaut, die 1994 geweiht wurde. – 1880: 3302, 1900: 3603 (davon 260 Juden), 1930 3719 (davon 1862 Dt.), 1948: 2843, 1970: 3777 Eww. – Im ehem. Dorf und heutigen Stadtteil Gurdau, 2 km nö. von A., befindet sich eine, in Teilen in die 1. H. 14. Jh. zurückreichende, sehr gut erhaltene Kirchenfestung (mit Kirche St. Johannes des Täufers, Allerheiligenkapelle, Glockenturm). (VIII) *Ma*

LV 687, 163; M. Flodr, Právní kniha města Brna z poloviny 14. století, Bd. 1, Brno 1990, 415f.; LV 290, Bd. II/22; L. Hosák, Hustopečsko do poloviny 14. století, Praha 1948; Hustopeče. Dějiny města. Hg. v. M. Zemek, Hustopeče 1972; F. Machilek, Siedlungs- und Kulturströme im Auspitzer Ländchen, in: Süd 12 (1960) 213, 263f., 373ff.; LV 898, Bd. 1, 571ff.; Th. Schüller, Geschichte der Stadt Auspitz, Auspitz 1890; LV 793, 170, 193, 222, 229, 248f., 256, 305, 308.

Aussee → Mährisch Aussee

Aussig (Ústí nad Labem). Im A.er Becken existierte bereits um das Jahr 1000 eine ausgeprägte Siedl.struktur, die eine teils seit dem Neolithikum bewohnte Fläche einnahm. Das hist. Zentrum der späteren Stadt A. liegt an der Mündung der Biela in die Elbe, hiervon leitet sich auch der Name der Stadt her. Die älteste urk. Erwähnung einer Siedl. mit dem Namen »Nausty super Albiam« stammt von 993. Für die Jahre 1227–33 werden hier eine Zollstation und ein Marktort genannt. Kern der Siedl.-Agglomeration war eine Burg, die zwar erst 1283 als castrum genannt wurde, 1186 aber bereits zumindest in Gestalt eines befestigten Hofes einer fstl. Villikation bestand. Auf dem Areal dieser Burg in der St.-Adalbert-Kirche fand 1186 die Hochzeit der Přemyslidin Sophie mit Albrecht v. Meißen statt. W. davon stand die Kirche Mariä Himmelfahrt, die baugesch. Untersuchungen in die Zeit um 1160 datieren. Das Gotteshaus diente dann auch als Pfarrkirche der Königsstadt, die als solche erstm. 1249 in den Quellen auftaucht. Frühzeitig erhielt A. Befestigungen; die St.-Adalbert-Kirche blieb zunächst außerhalb der Mauern. Die weitere Entw. der Stadt vollzog sich im Schatten von → Leitmeritz, dessen Monopolstellung im Fernhandel auf der Elbe für 1057 bezeugt ist. Die Burg A. verlor ihre Bedeutung nach der Errichtung des → Schreckenstein, an den 1319 auch die Zollerhebung fiel. 1325 werden in A. Mälzer, Fleischer, Bäcker, Tuchmacher und Schuster genannt, die das wirtsch. Leben in der Stadt bestimmten. In der 1402 erwähnten, in der Vorstadt gelegenen Töpfergasse gab es eine hochspezialisierte Keramikherstellung. 1327 entstand w. vor den Mauern der Stadt das Spital der Kreuzherren mit dem roten Stern, an dem bis 1895 die Maternikirche stand. Für 1399 erwähnen die Quellen eine Schule. 1426 schlugen w. von A. oberhalb der Dörfer Prödlitz und Herbitz huss. Verbände, die unter dem Kommando Prokops des Kahlen standen, die sich überwiegend aus meißnischen Söldnern rekrutierenden Kreuzfahrerkontingente vernichtend. Am darauffolgenden Tag drangen die Huss. auch in die Stadt ein, die völlig zerstört wurde. Beim Wiederaufbau erweiterte man den alten Kern von annähernd 9 auf 14 ha und bezog auch das Gelände um die St.-Adalbert-Kirche mit ein. 1471 zählte A. 223 Bürgerhäuser, 1479 weitere 40 in der Vorstadt.

Die Stadt wies im ausgehenden MA einen sprachlich und rel. gemischten Charakter auf. Der aus Sachsen stammende Adelige Hans v. Salhausen trug vom benachbarten Groß–Priesen aus maßgeblich zur Einführung der Ref. in A. bei. 1530 fand der spätgot. Umbau der Stadtkirche seinen Abschluß. Nach einer verheerenden Feuersbrunst 1538 wurde die Stadt zu großen Teilen im Renaissancestil erneuert, die alten Mauern wurden durch einen doppelten Ringgraben mit 4 Toren verstärkt. 1606 kam der kath. Jurist Johannes Ernst Schosser (1574–1618) aus Frankfurt an der Oder nach A.; seit 1609 Bürgermeister, zeichnete er maßgeblich für die beginnende Rekatholisierung in der Stadt verantwortlich. Zugleich war er der Begründer einer humanistisch geprägten neulateinischen Ges. literarisch ambitionierter Intellektueller. 1616 kam auch Schossers jüngerer Bruder Christian Theodor († nach 1644) nach A., wo er als Stadtphysikus wirkte und im Geiste des Humanismus Gedichte verfaßte. 1617 rief Johann Ernst Schosser die Dominikaner nach A. Am 20.11.1618 drangen Prot. in Schossers Haus ein und ermordeten diesen, was im Zusammenhang mit dem Aufstand der ev. Stände stand. Für ihre Beteiligung am böhm. Ständeaufstand 1618–20 wurde auch A. bestraft, die kommunalen Angelegenheiten beaufsichtigte fortan ein kgl. Richter. 1631 fielen sächs., später wiederholt schwed. Truppen in der Stadt ein.

Unter den Hauptbauten der nachfolgenden Barockzeit dominiert das (1991 restaurierte) Dominikanerkl. mit der St.-Adalbert-Kirche, die der Leitmeritzer Baumeister Octavio Broggio 1730/31 neugestaltete. 1747 erhielt die »allzeit getreue Stadt« Sitz und Stimme auf den Landtagen; die Eww.-Zahl wuchs aber nur unwesentlich: 1785 zählte man innerhalb der Mauern 288 Häuser. In den Österr. Erbfolgekriegen besetzten die Preußen A., 1813 kurzzeitig die Franzosen. Einschl. der Vorstädte zählte A. 1833 lediglich 321 Häuser mit 3084 Eww.; 1840 trug man, als Symbol des einsetzenden Industriezeitalters, die Mauern und Tore der Stadt ab. 1841 legte der erste Dampfer in A. an. Seit 1850 saßen hier die Amtsbehörden des gleichnamigen pol. und Gerichts-Bez. Den raschen wirtsch. Aufstieg der Stadt zu einem der

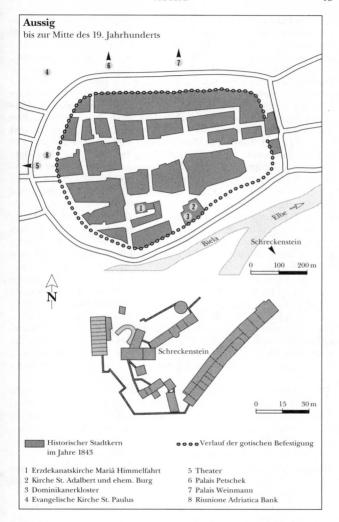

Aussig
bis zur Mitte des 19. Jahrhunderts

Elbe →

Schreckenstein

Biela

0   100   200 m

N

Schreckenstein

0   15   30 m

Historischer Stadtkern
im Jahre 1843

○○○○ Verlauf der gotischen Befestigung

1 Erzdekanatskirche Mariä Himmelfahrt
2 Kirche St. Adalbert und ehem. Burg
3 Dominikanerkloster
4 Evangelische Kirche St. Paulus

5 Theater
6 Palais Petschek
7 Palais Weinmann
8 Riunione Adriatica Bank

größten Industriezentren des Landes begünstigte der Bau des Eisenbahnnetzes: 1851 wurde die Strecke Prag–A.–Dresden in Betrieb genommen, 1858 folgte die Linie nach → Teplitz, wobei eine Direktverbindung zw. dem Flußhafen in A. und dem nordböhm. Braunkohlerevier entstand. A. stieg zu einem Umschlagplatz für Braunkohle auf, die per Schiff auf der Elbe transportiert wurde. 1863 erweiterte man den alten Hafen, 1889–92 entstand der sog. Neue Hafen. Die wichtigste Schiffsges. war die seit 1856 bestehende »Vereinigte Sächs.-Böhm. Dampfschiffahrts AG«. Nach anfänglichen Versuchen zur Förderung der Textilindustrie in der 1. H. 19. Jh. und einer 1841 gegr. Fabrik zur Majolika- und Steingutherstellung erwies sich für die weitere industrielle Entfaltung bes. die 1856/57 erfolgte Gründung der großen Chemiefabrik als entscheidend, deren Eigentümer der »Österr. Verein für chemische und metallurgische Fabrikation« war. Bis heute ist diese die größte Fabrik in A. Neben Produktionsstätten für Maschinenbau wurde 1899 das heutige nordböhm. Armaturenwerk als Außenstelle der Magdeburger Fa. Schäffer & Budenberg eröffnet. – Auch das kulturelle und pol. Leben nahm einen Aufschwung. Seit 1857 erschien die erste lokale Tageszeitung, der »Aussiger Anzeiger«, 1874 kam die »Elbtalzeitung« hinzu. Seit 1876 gab es ein Museum, das seit 1919 im Schloß in → Türmitz beheimatet ist. Nach 1890 leitete Wenzel Hiecke, Sekretär des Vereins für die Geschichte der Dt. in Böhmen, das Stadtarchiv. Neben der Altstadt erwuchs nach 1860 die sog. Neustadt in Richtung Prödlitz, Bokau und Kleische. Die 1874 erbauten Straßen- und Eisenbahnbrücken verbanden die auf beiden Seiten der Elbe gelegenen Stadtteile. 1899 nahm das Städt. Elektrizitätswerk seine Arbeit auf, die elektrische Straßenbahn förderte die Integration der gesamten A.er Agglomeration. 1900 wurden Kleische und → Schön-Priesen eingemeindet.

Zahlr. öffentliche Bauten prägten das Stadtbild. Seit 1894 gab es das (1930 und 1939 erweiterte) Krankenhaus, seit 1906 die ev. Kirche, 1908 kam das nach Plänen des Wiener Architekten Alois Graf im Sezessionsstil errichtete Stadttheater hinzu, im gleichen Jahr legte man den Stadtpark an. A. 20. Jh. wurden zahlr. Unternehmervillen, etwa die der Fam. Petschke und Weinmann, erbaut. 1928 öffnete am Hauptmarkt die Filiale der Bank Riunione adriatica, 1932 wurde das neue Verw.-Gebäude der Ges. für chemische und Hüttenproduktion eingeweiht. – Am 9.10.1938 besetzten in Folge des Münchner Abkommens dt. Truppen die Stadt, die Sitz des Regierungspräsidenten und weiterer Besatzungsbehörden wurde. Zwei anglo-amerikanische Luftangriffe am 17. und 19.4.1945 zerstörten im Zentrum 324 Häuser. Einen traurigen Epilog der Kriegszeit bildeten die opferreichen antidt. Exzesse, zu denen es am 31.7.1945 nach einer bis heute in ihren Ursachen ungeklärten Explosion in einem behelfsmäßigen Munitionslager im Stadtteil Schön-Priesen kam. – Die Nachkriegszeit war zunächst von der Vertreibung und Aussiedl. der dt. Bev., der Ankunft neuer tsch. Bewohner sowie dem Wiederaufbau des schwer in Mitleidenschaft gezogenen Stadtkerns bestimmt. 1949 wurde A. nach der Einführung der Bez.-Einteilung Verw.-Zentrum der gesamten von → Kaaden bis → Gablonz an der Neiße reichenden Region N-Böhmen. 1992 erhielt die bisherige Pädagogische Fakultät den Status einer Univ. In A. wurden der Mitbegründer des Klassizismus und spätere sächs. und spanische Hofmaler Anton Raphael Mengs (1728–79) geb. – 1880: 16 523 Eww. (542 Tsch.), 1910: 39 301 (2042 Tsch.), 1930: 43 735 (8735 Tsch.), 1991: 99 739 Eww.

(II) *Sm*

L. Dušek, Obyvatelstvo Ústí nad Labem do konce 18. století, Ústí nad Labem 1974; A. Hanke, Die nationale Bewegung in Aussig von 1848–1914, Prag 1943; H. W. Kulenkampff, Geschichte des Aussiger Zeitungswesens (1857–1901), München 1935; K. Moissl, Der politische Bezirk Aussig, Aussig 1887; B. Povolný, Ústeckoteplická draha 1858–1958, Praha 1958; V. Provazník, Město Ústí nad Labem, Ústí nad Labem 1983; J. Schindler, Das Urkundenbuch der Stadt Aussig in geschichtlicher und kulturgeschichtlicher Hinsicht, Aussig 1908; J. Smetana, Počátky města Ústí nad Labem, in: HSÚ (1981), 5–27; LV 288, Bd. 3; F. J. Umlauft, Geschichte der deutschen Stadt Aussig, Bayreuth 1960; ders., Das Spital und die Kirche St. Materni außerhalb der Mauern in Aussig, Aussig 1924; E. Wagner, Aussig. Ein Heimatbuch, Bde. 1–4, Aussig 1923–27; R. Wolkan, Studien zur Reformationsgeschichte, Teil 6: Das Dekanat Aussig, Prag 1885; M. Zápotocký, Slovanské osídlení na Ústecku, in: AR 30 (1978), 258–303.

Austerlitz (Slavkov u Brna, Bez. Wischau). Die rund 20 km ö. von → Brünn gelegene Kleinstadt trug urspr. den Namen Neusedlitz. Deren Besitz bestätigte 1237 Kg. Wenzel I. dem Dt. Orden, der hier eine Kommende besaß und verm. mit der Gründung einer Stadt beauftragt worden war. 1223 werden die Pfarrkirche St. Marien sowie die St.-Jacobi-Kirche erwähnt. 1343 bezeugen die Quellen die Existenz einer jüd. Gem. in der Spitalsvorstadt, die bis 1919 bestand. 1416 verlieh Kg. Wenzel IV. der Stadt ein Wappen sowie das Siegelrecht. Bereits für 1409 wird eine Schule in A. erwähnt. In den Huss.kriegen stand A. auf kath. Seite und geriet danach als Pfandschaft in die Hände zahlr. Adeliger, unter denen sich Gf. Peter v. St. Georg und zu Pezinek 1497 durch die Erteilung umfangreicher Privilegien bes. hervortat. Anfang 16. Jh. fiel A. dauerhaft an die Kaunitz. Unter Ulrich v. Kaunitz wurde das Kastell zu einem Renaissance-Schloß umgebaut. 1592 errichteten sich die Bürger der Stadt auf dem Markt ein Rathaus im Renaissancestil. Nach der Schlacht am Weißen Berg 1620 verlor Friedrich v. Kaunitz aufgrund seiner Be-

teiligung am böhm. Ständeaufstand zwar seine Güter infolge Konfiskation, doch gingen diese dann an seinen jüngeren Bruder Leo Wilhelm. Nach Aussterben der mähr. Linie der Gff. v. Kaunitz 1848
übernahm eine Nebenlinie dieser Fam. die Herrsch. Die Prosperität
der Stadt stand im 16. Jh. im Zusammenhang mit den sich seit 1528
hier niederlassenden Täufern, die, u. a. aus Tirol sowie mit ungefähr
80 Mitgliedern 1535 aus → Böhm. Krumau kommend, in A. Zuflucht gefunden hatten. Sie erwarben umfangreichen Grundbesitz in
der Stadt und waren insbes. im Töpfer- und Weberhandwerk tätig.
Obwohl die Täufer eine nach außen abgeschlossene Kommunität
bildeten, übten sie nachhaltigen Einfluß auf die Entfaltung von
Handwerk und Handel aus. Die Täufergem. war bis zu ihrer Ausweisung 1622 eine der größten in ganz Mähren. Positiv wirkte sich
dabei die rel. Toleranz der Stadtherren aus, wovon das seit 1510 für
die Böhm. Brüder bestehende Gebetshaus Zeugnis ablegt. 1572 und
1584 fanden in A. bedeutende Synoden der Brüderunität statt. Seit
1575 war die Pfarrei luth., neben einem tsch. Prediger gab es 1610
auch einen dt. Pfarrer. Von den 348 Häusern in der Stadt waren am E.
des 30jähr. Krieges nur noch 128 bewohnt. Einen neuerlichen, mit
der Bewirtschaftung des Großguts der Gff. v. Kaunitz verbundenen
Aufschwung brachte erst das 18. Jh. Vor 1716 nahm unter Gf. Wilhelm v. Kaunitz eine Textilmanufaktur ihren Betrieb auf, 1696–1704
begann der Umbau des Schlosses nach Plänen von Domenico Martinelli aus Wien. Unter Gf. Wenzel Anton v. Kaunitz (1711–94) – einem einflußreichen Politiker der Ära Ksn. Maria Theresias, der 1764
in den Reichsfürstenstand aufstieg und Träger des Ordens vom
Goldenen Vlies war – fand der Umbau des Schlosses seinen Abschluß;
zugleich wurde die Kirche der Auferstehung Christi geweiht, die an
der Stelle eines 1757 eingestürzten Vorgängerbaus entstand. Aus dieser Zeit stammt auch ein bedeutender Teil der Kaunitzschen Gemäldegalerie von Weltgeltung. Gf. Wenzel Anton v. Kaunitz, Sohn des
obersten mähr. Landeshauptmanns Gf. Maximilian Ulrich v. Kaunitz
und der Marie Ernestine, Erbin der Reichsgft. Rietberg in Westfalen,
führte fortan den Titel Kaunitz-Rietberg. Als weitgereister Diplomat
erreichte er 1753 die Ernennung zum Hof- und Staatskanzler in Wien
und war maßgeblich an der Umsetzung einer neuen europ. Politik
Habs. beteiligt (»renversement des alliances«), deren Ziel in der Stärkung der Monarchie in Mitteleuropa, gegen den wachsenden Einfluß
Rußlands, bestand.

Gesamteurop. Bedeutung erlangte die sog. Dreikaiserschlacht am
2.12.1805, die zw. Brünn und A. an der Grenze der heutigen Bez.
Brünn-Land und Wischau am Pratzeberg stattfand. Hier errangen die
Franzosen mit 75 000 Mann unter Ks. Napoleon I., der seine bewähr-

te Taktik, nach Ablenkungsmanövern an den Flügeln, das feindliche Zentrum zu durchstoßen, zur Anwendung brachte, über die verbündeten 90 000 Russen unter Zar Alexander I. und rund 15 000 Österr. unter Ks. Franz I. einen ihrer glänzendsten Siege. Die Russen verloren etwa 20 000 Mann, die Österr. büßten 6000 Soldaten, die Franzosen 8–9000 ein. Gleich nach der Schlacht wurde im Schloß, wo Napoleon sein Hauptquartier aufgeschlagen hatte, der Vorfriede geschlossen, der später zum Frieden von Preßburg führte. An die Schlacht erinnert ein 26 m hohes, 1910–11 im Jugenstil errichtetes Ehrenmal in Form einer altslaw. Grabstätte auf dem Friedenshügel, von dem aus sich nach N eine weite Aussicht über das einstige Schlachtfeld bietet. In und bei mehreren umliegenden Ortschaften gibt es weitere Gedenkstätten. – Im Zeitalter der industriellen Revolution behielt A. seinen kleinstädt., handwerklich-agrarischen Charakter bei. Seit 1850 war die Stadt Sitz des Bez.-Gerichts, 1949–60 zudem Bez.-Stadt. Eine dt. Schule in der überwiegend von Tsch. bewohnten Stadt bestand bis 1919 innerhalb der jüd. Gem. – 1880: 3487 (3019 Tsch. und 440 Dt.), 1921: 4231 (4062 Tsch. und 33 Dt.), 1993 fast 6000 Eww. (VIII) *Šta/Krz*

LV 548, 111–116; LV 253, Bd. 10, 245ff.; LV 259, Bd. 1, 212ff.; LV 4 (Vyškov), 193–209; G. Klingenstein, Der Aufstieg des Hauses Kaunitz, Göttingen 1975; LV 290, Bd. II/57, 75–180; J. Pernes/I. Holan, Slavkov u Brna. Město a okolí, Slavkov 1987; Slavkov – Napoleon – Austerlitz 1805–1931, Brno 1931; Slavkov. Státní zámek, město a okolí, Praha 1953; Vyškovsko, Brno 1965, 423–431.

Bad Bielohrad (Lázně Bělohrad, Bez. Jičín). Urspr. trug die 15 km ö. von → Jičín gelegene Gem. den Namen Neudorf. Die erste urk. Erwähnung stammt von 1267, als Marek v. Hořitz Neudorf erwarb, in dessen Zentrum neben der Kirche ein allerdings erst für 1457 belegtes Kastell stand. Im 15./16. Jh. gab es häufig wechselnde Besitzverhältnisse. 1543 erwarben die Herren Škopek v. Bílé Otradovice Neudorf und ließen auf dem Areal des alten Kastells ein neues, nach seinen weißen Gemäuern Bělohrad genanntes Kastell errichten. 1626 ging B. an Albrecht v. Wallenstein, ihm folgten 1628 Rozina Miřkovský v. Stropčice, 1630 Henri de Saint Julien und 1642 Guillaume Lamboy de Desseneur, dessen Erben B. 1669 an Katharina Elisabeth v. Waldstein verkauften. Nach deren Tod erbte ihr Gemahl Berthold Wilhelm v. Waldstein B., ihm folgte schließlich Johann Ernst Schaffgotsch. In die Herrschaftszeit der letztgenannten fällt der Bau der Allerheiligenkirche, die Josef Kramolín 1689–1700 ausgestaltete; um 1721 wurde das Kastell nach Plänen von Giovanni Santini zu einem Barockschloß umgebaut. 1722 erhielt B. (1843: 806, 1900: 1686, 1930: 1819, 1991: 2206 Eww.) den Status eines Städtchens, in dem 1885 die Annen-Moorbäder zur Heilung rheumatischer Erkrankungen eröffnet wurden. (III) *Fr*

LV 905, Bd. 31, 1–8; LV 259, Bd. 6, 255f.; Lázně Bělohrad. 250 let města, Lázně
Bělohrad 1972; LV 279, Bd. 5, 114–117; LV 906, Bd. 2, 209f.

Bad Karlsbrunn (Karlova Studánka, Bez. Freudenthal). B. K., 16
km nö. von → Freudenthal, liegt windgeschützt inmitten des Nadel-
hochwaldes am Ostfuß des Altvaters im Tal der Weißen Oppa
(785 m). Über die Frühgeschichte liegen keine gesicherten Erkenntnisse vor. Seit 1621 befand sich der Ort im Besitz des Dt. Ordens. Die
heilende Wirkung der örtl. Quellen war seit dem 17. Jh. bekannt,
wurde aber erst ab 1785 genutzt, als man auf Betreiben des Hochmeisters Ehzg. Maximilian Franz II. (1780–1801) eine erste Heilan-
stalt errichtete. Die seit 1736 nachweisbare Ortsbezeichnung »Hin-
newieder« wurde 1802/05 zugunsten des Namens K. – nach dem
Hochmeister und Feldherrn Ehzg. Karl (1771–1847) – aufgegeben.
Im 19. Jh. erfolgte der Ausbau zu einem der beliebtesten Klima-
Kurorte der habs. Monarchie. Die kohlensäure-, eisen- und schwe-
felhaltigen Mineralquellen dienten bes. der Therapie von Herz- und
Gefäßleiden, rheumatischen Erkrankungen sowie neurasthenischen
Phänomenen. Das Ortsbild wird durch dunkelbraune Holzarchitek-
tur auf Steinsockeln geprägt (Kurhaus 1892, neues Kurhotel 1931). –
1869: 50, 1930: 149 (davon 131 Dt.), 1950: 331, 1980: 261 Eww.

(IV) *Bei*

Bad Karlsbrunn, Karlsbrunn/Wien 1908; 200 let lázní Karlova Studánka 1785–1985,
Praha 1985; V. Kollmann/P. Zatloukal, Moravské lázně v proměnách dvou staletí,
Olomouc 1987; F. Kubin, Der Curort Carlsbrunn und seine Trink-, Bade- und
Molken-Anstalt, Freudenthal 1864; A. A. Malik, Die Stahlquellen zu Karlsbrunn,
Troppau 1837; J. Sajner/V. Křížek, Dějiny lázní Karlova Studánka, Šumperk 1987;
J. Siegel, Karlsbrunn und seine Heilquellen, Troppau 1886; F. Wiesner, Bad Karls-
brunn, Karlsbrunn 1902; P. Zatloukal, Architektura lázní Karlova Studánka, Šum-
perk 1987.

Bad Königswart (Lázně Kynžvart, Bez. Eger). Die Stadt B. K. liegt
zw. → Eger und → Marienbad am Fuße des Kaiserwaldes, 5 km nw.
von Marienbad. Die urspr. Siedl. entstand unterhalb einer Burg, die
den engen Talkessel, der Eger mit dem böhm. Binnenland verbindet,
kontrollieren sollte. Die Feste wurde um 1250 verm. von Egerer
Ministerialen im damaligen Grenzgebiet zw. dem zum röm.-dt. Reich
gehörenden Eger und Böhmen errichtet und besaß daher von A. an
eine große strategische Bedeutung. Die ersten Eww. waren verm.
Bergleute, die in der Umgebung Zinnerz abbauten. Die Burg K., die
erstm. 1287 erwähnt wurde, befand sich im Besitz des Egerer Mi-
nisterialengeschlechts der Herren v. Hartenberg, denen B. K. bis weit
ins 14. Jh. gehörte. Die Hartenberger gerieten als Gegner einer böhm.
Pfandschaft des Egerlandes in Konflikt mit der Böhm. Krone und

deren Verbündetem, der Stadt Eger. Im Verlauf milit. Auseinandersetzungen wurde die Feste 1347 erobert und zerstört. Erst E. 14. Jh. ließ Hynek Pflug v. Rabenstein diese wiederaufbauen. Das gesamte 15. Jh. über gehörten Burg und Städtchen den Herren v. Plauen, die gegen die Huss. und Georg v. Podiebrad kämpften und dem Städtchen 1464 das Braurecht verliehen. Im 16. Jh. folgten als neue Besitzer nacheinander die Herren v. Guttenstein, die Pflug v. Rabenstein, v. Schwanberg und v. Zedtwitz, welche die Herrsch. 1621 aufgrund ihrer Beteiligung am böhm. Ständeaufstand verloren. Die Zedtwitz hatten bereits nicht mehr auf der Burg, sondern in einem Renaissance-Kastell residiert, das auf dem Areal des späteren Schlosses, unweit des von Eger kommenden Landespfades, stand. Die Burg selbst wurde E. des 30jähr. Krieges zerstört. 1630 hatte das aus dem Rheinland stammende Geschlecht der Metternich die Herrsch. erworben, die bis 1945 in B. K. residierten; E. 17. Jh. ließen diese an der Stelle des Kastells ein Barockschloß erbauen, dem 1833–39 der damalige österr. Kanzler Fst. Clemens Wenzel Metternich sein heutiges Aussehen im Empirestil gab. Dieser machte aus B. K. ein bedeutendes Ges.-Zentrum für die Aristokratie seiner Zeit. Das Schloß füllte er mit reichen Musealien, Kunst- und Büchersammlungen, seine Residenz ließ er von einem engl. Park umgeben. Auch die Stadt profitierte von dieser Entw.: 1822 wurden Bäder in Betrieb genommen, 1836 wurde ein neues Kurhaus eingeweiht. 1843 zählte B. K. 209 Häuser und mehr als 1600 Eww. Seit 1850 saß hier das Bez.-Gericht; seit 1862 gehörte B. K. offiziell zu den Kurstädten. – 1930: 1858 (davon 87 Tsch.), 1991: 1655 Eww. (I) *Kub*

L. Fuks, Zámek Kynžvart, Karlovy Vary 1958; LV 905, Bd. 50, 19–58; H. Gradl, Beiträge zur Geschichte Nordwestböhmens, in: MVGDB 21 (1883), 158–173, 318–329, 26 (1888), 266–282; LV 259, Bd. 4, 177–180; A. Kohn, Der Kurort Königswart, Wien 1873; LV 879, Bd. 2, 181ff.; LV 507, 172ff.; LV 283, Bd. 15, 275–284; M. Urban, Geschichte der Städte Königswart und Sandau, Mies 1894; ders., Zur Geschichte der Stadt und Herrschaft Königswart, in: MVGDB 19 (1981), 24–50.

Bad Liebwerda (Lázně Libverda, Bez. Reichenberg). Das heute in → Haindorf eingemeindete, 12 km sö. von → Friedland gelegene L. wurde 1381 erstm. erwähnt. Die windgeschützte Lage im n. Teil der von Bergen umgebenen Haindorfer Bucht und die seit dem 16. Jh. bekannten kohlesäurehaltigen Heilquellen bewogen Gf. Christian Philipp v. Clam-Gallas, L. seit 1782 zu einem Kurort zu entwickeln. Von den an der Wende zum 19. Jh. in einem alten engl. Park errichteten Kurbauten sind der älteste Pavillon von 1783, die um 1800 erbaute Bäderdirektion, der Musikpavillon von 1803, der Pavillon der Marienquelle von 1808 und das Sommerschlößchen der Gff. v. Clam-Gallas von 1816 erhalten. Seit dem 19. Jh. ist L. aufgrund seiner

Mineral- und Moorbäder, in denen heute Nerven- und Rheumaleiden sowie Gefäßerkrankungen behandelt werden, einer der bedeutendsten böhm. Kurorte, zu dessen Gästen der Komponist Carl Maria v. Weber (1786–1826), der Maler Joseph Führich (1800–76) und Alexander v. Humboldt (1769–1859) zählten. – 1869: 924 (überwiegend Dt.), 1930: 719 (davon 686 Dt.), 1950: 502, 1991: 389 Eww.

(III) *Hol*

LV 259, Bd. 3, 257; J. Plumert, Der Kurort Libwerda und seine Heilquellen, Prag 1847; LV 952, Bd. 2, 605; A. Ressel, Bad Libwerda. Eine Beschreibung der Geschichte dieses Ortes, Friedland 1911; LV 906, Bd. 2, 212f.

Bärn (Moravský Beroun, Bez. Freudenthal). Das 13 km nö. von → Sternberg liegende B. wurde 1339 als Stadt (oppidum) erstm. erwähnt. Die schon seit dem 13. Jh. bestehende Ansiedl. in der Nähe von Eisenerzgruben befand sich im Besitz der Herren v. Sternberg. 1410 wurde die dt.rechtl. Vogtei in eine Erbvogtei verwandelt und 1619 von der Stadt erworben. W. von B. lassen sich die Grundmauern einer Sperrfeste des 14. Jh. nachweisen, die um 1430 von den Huss. zerstört wurde. Nach wechselnden Herrsch. kam B. 1583 an Hzg. Karl II. v. Münsterberg-Oels (†1617), den späteren Oberlandeshauptmann von Schles.; unter seiner Herrsch. faßte das Luth. in B. endgültig Fuß, bis 1625 die Gegenref. einsetzte. 1606 begann der Bau der Pfarrkirche Mariä Himmelfahrt, die barockisiert und im 19. Jh. umgebaut wurde. Während des 30jähr. Krieges hatte B. unter Einquartierungen und Kontributionen zu leiden. Die Württemberg-Oelser verkauften B. 1695 an Johann Adam Andreas v. Liechtenstein, in dessen Fam. die Herrsch. bis 1945 blieb. Im 18. Jh. erlitt B. mehrere Rückschläge durch 2 Stadtbrände (1744, 1779) und die Einquartierung von 7000 Russen 1799 während des zweiten Koalitionskrieges. E. 16. Jh. waren noch 7 Eisenhämmer nachweisbar, der Bergbau ging jedoch zurück und wurde im 18. Jh. ganz eingestellt. Die Bev. wandte sich zunehmend anderen Erwerbszweigen zu: Im 19. Jh. nahmen die Weberei und Seidenerzeugung einen raschen Aufschwung und führten zu steigenden Eww.-Zahlen (1864: 3193, 1910: 3359 Eww.; 1930: 2973 Dt. und 99 Tsch.; 1938: 2998). B. wurde 1872 an die Eisenbahn angeschlossen. Nach der Vertreibung der Dt. 1948 stieg die Bev. langsam wieder an (1949: 1957 Eww.) und hat ab 1980 wieder den Vorkriegsstand erreicht (1991: 3561 Eww.).

(IV/VIII) *Lb*

K. Berger, Geschichte der Stadt Bärn, Brünn 1901; A. Gödel, Geschichte der Kreisstadt Bärn in Nordmähren, Inning am Ammersee o. J.; G. Haas, Die Leinenindustrie der Bezirke Bärn und Römerstadt 1700–1860, in: NML (1942), 388–395; LV 950, Bd. 1, 64f.; LV 259, Bd. 2, 159; J. Theimer, Heimatbuch für den Bezirk Bärn einschließlich der Nachbargemeinden des Bezirkes, Bärn 1930.

Barau (Bavorov, Bez. Strakonitz). Burg und Stadt B., 15 km nö. von → Prachatitz, gründete E. 13. Jh. verm. Bavor III. v. Strakonitz. 1334 werden beide erstm. schriftl. in einer Urk. Kg. Johanns v. Luxemburg erwähnt, der B. zus. mit 23 Dörfern an die Herren v. Rosenberg abtrat. Diese ließen 1355 in der Nähe der Stadt die → Helfenburg anlegen, die als Herrschaftssitz der Burg in B. den Rang abliefe. Noch im 14. Jh. wurde jene aufgegeben. Von ihrem Bau, der am s. Teil der heutigen Stadt auf einer Landzunge in der Blanitz lag, sind keine Spuren mehr vorhanden. Auch der Ort stagnierte in seiner Entw. und wurde erst 1594 überhaupt wieder als Stadt erwähnt. Er befand sich zu dieser Zeit im Besitz der Stadt Prachatitz, kam 1628 an die Eggenberg und 1719 an die Fstt. v. Schwarzenberg. Auch im 19./20. Jh. erlangte B., dessen Bev. ständig zurückging, keine größere Bedeutung. Die Stadt wurde 1649, 1744 und 1867 von großen Bränden heimgesucht, so daß von ihrer alten Bausubstanz heute kaum noch etwas vorhanden ist. Erhalten sind lediglich die 1370–89 erbaute, 1652/54 und 1905/08 veränderte Marienkirche sowie das frühbarocke ehem. Herrenhaus. – 1869: 3478 (überwiegend Tsch.), 1991: 1475 Eww.   (VI) *Hol*

LV 259, Bd. 5, 17; M. Jakší, Město Bavorov a jeho privilegia, Vodňany 1947; LV 952, Bd. 1, 31f.; LV 905, Bd. 33, 2–27; LV 289, 141ff.; LV 906, Bd. 1, 34ff.

Barzdorf (Bernartice u Javorníka, seit 1950 Bernatice, Bez. Mährisch Schönberg). Das 1284 erstm. erwähnte, w. von → Weidenau gelegene B. unterstand im 13. Jh. der Weidenauer Vogtei als eines von 14 Scholzendörfern. Das frühgot. Chorportal der Pfarrkirche Peter und Paul aus der 1. H. 13. Jh. entspricht zisterziensischer Bauweise und ist mit einer Votivtafel von 1597 ausgestattet. Der barocke Turm stammt von 1712. 1638–42 plünderten schwed. und ksl. Truppen den Ort, der zur Herrsch. der Breslauer Bff. gehörte. Bei der Landesteilung 1742 bildete die n. Ortsgrenze die Landesgrenze gegen Preuß.-Schles. Das barocke Schlößchen wurde im 19. Jh. umgebaut. Zu einem wesentlichen Faktor im Leben der Gem. entwickelte sich die 1892 gegr. Zündholzfabrik, die allerdings mehrfach abbrannte. 1896 wurde B. an das Eisenbahnnetz angeschlossen. Bis zur Vertreibung 1945/46 war es überwiegend dt. (1921: 1762 Eww.), erst 1930 zählte man 71 Tsch.; nach 1945 gewann der Ort seinen urspr. landwirtsch. Charakter zurück (1991: 884 Eww.). B. ist Geburtsort des Schriftstellers Isidor Täuber (1803–64).   (IV) *Lb*

Heimatkunde des politischen Bezirkes Freiwaldau, Freiwaldau 1893, 56–60; LV 950, Bd. 1, 64; Zd. Kříž, Zámecké parky okresu Šumperk, Šumperk 1971, 39–42; J. Latzel, Ortsgeschichte der Gemeinde Barzdorf, in: Alt 4 (1951), 7–14, 64ff., 95ff., 128–132; LV 266, 188–192; R. Zuber, Jesenicko v období feudalismu do roku 1848, Ostrava 1966, 192–199.

Battelau (Batelov, Bez. Iglau). Das 7 km nw. von → Triesch an der
Iglawa gelegene B. wurde 1279 erstm. zus. mit der bereits damals
vorhandenen Pfarrkirche St. Peter erwähnt, deren heutige Gestalt aus
den Jahren 1755/66 stammt. Noch in der 2. H. 13. Jh. entwickelte
sich aus dem Dorf ein Städtchen, das als solches allerdings erst 1534
genannt wird, als es zus. mit der wohl ebenfalls seit dem 13. Jh. existierenden Burg durch die Herren v. Leipa an die Herren Radkowitz
v. Mirowitz verliehen wurde. In der 2. H. 16. Jh. baute man die Burg
in ein Renaissance-Schloß um, das – im 17. Jh. barock verändert –
heute als sog. Altes Schloß kulturellen Zwecken dient. A. 16. Jh.
wurde neben dem beim Alten Schloß gelegenen B. an der Stelle des
heutigen B. eine neue Siedl., das sog. Neu B., gegr., bei der die damaligen Besitzer, die Herren Zeisau v. Zeisau, vor 1626 ein Renaissance-Schloß errichten ließen. Dieses sog. Neue Schloß wurde durch
die nachfolgenden Besitzer umgebaut und erweitert. Seit dem 17. Jh.
befand sich in B. ein Eisenhammer, später spielten Weberei und Metallverarbeitung eine Rolle im Wirtschaftsleben der Stadt, die bis in
die Gegenwart nie größere Bedeutung erlangte. – 1869: 2066 (überwiegend Tsch.), 1991: 2383 Eww.   (VII) *Hol*

Batelov 1279–1979, Batelov 1979; LV 950, Bd. 1, 55; LV 259, Bd. 1, 29f.; A. Nedbal, Stručný průvodce po historii a památkách městečka Batelova, o. O. 1966; LV
290, Bd. II/28, 113–124.

Bautsch (Budišov nad Budišovkou, Bez. Troppau). Die urspr. auf
die Förderung von Blei und Silber ausgerichtete Bergstadt wird erstm.
1301 erwähnt, als das Olmützer Kapitel sie in seinen Besitz brachte.
1323 trat das Kapitel B. an den Bf. v. Olmütz ab, zu dessen Gütern es
bis 1914 gehörte. Bf. Nikolaus v. Riesenburg befreite B. vom Heimfall. Seine Nachfolger verpfändeten es zwar im Verlaufe des 15. Jh.
mehrfach an Adelige, verliehen der Stadt zugleich aber auch weitere
Privilegien: Marek Khuen verkaufte ihr 1558 das Erbrichteramt,
Kardinal Franz v. Dietrichstein ließ 1613 das Stadtwappen um Em-
bleme seines eigenen Geschlechts erweitern und verbessern. Einen
großen Aufschwung erlebte B. am A. 20. Jh., als zahlr. Fabriken der
Stadt ein neues Gepräge gaben: eine Weberei, eine Fabrik zur Herstellung landwirtsch. Maschinen sowie eine Tabakfabrik. Das Stadtbild wird von der spätbarocken Pfarrkirche Mariä Himmelfahrt von
1755 dominiert, errichtet von dem Fulneker Baumeister Nikolaus
Thalherr. In B. wurde der Naturwissenschaftler Franz Hallaschka
(1780–1847) geb. – 1869: 3300, 1900: 4122 (davon 4100 Dt.), 1930:
4274 (davon 4069 Dt.), 1950: 2138, 1991: 3632 Eww.   (V) *Mü*

J. Dohnal [u. a.], Budišov nad Budišovkou v minulosti a dnes, Budišov n. B. 1960;
F. C. Hallaschka, Die freie Municipalstadt Bautsch in Mähren, Prag 1842; LV 255,
627f.; F. Jiříček, Budišov nad Budišovkou, Budišov n. B. 1971; O. Káňa [u. a.],

Okres Opava, Ostrava 1983, 95–98; LV 290, Bd. II/51, 74–132; W. Vesely, Chronik der Stadt Bautsch, Bautsch 1905.

Bechin (Bechyně, Bez. Tabor). Die oberhalb der Lainsitz und des Flüßchens Smutna gelegene Landzunge war bereits in prähist. Zeit besiedelt. Archäolog. Ausgrabungen haben nachgewiesen, daß auf dem Areal des späteren Schlosses verm. eine bedeutende, wohl auch befestigte Burgstätte existierte. Seit dem 9. Jh. bestand ein slaw. Burgwall, der später in den Besitz des Btm. Prag überging. Als bedeutendes Verw.-Zentrum in S-Böhmen ist B. bereits seit dem A. 12. Jh. urk. belegt, im 13.–18. Jh. fungierte es als Mittelpunkt des »Districtus Bechinensis«. Seit der 2. H. 12. Jh. läßt sich in den Schriftquellen die Existenz des B.er Archidiakonats nachweisen. Um 1268 fiel B. an Kg. Přemysl Otakar II., der hier eine erstm. 1283 erwähnte Burg errichten ließ, die verm. als Zentrum des gleichnamigen großflächigen Bez. diente. Um 1284 wurde im Bereich des damaligen Suburbium ein Minoritenkonvent gegr., der nach der um 1323 durch den kgl. Unterkämmerer Ulrich Pflug v. Rabstein vorgenommenen Stadtgründung zu deren Areal gehörte und später bei der zweifachen Eroberung der Stadt durch die Taboriten 1422 und 1428 zerstört wurde. Um 1340 erwarben die Herren v. Sternberg B., um 1400 unterstand die Stadt kurzzeitig Mkgf. Jobst v. Mähren und den Herren v. Kunstadt. 1414 folgte Heinrich Lefl v. Lažan; dessen Geschlecht brachte B. nach den Huss.kriegen wieder in seinen Besitz, bevor 1477 die Herren v. Sternberg nachfolgten, die E. 15. Jh. erneut die Franziskaner in die Stadt riefen. Sie errichteten auf dem Gelände des zerstörten Minoritenkonvents ein neues Kl. und bauten die Kl.kirche Mariä Himmelfahrt wieder auf. 1530 kauften die Herren v. Schwanberg B., 1569 fiel es an Peter Wok v. Rosenberg. Dieser residierte in der Stadt und ließ daher einen Teil der urspr. got. Burg durch den ital. Baumeister Baldassare Maggi zu einem Renaissance-Schloß umgestalten. Unter Peter Wok v. Rosenberg erlebten B. und die gleichnamige Herrsch. ihre größte Blüte. 1596 fiel B. wiederum an die Sternberg, nach deren Aussterben in der 2. H. 18. Jh. teilten die letzten Besitzer, die aus der Lombardei stammenden Gff. v. Paar, den Besitz auf. Im 19. Jh. entwickelten sich neben der tradit. betriebenen Landwirtschaft lediglich die Keramikherstellung und eine Brauerei. Darüber hinaus wurde B. wegen seiner kohlensäurehaltigen Quellen (Moorbäder) als Heilbad aufgesucht. Seit 1903 verband die erste elektrifizierte Eisenbahnlinie in Österr.-Ungarn B. mit → Tabor. – 1850: 2374, 1900: 2109, 1950: 2306, 1970: 4718 und 1991: 5880 Eww.

(VI) *Mik*

A. Chleborad, Popis okresu bechyňského, Bechyně 1928; LV 248, 54ff.; LV 259, Bd. 5, 17ff.; D. Menclová/V. V. Štech, Bechyně, státní zámek, město a okolí, Praha

1953; LV 879, Bd. 2, 329ff.; LV 905, Bd. 5, 1–55; LV 279, Bd. 7, 1–35; LV 283, Bd. 10, 26–33; R. Tecl, Diplomatickoprávní příspěvky k určení významu a charakteru lokalit na Táborsku do roku 1420, in: HT 10 (1991), 208–214; LV 906, Bd. 1, 42–48.

Bečwar (Bečváry, Bez. Kolin). Das 12 km sw. von → Kolin gelegene Dorf wird 1265 erstm. erwähnt. Im 14./15. Jh. besaßen hier mehrere Grundherren Besitzanteile. B. wurde A. 16. Jh. der Herrsch. Rothhradek einverleibt. 1564 unter Karl Častovec Myška v. Žlunice wurde es wiederum selbst. Herrsch., ein Nachfahre mußte aufgrund seiner Beteiligung am böhm. Ständeaufstand B. 1623 als Lehen empfangen. 1667 fiel der Ort als Heimfall an Ks. Leopold I. 1738 erwarb es Georg Hillebrandt v. Prandau und begann mit dem Bau eines Schlosses, das er jedoch noch vor dessen Fertigstellung 1763 an Maria Theresia verkaufte. Noch im gleichen Jahr übereignete sie das Schloß ihrem Truppengeneral Ernst Gideon Laudon, der den Bau bis 1774 nach Plänen von Ignaz Johann Palliardi und Johann Josef Wirch beenden ließ. Der spätbarocke vierflügelige Bau um einen Arkadenhof weist an der Gartenfassade einen zweigeschossigen Risalit auf, gegliedert durch Pilaster und verziert mit dem Wappen des Gf. Laudon. – 1869: 1327, 1910: 1463, 1950: 1087, 1991: 1022 Eww.

(III) *Krz*

LV 259, Bd. 6, 36ff.; LV 891, 356f.

Bělohrad → Bad Bělohrad

Benatek (Benátky, seit 1950 Benátky nad Jizerou, Bez. Jungbunzlau). Das zu 1259 erstm. erwähnte Dorf B. am l. Ufer der Iser unterhalb der Burg Hradiště wurde wegen der gefährdeten Lage um 1340 durch den Besitzer der Herrsch. → Draschitz, Johann v. Draschitz, auf eine Anhöhe auf der gegenüberliegenden Seite des Flusses verlegt und mit Stadtrechten ausgestattet; es ist 1369 erstm. als »Juvenisbenatek« belegt. Gleichzeitig gründete Johann v. Draschitz dort zum Gedächtnis seines gleichnamigen Onkels und Prager Bf. (1301–43) ein Kl. der Kreuzherren mit dem roten Stern, das 1420 durch huss. Truppen zerstört wurde. Friedrich v. Dohna, Besitzer der Herrsch. Draschitz seit 1512, verlegte um 1526 den Sitz der Herrsch. nach B. und errichtete auf den Ruinen des Kl. ein Renaissance-Schloß. Unter Friedrich v. Dohna (1486–1547) und seinem Sohn Heinrich (†1597) war B. ein Zentrum der Böhm. Brüder, deren Bethaus 1590 auf dem Burggelände nö. der Schloßanlage errichtet und nach 1650 zu einer Maria-Magdalenen-Kirche umgewandelt wurde. Heinrichs Söhne verkauften die Herrsch. 1599 an Ks. Rudolf II., der für Tycho de Brahe, der sich hier 1599/1600 aufhielt, ein Observatorium einrichtete. Ks. Ferdinand III. schenkte 1648 die Herrsch. seinem General Johann van Weerth (†1652); die Erben von dessen Sohn Ferdinand (†1671) verkauften sie an die Gff. v. Schützen, nach denen sie die Gff. v. Klenau und Janowitz besaßen; 1769–1816 war sie im Besitz des Prager Ebf. Anton Peter Gf. Přichowsky v. Přichowitz (1763–93) und seinen Verwandten und gelangte durch Heirat 1816–66 in die Hände der Gff. Thun-Hohenstein, in deren Fam. hier Bedřich Smetana 1844–47 als Erzieher tätig war; letzte Besitzer waren von 1904–20 die Gff. Kinsky. – Das um 1650 um einen Barockflügel erweiterte Schloß, 1656 durch Brand stark geschädigt, wurde E. 17. Jh. zu einer einheitlichen Barockanlage umgebaut und E. 18. Jh. durch Philipp Heger umgestaltet. Der W-Flügel ist zum Burghof hin mit reichen Renaissance-Sgraffitti versehen. Seit 1920 in städt. Besitz, sind hier seit 1955 u. a. Stadtarchiv und -museum untergebracht. Ö. des Schlosses schließt sich die ehem. Klosterkirche Mariä Geburt mit barocker Ausstattung an. Auf dem fast quadrat. Marktplatz befindet sich die 1720 errichtete, 1795 aufgehobene Barockkapelle zur Hl. Fam. Es gab seit A. 18. Jh. eine dt. Minderheit, für die bis 1775 in der Pfarrkirche ein dt. Priester tätig war. B. war seit 1850, bis zur Vereinigung mit dem Bez. Jungbunzlau 1928, Bez.-Stadt. In Altb. wurden die Komponisten Franz (1709–86) und Georg (1712–95) Benda, in Neub. der Dichter Václav Ráb, Pseudonym J. Benátský (1807–38) und der Schriftsteller Antonín Jaroslav Vrtʾátko Benátský (1815–1892) geb. – 1869: 3183, 1930: 4368, 1950: 4330, 1991: 6479 Eww.

(III) *Ke*

Dějiny obcí okresu mladoboleslavského a benátského, Mladá Boleslav 1926, 195f., 204–208; LV 259, Bd. 3, 26–29; Zd. Kalista, Listiny a zápisy kláštera cyriáků v Benátkách nad Jizerou, in: Boleslavica '68. Sborník příspěvků k dějinám Mladoboleslavska, Mladá Boleslav 1969, 251–289; ders., Cesta po českých hradech a zámcích, Praha 1993, 53–65; Č. Novotný, Z dějin města Nových Benátek, in: Almanach školství okresu mladoboleslavského 1918–1933, Mladá Boleslav 1933, 326–337; LV 952, Bd. 1², 54; LV 279, Bd. 10, 242–246; LV 906, Bd. 1, 53f.; V. Zlámal, Nové Benátky, in: Mladá Boleslav, Lysá nad Labem, Nové Benátky. Hg. v. L. Kloudan [u. a.], Praha/Brno 1941, 187–207.

Beneschau (Benešov). Die Anfänge der 37 km sö. → Prag im gleichnamigen Hügelland eingebetteten Bez.-Stadt B. reichen siedlungsgesch. in die Zeit um 1050 zurück, als sich auf dem Karlov-Hügel Kolonisten niederließen. Auf die älteste Kirche verweist eine Nachricht aus dem 17. Jh., die sich auf das Jahr 1070 bezieht. Die Bezeichnung B. ist jedoch urk. erst für 1226 im Zusammenhang mit dem Adelsgeschlecht der Beneschowitz belegt, die in der 1. H. 13. Jh. an einem von Prag nach Österr. führenden Landespfad einen rechtekkigen Markt anlegten. Der aus dem Geschlecht der Herren v. B. stammende Prager Bf. Tobias v. Bechin (1278–96) gründete 1246/47 ein großes Minoritenkl., dessen got. Überreste die heutige Stadt dominieren, sowie die got. St.-Nikolaus-Kirche. Beide Gotteshäuser bildeten im MA den sichersten Verteidigungsplatz, da B. selbst lediglich von einem hölzernen Wall umschlossen war. Um 1300 verlegten die Beneschowitz ihren Sitz auf die got. Burg → Konopischt, B. bildete fortan das städt. Zentrum dieser Herrsch. 1327 fiel diese an die Herren v. Sternberg, seit E. 16. Jh. gab es häufig wechselnde Besitzer. Zu Beginn der Huss.kriege eroberten die Taboriten 1420 B. und setzten das Kl. in Brand. Die Eww. bekannten sich zum Utraqu. Der auf der Wegstrecke zw. → Prag und → Tabor gelegene Ort bildete danach den Schauplatz wichtiger pol. Verhandlungen: 1451 und 1473 kam hier der böhm. Landtag zus. Seither erlebte B. auch eine wirtsch. Blüte, der Handel prosperierte, B. bot zahlr. Übernachtungs- und Versorgungsmöglichkeiten für Kaufleute. Aus dieser Zeit haben sich zahlr. zweigeschossige got. Gewölbe unter den Häusern erhalten, die später eine Aufstockung erfuhren. Im 30jähr. Krieg floh die Bev. 1620 vor durchziehenden poln. Truppen, 1645 sowie 1648–49 folgten die Schweden. Die Eww. unterwarfen sich mehrheitlich der gewaltsamen Rekatholisierung; im verborgenen bekannte sich allerdings bis ins 18. Jh. ein kleiner Teil der Bürger zum Prot. Als ein Instrument der kath. Reform und höheren Bildung fungierte, mit Ausstrahlung auf die weitere Umgebung, das Piaristenkolleg mit Gymnasium, das Karl Přehořovský v. Kvasejowitz 1703 gegr. hatte. Das barocke Kollegium und die St.-Annen-Kirche entstanden 1705–15 nach Plänen von Giovanni Battista Alliprandi. B., das sich 1802 aus der Untertänigkeit freikaufte, stieg im 19. Jh. zu einem der Zentren der nat. Wiedergeburt s. von Prag auf und wurde nach 1900 Schauplatz antihabs. Manifestationen und Solidaritätsbekundungen mit den Südslawen und ital. Soldaten aus Südtirol, die 1915–18 in B. stationiert waren. Im Zweiten Weltkrieg entwickelte sich in B. starker Widerstand gegen die dt. Besatzung. Im April 1943 wurde ein Teil der tsch. Bev. ausgesiedelt, da zw. B. und Neweklau ein ausgedehntes Übungsgelände für die Waffen-SS entstand.

Der Überwindung der wirtsch. Rückständigkeit diente 1871 der Anschluß an die N-S-Eisenbahn und 1895 die Einrichtung eines Verkehrsknotenpunkts. Eine spürbare Industrialisierung setzte allerdings erst nach 1945 mit der Ansiedl. von Nahrungsmittelindustrie und der Fertigung von Baumaschinen ein. Dt. sprach im 19. und A. 20. Jh. lediglich eine kleine Gruppe höherer Beamter der Bez.-Behörde und der Verw. des Schlosses Konopischt. Neben der dominierenden tsch. Bev. lebten in B. seit dem 16. Jh. verstreut jüd. Fam.; um 1900 erreichte ihr Anteil an der Bev. mit 450 Personen (8% der Eww.) seinen Höhepunkt. Die meisten Juden fielen 1940 dem Holocaust zum Opfer, an sie erinnern nur noch mehrere Grabsteine auf dem ehem. jüd. Friedhof (der älteste von 1687). – 1848: 2310, 1900: 7880, 1920: 8790, 1950: 10 010 und 1991: 15 890 Eww. (III/VII) *Pán* Benešovsko-Podblanicko. Hg. v. J. Petráň, Praha 1985; E. Charvátová, Stavební historie města Benešova, in: SVPP 11 (1970), 85–115; Z. Dragoun/J. Jásek/J. Tywoniak, Středověké podzemí v Benešově, in: SVPP 26 (1985), 209–247; LV 864, 42f.; J. Pánek, Benešov – transitní město posledních Rožmberků, in: SVPP 25 (1984), 187–209; ders., Nástin vývoje časopisectví na Benešovsku do roku 1948, in: SVPP 16 (1975), 137–196; E. Procházková, Benešov, Praha 1988; dies., Hrdelní soudnictví města Benešova v 16.–18. století, in: SVPP 21 (1980), 211–154; dies., Městská správa v Benešově v první polovině 18. století, in: SSH 13 (1978), 197–208; LV 275, Bd. 8, 159–167; LV 283, Bd. 16, 90–95; J. Tywoniak, Benešov, Benešov 1970; ders., Benešov a Konopiště v minulosti, Benešov 1992; ders., Historické památky okresu Benešov, Bde. 1–2, Benešov 1985–89; Vlastivědný atlas okresu Benešov. Hg. v. J. Petráň, Benešov 1988.

Benisch (Horní Benešov, Bez. Freudenthal). Am 11.4.1253 übertrug Benesch, »subcamerarius regis Bohemie«, den beiden Lokatoren Erwig und Guido die Anlage einer Stadt nach Leobschützer Recht, die seinen Namen tragen sollte. Die beiden Gründern überdies zugewiesene Erbvogtei bildete die Spitze eines rings um die Stadt geschaffenen Verw.- und Wirtschaftsbez. Für die Besiedl. der Hochfläche des Gesenkes stellte die Gründung von B. (11 km ö. → Freudenthal) insofern einen bedeutenden Schritt dar, als damit die Verbindung von → Troppau zum alten Bergbaugebiet um Freudenthal hergestellt wurde. Der Silberbergbau bildete bis ins 16. Jh. die wirtsch. Basis für die Entw. der Stadt, die 1590 vom brand. Landesherrn Georg Friedrich d. Ä. eine Bergordnung erhielt und 1567 zur freien Bergstadt erhoben wurde. Als wirtsch. Ausschuß der Bürgerschaft entstand E. 14. Jh. ein Rat, der wenig später die Gerichtshoheit erlangte; unter brand. Herrsch. ging seit 1523 das bereits erreichte Maß an Selbständigkeit überwiegend an die Jägerndorfer Kammerverw. verloren. Die Erbvogtei dürfte A. 17. Jh. untergegangen sein. Die Siedlungskrise des SpätMA konnte im 16. Jh. weitgehend überwunden werden; das wirtsch. Schwergewicht verlagerte sich vom Silberbergbau hin zu Landwirtschaft und Weberei. Zum Erliegen kam der Bergbau im 30jähr. Krieg, 1642 und 1647 verwüsteten schwed. Truppen das Land. Der Prot. fand in der 2. H. 16. Jh. erheblichen Widerhall, nach 1630 kehrte jedoch der größte Teil der Bewohner angesichts der habs. Religionspolitik zum kath. Glauben zurück. Der wirtsch. Erholungsprozeß wurde durch Stadtbrände 1756 und 1820 stark beeinträchtigt, stabilisierte sich jedoch im 19. Jh. auf der Basis von Textilindustrie (»B.er Leinen«) und Schiefergewinnung. Die got. Pfarrkirche St. Katharina mit weithin sichtbarem W-Turm (1288) wurde nach dem Stadtbrand von 1820 umgebaut.

Für das Bildungswesen bedeutete die Errichtung einer Bürgerschule
1898/1900 einen erheblichen Fortschritt. Nach dem Ersten Weltkrieg veränderte sich das Ortsbild beträchtlich, da man zur Linderung
der Wohnungsnot eine Reihe von Neubauten errichtete. Durch
Neugründungen im Bereich der Maschinenweberei entstanden seit
M. 19. Jh. Arbeitsplätze, was einen Anstieg der Bev.-Zahl zur Folge
hatte (1837: 2731, 1910: 3826, 1930: 3409, davon 79 Tsch., 1980:
2286 Eww.). Die verbliebene dt. Bev. wurde zw. Februar und Juni
1946 zwangsausgesiedelt.   (V) *Bei*

J. Bakala, Počátky těžby kovů v Nízkém Jeseníku a vznik Horního Benešova, in:
ČSM B 26 (1977), 97–122; F. Čermák, Mineralogická charakteristika krystalového
barytu z Horního Benešova, in: ČSM A 30 (1981), 177–188; W. Latzke, Die Anfänge der Stadt Bennisch, in: ZGKS 20 (1930/33), 34–47; ders., Entstehung und
Untergang der Bennischer Erbvogtei, in: Schlesische Studien. Hg. v. A. Hayduk,
München 1970, 24–31; V. Lomič, Nástin historie dolování u Horního Benešova,
Opava 1959; J. Novák/V. Stěpán, Horní města na severní Moravě, in: SMor 54
(1987), 37–43; H. Rössler, Die freie Bergstadt Bennisch, Esslingen/N. 1962; LV
898, Bd. 1, 512; LV 168, Bd. 3, Nr. 80.

Bensen (Benešov nad Ploučnicí, Bez. Tetschen). Die am Zusam-
menfluß von Abs-Bach und Polzen gelegene Stadt entstand im Ko-
lonisationsgebiet der Herren v. Michalowitz, 1,5 km von der 1268
erstm. urk. belegten Burg Scharfenstein. Die älteste Erwähnung von
B. stammt aus dem Jahre 1283. 1407 gehörte es den Herren Berka v.
Dubá. Trotz der starken Befestigungen nahmen die Taboriten 1426
B. ein. 1445–1511 befand sich die Stadt im Besitz der Herren v.
Wartenberg auf → Tetschen. 1483–1511 wurde das Presbyterium der
Marienkirche erbaut. 1515 fiel B. an die aus Sachsen stammenden
Gff. v. Salhausen, die hier schon frühzeitig einen luth. Pfarrer ein-
setzten. Die neuen Herren ließen 1522–24 auf got. Fundamenten das
Obere und 1540–44 das Untere Schloß errichten, die Einflüsse der
nordischen Renaissance aufweisen. Seit 1569 gab es eine Papiermühle. Die eine H. der Stadt gehörte seit 1631 den in Tetschen residierenden Thun, die andere H. seit 1676 den Clary-Aldringen. Von
1828 an entwickelte sich Textilindustrie, 1869 erfolgte der Eisenbahnanschluß. In B. wurde der Dichter und Redakteur der Prager
»Bohemia« Josef Willomitzer (1849–1900) geb. – 1930: 4150 (davon
167 Tsch.), 1950: 3125, 1991: 4234 Eww.   (II) *Sm*

R. Müller, Die geschichtlichen Kunstdenkmale der Stadt Bensen, Bensen 1893; E.
Neder, Die geschichtlichen Kunstdenkmale der Stadt Bensen in Nordböhmen,
Bensen 1931; ders., Die Papiermühle zu Bensen 1569–1884, in: MVGDB 44 (1906),
220–224; E. Šamánková, Benešov nad Ploučnicí. Státní zámek a čínské sbírky národní galerie, Praha 1963; J. Smetana, Benešovský letopis pastora Schlegela a jeho
první pokračovatel, in: ÚSH 1 (1966), 97–119; ders., O znaku města Benešova nad
Ploučnicí, in: ÚSH 2 (1967), 123–126; R. Wolkan, Studien zur Reformationsge-

schichte Nordböhmens, Teil 3: Die Geschlechter der Herren von Wartenberg und von Sahlhausen und die Reformation in Kamnitz und Bensen, Prag 1883.

Beraun (Beroun). Die ehem. Königsstadt B. liegt 30 km sw. von → Prag an der Mündung der Litava in die Beraun. Bereits für 1088 bezeugen die Quellen auf dem Areal der späteren Stadt die beiden Dörfer Na brodě und Podolí. Die Gründung der erstm. 1265 erwähnten Stadt ging verm. auf Kg. Přemysl Otakar II. zurück. Das seit 1295 befestigte B. lag an 2 bedeutenden, nach → Eger und → Taus führenden Landespfaden. Kg. Přemysl Otakar II. gestattete dt. Kaufleuten und Handwerkern, die hier in einem eigenen Viertel lebten, die Niederlassung. Die Gründung der Altstadt geht auf Siedler aus der Schweiz und aus Italien zurück, der Name B. wurde von Bern oder Verona übernommen. M. 14. Jh. stieg es zum Mittelpunkt des Bez. Podbrd auf. Zu Beginn der Huss.kriege stand B. auf seiten Kg. Sigismunds; am 1.4.1421 fiel es an Jan Žižka. Der dt. Bev.anteil nahm in diesem Zeitraum stark ab. E. 15. Jh. erlebte die Stadt eine wirtsch. Blüte, die vor allem auf Brauwesen, Weinanbau, Tuchmacherei und Töpferhandwerk beruhte. Auch die zeitweilige Konfiskation des städt. Landbesitzes als Strafe für die Beteiligung am Ständeaufstand gegen Kg. Ferdinand I. 1547 konnte diesen Aufschwung zunächst nicht bremsen. Erst der 30jähr. Krieg leitete infolge mehrfacher Plünderung einen wirtsch. Abstieg ein, der zudem einen demographischen Niedergang nach sich zog. Die Pestepidemie 1680 bewirkte einen weiteren Rückgang der Bev. Von diesen Einbrüchen vermochte sich B. erst im 18. Jh. zu erholen. Der Wandel von einem durch Handel und Handwerk geprägten Ort zu einer Industriestadt setzte nach 1860 ein, als in der Umgebung Eisenerz- und Kalksteinlagerstätten entdeckt wurden und die Eisenbahnstrecken Prag–Pilsen 1862, Rakonitz–Protiwin 1876 sowie Prag–Rudná 1897 über B. führten. Darüber hinaus bestimmte die Textilherstellung das wirtsch. Bild der Stadt. Seit 1950 wächst B. mit dem nahegelegenen Industrieort Königshof (Eisenwerke, Zementfabriken) immer mehr zus. – Zu den Baudenkmälern der Stadt gehört die E. 13. Jh. erbaute St.-Jacobi-Kirche, die um 1453 verändert wurde. Die spätgot. Kirche Mariä Verkündigung stammt von 1525, die Barockisierung geht auf die Jahre 1738–44 zurück. Erhalten haben sich auch Reste der einstigen Stadtbefestigung, vor allem das Obere (Pilsener) Tor aus dem 14. Jh. mit seinem Barockdach sowie das Untere (Prager) Tor, das sein got. Aussehen von E. 14. Jh. bewahrt hat. Die S–Seite des Marktes begrenzen mehrere Bürgerhäuser mit barocken Giebeln sowie Renaissance-Elementen etwa am sog. Jenstein-Haus. Auf der O–Seite steht das neobarocke zweigeschossige Rathaus von 1903. – 1880: 5719 (2% Dt.), 1939: 13 118 (1% Dt.) und 1991: 18 005 Eww.

(II) *Pol*

F. Hampl, Mezi berounskými branami, Praha 1837; J. Kouba, Středověké opevnění bývalého královského města Berouna, in: ZPP 17 (1957), 163–173; H. Mevaldová, Berounské pověsti, Beroun 1993; V. Palivec, Vlastivědný průvodce Berounskem, Praha 1959; K. Pobuda, Svatý Jakub, ochránce Berouna, jeho kněží a chrám, Beroun 1942; LV 283, Bd. 16, 1–10; O. Špecinger, Kladensko a Berounsko, Praha 1957; J. Vávra, Paměti královského města Berouna, Beroun 1938; F. V. Zelinka, Okres berounský. Nástin místo- a dějepisný, Praha 1888.

Bergreichenstein (Kašperské Hory, Bez. Klattau). B., urk. erstm. 1330 belegt, entstand im 13. Jh. aus einer alten Ansiedl. von Bergleuten, die in dieser Gegend nach Gold suchten. Kg. Johann v. Luxemburg erhöhte B. zum Städtchen und befreite es 1345 von allen Zöllen und Mauten. Die Goldminen sicherten B. ausgiebige Einkünfte. Seit 1366 führte darüber hinaus ein wichtiger Handelsweg nach Passau und ins Salzkammergut durch B. Um 1300 wurde die Friedhofskirche St. Nikolaus (Umbauten 1700, 1776), in der 2. H. 14. Jh. die Pfarrkirche St. Margaretha errichtet. Im 16. Jh. erlebte der Ort, 1584 von Ks. Rudolf II. zur kgl. Bergstadt erhoben, seine Blütezeit und kaufte die umliegenden Dörfer und Güter auf. Erst der 30jähr. Krieg brachte den Verfall des Bergbaus und einen schlagartigen Rückgang der Eww.-Zahl (1654: etwa 100). Eine neue Existenzgrundlage fand B. in der Holzverarbeitung, die von der neuzugezogenen dt. Bev. betrieben wurde. Im 19. Jh. entwickelte sich aus diesem Gewerbe eine moderne Zündhölzerindustrie. 3 km von B. auf dem Berg Zosum errichtete Ks. Karl IV. 1356–61 die Karlsburg; sie war einst der Verw.-Sitz des gesamten Parchener Bez. – 1890: 2425 (davon 93 Tsch.), 1930: 2289 (davon 186 Tsch.), 1950: 1539, 1990: 1528 Eww.

(VI) *Wei*

LV 905, Bd. 12, 28–56; LV 259, Bd. 4, 163, 290, 297, 336; LV 879, Bd. 2, 63–68; E. Panni, Die königlich freie Goldbergstadt Bergreichenstein und die ehemalige königliche Karlsburg, Bergreichenstein 1875; LV 507, 143ff.; LV 569, Bd. 1, 355, 372; LV 279, Bd. 11, 163f.; LV 906, Bd. 2, 43ff.; O. Weber, Bergreichenstein, in: MVGDB 45 (1907), 225–235.

Bergstadtl (Hory Matky Boží, Bez. Klattau). B. entstand aus der Ansiedl. von mehrheitlich aus Bayern stammenden Bergleuten um die hiesigen Goldschürfstellen. Das ganze Gebiet gehörte einst zur Burg → Welhartitz. Gesichert belegt ist B. allerdings erst zum Jahr 1511, als Kg. Wladislaw II. die Bergrechte in und um B. an dessen damaligen Besitzer Zdeněk Lev v. Rožmital verlieh. Nach der Bestätigung der Bergrechte durch Kg. Ludwig II. befreite er 1521 die Bergleute von allen Abgaben und entließ sie aus der Untertänigkeit. 1522 wurde B. zur Bergstadt erhöht und gewann das Befestigungsrecht. Trotz aller Begünstigungen befand sich der Bergbau in B. schon seit 1547 im Verfall. Nicht einmal weitere Privilegien durch

Kg. Ferdinand III. (1637) konnten diese Entw. stoppen. A. 18. Jh.
wurden die Bergminen endgültig geschlossen. Seitdem erlebte das
rein tsch. B., vom wirtsch. Aufschwung des Landes abgeschnitten,
eine lange Periode der Stagnation. Die 1637 erbaute Kirche St. Maria
wurde 1737 baulich erweitert. – 1850: 642, 1930: 537, 1950: 392,
1990: 164 Eww.   (I/VI) *Wei*
LV 905, Bd. 12, 54f.; P. Kadrmas, Sušicko. Železnorudsko, Plzeň 1968, 48f.; LV
507, 98; LV 569, Bd. 1, 371; LV 906, Bd. 1, 431; J. Záloha, Šumava od A do Z,
České Budějovice 1972, 57.

Bergstadt Platten (Horní Blatná, Bez. Karlsbad). 1532 entdeckten
sächs. Bergleute »auf der Platt« am Erzgebirgskamm ein Zinnerzvorkommen. Ein Jahr nach Beginn der planmäßigen Stadtanlage 1533
wurde vom sächs. Kfst. Johann Friedrich I. dem Großmütigen in dem
damals zur sächs. Herrschaft Schwarzenberg gehörigen Gebiet die
erste Bergordnung erlassen. Das Wasserproblem auf der Hochfläche
(900 m) wurde mit der langen, teilw. noch erhaltenen Schwarzwas-
serzuleitung gelöst. Im Zusammenhang mit dem Schmalkaldischen
Krieg kam P. 1556 an die Krone Böhmen; es wurde als kgl. Besitz
bergbaulich → Sankt Joachimsthal zugeordnet. Die Ausbeute von
Zinn, Silber und Kobalt für die Blaufarbe ließ E. 16. Jh. nach, der
30jähr. Krieg führte zu weiterem Verfall des Bergwesens. Die meisten
prot. Eww. flohen schließlich seit 1651 nach Sachsen und gründeten
dort Johanngeorgenstadt. Wie überall im Westerzgebirge wurde
Spitzenklöppelei in Heimarbeit betrieben. Nach endgültigem Erliegen des Bergbaus im 19. Jh. verarmte der abseits der Verkehrswege
gelegene Ort. Die 1899 erbaute Eisenbahnlinie Karlsbad–Johanngeorgenstadt bewahrte die Stadt vor völliger wirtsch. Isolierung und
verstärkte die Sogwirkung → Karlsbads. – 1930: 2340 (davon 29
Tsch.), 1991: 367 Eww.   (I) *Hil*
W. Fröbe, Herrschaft und Stadt Schwarzenberg bis zum 16. Jahrhundert, Schwarzenberg 1930; E. Matthes, Die Anfänge der Bergstadt Platten, in: BOH 1 (1960),
122–152; LV 507, 89ff.; H. Pohl, Bergstadt Platten, in: BOH 6 (1965), 173–229.

Bezno (Bez. Jungbunzlau). Die erste Erwähnung des 10 km sw. von
→ Jung-Bunzlau liegenden Dorfes »Bezenez« weist hier um 1050
Besitz des Kapitels von St. Cosmas und Damian in → Altbunzlau aus.
Waren hier im MA mehrere Adelsfam. begütert, so erfolgte eine be-
sitzrechtl. Vereinheitlichung erst in der 2. H. 15. Jh. unter den Bzen-
ský v. Proruby, in deren Händen der Ort 1460–1694 war. Aus dieser
Zeit stammen auch die ersten Erwähnungen von 2 Festen (1533 und
1652), auf die es aber nach E. 17. Jh. keine Hinweise mehr gibt. Von
1724–1881 war die Herrsch. Besitz der Frhh. Pachta v. Reihofen.
Franz Joseph Pachta v. Reihofen (†1799) entfaltete in B. eine be-

deutende Bautätigkeit: er errichtete 1743/50 an der Stelle der ma. Feste ein dreiflügeliges Barockschloß und baute 1751/55 an Stelle der verfallenen, 1371 erstm. erwähnten Pfarrkirche St. Peter und Paul einen nach N ausgerichteten Neubau mit einem sö. anschließenden oktogonalen Beinhaus, dem 1765 noch der Neubau des Pfarrhauses folgte. 1903 wurde B. zum Marktflecken erhoben. – 1869: 765, 1991: 834 Eww. (III) *Ke*

Dějiny obcí okresu mladoboleslavského a benátského, Mladá Boleslav 1926, 138–143; LV 259, Bd. 3, 39f.; V. Láska, Bezno a jeho barokní proměna, in: PPé 34 (1974), 272–283; LV 952, Bd. 1², 77; LV 279, Bd. 10, 380–384; LV 906, Bd. 1, 74f.

Bilin (Bílina, Bez. Teplitz). Urspr. stand auf dem Areal der am Fuße des Borschen gelegenen Stadt B. eine Burgstätte, welche die Přemysliden in der 2. H. 10. Jh. angelegt hatten (→ Sobrusan). 993 wird dieses Gebiet als »provincia Belinensis« erwähnt. Reste des Burgwalls finden sich im heutigen Schloßpark. Im Suburbium, am Markt und am Hof erscheint bereits für 1081 eine Eigenkirche. Nachdem → Brüx die Rolle als neues Verw.-Zentrum des Gebietes übernommen hatte, fiel B. 1237 an Ogerius v. Friedberg, der im nw. Teil des alten Burgwalls eine neue Befestigungsanlage errichten ließ. Die unterhalb davon gelegene alte Siedl. entwickelte sich zu einer Stadt, die als solche erstm. 1263 genannt wurde. Vom Aussehen her glich B. einem langgezogenen Rechteck mit ebensolchem Markt, auf dem Giovanni Pietro Toscano 1682 eine Pestsäule schuf. Den Zugang in die von Mauern umgebene Stadt bildeten das Prager, Teplitzer und Brüxer Tor, vor denen im MA die 3 gleichnamigen Vorstädte lagen. In der Prager Vorstadt dominierte bis in die Neuzeit das Töpferhandwerk. Die Kirche St. Peter und Paul unterstand seit 1302 dem Dt. Orden. 1290–1318 befand sich B. im Besitz Alberts v. Seeberg, dem die aus dem Meißnischen stammenden Herren v. Bergau sowie 1407–95 die Kolditz folgten. Eine kurze Episode verkörperte die Herrsch. des huss. Hauptmanns Jakubek v. Wřesowitz 1421–36. 1520 schließlich fiel B. an die Herren v. Lobkowitz, für die Antonio della Porta 1676–82 ein Schloß erbaute, das seit 1989 erneut den Lobkowitz gehört. M. 19. Jh. setzte im Zuge der Industrialisierung in der Umgebung der Kohleabbau ein, zudem entstanden eine Zuckerfabrik, Hütten und ein Glaswerk. Vor den Toren von B. entwickelte sich der Kurort B.-Sauerbrunn mit Badehäusern von 1782, 1878 und 1885–1900. Um den Ausbau des Kurbetriebs erwarben sich der Badearzt Franz Ambros Reuß (1761–1830) und dessen Sohn, der Mineraloge August Emmanuel Reuß (1811–73), Verdienste. 1850–1960 war B. Kreisstadt, die vom Eisenbahnanschluß 1867 bzw. 1872 profitierte. – 1880: 5604 (250 Tsch.), 1910: 9360 (1496 Tsch.), 1930: 10 688 (4168 Tsch.), 1991: 17 001 Eww. (II) *Sm*

J. Budinská, Příspěvek k vývoji českého a německého hnutí na Teplicku, Duchcovsku a Bílinsku v prvním roce ČSR, in: ÚSH 3 (1968), 55–72; T. Hutter, Die Stadt Bilin und ihre Geschichte, Bilin 1891; F. Pemsel, Die Burg und das Schloß, Bilin 1926; Z. Váňa, Bílina, in: PA 67 (1976), 397–478; ders., Bílina a staré Bělsko, in: PA 68 (1977), 394–432.

Bischofteinitz (Horšovský Týn, Bež. Taus). Nach 1184 gehörte Tein, M. 13. Jh. eine Kaufmannssiedl. am r. Ufer der Radbusa, dem Btm. Prag. Die Siedl. entwickelte sich zur heutigen Großen Vorstadt, als Johannes III. v. Draschitz (1258–78) auf dem anderen Flußufer eine frühgot. Pfalz erbauen ließ, unterhalb derer verm. sein Nachfolger Tobias v. Bechin 1286–96 auf grüner Wiese eine Stadt gründete. Im 14. Jh. erhielt diese zahlr. Privilegien und den Beinamen »Bischof«-T.; auf der Burg saß ein die bfl. Güter, zu denen auch B. gehörte, beaufsichtigender Burggf.; nach den Huss.kriegen geriet B. in adelige Hände: Seit 1539 gehörte es den Herren v. Lobkowitz, welche die Burg nach einem Feuer 1547 zu einem Schloß umbauen ließen. Nach der Schlacht am Weißen Berg 1620 wechselte B. an die Trautmannsdorff, welche die gleichnamige Herrsch. auf 85 Dörfer ausweiteten. Im 18. Jh. setzte eine Germanisierung der Bev. ein, 1930 stellten die Tsch. nur noch rund 15% der Eww.schaft. Der landwirtsch. Charakter überwiegt noch heute. 1850–1960 saßen hier die Gerichts- und Verw.-Behörden des pol. Bez. B. – Von der got. Burg haben sich der Palas mit Eingangstor, Portal, Keller und mehrere Säle erhalten. Im SW-Teil des Eckturms befindet sich die got. Allerheiligenkapelle von 1270, ein Kleinod im Stil der Zisterzienserarchitektur aus der Zeit Kg. Přemysl Otakars II.; nach 1547 verwandelte Agostino Galli die got. Burg in ein Renaissance-Schloß, der ehem. bfl. Palast wurde dabei um ein Stockwerk erhöht. Auf dem Markt der Großen Vorstadt steht die um 1250 erbaute got. St.-Apollinarius-Kirche mit Renaissanceturm. Von der Stadtbefestigung der Altstadt sind noch Reste n. und s. der Burgmauer zu sehen. Auf dem Platz der Republik steht die urspr. got. Kirche St. Peter und Paul (E. 13. Jh.), die später barockisiert wurde. Am ö. Stadtrand liegt das ehem. Kapuzinerkl. mit der St.-Veits-Kirche von 1650–54. – 1843: 2430, 1890: 2607, 1930: 2663 (davon 2119 Dt.), 1991: 4105 Eww. (I) *Pe*

T. Durdík/L. Krušinová, K počátkům a středověké stavební podobě hradu v Horšovském Týně, in: AH 11 (1986), 127–142; V. Dvořáková, Horšovský Týn, státní zámek, městská památková rezervace a památky v okolí, Praha 1963; J. Fridrich, Velkostatek Horšovský Týn a Čečovice v letech 1539–1621, in: MZK 9 (1972), 129–158; LV 259, Bd. 4, 86–92; Z. Knoflíček, Horšovský Týn, Plzeň 1988; LV 875, 113–125; K. Liebscher, Der politische Amtsbezirk Bischofteinitz, Bischofteinitz 1913; V. Mencl, Hrad pražského biskupa v Horšovském Týně, in: MPP 2 (1959), 5–12; LV 701, 63ff.; K. Pöhnl, Beiträge zur Geschichte der Stadt Bischofteinitz, Bischofteinitz 1936; LV 279, Bd. 9, 93–102; LV 906, Bd. 1, 423–431; Unser

Bisenz (Bzenec, Bez. Göding). Obwohl die erste Erwähnung der 8 km w. von → Wessely an der March gelegenen Ortschaft erst aus dem Jahre 1231 stammt, ist davon auszugehen, daß hier bereits um 1000 eine Burg existierte. Sie stand auf einem Hügel im N des 1371 mit Stadtrechten ausgestatteten B. Die Burg war bis 1348 ein regionales Verw.-Zentrum; von 1315–63 wurde hier Gericht gehalten. Bis zu seinem Tode 1411 gehörte B. dem mähr. Mkgf. Jobst. 1427/28 wurde die Burg B. als Zentrum der kath. Partei von den Huss. belagert und wahrsch. zerstört. E. 15. Jh. ging man daran, in der Stadt eine Feste zu errichten. Nach häufigem Wechsel der Besitzer gelangte B. 1588 an die Fam. Pruskovský. Diese ließ die Festung in ein Renaissance-Schloß umbauen. 1703 veranlaßte der damalige Besitzer, Christoph Erdmann v. Pruskovský (†1753), den Bau einer den Hll. Florian und Sebastian geweihten Kapelle auf dem ma. Burghügel. 1709/10 erfolgte der Umbau des Schlosses im Barockstil. Das nunmehr zweigeschossige Bauwerk wurde von einem frz. sowie einem engl. Park umgeben, in dem 2 über 800 Jahre alte Linden stehen. Im Zuge des Ersten Schles. Krieges wurde das Schloß 1742 von den Preußen geplündert. Nach dem Aussterben der Pruskovský kam die Herrsch. A. 19. Jh. für einige Jahrzehnte an die Dietrichstein. In dieser Zeit wurde die sog. »Mähr. Sahara«, eine Sandlandschaft nahe B., bewaldet. 1844 erwarb Wilhelm Otto v. Reichenbach das Schloß. Dem Geist seiner Zeit folgend, ließ er es abtragen und 1853–55 durch ein in der engl. Tudor-Gotik gehaltenes, äußerlich sehr imposantes Bauwerk ersetzen. Durch den Umbau hoch verschuldet, nahm sich der Bauherr 1866 das Leben. 1913 kaufte Anton Magnis das Schloß. 1945 ging es in den Besitz der örtl. Weinbaugenossenschaft über. Die bereits 1235 bezeugte, 1696–1702 barockisierte Pfarrkirche ist Johannes dem Täufer geweiht. Am Marktplatz blieben barocke Bürgerhäuser erhalten. Bis 1890 gab es in B. eine pol. selbst. jüd. Gem., bis 1918 eine dt.-jüd. Schule. Erhalten blieb der Friedhof, die Synagoge von 1863 wurde 1960 abgerissen. Die bis E. des Zweiten Weltkrieges zu 90% tsch. Bev. lebt tradit. vom Weinbau und seit dem 19. Jh. auch von der Nahrungsmittelindustrie. – 1850: 3560, 1900: 4271, 1950: 4137, 1991: 4113 Eww.   (VIII) *Had*

J. Cvrček, Urbář panství bzeneckého, in: ČMM 37 (1913), 269–284, 439–450; ders., Příspěvky k dějinám řemesla na Moravě, in: ČMM 29 (1905), 32–41, 184–197, 295–307; ders., Ze starých pamětí města Bzence, in: ČMM 27 (1903), 13–23; 950 let města Bzence. 1015–1965. Hg. v. J. David, Bzenec 1965; LV 861, 141, 153; J. Hanák, Dějiny vinářství v Bzenci, Uherské Hradiště 1922; J. Hanák, Paměti města Bzence, Bzenec 1919; LV 543, 11; LV 253, Bd. 8, 94ff.; LV 950, Bd. 1, 140f.; LV

259, Bd. 1, 74f.; A. Janšík, Urbář panství bzeneckého z roku 1604 o lesích, in: LP 31 (1952), 378–383; LV 898, Bd. 1, 335–338; M. Zemek [u. a.], Vývoj města Bzence a jeho okolí do konce třicetileté války až do roku 1918, in: JM 22 (1986), 117–182; ders. [u. a.], Bzenec od osvobození v roce 1918 do současnosti, in: JM 23 (1987), 129–198; LV 716, 188f.

Biskupitz (Biskupice, Bez. Zwittau). Das vom Olmützer Bf. Bruno v. Schauenburg (1247–81) 4 km sö. von → Gewitsch gegr. B. wurde erstm. 1262 als »villa Biscopiz« urk. erwähnt. Das um 1500 erbaute Kastell ist erst für 1614 belegt, als B. an Jaroslav Drahanovský v. Pěnčín fiel. Das E. 17. Jh. verkommene Kastell ließ Sigismund Leopold Sak v. Bohuňovitz 1712/13 zu einem repräsentativen, von einem frz. Park umgebenen eingeschossigen Barockschloß umgestalten. 1713 wechselte die Herrsch. an Gf. Wilhelm Albrecht Libštejnský v. Kolovrat, 1769–1812 folgten die Blümegen und bis 1873 die Gff. Schaffgotsch. Letzte Besitzer bis 1945 waren die Fstt. v. Thurn und Taxis. – Im 16. Jh. besaß B. eine Pfarrkirche; der Bau der heutigen Barockkirche datiert aus dem Jahr 1775. – 1890: 861, 1930: 749 (97% Tsch.), 1950: 580 und 1991: 464 Eww.   (IV/VIII) *Ben/Krz*
LV 259, Bd. 1, 24f.

Bistrau (Bystré, Bez. Zwittau). Die erste Erwähnung der 11 km sö. von → Polička am Rande des böhm.-mähr. Höhenzuges gelegenen Gem. geht auf das Jahr 1012 zurück. Als zur Burg → Swojanow gehörender Handelsplatz wurde B. im 14. Jh. unter dem Burggf. Michálek v. Wlašim zum Städtchen erhoben und mit einem Wappen ausgestattet. 1488 erwähnen die Quellen Richter, Schöffen und Gem. von B.; Wenzel Žehušický v. Nestajov ließ als neuer Grundherr 1533–55 ein Kastell errichten. Einer seiner Nachfolger, Johann Bezdružický v. Kolovrat, erbaute daneben ein dreiflügeliges Renaissance-Schloß mit Turm. Einer seiner Söhne, Wilhelm Heinrich, beteiligte sich am Ständeaufstand, durfte jedoch als Kath. trotz Bestrafung 1623 die Herrsch. B. behalten, zu der neben Schloß und Städtchen B. noch 13 Dörfer gehörten. M. 17. Jh. wurde das ehem. Kastell durch einen Umbau dem Schloß angegliedert. Nach häufig wechselnden Besitzern erwarb 1707 Jakob Hannibal III. Reichsgf. v. Hohenembs das Schloß, unter dessen Nachfolgern es M. 18. Jh. barokkisiert wurde. Ernestine v. Langet machte es 1848–68 zu einem Treffpunkt zahlr. Künstler und Literaten. 1868 fiel das Schloß, das den dt. Namen Frischberg erhielt, an Ks. Franz Josef I.; fortan residierten hier ksl. Beamte, die das Gut verwalteten. Nach 1945 diente die Anlage als Internierungslager, seit 1952 beherbergt sie ein Schulinternat. – Das hist. Zentrum der von der Landwirtschaft geprägten Gem. B. bildet ein gut erhaltenes Ensemble von Barockbauten: die

Kirche Johannes des Täufers von 1723, das 1717–19 erbaute Rathaus
sowie einige Gebäude mit Barockornamenten. – 1890: 2072, 1930:
1785 (98% Tsch.), 1950: 1351, 1991: 1602 Eww.   (VIII) *Ben/Krz*
F. Elčkner, Kronika města Bystrého, Bd. 1, Praha 1948; LV 259, Bd. 6, 61f.; Knihy
černé jinak smolné při hrdelním soudě v městě Bystrém od roku 1625. Hg. v. E. P.
Laný, Liberec 1946; LV 905, Bd. 22, 13–35.

Bistritz → Neubistritz

Bittesch → Großbittesch

Bittischka → Eichhorn Bittischka

Blanik (Blaník, Bez. Beneschau). Etwa 20 km s. → Böhm. Sternberg
erheben sich in der typisch gewellten mittelböhm. Landschaft im
Gebiet des Načeradecer Höhenzuges 2 Hügel: der 638 m hohe, sog.
Große B. und der 580 m hohe, sog. Kleine B., beide unweit des Dor-
fes → Louňowitz. Auf ersterem wurden bei archäolog. Ausgrabungen
Reste eines keltischen Burgwalls freigelegt, an den sich im MA eine in
großen Teilen aus Holz errichtete Burg anschloß. Auf dem Kleinen
B. finden sich Reste einer barocken Marienkapelle. Einen wichtigen
Platz nehmen die Hügel in der tsch. Mythologie ein, die diesen, ge-
meinsam mit dem Georgsberg (Říp → Raudnitz), als Symbol des tsch.
Volkes betrachtet. Vom Aberglauben durchdrungene Vorstellungen
über den B. und dorthin führende Wallfahrten sind seit 1404 belegt,
eine damit in Zusammenhang stehende Legende mit prophetischer
Weissagung ist jedoch erst mit Nikolaus Vlásenický (†1495), dem
Repräsentanten einer rel. Volkssekte um 1470, verbunden. Der Sage
nach schlummern im B. Ritter mit dem Landespatron, dem hl. Wenzel an der Spitze, die darauf warten, daß sich das tsch. Volk in einer
bedrohlichen Lage befinde, um ihm dann zu Hilfe zu eilen, die Heimat zu befreien und eine gerechte Ordnung herzustellen. Im 19. Jh.
erhielt die Legende einen zeitbezogenen pol. Inhalt und fand Eingang
in den Kampf um das Böhm. Staatsrecht, vor allem bei der de-
monstrativen Überführung eines Steins vom B. für die Fundamente
des Nationaltheaters nach → Prag im Mai 1868 sowie bei den Massendemonstrationen für eine Föderalisierung Österr.-Ungarns auf
dem B. in den Jahren 1868–69. Der B. inspirierte führende tsch.
Musiker wie Bedřich Smetana und Zdeněk Fibich sowie Maler wie
Julius Mařák, Mikoláš Aleš und Ludvík Kuba. Auch während der dt.
und sowjet. Besatzung sowie im Herbst 1989 spielte der mythische
Berg eine symbolisch aufrüttelnde Rolle.   (VII) *Pán*
T. Durdík, Velký a Malý Blaník očima archeologa, in: SVPP 30/2 (1990), 5–30; D.
Frič [u. a.], Podblanicko, Praha 1990; V. Macura, Blaník a národní mýtus v 19. sto-

letí, in: SVPP 30/2 (1990), 53–66; J. Pánek, Studentský spolek Blaník v letech 1868–1869, in: SSH 10 (1975), 71–83; E. Procházková, Táborové hnutí v letech 1868–1869 a Blaník, in: SVPP 30/2 (1990), 67–76; P. Radoměrský, Blaník a Louňovice pod Blaníkem. Historicko-archeologický přehled, Benešov 1966; J. Salaba, Blaník a blaničtí rytíři, Praha 1938.

Blansko Das 18 km n. von → Brünn im Zwittawa-Tal gelegene B. wurde 1131 erstm. urk. erwähnt, als hier der Olmützer Bf. Heinrich Zdik auf Olmützer Lehensgrund eine Burg erbaute. 1276/77 war B., das stets Olmützer Lehen blieb, im Besitz des Dietrich v. Stang, der am Kreuzzug Kg. Přemysl Otakars II. gegen die Preußen teilnahm. 1277 entstand nahe der Burg B. das gleichnamige Städtchen. Die 1138 erstm. erwähnte St.-Martins-Kirche wurde 1350 Pfarrkirche (1707 Neubau). 1431 wurde die Burg von den huss. Truppen Prokops des Kahlen erobert und verwüstet, erhalten blieb ein achteckiger Turm aus dem 13. Jh. 1447 errichtete Wilhelm v. Miltschin eine Feste, die seit 1531 im Besitz des Humanisten, Domherrn und späteren Bf. v. Olmütz Johannes Dubravius (1486–1553) war. Von den Huss.kriegen bis 1592 wirkten utraqu. Prediger in B., das dann kurzfristig kath. und bis zur Gegenreformation wieder utraqu. wurde. 1559 fiel es an Ambrosius v. Ottersdorf (†1559), den Bruder des Prager Historikers Sixt v. Ottersdorf (†1583), 1568 an Matthias Žalkovský v. Žalkovitz, der 1574 mit dem Umbau der Feste in ein Renaissance-Schloß begann, 1615 an Albrecht v. Schleinitz. Das während des 30jähr. Krieges beschädigte Schloß wurde unter den Gff. v. Gellhorn (seit 1694) barock umgebaut und erweitert. 1766 gelangte B. durch Kauf an Anton Salm-Reifferscheidt. Unter der Herrsch. der Fam. Salm, die vielfältige Kulturbeziehungen unterhielt und B. bis 1945 besaß, setzte eine Blüte des wirtsch. Lebens ein (Hütten, Maschinenfabriken). Das Schloß, auf dem sich u. a. der Gelehrte Josef Dobrovský, der Maler Josef Mánes und der österr. Schriftsteller Ferdinand v. Saar aufhielten, wurde nach 1853 klassiz. umgebaut, 1873 der S-Flügel im Stil der Neorenaissance mit bemerkenswerten Arkaden aus Gußeisen (1945 verstaatlicht, heute Museum und Bibliothek). Nach 1893 kam es zum wirtsch. Niedergang; ein neuer Aufschwung setzte erst ein, nachdem das Unternehmen an die Breitfeldt-Daněk-AG, seit 1927 ČKD-Turbinen, übergegangen war. Nach 1945 kamen die Produktion von Meßgeräten, Chemie- und Bauindustrie hinzu. Die wachsende Industrieproduktion in B., das 1905 zur Stadt erhoben worden war, spiegelte sich in der demographischen Entw. der mehrheitlich tsch. Bev. wieder. 1936 wurde aus der Karpato-Ukraine das hölzerne Kirchlein St. Parasquita mit einem Ikonostas aus dem 18. Jh. nach B. übertragen. – 1880: 2528 Tsch. und 200 Dt.; 1930: 4884 Tsch. und 46 Dt., 1950: 5491, 1991: 21 361 Eww.   (VIII) *Teu*

J. Čech, Dějiny města Blanska, Brno 1905; LV 253, Bd. 5, 153ff.; V. Grolich, Blanenská umělecká litina, Blansko 1978; LV 255, 312; LV 259, Bd. 1, 34ff.; LV 290, Bd. II/4, 40–50; M. Kreps, Dějiny blanenských železáren, Bd. 1, Brno 1987; J. Pilnáček, 250 let blanenských železáren, Blansko 1948; ders., Paměti města Blanska a okolních hradů, Brno 1927; K. Polák, ČKD Blansko 1698–1973, Blansko 1973; LV 898, Bd. 1, 62–65; J. Wankl, Bilder aus der mährischen Schweiz, Wien 1882; LV 791, Bd. II/4, 320–324.

Blatna (Blatná, Bez. Strakonitz). 1235 wird erstm. die damals im Besitz des Adeligen Visemirus befindliche, inmitten der Lomnitz gelegene Burg B. erwähnt. Das heute zu den eindrucksvollsten Wasserburgen Böhmens zählende, vornehmlich E. 14. Jh. errichtete Bauwerk, in dem man 1926 die Fundamente einer rom. Kapelle ausgrub, wurde 1520–30 von Benedikt Ried umfassend umgebaut und E. 16. Jh. durch einen Renaissance-Palast erweitert. Im 19. Jh. erfolgten eine »Regotisierung« der Gebäude durch Bernhard Grueber und die Anlage eines engl. Parks. Die im Turm um 1480 gefertigten Fresken mit Ansichten von B. und → Rožmital gelten als erste böhm. Landschaftsdarstellung. E. 13. Jh. befand sich B. im Besitz der Herren v. Strakonitz, die 1290/1300 in der Siedl. neben der Burg an Stelle eines rom. Vorgängerbaus die 1414–44 spätgot. umgestaltete Kirche Mariä Himmelfahrt errichten ließen. E. 14. Jh. waren die Herren v. Rožmital im Besitz von B., denen 1541 die Herren v. Sternberg, 1579 die Herren v. Rozdražov, 1691 die Herren Krakovský v. Kolovrat, 1695 die Gff. Serényi und 1798 die Herren v. Ottenhausen folgten. Der am Kreuzungspunkt der Handelsstraßen von → Pisek nach → Pilsen und von → Strakonitz nach → Prag liegende Ort wurde 1601 zur Stadt erhoben, zu deren Haupterwerbszweig die Fischzucht gehörte. A. 20. Jh. ließ Jaroslav Böhm in B., das 1930 3083 überwiegend tsch. Eww. besaß, zahlr. Rosenhaine anlegen. Der Export von Rosen macht die 7408 Eww. (1991) zählende Stadt bis heute weltbekannt. In B. wirkte 1809–18 Jan Evangelista Purkyně als Erzieher, der später durch seine Entdeckungen auf dem Gebiet der physiologischen Optik berühmt wurde. (VI) *Hol*

Blatná. Státní hrad, město a památky v okolí. Hg. v. D. Menclová, Praha [2]1964; G. Hofmann, Blatenský velkostatek v polovině 19. stol., in: SAP 8,2 (1958), 98–130; LV 259, Bd. 5, 21–24; LV 871, 104f.; P. Málek/J. Janáček, Blatná a Jan Evangelista Purkyně, Blatná 1987; Město Blatna. Obraz prehistorický, historický, kulturní, sociální a národohospodářský. Hg. v. M. Vrána, Blatná 1926; LV 952, Bd. 1, 83; Sborník k 750. výročí Blatné, Blatná 1985; J. Sekal, Státní zámek Blatná, Praha 1978; LV 289, 465–473; LV 906, Bd. 1, 83–87; M. Vrána, Z paměti města Blatné, Blatná 1935.

Blauda (Bludov, Bez. Mährisch Schönberg). Erstm. erwähnt wurde das 4 km sw. von → Mähr. Schönberg liegende B. 1201, prähist. Funde weisen jedoch auf eine alte Besiedl. hin. In B. befinden sich ober halb der Stadt Grundmauerreste einer 1468 vernichteten Burg. Diese war im 15. Jh. in die Hände der Herren Tunkl v. Brünnles gelangt. Seit 1496 im Besitz der Herren v. Žerotín, ging B. nach der Konfiszierung 1622 an Karl v. Liechtenstein und 1624 an Gf. Christoph Paul Liechtenstein-Kastelkorn über, der B. nebst der Herrsch. → Pernstein bis 1709 zum Majorat des Hauses machte. In der Ortsmitte steht das schlichte Spätrenaissance-Schloß mit angrenzendem Park, das 1624 um einen S- und W-Flügel erweitert und A. 18. Jh. barockisiert wurde. 1710 kauften die Herren v. Žerotín das Schloß zurück. Es blieb deren einziger Besitz bis 1945. Hinter der urspr. got., nach 1830 umgebauten Kirche St. Georg mit Dreifaltigkeitskapelle befindet sich die Žerotín-Gruft mit den 1842 aus → Groß-Ullersdorf überführten sterblichen Überresten des führenden mähr. Ständepolitikers Karls d. Ä. v. Žerotín (1564–1636). Auf den Feldern der Herrsch. befand sich eine bereits im 17. Jh. genutzte schwefelhaltige Warmquelle, die aber erst 1929 wiederentdeckt und zu einem in der Nachkriegszeit bestehenden Kurbad ausgebaut wurde. In der 2. H. 19. Jh. siedelte sich im agrarisch bestimmten B. Kleinindustrie an, wirtsch. blieb B. jedoch immer in der Einflußzone von Mähr. Schönberg. Hier wurde der Maler und Illustrator Adolf Kašpar (1877–1934) geb., an den ein Denkmal im Ort erinnert. – 1880: 2236 Eww.; 1930: 2823 tsch. und 39 dt. Eww., 1991: 3131 Eww.   (IV) *Lb*

Bludov dříve a nyní. Sborník. Hg. v. F. Spurný, Bludov 1979; J. Březina, Paměti obce Bludova, Bludov 1927; LV 254, Bd. II/2, 238ff.; Zd. Gardavský, Nad zbytky bludovského hradu, in: SMor 9 (1963), 54–61; LV 253, Bd. 4, 51ff.; LV 950, Bd. 1, 79; LV 259, Bd. 2, 25f.; Zd. Kříž, Zámecké parky okresu Šumperk, Šumperk 1971, 5–9; LV 266, 199ff

Bleistadt (Oloví, Bez. Falkenau). Das im waldreichen Zwodautal gelegene B. wurde 1523 von Gf. Stefan Schlick als Bergort in seiner Herrsch. Hartenberg gegr.; 1545 kamen die Bergwerke, 1547 auch der Schlicksche Besitz Hartenberg mit B. unter kgl. Verw. Am 16.1. 1558 erhob Kg. Ferdinand I. B. zur kgl. freien Bergstadt. Der im Vergleich zu Edelmetallen nicht sehr lohnende Bleibergbau und häufige Auseinandersetzungen mit den Besitzern von Hartenberg um Holzlieferungen und Weidegründe waren für die langsame Entw. der Stadt verantwortlich. 1595 zählte der Ort erst 70 Feuerstätten. Nach dem 30jähr. Krieg mit Einquartierungen und Kontributionen bestand die Gem. noch aus 60 Häusern. Die Schles. Kriege brachten weitere Belastungen. Der Bleibergbau wurde 1865 eingestellt. Die ungünstige Verkehrslage der Stadt verbesserte sich 1876 durch den Bau der Eisenbahn von → Falkenau an der Eger nach → Graslitz entscheidend. Neue Existenzgrundlage für B. wurden Stickwarenerzeugung und Tafelglasindustrie. Die 1892 als eine der größten Glasfabriken in

Europa errichtete »Erste Böhm. Glasindustrie AG« wurde nach 1945
unter dem Namen »Dukla« weitergeführt. Als Teil der »Westböhm.
Glasfabriken« mit Sitz in Falkenau an der Eger wurde sie eines der
Zentren der tsch. Flachglasproduktion. – 1880: 1090 (Dt.), 1910:
1874, 1939: 1723, 1947: 1025 (überwiegend dt. Facharbeiter), 1980
nach Eingemeindungen 2146 Eww.   (I) *Rog*

L. Eissner, Bleistadt, einst kgl. freie Bergstadt 1523–1973, Schwandorf 1973; G.
Fischer, Das Evangelium in Eger und im Egerlande, Leipzig 1915, 267–271; P. Jančárek, Města českého Krušnohoří v předbělohorské době, Ústí nad Labem 1971,
43f.; V. Němec, Památná místa sokolovského okresu, Sokolov 1979, 38f.; LV 507,
213f.; A. Salz, Geschichte der böhmischen Industrie in der Neuzeit, Mün-
chen/Leipzig 1913, 164, 199, 207; LV 275, Bd. 2, 173f.; H. Theisinger, Aus dem
Egerland – Falkenau. Stadt und Land, Buchloe 1983, 411–415; LV 906, Bd. 2, 529.

Blowitz (Blovice, Bez. Pilsen-Süd). Um 1284 gehörte das im Tal der
Úslava gelegene Marktdorf B. dem Zisterzienserkl. → Nepomuk.
Vor 1383 erhielt B. den Status eines Städtchens, das sich in der
Huss.zeit im Pfandbesitz weltl. Herren der Herrsch. Grünberg befand. In der Rechtsprechung orientierte sich B. an der Prager Altstadt,
Appellationsort war Nepomuk. 1465 und 1509 gewannen die Herren
v. Sternberg für B. zahlr. Privilegien, 1558 gelangt der Ort in erbl.
Besitz dieses Adelsgeschlechts. 1587 erteilte Christoph d. Ä. v. Ruppau der Gem. Freiheiten, bald darauf wurde B. der Herrsch. Hradischt dauerhaft inkorporiert. Zu den Besitzern zählten u. a. die Herren Svárovský, Jeníšek v. Aujezd und Krakovský v. Kolovrat. Im
18. Jh. erhielt B. Stadtrecht, 1768 folgte ein Privileg zur Durchführung von 4 Jahrmärkten und 1 Wochenmarkt. Seit 1850 beherbergte
die Stadt das Bez.-Gericht, sie behielt jedoch ihren landwirtsch. Charakter bei. Im N der Gem. steht die einschiffige barocke Johanneskirche, die erstm. 1374 erwähnt wurde und 1760–67 ihr heutiges
Aussehen erhielt. – 1843: 1292, 1890: 1765, 1930: 2387 (davon 18
Dt.), 1991: 2872 Eww. – Auf einer Anhöhe 1 km s. der Gem. erhebt
sich das eingeschossige Schloß Hradischt, das 1704 bzw. 1775 auf
dem Areal des einstigen Kastells entstand. 1873 baute Eduard Pálffy v.
Erdöd dieses im Stil der engl. Gotik nach älteren Vorlagen von Johann
Philipp Jöndl um.   (VI) *Pe*

Blovice 1284–1984, 700 let města, Blovice 1984; F. Faktor, Popis okresu blovic-
kého, Praha 1887, 14f.; LV 259, Bd. 4, 98f.; LV 507², 61ff.; LV 701, 26ff.; F. Raušar,
Blovice a zámek Hradiště, Plzeň 1927; ders., Kulturní vývoj Blovicka, Plzeň 1933;
ders., Vývoj hospodářský a sociální v okrese blovickém, in: PP 2 (1930), 57–72.

Bochtitz (Bohutice, Bez. Znaim). Das in einem kleinen Tal gelegene
Dorf, das nachweislich 1253 der Wyschehrader Propstei gehör-

te, wurde 1321 an Heinrich v. Leipa verkauft. Der folgende Eigentümer, Mikeš Kyj v. Kyjov, veräußerte B. 1346 an den Dt. Orden, der 1359 das Dorf den Nonnen von → Dalleschitz gegen Entgelt überließ. Erst 1491 wird von neuen Eigentümern, den Kusý v. Mukoděl, berichtet, die bis zur Niederschlagung des Ständeaufstands 1618–20 in B. herrschten. Ks. Ferdinand II. schenkte 1627 die enteignete Herrsch. dem Znaimer Jesuitenkolleg. Der 30jähr. Krieg nahm B. arg in Mitleidenschaft. 1773 fiel das Gut als ehem. Eigentum der Jesuiten an die Studien- und Religionsfonds, der es wieder veräußerte. Neuer Eigentümer wurde schließlich die Fam. Seydl, deren Familiengruft sich auf dem örtl. Friedhof befindet. Die A. 19. Jh. gegr. 2 Betriebe, Bierbrauerei und Wollstoffabrik, gingen bald ein, 1840–50 wurde auch Braunkohle gefördert. Das Renaissance-Schloß vom A. 17. Jh. ist von den Jesuiten umgebaut worden; die Pfarrkirche wurde 1867 errichtet. – 1850: 488, 1921: 778 (davon 13 Dt.), 1980: 701 Eww.

(VIII) *Kle*

LV 290, Bd. II/34, 132–141; M. Vaňáček, Bohutice. Dějiny a přítomnost jihomoravské obce, Brno 1967; LV 791, Bd. I/5, 181–184, II/4, 312f.

Bodenstadt (Potštát, Bez. Prerau). B., auf der Hochfläche des s. Odergebirges gelegen, ist eine der für das mähr. Gesenke typischen städt. Zwergsiedl., die dt. Kolonisten im Zusammenhang mit dem Bergbau gründeten; es ist allerdings selbst keine »Bergstadt«. Der Name ist erstm. 1322 belegt. 1394 verlieh Mkgf. Prokop dem Ort Stadtrecht. 1408 erwarb die Fam. v. Prusinowitz B. und führte fortan den Beinamen Podstatský. 1663 gelangte die Herrsch. an die Frhh. Walderode v. Eckhausen, 1797 an die Gff. Desfours, die hier bis 1945 ansässig waren. – Das bis gegen E. 19. Jh. ausschl. von Dt. bewohnte, urspr. wohlhabende Städtchen verarmte nach dem 30jähr. Krieg. 1946 wurden die dt. Eww. ausgesiedelt, heute wohnen hier Walachen und Slowaken. – Außer dem Schloß, einem Renaissancebau mit klassiz. Veränderungen (1850) am unteren Rand des ehem. von Laubenhäusern umrahmten rechteckigen Stadtplatzes und einem Uhrturm aus dem 16. Jh. haben die barockisierte got. Pfarrkirche St. Bartholomäus und die Friedhofskirche Mariä Himmelfahrt (1658) mehrere schwere Stadtbrände überdauert. – 1880: 1454, 1930: 1227 (davon 1141 Dt. und 71 Tsch.), 1980: 854 Eww.

(V) *Do*

LV 253, Bd. 6, 159f.; LV 290, Bd. II/20, 254–263; LV 463, Reg.; Bodenstadt und das Bodenstädter Ländchen. Heimatbuch. Hg. v. H. Jordan, Fulda o. J.; A. Cammann, Bodenstadt in Mähren. Soziale Strukturen einer kleinen Residenz, in: JOV 22 (1979), 43–69; F. Gajdica, Potštát, Potštát 1965; LV 950, Bd. 2, 293; LV 294, Bd. 1, 90–94.

Böhmisch Aicha (Český Dub, Bez. Reichenberg). Die erste schriftl. Nachricht über das 13 km s. von → Reichenberg am Jeschkenbach gelegene B. A. stammt von 1115, als Hzg. Vladislav I. das dortige Gebiet dem Kl. → Kladrau überließ. 1237 kam es an die Markwartinger. Diese stifteten M. 13. Jh. einen Teil ihres Besitzes dem Johanniterorden, der in der Nähe des Dorfes Dub, dem heutigen Altaicha, eine befestigte Kommende einrichtete. Die sich hier bildende größere Siedl. wurde anfangs im Bezug auf das nahe Dorf Swětla »Neu Swětla« genannt, bis sich im 14. Jh. der Name Dub bzw. davon das abgeleitete dt. Aicha (Eiche) durchsetzte, während erst 1769 der Name Český Dub auftaucht. 1291 wird die Kl.kirche zum Hl. Geist erwähnt, deren got. Bau man um 1530 und 1647–94 im Stil der Renaissance bzw. des Frühbarock veränderte. Die bereits während der Huss.kriege in Mitleidenschaft gezogene Stadt wurde 1468 im Krieg Kg. Georgs v. Podiebrad gegen die Lausitzer zerstört. A. 16. Jh. kam B. A. an die Herren v. Wartenberg, die den Bürgern zur Förderung ihres von der Textilherstellung dominierten wirtsch. Lebens 1512 ein Marktprivileg erteilten. Kg. Ferdinand I. zog 1547 B. A. wegen der Teilnahme der Wartenberg am Ständeaufstand ein und verkaufte es 1556 an die Oppersdorf. Diese ließen das 1907 umgebaute Renaissance-Rathaus errichten und die Kommende 1564 in ein Renaissance-Schloß umwandeln, das 1775 während eines milit. niedergeschlagenen Bauernaufstandes geplündert und 1858 durch Brand beschädigt wurde. Seit 1591 waren die Herren v. Smiřický v. Smiřitz die Besitzer, die B. A. nach der Schlacht am Weißen Berg verloren. Die Stadt wurde 1623 von Albrecht v. Wallenstein erworben und 1634 vom Ks. dem Gf. Johann Ludwig Isolani geschenkt, dessen Tochter es 1653 dem Jakobskl. in Wien vermachte. 1838 erwarben schließlich die Fstt. Rohan die Stadt, deren Bev. sich von A. an aus Dt. und Tsch. zusammensetzte, wobei letztere seit dem 30.jähr. Krieg bis nach 1918 allmählich zunahmen. Heute zählen die tradit. Textilproduktion und die Holzverarbeitung zu den Gewerbezweigen der Stadt. – 1890: 1707 Dt. und 945 Tsch.; 1920: 3429 (davon 1032 Tsch.), 1930: 2361 Tsch. und 778 Dt., 1991: 2904 Eww.   (III) *Hol*

R. Anděl/S. Technik, Český Dub 1291–1991, Ústí n. L. 1991; LV 259, Bd. 3, 81f.; LV 952, Bd. 1, 428; Reichenberg. Stadt und Land im Neißetal. Ein Heimatbuch. Bearb. v. R. Gränzer, Augsburg 1974, 423–433; K. Schiller, Böhmisch Aicha, Böhmisch Aicha 1898; J. Tvrzníková, Průmyslová výroba na Českodubsku do r. 1918, Liberec 1964–65; LV 906, Bd. 1, 212.

Böhmisch Brod (Český Brod, Bez. Kolin). Das 26 km w. von → Kolin gelegene B. B. entstand als Dorf am Übergang über das Flüßchen Šembera. Die Reste der rom. Kirche St. Gotthard und bes. deren Patrozinium belegen, daß dieser Bau und mit ihm verm. auch der hiesige bfl. Hof sowie die Marktsiedl. B. B. auf die Zeit des St.-Gotthard-Kultes um 1135 zurückgehen. Verm. 1287 wurde B. B. durch den Prager Bf. Tobias v. Bechin (1278–96) zum Städtchen erhoben, 1289 jedoch durch Verbündete des Zawisch v. Falkenstein in Brand gesetzt. 1315 wird »Bohemicalis Brod« als tsch. Stadtgründung ausgewiesen und von → Deutschbrod unterschieden. Als Verw.-Zentrum der ö. von → Prag gelegenen bfl. Güter erhielt die nach 1289 erneuerte und neubesiedelte Stadt großzügige Rechte und ein steinernes Kastell. Unter Ebf. Ernst v. Pardubitz (1344–64) kam es zu einem weiteren Ausbau der Befestigungsanlagen. Seit 1360 besaß B. B. den Status einer bfl. Untertanenstadt. Die Tismitzer und die Prager Vorstadt umgaben den eigentlichen Stadtkern. 1418 verpfändete Ebf. Konrad v. Vechta die Stadt aus Geldmangel an Johannes Sekretarius aus → Schwarzkosteletz, der jedoch am 1.11.1420 in der Schlacht am Wyschehrad fiel. Am 27.4.1421 nahmen die Taboriten B. B. innerhalb weniger Stunden ein. Bei Lipan, etwa 12 km sö. von B. B., erlitten am 30.5.1434 die Feldheere der Taboriten und Waisen unter Prokop dem Kahlen gegen ein Aufgebot der gemäßigten Huss. und Kath. eine vernichtende Niederlage, wodurch der Weg für die Annahme Sigismunds als böhm. Kg. geebnet war. Ein 1881 auf dem Schlachthügel bei Lipan errichtetes, schlichtes Denkmal erinnert daran. – Am 4.2.1437 erhob Ks. Sigismund die »civitas Boemicalis Brode« zur kgl. Stadt. 1547 wurde sie für ihre Beteiligung am Ständeaufstand mit der vorübergehenden Beschlagnahme des Landbesitzes bestraft. Die nach der Niederschlagung des Ständeaufstandes 1618–20 erfolgten Konfiskationen, eine Feuersbrunst 1628 sowie die schwed. Besatzung im 30jähr. Krieg, welche die Stadtbefestigung fast völlig zerstörte, ließen B. B. wirtsch. verarmen. 1739 verwüstete ein Großbrand weite Teile der Stadt, nur der E. 16. Jh. erbaute Renaissance-Glockenturm, Reste der Stadtbefestigung sowie das Rathaus von 1547 blieben erhalten. 1745 ließ Ksn. Maria Theresia ein Kapuzinerkl. gründen, die Stadt mußte hierfür die Kirche St. Maria Magdalena zur Verfügung stellen. 1786 löste Ks. Joseph II. das Kl. auf. Die Industrialisierung des 19. Jh. brachte, etwa mit dem Eisenbahnanschluß und der Errichtung einer Zuckerfabrik, nur einen bescheidenen wirtsch. Aufschwung. Heute ist B. B. Sitz mehrerer landwirtsch. Fachschulen. – 1880: 3841 (davon 35 Dt.), 1910: 5568, 1950: 6884, 1991: 7031 Eww. (III) *Krz*

K. Bednařík, Příspěvek k dějinám rybníků na Českobrodsku, in: VSČ 1 (1957), 51–65; M. Dvořák, Městská správa v Českém Brodě a její písemnosti do roku 1623, in: SAP 32 (1982), 170–224; ders., Odbytové problemy městské ekonomiky v 16. století. Český Brod a kutnohorská hornická oblast, in: HD 4 (1979), 205–248; ders., Přehled dějin města Českého Brodu. Padesát let gymnazia v Českém Brodu, Praha 1969; ders./L. Dvořák, Historická topografie města Českého Brodu, in PMK 4

(1987), 27–55, 5 (1989), 17–37; LV 259, Bd. 6, 79f.; J. Petrtyl, Poštovní spoje na Českobrodsku v 1. polovině 19. století, in: VSČ 2 (1959), 87–98.

Böhmisch Budweis (České Budějovice). Die Anstrengungen Kg. Přemysl Otakars II., die auf eine Eindämmung des Expansionsdrangs der südböhm. Witigonen und – angesichts der dynast. Interessen in den österr. Ländern – auf eine Festigung der kgl. Autorität im S seines Kgr. zielten, führten nach 1250 zur Gründung einer kgl. Stadt in S-Böhmen. Hierfür wurde ein milit. und wirtsch. vorteilhafter Ort am Zusammenfluß der Maltsch und der Moldau auserkoren, wenngleich dieses Terrain nicht zum Königsgut gehörte. Der ausreichend vorhandene Platz ermöglichte es, das gesamte städt. Areal auf einmal auszumessen. Dieses gliederte sich in ein regelmäßiges Netz von breiten Gassen mit einem großen, quadrat. Markt in der Mitte, wobei zugleich der Platz der späteren Kirche und des Dominikanerkl. festgelegt wurden. 1265 wird gemeinhin als Jahr der Stadtgründung angesehen; die neue Stadt nannte sich dabei in Anlehnung an die ältere Vorgängersiedl. B. Nach dem eigentlichen Gründungsakt begann der Aufbau der Stadtmauern. Den Zugang zur Stadt schützte von S und W das Flußbett von Maltsch und Moldau, im O und N der künstlich angelegte Mühlgraben. In der 2. H. 14. Jh. wurde der innere Mauerring durch viereckige Türme und Bastionen verstärkt. Erhalten blieben vom E. 14. Jh. der Wehrturm »Eiserne Jungfrau«, dessen heutiges Aussehen auf das Jahr 1612 zurückgeht, sowie der Rabensteiner Turm, der Gotik- und Renaissancemerkmale aufweist, mit Resten eines Wehrgangs. – In der urspr. Siedl. war bereits A. 13. Jh. die Pfarrkirche St. Johannes und St. Prokop erbaut worden, deren Bedeutung jedoch nach der Gründung der kgl. Stadt sank. Ihre heutige spätgot. Gestalt geht auf die Zeit um 1461 und Umbauten im 16. Jh. zurück. Gleichzeitig mit der Stadt wurde das Dominikanerkl. mit der Kirche Mariä Opferung gegr. Um 1300 wurden Presbyterium und O-Mauer des Querschiffs vollendet, im 1. Viertel 14. Jh. das n. Seitenschiff, 1340–70 Kreuzgang und Konvent, 1360–70 Mittel- und Querschiff. In die Zeit der Stadtgründung reichen auch die Anfänge der dreischiffigen St.-Nikolaus-Kirche, die im 17. Jh. ihr heutiges Aussehen erhielt.

Die Nachfolger Kg. Přemysl Otakars II. richteten ihr Augenmerk auf die innere Konsolidierung und wirtsch. Prosperität von B. An der Spitze der Stadtverw. stand ein vom Kg. eingesetzter Erbrichter aus dem Geschlecht der Herren v. Klaritz. Während eines Aufenthaltes in B. erweiterte Kg. Karl IV. 1351 die städt. Privilegien. U. a. wurden die zw. dem österr. Freistadt und Böhmen Handel treibenden Kaufleute verpflichtet, über B. zu ziehen und hier ihre Waren zum Kauf anzubieten. Der Stadt mit etwa 3000 Eww. gehörten um 1400 auch

12 Dörfer. Nach Ausbruch der huss. Revolution verblieb das überwiegend dt. Patriziat auf der Seite Kg. Sigismunds, der B. 1420 an
Hzg. Albrecht V. v. Österr. verpfändete. Die gut befestigte Stadt
blieb vor Militäraktionen der Huss. verschont. Um 1450 nahm der
Einfluß des tsch. Bev.teils innerhalb der kommunalen Selbstverw. zu,
was sich auch in der Benennung der Stadt als »Böhm. B.« widerspiegelte. 1453 übertrug Kg. Ladislaus Postumus B. B. trotz Bürgerpro-
testen auf Lebenszeit an Heinrich IV. v. Rosenberg. Die angespannte
Lage beendete 1457 Heinrichs plötzlicher Tod. Der erste tsch. Bürgermeister in B. B., Andreas Puklitz v. Vztuhy, verweigerte – obgleich selber Kath. – A. 1467 seine Zustimmung, in der Stadt die
gegen Kg. Georg v. Podiebrad gerichtete Papstbulle zu veröffentli-
chen. Hiergegen wiederum formierte sich ein Großteil der dt. Bürger. In der Revolte wurde Puklitz v. Vztuhy ermordet, die Stadtverw.
ging wieder in dt. Hände über. Unter diesem Einfluß trat B. B. in das
Lager der Grünberger Union ein, erkannte Matthias Corvinus als Kg.
an und akzeptierte dessen milit. Besatzung der Stadt. Dieser Zustand
hielt bis 1479 an, als B. B. Kg. Wladislaw II. Gehorsam gelobte.
Im Verlauf der 1. H. 16. Jh. lebten etwa 4350 Eww. in der Stadt.
1514 zählte man 253 Handwerker, die insgesamt 43 Handwerks- und
Gewerbeberufe ausübten und in 14 Zünften organisiert waren. Die
größte Bedeutung kam dabei den Zünften der Fleischer, Mälzer und
Tuchmacher zu. Die wirtsch. und pol. Entw. der Stadt wurde durch
die Loyalität der Bürger gegenüber den Habs. während des Ständeaufstands 1547 gefördert. Die Kaufleute beteiligten sich am Handel
steierischer Eisenwaren aus dem oberösterr. Marktzentrum Freistadt.
Nach Oberösterr. führte B. B. Fett, Fische, Bier, Malz, Honig, Käse
und Pech aus und stieg mehr und mehr zu einem Umschlagplatz für
die zunehmende Einfuhr von Salz aus dem Salzkammergut auf, in
Konkurrenz zu → Prachatitz. 1531 wurde im NW der Stadt ein spätgot. Lagerhaus für Salz errichtet. Nach der Schiffbarmachung der
Moldau liefen 1552 die ersten Schiffe mit Salzfässern von B. B. aus.
Die Bergleutesiedl. auf einer Anhöhe ö. der Stadt erhielt 1585 als
Bergstadt von Ks. Rudolf II. den Namen Rudolfstadt und den Status
einer selbst. Gem., die Ks. Ferdinand II. 1619 B. B. zum Geschenk
machte. Die dortigen Silbervorräte erwiesen sich als derart reichhal-
tig, daß 1569 in B. B. eine neue kgl. Münze gegr. wurde (bis 1611). E.
Januar 1611 wurde die Stadt durch das Heer des Passauer Bf. Ehzg.
Leopolds, das die unsichere Herrsch. Ks. Rudolfs II. in Böhmen festigen sollte, eingenommen. Im böhm. Ständeaufstand hielt sie den
Habs. die Treue. Nach der Niederlage bei Lomnitz an der Lužnitz
eilte im November 1618 der ksl. General Karl Bonaventura Buquoy
in die Stadt. Hier umzingelte ihn ein Ständeheer, das bei Rudolfstadt

sein Lager aufgeschlagen hatte. Die Belagerung endete erst im Sommer 1619. Während des 30jähr. Krieges sah man die Stadt als derart gut befestigt an, daß seit 1630 die obersten Landesbeamten, die Prag vor den eingefallenen Sachsen verlassen hatten, hier Zuflucht suchten. Während dieser Zeit diente B. B. zweimal als Aufbewahrungsort der Krönungskleinodien, der Landtafeln sowie der Urk. des Kronarchivs. Eine verheerende Feuersbrunst vernichtete 1641 einen Großteil der Häuser. Von dieser Katastrophe vermochte sich die Stadt erst um 1700 zu erholen, als die Einfuhr österr. Salzes erneut zunahm.

Als Zeugnisse der spätgot. und Renaissancearchitektur präsentieren sich zahlr. Bürgerhäuser. Einige erhielten bei späteren Umbauten eine barocke oder klassiz. Fassade. 1554 erfuhren die 1337 erstm. erwähnten Fleischbänke eine völlige Umgestaltung im Renaissancestil. Das im Basilikatyp veränderte Gebäude mit seinen 14 Verkaufsnischen diente bis 1899 seiner Bestimmung. Auf Veranlassung des Rates wurde 1550–77 ein Turm errichtet, der neben Repräsentationszwecken zugleich als Wach- und Glockenturm dienen sollte (19. Jh.: »Schwarzer Turm«). Auf Wunsch der Kgn. Anna, die 1614 gemeinsam mit ihrem Gemahl Kg. Matthias am Landtag in B. B. teilnahm, wurde 1615–21 das Kapuzinerkl. mit der Annenkirche im frühbarocken Stil erbaut. 1518–35 erlebte die St.-Nikolaus-Kirche einen spätgot. Umbau, während des Stadtbrandes 1641 brannte sie jedoch vollkommen aus. Ihre heutige Gestalt geht auf den Umbau der ital. Baumeister Giovanni Ciprian und Francesco Canevalle 1641–49 zurück. Der architektonisch schlichte Barockbau verdeutlicht die wirtsch. Schwierigkeiten nach dem 30jähr. Krieg. Die Inneneinrichtung von St. Nikolaus wurde erst nach der Gründung des Btm. B. B. und der Erhebung der Kirche zur Kathedrale erneuert. Der neuerliche wirtsch. Aufschwung A. 18. Jh. schlug sich auch in der wiederaufgenommenen Bautätigkeit nieder. Mitten auf dem Markt wurde 1721–26 zur Wasserversorgung der Stadt ein Brunnen mit der Figur des Samson, der den Löwen bezwingt, 4 Atlanten und 4 Maskaronen geschaffen. 1727–20 erfolgte die Umgestaltung des Renaissance-Rathauses nach Plänen des Baumeisters Anton Erhard Martinelli. Auf kirchliche Veranlassung wurde hinter dem Priesterseminar bei St. Nikolaus 1727–31 an der Stelle der 1727 abgetragenen got. Friedhofskapelle St. Johannes die eigenständige barocke Todesangst-Christi-Kapelle erbaut. Die Wallfahrtskirche der Schmerzensreichen Muttergottes im nahegelegenen Gutwasser erbaute 1733–35 Kilian Ignaz Dientzenhofer.

In den österr. Erbfolgekriegen wurde B. B. 1741 vorübergehend durch ein Heer des bayer. Kfst. Karl Albrecht besetzt; 1744 belagerten die Preußen die Stadt und zwangen sie nach kurzem Bombardement

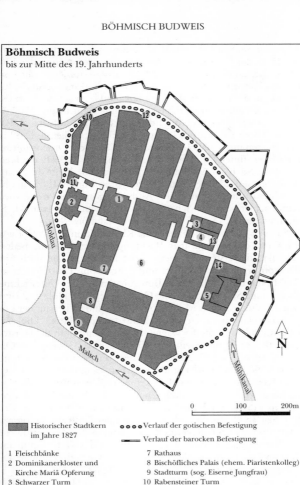

Böhmisch Budweis
bis zur Mitte des 19. Jahrhunderts

0   100   200m

▨ Historischer Stadtkern   ●●●● Verlauf der gotischen Befestigung
im Jahre 1827
━━━ Verlauf der barocken Befestigung

1 Fleischbänke
2 Dominikanerkloster und
Kirche Mariä Opferung
3 Schwarzer Turm
4 Dom St. Nikolaus
5 Kapuzinerkloster und
St.-Annen-Kirche
6 Samsonbrunnen

7 Rathaus
8 Bischöfliches Palais (ehem. Piaristenkolleg)
9 Stadtturm (sog. Eiserne Jungfrau)
10 Rabensteiner Turm
11 Salzhaus
12 Prager Tor (im 19. Jh. abgetragen)
13 Todesangst-Christi-Kapelle
14 Domherren-Häuser

zur Kapitulation. Seit 1751 war B. B. Zentrum des neueingerichteten Kreises B. In der Stadt ließ sich der Piaristenorden nieder, der 1762 ein lat. Gymnasium gründete. 1784/85 erfolgte im Zuge der Josephinischen Reformen die Auflösung des Dominikaner- und des Kapuzinerkl.; in das Gebäude des Dominikanerkl. zogen die Piaristen, die hier ihr Gymnasium einrichteten, nachdem ihr urspr., 1763–67 erbauter Sitz seit 1786, nach der Erhebung zum Bischofssitz, als Residenz des ersten Bf., Johann Prokop Schaffgotsch, diente. Die Piaristen behielten ihre neue Heimstätte bis 1873, als die Ordensführung sie zurückrief. Ihnen folgten als neue Hausherren bis 1949 die Redemptoristen. Nach der Auflösung des Kapuzinerkl. diente die Anlage zeitweilig als Getreidelager. Am bfl. Ordinariat wurden 1803 ein Philosophisches Institut mit zweijähr. Ausbildung und ein Priesterseminar eingerichtet, das Bf. Schaffgotsch im ehem. Kapuzinerkl. St. Anna unterbrachte. Das Priesterseminar bestand bis 1948.

Um 1800 war B. B. noch immer eine Kleinstadt, in der 5815 Eww. lebten. Einen großen Schritt in Richtung Industrialisierung bedeutete der Bau der ersten Pferdeeisenbahn in Europa, die nach Entwürfen von Franz Josef Gerstner und dessen Sohn Franz Anton seit 1832 B. B. mit Linz verband. Im Binnenhafen ließ der Unternehmer Adalbert Lanna Schiffe bauen, die Gmundener Salz, Holz und landwirtsch. Produkte auf der Moldau bis → Prag und weiter auf der Elbe über → Tetschen bis nach Deutschland transportierten. Die erste Fabrik entstand 1847, als die Wiener Fa. Karl Hardmuth die Herstellung von Bleistiften und Steingutgeschirr nach B. B. verlagerte. Obwohl es zu einer Radikalisierung unter der vom patriotischen Priester Antonín Krejčí angeführten Studentenschaft kam, fanden die Ereignisse der Revolution von 1848 hier keinen größeren Widerhall. Vorübergehend wurde eine Nationalgarde aufgestellt, der Verein »Slovanská Lípa« (Slaw. Linde) gegr., und es erschienen dt.sprachige Zeitungen. Seit 1849 war die südböhm. Stadt das Zentrum des reorganisierten und wesentlich vergrößerten Kreises B.; sie wurde Sitz versch. Verw.-Institutionen: des Kreisgerichts, der Kreishauptmannschaft, von Finanzämtern, der Handels- und Gewerbekammer. Die Gründung von Industriebetrieben, der zunehmende Verkehr und die Urbanisierung, bei der durch die Aufstockung der Häuser der bislang vorherrschende zweigeschossige Charakter der Gebäude verlorenging, erzwangen M. 19. Jh. den Abriß der Stadtmauern. Schließlich mußten auch die Stadttore weichen: 1844 das Rosenauer-, 1845 das Schweinitzer-, 1867 das Prager- und 1872 das Fischer-Tor. Auf dem Gelände der alten Stadtmauer und der vorgelagerten Befestigungen wurden 1876 städt. Gärten angelegt, die den hist. Stadtkern von den sich rasch ausdehnenden Vorstädten trennten. 1850 lebten hier be-

reits 11 444 Eww. Von der Vereins- und kulturellen Tätigkeit der
tsch. und dt. Bev. sowie von deren Unternehmergeist zeugen zahlr.
gesellschaftlich bedeutende Gebäude: das 1871/72 nach Plänen von
Ignaz Ullmann errichtete ehem. Dt. Haus am Maltschufer, das nach
1880 durch Umbau und Erweiterung urspr. im Empirestil erbaute
Theater, das im Stil der Neorenaissance nach einem Entwurf von
Viktor Schwerdtner 1898–1901 geschaffene Städt. Museum sowie
das aus den Jahren 1935/36 stammende Gebäude der Vorschußkasse.
Im nat. spannungsgeladenen Zeitraum 1865–1918 stellte die dt.
Stadtbev. ununterbrochen den Bürgermeister, dessen Posten zuletzt
Josef Taschek bekleidete. In der Ersten Tschsl. Republik stand der
Tsch. August Zátka an der Spitze der Stadtverw., 1939–45 stellte
dann wieder die dt. Bev. mit Friedrich David den Bürgermeister.
Nach Kriegsende wurden nahezu 6000 Dt. aus der Stadt vertrieben. –
1991 wurde die Stadt, die heute gesellschaftliches, wiss., kulturelles
und industrielles Zentrum S-Böhmens ist, Sitz der neugegr. Südböhm. Univ., die aus dem Zusammenschluß der Pädagogischen, der
Agrarökonomischen Fakultät und Institute der Akademie der Wissenschaften hervorging. – 1930: 43 788 (davon 6681 Dt.), 1950:
41 182, 1991: 97 243 Eww. – In der unweit von B. B. gelegenen
Gem. Hosin ist die rom., 1260–80 erbaute Kirche St. Peter und Paul,
die später als Sakristei der frühgot. Kirche diente, bemerkenswert.
1898 trug man die Kirche ab und errichtete an deren Stelle 2 Jahre
später einen neorom. Bau, an dessen O-Seite das urspr. rom. Kirchlein anschließt. 1901 entdeckte man hier Wandmalereien aus der Zeit
um 1360, die in 3 Zyklen Szenen aus den Legenden der hl. Magaretha
und der hl. Katharina darstellen.   (VI) *Bůž*

M. Borská-Urbánková, Českobudějovické náměstí koncem 14. a začátkem 15. století, in: JSH 34 (1965), 116–127; J. Čechura, České Budějovice – příklad vytváření
městského velkostatku v středověkých Čechách, in: JSH 54 (1985), 161–172; ders.,
Počátky královského města České Budějovice, in: JSH 53 (1984), 57–69; LV 639,
102–108; J. Chvojka, Město pod Černou věží, České Budějovice 1992; ders., Ražby
poslední českobudějovické mincovny, České Budějovice 1986; B. Janoušek, K otázce postoje Českých Budějovic v protihabsburském odboji roku 1547, in: JSH 23
(1954), 83–93; F. Kavka, Městské hospodářství v Českých Budějovicích v letech
1496–1570, in: JSH 34 (1965), 31–58; ders., Třídní struktura Českých Budějovic v
prvé polovině 16. století, in: SbH 6 (1956), 110–188; J. Kubák, Topografie města
Českých Budějovic 1540–1800, České Budějovice 1973; L. Nemeškal, Českobu-
dějovická mincovna v letech 1569–1611, České Budějovice 1969; K. Pletzer, České
Budějovice, královské město na jihu Čech, České Budějovice 1991; ders., Odpor
Českých Budějovic proti Rožmberkům v letech 1453–1457, in: JSH 40 (1971),
190–204; LV 906, Bd. 1, 201–208; K. A. Sedlmeyer, Budweis. Budweiser und Strit-
schitzer Sprachinsel, Miesbach 1979; Z. Šimeček, České Budějovice v období husitském, in: JSH 34 (1965), 14–30; ders., Das Handelsbuch des Budweiser Eisenhänd-
lers Nikolaus Bartholome 1560–1568, in: MOLA 17 (1993), 31–203; ders., Obchod
Českých Budějovic s Rakousy v letech 1560–1572, in: ČČH 91 (1993), 18–36.

Böhmisch Kamnitz (Česká Kamenice, Bez. Tetschen). Die Gründung von B. K. erfolgte im Zuge der Kolonisation, welche die Herren v. Michalowitz von der 1268 erwähnten Burg Scharfenstein aus durchführten. Als Stadt existierte B. K. bereits in der Regierungszeit Kg. Wenzels II. (1283–1305). Im MA zählte es 67 Bürgerhäuser, die von Mauern mit 2 Stadttoren umschlossen waren. An einem Hang oberhalb des Marktes errichtete man die für 1352 belegte St.-Jakobs-Kirche. Das Stadtbuch von 1380 ist das älteste seiner Art in N-Böhmen und wurde ausschl. in oberdt. Sprache geführt. In die Gerichtsbarkeit der Stadt fielen 17 umliegende Dörfer. 1416 wird die städt. Schule erwähnt. Bis A. 16. Jh. nahm B. K. die gleiche Entw. wie → Bensen, doch waren bereits zuvor die Grundlagen für die Entfaltung eines eigenen Dominiums gelegt worden. Im 14. Jh. wurde 4 km ö. von B. K. die von Burggff. verwaltete Burg Fredewald, um 1440 die Burg Kamnitz direkt oberhalb der Stadt errichtet. In der Huss.zeit und den nachfolgenden, von den Herren v. Wartenberg auf → Tetschen geführten Kriegen gegen den Oberlausitzer Sechsstädtebund wurde B. K. wiederholt zerstört (letztmalig 1444). 1532 wirkte hier der erste prot. Pfarrer. Vor 1535 fiel die Stadt an Prokop v. Wartenberg, der B. K. zum Zentrum einer eigenständigen Herrsch. bestimmte. 1541–43 wurde das Renaissance-Schloß erbaut, 1604/05 gestaltete Peter Patzenhauer die St.-Jakobs-Kirche um. Das Rathaus von 1493 erfuhr 1591 einen Ausbau. 1614 erwarb Radslav Wchynitz v. Tettau die Herrsch. B. K., ihm folgten später die Gff. Kinsky. Ein wertvolles Zeugnis barocker Baukunst verkörpert die 1736–39 errichtete Wallfahrtskirche Mariä Geburt, ein Werk des Leitmeritzer Baumeisters Octavio Broggio. Der Brunnen auf dem Markt stammt von 1775, die Mariensäule von 1680. Im Gefolge der Industrialisierung des 19. Jh. gründete man 1842 eine Papiermühle und 1851–75 eine Baumwollspinnerei. 1869 erhielt B. K. einen Eisenbahnanschluß. Seit 1856 gab es hier die erste Feuerwehrmannschaft in ganz Böhmen. Aus B. K. stammen der Naturwissenschaftler Johann Emanuel Pohl (1782–1834), der Dichter Raimund Klaus (1810–83) sowie die Maler Emanuel Hegenbarth (1868–1923) und Josef Hegenbarth (1884–1961). Einen Teil ihrer Jugend verlebten hier die Komponisten Christoph Willibald Gluck (1714–87), dessen Vater Forstmeister der Gff. Kinsky war, und Antonín Dvořák (1841–1904). – 1930: 4790 (davon 262 Tsch.), 1950: 3024, 1991: 6200 Eww.

(II) *Sm*

B. Chlebníček, Českokamenicko ve 13. a 14. století, in: ZMDČ 1 (1965), 47–62; ders., Stavební vývoj České Kamenice, in: ÚSH 2 (1967), 49–65; J. Fleck, Mitteilungen über Böhmisch Kamnitz aus alter und neuer Zeit, Böhmisch Kamnitz 1896; A. Horčička, Das älteste Böhmisch Kamnitzer Stadtbuch, Prag 1915; M. Košťál, O vzniku a počátcích českokamenické papírny, in: ZMDČ 2 (1974), 334–343; K. Lin-

ke, Geschichte der Stadt Böhmisch Kamnitz und ihres Gerichtsbezirkes im Mittelalter, in: MVGDB 19 (1881), 215–223, 279–314.

Böhmisch Krumau (Český Krumlov). Auf einer Felsenhöhe in einer Flußschleife (»krumme Au«) über einer Furt der oberen Moldau
errichteten die Witigonen um 1240 eine Burg, die 1253 im Besitz des
»Witiko de Chrumbenowe« erstm. urk. erwähnt und 1259 auch tsch.
»Crumlov« genannt wird. In der 2. H. 13. Jh. wurde an der Stelle der
heutigen Burg (Hrádek) die Untere Burg mit einem runden Turm
erbaut. 1302 erbte Heinrich I. v. Rosenberg den Besitz der Witigonen. Sein Sohn Peter I. ließ im ersten Drittel 14. Jh. über der alten die
Obere Burg errichten, zu der 3 Gebäude, der Palas und die St.-
Georgskapelle gehörten. Schon vor M. 13. Jh. ließen sich bei der
Burg und am Fluß Kolonisten aus Bayern und Österr. nieder. Aus
dieser Zeit ist die Alte (innere) Stadt m. r. Moldau-Ufer belegt. 1274
wird erstm. auf dem l. Ufer eine Gem. erwähnt, der sog. Latrán (»ad
latera castelli«). Beide Siedl. wurden 1347 durch eine Brücke verbunden und unter Einbeziehung von Höfen und Dörfern zu einer Stadt
vereinigt. Ein Rat von B. K. mit dt. Namen ist schon für 1336 belegt.
1334 und 1355 erhielten die Herren v. Rosenberg die kgl. Zustimmung zur Ansiedl. jüd. Fam., die danach eine kleine, wirtsch. jedoch
bedeutsame Kolonie bildeten. Die Stadt erlebte als Residenz, lokales
Marktzentrum und Transitort im Fernhandel zw. Österr. und
→ Böhm. Budweis eine wirtsch. Blüte durch den Ausbau von Handwerk und Handel, vor allem aber durch die Förderung von Silbererz.
Das einfache Fortifikationssystem des 13. Jh. wurde in der 1. H.
14. Jh. verstärkt, 3 ältere Tore (Unteres, Oberes und Gojauer Tor)
mit Türmen bewehrt und in die neue Mauer eingebaut. 1375 gründeten die Herren v. Rosenberg in der Nachbarschaft von Latrán die
Neustadt. Seit 1443 verband eine gemeinsame Mauer beide Städte.
Dem Aufschwung der Stadt entsprach der Aufbau kirchlicher Institutionen. Um 1309 wurde die St.-Veitskirche gegr., die 1407–39 einen hochgot. Umbau erfuhr. Den spätgot. Chor errichtete vor 1500
die Bauhütte Hans Gezingers, die in B. K. seit 1497 tätig war. Zur
plastischen Ausschmückung der Kirche gehörte die Krumauer Madonna (um 1390), die sich heute als berühmtes Werk des »Schönen
Stils« im Kunstgewerblichen Museum in Wien befindet. Das Spital
St. Jobst wurde 1317 gegr.; 1357 ließen sich die Minoriten in B. K.
nieder, ihr Kl. St. Franziskus wurde 1358 geweiht. Ihnen folgten
1361 die Klarissen mit ihrem Kl. St. Klara, dessen Aufbau bis A.
15. Jh. dauerte. Beiden Konventen gehörte die im 14. Jh. errichtete
Kirche Corpus Christi und Mariä Schmerzen. 1420 wurde das Minoritenkl. durch die Huss. beschädigt und E. 15. Jh. umgebaut, die
Kapelle St. Wolfgang 1491 geweiht, der spätgot. Kreuzgang 1500
errichtet.

Nach Zurückdrängung des anfänglichen huss. Einflusses stand die Stadt als Zufluchtsort von Adel und Geistlichen in den Huss.kriegen mit den Herren v. Rosenberg fest auf kath. Seite. Der dt. Bev.anteil sank jedoch auf gut ein Drittel. 1439 werden ein dt. und ein tsch. Prediger in der Stadt genannt. 1473 kam es zu einem erneuten Zuzug dt. Bergleute, als man um den Berg oberhalb des Schlosses Silber entdeckte. 1519 führte man die meißnische Bergordnung in B. K. ein, das seit 1494 die Privilegien einer kgl. Stadt besaß. Im 16. Jh. überwogen wieder dt. Bev. und Sprache.

Die Wohnräume der Oberen Burg ließ Ulrich II. v. Rosenberg 1444–47 in einen dreiflügeligen Palast umbauen. Erhalten geblieben ist die kleine Rosenberger-Kapelle aus den Jahren 1430–40 mit einem Klappaltar des Meisters IP aus dem 1. Viertel 16. Jh.; ein weiterer, spätgot. Umbau nach den Plänen von Ulrich Pesnitzer v. Burghausen erfolgte 1506–13. Nach 1550 erfuhr die Obere Burg unter der Herrsch. Wilhelms und Peter Woks v. Rosenberg eine erneute, umfassende Umgestaltung zur repräsentativen Renaissance-Residenz, die der pol. Bedeutung Wilhelms v. Rosenberg (1535–92, Oberstburggf. v. Böhmen 1570–92) und seinen außenpol. Ambitionen entsprach. Den Umbau leiteten die ital. Baumeister Antonio Ericer und Baldassare Maggi da Arogno. Neben Prunkräumen (Erb- und Mkgf.-Zimmer, Goldener Saal) und Privatgemächern (Rosenberger Zimmer, Fraucimor-Räume) wurden 1578 die Burggft., um 1590 das »Butterfaß« und die Kleine Burg errichtet. Der Turm erhielt 1580 eine Aufstockung und wurde mit einem Renaissance-Arkadengang versehen. Das Schloß schmückte E. 16. Jh. der niederländische Maler Gabriele de Blonde mit figuralen und ornamentalen Malereien aus. Ein wertvolles Zeugnis der Renaissance-Bautätigkeit in B. K. stellt auch der Witwensitz der Anna v. Roggendorf im Haus der ehem. herrschl. Brauerei in der Neustadt dar (1560–70). Wilhelm v. Rosenberg holte 1584 die Jesuiten nach B. K. und ließ ihnen 1586–88 durch Baldassare Maggi da Arogno ein großes Kolleggebäude errichten. Das Spital St. Jobst baute 1596 der Budweiser Baumeister Domenico Cometa v. Eckthurn für die Luth. um. In B. K. lebten 1585 in 331 Häusern fast 2000 Eww.

Infolge wachsender Verschuldung der Herrsch. und Erschöpfung der Silberminen E. 16. Jh. sah sich Peter Wok v. Rosenberg 1602 gezwungen, die Herrsch. B. K. an Ks. Rudolf II. zu verkaufen. Ks. Ferdinand II. schenkte sie 1622 dem steirischen Geschlecht der Eggenberg für ihre Dienste in der kath. Liga. 1611 besetzten die Passauer Truppen die Stadt, 1618–19 versuchte die Ständearmee, sie zu erobern; im 30jähr. Krieg wurde sie mehrfach besetzt und geplündert. Dennoch blieb die Bev.-Zahl bei über 2000 Eww. konstant (A.

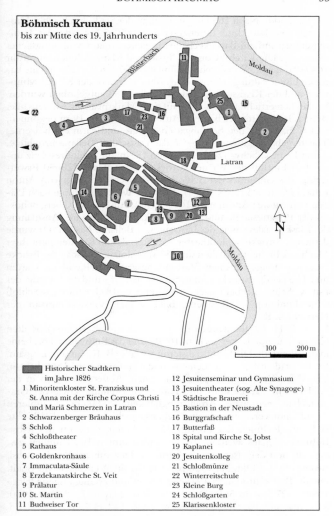

Böhmisch Krumau

bis zur Mitte des 19. Jahrhunderts

Historischer Stadtkern
im Jahre 1826

1 Minoritenkloster St. Franziskus und
   St. Anna mit der Kirche Corpus Christi
   und Mariä Schmerzen in Latran
2 Schwarzenberger Bräuhaus
3 Schloß
4 Schloßtheater
5 Rathaus
6 Goldenkronhaus
7 Immaculata-Säule
8 Erzdekanatskirche St. Veit
9 Prälatur
10 St. Martin
11 Budweiser Tor

12 Jesuitenseminar und Gymnasium
13 Jesuitentheater (sog. Alte Synagoge)
14 Städtische Brauerei
15 Bastion in der Neustadt
16 Burggrafschaft
17 Butterfaß
18 Spital und Kirche St. Jobst
19 Kaplanei
20 Jesuitenkolleg
21 Schloßmünze
22 Winterreitschule
23 Kleine Burg
24 Schloßgarten
25 Klarissenkloster

18. Jh.: 2300). Nach 1650 begann sich in der Stadt durch zahlr. Umbauten der Barockstil durchzusetzen. 1650–52 wurde das Jesuitenseminar um ein Barockgebäude erweitert (heute volkskundliches Museum). Die Kirche Corpus Christi und Mariä Schmerzen erfuhr 1649–81, die St.-Veitskirche (Hauptaltar 1673–83) 1725–26 eine barocke Umgestaltung, ebenso um 1700 das Innere der Kl. der Minoriten und der Klarissen, die jedoch beide 1782 aufgehoben wurden. Schließlich errichtete man 1716 auf dem Marktplatz die Mariensäule. Bereits 1680 hatte der barocke Ausbau der Oberen Burg begonnen, wobei man auch den Schloßgarten anlegte und darin ein hölzernes Theatergebäude sowie 1706–07 das Lustschloß Bellaria errichtete. Adam Franz v. Schwarzenberg ließ im 18. Jh. die Schloßresidenz unter dem Einfluß des Wiener Barock neugestalten: 1728–30 Erweiterung des Gebäudes der Schloßmünze nach dem Plan von Anton Erhard Martinelli (1684–1747), 1747 die Winterreitschule nach Plänen von Andrea Altomonte (1699–1780), Ausbau des Obergeschosses der Privatresidenz und der Schloßkapelle St. Georg, Ausmalung des Maskensaales sowie des Lustschlosses Bellaria. Nach 1760 wurde das neue, barocke Schloßtheater errichtet, dessen Kulissen samt ihrer Mechanik bis heute erhalten sind. 1767 schloß der Ausbau der Brücke zu einem dreigeschossigen Verbindungsgang zw. Residenz, Garten und Theater die barocke Umgestaltung ab. Aufgrund des Umzugs der Fstt. v. Schwarzenberg nach → Frauenberg 1871 verlor das Schloß seine Funktion als Residenz, blieb jedoch Verw.-Zentrum der Herrsch. B. K.

In der 2. H. 19. Jh. wurden die ma. Stadttore abgetragen, erhalten blieben nur eine Bastei aus dem 16. Jh. und das Budweiser Tor, beide in der Neustadt. Die Industrialisierung erfaßte B. K. nur sehr langsam. In der Stadt gab es eine Leinen- und Hanfspinnerei, 1866 kam in Větřní bei B. K. eine Papierfabrik hinzu. Außerdem boten in der 2. H. 19. Jh. die Leisten- und Rahmenherstellung sowie der Graphitabbau begrenzte Arbeitsmöglichkeiten. Heute dominieren Textil-, holzverarbeitende und Lebensmittelindustrie. E. 1918 sollte B. K. im Rahmen der Provinz Dt.-Böhmen Zentrum des selbst. Böhmerwaldgaus werden. In die angespannten Beziehungen zw. dem dt. und dem tsch. Bev.teil griff im Dezember 1918 die tschsl. Armee ein. Im Oktober 1938 besetzte die dt. Wehrmacht die Stadt. Die dt. Bev. wurde nach 1945 vertrieben und zwangsausgesiedelt. – 1880: 7327 (davon 5669 Dt.), 1910: 8662 (davon 7367 Dt.), 1930: 8408 (davon 6396 Dt.), 1950: 6899, 1991: 14 108 Eww.

B. K. weist zahlr. wertvolle Baudenkmäler auf. Nach der Prager Burg ist das Schloß der zweitgrößte erhaltene Burgkomplex Böhmens und Mährens. Sein Äußeres geht auf den Renaissance-Umbau zurück, das

Innere vereint allerdings infolge der erwähnten Umbauten Stilelemente des 13.–18. Jh. Aus der Spätgotik ist vor allem die Kleine Schloßkapelle mit Netzgewölbe und Flügelaltar (nach 1500) erhalten. Die Mehrzahl der nach 1550 im Renaissancestil umgestalteten Bürgerhäuser ruht noch immer auf got. Fundamenten. Das Rathaus am Markt entstand 1580 durch die Verbindung zweier Häuser mit einer Attika. In der Breiten Straße befindet sich in der ehem. städt. Brauerei das internat. Kulturzentrum Egon Schiele, der sich vor dem Ersten Weltkrieg zeitweilig hier aufhielt. (VI) *Bůž/Krz*

V. Bůžek, Mezi dvorem, rezidenčním městem a rytířskou tvrzí, in: OH 3 (1993), 287–313; F. M. Čapek, Český Krumlov. Studie kulturně historická, České Budějovice 1913; Český Krumlov 1918–1968, Český Krumlov 1968; F. Dvořák [u. a.], Český Krumlov – jeho život a umělecký růst, Praha 1948; A. Haas, O tak řečeném právu královském rožmberských měst a městeček, in: JSH 26 (1957), 69–74; W. E. Heydendorff, Die Fürsten und Freiherren zu Eggenberg und ihre Vorfahren, Graz/Wien/Köln 1965; A. Fialová/J. Hejnic, Český Krumlov v době husitské, in: SNM A 29 (1975), 1–48; A. Kubíková, Panství Český Krumlov ve světle berní ruly, in: JSH 51 (1982), 88–101; LV 906, Bd. 1, 213–229; K. Schwarzenberg, Geschichte des reichsständischen Hauses Schwarzenberg, Neustadt an der Aisch 1963; LV 279, Bd. 3, 1–59; J. Záloha, Eggenberské dědictví v Čechách, in: JSH 38 (1969), 10–14; ders., Počátky textilního průmyslu v Českém Krumlově (Jungbauerova továrna na sukno), in: JSH (1955), 21–24; ders., Sedm set let správy města Českého Krumlova, in: Pět století Krumlova ve výtvarném umění, Český Krumlov 1974, 9–15; ders., Der Bezirk Český Krumlov am Ende des Jahres 1938, in: LV 392, 441–447.

Böhmisch Leipa (Česká Lípa). Die auf dem Handelsweg von → Zittau nach → Prag gelegene Stadt entwickelte sich aus dem tsch. Dorf Lípa. Als B. L. 1381 das Zittauer Stadtrecht erhielt, war es überwiegend dt. geprägt, doch gab es auch tsch. Eww.; das älteste Grundherrengeschlecht in B. L. waren die Herren v. Leipa, deren hervorragender Vertreter Heinrich (†1329) als Oberstmarschall seit dem Jahre 1300 unter Kg. Johann v. Luxemburg die Politik des Kgr. Böhmen maßgeblich beeinflußte. M. 14. Jh. folgten die stammverwandten Berka v. Dubá. Der Grundriß der Stadt des 14. Jh. ist erhalten geblieben. Auf einer Insel zweier Seitenarme der Polzen stand eine Wasserburg der Herren v. Leipa. An Stelle der 1426 zerstörten Burg wurde im 17. Jh. ein Schloß errichtet, das 1957 weitgehend abgerissen wurde. Außer der Pfarrkirche St. Peter und Paul wurden in der n. Vorstadt die Kirche Mariä Geburt, in der ö. Vorstadt die Hl.-Kreuz-Kapelle errichtet. Zur s. Vorstadt gehört die Kirche St. Magdalena. B. L., das sich in der Kolonisationszeit zu einem regionalen Zentrum entwickelt hatte, stand in den Huss.kriegen unter seinem Stadtherrn Hynek Berka v. Dubá zunächst auf der Seite Ks. Sigismunds. 1426 wurde es von den Huss. eingenommen. An dem überwiegend dt. Charakter der Stadt änderte sich in huss. Zeit wenig. Im

16. Jh. gelangte mit neuen dt. Einwanderern der Prot. in die Stadt.
1583 ließ Dietrich Georg v. Dubá und Leipa in der Nähe der alten
Burg ein Jagdschloß im Renaissancestil, das sog. Rote Haus, errichten, das seit 1933 als Museum für Kunstwerke der Region dient.
Nachdem die Stadt 1616 in den Besitz der Salhausen übergegangen
war, fiel sie nach der Schlacht am Weißen Berg 1623 an Albrecht v.
Wallenstein. Nach der Heirat von dessen Tochter mit Rudolf v. Kaunitz ging die Grundherrsch. bis 1848 in den Besitz dieses Geschlechts
über. Im Zuge der Rekatholisierung gründete Wallenstein 1627 in
der Stadt ein Augustinerkl. (heute Archiv) mit der Kirche Allerheiligen. Nach mehreren verheerenden Bränden im 18. Jh. wurde das
hist. Zentrum der Stadt A. 19. Jh. neuerrichtet. Auf dem rechteckigen Marktplatz entstand neben der Dreifaltigkeitssäule (1681) ein
Brunnen (1837) und ein neues Rathaus (1823), das 1884 im Stil der
Neorenaissance umgebaut wurde. Nach der Erhebung zur Bez.-
Stadt (1850) wurde B. L. ein Zentrum für allg. und berufsbildende
Schulen und ein Eisenbahnknotenpunkt. 1930 hatte B. L.
13 715 Eww., davon über 3000 Tsch., die überwiegend bei der Eisenbahn beschäftigt waren. – 1950: 16 226, 1980: 25 999 Eww.

(II) *MSW*

K. J. Bienert, Böhmisch-Leipa (1337–1937), Böhmisch-Leipa 1937; F. Gabriel/J.
Smetana, Sídelně historické aspekty vzniku města České Lípy, in: AR 5 (1980), 131–
142; H. Hallwich, Zur Geschichte der Stadt Böhmisch-Leipa, Prag 1870; ders., Zur
Geschichte der Stadt Böhmisch-Leipa, in: MVGDB 9 (1871), 40–64; LV 259, Bd. 3,
79ff.; L. Mimra/V. Richrtmoc, Nálézání Českolipska, Česká Lípa 1994; LV 569,
Bd. 1, 279ff.; LV 279, Bd. 14, 241–247; M. Sovadina, Vývoj obyvatelstva na okrese
Česká Lípa v letech 1850–1980, in: ZMDČ 4 (1985), 113–145; K. Stroh/R. Sagaster, Heimatkunde des politischen Bezirkes Böhmisch Leipa, Böhmisch Leipa 1936;
LV 514, 135–143; M. Votísková, Českolipsko, Liberec 1957; dies./J. Panáček, Česká Lípa, Česká Lípa 1976; R. Wolkan, Böhmisch-Leipa zur Zeit der Reformation,
in: MVGDB 24 (1886), 33–73.

Böhmisch Rudoletz (Český Rudolec, Bez. Neuhaus). Bei dem
urspr. zur damals österr. Herrsch. → Landstein gehörenden Straßendorf dt. Kolonisten entstand 1. H. 14. Jh. ein Adelssitz als Zentrum
einer kleinen mähr. Herrsch. mit oft wechselnden Besitzern. Die um
1450 errichtete Kirche des Pfarrdorfs St. Johannes des Täufers wurde
um 1480 um eine zweischiffige spätgot. Halle erweitert und bewahrt
Grabsteine der Fam. der Herrsch.besitzer des späten 15. und 16. Jh.
Nach Aufhebung der Patrimonialverw. kam B. R. 1850 zum Bez.
→ Datschitz. Die urspr. Wasserburg, 2. H. 16. Jh. zum Renaissance-
Schloß umgebaut, brannte 1860 ab, worauf das neugot. Schloß errichtet wurde, derzeit (1995) Ruine. 1938 wurde B. R. dem Sudetenland (Gau Niederdonau) zugeschlagen, direkt an der Grenze ge-

legen. 1960 wurde es mit dem Bez. Datschitz dem Bez. → Neuhaus
angegliedert. − 1842: 529, 1890: 587 (meist Dt.), 1930: 506 (davon
288 Dt.), 1950: 405, 1994: 1018 Eww. (VII) *Me*

LV 259, Bd. 1, 84f.; LV 906, Bd. 2, 229f., Bd. 4, 531; LV 294, Bd. 6, 393–409.

Böhmisch Sternberg (Český Šternberk, Bez. Beneschau). Die kleine Ortschaft B. St. (1848: 520, 1900: 530, 1950: 330 und 1991: 152
Eww.) und die gleichnamige Burg, eine der architektonisch wertvollsten und am besten erhaltenen Burganlagen in den böhm. Ländern, erstrecken sich auf dem l. Ufer der Sazawa, 18 km ö. → Beneschau. Die auf einem schmalen Felsvorsprung gelegene Burg wurde
vor 1242 von dem kgl. Diener Zdeslav v. Diwischau errichtet, der
diese dem Wappen nach, das ein sechszackiger Stern ziert, St. nannte.
1253 nahm Zdeslav an der Verteidigung von Olmütz gegen die Ungarn teil und erwarb in diesem Zusammenhang auch in der Markgrafschaft Mähren Güter, auf denen u. a. die Burg → Mährisch St.
gebaut wurde. Er schuf die wirtschaftlichen und pol. Fundamente für
eine der einflußreichsten böhm. und mähr. Adelsfam., die seit M.
13. Jh. immer wieder eine bedeutende Rolle spielen sollte. Ihre Mitglieder bekleideten wichtige kgl. und böhm. Landesämter und traten
wiederholt, wie der Naturwissenschaftler Kaspar Maria Sternberg,
der 1818 das Nationalmuseum in Prag mitbegründete, als bedeutende
Mäzene und Gelehrte hervor. − Der Kern der got. Burg entstand
1. H. 13. Jh. und wurde im Laufe des 14. Jh. umgebaut. Das beachtliche Fortifikationssystem bestand aus Ober- und Unterburg mit einem rundlichen Bergfried, einem viereckigen Turm und mehreren
Gräben. Auf der ö. Seite wurde ein Palast mit Burgkapelle errichtet.
Sie ist die älteste bekannte got. Kapelle auf einer Adelsburg im ma.
Böhmen überhaupt. Verm. bereits in das 14. Jh. läßt sich der Bau des
viereckigen, vorgelagerten Turms auf dem Felsen unterhalb der Burg
datieren. Burgengesch. gehört die Anlage zur Reihe der Burgen vom
Bergfried-Typus. − Die kath. Herren v. Sternberg hielten die Anlage
bis 1467 in Besitz, als ein Heer Georgs v. Podiebrad die Burg seiner
Gegner belagerte und eroberte. Erst nach 12 Jahren gewann Peter v.
Sternberg die Burg zurück, die sich dann bis 1724 sowie erneut 1841−
1949 in den Händen des Adelsgeschlechts befand. Vor E. 15. Jh. wurde sie im spätgot. Stil erneuert, durch vorgeschobene Basteien von w.
Seite ergänzt, die Innenfläche wurde bis auf einen kleinen Hof bebaut. Bei der Befestigung der Mauern entstand im N ein runder
Turm. 1556 gehörten zur erneuerten Burgherrsch. insgesamt 3 Höfe,
2 Städtchen und 12 Dörfer. 1627 wurde B. St. im Zuge eines Bauern-
aufstands geplündert, 2 Jahrzehnte später mit ksl. Truppen belegt.
Nach dem 30jähr. Krieg erfolgte der Um- und Ausbau im Stil des

Frühbarock. Aus dieser Zeit stammen die Ausstattung des Großen Saals, die reich verzierten Barockkamine und die dekorativen Stuckreliefs. In der 1. H. 18. Jh. entstand auf dem r. Ufer der Sazawa ein Garten mit Lustschloß. Der letzte größere Umbau erfolgte um 1795, als die Fam. des böhm. Landesjuristen Ferdinand Hirsch v. Sternfeld B. St. erwarb. 1841 vermochte Zdeněk v. Sternberg die Burg zurückzukaufen. Durch das Restitutionsgesetz von 1990 gelangte B. St., das sich seit 1949 in staatl. Besitz befunden hatte, erneut an die Fam. Die Burg beherbergt heute ein Museum mit umfangreichen Waffensammlungen, Graphik des 17. Jh. und zeitgenössischem Mobiliar. Unter den Sammlungen ragt eine etwa 400 Kupferstiche umfassende Kollektion mit Arbeiten von Ägidius Sadeler und Wenzel Hollar von Parchen heraus, die Ereignisse und Persönlichkeiten aus dem 30jähr. Krieg festhält. (III/VII) *Dur/Pán*

V. V. Barchánek, Památný hrad Český Šternberk nad Sázavou. Jeho založení, dějiny a popis, Benešov 1925; T. Durdík, Jižní předsunutá bašta hradu Českého Šternberka, in: SVPP 22 (1982), 127–155; LV 248, 75f.; LV 259, Bd. 6, 80–84; J. Kopeček, Český Šternberk, České Budějovice 1964; LV 875, 99ff.; L. Letošníková, Český Šternberk. Hrad a zámek, Praha 1983; D. Líbal, Architektonické proměny hradu Český Šternberk, in: CB 4 (1994), 75–88; J. Líbalová/D. Líbal, Český Šternberk, Praha 1959; LV 879, Bd. 1, 301ff., Bd. 2, 315–320; LV 275, Bd. 10, 69–76; LV 279, Bd. 15, 75–84; LV 283, Bd. 12, 42–49; J. Tywoniak, Český Šternberk, Praha 1974.

Böhmisch Trübau (Česká Třebová, Bez. Wildenschwert). Das im Triebe-Tal gelegene und nach dem Fluß benannte B. T. wurde erstm. 1278 als »Tribovia« in einem Schreiben des Abtes Ulrich v. Leitomischl an den Olmützer Bf. Bruno v. Schauenburg genannt. Im ersten Gründungsbrief des Zisterzienserkl. → Königsaal tauchte B. T. 1292 als »civitas«, 1304 als Marktort (»villa forensis«) und 1356 als »oppidum non muratum« auf. Seit 1378 wurde ein Stadtbuch geführt; die Stadt blieb aber klein und brannte 1636 ab (57 Häuser). B. T. gehörte zur Herrsch. → Landsberg bzw. später zu → Landskron. Weitere Brände (1745, 1792) zerstörten die ältere Bausubstanz. Erhalten blieb lediglich die Katharinenkapelle auf einer Anhöhe auf dem r. Ufer der Triebe, eines der ältesten Baudenkmäler O-Böhmens, mit einer rom. Rotunde aus der 1. H. 13. Jh. und Holzturm sowie Innenausstattung aus dem 17./18. Jh. Die spätbarocke Dekanatskirche St. Jakob entstand 1794–1801. Die in B. T. tradit. angesiedelte Weberei entwickelte sich nach dem Eisenbahnanschluß (1845) rasch; B. T. wurde im 19. Jh. zu einem tsch.sprachigen Zentrum der Hausweberei und Textilindustrie; Maschinenbau und Textilindustrie prägen heute die Stadt. – 1845: 2600, 1900: 6040, 1980: 17 136 Eww.

(IV) *Bb*

M. Marklová, 110 let českotřebovského textilu, Ústí n. O. 1959; LV 952, Bd. 4,

365f.; J. Růžička, O knize města České Třebové v předhusitské době, in: SAP 4 (1954), 102–140; LV 906, Bd. 1, 200f.

Bösig (Bezděz, Bez. Böhmisch Leipa). Als Königsburg von Přemysl Otakar II. auf einem Bergkegel gegr., wurde B. 1264 erstm. als »Besdhetz« erwähnt. 1270 wurde die Burg um eine frühgot. Burgkapelle erweitert, die Einflüsse der Zisterzienserarchitektur erkennen läßt. Die Herrsch. → Weißwasser, zu der die Burg B. gehörte, wurde zunächst den Herren Berka v. Dubá verliehen. Diese besaßen mit einigen Unterbrechungen Weißwasser mit der Burg B. bis 1622, als der Besitz dem Geschlecht nach der Schlacht am Weißen Berg entrissen und Albrecht v. Wallenstein übertragen wurde. Wallenstein ließ B. 1628–32 nach Plänen von Giovanni Pieroni in eine Festung umwandeln, von der aber nur 4 n. Bastionen fertiggestellt wurden. 1635–1785 diente B. den Benediktinern als Kl.; 1778 wurde es durch die preuß. Armee zerstört und in der Folgezeit nicht mehr instand gesetzt. Als Zeichen für die »Entdeckung« der Burgruine in der Zeit der Romantik darf das Gedicht Karel Hynek Máchas »Večer na Bezdězu« (Abend auf Bösig) gelten, wie auch die genaue hist. Beschreibung, die Carl Brandtl 1831 von ihr gab. – 1869: 680, 1930: 547 (davon 395 Dt.), 1950: 339, 1980: 295 Eww.   (III) *MSW*

F. Bernau, Die Burg Bösig in Böhmen, Böhmisch Leipa 1896; LV 259, Bd. 3, 33–39; J. Kalousek, Listiny a zápisky Bělské o věcech městských a selských z let 1375–1708, Praha 1889; D. Menclová/A. Míka, Bezděz. Státní hrad a památky v okolí, Praha 1961; LV 879, Bd. 1, 226–244; LV 275, Bd. 4, 203ff.; LV 569, Bd. 1, 286f.; F. Šimáček, Paměti města Bělá pod Bezdězem, Bělá pod Bezdězem 1937; LV 906, Bd. 1, 71ff.; B. Vojtíšek, Státní hrad Bezděz, Česká Lípa 1981.

Boskowitz (Boskovice, Bez. Blansko). Das Schloß und der erstm. 1222 als Besitz des Jimram v. B. erwähnte Ort B. liegen 32 km n. von → Brünn. Die frühgot., auf einem Hügel gelegene Festung wurde 1312 zerstört. Nach 1398 wurde durch Heralt v. Kunstadt in der Nähe eine neue Burg errichtet und die nahegelegene Siedl. verm. in dieser Zeit zur Stadt erhoben. Die von den Huss. 1424 zerstörte neue Burg hielten die Herren v. Kunstadt bis 1458, als Georg v. Podiebrad die Herrsch. an den mähr. Landeshauptmann Vaněk v. B. (†1466) zurückgab. Die 1597 ausgestorbenen Herren v. Boskowitz gehörten im 15./16. Jh. zu den bedeutendsten Adelsgeschlechtern Mährens. Vaněks Nachfolger Jaroslav v. B. (1452–85), Rat und Kanzler von Kg. Matthias Corvinus, wurde nach Hochverratsgerüchten 1485 in Wien hingerichtet. Sein Bruder Ladislaus Velen (1455–1520), einer der humanistisch gebildetsten mähr. Adeligen seiner Zeit, ließ in B. das Renaissance-Rathaus und 1505 die Allerheiligenkirche erbauen und schenkte der Pfarrkirche St. Jakob die illustrierte B.er Bibel

(1414–17). 1547 wurde B. wegen wirtsch. Schwierigkeiten an den
aus Oberungarn stammenden dt.-stämmigen Bergunternehmer Simon Eder verkauft; 1567 veräußerte Veit Eder B. an Jaroslav v. Zástřizl (†1583). Wenzel d. Ä. v. Zástřizl (†1600) gründete in B. ein
wertvolles Waffenlager sowie eine Schloßbibliothek und pflegte zus.
mit Georg Morkovský v. Zástřizl (†1614) enge Kontakte zu den Genfer Calvinisten. Seit der huss. Revolution wirkten in B. erst utraqu.,
dann Brüder-Prediger, daneben auch zeitweise kath. Priester. Die
Gegenref. betrieb 1613 der Jesuit Johann Drachovius, später der 1615
vertriebene Johann Sarkander. Der 1633 noch mehrheitlich ev. Ort
hatte eine zahlr., bis ins 15. Jh. nachweisbare jüd. Gem. (1848 betrug
der jüd. Bev.anteil 38%). Zeitweise war B. Sitz des mähr. Landesrab-
binats. Erhalten ist das einst geschlossene Ghetto s. des Hauptplatzes
mit neogot. umgebauter Synagoge (1698). – Nach dem Aussterben
des Geschlechts mit Susanna v. Zástřizl 1687 fiel B. an ihren Gemahl
Walter Xaver v. Dietrichstein (†1738), dessen Linie 1854 mit Franz
Joseph v. Dietrichstein endete. Bis 1945 war B. dann im Besitz der
Mensdorff-Pouilly. Unweit der Burg entstand gegenüber dem Judentor eine neue Residenz, die nach Plänen von Franz Anton Grimm
(1710–84) umgebaut wurde. Das 1819–26 verm. nach Plänen von
Joseph Esch erbaute klassiz. Schloß ging aus dem 1682 begonnenen,
1784 von Ks. Joseph II. aufgelösten Dominikanerinnenkl. hervor.
Seit dem 19. Jh. entwickelte sich in B. Textil- und Maschinenindustrie, im 20. Jh. kamen Möbel- und Nahrungsmittelproduktion hinzu. B. ist der Geburtsort des Schriftstellers Hermann Ungar (1893–
1929) und des Malers Otokar Kubín (1883–1969). – 1880: 4017
Tsch. und 1417 Dt., 1921: 6617 (davon 6118 Tsch., 68 Dt. und 310
Juden; von den fast 400 in B. vor 1938 lebenden Juden kamen nach
1945 nur 10 zurück), 1950: 6587, 1991: 10 639 Eww.   (VIII) *Teu*

Boskovice v dějinách. Sborník příspěvků k dějinám města a okolí, Boskovice 1969;
LV 864, 44f.; LV 548, 123–136; LV 253, Bd. 5, 118–123; LV 255, 314; L. Hosák,
Dějiny Boskovska, Bde. 1–3, Brno 1931–36; LV 259, Bd. 1, 39–44; J. Karásek, Příspěvek k dějinám bible boskovské a kostela boskovského, Olomouc 1918; J. Klenovský, Židovská čtvrť v Boskovicích, Boskovice 1991; LV 290, Bd. II/5, 25–76; I.
Reich, Die Geschichte der Chewra Kadischa zu Boskovice, Boskovice 1931; LV
898, Bd. 1, 101–111; M. Stehlík, Státní hrad a zámek v Boskovicích, Brno 1970; LV
791, Bd. II/3, 353–361; A. Viktorin, Politický okres boskovický, Boskovice 1933.

Brandeis an der Elbe (Brandýs nad Labem, Bez. Prag-Ost). B., seit
1960 Bestandteil der Doppelstadt B.-Altbunzlau, entstand auf dem
Areal einer älteren slaw. Siedl. an einer Furt über die Elbe; zudem
führte hier ein bedeutender Handelsweg von → Prag in die Lausitz
entlang. In den Schriftquellen wird B. erstm. 1304 als Marktsiedl. der
Herren v. Michalowitz erwähnt, die hier ein Kastell erbauten. Die

frühgot. einschiffige Laurentiuskirche (E. 13. Jh.) zieren an allen Wänden ma. Malereien. In der 1. H. 14. Jh. erhoben diese B. zum Städtchen, das ein eigenes Siegel führte. 1420 besetzten die huss. Prager B.; nach dem Aussterben der Herren v. Michalowitz 1468 ging deren Besitz zunächst an Johann Tovačovský v. Cimburg, 1516 an die Krajíř v. Krajek über. Johanka Krajíř v. Krajek (†1531) trat als entschlossene Beschützerin der Böhm. Brüder auf, für die Konrad Krajíř v. Krajek 1541/42 ein Bethaus erbauen ließ, aus dem später die Dekanatskirche zur Bekehrung des hl. Paulus hervorging. Nach der Konfiskation 1547 und Vertreibung der Brüdergem. zählte B. fortan zum Besitz der kgl. Kammer, die das 1552 abgebrannte Schloß zu einem imposanten Renaissance-Sitz inmitten ausgedehnter Wälder mit einem idealen Jagdrevier umbauen ließ. Ks. Rudolf II. verlagerte einen Teil seiner reichen Kunstsammlungen nach B. und ließ um das Schloß einen großzügigen Park anlegen. Der Hofastronom Tycho de Brahe besaß hier ein Observatorium, auch Johannes Kepler hielt sich mehrfach in B. auf. 1581 erhob Ks. Rudolf II. B. zur kgl. Kammerstadt und veranlaßte 1604 den Bau einer neuen Elbebrücke. 1639 und 1648 besetzten die Schweden die Stadt. Zur Linderung der Kriegsnöte wurden den Untertanen der Herrsch. 1649 Steuern und andere Abgaben erlassen. Ks. Leopold I. bestätigte 1670 die städt. Privilegien und erneuerte zudem das Stadtwappen mit dem böhm. Löwen. Ks. Franz I. traf sich im Schloß 1813 mit dem russ. Zaren Alexander I. und dem preuß. Kg. Friedrich Wilhelm III. zu Verhandlungen. Seit 1850 residierte in B. die Bez.-Behörde. Bis 1860, als Leopold II. Großhzg. v. Toskana B. erwarb, zählte die gleichnamige Herrsch. mit 7320 ha, davon 5370 ha Wald, zu den Kameralgütern. Seit 1872 residierte hier Leopolds Sohn Ludwig Salvator (1847–1915), ein Forschungsreisender und Schriftsteller, der auch in B. starb. 1917/18 befand sich B. im Besitz des letzten österr. Ks. Karl I. Bis 1960 war B. Bez.-Stadt. Die Eww. sind vor allem im Maschinenbau und in der Nahrungsmittelindustrie tätig. – 1850: 3426, 1900: 5578, 1950: 7380, 1991: 15 646 Eww.   (II) *Led*

J. Krčálová, Zámek v Brandýse nad Labem, in: UM 2 (1954), 136–152; J. V. Prášek, Brandejs nad Labem. Město, panství a okres, Bde. 1–3, Brandýs nad Labem 1908–13; LV 906, Bd. 1, 115–119; V. Vojtíšek, Z nejstarších dějin města Brandýsa nad Labem, Brandýs nad Labem 1937; M. Volf, Brandýské panství na sklonku patrimoniálního období, in: SSH 5 (1970), 55–64; ders., Rakouská státní banka a příchod toskánských vévodů na Brandýs nad Labem, in: AČ 18 (1968).

Braunau (Broumov, Bez. Nachod). Die Kolonisationstätigkeit des Benediktinerkl. Břewnow führte zur Besiedl. des B.er Landes und zur Gründung der gleichnamigen Stadt um 1255. Ein Jahrzehnt später wurde B. erstm. als Marktdorf erwähnt, an dessen Spitze ein kgl.

Beamter, der Vogt, stand. 1266 ging B. in den Besitz des Kl. über. Aufgrund des natürlichen Terrains (Anhöhe am Ufer eines Baches) ist bis heute die urspr. Stadtanlage sichtbar. 1305 wurde die zunächst hölzerne Burg in eine steinerne Feste umgebaut. 1322 gründete Abt Bawor v. Netschetin hier eine Propstei mit der St.-Laurentius-Kirche, aus der Burg entstand eine befestigte Kl.feste. In die Zeit der Stadtgründung reichen auch die Anfänge der Pfarrkirche St. Peter und Paul. Die neuen Siedler kamen vor allem aus Thüringen. Sie legten die Grundlagen für das weithin bekannte, nach flandrischem Vorbild gefertigte rot gefärbte B.er Tuch, das eine begehrte Handelsware wurde und der Stadt zu Reichtum verhalf. 1348 erteilte Kg. Karl IV. der Abtei Břewnow für ihre Untertanenstadt B. die gleichen Privilegien, über die auch die kgl. Städte verfügten. 1357–59 errichtete man die Stadtmauern, von denen die Fundamente sowie die unteren Teile einiger Bastionen erhalten blieben. Im 14. Jh. war B. ein bedeutendes kulturelles Zentrum, wovon auch die Lateinschule des Kl. zeugt, aus der später ein Gymnasium entstand. In den Huss.kriegen bildete es eine Bastion der kath. Partei, nach der Eroberung des Kl. Břewnow suchte dessen Abt in B. Zuflucht. Aus dem 15. Jh. stammt die Friedhofskirche der Jungfrau Maria, die älteste erhalten gebliebene Holzkirche in den böhm. Ländern. Der Gegensatz zw. den städt. Freiheiten und der Untertanenstellung der Stadt bot fortlaufend Anlaß zu Streitereien zw. Bürgern und Kl.obrigkeit; sie mündeten im entschlossenen Auftreten der prot. Bürger gegen Abt Wolfgang Selender, der ihren Kirchenbau gewaltsam zu verhindern suchte – einer der Anlässe für den Prager Fenstersturz 1618. Nach der Überwindung der Folgen des 30jähr. Krieges unter den Äbten Thomas Sartorius und Othmar Daniel Zinke wurden in B. sämtliche Kirchen erneuert. Nach einem Projekt Kilian Ignaz Dientzenhofers wurde 1728–38 ein vollständiger Umbau des Kl. durchgeführt, an dessen innerer und äußerer Gestaltung sich zahlr. bedeutende Künstler beteiligten. Das 19. Jh. brachte vor allem eine Entfaltung der Textilherstellung, an der die Fam. Schroll maßgeblichen Anteil hatte. 1938 erfolgte der Anschluß der Stadt an das Dt. Reich. Nach dem Zweiten Weltkrieg kamen anstelle der zur Aussiedl. verurteilten dt. Benediktiner Angehörige dieses Ordens aus Chicago nach B., die bis 1950, als der Orden in der ČSR verboten wurde, das Kl. leiteten. Heute befindet sich die Anlage, die zugleich das Stadtmuseum beherbergt, wiederum in kirchlichem Besitz. – 1833: 3119, 1900: 7609 (davon 7218 Dt.), 1930: 7356 (davon 6016 Dt.), 1950: 4545, 1991: 8076 Eww. (IV) *Fr*

LV 905, Bd. 45, 22–192; LV 259, Bd. 6, 56f.; J. Lippert, Hausbaustudien in einer Kleinstadt (Braunau), Praha 1903; B. Menzel, Abt Othmar Daniel Zinke 1700–1738, Ottobeuren 1978; J. Patzak, Der politische Bezirk Braunau, Braunau 1872; LV 279,

Bd. 5, 59–63; J. Streubel, Altbraunau, Braunau 1941; V. V. Tomek, Älteste Nachrichten über die Herrschaften Braunau und Politz bis zur Zeit des Hussitenkrieges, Prag 1857; Z. Vulterin/M. Nováková, Broumovsko, přírodní a kulturní památky, Praha 1964; R. Webersinke, Beiträge zur Geschichte der Stadt Braunau im 17. Jh., Braunau 1928; L. Wintera, Geschichtsbild der Stadt Braunau, Braunau 1894; ders., Braunau und der Dreißigjährige Krieg, Warnsdorf 1905.

Braunsberg (Brušperk, Bez. Friedek-Mistek). Im Zuge des mähr. Landesausbaus des Olmützer Bf. Bruno v. Schauenburg ließ dieser am r. Ufer der Ondřejnica auf 3 Hügeln mit Lokationsurk. von 1269 durch 2 Lokatoren eine städt. Plananlage in Form eines länglichen Rechtecks um einen Marktplatz gründen; der Gründung wurde Magdeburger Recht verliehen, Oberhof war → Troppau. Sie war Orientierungspunkt für einige ältere Dörfer in unmittelbarer Nachbarschaft, nämlich Stařitsch, Fritschowitz, Bruneswerde (das heutige Altendorf), Paskau und städt. Mittelpunkt der vor 1267 erworbenen Herrsch. → Hochwald gegenüber den eher periphär gelegenen damals schon bestehenden Städten → Freiberg, → Mähr. Ostrau, Mistek (→ Friedek-Mistek). Einzelheiten der spätma. Entw. sind kaum greifbar; Bürgerbücher sind seit 1560 überliefert. Im 30jähr. Krieg (1643) wurde B. von schwed. Truppen geplündert. 1665 verlieh der Bf. v. Olmütz, Karl v. Liechtenstein-Kastelkorn, der Stadt Gemeindeartikel; die städt. Privilegien wurden im 18. Jh. mehrfach bestätigt. Mit der bis 1850 geltenden Magistratsverfassung von 1793 wurde B. aus der Hochwalder Herrsch. herausgenommen. Auf der Tuchherstellung basierenden wirtsch. Blütezeiten im 16. Jh., als die Stadt mit 3 Jahrmärkten privilegiert war, und in der 2. H. 18. Jh. bis zum ersten Viertel des 19. Jh. folgte in der Industrialisierung keine wirtsch. Belebung, sondern eine Marginalisierung innerhalb des nordmähr. Industriegebietes. Dementsprechend blieb die Zahl der – seit der Huss.zeit fast ausschl. tsch. – Bev. im 19./20. Jh. fast konstant: 1869: 3165, 1910: 3277 und 1991: 3590 Eww. – Die schon zu 1305 als Pfarrkirche erwähnte einschiffige Georgskirche mit vorgebautem quadrat. W-Turm weist noch ein spätgot. Portal (1577–80) auf; 1744–74 wurden n. und s. 2 barocke Kapellen angefügt. In der 2. H. 16. Jh. setzten sich in B. luth. Einflüsse durch, die aber im Zuge gegenreformatorischer Maßnahmen der Olmützer Bff. bis 1607, als wieder ein kath. Pfarrer nachgewiesen ist, zurückgedrängt waren.   (V) *Ke*

LV 463, Reg.; Brušperk. Městská privilegia. Hg. v. K. Müller u. R. Žáček, Havířov 1993; L. Dokoupil, Brušperk. Město nikoliv nejmenší, Olomouc 1969; LV 255, 702f., 994; L. Hosák, Středověké osídlení a kolonizace mezi Odrou, Ostravicí a Beskydami, in: ČSPS 64 (1956), 17–22; LV 950, Bd. 1, 118; F. Linhart, Místecký okres, Brno 1915, 146–167; L. Mlčak, Státní seznam nemovitých kulturních památek okresu Frýdek-Místek, Ostrava 1980, 9–15; F. Pinkava, Brušperk a jeho okolí, Olomouc 1869; LV 898, Bd. 1, 278ff.; LV 569, Bd. 2, 418; LV 791, Bd. I/3,

109–112; P. Ziegler, Die Grafen von Hückeswagen in Mähren, in: ZGLM 45
(1943), 1–30, 81–116, 141–177, hier 104, 146, 166f.

Braunseifen (Brunzejf, seit 1947 Ryžoviště, Bez. Freudenthal). Die
9 km sö. von → Römerstadt, spätestens seit 1492 zur Herrsch.
→ Eulenberg gehörende Bergbausiedl. wurde als Stadt 1320 erstm.
erwähnt. Von einem 1774 zuletzt genannten Ringwall kann man auf
eine prähist. Siedl. schließen. Seit A. 15. Jh. durch die Huss.kriege
wüst, wurde B. vor allem seit dem Übergang der Herrsch. Eulenberg
an die Herren v. Boskowitz 1543 wiederaufgebaut. Johann d. Ä. Kobylka v. Kobylí veranlaßte 1603 den Bau einer 1755 abgetragenen
Pfarrkirche. B., spätestens 1583 prot., erfuhr 1624 mit Beginn der
Deutschordensherrsch. eine gewaltsame Rekatholisierung. Die Stadt
litt unter dem 30jähr. Krieg: 1630 wurden 27 wüste Güter verzeichnet, ein Stadtbrand vernichtete 1637 alle Urk. sowie die Kirche. Anstelle der alten Kirche wurde 1758 die barocke Pfarrkirche Johannes
des Täufers erbaut. Die 1780 gegr. Eisenwerke und die 1802 gegr.
Textilfabrik trugen zur Industrialisierung des am Knotenpunkt wichtiger Straßen liegenden Ortes bei. Der Bürgermeister Josef Richter
(1787–1812) war einer der größten Leinenfabrikanten Nordmährens.
Die Krise der Leinweberei zwang zur Auswanderung, so daß die
Eww.-Zahlen nach dem Höchststand von 1860 (2953 Eww.) immer
mehr zurückgingen (1880: 2540, 1930: 1604 Eww., davon 1584 Dt.).
1874 vernichtete ein Brand große Teile der Stadt. Einzig die 1899
gegr. Seidenwarenfabrik Löri mit 350 Beschäftigen (1939) konnte
noch einen Zuwachs verzeichnen. Sie wurde nach dem Krieg als
»Brokat III« (→ Römerstadt) weitergeführt. Die dt. Bev. wurde 1946
vertrieben. B. hat diesen Verlust immer noch nicht aufgeholt (1949:
817, 1991: 710 Eww.). B. ist Geburtsort des Dichters und Tierarztes
Josef Schmid-Braunfels (1871–1911).   (IV) *Lb*
K. Berger, Ein Auszug aus der ältesten Braunseifener Pfarrmatrik, in: ZVGMS 7
(1903), 386 f.; LV 950, Bd. 1, 382; A. Schleser, Das Städtchen Braunseifen während
und nach dem Schwedenkriege vom J. 1624 bis 1740, in: Nbl (1896), 128–150; J.
Schmid-Braunfels, Geschichte der Stadt Braunseifen, Braunseifen 1910.

Březnitz (Březnice, Bez. Příbram). Das 14 km s. von → Příbram im
Skalitz-Tal gelegene B. taucht in den Quellen 1327 als Marktstädtchen auf, dessen Wachstum durch die Lage an der Kreuzung versch.
Handelswege gefördert wurde. An der Stelle des heutigen Schlosses
stand schon zu dieser Zeit eine Burg, die Budislav v. Buzice (1224–40)
hatte errichten lassen und die sich bis 1406 im Besitz seiner Nachfahren befand. Auf Intervention Kg. Wenzels IV. ging B. 1415 an den
obersten Münzmeister Peter Zmrzlík v. Schweißing. Bereits vor 1419
gab es in B. eine Schule. Der Enkel Peter Zmrzlíks ließ die Burg im

ausgehenden 15. Jh. ausbauen, wobei auch der äußere Befestigungsring vollendet wurde. 1506 ging die gesamte Herrsch. B. (Burg, Hof,
Städtchen und mehrere Dörfer) an Zdeněk Malovetz v. Chejnov;
nach dessen Tod erhielt sein jüngerer Sohn, Peter, testamentarisch
Burg und Städtchen. Aufgrund seiner Teilnahme am Ständeaufstand
von 1547 mußte Peter B. 1548 an den stellv. Reichskanzler Georg v.
Loksan abtreten. Dieser begann mit dem Umbau der spätgot. Burg in
ein Renaissance-Schloß, die Arbeiten fanden unter seiner Gemahlin
1567 ihren Abschluß. Katharina v. Loksan begründete zudem 1558
eine für die damalige Zeit ungewöhnlich reichhaltige Bibliothek.
1557 fand auf Schloß B. die heimliche Eheschließung Ehzg. Ferdinands v. Tirol mit Philippine Welser statt, die bei ihrer Tante Katharina v. Loksan lebte. Die wirtsch. Prosperität des Städtchens wurde
1575 durch mehrere Privilegien gefördert. Nahezu 30 Handwerks-
zweige bestimmten das gewerbliche Leben. Nach der Schlacht am
Weißen Berg wurde der Besitz der Fam. Loksan konfisziert, B. 1623
an den kgl. Prokurator Přibík Jeníšek v. Aujezd übertragen, einen
energischen Verfechter der Gegenref., der 1638 die Jesuiten nach B.
holte. Neben dem ehem. frühbarocken, 1640 von Carlo Lurago erbauten Jesuitenkolleg steht die einschiffige, ebenfalls nach Plänen
Luragos 1642–50 erbaute Kirche St. Franziskus und Ignatius. Nahezu
vollständig erhalten hat sich das ehem. Judenviertel, 1570 von Ferdinand v. Loksan gegr., ein Komplex ausnahmslos zweigeschossiger
Häuser; diese sind um einen viereckigen Marktplatz gruppiert, in dessen M. eine 1874 fertiggestellte Synagoge steht anstelle eines älteren
Barockbaus von 1725, der 1821 niederbrannte. 1784 erwarb Josef
Maria v. Kolovrat B., 1824 folgte dessen Sohn Hanuš, ein Mäzen der
tsch. nat. Wiedergeburt; 1875 erhielt B. einen Eisenbahnanschluß. –
1869: 2971, 1910: 2716, 1950: 2574, 1991: 3614 Eww.   (VI) *Krz*

L. Fürst, Řemesla a živnosti v Březnici v druhé polovině 15. století, in: BO 5 (1949),
64–73; LV 259, Bd. 5, 30; LV 906, Bd. 1, 136–139; St. Polák, Březnice, in: VSP 20
(1982), 95–102; LV 279, Bd. 11, 219–226; St. Suda, Březnické kostely, Praha 1935;
M. Volf, Z historie březnické jezuitské koleje, in: VSP 8/9 (1977), 121–143; S.
Zeman, Hanuš hrabě Kolovrat a společenský život v Březnici, in: Hanuš z Kolovrat.
Sborník, Praha 1939, 54–62.

Březno (Bez. Jungbunzlau). Das 8 km ö. von → Jung-Bunzlau an der
Klenice gelegene B. wird erstm. 1255 als »Brzezen« erwähnt, als es
sich – bis 1416 – im Besitz der Herren v. Wartenberg befand; danach
waren hier bis vor 1535 die Lapačka v. Suchorad ansässig. 1552–1749
war die Herrsch. im Besitz der Herren v. Bubna und Lititz, 1751–
1897 der Gff. Kaunitz, denen bis 1920 durch Heirat die Gff. Hohen-
lohe-Waldenburg folgten. An der Stelle einer wohl aus dem 15. Jh.
stammenden, aber schon M. 16. Jh. wüsten Feste errichteten die Her-

ren v. Bubna und Lititz 2. H. 16. Jh. ein einfaches Renaissance-
Schloß, das 1765 ausbrannte und dessen Turm auf dem Dorfplatz
zum Glockenturm umgebaut wurde. Stattdessen ließ Gf. Johann
Adolf Kaunitz 1770 ein zweiflügeliges Barockschloß mit großem
engl. Park errichten. Unweit befindet sich die barocke Wenzelskirche als Nachfolgerbau von 1718 der schon 1346 erwähnten Pfarrkirche. – 1869: 612, 1991: 596 Eww. (III) *Ke*
Dějiny obcí okresu mladoboleslavského a benátského, Mladá Boleslav 1926, 93–99;
LV 259, Bd. 3, 55; LV 952, Bd. 1², 186; LV 279, Bd. 10, 42f.; LV 906, Bd. 1, 139.

Brozan (Brozany, Bez. Leitmeritz). Der an einer Furt über die Eger
7 km s. → Theresienstadt gelegene Ort erscheint 1276 als Besitz der
Propstei von → Melnik; die Pröpste sorgten durch die Anlage einer
Festung für die Sicherheit des Platzes. In der Huss.zeit gelangte B.,
ebenso wie das benachbarte → Doxan und → Leitmeritz, unter die
Herrsch. der Prager Städte, die es Hynek v. Goldenstein (†1427)
übergaben. Die späteren Inhaber, Erben Heinrichs v. Wřesowitz – er
wurde 1509 vom Kg. als Besitzer bestätigt –, nannten sich »v. B.«.
Grabplatten der Fam. aus der 2. H. 16. Jh. finden sich in der 1352 als
Pfarrkirche erwähnten Dorfkirche St. Gotthard. Die alte Festung auf
der Höhe über dem Dorf baute Sigmund B. v. Wřesowitz (†1598) im
Renaissancestil um. A. 17. Jh. wechselte B. mehrmals die Besitzer. Es
ging zunächst 1601 an Johann Zbynko Zajíc v. Hasenburg und
schließlich 1617 an Polyxena Popel v. Lobkowitz. Seitdem blieb B.
mit der Herrsch. → Raudnitz verbunden. – 1869: 912, 1900: 1061
(nur Tsch.), 1991: 1005 Eww. (II) *Lüb*
J. Havlík, Minulost a současnost Brozan nad Ohří, Litoměřice 1985; LV 259, Bd. 3,
53f.; LV 905, Bd. 4, 5–19; LV 283, Bd. 1, 31ff.

Brünn (Brno). Brünn, lat. Bruna, am Fuße des Spielbergs im fruchtbaren Talbecken der sich hier vereinigenden Flüsse Schwarzawa und
Zwittawa gelegen, war 1784–1850 und 1928–49 Hauptstadt Mährens
(bzw. des Landes Mähren-Schles.) und ist heute nach → Prag als
zweitgrößte Stadt der Tsch. Republik ein bedeutendes Industrie-,
Handels- und Wissenschaftszentrum, Eisenbahn- und Verkehrsknotenpunkt sowie Sitz oberster Justizorgane des Staates.
Das Areal der Stadt und des gesamten B.er Beckens gehört zu den
ältesten Siedlungszentren in den böhm. Ländern. Archäolog. Ausgrabungen haben die Anwesenheit des altsteinzeitl. sog. Homo fossilis
vor gut 30 000 Jahren belegt. Die seit dem 5. Jh. n. Chr. vordringenden Slawen ließen sich auch im Raum B. nieder; verm. existierte im
6. Jh. oberhalb einer Kreuzung alter Handelswege die von einem
Burgwall umgebene Siedl. Staré Zámky bei Lösch. Nachfolgend erlangte jene an einer Furt über die Schwarzawa gelegene Siedl. Be-

deutung, die den Namen Brno erhielt, was verm. vom altslaw. Wort
»Brn« (Ton, Morast) abgeleitet ist. Nach dem Untergang des Großmähr. Reiches und der milit. Unterwerfung Mährens durch die
böhm. Přemysliden entstand direkt oberhalb dieser Siedl. eine 1091
erstm. erwähnte Burg, die als Zentrum der Provinzialverw. und
Herrschaftsmittelpunkt eines der 4 mähr. Fstm. diente. Offenkundig
war diese jedoch nicht identisch mit dem heutigen Spielberg, der erst
für 1287 in den Quellen erscheint. Die Přemysliden-Burg lag verm.
auf dem Petersberg, ohne daß archäolog. Ausgrabungen hier bislang
Klarheit verschafft hätten. Nach 1220 erwähnen die Quellen auf dem
Territorium der sich seit dem folgenden Jahrzehnt herausbildenden
Stadt B. die Pfarrkirche St. Marien in Alt B., die Peterskirche auf dem
gleichnamigen Hügel zus. mit der Filialkirche St. Michael und der St.-
Jakobs-Kirche, die seit 1231 als Pfarrkirche diente. Wenig später wurde zudem die St.-Nikolaus-Kirche erbaut. Diese Gotteshäuser bildeten die jeweiligen Mittelpunkt sich entfaltender Siedl. im Bereich
der späteren Stadt und wurden, im Unterschied zum slaw. Alt B.,
mehrheitlich von den im Rahmen der hochma. Kolonisation her-
beiströmenden Landfremden bewohnt, bei denen es sich vornehmlich um Dt. aus dem bayer.-österr. Raum handelte. Im Umkreis der
Marienkirche ließen sich wahrsch. jüd. Bewohner nieder, außerhalb
der späteren Stadtmauern gab es eine kleinere tsch. Ansiedl. Diese
neuen Siedl. stiegen allmählich zu Handels- und Gewerbezentren
auf. Die bestehende Fürstenburg sowie die vorteilhafte Lage an der
Kreuzung wichtiger Handelswege begünstigten das Zusammenwachsen der bestehenden Handwerker- und Kaufleutesiedl. und die
Entstehung der Stadt im Rechtssinne.
1237 erwähnen die Quellen einen gewissen Brumo als ersten nicht-
adeligen und nichtgeistl. »civis Brunensis«; im darauffolgenden Jahr
stiftete der Bürger Rudlin mit seiner Frau Hodawa – die Namen
könnten auf eine dt.-tsch. Mischehe deuten – das Hl.-Geist-Spital in
der heutigen Bäckergasse. Die Erteilung städt. Privilegien nach süddt.
Vorbild im Januar 1243 in 2 Urk. Kg. Wenzels I. gilt als eigentliches
Gründungsdokument von B. Durch die Erteilung kommunaler Freiheiten wurde B. der Rechtsgewalt der Burgbeamten entzogen. Die
Verw. lag fortan in den Händen eines Richters und des städt. Rates;
zudem erwarb B. das Bannmeilenrecht, durfte sich mit Mauern umgeben und zu Pfingsten einen Jahrmarkt abhalten. Das Privileg
schützte Einheimische und Fremde gleichermaßen und kodifizierte
die in der Stadt geltenden Rechtsnormen. 1291 verlieh Kg. Wenzel II. B. einen weiteren, den St.-Gallus-Jahrmarkt. 1292 verbriefte
der Kg. der Stadt u. a. die freie Wahl des Rates sowie die Befreiung
vom Landgericht auch für die außerhalb der Mauern gelegenen Be-

sitzungen der Bürger. Weitere Einnahmen versprach die 1293 gewährte Brückenmaut an Schwarzawa und Zwittawa. – Die Stadtmauern umschlossen ein Areal von 141,4 ha; außerhalb der Befestigung verblieb das urspr. an der Furt über die Schwarzawa gelegene Marktdorf B. Die neue Stadt übernahm jedoch dessen Namen, während die urspr. Siedl. die Bezeichnung Alt B. erhielt. Erst 1850 wurde Alt B., das nachfolgend zu einem Städtchen aufstieg und den Mittelpunkt einer umfangreichen Grundherrsch. des hier 1323 gegr. Zisterzienserinnenkl. bildete, der Stadt B. eingemeindet.

Im Areal der Stadt gab es von A. an 3 Kl.: 1227–39 ließen sich die Dominikaner nieder, verm. um 1230 die Minoriten und seit 1240 die Augustinerinnen im sog. Herburgenkl., das in der Böhmenkgn. Kunigunde v. Schwaben eine treue Beschützerin fand und von zahlr. Abgaben befreit wurde. Unweit hiervon lagen eine Benediktinerpropstei, die dem Konvent in → Trebitsch unterstand, sowie das spätestens 1209 gegr. Prämonstratenserkl. Obrowitz. Diesen noch vorstädt. Ordensniederlassungen folgten im 14. Jh. weitere: So gründete die erste Gemahlin Kg. Johanns v. Luxemburg, Elisabeth, schon 1312 einen Konvent der Dominikanerinnen in der Stadt, während die Kgn. Elisabeth v. Polen-Kalisch, Witwe Wenzels II., 1323 das monumentale Zisterzienserinnenkl. in Alt B. stiftete. Hier bildete sich zudem ein bedeutendes Zentrum höfischer Kultur heraus. In der Zeit der mkgfl.-luxemburgischen Sekundogenitur kamen weitere kirchliche Stiftungen hinzu: 1350 wurden die Augustinereremiten in die Stadt eingeführt, deren Kirche als letzte Ruhestätte für die mähr. Luxemburger konzipiert war, 1375 die Kartäuser in Königsfeld angesiedelt.

Parallel zur wachsenden pol. Bedeutung als Residenz entfalteten sich auch Handwerk und Gewerbe. Die Erteilung weiterer Privilegien für die im SpätMA ungefähr 7–8000 vornehmlich dt. Eww. zählende Stadt förderte diese Tendenz. 1345 ermächtigte der junge Mkgf. und spätere Kg. Karl IV. die Stadt, ungehindert Juden Aufnahme zu gewähren, ein mit wichtigen finanziellen Einnahmen verbundenes Privileg. 1361 wurde die Zunft der Messerschmiede gegr., 1367 schlossen sich die Goldschmiede zu einer Korporation zus., weitere Zünfte folgten. 1333 hatte Kg. Johann v. Luxemburg bereits verfügt, daß Kaufleute aus Österr. künftig über B. reisen sollten, dessen Ruf als Handelszentrum sich zunehmend festigte. Seit 1357 durfte die Stadt schon 3 Jahrmärkte abhalten. Die reichen B.er Bürger erwarben Güter im Umland, vor allem Weingärten, Höfe und Mühlen. Im breiteren Umkreis der Stadt verfügten auch die Kl. über Grundbesitz. Architektur, Bildhauerei, Schnitzerei und Malerei erlebten eine Blüte, zudem entstanden hervorragende Buchmalereien. Ein herausragendes Beispiel für die Entw. des B.er Stadtrechts stellt das um 1350 von dem Stadtschreiber Johann verfaßte Schöffenbuch dar, ein ansehnliches Zeugnis dt. Rechtskultur unter dem frühen Einfluß des röm. Rechts, das B. als »Oberhof« für knapp 100 Orte Süd- und Mittelmährens ausweist. Die Funktion als mkgfl. Residenz brachte der Stadt Vor- und Nachteile ein. Mkgf. Johann Heinrich (1322–75), der ein Vierteljh. auf dem Spielberg residierte, bezeugte den Bürgern in zahlr. Privilegien seine Gunst; aus dem Residenzcharakter der mähr. Metropole ergaben sich jedoch auch finanzielle Belastungen, wie etwa die von der Bürgerschaft zu zahlende Stadtsteuer sowie die milit. Unterstützung bei allen kriegerischen Unternehmungen des Mkgf. Die Pestepidemien 1349/50, 1356 und 1372 mit ihren demographischen Einbrüchen sowie ein verheerendes Feuer 1356 lähmten vorübergehend die wirtsch. Entfaltung. Insgesamt jedoch bot B. ein Bild der Stabilität, wovon auch die 4 entstandenen Vorstädte zeugten: Neben dem Brauer- bzw. Mälzerviertel vor dem Judentor gab es das Viertel der Lederer vor dem Menesener Tor, das Viertel »Auf dem Anger« sowie das Viertel »Vor dem Rennertor«.

In der Huss.zeit blieb B. mit seinem kath. dt. Patriziat Kg. Sigismund treu. Sowohl die Häuser- als auch die Eww.-Zahl ging jedoch in den Huss.kriegen zurück. Den kath. Charakter der Stadt unterstützte 1451 die Predigt des Johannes v. Capestrano, der die Gründung eines Kl. der Franziskaner-Observanten veranlaßte. In den böhm.-ungar. Kriegen stellte sich das kath. dt. Patriziat gegen Kg. Georg v. Podiebrad und mußte auf milit. Intervention des Kg. hin die Verw. an Ratsherren abtreten, von denen die meisten aus tsch. Handwerkerkreisen kamen. Trotz dieser Konflikte und der damit verbundenen Rückschläge, begannen sich die wirtsch. Verhältnisse unter der Herrsch. des ungar. Kg. Matthias Corvinus erneut zu konsolidieren. Die Stadt erwarb wiederholt Güter im Umland, so bereits 1417 Neuraußnitz, 1466 die Herrsch. Deblin, die Dörfer Swinoschitz und Niemtschitz, 1546 das Gut → Gurein, 1560 schließlich sogar die Burg Spielberg mit den dazugehörigen Gütern. – Die Stadt diente häufig als Tagungsort des mähr. Landtags. Vom E. 13. Jh. bis 1585 fanden diese Zusammenkünfte der Stände vornehmlich im Refektorium des Dominikanerkl. sowie 1585–1782 in den Räumen des Landeshauses, dem heutigen Neuen Rathaus, statt. Trotz einer verheerenden Feuersbrunst 1515 sowie den Pestepidemien 1571, 1584 und 1597 erwies sich die wirtsch. Situation im 16. Jh. als stabil. Seit 1530 hielt der Prot. allmählich Einzug. Dennoch scheint die Stadt einem 1539 von Kg. Ferdinand I. verfügten Gebot, die Pfarreien von St. Jakob und Allerheiligen nur mit kath. Geistlichen zu besetzen, zunächst gefolgt zu sein. Zahlr. Zünfte protestierten allerdings gegen eine einseitige Vereinnahmung durch den Kath., insbes. nach dem Einzug der Jesuiten 1572. Der neue Olmützer Bf. Kardinal Franz v. Dietrichstein veranlaßte seit 1599 ein entschiedenes Vorgehen gegen die Luth., die nun ihre Toten nicht mehr bei St. Jakob begraben durften. 1604 wurden hier die Kapuziner eingeführt.

Nach der Schlacht am Weißen Berg 1620 besetzte die ksl. Armee B., das sich trotz innerer rel. Gegensätze auf die prot. Seite geschlagen hatte. Der Spielberg wurde konfisziert; die von der Stadt zu entrichtenden Kriegsausgaben beliefen sich 1621–24 auf die gewaltige Summe von 540 000 Gulden. 1643 und 1645 belagerten die Schweden unter Lennart Torstensson die Stadt. Sie zerstörten zwar mehrere vor den Stadtmauern gelegene Kl. und brannten die Vorstädte nieder, doch konnten die Eingeschlossenen unter dem Kommando des frz. Hugenotten Louis Raduit de Souches die Angreifer abwehren. Für ihren Heldenmut erhielten die Bürger von Ks. Ferdinand III. ein neues Wappen mit dem ksl. Doppeladler sowie einen Schuldenerlaß, der sich aufgrund der Kriegseinwirkungen und der Folgen einer neuerlichen Pestepidemie, welche die Bev.-Zahl 1650 auf 4500 gegenüber mehr als 11 000 vor 1618 hatte schrumpfen lassen, als bitter notwendig erwies. Die Ratsherren erhielten Adelstitel und weitere Privilegien; die kommunale Selbstverw. blieb jedoch durch einen kgl. Richter eingeschränkt, der seit 1621 in B. amtierte. Interessenkonflikte zw. Gem. und Rat zwangen den Wiener Hof 1710, einen 15köpfigen Bürgerausschuß einzusetzen, der die Positionen der Gem. gegenüber dem Stadtrat vertrat. Nach der Überwindung der Rückschläge durch den 30jähr. Krieg erfolgte auf Betreiben Wiens der großzügige Ausbau von B., seit 1641 alleinige Hauptstadt Mährens und Aufbewahrungsort der Landtafeln, zur Landesfestung. 1742 mußte Kg. Friedrich II. v. Preußen unverrichteter Dinge abziehen; die in Mitleidenschaft gezogenen und vor den Mauern gelegenen Kl. übersiedelten in der Folgezeit in die Stadt.

Seit der 2. H. 18. Jh. entwickelte sich B., das 1777 überdies Sitz eines neuen Btm. wurde, rasch zu einem bedeutenden Zentrum der Manufaktur- und später Industrieproduktion. Die erste große Manufaktur zur Tucherzeugung richtete die Wiener Regierung 1763 ein, E. 18. Jh. zählte die Stadt schon 15 derartige Produktionsstätten. Seit 1814 arbeitete in B. die erste Dampfmaschine in der Habsburgermonarchie, von denen es 1840 bereits 24 gab. Die B.er Textilfabriken, die den Ruf der Stadt als »österr. Manchester« begründeten, beschäftigten 1800 Arbeiter. Daneben bestimmte seit A. 19. Jh. zunehmend der Maschinenbau das Wirtschaftsleben der Stadt. 1802 wurde die erste Spinnmaschinenfabrik gegr. Neben der Ersten B.er Maschinenfabrik entstanden 1861 die Gießerei des Ignatz Stork, in der

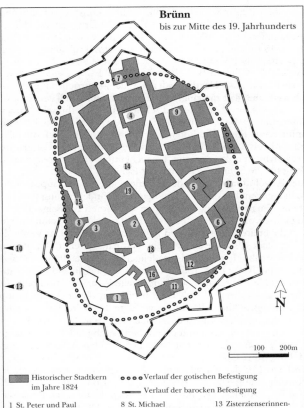

Brünn
bis zur Mitte des 19. Jahrhunderts

0   100   200m

N

Historischer Stadtkern
im Jahre 1824

○○○○ Verlauf der gotischen Befestigung

Verlauf der barocken Befestigung

1 St. Peter und Paul
2 Altes Rathaus
3 Haus der Herren von Kunstadt
4 St. Jakob
5 Minoritenkloster mit
Kirche St. Johannes und
Loretokapelle
6 St. Josef
7 Augustinerkloster und
Thomaskirche

8 St. Michael
9 Kirche Mariä Himmel-
fahrt
10 Zitadelle Spielberg
11 Kapuzinerkloster mit
Kirche zur Kreuzauf-
findung
12 Franziskanerkloster
mit Kirche St. Maria
Magdalena

13 Zisterzienserinnen-
kloster und Kirche
Mariä Himmelfahrt
14 Pestsäule
15 Neues Rathaus und
Dominikanerkloster
16 Dietrichsteinpalais
17 Měnintor
18 Parnasbrunnen
19 Haus d. Herren v. Leipa

1912 Viktor Kaplan seine berühmte Turbine konstruierte, und 1889 die Königsfelder Maschinenfabrik. Der 1839 fertiggestellte Bau der Eisenbahnstrecke nach Wien begünstigte die weitere Industrialisierung; 1845 folgten die Strecken nach → Mähr. Trübau und → Prag. Der rasche Aufschwung der Industrie förderte auch die Zunahme der Eww.-Zahl: Während B. 1770 noch 14 972 Eww. zählte, waren es 1846 bereits 45 354. War die Stadt am A. der industriellen Revolution noch weitgehend dt.sprachig, so änderte sich nun durch den Zustrom tsch. Arbeiter aus dem Umland schrittweise die ethnische Zusammensetzung der Bev. – mit dem Ergebnis, daß die Dt. bis 1919 ihre dominierende Rolle einbüßten. Dennoch vermochte sich die mähr. Metropole bis 1918 nicht in der gleichen Weise zum geistigen und wirtsch. Mittelpunkt des mähr. Tschechentums zu entfalten, wie dies in Prag für die böhm. Tschechen der Fall war.

In der Revolution 1848/49 demonstrierte die Landeshauptstadt ihre Loyalität gegenüber dem Ks. Die neue Gemeindeordnung von 1850 hatte die Eingemeindung von 27 B.er Vorstädten zur Folge. Der Festungsstatus von B. endete 1852; seit 1860 wurden die Schutzanlagen durch die breite Ringstraße und Parkanlagen ersetzt. Das Vereinsleben der Stadt gestaltete sich zunehmend nat. getrennt. Theateraufführungen gab es bereits 1761 im adeligen dt. Reduta-Palais, 1815–43 in dt. und tsch. Sprache. 1882 wurde das von Ferdinand Fellner und Hermann Helmer erbaute, auf bürgerliche Repräsentation bedachte Stadttheater eröffnet, das als erste Institution dieser Art in Europa über eine elektrische Beleuchtung verfügte. Dt. Vereinen, etwa dem Männergesangverein von 1861, standen tsch. wie der ebenfalls 1861 ins Leben gerufene Lesebund gegenüber; es gab jedoch auch nat. gemischte Vereine wie den seit 1869 bestehenden Arbeiterbildungs- und Unterstützungsverein. 1880 zählte B. 109 339 Eww., davon 48 591 Dt. Mit der wirtsch. Entw. im Zuge einer fortschreitenden Industrialisierung – bis 1910 stieg die Zahl der B.er Fabriken auf 320, davon 70 Textilbetriebe – ging ein Erstarken der tsch. nat. Bewegung einher, das zu wachsenden Spannungen zw. Dt. und Tsch. führte. Auch innerhalb der Arbeiterbewegung wurden nunmehr nat. Gegensätze ausgefochten: Der B.er Parteitag der gesamtösterr. Sozialdemokratie verabschiedete 1899 ein sog. Nationalitätenprogramm, das die Umwandlung der Monarchie in einen Bund nat. Mitgliedstaaten auf ethnischer Basis vorsah – ein Vorhaben, das schließlich zum Scheitern verurteilt war. Auch die Entw. des wiss. Lebens in B. stand seit E. 18. Jh. unter dem Vorzeichen aufkeimender nat. Gegensätze. Nach 4jähr. Wirken der Olmützer Ständeakademie in B. 1778–82 wurde erst 1849 in der Stadt das Technikum als Hochschule gegr.; diese sollte nach dem Willen der Stände einen tsch.-dt.

Charakter tragen, doch wurde hier seit 1873 ausschl. dt. unterrichtet. Zur Gründung eines tsch. Technikums kam es nach öffentlichen Protesten 1869, die Gründung der Masaryk-Univ. erfolgte erst 1919. Daneben entstanden eine Veterinär-, Landwirtschafts- und Forstwirtschaftshochschule. Bereits seit 1778 bestand ein dt. Gymnasium, dem 1869 ein tsch. folgte. Die erste nat. Schule mit Tsch.-Unterricht öffnete auf Weisung des Landesschulrats 1881. Seit 1818 existierte das Franzens-Museum (heute Mähr. Landesmuseum), 1839 initiierten die Stände die Gründung des Mähr. Landesarchivs. Hier wirkte lange Jahre als Direktor Bertold Bretholz (1862–1936), der u. a. eine vierbändige »Geschichte Böhmens und Mährens« sowie eine »Geschichte der Stadt B.« verfaßte. Das Stadtarchiv folgte 1929; die Anfänge des Städt. Museums reichen in das Jahr 1904 zurück.

Bald nach der Gründung der Tschsl. Rep. entstand im Zuge der Eingemeindung von weiteren 23 Vororten 1919 Groß B., womit sich die Eww.-Zahl 1921 auf 211758 (155931 Tsch. und 55816 Dt.) erhöhte. Die dt. Stadtverw. wurde seit dem 6.11.1918 durch einen Regierungskommissar ersetzt, die Amtsgeschäfte gingen nach den Wahlen im April 1920, gemeinsam mit dem Bürgermeisteramt, an die tsch. Stadtverordnetenversammlung über. Die industrielle Produktion dehnte sich weiter aus, wobei der Maschinenbau nunmehr an die erste Stelle trat. Während der Wirtschaftskrise 1929–33 mußten die meisten kleineren Textilbetriebe Konkurs anmelden, lediglich 3 größere Unternehmen überstanden diese Phase der Rezession. Unter den neugegr. Betrieben erlangten die Westmähr. Elektrizitätswerke die größte Bedeutung. Diese zeichneten zugleich für den Bau der Talsperre in Knín, heute das größte B.er Erholungsgebiet, verantwortlich. Vor dem Hintergrund des wachsenden Einflusses des Nationalsozialismus rückte B. im Spätsommer 1932 in den Blickpunkt des pol. Geschehens, als im sog. Volkssportprozeß vor dem B.er Bez.-Gericht das pol. Verbot der DNSAP in den böhm. Ländern vorbereitet wurde. 1934 bot die Stadt aus Österr. emigrierten Sozialdemokraten Asyl und die Möglichkeit, hier die »Arbeiterzeitung« zu drucken und nach Österr. zu verbreiten. Während der dt. Besatzung 1939–45 dienten neben dem Spielberg auch mehrere Studenteninternate als berüchtigte Gestapo-Gefängnisse. Am 26.4.1945 wurde B. unter großen Verlusten – mehr als 5000 sowjet. Soldaten fielen, fast 1300 Häuser in der Stadt wurden völlig zerstört – von der Roten Armee befreit. Ein Großteil der Dt. wurde nach Kriegsende vorübergehend interniert, am 30.5.1945 zum Verlassen der Stadt aufgerufen und im berüchtigten »B.er Todesmarsch« zur österr. Grenze getrieben, wobei in → Pohrlitz Hunderte an Übergriffen, Entkräftung und einer Epidemie starben. – Nach 1945 entwickelte sich B. zu einer »sozialist. Groß- und Messestadt«, deren pol. Bedeutung freilich dem strikten Prager Zentralismus untergeordnet wurde. Investitionen flossen vornehmlich in den Wohnungsbau, zahlr. Siedl. mit monotonen Plattenbauten legen hiervon beredtes Zeugnis ab. 1957–80 kamen neben dem Gebiet der Talsperre in Knín 13 weitere Dörfer hinzu, so daß sich B. nunmehr über eine Fläche von 23 020 ha erstreckt und 1993 390 112 Eww. zählte.

Das Territorium des 1944 eingemeindeten Lösch war bereits in prähist. Zeit besiedelt. Im 13. Jh. gehörte es den Herren v. Obřany. Smil v. Střílky, Angehöriger eines bedeutenden Adelsgeschlechts, schenkte Lösch 1261 dem Zisterzienserkl. → Wisowitz. 1306 bezeugen die Quellen eine Kirche in Lösch, 1662 eine Schule. Nach der Auflösung des Kl. übernahmen das Dorf die Erben seiner Gründer, die Herren v. Kunstadt. Johann Leskovetz v. Leskovetz erreichte 1558, daß Lösch den Status eines Städtchens und ein entsprechendes Wappen erhielt. 1609–14 wurde unter Hynek Bořita v. Budeč die St.-Ägidius-Kirche errichtet. 1630 kam auf dem Kirchhügel eine Marienkapelle hinzu, die 1785 abgetragen wurde. Das alte Kastell wurde nach 1720 unter Johann Christoph v. Freienfels zu einem Schloß ausgebaut, 1724 fügte man eine Kapelle mit Rokokomalereien hinzu. Im Zweiten Weltkrieg entstand in Lösch eine Fabrik zur Herstellung von Flugzeugmotoren, das spätere Zetor-Werk. Ein Luftangriff am 25.4.1944 richtete schwere Schäden an. Nach dem Krieg wurde die Produktion auf die Fabrikation von Traktoren umgestellt.

Die Stadt B. bietet zahlr. Baudenkmäler und Sehenswürdigkeiten. Als eine der schönsten spätgot. Hallenkirchen gilt die 1220 durch Hzg. Vladislav III. gegr. Pfarrkirche St. Jakob, deren Sakristei Anton v. Pilgram 1510 anbaute. Nach einer Feuersbrunst 1515 wurde der Bau instandgesetzt, jedoch erst nach 1575 vollendet. Die Einrichtung ist fast ausnahmslos neogot. Die spätgot. steinerne Kanzel stammt von 1526, das barocke Chorgestühl von 1707. Hinter dem Hochaltar befindet sich das Grabmal des 1683 gestorbenen Feldmarschalls Louis Raduit de Souches. Die im 15. Jh. in got. Stil errichtete Stiftskirche (seit 1777 Kathedrale) St. Peter und Paul wurde im 30jähr. Krieg durch die Schweden zerstört, später nach der Wiedererrichtung barockisiert und zuletzt 1904–11 außen in neogot. Stil wiederhergestellt und mit 2 Türmen versehen. Das Innere birgt eine steinerne Madonna (um 1300). Das ehem. Augustinerkl. St. Thomas ist eine dreischiffige, 1356 von Mkgf. Johann Heinrich gegr., aus Ziegeln erbaute und E. 14. Jh. vollendete Basilika, die Giovanni Battista Erna 1661–66 barockisierte. Bemerkenswert im Innern ist vor allem eine um 1385 geschaffene Pietà aus Kalkstein, die Heinrich Parler d. J. zugeschrieben wird. Neben der Kirche befindet sich ein Mendelmuseum, in dem der Augustinermönch und Prälat Gregor Mendel (1822–84) 1858–68 seine Kreuzungsversuche, bes. an Erbsen und Bohnen, ausführte und dabei grundlegende Vererbungsgesetze entdeckte. Auf dem angrenzenden Mendelplatz steht die 1323 von Kgn. Elisabeth, der Witwe Kg. Wenzels II., als Kirche eines Zisterzienserinnenkl. gegr. Marienkirche, deren Fertigstellung nach 1340 erfolgte. Auf dem Krautmarkt befinden sich der Parnaßbrunnen, der 1693–95 nach einem Entwurf von Johann Bernhard Fischer v. Erlach entstand, sowie die von Anton Schweigl 1729–33 errichtete Dreifaltigkeitssäule. An der S-Seite des Platzes steht l. die Redoute, das älteste, aus dem 18. Jh. stammende Theater der Stadt, r. davon das Palais Dietrichstein aus dem 17. Jh.; diesem schließt sich das spätma. Alte Bischofspalais mit got. Kapelle und einem schönen Arkadenhof an. Im Innern befinden sich die reichhaltigen Sammlungen des Mähr. Landesmuseums, dessen archäolog. Abteilung die etwa 25 000 Jahre alte Statuette der »Venus von Wisternitz« birgt. Das n. vom Krautmarkt gelegene, 1311 erbaute und später mehrfach erneuerte Alte Rathaus besitzt ein 1511 wahrsch. von Anton v. Pilgram geschaffenes, reiches spätgot. Portal und eine Renaissanceloggia im Hof. Im hinteren Durchgang hängt der sog. Lindwurm, ein legendenumwobenes ausgestopftes Krokodil, das 1608 eine türk. Gesandtschaft der Stadt geschenkt hatte.

Auf dem Spielberg, der einstigen mkgfl. Residenz, die 1621–1858 als österr. Staatsgefängnis diente, saßen zahlr. Gegner der Monarchie ein, so 1746–49 der Pandurenoberst Franz Frh. v. der Trenck und 1822–30 der ital. Dichter und Carbonari-Führer Gf. Silvio Pellico. In der heute als Museum zugänglichen Zitadelle sind Kerker und Marterzellen sowie eine den Widerstandskämpfern gegen Hitler gewidmete Abteilung zu besichtigen.

Den dreieckigen Freiheitsplatz (früher Unterer Markt) schmückt eine Mariensäule von 1680. An der SW-Ecke des Platzes steht das E. 16. Jh. erbaute Wohnhaus der Herren v. Leipa. An der O-Seite des Platzes befindet sich im 1679 erbauten ehem. adeligen Damenstift das Volkskundemuseum mit reichen kunstgewerblichen Sammlungen. Den sö. vom Krautmarkt gelegenen Kapuzinerplatz begrenzt das gleichnam. Kl. von 1656 mit Kirche. In der Gruft ruhen in einem Glassarg Oberst Franz v. der Trenck (1711–49) sowie etwa 50 Mumien von Kapuzinermönchen und angesehenen Bürgern von B. Auf dem Dominikanerplatz erhebt sich die 1655 begonnene St.-Michaels-Kirche mit ihrer reichen Barockausstattung. Das n. hiervon befindliche ehem. Dominikanerkl. mit einem im SpätMA geschaffenen Kreuzgang und dem got. Refektorium bildet heute zus. mit den Anbauten aus dem 19. Jh. das Neue Rathaus, das im Innern den alten Landtagssaal und den Saal der Landtafeln beherbergt. Die Mähr. Galerie in der Hus-Straße vereint in ihren kunsthist. Sammlungen eine umfangreiche und vorzügliche Grafikkollektion zum Alltagsleben im 30jähr. Krieg. Außerhalb der eigentlichen Altstadt befindet sich die Villa Tugendhat, ein 1928–30 von Ludwig Mies van der Rohe entworfenes Wohnhaus, in dem im August 1992 die Auflösung der Tschsl. Föderation beschlossen wurde. Auf dem im wesentlichen 1926–28 von tsch. Architekten entworfenen, weitläufigen Messegelände in Pisárky wird alljährlich die größte Außenhandels- und Maschinenbaumesse des Landes abgehalten.

Zu den in B. geb. Persönlichkeiten zählen der Baumeister und Bildhauer Anton v. Pilgram (um 1460–um 1515), der Jesuitenmissionar Georg Josef Kamel (1661–1706), der Ingenieur Gustav Lindenthal (1850–1935), der die Hellgate-Brücke über den East River in New York baute, der dem Expressionismus angehörende Bildhauer Anton Hanak (1875–1934), der Architekt Adolf Loos (1870–1933) sowie der Mitbegründer der Mikrochemie der Pflanzenkörper Hans Molisch (1856–1937). (VIII) *Krz*

F. Adámek, Pravěké hradiště u Obřan, Brno 1961; B. Bretholz, Geschichte der Stadt Brünn, Bd. 1, Brünn 1911; ders., Brünn. Geschichte und Kultur, Brünn 1938; ders., Urkunden, Briefe und Actenstücke zur Geschichte der Belagerung der Stadt Brünn durch die Schweden in den Jahren 1643 und 1645, Brünn 1895; V. Burian, Vývoj náboženských poměrů v Brně 1570–1618, Brno 1948; Dějiny města Brna, Bde. 1–2, Brno 1968–73; J. Dřímal, Kroniky a pamětní knihy městských písařů brněnských v době předbělohorské, in: BMD 2 (1960), 82–124; ders., Sociální složení a majetek obyvatel Brna v letech 1365 až 1509, in: BMD 6 (1964), 185–289; Ch. d'Elvert, Die äußere Entwicklung der Stadt, Brünn 1888; M. Flodr, Právní kniha města Brna z poloviny 14. století, Bde. 1–3, Brno 1991–93; G. Haas, Zur Geschichte der Brünner Industrie (1765–1836), in: ZVGMS 45 (1943), 178–191, 221–255; LV 253, Bd. 10, 25–60; I. Hlaváček, Brünn als Residenz der Markgrafen der luxemburgischen Sekundogenitur, in: Fürstliche Residenzen im spätmittelalterlichen Europa. Hg. v. H. Patze u. W. Paravicini, Sigmaringen 1991, 361–420; LV 377, 96–103; LV 259, Bd. 1, 48–54; V. Hrubý, Staroslovanské Brno, in: BMD 7 (1965), 130–148; Iura originalia civitatis brunensis. Privilegium českého krále Václava I. z ledna roku 1243 pro město Brno. Hg. v. M. Flodr, Brno 1993; J. Janák, Brněnští vlnařští podnikatelé a mistři v letech 1848–1860, in: BMD 12 (1994), 38–69; ders., Brněnští vlnařští podnikatelé v letech 1764–1847, in: ČMM 112 (1993), 107–137; H. Jordánková/L. Sulitková, Hlavní tendence brněnské řemeslné výroby od počátku města do zániku cechovního zřízení, in: BMD 12 (1994), 15–37; Zd. Kudělka, Počátky brněnského dómu, in: UM 43 (1995), 197–218; J. Marek, Lidnatost Brna v 14. až 16. století, in: BMD 2 (1960), 125–147; P. Mates, Obecní volby v roce 1919, jejich průběh a výsledky v Brně, in: ČMM 98 (1979), 3–31; J. Mezník, Brněnský patriciát a boje o vládu města ve 14. a 15. století, in: BMD 4 (1962), 247–349; V. Peša, Revoluční prosinec roku 1920 v Brně, in: BMD 3 (1961), 265–341; 500 let knihtisku v Brně 1486–1986, Brno 1986; W. Schramm, Ein Buch für jeden Brünner, Bde. 1–5, Brünn 1901–05; J. Šebánek, K otázce založení herburského kláštera v Brně, Praha

1931; I. Štarha, Okruh brněnského městského práva v době předbělohorské, in: BMD 9 (1966), 172–188; M. Stehlík, Brno historické, Brno 1970; LV 290, Bd. II/1; M. Švabenský, K hospodářským dějinám Brna v období 1243–1411, in: BMD 12 (1994), 177–253; G. Trautenberger, Die Chronik der Landeshauptstadt Brünn, Bde. 1–5, Brünn 1891–97; H. Welzl, Zur Geschichte der Juden in Brünn während des XVII. und XVIII. Jahrhunderts, in: ZVGDB 8 (1904), 296–357.

Brünnles (Brníčko, Bez. Mährisch Schönberg). Über dem 7 km s. von → Mähr. Schönberg gelegenen Dorf B., das zur Herrsch. → Hohenstadt gehörte, erheben sich auf einem schwer zugänglichen Bergrücken die Ruinen einer got. Burg vom E. 13. Jh. Nach der Olmützer Landtafel von 1356 war B. zunächst im Besitz der Herren v. Sternberg, ab 1434 der Tunkl. Der huss. Johann Tunkl v. B. erwarb 1447 zusätzlich die benachbarten Güter → Hohenstadt und → Eisenberg an der March. Die siegreichen Truppen des ungar. Kg. Matthias Corvinus verwüsteten 1468 die Stadt und zerstörten die Burg. 1510 mußte Heinrich Tunkl, von 1522–23 und 1525–27 oberster Münzmeister in Böhmen, seine Besitzungen wegen stark angewachsener Schulden verkaufen. Die kleine spätrom. Kirche Mariä Geburt wurde im 18. Jh. barockisiert. 1869 war die Burg Treffpunkt großer nat. Versammlungen. Von der tsch. Bev. (1900: 786 Eww.) siedelten nach dem Zweiten Weltkrieg viele in umliegende ehem. dt. Dörfer um (1991: 605 Eww.).   (IV) *Lb*

J. Blaschke, Zur Geschichte der Burg Brünnles. Familien- und Besitzverhältnisse nach der Landtafel, in: UH 3 (1934), 43–68; LV 253, Bd. 4, 148f.; LV 259, Bd. 2, 38ff.; V. Medek, Tunklové na severní Moravě, in: SMor 2 (1957), 33–39; 5 (1960), 33–39; LV 266, 210ff.; J. Unger, K stavebnímu vývoji hradu Brníčko, in: SMor 39 (1980), 57–60.

Brüx (Most). Die nordböhm., an der Biela gelegene Bez.-Stadt B. wurde 1964, nachdem in der Umgebung und auf dem Areal der Stadt riesige Braunkohlevorräte entdeckt worden waren, auf Beschluß der komm. Regierung der Tschsl., nahezu vollständig abgerissen und durch Neubauten am Rande des Fördergebietes ersetzt. Die alte Königsstadt hörte auf zu existieren. Der Chronist Cosmas hatte B. im Zusammenhang mit einem Heerzug Mkgf. Ekkehards II. v. Meißen nach Böhmen 1040 erstm. erwähnt. Nach 1175 erwarb das einflußreiche Adelsgeschlecht der Hrabschitz den Ort. Zu jener Zeit existierten 2 Adelssitze um die St.-Wenzels-Kirche und im späteren Gebiet von Saras. Nach 1227 fiel M. durch Heimfallrecht in kgl. Hand. Kg. Wenzel I. war sich der strategischen Lage des Ortes an der neu angelegten Trasse zw. → Prag und den Bergstädten in Sachsen, bes. Freibergs, bewußt. Unter Hinzuziehung sächs. Kolonisten gründete er daher unweit der älteren Marktsiedl. bei St. Wenzel, auf dem ge-

genüberliegenden Ufer der Biela, eine Stadt. Bereits M. 13. Jh. reichte das urspr. vorgesehene Areal nicht mehr aus und mußte erweitert werden; die endgültige Fläche von 18 ha innerhalb der Mauern wurde E. 13. Jh. erreicht. Unweit der früheren Siedl. entstand eine Kommende des Ordens der Kreuzherren mit dem roten Stern, in Saras 1283 das Kl. der Magdalenerinnen. In der Stadt wurden ein Minoritenkl. mit St.-Laurentius-Kirche sowie die städt. Pfarrkirche Mariä Himmelfahrt errichtet. B. besaß 4 Tore: das Prager, Spital-, Wasser- und Seetor. 1273 erteilte Kg. Přemysl Otakar II. B. das Bannmeilen- sowie Stapelrecht für Handelswaren. M. 13. Jh. verfügte es bereits über ein eigenes Siegel und Stadtwappen. Zugleich mit der Stadt gründete Kg. Wenzel I. auf dem Hügel Hněvín die Burg Landeswarte, deren Gestalt sich nur auf Grundlage ikonographischer und archivalischer Quellen rekonstruieren läßt: 1651–53 wurde sie zerstört, der heutige Bau stammt von 1902. Die Burg erstreckte sich urspr. auf einer Fläche von 3000 qm und besaß offenbar 2 Vorhöfe und 3 Türme, Palas und Kapelle. Die Burg spielte 1248 eine wichtige Rolle, als die Kg. Wenzel I. ergebene Besatzung die Feste gegen ein Heer seines abtrünnigen Sohnes, des späteren Kg. Přemysl Otakars II., verteidigte. Aufgrund ihrer exponierten Lage wurden Burg und Stadt im 14. Jh. mehrfach an Sachsen verpfändet. Vor 1350 entstand ein städt. Spital mit Hl.-Geist-Kirche, das einzige architektonische Denkmal in B., das auf seinem urspr. Platz steht.
Seit A. 15. Jh. befand sich B. wiederum in Pfandschaft der Mkgff. v. Meißen und wurde ein Stützpunkt der Gegner des Huss.; 1421 und 1424 versuchten die Huss. vergeblich, die Burg zu erobern. Erst Kg. Georg v. Podiebrad gewann 1459 B. für die böhm. Krone zurück. Die Blüte der Stadt als für Gewerbe und Handel bedeutsamer Bezugspunkt der nahegelegenen Bergstädte des Erzgebirges beendete 1515 eine Feuersbrunst, welche die gesamte Stadt einschl. der Pfarrkirche vernichtete. 2 Jahre später wurde der Grundstein für eine neue Pfarrkirche gelegt. Die Pläne dafür entwarf der Baumeister Jakob Heilmann, der zu dieser Zeit gerade am Bau der St.-Annen-Kirche in Annaberg beschäftigt war. Der aus Franken stammende und in Meißen geschulte Baumeister entwarf eine prächtige, dreischiffige Hallenkirche. Nach 1519 führte Georg v. Maulbronn den Bau weiter. Im Herbst 1975 wurde die Kirche mit großem technischen Aufwand 841 m versetzt. 1993 wurde sie neuerlich geweiht, heute beherbergt sie eine Exposition got. und Renaissancekunst aus den Regionen B. und → Teplitz. A. 16. Jh. lebten in B. etwa 2500 Eww. Die Ideen der luth. Ref. faßten auch in der kath. Stadt Fuß. Ethnisch war B. gemischt, wobei der dt. Bev.anteil überwog. Dt. Herkunft war auch der Komponist Andreas Hammerschmidt, ein Vertreter der frühen dt.

Barockmusik, der 1611 in B. geb. wurde. 1613 wurde erstm. die Förderung von Kohle erwähnt. Eine Katastrophe bedeutete der 30jähr.
Krieg, da die Burg Stützpunkt versch. Heere wurde, die zugleich B.
und dessen Umland verheerten. 1631 lebten nur noch rund
600 Eww. in B., die Mehrzahl der Häuser war zerstört. Erst M. 18. Jh.
erreichte B. demographisch das Niveau der Zeit vor 1620. 1820 vernichtete ein erneutes Feuer zahlr. Renaissancegebäude. Bis 1850
wurden sämtliche Tore abgetragen. Der Errichtung einer Kaserne
(1852) folgten 1855 das Krankenhaus, 1868 eine Synagoge und 1870
der Eisenbahnanschluß. Dieser legte die Grundlagen für einen raschen Aufschwung der Kohleförderung und eine zunehmende Industrialisierung. Bis zum Ersten Weltkrieg entstanden eine Zuckerfabrik, eine Porzellanmanufaktur, eine Stahlhütte und eine Brauerei.
Seit M. 19. Jh. war B. pol. und Verw.-Zentrum des Bez.; daher mußten neue Gerichts- und Verw.-Gebäude, Schulen und Finanzämter
errichtet werden. Der wirtsch. Aufschwung wurde jäh gebremst, als
1895 im Gefolge der Kohleförderung ein Teil der Stadt einstürzte
und 2500 Personen ihr Heim verloren. In B. entfaltete sich ein reichhaltiges Kultur- und Vereinsleben, das sich auf tsch. und dt. Seite
getrennt entwickelte. 1888 wurde das dt. Museum gegr., 1911 öffnete das Theater. In der Ersten Republik besaß B. einen vorwiegend
dt. Charakter. Bei den Parlamentswahlen 1935 siegte die SdP Henleins mit 44% der Stimmen. Nach Kriegsende wurden 17 000 Dt. vertrieben bzw. ausgesiedelt. In B. wurde 1729 der Komponist Florian
Leopold Gassmann, der Lehrer des ksl. Hofkompositeurs Antonio
Salieri, geb. – 1825: 2357, 1921: 27 239 (63,8% Dt.), 1990: 70 670
Eww.   (II) *Rd*

J. Brauner, Brüxer Gedenkbuch, Brüx 1904; F. Šmahel, Špitální kostel sv. Ducha v
Mostě a otázka jeho záchrany, in: ML 2 (1963), 19–26; J. N. Cori, Geschichte der
königlichen Stadt Brüx bis zum Jahre 1788, Brüx 1889; LV 867, 338f.; J. Klápště,
Paměť krajiny středověkého Mostecka, Praha/Most 1994; ders./A. Slavíček/T.
Velímský, Archeologický výzkum města Mostu 1970–1975, Most 1976; H. Mann-
lová-Raková, Počátky, vývoj a proměny Mostu, in: Most 1932–1982, Most o. J.,
88–143; dies., Kulturní památka Most. Děkanský Kostel a jeho stavitelé, Most 1989;
L. Schlesinger, Stadtbuch von Brüx bis zum Jahre 1526, Prag 1876; LV 569, Bd. 1,
187–192; T. Velímský, K počátkům mosteckého hradu, in: MHB 3 (1993), 141–
164.

Buchau (Bochov, Bez. Karlsbad). Der an der großen Straße von
→ Elbogen über → Luditz nach → Prag gelegene Ort entstand 1. H.
14. Jh. unter den Herren v. Riesenburg, die ihm 1349 städt. Rechte,
1366 das Luditzer und 1375 das Egerer Stadtrecht verliehen. Zu ihrem Schutz erbauten sie eine Burg auf dem Hungerberg. B. gehörte
zur Herrsch. → Petschau und blieb mit ihr auch nach der Enteignung

der Riesenburger durch Kg. Wenzel IV. 1406 verbunden. Spätere
Besitzer, die Gff. Schlick und die Herren v. Plauen, verschafften B.
im 15. Jh. neue Privilegien (1486 Jahrmarkt). Kg. Georg v. Podiebrad
zerstörte B. und die Burg Hungerberg in einer Fehde mit den Plauenern, die sich inzw. die festere Burg Hartenstein 2 km sö. errichtet
hatten. Dort residierten sie bis 1563. Im 30jähr. Krieg litt B. unter
wiederholten Einquartierungen, Plünderungen und Brandschatzun-
gen. 1666 zerstörte eine Brandkatastrophe die Stadt, deren Eww. von
Landwirtschaft, Handwerk (Schuhmacher) und Handel lebten. Seit
1850 war B. Sitz eines Bez.-Gerichts, 1897 wurde es durch eine
Stichbahn an den Eisenbahnverkehr angeschlossen. In der 1. H.
20. Jh. bildete eine Porzellanfabrik den einzigen Industriebetrieb. –
1847: 1388, 1930: 1780 (davon 84 Tsch.), 1991: 1760 Eww.   (I) *Hil*
Heimatbuch des Kreises Luditz, München 1971, 195–229; A. Heinz, Chronik der
Stadt Buchau, Saaz 1925; LV 259, Bd. 4, 417f.; LV 507, 300ff.

Buchlau (Buchlov, Bez. Ungarisch Hradisch). Die imposante Burg
in der Nähe von → Buchlowitz, 12 km nw. von → Ungar. Hradisch,
liegt auf einem 520 m hohen Berg. Wenngleich die erste Erwähnung
erst 1300 erfolgte, so bezeugen spätrom. Baureste doch, daß der Kern
der Anlage um 1250 entstand. Zus. mit Ungar. Hradisch zählte B. zu
den Stützen der landesherrlichen Macht in der niedermähr. Talsenke
und bildete ein Verw.-Zentrum der kgl. Wälder. Auf B. bezieht sich
die althergebrachte Institution des Jagdgerichts und des Jagdrechts.
Seit A. 15. Jh. wechselten hier einander verschiedene Pfandherren ab,
von denen die Herren v. Zahradka den N-Flügel erbauen ließen.
1511 wechselte B. den Besitzer. Den 1520–44 herrschenden Herren
v. Žerotín folgte Johann Ždánský v. Zástřizl (†1614), dessen Fam.
Umbauten im Renaissancestil vornahm und eine Kunstsammlung
begründete. Auch die gleichnamige Herrsch. B. konnte wesentlich
erweitert werden. Milit. Bedeutung erlangte B. nochmals im 30jähr.
Krieg, als die Schweden die Feste 1644 eroberten. 1663 sollte die
Verteidigungsbastion Schutz vor den Türken und ungar. Aufständischen bieten. Nach dem Aussterben der Ždánský v. Zástřizl 1644 fiel
B. an die Herren Peterswald v. Peterswald, denen 1763 die Gff.
Berchtold folgten. Die Anlage verlor ihre Schutzfunktion, Umbauten konzentrierten sich auf die Inneneinrichtungen. Die kulturell engagierten Gff. Berchtold gestalteten B. zu einem Hort naturwiss. und
exotischer Sammlungen um. 1945 ging B. in Staatsbesitz über.

(VIII) *Žem*
A. Bartušek/K. Svoboda/M. Zemek, Buchlov, Státní hrad a památky okolí, Praha
³1962; LV 259, Bd. 1, 66–70; J. Petrů, Buchlov, Brno 1968; LV 290, Bd. II/63,
465–477; A. Verbík, Černé knihy práva loveckého na hradě Buchlově, Brno 1976;
LV 294, Bd. 4, 167ff.

Buchlowitz (Buchlovice, Bez. Ungarisch Hradisch). Die Kleinstadt B. mit dem gleichnamigen Schloß liegt am sö. Fuße des Marsgebirges, 8 km nw. von → Ungar. Hradisch. Seit E. 13. Jh. fand B. als territorial zersplitterter Besitz des niederen Adels Erwähnung. Erst die Herren v. Krawarn und v. Domamyslice konnten im 15. Jh. den Großteil des Dorfes in ihren Händen vereinigen. Mit Ausnahme einiger Freihöfe ging B. nach 1540 in den Besitz der Herren v. Žerotín über, die B. der Burgherrsch. → Buchlau inkorporierten. Das alte Kastell verlor seinen urspr. Zweck und wurde zusehends für wirtsch. Aufgaben genutzt. Die gut situierte Gem. zählte 1611 111 eingesessene Bauern. Deren Aufstieg bremsten 1605 die Teilnehmer des ungar. Bocskay-Aufstandes, der 30jähr. Krieg und später ungar. Einfälle. Da das abgelegene B. den zeitgenössischen Vorstellungen des Adels nicht entsprach, ließ Johann Dietrich Peterswald v. Peterswald in B. ein aus 2 dreiflügeligen Gebäuden bestehendes Barockschloß errichten. Vor 1700 wurde der Bau des verm. 1702 fertiggestellten unteren Schlosses begonnen, das repräsentativen Zwecken diente. Das 1710–38 erbaute, gegenüberliegende obere Schloß war der Dienerschaft vorbehalten. Anlage und Bau dieses architektonisch wertvollen, nach ital. Vorbildern barocker Villen in einem prächtigen Park errichteten Ensembles ist ein Werk des Baumeisters Domenico Martinelli (1650–1718). Die bauliche Aktivität belebte das wirtsch. Leben in der Gem., die als Herrsch.mittelpunkt die obrigkeitlichen Ämter beherbergte. Bereits um 1650 erhielt die alte Pfarrkirche St. Martin ihr barockes Aussehen, während die Elisabethkapelle, urspr. zu dem von 1619 stammenden Haus der Böhm. Brüder gehörend, seit 1766 als Militärdepot diente. Trotz der Naturkatastrophen von 1722 und 1825 erlebte die Gem. einen Aufschwung. 1805 stieg sie in den Rang eines Städtchens auf, in dem 4 Jahrmärkte abgehalten wurden. 1838 lebten die 1890 Eww. in 311 Häusern. Einen nachhaltigen Einfluß übten die Gff. Berchtold aus, bes. der Aufklärer und Philanthrop Leopold (1759–1809), sowie der Naturwissenschaftler Friedrich (1780–1876). Als einer der letzten Außenminister Österr.-Ungarns bekleidete Gf. Leopold II. Berchtold (1863–1942) dieses Amt. Das Städtchen B. mit Industrie-Agrar-Charakter und konstanter Eww.-Zahl (1900: 2231, 1950: 1889, 1991: 2114) fungiert heute als Einzugszentrum der Umgebung.   (VIII) *Žem*

LV 253, Bd. 8, 52f.; LV 259, Bd. 1, 70–73; K. Svoboda, Buchlovice, státní zámek a okolí, Praha ²1958; LV 290, Bd. II/63, 465–477; LV 294, Bd. 4, 165ff.

Budeč (Bez. Kladno). Die oberhalb der Gem. Zakolan, 10 km nö. von → Kladno gelegene Burgstätte nahm einst eine Fläche von etwa 23 ha ein. Sie besaß einen annähernd dreieckigen Grundriß, starke

Befestigungen und eine untergliederte Vorburg. Errichtet wurde diese Anlage auf einer weithin sichtbaren Landerhebung verm. im 9. Jh.
als Zentrum der in der Umgebung siedelnden Slawen. Die erste
schriftl. Erwähnung steht in Zusammenhang mit der Gründung der
Kirche St. Peter durch Hzg. Spytihněv I. Trotz seiner Bedeutung
unter den ersten Přemysliden zählte B. nicht zu den Verw.-Burgen
des 11. und 12. Jh. und verfiel zusehends. Die Burgstätte verlor ihren
Festungscharakter, die Besiedl. verlagerte sich in das unterhalb gelegene Zakolan. Das von der Romantik geprägte Interesse an bedeutenden Orten der böhm. Geschichte bestimmte anfänglich die archäolog. Ausgrabungen, die bis heute fortdauern. Die eine Rund-
gestalt aufweisende Kirche St. Petrus und Paulus gehört zu den ersten
Steinbauten dieser Art in Böhmen. Einen rom. Ursprung besaß auch
die A. 19. Jh. abgetragene Marienkirche.   (II) *Žem*

LV 880, 98ff.; J. Sláma, K historickému významu budečského hradiště, in: AR 26
(1974), 34–50; M. Šolle, Rotunda sv. Petra a Pavla na Budči, in: PA 81 (1990),
140–207; ders./Z. Váňa, Budeč – památník českého dávnověku, Kladno 1983; LV
283, Bd. 12, 207; Z. Váňa, Přemyslovská Budeč. Archeologický výzkum hradiště v
letech 1972–1986, Praha 1995.

Budenitz (Budenice, Bez. Kladno). Das 10 km n. von → Schlan gelegene Dorf wurde A. 14. Jh. als Sitz niederer Adeliger in den Quellen
erwähnt. Nachfolgend ging es in den Besitz des Augustinerkl.
→ Raudnitz über, in dessen Urbar 1337 ein Kastell in B. auftaucht.
Seit M. 15. Jh. gehörte dies den Herren v. Ilburg, seit etwa 1530 den
Herren Schlick v. Holíč sowie den Herren Chotek v. Chotek und
Wojnin. 1551 erwarben die Hrobčický v. Hrobčitz B. und ließen das
got. Kastell im Renaissancestil umbauen. Im Zuge der Konfiskationen nach 1620 verloren die Hrobčický ihren Besitz, B. wechselte
1631 an Gf. Matthias Arnold Hartmann v. Klarstein; E. 17. Jh. begann unter Gf. Matthias Andreas Hartmann v. Klarstein (†1693) der
Bau eines Barockschlosses, den die Gff. v. Martinitz fortführten. 1748
erwarb Gf. Philipp Joseph Kinsky v. Wchynitz und Tettau B. und ließ
das Schloß vollenden. B. wurde der Herrschaft → Zlonitz eingegliedert. Weitere Umbauten von Schloß und Park folgten, das Kastell
selbst wurde abgerissen. Außerhalb des Dorfes in Richtung Zlonitz
entstand 1680–82 die Kirche St. Isidor. Seit 1856 dient das Gotteshaus
als Pfarrkirche. Neben der Kirche befindet sich die 1836–41 angelegte Grabstätte der Kinsky. Trotz der gfl. Residenz erlebte das Dorf
keinen Aufschwung. – 1900: 160, 1950: 43 und 1991: 21 Eww.
                                                               (II) *Žem*

LV 259, Bd. 3, 56f.; F. Komárek, Paměti panství a farní osady budenické, Praha
1911; LV 279, Bd. 8, 209f.; LV 283, Bd. 13, 109f.; LV 905, Bd. 20, 9–16; LV 906,
Bd. 1, 144f.

Budin an der Eger (Budyně nad Ohří, Bez. Leitmeritz) Das 6 km ö. von → Libochowitz gelegene. B. gehörte 1173 zu den Gütern, die der zurückgetretene Hzg. Vladislav II. für sich behielt. Kg. Přemysl Otakar II., 1267 und 1270 hier anwesend, erhob B. zur kgl. Stadt, die Magdeburger Recht erhielt, das 1506 durch das Recht der Prager Altstadt ersetzt wurde. Trotz der Verleihung der Stadtrechte entwickelte sich B. nur wenig. Kg. Wenzel II. verpfändete B., das in den Besitz des Templerordens kam, bis dieser 1312 aufgehoben wurde. Seit 1336 war B. Bestandteil der Herrsch. der Herren Zajíc v. Hasenburg, deren Grabstätte sich in der 1384 erwähnten, aber noch älteren und im 17./18. Jh. umgebauten Pfarrkirche St. Wenzel am Marktplatz befindet. Die Friedhofskirche Maria Schnee aus dem 14. Jh. wurde M. 16. Jh. erneuert und im 18. Jh. barock umgestaltet. Das anstelle der kgl. Burg entstandene Schloß erneuerten die Zajíc v. Hasenburg, zuletzt Johann Zbynko (1596–1613), der sich aber verschuldete und seine Besitzungen verkaufen mußte. Seit 1676 war B. im Besitz der Gff. v. Dietrichstein, danach 1858–1945 der Fam. Herberstein. Stadt und Schloß wurden in den Huss.kriegen und im 30jähr. Krieg sowie durch Feuer (1494, 1551, 1669, 1759 nach Beschuß der preuß. Armee, 1783, 1787) beschädigt oder ganz vernichtet, wovon sich die Stadt im 19. Jh. nur langsam erholte. 1900 hatte sie 1614 fast ausschl. tsch.sprachige Eww., 1991 waren es 1207, die in Textilindustrie, Maschinenbau und Elektrotechnik Beschäftigung finden. Das Schloß wurde 1823 teilw. abgerissen, 1906–11 und seit 1975 renoviert; es beherbergt Stadtverw. und Museum. Turm und Gewölbe aus dem 16. Jh. sind erhalten.   (II) *Lüb*

A. Janda, Dějiny města Budyně nad Ohří, Roudnice nad Labem 1892; LV 283, Bd. 1, 47ff.; LV 259, Bd. 3, 53f.; LV 905, Bd. 4, 20–44; J. Pánek, Paměti českého šlechtice z poloviny 16. století.»Sarmacie« Jana Zajíce z Házmburka, in: FHB 14 (1990), 17–98; M. Zápotocký, Raně středověké sídelní komory na dolní Ohři, in: AR 44 (1992), 185–215.

Budischau (Budišov, Bez. Trebitsch). Die 11 km. nö. von → Trebitsch gelegene Ortschaft wurde 1298 als »Budischow« erstm. erwähnt. Im NO des 1538 zum Marktflecken erhobenen B. stand bereits im 14. Jh. eine von Wassergräben geschützte Festung. Diese gehörte den Herren v. B., deren letzter Vertreter, Budisch v. B., 1410 mit Wladislaw II. Jagiełło gegen den Dt. Ritterorden in die Schlacht von Tannenberg zog. Nach dessen Tod wechselten die Besitzer der Herrsch. mehrfach, ehe sie 1573 an Wenzel Berka v. Dubá und Leipa gelangte, der die bisherige Festung in ein Renaissance-Schloß umbauen ließ. Den Fürstenberg gehörte B. in den Jahren 1644–1710. Von der Fam. Paar, die B. 1715 erwarb, wurde das Schloß bis 1728 in einen barocken Familiensitz umgebaut. Es entstanden eine reich be-

malte »sala terrena«, im ersten Stockwerk eine vom Wiener Maler
Anton Joseph v. Prenner (1683–1761) ausgestaltete Kapelle und im
zweiten Stockwerk zwei 1720–30 mit Fresken verzierte Räume. Zur
gleichen Zeit legte man in der Umgebung des Schlosses einen frz.
Park mit 4 Fischteichen und zahlr. barocken Figuren an. Nachdem
die Eigentümer im 18. Jh. noch zweimal wechselten, kam die
Herrsch. B. 1811 als Erbe an den aus Neapel stammenden Joachim
Vinzenz Ritter Barrata, dessen Sohn Karl aufgrund seiner Verdienste
um den wirtsch. Aufschwung 1873 in den Stand eines Barons erhoben wurde. Die im 16. Jh. ev. gewordene Pfarrei wurde während des
30jähr. Krieges aufgelöst und 1658 erneuert. Die Pfarrkirche St.
Gotthard, die auf rom. Fundamenten steht, wurde im 16. und 18. Jh.
umgebaut. Die nahezu rein tsch. Bev. lebt von der Landwirtschaft,
der Nahrungsmittel- sowie seit dem 20. Jh. auch von der Leichtindustrie. – 1850: 1366, 1900: 1178, 1950: 1078, 1991: 1171 Eww.

(VII) *Had*

R. Baratta-Dragano, Die Herrschaft Budischau in Mähren, Brünn 1900; Budišov u
Třebíče, městečko Vysočany. Hg. v. M. Boček [u. a.], Budišov 1968; LV 253,
Bd. 12, 51f.; LV 255, Bd. 1, 55f.; LV 950, Bd. 1, 129; LV 259, Bd. 1, 64f.; Památník
slavností čtyřstaletého povýšení Budišova u Třebíče na městečko ve dnech 14. a 15.
srpna 1938. 1538 až 1938, Budišov 1938; LV 898, Bd. 1, 300–304; J. Tvarůžek,
Vzpoura na budišovském panství, in: AgA 6 (1919), 47–56; LV 290, Bd. II/66, 182–
203; M. Zaoralová, Nepokoje na budišovském panství v roce 1775, in: VVM 18
(1966), 181–190.

Budweis → Böhmisch Budweis

Budwitz → Mährisch Budwitz

Bürgstein (Sloup, Bez. Böhmisch Leipa). Der 1324 erstm. erwähnte
Ort war 1330–1412 im Besitz der Herren Berka v. Dubá, die ihn an
Johann v. Warnsdorf verkauften. 1427 gelangte B. an Mikeš Pancíř v.
Smojna, unter dessen Herrsch. es zu einem Stützpunkt der Partei Kg.
Sigismunds wurde. Dennoch beteiligten sich die Grundherren an der
Seite der Wartenberg an Überfällen auf die lausitzischen Städte. In
der Folge wurde B. 1444/45 das Ziel einer Strafexpedition des Städtebundes und brannte dabei aus. Das nach 1450 erneut befestigte B.
gelangte 1471 erneut in den Besitz der Berka v. Dubá. Nach 1580
fand die Ref. in B. Eingang. Wegen der Beteiligung der Salhausen,
seit 1609 Besitzer von B., am Ständeaufstand wurde dieses 1622 konfisziert und den Herren v. Kolovrat verkauft. 1639 nahmen die
Schweden die Burg ein. Gf. Josef Johann Maximilian Kinsky, dessen
Geschlecht seit 1710 im Besitz von B. war, beauftragte den Architekten Pietro Paolo Columbani, der 1707–19 bereits die örtl. Pfarr-

kirche St. Katharina errichtet hatte, mit dem Bau eines Barockschlosses, das 1730–33 fertiggestellt wurde. Die Attika-Skulpturen
des Schlosses wurden 1735 von Anton Braun angefertigt, der 5 Jahre
später auch die Kalvarien am Marktplatz entwarf. 1736 wurde durch
die Gff. Kinsky eine der ersten Kattundruckereien Böhmens gegr. –
1869: 1211, 1930: 1949 (davon 1773 Dt.), 1950: 665, 1980:
770 Eww. (II) *MSW*

F. Hantschel, Die Felsenburg Altbürgstein in der Bürgstein-Schwoykaer Schweiz,
Böhmisch-Leipa 1902; LV 259, Bd. 3, 423ff.; A. Moschkau, Die Burgen Bürgstein
und Schwoika in Nordböhmen, Böhmisch-Leipa 1883; LV 896, 196; LV 279,
Bd. 14, 180–188; A. Paudler, Graf Joseph Kinsky, Herr auf Bürgstein und Schwoy-
ka, Böhmisch-Leipa 1885; J. Sieber, Zunftfahnen und Fronleichnamsprozessionen.
Eine Geschichte aus Haida-Bürgstein (1766–1768), in: MNEK 34 (1911), 97–104.

Busau (Bouzov, Bez. Olmütz). In einer sanft welligen, waldreichen
Landschaft erhebt sich auf einem Felsvorsprung an der Mündung des
Flüßchens Špránek die imposante Burganlage B. Die erste urk. Erwähnung stammt aus dem Jahre 1317, als sich ein gewisser »Buzo v.
Buzowe« nach dieser Anlage nannte. Im Laufe der Jhh. wechselten
sich in deren Besitz zahlr. Adelsgeschlechter ab; zu ihnen zählte auch
die Fam. des böhm. Kg. Georg v. Podiebrad (1458–71), der möglicherweise auf B. geb. wurde. Die Burg bildete den Mittelpunkt einer
umfangreichen Grundherrsch., die 1696 der Dt. Orden erwarb. Die
Burg unterstand direkt dem Hochmeister und wurde von
→ Freudenthal aus mitverwaltet. Ihr heutiges, romant. Aussehen erhielt sie 1895–1905, als die Anlage nach Plänen Georg v. Hauberissers
von der Technischen Hochschule München zu einem Sommersitz
des Hochmeisters des Dt. Ordens, Ehzg. Eugen v. Österr., und dessen
Mutter, Ksn. Elisabeth, historisierend umgestaltet wurde. 1939 wurde der Dt. Orden von den Nationalsozialisten enteignet; die Anlage
sollte urspr. der direkten Nutzung durch die SS unterstellt werden.
Seit 1945 steht die Burg, unterhalb derer sich das gleichnamige Städtchen mit der Pfarrkirche St. Gotthard befindet, unter staatl. Verw. –
1900: 674 (davon 38 Dt.), 1930: 647 (davon 11 Dt.), 1991:
1474 Eww. (IV/VIII) *Sp*

M. Blumenwitz, Kurze Chronik der Burg und Domäne Busau, Busau 1899; K.
Fuchs, Geschichte der deutschen Ordensburg und Herrschaft Busau, Wien 1905; Z.
Gardavský, Hrad Bouzov, Olomouc 1959; LV 259, Bd. 2, 29–32; J. Lošt'ák, Hi-
storický místopis okresu Litovel 1848–1960, Olomouc 1977, 61–66; L. Machytka,
Bouzov, Praha 1960; Státní hrad Bouzov, Olomouc 1976; V. Pinkava, Die Burg
Busau, Olmütz 1905; LV 290, Bd. II/39, 150–163.

Buštěhrad (Bez. Kladno). Das einstige 6 km ö. von → Kladno gelegene Dorf Buštěves befand sich nach 1350 im Besitz der Herren

Rokyzan v. Okorz. Vor 1440 erwarb Heinrich v. Kolovrat B. und
ließ das Kastell mit Namen B. zu einer spätgot. Burg umbauen. 1497
erhob Dietrich Weseritz v. Kolovrat B. zum Städtchen. Im 30jähr.
Krieg wurde B. niedergebrannt, die Eww. flohen. Vor 1650 ging die
Herrsch. an Hzg. Julius Franz v. Sachsen-Lauenburg, dessen Tochter
Anna Maria Franziska, verwitwete Großhzgn. v. Toscana, 1699–1705
nahe der alten Burg nach Plänen von Christoph Dientzenhofer und
anderen bedeutenden Künstlern ein Barockschloß errichten ließ. Die
vielen Umbauten dauerten bis ins 19. Jh. fort. 1805 wechselte die
Herrsch. in den Besitz der Habsb. und wurde in den Komplex ksl.
Großgüter eingegliedert. 1832–36 lebte hier der frz. Kg. Karl X. im
Exil. Der Name B. ging auch auf das Städtchen über, das 1845 zus. mit
dem Schloßbez. 151 Häuser mit 1296 Eww. zählte. Den wirtsch.
Aufschwung begünstigten seit 1840 der Kohleabbau in der Umge-
bung von Kladno sowie der Eisenbahnanschluß. 1911 erhielt B. den
Status einer Stadt; 1900: 3461, 1950: 2897 und 1991: 2263 Eww.

(II) *Žem*

LV 259, Bd. 3, 63–66; Monografie Buštěhradu vydaná u příležitosti oslav 450. výročí povýšení na město. Hg. v. K. Trousil [u. a.], Buštěhrad 1947; LV 279, Bd. 8,
263–271; LV 283, Bd. 13, 245–249; LV 905, Bd. 26, 2–12; LV 906, Bd. 1, 152f.

Butschowitz (Bučovice, Bez. Wischau). Die etwa 15 km s. von
→ Wischau gelegene Kleinstadt taucht 1343 erstm. in den Schriftquellen auf. Bereits 1360 besaß B. den Status eines Städtchens mit
Kastell und Kirche. Als Obrigkeit herrschten hier die Herren v. Kunstadt, denen 1386 die Herren v. Bludov und anschließend die Kropáč
v. Nevědomí folgten. Doch erst unter den Boskowitz, die seit 1533
einen Teil und seit 1554 die gesamte Herrsch. B. besaßen, erlebte der
Ort einen Aufstieg. 1558 privilegierte Kg. Ferdinand I. B. mit 2 Jahrmärkten. Johann Sembera Černohorský v. Boskowitz ließ 1567–87
das alte Kastell von Pietro Ferrabosco da Laino zu einem dreiflügeligen bedeutenden Renaissance-Schloß umbauen. Durch Heirat fiel
B. 1604 an Maximilian v. Liechtenstein, dessen Nachfahren hier bis
1850 regieren. 1613 ließen die Liechtenstein den luth. durch einen
kath. Pfarrer ersetzen. Im 17. Jh. entstand die frühbarocke Kirche
Mariä Himmelfahrt, die später im Empire-Stil restauriert wurde. Bis
1925 befand sich in B. die Zentralkanzlei der gesamten mähr. Besitzungen der Liechtenstein. Im 18. Jh. verhalf die Tuchmacherei B. zu
wirtsch. Prosperität, daneben gab es Binderei und Töpferei, letztere
hatten die in der 2. H. 16. Jh. hier Zuflucht findenden Täufer eingeführt. 1836 zählte der Ort 40 Zunftmeister, die an 60 Webstühlen
arbeiteten. Danach sank allerdings die Bedeutung der Textilproduktion, an deren Stelle holzverarbeitende Industrie trat. 1894 nahm eine
Fabrik zur Fertigung von Bugholzmöbeln ihre Arbeit auf. Während

des Protektorats 1939–45 wurden hier Flugzeugteile produziert. Daneben gab es in B. ein Werk zur Herstellung von Parkettböden. Eine dt. Schule in dem vornehmlich von Tsch. bewohnten Ort bestand bis 1918. B. besaß seit etwa 1850 den Status einer Stadt und war 1949–60 Verw.-Zentrum des gleichnam. Bez. – 1880: 2990 (2598 Tsch. und 383 Dt.), 1921: 3158 (3006 Tsch. und 65 Dt.), 1993 annähernd 7000 Eww.   (VIII) *Šta*

Bučovice a okolí, Bučovice 1932; K. Černohorský, Příspěvek k dějinám fajansové výroby v Bučovicích, Praha 1932; LV 253, Bd. 10, 223ff.; LV 4 (Vyškov), 125–143; LV 290, Bd. II/9, 40–67; A. Kratochvíl, Dějiny města Bučovic, Bde. 1–8, Bučovice 1919–27; D. Menclová, Státní zámek v Bučovicích, Praha 1955; F. Slabý, K stavebním dějinám bučovského zámku, in: VVM 2 (1947), 310–314; LV 895, 114–167; Vyškovsko, Brno 1965, 311–315.

Bydžow → Neubydžow

Bystřitz (Bystřice nad Pernštejnem, Bez. Saar). Das 27 km ö. von → Saar gelegene B. wurde 1220 erstm. urk. als Markt im Besitz des Stephan v. Medlov (†1235) erwähnt, eines Vorfahren der Herren v. Pernstein. Im 14. Jh. hielt Znata v. Tasov einen Teil von B., der jedoch 1403 an Wilhelm v. Pernstein (1378–1422) fiel. Die Herren v. Pernstein besaßen B., das 1580 Stadtrecht erhielt, bis 1588. Es war im 15./16. Jh. utraqu., seit 1580 gab es Rekatholisierungsversuche unter Wratislaw v. Pernstein: 1592 wurde der ev. Pfarrer ausgewiesen, später auch die Brüdergem. Die ev. Gem. ließ 1612–15 die Dreifaltigkeitskirche erbauen, die 1622 geschlossen und später als Friedhofskirche genutzt wurde. Nach 1588 wechselten wiederholt die Besitzer, seit 1731 gehörte B. den Mitrowsky v. Mitrowitz und Nemischl. Im 30jähr. Krieg erlitt B. große Schäden, den Stadtkern vernichtete 1666 ein Brand. Die Stadt ist von der nach 1750 umgebauten, urspr. got. Kirche St. Laurentius dominiert. In B., wo der Historiker Antonín Boček (1802–47) geb. wurde, entwickelte sich seit dem 19. Jh. Tuchproduktion, im 20. Jh. Textil- und Nahrungsmittelindustrie. – 1880: 3034 Tsch. und 25 Dt., 1930: 2232 Tsch. und 8 Dt., 1950: 2444, 1991: 7980 Eww.   (VIII) *Teu*

LV 253, Bd. 11, 156ff.; A. Neumann, Příspěvky k náboženským dějinám Kunštátska a Bystřicka nad Pernštejnem, in: SHK 21 (1920), 44–57; LV 898, Bd. 1, 322–326; LV 927, Bd. 2, 93–123; LV 290, Bd. II/12, 30–58; J. Tenora, Z paměti města Bystřice nad Pernštejnem, Brno 1909; LV 791, Bd. II/4, 285–293.

Bystřitz am Hostein (Bystřice pod Hostýnem, Bez. Kremsier). Der nö. von → Holleschau gelegene Ort wird erstm. 1368 urk. genannt und hatte bis 1447 die gleichen Herren wie die Burg Obřan. In den folgenden 2 Jhh. wechselten die Besitzer häufig, bis die prot. Herren

v. Võttau nach 1620 enteignet wurden und die Fstt. Lobkowitz 1628 die Herrsch. übernahmen; 1650 verkauften sie B. an die Gff. v. Rottal weiter. Gf. Johann Christoph v. Rottal errichtete aus der Herrsch. B. einen Fideikommiß, der durch Erbschaft zuerst an die Gff. Wengersky und 1827 an die Frhh. v. Laudon kam. Der berühmte Heerführer Ernst Gideon Frh. v. Laudon (1717–90) ist in der neurom. Familiengruft bestattet und erhielt ein Denkmal im Schloßpark. B. war wirtsch. immer von Interesse: Im 16. Jh. gab es hier Silber- und Eisenerzgruben, 1789–1809 eine bekannte Keramikmanufaktur. M. 19. Jh. entstand auf Anregung Metternichs eine von Michael Thonet gegr. Bugholzmöbelfabrik, die bis zu 1300 Arbeiter beschäftigte. Auf dem örtl. Friedhof sind der Maler František Ondrúšek (1861–1932) und der Kunsthistoriker und Schriftsteller František Táborský (1858–1940), die hier auch geb. wurden, begraben. – 1850: 1586, 1930: 4257 (davon 108 Dt.), 1980: 10 359 Eww. (V) *Kle*

A. Andrlík, Co dalo Holešovsko a Bystřicko kultuře, Holešov 1980; M. Doláková, Dějiny města Bystřice pod Hostýnem, Brno 1980; Gebrüder Thonet Bistritz am Hostein. Zur Feier des 50jährigen Bestandes 1861–1911, Kremsier 1911; L. Hosák, Dějiny města Bystřice pod Hostýnem v období 1368–1848, Bystřice pod Hostýnem 1968; LV 791, Bd. I/3, 266–270.

Čachrau (Čachrov, Bez. Klattau). Das Bergdorf und ehem. Landtafelgut Č., 15 km s. von → Klattau, ist seit M. 14. Jh. urk. belegt und wohl bereits 1338 – gesichert erst 1657 – zum Städtchen erhoben worden. 1380–90 errichteten die Ritter Kanický v. Č. hier eine Feste und verlegten dorthin ihren Familiensitz. Die Pfarrkirche St. Wenzel, heute ein im Barockstil augestatteter einschiffiger Bau mit Rippenkreuzgewölbe und Wandmalereien aus dem 14. Jh., ist seit 1352 urk. belegt. Im 15./16. Jh. wechselte Č. wiederholt die Besitzer: Die wichtigsten unter ihnen waren die Herren v. Rožmital (1450–1541), danach Johann Rendl v. Ušava und ab 1566 Johann Bohuchval v. Hradek. Um 1600 wurde die Burg in ein Renaissance-Schloß umgebaut. Seit dem Großbrand von 1653 befand sich Č. erneut unter rasch wechselnder Obrigkeit und verfiel wirtsch. mehr und mehr. In Č. starb 1730 der ital. Baumeister Marco Antonio Gilmetti (geb. 1662). – 1890: 440 (davon 53 Dt.), 1930: 351 (davon 10 Dt.), 1950: 211, 1990: 167 Eww. (I/VI) *Wei*

LV 259, Bd. 4, 47f.; LV 879, Bd. 2, 101f.; LV 507, 68f.; LV 279, Bd. 9, 266f.; LV 906, Bd. 1, 169f.

Čáslau (Čáslav, Bez. Kuttenberg). Auf der seit dem Neolithikum als Siedlungsplatz genutzten Anhöhe, dem sog. Hrádek, w. des ma. Stadtkerns, ist seit dem 6./7. Jh. slaw. Besiedl. nachgewiesen. In dieser, die umliegende Ebene beherrschenden und durch die Sümpfe der

Čáslavka, einem l. Nebenfluß der Doubravka, geschützten Lage entstand in frühpřemyslidischer Zeit, möglicherweise als Gründung der
Slawnikiden, eine befestigte Burg, die, an der wichtigen Straße von
→ Prag nach Mähren gelegen, zu den hzgl. Kastellaneiburgen zählte.
Die erste Erwähnung datiert von 1130; in dieser Zeit darf auch schon
die Existenz der Marienkirche in der Burg angenommen werden.
Während die Burg seit dem 13. Jh. an Bedeutung verlor, verfiel und
ihr Areal seit der Huss.zeit unbesiedelt war, entstand in der Vorburgsiedl. im 12. oder A. 13. Jh. die – nicht erhaltene – Martinikirche
neben der älteren Michaeliskirche, einer rom. Emporenkirche,
wahrsch. aus dem 12. Jh., was auf eine Differenzierung innerhalb der
Siedl. vor der Stadtwerdung deutet. Diese vorstädt. Entw. wurde um
1260 auf eine neue Basis gestellt, als Kg. Přemysl Otakar II. durch den
Lokator Konrad Spital eine Stadtgründung nach Iglauer Recht vor-
nehmen ließ. Der ganz regelmäßige, ovale Grundriß um den länglichen Marktplatz (250 x 100 m) mit dem Rathaus, das 1765 als Barockbau neu errichtet wurde, an der n. Seite, ist noch gut im Stadtbild
erkennbar. Von der Stadtbefestigung, deren Mauern an der w. und s.
Seite der Stadtanlage erhalten sind, mit 3 Toren, dem Broder, Koliner
und Hradecker Tor, ist der Turm des Broder Tores, der sog. Ota-
karturm erhalten. An der nw. Ecke des Marktplatzes wurde E. 13. Jh.
anschließend an die Michaeliskirche, die heutige Sakristei, der frühgot. Chor der Peter-und-Paulskirche angebaut, der im 3. Viertel des
14. Jh. um eine dreischiffige Halle ergänzt wurde; die Kirche mit dem
88,5 m hohen W-Turm, nach Bränden 1452 und 1522 mehrmals
umgebaut und 1908/11 regotisiert, stellt bis heute die Dominante in
der Stadtsilhouette dar.
In Č., das zum Bündnis huss. Städte gehörte, fand im Juni 1421 der
Landtag statt, der die Vier Prager Artikel bestätigte und ein Stände-
direktorium als Regierung einsetzte; Jan Žižka, der sich hier 1422/23
mehrmals aufhielt, war nach seinem Tod von 1424 bis 1623 in der
Kirche beigesetzt (Denkmal von 1881 auf dem Marktplatz). Die Stadt
erlebte nach dem Brand von 1522 ihre größte Blütezeit, wurde aber
durch den 30jähr. Krieg mit Plünderungen durch schwed. Truppen
1639 und 1643 stark geschädigt. Die ev. Gemeinde, die E. 18. Jh. ihr
Zentrum in Močowitz (w. von Č.) hatte, errichtete 1864–69 eine
Kirche an der Stelle des ehem. Minoritenkl. (M. 14. Jh.). Bis zur
Huss.zeit waren dt. Fam. in der Stadt pol. führend, sind aber seit E.
16. Jh. ganz zurückgedrängt; um 1900 waren 1–2% der Bev. dt.spra-
chig. Jüd. Fam. sind im 14./15. Jh. nachgewiesen und ließen sich
dann wieder seit 1850 nieder, in der ehem. Synagoge befindet sich
heute eine Galerie. Aus Č. stammen die Musikerfam. Dusík (Jan Ladislav Dusík, 1761–1812) und die Schriftsteller Rudolf Těsnohlídek

(1882–1928) und Jiří Mahen, eigentlich Antonín Vančura (1882–1939). – 1869: 6312, 1991: 10 107 Eww. (III) *Ke*

F. J. Beneš, Chrám sv. Petra a Pavla v Čáslavi, in: PA 11 (1864), 121–138; LV 905, Bd. 44, 51–150; Čáslav. Město a okres. Hg. v. J. Spácil [u. a.], Praha/Brno 1940; F. G. Heyman, The National Assembly of Caslav, in: MEH 8 (1954), 32–55; LV 259, Bd. 6, 66f.; J. Malina [u. a.], Čáslav, Brno 1976; J. Masín, Románská nástěnná malba v Čechách a na Moravě, Praha 1954, 63f.; V. Moucha/Z. Smetánka, Revizní průzkum na Čáslavském Hrádku, in: AR 16 (1964), 646–654; LV 952, Bd. 1^2, 298f., Bd. 5, 147; A. Sedláček, Děje města Čáslavě, Praha 1874; LV 906, Bd. 1, 171–174.

Častolowitz (Častolovice, Bez. Reichenau an der Kněžna). Č. wurde erstm. 1342 urk. erwähnt, wahrsch. wurde die Ortschaft in einer Sumpflandschaft 1 km n. des Zusammenflusses von Wilder Adler und Kněžna jedoch schon im 13. Jh. während der Besiedl. des Adlergebirgsvorlandes gegr. Der erste namentlich bekannte Besitzer war der Landrichter Půta d. Ä. v. Č. (1345–97). Nach dem Aussterben seines Geschlechts 1435 wechselten die Eigentümer, darunter Georg v. Podiebrad und Wilhelm v. Pernstein. Die urspr. Wasserburg galt 1559 als verlassen. Beim Kauf durch die Brüder Johann, Wilhelm und Georg v. Oppersdorf wurde Č. 1577 als leere Burg mit einem Städtchen bezeichnet. Unter den neuen Besitzern setzte ein wirtsch. Aufschwung ein; der Kern des Schlosses wurde 1588–1615 als Renaissancebau um einen quadrat. Innenhof mit Arkaden von Friedrich d. Ä. v. Oppersdorf errichtet. 1684–94 besaß Gf. Thomas Czernin v. Chudenitz die Herrsch.; 1694 kam sie in den Besitz des Oberstburggf. Adolf Wratislaw v. Sternberg, der Schloß und Hauptsaal erneuerte sowie die Herrsch. 1701 in einen Fideikommiß umwandelte. Im Speisesaal befindet sich eine Bildergalerie der böhm. Herrscher von 1453–1705, im Rittersaal schließen sich Porträts der Herren v. Sternberg und Slawata v. Neuhaus an. Hof und Schloß Č. wurden zu kulturellen Mittelpunkten: 1625–30 wuchs hier der Geschichtsschreiber Bohuslav Balbín (1621–88) auf. Unter Franz Joseph v. Sternberg-Manderscheid wurde Č. zu einem Zentrum der Aufklärung, in dem Josef Dobrovský (1753–1829), der Begründer der tsch. Sprach- und Literaturwissenschaft, wiederholt zu Gast und der Historiker Franz Palacký (1798–1876) als Archivar tätig war. 1893 erhielt Č. einen Eisenbahnanschluß. Das Schloß blieb bis 1948 im Besitz der Sternberg-Manderscheid (erneut seit 1992) und wurde mehrfach umgebaut. – 1890: 1240, 1980: 1754 Eww. (IV) *Bb*

Častolovice. Státní zámek a okolí, Praha 1954; F. Čurda, Častolovice. Pardubice 1966; LV 259, Bd. 6, 67–71; LV 952, Bd. 1, 268; C. Sternberg, Es stand ein Schloß in Böhmen. Wanderjahre einer Europäerin, Hamburg 1979.

Čelakowitz (Čelákovice, Bez. Prag-Ost). Das am l. Elbeufer an einer alten Furt eines bedeutenden von Leipzig nach Wien führenden Handelsweges gelegene Č. wird 1290 erstm. erwähnt. Seit E. 15. Jh. herrschten hier die Herren Krajíř v. Krajek. Nach der Konfiskation von 1547 ging deren Besitz in kgl. Eigentum über; Č. gehörte fortan als Kameralstadt zur Herrsch. → Brandeis an der Elbe. Das örtl. Kastell erwarb die kgl. Kammer zus. mit der großen Mühle erst 1665. 1718, 1820 und 1850 wurde Č. von verheerenden Bränden heimgesucht. Seit etwa 1850 entfaltete sich die Korbwarenherstellung, nach dem Eisenbahnanschluß 1873 kamen Lebensmittelindustrie und Farbmetallurgie hinzu. – 1869: 2247, 1930: 5411, 1991: 10 298 Eww. – Im nahegelegenen, 1293 erstm. erwähnten Badeort Tauschim befand sich ein Kastell, in dem sich auch der spätere Ks. Karl IV. mehrfach aufhielt. 1421 eroberten die huss. Prager Tauschim; 1547 ging der Ort durch Konfiskation in den Besitz der kgl. Kammer über und gehörte fortan zur Herrsch. Brandeis an der Elbe. 1868 wurde hier ein Eisenbad gegr., 1899 folgten Moorbäder (1987 modernisiert). – 1850: 637, 1930: 1323, 1991: 972 Eww.   (III) *Led*

Brandýs nad Labem 1913, 37–65, 175–278; J. V. Prášek, Brandejs nad Labem. Město, panství a okres, Bd. 1, Brandýs nad Labem 1908, 381–388; J. Špaček, Dosavadní výsledky výzkumu zaniklého středověkého hrádku v Toušni, in: AH 4 (1979), 119–128; E. Vlasák, Polabské město Čelákovice, Čelákovice 1990.

Černahora (Černa Hora, Bez. Blansko). Das 1049 erstm. urk. im Zusammenhang mit der Weihe des Benediktinerkl. → Raigern erwähnte Č. liegt 10 km nw. von → Blansko an der alten Handelsstraße von → Brünn nach Breslau. Im 13. Jh. wurde die gleichnamige Burg erbaut, deren erster bekannter Besitzer Matthias v. Č. (1281–98) war. 1333–1597 war Č. im Besitz der Herren v. Boskowitz, die danach den Beinamen Černohorský führten. 1415 unterstützte Vaněk Černohorský v. Boskowitz den Protest des Prager Landtags gegen die Verbrennung von Jan Hus. Nach 1556 ließ Albrecht Černohorský v. Boskowitz die verfallene Burg in ein Renaissance-Schloß umbauen (Rundturm und Tor erhalten). Im Erbweg kam Č. nach dem Aussterben der Herren v. Boskowitz 1597 an die Liechtenstein, 1711 an die Auersperg. 1707–10 wurde die Barockkirche St. Laurentius errichtet. 1830 ersteigerte Johann Nepomuk v. Geisslern das 1724 ausgebrannte, bis 1818 in Schutt gelegene Schloß und begann mit der Renovierung; 1859–61 kam es zu einer Neorenaissance-Adaption durch Theophil Hansen unter Gf. Moritz Friess (†1887). Bis 1945 war Č., das im 20. Jh. Brauwesen und Möbelproduktion entwickelte, im Besitz der Fam. Morzin-Czernin. – 1880: 1287 (nur Tsch.), 1930: 1536, 1991: 1904 Eww.   (VIII) *Teu*

LV 253, Bd. 5, 157f.; LV 259, Bd. 1, 81f.; LV 255, 328; LV 290, Bd. II/4, 59–68; J. Pilnáček, Paměti městyse Černé Hory, Černá Hora 1926; LV 898, Bd. 1, 349ff.; I. Štarha/J. Skutil, Purkrechtní registra městečka Černá Hora, Černá Hora 1970; LV 791, Bd. II/4, 255ff.

Čestin

Čestin (Čestín, Bez. Kuttenberg). Č., 7 km n. von → Zruč nad Sázavou, wird zu 1318 erstm. erwähnt und erscheint in der 2. H. 14. Jh. als Pfarrort »Czesczinkostel« oder »Czestinkostel«. Ein Hinweis auf eine Feste datiert von 1389. Von 1486 bis 1594/1601 war der Ort, dem Ks. Rudolf II. 1570 einen Wochenmarkt und 3 Jahrmärkte verlieh, im Besitz der Slawata v. Chlum und Koschumberg. Adam Slawata (†1616), Vater des hier 1572 geb. späteren böhm. Statthalters Wilhelm Slawata (†1652), ließ die Feste 1575–85 zu einem Renaissance-Schloß umbauen. Von der vierflügeligen Anlage mit 2 Abbhöfen, die durch einen Mitteltrakt verbunden waren, sind nach Abbrucharbeiten im 19. Jh. nur noch der N-Flügel und ein Teil des Mitteltraktes vorhanden. Nach zahlr. Besitzerwechseln und einem gewaltsamen Aufstand 1680 gegen den damaligen Inhaber der Herrsch., Johann Adalbert Freisleben, erwarb Gf. Karl Joachim Breda 1713 Č. und vereinigte es mit der Herrsch. Kacow (9 km sw.); danach wurde das Schloß nicht mehr unterhalten und verfiel. Die 1859 abgerissene rom. Peter-und-Paulskirche aus der 2. H. 12. Jh. wurde 1859–61 durch einen Neubau im neorom. Stil ersetzt. – 1869: 2352, 1991: 576 Eww. (III/VII) *Ke*

LV 259, Bd. 6, 84f.; LV 952, Bd. 1², 340; LV 279, Bd. 12, 227–230; LV 906, Bd. 1, 231.

Chausnik

Chausnik (Choustník, Bez. Tabor). Oberhalb des 12 km nö. von → Soběslau gelegenen Dorfes Ch. ließ in der 2. H. 13. Jh. ein gewisser Benesch v. Ch. eine Burg errichten. Dessen Nachfahren residierten hier bis 1322, als die Feste an die Herren v. Rosenberg fiel. Die im Verlauf des 15. Jh. mit einem eindrucksvollen Fortifikationssystem versehene Anlage diente den Rosenbergern als milit. Stütze im Kampf gegen die Huss. sowie in den Auseinandersetzungen der kath. Burgbesitzer mit Kg. Georg v. Podiebrad. Im 16. Jh. verlor die Feste ihre strategische Bedeutung und begann zu verfallen. Das unterhalb gelegene Dorf Ch. wurde 1352 als »Chustnice« erstm. erwähnt. 1597 fielen Dorf und Burg an Georg Hohmut v. Harras, 1616 erbten die Czernin v. Chudenitz die Herrsch., deren Mittelpunkt Ch. war. Während die einst mächtige Burg als Ruine darniederlag, ließen die Czernin in Ch. ein neues Schloß erbauen. Nach dem Tod des Hermann Wenzel Czernin 1674 kam die Herrsch. an die Gff. Sporck. Die Folgezeit war durch häufig wechselnde Besitzverhältnisse gekennzeichnet. – 1850: 609, 1900: 548, 1950: 353 und 1991: 490 Eww. (VII) *Mik*

LV 283, Bd. 10, 274–278; LV 248, 116ff.; LV 259, Bd. 5, 84–87; K. Lustig/A. Hemer, Hrad Choustník, Soběslav 1922; LV 879, Bd. 1, 167–171, Bd. 2, 298ff.; J. Míka, Dějiny hradu Choustníka, Tábor 1898; LV 279, Bd. 4, 72–89; J. Veselý, Dějiny hradu a panství Choustníka, Praha 1870; LV 906, Bd. 1, 532.

Chejnow (Chýnov, Bez. Tabor). Das 11 km ö. von → Tabor gelegene Städtchen wird erstm. für den Ausgang des 10. Jh. in der Cosmas-Chronik als Grenzburg der Slawnikiden erwähnt. 1250 erscheint Ch. in einer Urk. Kg. Wenzels I. als Marktdorf mit Kirche. Als Tauschobjekt ging Ch. in diesem Zusammenhang aus kgl. Hand an das Btm. Prag, in dessen Grundherrschaft es bis 1413 blieb. In einer Urk. des Prager Bf. Tobias v. Bechin aus der Zeit um 1289 wird der Ort als »Chinov oppidum« aufgeführt. In einem Steuerregister von 1379 und einem Urbar von 1384 werden übereinstimmend eine Badestube, versch. Gewerbetreibende sowie mehrere Mühlen genannt. Zudem existierte in dem Ackerbürgerstädtchen Ch. bereits eine Burg, die verm. Bf. Tobias v. Bechin auf dem Areal des urspr. Fürstenhofes hatte erbauen lassen. Im 15.–16. Jh. gab es häufig wechselnde Besitzer, zu denen u. a. Hanusch und Wilhelm v. Ronow, Čeněk v. Klinstein sowie Sigismund Wenzelik v. Wrchowischt gehörten. 1623 fiel Ch. als konfiszierter Besitz an die Eggenberg und wechselte nach deren Aussterben 1719 an die Schwarzenberg, die das einstige Kastell zu einem Barockschloß ausbauen ließen. In der 2. H. 19. Jh. entwickelten sich im Zuge der Industrialisierung der Abbau und die Verarbeitung von Kalkstein sowie die Textilherstellung. In Ch., wo der Bildhauer František Bílek (1872–1941) geb. wurde, lebten 1850: 973, 1900: 1326, 1950: 1145 und 1991: 1649 Eww.　　　(VII) *Mik*

R. Cikkart, Táborsko. Popis přírodní, historický a narodopisný, Bd. 4, Tábor 1922, 28ff.; L. Domečka, O založení města Chýnova, in: JSH 9 (1936), 48–68; LV 259, Bd. 5, 88f.; A. L. Krejčík, Hospodářský stav panství chýnovského ku konci XIV. století, in: ČSPS 19 (1911), 129–138; LV 279, Bd. 4, 282–291; LV 283, Bd. 10, 286–295; LV 906, Bd. 1, 557.

Chelčitz (Chelčice, Bez. Strakonitz). Der Name des s. von → Wodňan befindlichen Ch. erschien erstm. 1357 im Zusammenhang mit einer nicht erhaltenen Burg, auf die der Brüder Sasín, Bohuněk, Hrzek und Sláva v. Ch. saßen. 1375 wird hier ein Herrengeschlecht Hrůza v. Ch. erwähnt. Die im Kern spätrom., im 17. Jh. barock umgestaltete Martinskirche deutet darauf hin, daß das Dorf bereits im 13. Jh. existiert hat. Aus dieser Zeit ist das um 1240 entstandene Kirchenportal erhalten. In den Machtkämpfen nach dem Tod Kg. Georgs v. Podiebrad wurde Ch. 1471 durch die Stadt Wodňan erobert und solange in Besitz genommen, bis Kg. Wladislaw II. 1489 den Ort seinen alten Besitzern, den Herren Malovetz v. Malovitz, zurückgab. In Ch. befindet sich die Geburtsstätte des huss. Reformators und geistigen Vaters der Böhm. Brüdergem. Peter Chelčicky († um 1460), der hier von 1420 bis zu seinem Tod wirkte. In seinen Hauptwerken »O trojím lidu řeč« (Traktat über die 3 Stände) und »Sít' víry« (Netz des Glaubens) wandte er sich gegen die Scheidung der Ges. in 3 Stände, gegen den Staat und gegen die Unterdrückung der Bauern. Im Gegensatz zu den ehem. huss. Taboriten lehnte Chelčicky jedoch Veränderungen durch Gewalt ab. Die zunächst kleine Gruppe seiner Anhänger sammelte sich in der Gem. der Brüder von Ch. – 1930: 415 (überwiegend Tsch.), 1991: 374 Eww.

(VI) *Hol*

LV 259, Bd. 5, 82; A. Míka, Petr Chelčický, Praha 1963; LV 952, Bd. 2, 9; LV 433, 50f., 209–216; LV 905, Bd. 33, 74–79; LV 289, 146; LV 906, Bd. 1, 498.

Chlumetz → Hochchlumetz

Chlumetz an der Cidlina (Chlumec nad Cidlinou, Bez. Königgrätz). Die Anfänge des 25 km ö. von → Poděbrad an einer alten Handelsstraße nach Glatz und Polen gelegenen Ch. reichen verm. bis in die 2. H. 8. Jh. zurück; die erste schriftl. Erwähnung steht in Zusammenhang mit der Schlacht zw. Hzg. Vladislav I. und dem Polenkg. Bolesław III. im Jahre 1110, die unweit von Ch. stattfand. 1225 nennen die Quellen Zdeslav v. Ch. aus dem Geschlecht der Sternberg. Verm. gab es hier einen befestigten Ort, ein Kastell ist aber erst für 1397 bezeugt. Zugleich ist von dem Markt »in Chlumczi« die Rede, der jedoch erst im 18. Jh. Stadtrecht erhielt. Häufig wechselnde Besitzverhältnisse prägten die weitere Entw. 1424 eroberte der in Diensten der Huss. stehende Boček v. Podiebrad Ch., das bis 1458 dem kath. Magnaten Otto v. Bergau und dessen Nachfahren gehörte. Einer der nachfolgenden Grundherren, Adalbert v. Pernstein, ließ die Herrsch. Ch., zu der neben der Stadt noch 26 Dörfer gehörten, seit 1521 schrittweise arrondieren und die um 1480 errichtete Burg bis 1526 großzügig ausbauen. 1547 fiel die Feste an die kgl. Kammer. Zu den Baumeistern, die die Anlage im Stil der Renaissance veränderten, zählten Giovanni Battista und Ulrico Aostalli. Seit 1626 befand sich die Herrsch. Ch. dauerhaft in den Händen der Gff. Kinsky. 1639 verschanzten sich die Schweden auf der Burg, erst im Februar 1640 gelang es dem ksl. Marschall Ottavio Piccolomini, diese zu vertreiben. Unter Gf. Franz Ferdinand Kinsky entstand 1721–23 oberhalb des mittlerweile zur Stadt erhobenen Ortes ein neues Barockschloß nach Plänen des Architekten Aichl. Nachdem Ks. Karl VI. anläßlich seiner Krönung zum böhm. Kg. dem Schloß 1723 einen Besuch abgestattet hatte, erhielt die Anlage den Namen Karlskron. Unweit des

Schlosses wurde die Marienkapelle erbaut, die bis 1935 als Familiengruft der Gff. Kinsky diente. In dem von einem prächtigen Park umgebenen Schloß (1943 ausgebrannt) befindet sich seit 1969 eine Dau-
erausstellung tsch. Barockkunstwerke. Um 1750 gehörte die Herrsch.
Ch. mit 51 Dörfern zu den größten Feudalgütern in der Umgebung.
Seit dem 17. Jh. gab es Teichwirtschaft und Pferdezucht. Ein 1938 an
der Straße nach → Prag aufgestelltes Denkmal erinnert daran, daß Ch.
1755 Schauplatz des größten Bauernaufstandes in Böhmen war. Die
im Auftrag Johanns v. Pernstein 1536–43 auf der W-Seite des Marktes errichtete Pfarrkirche wurde nach einem Brand 1798 vorwiegend
im Stil des Spätrokoko ausgestattet. Ch. ist der Geburtsort des Dramatikers Václav Kliment Klicpera (1792–1859). – 1869: 3369, 1890:
3996, 1930: 4629, 1950: 4340, 1991: 5327 Eww.   (III) *Ben/Krz*
Černá kniha města Chlumce nad Cidlinou z let 1562–1671. Hg. v. J. Francek, in:
AMR 16 (1983), 81–92; J. Francek, Chlumecké hrdelní příběhy, Praha 1993;
ders./J. Hartmann, Chlumec nad Cidlinou, Hradec Králové 1985; J. Hartmann,
Hospodářský stav panství Chlumeckého v letech 1547–1620, in: PMHK 12 (1970),
7–28; K. Kamenický, Dějiny města Chlumce nad Cidlinou, Chlumec nad Cidlinou
1932; K. Khun, Dějiny a kulturní obraz města Chlumce nad Cidlinou, Chlumec nad
Cidlinou 1932; P. Křížek/M. Řezník, Hrady, zámky a tvrze na Královéhradecku,
Hradec Králové 1992, 32–36; K. Kuča, Vodní hrad v Chlumci nad Cidlinou, in: CB
3 (1994), 151–178; B. Štorm, Starý zámek v Chlumci nad Cidlinou, in: ZPP 18
(1958), 104–112.

Chotěboř (Bez. Deutschbrod). Die Anfänge der 15 km nö. von
→ Deutschbrod gelegenen ehem. Bergstadt Ch. reichen verm. bis A.
13. Jh. zurück. Eine St.-Jakobs-Kapelle wird zus. mit der Ortschaft
erstm. 1265 als Besitz des Smil Světlický v. Lichtenburg erwähnt, dessen Verw.-Zentrum die Burg → Lichtenburg bildete. Kg. Johann v.
Luxemburg, der die Siedl. um 1329 erwarb, erhob sie 2 Jahre später
zur Stadt. Weitere Privilegien erhielt Ch. durch Ks. Karl IV.; in diese
Zeit fällt auch die Ernennung zur Leibgedingestadt der böhm. Kgn.
Seit 1356 durften die mehrheitlich dt. Bürger eine Befestigung errichten. Im Januar 1421 wurde Ch. durch den Taboritenführer Peter
Hromádka kurzzeitig besetzt. 1454 bestätigte Kg. Ladislaus Postumus
die Stadtrechte und ließ Ch. erneut befestigen. Nachdem E. 15. Jh.
Nikolaus d. J. Trčka v. Leipa die Stadt gewonnen hatte, blieb sie – seit
1579 mit der Herrsch. Swětla vereint – im Besitz dieses Geschlechts
bis 1634, als Adam Erdmann Trčka v. Leipa an der Seite Wallensteins
in → Eger ermordet wurde. 1636 erhielt Jaroslav Sezima Rašín v.
Riesenburg die Stadt von Ks. Ferdinand II.; seit 1683 gehörte die
Herrsch. Gf. Wilhelm Leopold Kinsky, der 1701–02 ein Barockschloß (heute Stadtmuseum und Archiv) mit einer Familienkapelle
errichten und um diese einen engl. Park anlegen ließ. Der einzige im

Originalzustand erhaltene Raum des Schlosses ist die reich mit Stuck
verzierte Dreifaltigkeitskapelle, die anderen Teile wurden mehrfach
verändert. – Mehrfache Feuersbrünste im 19. Jh. haben das Stadtbild
stark verändert; die ältesten Häuser auf dem Markt sowie die urspr.
rom. St.-Jakobs-Kirche fielen dem verheerenden Brand 1832 zum
Opfer. Seit 1850 war Ch. Verw.- und Gerichtszentrum des Bez.;
nach dem Zweiten Weltkrieg entwickelte sich die Kleinstadt zu einem der bedeutendsten Industriezentren des böhm.-mähr. Hochlandes (Maschinenbau). – 1890: 4261, 1910: 4886, 1930: 4835, 1950:
5115, 1991: 9352 Eww.   (III/VII) *Ben/Krz*

Chotěboř. Stručné dějiny města. Hg. v. K. Kajínek [u. a.], Hradec Králové 1981;
Chotěboř a okolí. Vlastivědný průvodce. Hg. v. J. Zajícová, Chotěbor 1987; LV
259, Bd. 6, 159ff.; J. V. Neudörfl, Politický okres Chotěboř, Čáslav 1892; LV 905,
Bd. 23.

Chotěschau (Chotěšov, Bez. Pilsen-Süd). In dem 3 km nö. von
→ Staab am l. Ufer der Radbusa entlang des nach Regensburg führenden Handelsweges gelegenen, 1115 erstm. erwähnten Dorf gründete der Adelige Hroznata um 1200 ein für Frauen bestimmtes Filialkl. der Prämonstratenser in → Tepl. 1367 konnte das Kl. auf Besitzanteile in 50 Dörfern und 3 Städtchen zurückgreifen. Nachdem es
die Huss. 1421 besetzt hatten, wichen die Prämonstratenserinnen bis
1438 nach → Pilsen aus. Im 15. Jh. wurde Ch. wiederholt durch die
böhm. Kgg. verpfändet. 1620 erfolgte die erste Auflösung des Kl.,
doch Kg. Ferdinand II. erneuerte es nur wenig später. 1782 endete
dessen Existenz aber endgültig, die Besitzungen fielen an den Religionsfonds; die Anlage wurde teilw. zu einem Schloß umgebaut.
1822–1945 gehörte Ch. den Gff. v. Thurn und Taxis, welche die
Anlage 1878 an die Salesianerinnen verpachteten. Nach 1870 entwickelte sich in der Umgebung der Bergbau. Seit 1994 zieren das örtl.
Wappen Symbole des Kl. und der Pfarrkirche. – 1843: 1117, 1890:
1380, 1930: 2855 (davon 2065 Dt.), 1950: 2590, 1991: 1940 Eww.

                                                        (I) *Pe*

J. Čechura, Nezdařená lokace Přemysla Otakara II. na Hoře sv. Štěpána a statky
chotěšovského kláštera na Litoměřicku v době předhusitské, in: Lit 17–20 (1981–
84), 43–69; LV 639, 63–72; B. F. Grassl, Das älteste Totenbuch des Prämonstra-
tenser-Chorfrauenstiftes Chotieschau 1200–1640, in: VKČSN (1930), 1–40; V.
Hataj, Chotěšov, Bde. 1–2, Chotěšov ²1993; LV 259, Bd. 4, 111f.; J. Hüttl, Klo-
sterherrschaft und Untertanen des Prämonstratenser Chorfrauenstiftes Chotieschau
im ausgehenden 17. und beginnenden 18. Jh., in: APr 49 (1973), 253–283, 50
(1974), 216–241, 51 (1975), 270–282, 52 (1976), 44–63, 156–173; R. Köpl, Das
ehemalige Praemonstratenser-Chorfrauenstift Chotieschau, Praha 1840; D. Koutná,
Register des Klosters Chotieschau, Bde. 1–2, Diss. Regensburg 1987; G. Schmidt,
Die Patronatspfarren und die Pröpste des ehemaligen Klosters Chotieschau O.P. im
Mittelalter, in: APr 12 (1936), 46–66, 131–142; LV 905, Bd. 30, 58–82; LV 906,
Bd. 1, 527f.; F. Volk, Kirchsprengel und Kloster Chotieschau, Dinkelsbühl ²1986.

Chotzen (Choceň, Bez. Wildenschwert). Der an der Stillen Adler 15 km w. von → Wildenschwert gelegene Ort wurde 1227 erstm. erwähnt und 1292 als »villa forensis« sowie 1417 als »oppidum« bezeichnet. 1409 besaß Ch. Marktrechte, seit 1412 wird eine Festung erwähnt. Die zugehörige Herrsch. war seit M. 14. Jh. geteilt. 1548 vereinigten die Herren v. Pernstein beide Teile. 1559 gaben sie die Herrsch. Ch. mit 16 Dörfern und Siedl. jedoch an Sigismund v. Schellenberg ab. Dieser ließ 1562 – verm. an der Stelle der ma. Feste – ein Herrenhaus errichten, das 1574 zu einem vierflügeligen Renaissance-Schloß erweitert wurde. In der Folgezeit in den Händen wechselnder Besitzer, wurde Ch. im 17. Jh. durch Brände (1602, 1659) und Kriege (1646 Eroberung durch schwed. Truppen) in Mitleidenschaft gezogen. 1709 erwarb der böhm. Oberstkanzler Gf. Wenzel Norbert Oktavian Kinsky Ch., das 1746 in ein Fideikommiß mit 23 Ortschaften (1845) umgewandelt wurde. Im Besitz der Gff. Kinsky nahm Ch. einen Aufschwung, der sich in der Ortsentw. durch den Umbau des Schlosses (1710–20) und den Bau der Pfarrkirche St. Franz Seraph mit Barockausstattung (1728–33) niederschlug. Das Schloß wurde 1829 nach einem Brand von Gf. Rudolf Kinsky (1802–36), dem Förderer des tsch. Kulturlebens, erneuert, 1849/50 erneut umgebaut und blieb bis zur Enteignung 1945 im Besitz der Fam.; Ch. wurde ab 1845 zu einem Eisenbahnknotenpunkt, nahm einen wirtsch. Aufschwung und erhielt 1849 Stadtrechte. – 1890: 3900, 1980: 10 090 Eww. (IV) *Bb*

J. L. Barvíř, Dějiny města Chocně, Náměšť u Brna 1886; LV 259, Bd. 6, 153–155; E. Kosina, Dějiny a místopis města Chocně a okolí, Choceň 1940; J. F. Krška, Choceň, město a bývalé panství, Praha 1858; V. Nezbeda, Bibliografie Choceňska s tematickým soupisem nejdůležitějších článků a statí, Choceň 1954; LV 952, Bd. 2, 25; LV 905, Bd. 16, 26–33.

Christofsgrund (Údol Svatého Kryštofa, seit 1960 Kryštofovo Údolí, Bez. Reichenberg). Die Gegend des 14 km w. von → Reichenberg liegenden Ch. war E. 14. Jh. von dt. Köhlern und Holzfällern besiedelt; A. 15. Jh. wurde in dem 1528 als Holundergrund, 1581 als Ch. erwähnten Ort mit dem Schürfen von Blei- und Eisenerzen begonnen. Nach dem Niedergang des Bergbaus E. 16. Jh. bestimmte neben der Leinwandherstellung die Holzverarbeitung, bes. die Herstellung von Dachschindeln, das wirtsch. Leben und prägte mit den hölzernen Umgebindehäusern und der 1683–86 aus Holz errichteten Kirche St. Christoph zugleich das Bild des Ortes. M. 19. Jh. hatte Ch. durch die sich neu entwickelnde Dachschiefer- und Ziegelproduktion, die Wollweberei und die Glasbearbeitung seine wirtsch. Blüte erreicht, der allerdings in der Folgezeit Stagnation folgte. Heute ist Ch. eine beliebte Sommerfrische. – 1869: 1145, 1920: 733 (überwiegend Dt.), 1991: 143 Eww. (III) *Hol*

LV 905, Bd. 51, 18–31; LV 952, Bd. 4, 416; Reichenberg. Stadt und Land im Neißetal. Ein Heimatbuch. Bearb. v. R. Gränzer, Augsburg 1974, 443–447; F. Runge, Kriesdorf, Neuland und Christofsgrund im Lämberger Urbar von 1615, in: JI 1 (1939–40), 118–132; LV 906, Bd. 2, 154f.; F. Walter, Aus vergangenen Tagen 1400–1900, Reichenberg 1927.

Chropin (Chropyně, Bez. Kremsier). Der laut Sage von Kg. Ječmínek gegr. Ort ist erstm. 1261 zuverlässig als Eigentum des → Wisowitzer Zisterzienserkl. belegt; 1535 wurde er von Kg. Ferdinand I. zur Stadt erhoben. Während des 16. und A. 17. Jh., sowohl unter den die neue Lehre unterstützenden Herren v. Ludanitz als auch unter den kath. Haugwitz, wirkten hier erfolgreich die Böhm. Brüder, die in Ch. eine Schule betrieben. Diese wurde im Zuge der Rekatholisierung unter den neuen Herren, den Olmützer Bff., die das Gut Ch. 1615 erworben hatten, geschlossen und durch eine kath. Elementarschule ersetzt. In dieser Zeit entstand auch das Renaissance-Schloß, das verm. später von Giovanni Pietro Tencalla umgestaltet wurde. Die urspr. rom. Pfarrkirche St. Ägidius erhielt ihr barockes Aussehen im ersten Drittel 18. Jh.; Ch. ist der Geburtsort des Malers Emil Filla (1882–1953). – 1854: 1384, 1921: 2600 (davon 24 Dt.), 1930: 2655, 1980: 5021 Eww. (VIII) *Kle*

LV 290, Bd. 33, 357–399; A. Ugwitz, Paměti městečka Chropyně, Cropyně 1934.

Chrudim. In Ch., einem im MA bedeutenden Verw.-Zentrum, existierte bereits vor 1055 eine přemyslidische Fürstenburg. Nach 1162 ging es in den Besitz der Diepoldinger, einen Nebenzweig der herrschenden Přemysliden, über, die hier bis 1231 regierten. In der Umgebung der Fürsten- und später Königsburg entwickelte sich ein Handwerks- und Marktzentrum, das Kg. Přemysl Otakar II. 1250–76 unter Beteiligung eines Lokators rechtl. zur Stadt erhob. A. 14. Jh. wurde Ch. zus. mit einigen weiteren Städten in O-Böhmen Leibgedingestadt böhm. Kgnn. und zugleich Zentrum des gleichnam. Bez.; die got. Königsburg, deren bauliche Reste im 19. Jh. abgetragen wurden, erhob sich unweit der heutigen Erzdekanatskirche. Die Burg wurde im Verlauf der Huss.kriege zerstört, ebenso wie das E. 13. Jh. gegr. Dominikanerkl. Für die Hussiten war Ch. ein bedeutendes milit. und pol. Zentrum. In der 2. H. 15. Jh. konnte die Stadt vor ihren Toren in bedeutendem Umfang Landbesitz erwerben, der jedoch nach der Niederschlagung des Ständeaufstands 1547 konfisziert wurde. Die stark verschuldete Stadt stagnierte in ihrer wirtsch. Entw. viele Jahrzehnte, die durch die Kriege des 17./18. Jh. hervorgerufenen Schäden taten ein übriges. In Ch. wurden versch. Bez.-Behörden ansässig, zudem gab es hier eine milit. Besatzung. 1641 wurde das Kapuzinerkl. gegr., der eigentliche Bau begann jedoch erst 1656. Die wichtigsten Baudenkmäler in Ch. sind die Erzdekanatskirche Mariä Himmelfahrt in der Marktmitte sowie einige kleinere Kirchen: die urspr. got. Katharinenkirche und die Kirche zur Kreuzerhöhung, weiter die St.-Michaels-Kirche (1521) und die barocke St.-Josephs-Kirche des Kapuzinerkl. (1665). Seit M. 18. Jh. entfaltete sich in Ch. Textilproduktion. Die Stadt diente vor allem als Marktzentrum für das landwirtsch. geprägte Hinterland; bekannt waren auch die Pferdemärkte. Erst im letzten Drittel 19. Jh. faßte die Industrialisierung, begünstigt durch den 1871 erfolgten Eisenbahnanschluß, in größerem Umfang Fuß. – 1848: 6000, 1890: 12 113 Tsch. und 107 Dt., 1950: 14 000, 1991: 23 643 Eww. (III) *Vor*

J. Charvát, Stará Chrudim, Chrudim 1991; V. Hanus [u. a.], Chrudimsko a Nasavrcko, Chrudim 1926, 300–342; LV 905, Bd. 11, 31–125; J. Frolík, Chrudim v 11. a 12. stoleti, in: Lokalne ośrodki władzy państwowej w 11.–12. wieku w Europie środkowo-wschodniej, Wrocław 1993, 219–234; ders., Archeologické nálezy, Chrudimsko, Bd. 2, Chrudim 1981; ders., Nejstarší minulost Chrudimska, Chrudim 1987; P. Kobetič, Chrudim, Praha 1982; M. Šášinková, Pečetě Chrudimska, Chrudim 1989; F. Vacek, Chrudim do roku 1439, Chrudim 1939.

Chudenitz (Chudenice, Bez. Klattau). Das im Böhmerwald gelegene Ch. ist der Herkunftsort des Adelsgeschlechts der Czernin v. Ch., das hier bereits vor 1200 siedelte (urk. belegt seit 1291) und die Herrsch. bis 1945 im Familienbesitz hielt. Aus dem 14. Jh. stammt die Pfarrkirche St. Johannes des Täufers. Unter Humprecht Czernin v. Ch. blühte der Ort auf, der 1592 für Ch. von Ks. Rudolf II. das Stadtrecht gewann. Dadurch wurde der Ort zugleich zum Mittelpunkt der umfangreichen Herrsch. der Czernin v. Ch.; noch 1848 gehörten zu dem Fideikommißgut Ch. neben den beiden Städtchen Ch. und → Schwihau 45 Dörfer. Das Renaissance-Schloß mit quadrat. Grundriß entstand M. 16. Jh. aus einer älteren Feste und wurde 1776 von Karl Balling in die heutige Form gebracht. Es diente als Unterkunft der Gutsverwaltungsbeamten (heute Heimatmuseum). Im Schloß befindet sich eine spätbarocke Marienkapelle aus dem Jahre 1766. Vor dem Schloß steht die Pfarrkirche mit einem W-Turm in got. Baustil sowie einem Presbyterium mit Kreuzrippengewölbe. Auf dem Triumphbogen sind noch originale Fassadenmalereien aus dem 15. Jh. sichtbar. Zur Kirche gehört ein einstöckiges barockes Pfarrhaus mit Mansarden aus dem 18. Jh. – Unweit der Stadt befindet sich das Lustschloß Lázně aus der 1. H. 19. Jh. im klassiz. Stil, das den Czernin v. Ch. als Sommersitz diente. Im Schloß weilten im 19. Jh. als Gäste der Fam. führende Persönlichkeiten des tsch. Kulturlebens. Wie alle kleineren Orte der Gegend erlebte das landwirtsch. geprägte Ch. erst nach dem Einsetzen des Reiseverkehrs nach 1960 einen bescheidenen wirtsch. Aufstieg. Ch. ist der Ge-

burtsort des tsch. Schriftstellers und Dramatikers Jaroslav Kvapil
(1868–1950). In der Dorfkirche befindet sich das Grab des Chronisten Ks. Karls IV., Přibík Pulkava v. Radenin. – 1880: 1140, 1930:
1028, 1950: 883, 1990: 614 Eww.					(I) *Wei*
LV 259, Bd. 4, 114; LV 507, 123–131; LV 279, Bd. 9, 27–34; LV 569, Bd. 1, 365;
LV 906, Bd. 1, 549.

Čimelitz (Čimelice, Bez. Pisek). Das zunächst im Besitz der kgl.
Kammer befindl. Č. wurde 1460 vom kgl. Prokurator Johann Tluksa
v. Vrabí erworben. Im 16. Jh. fiel Č. an die Herren Dejm v. Střítež,
die hier ein Netz von Fischteichen anlegen ließen. Nach 1620 wurden deren Güter konfisziert, Č. wechselte fortan häufig den Besitzer.
Die got. Dreifaltigkeitskirche wurde im 17./18. Jh. barockisiert.
1629 erlangte Č. den Status eines Städtchens. Unter den Herren v.
Bissingen, die 1686 die Herrsch. erwarben, wurde Č. eines der Zentren im Prachatitzer Gebiet. Karl Gottlieb v. Bissingen ließ 1728–30
ein Barockschloß erbauen, das 1817 im Empirestil umgestaltet wurde.
In der 1. H. 18. Jh. ließ Karl Amadeus v. Bissingen das Jagdschlöß-
chen Karlov errichten. 1778 fiel die Herrsch. an die Wratislaw v.
Mitrowitz, für die auf dem Friedhof in Č. 1819 ein Grabdenkmal
enstand. Seit 1842 gehörte dieses der Fam. Schwarzenberg. In der
Mühle »U Díků« wurde am 11.5.1945 die Kapitulation der dt. Schör-
ner-Armee unterzeichnet. – 1850: 795, 1921: 795, 1950: 717, 1991:
969 Eww.					(VI) *Bůž/Gr*
LV 906, Bd. 1, 233; LV 275, Bd. 3, 41f.; LV 279, Bd. 11, 74f.; LV 905, Bd. 33,
37–50; LV 289, 527–530.

Czeikowitz (Čejkovice, Bez. Göding). Die 15 km nw. von
→ Göding gelegene Ortschaft geht auf eine 1248 erstm. erwähnte
Kommende des Templerordens (1269 »domus milicie templi de
Schekwitz«) zurück, an deren Stelle sich seinerzeit eine Burganlage
befand. Gut 30 Jahre nach Auflösung des Ordens im Jahr 1312, gelangte die Herrsch. samt Festung an den mähr. Zweig der Sternberg.
In den Huss.kriegen zerstört, wurden Festung und Marktflecken A.
16. Jh. erneuert. Der spätere Besitzer von C., Johann Adam v. Víc-
kov, nahm aktiv an der Ständeerhebung 1618–20 teil. Anschließend
wurde C. konfisziert und den Olmützer Jesuiten übergeben. Nach
dem Durchzug der Türken 1663 brannten die Kurutzen 1704 C. bis
auf 14 Häuser nieder. Auch die Festung wurde zerstört. 1715–17 als
Schloß wieder aufgebaut, blieb die Anlage bis 1773 im Besitz der
Jesuiten. 1783 erwarb Ks. Joseph II. die Herrsch.; die im gleichen Jahr
errichtete kath. Pfarrkirche der Hl. Kunigunde wurde im 19. Jh. umgebaut. Seit dem 13. Jh. ist der Weinbau in C. überliefert, wovon die
rund um das Schloß angelegten Weinkeller bis heute zeugen. Die rein

tsch. Bev. lebt seit dem MA überwiegend von der Landwirtschaft. –
1850: 1826, 1900: 2070, 1950: 2430, 1991: 2635 Eww.   (VIII) *Had*
LV 253, Bd. 8, 234; LV 255, Bd. 3, 263f; K. Hlavinka, Čejkovice za panství jesuit-
ského, in: 13. roční zpráva Zemské vyšší české reálky v Hodoníně na šk. rok 1906–
1907, Hodonín 1907, 2–27; K. Hlavinka, Moravské víno a obilí od r. 1704–1744.
Podle zápisů z Čejkovic, in: SA 7 (1908), 38–44; LV 950, Bd. 1, 156; LV 259, Bd. 1,
80f; LV 290, Bd. II/17, 151–179; LV 898, Bd. 1, 346ff.; M. Zemek, Habánské
lokality podle původní habánské kroniky, in: JM 17 (1981), 141–163; LV 716, 190f.

Dalečin (Dalečín, Bez. Saar). D. liegt beiderseits der Schwarzawa,
etwa 30 km ö. von → Saar. Auf dem l. Ufer wurde die gleichnamige,
1349 als Besitz des Znata v. Tasov erwähnte Burg gebaut, die 1358 an
Emeram v. Pernstein gelangte. Die Burg, A. 16. Jh. Sitz von Raubrittern, wurde 1519 zerstört und nach 1550 als wüst erwähnt. In der auf
dem r. Ufer liegenden Siedl. wurde vor 1250 die Kirche St. Jakob
gebaut (Wandmalereien um 1380, 1742–46 barockisiert). 1588 erwarb der mähr. Oberstlandschreiber Paul Katharyn v. Kathar (†1600)
D., der noch im gleichen Jahr mit dem Umbau der bei der Burg gelegenen Feste (14. Jh.) in ein Renaissance-Schloß mit Arkaden begann (1850 grundlegend umgebaut). Wilhelm Dubský v. Třebomyslitz, der D. 1603 erwarb, seine Güter jedoch wegen Teilnahme am
Ständeaufstand 1618–20 verlor, folgten in den kommenden Jhh. häufig wechselnde Besitzer. D. behielt auch in der Folgezeit einen rein
landwirtsch. Charakter. – 1880: 706 Tsch. und 4 Dt., 1930: 484 Tsch.
und 2 Dt., 1950: 457, 1991: 621 Eww.   (VIII) *Teu*
LV 253, Bd. 11, 162; LV 259, Bd. 1, 87f.; LV 898, Bd. 1, 360ff.; LV 290, Bd. II/12,
78–86; LV 791, Bd. II/4, 293f.

Dalleschitz (Dalešice, Bez. Trebitsch). Die 17 km sö. von
→ Trebitsch gelegene Ortschaft taucht 1104 als »Dalessici« in der
Cosmas-Chronik auf. Nachdem D. 1125 den Benediktinern von
Trebitsch als Schenkung zugefallen war, blieb die Herrsch. bis M.
16. Jh. in kl. Besitz. Seit 1321 ist ein Augustinerinnenkl. bezeugt, das
nach seiner Zerstörung in den Huss.kriegen erneuert wurde. 1546
übergab Kg. Ferdinand I. D. an Karl v. Žerotín. In dieser Zeit (vor
1564) wurde D. zum Marktflecken erhoben. Eine von den Herren v.
Kralitz erbaute, seit 1613 erwähnte Festung wurde im Laufe der folgenden Jhh. in Wirtschaftsgebäude umgewandelt. Wenige Jahre nach
einer Feuersbrunst (1703) ließ der neue Eigentümer von D., Gf.
Heinrich Joseph Daun, das für seine zahlr. barocken Stuckarbeiten
bekannte vierflügelige Schloß anstelle des alten Kl. errichten. Die
urspr. rom., später barockisierte Pfarrkirche St. Peter und Paul ist seit
1131 belegt. Landwirtschaft und Bierbrauerei bestimmten das Leben
der rein tsch. Bev. Der 1976 nahe D. fertiggestellte, 480 ha große

Stausee wird zur Gewinnung von Elektroenergie genutzt. – 1869: 718, 1900: 778, 1950: 705, 1980: 739, 1991: 492 Eww.   (VII) *Had*
Z. Blaha, Vodní dílo Dalešice, Brno 1976; V. Černý, Několik panských archivů na Horácku a v Podyjí (Archiv státního velkostatku Hrotovic a Dalešic v Hrotovicích), in: HP 8 (1931), 163–180; LV 253, Bd. 9, 183f.; LV 255, Bd. 2, 134f; LV 950, Bd. 1, 169.; LV 259, Bd. 1, 88; LV 290, Bd. II/21, 72–87; LV 898, Bd. 1, 362–365.

Dannowitz → Oberdannowitz

Datschitz (Dačice, Bez. Neuhaus). Am r. Ufer der Mähr. Thaya als landesfstl. Besitz gegr., gelangte das urspr. Pfarrdorf D., dessen Laurentiuskirche 1183 erstm. erwähnt wird, nach 1236 für ein Jh. an die Prager Kreuzherren mit dem roten Stern, die das Patronat bis in die Huss.zeit behielten. Wohl zugleich mit → Teltsch (1339) fiel D. an die Herren v. Neuhaus, die es ihrer Herrsch. Bilkau einverleibten. Das 1377 erstm. als Stadt erwähnte D. erstreckte sich unterhalb der Kirche um den dreieckigen Unteren Platz. Die Stadt wechselte 1459 mit der Herrsch. Bilkau an die Krajíř v. Krajek, die sie zum Zentrum der Herrsch. machten. Zugleich erstritt sie sich die Selbstverw. und 2 Jahrmärkte. Im 16. Jh. erlebte D. durch bedeutende Tuchproduktion eine wirtsch. und kulturelle Blüte, so daß es sein Areal M. des Jh. um die »Neustadt« mit dem Oberen Platz erweiterte. Unter Mitwirkung ital. Baumeister, bes. Francesco Garof de Bison, wurde 1559 das – mehrfach umgebaute – (alte) Rathaus errichtet, 1572–79 das sog. Alte Schloß (seit 1939 Rathaus), beide am Unteren Platz, 1586–92 der Glockenturm der – im übrigen 1775–88 spätbarock neuerrichteten – Laurentiuskirche und seit 1591 am Oberen Platz das vierflügelige Neue Schloß. D. war 2. H. 16. Jh. mehrheitlich prot., ein Zentrum der Brüderunität. Den Nachfolgern der 1600 ausgestorbenen Krajíř v. Krajek wurde die Herrsch. 1620 konfisziert, 1622 wurde sie an die Gff. Berka v. Dubá und Leipa verkauft. 1660 ließen sich in der Vorstadt jenseits der Thaya die Franziskaner nieder, deren Kl. – heute Stadtmuseum und -galerie – bis 1664, die Antoniuskirche 1672–77 errichtet wurden. 1728 gelangte die Herrsch. D. durch Kauf an die Gff. Ostein, 1809 an die Frhh. v. Dalberg. Diese ließen das Neue Schloß 1816, 1832–33 auch im Innern, zu einem prächtigen klassiz. Bau umgestalten. In D. wurde 1821 die erste mähr. Forstschule gegr., 1841 der erste, 1843 patentierte Würfelzucker hergestellt. Nach Aufhebung der Patrimonialverw. wurde D. 1850 Bez.-Hauptstadt. Nach dem Niedergang der Tuchproduktion im 19. Jh. entwickelte sich in D. Lebensmittel-, Maschinenbau- und Schreibgeräteindustrie. Nach dem Aussterben der Dalberg fielen Gut und Schloß 1940–45 an die Altgff. Salm-Salm, seither staatl. Schloß. Bis 1960 mähr. Bez.-Stadt, gehört D. seit 1960 zum Bez. → Neuhaus im südböhm. Kreis. – 1842:

2022, 1890: 2629 (nur Tsch.), 1930: 2547, 1949: 2796, 1994: 7970 Eww. – Beim n. von D. gelegenen Kirchwiedern entstand 1709 eine Marienwallfahrt »auf dem Berg Karmel« mit Kirche und 1746– 52 erbautem, aber erst 1908 gegr. und 1990 erneuertem Karmeliterkl., nahe dem sich die Grablege der letzten Frhh. v. Dalberg befindet.   (VII) *Me*

A. Bartušek, Dačice. Státní zámek, město a památky v okolí, Praha 1960; J. Beringer/J. Janoušek, Město a panství Dačice, Dačice 1893; J. Bistřický, Křížovníci v Dačicích, in: JSH 50 (1981), 244–249; ders., Poznámky ke středověké kolonisaci okolí Dačic, in: ČMorM 70 (1985), 85–102; ders., Přehled dějin Dačic do 15. století, in: VVM 35 (1983), 282–291; LV 472, 153f.; J. N. Dundálek, Zur Geschichte der Stadt Datschitz in Mähren, Brünn 1859; LV 260, 156, 281; F. Křížek, Dačický listinář, Dačice 1941; ders./V. Černá, Dačice, Praha 1943; LV 951, 80; K. Svobodová, Dačice, České Budějovice 1987; LV 906, Bd. 1, 238–243, Bd. 2, 115f.; LV 290, Bd. II/13; B. Vašek [u. a.], Dačice 1183–1983, Dačice 1983; LV 294, Bd. 6, 125–177.

Dauba (Dubá, Bez. Böhmisch Leipa). Entstanden aus einem tsch. Dorf unterhalb der von Hynek Berka v. Dubá um 1278 erbauten Burg D., die für das Geschlecht namengebend war, wurde der Ort M. 14. Jh. planmäßig als Kolonisationsstadt erweitert. Der dt. Anteil daran war zunächst gering, erst von 1630 an waren die Tsch. hier in der Minderheit. Die bereits im 13. Jh. erbaute Pfarrkirche St. Peter und Paul wurde 1794 zerstört und abgerissen. Die einzige erhaltene Kirche ist die von den Reichsgff. v. Sweerts-Sporck gestiftete, 1746–60 errichtete Kirche zur Kreuzauffindung. Die Stadtherren zogen für den Bau einen Architekten aus dem Umkreis Kilian Ignaz Dientzenhofers heran. Die Kirche wurde 1845 durch ein Feuer, 1945 durch Bombenangriffe beschädigt. Das n. der Stadt gelegene Schloß Neu Bernstein wurde urspr. im Renaissancestil 1553–67 angelegt, 1934 aber im Stil des Historismus renoviert. Die tradit. Erwerbsgrundlage bilden Hopfenanbau und -markt. – 1869: 8372, 1930: 1565 (davon 1333 Dt.), 1950: 1145, 1980: 2813 Eww.   (II) *MSW*

F. Bernau, Der politische Bezirk Dauba, Dauba 1888; F. Gabriel, Opevněná panská sídla na Českolipsku před rokem 1319, in: ZMDČ 4 (1985), 310–314; LV 259, Bd. 3, 106; LV 275, Bd. 4, 200f.; I. Schuh, Das Daubaer Land im nördlichen Böhmen, Heidelberg 1948; LV 569, Bd. 1, 284f.; B. Vojtíšek, Dubá, Ústí nad Labem 1961; T. Č. Zelinka/G. Zvěřina/B. Vančura, Dubá a Dubská pahorkatina, Ústí and Labem 1974.

Daudleb (Doudleby nad Orlicí, Bez. Reichenau an der Kněžna). Der Name des 6 km von → Reichenau an der Kněžna im Tal der Wilden Adler gelegenen Ortes geht auf »dudlêbi«, eine Bezeichnung für einen slaw. Stamm und Fürstensitz, zurück. Wahrsch. ist D. einer der ältesten Orte in O-Böhmen. 1259 wird erstm. ein »Ulricus de D.« erwähnt. Die Herrsch. D. blieb im MA geteilt, 1545 wird eine Fe-

stung genannt. 1559 in einer Hand zusammengefaßt, gelangte D.
1562 an Nikolaus d. Ä. v. Bubna und Lititz. Dieser erbaute 1585–90
am Ort einer älteren Festung ein vierflügeliges Renaissance-Schloß
mit Innenhof, das seinen Nachkommen bis 1945 gehörte. Im
17./18. Jh. residierte das Adelsgeschlecht jedoch in → Senftenberg.
Nach 1650 wurde das Schloß mit Barockfresken ausgestattet, 1660–
1700 die Schloßkapelle zur Hl. Fam. angelegt. Im 1. Viertel 19. Jh.
residierte in D. der Offizier und Diplomat Ferdinand Anton v. Bubna, zeitweise Generalgouverneur von Piemont und Savoyen. In D.
war seit dem 17. Jh. eine jüd. Gem. ansässig, deren Friedhof sich im
benachbarten → Wamberg befand. Die Synagoge (1821) wird heute
von der tsch. huss. Kirche genutzt. Neben Herrsch. und Schloß entwickelte sich der Ort D. nur langsam. – 1890: 1355, 1980:
2108 Eww. (IV) *Bb*
LV 864, 61f.; V. Kodousek, Monografie Doudleb, Bde. 1–3, Praha 1874–77; LV
952, Bd. 1, 396f., Bd. 5, 161; A. Vošalík/M. Lejsková-Matyášová, Státní zámek
Doudleby nad Orlicí, Turnov 1973.

Dawle (Davle, Bez. Prag-West). Die s. von → Prag am Zusammenfluß von Moldau und Sazawa gelegene Gem. erscheint 1310 in einer
Urk. von Papst Clemens V. als Städtchen des nahegelegenen Kl.
Ostrov, zu dessen Gütern D. seit der Kl.gründung gehörte. Den Benediktinermönchen der Kl. Ostrov und später → Sankt Johann unter
dem Felsen war die Gem. bis 1785 unterstellt, mit Ausnahme eines
kurzen Zeitraums nach 1436, als Ks. Sigismund D. Jakob v. Řitka
verschrieb. D. wurde 1785 dem Gut Slap inkorporiert und gemeinsam mit der Siedl. Sankt Kilian (später D. eingemeindet) der Verw.
des Religionsfonds unterstellt. 1825–48 befand es sich im Besitz von
Karl Korb v. Weidenheim. Seit 1960 gehört es zum Bez. Prag-W.
(1991: 1213 Eww.). Die urspr. got., aus dem 13. Jh. stammende St.-
Kilians-Kirche wird in den Schriftquellen erst M. 14. Jh. erwähnt, die
Pfarrei 1323. Das Presbyterium ist got., der Chor stammt von 1842. –
Die archäolog. Fundstätte Ostrov auf einer Moldauinsel gegenüber
D. weist die baulichen Reste des berühmten Benediktinerkl. und der
Kirche Johannes des Täufers auf. Das Kl. wurde um 999 von Hzg.
Boleslav II. gegr., die Gründungsurk. stellte jedoch erst Hzg. Boleslav III. aus. Die ersten Mönche kamen aus dem bayer. Niederalteich.
Bei der ersten schriftl. Erwähnung handelt es sich um eine Fälschung
von 1205. Ostrov war das zweitälteste Kl. von Benediktinermönchen
im vorhuss. Böhmen und gehörte zu den reichsten im Lande. Es war
durch einen Deich gegen das umliegende Wasser geschützt. 1137
brannte es nieder, 1278 plünderten es die Brandenburger; 1420 folgten die Huss., welche die Anlage zerstörten. Das verpfändete Eigentum wurde E. 15. Jh. teilw. zurückgegeben, das Kl. hörte jedoch zu

bestehen auf. 1517 übersiedelten Abt und Konvent in die Propstei
Sankt Johann unter dem Felsen und blieben hier bis zur Aufhebung
1785. E. 19. Jh. begannen archäolog. Ausgrabungen, die seit 1940
systematisch durchgeführt werden. Auf der nahen Insel Sekanka
(Hradischtko bei D.) erfolgten nach 1950 ebenfalls Ausgrabungen.
Dabei wurden die Grundrisse einer Marktsiedl. freigelegt, die einst
zur Herrsch. des Kl. Ostrov gehörte. Schriftquellen haben sich darüber nicht erhalten. Verm. ging dieser Ort beim Einfall der Brandenburger 1278 unter. (II) *Led*

Kronika Zbraslavská. Hg. v. F. Heřmanský, Praha 1976; M. Richter, Hradištko u
Davle. Městečko ostrovského kláštera, Praha 1982; A. Sedláček, Náhrobky opatův
Ostrovských, in: ČSPS 33 (1925), 18–21; F. Stehlík, Klášter sv. Jana Křtitele na
Ostrově u Davle, in: ZPP 7 (1947), 126–142; K. V. Zap, Benediktinští klášterové sv.
Jana Křtitele na Ostrově a v Skalách, in: PA 4/1 (1860), 108–117, 154–173; J. Žem-
lička, Osídlení Zbraslavska od 10. do počátku 15. století, in: PA 55 (1974), 419–460.

Deutschbrod (Německý Brod, seit 1950 Havlíčkův Brod). D. liegt
in waldreicher Umgebung am Fuß der böhm.- mähr. Höhe an einer
Furt (= Brod) über die Sazawa. Verm. enststand schon im 12. Jh. an
dem in der Cosmas-Chronik erwähnten »Habrysteig« eine erste slaw.
Siedl. Um 1257 wurde hier nach der Entdeckung reicher Silbererz-
lager eine Untertanenstadt gegr.; die Bergleute kamen aus Sachsen,
aus dem Harz und aus Tirol. Besitzer der Herrsch. war Smil Světlický
v. Lichtenburg, ein Rivale Kg. Přemysl Otakars II., wodurch der
1269 bezeugte Name »Brod Smilonis« zu erklären ist. Smil wollte mit
der Stadtgründung ein Gegengewicht zur kgl. Stadt → Iglau schaffen.
1278 erhielt Brod das Iglauer Stadt- und Bergrecht, 1310 durften die
Bürger ihre Stadt ummauern und ein Lager für Marktwaren errichten. Brod, 1308 erstm. »Broda Theutunicalis« genannt, entwickelte
sich in den folgenden Jahrzehnten zu einem Zentrum für Bergbau,
Handwerk und Landwirtschaft; ein Spiegel der Glanzzeit ist das älteste Stadtsiegel von 1269. Die Verw. der Stadt lag dabei dauerhaft in
Händen der dt.sprachigen Bürger, lediglich 1304 tauchen einige tsch.
Namen im Rat auf. Nach 1320 zeichnete sich wegen der Erschöpfung der Silbererzvorkommen und des gleichzeitigen Aufstiegs von
→ Kuttenberg das E. der wirtsch. Prosperität ab. Trotz der zusätzli-
chen Schwächung durch einen Stadtbrand 1340 waren die Bürger
nach 1360 dennoch in der Lage, eine eigene Wasserleitung und –
nach Bewilligung durch Ks. Karl IV. – gepflasterte Hauptstraßen an-
zulegen. Das Zentrum der damaligen Stadt bildete der rechteckige
ansteigende Marktplatz mit der Hauptstraße als Diagonale, an der
NO-Ecke flankiert von der im 13. Jh. errichteten Pfarrkirche Mariä
Himmelfahrt mit Friedhof und Stadtschule. Mit der wirtsch. Umstrukturierung, d. h. der Hinwendung zu Handwerk, Handel und

Landwirtschaft, ging die Eww.-Zahl zurück. Das dt. Patriziat und die
Kommende des Dt. Ordens hielten in den ersten Jahren der huss.
Revolution zu Kg. Sigismund – aus D. stammte auch der Gegner von
Jan Hus auf dem Konstanzer Konzil Michael de Causis –, bis nach
dem Erfolg huss. Verbände bei Kuttenberg A. 1422 die Huss. das
Heer Sigismunds bis vor die Mauern von D. verfolgten, am 10.1. die
Stadt eroberten und niederbrannten. Im April 1423 versammelte Jan
Žižka die ostböhm. Truppen in den Ruinen der Stadt und erließ bei
dieser Zusammenkunft seine berühmte Militärordnung. Neu besiedelt wurde die Stadt erst um 1429 durch tsch. Bev., die bereits E.
14. Jh. zugenommen hatte. 1469 trafen im nahegelegenen Wilhel-
mov die Heere Kg. Georgs v. Podiebrad und seines ungar. Kontra-
henten Matthias Corvinus aufeinander. Nach dem Tod Kg. Georgs
fand 1471 in D. ein Treffen des böhm. Adels zur Vorbereitung der
Wahl des neuen Herrschers statt, im Jahr darauf schloß man hier mit
dem ungar. Kg. einen Waffenstillstand.
Im 16. und 17. Jh. erfuhr die Stadt einen erneuten Aufschwung.
Nicht nur spätgot. und Renaissancebauwerke, sondern auch Schulwesen und kulturelles Leben zeugen hiervon. Der Leiter der Stadtschule, der aus dem ungar. Komitat Neutra stammende Lorenz Benedikt v. Nedožery (um 1555–1615), schuf hier um 1600 mit seiner
Grammatik die erste systematische Darstellung der tsch. Sprache. Im
30jähr. Krieg wurde nach der Ermordung Wallensteins die ganze
Herrsch. der Trčka v. Leipa, in deren Besitz sich D. seit 1436 befand
(lediglich 1561–1600 gehörte es den Herren v. Thurn), konfisziert.
1637 erklärte Ks. Ferdinand III. D. zur freien kgl. Stadt. Brandschat-
zungen, Plünderungen und wiederholte Pestepidemien dezimierten
die Bev. stark, so daß D. 1654 nur noch 213 bewohnte Häuser mit
etwa 1200 Eww. zählte. Die Gegenref. wurde in erster Linie von den
Augustinern getragen, die 1678–1733 Kirche und Kl. zur Hl. Familie
in der oberen Vorstadt erbauten. Dem Stil der Zeit folgend, wurden
die Häuser am Marktplatz barockisiert, ebenso die Dekanatskirche
Mariä Himmelfahrt, deren Turm die älteste, um 1300 geschaffene
Glocke Böhmens trägt. Seit 1712 wirkte hier Anton Ignatz Stamitz
(1687–1765) als Organist. Dessen ältester, in D. geb. Sohn Johann
Wenzel (1717–57) gilt als Begründer der sog. Mannheimer Schule.
Große Bedeutung erreichte das 1730 gestiftete Gymnasium, in dem
1735 die Augustiner mit dem Unterricht begannen. Der Sprachwis-
senschaftler Josef Dobrovský (1753–1829) studierte hier ebenso wie
später der Journalist Karel Havlíček Borovský (1821–56) an der mittlerweile von Prämonstratensern getragenen Institution, darüber hinaus auch der Komponist Bedřich Smetana (1824–84) und der Schriftsteller František Jaromír Rubeš (1814–53). Nicht zuletzt auf Initiative

Havlíčeks fanden in D. bereits 1844 Theateraufführungen in tsch.
Sprache statt.
Nach 1850 dehnte sich das Siedlungsgebiet der Stadt über die seit dem
MA unverändert gebliebenen Grenzen hinaus aus: Mit dem Ausbau
des Eisenbahnnetzes avancierte D. zu einem wichtigen Verkehrsknotenpunkt. Die Linie Wien–Prag, die sog. S-W-Bahn von
→ Pardubitz nach → Königgrätz wie auch die N-W-Bahn nach
→ Kolin kreuzten sich hier. Im Zuge der Industrialisierung entstanden Spinnereien, Strickereien und Textilfabriken. Ein ausgeprägtes
Grund- und Mittelschulwesen bildete sich gegen E. 19. Jh. aus. Eine
weitere Ausdehnungsphase fällt in die Zeit nach 1918, als im w. Teil
der Stadt zahlr. neue Wohnungen entstanden, das Krankenhaus vergrößert und eine Nervenheilanstalt gebaut wurde. Der am 18.3.1945
illegal gegr. Nationalausschuß schlug im Mai 1945 die Umbenen-
nung in »Havlíčkův Brod« vor, um das Andenken an den nat. Vorkämpfer Karel Havlíček Borovský wachzuhalten, der 1851 nach Bri-
xen in die Verbannung geschickt worden war. Nach dem Zweiten
Weltkrieg wurde bes. die Textil- und Landmaschinenindustrie weiter
ausgebaut, daneben gibt es Lebensmittel- und chemische Industrie.
Neben Fachschulen und einer Handelsakademie hat in D. als Zentrum eines Kartoffelanbaugebietes auch ein Kartoffelforschungs- und
-versuchsinstitut seinen Sitz. – 1880: 5549 (davon 123 Dt.), 1910:
10 702, 1930: 12 702, 1950: 15 122, 1991: 24 872.   (VII) *Ben/Krz*

Havlíčkobrodsko v národním odboji 1914–1918 a 1938–1945. Hg. v. F. Mirov-
ský-Neuwirth, Havlíčkův Brod 1946; L. Macek/P. Rous, Havlíčkův Brod v pově-
stech a historii, Havlíčkův Brod 1993; I. Meixner, Rufnamen und Familiennamen
des Deutsch-Broder Stadtbuches 1379–1401, Prag 1945; J. Pošvář, O hornictví a
mincovnictví v Havlíčkově Brodě v 13. stol., in: VSV Spol. vědy 3 (1959), 41–55; J.
Sochr, Havlíčkův Brod, Havlíčkův Brod 1969; ders./M. Sochrová, Havlíčkův Brod
a okolí, Havlíčkův Brod 1992.

Deutsch Gabel (Německé Jablonné, seit 1950 Jablonné v Podje-
štědí, Bez. Böhmisch Leipa). In D. G. kam nach ungesicherten Berichten die Schwester des hl. Wenzel, Przibislawa, zur Welt, die später
mit dem Herrn von → Gablonz an der Neiße verehelicht worden sein
soll. Nach ihrem Tod wurde demnach die später seliggesprochene
Przibislawa in dem Berg Krutina beigesetzt, wo man eine ihr geweihte Kapelle errichtete. Hier ruhten ihre sterblichen Überreste, bis sie
1367 auf Veranlassung Karls IV. in den Prager St.-Veits-Dom übertragen wurden. Die erste sichere Erwähnung geht auf das Jahr 1249
zurück, als von einem »Gallus de Yablonni« die Rede ist. Von dem
tsch. Ortsnamen leitet sich die dt. Form »Gabel« ab, die aber in der
überwiegend dt. besiedelten Stadt schon M. 14. Jh. nicht mehr ety-
mologisch verstanden wurde, so daß eine Gabel in das Stadtsiegel ge-

langen konnte. Bis zum 16. Jh. ging die tsch. Minderheit in D. G. ganz zurück. – In der vor 1249 durch Gallus v. Lämberg gegr. Stadt wurde um 1252 von dessen Gattin Zdislava ein Dominikanerkl. mit der Kirche St. Laurentius gestiftet. Von M. 14. Jh. bis 1718 war D. G. im Besitz der Herren Berka v. Dubá und gelangte dann an Johann Joachim v. Pachta. Nachdem 1419 die Stadt von den Huss. unter Führung Žižkas eingenommen worden war, mußten die Mönche die Stadt verlassen; sie kehrten jedoch nach den Huss.kriegen zurück, bis 1785 der Orden durch ein Dekret Ks. Josephs II. aufgelöst wurde. Der Neubau der Pfarrkirche St. Laurentius (1699–1722) wurde in Anlehnung an die Wiener Peterskirche von Johann Lucas v. Hildebrandt entworfen. Der Bauherr der barocken Kirche, Franz Berka v. Dubá, wird am Eingang in die Sakristei in einer Büste (um 1700) dargestellt. Während des 7jähr. Krieges wurde D. G. vorübergehend von preuß. Truppen besetzt. 1813 besetzte Fst. Joseph Poniatowski mit poln. Truppen die Stadt; auf dem Rückzug aus Rußland traf Napoleon hier am 19.8.1813 ein. – 1869: 9538, 1930: 2406 (davon 2159 Dt.), 1950: 1557, 1980: 4402 Eww.   (III) *MSW*

O. J. Blažíček/P. J. M. Preiss, Dominikánský kostel sv. Vavřince v Jablonném, Olomouc 1948; E. Gierach/F. Runge, Deutsch-Gabel in der tausendjährigen Vergangenheit, Deutsch-Gabel 1926; Heimatkunde des Bezirkes Deutsch-Gabel in Böhmen. Hg. v. E. Gierach u. F. Runge, Reichenberg 1933; A. Grützner, Deutsch-Gabel im Blickfeld seiner Vergangenheit, in: Heimatbuch Polzen – Neisse – Niederland, Troisdorf 1953, 46–52; LV 259, Bd. 3, 178f.; Jablonné v Podještědí 1918–1968, Česká Lípa 1968; V. Pinkava, Geschichte der Stadt Gabel und des Schlosses Lämberg in Böhmen, Deutsch-Gabel 1897; E. Reich, Geschichte des Schulwesens im Bezirke Deutsch-Gabel, Deutsch-Gabel 1937; LV 896, 114; LV 275, Bd. 4, 251–258; LV 569, Bd. 1, 274; J. Schwarz/K. Steer, Deutsch-Gabel und Umgebung, Deutsch Gabel 1926; LV 906, Bd. 1, 560–563.

Dimokur (Dymokury, Bez. Nimburg). Das 14 km nö. von → Nimburg an einem abgelegenen Ausläufer des flachen Elbetals gelegene Dorf mit Schloß wurde 1249 als Besitz eines Soběslav v. D. erwähnt. Versuche, die Gem. zu einem Mittelpunkt auszubauen, erfolgten offenbar 1290, als Kg. Wenzel II. das »oppidum D.« dem Kl. → Sedletz verkaufte. Spätere Quellen erwähnen D. allerdings nicht als Städtchen. Zu den zahlr. wechselnden Besitzern gehörte 1463 Johann Křinecký v. Ronow, der Dorf und gleichnamiges Kastell erwarb. Dessen Fam. behielt D. nahezu ein Jh.; 1573 ging der Besitz an Zdeněk v. Waldstein über, dem kurzzeitig die Herren Smiřický v. Smiřitz und dann 1620 Johann Eusebius Khuen v. Belasi folgten. Nach 1650 traten als neuer Besitzer die Gff. Colloredo-Wallsee auf. An der Stelle des Kastells und späteren Renaissancesitzes ließen diese seit 1660 ein dreiflügeliges Barockschloß erbauen. Seit 1872 befand sich die Herrsch. im Besitz der Gff. Czernin v. Chudenitz. Die got. Pfarrkirche Mariä Himmelfahrt wurde 1723–25 barockisiert. Trotz seiner Position als Herrsch.sitz, der 1835 107 Häuser und 698 Eww. zählte, stieg D. nicht in den Rang eines Städtchens auf. – 1900: 1301, 1950: 1032 und 1991: 676 Eww. (III) *Žem*

Poděbradsko. Obraz minulosti i přítomnosti, Bd. 3/1. Hg. v. K. Kožíšek [u. a.], Nymburg 1909, 108–116; LV 279, Bd. 10, 401f.; LV 283, Bd. 3, 79–83; LV 906, Bd. 1, 341.

Diwischau (Divišov, Bez. Beneschau). Als Siedl. taucht das 15 km ö. → Beneschau gelegene D. erstm. 1218 im Zusammenhang mit der Erwähnung eines Diwisch v. D., des Begründers des Geschlechts der Sternberg, in den Quellen auf. Dessen Sohn Zdeslav ließ die nahegelegene Burg → Böhm. Sternberg erbauen. In der 1. H. 13. Jh. stieg D. zum wirtsch. und Verw.-Zentrum der Sternberger Herrsch. auf. In der 2. H. 14. Jh. stand hier eine got. Pfarrkirche, spätestens um 1480 erhielt der Ort den Status eines Städtchens. Bis 1620 bekannten sich die Eww. zum Utraqu., um 1453 agierte hier die reformorientierte lokale Sekte der »D.er Brüder«. Die gewaltsame Rekatholisierung stieß auf den Widerstand der Untertanen, der 1627 mit der Eroberung der Burg Böhm. Sternberg durch rebellierende Bauern seinen Höhepunkt erlebte. Plünderungen durch schwed. Heere 1645 und 1648 lähmten die wirtsch. Entfaltung, 1742 vernichtete ein Feuer die ältere Bausubstanz. Seine regionale Bedeutung wahrte der Ort als Sitz eines Dekans seit 1650 sowie als herrschl. Mittelpunkt und Stätte der Halsgerichtsbarkeit. Im 19. Jh. entwickelte sich in D. Textilindustrie, nach 1945 kam die Produktion von Mopeds hinzu. Das einzige erwähnenswerte Baudenkmal ist die 1744–46 erbaute barokke Bartholomäuskirche, deren Turm von 1793 stammt. In dem rein tsch. Städtchen gab es bereits vor 1685 Juden, die um eine in ihrem heutigen Aussehen von etwa 1850 stammende Synagoge wohnten. Die meisten Juden zogen bereits A. 20. Jh. in größere Städte ab, ein jüd. Friedhof mit barocken und klassiz. Gräbern erinnert noch heute an diesen Bev.-Teil. – 1848: 1660, 1900: 1720, 1950: 940 und 1991: 1330 Eww. (III/VII) *Pán*

LV 864, 57; J. Pánek, Pronásledování romských (cikánských) kočovníků v první čtvrtině 18. století ve světle divišovské smolné knihy, in: ZSVK 6 (1974), 17–41; ders., Smolná kniha městečka Divišova z let 1617–1751, Praha 1977; A. N. Vlasák, Okres Vlašimský, Praha 1874, 79–83.

Dobříš (Dobříš, Bez. Příbram). 40 km sw. von → Prag liegt die von Wäldern umgebene Stadt D.; ein gleichnamiger Hof wurde 1252 erstm. urk. als kgl. Gut genannt, als Kg. Wenzel I. hier die Rechte des Kl. → Plaß bestätigte. Bereits 10 Jahre später befand sich D. im Besitz

der Herren v. Rosenberg, 1321 wird ein Stefan v. Tetín als Lehensherr erwähnt. Die strategisch vorteilhafte Lage von D. veranlaßte Kg.
Johann v. Luxemburg, dieses zurückzugewinnen und hier eine Burg
als Verw.-Zentrum mehrerer Dörfer erbauen zu lassen. Diese wurde
nun Sitz eines kgl. Jägermeisters. Unterhalb der Burg entwickelte sich
aus einem noch 1322 als »villa Dobrziss« bezeichneten Dorf eine
Zwergstadt, die in den Huss.kriegen den Durchzug versch. Heere
erlebte. Am 6.2.1421 versammelten sich hier die Prager und Jan Žižka, um gegen Kg. Sigismund vorzurücken. Letzterer verschrieb 1422
die Burg den kath. Gefolgsleuten Friedrich und Hanuš v. Kolovrat.
1461 verpfändete der damalige Burgherr, Kg. Georg v. Podiebrad, D.
seinen 4 Söhnen, die dieses 1472 aufgaben. Die sich anschließenden
häufigen Besitzerwechsel standen einer Prosperität von D. entgegen.
Nach 1590 wurde die Dreifaltigkeitskirche erbaut, die auch den
Utraqu. zur Verfügung stand. Die zunehmenden rel.-pol. Spannungen erreichten 1612 einen Höhepunkt, als der Prager Ebf. Gf. Karl v.
Lamberg den utraqu. Pfarrer aus D. vertreiben ließ und einen kath.
Geistlichen an dessen Stelle setzte. 1630 gelangte das Kastell in den
Besitz der Gff. v. Mansfeld. 1745–65 entstand im Auftrag des Gf.
Heinrich Paul v. Mansfeld nach Plänen des frz. Architekten Jules
Robert de Cotte ein Rokokoschloß. An den S-Flügel schließt sich
ein um 1760 angelegter terrassenartiger frz. Park mit reichem bild-
hauerischen Schmuck von Ignaz Franz Platzer an. Die wirtsch. Entw.
des Untertanenstädtchens prägten Landwirtschaft und Kleingewerbe,
seit etwa 1674 boten auch die herrschl. Eisenhütten neue Erwerbs-
möglichkeiten. 1837 wurde die Handschuhproduktion aufgenommen, deren Tradition bis heute fortdauert. 1897 erhielt D., das 1853
Stadtrechte erhalten hatte, einen Eisenbahnanschluß. – 1890: 3535
(davon 35 Dt.), 1910: 3665, 1950: 4070, 1991: 7848 Eww. – 3 km sö.
von D. steht an einem Teichufer eine Villa, in der 1935–38 der
Schriftsteller Karel Čapek lebte. (II/VI) *Krz*

G. Hofmann, Dobříšské panství v letech 1570–1630, in: SSH 2 (1958), 161–199;
ders., K počátkům železných hutí na dobříšském panství, in: VSP 2 (1968), 184f.; LV
259, Bd. 4, 59–62; L. Kopáček, Dobříšská privilegia, Dobříš 1915; L. Malý,
Příbramsko a Dobříšsko, Příbram 1930; LV 906, Bd. 1, 278–281; St. Polák, Dobříš,
in: VSP 20 (1982), 69–76; LV 540, 100–107; LV 279, Bd. 6, 100–111; Z. Wirth,
Zámek Dobříšský, in: UM 11 (1938), 57–75.

Dobroslawitz (Dobroslavice, Bez. Troppau). Erstm. tauchte D.
1377 im Zusammenhang mit der Teilung des Fstm. Troppau in den
Quellen auf. Zu dieser Zeit gehörte D. zur Herrsch. → Hrabin des
Heinrich v. Vöttau. Ein Ritter v. Czochendorf ließ im 15. Jh. ein
Kastell errichten, das in der 2. H. 16. Jh. zu einem Renaissance-
Schloß umgebaut wurde. Zu diesem Zeitpunkt gehörte die Herrsch.

den Herren v. Würben, die sich nachfolgend mit mehreren anderen Adelsgeschlechtern im Besitz von D. abwechselten, vor allem mit den Sedlnický v. Choltitz. Im 18. Jh. folgten die Gff. Giannini. Das Schloß erlebte mehrere Umbauten, seine Barockgestalt erhielt es um 1700; A. 19. Jh. wurde ein weiträumiger frz. Park angelegt. 1860 erwarben die Gff. Wilczek D. Während der Kämpfe im Frühjahr 1945 wurde nahezu die gesamte Gem., einschl. des Schlosses, zerstört. 1976 wurde sie mit dem 5 km nö. gelegenen → Hultschin administrativ zusammengeschlossen. – 1850: 389, 1900: 460 (davon 19 Dt.), 1930: 509 (davon 4 Dt.), 1950: 509, 1970: 535 Eww. (V) *Mü*
J. Gebauer, Nástin dějin dobroslavického panství, in: ČSM 31 (1982), 239–253; LV 255, 753ff.; LV 259, Bd. 2, 56f.; V. Prasek, Historická topografie země Opavské, Opava 1889, 122–127.

Dobrowitz (Dobrovice, Bez. Jungbunzlau). Das M. 13. Jh. erstm. erwähnte Dorf »Dobroviczevez«, 6 km sö. von → Jung-Bunzlau unterhalb des Berges Chlum, war bis M. 16. Jh. in den Händen der Herren v. Chlum, denen 1558 durch Heirat die Herren v. Waldstein folgten. 1558 wurde der Ort Marktflecken und heißt seitdem D. Die territorial sehr ausgedehnte Herrsch. kam 1735 durch Heirat an die Fürstenberg und war schließlich von 1809–1929 im Besitz der Fstt. v. Thurn und Taxis. Wirtsch. Bedeutung hatte die 1834 im Schloßgebäude eingerichtete Zuckerfabrik, die 1923 von einer Prager Aktienges. aufgekauft wurde und bis heute in Betrieb ist. Die kulturelle Blütezeit der Stadt im 16./17. Jh. hat ihre Spuren in den erhaltenen Baudenkmälern hinterlassen. 1569/71 errichtete Heinrich v. Waldstein (1517–79) oberhalb des Marktplatzes die Bartholomäuskirche, eine dreischiffige Hallenkirche mit W–Turm (1755 und 1813/14 erneuert) im Renaissancestil mit spätgot. Elementen; an der S-Seite des Chores befindet sich ein dreiteiliges Waldstein-Epitaph von 1582 und 1608. Möglicherweise an Stelle der alten, 1558 zuletzt erwähnten Feste, errichteten Heinrich v. Waldstein und sein Sohn Hennig (†1623) unterhalb des länglichen Marktplatzes nach 1578 das vierflügelige Renaissance-Schloß, von dem nur der S-Flügel und ein Teil des W- und O-Flügels einschl. des Turms mit Zwiebeldach erhalten sind, die übrigen Teile fielen nach 1832 den Zwecken der Zuckerfabrik zum Opfer. Um 1608 war das am oberen E. des Marktplatzes errichtete Renaissance-Rathaus mit Turm und Lauben an der Vorderseite fertiggestellt; im Rathaus richtete Hennig v. Waldstein, der wegen seiner Beteiligung am Ständeaufstand 1618–20 verurteilt wurde und 1623 nach Dresden floh, eine Lateinschule, im Schloß eine Druckerei ein. – 1869: 1801, 1991: 3101 Eww. (III) *Ke*
Dějiny obcí okresu mladoboleslavskéko a benátského, Mladá Boleslav 1926, 40–49; J. Havlín, Studie o vývoji a významu cukrovaru v Dobrovici, in: Bol 1 (1926–27),

161–180; LV 259, Bd. 3, 92f.; J. Merrell, Dobrovice, in: Mladá Boleslav, Lysá nad Labem, Nové Benátky. Hg. v. L. Kloudan [u. a.], Praha/Brno 1941, 158f.; LV 952, Bd. 1², 412; E. Svárovský, Styky města Dobrovice s vrchnostenskými hejtmany do doby Josefa II., in: Bol 1 (1926–27), 259–285; ders., Jak zápasila Dobrovice za svá stará práva, in: Bol 2 (1927–28), 10–31; LV 906, Bd. 1, 269ff.

Dobruška (Bez. Reichenau an der Kněžna). Das am SW-Rand des Adlergebirgsvorlandes 18 km nw. von → Reichenau an der Kněžna gelegene D. entstand am Ort der Siedl. Leštno. 1320 erhielt D., wo 8 Jahre zuvor ein »Johannes de Dobrusca« erwähnt worden war, eine Befreiung von Frondiensten und eine Bestätigung des Braurechtes. 1364 wurde das Königgrätzer (Magdeburger) Stadtrecht eingeführt. 1455 wurde D. als »oppidum« der Herrsch. → Opočno, mit der die Stadt bis ins 19. Jh. verbunden blieb, bezeichnet. Seit 1494 entwikkelte es sich zum Marktort für die Herrsch. der Trčka v. Leipa; aus dieser Zeit sind zahlr. Zunftprivilegien überliefert. A. 17. Jh. bildete D. ein Zentrum des ostböhm. Prot., wurde jedoch seit 1626 rekatholisiert. 1651/52 setzten erneut gegenreformatorische Maßnahmen ein, seit 1733 ist die Anwesenheit von Jesuiten belegt. 1751 wurden 250 prot. Bücher verbrannt. Seit 1545 ist in D. eine jüd. Siedl. (1666: 19) nachweisbar, die Gem. bestand bis 1941. Der jüd. Friedhof wurde 1675 eingerichtet, die in der 2. H. 19. Jh. errichtete, dritte Synagoge wird heute von der tsch. huss. Kirche genutzt. Die Entw. der Stadt stagnierte im 19. Jh.; erst 1908 wurde von Opočno eine Stichbahn eröffnet. – Wegen zahlr. Brände ist in D. wenig alte Bausubstanz erhalten: das Rathaus mit Turm aus der 2. H. 16. Jh. in der M. des rechteckigen Marktplatzes und die 1709–24 anstelle einer got. Kirche errichtete Pfarrkirche St. Wenzel. – 1845: 2500, 1890: 2800, 1980: 6664 Eww. (IV) *Bb*

LV 864, 58f.; LV 952, Bd. 1, 366f.; J. Roštlapil, Paměti města Dobrušky a panství opočenského, Dobruška Praha 1887; Sborník z historie města Dobrušky 1320–1980. K 660. výročí od vydání první písemné zprávy o Dobrušce jako městě, Rychnov n. K. 1981.

Dolein (Dolany, Bez. Olmütz). Die erste urk. Erwähnung des Dorfes D. stammt von 1296, als Kleinedelleute den Titel v. D. führten. 1379 schenkte Albrecht v. Sternberg als Bf. v. Leitomischl D. dem von ihm gegr. Kartäuserkl. in Tržek bei → Leitomischl. Später verlegten die Kartäuser ihre Residenz nach D. Die Funktion als Vorsteher der Kartause nahm A. 15. Jh. Stefan v. D. wahr, der als Widersacher von Jan Hus bekannt wurde. Beim Ansturm der Huss. flohen die Mönche in das nahegelegene → Olmütz. D. gehörte dem Kartäuserorden bis zu dessen Auflösung 1782. – Die barocke Pfarrkirche St. Matthäus aus dem 18. Jh. und das im Stil der Spätrenaissance erbaute Schloß aus dem 17. Jh., das die Kartäuser als Verw.-Sitz ihrer grundherrschl. Güter ausbauten, beherrschen das Bild des Ortes. – 1930: 1848 (1596 Tsch. und 248 Dt.), 1991: 1802 Eww. – Auf einer Anhöhe ö. von D. finden sich Reste des ehem. Kartäuserkl., das 1425 eingeebnet worden war, um das Vorterrain der Stadt Olmütz militärstrategisch übersichtlicher zu machen. Das got. Areal mit der 1388– 1407 erbauten Kirche trug in seiner Entstehungszeit den Namen »Thal Josaphat«. (IV/VIII) *Sp*

V. Burian, Kartouzka v Dolanech – moravský protějšek hradu Siónu, in: StřM 1 (1966), 5–18; LV 290, Bd. II/49, 408–420; J. Šindler, Dějiny Dolan, Loštice 1942.

Doxan (Doksany, Bez. Leitmeritz). 1142 gründeten Hzg. Vladislav II. und seine Gemahlin Gertrud das 7 km nw. von → Raudnitz gelegene D. als Prämonstratenserinnenkl., dessen erste Nonnen aus Kl. Dünnwald bei Köln kamen. Noch im 12. Jh. wurde der erste Klosterbau abgeschlossen, wovon die rom. Krypta und die Mauern der dreischiffigen Basilika Mariä Geburt erhalten sind. Die in D. arbeitende Bauhütte war an der Errichtung weiterer rom. Bauwerke im n. Böhmen beteiligt. Neben anderen Mitgliedern der Königsfam. lebte hier Agnes v. Böhmen (1211–82) in ihrer Jugend. Während der Huss.kriege wurde D. 1421 niedergebrannt, aber noch im 15. Jh. wiederaufgebaut. Die starken Beschädigungen aus dem 30jähr. Krieg wurden seit der 2. H. 17. Jh. beseitigt; D. wurde durch Neubauten ergänzt und durchgehend barockisiert. Nach der Aufhebung des Kl. durch Ks. Joseph II. (1782) gelangte das Gut an den Religionsfonds und von dort durch Verkauf in Privatbesitz, zunächst der Fstn. Therese Poniatowska, geb. Kinsky, Gemahlin eines Bruders des letzten poln. Kg. Stanisław August. Das Stiftsgebäude diente nun als Schloß und Zentrum der Domäne D.; Neben- und Wirtschaftsgebäude des Gutes verfielen. Das ausschl. tsch. besiedelte Dorf konnte sich im 20. Jh. nicht entwickeln. – 1900: 769, 1991: 371 Eww. (II) *Lüb*

E. V. Balcárek, Kloster und Schloß Doxan, Doxan 1931; J. Hobzek, Kulturní památka Doksany, Ústí nad Labem 1983; LV 259, Bd. 3, 94; O. Kotyza/J. Smetana, Zaniklá středověká osada Mury u města doksanského kláštera, in: AR 43 (1991), 611–632; LV 905, Bd. 4, 51–87; A. Merhautová-Livorová, Dílo a působení doksanské huti, in: UM 5 (1957), 210–223; LV 880, 113–117; J. Pražák, Privilegium Přemysla I. pro Doksany a jeho konfirmace z r. 1276. Poznámky k dějinám doksanského klášterectví ve XII. a XIII. stol., in: SAP 5 (1955), 159–203.

Draschitz (Dražice, Bez. Jungbunzlau). Auf einer Anhöhe über dem r. Ufer der unteren Iser, 2 km nö. von → Benatek, errichtete der Prager Burggf. Gregor v. Litovitz M. 13. Jh. eine Burg, die 1264 erstm. als »castrum Drazicz« erwähnt wird. Nach der ersten, unvollendeten Bauphase setzte sein Sohn, der Prager Bf. Johannes IV. v. D. (1301–

43) nach seiner Rückkehr aus Avignon (1329) den Ausbau mit Hilfe
frz. Baumeister fort. Die Herrsch. war bis E. 13. Jh. im Besitz der
Herren v. D., kam dann an Peter v. Wartenberg und um 1402 an Aleš
Škopek v. Dubá und war 1437–1510 bei den Herren v. Kunwald.
1448 wurde die Burg durch Truppen Georgs v. Podiebrad zerstört
und nicht wieder aufgebaut; seit E. 16. Jh. ist sie unbewohnt. Der Sitz
der Herrsch. wurde 1526 durch Friedrich v. Dohna nach Benatek
verlegt. Auf der Ebene w. oberhalb der Burg errichtete um 1340 Bf.
Johannes IV. v. D. die einschiffige got. St.-Ludmilakirche, die nach
Umbauten im 16. und 18. Jh. 1827 aufgehoben und 1926 als Martinikirche neu geweiht wurde. – 1869: 103, 1980: 413 Eww.   (III) *Ke*
Dějiny obcí okresu mladoboleslavského a benátského, Mladá Boleslav 1926, 195–
201; LV 259, Bd. 3, 103f.; Zd. Kalista, Cesta po českých hradech a zámcích, Praha
1993, 53–65; LV 879, Bd. 1, 136ff., Bd. 2, 35–42; LV 952, Bd. 1², 460, Bd. 5, 162;
LV 279, Bd. 10, 236–242; LV 906, Bd. 1, 322f.

Dřewohostitz (Dřevohostice, Bez. Prerau). D. liegt sö. → Prerau im
fruchtbaren Hügelland der Vorbeskiden. 1368 ist erstm. ein oppidum
D. bezeugt, im 16. Jh. erhielt der Ort Marktrecht. Die Allodialherrsch. wechselte häufig die Besitzer. Als Eigentum des Johann d. Ä.
Skrbenský v. Hříště, der an der Erhebung der mähr. Stände beteiligt
war, wurde D. 1620 konfisziert und gelangte für kurze Zeit in den
Besitz des böhm. Oberstkanzlers Zdenko Adalbert Popel v. Lobkowitz. Letzte Besitzer waren die Frhh. Czeike v. Badenfeld, von denen
die Gem. D. 1897 die Herrsch. kaufte. – Unter den Herren v. Žerotín
(1480–1566) entstand hier seit A. 16. Jh. ein Zentrum der Mähr. Brüder; 1561 errichteten diese in dem von ihnen »Sarepta« genannten Ort
eine der ältesten Schulen Mährens. – E. 16. Jh. wurde die ma. Festung
in eine vierflügelige, mit heute noch gut erhaltenem Wassergraben
und Befestigung umgebene Schloßanlage im Renaissancestil umgebaut. Die urspr. in der Ortsmitte befindliche got. St.-Gallus-Pfarr-
kirche wurde 1674 nach Brand an der Stelle des Brüderhauses spätbarock errichtet. Daneben ist der Glockenturm der Mähr. Brüder
(1521) erhalten. Ein am Ring stehender Bauernhof aus der 2. H.
18. Jh. gilt mit seiner charakteristischen Vorhalle als eines der letzten
Beispiele hannakischer Volksarchitektur. – 1846: 1285, 1950: 1518,
1980: 1588 Eww.   (V) *Do*
LV 255, 644f.; LV 950, Bd. 1, 201; LV 259, Bd. 2, 62ff.; L. Smiřický, Historie Dře-
vohostic, Dřevohostice 1968; LV 294, Bd. 1, 105–115.

Drum (Stvolínky, Bez. Böhmisch Leipa). D. entstand aus 2 Orts-
kernen: dem älteren tsch. Stvolínky und dem M. 14. Jh. in der Quel-
lenüberlieferung erscheinenden dt. D. Auch in huss. Zeit blieb neben
dem tsch. ein dt. Bev.anteil erhalten. Älteste Besitzer waren die Her-

ren v. Kluk. Heinrich v. Kluk war nach einem Studium an der Prager Univ. 1378/79 Rektor der theol. Fakultät. Im 16. Jh. war D. im Besitz der Herren Kurzbach v. Trachenberg. 1589 gelangte es an die Herren v. Wartenberg. Diese traten die Herrsch. 1654 an das neuerrichtete Btm. Leitmeritz käuflich ab. Der erste Bf. v. Leitmeritz, Maximilian Rudolf v. Schleinitz, ließ 1664 in D. ein Barockschloß an der Stelle der 1589 abgerissenen Burg errichten. Die in den Errichtungsbüchern für 1384 erwähnte Pfarrkirche Allerheiligen wurde 1811 von dem damaligen Leitmeritzer Bf. Wenzel Leopold v. Chlumczanský neu erbaut und um ein Presbyterium erweitert. Wie die Schule befand sie sich unter dem Patronat der bfl. Grundobrigkeit. – 1869: 792, 1930: 552 (davon 497 Dt.), 1950: 349, 1980: 254 Eww.

(II) *MSW*

F. Bernau, Album der Burgen und Schlösser im Königreiche Böhmen, Bd. 1, Saaz 1881, 81ff.; J. Linke, Geschichte der Ronburg mit der ehemaligen Herrschaft Drum, Böhmisch Leipa 1893; LV 275, Bd. 5, 272f.; LV 569, Bd. 1, 281; LV 279, Bd. 14, 299–302; LV 283, Bd. 1, 325–331; J. Steinitz, Ein Beitrag zur Geschichte und Statistik der Herrschaft Drum, in: MNEK 15 (1892), 30–36; K. Stroh/R. Sagaster, Heimatkunde des politischen Bezirkes Böhmisch Leipa, Böhmisch Leipa 1936, 70f.; LV 906, Bd. 3, 460.

Dürnholz (Drnholec, Bez. Lundenburg). Am l. Ufer der Thaya gelegen, geht die 13 km nw. von → Nikolsburg entfernte Ortschaft auf eine ma. Burg zurück. Im Jahre 1249 werden Wilhelm und Ulrich »de Durnholz« erwähnt. E. 14. Jh. gelangte die Herrsch. D. in die Hände der mähr. Mkgff., die sie 1393 mit Johann v. Liechtenstein gegen das österr. Hainburg eintauschten. Während der Huss.kriege weilte in D. Ks. Sigismund. 1578 ging die Herrsch. in den Besitz von Christoph v. Tiefenbach über. Dieser siedelte in der Umgebung kroat. Bauern an und ließ die verfallene Burg 1583–85 in ein Renaissance-Schloß umbauen, von dem Tor und Saal erhalten sind. Friedrich v. Tiefenbach wurde am 28.5.1621 wegen seiner Teilnahme am Ständeaufstand 1618–20 in Innsbruck hingerichtet. Sein Bruder Rudolf dagegen war kaisertreu. Er verfügte 1650, daß aus seinem Erbe in D. eine Stiftung für adelige Studenten einzurichten sei. Ein Jh. später ließ der neue Eigentümer, Franz Wenzel v. Trautmannsdorff, das Schloß in die heutige barocke Form bringen. Der Brünner Architekt Franz Anton Grimm (1710–84) entwarf die 1750–57 errichtete barocke Pfarrkirche. Nach dem Aussterben der Trautmannsdorff (1762) verlor das Schloß auf Dauer seine Residenzfunktion. 1777 wurde es dem Olmützer Adelskonvikt unterstellt. Seit 1828 gehörte es zur Theresianischen Militärakademie in Wiener Neustadt. Auf dem Marktplatz von D., dessen Bev. bis 1918 rein dt. war, stehen eine Mariensäule aus dem Jahre 1715 sowie das Rathaus von 1591.

Weinbau, Bierherstellung und Baustoffgewinnung haben eine lange Tradition. – 1850: 2635, 1900: 2966, 1930: 2573 dt. und 232 tsch., 1950: 1484, 1991: 1776 Eww.   (VIII) *Had*

LV 177; J. Frodl, Geschichte der Marktgemeinde Dürnholz und des ehemaligen Herrschaftsgebietes Dürnholz, Neusiedl, Unter-Tannowitz, Treskowitz, Bartelsbrunn, Guttenfeld, Neuprerau, Fröllersdorf, Guldenfurth, Dürnholz 1927; LV 253, Bd. 9, 296f.; LV 255, Bd. 3, 244f.; LV 950, Bd. 1, 196; LV 259, Bd. 1, 94f.; LV 898, Bd. 1, 416–419.

Duppau (Doupov, Bez. Karlsbad). Der inmitten der D. Berge auf 578 m Höhe im oberen Aubachtal gelegene Ort wurde erstm. 1281 im Besitz des Ritters Benesch v. D. erwähnt. Unter der Herrsch. des gleichnamigen Adelsgeschlechts wurde D., in der Nähe wichtiger Straßen vom Egerland nach → Prag gelegen, nach 1350 zum einzigen ritterschaftlichen Städtchen im Karlsbader Gebiet. 1537 kam D. in die Hand der Elbogener Linie der Schlick, die den Herrensitz zu einem Schloß umbauten. Sie gewährten dem Ort 1566 wichtige städt. Privilegien (Wochenmarkt, 2 Jahrmärkte, Brau- und Salzverkaufsrecht). Die Ref. wurde in der 2. H. 16. Jh. eingeführt, 1583 den Kath. die Pfarrkirche genommen. Nach der Schlacht am Weißen Berg 1620 wurde der ev. Gf. Johann Albin Schlick enteignet. D. geriet zunächst unter die Herrsch. der aus Spanien stammenden Gff. v. Verdugo, dann der Lützow. Sie suchten, schließlich mit Erfolg, die Bürger in die Leibeigenschaft herabzudrücken. Die Rekatholisierung zwang viele Prot. zur Auswanderung nach Sachsen. Die erbitterten Auseinandersetzungen zw. Stadt und Herrsch. um Erhalt der alten Privilegien, bes. des Braurechts, zogen sich bis 1743 hin, als ein Vergleich gefunden und die Leibeigenschaft wieder aufgehoben wurde. Seit 1767 bestand in D. ein Jesuitenkonvent mit weltbekannter Lateinschule, die später von den Piaristen weitergeführt wurde. 1848 wurde D. Sitz eines eigenen Bez.-Gerichts. – 1847: 1423, 1930: 1524 (davon 18 Tsch.), 1942: 1560 Eww. – Das bedeutendste Gewerbe der Stadt war die Tuchmacherei, Schuh- und Strumpffabrikation. Mit dem Anschluß an die Eisenbahn 1902 entstand auch ein bescheidener Fremdenverkehr. Nach der Vertreibung der dt. Bev. wurde das Gebiet der D.er Berge ein Truppenübungsplatz für die tschsl. Armee. D. existiert als Siedl. nicht mehr.   (I) *Hil*

V. Karell, Kaaden-Duppau. Ein Heimatbuch der Erinnerung und Geschichte des Landkreises, Frankfurt am Main 1965; LV 507, 79f.; M. Tippmann, Geschichte der Stadt Duppau, Duppau 1895.

Dux (Duchcov, Bez. Teplitz). Die ältesten Spuren einer Besiedl. reichen bis in das Neolithikum zurück, weithin bekannt ist der 1882 gefundene sog. D.er Schatz aus der Keltenzeit. Die Stadt am S-Abhang des Erzgebirges entstand nach 1250 unweit der 1207 erwähnten Marktsiedl. Hrabišín, des wirtsch. Zentrums der Hrabschitzer, der Ahnen der späteren Herren v. Ossek und Riesenburg. D. wurde auf regelmäßigem Grundriß mit trapezförmigem Markt errichtet, den heute die 1760 von Matthias Kühnel geschaffene Dreifaltigkeitssäule sowie ein 1728 von Johann Ignaz Popel vollendeter Brunnen zieren. Bereits für 1392 sind die Stadtmauern und 3 Tore belegt, vor denen die Hl.-Kreuz-Kapelle lag. 1390 wird die Schule genannt. Die urspr. got. St.-Georgs-Kirche gestaltete Marc Antonio Canevalle barock um. 1530–1639 gehörte D. den Herren v. Lobkowitz, die 1570 mit dem Bau des Schlosses begannen. Ihnen folgten 1642 die Gff. v. Waldstein, unter denen das Schloß nach Plänen des Baumeisters Jean Baptiste Mathey 1675–85 im Kern sein späteres Aussehen erhielt. Bis 1707 erweiterte man die Anlage um beide Seitenflügel. 1785–98 lebte der ital. Abenteurer Giacomo Girolamo Casanova als gfl. Bibliothekar bis zu seinem Tode im Schloß und verfaßte hier seine berühmten Memoiren »Histoire de ma vie«. Ein Saal im Schloßmuseum erinnert an seinen Aufenthalt. Zu den weiteren Persönlichkeiten, die in enger Beziehung zu D. standen, zählen Ludwig van Beethoven, der Gf. Ferdinand Ernst v. Waldstein seine »Waldstein-Sonate« widmete, Frédéric Chopin und Johann Wolfgang v. Goethe. 1813 trafen der russ. Zar Alexander I., Kg. Friedrich Wilhelm III. v. Preußen und Ks. Franz I. v. Österr. auf Schloß D. zus. 1812–18 erhielt die Anlage ihr endgültiges, klassiz. Aussehen. Bereits 1763 setzte in der Umgebung der Abbau von Kohle ein, was sich für die Industrialierung des 19. Jh. als förderlich erwies. Seit 1871 gab es einen Eisenbahnanschluß. Dem Bergbau diente die 1872 errichtete Dt. Bergschule. Bergbau und Industrialisierung waren die Gründe für die Zuwanderung tsch. Arbeitskräfte nach D., das 1850–1960 Bez.-Stadt war. Aus D. stammen der Komponist Franz Xaver Partsch (1760–1822), Lehrer Bedřich Smetanas, Josef Stanislav Zauper (1784–1850), der Maler Heinrich Bank (1834–1909) sowie die Mathematiker Bohumil Bydžovský (1880–1969). – 1880: 7363 (2285 Tsch.), 1910: 12399 (4117 Tsch.), 1930: 13040 (6285 Tsch.), 1950: 8305, 1991: 8926 Eww. (II) *Sm*

J. Budinská, Příspěvek k vývoji českého a německého hnutí na Teplicku, Duchcovsku a Bílinsku v prvním roce ČSR, in: ÚSH 3 (1968), 55–72; J. Hobzek/P. Koukal/H. Rokyta, Duchcov. Státní zámek, Ústí nad Labem 1975; LV 259, Bd. 3, 106–110; K. Kochmann, Das Stadtbuch von Dux 1389, Prag 1941; P. Koukal, Státní zámek Duchcov, Ústí nad Labem 1979; K. Reidl, Beitrag zur Geschichte der Stadt Dux, Dux 1886; LV 279, Bd. 14, 167–177; Statistische Tafeln des Duxer Bezirkes, Prag 1861.

Eger (Cheb). Das Egerland umfaßte zu Zeiten seiner größten Ausdehnung im HochMA neben dem heute tsch. Teil die S-Spitze des sächs. Vogtlandes sowie einen bedeutenden Teil des heute nö. bayer. Grenzlandes – das sog. Stiftland und das Sechsämtergebiet. In den ma. Quellen erscheint die Region 1135 als »Regio Egire«, 1182 als »Pagus Egire«, 1218 als »Provincia Egrensis« und 1261 als »Egerlandt«. Hier verliefen alte und bedeutende Handelswege von Regensburg nach Leipzig sowie von Bamberg und Nürnberg nach → Prag. Diese kreuzten sich in der M. des E.er Beckens an dem Flüßchen Eger, wo im Umfeld älterer befestigter Stützpunkte die Stadt E. erwuchs. Das Egerland bildete seit dem Eintreffen der Slawen im 9. Jh. ein von diesen ethnisch beherrschtes Gebiet, ihr Zentrum besaßen sie in einem Burgwall auf dem Areal der späteren Pfalz. Während die böhm. Herrscher der Besiedl. dieser Randregion keine größere Aufmerksamkeit widmeten, verstärkte sich die dt. Kolonisation aus dem Gebiet des bayer. Nordgaus. 1061 taucht in einer Urk. Kg. Heinrichs IV. erstm. der Name »Egire« auf. Unter Mkgf. Diepolt II. v. Vohburg (1093–1146) überzog die lockere Grenze des Nordgaus das gesamte hist. Egerland. Die pol. Herrsch. begleitete eine lebhafte Kolonisationstätigkeit und Germanisierung der slaw. Bev.; Diepolt II. zog hierfür seine Ministerialen heran und gründete 1132 im Zentrum des neu erworbenen Territoriums das Zisterzienserkl. Waldsassen (Oberpfalz).

Ministerialen legten im Egerland die ersten Burgen an. Die zentrale Anlage entstand in E. auf dem Gelände eines slaw. Burgwalls. Unter den Vohburg avancierte diese zum Mittelpunkt des von Ministerialen verwalteten Bez. als vorgelagerte Bastion in einem noch slaw. beherrschten Gebiet. Nach dem Tode Diepolts II. 1146 ging das Egerland in den Besitz der im röm.-dt. Reich herrschenden Stauferdynastie über. Kg. Konrad III. schaltete die Mkgff. des Nordgaus aus und belehnte seinen Sohn Friedrich v. Rothenburg mit dem Egerland. Die Staufer begannen nun, hier das Modell eines Familiengutes zu schaffen. Ks. Friedrich I. Barbarossa, der nach 1167 das Egerland selbst in Besitz nahm, schuf an der mittleren O-Grenze des Reiches ein ganzes System solcher Reichsgüter: Hierzu zählten das Gebiet um Nürnberg, das sog. Pleißenland sowie die Reichsvogtei Vogtland. Im Egerland fand Barbarossa bes. günstige Bedingungen vor, da sämtlicher Bodenbesitz zum Reichsgut zählte und sich bislang keine adeligen Herrsch. mit partikularen Tendenzen herausgebildet hatten. Das Gebiet verwalteten ausschl. Ministerialen mit einem Landrichter (Iudex provincialis) an der Spitze, welcher in der 1179–88 zur östlichsten Kaiserpfalz ausgebauten alten Burg der Vohburg in E. residierte; aus dieser Zeit stammen auch – mit dem viereckigen Schwarzen Turm, dem dreigeschossigen Palast, von dem lediglich die Umfassungsmauern erhalten blieben, sowie den Fundamenten der rom.

Doppelkapelle St. Erhard und St. Ursula – die ältesten Teile der Burg, die mit ähnlichen Bauten in den Kerngebieten des Reiches, etwa in Wimpfen oder Gelnhausen, vergleichbar sind. Die urspr. den Vohburg unterstehende Ministerialität ergänzten die Staufer durch weitere Geschlechter, die vor allem aus der Oberpfalz kamen, so daß sich schrittweise eine Ministerialenschicht von etwa 40 Adelsfam. herausbildete, die sämtliche Macht in der Region E. in ihren Händen konzentrierte. Das Egerland nahm bis E. 12. Jh. eine zentrale Position im ö. Streifen der staufischen Besitzungen ein und galt als vollkommenes Beispiel des neuen Typs von Reichsgütern. Barbarossa trieb systematisch deren Aufbau voran und hielt sich mehrfach in diesem Gebiet auf: 1149 vermählte er sich in E. mit Gfn. Adelheid v. Vohburg, 1179 berief er hier erstm. einen Reichstag ein. Seine Nachfolger verbrachten wiederholt in E. das Weihnachtsfest und förderten die Entw. der Siedl., die 1203 erstm. als Stadt bezeichnet wird. Rasch bildete sich eine eigene Stadtverw. heraus: 1242 ist der erste Bürgermeister belegt, aus dem gleichen Jahr stammt auch das älteste Siegel der Stadt. Schon vor 1235 wurden in E. Kleinmünzen geprägt, und im 1. Drittel 13. Jh. kamen zu der urspr. Siedl. um die Pfalz in s. Richtung neue große Viertel hinzu, die zus. mit dieser durch einen gemeinsamen neuen Mauergürtel geschützt wurden. Die ksl. Pfalz, insbes. die architektonisch wertvolle Doppelkapelle, wurde in dieser Zeit ebenso vollendet wie der erste Bau der Stadtkirche St. Nikolaus. Den bedeutendsten Zeitabschnitt in der staufischen Phase der Geschichte des Egerlandes bildeten die Jahre 1212–20, als Kg. Friedrich II. wiederholt in der Region weilte und 1213 und 1214 hier Reichstage abhielt. Neben der herrschenden Ministerialität nahm die Bedeutung der städt. Siedl. zu. Als dritter pol. Faktor traten dazu die Kl. seit der Ansiedl. der ersten Mönchsorden: 1256 ließen sich die Franziskaner nieder, 1258 folgte der Dt. Orden, der schrittweise die gesamte Kirchenverw. zu beherrschen begann, 1271 die Kreuzherren mit dem roten Stern, 1273 die Klarissen und 1294 schließlich die Dominikaner. Während des Interregnums bemächtigte sich Kg. Přemysl Otakar II. 1265/66 in seiner Funktion als Verweser des röm.-dt. Kg. Richard v. Cornwall des Egerlandes. 1270 vernichtete eine Feuersbrunst die Mehrzahl der alten Gebäude. Im Mittelpunkt der Entw. bis M. 14. Jh. stand das Ringen zw. Ministerialität und Stadt um die Herrsch. in der Region, das sich vor dem Hintergrund des Kampfes der böhm. Kgg. mit den röm.-dt. Herrschern um das Egerland abspielte. 1322 gewann schließlich der Luxemburger Kg. Johann v. Böhmen von Ks. Ludwig das Egerland als ständige Reichspfandschaft für die Böhm. Krone. Die Ministerialität hatte sich überdies seit dem E. der Stauferherrsch. zw. Adel und städt. Bürgertum aufgesplittert.

Während E. wirtsch. und pol. weiter erstarkte, büßte die Ministerialität ihre Eigenständigkeit ein. Die letzte Widerstandswelle der E.er
Ministerialität setzte nach der Verpfändung des Egerlandes 1322 ein;
den Kleinkrieg gewann jedoch die Stadt, die bis zum Machtantritt Kg.
Karls IV. das Übergewicht in der Region errang. Ihre souveräne Stellung bestätigte Karl IV. durch eine Reihe von Privilegien.

Die großzügig aufgebaute Stadt an der Eger stieg in der Folgezeit zu
einem Stadtstaat auf, von dessen Reichtum bereits die 1230–70 vollendete St.-Nikolaus-Kirche mit ihrem nach 1270 fertiggestellten
frühgot. Chor sowie die 1285 vollendete Franziskanerkirche Zeugnis
ablegen. Äußerlich konnte Ks. Karl IV. E. zwar noch stärker in den
Verband der Böhm. Krone inkorporieren, doch blieben die pol.-
rechtl. Verbindungen zum Reich, die sich während des schwachen
Königtums Wenzels IV. noch verstärkten, erhalten. Die Stadt E. übte
in der Region ein unbestrittenes Machtmonopol mit allen territorial-
herrschl. Attributen aus: Hierzu zählten Landbesitz, Halsgerichtsbarkeit und Münzrecht sowie ein milit. Aufgebot. Das reiche Bürgertum
beherrschte das gesamte Egerland, trat als Lehensherr gegenüber dem
lokalen Adel auf und nahm in bedeutendem Maß Einfluß auf die
Kirchenverhältnisse. Bis zum A. der Huss.kriege bildete der Stadtstaat
alle Elemente eines selbst. pol. Gebildes heraus: eine wirksame Regierung, eine eigene Justiz, bewaffnete Kräfte, einen Beamtenapparat
sowie ein eigenständiges Wirtschaftsleben. Über die grundlegenden
Angelegenheiten der Stadt und der Region entschied der sog. Große
Rat, der sich aus dem Inneren Rat, der mit dem Bürgermeister an der
Spitze die eigentliche Herrsch. ausübte, dem Gericht und der Gem.
rekrutierte. Die faktische Machtausübung lag in den Händen der
Patriziergeschlechter. Ihr machtpol. Monopol bedrohten nicht einmal die auf der Burg residierenden Vertreter des Kg., die sog. Burg-
pfleger. Das Selbstbewußtsein der Oberhäupter des Stadtstaates bringt
eine aus der M. 14. Jh. stammende Wappengalerie im alten Rathaus
zum Ausdruck. Das Territorium des Stadtstaates war jedoch im Vergleich zur einst staufischen Region wesentlich kleiner. Bis zum A.
15. Jh. reduzierte es sich aufgrund der Expansion der Nürnberger
Hohenzollern in Franken auf die Ausdehnung des heute tsch. Teils.
In vorhuss. Zeit war E. ein bedeutendes Handelszentrum und zugleich die viertgrößte Stadt der Böhm. Krone hinter Prag, Breslau
und → Kuttenberg. Sie bildete das Zentrum eines eigenen Rechts-
kreises, das sich an das Nürnberger Recht anlehnte: E.er Recht
übernahmen u. a. → Asch, → Buchau, → Schlaggenwald, → Elbogen, → Schönbach und → Luditz. Die Huss.zeit berührte die innere Entw. des Stadtstaates kaum: Die sozialen und ethnischen Konflikte besaßen hier eine geringere Schärfe, der Huss. fand kein Echo.

Eger
bis zur Mitte des 19. Jahrhunderts

0   100   200m

░░░ Historischer Stadtkern
     im Jahre 1841

●●●● Verlauf der gotischen Befestigung

══ Verlauf der barocken Befestigung

1 Burg (kaiserliche Pfalz)
2 Häusergruppe »Stöckl«
3 St. Nikolaus und St. Elisabeth
4 St. Bartholomäus
5 St. Klara
6 Minoritenkloster mit Kirche Mariä
  Himmelfahrt
7 Rathaus mit Wappengalerie
8 Mühlturm
9 Dominikanerkloster mit Kirche St. Wenzel
10 Stadtspeicher
11 Pachebelhaus
12 Schirdingerhaus
13 Rolandbrunnen

Die Grenzlage prädestinierte E. zum Vermittlungsort und diplomatischen Scharnier zw. den Huss. und dem kath. Lager, so u. a. 1432 in
den Vorverhandlungen (»E.er Richter«) zw. den Huss. und dem Basler Konzil. Nach den Huss.kriegen nahm die Autonomie des Egerlandes weiter zu. Zugleich kulminierte der Formierungsprozeß des
Stadtstaates, dessen erweiterte Macht sich im weiteren Verlauf des
15. Jh. in einer aktiven Außenpolitik zeigte, bei der die Bürger auch
bewaffnete Konflikte mit führenden Feudalgewalten im Reich nicht
scheuten, etwa mit den Herren v. Plauen, die sie ausnahmslos
siegreich beendeten. Nach der verheerenden Feuersbrunst von 1472
erfolgte der steinerne Umbau der Stadt, deren Ausmaße jedoch, im
Vergleich zur vorhuss. Periode, kleiner ausfielen. Seit 1500 begannen
sich die Bemühungen der Böhm. Krone und der böhm. Stände hinsichtlich einer engeren Anbindung der Stadt und des Egerlandes stärker bemerkbar zu machen. Das gesamte 16. Jh. über sah sich E. gezwungen, seine Sonderstellung zu verteidigen. Im Ständeaufstand
1546/47 blieb es neutral und entging somit den gegenüber anderen
Städten durchgesetzten Repressionen. Um sich wirksamer des
Drucks von seiten des böhm. Landtages und der Habs. erwehren zu
können, schufen sich Bürger und lokaler Adel einen eigenen Landtag.
– Die Ref. setzte in E. erst vergleichsweise spät ein. Sie wurde 1564 –
zu einer Zeit, als die umliegenden Reichsgebiete längst luth. waren –
vom Landkomtur der Deutschordensballei Thüringen eingeführt.
Hielten die bürgerlichen Herrscher des E.er Stadtterritoriums aus pol.
Überlegungen zunächst am Kath. fest, so ist nach 1555 ein nachhal-
tiges Vordringen der neuen Lehre in E. zu beobachten.
Der wohl härteste Schlag traf E. im 30jähr. Krieg. Die Bürger hatten
sich zwar aus Sorge um ihre Autonomie dem Ständeaufstand spät angeschlossen und dank der Protektion des sächs. Kfst. die erste Welle
von Sanktionen nach der Schlacht am Weißen Berg 1620 unbeschadet überstanden, doch die Region büßte wie das übrige Land ihre
Religionsfreiheit ein und wurde durch den Krieg und die Emigration
ihrer geistigen Intelligenz schwer in Mitleidenschaft gezogen. Bekannt ist die Ermordung des ksl. Generalissimus Albrecht v. Wallenstein 1634 in dem A. 17. Jh. erbauten Wohnhaus des Bürgermeisters
Alexander Pachelbel (heute Stadtmuseum). Die schwindende pol.
Bedeutung im 17. Jh. wurde zwar noch aufgewogen durch die kulturellen Leistungen der bis zur Gegenwart bekannten Schnitz- und Ju-
welierarbeiten, die in ganz Europa Verbreitung fanden. Die einst privilegierte Reichsstadt E. und deren Stadtstaat sanken jedoch unwi-
derruflich zur Provinz herab. Auch in der einzig bedeutsamen Funktion, die E. nach dem 30jähr. Krieg als Grenzfestung verblieb – 1673-
99 erhielten Stadt und Burg eine barocke Fortifikation – versagte die

Stadt letztlich: In den Österr. Erbfolgekriegen 1742–43 besetzten frz. und österr. Truppen zweimal die Stadt. Die letzte Zusammenkunft des E.er Landtages fand 1721 statt, als die Stände sich zur Pragmatischen Sanktion bekannten. Dies besiegelte symbolisch das Ende der faktisch schon längst nicht mehr existierenden Autonomie. Den provinziellen Charakter von E. im böhm. Grenzland vermochten lediglich einige Barockbauten zu sprengen. 1708–11 wurde die Klarakirche nach einem Entwurf von Christoph Dientzenhofer errichtet. 1773 wurde der Stöckl, eine Gruppe von Häusern aus versch. Jhh., die frei auf dem Marktplatz stehen und teilw. spätgot. Ursprungs sind, barockisiert. Im W von St. Nikolaus entstand 1674–88 die Dominikanerkirche St. Wenzel. 1722–28 erbaute Giovanni Battista Alliprandi im Barockstil das Neue Rathaus (heute Galerie böhm. Kunst des 20. Jh.). Daneben liegt das Schillerhaus, in dem 1791 Friedrich Schiller wohnte, als er an seinem Drama »Wallenstein« arbeitete. Zahlr. Bürgerhäuser erhielten eine Barock- bzw. Rokokofassade.
M. 19. Jh. setzte durch die Industrialisierung ein wirtsch. Aufschwung ein. 1850 wurde eine Handels- und Gewerbekammer gegr., 1868 nahm in E. eine der ersten Maschinenfabriken in W-Böhmen ihre Produktion auf, 1872 folgte die Brauerei als Aktienges., 1875 die Fahrradfabrik Premier. 1865 erhielt E. einen Eisenbahnanschluß nach Sachsen und Bayern, 2 Jahre später einen nach Prag. Im Zusammenhang mit wachsenden Nationalismustendenzen auf dt.-österr. und tsch. Seite kennzeichneten seit der 2. H. 19. Jh. zunehmende Spannungen das pol. Leben in der Region. Um 1900 bildete das Egerland einen Stützpunkt der sog. Alldt. Bewegung Georg v. Schönerers. Im Gefolge der auf der Pariser Friedenskonferenz 1919 festgelegten Grenzen fiel E., dessen dt. Bev.anteil 1910 99,4% betrug, an die Tschsl.; die dt. Bev., die sich dieser Festlegung widersetzte, veranstaltete am 4.3.1919 Protestdemonstrationen in zahlr. sudetendt. Städten, u. a. in E., die 54 Menschenleben forderten. Die Polarisierung der pol. Kräfte ließ im Herbst 1920 diese Proteste, die bes. in E. und → Teplitz in gewaltsame Zusammenstöße mündeten, erneut aufleben. Bei den Kommunalwahlen 1931 und 1932 verloren die Sozialdemokraten in E. 6 von 13 Mandaten, die bürgerliche Wahlgemeinschaft 3 von 6, während die Zahl der DNSAP-Mandate gleichzeitig von 8 auf 17 stieg. Nach dem Ende des Zweiten Weltkrieges wurde die fast rein dt. Bev. aus E. und dessen Umland weitgehend ausgesiedelt. – Das wirtsch. Bild der Stadt prägen heute vor allem Maschinenbau, Fahrradherstellung, Textil-, Nahrungs- und Genußmittelindustrie, darüber hinaus ist die westböhm. Bez.-Stadt ein wichtiger Verkehrsknotenpunkt. Mit der Schaffung der »Euregio Egrensis« nach den pol. Umwälzungen seit 1989 sollen die Bedeutung

dieser Region im MA neu belebt und die Nachteile der einstigen
Grenzgebiete auf böhm., bayer. und sächs. Seite abgebaut werden. In
E. wurden der Reformator Johannes Sylvius Egranus (vor 1485–
1535) und der Baumeister Balthasar Neumann (1687–1753) geb. –
1850: 11 180, 1910: 26 682 (99,4% Dt.), 1930: 31 546 (87,4% Dt.),
1950: 17 725 und 1991: 29 724 Eww. 5 km sö. von E. gründete um
1200 das Ministerialengeschlecht der Herren v. Kinsberg die Burg
Altkinsberg; aus dieser Zeit stammt der rom. Rundturm. 1217 starb
hier in Gefangenschaft der Gründer des Kl. → Tepl, der später seliggesprochene Adelige Hroznata. 1322 kam die Burg gemeinsam mit
dem Egerland als Reichspfand an die Böhm. Krone und wurde als
Lehen nachfolgend an adelige und bürgerliche Fam. verpfändet; A.
17. Jh. im Renaissancestil umgestaltet, brannten die Schweden 1648
die Anlage nieder. Unter der 1658–1773 währenden Herrsch. der
Jesuiten wurde die Feste barockisiert.   (I) *Kub*

J. Boháč/J. Janáček/F. Kubů, Albrecht z Valdštejna a Cheb, Cheb 1986; D. De-
mandt, Die Judenpolitik der Stadt Eger im Spätmittelalter, in: BOH 24 (1983), 1–18;
J. Durdík, Vojenská hotovost chebského venkova v roce 1395, in: HV (1966), 561–
583; A. Hejna, Archeologický výzkum a počátky sídlištního vývoje Chebu a Cheb-
ska, in: PA 58 (1967), 169–271, 62 (1971), 488–550; J. Hemmerle, Erörterungen zur
Frühgeschichte des Egerlandes und seiner Besiedlung, in: BOH 3 (1962), 112–136;
V. Holý, Připojení Chebska k německé říši, in: MZK 6 (1968), 223–252; F. Kubů,
Cheb v době husitské, in: Soudce smluvený v Chebu, Cheb 1982, 105–129; ders.,
Renesanční Cheb v 11 obrazech, in: MZK 25 (1989), 91–109; ders., Sigismund von
Luxemburg und der Stadtstaat Egerland, in: LV 434, 165–170; ders., Jiří z Poděbrad a
Chebsko, in: ZCM 2 (1983), 17–40; ders., Die staufische Ministerialität im Eger-
land, in: JFL 43 (1983), 59–101; LV 507, 103–117; E. Šamánková, Cheb, Praha
1974; P. Šebesta/F. Kubů, Politické a ekonomické vztahy města Chebu a okolní
šlechty, in: AH 10 (1985), 163–174; W. Schlesinger, Egerland, Vogtland, Pleißenland. Forschungen zur Geschichte Sachsens und Böhmens, Dresden 1937; O. Schü-
rer, Geschichte von Burg und Pfalz Eger, München 1934; ders., Die Kaiserpfalz
Eger, Prag 1934; K. Siegl, Eger und das Egerland im Wandel der Zeiten, Eger 1931;
E. Skála, Die Entwicklung der Kanzleisprache in Eger 1310–1650, Berlin 1967; LV
287; LV 512.

Eibenschitz (Ivančice, Bez. Brünn-Land). Die 21 km sw. von
→ Brünn gelegene Kleinstadt E. wurde erstm. 1221 urk. erwähnt.
1288 erhielt sie, bereits mit dem Status einer kgl. Stadt ausgestattet,
von Kg. Wenzel II. ihr erstes Privileg. Im 13.–14. Jh. wurde die Stadt
mehrfach infolge Kriegseinwirkung stark beschädigt; in den
Huss.kriegen wechselten huss. Besatzungen und Truppen Hzg. Al-
brechts V. v. Österr. als Stadtherren einander ab. Dennoch behielt die
Stadt auch nach 1434 ihre Stellung bei, was sowohl Kg. Ladislaus
Postumus als auch Kg. Georg v. Podiebrad in Urk. bestätigten. Die
Tochter König Georgs, Barbara, brachte E. als Morgengabe in die

Ehe mit Heinrich v. Leipa auf → Mähr. Kromau ein. Die Stadt blieb fortan dauerhaft in den Händen adeliger Obrigkeiten. Unter den Herren v. Leipa avancierte E. zu einer Wirkungsstätte der Brüder-unität, die hier ein Bethaus und 1575 eine bald bedeutende Schule für adelige Anhänger dieser Lehre errichtete. Der Bf. der Böhm. Brüder, Jan Blahoslav, verfaßte in E. seine »Tsch. Grammatik« und eröffnete 1557 eine Druckerei, in der – nach der Verlegung in das benachbarte → Kralitz – die sog. Kralitzer Bibel gedruckt wurde. Neben den Böhm. Brüdern lebten in E. auch Luth. und Täufer. Als nach der Schlacht am Weißen Berg 1620 das konfiszierte Eigentum der Herren v. Leipa an die Liechtenstein fiel, setzte eine gewaltsame Rekatholi-sierung ein; die Stadt verlor rasch ihre einstige Bedeutung. Die Fstt. v. Liechtenstein beseitigten 1654 in der durch die Schweden im 30jähr. Krieg stark beschädigten Stadt das Amt des Bürgermeisters und setz-ten dafür einen fstl. Richter ein, womit die bisherige Selbstverw. ihr definitives E. fand. Die Bev. lebte vornehmlich von der Landwirt-schaft, darüber hinaus bestimmten Töpferei, Gerberei und später Nahrungsmittelindustrie den wirtsch. Charakter der Stadt. Im be-nachbarten Alexowitz wurde 1841 eine Wollfabrik der Fa. Sene & Co. gegr., die Textilproduktion bietet noch heute die meisten Ar-beitsplätze in E. und Umgebung. – Neben schönen Renaissancehäu-sern und den Resten der got. Stadtbefestigung beherrscht die Pfarr-kirche Mariä Himmelfahrt (13. Jh., 1874 neobarockisiert) das Stadt-bild. Auf dem Palacký-Platz ist das Haus der Herren v. Leipa erhalten. Daneben gibt es einen großen jüd. Friedhof, dessen älteste Grabsteine aus dem 15. Jh. stammen. Bis 1919 existierte in E., seit 1850 Sitz des Amtsgerichts, eine selbst. jüd. Gem. Nach 1880 wurden die bis dahin gemischten Schulen in dt. und tsch. aufgeteilt. Die dt. Schule bestand innerhalb der jüd. Gem. (bis 1902), eine dt. Privatschule bis 1922. Das Vereinsleben gestaltete sich überwiegend tsch., der älteste dt. Verein wurde 1869 gegr. In E. wurde der Maler Alfons Mucha (1860–1939) geb. – 1880 – die jüd. Gem. eingeschlossen – 4161 (davon 706 Dt.), 1921: 5000 (davon 112 Dt.), 1991 nahezu 9000 Eww.   (VIII) *Šta*

B. Kabeš, Manský dvůr moravských markrabat na předměstí v Ivančicích, in: BAV 2 (1959), 39–46; A. B. Král, Stručné dějiny nábytkářství, Ivančice 1977; LV 290/23, 3–100; A. Kratochvíl, Ivančice, bývalé královské město na Moravě, Ivančice 1906; ders., Šlechtická jména z rychtářských knih v Ivančicích, in: ČMM 31 (1907), 193–203, 313–325; L. Kubíček, Příspěvek k historii Ivančic za nacistické okupace, in: SMM 84 (1965), 77–101; M. Nováková-Skalická, Ivančice, Brno 1972; J. Sedlák/V. Buchta, Ivančice, Ivančice 1980; M. Trapp, Památky Jednoty bratrské na Moravě, in: PA 6 (1864), 58–63; LV 895, 340–373.

Eichhorn Bittischka (Veverská Bítýška, Bez. Brünn-Land). Die im NW an → Brünn grenzende Gem. entwickelte sich unterhalb der im

12. Jh. erbauten Burg Eichhorn. Verm. existierte auch die Siedl. bereits im 12. Jh., die erste urk. Erwähnung datiert jedoch erst von 1376. 1428 zerstörte der damalige Pfandherr der Burg, Peter Kutěj, im Verlauf milit. Gefechte mit den Huss. den Ort, der nach seiner Wiederherstellung 1481 als Städtchen bezeichnet wird. Der Brandschatzung durch die Schweden 1645 folgte wiederum ein Neuaufbau. Die urspr. landesherrliche Burg diente seit 1424 häufig als Pfandobjekt. Ihre jetzige Gestalt erhielt sie im 18. Jh. Das Zentrum der Burg, die ein zylinderförmiger Turm schützte, trennte ein tiefer Graben von der Vorburg, in der sich eine aus dem 13. Jh. stammende Kapelle befindet. 1830–44 befanden sich Feste und Gem. im Besitz des schwedischen Prinzen Gustav Wasa, Sohn Kg. Gustavs IV. und Vater der sächs. Kgn. Caroline. 1717–1860 arbeitete in E. B. eine Eisenhütte. – 1880: 1700, 1910: 1840 (davon 8 Dt.), 1991 über 2700 Eww.   (VIII) *Šta*

Dějiny cechů a živnostenského společenstva ve Veverské Bítýšce, Brno 1890; LV 259, Bd. 1, 251ff.; Z. Mejzlík [u. a.], Kolem Veverské Bítýšky, Brno 1970; J. Škácha, Hrad Veveří, Veverská Bítýška, Tišnov/Brno 1931.

Eidlitz (Údlice, Bez. Komotau). Das 3 km sö. von → Komotau gelegene E. wurde urk. erstm. 1295 als »Ottwitz« erwähnt, als es die Brüder Friedrich und Theodorich v. Schönburg an den Dt. Orden in Komotau verkauften. In der 2. H. 14. Jh. wurde E. zum Markt erhoben und 1370 als Städtchen bezeichnet. Unter den nachfolgenden Besitzern hatten die Herren Hassenstein v. Lobkowitz, die E. 1446 erwarben und ihrer Herrsch. → Hassenstein inkorporierten, die größte Bedeutung; die 1358 erstm. belegte Feste in E. büßte jedoch ihre bisherige Funktion als Adelssitz ein und verfiel. Christoph d. Ä. Hassenstein v. Lobkowitz (†1564) verlieh E. im Jahre 1539 das Stadtrecht. Ein halbes Jh. später fiel der anfänglich prot. Ort zus. mit anderen Gütern der Lobkowitz als Folge des Machtkampfes mit Ks. Rudolf II. an die Hrzan v. Harras und wurde zunächst mit Komotau, dann dauerhaft mit der Herrsch. → Rothenhaus vereint. Gf. Ernst Karl Hrzan v. Harras ließ 1695 an der Stelle der ma. Feste ein schlichtes einstöckiges Barockschloß errichten (heute landwirtsch. Lehranstalt). Dt. Zunftordnungen sind in dem lange Zeit gemischt besiedelten E. erst aus dem 17. und 18. Jh. bekannt. Häufige Wechsel der Besitzer – darunter die Häuser Liechtenstein, Auersperg, Rottenhan und Buquoy – kennzeichneten die weitere Entw. der Stadt, wo neben der tradit. Tonwaren-Erzeugung, Lohgerberei und dem Kohlebergbau nur wenig Industrie heimisch wurde (1856 Zuckerfabrik). Vom Münchener Abkommen 1938 bis zum Kriegsende gehörte E. zum Dt. Reich. – Die urspr. als rom. Wehrkirche erbaute Pfarrkirche zur Kreuzerhöhung wurde 1579 spätgot. umgebaut, 1672 erweitert und im 19. Jh. regotisiert. Das auf dem quadrat. Marktplatz stehende Rathaus wurde nach einem Brand 1740 im Barockstil erneuert. Die verm. 1694 errichtete Synagoge wurde ebenso wie das Ghetto aus dem 16. Jh. zerstört. In E., dessen fast rein dt. Bev. nach 1945 vertrieben bzw. ausgesiedelt wurde, lebten 1890: 1871, 1910: 2064, 1950: 1182 und 1991: 966 Eww.   (I/II) *Bah*

LV 238, 56; LV 864, 154; LV 259, Bd. 3, 75f., 484f.; LV 952, Bd. 4, 415f.; LV 569, Bd. 1, 170; LV 283, Bd. 14, 140f.

Eisenberg (Jezeří, Bez. Brüx). 11 km nw. von → Brüx liegt am s. Ausgang des Erzgebirges am Übergang zum Brüxer Becken die Gem. E., deren Schloß aufgrund des schonungslosen Abbaus der reichen Kohlevorräte in der Umgebung nach 1980 fast abgerissen worden wäre. Die Burg E. wurde urspr. 1365 durch Nevlas v. Seestadtl gegr.; 1549 ließ Nikolaus v. Hochhaus diese zu einem Renaissance-Schloß umbauen. Nach der Niederschlagung des böhm. Ständeaufstandes erwarb 1620 Wilhelm v. Lobkowitz die Herrsch., dessen Nachkommen in E. bis 1948 regierten. Gegen E. des 30jähr. Krieges brannte das Schloß infolge Kriegseinwirkung nieder. Das heutige Aussehen geht auf die Wiederherstellungsarbeiten von 1696 und 1713 zurück. In der 1. H. 18. Jh. wirkte hier der Bildhauer Johann Adam Dietz, der die Atlantenfiguren am Hauptportal schuf. 1724–26 besuchte der spätere Komponist Christoph Willibald Gluck, dessen Vater in E. als Forstmeister arbeitete, die hiesige Dorfschule; A. 19. Jh. erlebte der Ort eine Blüte unter dem Beethoven-Mäzen Josef Franz Maximilian v. Lobkowitz, der 1802 im s. Risalit ein bis nach Wien bekanntes Schloßtheater einrichten ließ. Der musikliebende Fst. unterhielt über 20 Jahre hinweg in E. ein Schloßorchester unter der Leitung Antonio Cartellieris sowie eine Jagdkapelle aus Forstbeamten. 1805 entstand die Marienkapelle im Schloß. – Die gesamten Schloß- und Parkanlagen fielen der Kohleförderung zum Opfer, das Interieur des Schlosses sowie das Musikarchiv hatte man bereits im 19. Jh. ausgelagert. – 1828: 143, 1921: 196 (davon 181 Dt.), 1970: 8 Eww.   (I/II) *Rd*

J. Hanzalová, Lobkovická hudební škola v Jezeří, Ústí nad Labem 1970; LV 259, Bd. 3, 181f.; LV 275, Bd. 7, 201–204; LV 279, Bd. 14, 230–234; LV 283, Bd. 14, 121–129.

Eisenberg an der March (Ruda nad Moravou, Bez. Mährisch Schönberg). 1310 erstm. erwähnt, wurde die 8 km nw. von → Mähr. Schönberg liegende Herrsch. E. an der March 1351 dem neugegr. Btm. → Leitomischl eingegliedert. Der Name verweist auf dort abgebaute Eisenerze. Nach wechselnden Besitzern wie den Herren v. Sternberg und v. Krawarn gelangte E. 1447 zus. mit → Hohenstadt an

Johann Tunkl, den Besitzer von → Brünnles. Ab 1513 war der Humanist Ladislaus Černohorský v. Boskowitz Herr auf E., das bis 1589 in den Händen der Boskowitz blieb und dann zur Abtragung der Schulden verkauft wurde. 1596 gelangte E. an die Herren v. Žerotín. Bernhard v. Žerotín erbaute sich um 1610 nach dem Vorbild des → Groß-Ullersdorfer Schlosses ein Spätrenaissance-Schloß mit zweigeschossigen Hofarkaden, das 1750 barock und 1. H. 19. Jh. im Empirestil umgestaltet wurde (nach dem Zweiten Weltkrieg richtete man hier Wohnungen ein). 1622 kam E. im Zuge der Konfiskationen an Karl v. Liechtenstein. Die barocke Marienkirche wurde 1715 anstelle eines früheren got. Gotteshauses erbaut. Im 19. Jh. war E. Verw.-Zentrum, Industriebetriebe siedelten sich an. Die starke dt. Minderheit in E. (1900: 357 von 919 Eww.) sank bis 1930 auf 124 herab und wurde nach 1945 vertrieben (1991: 1019 Eww.).   (IV) *Lb*

LV 254, Bd. II/2, 248f.; A. Daumann, Die Herrschaft Eisenberg an der March, in: NH 31 (1984), 56–60; LV 253, Bd. 4, 77ff.; LV 950, Bd. 2, 392; LV 259, Bd. 2, 202f.; LV 266, 417ff.; H. Schön, Die ehemaligen Eisenhämmer des Altvaterlandes, in: MSH 18 (1973), 65–81; J. Schulz, Rudské panství ve světle seznamu poddaných z roku 1656, in: AUPO Hist. 22 (1983), 45–62.

Eisenbrod (Železný Brod, Bez. Gablonz an der Neiße). Der 1352 erstm. als »broda« (Furt) urk. erwähnte Name für den tsch. besiedelten Ort verweist auf den dortigen Übergang über die Iser. Die Ergänzung des Ortsnamens »železný« (Eisen-) kam erst im 16. Jh. hinzu, als die Herren v. Wartenberg, die Albrecht v. Wallenstein als Besitzer von E. nachfolgten, sich entschlossen, die Eisenvorkommen des Ortes zu nutzen. Nur vorübergehend konnte E. von der großen Nachfrage nach Eisenprodukten im 30jähr. Krieg profitieren. 1645 wurde der Ort durch schwed. Truppen zerstört. Der Wiederaufstieg ist mit der Entw. der Textilindustrie E. 17. Jh. verbunden. 1761 wurde die aus dem 14. Jh. stammende St.-Jakobskirche im barocken Stil umgebaut. Der etwa 1000 Eww. zählende Ort erhielt 1783 das Stadtrecht. Seit 1850 beschleunigte sich die industrielle Entw. durch die Einrichtung von Textilfabriken und die Ansiedl. von Glasgewerbe. In dieser Zeit hatte E. schon 2700, fast durchweg tsch. Bewohner. Nach 1945 knüpfte die Stadt vor allem an ihre Tradition als Produzent von Glaswaren an. – 1950: 5170, 1970: 5663, 1980: 7099 Eww.   (III) *MSW*

T. Kubatová, Železný Brod, Praha 1946; A. Pohribný, Vývoj a působnost průmyslové školy v Železném Brodě (1920–1960), in: TV (1960), 166–192; Sborník okresu železnobrodského. Listy pro pěstování vlastivědy, Semily 1929; LV 514, 189–194.

Eisenstein (Železná Ruda, Bez. Klattau). Der an der bayer. Landesgrenze gelegene alte Marktflecken E. wurde verstärkt erst im Laufe des 16. Jh. im Zusammenhang mit der örtl. Eisenerzgewinnung und -verarbeitung besiedelt. 1579–1713 gehörte E. zu Bayern und war zunächst im Besitz der Passauer Kaufleute Konrad Geisler und Melchior Fiedler, im 17. Jh. von Gf. Heinrich Nothaft v. Wernberg, der 1676 das Privileg gewann, in E. und dessen Umgebung neue Siedl. und Glashütten zu errichten. Eine dieser Hütten, die Elisabeth-Glashütte, wurde im 19. Jh. die größte im Böhmerwald. Erst 1713 wurde E. dauerhaft Böhmen angeschlossen, die heute gültige Grenzziehung stammt von 1765. Seit dem 18. Jh. sicherte die Glaserei und Holzverarbeitung den vorwiegend dt. Eww. den Lebensunterhalt. 1727–32 wurde auf zwölfeckigem Grundriß die – 1777 um einen Turm erweiterte – Mariahilf-Kirche an der Stelle einer Kapelle von 1694 errichtet. Noch um 1900 bestand E., das seit der 2. H. 18. Jh. als Städtchen bezeichnet wurde, lediglich aus hölzernen Bauten. Erst mit dem späteren Aufschwung des Fremdenverkehrs wurden in E. auch in größerer Zahl Steinhäuser gebaut. – 1880: 2620, 1930: 3365 (davon 296 Tsch.), 1950: 1608, 1990: 1320 Eww.   (I) *Wei*

J. Blau, Eine Schandbriefandrohung im alten Eisenstein. Ein Beitrag zur Geschichte der Glasindustrie des Böhmerwaldes, in: MVGDB 48 (1910), 346–355; J. Červenka, Železná Ruda na Šumavě, Železná Ruda 1927; LV 905, Bd. 12, 21–24; LV 507, 296f.; J. Sofron, Železnorudsko, Plzeň 1968.

Eisgrub (Lednice, Bez. Lundenburg). Die 8 km nw. von → Lundenburg gelegene Ortschaft liegt am r. Ufer der Thaya. Von den 1222 erwähnten Adamar und Lipert »de Izgruobi« wurde kurz darauf eine Feste errichtet, die den Übergang über den Fluß schützte. 1322 gelangte E. zunächst bis 1582 als Lehen der Böhm. Krone und dann bis 1945 als Eigentum an die Liechtenstein. Unter Hartmann v. Liechtenstein (†1585) wurde die alte Festung in ein Renaissance-Schloß umgebaut, das der Fam. seit A. 17. Jh. als Residenz diente. Karl Eusebius v. Liechtenstein (†1684) gab ein Jh. später weitere Umbauten in Auftrag, an denen sich 1688–90 auch Johann Bernhard Fischer v. Erlach mit einem Projekt für die Reithalle beteiligte. Das so entstandene Barockschloß war von einem Park umgeben, in dem 1715 eine nach → Feldsberg führende Allee und 2 Jahre später ein neuer, 180 m langer Teich angelegt wurden. Mit Johann Joseph v. Liechtenstein (1760–1836) hielt A. 19. Jh. die Romantik Einzug in E.: Im 1805–11 umgestalteten Park, in dem 1797–1802 ein 60 m hohes Minarett errichtet worden war, entstanden 1807 eine künstliche Burgruine, nach 1816 das Grenz-, Teich- und Jagdschloß sowie 1825 der Tempel der Drei Grazien. Berühmt wurde das von einem engl. Fachmann entworfene und 1843–45 erbaute Treibhaus mit seinen exotischen Gewächsen. Das Schloß selbst wurde nach 1846 vom Wiener Architekten Georg Wingelmüller in einen Gebäudekomplex mit 8 Flügeln und 4 Innenhöfen verwandelt, der, im Stil der engl.

Gotik gehalten, zu den imposantesten Zeugnissen der historistischen
Baukunst zählt. Zu diesem Zeitpunkt erlebte auch die urspr. got. St.-
Jakobs-Pfarrkirche ihren letzten Umbau. Schon im Jahre 1800 ging in
E. die erste Zuckerfabrik in Betrieb, 1809 folgte eine Raffinerie. Von
der Univ. Brünn wird die 1895 gegr. Gartenbauschule bis heute weitergeführt. Die Zahl der überwiegend dt. Bev. war bis 1945 relativ
konstant (1850: 2170, 1900: 2377, 1930: 2441 Eww.). Zw. 1880 und
1919 gab es eine pol. selbst. jüd. Gem. (1890: 23 Häuser mit
156 Eww.), seit 1919 eine große tsch. Minderheit (30–40%). Nach
der Vertreibung der dt. Bev. wurde das Gebiet neu besiedelt (1950:
1733, 1991: 2364 Eww.). Schloß und Park unterstehen seither der
Denkmalpflege in Brünn, die Museen für Landwirtschaft und Jagd-
wesen einrichtete.   (VIII) *Had*

LV 543, 17; LV 253, Bd. 9, 299ff.; LV 255, Bd. 3, 251f.; LV 950, Bd. 1, 497; LV
259, Bd. 1, 137–140; Lednické rybníky, Brno 1979; J. Paukert, Lednice, státní zámek, Brno 1964; H. Recht, Eisgrub in graphischen Bilddarstellungen des 18. und
19. Jahrhunderts, Wien [2]1979; M. Witzany, Die Markgrafschaft Mähren und die
Marktgemeinde Eisgrub, Bde. 1–3, Eisgrub 1896–1907; G. Wolny, Die königliche
Hauptstadt Brünn und die Herrschaft Eisgrub, samt der Umgebung der Letzteren,
topographisch, statistisch und historisch geschildert, Brünn 1836; M. Zemek, Österreichische Architekten südmährischer Schlösser (17.–19. Jh.), in: ÖOH 33 (1991),
569–584.

Eiwanowitz in der Hanna (Ivanovice na Hané, Bez. Wischau).
Einer Fälschung aus dem 13. Jh. zufolge schenkte vor 1183 Trojan,
Sohn eines gewissen Dluhomil, zus. mit seinen Brüdern das 8 km nö.
von → Wischau gelegene Dorf E. dem Johanniterorden. Verm. wurde der Ort bereits in der 2. H. 13. Jh. zum Städtchen erhoben und
1302 mit Brünner Recht ausgestattet. 1407 bezeugen die Quellen
eine erbl. Gerichtsstätte. Kg. Sigismund privilegierte E. mit einem
1436 von Mkgf. Albrecht konfirmierten Jahrmarkt, zu dem bis 1547
zwei weitere kamen. 1458 befand sich das Städtchen als Pfandschaft
im Besitz des Hanuš Ryšan v. Mödritz. 1490 verkaufte der Orden
diesen Besitz. Johann v. Kunowitz folgten nach geraumer Zeit als
neue Obrigkeit die Kropáč v. Nevědomí. Heinrich Kropáč v. Nevědomí ließ nach 1503 eine spätgot. Wasserburg errichten, die unter
Johann Bukůvka v. Bukůvka 1608 zu einem dreiflügeligen Schloß im
Stil der Spätrenaissance umgebaut wurde, wobei man die Wände der
wichtigsten Säle mit den Wappen dieses Geschlechts verzierte. 1591
bezeugen die Quellen 8 jüd. Eww. Die Pfarrei war seit 1567 luth.,
zudem existierte ein Gebetshaus der Brüderunität. Die Pfarrkirche St.
Andreas stammt aus der 2. H. 17. Jh. Im 30jähr. Krieg mußte das
Städtchen zahlr. Rückschläge ertragen. Zünfte sind erst im 17. Jh.
belegt. Im 19. Jh. behielt der Ort seinen überwiegend hand-

werklich-agrarischen Charakter bei. Neben einem Kleinbetrieb zur Herstellung von Landmaschinen gab es u. a. ein Sägewerk, eine Ziegelei sowie einen Textil- und einen Perlmuttbetrieb. Seit 1921 besteht in E. ein diagnostisch-therapeuthisches Institut zur Produktion von Impfstoffen gegen Tierseuchen. Innerhalb der jüd. Gem. existierte bis 1914 eine dt. Schule. 1911 erhielt E. das Stadtrecht. – 1880: 2398 (davon 190 Dt.), 1993 rund 3000 Eww. (VIII) *Šta*

LV 253, Bd. 10, 194ff.; F. Hladký, Paměti města Ivanovic na Hané, Ivanovice na Hané 1929; LV 259, Bd. 1, 110f.; L. Jan, Ivanovice na Hané, Orlovice a johanitský řád, in: ČMM 111 (1992), 199–226; LV 4 (Vyškov), 150–155; Vyškovsko, Brno 1965, 343–348.

Elbekosteletz (Kostelec nad Labem, Bez. Melnik). E. liegt etwa 20 km sö. von → Melnik. Dort wurde im 13. Jh. auf dem l. Elbe-Ufer ein den böhm. Kgg. gehörendes Kastell errichtet, das nach 1275 an die Herren v. Ossek und Riesenburg überging und danach wiederholt verpfändet wurde, so 1327 an den Prager Oberstburggf. Hynek Berka v. Dubá, 1350–64 an Hzg. Rudolf v. Sachsen, der 1361 der St.-Martins-Kirche in K. Einkünfte aus Besitzungen unweit der Stadt verschrieb, und 1371 an Kgn. Elisabeth. Daneben entstand im 14. Jh. eine Kleinstadt. Eine Urk. von 1327 spricht von dem nach dt. Recht ausgesetzten »opidum Kostelecz in littore fluminis Albe«. Unter Kg. Wenzel IV. zählte auch der Ebf. v. Magdeburg zu den zeitweiligen Pfandherren. 1424 standen sich bei K. die Heere der sog. Ersten Herrenliga und der huss. Bruderschaft Jan Žižkas gegenüber. Adelige Fehden führten 1448–50 zur Eroberung und Zerstörung von Kastell und Städtchen. 1486 verlieh Kg. Wladislaw II. K. Stadtrecht, 1616 bestätigte Kg. Matthias entsprechende Privilegien. 1551 und 1727 wüteten in K. Feuersbrünste. Im 30jähr. Krieg erlebte die Stadt wiederholt Zerstörungen und wechselnde Besitzer und wurde nach 1648 der Herrsch. → Brandeis an der Elbe einverleibt. Das Rathaus, urspr. got., wurde nach der Feuersbrunst von 1551 im Renaissancestil umgebaut, weitere bauliche Veränderungen folgten 1727 und 1820. Die spätgot. dreischiffige St.-Veits-Kirche wurde 1566/67 im Stil der Renaissance umgebaut. Die dreischiffige St.-Martins-Kirche geht auf die 2. H. 13. Jh. zurück, doch erfolgten auch hier im 16. und 17. Jh. bauliche Veränderungen. – 1869: 1762, 1910: 2974, 1950: 2966, 1991: 2888 Eww. (II) *Krz*

A. Čondl, Liběchov a okolí, Praha 1930; P. Čornej, Žižkova bitva u Malešova 7. června 1424, in: JSH 49 (1980), 152–166; LV 906, Bd. 2, 110f.; LV 279, Bd. 15, 163ff.

Elbogen (Loket, Bez. Falkenau). Das auf einem von der Eger umflossenen, nur durch eine schmale Landbrücke mit dem die Stadt überragenden Galgenberg im N verbundene E. zählt zu den malerischsten Stadtanlagen Böhmens. Die Anfänge der Stadt gehen auf eine von den bayer. Vohburgern errichtete Grenzfeste der Nordmark oder eine böhm. Grenzburg zurück, die hier spätestens M. 12. Jh. errichtet wurde. Aus dieser Zeit erhielten sich eine rom. Rotunde sowie die Fundamente des Bergfrieds und des n. Palas. Kirchliches und pol. Verw.-Zentrum in diesem Teil Böhmens war damals das nahe des späteren → Karlsbad gelegene Zettlitz, eine alte Grenzfeste, die der umliegenden Gaugft. den Namen gab. Diese Gaugft. gehörte 973 zum Btm. Prag und stand unter böhm. Herrsch.; ein Gaugf. v. Zettlitz erschien als Zeuge auf einer Urk. des Jahres 1165. Nachdem die Böhm. Krone spätestens A. 13. Jh. Burg und Ort E. erwarb, erhielt dieses Stadtrecht und löste Zettlitz in seiner Bedeutung ab. Davon zeugte die Verlegung der Gaugft. von Zettlitz nach E. um 1230. 1239 empfing hier Kg. Wenzel I. anläßlich des Reichstags zu Eger den Sohn Ks. Friedrichs II., Konrad. Die E.er Burg wurde 1240 im Königsbrief Wenzels I. genannt. Im gleichen Jahr verlieh der Kg. dem Orden der Kreuzherren mit dem roten Stern das Patronat über Zettlitz und dessen Filialen, darunter auch die Burgkirche von E. Unter Kg. Přemysl Otakar II. wurde die dt. Bev. von E. durch Anwerbung von Siedlern vermehrt. Die Ortsnamen lat. »Cubitum«, tsch. »Loket«, dt. »E.« traten im 13. Jh. fast gleichzeitig auf. In E. schloß Kg. Johann 1318 den Waffenstillstand mit Wilhelm Zajíc v. Waldeck, der Böhmen inneren Frieden brachte. Unter Ks. Karl IV. blieb E. Königspfalz. Sein Sohn, Kg. Wenzel IV., ließ 1399 und 1406/07 Burg und Wehranlagen im Zusammenhang mit seinen Kämpfen mit Kg. Ruprecht v. der Pfalz ausbauen. Aus dieser Zeit stammt das Markgrafenhaus. Die Huss. belagerten E. 1420 und 1427 vergeblich. Dabei wurden die Vorstädte vollständig zerstört. Ks. Sigismund nutzte in dieser Zeit E. mehrfach als Pfandobjekt zur Geldbeschaffung. Zuletzt verpfändete er Stadt und Burggft. 1434 an seinen Kanzler Gf. Kaspar Schlick. Die Jahre der Schlickschen Pfandherrsch. bis 1551 waren durch heftige Auseinandersetzungen zw. den Burgherren und den Bürgern von E. geprägt, weil diese die Freiheiten einer kgl. Stadt zu verteidigen suchten. Hinzu kamen 2 Stadtbrände (1480, 1504), letzterer im Zusammenhang mit einem Angriff Hzg. Georgs v. Sachsen, den die Schlick in ihrem Kampf gegen die Bürger zu Hilfe gerufen hatten. Nach der Schlacht bei Mühlberg 1547 zog Kg. Ferdinand I. den Besitz der prot. Schlick ein. Nach kurzer Zwischenherrsch. der Herren v. Plauen wurden Herrsch. und Burg von Ks. Rudolf II. der Stadt zunächst verpachtet und 1599 schließlich verkauft. Seit dem Ausgang des MA wurde bei E. im Bergbau Zinn und Eisenerz gewonnen. 1558 entstand in der Vorstadt

»Am Reweller« ein Alaun- und Mineralwerk. Im 30jähr. Krieg mußte E. 1621 eine Beschießung durch Tilly und später Einquartierungen
ksl. Truppen und Verfolgungen der mehrheitlich prot. Bürger über
sich ergehen lassen. Am 26.1.1725 vernichtete ein Feuer bis auf das
Rathaus und die ehem. Unterburg sämtliche Bauten der Stadt.
In der Ref. erließ der prot. gewordene Gf. Sebastian Schlick bereits
1522 eine ev. Kirchenordnung, die erste in Böhmen. Anstelle der
1725 verbrannten Kirche wurde bis 1734 der barocke Neubau der
Pfarrkirche St. Wenzel errichtet. Der Hochaltar ist verm. ein Werk
Jakob Eberls, die Altarbilder stammen von Peter Brandel und Elias
Dollhopf. Die St.-Annenkapelle wurde 1744 zum Dank an die Verschonung der Stadt durch frz. Truppen, die E. im Österr. Erbfolgekrieg besetzten, erbaut. Die Kaolinvorkommen bei Zettlitz im N von
Karlsbad gelten als bestes Kaolin Europas und stellten die Grundlage
für die Entw. der Porzellanindustrie in diesem Gebiet dar. 1815 gründeten die Brüder Haidinger in E. eine Porzellanfabrik, die bes. nach
1830 florierte (seit 1918 Fa. Epiag). Nach einer Krise um 1850 kam
nach 1870 ein erneuter Aufschwung, der aber nicht an die alte Blütezeit heranreichte. Seit dem 19. Jh. wurde bei E. auch Braunkohleabbau betrieben. Wahrzeichen des Marktplatzes sind das barocke
Rathaus (1686) und die Dreifaltigkeitssäule (1719). Wenngleich das
äußere Bild der Stadt durch den Wiederaufbau nach dem Brand von
1725 vornehmlich vom Barock geprägt ist, stellt E. doch eine got.
Stadtanlage dar. Aus dem 14./15. Jh. haben sich Architekturreste erhalten, so im Salerhaus am Markt ein aus Hausteinen gefertigtes Portal
des 1701 barock umgebauten, urspr. got. Hauses mit barocker Eisen-
tür, oder got. Gewölbekeller, Spitzbogen und Wandstücke in den
zahlr. Häusern am Markt. Als städtebauliche Besonderheit hatte E.
urspr. als einzigen Zugang nur 1 Stadttor. Dieses war aber Teil der
Burganlage, woraus eine bes. Abhängigkeit der Stadt von der
Herrsch. resultierte. Goethe verweilte in E. gern und häufig; ein
Goethe-Denkmal wurde 1932 errichtet. In der Burg befindet sich ein
Regionalmuseum mit Ausstellungen über böhm. Porzellan sowie
»Goethe und Böhmen«. – 1885: 3298 (fast ausschl. Dt.), 1939: 3594,
1950: 2255, 1980: 1833 Eww.   (I) *Rog*

A. M. Glückselig, Der Elbogner Kreis des Königreichs Böhmen, Karlsbad/Elbogen
1842; A. Gnirs, Beiträge zur Elbogner Heimatkunde, Elbogen/Brünn 1930; ders.,
Eine Bergchronik der Städte Schlaggenwald und Elbogen, Elbogen 1926; LV 905,
Bd. 43, 56–179; F. Kašička/B. Nechvátal, Loket, Praha 1983; K. Köpl, Ein Beitrag
zur Geschichte der Fehde der Schlicke mit der Stadt Elbogen, in: MVGDB 33
(1895), 379–395; LV 879, Bd. 1, 99ff., Bd. 2, 150ff., 469; LV 507, 178–182; E.
Šamánková/J. Vondra, Loket. Státní hrad, město a památky v okolí, Praha 1963; LV
275, Bd. 2, 4–20; L. Schlesinger, Die Chronik der Stadt Elbogen (1471–1504), Prag
1879; R. Schreiber, Das Elbogener Urbar der Grafen Schlick von 1525, Prag 1934;

LV 279, Bd. 13, 15–29; LV 283, Bd. 15, 3–16; Státní hrad Loket nad Ohří, Plzeň 1975; LV 672; LV 906, Bd. 2, 306ff.; J. Weiß, Die Stadt Elbogen während der Okkupation Böhmens durch die Bayern und Franzosen (1741–1742), in: MVGDB 55 (1917), 205–235.

Ellischau (Nalžovy, Bez. Klattau). Zur Zeit seiner ersten urk. Erwähnung 1379 gehörte das Dorf E. dem Adelsgeschlecht Paběnitz. Die Siedl. bildete sich um alte Blei-, Zinn- und Silberförderstätten. Im 16. Jh. wechselte E., dem 1521 die Bergfreiheit und 1530 das Stadtrecht verliehen wurden, mehrfach den Besitzer, bis es 1591 Karl Schwihau v. Riesenburg gewann. Dessen Nachkommen, die E. bis 1718 in ihrem Besitz hielten, folgte Gf. v. Pötting. Noch 1654 war der Ort von Bergleuten vorwiegend dt. Herkunft besiedelt, die sich allerdings schon wenig später wegen der Erschöpfung der Erzlager zur Abwanderung gezwungen sahen. Seit 1769 gehörte E. den Gff. Taaffe, die nach 1840 das barocke Schloß aus dem 17. Jh. im neorom. Stil umbauten und im großen Schloßpark mit engl. Garten eine Kunstruine in Gestalt des Herkunftssitzes der Fam. in Ballymotte (Irland) errichteten. 1951 wurde E. (1890: 548, 1930: 360 Eww., davon 2 Dt.) mit Silberberg zusammengelegt (1990 zus. 501 Eww.).

(VI) *Wei*

LV 905, Bd. 7, 148ff.; LV 259, Bd. 4, 222f.; Nalžovské hory 1380–1980, Nalžovské Hory 1980; LV 507, 267f.; LV 569, Bd. 1, 373f.; LV 279, Bd. 9, 262f.

Engelhaus (Andělská Hora, Bez. Karlsbad). Auf einem steilen, weithin sichtbaren Felsen oberhalb des gleichnamigen, ö. von → Karlsbad gelegenen Städtchens befinden sich die Ruinen der einstigen Burg E., die erstm. 1402 erwähnt wurde, als ein gewisser Boreš v. Ossek sich nach dieser Burg nannte. In den Huss.kriegen hielt der huss. Hauptmann Jakubek v. Wřesowitz E. in Besitz. Größere Umgestaltungen der Anlage veranlaßten Zbynko Zajíc v. Hasenburg nach 1460 sowie nach diesem E. 15. Jh. die Herren v. Plauen. Nach der Eroberung der Burg durch die Schweden 1635 wurde diese nur notdürftig wiederhergestellt, seit der Feuersbrunst 1718 lag sie in Trümmern. Die ma. Burg gliederte sich in 2 Teile, die ein mehrfach gesicherter Befestigungsring umgab. Von dem aus 2 Trakten bestehenden Palas mit trapezförmigem Grundriß führte eine mit einer halbrunden Bastei versehene Mauer zum höchsten Punkt des Felsens. Hier erhob sich ein viereckiger Donjon, dessen Entstehung verm. in die älteste Bauphase der Burg fällt. Ihre geographische Lage bot im MA ein Höchstmaß an Schutz. Die St.-Michaels-Kirche im Städtchen E. wurde 1487–90 erbaut und später barokisiert, die barocke Wallfahrtskirche zur Hl. Dreieinigkeit schuf 1696–1712 Giovanni Battista Alliprandi.

(I) *Dur*

F. Bernau, Die Ruine Engelsburg bei Karlsbad, Karlsbad 1874; LV 245, 317; LV 248,
51; LV 250, Bd. 3, 74–86; LV 259, Bd. 4, 23–26; LV 879, Bd. 2, 469ff.; LV 279,
Bd. 13, 31–36.

Enzowan (Encovany, Bez. Leitmeritz). Das 1269 erstm. erwähnte,
8 km von → Leitmeritz gelegene E. gehörte im 14. Jh. den Pröpsten
von → Chotěschau und wechselte bis ins späte 16. Jh. häufig die Besitzer. Seit der 2. H. 16. Jh. saß hier Oswald Zeidlitz v. Schönfeld,
dessen Grab aus dem Jahr 1589 sich in der Kirche des Nachbardorfes
Hruschowan befindet. Zeidlitz begann an der Stelle einer älteren Befestigung mit dem Bau eines Schlosses im Renaissancestil, den sein
Sohn Rudolf fortsetzte. Das Gut wurde jedoch A. des 30jähr. Krieges
vom Kg. konfisziert, da Ladislaus Zeidlitz v. Schönfeld sich am Ständeaufstand beteiligt hatte. 1623 kaufte Polyxena v. Lobkowitz E.;
Wenzel Eusebius v. Lobkowitz ließ das Schloß nach 1665 durch den
Baumeister Antonio della Porta vollenden. Die Lobkowitz blieben
bis zur Bodenreform 1925 im Besitz der Domäne. In Neu-E. hatten
sie im 18. Jh. eine Ziegelei mit einer Arbeitersiedl. angelegt. – 1900:
453 (überwiegend Dt.), 1950: 227, 1991: 126 Eww.   (II) *Lüb*
LV 264, 378f.; LV 259, Bd. 3, 112f.; R. Nový, Urbář encovanského statku chotěšovského kláštera. Poznámky k chotěšovskému urbáři z roku 1367, in: Lit 17–20
(1981–1984), 71–77; LV 279, Bd. 14, 113; LV 291, 147.

Eule (Jílové, seit 1955 Jílové u Prahy, Bez. Prag-West). Die sö. von
→ Prag gelegene Stadt erwuchs aus einer ma. Bergsiedl., die in der
1. H. 13. Jh. infolge von Goldfunden entstand. Die Region bildete
eine der ältesten und bedeutsamsten Fundstätten dieser Art in Böhmen. Die Anfänge der Goldwäsche reichen verm. bis in die Latène-
Kultur zurück. Die erste schriftl. Erwähnung von E. stammt von
1326, als Städtchen erscheint es 1331, seine größte Blüte erlebte es in
dieser Zeit. 1350 bestätigte Kg. Karl IV. E. als kgl. Bergstadt. Seit M.
14. Jh. ging jedoch die Förderkapazität aufgrund technischer Schwierigkeiten zurück. Trotz vielfacher Bemühungen in den nachfolgenden Jh. vermochten weder der Bergbau noch die Stadt selbst ihre
einstige Bedeutung zurückzuerlangen, die Suche nach weiteren Vorkommen und kleinere Förderungen dauerten jedoch bis 1968 fort.
1689–1850 befand sich in E. das kgl. Bergamt. Seit 1623 gab es hier
ein Minoritenkl., das 1785 aufgelöst wurde. 1636 wütete eine verheerende Feuersbrunst in der Stadt. Seit 1960 ist E. administrativ dem
Bez. Prag-W. angeschlossen. Die aus dem 13. Jh. stammende got.
St.-Adalbert-Kirche, die urspr. dem hl. Nikolaus geweiht war, wurde
im 17.–18. Jh. barockisiert. Das Münzhaus von 1356 beherbergt gegenwärtig das Bez.-Museum Prag-W.; das Turmhaus, das heute als
Rathaus fungiert, stammt ebenfalls aus dem 14. Jh. – 1991:
3286 Eww.   (II) *Led*

L. Čihák, Paměti královského horního města Jílového a jeho zlatých dolů, Praha
1898; Jílové u Prahy, historie a současnost, Jílové 1987; E. Koliha, Jílové, královské
zlatohorní město, Praha 1865.

Eulenberg (Sovinec, Bez. Freudenthal). Die 13 km s. von
→ Römerstadt auf einem breiten Felssporn gelegene Burg wurde
1333 erstm. erwähnt. Kurz zuvor, um 1320, hatten die Brüder Wok
und Paul, die sich nach der Burg »de Aulnburk« nannten, in der Nähe
des Dorfes Kreuz die Burg erbaut, die in der Olmützer Landtafel von
1353 tsch. »Sovinecz« genannt wurde. Die E. gehörte mit den Burgen
Rabenstein (1220) und Stralek (1282) zu einem System von
Wehrbauten des 13. Jh., von denen sich allein die E. wohnhaft erhalten hat. Als Stützpunkt der Huss. wurde die Herrsch. 1474 durch
ungar. Truppen verwüstet. Ješek Pňovský v. E. verkaufte 1543 das
wüste Gut an Christoph v. Boskowitz, der die Ref. einführte. 1578–
92 war der Bergbauunternehmer und gleichzeitige Pfandbesitzer der
Herrsch. Rabenstein (→ Römerstadt) Lorenz Eder v. Schemnitz Herr
von E. Dessen Schwiegersohn Johann d. Ä. Kobylka v. Kobylí erbaute mehrere Pfarrkirchen in den zur Herrsch. E. gehörenden 26
Dörfern und mußte wegen seiner Beteiligung am Ständeaufstand die
Güter 1622 an Karl v. Liechtenstein verkaufen, der sie 1623 an den
Dt. Orden weitergab. Nach der dänisch-sächs. Okkupation 1626/27
wurde die von den Boskowitz im Renaissancestil erweiterte und dann
baufällig gewordene Burg durch den Statthalter Georg Wilhelm v.
Elkershausen, genannt Klippel, zu einer bedeutenden Festung ausgebaut. Nach 33tägiger Belagerung besetzten im Oktober 1643 die
Schweden bis 1650 die strategisch wichtige Burg. 1812 versteigerte
der Orden Teile der inzw. verfallenen Burg, die 1837 unter Hochmeister Ehzg. Max Josef zurückgekauft wurden. Die Burg diente
nach 1840 als Knabenkonvikt des Dt. Ordens und nach dessen Verlegung nach → Troppau 1867–96 als Sitz der schles.-mähr. Höheren
Forstlehranstalt. Die 1844/45 erbaute klassiz. Filialkirche St. Ägidius
gilt als einer der hervorragendsten Bauten des Empire in Mähren.
1939 entzogen die Nationalsozialisten dem Dt. Orden nach dessen
Auflösung die Besitzungen und verwandelten die Burg bis 1943 in ein
Gefangenenlager für frz. Offiziere. Im Verlauf der letzten Kriegshandlungen brannte die Burg völlig aus und verfiel. 1951 begann die
Restaurierung. 1980 lebten in E. nur noch 61 Eww.   (IV/VIII) *Lb*

W. Bergmann, Die Eulenburg. Eine Deutsch-Ordens-Veste in Mähren, Papier-
mühle bei Roda 1904; Festschrift zur Feier des 50jährigen Bestandes der mähr.-
schles. Höheren Forstlehranstalt Aussee-Eulenberg-Mähr.-Weisskirchen. Hg. v. H.
Reuss, Brünn 1902; LV 950, Bd. 1, 478; LV 259, Bd. 2, 215–220; W. Irgang, Die
Stellung des Deutschen Ordens zum Aberglauben am Beispiel der Herrschaften
Freudenthal und Eulenberg, in: Von Akkon bis Wien. Hg. v. U. Arnold, Marburg

1978, 261–271; F. Spurný, Letzter Soldatenruhm der Deutschordensfeste Eulenburg, in: Acht Jahrhunderte Deutscher Orden, Bad Godesberg 1967, 395–408; ders., Sovinecké panství a třicetiletá válka, in: Sborník prací k sedmdesátinám L. Hosáka, Olomouc 1968, 53–65; ders., Sovinec, Ostrava 1968.

Falkenau an der Eger (Falknov nad Ohří, seit 1948 Sokolov, Bez. Falkenau). Der Ort »Valkenawe« wurde erstm. 1279 als Besitz des oberpfälz. Adelsgeschlechts der Nothaft urk. erwähnt. Diese errichteten in F., das an der Handelsstraße von Nürnberg über → Eger nach → Prag lag, eine Wasserburg mit kreisförmigem Grundriß. Das Stadtrecht wurde F. verm. um 1313 von Kg. Johann verliehen, alle Urk. vernichtete 1390 jedoch ein Stadtbrand. 1330 verkauften die Nothaft F. an Nikolaus Winkler, der sich unter den Schutz der Böhm. Krone begab und F. 1339 von Kg. Johann als Lehen erhielt. 1366 wurde F. kgl. Kammerstadt und gehörte zum Pilsener Bez.; 1435 verkaufte Ks. Sigismund die Burggft. → Elbogen mit F. seinem Kanzler Gf. Kaspar Schlick und dessen Bruder Matthias. Die Schlick ließen um 1480 die Burg bedeutend erweitern. 1489 kam es zur Teilung der Fam. Schlick in eine Schlackenwerther, eine Elbogener und eine F.er Linie. 1547 wurde F. von prot. kursächs. Truppen unter General Thumskirch besetzt. Die kath. gebliebene F.er Linie Schlick wurde 1553 mit der Erbherrsch. über die Stadt belohnt. Der letzte Schlick in F., Gf. Johann Albin Schlick, beherbergte 1619 den »Winterkg.« Friedrich v. der Pfalz. Wegen seiner führenden Beteiligung am Ständeaufstand mußte er das Land verlassen. Sein Besitz F. wurde eingezogen und 1622 an die Nostitz verkauft, in deren Besitz es bis 1945 verblieb. Erster Besitzer war Otto Frh. v. Nostitz, der 1664 kinderlos starb und F. seinem Neffen, dem böhm. Oberstkanzler Johann Hartwig v. Nostitz, vermachte. Im 30jähr. Krieg wurde die Stadt durch Truppen beider Seiten verwüstet. Die in dieser Zeit stark beschädigte Wasserburg wurde zu einem Schloß im Stil der Spätrenaissance umgebaut. 1737 bestätigte Ks. Karl VI. dem zum Pilsener Bez. gehörenden F. seine Privilegien. Frz. Truppen belagerten 1742 die Stadt, wobei diese teilw. durch Feuer vernichtet wurde. Während des Zweiten Weltkriegs zweimal bombardiert, besetzten im Frühjahr 1945 amerikanische Truppen die Stadt.
Eine Pfarrkirche bestand in F. bereits seit E. 13. Jh., wie die Nachricht von einem Dekan »Sifridus de Valckenaue« von 1290 beweist. In der Ref. wurde die Bev. größtenteils luth., aber erst 1562 setzte Gfn. Anna Schlick den ersten prot. Pfarrer ein. Die F.er Schlick traten zum Prot. über. Während und nach dem 30jähr. Krieg führten die Nostitz eine rücksichtslose Rekatholisierung durch. Johann Hartwig v. Nostitz gründete 1663 ein Kapuzinerkl., welches das Erbbegräbnis der Nostitz aufnahm. Auf ihn ging auch die nach einem Neubau 1671

erfolgte Erhöhung der Pfarrkirche St. Jakob zur Erzdekanatskirche zurück. Der Altar ist ein Werk Jakob Eberls von 1757. 1701 wurde eine Mariensäule als Pestgelübde auf dem Marktplatz errichtet, 1728 auf der hölzernen Egerbrücke eine Steinstatue des hl. Johannes v. Nepomuk aufgestellt, 1746 eine weitere Nepomuk-Statue bei der Stadtkirche. Seit A. 17. Jh. baute man in der Umgebung der Stadt Hopfen in großem Stil an. Goethe nutzte seine kurzen Aufenthalte in F., sich bei Bergmeister Ignaz Lössl über den Hopfen zu informieren. Der Hopfenanbau fiel 2. H. 19. Jh. vollständig dem Braunkohleabbau zum Opfer. Ebenfalls im 19. Jh. entwickelten sich Glas- und andere Industrien. 1870 erhielt F. mit der Eröffnung der Strecke Karlsbad–F.–Eger Anschluß an das Eisenbahnnetz. 1873/74 wurde die Stadt von großen Bränden heimgesucht, die zus. mit der Entw. der Industrie das Bild der Stadt vollständig umwandelten. Die alten Stadtbefestigungen verschwanden, die Eger wurde reguliert und eine neue eiserne Egerbrücke errichtet. Seit 1880 breiteten sich die Braunkohleschächte und Tagebaugruben an beiden Egerufern aus. Nach 1915 entwickelte sich Chemie-Industrie. Als Metropole des westböhm. Braunkohlereviers wurde F. auch zum Zentrum der westböhm. Arbeiterbewegung. Aus dem Kohlefonds der Bergarbeiter in F. wurde 1925 ein Bergarbeiterheim als Kulturhaus mit einem eindrucksvollen Relief am Portal gebaut. Die verbliebene alte Bausubstanz der Stadt wurde nach 1945 bis auf wenige Reste durch Neubauten ersetzt. Das Stadtgebiet erweiterte sich durch zahlr. Eingemeindungen. Die Umgebung der Stadt wurde durch den Braunkohletagebau teilw. eine Kraterlandschaft. 1946 begann die Vertreibung der Dt., mit Ausnahme der für die Industrie unentbehrlichen Facharbeiter. Durch diese blieb das Braunkohlerevier F. das Gebiet mit dem größten Anteil von Dt. in der Tschsl. Noch 1950 stellten sie hier 30% der Bev. Der Bez. F. umfaßt heute auch die früheren Bez. → Elbogen und → Graslitz und hatte 1980 rund 110 000 Eww., darunter noch 20% Dt. Im Schloß befindet sich ein Bergbaumuseum. Aus F. stammen der Arzt Karl Joseph Heidler (1792–1866), zu dessen Patienten u. a. Goethe und Chopin gehörten, und der Maler Toni Schönecker (1893–1979). – 1900: 5500 (überwiegend Dt.), 1939: 11 291, 1947: 8112, 1980: 28 523 Eww.   (I) *Rog*

V. Brynda/M. Sysel, Sokolovský revír, Sokolov 1960; K. Fron/M. Majerová, Hornické Sokolovsko, Karlovy Vary 1960; Heimatskunde des politischen Bezirks Falkenau an der Eger, Falkenau 1898; J. Körbl, Gedenkbuch der Stadt Falkenau 1841, Falkenau 1922 [ND Schwabach 1985]; F. Korb, Příspěvky k dějinám Sokolovska, Karlovy Vary 1958; L. Lancinger/J. Muk/D. Líbal, Sokolov zámek, stavebně historický průzkum, Praha 1971; J. Matějček, Formování hornictva sokolovského uhelného revíru (1830–1914), Opava 1978; V. Němec, Pověsti. Brána do historie Sokolovska, Sokolov 1987; LV 507, 252ff.; M. Pelleter, Denkwürdigkeiten der

Stadt Falkenau an der Eger und ihrer nächsten Umgebung, Bd. 1, Falkenau 1876; V.
Prokop, Kapitoly z historie Sokolova, Sokolov 1979; LV 275, Bd. 2, 39–51; LV 279,
Bd. 13, 154–157; Das Stadtbuch von Falkenau (1483–1528). Hg. v. K. F. Rietsch,
Prag 1895; LV 672; H. Theisinger, Aus dem Egerland – Falkenau Stadt und Land,
Buchloe 1983.

Feldsberg (Valtice, Bez. Lundenburg). Die 10 km w. von
→ Lundenburg gelegene Stadt wurde 1190 als »castrum in Veldse-
sperch« erstm. erwähnt. 2 Jahre später erhielt Wichard v. Seefeld die
vom Passauer Bf. errichtete Burg mit dem Auftrag, sie als Gegengewicht zu den mähr. Burgen auszubauen, denn F. gehörte bis zum
Friedensvertrag von St. Germain vom September 1919 und der anschließenden Angliederung an die Tschsl. zu Niederösterr. Vor 1394
gelangte die Herrsch. an die Herren v. Liechtenstein, denen sie bis
1945 gehörte. Diese bauten die got. Burg in ein Renaissance-Schloß
um. Karl v. Liechtenstein (†1627), der ksl. Statthalter in Böhmen
nach 1620, residierte auf Schloß F., das sein Nachfahre Karl Eusebius
(†1684) abtragen ließ, um n. davon das heutige Schloß zu errichten.
Nach 1713 wurde das neue Gebäude von Johann Bernhard Fischer v.
Erlach, der die »sala terrena« schuf, Domenico Martinelli u. a. um
eine Reithalle erweitert. 1721 entstand das Tor, durch das man vom
großen Marktplatz aus – dieser wird von der 1631–71 erbauten Pfarrkirche Mariä Himmelfahrt dominiert – zum Schloß gelangt. Seit dem
1790 erfolgten Anbau des Theatergebäudes hat sich der in einem barocken Garten gelegene Gebäudekomplex kaum verändert. In dem
großen, bis nach → Eisgrub im SW reichenden Park wurden A.
19. Jh. romant. Kleinbauten geschaffen, die man Belvedere, St. Hu-
bertus oder Rendezvous nannte. Das 1945 in tschsl. Staatseigentum
übergegangene Schloß war bis zum zum Ersten Weltkrieg ein Zentrum
des kulturellen Lebens; momentan beherbergt es eine Ausstellung
über barocke Architektur in Mähren. Im 14. Jh. gab es in F. ein Minoritenkl., 1487–1803 ein Franziskanerkl. und nach 1664 ein Kl. der
Barmherzigen Brüder, das 1938 aufgelöst und 1945 erneuert wurde.
Die bis in die Gegenwart geführte Obst- und Weinbauschule stammt
aus dem Jahre 1873. Bis 1920 war die tradit. von der Land- und Nahrungsgüterwirtschaft sowie vom Weinbau lebende Bev. (1869: 2399,
1910: 3402 Eww.) rein dt.; 1921 kamen dann 625 tsch. auf 2285 dt.,
1930: 1924 tsch. auf 1102 dt. Eww. Nach der Vertreibung der Dt.
lebten in F. 1950: 3065 und 1991: 3607 Eww.   (VIII) *Had*

LV 177; LV 253, Bd. 9, 310ff.; LV 950, Bd. 2, 660f.; K. Höss, Geschichte der Stadt
Feldsberg, Feldsberg 1902; ders., Beiträge zur Geschichte des Weinbaus der Stadt
Feldsberg vom 16. bis zum 18. Jh., in: ZVGMS 42 (1940), 147–164; LV 259, Bd. 1,
242ff.; Z. Kudělka, Valtice, Brno 1964; A. Kreutzer, Das mittelalterliche Feldsberg,
Geislingen/Steige 1971; M. Stehlík, Valtice, státní zámek, Brno 1966; V. Voldán,

Velkostatek Valtice 1391–1945, Brno 1960; M. Zemek, Valtice, Brno 1970; ders.,
Österreichische Architekten südmährischer Schlösser (17.–19. Jh.), in: ÖOH 33
(1991), 569–584.

Forbes (Borovany, Bez. Budweis). F. wurde erstm. 1186 erwähnt, als
Hzg. Friedrich dem österr. Kl. Zwettl einen Teil des Grenzwaldes
vermachte. Als erster Besitzer wird für 1291 Wok v. F. genannt. 1359
erwarben die Herren v. Rosenberg F. im Rahmen der Herrsch.
→ Gratzen. E. 14. Jh. wurde F. zweigeteilt. Beide Teile kaufte 1435–
37 der Linzer Bürger Peter v. Linda, der 1455 die Kirche Mariä Himmelfahrt (1459–66) und das Augustinerkl. (nach 1466, Umbauten im
18. Jh.) gründete. Nach dessen Tod fiel die Herrsch. 1470–73 an den
Propst der Augustiner-Chorherren, dann an Wilhelm v. Rosenberg,
unter dessen Regierung F. vor 1578 zum Städtchen erhoben wurde.
1600 erfolgte die erneute Eingliederung in die Herrsch.
→ Wittingau, deren Besitzer seit 1611 Johann Georg v. Schwanberg
war. Nach der Konfiszierung seiner Besitzungen nach 1620 fiel F. an
das wiedergegr. Augustinerkl., das jedoch 1786 endgültig aufgelöst
wurde. 1787 erwarben die Schwarzenberg F. und vereinigten die
Herrsch. wieder mit Wittingau. – 1850: 748, 1880: 1155 (13% Dt.),
1921: 1107 (davon 5 Dt.), 1950: 1089, 1991: 2437 Eww. – Im nahegelegenen Zalusch, dem Geburtsort Jan Žižkas, wurde bei archäolog.
Ausgrabungen diese Gutshof von 1378–84 freigelegt.

(VI)   *Bůž/Gr*

LV 905, Bd. 8, 10–15; F. M. Čapek, Trocnov, České Budějovice 1921; K. Hlubuček, Historické, umělecké a přírodní památky Trhosvinenska. Borovany, Trhové
Sviny 1951; Borovany 1186–1986. Hg. v. S. Malík, Borovany 1986; K. Pletzer,
Trocnov, památník Jana Žižky, České Budějovice 1960; LV 906, Bd. 1, 106ff.; LV
275, Bd. 13, 121–124; LV 283, Bd. 9, 188f.; A. Teichl, Geschichte der Herrschaft
Gratzen mit Zugrundelegung des Urbars vom Jahre 1553, Gratzen 1899; LV 289,
348–353.

Frain (Vranov, seit 1986 Vranov nad Dyjí, Bez. Znaim). Der Ort
liegt an der Thaya 18 km w. von → Znaim unter dem 1930–33 er-
richteten F.er Stausee im Vöttauer Hügelland (mähr. Schweiz) und
zählt zu den ältesten Siedl. Mährens. Die urspr. landesfstl., verm. von
Hzg. Břetislav I. (†1055) errichtete und erstm. in der Cosmas-
Chronik um 1100 erwähnte Burg, die damals dem Schutz gegen
Österr. diente, wurde im 17. und 18. Jh. (in der letzten Phase nach
Plänen von Johann Bernhard Fischer v. Erlach) von den Gff. Althann
zum barocken Schloß umgebaut. Zur Ausstattung trugen Tobias
Kracker (Plastiken) und Johann Michael Rottmayer (Fresken) bei.
Die Türme der nach 1700 fertiggestellten Schloßkapelle erbaute An-
ton Erhard Martinelli, dem auch der Umbau der urspr. rom. Pfarr-

kirche Mariä Himmelfahrt zugeschrieben wird. Die Burg war während des 30jähr. Krieges von den Schweden belagert, aber nicht eingenommen worden. Vom 14. Jh. an wechselte F. öfter den Besitzer, u. a. finden sich die Namen der Herren v. Leipa, Lichtenburg und Dietrichstein, bis 1618 die Gff. Althann die Herrsch. erwarben. 1793 mußte der verschuldete Gf. Michael Johann Josef Althann, ein leidenschaftlicher Spieler, die Herrsch. an Johann Hilgartner v. Lilienborn, einen Prager Advokaten, verkaufen. F. kam schließlich an die poln. Gff. Mniszek und Stadnitzky und, nachdem Polen 1939 vom Dt. Reich zerschlagen und deren Besitz im Protektorat Böhmen und Mähren konfisziert worden war, an Gebhard Frh. v. Wense. Seit der 2. H. 16. Jh. wurde hier Eisenerz gefördert, bis 1747 gab es hier Hammerwerke. 1799–1883 befand sich eine Steingutmanufaktur mit beachtlichem künstlerischem Niveau in F., die die engl. Marke Wedgewood nachahmte. An interessanten Baulichkeiten bietet F. noch einen bei der Pfarrkirche Mariä Himmelfahrt stehenden rom. Karner (1. H. 13. Jh.) und eine unterhalb des Schlosses gelegene barocke Wassermühle. Seit dem Bau des Stausees entwickelte sich F. zum beliebten Rekreationszentrum; in der Nähe des Ortes befinden sich sehenswerte Eishöhlen. – 1834: 899, 1930: 1678 (davon 1023 Dt.), 1950: 938, 1980: 976 Eww. (VII) *Kle*

LV 252, Bd. 1/2, 9–30; A. Gröger, Frain a. d. Thaya, Frain 1929; K. Janíček/J. Paukert, Státní zámek Vranov nad Dyjí, Brno 1987; A. Krahulec, Keramická továrna ve Vranově nad Dyjí, in: TV 3 (1950), 218–223; LV 290, Bd. 70, 33–59; K. Schirek, Die Steingut- und Wedgewood-Geschirrfabrik in Frain, in: MMG 15–16 (1897–98); W. Schmidt, Die Burg- und Schloßherren von Frain, in: Nbl (1873), 25–30, 37–40, 44–48; LV 791, Bd. II/4, 189–193.

Frankstadt am Radhošt (Frenštát pod Radhoštěm, Bez. Neutitschein). Im Rahmen des Landesausbaus wurde F. um 1300 in den dicht bewaldeten mähr. Beskiden als Marktzentrum der Herrsch. Schauenstein gegr. und kam dann an die Herrsch. → Hochwald des Btm. Olmütz. Nach dem Niedergang in der Huss.zeit erfolgte seit dem 16. Jh. mit dem Abbau und der Verhüttung von Eisenerz (Eisenhammer), der Ausweitung des Handels und einer zweiten Kolonisationswelle ein neuer Aufschwung der meist kath. Stadt (barocke Pfarrkirche St. Martin aus dem späten 17. Jh.). Die stets unbefestigte tsch.sprachige Kleinstadt, die während der walachischen Aufstände im 30jähr. Krieg sowie 1661, 1680 und 1945 zerstört wurde, war seit dem 18. Jh. durch die Tuchindustrie, später durch die Bugholzmöbelfabrik Thonet und im 20. Jh. durch elektrotechnische Industrie gekennzeichnet. Um 1900 entstand aus der lokalen tsch. Nationalbewegung heraus der erste tsch. Verband für Berg- und Wintersport-Tourismus. 1939–45 gehörte die Industriestadt zum Protektorat

Böhmen und Mähren. – Das am rechteckigen Marktplatz gelegene historistische Rathaus von 1890 beherbergt ein Leinen- und Tuchmuseum. – 1930: 5691, 1950: 6348, 1991: 11 166 Eww.   (V) *Lu*

LV 239, 27–61; LV 290, Bd. II/15; L. Hosák, Počátky Frenštátu a hradu Schaunensteinu, in: SlS 57 (1959), 338–341; 600 let Frenštátu pod Radhoštěm, in: VSONJ 28 (1981), 1–94; D. Strnadel, Nejstarší kronika města Frenštátu pod Radhoštěm, Moravská Ostrava 1950; R. Žáček, K počátkům železářské výroby ve Frenštátě p. R., in: VSONJ 24 (1979), 22–32; A. Zbavitel, Dělnické hnutí na Frenštátsku do první světové války, in: SlS 56 (1958), 314–332; LV 791, Bd. I/3, 44–48; LV 294, Bd. 1, 168–171.

Franzensbad (Františkovy Lázně, Bez. Eger). Der heute 5 km n. von → Eger auf der Hochebene zw. den Ausläufern des Böhmerwaldes, des Fichtel- und des Erzgebirges gelegene und von weiten Parkanlagen umgebene Kurort F. wurde 1793 unter Ks. Franz II. gegr.; bis 1851 gehörte das Areal der heutigen Stadt zu Eger. Die ältesten Hinweise auf die hiesigen Heilquellen stammen aus dem 15./16. Jh.; seit dem 17. Jh. begannen die Egerer Bürger diese zu nutzen. Auf Anregung des F.er Stadtphysikus Bernhard Adler (1753–1810) wurden erste Kurhäuser errichtet. Seit 1803 trugen diese den Namen ksl. Franzensbäder, diese Bezeichnung ging auch auf die bekannteste Heilquelle über. 1810 gab es hier 24 Kurhäuser, die etwa 800 Gäste aufsuchten; 1847 waren es bereits 49 Kurhäuser, die Ortschaft zählte 455 ständige Eww.; 1852 erhielt F. den Status einer selbst., von Eger unabhängigen Gem.; 1865 folgten die Erhebung zur Stadt und die Fertigstellung eines Eisenbahnanschlusses. Um 1850 war F. ein weithin bekannter und häufig besuchter Kurort, der erfolgreich mit den benachbarten Bädern → Marienbad und → Karlsbad konkurrierte. Behandelt wurden hier bes. Frauenleiden, seit A. 20. Jh. auch Blutgefäß- und Rheumaerkrankungen; E. 19. Jh. erfolgte die Restaurierung der meisten älteren Kurhäuser und der Bau neuer Anlagen. Die sog. Bäderarchitektur prägt bis zur Gegenwart das Stadtbild. Bis zum Ersten Weltkrieg suchten F. bes. Aristokraten und reiche Bürger der Habsburgermonarchie auf. 1930 zählte der Kurort 258 Häuser, jährlich besuchten etwa 20 000 Gäste die nahezu rein dt. Stadt. Im Zweiten Weltkrieg diente F. als Militärlazarett und Erholungsort von Frauen führender pol. und milit. Größen aus dem Dt. Reich. Nach E. des Krieges mußte die dt. Bev. F. verlassen, bis 1950 konnte lediglich ein saisonaler Kurbetrieb durchgeführt werden. 1990 zählt der Ort fast 50 Kurhäuser, in denen sich vor 1989 etwa 35 000 Patienten im Jahr erholten. Hierzu stehen 24 Heilquellen, Moor-, Gas- und Kohlensäurebäder zur Verfügung. – 1869: 2979, 1900: 4300, 1930: 6372, 1950: 3277 und 1991: 5184 Eww.   (I) *Kub*

J. Cartellieri, Franzensbad in Böhmen, Franzensbad 1887; W. Ernst, Die Entstehung

von Franzensbad, Eger 1910; Festschrift zur Feier des 100jährigen Jubiläums von
Kaiser-Franzensbad, Franzensbad 1893; G. Habermann, Franzensbad und seine
Umgebung, Wien 1865; G. Loimann, Franzensbad in Böhmen und seine Heilmittel,
Wien 1887; LV 507, 80–83; K. Siegl, Die älteste Kurliste von Franzensbad, in:
MVGDB 45 (1907), 392–413; J. Slavík, Františkovy Lázně 1793–1958, Cheb 1958;
M. Urban, Zur älteren Quellengeschichte der Kurstadt Franzensbad, Wien 1905.

Frauenberg (Hluboká nad Vltavou, Bez. Budweis). Die auf einer
felsigen Anhöhe an einer Moldauschleife errichtete frühgot. Burg F.
befand sich 2. H. 13. Jh. in kgl. Besitz. 1265 entzog Kg. Přemysl Otakar II. die Burg dem Hofrichter Čeč v. Budweis und verpfändete sie
an die Witigonen. Vor 1317 verpfändete Kg. Johann v. Luxemburg
F. an Wilhelm v. Landstein. Nach dessen Tod löste Kg. Karl IV. die
Burg ein, die bis 1420 der kgl. Domäne inkorporiert blieb. Als neuer
Pfandherr trat 1420 Nikolaus v. Lobkowitz und Aujezd auf. Um
1450 überschrieb Kg. Georg v. Podiebrad F. seiner Gemahlin Johanna v. Rožmital. Nach deren Tod 1475 herrschte hier Lev v. Rožmitál, der F. jedoch 1483 an Johann Jenec v. Janowitz abtrat. 1490
verpfändete Kg. Wladislaw II. F. an Wilhelm v. Pernstein. Dessen
Sohn Johann wiederum gab F. an seinen Schwager Andreas Ungnad
weiter, dessen Söhne 1561 die Pfandschaft an die Krone zurückgeben
mußten. Ein Jahr später verfügte Kg. Ferdinand I. eine erbrechtl.
Übertragung der Burg an Joachim v. Neuhaus. Adam II. v. Neuhaus
ließ F. seit 1560 nach Plänen des Baumeisters Baldassare Maggi da
Arogno im Renaissancestil umgestalten. 1598 verkaufte der verschuldete Joachim Ulrich v. Neuhaus Schloß und Herrsch. an seinen
größten Gläubiger, Bohuslav Malovetz v. Malovitz, dessen Sohn
Dietrich jedoch 1619 wegen seiner Teilnahme am Ständeaufstand
fliehen mußte. 1620 wurde F. an den ksl. General Marradas verpfändet, der es 1628 in erbl. Besitz überführen konnte. Seine Enkel verkauften F. 1661 an Johann Adolf I. v. Schwarzenberg, dessen Fam.
Schloß und Herrsch. bis 1940 gehörten. Unter Adam Franz v.
Schwarzenberg erfolgte 1707–21 nach Plänen von Paul Ignaz Bayer
und Anton Erhard Martinelli der barocke Umbau der Anlage (Bayer
lieferte zudem die Pläne für den Bau des Jagdschlosses Ohrada, das
etwa zur gleichen Zeit errichtet und mit Fresken von Georg Werle
und Bildern von John George Hamilton ausgestattet wurde). Seine
heutige Gestalt verdankt das Schloß F. Johann Adolf II. v. Schwarzenberg und dessen Gemahlin Eleonora, die F. nach Besichtigung des
engl. Windsorschlosses 1840–71 nach Plänen von Franz Beer in neogot. Stil umbauen ließen. Beer lieferte auch die Pläne für die 1845/46
errichtete Pfarrkirche und den Marstall, der 1952–55 zur Mikuláš-
Aleš-Galerie umgebaut wurde, in der Gemälde und Plastiken südböhm. Künstler vom MA bis zur Gegenwart gezeigt werden. – In der

Siedl. F. lebten 1930: 2735 (davon 66 Dt.), 1991: 1941 Eww.

(VI) *Bůž*

J. Blažková, Nástěnné koberce na státních zámcích Hluboká a Český Krumlov, Praha 1969; J. Krčálová, Renesanční stavby B. Maggiho v Čechách a na Moravě, Praha 1986; J. Kuthan, Zámek Hluboká nad Vltavou, romantická rezidence knížecího rodu Schwarzenbergů, České Budějovice 1991; A. Markus, Stavby pana Ondřeje Ungnada na Hluboké, in: PA 26 (1914), 132–135; ders., Rod knížat ze Schwarzenberka. Stručný přehled jeho dějin, významu a majetku, in: SchR (1935), 19–96; V. Naňková, Architekt a stavitel Pavel Ignac Bayer, představy v literatuře a skutečnost, in: UM 22 (1974), 224–261; LV 906, Bd. 1, 381–387, Bd. 4, 476ff.; LV 891, 378ff.; E. Pospíšilová, Historizující zámecký interier 19. století v Čechách, in: UM 27 (1979), 296–321; LV 935; LV 279, Bd. 7, 127–154.

Frauenthal (Pohled, Bez. Deutschbrod). Das 6 km ö. von → Deutschbrod 1265–67 unweit der böhm.-mähr. Grenze in einem Tal am r. Ufer der Sazawa gegr. Zisterzienserinnenkl. Vallis S. Mariae verdankt seine Entstehung mehreren weibl. Angehörigen des Adelsgeschlechts der Witigonen. Eine erste urk. Erwähnung stammt von 1267, als Uta, Witwe des Kuno v. Kovaň, das Gut F. sowie das Patronatsrecht der bereits existierenden Pfarrkirche St. Marien erwarb. 1269 bestätigte Kg. Přemysl Otakar II. die Fundation und unterstellte das Kl. seinem persönlichen Schutz. 1272 erfolgte die päpstliche Approbation. Der tsch. Name »Pohled« für F. stammt wohl aus älterer Zeit; für das Kl. wurde der dt. Name auch im Tsch. als »Frántal« üblich. Das überlieferte Bruchstück eines um 1350 entstandenen Urbars nennt nur wenige, ausschl. dt. Namen. Die grundherrschl. Besitzungen des Kl. waren anfänglich bescheiden: A. 15. Jh. umfaßten sie 10 Lokalitäten; später konnte mit Hilfe des Kl. → Sedletz, dem F. unterstellt war, weiterer Besitz hinzuerworben werden. Dennoch gehörte F. zu den ärmsten Zisterzienserinnenkl. in Böhmen. 1329 brannte die Anlage nieder, nach der Wiederherstellung 1351 plünderten die huss. gesinnten Herren v. Polná 1424 das Kl. Nach 1480 erfolgte der Wiederaufbau. Unter Nikolaus Trčka v. Leipa wurde in der 1. H. 16. Jh. an der w. Vorderseite der Anlage eine zweigeschossige Prälatur mit Renaissancegiebeln im N und S errichtet. Der Barockisierung der Anlage im 18. Jh. entging lediglich das Äußere der 1265–77 erbauten Klosterkirche St. Andreas. 1782 löste Ks. Joseph II. das Kl. auf und schlug es dem Religionsfonds zu. In den Konventsgebäuden fanden bis 1792 die Karmeliter des aufgehobenen Kl. auf der Prager Kleinseite ihren Wohnsitz. E. 18. Jh. pachtete der Iglauer Unternehmer Johann Tost die Gebäude und richtete in ihnen vorübergehend eine Tuchfabrik ein. 1807 kaufte Gf. Josef v. Unwerth den Komplex und ließ ihn im klassiz. Stil zu einem Schloß umbauen. 1864 inkorporierte Gfn. Clothilde Clam-Gallas F. ihrer Herrsch.

→ Polna–Přibyslau; nach dem Zweiten Weltkrieg wurden die Güter verstaatlicht. – 1890: 647 (davon 338 Dt.), 1910: 834 (davon 240 Dt.), 1930: 788 (davon 16 Dt.), 1950: 858, 1991: 707 Eww.

(VII) *Ben/Krz*

M. Dorda-Ebert, Die Volkszugehörigkeit der Untertanen der Klosterherrschaften Chotieschau und Frauenthal sowie der weltlichen Herrschaft Netolitz in vorhussitischer Zeit, in: BOH 9 (1968), 31–72; F. Hladík, Sedm set let Pohledu (1265–1965), Pohled 1965; LV 874, 173–179; M. Zaoralová, Velkostatek Polná-Přibyslav a Pohled, jeho historický a správní vývoj a dějiny jeho archivu, in: SAP 27 (1977), 143–183.

Freiberg (Příbor, Bez. Neutitschein). Die um 1250 verm. durch Mkgf. Přemysl Otakar nach Leobschützer Recht gegr. Stadt in NO-Mähren gehörte zur Herrsch. → Hochwald und war Lehen der Bff. v. Olmütz. Die urspr. Wehrkirche Mariä Geburt wurde um 1400 zur dreischiffigen got. Hallenkirche ausgebaut und als Dekanatssitz im 17. Jh. ebenso barockisiert wie die Renaissancehäuser des rechtekkigen Stadtplatzes mit Laubengängen. Die vergleichsweise schwachen huss. und brüderischen Elemente wurden nach 1589 dauerhaft unterdrückt. Der befestigte Marktort mit bfl. Vogtei war Aufenthaltsort des hl. Johann Sarkander (1576–1620) und wurde im 30jähr. Krieg mehrfach besetzt und zerstört. 1694 gründete der Olmützer Bf. Gf. Karl II. v. Liechtenstein-Kastelkorn das Piaristenkl. mit St.-Valentinskirche. Das nach Plänen von Giovanni Pietro Tencalla errichtete Piaristenkolleg ließ F. zum Bildungsmittelpunkt der mähr. Walachei und des Kuhländchens und M. 18. Jh. zu einem Zentrum der mähr. Aufklärung werden. Das sich im 19. Jh. zur Industriestadt (insbes. Strumpf- und Hutmanufakturen sowie Leichtmetallverarbeitung) wandelnde F. mit einer größeren jüd. Gem. (1900: 4604 tsch., 322 dt. Eww. und etwa 160 Juden) wies nach 1862 ein vielfältiges tsch. Vereins- und Kulturleben auf. Am 10.10.1938 wurde die Stadt von dt. Truppen besetzt und an das Dt. Reich angeschlossen. – Aus dem traditionsreichen Schulort, der schon im 19. Jh. neben dem Gymnasium eine Realschule, Lehrerbildungsanstalt und Gewerbefachschule aufwies, stammen die Historiker Gregor Wolný (1783–1871) und Bertold Bretholz (1862–1936) sowie der Arzt und Begründer der Psychoanalyse Sigmund Freud (1856–1939), dessen Geburtshaus erhalten ist (Freud-Sammlung im Stadtmuseum). – 1930: 4882 (davon 212 Dt.), 1950: 4052, 1991: 8887 Eww.   (V) *Lu*

LV 239, 175–204; LV 255, Bd. 2, 703ff.; J. Kämmerling, Die Geschichte der Stadt Freiberg, Mährisch Weißkirchen/Freiberg 1880; LV 290, Bd. II/54; 725 let města Příbora, in: VSONJ 17 (1976), 1–78; LV 294, Bd. 1, 171–182; LV 791, Bd. I/3, 28–44.

Freiwaldau (Frývaldov, seit 1947 Jeseník, Bez. Mährisch Schönberg). Das an einer wichtigen Straßenkreuzung liegende, 1267 erstm.
erwähnte F. war schon 1295 Stadt. 1506 als freie Bergstadt bezeichnet, gehörte es bis 1742 zum schles. Fstm. Neisse, das den Breslauer
Bff. unterstand, später dann zu Österr.-Schles. Die kleine Wasserburg
(um 1300) ö. des Schloßplatzes gilt als Musterbeispiel für ma. Befestigungsanlagen und ist seit 1901 Stadtmuseum. F. war u. a. kurzfristig
im Lehensbesitz der Augsburger Fugger (1501–47), die auf ergiebige
Goldfunde aufmerksam geworden waren. Die Burg wurde 1574–83
im Renaissancestil sowie 1738–45 nach einem Stadtbrand umgebaut.
Mitten auf dem quadrat. Ring steht das 1610 im Renaissancestil erbaute und 1800 umgestaltete einstöckige Rathaus. Die spätgot. Propsteikirche Mariä Himmelfahrt (1418) wurde 1882 umgebaut. 1881
wurde eine Niederlassung der aus Breslau ausgewiesenen Ursulinen
gegr. F. gehörte zum Zentrum der Hexenprozesse im Fstm. Neisse.
Hier wurden bei der Verfolgungswelle 1651/52 über 100 Personen
verbrannt. 1766 diente F. kurzfristig als Fluchtburg des mit dem
preuß. Kg. Friedrich II. verfeindeten Breslauer Bf. Gf. Philipp Gotthard v. Schaffgotsch. Von ihm wurde der Komponist Karl Ditters v.
Dittersdorf als Verwalter, Forstmeister und Kapellmeister in
→ Jauernig eingesetzt, der 1794–98 im Schloß von F. lebte. Im Stadtpark steht ein Denkmal für den Kaltwasserheilpraktiker Vinzenz
Prießnitz (1799–1851), der im oberhalb von F. 1826 gegr. Badeort
Gräfenberg geb. wurde. Nachdem die Erzgewinnung im 16. Jh. abnahm, wurde F. zum Zentrum stoffverarbeitenden Gewerbes. Zum
industriellen Aufschwung kam es u. a. mit der 1822 gegr. Textilmanufaktur Regenhart-Raymann und dem Eisenbahnanschluß 1888.
Bei einem Arbeiterstreik am 25.11.1931 wurden in F. 8 Arbeiter getötet und viele verwundet. In F. lebte eine tsch. Minderheit (1910:
6859 dt. und 16 tsch. Eww.), die von 1918–30 allerdings auf 1257 von
8261 Eww. anwuchs. Nach der Vertreibung der dt. Bev. 1945/46
wurde F. neu besiedelt und ist nun mit 11 125 Eww. (1991) die drittgrößte Stadt im Bez.
Oberhalb von F. liegt der vor allem bei Nerven- und Stoffwechselkrankheiten empfohlene Kurort Gräfenberg (seit 1947 Lázně Jeseník), der seit 1958 ein Stadtteil von F. ist. Das Heilbad mit zunächst
nur einem kleinen steinernen Kurhaus und Holzbauten wurde 1826
von dem Wasserheiler Vinzenz Prießnitz gegr. und 1831 staatlich anerkanntes Bad. Das nach ihm benannte Sanatorium zog Prominenz
aus aller Welt an. Zahlr. Denkmäler an Quellen, die einzelne Nationen dem Gründer stifteten, wie das magyarische von Ludwig v.
Schwanthaler (1839), das preuß. von Josef Václav Myslbek
(1873/74), das tsch. von Franz Schmoranz (1873/74) sowie das frz.

(1841) und das poln. (1890) zeugen von der kosmopol. Atmosphäre. Nach der Gründung entstanden auf der Anhöhe »Gräfenberg« versch. Gebäude, die dem Weltbadanspruch zu genügen hatten. Der Komplex der Kuranstalten wurde 1910 mit dem Großen Kurhaus, einem repräsentativen Bau nach Plänen des Architekten Leopold Bauer, erweitert. Der Ort ehrte den Badgründer mit einem Jubiläumsdenkmal sowie einem Mausoleum in der neugot. Marienkapelle auf der Koppe. Der Wirtschaftsfaktor Fremdenverkehr (Bettenbestand 1931: 1108) war nach der Vertreibung der dt. Bev. stark eingeschränkt, bis Gräfenberg 1957 Staatsbad wurde, dem auch die anderen nordmähr. Bäder → Groß-Ullersdorf und → Blauda unterstanden. (IV) *Lb*

H. Folwartschny, Die evangelische Gemeinde Freiwaldau. 1879–1929, Freiwaldau 1929; Frývaldov – Freiwaldau – Jeseník, Jeseník 1990; Zd. Gába, Těžba vápence a pálení vápna na Jesenicku, in: SMor 42 (1981), 21–29; V. Goš, Vodní tvrz v Jeseníku. Archeologický výzkum nejstarší fáze a problematika tvrzí na Jesenicku, in: ČSM 30 (1981), 227–246; E. Gröger, Das Augsburger Handelshaus der Fugger und das Goldbergwerk in Freiwaldau, in: MSH 13 (1968), 119–122; LV 950, Bd. 1, 225f., 230; LV 259, Bd. 2, 111f.; O. Jaroš/V. Jarošová, Frývaldovská stávka, Ostrava 1961; O. Kaňa, Historické proměny pohraničí. Vývoj pohraničních okresů Jeseník, Rýmařov, Bruntál a Krnov po roce 1945, Ostrava 1976; J. Mittmann, Der Freiwaldau Bezirk im 13. Jh., Freiwaldau 1927; LV 266, 287–294; C. Munde, Die Gräfenberger Wasserheilanstalt und die Priesnitzsche Curmethode, Leipzig [5]1841; J. Rubeš/M. Hofmeister, Lázně Jeseník, Olomouc 1959; H. Weinelt, Probleme schlesischer Burgenkunde, gezeigt an den Burgen des Freiwaldau Bezirkes, Breslau 1936; R. Zuber, Jesenicko v období feudalismu do roku 1848, Ostrava 1966, 298–320.

Freudenthal

Freudenthal (Bruntál). Am Schnittpunkt der Gesenkestraße von Breslau/Neisse nach → Olmütz und → Brünn mit alten Verbindungen nach → Troppau und → Jägerndorf entstand A. 13. Jh. als eine der ältesten Stadtgründungen Nordmährens aus wilder Wurzel die Stadt F.; frühester urk. Beleg ist ein in seiner Echtheit umstrittenes Privileg Kg. Přemysl Otakars I. (1198–1230) für → Mähr. Neustadt von 1223, in welchem den Bürgern das Magdeburger Recht »quas habent cives nostri de Froudenthal« verliehen wird. Die Gründung der Stadt dürfte auf jeden Fall noch während der Regierungszeit des mähr. Mkgf. Vladislav III. (Heinrich) (1197–1222) erfolgt sein. Der Stadtgrundriß zeigt das verbreitete Kolonialschema ostmitteleurop. Gründungen des 13. Jh., so daß die Anlehnung an eine ältere Siedl. unwahrsch. ist. Als eine der frühesten Gründungen blieb F. bis 1352 Oberhof des Magdeburger Rechts für Nordmähren und entwickelte sich zum Zentrum für die Kolonisation des umliegenden Landes; Urk. des 13./14. Jh. weisen durch ihre Namen auf weitgehend dt. Besiedl. hin. Als landesfstl. Stadt genoß F. anfänglich eine ähnliche Stellung wie Troppau oder Jägerndorf, vermochte mit deren Entw. jedoch nicht Schritt zu halten. Neben der Landwirtschaft bildete der

Bergbau das wirtsch. Rückgrat; Verw. und Gerichtsbarkeit werden erstm. 1348 faßbar: Dem Stadtvogt sind 4 Ratmannen und 7 Geschworene untergeordnet; der Einfluß des Vogtes sank jedoch in der Folgezeit, auch der besitzrechtl. Zusammenhang zw. Vogt und den Dörfern des Umlandes löste sich bald auf. Eng verbunden blieb das Schicksal von F. mit der pol. Entw. des Fstm. Troppau, nach dessen Teilung 1377 es zu wiederholten Besitzerwechseln mit ungünstigen Auswirkungen auf die wirtsch. Entw. kam. Die Überwindung des wirtsch. Niedergangs im 15. Jh. erfolgte wesentlich durch die Herren v. Würben, die seit 1473/74 im Besitz der Herrsch. F. erscheinen. 1523/24 setzten die Würben die Einverleibung von F. in das Fstm. Troppau durch, um sich größere Unabhängigkeit bei der Nutzung des Wald- und Erzreichtums zu sichern. Für die Stadt F. bedeutete die Herrsch. der Würben einen beträchtlichen Verlust bisheriger Rechte und Freiheiten. Auf den Fundamenten einer ins 14. Jh. zurückreichenden Burganlage erbauten die Würben nach 1560 ein Renaissanceschloß, das nach 1763 seine barocke Außengestalt erhielt. In anderen Bereichen profitierte F. von der Herrsch. der Würben: Die Stadt erhielt eine luth. Kirchen- und Schulordnung, eine Lateinschule (um 1580) und ein Hospital zur Armenpflege (1584). Ihre Beteiligung am Ständeaufstand 1618–20 kostete die Würben den Besitz der Herrsch. F., die nun dem Dt. Orden übergeben wurde. Von den folgenden Kriegsereignissen blieb F. lange verschont, erst 1642/43 machten Kampfhandlungen einen durch Waffenproduktion getragenen wirtsch. Aufschwung zunichte. Der Wiederaufbau erfolgte unter der Herrsch. des Ordensstatthalters Johann Caspar v. Ampringen (1619–84). Neben einer Stärkung städt. Selbstverw. wurden Forstwirtschaft und Textilverarbeitung intensiviert, was eine relative Prosperität bewirkte und damit Voraussetzungen für den Erfolg gegenreformatorischer Politik schuf. Diese erreichte ihren Höhepunkt in der Gründung eines Piaristenkollegiums (Kirche und Schule seit 1731).

Die Teilung Schles. 1742 beraubte F. tradit. Marktbeziehungen, erst nach 1780 machte sich die staatl. geförderte Südorientierung für die Textilindustrie positiv bemerkbar. E. 18. Jh. erfolgte die barockisierende Umgestaltung des Schlosses; zur Wallfahrtskirche auf dem sw. der Stadt gelegenen Köhlerberg wurde eine Doppelallee angelegt. Von den Kriegsereignissen des frühen 19. Jh. unberührt, entwickelte sich F. zu einem regionalen Zentrum der Leinenproduktion, die bes. auf die Versorgung des österr. Militärs ausgerichtet war. Die alten Befestigungsanlagen wurden abgetragen, vor dem ehem. Wall legte man Weberkolonien an. Die Absatzkrise der Leinen- und Damastweberei zwang viele Weberfam. E. 19. Jh. zur Auswanderung, die

Eww.-Zahl sank von 8800 (1880) auf 7400 (1900), um in der Zeit wirtsch. Erholung nach 1900 allmählich wieder anzusteigen (1910: 8066). Der Anschluß an das Eisenbahnnetz 1872, der Bau der Hochquellwasserleitung 1897/98 und die Versorgung mit elektrischem Strom seit 1904 verbesserten die Infrastruktur und begünstigten den Übergang zu maschineller Textilproduktion auch in Mittelbetrieben. Die 1877 gegr. Staatsfachschule für Weberei trug wesentlich zur Sicherung der Qualität bei. Mit den Firmen Ignaz Hartwig und Wilhelm Krommer verfügte F. über 2 angesehene Verlagsdruckereien. Die Gewerbeausstellung vom August 1913 diente vor allem dazu, die Leistungsfähigkeit von Textil- und Holzindustrie zu dokumentieren. Für das Schulwesen bedeutete die Errichtung eines Staats-Realgymnasiums 1908 einen großen Fortschritt; ihm zur Seite trat 1926 das ebfl. Knabenkonvikt zur Förderung des Priesternachwuchses. Die Jahre nach 1918 sind durch Spannungen zw. der dt. Bev. und der tsch. Garnison geprägt. 1923 begann die gezielte Ersetzung dt. durch tsch. Beamte, was die Verbitterung auf dt. Seite ungemein erhöhte. Verschärft wurden die Nationalitätenprobleme durch die Wirtschaftskrise, deren Auswirkungen erst nach 1935 überwunden werden konnten. Die Eww.-Zahl stieg bis 1930 auf 9676 (davon 396 Tsch.). Bei den Wahlen vom 19.5.1935 stimmte auch in F. der größte Teil der Wähler für die SdP. Nach 1938 verlagerte sich das Schwergewicht der Textilproduktion auf die Versorgung des Heeres, sie konnte mit fortschreitender Dauer des Krieges nur durch Einsatz ausländischer Zwangsarbeiter aufrechterhalten werden. Am 8.5.1945 marschierten russ. Truppen in F. ein, kurz darauf übernahmen tsch. Einheiten die lokale Verw.; die dt. Bev. wurde von Februar bis Oktober 1946 zwangsausgesiedelt. In der mit unterschiedlichen Nationalitäten neubesiedelten Stadt (1949: 6348, 1980: 13 592 Eww.) wurde nach 1945 das wirtsch. Schwergewicht auf die Flachserzeugung gelegt. Aus F. stammen die in Wien tätige Schauspielerin Therese Krones (1801–30) und der Schriftsteller Bruno Hans Wittek (1895–1935). (IV) *Bei* J. Bakala, Zrod městského zřízení na středověkém Opavsku, in: ČSM B 38 (1987), 229–238; 40 let českého gymnázia v Bruntále, Bruntál 1986; Freudenthal und seine Kreisgemeinden. Dokumentation eines Landkreises im Ostsudetenland, Esslingen/N. 1990; L. Guzanová, Proměny města Bruntálu, Bruntál 1985; V. Heeger, Festschrift anläßlich der 700Jahrfeier der Verleihung des deutschen Städterechtes an die Stadt Freudenthal, 1213, Freudenthal 1913; LV 259, Bd. 2, 40–43; W. Irgang, Freudenthal als Herrschaft des Deutschen Ordens 1621–1725, Bonn/Bad Godesberg 1971; E. Jančíkova, Bruntál. Město, státní zámek a okolí, Bruntál 1981; A. Meißner, Werden und Wachsen meiner Vaterstadt Freudenthal, München 1958; P. Poloková, Okres Bruntál v rozvoji, Bruntál 1986; LV 898, Bd. 1, 267–274; Střední průmyslová škola Bruntál 1962–1987, Bruntál 1987; J. Thannabaur, 200 Jahre Gymnasium 1731–1931, Freudenthal 1931; H. Weinelt, Die Flurnamen des Bezirkes Freudenthal, Reichenberg 1937; ders., Das Werden der ostmitteldeutschen Kulturlandschaft Freudenthal, in: DALV 3 (1939), 598–631.

Friedeberg (Frýdberk, seit 1948 Žulová, Bez. Mährisch Schönberg). In der 15 km nw. von → Freiwaldau liegenden Siedl. F. erbaute der fränkische Ritter Johann Wüstehube im Gebiet der Breslauer Bff. schon vor 1290 eine got. Burg mit markantem Turm, der seit 1810 Bestandteil der Pfarrkirche St. Josef ist. 1325 kamen Burg und umliegende Dörfer wie → Mähr. Altstadt an das schles. Zisterzienserkl. Kamenz und dann an die Brüder v. Haugwitz, die sie 1358 an den Breslauer Bf. Preczlaus v. Pogarell verkauften. Die Bff. setzten zunächst Burggff. ein, gaben die Burg später aber auch in Lehens- oder Pfandbesitz. 1582 baute Bf. Martin v. Gerstmann die nach den Huss.-kriegen dem Verfall nahe Burg in ein Renaissance-Schloß um. 1742 fiel das schles. F. an Österr. Das Schloß wurde bis zu seinem Abriß im 18. Jh. als Brauerei verwendet; an seiner Stelle errichtete man 1805–10 die Pfarrkirche. Auf dem Gotteshausberg stand schon seit dem 12. Jh. ein Pfahl mit dem Muttergottesbild, an dessen Stelle 1713 eine hölzerne Kapelle trat. 1878–86 wurde dort die Wallfahrtskapelle zur Schmerzhaften Muttergottes erbaut. F. wurde im 19. Jh. zum Zentrum der hochentwickelten westschles. Granitindustrie. Zu den größten Firmen gehörte die des in F. geb. Hermann Franke (1857–1920). 1886 wurde eine Fachschule für Steinverarbeitung gegr., die bis heute besteht. 1944 wurde in F. ein Arbeitslager errichtet. Die überwiegend dt. Bev. (1930: 1352 dt. und 125 tsch. Eww.) wurde 1945/46 vertrieben (1991: 1096 Eww.). (IV) *Lb*

F. X. Gröger, Friedeberg, Freiwaldau 1913; Heimatkunde des politischen Bezirkes Freiwaldau, Freiwaldau 1893, 108–119; E. Hetfleisch, Das Friedeberger Ländchen, Reichenau 1927; ders./F. Kiegler, Friedeberg-Altvater. Geschichte und Schicksal eines sudetenschlesischen Städtchens, Augsburg 1974; LV 950, Bd. 1, 223; LV 259, Bd. 2. 287ff.; LV 266, 541–544; H. Weinelt, Die Burg Friedeberg in Schlesien, in: ZVGMS 38 (1936), 1–9; R. Zuber, Jesenicko v období feudalismu do roku 1848, Ostrava 1966, 472–479.

Friedek-Mistek (Frýdek-Místek). An der Fernhandelsstraße von → Olmütz über → Teschen nach Krakau wurden an einer Furt der mittleren Ostrawitza, die hier die Grenze zw. Mähren und Schles. bildete, im Zuge des hochma. Landesausbaus an beiden Ufern von seiten der Landesherrn, des Olmützer Bf. bzw. des Teschener Hzg., Stadtgründungen ausgesetzt. Sie waren zugleich Mittelpunkt der jeweiligen Herrsch. und über fast 200 Jahre (1402–1584) in der Verw. vereinigt. Erst das Zusammenwachsen der beiden Städte während der Industrialisierung hat zum Zusammenschluß zur Stadt F.-M. am 1.1. 1943 (der Name seit 1955) geführt.
Am l. Ufer der Ostrawitza entwickelte sich an der Stelle einer älteren slaw. Siedl. im Zusammenhang der Urbanisierungspolitik des Olmützer Bf. Bruno v. Schauenburg das 1267 erstm. als »villa forensis«

erwähnte Friedberg (1267 Friedeberch, 1288 Vridberg). Die rechtek-
kige Plananlage um den Marktplatz (70 x 65 m) mit der Pfarrkirche
St. Nikolai an der nö. Ecke, nach deren Brand (1602) 1644 die heutige Jakobikirche, die 1857/58 umfassend renoviert wurde, errichtet
wurde, ist noch im Stadtbild erkennbar. Dem Untergang des Ortes E.
14. Jh. folgte eine Neugründung, die 1402 als »Newenstetil« und
wenig später (1434) als Mistek faßbar wird, während der ältere Name
Friedberg gegen E. 16. Jh. außer Gebrauch geriet. Nach schweren
Einschnitten in die städt. Entw., deren wirtsch. Niveau E. 16. Jh.
durch die Abhaltung von 4 Jahrmärkten angedeutet wird, durch
Brände (1602, 1615, 1669), Kriegsplünderungen (1621, 1626, 1646,
1741) und Pestepidemien (1542, 1585, 1625, 1709/15) kam es erst in
der 2. H. 18. Jh. zu einem neuen Aufschwung. M. 16. Jh. setzte sich
in Mistek die Ref. durch, die aber ab 1582 zurückgedrängt wurde, so
daß die Pfarrei ab 1617 wieder kath. war. Neben der Kirche am Markt
wurde 1716/30 in der ö. Vorstadt die Allerheiligenkirche im Barockstil und 1763/69 an der Straße nach → Freiberg als neue Pfarrkirche die Kirche St. Johannes und Paulus im Rokokostil errichtet.
N. der seit dem frühen 13. Jh. belegten Siedl. Jamnica (1305 Jamni-
tha), die seit E. 14. Jh. als »Staré Město« bezeichnet wird, unmittelbar
unterhalb der Einmündung der Morawka, wurde seitens der Teschener Hzgg. wahrsch. wenig nach 1327 mit dt. Siedlern die Stadt
Friedek um eine Burg aus der 2. H. 14. Jh. gegr., die, auf einem Hügel auf einer Landzunge der Ostrawitza liegend, die w. Begrenzung
des sich anschließenden rechteckigen Marktplatzes (130 x 65 m) bildet. Die Burg wurde nach mehreren Umbauten (zuletzt 1731/33 und
1897/1901) erst seit E. 16. Jh. als ständiger Adelssitz genutzt; die heutige Gestalt mit Turm in der Fassadenmitte des vorderen Teils hat das
Schloß seit dem Neubau durch Franz Eusebius v. Oppersdorf nach
dem Brand von 1688. In einem der 3 ehem. Burgtürme wurde
1636/38 die Barbarakapelle eingerichtet; in dem Ritter- oder Wap-
pensaal von 1692 befindet sich eine Galerie von 37 – meist dt. – be-
schrifteten Wappen aus den Jahren 1704–1828; seit 1960 wird das
Schloß als Heimatmuseum genutzt. Herrsch., Burg und die urspr.
ovale Stadtanlage mit 2 Stadttoren gehörten bis 1572 den Teschener
Hzgg. und waren dann in der Hand versch. Adelsfam., der Logau,
Würben (seit 1584), Oppersdorf (seit 1636) und Praschma v. Bielkau
(seit 1699), bis sie 1797 wieder an die Teschener Kammer fielen. Die
von Beginn an größere Teschener Gegengründung überstieg auch in
wirtsch. Hinsicht mit 4 Jahrmärkten das mähr. Mistek. Die Ref.
konnte sich nur in der 2. H. 16. Jh. in der Herrsch. behaupten, A.
17. Jh. war F. wieder kath. Die 1477 erstm. erwähnte dreischiffige
Pfarrkirche St. Johannes des Täufers mit got. Kern an der nö. Ecke des

ältesten Siedl.-Areals wurde nach Bränden mehrmals (1592, 1688, 1703, zuletzt 1871) umgebaut. Große Bedeutung hatte die 1740/52 erbaute Marienwallfahrtskirche n. des Stadtkerns, die sich seit A. 18. Jh. aus der Verehrung einer 1665 an dieser Stelle errichteten Marienstatue als Ausdruck gegenreformatorischer Marienfrömmigkeit zu einem regional bedeutenden Wallfahrtszentrum entwickelte. 1864/65 bildete sich eine jüd. Gem. mit Bethaus und Friedhof, 1910/11 eine ev. Gem.

Grundlage der wirtsch. Entw. beider Städte war die Tuch- und Leinwandherstellung; in der Industrialisierung trat neben die Textil- noch die Eisenindustrie, so 1833 das Eisenwalzwerk in Leskowetz (früher Karlshütte). Der schnelle Anstieg der Bev., die sich A. 19. Jh. auf weniger als 3000 Eww. in jeder Stadt belief, in den Jahrzehnten um die Wende zum 20. Jh. (1910: 7494 Eww. in M., 9879 Eww. in F.) brachte auch Verschiebungen in den Nationalitätenverhältnissen mit sich: waren 1880 etwa 20% der Bev. Dt., so betrug ihr Anteil 1910 in F. etwa 52%, in M. etwa 36%, wozu noch etwa 6% bzw. 1% Polen kamen. 1950 wohnten in der Doppelstadt 22 333, 1991: 60 761 Eww. – In F. wirkte der pol. Lyriker Petr Bezruč, d. i. Vladimír Vašek (1867–1958), dem ein Denkmal gewidmet ist. (V) *Ke*

700 let Frýdku-Místku, Frýdek-Místek 1965; J. Bakala, Osídlení Frýdecka a Jablunkovska v období vrcholného feudalisma, Frýdek-Místek 1982; P. Beck, Hospodářský vývoj Místku v 16. a 17. století, in: TĚ 1/1973, 15–19; LV 463, 142f., 153, 313; J. Brychlecová, Regenerace historických jáder města Frýdku-Místku, in: SPPSK 6 (1985), 116–140; D. Drobiš, Cechovní zřízení ve Frýdku-Místku, in: StT 1 (1972), 57–74; LV 255, 699, 924ff.; L. Hosák, Nejstarší dějiny Ostravy a Ostravska, in: Ostrava. Sborník příspěvků k dějinám a výstavbě města, Bd. 1, Ostrava 1963, 26–68; LV 950, Bd. 1, 223; LV 259, Bd. 2, 67ff.; F. Linhart, Kniha o Místku, Místek 1929; L. Mlčák, Státní seznam nemovitých kulturních památek okresu Frýdek-Místek, Ostrava 1980, 23–52; M. Nosková, K počátkům protireformace na Místku, in: TĚ 4/1993, 23f.; R. Prokop, Geneze a střediskovost měst ostravské průmyslové oblasti, Praha 1968, 69f.; LV 898, Bd. 1, 438f.; Sborník k dějinám Válcoven plechu ve Frýdku Místku. Hg. v. A. Grobelný u. B. Kališ, Ostrava 1970; V. Škuta, Z historie frýdeckého zámku, in: TĚ 2–3/1968, 31–34; A. Teltschik, Zum Entstehen der mährischen Städte, in: ZGLM 46 (1944), 1–24, 102–149, hier 111f., 120f., 130; Urbář panství frýdecko-místeckého z r. 1580. Hg. v. B. Soborík u. A. Grobelný, in: SlS 51 (1953), Příloha 2, 3–67; LV 791, Bd. I/3, 99–104; R. Žáček, Přehled dějin protifeudálního odboje na Frýdecko-Místecku, Frýdek-Místek 1980; ders., Pobeskydí od husitství do Bílé Hory, Frýdek-Místek 1986, 49–51, 66; ders. [u. a.], Frýdek-Místek, Frýdek-Místek 1983.

Friedland (Frýdlant nad Ostravicí, Bez. Friedek-Mistek). Die Stadt liegt am l. Ufer der Ostrawitza am Fuße des Andreasberges, 10 km s. von → Friedek-Mistek. Die Entstehung des Ortes, der sich um eine bfl. Festung entwickelte, hängt mit der Kolonisationstätigkeit des

Olmützer Bf. Dietrich v. Neuhaus (1281–1302) zusammen. Der Ortsname ist als Herkunftsbezeichnung in einem Personennamen (Vridelanth) erstm. zu 1300 belegt. Die zu 1580 erwähnte, zur Pfarrei Mistek gehörende Bartholomäuskirche wurde 1665 zur Pfarrkirche erhoben; damals wurde eine dreischiffige frühbarocke Kirche errichtet (Turm 1690), die, 1886 abgebrannt, 1906 wieder aufgebaut war. F. wurde 1782 zum Markt erhoben. Die seit dem 16. Jh. nachweisbare Eisenverhüttung wurde seit dem frühen 19. Jh. industriell ausgebaut; mit dem Zuzug dt. Arbeiter seit den 1830er Jahren trat bis etwa 1880 eine Germanisierung von Schule und Verw. ein. – 1869: 2408, 1930: 6314 (davon 5514 Dt.), 1950: 4126, 1991: 8037 Eww.

(V) *Ke*

J. Bakala, K počátkům Frýdlantu n. O., in: TĚ 4/1993, 1–4; LV 463, 153, 433; F. Bosák, Dějiny města Frýdlantu n. Ostr. ve stručném přehledu, Frýdlant n. O. 1947; LV 255, 699f.; L. Hosák, Středověké osídlení a kolonizace mezi Odrou, Ostravicí a Beskydami, in: ČSPS 64 (1956), 19f.; F. Linhart, Místecký okres, Brno 1915, 188–191; L. Mlčák, Státní seznam nemovitých kulturních památek okresu Frýdek-Místek, Ostrava 1980, 53–57; LV 898, Bd. 1, 449ff.; LV 791, Bd. I/3, 113–116.

Friedland (Frýdlant, Bez. Reichenberg). Die 19 km n. von → Reichenberg an der Wittig gelegene Stadt wurde 1278 erstm. erwähnt, als Kg. Přemysl Otakar II. sie an die Herren v. Biberstein aus der Mkgft. Meißen verkaufte, die sie in der Folgezeit in dem urspr. von Slawen bewohnten Gebiet planmäßig mit Dt. besiedelten. In den Huss.kriegen griffen die Huss. und die Görlitzer F. an und brannten die Burg nieder. Unter den Biberstein, die eine herausragende Rolle im Kampf gegen Kg. Georg v. Podiebrad spielten und ihn 1466 zeitweise gefangennahmen, wurde F. 1537 zur Stadt erhoben. 1558 kam es an die Herren v. Redern, die F. zu ihrer Residenz ausbauten und mit der Entwicklung der Leineweberei und der Ansiedl. dt. Handwerker der Stadt zur Blüte verhalfen. Sie ließen die auf Basaltrippen über der Wittig liegende Burg des 13. Jh. 1582–1602 durch ein Renaissance-Schloß an der Stelle der Vorburg erweitern und 1598–1602 die Schloßkapelle St. Anna mit ihrem Renaissance-Hochaltar errichten. In der aus der 2. H. 15. Jh. stammenden, 1501–55 zu einem dreischiffigen Saalbau umgebauten, 1713/14 barockisierten und 1889–96 regotisierten Stadtkirche wurde um 1610 die Grabkapelle dieser Fam. mit kunstvollen Grabdenkmälern angelegt. Die luth. gesinnten Redern gehörten zu den Führern des böhm. Ständeaufstandes 1618–20 und bezahlten dies mit der Konfiszierung ihrer Güter. So gelangte F. 1621 in den Besitz Albrechts v. Wallenstein, der 1625 zum Hzg. v. F. erhoben wurde, wenngleich er sich hier nur wenige Tage aufhielt. Nach Wallensteins Ermordung 1634 kam die Herrsch. F. bis zum E. der Habsburgermonarchie an die Gff. v. Clam-Gallas. Während des

30jähr. Krieges besetzten die Schweden zw. 1636 und 1649 mehrmals
die Stadt und ließen das Schloß mit Bastionen befestigen. Nach mehreren Bränden wurde es E. 17. Jh. barockisiert und 1801 als eines der
ältesten Museen Böhmens eröffnet, das neben den Gedenkräumen
für Wallenstein und die anderen Schloßbesitzer eine Waffensammlung und Gemäldegalerie beherbergt. Von der ma. Bausubstanz ist
außer Resten der Stadtbefestigung wenig vorhanden. Die Häuser
entstammen in der Regel dem 18./19. Jh.; das alte Rathaus wurde
1897 abgerissen, nachdem ein neues 1888–93 im Stil der Neorenaissance errichtet worden war. Hier befindet sich seit 1900 das Stadtmuseum. Während der Zeit der Industrialisierung im 19. Jh. wuchs F.
zu einem Standort der Textilproduktion, Holzverarbeitung und des
Maschinenbaus heran. Nach der Besetzung durch tsch. Truppen im
Dezember 1918 wurde es in den folgenden Jahren, bes. 1920 und
1922, aufgrund der Arbeitslosigkeit zum Schauplatz von Streiks und
Demonstrationen. Auch nach der Eingliederung in die ČSR behielt
die Stadt ihre dt. Bev.mehrheit. Nach 1938 gehörte sie zum Reichsgau Sudetenland. Noch im Mai 1945 wurde F. bombardiert und wenig später von sowjet. Truppen besetzt. In der Folgezeit mußte der
größte Teil der dt. Bev. die Stadt verlassen. Heute ist F. eine kleine,
von der Textilindustrie und dem Maschinenbau geprägte Industriestadt. – 1920: 6172 (davon 5522 Dt.), 1930: 5514 Dt. und 563 Tsch.,
1991: 8037 Eww.   (III) *Hol*

H. Blumrich, Friedland, Reichenberg 1923; V. Červinka, Frýdlant v Čechách, zámek, Liberec 1969; Frýdlant v Čechách 1278–1978, Liberec 1978; Heimatkunde
des Bezirkes Friedland in Böhmen, Bde. 1–3. Hg. v. E. Gierach u. J. Schubert, Friedland 1924–32; J. Helbig, Beiträge zur Geschichte der Stadt und des Bezirkes Friedland i. B., Bde. 1–4, Friedland 1892–95; LV 259, Bd. 3, 116–123; J. Kočí, Odboj
nevolníků na Frýdlantsku 1679–1687, Liberec 1965; LV 952, Bd. 1, 484f.; A. Schik-
ketanz, Die Geschichte des Kreises Friedland im Isergebirge, Hünfeld-Friedland
1965; LV 906, Bd. 1, 346–354.

Frischau (Fryšava, seit 1949 Břežany, Bez. Znaim). In dem 20 km
ö. von → Znaim gelegenen Ort wurde nachweislich 1222 vom
→ Welehrader Kl., das die Herrsch. längere Zeit hielt, eine Pfarre
errichtet; diese wurde im 30jähr. Krieg aufgelöst und 1744 vom Kl.
Klosterbruck neu installiert. Die einschiffige barocke Pfarrkirche
Mariä Verkündigung stammt von 1771. Mkgf. Karl erteilte F. 1338
das Marktrecht, das allerdings im Laufe der Zeit verloren ging; 1560
wird F. wieder als Dorf bezeichnet. E. 15. Jh. ging es in weltl. Besitz
über, 1539 werden die Herren v. Pernstein genannt. Nach wechselnden Besitzern kam F. im 17. Jh. an die Herren v. Breuner und die Fstt.
v. Liechtenstein, durch Heirat 1837 an die Fstt. v. Lobkowitz. Das
einstöckige barocke, 1713 errichtete Schloß wurde A. und M. 19. Jh.

umgebaut. – 1772: 554, 1900: 1000, 1930: 1216 (davon 955 Dt.), 1950: 881, 1980: 984 Eww. (VIII) *Kle*

LV 716, 347f.; L. Hosák, Příspěvky k dějinám vinařství na Moravě v 16. a 17. století. Panství Fryšava u Jaroslavic, in: VO 16 (1922), 107; LV 290, Bd. II/24, 130–138; LV 791, Bd. II/4, 318–323; LV 252, Bd. 1/4, 9–22.

Fürthel (Brůdek, Bez. Taus). Das erstm. 1650 erwähnte Dorf wurde 3,5 km sw. von → Neugedein an dem über die Neumarker Senke führenden Landesweg gegr., der Überlieferung zufolge auf dem Areal des untergegangenen Dorfes Zdemily. Die für 1360–1415 bezeugte St.-Wenzels-Kapelle ist verm. mit jenem Gotteshaus identisch, das der Dalimil-Chronik zufolge Fst. Břetislav I. am Ort der siegreichen Schlacht gegen ein vom röm.-dt. Kg. Heinrich III. befehligtes Heer 1040 erbauen ließ. Das 1669–71 umgebaute Kirchlein, das als Wallfahrtsort → Wscherau unterstand, avancierte zum Symbol des Sieges der Tsch. über die Dt.; 1712–17 erbaute 1,5 km s. von F. Marco Antonio Gilmetti die barocke Wallfahrtskirche St. Anna am Tannenberg, die seit 1860 als Grablege der Fam. Stadion diente; die 1897 restaurierte Kirche wurde nach 1948 abgetragen. F., das bis 1848 zur Herrsch. Kaut-Chodenschloß gehörte, war vornehmlich von Dt. bewohnt. – 1843: 240, 1890: 136, 1930: 154 (davon 149 Dt.), 1950: 100, 1991: 48 Eww. (I) *Pe*

F. Houra, Historie kostelíka sv. Václava na Brůdku, Všeruby 1931; W. Perlinger, Die Niederlage König Heinrichs III. am Furth-Tauser Paß anno 1040, in: HVF 4 (1990), 23–42; Z. Procházka, Památná místa Všerubského průsmyku, Městečko Všeruby, kostelík sv. Václava a kostel sv. Anny, Plzeň 1990; F. Roubík, Bitva na Brůdku 1040, Praha 1935; LV 279, Bd. 9, 61ff.; LV 905, Bd. 17, 10ff.; R. Turek, Brůdek a Zdemily, in: HG 21 (1983), 297–314.

Fulnek (Bez. Neutitschein). Die im 13. Jh. verm. an der Stelle einer slaw. Siedl. von den Herren v. Lichtenburg gegr., erstm. 1293 erwähnte Stadt liegt am Übergang vom Odergebirge zum Kuhländchen. F. wechselte im MA mehrfach die Zugehörigkeit zu Mähren und Schles. (Fst. Troppau), bevor die Herrsch. 1480 endgültig in die Olmützer Landtafel eingetragen wurde. 1320 fiel die Herrsch. an Wok I. v. Krawarn. 1389 stiftete Benesch v. Krawarn das Kl. der Augustiner-Chorherren, deren Kirche 1748–60 von Nikolaus Thalherr zum barocken Kuppelbau umgestaltet und nach der josephinischen Kl.aufhebung 1784 zur Pfarr- bzw. Dekanatskirche Zur hl. Dreifaltigkeit umgewidmet wurde. In den Huss.kriegen wurde die Stadt 1428/29 niedergebrannt, während die Burg alle Angriffe abwehren konnte. 1464 wurde die Herrsch. F. zus. mit → Zauchtel und Botenwald an Kg. Georg v. Podiebrad verkauft und ging 1475 an Johann v. Žerotín, unter dem ein neuer Kolonisationsschub erfolgte und die

erste mähr. Brüdergem. entstand. Diese wurde im 16. Jh. nicht nur zu
einem der bedeutendsten Zentren der Brüderunität, sondern auch zur
größten dt.sprachigen Brüdergem. An der spätgot. Pfarrkirche, der als
Gem.- und Bethaus der Brüder 1614 erneuerten Sammlungskirche
(heute Comenius-Gedenkstätte), wirkte 1618–21 Johann Amos Comenius als Prediger und Leiter einer Schule der Brüderunität. A.
17. Jh. gab es zudem Kath. und Luth. in der Stadt, die Johann II.
Skrbenský v. Hříště als Teilnehmer am Ständeaufstand 1618–20
durch Konfiskation verlor und aus der Comenius vor den ksl. Truppen nach Polen flüchtete. Unter den Herren v. Würben begannen
nach 1622 die Rekatholisierung (1674 Kapuzinerkl.) und die barocke
Gestaltung des quadrat. Stadtplatzes mit Knurrschem Palais (um
1700), Dreifaltigkeitssäule (1718) und den Statuen des hl. Nepomuk
und des hl. Sarkander. Im 18. und 19. Jh. erfolgte eine Ausweitung
der Textil- und Maschinenindustrie (u. a. Fes-Fabrik), deren Tradition bis ins 16. Jh. zurückreichte. Die seit Gründung stets dt.sprachige
Stadt war E. 1918 kurzzeitig Teil des dt.österr. Sudetenlands, bildete
in der ČSR ein Zentrum dt.-nat. Bewegungen (seit 1920 Bürgermeister der DNSAP) und fiel 1938 an das Dt. Reich. Nach der fast
völligen Zerstörung am E. des Zweiten Weltkrieges (einschl. des
markanten Rathausturms von 1610) wurde die weitgehend vertriebene dt. Bev. durch tsch. Zuwanderer ersetzt.

Das die Stadt dominierende Schloß, urspr. eine got. Burg, die nach
1560 durch ital. Baumeister zu einem vierflügeligen Renaissancebau
umgestaltet und in der 1. H. 18. Jh. durch eine barocke Vorburg erweitert worden war, wurde nach einem Brand unter den Herren
Czeike v. Badenfeld 1801–03 verkleinert aufgebaut und ging 1842 in
den Besitz Kg. Leopolds v. Belgien bzw. 1855 in den seines Sohnes
Philipp v. Flandern über. – In der näheren Umgebung liegt die Gem.
Gerlsdorf, in welcher der spätere Bf. v. Königgrätz und Berater Ks.
Josephs II. (insbes. beim Toleranzpatent), Johann Leopold Hay
(1735–94), sowie der Dirigent Franz Konwitschny (1901–62) geb.
wurden. – 1890: 3455 Dt. und 9 Tsch., 1930: 3245, 1991:
6742 Eww.   (V) *Lu*

LV 239, 61–70, 261f.; M. Baláš, Od Beskyd do Poodří, Bd. 2, Nový Jičín 1966; LV
255, Bd. 2, 688–691; LV 259, Bd. 2, 69ff.; B. Indra, Kostel podobojích a Komenského sbor bratrský ve Fulneku, in: SlS 52 (1954), 237–240; Komenského Fulnek,
Praha [1992]; LV 898, Bd. 1, 453–462; 680 let města Fulneka, in: VSONJ 11 (1973),
1–79; A. Turek, Bratrský sbor ve Fulneku, Nový Jičín 1970; ders., Fulnecko, Brno
1940; LV 791, Bd. I/3, 189–202; LV 294, Bd. 1, 119–137.

Gabel → Deutsch Gabel

Gablonz an der Neiße (Jablonec nad Nisou). Der Name der Stadt
G. geht auf »jabloň«, tsch. für »Apfelbaum«, zurück und ist, wie die
mündliche Überlieferung von einem Apfelbaum und das ihn enthal-
tende Stadtwappen zeigen, auch immer so verstanden worden. Der
Ortsname »Jablonicz« wurde 1356 erstm. erwähnt. Im Quellgebiet
der Görlitzer Neiße, zw. dem Iser- und dem Schwarzbachgebirge
gelegen, wurde G. 1469 von lausitzischen Truppen zerstört und lag
noch 1542 wüst. M. 16. Jh. wurde der Ort von prot. dt. Bauern neu
besiedelt. Nachdem Albrecht v. Wallenstein 1623 die Herrsch.
→ Kleinskal erworben und 1624 die Ausweisung aller luth. Prediger,
so auch des Pastors Nikolaus Sagattarius, befohlen hatte, verwaiste das
Kirchenwesen in G. Mit dem Bau der St.-Anna-Kirche kam es 1687
wieder zur Gründung einer eigenen Pfarrei. Überregionale kirchen-
pol. Bedeutung erlangte G. erst, als es 1918 Sitz des Bf. der Dt. Ev.
Kirche in Böhmen, Mähren und Schles. wurde.
Der Beginn der gewerblichen Entw. reicht in das 16. Jh. zurück.
Nachdem der noch wüste Ort zusammen mit der Herrsch. Kleinskal
1538 von Johann v. Wartenberg käuflich erworben worden war,
brachte dessen Sohn Adam die Glasindustrie in diese Gegend, um den
dortigen Holzreichtum zu nutzen. Der Bau der ersten Glashütte zu
Grünwald an der Neiße begründete die Tradition der Glasindustrie,
die im Verlauf des 30jähr. Krieges, als schwed. Truppen G. 1643 niederbrannten, nur kurz unterbrochen wurde. Die ersten Glasarbeiter
der Grünwalder Hütte kamen aus der Gegend von → Haida, wo die
Glasindustrie in dieser Zeit schon entwickelt war. Als Folge der gewerblichen Anziehungskraft stieg die Eww.-Zahl bis 1687 auf 400.
Der damalige Besitzer der Herrsch. Kleinskal, Matthias Desfours, bemühte sich um die Stadterhebung von G., was aber am Einspruch der
Stadt und Herrsch. → Reichenberg zunächst scheiterte. Der Trend
zur gewerblichen Verdichtung, der schon im 17. Jh. zu beobachten
ist, verstärkte sich im 18. Jh., als Bauern der Region zunehmend in G.
saisonalen Erwerb durch Glas- oder Steinschleifen und Glashandel
fanden. Zu ihnen gesellten sich Handwerker, die aus benachbarten
Textilgebieten sowie aus entfernteren Gebieten Böhmens und Mährens, später auch aus Deutschland kamen. A. 19. Jh. trat vorübergehend die Bedeutung der Glasindustrie gegenüber dem Tuchgewerbe
zurück, das durch die Erhebung des Ortes zum Markt 1810 günstige
Bedingungen fand. Seit 1820 begann der schwunghafte Aufstieg der
Glasindustrie, der dem Ort die Verflechtung mit dem Welthandel
und ein rasches Wachstum eintrug. Die Eww.-Zahl verdoppelte sich
jeweils von 1808 (2250 Eww.) bis 1850 (4450 Eww.) und von 1850
bis 1880 (9034 Eww.). Bereits im Jahre 1900 war davon mit 21 000
und 1914 mit 32 900 Eww. ein Mehrfaches erreicht. Dem Wachstum

des Ortes wurde durch die Anlage des Neuen Marktes und durch die Erhebung zur Stadt 1866 Rechnung getragen. Im selben Jahr wurde die Entw. durch den Durchzug preuß. Truppen und durch Kontributionsforderungen bedroht, denen sich die Stadt aber entziehen konnte. Die Konzentration des Erwerbslebens auf die exportabhängige Glasindustrie brachte es mit sich, daß die Stadt zwar zu einem der bedeutenden Devisenbringer der Habsburgermonarchie wurde, dabei aber gerade mit seinen Modeprodukten in bes. Weise von den Schwankungen des Weltmarktes abhängig blieb. Verheerend war daher für G. der Ausbruch des Ersten Weltkrieges, zumal alle produktionswichtigen Metalle jetzt der Kriegswirtschaft zugeführt wurden. Nachdem Betriebsstillegungen und Abwanderung die Kriegsjahre geprägt hatten, begann nach 1918 in der Tschsl. ein neuer Aufschwung, der bis 1929 anhielt. Die Weltwirtschaftskrise traf die Schmuckindustrie, die zu 90% vom Export abhing, bes. schwer. Städtebaulich konnte G. gerade in diesen Jahren neue Akzente setzen: 1932 wurde der Bau der Herz-Jesu-Kirche und des neuen Rathauses auf dem Alten Markt vollendet. Indessen konnte man durch öffentliche Baupolitik der Arbeitslosigkeit nicht Herr werden, was bald auch pol. Folgen zeitigte: 1933 wurde in G. eine der ersten Ortsgruppen der Sud.dt. Heimatfront gegr., deren Nachfolgepartei, die SdP, bei der Stadtverordnetenwahl 1938 96,6% der dt. Stimmen erhielt. Richtete sich die Propaganda der SdP gegen den Zuzug tsch. Bev., deren Anteil von 1918–30 von 8% auf 16% gestiegen war, und gegen tsch. »Bedrückungspolitik«, so mußte G. nach dem Anschluß an das Dt. Reich sehr viel härtere Eingriffe hinnehmen (z. B. die Exportkontrolle der Glas- und Schmuckwaren). Die tsch. Bürger sahen sich zumindest vorübergehend dazu gezwungen, die Stadt zu verlassen. Ganz zerstört wurde die jüd. Gem., die 1938 etwa 920 Mitglieder umfaßt hatte. Während des Zweiten Weltkrieges kam die Glasindustrie völlig zum Erliegen, die Produktion wurde weitgehend auf die Rüstung umgestellt. Nach 1945 siedelte sich ein Teil der vertriebenen dt. Bev. in Neugablonz, einem Stadtteil Kaufbeurens (Bayern), an. In der sozialist. Tschsl. wurde die Entw. der Schwerindustrie forciert, so daß die Bev.-Verluste ausgeglichen werden konnten. In Anknüpfung an die Tradition der Glas- und Schmuckindustrie wurde nach 1960 ein Ausstellungsgelände im Zentrum der Stadt errichtet, zu dem auch ein Glas- und Schmuckmuseum gehört. – 1950: 32 749, 1970: 36 679, 1980: 42 179 Eww. (III) *MSW*

A. Benda, Geschichte der Stadt Gablonz a. d. N. und ihre Umgebung, Gablonz a. d. N. 1877; K. Fischer, Beiträge zur Geschichte der Gablonzer Glas- und Schmuckindustrie, Gablonz 1912; Gablonz an der Neiße. Hg. v. G. Stütz u. K. Zehner, Schwäbisch Gmünd 1982; Jablonec nad Nisou. Hg. v. J. Doubel, Ústí nad Labem 1975; J. Klepl, Vznik a vývoj jablonecké ho průmyslu, Praha 1967; LV 667; E.

Raim, Die Gablonzer Industrie, München 1952; J. V. Scheybal [u. a.], Památky Jablonecka. Přehled historických památek okresu Jablonec n. N., Liberec 1969; J. Schlenz, Zur Kirchengeschichte der Gablonzer-Morchensterner Gegend, in: MVHJ 29 (1935), 31–36; LV 569, Bd. 1, 292ff.; LV 39; LV 288, Bd. 6; LV 960, Bd. 2; LV 961, Bd. 2; LV 514, 168–177; W. Wostry, Heimatkunde und Landesgeschichte. Betrachtet an der Geschichte von Gablonz, in: MVGDB 61 (1923), 39–57; R. Zitte, Die Geschichte der Gablonzer Schmuckindustrie, Kaufbeuren-Neugablonz 1958.

Gaya (Kyjov, Bez. Göding). Der 17 km n. von → Göding gelegene und 1126 als »villa Kigiow« erstm. erwähnte Ort war 1130 ein Marktdorf, das dem Prämonstratenserkl. Hradisch bei → Olmütz bis 1539 gehörte. Nachdem G. in weltl. Besitz gelangt war, wurde es 1548 zur kgl. Stadt erhoben. Zu dieser Zeit, als die Mehrheit der Bürgerschaft dem luth. Glauben anhing, entstand am r. Ufer der Stupawa unterhalb der alten Festung ein später mehrfach umgebautes Renaissance-Schloß, in dem sich heute ein volkskundl. Museum befindet. Die bereits 1279 bezeugte Pfarrkirche St. Martin brannte im 18. Jh. nieder. Sie wurde 1833 durch eine Kapelle ersetzt. Die barocke Pfarrkirche Mariä Himmelfahrt stammt aus den Jahren 1719–21. Zw. 1720 und 1784 gab es in G. ein Kapuzinerkl., seit 1760 waren die Piaristen in der von häufigen Brand- und Pestkatastrophen heimgesuchten Stadt tätig. 1742 standen die Preußen vor den Toren, 1805 und 1809 die Franzosen. Der wirtsch. Aufschwung der Stadt setzte mit dem vor 1848 nahe G. begonnenen Abbau von Braunkohle ein. 1846 wurde eine Zuckerfabrik eröffnet, 1858 eine Glashütte. Diese Unternehmen bildeten neben der Land- und Nahrungsgüterwirtschaft die Lebensgrundlage der im 19. Jh. gemischten Bev. (1880: 1803 tsch. und 1556 dt., 1910: 4061 tsch. und 528 dt. Eww.). In dieser Zeit kam es zu tiefgehenden Nationalitätenkonflikten, namentlich nach dem Sieg der Tsch. bei den Gemeindewahlen von 1896 und der gleichzeitigen Schließung des seit 1866 bestehenden dt. Gymnasiums. Seit etwa 1880 existierte in G. eine bis 1919 pol. selbst. jüd. Gem. (1890: 58 Häuser mit 303 Eww.). Nach 1918 nahm der dt. Anteil an der Bev. stark ab: 1921: 4131 tsch. und 54 dt. Eww.; 1991 mit Eingemeindungen 12 891 Eww.   (VIII) *Had*

M. Dohnalová, Stavební vývoj města Kyjova se zřetelem k sociální skladbě obyvatelstva, Bde. 1–2, Brno 1976; LV 548, 31–44, 199–205; LV 253, Bd. 8, 295–298; K. Hlavinka, O starém Kyjově, Kyjov 1947; ders., Po stopách pamětních knih města Kyjova, in: ČMM 67 (1947), 117–129; LV 950, Bd. 1, 482f.; LV 259, Bd. 1, 134; R. Hurt, Kyjovsko, Brno 1970; Kyjovsko a Ždánsko ve svých obcích, Kyjov 1939; J. Kyněra, Boj o český Kyjov, Brno 1931; R. Pfeiffer, Wallbauten in der Umgebung von Gaya in Mähren, Wien 1890; LV 716, 196ff.; 75 let skláren v Kyjově 1883–1958, Kyjov 1958.

Geiersberg (Kyšperk, seit 1950 Letohrad, Bez. Wildenschwert). Die
10 km nö. von → Wildenschwert auf einem Bergsporn gelegene
Burg G. wurde erstm. 1308 erwähnt. Bis 1568 zählte G. zu den
Herrsch. → Pottenstein und → Žampach, anschließend entstanden
durch Erbteilung die Herrsch. G. mit der im Tal gelegenen Siedl.
(1514 zur Stadt erhoben) sowie 6 weitere Siedl.; die Burg wurde zw.
1714 und 1734 niedergerissen und zum Bau der St.-Nepomuk-Ka-
pelle (1734) verwendet, die als Wallfahrtskapelle diente. Seit 1570 ist
in der Stadt eine Festung überliefert, die 1680–85 unter Gf. Ignaz
Dietrich Vitanovský v. Vlčkovic in ein dreiflügeliges Barockschloß
umgebaut wurde. Aus dieser Zeit stammt auch die (1726 zur Pfarrkirche erweiterte) Schloßkapelle St. Wenzel. Vom Aufschwung seit
der 2. H. 17. Jh. zeugt der Marktplatz mit umstehenden Häusern und
Laubengängen. Durch die Ansiedl. mehrerer Zündholzfabriken im
19. Jh. sowie elektrotechnischer Betriebe und Textilindustrie im
20. Jh. wuchs G. zu einer Kleinstadt. – 1890: 1800, 1980: nach Eingemeindungen 5624 Eww.   (IV) *Bb*

LV 259, Bd. 6, 259f.; Městské Muzeum v Letohradě. Hg. v. V. Stejskalová, Letohrad
1991; F. Skála, Kyšperk a okolí v rámci starých řádů, o. O. 1936; ders., Kyšperk a
historický nástin stavebního vývoje, Kyšperk 1948; LV 952, Bd. 2, 471.

Geiersburg (Kyšperk, Bez. Teplitz). Die oberhalb der Gem. Ho-
henstein, 2 km nö. von → Graupen gelegene G. wurde erstm. 1319
als Besitz des aus dem Meißnischen stammenden Otto v. Bergau erwähnt. 1334 verkaufte dieser die Feste dem Prager Bf. Johannes v.
Draschitz, der seinen neuen Besitz urspr. Bischofsberg nennen wollte.
1418 wurde die Burg an Rüdiger v. Polensko verpfändet. 1428 belagerten die Huss. die Feste, doch erst Jakubek v. Wřesowitz gelang es
1433, G. zu erobern. Dessen ältester Sohn, Jaroš, begründete die Nebenlinie G. v. Wřesowitz. Um 1522 fiel die Burg an die Herren Glatz
v. Althof; ein Feuer zerstörte jedoch schon 4 Jahre später die Anlage
(heute Ruine). Neuer Herrsch.mittelpunkt wurde damals Sobochleben. Den Grund und Boden der G. schenkte Maria Theresia
als Bestandteil des Gutes Sobochleben 1779 der Kirche in → Mariaschein. 1975 förderten archäolog. Ausgrabungen u. a. Kacheln aus
der 1. H. 14. Jh. mit ritterlichen Turniermotiven zutage, die den
Kampf zw. Kg. Přemysl Otakar II. und Kg. Rudolf I. v. Habs. auf
dem Marchfeld 1278 symbolisieren.   (II) *Sm*

LV 259, Bd. 3, 225f.; LV 879, Bd. 1, 390f.; V. Kaiser, Gotické kachle z hradu Ky-
šperka, in: ÚSH 4 (1979), 45–59; LV 279, Bd. 14, 334–338; G. Simon, Die Geiersburg, in: BHAK 1 (1921), 157–163.

Gewitsch (Jevíčko, Bez. Zwittau). Der 15 km s. von → Mähr. Trübau an der alten Salzstraße von Ungarn nach Böhmen gelegene Ort G. bildet den Mittelpunkt der Kleinen Hanna. Die erste urk. Erwähnung stammt von 1145. In einem Privileg verlieh Kg. Přemysl Otakar II. G. im Jahre 1258 Magdeburger Recht von → Mähr. Neustadt. Zugleich erklärte der Herrscher das Stadtgericht in G. zum Oberhof für 13 umliegende Dörfer und verlieh der Stadt, an deren Spitze er einen kgl. Vogt stellte, Zollfreiheit und Bannmeilenrecht. Seit der 1. H. 14. Jh. diente G. wiederholt als Pfandobjekt, konnte sich aber 1415 aus eigener Kraft loskaufen. 1423 plünderten huss. Truppen die Stadt und das Kl. der Augustiner-Eremiten, das 1253–72 errichtet worden war; 1429 fiel G. erneut der Verwüstung anheim. Nachdem Prokop der Kahle G. 1431 wiederum in seine Gewalt gebracht hatte, diente es für längere Zeit als huss. Festung. 1454 fiel die Herrsch. an Boček d. J. v. Kunstadt, der von Kg. Ladislaus Postumus die Erlaubnis erhielt, hier ein Kastell zu erbauen, das sich verm. auf dem Gelände des heutigen Marktes befand. 1499 ging G. in das freie Erbeigentum der Haugwitz v. Biskupitz über. Um 1550 bekannte sich die gesamte Bev. zum luth. Glauben. Zu Beginn des 30jähr. Krieges wurde G. von Albrecht v. Wallenstein besetzt, die Bürgerschaft in der Folgezeit rasch rekatholisiert. Seit 1621 bildeten die hier lebenden Juden eine eigene Gem. mit einem Richter, 1659 errichteten sie eine Synagoge (1848 rund 980, 1910 nur noch 215). 1730 ließ die damalige Besitzerin, Gfn. Marie Franziska v. Liechtenstein, das unter Prokop Podstatský v. Prusinowitz und dessen Sohn Dietrich 1559–79 erbaute Renaissance-Schloß barockisieren. 1797 fiel die Anlage an die Stadt, die das Schloß für Verw. und schulische Zwecke nutzte. – 1890: 2530 (davon 382 Dt.), 1930: 2766 (davon 211 Dt.), 1950: 2609, 1991: 2668 Eww.   (VIII) *Ben/Krz*

C. Janetschek, Das Augustinerkloster in Gewitsch, Brünn 1889; J. Mackerle, Letopis města Jevíčka, Brno 1958; ders., Osvobozené Jevíčko, Česká Třebova 1946; J. Pinkava, Jevíčko v letech 1848–1918, Jevíčko 1993; E. Trutsch/J. Mackerle, Staré Jevíčko, Jevíčko 1937.

Göding (Hodonín). Die am r. Ufer der March gelegene Bez.-Stadt geht auf eine slaw. Burgstätte aus dem 10./11. Jh. zurück. 1169 ist ein »castellanus de Godonin« bezeugt. Bei früheren Erwähnungen handelt es sich um ma. Fälschungen. Von der Gattin Kg. Přemysl Otakars I., Konstanze, erhielt G. 1228 das Stadtrecht. Die Burg G. war 1301 der Ort, an dem Kg. Wenzel II. die ungar. Krone angeboten wurde; 1372 vereinbarte man hier die Heirat Karls IV. mit der Tochter des ungar. Kg. Ludwig I. Unter den Herren v. Leipa, denen die Herrsch. G. 1512–94 gehörte, wurde die Burg 1556 in ein vierflügeliges Renaissance-Schloß umgebaut. Zu dieser Zeit konnten sich

Böhm. Brüder und Wiedertäufer ansiedeln. Die ev. Pfarrgem. folgte 1610 dem Augsburger Bekenntnis. Nach der Rekatholisierung erwarb Friedrich v. Oppersdorf 1650 die Herrsch. und veranlaßte die Barockisierung des Schlosses. Für über 1 Mio. Gulden wurde G. dann 1762 von der ksl. Fam. erworben. Diese begann 1783 damit, in dem anschließend mehrfach umgebauten Schloß die erste k.k. Tabakfabrik einzurichten, in der seit 1844 Zigarren und seit 1873 Zigaretten hergestellt wurden. 1919 ging die bis heute produzierende Fabrik in den Besitz des tschsl. Staates über. Seit dem 17. Jh. entwickelte sich im N von G. eine Judenstadt mit einer 1694 erbauten und 1863 umgestalteten Synagoge. Erhalten ist der Friedhof der bis 1940 existierenden jüd. Gem., die 1910 nahezu 1000 Mitglieder zählte. Die 1780–86 errichtete kath. Dekanatskirche St. Laurentius ist seit 1240 bezeugt. In der 2. H. 19. Jh. vollzog sich in G. ein rasanter wirtsch. Aufschwung, dessen Grundlage der 1836 erfolgte Eisenbahnanschluß war. Neben dem tradit. Weinbau, der Nahrungsgüterwirtschaft und der Textilherstellung siedelten sich metallverarbeitende und nach Lignit-, Erdöl- und Erdgasfunden auch chemische Betriebe an. Die Zahl der bis 1945 gemischten Bev. nahm schnell zu. – Der berühmteste Sohn der Stadt ist Tomáš G. Masaryk (1850–1937), dem zu Ehren 1931 ein Denkmal enthüllt wurde. Dem Leben und Wirken des ersten Staatspräsidenten der Tschsl. ist das 1991 gegr. Masaryk-Museum gewidmet. Seit 1995 befindet es sich im barocken Jagdschloß, das 1642 an der Stelle des ehem. Gem.-Hauses der Böhm. Brüder errichtet worden war. – 1880: 3988 tsch. und 1715 dt., 1910: 5952 tsch. und 5223 dt., 1930: 13 166 tsch. und 582 dt. Eww.; 1991: 29 045 Eww.   (VIII) *Had*

Almanach 750. výročí města, Hodonín 1978; B. Čerešňá/M. Zemek, Hodonín – minulost a socialistická přítomnost města, Brno 1979; G. Friedrich, O zakládací listině města Hodonína, in: ČMM 38 (1914), 229–239; LV 543, 13; LV 253, Bd. 8, 227–232; LV 255, Bd. 3, 259f.; LV 950, Bd. 1, 268f.; LV 259, Bd. 1, 101f.; F. Nosek, Práva horenská na panství hodonínskopavlovském, in: ČMM 24 (1900), 50–62; G. Treixler, Die Frage nach der Echtheit der Gödinger Gründungsurkunde von 1228, in: ZVGMS 31 (1929), 70–77; LV 548, 211–224; LV 898, Bd. 1, 494–497; G. Treixler, Geschichte der Stadt Göding bis zum 18. Jahrhundert, in: ZVGMS 28 (1926), 9–26; ders., Vierzig Jahre Gödinger Geschichte (1713–1752), in: ZVGMS 33 (1932), 1–31, 49–62, 81–100, 133–159; ders., Aus Gödings Vergangenheit, Göding 1913; LV 290, Bd. II/17, 52–128; M. Zemek, Habánské lokality podle původní habánské kroniky, in: JM 17 (1981), 141–163; ders./A. Zimáková, České hodonínské listiny, in: JM 11 (1975), 58–70; LV 716, 193ff.

Gojau (Kájov, Bez. Krumau). Das urspr. Königsgut gehörte seit 1263 dem Kl. → Goldenkron, dem 1400 auch die Wallfahrtskirche St. Marien in G. inkorporiert wurde. Seit E. 14. Jh. war G. ein viel besuchter Wallfahrtsort. Anfänglich zogen die Pilger zu einem nahe-

gelegenen, als wundertätig verehrten Stein, der angeblich Spuren des
hl. Wolfgang zeigte. Nach der Weihe eines neuen Marienaltars 1461
und einem Verbot der Waldwallfahrten 1466 strömten die Pilger zur
Marienkirche, an deren spätgot. Erneuerung 1471–85 auch der dortige Pfarrer Michael Pils beteiligt war. Zu den wertvollsten Ausstat-
tungsstücken der zweischiffigen Kirche zählen ein um 1480 gefertigtes Relief des Marientodes sowie eine thronende Madonna auf dem
Hauptaltar (vor 1502). Vor 1469 entstand die Pfarrschule, die 1629–
40 ein neues Gebäude erhielt. Zahlr. Wallfahrer-Bruderschaften
suchten G. seit 1650 auf. Die Bedeutung des Marienwallfahrtsortes
sank jedoch nach 1785, als das Kl. Goldenkron aufgelöst wurde. –
1930: 131 (davon 77 Dt.), 1950: 91, 1991: 394 Eww. (VI) *Bůž*

J. Hejnic, Škola v Kájově v 17. a 18. století, in: JSH 51 (1982), 185–198; LV 905,
Bd. 41, 117–167; LV 906, Bd. 2, 20ff.; K. Rada, Dějiny Kájova, Kájov 1918; E.
Raffelsberger, Der Wallfahrtsort Maria Gojau, Budweis 1932; V. Schmidt/A. Picha,
Ein Gojauer Pfarrinventar aus dem Ende des 15. Jahrhunderts, in: MVGDB 54
(1906), 188–209.

Goldenkron (Zlatá Koruna, Bez. Krumau). Die Gründung der Zisterzienserabtei G. 1263 gehörte zu den bedeutendsten Fundationen
Kg. Přemysl Otakars II. Die Mönche für das neue Kl. rief er aus dem
niederösterr. Zisterzienserkl. Heiligenkreuz, worin sich die Bemühungen um eine Integration der böhm. und babenbergischen Länder
in einem neuen, einheitlichen Staat manifestierten. Zunächst erhielt
das Kl. den Namen Heiligkron (Svatá Koruna), der spätere Name G.
ist erstm. 1315 belegt. Die bes. Stellung des Kl. wird daran ersichtlich,
daß ihm der Kg. eine vom frz. Kg. Ludwig IX. geschenkte Reliquie
übereignete, die Dornenkrone Christi. Die wirtsch. Basis des neuen
Kl. bildeten umfangreiche Landschenkungen durch die Krone in den
Regionen → Netolitz und Poletitz. Der älteste Teil der Kl.anlage ist
die Kirche Mariä Himmelfahrt. Das Presbyterium mit Querschiff
entstand um 1300, das Rosettenfenster im Querschiff um 1350. Die
dreischiffige Basilika wurde 1340–70 vollendet. In die Zeit nach 1280
reicht der Bau der einstöckigen Schutzengelkapelle, deren mit Säulen
versehenes Eingangsportal aus der Zeit um 1278 stammt. Der Kapitelsaal entstand 1280–1300, das Refektorium vor 1350. 1420–22 verpfändete Kg. Sigismund G. an Ulrich II. v. Rosenberg. Bei wiederholten Streifzügen der Huss. 1420 und 1429 brannte das Kl. nieder.
Die ersten Mönche kehrten 1437 zurück. Auch nach Aufkündigung
der Pfandherrsch. betrachtete sich der Rosenberger weiterhin als
oberster Herr des Kl. Erst 1493 überließ Kg. Wladislaw II. das Patronatsrecht über das Kl. und dessen Landbesitz den Herren v. Rosenberg (bis 1602), denen 1622 in dieser Funktion die Eggenberg, 1719
die Schwarzenberg folgten. Größere Umbauten und Erneuerungen

erlebte G. im 17./18. Jh.: 1663 wurden die Kirche, mehrere Kl.ge-
bäude sowie das Interieur von Refektorium und Abtei barockisiert.
1755–85 erfuhr der Kreuzgang eine Umgestaltung im Rokokostil.
Auf Initiative des Abtes Bohumír Bylanský entstand 1774 am Kl. eine
Schule. Ks. Joseph II. löste 1785 das Kl. auf und verwandelte die Anlage in eine Manufaktur. 1909, 1938 und seit 1960 erfolgten Restaurierungen. – 1930: 542, 1950: 422, 1991: 389 Eww.   (VI) *Bůž*

J. Čechura, K některým otázkám hospodářského a správního systému cisterciáckých
klášterů – Zlatá Koruna v předhusitském období, in: ČsČH 29 (1981), 228–251;
ders., Příspěvek k nejstarším dějinám kláštera ve Zlaté Koruně, in: JSH 48 (1979),
97–101; J. Kadlec, Dějiny kláštera Svaté Koruny, České Budějovice 1949; A. Kubíková, Panství Vyšší Brod a Zlatá Koruna ve světle berní ruly, in: JSH 51 (1982),
199–210; LV 872; LV 874, 271–327; LV 875, 482–494; LV 891, 461ff.; M. Pangerl,
Urkundenbuch des ehemaligen Zisterzienser Stiftes Goldenkron in Böhmen, Wien
1872.

Goldenstein (Kolštejn, seit 1949 Branná, Bez. Mährisch Schönberg).
Das 21 km n. von → Mähr. Schönberg gelegene G. wurde 1301 in
einer Breslauer Urk. erstm. erwähnt. Grundherr war wie in
→ Friedeberg 1325 Johann Wüstehube. Der Ort erlebte häufige Besitzerwechsel. Im 1338 von Mkgf. Karl zur freien Bergstadt erhobenen G. sind Eisenhämmer, aber auch der Bergbau von Gold und Silber nachweisbar, der auf der nahen Goldkuppe betrieben wurde.
1423 wurde das Silberbergwerk während der Huss.kriege zerstört.
1437 waren die Herren Zvolský v. Zwole, die sich danach v. Zwole
und G. nannten, 1575 die Žerotín, ab 1581 Hynek d. Ä. v. Würben
und Freudenthal die Besitzer von G., das 1570 Marktrecht erhielt.
Unter Einbeziehung der Vorburg einer got. Burgruine (von 1350)
auf einem nach S steil abfallenden Felsen wurde im Auftrag der Herren v. Würben und Freudenthal 1575 mit dem Bau eines Renaissance-Schlosses durch einheimische Baumeister begonnen, die von ital.
Architekten geschult waren. Das Schloß wurde 1613 fertiggestellt.
Der ausgedehnte Komplex mit Hofarkaden und bemerkenswerten
Stuckdecken ist durch eine Bogenbrücke mit der auf dem anschließenden Hügel sich erhebenden Stadt verbunden. Nach dem Tod des
Hynek d. J. v. Würben kaufte Hans Peterswald v. Peterswald 1615
die Herrsch.; der nach der Schlacht am Weißen Berg beschlagnahmte
Besitz ging 1622 als ksl. Lehen an Karl v. Liechtenstein, in dessen
Fam. das Schloß bis 1926 blieb. Das durch 2 Brände 1770 und 1925
schwer beschädigte Schloß ist heute dem Verfall nahe. Die angrenzende Renaissance-Vogtei wurde 1608 erbaut. Das Stadtbild beherrscht die für die Böhm. Brüder im Renaissancestil gebaute Pfarrkirche St. Michael (1612–14). 1690–94 wurde an den Baukörper ein
hoher viereckiger Fassadenturm angebaut, der nach einem Brand

(1850), dem auch das wertvolle Stadtarchiv zum Opfer fiel, im Oberteil erneuert wurde. Der Ortsteil Aloisdorf wurde 1783 durch Alois Joseph v. Liechtenstein gegr. und nach ihm benannt. Den seit A. 19. Jh. wieder aufgenommenen Bergbau übernahm die Buhl-Alberti AG aus → Mähr. Altstadt. 1888 wurde G. an das Bahnnetz angeschlossen, eine durchgreifende Industrialisierung blieb jedoch aus. Die dt. Bev. (1930: 1239 dt. und 72 tsch. Eww.) wurde 1945/46 vertrieben (1991: 395 Eww.). (IV) *Lb*

LV 254, Bd. II/2, 254, 256f.; V. Hajn, K demografii obyvatel děkanátu Branná, in: SMor 63 (1992), 23–28; LV 253, Bd. 4, 94f.; L. Hosák, Hrad Kolštejn (Branná) a jeho majitelé, in: SMor 16 (1968), 11–17; LV 950, Bd. 1, 416; LV 259, Bd. 2, 33–36; LV 894, Bd. 3, 685, 723f., 827–830; LV 266, 206ff.; H. Schön, Die ehemaligen Eisenhämmer des Altvaterlandes, in: MSH 18 (1973), 65–81; F. Thiel, Zur Geschichte der Herrschaft Goldenstein, in: MSH 10 (1965), 195–201.

Goltschjenikau (Golčův Jeníkov, Bez. Deutschbrod). Die langgezogene, 10 km sw. von → Časlau gelegene Siedl. Jenikau wurde erstm. 1150, dann erneut in der Beschreibung des Prager Ebtm. 1344–50 erwähnt. Bis 1407 gehörte das Dorf, das sich auf dem Areal des heutigen Marktes befand, verm. den Olmützer Bff., in der Folgezeit zum Besitz der Herren v. Chlum. A. 15. Jh. wuchs die Rolle des Ortes als Handels- und Gewerbezentrum derart, daß J. 1417 die Bezeichnung Städtchen erhielt. Seit 1580 herrschte hier Johann Libenický v. Vrchoviště, seit 1632 Johann Rudolf Trčka v. Leipa, dessen Fam. bei der Konfiskation ihrer Güter 4 Jahre später auch J. einbüßte. J. wechselte 1636 an den ksl. Feldzeugmeister Martin Maximilian v. Goltz, nach dem der Ort, zu dessen Herrschaftsbereich damals 15 Dörfer gehörten, seinen Doppelnamen erhielt. Martin Maximilian v. Goltz ließ neben dem 1834–36 abgetragenen ma. Kastell 1650–53 in frühbarockem Stil ein neues turmartiges Kastell errichten. Nach seinem Tod 1653 wechselte G. wiederholt den Eigentümer. 1774–75 entstand unter Leopold Krakovský v. Kolovrat das sog. Alte Schloß als Verw.-Gebäude, zur gleichen Zeit auch das sog. Neue Schloß, das bis 1812 eine Tabakmanufaktur beherbergte und 1827–28 vom damaligen Besitzer der Herrsch., Gf. Otto v. Herberstein, im klassiz. Stil umgebaut wurde und Verw.-Zwecken diente. Um 1780 erlebte auch die Dekanatskirche ihre Fertigstellung. Vor 1654 setzte ein erneuter Zuzug von Juden ein; ein jüd. Friedhof wird bereits für das 14. Jh. vermutet. Die Grabmäler auf dem jüd. Friedhof w. der Stadt lassen sich bis 1706 zurückdatieren; seit 1871 gab es eine Synagoge. G. ist bis heute von der Landwirtschaft geprägt. – 1890: 3768, 1930: 3516, 1950: 2930, 1991: 2746 Eww. (III/VII) *Ben/Krz*

LV 259, Bd. 6, 105f.; V. Hamáčková, Der jüdische Friedhof in Golčův Jeníkov, in: JB 21 (1985), 95–103; Poznejte Golčův Jeníkov, Golčův Jeníkov 1969.

Gottesgab (Boží Dar, Bez. Karlsbad). Das Gebiet der 1020 m hoch gelegenen Stadt gehörte urspr. zur kfstl.-sächs. Herrsch. Schwarzenberg. Nach ergiebigen Silbererzfunden verlieh der sächs. Kfst. Johann der Beständige 1529 ein erstes Bergprivileg für die geplante Stadt, deren planmäßige Anlage nach der Urk. des sächs. Kfst. Johann Friedrich I. des Großmütigen jedoch erst 1546 erfolgte. 1547 kam G. wie die → Bergstadt Platten im Gefolge des Schmalkaldischen Krieges an Böhmen und wurde von Kg. Rudolf II. 1580 zur kgl. Bergstadt erhoben. Noch im 16. Jh. sank jedoch die Bedeutung des Bergbaus, der durch den 30jähr. Krieg und die Abwanderung der prot. Bergleute weiter geschädigt wurde. G. wurde zu einer armen Erzgebirgssiedl., deren Bewohner mit Spitzenklöppelei und Hausindustrie oder als Musikanten ihr Leben fristeten. 1808 vernichtete ein Stadtbrand große Teile des Ortes. Im 19. Jh. wurde die Produktion von Handschuhen und Strümpfen aufgenommen. Nach dem Ersten Weltkrieg profitierte G. vom Fremdenverkehr (Wintersport). Aus G. stammt der Volkssänger des Erzgebirges Anton Günther (1876–1937). – 1847: 1456, 1921: 1062 (davon 13 Tsch.), 1991: 111 Eww.   (I) *Hil*
W. Fröbe, Herrschaft und Stadt Schwarzenberg bis zum 16. Jahrhundert, Schwarzenberg 1930, 62ff., 298ff.; LV 507, 66f.; H. Sturm, Abriß der geschichtlichen Entwicklung von Stadt und Bezirk St. Joachimsthal, St. Joachimsthal 1932, 178ff.; B. Waehner, Stadtgeschichte von Gottesgab in Wort und Bild, Gottesgab 1936–37.

Grätz (Hradec nad Moravicí, Bez. Troppau). Auf einem Felsvorsprung über dem Flüßchen Mohra, 8 km s. von → Troppau, bestand im 8./9. Jh. eine slaw. Siedl., später eine befestigte Burgstätte, die erstm. im Jahre 1060 erwähnt wird. E. 12. Jh. übernahm G. die Funktion eines administrativen und geistl. Zentrums des einstigen Stammesgebietes der Holaschitzer und überwachte den Verbindungsweg nach Polen. Nach 1275 errichtete man hier nach frz. Vorbild eine Burg mit großem Hauptturm. Nach 1280 lebte hier die Witwe Kg. Přemysl Otakars II., Kunigunde, die in G. ein heimliches Verhältnis mit Zawisch v. Falkenstein unterhielt. 1288–94 befand sich G. zus. mit Troppau im Besitz von Nikolaus I., einem unehelichen Sohn Přemysl Otakars II. Damit waren die Grundlagen für ein selbst. Fstm. Troppau geschaffen. Hierzu kam es jedoch erst 1318 unter Nikolaus II.: G. wurde die Residenz des Troppauer Zweiges der Přemysliden. Ihre Bedeutung verlor die Burg erst A. 15. Jh., als das Troppauer Schloß erbaut wurde. 1460 erwarb Kg. Georg v. Podiebrad größere Teile des Fstm. Troppau mit G. und übertrug diese an seine Söhne, von denen Fst. Viktorin 1481 der Stadt ein Wappen sowie das Recht, jährlich einen Markt abzuhalten, verlieh. Im 16. Jh. kam es wiederholt zu Verpfändungen. Unter den Cetrys v. Kinsperk wütete 1531 eine Feuersbrunst auf der Burg. 1581 trat als neuer Pfandherr

Christoph Pruskovský v. Pruskov auf, 4 Jahre später erwarb dieser die Herrsch. von Ks. Rudolf II. Im 30jähr. Krieg war G. mehrfach Beute der rivalisierenden Parteien, während des dänischen Einfalls 1626–27 wurden hier Falschmünzen geprägt. Bis 1733 blieb G. im Besitz der Cetrys v. Kinsperk. Nachfolgend machten die Frhh. v. Neffzern als neue Eigentümer G. zu einem Zentrum der Musikkultur, hieran knüpften seit 1778 die Fstt. Lichnowsky an. 1806 und 1811 hielt sich Ludwig van Beethoven in G. auf, 1846 und 1848 Franz Liszt. 1796 zwang ein Großfeuer zu einem radikalen Umbau der Anlage im Empirestil (Weißes Schloß). Nach 1880 kamen ein neogot. Eingangsportal sowie ein Marstall (Rotes Schloß) hinzu. Seit 1979 laufen umfangreiche Restaurierungsarbeiten. Auf dem Schloßvorplatz befindet sich die urspr. Renaissance-Pfarrkirche St. Peter und Paul (1584). – 1869: 1873, 1900: 1819 (davon 394 Dt.), 1930: 2388 (davon 351 Dt.), 1950: 2249, 1991: 5769 Eww. (V) *Mü*

LV 255, 767f.; LV 259, Bd. 2, 85–90; V. Kotrba, Hradec, Praha 1962; D. Kouřilová, Výsledky stavebně historického a uměleckohistorického průzkumu zámku v Hradci nad Moravicí, in: SPPSK 7 (1987), 104–130; LV 269, Bd. 1, 167–178; V. Prasek, Historická topografie země Opavské, Opava 1889, 253–276; E. Rzehak, Zur alten Geschichte der ehemaligen Burg und Stadt Grätz an der Mohra von 1031 bis 1500, in: ZGKS 3 (1907–08), 65–83; L. Sonek, Nástin dějin města Hradce nad Moravicí a sloučených obcí, Hradec n. M. 1995; A. Turek, Dějiny zámku Hradce, Ostrava 1971.

Grafenstein (Grabštejn, Bez. Reichenberg). Die zu einem Schloß umgebaute Burg G. steht auf einem Hügel sö. von → Grottau und wurde um 1250 durch die Herren v. Dohna angelegt. Im 15. Jh. wurde sie mehrfach erobert. Die Umbauten zu einem Renaissance-Schloß 1566–86 – in diese Zeit fällt auch die wertvolle Innenausstattung der St.-Barbara-Kapelle von 1569 – haben das Aussehen der ma. Burg maßgeblich verändert. Der 30jähr. Krieg fügte der Anlage schwere Schäden zu, auf ksl. Befehl wurden die Befestigungsmauern geschleift. Dem Umbau von 1782 folgte 1843 eine Feuersbrunst, der das komplette obere Stockwerk zum Opfer fiel. Von der ma. Anlage blieb nur der Bergfried erhalten. Unterhalb der Burg befindet sich in der gleichnamigen Siedl. eine Kapelle der Vierzehn Nothelfer vom E. 18. Jh. (III) *Dur*

LV 246; LV 248, 91; LV 259, Bd. 3, 125f.; LV 879, Bd. 1, 138f.; LV 279, Bd. 10, 225–232.

Graslitz (Kraslice, Bez. Falkenau). Als erste Besiedl. auf dem Gebiet der späteren Stadt G. wurden 1185 ein Dorf Bernhausen und 1273 Friedrichsgrün urk. erwähnt. Obgleich Ks. Karl IV. den nach der Burg benannten Ort »Greslein« 1370 zur Stadt nach Elbogener Recht erhob, behielt diese die folgenden 2 Jhh. den Charakter einer bäuerlichen Siedl. mit 1548 gerade 29 Häusern. Seit 1541 freie Bergstadt, nahm G. vor allem durch den Kupferbergbau seit E. 16. Jh. einen raschen Aufschwung. 1601 wurde hier ein Bergamt eingerichtet. Den 30jähr. Krieg überstand G. unbeschadet, zählte 1654: 345 Häuser mit etwa 3000 Eww. und war damit zweitgrößte Bergstadt im böhm. Erzgebirge. 1666 kam G. in den Besitz des Gf. Johann Hartwig v. Nostitz, der 1671 die überwiegend prot. Eww. zwang, kath. zu werden oder auszuwandern. Mehr als 2000 prot. Bürger wanderten daraufhin 1671–76 aus, bes. nach Kursachsen, dem Vogtland und Ansbach-Bayreuth. Um 1677 gründete Nostitz in G. das erste böhm. Messingwerk. Die 2. H. 18. Jh. brachte den Niedergang des Bergbaus und die Einführung der Baumwollweberei, welche G. zu neuem Aufschwung verhalf. 1790 entstand eine Glashütte und 1796 die erste Oleumhütte von Österr.; 1808 wurde die erste mechanische Baumwollspinnerei in G. eröffnet. Die Textilindustrie und die seit der 1. H. 19. Jh. expandierende Musikinstrumentenproduktion (»klingende Stadt« G.) ließen die Stadt aufblühen. Die Bahnstrecke → Falkenau an der Eger–G. wurde 1876 erbaut, 1886 folgte die Weiterführung nach Klingenthal in Sachsen, wodurch G. Anschluß an das Reichsnetz erhielt. 1899 kam es zum »Zuckerkrieg«, als eine Demonstration gegen die bevorstehende Zuckerverteuerung blutig endete. Der Erste Weltkrieg brachte das E. des Wirtschaftswachstums. Im tschsl. Staat wurde die Stadt von der Weltwirtschaftskrise hart betroffen. Im Zweiten Weltkrieg blieb sie von unmittelbaren Kriegsereignissen verschont. 1945 zunächst von amerikanischen Truppen besetzt, wurde die dt. Bev. der Stadt 1946 mit Ausnahme von etwa 2000 Facharbeitern vertrieben. Der Bez. G. war aber noch 1950 mit 22% dt. Bev. eines der am stärksten dt. besiedelten Gebiete des Landes. Durch Fusion aller enteigneten dt. Musikinstrumentenfabriken entstand 1945 die Fa. Amati mit Sitz in G., die größte Musikinstrumentenfabrik des Landes. – 1939: 12 597, 1947: 6294, 1980 nach Eingemeindungen 7371 Eww. (I) *Rog*

J. Fiala/J. Keller/J. Matějček, Město Kraslice hudba, Kraslice 1970; A. Fuchs, Die Standortverlegung der sudetendeutschen Kleinmusikinstrumentenindustrie von Graslitz und Schönbach, Marburg 1953; E. Kolb, Graslitz. Die klingende Stadt, Dettingen am Main 1956; Kraslice, město hudebních nástrojů, krajek a přírodních krás. 600 let města Kraslic, Kraslice 1970; J. Martin, Graslitz, seine Anfänge und seine Entwicklung zur Zentrale der Blasinstrumentenindustrie der österr.-ungar. Monarchie 1610–1918, Wien 1957; LV 507, 163ff.; LV 952, Bd. 2, 368f.; LV 275, Bd. 2, 59ff.; Th. Schmidt, Graslitz, die Bevölkerung einer sudetendeutschen Stadt einst und jetzt, Karlstein am Main 1983; LV 279, Bd. 13, 179f.

Gratzen (Nové Hrady, Bez. Budweis). Die Anfänge von G. reichen in die Zeit vor 1150. Auf dem Grundriß einer befestigten Burgstätte wurde eine Burg erbaut, die 1279 als Besitz des Hoger v. Schweinitz aus dem Geschlecht der Witigonen in den Quellen erscheint. 1284 wird das unterhalb der Burg gelegene G. erstm. als Städtchen bezeichnet. 1341 vergab Kg. Johann v. Luxemburg die Feste als Lehen an Wilhelm v. Landstein, 1359 fielen Burg und Herrsch. an die Herren v. Rosenberg, die diese bis 1611 (mit Ausnahme der Jahre 1476–86) besaßen. E. 15. Jh. begannen die spätgot. Umbauten der Burg. Das Wirtschaftsleben bestimmten Getreideanbau, Bierbrauerei und Glasherstellung. Die ma. Burg wurde nach der Explosion eines Munitionsdepots 1573 sowie nach einem Erdbeben 1590 zerstört. 1605 begann nach Plänen von Marc Antonio Canevalle die Erneuerung der Anlage im Stil der Renaissance. Da der neue Besitzer Peter v. Schwanberg einer der Führer des böhm. Ständeaufstandes 1618–20 war, bildete G. das Ziel mehrerer Angriffe des ksl. Heeres. General Karl Bonaventura Buquoy, der G. 1619 eingenommen hatte, erhielt den konfiszierten Besitz wenig später zum Eigentum; bis 1945 befand sich G. daraufhin im Besitz der Fam. Buquoy. E. 18. Jh. erfolgten umfangreiche Reparaturarbeiten an der alten Burg, die bis heute ihr ma. Aussehen bewahren konnte. Den zweiten 1620–30 an der O-Seite des Marktes erbauten, 1718 erweiterten Adelssitz bildete die sog. Residenz. Auf Veranlassung von Theresie Buquoy wurden im engl. Park ein Badehaus sowie weitere Parkgebäude errichtet. Den dritten Adelssitz in G. stellte das im Auftrag von Johann Nepomuk Buquoy und dessen Sohn Georg III. nach Plänen von Franz Werschafeld 1801–10 am ö. Stadtrand errichtete Empireschloß dar. Mit Georg III. verbinden sich zudem die Erfindung des Hyalitglases und die 1838 erfolgte Gründung des ältesten Naturreservats in Böhmen (»Sophienurwald«). Die ehem., vor 1284 erbaute Kl.kirche St. Peter und Paul brannte 1467 nieder, wurde im 16. Jh. erneuert und im 17. Jh. barock ausgestaltet. Das Servitenkl. wurde 1679–85 erbaut. Auf dem Friedhof befindet sich die 1890–92 eingerichtete Grabstätte der Fam. Buquoy. – 1880: 1658 (95% Dt.), 1930: 1264 (72% Dt.), 1950: 827, 1991: 2104 Eww. (VII) *Bůž*

J. Hanzal, Poddaní novohradského panství ve 2. polovině 16. století, in: JSH 31 (1962), 1–15; LV 259, Bd. 5, 138–142; A. Kalný, Rodinný archiv Buquoyů – geneze, zpracování, in: AČ 43 (1993), 88–94; ders., Správa buquoyských statků v Čechách v období okupace a její likvidace, in: JSH 33 (1964), 190–198; LV 906, Bd. 2, 489f.; M. Repásová, Hospodářské učty novohradského panství 1500–1620, in: AT (1976), 114–141; LV 279, Bd. 3, 202–220; A. Teichl, Geschichte der Stadt Gratzen mit theilweiser Berücksichtigung der Herrschaft Gratzen, Gratzen 1888; ders., Geschichte der Herrschaft Gratzen mit Zugrundelegung des Urbars vom Jahre 1553, Gratzen 1899.

Graupen (Krupka, Bez. Teplitz). Die mit der Zinnförderung in Zusammenhang stehenden Anfänge der Besiedl. von G. reichen in die Zeit um 1240. Eine Urk. Kg. Wenzels II. von 1305 spricht von einem Ort »Crupa«, wo nach Zinn gegraben wurde. Die erste Erwähnung der unterhalb der Burg liegenden Siedl. stammt von 1330. Der ma. Stadtkern des als Straßendorf angelegten G. hat sich im wesentlichen bis heute erhalten. An ungeschützten Stellen umgaben Mauern mit Toren die Stadt. In der heutigen Husgasse steht die verm. bereits im 13. Jh. erbaute und 1479–88 erneuerte Kirche Mariä Himmelfahrt. Unweit von ihr liegt die ehem. Spitalkirche Hl. Geist, die erstm. 1454 erwähnt wurde, in ihrer heutigen Gestalt jedoch auf das 16. Jh. zurückgeht. Im oberen Teil der Stadt wurde 1474 ein Franziskanerkl. gegr., die Friedhofskirche St. Anna stammt von 1516. An der von → Teplitz nach → Mariaschein führenden Straße erheben sich die Ruinen der St.-Prokops-Kirche, deren Anfänge wohl in das 13. Jh. zurückreichen und in deren Umkreis einst die Siedl. Kirchlitz stand. Das Gotteshaus brannte 1939 nieder, 1994 begann man mit Rekonstruktionsarbeiten. Die Entfaltung des Bergbaus zeigen die Bergordnungen von 1464 und 1487. Sie belegen, daß sich das in G. geltende Bergrecht am Iglau-Kuttenberger Bergrecht orientierte, auch wenn sich zusätzlich Einflüsse aus Sachsen niederschlugen. Die Bürger von G. partizipierten auch an der Förderung auf der N-Seite des Erzgebirges, namentlich in Altenberg und Geysing. Nach 1579 kauften sie sich aus ihrer Untertänigkeit frei. G. wahrte bis 1615 den Status einer Freien Stadt, die nachfolgend bis 1710 den Herren v. Sternberg gehörte. Der Zinnabbau ruhte im 30jähr. Krieg, wofür u. a. die Abwanderung der prot. Bergleute in das luth. Sachsen verantwortlich war. 1710 erwarb Gf. Franz Clary-Aldringen die Herrsch. Vorübergehend blühte der Bergbau wieder auf, nach 1794 setzte jedoch ein erneuter Verfall ein. Seit 1879 nahm die Förderung von Wolfram zu, der Abbau von Braunkohle setzte in größerem Umfang ein. 1871 erhielt G. einen Eisenbahnanschluß. Ein Großbrand vernichtete 1904 42 Bürgerhäuser. – 1930: 4092 (davon 364 Tsch.), 1950: 2229, 1991: 2349 Eww. (mit Eingemeindungen: 12 578). (II) *Sm*

R. Bervic/K. Kocourková, Krupka, Krupka 1978; H. Hallwich, Geschichte der Bergstadt Graupen in Böhmen, Prag 1868; LV 259, Bd. 3, 240f., 436f.; F. Klouček, Graupen, die alte Bergstadt, Teplitz 1932; R. Kott, Die Bergstadt Graupen und die Kriege Kaiser Leopolds I., Teplitz 1911; LV 279, Bd. 14, 354–362; W. Weizsäcker, Das Graupner Bergbuch von 1530 nebst einem Bruchstücke des Graupner Bergbuches von 1512, Reichenberg 1932.

Großbittesch (Velká Bíteš, Bez. Saar). Die urspr. slaw. Siedl., 35 km nw. von → Brünn gelegen, wurde nach 1200 nach dt. Recht ausgebaut, dt. kolonisiert und erhielt im 14. Jh. Stadtrecht. 1240 wurde G. erstm. urk. als »Heynrichs« erwähnt, wohl nach Mkgf. Vladislav III. (Heinrich) (†1222), mit einer Pfarrkirche St. Johannes des Täufers. Kirchlich gehörte das in der Folgezeit mehrfachen Kriegsdrangsalen ausgesetzte G. zum Zisterzienserinnenkl. → Tischnowitz (1252–55 zum Zisterzienserkl. → Saar). Die Kommende des Dt. Ordens ging während der Huss.kriege unter, als G. von den Taboriten erobert und nach der Schlacht bei Lipan 1435 zerstört wurde; nach 1440 erhielt es durch Zuwanderung tsch. Charakter. Im Besitz der Herren v. Lomnitz (1480–1568) und danach der Herren v. Žerotín (bis 1628) erlebte G. seine größte wirtsch. Blüte, die es der Stadt erlaubte, benachbarte Landtafelgüter zu erwerben. Im 30jähr. Krieg hatte sie schwer zu leiden, 1626 wurden die Nichtkath. vertrieben, 4 Schwedeneinfälle entvölkerten den Ort. Unter den Gff. v. Wartenberg (1629–1733) kam es ebenso wie unter den Gff. v. Enkenfurt nach 1733 zu Konflikten mit der untertänigen Bev. Ein Großfeuer 1776 und die Verschuldung beim Rathausbau leiteten den wirtsch. Niedergang ein. Erhalten blieb die rom., später got. umgebaute zweischiffige Pfarrkirche, deren Innenausstattung barockisiert wurde. In G. entstanden seit dem 19. Jh. metallverarbeitende Betriebe und Brauindustrie. – 1880: 2041 Tsch. und 78 Dt., 1930: 1756 Tsch. und 5 Dt., 1950: 1769, 1991: 3854 Eww.   (VIII) *Teu*

LV 253, Bd. 11, 347f.; LV 950, Bd. 1, 71f.; J. Tiray, Dějiny města Velké Bíteše, Bde. 1–2, Velké Meziříčí 1883–88; A. Verbík/I. Štarha/E. Knesl, Černá kniha města Velké Bíteše, Brno 1979; A. Verbík/I. Štarha, Smolná kniha velkobítešská 1556–1636, Brno 1973; LV 791, Bd. II/6, 360–367; LV 290, Bd. II/3, 30–70.

Großherrlitz (Velké Heraltice, Bez. Troppau). Bis in das ausgehende 14. Jh. zählte die Gem., die erstm. 1230 urk. erwähnt wird, zum Besitz der Ritter v. Heraltitz, die hier ein Kastell erbauten. Dieses wird ausdrücklich 1377 bei der Teilung des Fstm. Troppau genannt, als G. an Fst. Hanusch und dessen Jägerndorfer Erbe fiel. Im Laufe des 15. Jh. gehörten zu den mehrfach wechselnden adeligen Besitzern die Herren v. Drahotusch, v. Füllstein und Birka v. Nassidel. 1522 erwarb Bernhard v. Würben die Herrsch. G. und ließ diese 1525 mit Zustimmung Kg. Ludwigs II. in die Troppauer Landtafeln eintragen. E. 16. Jh. wurde das alte Kastell zu einem Renaissance-Schloß umgebaut. Im Jahre 1600 verkaufte Stefan v. Würben G. an Sigismund d. J. Sedlnický v. Choltitz. 1611 ging der Besitz an Bohuslav Pavlovský v. Pavlovitz, nach dessen Tod an Wenzel Frh. v. Oppersdorf. Dessen Sohn, Wenzel Ignaz, wiederum trat G. 1668 an Gf. Georg Stefan v. Würben ab. Unter dessen Regie erfolgten um 1676 größere bauliche Veränderungen am Schloß, die diesem ein barockes Aussehen verliehen. Um 1720 gliederte man dem Gebäude einen terrassenartigen

Blumen- und Obstgarten sowie eine Fasanerie an. Diese Erweiterungen erfolgten bereits unter dem neuen Eigentümer, dem Zisterzienserkl. → Welehrad (seit 1694). 1767 gelangte der Besitz erneut an
die Gff. v. Würben; kurze Zeit später ließ Gf. Eugen v. Würben die
Inneneinrichtung des Schlosses umgestalten und zahlr. Säle mit Rokokostuck ausschmücken. A. 19. Jh. entstand im Garten die Orangerie, um 1830 legte man einen großen engl. Park mit exotischen
Hölzern an. 1840 kaufte die Fam. Mitrowsky v. Nemischl G., 9 Jahre
später folgte Fstn. Wilhelmine Kinsky als neue Eigentümerin. 1899–
1945 befanden sich Schloß und Großgut in der Hand der Gff. Bellegarde, die um 1900 auch die letzte bauliche Veränderung des
Schlosses durchführten und eine neogot. Kapelle angliederten. Heute
dient das Gebäude als Haus der Jugend. Auf einer kleinen Anhöhe
inmitten der Gem. steht die barocke Pfarrkirche zur Unbefleckten
Empfängnis Mariä, ein einschiffiger Bau aus der M. 18. Jh. – 1869:
1226, 1900: 1179 (davon 1165 Dt.), 1930: 1079 (davon 941 Dt.),
1950: 664, 1991: 1540 Eww.　　　　　　　　　　　　　　(V) *Mü*

Gross-Herlitz, Deisenhofen 1988; LV 255, 782f.; LV 259, Bd. 2, 259ff.; V. Prasek,
Historická topografie země Opavské, Opava 1889, 170–177; M. Wihoda, K počátkům feudálního sídla ve Velkých Heralticích, okres Opava, in: ČSM 38 (1989),
148–154.

Groß Hoschütz (Velké Hoštice, Bez. Troppau). 1220 schenkte der
Olmützer Archidiakon Radoslav dem Zisterzienserkl. → Welehrad
einen Teil des 5 km ö. von → Troppau gelegenen Dorfes G. H. In der
2. H. 14. Jh. fiel der Besitz an die Herren v. Krawarn. Diese errichteten in G. H. nach 1550 einen Renaissancesitz, an dessen Stelle Gf.
Ignaz Dominik Chorynský v. Ledska um 1760 ein spätbarockes
Schloß mit reichem Rokokodekor nach Plänen des Mähr. Ostrauer
Baumeisters Jakob Pánek erbauen ließ. Dieser beteiligte sich auch am
Bau der barocken Pfarrkirche Johannes des Täufers (1771). In der
2. H. 18. Jh. zählte G. H. zu den bedeutendsten Zentren der schles.
Kultur und des gesellschaftlichen Lebens. Im Schloß fanden Theatervorstellungen statt, hier musizierte das Schloßorchester unter Leitung
des Komponisten Josef Puschmann. 1792 fiel die Herrsch. an die Gff.
v. Sprinzenstein, welche die Anlage um 1840 erweiterten und einen
Landschaftspark anlegten. – 1869: 1094, 1900: 1111, 1930: 1558
(davon 103 Dt.), 1950: 1399, 1991: 1613 Eww.　　　　　　(V) *Mü*

LV 255, 833f.; LV 259, Bd. 2, 261f.; B. Indra, Šlechtická kapela ve Velkých Hošticích v 2. pol. 18. stol., in: SlS 53 (1955), 122–124; O. Káňa [u. a.], Okres Opava,
Ostrava 1983, 135; D. Kouřilová, Výsledky stavebního a uměleckohistorického
průzkumu zámku ve Velkých Hošticích, in: ČSM 27 (1978), 51–61; V. Prasek,
Historická topografie země Opavské, Opava 1889, 234–237.

Großmeseritsch (Velké Meziříčí, Bez. Saar). Das 25 km sö. von → Saar an einer wichtigen Kreuzung der Straße Brünn–Iglau gelegene G., das von den Humanisten und Comenius in Beziehung zu dem Hunnenkg. Attila und dem großmähr. Fst. Samo gebracht worden war, entstand E. 12. Jh.; 1197 wird ein Wald bei G. erwähnt. Der Ort war zu dieser Zeit im Besitz des Herrengeschlechts Meseritsch, zu dem auch der für 1236 belegte Budislav gehörte. Die Pfarrkirche St. Nikolaus aus dem 13. Jh. wurde mehrfach erweitert. Johann v. Meseritsch, 1300–08 mähr. Landeshauptmann, machte sich um den Aufbau einer ausgedehnten Herrsch. verdient, zu der 1377 neben G. noch weitere 14 Dörfer gehörten. 1405 erwarb Lacek v. Krawarn (†1416) die Herrsch., 3 Jahre später erhob er G. zur Stadt. Der huss. Parteigänger führte 1415 zahlr. Vertreter des mähr. Hochadels in G. zus., um sich zur Lehre von Jan Hus zu bekennen und diesen in Konstanz zu unterstützen. 1424 war G. einer der wichtigsten huss. Stützpunkte in Mähren. Seit 1425 im Besitz Johanns d. Ä. v. Lomnitz, war der Ort am 11.8.1440 Schauplatz der Ständeversammlung zur Wiederherstellung des mähr. Landfriedens, der die Huss.kriege in Mähren offiziell beendete. Unter der Herrsch. von Johann d. J. v. Lomnitz (†1515) erlebte G. seine Blütezeit, die Burg wurde umgebaut und neu befestigt. G. hatte seit 1518 eine selbst. jüd. Gem., die 1657: 10 und 1710: 32 Häuser umfaßte. Ein jüd. Friedhof ist seit 1560 belegt, die Renaissance-Synagoge stammt vom A. 16. Jh.; 1528 kam die Herrsch. an Johann v. Pernstein, von dessen Söhnen 1552 an den streng kath. böhm. Vizekanzler Sigmund Helt v. Kement (†1564). Dessen Gattin Alena (†1585) unterstützte dagegen die ev. Gem. und gründete 1578 in G. ein luth. Gymnasium, das bis 1602 bestand. Die Burg wurde bis 1578 in ein vierflügeliges Renaissance-Schloß mit Arkadenhof umgebaut. Die wechselnden Besitzverhältnisse im 17. Jh., die Schäden während des 30jähr. Krieges und ein 1723 weite Teile der Stadt und des Schlosses vernichtendes Großfeuer ließen die Bedeutung von G. sinken. Über Hzg. Leopold v. Schleswig-Holstein (†1744), die Liechtenstein und die Lobkowitz kam die Herrsch. G. 1908–48 an die Gff. Harrach, die das 1724–30 barockisierte Schloß im neugot. Stil umbauen ließen. Seit dem 19. Jh. entwickelte sich holz-, metall- und lederverarbeitende Industrie und Maschinenbau. – 1880: 4848 Tsch. und 757 Dt., 1930: 5632, 1991: 10138 Eww.

(VII) *Teu*

LV 864, 172f.; LV 548, 225–232; LV 253, Bd. 11, 307–310; LV 259, Bd. 1, 247f.; LV 290, Bd. II/41, 33–130; A. Plichta, Kostely a kaple farnosti velkomeziříčské, Velké Meziříčí 1947; LV 791, Bd. II/6, 52–63; J. Závodský, Reformace a protireformace ve Velkém Meziříčí, Velké Meziříčí 1937; A. Žlábek, Velké Meziříčí, Brno 1969.

Großpawlowitz (Velké Pavlovice, Bez. Lundenburg). Rund 14 km
nö. von → Nikolsburg befindet sich inmitten einer der wichtigsten
südmähr. Wein- und Obstbaugegenden die Ort G., der erst 1891 den
Status eines Städtchens und 1960 Stadtrecht erhielt. Archäolog. Ausgrabungen haben hier die Existenz einer Siedl. aus der jüngeren Steinzeit nachgewiesen. In der Umgebung wurden zudem Gräber aus
röm. Zeit freigelegt. Um 1250 gehörte G. den Herren v. Obřany, den
Vorgängern der Herren v. Kunstadt und Podiebrad. 1312 folgten die
Herren v. Leipa, seit 1512 war G. der Herrsch. → Göding inkorporiert. Vor 1620 erlebte die Gem. mit ihren zahlr. Weinbergen und
Teichen einen wirtsch. Aufschwung. In dieser Zeit gab es neben den
bäuerlichen Untertanenwirtschaften auch ein Mannlehen sowie
zahlr. freie Höfe, von denen einer sich im Besitz des Ladislaus Velen
v. Žerotín befand, der G. kurze Zeit als Pfandschaft verwaltete. Im
16. Jh. bekannte sich ein Teil der Bev. zur Brüderunität und zu den
Täufern, die sich hier seit 1545 vorübergehend niedergelassen hatten.
Im 30jähr. Krieg plünderten ungar. Truppen wiederholt den Ort, im
18./19. Jh. wüteten mehrere Brände. – Seit 1355 besaß G. eine Pfarrkirche. Die barocke, 1670–80 auf Veranlassung Gf. Friedrichs v. Oppersdorf erbaute Kirche Mariä Himmelfahrt entstand an der Stelle des
1623 abgebrochenen Kirchleins St. Katharina. – 1848 öffnete die
Grundschule, nach 1923 kam eine Bürgerschule hinzu. Die wirtsch.
Entw. wurde durch eine 1866 eröffnete Zuckerfabrik begünstigt
(1926/27: 120 Arbeiter); 1907 erfolgte der Eisenbahnanschluß. In G.
wurde der Kulturphilosoph und Schriftsteller Rudolf Kassner (1873–
1959) geb. – 1880: 2338 (davon 70 Dt.), 1910: 2745 (davon 27 Dt.),
1993: 3140 Eww.   (VIII) *Šta*

LV 253, Bd. 9, 231f.; L. Hosák/M. Zemek/A. Zimáková, Břeclavsko, Brno 1969,
648–652; L. Hosák/J. Skutil/J. Šlambacher, Dějiny městečka Velkých Pavlovic,
Velké Pavlovice/Brno 1941; LV 290, Bd. II/22, 167–172.

Großrohosetz (Hrubý Rohozec, Bez. Semil). Die am Ufer der Iser
3 km n. von → Turnau auf einem steil abfallenden Felsen gelegene
Burg R. wurde von einem Zweig der Markwartinger um 1300 errichtet. Nach 1483 wurde R. unter den Herren Krajíř v. Krajek bzw.
v. Wartenberg zum Zentrum einer Herrsch., welche die Stadt Turnau und die umliegende Region umfaßte. Die Burg wurde 1513–16
in ein spätgot. Schloß umgebaut und beherbergte eine Gem. der
Böhm. Brüder. Da der Besitzer Adam v. Wartenberg 1547 am böhm.
Ständeaufstand teilgenommen hatte, wurde R. von der kgl. Kammer
eingezogen. 1555 zurückgekauft, verblieb es bis 1620 bei den
Wartenberg, wobei der Umfang der Herrsch. sich durch Erbteilung
und Verkauf verringerte. 1622 unter Johann Georg v. Wartenberg

erneut konfisziert, wurde R. 1623 an Albrecht v. Wallenstein verkauft, der es als Lehen an seinen Oberst Nikolaus Desfours vergab.
Aus dieser Zeit datiert die Aufteilung in »Großr.« und »Kleinr.«. Desfours, 1634 an der Ermordung Wallensteins in → Eger beteiligt, erhielt die Herrsch. als Eigenbesitz. Die 1673 errichtete Dreifaltigkeitskapelle mit Barock- und Rokokoausstattung sowie die Umbauten des
Schlosses (1675, 1822 neogot.) zeugen von der Bautätigkeit der Fam.,
in deren Besitz das Schloß bis 1945 blieb. Rainer Maria Rilke (1875–
1926), der sich mehrfach auf Schloß R. aufhielt, siedelte dort seine
Novelle »Teufelsspuk« an; Anklänge an R. finden sich auch in dem
Roman »Die Aufzeichnungen des Malte Laurids Brigge« (1910). Die
Ortschaft G. (1834: 15 Häuser) bildet heute einen Stadtteil von Turnau. (III) *Bb*

LV 259, Bd. 6, 102–131; LV 879, Bd. 1, 395–398, Bd. 2, 461ff.; J. Páris, Hrubý
Rohozec nad Jizerou, in: PA 2 (1857), 224, 249; LV 905, Bd. 32, 147–164.

Großseelowitz (Židlochovice, Bez. Brünn-Land). Das 15 km s. von
→ Brünn an der Schwarzawa gelegene Dorf wurde erstm. 1237 im
Besitz lokaler Wladyken urk. erwähnt. M. 14. Jh. erwarben die Herren v. Füllstein G., das sie 1353 an Mkgf. Johann Heinrich verkauften. Zu diesem Zeitpunkt bestand bereits eine Wasserburg. Unter mkgfl. Herrsch. stieg G. zum Städtchen auf. 1407 schenkte Mkgf.
Jobst den Ort zus. mit dem Kastell Wilhelm Zajíc v. Waldeck, dem
mehrere Adelsfam. als Besitzer folgten: u. a. 1508 die Herren v. Pernstein und 1567 die Herren v. Žerotín. Unter diesen entwickelte sich
G. zu einem Zentrum der Brüder und Täufer. 1616 kam die Herrsch.
an Adam d. J. v. Waldstein, E. 17. Jh. an Gf. Philipp Ludwig v. Sinzendorff, 1743 an die Dietrichstein. 1819–1918 befand sich G. im
Besitz der habs. Kaiserfam. und fiel danach an den tschsl. Staat. –
Friedrich v. Žerotín ließ nach 1570 das alte Kastell zu einem Renaissance-Schloß mit Kapelle ausbauen; eine Barockisierung erfolgte unter Philipp Ludwig v. Sinzendorf, das heutige Aussehen geht auf die
Restaurierung um 1850 zurück. Die Dietrichstein ließen zudem einen der schönsten Schloßparks in Mähren anlegen. Zw. den beiden
Weltkriegen war G. Sommerresidenz der Präsidenten der Ersten
Tschsl. Republik, auch heute noch dient es repräsentativen Zwek-
ken. Als Baudenkmal erhalten blieb die 1724–30 erbaute Hl.-Kreuz-
Kirche mit barockem Glockenturm. In der 1837 gegr. Zuckerfabrik
erprobten die damaligen Pächter, die Fam. Robert, neue Techniken
der Zuckergewinnung (sog. Robert-Diffusion). 1873 erhielt G. als
Zentrum eines umfangreichen Großguts Stadtrecht, seit 1850 tagte
hier das Amtsgericht, 1949–60 war der Ort zudem Bez.-Stadt. Bis
1918 existierte eine starke dt. Minderheit, die seit 1893 eine eigene

Schule besaß; auch das Vereinsleben gestaltete sich nat. getrennt. –
1880: 2651 (davon 585 Dt.), 1910: 2514 (davon 1171 Dt.), 1991 rund
3000 Eww.   (VIII) *Šta*

J. Burk, Z historie židlochovických domů a jejich držitelů, Židlochovice 1936; J.
Dosoudil, Ein Plan zur Errichtung einer Tuchfabrik und Schönfärberei in Seelowitz
im Jahre 1719, in: ZVGMS 26 (1924), 187–191; J. Eder, Chronik der Stadt Seelowitz und Pohrlitz, Brno 1859; L. Hosák, K dějinám židlochovického panství za
Fridricha ze Žerotína, in: ČSPS 48 (1940), 194–199; F. Horák, Židlochovice v roce
1556, in: VVM 11 (1956), 168–171; A. B. Král, Nálezy ze žerotínské hrobky v Ži-
dlochovicích, in: JM 5 (1969), 61–65; LV 290, Bd. II/79, 41–91; A. Ondrůj, Židlochovice v letech zápasů a budování, Židlochovice 1948.

Großskal (Hrubá Skála, Bez. Semil). 1353 wurde eine Burg Skal in
der Titulatur Hyneks v. Waldstein erwähnt. Der Ortsname leitet sich
aus der Lage auf Felsen (skála) inmitten von Wäldern ab, wodurch die
6 km sw. von → Turnau gelegene Burg im MA als uneinnehmbar
galt. Der Zusatz »Groß« kam im 18. Jh. zur Unterscheidung von dem
5 km w. von → Eisenbrod gelegenen → Kleinskal auf. Die Herrsch.
G. expandierte um 1500 unter den Herren v. Boskowitz und umfaßte
54 Siedl. (1509). 1515 erwarb Sigismund Smiřický v. Smiřitz den Ort.
Im Besitz der Smiřický v. Smiřitz, die auf ihren Gütern landwirtsch.
Verbesserungen einführten und Manufakturen anlegten, wuchs G.
am A. 17. Jh. zu einer der größten Herrsch. Böhmens heran. Zugleich
wurde die Burg in der 2. H. 16. Jh. in ein Renaissance-Schloß umgebaut. Nach dem Aussterben der Smiřický v. Smiřitz fiel sie an die
Herren v. Waldstein; die Herrsch. wurde nach 1636 von sächs. und
ksl. Armeen verwüstet, das Schloß von schwed. Truppen eingenommen. 1821 verkaufte der durch seine botanischen Untersuchungen
bekannte Franz Adam v. Waldstein die Herrsch. an Johann Anton
Lexa v. Aehrenthal, einen geadelten Heereslieferanten aus der Zeit
der Napoleonischen Kriege. 1859 wurde das Schloß neogot. ausgebaut (heute Hotel). G. bildet den Ausgangspunkt für Ausflüge zu den
Felsformationen des sog. Böhm. Paradieses. – 1980: 529 Eww.

                                                                      (III) *Bb*

LV 259, Bd. 6, 157–160; LV 952, Bd. 4, 65; LV 905, Bd. 32, 147–164; J. V. Šimák,
Soupis poddaných panství Hruboskalského r. 1783, in: OJT 8 (1930), 148–159, 9
(1931), 51–59, 111–112, 152–159, 186–195.

Groß-Ullersdorf (Velké Losiny, Bez. Mährisch Schönberg). Das 8
km n. von → Mähr. Schönberg im Vorgebirgsland des Altvaters liegende Heilbad G.-U., dessen warme Schwefelquellen schon den
Römern bekannt waren, wurde erstm. 1351 erwähnt. Das Privileg
des Mkgf. Jobst für den Richter in G.-U. (1391) zeigt, daß dieses eine
landesfstl. Herrsch. war. Ab 1507 (ab 1496 pfandweise) war G.-U.,

wie auch Schloß und Stadt Mähr. Schönberg und → Blauda, im Besitz
der Herren v. Žerotín. 1562 verkauften diese Mähr. Schönberg, behielten aber G.-U. und → Wiesenberg. Johann v. Žerotín war Bauherr des anstelle der got. Wasserburg erbauten und von einer Parkanlage umgebenen Renaissance-Schlosses. Die Außenwände des
1580–89 nach Vorbild der → Goldensteiner Anlage errichteten
Schlosses mit einem achteckigen Treppenturm sind mit für die mähr.
Renaissance typischen Sgraffitti-Ornamenten geschmückt. 1592 ließ
Johann d. J. v. Žerotín, der wegen Brudermordes für ein Jahr in den
Kerkern des Schlosses inhaftiert gewesen war, an den Thermen ein
Badehaus und ein Wohnhaus errichten. 1622 ging G.-U. zunächst an
die Liechtenstein. Johann v. Žerotín, in dessen Fam. der Adelssitz
dann bis 1802 blieb, konnte es jedoch kurz darauf wieder zurück-
kaufen. Um 1693 wurde die Schloßanlage um einen Barockbau
erweitert. Im W-Flügel sind 2 Kapellen eingebaut, die nachträglich
(1742) von dem bedeutenden nordmähr. Barockmaler Johann Christoph Handke ausgemalt wurden. Die Liechtenstein besaßen G.-U.
erneut 1802–1945, bauten im 20. Jh. den Bibliotheksflügel an und
richteten die Vorburg im Empirestil her. Auf Schloß G.-U. befindet
sich das Urbild der »Ahnfrau«, das Franz Grillparzer Vorbild in seinem
gleichnamigen Schicksalsroman wurde. Nachdem 1662 drei Bauern
nach Aufständen hingerichtet worden waren, wurde das Schloß 2. H.
17. Jh. auch Schauplatz großer Hexenprozesse, die von Franz Heinrich Boblig v. Edelstadt geleitet wurden. In Mähr. Schönberg und
G.-U. kamen dabei rund 100 Personen auf den Scheiterhaufen. In
der im Renaissancestil erbauten prot. Pfarrkirche Johannes des Täufers (1600–03) mit der Žerotínschen Gruftkapelle (1725–30) befindet
sich ein Kreuzwegbild von Franz Anton Sebastini (1784). Die 1596
erbaute und E. 18. Jh. spätbarock umgebaute Büttenpapier-
Manufaktur gehört zu den wenigen noch erhaltenen mit tradit. Verfahren für handgeschöpftes Papier. Seit 1987 ist ein Papiermuseum
angeschlossen. G.-U. besitzt nur wenige Industrieunternehmen;
1924 wurde eine Bauernvolkshochschule eröffnet, aus der einige
Funktionäre der Henleinbewegung hervorgingen. Die mehrheitlich
dt. Bev. (1930: 2449 dt. und 51 tsch. Eww.) wurde 1945/46 vertrieben (1991: 2520 Eww.). (IV) *Lb*

A. Bartušek, Velké Losiny, Praha 1954; LV 254, Bd. II/2, 262f.; E. G. Bürger, Ullersdorf. Werden, Wesen und Wirken einer sudetendeutschen Bauernschule, in:
ZAA 9 (1961), 72–86; B. Bureš, Ruční papírna ve Velkých Losinách, založená počátkem 16. století, Šumperk 1966; LV 253, Bd. 4, 120f.; LV 950, Bd. 1, 547f.; LV
259, Bd. 2, 262–267; J. Kanyza, Ve jménu umění. Trojí zastavení ve Velkých Losinách, Olomouc 1970; LV 266, 496–501; LV 894, Bd. 3, 685, 705, 830–833; J.
Sajner/V. Křížek, Lázně Velké Losiny, Praha 1973; R. Sedláček, Žerotínské panství
Velké Losiny v mapovém zobrazení z roku 1739, in: SMor 62 (1991), 8–16; Velké
Losiny. Státní zámek, město a okolí. Hg. v. H. Rokyta u. O. J. Blažíček, Praha 1954.

Grottau (Hrádek nad Nisou, Bez. Reichenberg). Als älteste Stadt im Tal der Görlitzer Neiße wurde G. nach der um 1260 durch Kg. Přemysl Otakar II. erfolgten Belehnung planmäßig durch die Burggff. v. Dohna an Stelle einer ehem. slaw. Wehranlage als dt. Marktsiedl. angelegt und 1288 erstm. erwähnt. Nach der Verwüstung durch die Huss. im Jahre 1424 erfolgte 1466 der Neuaufbau der zerstörten Pfarrkirche St. Bartholomäus, die 1587 umgebaut, 1670–73 und 1724 erweitert und 1763 vollendet wurde. Nach einer weiteren Niedergangsphase infolge der schwed. Besetzung während des 30jähr. Krieges erlangte die Stadt 2. H. 17. Jh. durch die blühende Leineweberei neuen Aufschwung. 1721 ließ Gf. Philipp Josef v. Clam-Gallas die seit dem 14. Jh. existierende Dohnasche Burg, deren Kellergewölbe 1928 ergraben wurden, in ein zweiflügeliges Schloß umbauen und hier 1723 eine Textilmanufaktur errichten, der infolge mangelnder Effektivität 1812 eine Flaschenfabrik für das Mineralwasser aus → Bad Liebwerda folgte. Seit dem E. 19. Jh. entwickelte sich G. zu einem Industriestandort, der heute durch Textilproduktion, Maschinenbau und Chemie-Industrie geprägt ist. – 1900: 4145 (davon 26 Tsch.), 1930: 4201 (davon 3313 Dt.), 1950: 2975, 1991: 7112 Eww.   (III) *Hol*

LV 259, Bd. 3, 155; LV 905, Bd. 51, 78–111; LV 952, Bd. 1, 655; Reichenberg. Stadt und Land im Neißetal. Ein Heimatbuch. Bearb. v. R. Gränzer, Augsburg 1974, 484–497; A. Ressel, Heimatskunde des Reichenberger Bezirkes, Bd. 2, Reichenberg 1905, 592–616; V. Říha, Hrádek n. N. 1260–1960, Hrádek n. N. 1960; LV 906, Bd. 1, 464f.

Grulich (Králíky, Bez. Wildenschwert). G. entstand aus einer ma. Bergbausiedl. zur Gewinnung von Eisenerz und Silber in der Talsenke zw. Adler- und Glatzer Schneegebirge an dem Verkehrsweg Olmütz–Breslau. Das 1367 erstm. als »Greylich« erwähnte G. gehörte zur Herrsch. → Žampach. Zdeněk v. Waldstein schuf 1577 die Herrsch. G., verlieh dem Ort Stadtprivilegien und ließ 1577–85 am Marktplatz ein Schloß erbauen, das 1708 abbrannte. Zu dieser Zeit befand sich der Sitz der Herrsch. unter der Fam. Althann in Mittelwalde in der Gft. Glatz, so daß die Anlage nicht wiederaufgebaut wurde. Erhalten ist die 1577 als luth. Bethaus erbaute Pfarrkirche St. Michael, die 1768–78 nach kath. Umwidmung und Bränden barock umgebaut wurde. An Bedeutung gewann G. durch den von dem Königgrätzer Bf. Tobias Johann Becker (1649–1710), der aus G. stammte, geleiteten Ausbau als Wallfahrtsort. Der Bf. verfolgte das Ziel, den an der böhm.-schles. Grenze noch lebendigen Prot. zu bekämpfen, und siedelte zu diesem Zweck Serviten an. Von einem Tor am Ortsrand führt eine geradlinige Lindenallee mit 8 Kapellen (um 1704) zum Kl. und zu der 1696–1700 mit einem Kreuzgang erbauten

Wallfahrtskirche Mariä Himmelfahrt auf dem Kahlen Berge hinauf.
Die Anlage entwickelte sich im 18./19. Jh. zu einem rel. Zentrum.
1846 wurden Kl. und Kirche durch Brand beschädigt. Ab 1883 waren
Redemptoristen und Franziskanerinnen in G. tätig. Der Ort besaß im
18. Jh. eine Webertradition, im 19./20. Jh. lebten die Eww. von
Textilindustrie sowie Schnitz- und Krippenbaukunst. 1934–38 errichtete man in der Umgebung Verteidigungs- und Bunkeranlagen,
da die tschsl. Armee in der Talsenke einen dt. Angriff befürchtete.
Nach 1945 wurde die dt. Bev. zwangsumgesiedelt. In der Kl.anlage
wurden 1950–60 mehrere hundert kath. Nonnen und Priester interniert. 1970 wurde das Kl. erneuert, nach 1989 die Wallfahrtsanlage
restauriert und wieder geöffnet. – 1830: 2388, 1890: 2940, 1930:
3675 (davon 3085 Dt.), 1950: 2740, 1980: 4633 Eww.   (IV)   *Bb*

A. Karasek-Langer, Die Grulicher Herrgotts- und Krippenschnitzerei, in: MSH 11
(1966), 264–281; J. Novák, Opevnění na Králicku. Československé opevnění z let
1935–38, Žamberk 1994; M. Pachel, Kleine Heimatkunde des Gerichtsbezirkes
Grulich, Ober-Erlitz 1919; LV 952, Bd. 2, 360f.; Průvodce ambity a kostelem Nanebevzetí Panny Marie na Hoře Matky Boží u Králík, Králíky 1994.

Grusbach (Hrušovany nad Jevišovkou, Bez. Znaim). G. wird 1131
als Besitz der Znaimer Kirche erstm. urk. erwähnt. Kurz darauf erhielt
der Johanniterorden die Herrsch. von Vladislav II. als Geschenk und
war somit verm. der älteste Besitz des Ordens in Mähren. 1331 schlug
Johann v. Lichtenburg die eingefallenen Österr. bei G. und zwang sie,
Mähren an Kg. Johann v. Luxemburg abzutreten. Das Marktrecht
erhielt der Ort 1495. Nach häufig wechselnden Besitzern erwarben
G. 1669 die Gff. Althann, welche die Herrsch. bis 1840 hielten.
Durch Heirat kamen die Gff. v. Khuen-Belasi 1880 in den Besitz von
G. Die aus dem 14. Jh. stammende Pfarrkirche St. Stephan erhielt ihr
heutiges Aussehen 1758. Das frühbarocke Schloß wurde 1849 erneuert. Die nahegelegene Villa Emmahof, der eigentliche Sitz der
Khuen-Belasi, wurde im Innern von Alfons Mucha künstlerisch gestaltet. Hier starb am 8.2.1921 Max Dvořák (geb. 1874), Kunsthistoriker von Weltruf und Begründer der geistesgesch. orientierten
Kunstwissenschaft; sein Ehrengrab befindet sich auf dem örtl. Friedhof. G. ist der Geburtsort des Naturwissenschaftlers Dominik Kammel v. Hardegger. – 1834: 1117, 1930: 2945 (davon 2164 Dt.), 1950:
2076, 1980: 3090 Eww.   (VIII) *Kle*

J. Bradíková, 850 let Hrušovan nad Jevišovkou, Hrušovany nad Jevišovkou 1981; R.
Fukal, V Hrušovaneoh nad Jevišovkou je pochován učenec evropského jména, in:
VVM 13 (1958), 40–55; ders., Alfons Mucha a Hrušovany nad Jevišovkou, in: VVM
16 (1961/64), 133–138; Z. Měřínský, Archeologické nálezy z okolí Hrušovan nad
Jevišovkou, in: SPFFBU E 17 (1972), 144–146; LV 290, Bd. II/24, 78–91; LV 791,
Bd. II/2, 142–145.

Gurein (Kuřim, Bez. Brünn-Land). Die 15 km n. von → Brünn gelegene Kleinstadt G. wird erstm. 1226 urk. genannt, als Kg. Přemysl Otakar II. hier eine Kirche gründete. Das Dorf befand sich in landesherrlichem Besitz, diente seit 1270 als Pfandschaft und wurde schließlich an Adelige verkauft. Noch als dörfliche Siedl. erhielt G. in der 1. H. 15. Jh. ein Siegel, in dem das Wappen der Herren v. Meseritsch, der damaligen Obrigkeit, seinen Niederschlag fand. Danach folgte den Herren v. Pernstein, den Boskowitz und Sigismund Nekeš v. Landeck als städt. Obrigkeit Brünn, das G. zum Verw.-Zentrum seiner Landgüter bestimmte. 1570 bezeichnen die Quellen G. als Städtchen, ohne daß es hierfür urk. Belege gibt. Das 1490 erwähnte Kastell wurde im 16. Jh. zu einem Renaissance-Schloß umgebaut und diente als Verw.-Sitz (heute Internat). Die Fa. Zbrojovka, 1940 als Niederlassung der Brünner Waffenwerke eröffnet, stellte nach E. des Zweiten Weltkrieges ihre Produktion auf die Fertigung von Werkzeugmaschinen um. Schul- und Vereinsleben gestalteten sich vornehmlich tsch. – 1880: 1525 Eww. (davon 35 Dt.), 1930: 2844 (davon 12 Dt.), 1950: 4131, 1991: 8800 Eww.   (VIII) *Šta*

LV 253, Bd. 11, 257f.; V. Horáček, Lesy města Brna, Brno 1902; G. Novotný, Lesy města Brna, in: BMD 8 (1966), 146–157; LV 290, Bd. II/65, 279–289.

Habendorf → Alt-Habendorf

Hagensdorf (Ahníkov, Bez. Komotau). Das 7 km sw. von → Komotau gelegene H., das um 1200 verm. von Hagen (tsch. Ahník, Ahně), einem Sohn des Milhost v. Maschau, gegr. wurde, ist erstm. 1367 als »Hainstorff« erwähnt. Ein archäolog. belegtes Augustinerkl. war bereits 1344 verlassen und wurde spätestens in den Huss.kriegen zerstört. Über die Schönburg, Vitzthum und Lobkowitz fiel H. 1578 an Leonhard Stampach v. Stampach (†1608), 1581 wurde es von Ks. Rudolf II. aus dem Lehensverband freigegeben. Leonhard ließ die im 14. Jh. errichtete Feste zu einem Schloß im Renaissancestil umgestalten, das er auch nach dem Kauf der Burg → Hassenstein (1606) und der Verbindung beider Herrsch. weiterhin bewohnte (1. H. 18. Jh. teilw. barockisiert, E. 19. Jh. erneut umgebaut). Die Teilnahme der Stampach v. Stampach am böhm. Ständeaufstand 1618–20 hatte die Konfiskation ihrer reichen Güter im Kaadener Land zur Folge; H. wurde 1623 von der kgl. Kammer an Gf. Jaroslav Bořita v. Martinitz (†1649) verkauft, dessen Nachfahren die mit dem benachbarten Brunnersdorf vereinte Herrsch. bis 1791 in Besitz hielten; nachfolgend gehörten beide Güter den aus Tirol gebürtigen Gff. zu Firmian, seit 1840 den Gff. v. Wolkenstein-Trostburg, seit 1880 dem Großindustriellen Franz Preidl (†1899). Nach der

tschsl. Bodenreform ging die Herrsch. H. in staatl. Besitz über. 1938
bis zum Kriegsende gehörte H. zum Dt. Reich. Die bis zur Vertreibung und Aussiedl. nach 1945 dt. Bev. lebte tradit. von Ackerbau,
Obstbau und Fischzucht oder war im Steinkohlebergbau tätig. – Auf
dem parkartigen Ortsplatz steht die 1831 von Gfn. Marianna zu Firmian erbaute St.-Annen-Kapelle. – 1850: 218, 1890: 314, 1930: 500,
1950: 329, 1974: 199 Eww.   (I/II) *Bah*

LV 238, 48; Heimatkunde des politischen Bezirkes Komotau, die Gerichtsbezirke:
Komotau, Görkau und Sebastiansberg umfassend, Komotau 1898, 711–717; LV
259, Bd. 3, 21, 129f., 392; V. Karell, Das mittlere Egertal und die Geschichte der
Stadt Klösterle an der Eger im Sudetenland, Bad Homburg 1961, 44f.; ders., Kaa-
den-Duppau. Ein Heimatbuch der Erinnerung und Geschichte des Landkreises,
Frankfurt am Main 1965, 41, 186, 190f., 209f., 317; LV 952, Bd. 1, 5f.; LV 275,
Bd. 7, 157–167; LV 283, Bd. 14, 176–189.

Haid (Bor, Bez. Tachau). Um 1250 gründete Ratmír v. Speierling,
Ahnherr des bedeutenden Geschlechts der Herren v. Schwanberg,
14 km sö. von → Tachau in einer kaum bewohnten Region eine
Siedl.; verm. errichteten dessen Söhne hier an einem von → Mies zur
Grenzfestung → Pfraumberg führenden Weg ein Kastell, das 1263
erstm. in den Quellen erscheint. Einer dieser Söhne, Bohuslaus, führte 1285–91 den Zusatz v. H.; um das später zu einer Wasserburg erweiterte Kastell erwuchs ein Dorf, das vor 1369 zu einem Untertá-
nenstädtchen aufstieg. Der tsch. Name nimmt offenkundig auf die
umliegenden Wälder (bor = Kiefer) Bezug. Einem Privileg von 1391
zufolge wurde in H. nach dem Vorbild der Prager Altstadt Recht
gesprochen. Günstig für die weitere Entw. wirkte sich die vorteilhafte Lage an einem nach Nürnberg führenden Handelsweg aus. Bis
1650 befand sich H. in Händen der Herren v. Schwanberg. Diese
residierten seit dem 14. Jh. auf der gleichnamigen Burg Schwanberg,
die Feste H. verfiel. Nach der erfolglosen Belagerung durch die Huss.
1430 wird sie 1454 als verlassen bezeichnet. Johann v. Schwanberg
(1505–33) ließ die Burg erneuern und bestimmte sie zum Sitz einer
Nebenlinie seines Geschlechts. Die Herren v. Schwanberg erteilten
dem Städtchen mehrere Privilegien und 1602 ein Wappen. Um 1600
ließen sie die alte Burg zu einem Renaissance-Schloß umbauen. Der
letzte Schwanberg aus der H.er Linie, Johann Wilhelm, verkaufte den
Ort 1650 an den Gf. Johann Sigismund v. Götzen, unter dem eine
schrittweise Eindeutschung von H. und dessen Umgebung einsetzte.
1720 erwarben die aus Süddeutschland stammenden Fstt. v. Löwenstein die Herrsch. und hielten diese bis 1945 in ihrem Besitz. Sie
formten aus H. einen Familienbesitz, zu dem im 19. Jh. neben H. und
→ Neustadtl 30 Dörfer gehörten. Im 18. Jh. ließen sie zunächst das
alte Renaissance-Schloß barockisieren und M. 19. Jh. im neogot. Stil

restaurieren. Von der got. Burg blieb der zylindrische Turm aus dem 13. Jh. erhalten. H., das 1654 Stadtrecht erhielt, wurde 1726 von einer Feuersbrunst heimgesucht, der auch das Rathaus und die Stadtbücher zum Opfer fielen. 1843 zählte es 284 Häuser und mehr als 1600 vorwiegend dt. Eww., die von Land- und Forstwirtschaft, Fischzucht sowie Töpferei lebten. Am E. des Zweiten Weltkriegs erlitt die Stadt schwere Schäden. – 1850: 2016, 1900: 1804, 1930: 1901 (davon 76 Tsch.), 1950: 1085 und 1991: 2716 Eww.   (I) *Kub*

J. Köferl, Der politische Bezirk Tachau, Tachau 1890, 438–457; LV 879, Bd. 1, 158f., Bd. 2, 449ff.; LV 507, 65f.; H. Schächer, Haid bei Tachau. Im Ringe des Pfraumberges, Plan 1925, 56; G. Schmidt, Privilegien der Herren von Schwanberg für ihre Stadt Haid, in: MVGDB 67 (1929), 1–36; LV 283, Bd. 6, 151–159; M. Urban, Zur Heimatkunde des Tachau-Pfraumberger Gaugebietes, Plan 1924.

Haid → Unterhaid

Haida (Bor u České Lípy, seit 1955 Nový Bor, Bez. Böhmisch Leipa). Gelegen auf der Arnsdorfer Heide, die sich wegen der dünnschichtigen Ackererde wenig für den Getreidebau eignete, wurde H. erst im 18. Jh. als städt. Mittelpunkt der → Bürgsteiner Herrsch. der Gff. Kinsky gegr.; Stadtrechte erhielt H. 1757 auf Initiative seines Besitzers Gf. Josef Johann Maximilian Kinsky, der durch seine umfangreiche Gewerbeförderung, bes. der Tuch- und Glasverarbeitung, auch zum Begründer der Industriestadt H. wurde. Insbes. die Glasherstellung und -verarbeitung zog ein rasches Wachstum nach sich. Nach 1760 wurde die junge Stadt durch den Zuzug von Geschäftsleuten aus Arnsdorf und → Bürgstein zu einem Zentrum der Glasindustrie und des Glashandels, das durch mehrere Kompanien (Fa. Jancke und Fa. Hiecke-Rautenstrauch-Zincke) Anteil am Welthandel hatte. Weithin bekannt wurde der aus H. gebürtige Friedrich Egermann (1775–1864), der durch die Erfindung der Techniken des Blattschleifens und des farbigen Überfangens von Kristallgläsern wesentlich zum Weltruf des böhm. Glases beitrug. Der Aufstieg der Stadt blieb an die Glasbranche gebunden. Ein Rückgang der Glasnachfrage in der Zeit zw. 1830 und 1860 war für H. auch mit einem Rückgang der Eww.-Zahl verbunden. 1870 entstand in der Stadt eine Fachschule für Glasindustrie, an der Glasgravur, Glasmalerei und andere Kunstgewerbezweige wie Holzschnitzerei und Bildhauerei unterrichtet wurden. – Der rechteckige Stadtplatz wird von der klassiz. Kirche Mariä Himmelfahrt (1786–88) und von der 1889 errichteten Volks- und Bürgerschule beherrscht. Am Stadtplatz befindet sich auch ein Glasmuseum. – 1930: 4158 (davon 3179 Dt.), 1950: 3710, 1980: 14 140 Eww.   (II) *MSW*

J. A. Hegenbart, Zur Geschichte des böhmischen (Haidaer) Glashandels, in:

MVGDB 4 (1866), 111–118, 142–149; V. Jindra, Stručný nástin dějin novoborského okresu, Nový Bor 1957; Nový Bor – město skla 1757–1957, Nový Bor 1957; J. Pšeničková, Nově zpřístupněné prameny k dějinám sklářství na Novoborsku, in: AV 1 (1966), 126–131; J. Sieber, Geschichte der Stadt Haida, Haida 1913; LV 275, Bd. 5, 240f.; LV 569, Bd. 1, 277ff.

Haindorf (Hejnice, Bez. Reichenberg). Das 10 km sö. von → Friedland an der Wittig gelegene H. wurde erstm. 1381 erwähnt. 1691 erfolgte die Umwandlung der hier befindlichen got. Wallfahrtskirche Mariä Heimsuchung in ein Franziskanerkl., das man 1692–96 ausbaute. Die Kirche wurde 1722/29 mit Ausnahme des Presbyteriums abgerissen und im barocken Stil neuerrichtet. In ihrer 1698 angelegten und 1730 vergrößerten Gruft befindet sich die Grablege der Gff. v. Clam-Gallas, die von 1634–1918 im Besitz der Herrsch. → Friedland und → Reichenberg waren. H., das im 19. Jh. durch die Textil-, Porzellan- und Papierherstellung einen Aufschwung nahm, wurde 1917 zur Stadt erhoben und ist heute Sommerfrische und Wintersportort. – 1921: 2638 (davon 2422 Dt.), 1950: 1819, 1991: 2537 Eww. (III) *Hol*

J. Bennesch, Die Geschichte des Haindorfer Lehngutes, Friedberg 1924; ders., Ortsgeschichte von Haindorf, Haindorf 1924; LV 952, Bd. 1, 536; J. Scheybal, Kirche und Kloster Haindorf, Christiansau 1933; LV 906, Bd. 1, 370ff.

Hammerstadt (Vlastějovice, Bez. Kuttenberg). Am r. Ufer der unteren Sazawa, etwa 8 km nw. von → Ledeč, wurde das zum Pfarrort Pertoltitz gehörende »Wlastyegowicz« 1413 erstm. erwähnt; im 15. Jh. sind Herren v. H. belegt. 1540 war der Ort im Besitz des Heinrich Firšic v. Nabdín (1504–49). Dieser begann hier mit der Förderung von Eisenerz und seiner Verarbeitung in Hammerwerken; den 1540 zum Marktflecken erhobenen Ort nannte er »H.«, tsch. »Hamrštat« und ließ eine mit einem Wassergraben umgebene Feste, 1552 erstm. erwähnt, anlegen. Sie wurde nach 1689 von Gf. Bernhard Franz Věžník v. Věžník (†1714) zu einem Barockschloß umgebaut, an dessen n. Seite er eine Maria-Magdalenenkapelle anfügte; schon im 18. Jh. als Wirtschaftsgebäude genutzt, verfiel es und wurde E. 19. Jh. teilw. abgerissen. Der Ort gehörte von etwa 1573–1637 zur Herrsch. Ledeč, 1716–1850 zur Herrsch. Křiwosoudow (13 km sw.) und 1869–1910 zu Unterkralowitz (10 km s.). Die Förderung und Verarbeitung von Eisenerz wurde um 1870 eingestellt. In H. wurde der Komponist Zdeněk Fibich (1850–1900) geb. – 1869: 1287, 1991: 533 Eww. (III/VII) *Ke*

LV 259, Bd. 6, 530f.; LV 952, Bd. 4, 571; LV 279, Bd. 12, 202; LV 906, Bd. 4, 243.

Hart → Alt-Hart

Hasenburg (Házmburk, Bez. Leitmeritz). 17 km nö. von → Laun liegt auf einem weithin sichtbaren Basaltfelsen die doppeltürmige Ruine der einst got. Burg H., die 1335 erstm. urk. erwähnt wurde, als Ks. Karl IV. sie an Zbynko Zajíc v. Waldeck verkaufte, der ihr den Namen H. verlieh. Angelegt worden war die Burg verm. von den Herren v. Lichtenburg, es kommt jedoch auch eine kgl. Gründung in der 2. H. 13. Jh. in Frage. Um 1400 gelangte das Städtchen Podhrad mit der Kirche zur H., doch wurde zunächst die Ansiedl. aufgegeben, später auch die 1586 als verlassen beschriebene Burg selbst. In der Unterburg dominierte der Schwarze Turm, in der Oberburg an höchstgelegener Stelle der Weiße Turm, an den sich der Palas anschloß. Burggraben und Mauerring boten wirksamen milit. Schutz.
(II) *Dur*

LV 245, 132–135; LV 246; LV 248, 95f.; LV 250, Bd. 1, 149–157; LV 259, Bd. 3, 131–135; J. Kejř, Házmburk, Praha 1956; D. Líbal/P. Macek/J. Urban, Hrad Klapý-Házmburk, in: CB 2 (1991), 107–114; LV 879, Bd. 1, 350–353; LV 279, Bd. 14, 1–7.

Hassenstein (Hasištejn, Bez. Komotau). Die Anfänge der 8 km n. von → Kaaden an einem ehem. wichtigen Landespfad gelegenen, heute nur noch als Ruine erhaltenen got. Burg H. reichen bis A. 14. Jh. zurück. Die erste schriftl. Erwähnung als »Assenstain« steht in Zusammenhang mit der Maiestas Carolina Kg. Karls IV. und der darin enthaltenen Aufzählung weniger bedeutsamen kgl. Kronguts, das verpfändet werden durfte. 1351 fiel H. als Lehen an die Herren v. Schönburg. 1418 eroberte ein kgl. Aufgebot die Burg, die nachfolgend an die Herren v. Lobkowitz überging, welche die Anlage schrittweise erweiterten. 1498–1510 residierte hier der bedeutende Humanist Bohuslaus Hassenstein v. Lobkowitz (†1510), der eine wertvolle Bibliothek anlegte und auch als Literat tätig war. 1514 büßte H. seinen Status als Obrigkeitssitz ein; nach einem Feuer 1560 verfiel die Burg allmählich. Den ältesten Teil der Anlage bilden der freistehende rundliche Bergfried, der turmartige Palas sowie die Kapelle. Das ma. Fortifikationssystem wurde mehrfach bei Umbauten verändert. E. 19. Jh. wurde die gesamte Burg restauriert. (I/II) *Dur*

F. Bernau, Hassenstein. Ein Beitrag zur Geschichte des Erzgebirges, Böhmisch-Leipa 1893; LV 245, 118f., 247, 275, 278; LV 246; LV 248, 94f.; LV 259, Bd. 3, 129ff.; K. Jentscher, Ruine Hassenstein, Komotau 1895; V. Karell, Die Burgruine Hassenstein, Karlsbad 1938; D. Menclová, Hasištejn. Přehled dějin hradu, Chomutov 1969; LV 879, Bd. 1, 342–346, Bd. 2, 291f., 323ff.; R. Schmidt, Die Burg Hassenstein, Komotau 1908; LV 279, Bd. 14, 128–138.

Havířov (Bez. Karwin). Im Gebiet versch. seit dem späten 19. Jh. entstandener Kohlengruben und Bergarbeitersiedl., die bis 1918 zum Teschener Schles. gehörten und dann bis 1920 an der tschsl.-poln. Demarkationslinie lagen, erfolgte nach dem Zweiten Weltkrieg die einzige städt. Neugründung der böhm. Länder im 20. Jh. Die als sozialist. Musterstadt im Stil der 1950er Jahre geplante Großsiedl. der Ostrau-Witkowitzer Metall- und Bergbaubetriebe erhielt 1955 ihren Namen (havíř = Bergmann) und das Stadtrecht. Innerhalb weniger Jahre entstand eine der 10 größten Städte der ČSSR bzw. der Tsch. Republik. Weiter zurück reicht die Geschichte einzelner Ortsteile, die z. T. Herrsch.- oder Gutssitze waren. In Nieder-Bludowitz bestand bis 1654 eine luth. Pfarre, die 1782 erneuert wurde und eine klassiz. Kirche erhielt. Schumbarg, erstm. 1438 erwähnt, war bis 1654 luth.; Ziwotitz weist ein Schlößchen aus dem 18. Jh. mit Renaissance-Portal auf. – 1950: 17 399, 1980: 89 920 Eww., davon 74% tsch. und jeweils ca. 7% poln. und slow. Nationalität; 1991: 86 297 Eww. (V) *Lu*

A. Grobelný, Původní havířovské obce kolem roku 1800, in: TĚ 34/2 (1991), 16–20; Havířov (socialistické město), Ostrava 1974; LV 255, Bd. 1, 404, 411; LV 950, Bd. 1, 80, 245, 518, 567, 826; LV 259, Bd. 2, 57, 243, 286f.; E. Piťha, Jazykový a národnostní spor v těrlické farnosti v letech 1862–1864, Místek 1934; R. Prokop, Havířov – nové město v průmyslové aglomeraci, in: TĚ 26/3 (1983), 3–9; A. Sobek, Obec a panství Šumbark ve Slezsku, o. O. 1925; A. Wahla, Čtvrtstoletí výstavby a rozvoje města Havířova, in: TĚ 24/1 (1981), 2–7.

Heinrichsgrün (Jindřichovice, Bez. Falkenau). Die ersten Besitzer der Herrsch. H. waren im 13. Jh. verm. die Herren v. Hartenberg, denen E. 13. Jh. die Nothaft v. Falkenau folgten. 1339 erhielt Nikolaus Winkler, Burggf. v. Elbogen, den Besitz → Falkenau an der Eger, zu dem die Herrsch. H. gehörte, als Lehen der Böhm. Krone. Dieses ging vor 1366 wieder an Ks. Karl IV. als Kg. v. Böhmen zurück. Unter Kg. Wenzel IV. wurde der Ort 1397 erstm. urk. erwähnt. Ks. Sigismund verpfändete 1424 die Burggft. Elbogen sowie Stadt und Feste Falkenau an der Eger mit H.; seit 1434 waren die Gff. Schlick Pfandinhaber. In den folgenden 2 Jhh. bis 1628 wurde die Herrsch. mehrfach unter Nebenlinien des Hauses Schlick aufgeteilt. 1523 wurde der Zinnbergbau erstm. erwähnt, 1525 sind 2 Bergbauunternehmer nachgewiesen. Im Teilungsvertrag von 1525 wurde der Ort ausdrücklich als Markt bezeichnet. 1537 erhielt H. das volle Elbogener Stadtrecht. 1538 wurde die St.-Martinskapelle zur Pfarrkirche erhoben. Die Eww. waren damals schon größtenteils prot. 1627/28 konnte Otto Frh. v. Nostitz sämtliche Teile der Herrsch. H. von ihren prot. Schlickschen Besitzern erwerben und zusammenführen; er führte nach 1628 die Gegenref. durch, sein Neffe, Gf. Johann Hartwig v. Nostitz, Oberstkanzler von Böhmen, ließ die Kirche und ein neues Schloß erbauen. 1750 bestätigte Gf. Franz Wenzel v. Nostitz das Stadtrecht. Sein Sohn, Franz Anton, war der Erbauer des Jagdschlosses im Tiergarten der Stadt. Gf. Erwein Nostitz ließ 1843–46 die Straße Falkenau an der Eger–H.–Graslitz erbauen. Letzter Besitzer von H. war Gf. Friedrich Nostitz, verheiratet mit Sophie Hohenberg, Tochter des 1914 ermordeten k.u.k. Thronfolgers Ehzg. Franz Ferdinand. Er wurde 1946 enteignet und nach Österr. ausgewiesen. Aufgrund des Fehlens von Industrie und Bahnanschluß konnte sich H. nur schwach entwickeln. – 1847: 1977 (Dt.), 1939: 1652, 1980 mit Eingemeindungen 394 Eww.   (I) *Rog*

H. Brandl, Festschrift zur 400 Jahrfeier der Stadt Heinrichsgrün, Heinrichsgrün 1937; P. Jančárek, Obyvatelstvo Jindřichovic a hornictvi v předbělohorské době, in: SDH 1 (1971), 104–113; ders., Vznik měst a městeček v české části Krušnohoří v době předbělohorské, in: KHS 7 (1968), 37–49; J. Kirchberger, Geschichtliche Mitteilungen über die Stadt Heinrichsgrün in Böhmen, Wien 1892; LV 507, 132f.; LV 275, Bd. 2, 51–59; LV 279, Bd. 13, 170; J. Seitz, Heinrichsgrün, Dettingen am Main 1972; LV 283, Bd. 15, 68–73; LV 906, Bd. 2, 603.

Helfenburg (Helfenburk, Bez. Leitmeritz). Die urspr. kgl. Burg H., 3 km ö. → Auscha, gelangte 1375 durch Kauf aus der Hand Johanns v. H. an den Prager Ebf. Johannes Očko v. Wlašim und dessen Neffen und Nachfolger Johannes v. Jenstein. Dieser behielt H., was ihm 1398 vom Papst bestätigt wurde, auch nach seiner Resignation vom Amt bis zu seinem Tod 1400; damals wurde H. bedeutend ausgebaut. Als letzter Prager Ebf. weilte Konrad v. Vechta (1413–31) auf der Burg. Im 15./16. Jh. wechselte H. häufig die Besitzer; 1467 eroberte sie Kg. Georg v. Podiebrad von Zdeněk Konopischt v. Sternberg und gab sie seinem Gefolgsmann Peter Kapler v. Sullowitz. 1620 plünderten und verbrannten ksl. Truppen die Burg, die damals im Besitz des Johann Sezima v. Ústí aus dem benachbarten Auscha war. Ks. Ferdinand II. konfiszierte dessen Gut und gab die Ruine H. an die Jesuiten von → Liebeschitz. Eine Teilrenovierung, die den Zerfall stoppte, fand in den Jahren 1887–90 statt.   (II) *Lüb*

F. Bernau, Album der Burgen und Schlösser im Königreiche Böhmen, Bd. 1, Saaz 1891, 117–149; ders., Die Helfenburg, in: MVGDB 16 (1878), 227–234; LV 259, Bd. 3, 151–155; J. Smetana/F. Gabriel, Středověké kachle z hradu Helfenburku, in: AH 13 (1988), 545–560; dies., Stavební vývoj hradu Helfenburku, in: AH 19 (1994), 51–64.

Hennersdorf (Jindřichov, Bez. Freudenthal). Mit Hilfe niederdt. Lokatoren trieb der Olmützer Bf. Bruno v. Schauenburg (1247–81) seit M. 13. Jh. die Besiedl. des Umlandes von → Hotzenplotz planmäßig voran. H., 8 km ö. → Zuckmantel, zählt zu jenen Reihendör

fern, die 1249–67 als Rodungen im Gebirgsvorland gegr. wurden.
Der 1256 erstm. belegte Ortsname »Henrikestorph« verweist auf niederdt. Abkunft des Lokators. Nach mehreren Besitzerwechseln verkaufte der Olmützer Bf. die Herrsch. H. 1739 an den Reichsfrh. Johann Christoph v. Bartenstein (1681–1767), dessen Nachkommen
H. bis 1866 innehatten. Seit 1868 befand sich die Herrsch. im Besitz
der Fam. Klein v. Wiesenberg (ab 1872 Frhh.). Das Barockschloß
wurde 1844 durch Brand weitgehend zerstört, an seine Stelle trat ein
vierflügeliger klassiz. Bau. Seit 1945 wird das Schloß zur Betreuung
von Kindern und Behinderten genutzt. Der Prot. fand 1580–1630
nur geringen Widerhall. Schwere Einschnitte in die von Land- und
Forstwirtschaft, Schafzucht sowie Textilverarbeitung getragene
Entw. des Ortes bedeuteten wiederholte Plünderungen 1642–47,
bes. die Schles. Kriege, unter denen H. als Grenzort zu leiden hatte.
Die wirtsch. Schwerpunktverlagerung nach O-Schles. und der
Übergang zu maschineller Produktion berührten seit 1860 zunehmend die Existenzgrundlagen der Bev., die Eww.-Zahl sank von
3086 (1837) auf 2424 (1930), davon 93 Tsch. Die dt. Bev. wurde
1946 zwangsausgesiedelt (1980: 1635 Eww.).   (IV/V) *Bei*

J. Chowanetz/A. Wurst, Der Hotzenplotzer Schulbezirk, Jägerndorf 1890, 134–
141; F. Ens, Das Oppaland oder der Troppauer Kreis, Bd. 4, Wien 1837, 136f.; LV
374, 89–108; LV 259, Bd. 2, 115f.; W. Latzke, Die Besiedlung des Oppalandes im
12. und 13. Jahrhundert, in: ZVGS 72 (1938), 44–135; LV 168, Bd. 3, Nr. 180,
Bd. 4, Nr. 38; LV 281, Bd. 1, 240f.

Heřmanměstetz (Heřmanův Městec, Bez. Chrudim). Das einstige
Untertanenstädtchen H. erhielt seinen Namen durch Hermann v.
Mrdice, der den Ort in der 1. H. 14. Jh. gründete. Seit dem 15. Jh.
bestimmten zunächst Johann Městecký v. Opočno (1422–29) und
Johann Hertwig v. Rušinov (1429–55), die auf der Burg → Lichtenburg residierten, die weiteren Geschicke des Ortes. 1457–1538 ge-
hörte H. zur Grundherrsch. der Trčka v. Leipa. Johann Trčka v.
Leipa verkaufte H. anschließend an die Brüder Burian und Sigis-
mund Anděl v. Ronovec. Aufgrund seiner Beteiligung am Ständeaufstand 1547 mußte Sigismund Anděl die Umwandlung der
Herrsch. H. von einem Allodialgut zu einem Lehen hinnehmen.
Dennoch konnte er um 1566 die Stadtrechte für H. erwerben. Nach
dessen Tod 1571 fiel der Ort als heimgefallenes Lehen an den böhm.
Kg. Die kgl. Hofkammer verkaufte die städt. Herrsch. 1577 an die
Oppersdorf v. Dub, die in H. ein Schloß erbauen ließen. Nachfolgend kam es zu wiederholten Besitzerwechseln: den Herren v. Žerotín (1591–1611) folgten 1611–61 die Herren Berka v. Dubá, 1661–
1794 die Gff. Sporck, 1794–1828 die Herren v. Greiffenklau und
schließlich die Gff. Kinsky, denen das Schloß bis 1945 gehörte. – Auf

dem langgestreckten Markt erhebt sich in der Mitte die 1756–62 erbaute St.-Bartholomäus-Kirche. Seit 1650 gab es in H. eine starke
jüd. Gem., die E. 19. Jh. 12% der Bev. stellte. Ihre Wohnhäuser lagen
in einem eigenen Stadtviertel, das über eine Selbstverw. verfügte.
Erhalten blieben der jüd. Friedhof und die Synagoge aus dem 19. Jh. –
1850: 3600, 1890: 4490 (davon 58 Dt.), 1950: 3300, 1991: 5156
Eww.   (III) *Vor*

V. Hanus [u. a.], Chrudimsko a Nasavrcko, Bd. 4, Chrudim 1926, 368–391; A.
Klaus, Heřmanův Městec a okolí, Heřmanův Městec 1900; LV 279, Bd. 1, 177–190;
J. Teplý, Heřmanoměstecký statek koncem 14. století, in: VSH 1 (1991), 13–48; P.
Vorel, Urbář města a panství Heřmanův Městec z roku 1572, in: VSH 2 (1992),
239–274.

Herrlitz → Großherrlitz

Hirschberg (Doksy, Bez. Böhmisch Leipa). 1264 von Kg. Přemysl
Otakar II. gegr., knüpfte H. an die bereits bestehende Siedl. Chulm
an. Im Schutz des Landesherrn und der Königsburg → Bösig gelang es
rasch, neue, vorwiegend dt. Siedler anzuziehen, die gegenüber den
eingesessenen Bewohnern bald in der Überzahl waren. Der Plan, H.
zur Königsstadt zu machen, wurde nach dem Tod Kg. Přemysl Otakars II. nicht verwirklicht. Seit der Stadtgründung veränderte sich der
für eine unbefestigte ma. Stadt typische Stadtgrundriß nur unmerk-
lich. Im wesentlichen teilte H. das Schicksal der nahe gelegenen Burg
Bösig. Ks. Karl IV. ließ bei H. den mit 350 ha größten Teich Nordböhmens anlegen, der im 20. Jh. auch touristisch genutzt wird. Benannt ist der Teich (Máchovo jezero) nach dem tsch. Lyriker Karel
Hynek Mácha, dessen bekannteste romant. Dichtung »Maj« hier handelt. Als Sprachinsel im überwiegend tsch. Umland verzeichnete H.
in der Folgezeit einen weitgehenden Rückgang der dt. Bev.; M.
16. Jh. legten die Herren v. Wartenberg in H. ein Renaissance-
Schloß an, dessen W-Flügel in seiner urspr. Form erhalten ist. Die
Entw. der Textilindustrie, die in Napoleonischer Zeit begann, kam
nach einem verheerenden Brand im Jahre 1842 zum Erliegen. – 1869:
6277, 1950: 5167, 1980: 6475 Eww.   (II) *MSW*

Doksý listinář. Bearb. v. M. u. B. Vojtíšek, Ústí n. L. 1969; F. Gabriel/J. Smetana,
Sídelně historické aspekty vzniku města České Lípy, in: AR 5 (1980), 131–142; LV
259, Bd. 3, 94ff.; Z. Kalista, Město mezi horami, Liberec 1969; F. Queißer, Das
älteste Stadtbuch von Hirschberg in Böhmen, Tetschen 1936; LV 275, Bd. 4, 213–
221; LV 569, Bd. 1, 285f.; LV 514, 114–149; LV 906, Bd. 1, 288f.

Hlinsko (Bez. Chrudim). Das 25 km s. von → Chrudim gelegene H.
erschien in den Schriftquellen erstm. im 14. Jh. als Bestandteil der
Herrsch. → Richenburg, zu der es bis 1848 gehörte. 1350 wurde H.

erstm. als Städtchen erwähnt. Nach 1361 erwarben die Herren v. Pardubitz die Herrsch. und hielten diese bis 1439 in Besitz. Das Familienwappen dieses Geschlechts erhielt H., ähnlich wie → Pardubitz selbst, als Stadtwappen. 1413 ist ein Kastell belegt. Nach der Niederlage des Ständeaufstands 1547 und der sich anschließenden Konfiskation der Güter Wilhelms v. Waldstein errichtete Kg. Ferdinand I. an der Grenze des Bez. Chrudim zu Mähren eine Zollstation. Bis zum 19. Jh. dominierten hier Töpferhandwerk und Weberei. Erst 1851 setzte die fabrikmäßige Textilproduktion ein, als in H. der Wiener Unternehmer Philipp Haas einen prosperierenden Betrieb errichtete. Für die weitere Entw. der Stadt war entscheidend, daß die Eisenbahnstrecke Pardubitz–Deutschbrod im Gegensatz zu einem urspr. geplanten, kürzeren Projekt einen Umweg über H. nahm. – 1848: 3680 (nur Tsch.), 1900: 4100, 1950: 5900, 1991: 10 916 Eww.

(III/VII) *Vor*

K. V. Adámek, K dějinám Hlinska a okolí, Praha 1872; ders., Cechovní zřízení na Hlinecku v 17. a 18. věku, Praha 1899; LV 905, Bd. 11, 8–15; J. Frolík, Archeologické nálezy Hlinecka a Chrastecka, Hlinsko 1989; LV 279, Bd. 1, 93; K. Šrámek, Hlinsko v Čechách. Stručný nástin dějin města, Hlinsko 1968.

Hochchlumetz (Vysoký Chlumec, Bez. Příbram). Für 1235 und 1250 ist das Dorf H., etwa 10 km sw. von → Selčan, quellenmäßig belegt. An der Stelle des heutigen Schlosses ließ verm. Herbold v. Janowitz ein Kastell errichten, das 1382 erstm. in den Schriftquellen auftaucht. Der Ausbau zur Burg geht auf dessen Enkel Burkhard v. Janowitz zurück, der seit 1379 am kgl. Hof Kg. Wenzels IV. erscheint, 1394/95 das einflußreiche Amt eines Oberstburggf. bekleidete, jedoch 1394 als Mitglied der Herrenliga in den innenpol. Machtkämpfen gegen Wenzel IV. Stellung bezog. Er verlor 1397 seine Stellung am Hof und fiel wenig später einem Mordanschlag zum Opfer. Einer der Söhne Burghardts v. Janowitz, Peter, siegelte 1415 den an das Konstanzer Konzil gerichteten Beschwerdebrief böhm. Adeliger. 1434 kämpfte er bei Lipan auf der Seite der kath. Liga und erhielt später von Ks. Sigismund mehrere Dörfer in der Umgebung von H. als Pfandschaft. Nach der ältesten, um 1450 verfaßten Beschreibung der Herrsch. umfaßte diese das gleichnamige Dorf unterhalb der Burg, 16 weitere Dörfer, 2 Güter sowie mehrere Waldstükke. Der Sohn Peters v. Janowitz, Dietrich, der die Herrsch. arrondierte, war ein Anhänger Kg. Georgs v. Podiebrad. 1474 gelangte H. in den Besitz der Herren Popel v. Lobkowitz, welche die Herrsch. bis zum 17. Jh. schrittweise vergrößerten. Nach 1620 profitierten die kath. Popel v. Lobkowitz von den Güterkonfiskationen prot. Adeliger. Den 30jähr. Krieg überstand H. ohne größere Schäden. Unter Fst. Wenzel Franz Eusebius v. Lobkowitz erfolgte 1643–54 der Um-

bau der Burganlage: 1678 schuf Antonio della Porta die w. Vorburg
mit frühbarockem Tor und neuer Brücke. Bis 1948 gehörte H. zum
Besitz des Raudnitzer Zweiges der Lobkowitz. Von der 1549 durch
Ladislaus Popel v. Lobkowitz erbauten Wallfahrtskirche St. Markus
blieb lediglich das polygonale Presbyterium erhalten. – 1869: 503,
1910: 608, 1950: 358, 1991: 834 Eww.   (VI) *Krz*

LV 259, Bd. 4, 398f.; LV 879, Bd. 2, 183ff.; V. Štěpán, Vrážda čtyř členů královské
rady na Karlštejně roku 1397, in: ČČH 92 (1994), 24–44.

Hochwald (Hukvaldy, Bez. Friedek-Mistek). Die Burg – eine der
größten Festungsanlagen Mährens – liegt 10 km sw. von
→ Friedek-Mistek auf einer 480 m hohen Felsanhöhe, die von 2 Seiten von der Ondřejnica umflossen wird am Weg vom nö. Mähren
zum Teschener Land und nach Polen, und war Mittelpunkt der
gleichnamigen Herrsch. Der älteste Teil der Anlage stammt aus den
1230er Jahren; sie wurde durch den aus dem Rheinland (Hückeswagen an der oberen Wupper) stammenden Gf. Arnold v. Hückeswagen angelegt, der, seit 1228 am Hof Kg. Přemysl Otakars I. nachgewiesen, von diesem das Waldgebiet nö. der Mähr. Pforte bis zur
Ostrawitza erhielt; der Name (1234 Hucesvage, Hugensvald 1235) ist
vom Namen Hückeswagen abgeleitet. Vor 1267 kaufte der Olmützer
Bf. Bruno v. Schauenburg die Burg und baute sie weiter aus. Die
Anlage erfuhr in fast jeder Generation größere Um- und Ausbauten
sowie Verbesserungen des Sicherungssystems. Von bes. Bedeutung
waren der Renaissance-Umbau nach 1466 unter Bf. Tas und Benesch
Černohorský v. Boskowitz und der Neubau von Befestigungsanlagen
A. 16. Jh. unter Bf. Stanislaus Thurzó v. Béthlenfalva; 1550–60 wurde unter Bf. Johannes Dubravius und Bf. Marek Khuen ein neuer
Wohnflügel im Renaissancestil hinzugefügt; unter Bf. Stanislaus Pavlovský wurden nach 1580 größere Umbauten vorgenommen, durch
die der älteste Burgkern und die vorgeschobenen Befestigungsanlagen zu einer Einheit zusammengefügt wurden; die letzten wichtigen
Umbaumaßnahmen erfolgten nach 1645 unter Bf. Leopold Wilhelm,
wodurch die Anlage den Charakter einer Barockfestung erhielt. – Die
Burg wurde seit A. 14. Jh. von den Olmützer Bff. immer wieder verpfändet; 1465–1507 war sie in den Händen der Herren v. Boskowitz.
Wegen ihrer strategisch wichtigen Lage wurde sie mehrfach belagert,
so von den Huss., im 30jähr. Krieg 1621 von ungar., 1626 von Mans-
feldischen, 1639, 1642 und 1645 von schwed. Truppen, dann 1680
durch ungar. Aufständische unter Emmerich Thököly und 1742 und
1758 durch preuß. Truppen. Zur Fleischversorgung legte Bf. Wilhelm Prusinovský 1568 auf der Burg ein Wildgehege an, Vorläufer
des Geheges, das sich seit M. 18. Jh. unterhalb der Burg befindet. Seit

M. 16. Jh. bis 1760 befand sich auf der Burg ein Zuchthaus. Gegen die Herrsch. des Burghauptmanns Maximilian Harrasovský erhob sich 1695 ein großer Bauernaufstand. Seit E. 17. Jh. geriet die Anlage zunehmend in Verfall; nach einem Brand 1762, bei der auch das herrschl. Archiv verbrannte, blieb die Burg wüst. Die herrschl. Ämter übersiedelten in das Schloß in der seit A. 18. Jh. unterhalb der Burg entstandenen Dorfsiedl. Das Dorf H. (1991: 1856 Eww.) kam 1858 zur Gem. Skenau. Im Gebäude der alten Schule wurde 1854 der Komponist Leoš Janáček (†1928) geb.; dort befindet sich ein Museum für den Künstler.   (V) *Ke*

LV 463, 9, 150, 304, 317f.; LV 255, 698f.; L. Hosák, Středověké osídlení a kolonizace mezi Odrou, Ostravicí a Beskydami, in: ČSPS 64 (1956), 17–22; ders., Nejstarší dějiny Ostravy a Ostravska, in: Ostrava. Sborník příspěvků k dějinám a výstavbě města, Bd. 1, Ostrava 1963, 26–68, hier 32–43; LV 950, Bd. 1, 223f., Bd. 2, 859; LV 259, Bd. 2, 95–100; F. Linhart, Místecký okres, Brno 1915, 167–182; D. Menclová, Hukvaldy. Státní hrad a památky v okolí, Praha 1963; L. Mlčák, Státní seznam nemovitých kulturních památek okresu Frýdek-Místek, Ostrava 1980, 100f.; LV 896, 265; LV 569, Bd. 2, 406; R. Žáček, Dosavadní výsledky archeologického výzkumu na hradě Hukvaldy, in: TĚ 3/1974, 19–22; ders., Pobeskydí od husitství do Bílé Hory, Frýdek-Místek 1986, 54f.; F. Zapletal, Z dějin hradu Hukvaldu, in: NV 5 (1939), 118–124; P. Ziegler, Die Grafen von Hückeswagen in Mähren, in: ZGLM 45 (1943), 1–30, 81–116, 141–177.

Höritz im Böhmerwalde (Hořice na Šumavě, Bez. Krumau). Als erster urk. belegter Besitzer von H. erscheint nach 1250 Heinrich v. Amschelberg, der den Ort nach 1281 an die Witigonen abtrat. Seit 1290 gehörte H., das 1375 zum Städtchen erhoben wurde, zur Herrsch. des Kl. → Hohenfurth. Die urspr. frühgot., um 1250 erbaute Kirche St. Katharina wurde um 1500 neu gestaltet. Die neogot. Inneneinrichtung stammt vom E. 19. Jh. Das ma. Aussehen des Städtchens wurde durch den Einfall der Schweden E. des 30jähr. Krieges sowie mehrere Brände stark in Mitleidenschaft gezogen. Auf dem Markt steht ein 1549 aufgestellter Pranger. Den Text für die Uraufführung der H.er Passionsspiele im örtl. Gasthof 1818 schrieb der Weber Paul Gröllhesl, der hierfür eine Buchvorlage des Kapuziners Martin Cochem aus dem Jahre 1682 nutzte. Seit 1890 standen die Passionsspiele unter der Obhut des Dt. Böhmerwaldbundes. 1893–1947 fanden sie im neuen Theater oberhalb des Städtchens statt. 1993 wurde die Tradition dieser Passionsspiele erneuert. – 1930: 1192 (davon 1081 Dt.), 1991: 620 Eww.   (VI) *Bůž*

J. J. Ammann, Das Passionsspiel des Böhmerwaldes, in: MVGDB 30 (1912), 181–296; W. Böhm, Höritz im Böhmerwalde, Budweis 1923; K. Leimbigler, Der Böhmerwald und das Höritzer Passionsspiel, Budweis 1908; LV 906, Bd. 1, 434f.

Hohenbruck (Třebechovice pod Orebem, Bez. Königgrätz). Auf
eine lange Siedlungstradition an dem 13 km ö. von → Königgrätz
gelegenen Ort weist das 1879 am sw. Stadtrand entdeckte Gräberfeld
der Urnenfelderkultur (Schles.-Platěnicer Kultur) mit einer dazugehörigen Ansiedl. hin. Das 1358 als »Altus pons« erwähnte H. (Brücke
über die Dědina) befand sich urspr. im Bereich der heutigen Altstadt.
Hier bereits lebenden Tsch. folgten dabei dt. Siedler, die sich jedoch
im SpätMA assimilierten. 1368 erwähnen die Quellen erstm. ein Kastell, das sich im Besitz des Hynek v. Dubá befand. Hynek IV. Hlaváč
v. Dubá stellte sich auf die Seite der Huss., die 1422 in der Feste ihnen
feindlich gesinnte Bürger aus Königgrätz gefangenhielten. Nach
1432 herrschte hier der ehem. Huss.hauptmann Přibík Kroměšín v.
Březovice, dessen Tochter Johanna das Gut H. Nikolaus d. J. Trčka v.
Leipa abtrat, der es seiner Herrsch. → Opočno dauerhaft inkorporierte. Das Kastell verlor seine Bedeutung und verfiel, die letzte Erwähnung stammt von 1544. Bereits für 1384 ist die Pfarrkirche St. Andreas bezeugt, die nach einer Feuersbrunst (1567) in den Jahren 1572–
75 erneuert wurde (1767–70 erweitert). – Auf dem nach dem biblischen Gottesberg Horeb benannten Hügel »Oreb« oberhalb von H.
versammelten sich zu Beginn der huss. Bewegung Anhänger des Jan
Hus, die man nach ihrem Versammlungsort Orebiten nannte. Urspr.
stand dort eine hölzerne Kapelle, die 1528 die Utraqu. durch eine
Holzkirche ersetzten (1826 abgerissen); 1835 entstand die heutige
Fronleichnams-Friedhofskirche. H. ist nicht zuletzt wegen seiner um
1890 entstandenen mechanischen Weihnachtskrippe bekannt, einer
volkstümlichen Holzschnitz-Arbeit mit 400 Figuren. – 1890: 4152,
1930: 5144, 1950: 4976, 1991: 5253 Eww.   (III) *Ben/Krz*

M. Fejk, Třebechovický betlém, Hradec Králové 1967; V. Koleš, Třebechovické
kroniky, Hradec Králové 1923; P. Křížek/M. Řezník, Hrady, zámky a tvrze na Královéhradecku, Hradec Králové 1992, 98f.; F. Oberpfalcer, Třebechovice a jejich
okolí v knihách smolných, in: OO 1 (1937), 87–92.

Hohenelbe (Vrchlabí, Bez. Trautenau). Im Zuge der Kolonisation
entstand 20 km w. von → Trautenau am Fuße des Riesengebirges
verm. im 13. Jh. das Dorf H. als Bestandteil des Trautenauer Lehens.
Die erste urk. Erwähnung stammt von 1359, als ein gewisser Hašek
v. H. als Besitzer genannt wird, dessen Nachfahren bis A. 16. Jh. im
Besitz von H. blieben. 1525 wurde es aus dem Trautenauer Lehen
ausgegliedert: der damalige Besitzer Johann Tetour v. Tetov verkaufte H. 1533 an Christoph Gendorfer v. Gendorf, einen aus Kärnten
stammenden Adeligen, der unter kg. Ferdinand I. zum Kammerrat in
Bergangelegenheiten aufstieg. Unter seiner Herrsch. konnte sich H.
allseitig entfalten, 1533 erhielt es Stadtrechte sowie zahlr. Bergprivi-
legien. Gendorf ließ eine steinerne Kirche mit einem Pfarrhaus er-

bauen, eine Schule einrichten und setzte sich für das prot. Gemein-
deleben ein. Neben dem alten Wasserkastell ließ er 1546–48 ein dreigeschossiges Renaissance-Schloß mit 4 achteckigen Türmen erbauen. Nach Gendorfs Tod 1563 ging H. an dessen Tochter Eustachie, die Witwe Wolf Bocks v. Hermsdorf, fstl. Kanzler zu Liegnitz,
deren Besitz wiederum unter ihren Töchtern aufgeteilt wurde. 1624
erwarb Albrecht v. Wallenstein die Stadt, unter dem eine neue
wirtsch. Blüte einsetzte, da in H. eine Waffenschmiede die einheimischen Erze verarbeitete. Nach Wallensteins Tod 1634 übertrug die
kgl. Kammer H. 1635 an Kamil Rudolf Morzin, dessen Geschlecht
1881 ausstarb. 1705–25 entstand auf Veranlassung Wenzel Morzins
das Augustinerkl. mit Kirche. 1820 wurde das Schloß umgebaut: Das
Portal mit dem Namen des Gründers verschwand, der Bau wurde um
ein Stockwerk verkleinert, die Burgmauern wurden zumeist abgetragen, die Wassergräben zugeschüttet. Im 19./20. Jh. folgten weitere
Umbauten. Das Renaissance-Rathaus (1591) wurde 1732 barockisiert und 1927 restauriert. Vom urspr. Stadtbild blieben einige Holzhäuser aus dem 16. Jh. erhalten. Im 18. Jh. gingen die Erzvorkommen
zur Neige, der Bergbau wurde eingestellt. Eine dominierende Rolle
übernahm nun die Textilindustrie. – 1843: 3256, 1900: 5944 Dt. und
598 Tsch., 1930: 6984 (5647 Dt. und 1203 Tsch.), 1950: 6551, 1991:
13 416 Eww.   (III) *Fr*

Festschrift zur Vierhundertjahrfeier der freien Bergstadt Hohenelbe 1533–1933,
Hohenelbe 1933; E. Flégl, Průvodce Vrchlabím, Vrchlabí 1946; H. Hallwich, Gründung der Bergstadt Hohenelbe, Hohenelbe 1882; LV 259, Bd. 6, 540f.; F. J. Jira-
sek/J. Patzak, Volks- und Heimatkunde des politischen Bezirkes Hohenelbe und der
deutschen Gemeinden der im Westen angrenzenden Gerichtsbezirke Neupakau
und Starkenbach, Bde. 1–3, Hohenelbe 1907–15; LV 279, Bd. 5, 229–235; W.
Schuster, Das Hohenelber Augustinerkloster, Trautenau 1930; LV 906, Bd. 4, 275–
278.

Hohenfurth (Vyšší Brod, Bez. Krumau). Nahe einer Furt über die
Moldau entstand vor 1250 eine Wachsiedl. an einem von Böhmen
nach Oberösterr. führenden Weg. Die Gliederung der Siedl. belegt
die langgestreckte Gestalt des Marktes in dem aufsteigenden Terrain.
1259 gründete Wok I. v. Rosenberg der Überlieferung nach ein Zisterzienserkl. zum Dank für seine wundersame Errettung aus den Flu-
ten der Moldau. Das 1379 angelegte Urbarium seiner Herrsch. gilt als
das älteste überlieferte Dokument dieser Art in Böhmen. 1528 verlieh
Johannes III. v. Rosenberg H. den Status eines Städtchens. Die Herren v. Rosenberg übten bis 1611 das Patronatsrecht über das Kl. und
dessen Güter aus. Johann Zrínsky v. Seryn, Ks. Matthias und Ks.
Ferdinand II., die vorübergehend dieses Recht innehatten, folgten
1622 die Eggenberg und 1719 die Schwarzenberg. Die urspr. 1260–

70 erbaute Dekanatskirche St. Bartholomäus an der Oberseite des
Marktes wurde 1422 in den Huss.kriegen zerstört und im 16./17. Jh.
erneuert. – Den Mittelpunkt des befestigten Zisterzienserkl. bildet
die urspr. hölzerne, 1259 geweihte Kirche Mariä Himmelfahrt. Die
Anfänge des steinernen Baus reichen in das ausgehende 13. Jh., wie
das 1270–80 geschaffene got. Portal der Sakristei bezeugt. Das Gewölbe der dreischiffigen Kirche wurde 1360–70 vollendet. Den
Hauptaltar krönt ein Zyklus von 9 Bildern mit Episoden aus dem
Leben Christi. Dieser heute in der Nationalgalerie Prag gezeigte Zyklus entstand vor 1347 im Auftrag Peters I. v. Rosenberg. Spätgot.
sind die beiden Seitenaltäre, bei denen es sich um geschnitzte Flü-
gelaltäre des hl. Rochus und der hl. Barbara von 1524–25 handelt.
Der frühbarocke Hauptaltar wurde 1644–46 geschaffen. Die späteren
Umbauten der Kirche gehen auf die Jahre 1830–62 bzw. 1878–82
zurück; 1262–1612 diente die Kirche als Grablege der Herren v. Rosenberg. Das Rosenberger Epitaph wurde im Auftrag des Konvents
1622–29 gefertigt. Der Kapitelsaal des Kl. entstand 1285–1300, der
Kreuzgang 1360–80. 1385 kamen Refektorium und Dormitorium
hinzu. Die 1757 erbaute Kl.bibliothek zieren Deckenmalereien vom
A. 19. Jh. – Nach einer Steuerrolle zählten um 1650 neben den 3
Städtchen H., → Höritz und einem Teil von Priesthal 103 Dörfer und
14 Weiler zur Kl.herrsch. Bis 1848 übte das Kl. Herrsch.rechte im
gleichnamigen Städtchen aus. 1850 wurde H. der Bezirkshauptmannschaft → Kaplitz unterstellt, 1870 erhielt es Stadtrechte. Zahlr. Brände
vernichteten einen Großteil der Häuser. – 1930: 2027 (davon 1731
Dt.), 1991: 1973 Eww. (VI) *Bůž*

J. Čechura, Počátky vyšebrodského kláštera, in: JSH 50 (1981), 4–16; ders., Patrová
kaple a nejstarší části kláštera ve Vyšším Brodu, in: UM 31 (1983), 317–333; ders.,
Nejstarší český urbář. Urbář kláštera ve Vyšším Brodě z konce sedmdesátých let 13.
století, in: PHS 27 (1986), 5–26; M. Hlinomaz, K interpretaci, době vzniku a pů-
vodci tzv. rožmberského náhrobku ve Vyšším Brodě, in: JSH 56 (1987), 71–80;
ders./V. Kolda, Vyšebrodský klášter – nekropole Rožmberků, in: JSH 57 (1988),
173–184; dies., Náhrobní kameny vyšebrodských opatů, in: JSH 59 (1990), 44–57;
D. Kaindl, Geschichte des Zisterzienserklosters Hohenfurth in Böhmen, Krumau
1930; A. Kubíková, Panství Vyšší Brod a Zlatá Koruna ve světle berní ruly, in: JSH
51 (1982), 199–210; LV 872; LV 875, 464–475; LV 891, 455ff.; LV 906, Bd. 4,
310–317; J. Pešina, Mistr Vyšebrodského cyklu, Praha 1982.

Hohenmauth (Vysoké Mýto, Bez. Wildenschwert). An einem bereits steinzeitl. besiedelten Ort entlang eines Böhmen mit Nordmähren verbindenden Fernhandelsweges entstand die 1073 erstm. erwähnte Burg Wratzlau als Zentrum eines přemyslidischen Burgbez.
Die Chroniken des Cosmas v. Prag und des sog. Dalimil erwähnen
Wratzlau als Ort der Ausrottung der Slawnikidenfam. der Vršen

durch Hzg. Svatopluk. In den Stadtbüchern von H. wird die Burg, die seit E. 13. Jh. an Bedeutung verlor und verfiel, bis ins 16. Jh. erwähnt. Trümmer der Burg wurden 1724–30 für den Bau der barokken Nikolauskirche verwandt. – Die Stadt H. wurde nach 1260 durch Kg. Přemysl Otakar II. an der Straße von → Prag nach → Olmütz gegr. Das 1307 den böhm. Kgnn. als Leibgedingestadt zuerkannte H. entstand auf einem regelmäßigen got. Grundriß nach Magdeburger Recht und unter Ansiedl. dt.sprachiger Bev., wobei der Stadtausbau E. 13./14. Jh. rasche Fortschritte machte. Von der (1265 belegten) ma. Befestigung sind Teile der Mauern und Basteien mit jüd. Inschriften aus dem 14. Jh. sowie die (teilw. rekonstruierten) Stadttore erhalten. H. beherbergte die 1347 erwähnten Kl. der Minoriten und Klarissen. 1421 wurde es von den Huss. erobert. In huss. Zeit ging die Bürgerschaft durchweg zum Gebrauch der tsch. Sprache über. 1567 besaß H. mit Vorstädten 368 Häuser, eine eigene Grundherrsch. und zählte zu den 10 größten Städten Böhmens. Nach dem Verlust der kgl. Privilegien 1547 büßte es jedoch allmählich an Bedeutung ein. Im 30jähr. Krieg wurde H. von den Schweden erobert und zerstört. H. besitzt rund um den Marktplatz zahlr. Häuser mit Bausubstanz aus der Renaissance mit Barock- und Rokokofassaden sowie bedeutende Kunstdenkmäler: Die Dekanatskirche St. Laurentius wurde E. 13. Jh. erbaut und 1875–1904 nach Veränderungen und Bränden bei barokker Ausstattung regotisiert. Bemerkenswert sind der 1700 entstandene Hochaltar, die Friedhofskirche zur Hl. Dreifaltigkeit (1543) und am Marktplatz das alte (1434) und das neue Rathaus (1531). Im 19. Jh. setzte nach dem Anschluß an das Eisenbahnnetz 1882 nur zögernd ein Aufschwung ein. H. spielte in der tsch. Emanzipationsbewegung durch die Gründung einer tsch. Bibliothek (1839) durch den Historiker Alois Vojtěch Šembera (1807–82), eines Archivs (1859) und eines Museums (1871) eine gewichtige Rolle. Aus H. stammen Johannes v. Neumarkt (um 1310–80), Bf. v. Leitomischl und Olmütz und Kanzler Ks. Karls IV., sowie der Jesuit Bedřich Bridel (1619–80), einer der wichtigsten böhm. Schriftsteller und Übersetzer des Barock. Im 19. Jh. gingen aus dem Patriziat der Stadt namhafte Wissenschaftler und Gelehrte hervor: der Rechtshistoriker und Slawist Hermenegild Jireček (1827–1909), dessen Bruder, der Literaturhistoriker Josef (1825–88), sowie dessen Sohn, der Historiker Konstantin Jireček (1854–1918). – 1830: 4623, 1869: 6018, 1901: 9503, 1980: 10 887 Eww. (IV) *Bb*

R. Dvořák/F. Hyksa, Kniha bílá úzká. Městská registra vysokomýtská 1423–1450, Choceň 1969; R. Dvořák, Vysoké Mýto. Stručné dějiny města, Hradec Králové 1974; ders./F. Hyksa, Historická topografie města Vysokého Mýta, Vysoké Mýto 1984ff.; H. Jireček, Kralovské věnné město Vysoké Mýto. Obraz místopisný, dějepravný, životopisný i statistický, Vysoké Mýto 1884; LV 952, Bd. 3, 167f., Bd. 4,

612; A. W. Šembera, Wysoké Mýto, králowské wěnné město w Čechách, Holomouc 1845; LV 905, Bd. 16, 100–161, 230–240.

Hohenstadt (Zábřeh, Bez. Mährisch Schönberg). Das 12 km sw. von → Mähr. Schönberg gelegene H. wurde 1254 erstm. erwähnt und vor 1289 zur Stadt erhoben. Es war im Besitz der Sternberg, Krawarn und Tunkl. Unter Georg v. Tunkl, der zu der Partei Kg. Georgs v. Podiebrad zählte, kam es 1468 bei H. zu einer Niederlage gegen die Anhänger des ungar. Kg. Matthias Corvinus. 1510 wurden H., → Brünnles und → Eisenberg an der March an Nikolaus Trčka v. Leipa verkauft, der die 35 Dörfer umfassende Herrsch. jedoch bereits nach 3 Jahren an die Boskowitz weiterverkaufte. Ihre Wirtschaftskraft verdankte die Stadt dem bürgerlichen Brauhaus und der unter den Tunkl eingeführten Teichwirtschaft. Am Marktplatz steht ein Renaissance-Schloß, das auf einer got. Burg aus dem 13. Jh. basiert. Die Wappen am Eingang des Schloßhofes sind die der Tunkl und der Boskowitz. Magdaléna Vizovská, die erste Ehefrau des berühmten Pädagogen Johann Amos Comenius, stammt aus dem Renaissance-Haus »Unter den Lauben« am Marktplatz. Getraut wurden beide in der von der Brüderunität erbauten spätgot., 1773 renovierten Barbarakirche auf dem alten Friedhof. Die Böhm. Brüder gründeten 1581 in H. die erste Schule. 1589 ging nach dem Tod des Johann Šembera Černohorský v. Boskowitz die Herrsch. in den Besitz seines Neffen Ladislaus Velen v. Žerotín über. 1622 gelangte H. nach der Schlacht am Weißen Berg an Karl v. Liechtenstein. 1661 wurde das Schloß teilw., 1727–36 durch umfangreiche An- und Umbauten barockisiert. Seit 1849 ist das an die Stadt verkaufte Schloß Sitz versch. Ämter. Die Pfarrkirche St. Bartholomäus (1756) von Domenico Martinelli besitzt eine barocke Ausstattung mit Arbeiten des in → Müglitz geb. Thaddäus Supper. Auf dem Marktplatz befinden sich eine Mariensäule (1713) mit tsch. Inschrift und ein Empirebrunnen (1829). Bereits 1848 wurde H. an die 1841 eröffnete Kaiser-Ferdinands-Nordbahn angeschlossen und entwickelte sich damit zu einem wichtigen Bahnhof für Nordmähren und Schles. sowie nach Inbetriebnahme der Strecke H.–Mähr. Schönberg–Zöptau 1871 zu einem Eisenbahnknotenpunkt. In H. befanden sich die 2 größten Industriefirmen Nordmährens. Seit 1945 hat die Industriestadt H. ihren Schwerpunkt in der Textilherstellung. 1850 lebten in H. 5 jüd. Fam., die zur Gem. → Mähr. Aussee gehörten. Die Bev. war zu 2 Dritteln dt. (1880: 1678 dt. und 927 tsch. Eww.). Nach der Besetzung der sud.dt. Gebiete 1938 verblieb in H. trotzdem eine starke tsch. Minderheit, deren Anteil nach der Vertreibung der Dt. stieg (1991: 14 507 Eww.). H. ist Geburtsort des Dichters geistl. Lieder Georg Vetter (1536–99) und des Polarforschers Jan Welzl (1868–1951).

(IV) *Lb*

J. Bartoš, Dělnické a komunistické hnutí na Zábřežsku 1921–1929, Šumperk 1971; J. Březina, Zábřežsko v období feudalismu do roku 1848, Ostrava 1963; L. Falz, Geschichte der Stadt Hohenstadt von den ältesten Zeiten bis zum Jahre 1900, Hohenstadt 1920; Heimatbuch für Stadt und Kreis Hohenstadt/March. Hg. v. W. Wollmann, Göppingen 1982; LV 253, Bd. 4, 141f.; LV 950, Bd. 2, 770; LV 259, Bd. 2, 281ff.; LV 254, Bd. II/2, 521–598; C. Lolek, Zábřeh 725 let (1254–1979), Zábřeh 1979; LV 266, 523–531; Der östliche Schönhengstgau. Ein Heimatbuch über die Kreise Hohenstadt-Müglitz im Ostsudetenland, Göppingen 1971; J. Pospíšil, Rodina Vizovských a Jan Amos Komenský, in: SMor 1 (1957), 40–51.

Holleschau (Holešov, Bez. Kremsier). Die in der H.er Ebene am Flüßchen Russawa gelegene Siedl. wurde erstm. 1131 erwähnt. Bereits 1322 wurde H. als Stadt geführt, die teilw. dem Olmützer Btm. als Lehen gehörte. H. ging anschließend bis 1580 in das Eigentum der Herren v. Sternberg über. Unter Karl d. Ä. v. Žerotín, der die Stadt einschl. der umliegenden Güter 1588 erwarb, war H. ein Stützpunkt der Böhm. Brüder, die hier 1573 und 1577 zwei Synoden abgehalten hatten. Während der nachfolgenden Herrsch. der Popel v. Lobkowitz in H. begann der Jesuitenorden A. 17. Jh. mit der Gegenref. Der hiesige, von den Nichtkath. im Ständeaufstand 1619 wegen Landesverrat angeklagte und ein Jahr später im Olmützer Gefängnis gest. kath. Pfarrer Johann Sarkander wurde in dieser Zeit als Märtyrer verehrt, 1860 selig- und 1995 heiliggesprochen. Während des 30jähr. Krieges wurde H. 1623 durch die Ungarn und 1642 durch die Schweden zerstört. H. hatte spätestens ab M. 15. Jh. eine der stärksten Judengem. Mährens, die erstm. 1560 urk. belegt ist, und die ein vom chr. Teil der Stadt weitgehend unabhängiges Leben führte. Die nach einem Brand 1560 im Renaissancestil errichtete Synagoge wurde 1615 und 1737 umgebaut. Auf dem jüd. Friedhof befindet sich das Grab des durch seine Kommentare rel. Texte bekannten Sabbatai ben Meir Kohen (1621–62). Im Jahre 1650 ging H. an die Gff. v. Rottal über, unter denen der Ort baulich nachhaltig verändert wurde. In dieser Zeit wurde auch das frühbarocke Schloß mit frz. Garten und bis heute erhaltenen Wasserkanälen erbaut. Die 1748 der von Filiberto Luchese umgebauten Pfarrkirche Mariä Himmelfahrt beigefügte Schwarze Kapelle schmücken klassiz. Plastiken von Bohumír Fritsch. Während des 7jähr. Krieges wurde die Stadt von den Preußen besetzt. Im Revolutionsjahr 1848 bildete sich in H. eine Nationalgarde. Während des Protektorats 1939–45 war H. eines der Widerstandszentren. H. ist der Geburtsort des durch seine Instrumental- und Kirchenwerke bekannten Komponisten Franz Xaver Richter (1709–89), des mähr. Bibliothekars, Publizisten und tsch. nat. Erweckers Johann Nepomuk Hanke v. Hankenstein (1751–1806) sowie des Archäologen Jaroslav Böhm (1901–62). – 1854: 5414, 1930: 6738 (davon 62 Dt.), 1950: 7771 und 1991: 12726 Eww.   (V) *Kle*

V. Fialová, Kronika holešovská 1615–1648, Holešov 1940; Holešov v minulosti a přítomnosti, Holešov 1957; J. Kopřiva, Popis okresního hejtmanství holešovského, Holešov 1914; LV 290, Bd. II/18, 69–167; J. Petrů, Holešov, Holešov 1967; J. Svátek, Rakousko-pruská válka v r. 1866 a její ohlas na Holešovsku, in: ZKMG (1966), 66–78; LV 791, Bd. I/3, 252–264.

Horažd'owitz (Horažd'ovice, Bez. Klattau). Die Anfänge des am l. Flußufer der Wottawa im sw. Böhmen gelegenen H. gehen ins 13. Jh. zurück, als hier die Herren v. Strakonitz unterhalb ihrer Burg Parchen einen Marktort gründeten. Das 1251 erstm. urk. belegte H. befand sich bis 1292 vorübergehend in Händen des Johanniterordens. Die 1260–73 erbaute Kirche St. Peter und Paul erfuhr in späterer Zeit mehrfache Umbauten. In den Besitz der Herren v. Strakonitz zurückgekehrt, wurde H. in ein stark befestigtes Städtchen ausgebaut, das 1293 aus der Verw. des Bez. Parchen herausgelöst wurde. Gleich mehrfach wurde der Ort durch kgl. Heere belagert: 1307, als die Herren v. Strakonitz die Hoheit Kg. Rudolfs I. über Böhmen nicht anerkannten, sowie erneut 1399, als er sich gegen die Krone erhob. Nach 1409 fiel H., das sich während der Huss.kriege auf die Seite der utraqu. Städte stellte, an die Herren v. Neuhaus und Welhartitz. H. wurde durch die kriegerischen Wirren jedoch nicht in Mitleidenschaft gezogen, es blühte sogar auf, so daß es umliegende Güter aufkaufen und 1463 das Marktrecht gewinnen konnte. 1477–1619 gehörte es den Herren Schwihau v. Riesenburg, die sich ebenfalls um den Aufschwung des Ortes verdient machten und dessen Rechte erweiterten (1497 Erbrecht und freies Umzugsrecht für alle Eww., 1586 Zollrecht sowie Privileg eines zweiten Jahr- und Pferdemarktes). Zu jener Zeit war H. sogar Berufungsort für andere südböhm. Städte. Erst der Ständeaufstand 1618–20 brachte empfindliche Rückschläge. Damals im Besitz des Ferdinand Karl Schwihau v. Riesenburg, wurde H. von ksl. Truppen erobert und völlig ausgeplündert. In der Folgezeit büßte es vorübergehend seine Stadtrechte ein. Während der Herrsch. der Herren v. Sternberg (1619–1709) wurde die im 13. Jh. belegte Feste zum Schloß umgebaut. Die nachfolgenden häufigen Besitzerwechsel gereichten der städt. Wirtschaft jedoch spürbar zum Nachteil. Erst in der 2. H. 19. Jh. zeichnete sich dank der Entw. neuer Gewerbebranchen (Papier-, Textil- und Lebensmittelindustrie) ein bescheidener Aufschwung ab. H. ist der Geburtsort des Kupferstechers Wenzel v. Parchen (1607–77) und des Musikers Otakar Ševčík (1852–1934). – 1880: 3776 (davon 54 Dt.), 1930: 3576 (davon 44 Dt.), 1950: 3289, 1990: 4900 Eww.   (VI) *Wei*

A. Birnbaumová, Horažd'ovice, Praha 1941; K. Němec, Dějiny města Horažd'ovic, Horažd'ovice 1936; LV 507, 87ff.; V. Razim, Raně gotická fortifikace města Horažd'ovic, in: PAP 11 (1986), 261–269; LV 279, Bd. 11, 203–212; LV 906, Bd. 1, 398ff.

Hořepnik (Hořepník, Bez. Pilgram). Das Städtchen ist erstm. 1252 erwähnt als zweigeteilter Besitz einer Kleinadelsfam., die unweit, auf der Burg Koněpasy bei Březina und der Feste Lautkau, ihre Sitze hatte. 1324 erbte Ulrich III. v. Neuhaus Gut Koněpasy, das sich um 1361 wieder in kleinadeligem Besitz befand. Die Dreifaltigkeitskirche auf dem weitläufigen Platz aus dem 13. Jh. ist im 14. Jh. als Pfarrkirche belegt und wurde 1672 umgebaut sowie im 19. Jh. mehrfach verändert. Beide Güter und das Städtchen wurden vor 1442, unter Aufgabe der Burg Koněpasy, in einer Hand vereint. Noch im 15. Jh. wurde H. zur Stadt erhoben und erhielt 2 Jahrmärkte, während Lautkau Amtssitz blieb. 1572 wurde das Gut Březina abgetrennt. 1669–1757 gehörte H. den Gff. Martinitz. Seit dem 19. Jh. hatte das Allodialgut bürgerliche Besitzer. Bis 1848 Schutzstadt, kam H. 1850 zum Gerichtsbez. → Patzau und pol. Bez. → Pilgram, seit 1945 Dorfgem. Die jüd. Gem. und ihr Friedhof sind 1636 erstm. erwähnt. 1890 wurde sie aufgelassen, es bestand noch die jüd. Schule. – 1842: 1033 (darunter 20 jüd. Fam.), 1890: 981 (nur Tsch.), 1930: 887, 1949: 686, 1994: 613 Eww.   (VII) *Me*

LV 279, Bd. 4, 342–348; LV 283, Bd. 10, 129–132; LV 513, 667; LV 905, Bd. 18, 52–58; LV 906, Bd. 1, 431f.; LV 548, 476.

Hořitz (Hořice, Bez. Jičin). Das 25 km nw. von → Königgrätz gelegene H. wurde um 1240 erstm. erwähnt, als es zu den Gütern des Kl. Strahov gehörte. Auf dem St.-Gotthard-Hügel befanden sich eine Siedl. und ein Kastell, das 1423 offenkundig im Verlauf einer Schlacht zw. den Huss. und der Herrenliga zerstört wurde. Als neuer Sitz der Obrigkeit diente später ein Nachfolgebau, der im Zentrum des 1365 erstm. als Städtchen erwähnten H. lag. Versch. Herrschaftsansprüche führten im 15. Jh. zu einer Aufgliederung in 4 Teile, die erst Johann Rašín v. Riesenburg 1491 wieder vereinigte. Eine allseitige Entfaltung erlebte H. im 16. Jh. unter den Herren Smiřický v. Smiřitz, die um das urspr. Kastell ein Renaissance-Schloß erbauen ließen. 1623 erwarb Albrecht v. Wallenstein H., ihm folgte 1635 Jakob Strozzi. Dessen Sohn Peter starb 1664, seine Witwe Maria Katharina Strozzi vermachte die Herrsch. 1714 dem Ebtm. Prag für die Einrichtung einer Stiftung für versehrte Soldaten. 1743 ging die Verw. in staatl. Hände über. 1741–44 entstand nach Plänen Kilian Ignaz Dientzenhofers die Barockkirche Mariä Himmelfahrt. Seit 1884 existiert in H. eine gewerbliche Mittelschule zur Ausbildung von Steinmetzen und Bildhauern. Das neogot. Rathaus stammt von 1872. Textil- und Lebensmittelindustrie sowie Maschinenbau bestimmen heute das wirtsch. Leben von H., dem Geburtsort des jüd. Sprachphilosophen und Schriftstellers Fritz Mauthner (1849–1923). – 1843: 3560, 1900: 7839, 1930: 8299 und 1991: 8616 Eww.   (III) *Fr*

LV 905, Bd. 31, 36–58; Hořice v Podkrkonoší. Město a okres, Bde. 1–2, Praha 1934; LV 259, Bd. 6, 127; A. Jilemnický, Kraj slavný kamenem, Havlíčkův Brod 1961; B. Mendl, Hořicko v letech 1789–1848. Agrární studie, Hořice 1920; Narodopisný sborník okresu hořického, Hořice 1895; LV 279, Bd. 5, 130–136; LV 906, Bd. 1, 433f.

Hořowitz (Hořovice, Bez. Beraun). Das als Dorf unterhalb der gleichnamigen, erstm. 1234 erwähnten Burg angelegte H., 19 km sw. von → Beraun gelegen, erhielt verm. 1322 Stadtrecht. Schon bald danach erfolgte eine Besitzaufteilung unter den Herren v. Žerotín. Zu Beginn der Huss.kriege befand sich H. im Besitz der Fam. Huler. 1425 brannten die Huss. die Stadt nieder, 5 Jahre später nahmen sie auch die Burg ein. Sigismund Huler trat zum utraqu. Glauben über und überließ Herrsch. und Feste den Huss. Die nachfolgenden Jahrzehnte waren von häufigen Besitzerwechseln gekennzeichnet. 1525 befand sich die gesamte Herrsch. in Händen der Herren v. Řičan. Johann Litvin v. Řičan verlor aufgrund seiner Beteiligung am böhm. Ständeaufstand 1618–20 seine gesamten Güter, H. fiel an Gfn. Eusebia v. Martinitz. 1685 ging die Stadt durch Heirat an die Gff. v. Würben, seit 1852 gehörte sie Kfst. Friedrich Wilhelm von Hessen. Die tradit. hier arbeitenden Handwerker (Nagelschmiede, Schlosser) hatten seit 1850 mit Absatzschwierigkeiten zu kämpfen, zumal A. 19. Jh. die im nahegelegenen Komorau befindlichen Eisenwerke zunehmende Konkurrenz darstellten. Die Bedeutung der Eisenwerke ging nach 1875 spürbar zurück. Zu den wichtigsten Baudenkmälern gehören das alte Schloß, urspr. ein got. Kastell aus dem 13. Jh., und vor allem das neue, A. 18. Jh. vollendete Schloß (später mehrfach umgebaut und erweitert). Die größte Ausstrahlungskraft gewann H. in der 1. H. 19. Jh., da die Gff. v. Würben als Mäzene von Kunst und Wissenschaft hervortraten und im Schloß eine ausgedehnte Sammlung von Mineralien und Produkten der Komorauer Eisenwerke einrichteten. In H. wurde der Geigenvirtuose Josef Slavík (1806–33) geb. – 1890: 3570, 1921: 3821 und 1991: 6395 Eww.   (II/VI) *Pol*
V. Čepelák, Rok 1848 a Hořovice, Hořovice 1949; ders., Vývoj železářství na Podbrdsku, zvláště Hořovicku, Praha 1940; G. Hofmann, Komárovské železárny v druhé polovině XIX. století (1852–1902), in: SSH 1 (1957), 190–211; J. Podzemská [u. a.], Hořovice, státní zámek, město a okolí, Praha 1954; LV 279, Bd. 6, 181–188; K. Scheiner, Kamenná krása Hořovic, Světozor 1939; LV 283, Bd. 16, 274f.

Hoschütz → Groß-Hoschütz

Hostein (Hostýn, Bez. Kremsier). Auf der 735 m messenden Anhöhe am W-Rand der H.er Berge, 4 km sö. von → Bystřitz am Hostein, finden sich Reste vorgesch. Burgstätten. Archäolog. Untersuchungen brachten reiche Funde aus der Spät-Latène-Zeit ans Tageslicht; auch keltische und frühslaw. Kultgegenstände wurden entdeckt. Im 9. und 10. Jh. diente der Berg verm. neben seiner Wehrfunktion auch als Kultstätte. Reste mächtiger Wälle umgeben den Gipfel. Als Zeichen des tsch. Nationalbewußtseins und der slaw. Mythologie für die tsch. Kultur wurde hier einer der Grundsteine für das Prager Nationaltheater entnommen. Angeblich war der Ort Zufluchtsstätte vor den Tataren im Jahre 1241. Von den Gff. v. Rottal wurde 1721–48 nach Plänen von Thomas Sturm eine Marien-Wallfahrtskirche errichtet, die zu einem der beliebtesten Wallfahrtsorte Mährens wurde. Unter Ks. Joseph II. wurde diese Funktion 1787 aufgehoben und erst 1841–45 wiederbelebt. Nach 1918 wurde der Kreuzweg von Dušan Jurkovič nach Entwürfen von Jan Köhler mit Mosaiken geschmückt. (V) *Kle*

T. Bečák, Krátká historie Hostýna od pradávných dob až na naše časy, Holešov 1994; J. Pavelka, Hostýn, Praha 1942; J. Skutil, Z pravěka Hostýna, Velké Meziříčí 1940; B. Vídenský, Hostýn ve svém původu a svých osudech, Praha 1913; LV 791, Bd. I/3, 270–276; F. Zapletal, Z minulosti Hostýna a Bystřice, Přerov 1939.

Hotzenplotz (Osoblaha, Bez. Freudenthal). Ausgrabungen weisen auf frühe Besiedl. des Gebietes um H. hin. Die schriftl. Überlieferung beginnt A. 13. Jh., als unter Kg. Přemysl Otakar I. landesherrlicher Besitz an innermähr. Kirchenorganisationen verliehen wurde und das Btm. Olmütz Land um H. und Katscher erhielt. Die vor 1250 gegr. Stadt war als Grenzfeste des Btm. Olmütz angelegt. Im 14. Jh. entwickelte sich H. zum pol.-wirtsch. Zentrum einer mähr. Enklave, deren Bedeutung sich im Schutzbündnis widerspiegelt, das die Bff. v. Breslau und Olmütz, 13 schles. Fstt. und der Mkgf. v. Mähren am 8.1. 1389 in H. schlossen. Da die Abhängigkeit von der bfl. Verw. den Ausbau der Stadt zunehmend lähmte, wurde 1415 durch ein Privileg die Aufnahme von Handwerkern und Juden sowie die Bebauung von Wüstungen begünstigt. Den dadurch eingeleiteten Aufschwung unterbrach der huss. Angriff von 1428, dem Teile der Stadt zum Opfer fielen. Der Wiederaufbau machte derart rasche Fortschritte, daß die Stadt 1535 vom Btm. Olmütz die Stadtvogtei erwerben konnte. Seit 1556 fand der Prot. in H. erheblichen Widerhall, auch der Rat schloß sich der neuen Lehre an; unter dem Druck der habs. Religionspolitik kehrte der größte Teil der Bev. bis 1629 zum kath. Glauben zurück. Um die Auswirkungen des Brandes von 1545 zu überwinden, wurde H. 1555/69 seitens des Btm. Olmütz mit umfangreichen Marktprivilegien ausgestattet. Die wirtsch. Erholung wurde durch den 30jähr. Krieg sowie die Schles. Kriege beeinträchtigt. 1802 brannte die gesamte Stadt ab, der Wiederaufbau konnte erst um 1890 abgeschlossen werden. Wirtsch. Basis bildeten Landwirtschaft, Viehhaltung sowie

versch. Gewerbezweige (Zucker-, Likör- und Rumproduktion),
zahlr. Heimarbeitsplätze sicherte das seit 1633 nachweisbare Spitzen-
klöppeln. Seit 1870 erlebte H. einen wirtsch. Aufschwung, die Ver-
kehrsanbindung verbesserte sich durch den Bau einer Zweigbahn
nach Röwersdorf. 1945 wurde H. fast vollständig zerstört; nach
Zwangsaussiedl. der dt. Bev. erfolgte der Wiederaufbau durch tsch.
Neusiedler. Die Pfarrkirche St. Maria Magdalena reicht ins 13. Jh.
zurück, wurde nach dem Brand 1802 neu erbaut, der 1945 schwer
beschädigte Bau 1962 gesprengt. H. hatte seit dem SpätMA eine bedeutende jüd. Gem. (1880: 121), die über Schule und Synagoge
(1807/08) verfügte. – 1880: 3768, 1930: 2237 (davon 55 Tsch.),
1950: 563, 1980: 828 Eww.   (V) *Bei*

B. Brilling, Die Archivalien der jüdischen Gemeinde Hotzenplotz, in: ZGJ 1/2
(1965), 53–57; A. Christ, Geschichte der Stadt Hotzenplotz, Hotzenplotz o. J. [um
1926]; K. J. Heinisch, Schlesische Landfrieden, in: JSFWUB 22 (1981), 68–91; L.
Hosák, Středověká kolonizace Osoblažska, in: ČSM B 14 (1965), 21–27; D. Prix,
Kostel sv. Marie Magdalény v Osoblaze do konce středověku, in: UM 38 (1990),
254–265.

Hrabin (Hrabyně, Bez. Troppau). Die erste Erwähnung der 12 km
sö. von → Troppau gelegenen Gem. geht auf das Jahr 1377 zurück
und steht in Zusammenhang mit der Teilung des Fstm. Troppau. In
H. residierte zu dieser Zeit Heinrich v. Vöttau, im Besitz seiner Fam.
befand sich H. bis 1528. Den Herren v. Füllstein bzw. Schipp v. Bra-
nitz folgten 1565 für gut ein Jh. die Tvorkovský v. Krawarn als Besitzer des Kastells H. sowie umliegender Dörfer. Im 30jähr. Krieg
wurde die Gem. 1629 vollständig zerstört, mehreren adeligen Besitzern folgten 1687 die Herren Mitrowsky v. Nemischl als neue Eigentümer. Ernst Matthias Mitrowsky v. Nemischl ließ hier nach 1730
eine Kirche erbauen, die rasch ein beliebter Wallfahrtsort wurde, dessen Tradition bis in die Gegenwart fortwirkt. Um 1765 erfolgte unter
Ernst Benjamin Mitrowsky v. Nemischl der Umbau des Kastells zu
einem Barockschloß, den ein frz. Park umgab. 1780 wurde H. zum
Städtchen erhoben und erhielt das Recht, sechsmal jährlich einen
Markt abzuhalten. 1832 verkauften die Mitrowsky H. an die Fam.
Czeike v. Badenfeld, diese wiederum traten H. bereits 1837 an den
Dt. Orden ab, in dessen Besitz es bis 1939 blieb. Die Pfarrkirche
Mariä Himmelfahrt wurde 1885–87 erbaut; an ihrer Fassade hat sich
vom urspr. Bau ein Ensemble barocker Figuren aus der 1. H. 18. Jh.
erhalten. Im April 1945 wurde ein Großteil der Häuser durch
Kriegseinwirkung stark beschädigt. Das Schloß wurde völlig zerstört,
lediglich der Park blieb als Torso erhalten. Im Gedenken an die
Kämpfe am E. des Zweiten Weltkrieges wurde 1970–80 am n. Rand
von H. ein Denkmal zur Erinnerung an die sog. Mähr. Ostrauer Ope-

ration geschaffen, ein Betonmonument mit einer Ausstellung zur Kriegstechnik im Zweiten Weltkrieg sowie einem symbolischen Ehrenhain für die Opfer des Krieges. 1992 übernahm das Schles. Landesmuseum die Obhut über die Gedenkstätte. – Zu den bedeutendsten Persönlichkeiten gehören die in H. geb. Rudolf Gudrich (1862–1937), der Organisator der tsch. Feuerwehr in Schlesien, der Historiker und Publizist Adolf E. Vašek (1881–1948) sowie der Volkswirtschaftler Karel Engliš (1880–1961), erster Rektor der Masaryk-Univ. in → Brünn und Finanzminister der Tschsl. in der Zwischenkriegszeit. – 1869: 932, 1900: 936 (davon 33 Dt.), 1930: 874 (davon 27 Dt.), 1950: 634, 1991: 1173 Eww.   (V) *Mü*

LV 255, 750; LV 259, Bd. 2, 84; O. Káňa [u. a.], Okres Opava, Ostrava 1983, 122; V. Prasek, Historická topografie země Opavské, Opava 1889, 239–246; K. Zdrálek, Hrabyně, srdce Slezska a její historie, Hrabyně 1994.

Hradek (Hrádek, Bez. Königgrätz). Archäolog. Ausgrabungen zufolge war die Umgebung der auf dem Schlachtfeld von 1866, 12 km w. von → Königgrätz gelegenen Gem. bereits in prähist. Zeit besiedelt. Die erste Erwähnung des Dorfes stammt von 1377 im Zusammenhang mit der Nennung eines Bořek v. H.; 1384 wurde die nach 1690 barockisierte St.-Georgs-Kirche vollendet. Die für 1440–68 urk. belegten Wladyken Johann und Martin v. H. waren Anhänger der von Kg. Georg v. Podiebrad angeführten Liga. Vor 1521 verkaufte Johann v. Waldstein als Besitzer der Herrsch. Nechanitz, zu der auch H. gehörte, das Dorf an Nikolaus Pencingár v. Bydžín. Nachdem dessen Nachfahre Ctibor Smil 1622 seiner Güter für verlustig erklärt worden war, fiel H. an die Gff. v. Harrach. Gf. Franz Ernst v. Harrach ließ als Besitzer der Herrsch. Sadowa 1839–54 im neogot. Tudorstil nach Plänen des Hamburger Baumeisters Franz Georg Stammann sowie des engl. Architekten Edward Buckton Lamb 1 km w. von H. ein Schloß erbauen, das neben → Frauenberg und → Eisgrub zu den prachtvollsten Leistungen des Historismus in den böhm. Ländern zählt. Neben einer Gemälde- und Waffensammlung birgt das Schloß eine etwa 4000 Bde. umfassende Bibliothek. In der Schloßkapelle finden sich Bildhauerarbeiten von Josef Andreas Kranner (1801–71). Das Dorf blieb landwirtsch. geprägt. – 1991: 172 Eww.   (III) *Ben/Krz*

LV 857, 113ff.; LV 259, Bd. 6, 136ff.; P. Křížek/M. Řezník, Hrady, zámky a tvrze na Královéhradecku. Historický průvodce, Hradec Králové 1992, 29ff.; L. Machytka, Nová instalace obrazárny zámku Hrádku u Nechanic, in: PAP 2 (1977), 321–330; F. Windisch-Graetz, Schloß Hrádek in Böhmen, in: Historismus und Schloßbau. Hg. v. R. Wagner-Rieger u. W. Krause, München 1975, 143–150.

Hradisch → Ungarisch Hradisch

Hrochowteinitz (Hrochův Týnec, Bez. Chrudim). Die ersten
schriftl. Erwähnungen des 10 km ö. von → Chrudim gelegenen H.
gehen auf Urk. einheimischer Adeliger von 1265 und 1293 zurück.
In der Huss.zeit fiel der Ort an Johann Hroch v. Mezilesice, dessen
Nachkommen das Gut bis M. 16. Jh. in Besitz hielten; vor 1543 wurde das Dorf unter Hroch Týnecký v. Mezilesice zum Städtchen erhoben, der damalige Besitzer gab dem Ort auch seinen Doppelnamen. Das urspr. Kastell diente bis zum 30jähr. Krieg als herrschl. Sitz.
Johann Wenzel Zeller v. Rosenthal, der hier 1681 ein Barockschloß
erbauen ließ, verschrieb seinen Besitz 1705 dem Prämonstratenserkl.
Hradisch bei → Olmütz. Nach dessen Auflösung 1784 verwaltete der
mähr. Religionsfonds Städtchen und Herrsch., bis beide 1824 an
Georg Prokop v. Lilienwald übergingen. 1853 erhielt H. den Status
einer Stadt. Unter den Industriebetrieben besitzt lediglich die Ziegelei, zugleich eine aufschlußreiche archäol. Fundstätte, eine gewisse
Bedeutung. – 1848: 1100 (nur Tsch.), 1900: 1300, 1950: 1200, 1991:
1883 Eww.						(III) *Vor*

V. Hanus [u. a.], Chrudimsko a Nasavrcko, Chrudim 1926, 460–665; LV 259,
Bd. 6, 142ff.; J. Roček, Dějiny města Hrochova Týnce, Hrochův Tynec 1926; LV
279, Bd. 1, 211–216.

Hronow (Hronov, Bez. Nachod). Die in der 2. H. 13. Jh. entstandene und 1359 erstm. erwähnte, 6 km n. von → Nachod gelegene
Stadt trägt den Namen ihres Gründers Hron v. Nachod und gehörte
zu dessen gleichnamiger Herrsch.; die urspr. ma. Siedl. befand sich im
Umkreis der heutigen Kirche. Aufgrund des sich als nachteilig er-
weisenden absinkenden Terrains wurde sie im 17. Jh. w. verlagert.
Die urspr. got., erstm. 1359 erwähnte Pfarrkirche Allerheiligen verfiel im 30jähr. Krieg und wurde 1716/17 erweitert und barockisiert.
Der nahe Glockenturm mit hölzernem Unterbau stammt von 1610.
Im 15. Jh. stand in H. ein Kastell, dessen sich Iwan v. Žampach bemächtigte, der auch den Titel v. H. führte. Aufgrund seiner Lage war
H. wiederholt Durchzugsgebiet einheimischer und fremder Heere;
1639 und 1725 wüteten Feuersbrünste. Mit dem Eisenbahnanschluß
im 19. Jh. setzte ein wirtsch. Aufschwung ein. 1870 erhielt H. den
Status einer Stadt. Das kulturelle Leben ist mit 2 bedeutenden Söhnen
dieser Stadt verbunden: den Schriftstellern Alois Jirásek (1851–1930)
und Josef Čapek (1887–1945). – 1833: 982, 1900: 3700, 1930: 4184
(davon 73 Dt.), 1950: 4075, 1991: 6653 Eww.			(III) *Fr*

LV 259, Bd. 6, 144; A. Jirásek, Hronov, Hronov 1985; LV 279, Bd. 5, 51; LV 905,
Bd. 36, 38–45.

Hrottowitz (Hrotovice, Bez. Trebitsch). Im Jahre 1349 als »super villa Ruthwicz« erwähnt, deutet der Name der 17 km sö. von → Trebitsch gelegenen Ortschaft auf eine ältere Besitzung des Geschlechts der Hrutowitz hin. Die ma. Feste wurde 1. H. 16. Jh. von den Osovský v. Doubravitz in ein vierflügeliges Renaissance-Schloß mit Arkaden im Innenhof umgebaut. Nach 1561 war mit Georg Zahrádecký v. Zahradka einer der führenden Vertreter der Ständeerhebung von 1618–20 Besitzer der Herrsch. Nachdem diese konfisziert worden war, wechselten die Besitzer häufig. Das Schloß wurde A. 18. Jh. barockisiert. Nach 1845 legte der Wiener Unternehmer Georg Simon Sina (†1856) eine bedeutende Bildersammlung an, die später zum größten Teil nach → Mislibořitz verlagert wurde. Die barocke Pfarrkirche St. Laurentius hat got. Fundamente. 1881 bekam H. den Status eines Marktortes. Die rein tsch. Bev. ist tradit. in der Landwirtschaft sowie der Texil-, Leder- und Holzverarbeitung beschäftigt. In H. wurde der tsch. Heimatforscher und Maler František Zvěřina (1835–1908) geb., dem ein Denkmal und ein Museum gewidmet sind. – 1869: 962, 1900: 1239, 1950: 1332, 1991: 1605 Eww.

(VII) *Had*

V. Černý, Několik panských archivů na Horácku a v Podyjí (Archiv státního velkostatku Hrotovic a Dalešic v Hrotovicích), in: HP 8 (1931), 163–180; LV 253, Bd. 9, 180f; LV 950, Bd. 1, 300; LV 259, Bd. 1, 107; Moravsko Krumlovsko a Hrotovsko. Vlastivědní sborník. Hg. v. O. Kreibel u. J. Karásek, Mor. Krumlov 1925; R. Pavlíček, Statistická příručka politického okresu mor. krumlovského (Krumlovska a Hrotovska) s obrázky ze staré historie našeho kraje, Mor. Krumlov 1928; LV 290, Bd. II/21, 31–35; LV 898, Bd. 1, 563ff.

Hühnerwasser (Kuřivody, Bez. Böhmisch Leipa). Der Ort ist schon in der 2. H. 13. Jh. mit dem dt. Namen »Freistadt« bezeugt, der tsch. Bachname »Kuřivody« wurde erst im 17. Jh. als »Hühnerwasser« ins Dt. übersetzt. In dem Namenswandel scheint sich ein Wandel der Nationalität zu spiegeln. Zur Herrsch. → Weißwasser gehörig, war H. seit 1415 im Besitz der Herren Berka v. Dubá. Diese ließen im 16. Jh. ein dreiflügeliges Renaissance-Schloß erbauen. 1622 wurde H. Gottlob Berka v. Dubá, einem der Führer des böhm. Ständeaufstands, entzogen und Albrecht v. Wallenstein übergeben. Neben der Landwirtschaft waren wegen der ausgedehnten umliegenden Wälder die Forstwirtschaft sowie die Harz- und Pechgewinnung für H. von bes. Bedeutung. Obwohl es mit der Weberei einen Gewerbekern besaß, kam es wegen der ungünstigen Infrastruktur, vor allem der Entfernung zu den Eisenbahnstationen (→ Niemes 10 km, → Weißwasser 13 km) zu keiner Industrialisierung. Als Folge davon halbierte sich die Eww.-Zahl von 1800 (1866) auf 900 (1930). 1866 stießen österr. und preuß. Truppen in H. in einer Schlacht aufeinander.

(III) *MSW*

LV 259, Bd. 3, 253; LV 275, Bd. 4, 210f.; LV 569, Bd. 1, 284; K. Stroh/R. Sagaster, Heimatkunde des politischen Bezirkes Böhmisch Leipa, Böhmisch Leipa 1936, 106f.; LV 906, Bd. 2, 181ff.

Hullein (Hulín, Bez. Kremsier). Das am Flüßchen Russawa, 6 km ö. von → Kremsier gelegene H. wird erstm. 1224 als Zentrum eines dem mähr. Mkgf. gehörenden Landstriches urk. erwähnt. Die Marktgem. wurde 1261 von Kg. Přemysl Otakar II. dem Olmützer Btm. geschenkt, in dessen Besitz es bis auf die Jahre 1436–1500 verblieb. Trotzdem verbreiteten sich in H. seit A. 16. Jh. die Böhm. Brüder, die allerdings nach 1648 nicht mehr erwähnt werden. Ein Teil der Untertanen, die dem Olmützer Kapitel arbeits- und abgabepflichtigen Bauern, erreichten seit dem 16. Jh. Teilerleichterungen, bis sie sich im Jahre 1839 endgültig von allen Robotpflichten freikaufen konnten. Die Anfänge der Schule in H. reichen tief ins 16. Jh., quellenmäßig belegt wird sie im Jahre 1580. Die einschiffige Pfarrkirche St. Wenzel mit dem erhaltenen monumentalen got. Portal wurde M. 18. Jh. barockisiert. Von der E. 13. Jh. erwähnten Festung ist hingegen nichts mehr erhalten. – 1771: 1561, 1930: 4205 (davon 31 Dt.), 1950: 4120, 1980: 7198. (V/VIII) *Kle*

Hulín, dějiny a přítomnost města, Brno 1974; LV 290, Bd. II/33, 317–353; J. Regentnik, Listy z kroniky, Hulín 1977; LV 791, Bd. I/2, 128–134.

Hultschin (Hlučín, Bez. Troppau). Die 20 km ö. → Troppau am l. Oppa-Ufer gelegene Stadt H. ist, obwohl erst 1303 belegt, wahrsch. eine Gründung des böhm. Kg. Přemysl Otakar II. (†1278). Zunächst zur Mkgft. Mähren, dann zum Hzt. Troppau gehörig, unterstand H. einer Grundherrsch., die ihren Sitz bis ins 15. Jh. auf der nahen Burg Landeck, danach in H. hatte. Zu ihren häufig wechselnden Besitzern zählten Siffrid v. Baruth (1303), Bernhard und Christoph v. Zwole (1511–42), ferner die mit diesen verwandten Gff. v. Würben und Freudenthal (1439–71, 1542–1629/57) und die Frhh. (seit 1633 Gff.) v. Gaschin (1629/57–1727). 1518 bestand die Herrsch. H. aus Stadt und Schloß H., der inzw. wüsten Burg Landeck (kleine Ruine erhalten), dem Städtchen Kranowitz und 10 Dörfern der Umgebung. Das verm. um 1500 als Herrsch.-Sitz erbaute spätgot. Schloß am S-Rand der Stadt (Portal 1525) wurde in der 2. H. 16. Jh. im Renaissancestil um- und ausgebaut, nach dem Stadtbrand von 1616 wiedererrichtet und 1733 barockisiert. Die Stadt bildete eine planmäßige Anlage mit quadrat. Marktplatz (Ring). Die im Kern got. Pfarrkirche St. Johannes des Täufers ist 1378 nachweisbar; in der angebauten Renaissancekapelle befinden sich Grabsteine von Grundherren aus dem 16. Jh. Bernhard v. Zwole umgab die Stadt bis 1535 mit einer Mauer mit 2 Toren (Troppauer im W, Ostrauer im O), von der Reste

vorhanden sind. Das 1509 in der Vorstadt erbaute Hospital erhielt
1538 die Holzkirche St. Margaretha, später als Begräbniskapelle genutzt (heutiger Bau von 1742). Die zunächst vorwiegend von Dt.
bewohnte, später stark slawisierte Handwerker- und Ackerbürgerstadt hatte 1303 Erbvogt und Schöffen und bediente sich nach 1404
Leobschützer Stadtrechts. H. durfte seit 1478 2, 1528 3 und 1562 4
Jahrmärkte abhalten. Zeichen wirtsch. Blüte im 16./17. Jh. sind auch
Zunftprivilegien dieser Zeit (Tuchmacher 1554, Weber 1569) und
die Verleihung des Zollrechts 1625. Gf. Rudolf v. Gaschin befreite
die Stadt 1694 im Tausch gegen Fischteiche und Grundstücke von
Fron und anderen Diensten. Durch die schles. Teilungsgrenze von
1742, die am S-Rand von H. an der Oppa verlief und die Stadt zu
Preuß. Schles. schlug (Kreis Leobschütz, seit 1817 Kreis Ratibor),
verlor H. seine tradit. Handelsverbindungen und büßte an wirtsch.
Bedeutung ein. Immerhin gab es um 1830 in H. zahlr. Tuchmacher
(69 Stühle), Leineweber (25 Stühle) und Schuhmacher (47). Die
Herrsch. H. erwarb 1844 der Wiener Bankier Salomon Meyer Frh. v.
Rothschild, der am Steinkohlenbergbau im Ostrau-Karwiner Revier
beteiligt war; das Schloß zog zeitweise Künstler an (später Amtsge-
richt, dann Waisenhaus). Die Eww.-Zahl der Stadt H. betrug 1787:
1100, 1825: 1813, 1905: 2942 (mit Schloßgutsbez. 3219), 1930: 5068
(davon 517 Dt.), 1939: 4839, 1950: 5445. Aufgrund des Versailler
Vertrages wurde H. zus. mit dem → Hultschiner Ländchen 1920 an
die Tschsl. abgetreten; H. wurde Bez.-Stadt (bis 1938 und 1945–60).
Vom Münchner Abkommen 1938 bis zum Kriegsende 1945 gehörte
H. wieder zum Dt. Reich. Zw. 1960 und 1979 wurden 8 umliegende
Ortschaften nach H. eingemeindet. In H. wurden der Komponist
Pavel Josef Vejvanovský (1640–93) und der Maler (Nazarener) Jan
Bochenek (1831–1909) geb. – Die vergrößerte Stadt zählte 1980:
22 581, 1991: 16 877 Eww.   (V) *We*

Geographische Beschreibung von Schlesien preußischen Antheils, der Grafschaft
Glatz und der preußischen Markgrafschaft Ober-Lausitz. Hg. v. J. G. Knie u.
J. L. M. Melcher, Breslau 1827–35, Bd. II/2, 176–181; LV 255, 807f.; LV 259,
Bd. 2, 80; O. Káňa [u. a.], Okres Opava, Ostrava 1983, 100–104; W. Krause, Die
deutsche Stadt Hultschin im Mittelalter, in: Ratiborer Heimat-Kalender 1940, 65–
68; W. Kuhn, Siedlungsgeschichte Oberschlesiens, Würzburg 1954; W. Latzke, Die
Besiedlung des Oppalandes im 12. und 13. Jh., in: ZVGS 72 (1938), 44–135; V.
Prasek, Historická topografie země Opavské, Opava 1889, 207–217; H. v. Saurma-
Jeltsch, Wappenbuch der schlesischen Städte und Städtel, Berlin 1870, 119ff.; Schle-
siens Kirchorte und ihre kirchlichen Stiftungen bis zum Ausgang des Mittelalters.
Hg. v. H. Neuling, Breslau [2]1902, 105; 700 let města Hlučína, Hlučín 1956; F.
Triest, Topographisches Handbuch von Oberschlesien, Bde. 1–2, Breslau 1864–65
[ND Sigmaringen 1984], Bd. 2, 706–709; U. Wanderburg, Historie města Hlučína,
Hlučín 1992.

Hultschiner Ländchen (Hlučínsko). Mit »H. L.« wird der ehem. s. Teil des Kreises Ratibor in Schles. bezeichnet, der aufgrund des Versailler Vertrages vom 28.6.1919 an die Tschsl. fiel. Dieses im S von der Oppa unterhalb → Troppau, im SO von der Oder, im N von der Zinna und ihrem Zufluß Troja unterhalb Katscher sowie im W von der alten Kreisgrenze zu Leobschütz begrenzte Gebiet im Vorfeld des Gesenkes gehört zu der meist mit einer dünnen Lößschicht bedeckten diluvialen Platte des oberschles. Vorgebirgshügellandes. Der in beträchtlichem Maße seit jeher waldfreie und fruchtbare Boden führte zu früher, bereits für die Jungsteinzeit nachweisbarer Besiedl. Durch die pol. Vorstöße von Böhmen-Mähren nach Schles. im 9.–11. Jh. wurde das H. L. von mähr. Slawen besetzt. Im 13./14. Jh. fand hier sowohl dt. Siedl. (teilw. in Waldhufendörfern) als auch dt.rechtl. Umsetzung slaw. Siedl. statt. Städt. Mittelpunkt wurde → Hultschin (2. H. 13. Jh.), außerdem entstanden die Kleinstädte Beneschau und Zauditz. Die Siedl.-Dichte im MA war beachtlich (1377: 30 Siedl.), die Verkehrserschließung durch die von Troppau über Kranowitz nach Ratibor und von → Fulnek über Hultschin nach Ratibor führenden Straßen gut. Nach den Huss.kriegen und dem 30jähr. Krieg trat wirtsch. Verarmung ein, sprachlich im 15. Jh. ein Slawisierungsprozeß. Pol. wurde das H. L. mit der Entstehung des Hzt. Troppau und dessen Anlehnung an Schles. seit dem E. 14. Jh. von Mähren getrennt. Durch die Grenzziehung von 1742 an der Oppa wurde die mähr.sprachige Bev. des H. L. vom übrigen mähr. Gebiet isoliert und in den preuß.-dt. Kulturraum einbezogen; sie bewahrte altertümliche mähr. Sprachformen, die sie mit dt. Elementen vermischte, und nahm am Aufkommen eines Nationalbewußtseins in Böhmen-Mähren im 19. Jh., das mit sprachlicher Angleichung des Mähr. an das Böhm. verbunden war, nicht teil. Kirchlich blieben die streng kath. Bewohner des H. L. die ganze preuß. Zeit über mit dem Ebtm. Olmütz verbunden; dem Versuch einiger Geistlicher ab 1895, die mähr. Sprache im H. L. zu beleben (Herausgabe des Wochenblattes »Katolické Noviny«), war jedoch kein großer Erfolg beschieden. Auf Grund der mähr.sprachigen Mehrheit – 1910 gaben 80% der Bev. Mähr., 14% Dt., 5% Poln. als Muttersprache an – wurde das H. L. 1919 ohne Volksabstimmung dem neu gegr. tschsl. Staat zugesprochen und nach Inkrafttreten des Versailler Vertrages (10.1.1920) von tsch. Truppen besetzt (4.2.1920); 2 Dörfer kamen nach Regelung der ostoberschles. Frage 1922 hinzu. Das 315,8 qkm große Gebiet umfaßte eine Stadt (Hultschin), 37 Landgem. und 30 Gutsbez. und besaß 1910: 48 446 Eww. Zwei Dörfer im NW – Thröm und Zauditz – waren fast rein dt. Umgekehrt reichte das mähr. Sprachgebiet im NO geringfügig über das H. L. hinaus und besaß weiter w. im schles. Kreis Leobschütz noch um Nassiedel eine Insel von 10–12 Gem.

Wirtsch. war das H. L. – abgesehen von dem 1782 begonnenen, im 19. Jh. erweiterten, besitzmäßig mit dem benachbarten Mähr. Ostrauer Revier zusammenhängenden Kohlenbergbau in der Landecke zw. Oppa und Oder bei Petershofen – vorwiegend agrarisch ausgerichtet, wobei der Flachsanbau eine Besonderheit darstellte (Flachsfabrik in Kuchelna). Der Großgrundbesitz, der A. 20. Jh. 40,5% des ganzen Landes ausmachte, spielte eine große Rolle. Die größten Güterkomplexe bildeten die Herrsch. Kuchelna (Fstt. Lichnowsky, 18 Güter, davon 8 im H. L.), → Odersch (v. Lejeunesche Erben, 4 Güter), Beneschau (5 Güter) und → Schillersdorf (9 Güter, davon 7 im H. L.), letztere beiden seit M. 19. Jh. im Besitz zweier Linien der Wiener Bankiersfam. v. Rothschild, die die österr. Ks.-Ferdinands-Nordbahn und einen Teil der Ostrauer Kohlenfelder besaß. Wegen der beschränkten wirtsch. Möglichkeiten im Lande zogen viele Bewohner bis 1920 saisonweise als Hausierer und Wandermaurer durch weite Teile Deutschlands.

Unter tsch. Verw. bildete das H. L. einen eigenen pol. Bez., verlor jedoch 1928 bei der Auflösung des Landes Schles. durch Gebietstausch mit den benachbarten Bez. → Troppau und → Königsberg seine räumliche Einheit. Dies sollte ebenso der Integration des lange Zeit preuß. Gebietes in den tschsl. Staat dienen wie die Einführung der tsch. Unterrichtssprache (außer in Thröm und Zauditz); im H. L. hatte es seit 1873 nur noch dt. Unterricht gegeben. Wirtsch. bewirkte die Eingliederung in die Tschsl. manche Schwierigkeiten. Der Großgrundbesitz über 250 ha wurde beschlagnahmt. Ein beträchtlicher Teil der Bev. brachte seine Verbundenheit mit dem dt. Kulturraum und seine Unzufriedenheit mit den damaligen Verhältnissen bei den pol. Wahlen der zwanziger Jahre durch Stimmabgabe für dt. Parteien zum Ausdruck. Nach dem Münchener Abkommen vom Oktober 1938 fiel das H. L. an das Dt. Reich zurück; es wurde zum 15.4.1939 wieder in den schles. Kreis Ratibor eingegliedert. Nach Kriegsende wurde der verwaltungsmäßige Zustand vom September 1938 wiederhergestellt; später fand ein erneuter Gebietstausch mit Nachbarbez. statt. 1960 ging der Bez. Hultschin im Bez. Troppau auf.

(V) *We*

E. Bollacher, Das Hultschiner Ländchen im Versailler Friedensvertrag, Stuttgart 1930; Hlučínsko. Příroda – lid – kultura, Ostrava 1958; O. Káňa [u. a.], Okres Opava, Ostrava 1983; W. Latzke, Die Besiedlung des Oppalandes im 12. und 13. Jahrhundert, in: ZVGS 72 (1938), 44–135; R. Malohlava/O. Káňa/V. Mariánek, Stručný přehled vývoje Hlučínska, Ostrava 1960; G. Schellin, Das Hultschiner Ländchen. Eine Landeskunde, phil. Diss. Königsberg 1933; H.-Th. Schmidt, Das Hultschiner Ländchen in der Nachkriegszeit 1918–1938, in: ZVGS 73 (1939), 314–338; Ch. Thilo, Die Bevölkerungs-, Siedlungs- und Wirtschaftsverhältnisse im Hultschiner Ländchen, in: Beiträge zur schlesischen Landeskunde. Hg. v. M. Friederichsen,

Breslau 1925, 75–114; Der treudeutsche Hultschiner, Ratibor 1 (1924) – 11 (1933); F. Triest, Topographisches Handbuch von Oberschlesien, Bde. 1–2, Breslau 1864–65 [ND Sigmaringen 1984], Bd. 2, 697–716; J. Vyhlídal, Čechové v Pruském Slezsku, Praha ³1900.

Humpoletz (Humpolec, Bez. Pilgram). Nach 1219 entstand an einem alten Weg von → Prag nach → Iglau im Zusammenhang mit Silberfunden oberhalb eines tsch. Dorfs die burgrechtl. Gründung H. mit dt. Eww. als Kommende des Dt. Ordens, auf dessen Spital der Name »Zichpil«, Siechbühl, für die Oberstadt zurückgeht. Der Orden verkaufte den Besitz 1233 dem Kl. → Seelau, das die Nikolauskapelle zur Pfarrkirche erhob, die nach M. 13. Jh. got. umgebaut wurde. Während das Patronat bei Seelau blieb, gelangte das zum Markt – mit 2 Plätzen – erhobene H. mit Gut 1253 an die Prager Kreuzherren mit dem roten Stern, 1325 an die Herrsch. Lipnitz der Herren v. Leipa, 1371 an die Herren v. Dubá, welche den Sitz der Herrsch. auf die bereits 1. H. 14. Jh. erwähnte Burg über der Stadt verlegten und H. 1385 Privilegien verliehen. Diesen folgten 1428 die Leskovetz v. Leskovetz, unter denen H. bereits überwiegend tsch. Eww. hatte, 1496–1560 die Trčka v. Leipa, welche die Burg, nun Orlík genannt, erweiterten. H. wurde 1623 konfisziert und der Sitz der Herrsch., in der Folge in Händen wechselnder Adelsfam., von der bald verfallenden Burg nach Heraletz verlegt. Das Patronatsrecht des Kl. Seelau in H. wurde 1625 erneuert und gemeinsam mit der Herrsch. ausgeübt. Die das Stadtbild dominierende got. Dekanatskirche St. Nikolai wurde 1720–21 von Giovanni Santini barockgot. erneuert – seit 1895 mit neogot. Hinzufügungen. 1807 wurde H. durch Loskauf freie Schutzstadt, 1850 Sitz eines 1960 aufgelösten Bez.-Gerichts. 1939–41 wurden nach Plänen Josef Gočárs die Stadtplätze reguliert. Seit M. 16. Jh. lebte H. wirtsch. im wesentlichen von der Tuchproduktion, nach M. 18. Jh. bestand auf der Herrsch. eine Flanellmanufaktur; E. 19. Jh. existierten in H. 8 Tuchfabriken mit 2000 Arbeitern, vor dem Zweiten Weltkrieg 30 Fabriken. – Die 1782 gegr. ev. Gem. Augsburgischer Konfession errichtete 1785–88 ein Bethaus, 1851–64 eine Kirche und unterhielt ein Schule. – Jüd. Eww. sind 1385 erstm. erwähnt, erneut erst 1719, als der Friedhof entstand. Die 1724 gegr. Gem. errichtete 1760–62 im Judenviertel eine Synagoge, die nach einem Brand 1886 erneuert wurde und seit 1945 von der Tschsl. Huss. Kirche genutzt wird. 1862–90 bestand eine hebräisch-dt. Privatschule. Der Dirigent und Komponist Gustav Mahler (1860–1911) wurde in Kalischt bei H. geb. – 1843: 3943 (davon 56 Prot. und 280 Juden), 1890: 5911 (nur Tsch.), 1930: 4995, 1949: 5083, 1994: 11 122 Eww. (VII) *Me*

LV 337, 467f.; LV 648, 352–359; Humpolec 1461–1961. 500 let soukenictví, Humpolec 1961; G. Kobliha, Humpolec a jeho okolí. Nástin dějepisný, popisný a statistický, Humpolec 1896; ders., Dějiny Humpolce od povýšení na svobodné město, Humpolec 1907; J. Lukášek, Dějiny soukenického průmyslu v Humpolci, Praha 1946; LV 951, 120; LV 513, 692f.; J. Sokol, Paměti města Humpolce, Praha 1863; LV 283, Bd. 11, 130–137; LV 906, Bd. 1, 480ff., Bd. 2, 541; LV 548, 193–196.

Husinetz (Husinec, Bez. Prachatitz). Das nw. von → Prachatitz an der Blanitz gelegene H. wurde erstm. 1359 in einer Lehensurk. Ks. Karls IV. für die Herren v. Janowitz als Städtchen erwähnt. Gleichzeitig erfolgte die Nennung der Pfarrkirche, deren got. Bau im 17./18. Jh. eine barocke Umgestaltung erfuhr. Um 1370 wurde in H. der große böhm. Reformator Jan Hus geb.; in seinen Werken griff er die herrschende kirchliche Hierarchie an, wobei er mit seinen in tsch. Sprache abgefaßten Schriften nicht nur die nat. Selbständigkeit Böhmens, sondern auch die Ausbildung einer einheitlichen tsch. Schriftsprache und einer eigenständigen nat. Literatur beförderte. Nachdem er den Widerruf seiner Lehre abgelehnt hatte, wurde Hus 1415 auf dem Konzil in Konstanz als Ketzer verbrannt. In seinem angeblichen Geburtshaus, ein im Kern got., im 19. und 20. Jh. erneuertes Gebäude, befindet sich heute eine Gedenkstätte, davor das 1958 errichtete Hus-Denkmal. Der zur Herrsch. → Winterberg gehörende Ort, der mehrmals Opfer von Bränden (1654, 1765, 1802, 1859) war, wurde 1905 zur Stadt erhoben und ist heute eine Sommerfrische. – 1900: 1564 (überwiegend Tsch.), 1991: 1253 Eww.   (VI) *Hol*

M. Grünwald, Husinec, rodné místo Jana Husi, Benešov 1888; LV 905, Bd. 38, 53–59; J. Nečas, Magister Johannes Hus und Husinec, Prag 1969; LV 952, Bd. 1, 710f.; A. Sedláček/J. Veselý, Město Husinec a okolí, Praha 1926; LV 433, 167; V. Starý, Husinecká kronika 1686–1834, Prachatice 1986; LV 289, 902; LV 906, Bd. 1, 483.

Hustopetsch an der Bečwa (Hustopeče nad Bečvou, Bez. Prerau). Der kleine, um einen rechteckigen Platz angelegte Marktflecken, heute eine Mittelpunktsgem., liegt r. der Bečwa, im Vorland der Mähr.-Schles. Beskiden. Die Allodialherrsch. ist erstm. 1349 bezeugt. 1500 kam sie in den Besitz der Herren v. Žerotín, die zw. 1580 und 1604 die got. Festung in eine vierflügelige Schloßanlage mit Arkadenhof umbauen ließen; sie gilt als bemerkenswertes Beispiel mähr. Renaissance. Gegen E. 16. Jh. förderte Viktorin v. Žerotín die Ansiedl. aus Böhmen geflüchteter Brüder. 1799 kam die Herrsch. an die Frhh. v. Baillou, die bis 1945 das Schloß und Teile des Besitzes innehatten. Bis in die Gegenwart lebt H. von Landwirtschaft und Viehzucht. – Die Kirche mit dem ehem. Friedhof liegt mitten im Ort und wurde 1752 von einer mit 14 Statuen bekrönten Mauer umgeben, die zu den Sehenswürdigkeiten des mähr. Barock gehören. – 1835: 773, 1980: 1217 Eww.   (V) *Do*

LV 253, Bd. 6, 142f.; LV 290, Bd. II/20, 187–199; L. Dĕdková, Zámek v Husto-
pečích nad Bečvou (Příspěvek ke stavebnímu vývoji), in: SPPSK 3 (1977), 125–143;
LV 950, Bd. 1, 309f.; LV 259, Bd. 2, 100ff.

Iglau (Jihlava). Das mähr. I. liegt auf der Böhm.-Mähr. Höhe an der
Iglawa an einem bedeutenden Handelsweg von Österr. nach Böhmen. Es bildete den Mittelpunkt der sog. I.er Sprachinsel, eines bis
1945 überwiegend dt.sprachigen Gebietes an der Grenze von Böhmen und Mähren, das mehr als 70 Gem. umfaßte. Der Sage nach soll
I. im Jahre 799 bei der Johanneshügelkirche am Ufer des Flusses errichtet worden sein. Eine Besiedl. an dieser Stelle ist jedoch verm. erst
seit dem 12. Jh. erfolgt. Die erste urk. Nachricht über I. fällt in das
Jahr 1233, als der Dt. Orden seine hier befindlichen Güter an das
Prämonstratenserkl. → Seelau verkaufte und dem Abt die bereits erwähnte Pfarrkirche St. Johannes übergab, die, nach ihrer Zerstörung
im 30jähr. Krieg neu errichtet, noch heute vorhanden ist. 1234
schenkte Kg. Wenzel I. das Dorf dem Nonnenkl. → Tischnowitz,
unterstellte es jedoch aufgrund des seit etwa 1240 gefundenen Silbers
bald wieder der kgl. Kammer und begann mit der Ausbeutung der
Erzlager. Zu diesem Zweck ließ er um 1245 gegenüber der alten
Siedl. oberhalb der Iglawa im großzügigen Stil eine Stadt anlegen,
deren Marktplatz mit einer Länge von 328 m und einer Breite von
114 m zu den größten Europas zählt. Die neue Bergstadt vergrößerte
sich rasch durch den Zuzug von Bergleuten vor allem aus Sachsen und
Handwerkern aus Bayern, so daß ihre Bev. von A. an überwiegend
aus Dt. bestand. M. 13. Jh. entstanden die Grundzüge der Stadt- und
Bergrechte, die in 2 jüngeren Urk. und zahlr. Abschriften überliefert
sind und ihren Einflußbereich auch auf die Nachbarländer ausbrei-
teten: 1294 übernahm das sächs. Freiberg als bedeutendste Silberbergstadt Mitteleuropas das I.er Bergrecht. Gozzius v. Orvieto, ein ital.
Rechtsgelehrter am Hof Kg. Wenzels II., überarbeitete es um 1305
schließlich zum einheitlichen Landesbergrecht für Böhmen und
Mähren, das sich in weiten Teilen Europas durchsetzte und arbeits-
technische sowie rechtl. Fragen des Bergbaus regelte. Der I.er
Oberhof wurde 1345 zur höchsten Instanz in allen Bergsachen der
böhm. Länder erklärt. Mit dem Anwachsen der Bev. ging die durch
die böhm. Kgg. geförderte Ausgestaltung der Stadt einher. 1257 erfolgte die Einweihung der Pfarrkirche St. Jakob in Anwesenheit Kg.
Přemysl Otakars II., wobei der neuen Kirche zugleich das Pfarrecht
der alten Johanniskirche übertragen wurde. Aus dieser Zeit ist noch
das W-Portal der Kirche vorhanden, die 2. H. 14. Jh. erweitert und
bis zum 19. Jh. mehrfach umgebaut wurde. Von der got. Ausstattung
sind die Statuen der hl. Katharina (um 1400) und der Mondsichel-
madonna (um 1370) hervorzuheben. Weitere erhaltene Baudenk-

mäler aus der Frühphase der Stadtentw. sind die M. 13. Jh. gegr., um 1380–1410 in ihrer heutigen Form fertiggestellte Hl.-Kreuz-Kirche mit Fenstern aus der Parlerschule und das dazugehörige Dominika- nerkl., die um 1245 errichtete Minoritenkirche Mariä Himmelfahrt mit ihrem Rippengewölbe aus der Entstehungszeit, dem 1412 voll- endeten Turm und got. Wandmalereien sowie Teile der Stadtbefe- stigung.

Kg. Přemysl Otakar II. verlieh der Stadt 1269 das Stapelrecht und verkaufte den Bergunternehmern 1275 die Erlaubnis, eigene Mün- zen zu prägen. Kg. Johann v. Luxemburg dehnte 1324 das Stapelrecht auf das Salz aus und gewährte der Stadt ein Jahr später einen 10tägigen Jahrmarkt, dem noch 3 weitere folgen sollten. 1331 befreite er die Bürger von allen Zöllen in Böhmen und Mähren, und 1345 gewährte er der Stadt das Recht, weitere Juden anzusiedeln. Während man in vielen dt. Städten 1348/49 die Juden ermordete und vertrieb, wurden sie in I. geschützt. Ihre Vertreibung erfolgte erst 1426 wegen angeb- licher Unterstützung der Huss.; die wichtigen Privilegien der Stadt wurden in prachtvollen Handschriften aufgezeichnet, deren bekann- teste die A. 15. Jh. durch den Stadtschreiber Johann v. Gelnhausen verfaßten, mit schönen Miniaturen ausgestatteten Codices der I.er Rechte sind. Der wirtsch. Aufschwung, der I. zu einer der bedeu- tendsten Bergstädte Mitteleuropas werden ließ, war nicht frei von Rückschlägen. 1328 und 1376 zerstörten Erdbeben und Über- schwemmungen Grubengebäude und Schächte, 1353 verheerte ein Brand die Stadt. Eine Pestepidemie forderte 1380/81 Opfer unter der Bev.; 1391 fand die erste Erhebung der Handwerker gegen die pri- vilegierte städt. Oberschicht statt, die sich diesmal noch behaupten konnte. 1402 mußte die Stadt einen Überfall von Raubrittern ab- wehren und war mit anderen Städten 1408–14 in Fehden mit dem Adel verwickelt.

In den Huss.kriegen schloß sich I. 1421 dem Städtebund von → Olmütz, → Brünn und → Znaim gegen die Huss. an. Jan Žižka versuchte 1423 ebenso vergeblich, die Stadt zu erobern, wie in den folgenden Jahren weitere Huss.heere. 1436 wurden in I. die Huss.kriege beendet, als am 5.7.1436 Ks. Sigismund und die Stände Böhmens und Mährens die Übereinkunft mit dem Basler Konzil (I.er Kompaktaten) beschworen. 1458 verweigerte die Stadt als einzige dem utraqu. Kg. Georg v. Podiebrad den Gehorsam, der seine Aner- kennung erst nach ihrer Belagerung und Beschießung durchsetzen konnte. Nach Georgs Bannung 1467 durch den Papst fiel I. wieder von ihm ab und wurde daraufhin 1469 erneut, wenn auch vergeblich, belagert. 1471 erfolgte hier die päpstliche Bestätigung des ungar. Kg. Matthias Corvinus zum böhm. Kg. gegen den Kandidaten der böhm.

Utraqu., den Polenprinzen Wladislaw; 1486 fand in I. die Aussöhnung der beiden Rivalen statt. Diese äußeren Umbrüche gingen in I. mit gravierenden inneren Veränderungen einher. Allmählich kam es zur Erschöpfung der Erzlager, so daß die von flämischen Webern beeinflußte Textilproduktion – Tuchmacherei und Leineweberei – seit dem 15. Jh. zur Grundlage der weiteren städt. Blüte wurde. Das hochwertige, nach einem bes. Verfahren gefärbte I.er Tuch fand großen Absatz inner- und außerhalb der böhm. Länder. Walkmühlen und Färbereien, vor allem aber die prächtigen Bürgerhäuser, die nach dem verheerenden Stadtbrand von 1523 errichtet wurden, prägten nun das Bild von I.; das 1425 erbaute Rathaus wurde um 1550 mit anderen Häusern verbunden, erhielt 1786 seine barocke Fassade und den Uhrenturm und besitzt einen spätgot. Saal von 1561. Unter ihm gelangt man in kilometerlange Katakomben, die alle Häuser des Ringes erfassen und als Vorratsräume und zum Schutz vor äußeren Feinden genutzt wurden. Als weitere Beispiele dieser Zeit lassen sich die ältesten Ringhäuser anführen, welche in ihrem Kern aus den Jahren 1260–70 stammen und damit zu den ältesten got. Häusern des Landes zählen, das sog. ehem. Berggericht, das um 1560 entstandene Gildehaus der Tuchmacher, das den ältesten gedeckten Arkadenhof besitzt und heute das Museum der Böhm.-Mähr. Höhe beherbergt sowie die aus 2 Häusern entstandene heutige Gebietsgalerie mit Deckenfresken von 1577. In dieser Zeit erfolgte 1563 die Vollendung der St.-Jakobskirche, deren im gleichen Jahr aufgehängte Glocke Susanna zu den größten in den böhm. Ländern gehört und die 1599 das prachtvolle, von Johann Wirt aus Nürnberg gefertigte Taufbecken erhielt, sowie 1572 die Errichtung der Hl.-Geist-Kirche, die im 30jähr. Krieg zerstört und 1661 erneuert wurde. Der 1509 erbaute, 1548 aufgestockte Frauentorturm zeugt als einziger Überrest der ehem. 5 Stadttore ebenfalls vom damaligen städt. Selbstbewußtsein.

Die Stadt, die im Laufe der Zeit ein Landgebiet erwarb, das in seiner Größe mit dem von Nürnberg konkurrieren konnte, entwickelte sich im 16. Jh. auch zu einem geistigen Zentrum. Bereits 1522 wurde hier durch Paulus Speratus die Ref. propagiert und in der Folgezeit von der Stadt gegen Kg. und Bf. durchgesetzt. 1561 öffnete in I. ein Gymnasium im Geiste des Humanismus seine Pforten, dessen Lehrer in Wittenberg und Frankfurt an der Oder studiert hatten. 1571 stiftete Thomas Bendel die Meistersingerschule, die in Verbindung mit Hans Sachs und Nürnberg stand. Doch auch in dieser Blütezeit wurde die Stadt nicht von Katastrophen und Auseinandersetzungen verschont: 1480, 1507, 1541, 1562, 1574 und 1605 wütete die Pest, 1513, 1523, 1535, 1538, 1548 und 1551 richteten Brände Zerstörungen an. 1520 kam es unter dem Einfluß der Ref. zu einem erneuten Aufstand der

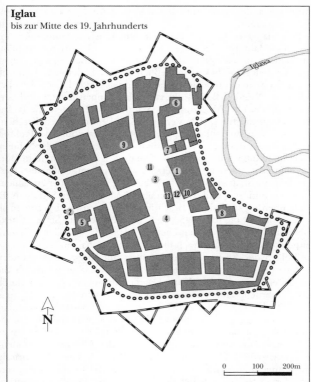

Iglau
bis zur Mitte des 19. Jahrhunderts

N

0   100   200m

Historischer Stadtkern
in der Mitte des 19. Jahrhunderts

●●●● Verlauf der gotischen Befestigung

Verlauf der barocken Befestigung

1 Rathaus
2 Frauentor
3 Neptunbrunnen
4 Amphitrite-Brunnen
5 Minoritenkloster mit Marienkirche
6 Dominikanerkloster mit
  Heilig-Kreuz-Kirche
7 Jesuitenkolleg, Seminar, Gymnasium
  und St.-Ignaz-Kirche

8 St. Jakob
9 Gotisches Bürgerhaus
  (in der Renaissance umgebaut)
10 Gotisches Bürgerhaus
  (in der Renaissance umgebaut)
11 Mariensäule
12 Eingang in die unterirdischen Gänge
  aus dem 16. Jahrhundert
13 ehem. »Grecl«

Zünfte gegen die Patrizier, in dessen Verlauf Kg. Ludwig II. eingreifen mußte und in dessen Ergebnis die Handwerker 1522 Anteil am
Stadtrat erlangten. 1549 wurde I. für seine Unterstützung – der einzigen aus Mähren – des gegen Kg. Ferdinand I. gerichteten Ständeaufstandes mit 25 000 Talern Geldbuße und einem »ewigen Bier-
groschen« belegt. 1620 kam schließlich das jähe E. der städt. Blüte, als
das auf der Seite der rebellierenden Stände stehende I. nach der Niederlage am Weißen Berg 1620 von ksl. Truppen besetzt und verwüstet wurde. Der Absetzung des Stadtrates 1621 folgte die Rekatholisierung, die für I. den Verlust des 1619 errungenen Kirchen-
patronats, die Ausweisung der ev. Pfarrer, die Verteibung des Rektors
und der Lehrer des Gymnasiums sowie die Übernahme aller Schulen
durch die Jesuiten zur Folge hatte. Die prot. Eww. verloren ihr Bürgerrecht und wurden mit Soldateneinquartierungen schikaniert, weshalb viele die Stadt verließen. 1630 besaß I. aufgrund der zu zahlen-
den Kontributionen und Anleihen über 2 Mio. Gulden Schulden. Es
wurde überdies 1647 durch Beschuß in Mitleidenschaft gezogen, als
die Kaiserlichen die seit 1645 von Schweden besetzte Stadt zurück-
eroberten. Nur 299 von den ehemals 13 000 Eww. sollen sich zum
Zeitpunkt der Übergabe noch in I. aufgehalten haben.
Die Folgen des 30jähr. Krieges konnten nur langsam überwunden
werden. Erst E. 17. Jh. begann ein neuer Aufschwung durch die
Wiederbelebung des Bergbaus. Da die Abbaubedingungen durch
Wassereinbrüche aber immer schwieriger wurden, mußte man
schließlich bis 1779 alle Bergwerke schließen. Die tradit. Tuchmacherei erreichte jedoch vor allem E. 18. Jh. eine neue Blüte und sorgte mit dafür, daß die Bev. der Stadt von 6246 (1719) auf 10 786 Eww.
(1798) anwuchs. Positiv wirkte sich auch der Ausbau des Straßennetzes aus, so die 1739 begonnene Straße Wien–I.–Prag. Der wirtsch.
Erneuerung folgten infolge der Reformen Ks. Josephs II. weitere
Veränderungen des gesellschaftlichen Lebens. Durch die Verw.-
Reform erhielt I. 1786 einen Stadtmagistrat mit Gerichtsvollmach-
ten. Einschneidend war auch die Säkularisierung kirchlicher Institutionen. So wurden in I. nach der Aufhebung des Jesuitenordens 1773
das Gymnasium in ein weltl. umgewandelt, 1784 das Dominikanerkl.
aufgehoben und zu einer Kaserne der seit 1751 mit einer Garnison
versehenen Stadt umfunktioniert und 1788 eine Tuchmanufaktur im
ehem. Kapuzinerkl. eingerichtet. Spuren aus der Zeit der Rekatholisierung findet man bes. in der Architektur, so in der St.-Ignatius-
Kirche, die 1680–89 an Stelle konfiszierter Hausgrundstücke prot.
Bürger errichtet und 1717 von Karl Töpper mit prachtvollen Fresken
ausgestattet wurde und zu deren Schätzen das angeblich von Kg. Přemysl Otakar II. gestiftete Přemyslidenkreuz zählt. Auch im 19. Jh.

blieb I. nicht von kriegerischen Auseinandersetzungen verschont.
1805 rückten die Franzosen im Vorfeld der Schlacht bei → Austerlitz
in die Stadt ein, im Krieg gegen Österr. 1866 besetzten sie die Preußen 2 Monate lang. Während der Revolution von 1848/49 wurde in
I. eine Nationalgarde gebildet, von der man Teile zur Unterstützung
der dortigen Revolutionäre nach Wien entsandte. Die damals herrschende Unzufriedenheit hing nicht zuletzt mit der stagnierenden
wirtsch. Lage in I. zusammen: Die Tuchproduktion, die noch A.
19. Jh. von der gegen England verhängten Kontinentalsperre profi-
tiert hatte, verpaßte in der Folgezeit den Anschluß an die einsetzende
Industrialisierung; Mißernten kamen hinzu. Die Arbeitslosigkeit war
so groß, daß 1851 eine staatl. Tabakfabrik errichtet wurde, die bis zu
2500 Arbeiterinnen beschäftigte. Erst 2. H. 19. Jh. entwickelte sich I.
zu einem bedeutenden Industriestandort, in dem Tuchmachereien,
Spinnereien, Färbereien, Wollwebereien, Glasschleifereien und die
Zigarrenherstellung sowie der Handel mit Textilwaren, Holz und
Getreide eine Rolle spielten. 1871 wurde die Stadt in das Eisenbahnnetz an der wichtigen Strecke Prag–Wien einbezogen, wenngleich
der entfernt liegende Bahnhof der Wirtschaft zunächst wenig förderlich war. Seit M. 19. Jh. entstand eine Reihe kultureller Einrichtungen, wie das 1850 umgebaute Stadttheater, die Gebietsgalerie oder
das 1892 gegr. Museum der Böhm.-Mähr. Höhe. Die Stadt wurde ein
bedeutendes Musikzentrum; hier spielte Gustav Mahler, der 1860–65
in I. seine Kindheit verbrachte, 1870 sein erstes Klavierkonzert im
Stadttheater. Um 1900 stieg infolge des Geburtenrückgangs und des
Wegzugs dt.sprachiger Eww. nach Österr. allmählich der tsch. Anteil
der Stadtbev. von 16,2% auf 21,5% (1880: 19 269 dt. und 3715 tsch.
Eww.; 1900: 20 789 dt. und 4547 tsch. Eww.; 1910: 21 756 dt. und
5974 tsch. Eww.).
Die aufkommenden Spannungen zw. beiden Nationalitäten in I. erfuhren bes. seit dem E. des Ersten Weltkriegs und nach dem gegen
Separatismusbestrebungen gerichteten Eingreifen tsch. Militärs im
Oktober 1918 eine Zuspitzung. Der dt. Bürgermeister wurde im
Dezember 1918 zum Rücktritt gezwungen; die Neuwahlen, die
1919 eine dt. Mehrheit ergaben, wurden von der tsch. Administration
für ungültig erklärt. Am 23.6.1920 kam es anläßlich der Sonnwend-
feier zu blutigen Zusammenstößen zw. dt. Eww. und tsch. Truppen.
Obwohl durch die Neuwahl 1920 die dt. Mehrheit bestätigt wurde,
gewann wenige Jahre später die tsch. Bev., die 1925 erstmals den Bürgermeister stellte (9463 tsch., 6721 dt. Stimmen), das Übergewicht
(1920: 13 420 dt. von 28 179 Eww.; 1930: 17 868 tsch. und 12 095 dt.
Eww.). Mit dieser Entw. verbunden war eine Zurückdrängung der
Dt. aus führenden Positionen des gesellschaftlichen Lebens. Im März

1939 marschierten dt. Truppen in I. ein; die dt. Bewohner erhielten
die dt. Staatsbürgerschaft. 1945 besetzten sowjet. Truppen kampflos
die Stadt, deren dt. Bev. bald darauf zwangsausgesiedelt wurde. Heute ist I. Bez.-Stadt, Denkmalschutzgebiet und ein wichtiges Industriezentrum, das durch Maschinenbau, Elektronik, Textilherstellung, Holzverarbeitung und Bauindustrie geprägt wird. Zu den bedeutenden Persönlichkeiten, die in I. geb. wurden, zählen der
Reichsratspräsident und Wirtschaftspionier Carl Friedrich Frh. v.
Kübeck (1780–1855), der sich für den Ausbau der Eisenbahn und des
Telegraphennetzes einsetzte, sowie die Schriftsteller Karl Hans Strobl
(1874–1946), der durch seine heimatgesch. und hist. Romane, und
Louis Fürnberg (1909–57), der durch seine Lyrik und Dramen bekannt wurde. – 1930: 29 963, 1991: 51 831 Eww.   (VII) *Hol*

A. Bartušek/A. Kába, Umělecké památky Jihlavy, Havlíčkův Brod 1960; F. Hoff-
mann, Jihlava v husitské revoluci, Havlíčkův Brod 1961; ders., Listy a obrazy z mi-
nulosti Jihlavy, Havlíčkův Brod 1958; ders., Nové listy a obrazy z minulosti Jihlavy.
Od třicetileté války k revolučnímu roku 1848, Brno 1967; LV 950, Bd. 1, 365:
Iglauer Heimatbuch. Hg. v. J. Achatzki, Heidelberg 1962; Jihlava 1233–1983. Hg. v.
K. Křesadlo u. J. Linhartová, Jihlava/Brno 1984; Jihlava a Basilejská kompaktáta.
Jihlava 1992; K. Křesadlo, Jihlava, Praha 1986; ders., Kapitoly z historie Jihlavy.
Jihlava 1992; A. Letscher, Chronik der Stadt Iglau (1563–1685). Hg. v. F. Wurzin-
ger, Iglau 1912; B. Novotný, Funde mittelalterlicher handwerklicher Erzeugnisse
aus Iglau (Mähren) von der Mitte des 13. bis zum Beginn des 15. Jh., Wien 1982; A.
Šimka, Národně osvobozenecký boj na Jihlavsku, Brno 1963; J. A. Tomaschek, Der
Oberhof Iglau in Mähren und seine Schöffensprüche aus dem 13. bis 16. Jh., Inns-
bruck 1868; LV 791, Bd. II/3, 1–50.

Ingrowitz (Jimranov, Bez. Saar). Das 13 km nö. von → Neustadtl in
Mähren gelegene Städtchen I. war 1361 im Besitz des Archleb v. Sta-
řechowitz. 1392 wird ein Ansitz mit Freihof, Mühle und Fischteich
erwähnt. 1400 kam I. in den Besitz der Herren v. Pernstein, die es
1588 an Paul Katharyn v. Kathar verkauften. Dieser ließ die Feste aus
dem 13. Jh. in einen Wirtschaftshof umbauen und 1588–96 einen
Renaissancebau errichten. 1603 gelangte I. an die Dubský v. Třebomyslitz und nach der Konfiskation ihrer Güter aufgrund der Teilnahme am Ständeaufstand 1623 an Georg Březnický v. Nachod.
Nach wechselnden Besitzern fiel I. 1778–1945 an die Gff. Belcredi,
die 1783 mit dem Umbau des Renaissancebaus in ein rechteckiges
Schloß mit Vorhof begannen und 1832 eine Gruft anlegten. Zu der
nach 1631 erwähnten Kirche Mariä Geburt kam um 1750 die St.-
Matthäus-Kirche hinzu. Nach dem Toleranzedikt Ks. Josephs II. war
ein Drittel der Eww. reformierten Bekenntnisses, für die ein Pfarrer
aus Ungarn gerufen wurde. Die ev. Kirche wurde 1786 nach dem
sog. Toleranzgrundriß (30 x 10 x 7 m) errichtet und 1927 umgebaut.
Am Marktplatz sind barocke und klassiz. Häuser erhalten. Im 20. Jh.

entstand in I., wo die Schriftsteller Alois (1861–1925) und Vilém
Mrštík (1863–1912) geb. wurden, eine beträchtliche Textilindustrie.
– 1880: 1348 (nur Tsch.), 1930: 1314 Tsch. und 12 Dt., 1950: 1042,
1991: 701 Eww.   (VIII) *Teu*
E. Čermák, Kronika Zubří země, Jimramov [u. a.] 1979; LV 253, Bd. 11, 129ff.; LV
259, Bd. 1, 119f.; LV 290, Bd. II/83, 372–410; LV 791, Bd. II/4, 294–298; P. Za-
oral/M. Zaoralová, Jimramovská smolná kniha, in: VVM 17 (1965), 141–157.

Jabkenitz (Jablkynice, seit 1955 Jabkenice, Bez. Jungbunzlau). Ein
vorgesch. Burgwall und Reste einer slaw. Siedl. des 9. Jh. weisen auf
eine lange Siedlungskontinuität im Gebiet des Dorfes J., das M.
14. Jh. als Pfarrdorf »Jablkynicz«, 13 km sö. von → Jung-Bunzlau,
Erwähnung findet. Auf der Anhöhe Hrádek wird eine zu 1322 genannte Feste vermutet, für die aber seit M. 16. Jh. keine Nachrichten
mehr existieren. J. gehörte zum unmittelbar w. gelegenen Gut Char-
watetz und wurde mit diesem 1542 der Herrsch. → Benatek hinzugefügt. – 1869: 437, 1991: 387 Eww. – Von der Wende zum 14. Jh.
stammt die frühgot., einschiffige Kirche Mariä Geburt mit barocker
Vorhalle an der W-Seite und Barockausstattung. Auf dem Weg zum
n. gelegenen Pěschitz befindet sich ein steinernes Kruzifix von 1583.
Das ehem. Jagdhaus, 1875–84 Sommerresidenz von Bedřich Smetana
(1824–1884), enthält ein Smetana-Museum.   (III) *Ke*
Dějiny obcí okresu mladoboleslavského a benátského, Mladá Boleslav 1926, 25–30;
LV 259, Bd. 3, 178; M. Malý, Jabkenická léta Bedřicha Smetany, Praha 1968; LV
952, Bd. 2, 87f.; LV 279, Bd. 10, 343; LV 906, Bd. 1, 559.

Jablunkau (Jablunkov, poln. Jabłonków, Bez. Friedek-Mistek). Die
älteste Siedl., die sich am Oberlauf der Olsa unterhalb einer Burganlage des 14. Jh., 25 km s. von → Teschen und 16 km n. des Jablun-
ka-Passes im 15. Jh. entwickelte, wurde 1447, als hier schon eine
Pfarrkirche erwähnt wurde, durch die Ungarn zerstört und danach
weiter s. an die Stelle des heutigen Ortes verlegt. Die Hzgg. v. Teschen verliehen J. in der 2. H. 16. Jh. versch. städt. Privilegien. Schon
zu 1532 gibt es Hinweise auf einen Markt, 1639 erhielt die Stadt ein
ksl. Privileg zur Abhaltung von 3 Jahrmärkten; seit den 1730er Jahren
entwickelte sich eine bedeutende Leinenindustrie. Die luth. Ref. hatte sich E. 16. Jh. durchgesetzt, wurde aber mit dem Übertritt des Teschener Hzg. zum Kath. ab 1615 zurückgedrängt. Seit den 1780er
Jahren bildete sich in Nawsie (1435 erstm. erwähnt, heute Teil von J.)
wieder eine ev. Gem.; dort ließen sich 1852 Elisabethinerinnen nieder, deren ehem. Kl. mit Kirche erhalten ist. Die Fronleichnam-
Pfarrkirche mit spätgot. Kern und Renaissance-Umbau (1620) wurde
1932 um ein Querschiff erweitert. Der urspr. überwiegend
poln.sprachige Ort zählte E. 18. Jh. weniger als 2000, 1869: 2491 und
1991: 6763 Eww.   (V) *Ke*

L. Bajger, Poddanské městečko Jablunkov za třicetileté války, in: TĚ 2/1992, 12–14, 3/1992, 1–4, 1/1993, 5–8; J. Bakala, Osídlení Frýdecka a Jablunkovska v období vrcholného feudalismu, Frýdek-Místek 1982; LV 255, 877; LV 950, Bd. 1, 336, 293, Bd. 2, 121; L. Mlčák, Státní seznam nemovitých kulturních památek okresu Frýdek-Místek, Ostrava 1980, 66–71; F. Popiołek, Historia osadnictwa w Beskidzie Śląskim, Katowice 1939, 133–136, 146–158, 198–202; R. Prokop, Jablunkov se zřetelem na sídelní vývoj a novodobý význam, in: TĚ 4 (1984), 15–19; LV 424, 110f.; M. Šmerda, Těšínské komorní panství v polovině 17. století, in: SIS 57 (1959), 39–73, hier 67f.; E. Tengler, Privilegia městečka Jablunkova, Moravská Ostrava 1938; R. Žáček, Pobeskydí od husitství do Bílé Hory, Frýdek-Místek 1986, 56f.

Jablunkauer Schanzen (Jablunkovské šance, Bez. Friedek-Mistek). Der Jablunka-Paß teilt die Schles. Beskiden und die Westbeskiden und bildet einen natürlichen Übergang von Schles. ins Waagtal. 1474 übertrug Kg. Matthias Corvinus dem Teschener Hzg. die Sicherung des Passes an der sog. Kupferstraße, über die Kupfer aus Oberungarn nach Breslau transportiert wurde. Nach Befestigungsarbeiten schon in der 1. H. 16. Jh. gegen die türk. Bedrohung wurde hier 1578 eine Schanze errichtet, deren Kontrolle für die Verbindung zw. Schles. und Ungarn im 30jähr. Krieg mehrfach milit. Bedeutung hatte. 1642 wurde ö. der alten Schanze die sog. große Schanze errichtet, die 1663 zu einer sternförmigen Anlage ausgebaut wurde; 1724–29 und letztmalig 1808 wurde sie ausgebessert und erweitert, bevor sie nach 1848 als veraltetes Verteidigungssystem aufgegeben wurde. Erhalten sind noch Graben- und Wallanlagen sowie eine Kapelle (1829).   (V)   *Ke* K. Gaura, Jablunkovské šance, in: TĚ 1/1968, 22; Jablunkovské šance, in: TĚ 2/1974, 8f.; F. Maywald, Zur Geschichte des Jablunkapasses, in: OB 4 (1905–06), 652–664; J. L. Mikoláš, Poznámky k dějinám Jablunkovských šancí v Mostech u Jablunkova, in: TĚ 2/1974, 9; F. Popiołek, Historia osadnictwa w Beskidzie Śląskim, Katowice 1939, 17–21, 35, 37.

Jägerndorf (Krnov, Bez. Freudenthal). Das seit dem Zweiten Weltkrieg unmittelbar an der Grenze zu Polen liegende J.er Gebiet wurde erstm. 1240 als »Kyrnow«, 1253 als »Jegerdorf« erwähnt. Da sich eine Urk. von 1221 als Fälschung erwiesen hat, muß die dt.rechtl. Siedl. 20 km nw. von → Freudenthal vor 1253 angelegt worden sein. Vorgesch. Funde rund um die Burg beweisen eine steinzeitl. Besiedl.; J. ist spätestens seit der Bestätigung der Stadtprivilegien 1279 Stadt. Das přemyslidische Hzt. Troppau wurde 1377 geteilt, womit sich J. als ein eigenes Hzt. bildete. 1474 eroberte der ungar. Kg. Matthias Corvinus die Herrsch. und ließ kgl. Münzen schlagen. Die territoriale Entw. bis zur endgültigen Grenzfestlegung 1523 war wechselhaft. J. war mit dem Hzt. Jägerndorf gegen E. 15. Jh. als ein Lehen an Johann v. Schellenberg gelangt. Der in finanzielle Schwierigkeiten geratene Sohn Georg verkaufte J. 1523 an Mkgf. Georg den Frommen von

Brandenburg-Ansbach, für den der Erzreichtum der Herrsch. Freudenthal von bes. Interesse war. Der Luth. Georg vertrieb den seit dem
13. Jh. ansässigen Dt. Orden sowie die Franziskaner und Minoriten,
deren Kl. J. zu einem kulturellen Mittelpunkt gemacht hatte. Unter
den Hohenzollern wurde J. für ein Jh. zum Zentrum des Prot. in
Oberschles., um schließlich um so mehr gegenreformatorischen
Maßnahmen ausgesetzt zu sein. Das spätgot., festungsähnliche Schloß
mit Renaissance-Elementen errichteten ab 1531 brand. Baumeister,
um die verfallende Schellenburg abzulösen. Nach dem Stadtbrand
von 1779 wurde es barock umgebaut. Seit der Konfiskation 1945
dient es als Verw.-Sitz eines Forstbetriebes. Nach der Schlacht am
Weißen Berg kam J. 1622 an Karl v. Liechtenstein, der seit 1614 bereits Hzg. v. Troppau war. Dessen Fam. blieb bis 1945 im Besitz der
Herrsch.; während des 30jähr. Krieges wurde J. nacheinander von
dänischen, ksl. und schwed. Truppen geplündert und verwüstet.
1740 erhob der preuß. Kg. Friedrich II. Ansprüche auf die schles.
Besitzungen seiner hohenzollerischen Ahnen und löste die Schles.
Kriege aus. 1742 wurde der s. Teil des Hzt. mit der Stadt J. von dem
nun preuß. Schles. abgetrennt und dem neugeschaffenen Österr.-
Schles. zugeschlagen. Während der preuß. Besetzung brannte 1779
ein Großteil der Stadt ab. Im 18./19. Jh. entwickelte sich eine bedeutende Textilindustrie, die auf ma. Tradition aufbauen konnte.
Durch die Einbeziehung der Stadt in das Schienennetz 1872 wurde
die Industrialisierung noch verstärkt. J. zählte mit 30 Tuchfabriken
und 5500 Arbeitern 1914 zu den größten Tuchmacherstädten der
Donaumonarchie und galt als das »Schles. Manchester«. Die Orgel-
fabrik Rieger erreichte seit 1873 Weltruf und arbeitete nach 1945 als
Staatsbetrieb weiter.

Das 1273 gegr. Minoritenkl. war seit 1911 Sitz des Stadtmuseums und
schließlich Hotel. Infolge der Kreisneubildung nach dem Zweiten
Weltkrieg befanden sich bis 1995 im neuen Museumsgebäude keine
stadtgesch. Sammlungen mehr. Die zweitürmige angeschlossene got.
Kl.kirche Mariä Geburt aus dem 14. Jh. mit Fresken von Josef Stern
von 1766 wurde barock umgebaut, ebenso wie die got. Pfarrkirche
St. Martin aus dem 14. Jh. mit Renaissance- und Barockausbau. Bei
der Kirche finden sich noch Reste der Stadtmauer. Die Kirche des im
13. Jh. gegr. Hl.-Geist-Spitals weist Fresken aus dem 15. Jh. auf und
dient als Konzertsaal. Auf dem Burgberg wurde 1722–27 weithin
sichtbar die barocke Wallfahrtskirche zur Schmerzhaften Muttergottes erbaut. Dominante des nicht symmetrischen Marktplatzes ist das
nach Plänen des Wiener Architekten Moritz Hinträger 1901–03 erbaute prächtige Neorenaissance-Rathaus mit angebauter Sparkasse
im Sezessionsstil. Der älteste Hinweis auf eine jüd. Siedl. stammt von
1386. Im Jahre 1535 wurde eine Zaubereianklage gegen einen Juden

zum Anlaß genommen, alle Juden aus dem Hzt. auszuweisen. Erst im
19. Jh. siedelten wieder Juden in J., deren Zahl 1900 mit 534 Personen 3% der Bev. betrug (1930: 318). Die 1870 im neorom. Stil erbaute Synagoge mißbrauchten die Nationalsozialisten als Markthalle
(seit 1960 Stadtarchiv). Der jüd. Friedhof befindet sich schwer zugänglich unterhalb des Burgberges am ö. Stadtausgang. Seit A. 17. Jh.
zweisprachig, waren 1921 5% der Bev. tsch.; die dt. Bev. (1930:
23 464; 1938: 25 522 Eww.) wurde 1945 evakuiert, größtenteils in
einem Internierungslager untergebracht und 1946 ausgewiesen.
Trotz schwerer Zerstörungen der Stadt im Zweiten Weltkrieg erhielten sich einige Bürgerhäuser mit Säulenarkaden aus dem 16. Jh. in
veränderter Form. (1991: 25 436 Eww.). J. ist Geburtsort des Malers
Heinrich Tentschert (†1925), des Architekten Leopold Bauer (1872–
1938) und des Schriftstellers Robert Hohlbaum (1886–1955).

(V) *Lb*

E. Bednara, Jägerndorf. Sein Name und die Herkunft der ersten Bürger, in: ZVGS
74 (1940), 95–107, 348 f.; LV 338; LV 950, Bd. 1, 453; LV 259, Bd. 2, 130f.; J. Kejř,
Počátky města Krnova, Krnov 1968; H. Kinzer/E. Königer, Die Jägerndorfer Stadttore und ihre Geschichte, Jägerndorf 1927; G. Loesche, Zur Gegenreformation in
Schlesien, Troppau, Jägerndorf, Leobschütz, Bd. 1: Troppau – Jägerndorf, Leipzig
1915; F. Rudolf, Die Jägerndorfer Landtafelbücher, in: ZGKS 19 (1926–29), 109–
121; J. Ryba, Die katholische Restauration in den Fürstentümern Troppau und Jägerndorf, in: ASKG 5 (1940), 152–186, 14 (1956), 153–173, 15 (1957), 208–229; E.
Rzehak, Jägerndorf als Münzstätte der Markgrafen von Brandenburg im XVI. und
XVII. Jahrhundert, in: ZGKS 4 (1908–09), 118–130; A. Schindler, Der Orgelbau in
Jägerndorf in den Jahren 1918–1938 und seine weltweite Bedeutung, in: StJ 8
(1994), 141–147; J. Spatzier, Beiträge für die Geschichte des Burgberges, der Umgebung und der Stadt Jägerndorf, Jägerndorf 1880.

Jaispitz (Jevišovice, Bez. Znaim). Der Boden, auf dem die 15 km
nw. von → Znaim entfernte Stadt steht, ist reich an prähist. Funden
von der späten Stein- bis zur Latène-Zeit; diese Epoche wurde nach J.
benannt. Schriftl. erstm. erwähnt wird es 1289 als Besitz der Herren v.
Obřany. Später ging J. an die Herren v. Kunstadt über. A. 15. Jh.
herrschte der als Raubritter berüchtigte Hynek Dürrteufel v. Kunstadt in J., weswegen Hzg. Albrecht II. v. Österr. 1416 die Burg zerstören ließ. Während der Huss.kriege entwickelte sich J. zum wichtigen Stützpunkt der Anhänger der neuen Lehre, die hier bis 1431
eine Besatzung unterhielten. An deren endgültige Niederlage erinnert ein 1924 errichtetes Denkmal mit einem Kelch auf dem Hügel
Žalov. 1619 besetzte General Gf. Heinrich Duval v. Dampierre den
Ort. 1879 ließen die Gff. v. Ugarte, die die Herrsch. seit 1743 hielten,
an Stelle des barocken Sommerschlosses ein neues, im pseudogot. Stil
gehaltenes Schloß errichten. In dem anliegenden engl. Park befindet
sich ein Zyklus mythologischer Skulpturen von Lorenzo Mattielli

(M. 18. Jh.). J. ist der Geburtsort des Landschaftsmalers Eugen Jettel (1845–1901). – 1921: 1200 (davon 7 Dt.), 1950: 973, 1980: 1138 Eww. (VII) *Kle*

Der Bau der Stauweiher und die Bodenmeliorationen im Jaispitzbachtale in Mähren, in: A. Friedrich, Kulturtechnischer Wasserbau, Berlin 1908, 386–403; S. Brodesser, Příspěvek k hospodářskému a sociálnímu vývoji Jevišovic v 17.–19. století, in: ČMorMZ 67 (1982), 157–168; Jevišovice 1289–1989. Minulost a socialistická přítomnost jihomoravské obce, Jevišovice 1989; LV 290, Bd. II/76, 246–277; F. Vildomec, Starý Zámek u Jevišovic, in: VVM 12 (1957), 167–172; LV 791, Bd. II/4, 272–277.

Jamnitz (Jemnice, Bez. Trebitsch). Die 17 km wsw. von → Mähr. Budwitz an der Želetavka gelegene Ortschaft wurde 1227 als Stadt »Jamnic« bezeichnet. Nachdem Kg. Johann v. Luxemburg der Stadt die Schürfrechte für die Goldvorkommen in der Umgebung übertragen und 1345 das Iglauer Bergrecht bestätigt hatte, erlebte J. eine erste Blüte. 1410 zählte es zu den kgl. Städten. 13 Jahre später wurde J. vergeblich von den Huss. belagert. Während der Auseinandersetzungen Kg. Georgs v. Podiebrad mit Matthias Corvinus wurde J. stark in Mitleidenschaft gezogen, so daß der Goldbergbau 1468 eingestellt werden mußte. Seiner Wiederaufnahme 1537 folgte eine zweite Blüte der Stadt, die durch langjähr., 1588 von Kg. Rudolf II. beigelegte Streitigkeiten zw. Bürgern und Herrsch. begleitet war. In dieser Zeit wurde die seit 1295 erwähnte Burg, unter Einbeziehung des Turmes und des Tores, in ein vierflügeliges Renaissance-Schloß umgebaut. Während des 30jähr. Krieges hatte J. sehr zu leiden; noch 1666 galten Teile der Stadt als verlassen. 1734 erbte Gf. Maximilian Daun die Herrsch. J. Er ließ das Schloß im barocken Stil umbauen, mit einem neuen Portal versehen und mit einem Park umgeben. Der österr. Politiker Gf. Joseph Philipp v. Stadion (1763–1824) kaufte Schloß und Herrsch. im Jahre 1815. Zu diesem Zeitpunkt waren die Bauernunruhen von 1775 bereits in Vergessenheit geraten. Bis 1842 weilte Franz Grillparzer (1791–1872) wiederholt auf Schloß J. Die letzten Besitzer vor 1945 gehörten der Fam. Pallavicini an, deren Gruft 1904 fertiggestellt wurde. Zw. 1455 und 1673 bestand in J. ein Franziskanerkl. 1576 ist für die Herrsch. J. eine luth. Kirchenordnung erlassen worden; die kath. Pfarrei wurde 1627 erneuert. Während der urspr. rom. Pfarrkirche im Vorort Podolí stand, wurde die neue St.-Stanislaus-Pfarrkirche 1540–80 in der Stadt selbst errichtet. Seit dem 14. Jh. ist eine jüd. Bev. bezeugt, die zw. 1850 und 1919 eine pol. selbst. Gem. bildete (1900: 29 Häuser). Der jüd. Friedhof und Teile des Ghettos aus dem 18. Jh. sind ebenso erhalten geblieben wie Reste der Stadtbefestigung. Die bis E. des Zweiten Weltkrieges zu über 90% tsch. Bev. lebt seit dem 19. Jh. von der örtl. Lebensmittel-, Pa-

pier- und Baustoffindustrie sowie vom Maschinenbau. Am letzten
Septembersonntag jedes Jahres findet seit dem frühen 14. Jh. ein
Volksfest (»Barchan«) statt, dessen Höhepunkt ein Wettlauf ist, mit
dem an die 4 Boten erinnert wird, die Kg. Johann v. Luxemburg 1312
anläßlich eines Sieges zu seiner Gattin Elisabeth nach J. entsandt hatte.
– 1850: 2386, 1900: 2913, 1950: 3225, 1991: 4288 Eww. (VII) *Had*

J. Gartner, Klášter v Jemnici, Jemnice 1930; LV 543, 15; LV 253, Bd. 12, 168ff.; LV
255, Bd. 2, 160ff.; L. Hosák, K počátkům měst na jihozápadní Moravě, in: SFFUK
Hist. 15 (1964), 117–125; LV 950, Bd. 1, 253f.; LV 259, Bd. 1, 117; LV 548, 251–
266; M. Janků, O horáckém kroji z okolí města Jemnice, Jemnice 1940; F. Jech,
Založení a zlatá doba Jemnice, Jemnice 1928; B. M. Kulda, Pohádky a pověstí ná-
roda Moravského, Bd. 4: Moravské národní pohádky a pověsti z okolí Jemnického,
Brno 1957; Nachricht von einem in der Stadt Jamnitz üblichen Volksfeste als ein
Beitrag zur Landeskunde von Mähren, Znaim 1869.

Jankau (Jankov, Bez. Beneschau). Die 15 km s. → Beneschau gelegene Gem. entstand verm. E. 13. Jh. als Sitz der Nebenlinie der
Herren v. Wlašim, die den Titel J. v. Wlašim annahmen. Unter den
1413–1702 herrschenden Herren J. v. Thalenberg stieg der Ort zu
einem kleinen Ackerbürgerstädtchen mit Kleingewerbe auf und behielt diesen Charakter auch danach. Da das im 18. Jh. verlassene Kastell nicht mehr den zeitgenössischen Repräsentationszwecken entsprach, verlegte Johann Kořenský v. Terešov um 1705 seinen Sitz auf
das Schloß im nahegelegenen Ratměřitz. Die urspr. rom. Kirche zur
Geburt Johannes des Täufers erlebte im 13., 17. und 19. Jh. Umbauten. Ein Denkmal erinnert an die bedeutsame Schlacht bei J., die 1645
zw. der ksl. habs. Armee unter Hans v. Goetz und Melchior v. Hatz-
feld sowie einem schwed. Heer unter Lennart Torstensson stattfand.
Durch ihren Sieg sicherten sich die Schweden damals vorübergehend
die Vorherrsch. in Böhmen und Mähren. – 1848: 660, 1869: 1250,
1900: 1320, 1920: 1130, 1950: 830 und 1991: 891 Eww. (VII) *Pán*
P. Gantzer, Torstenssons Einfall und Feldzug in Böhmen 1645 bis zur Schlacht bei
Jankau, in: MVGDB 42 (1904), 421–441, 43 (1905), 1–26, 168–185; Č. Habart,
Sedlčansko, Sedlecko a Voticko, Bd. 4, Sedlčany 1994, 563–571; LV 259, Bd. 6,
174f.; V. Šustr, Bitva u Jankova, Votice 1994; M. Toegel, Bitva u Jankova – rozklad
císařské armády a politiky, in: FHB 2 (1980), 283–309.

Janowitz (Janovice, Bez. Freudenthal). Über die Frühgeschichte von
J., 3 km nw. von → Römerstadt (heute eingemeindet), liegen
keine gesicherten Erkenntnisse vor, abgesehen von einer urk. Erwähnung 1398. Eine kontinuierliche schriftl. Überlieferung beginnt im
Zuge bäuerlicher Wiederbesiedl. des Römerstädter Landes 1517, als
sich J. im Besitz der Herren v. Žerotín aus → Mähr. Schönberg befand, die 1520–30 das Schloß erbauten. Nach mehreren Besitzer-

wechseln erwarb J. 1586 der ksl. Rat und Hofkammerpräsident
Ferdinand Hoffmann Frh. v. Grünbüchel und Strechau und konzentrierte hier seine umfangreiche Bibliothek. Das Schloß wurde 1663
barockisiert. Durch Heirat gelangte J. in den Besitz der Dietrichstein,
1721 dann an die Gff. v. Harrach. Gf. Ferdinand Bonaventura v.
Harrach leitete 1746 weitreichende Sozial- und Wirtschaftsreformen
ein; im Zuge einer Bodenreform zugunsten bäuerlicher Untertanen
wurden Robotlasten abgebaut und herrschl. Meierhöfe veräußert.
Die Erlöse dienten dem Aufbau einer leistungsfähigen Leinenma-
nufaktur, die den Verlust der Leinenproduktion in Preuß.-Schles.
ausgleichen sollte. Gärtner und Häusler wurden angesiedelt, Fach-
kräfte aus Böhmen angeworben, Flachsanbau und Hausweberei intensiv gefördert. Unterstützt durch die Verbindungen der Harrach in
Wien, entstand eine der leistungsfähigsten Leinenmanufakturen der
habs. Monarchie. Weniger Erfolg war den Versuchen beschieden,
auch den Bergbau wiederzubeleben. Das Schloß wurde 1763–65
ausgebaut. Veränderte Marktbedingungen und unternehmerische
Fehlentscheidungen bewirkten M. 19. Jh. einen Niedergang der
Leinenproduktion, lediglich die Eisenwerke konnten sich den veränderten Verhältnissen anpassen. Größere Konflikte blieben angesichts
einer vergleichsweise modernen Sozialpolitik der Harrach aus: 1833
wurde ein Pensionsinstitut für alte und arbeitsunfähige Arbeiter gegr.,
ein Erlaß vom 18.5.1848 hob die Robotpflicht auf. J. blieb bis 1945
im Besitz der Harrach, das Schloß wurde 1945/46 als Lager für die
Zwangsaussiedl. der Dt. genutzt. Aus dem eingemeindeten Johnsdorf
stammt der Barockmaler Johann Christoph Handke (1694–1774). –
1869: 2425, 1930: 1009, 1950: 937 und 1980: 781 Eww.   (IV)   *Bei*

Zd. Demčík, Janovické železárny v období průmyslové revoluce v 19. století, in:
SMor 34 (1977), 11–16; LV 259, Bd. 2, 106ff.; F. Mainuš, Janovické harrachovské
plátenické podnikání v letech 1746–1756, in: SlS 54 (1956), 468–494; F. Mainuš,
Janovické harrachovské plátenické podnikání v letech 1756–1778, in: SlS 55 (1957),
392–411, 461–480; E. Šefčík, Hrabata z Harrachů a severní Morava, in: SMor 31
(1976), 12–16; F. Tutsch, Römerstadt und das Römerstädter Ländchen, Wolfratshausen 1964, 52–76.

Janowitz (Vrchotovy Janovice, Bez. Beneschau). Die 15 km s.
→ Beneschau gelegene Siedl. ist seit E. 12. Jh. quellenmäßig belegt,
als hier die rom. St.-Martins-Kirche entstand, die im 14. und 17. Jh.
Umbauten erfuhr. 1243 befand sich das Dorf im Besitz Konrads, des
Ahnherrn des Herrengeschlechts derer v. J. Verm. um 1350 erhob
Herbart v. J. den Ort zum Städtchen, das seinen heutigen Namen
vom Rittergeschlecht der Wrchota v. Wrchotitz ableitete, denen der
Ort 1453–1528 gehörte. Zu den nachfolgenden Besitzern zählten
u. a. 1603–1807 die Herren v. Wrtba und als deren Erbe die Wrati-

slaw v. Mitrowitz. Als Residenz diente diesen ein ehem. Wasserkastell aus der Zeit um 1350, das E. 16. Jh. zu einem Renaissance-
Schloß, um 1760 im Stil des Rokoko und 1857/58 in neogot. Stil
umgebaut wurde. Den verschuldeten Besitz kaufte 1879 Karl Nádherný v. Borutin, dessen Nachfahren hier bis 1948 lebten. Breite
kulturelle Kontakte und Korrespondenzen entwickelte und pflegte
hier nach 1900 Baronesse Sidonie Nádherný v. Borutin, die Rainer
Maria Rilke und Karl Kraus, mit denen sie befreundet war, auf ihr
Schloß einlud (Gedenkstätte für beide Dichter). – 1848: 990, 1869:
1920, 1900: 1940, 1920: 1750, 1950: 1130 und 1991: 880 Eww.

(II/VI) *Pán*

Č. Habart, Sedlčansko, Sedlecko a Voticko, Bd. 4, Sedlčany 1994, 571–590; E. Šamánková, Stavební vývoj zámku ve Vrchotových Janovicích, in: ČNM Hist. 153
(1984), 56–68; LV 275, Bd. 8, 198f.; LV 279, Bd. 15, 267ff.; J. Tywoniak, Janovický
zámek v kulturních dějinách, Praha 1994.

Janowitz an der Angel (Janovice nad Úhlavou, Bez. Klattau). Das
am r. Ufer der Angel gelegene J. – der Herkunftsort des Adelsgeschlechts der Herren v. J., die hier bis in das 18. Jh. ansässig waren –
wurde urk. erstm. 1290 erwähnt. Im Jahre 1356 wurde das Dorf, wo
für die Zeit vor 1327 eine Feste mit Graben belegt ist, zum Städtchen
erhoben. Die frühgot. Kirche Johannes des Täufers wurde M. 18. Jh.
barockisiert und enthält Wandmalereien aus den 1320er Jahren. Die
Obrigkeit befreite A. 16. Jh. die Eww. von der Lehenspflicht und
stattete J. mit Zollfreiheit und Marktrechten aus. Damit war der Ort
1520 in der Lage, im Städtebund zus. mit → Klattau, → Taus, → Mies
und → Prag selbst. seine Rechte durchzusetzen und 1524/30 weitere
Privilegien zu erhalten. Im 17. Jh. verlor die 1520 eroberte und ausgebrannte Feste ihre milit. Bedeutung endgültig und verfiel zusehends. 1674 kaufte der Prager Ebf. J. samt Gut auf; 1683 bereits fiel es
an Wilhelm Albrecht Krakovský v. Kolovrat, in dessen Fam. es bis
1848 blieb. Die Lebensgrundlage der Stadtbev. bildeten Landwirtschaft und Handwerk. Von der jüd. Gem. zeugen Friedhof und Synagoge aus dem 18. Jh. – 1880: 1192, 1930: 1032 (davon 10 Dt.), 1950:
906, 1990: 1410 Eww.   (I) *Wei*

LV 905, Bd. 12, 35–38; LV 879, Bd. 1, 171f.; LV 507, 131f.; LV 569, Bd. 1, 365; LV
279, Bd. 9, 136–145; LV 906, Bd. 1, 568f.

Jaroměř (Bez. Nachod). Archäolog. Funde haben nachgewiesen,
daß die Umgebung des heutigen, 16 km nö. von → Königgrätz gelegenen J. bereits in prähist. Zeit besiedelt war und sich hier bis zur
slaw. Landnahme zahlr. Kulturen abwechselten. Nach 995 entstand
eine Burgstätte, die den Namen des Fst. Jaromír erhielt, der das Umland als ihm verliehenes Erbteil regierte. Die am Zusammenfluß von

Elbe, Aupa und Mettau gelegene Burgstätte bildete als Bestandteil des
přemyslidischen Burgbezirkssystems entlang des Glatzer Pfades einen
strategisch bedeutsamen Ort für die Verbindung zu Innerböhmen.
Die erste urk. Erwähnung stammt von 1126. Nahe der Burg wuchs
schrittweise eine kleine Siedl., die verm. unter Kg. Přemysl Otakar II.
in den Rang einer Stadt aufstieg. Als kleinste kgl. Stadt erhielt J. 1307
den Status einer Leibgedingestadt böhm. Kgnn., 1349 gründete Ebf.
Ernst v. Pardubitz das Augustinerkl. mit Marienkirche. Da sich der
hierfür auserkorene Ort als nicht förderlich erwies, wurde das Kl.
1404 an die St.-Nikolaus-Kirche, in das neue, an der Stelle der ver-
lassenen Burg errichtete Propsteigebäude verlegt. Im MA war die
Verteidigungskraft der Stadt durch deren Lage begünstigt, vom urspr.
Verteidigungsring haben sich jedoch nur geringe Reste erhalten. Der
urspr. tsch. Bev. folgten im 13. Jh. im Rahmen der Stadtgründung dt.
Kolonisten, die anfänglich im Rat dominierten, ehe es zu einer
Tschechisierung kam. In den Huss.kriegen stand J. anfänglich auf der
Seite Kg. Sigismunds, 1420 überfiel der Stadthauptmann Hynek v.
Červená Hora das huss. Städtchen Krčin und machte dieses dem Erd-
boden gleich. Als Rache besetzte ein huss. Heer unter dem Kom-
mando von Jan Žižka J. und zerstörte das Kl.; die Residenz des Propstes wurde auf die Burg verlegt. J. trat auf die Seite der Huss. über,
eignete sich das kgl. Richteramt an und erhob sich 1444 gegen Sigismunds Witwe Barbara v. Cilli. Diese verpfändete daher J. 1445 an
Georg v. Podiebrad und tauschte auch das Stadtwappen aus. In der
Folgezeit partizipierte J. unter der Herrsch. der Jagiellonen an der
Blütezeit böhm. Städte, errang zahlr. Privilegien und konnte beträchtlichen Reichtum anhäufen. Aufgrund der Beteiligung am Ständeaufstand von 1547 entzog Kg. Ferdinand I. der Stadt ihre Rechte,
so daß sie verarmte. Große Schäden erlitt die Stadt zudem im 30jähr.
Krieg. Nach den Feuersbrünsten 1548 und 1670 kam es im 17. und
18. Jh. zu einem barocken Umbau der Stadt, wovon die mit Arkaden
versehenen Häuser auf dem Markt sowie die Mariensäule zeugen.
Eine weitere bauliche Umgestaltung erfolgte um 1900. Ein herausragendes Beispiel der modernen tsch. Architektur stellt das 1910/11
von dem Architekten Josef Gočár erbaute Wenke-Haus dar, in dem
sich heute Stadtmuseum und Galerie befinden. – 1833: 3417, 1900:
6671, 1930: 8883, 1991: 12 557 Eww.   (III) *Fr*

V. Hejna, Vzpomínky ze staré i nové Jaroměře, Josefov 1936; LV 259, Bd. 6, 175;
Jaroměř 1126–1976, Jaroměř 1976; A. Knapp, Paměti královského věnného města
Jaroměře nad Labem, Jaroměř 1887; V. Pácalt, Jaroměř za války světové v letech
1914–1918, Jaroměř 1933; LV 905, Bd. 48, 138; J. S. Polický, Kniha o Jaroměři,
Jaroměř 1912; LV 279, Bd. 2, 212ff.; J. Uhlíř, Prameny a bibliografie Jaroměře a
Jaroměřska, Jaroměř 1978.

Jaroměřitz (Jaroměřice, Bez. Zwittau). Das 4 km ö. von
→ Gewitsch auf ehem. keltischem Siedlungsgebiet gegr. J. ist seit
1068 – verm. als Gründung des Prager Bf. Jaromír – belegt. 1331
erwähnen die Quellen einen gewissen Mikšík v. J. Verm. A. 16. Jh.
ließ Peter Sedík v. Kunčina, der J. als Pfandschaft von Kg. Wladislaw II. erhalten hatte, ein Kastell errichten; dieses ließ Johann Blahoslav v. Karisow, dessen Fam. J. seit 1564 gehörte, zu einem zweigeschossigen Renaissance-Schloß mit reichhaltigem Sgraffitto-
schmuck an den Außenfassaden umbauen. Johann Blahoslav war ein
eifriger Anhänger der bereits vor 1540 in J. angesiedelten Brüdergem.
Georg Sigismund v. Zástřizl, in der Zeit des böhm. Ständeaufstandes
1618–20 Grundherr in J., bewahrte seine Güter durch einen raschen
Übertritt zum Kath. vor der Konfiskation. – Die got. Allerheiligenkirche wurde 1709 spätbarock umgebaut. Von der Wallfahrtsstätte
auf dem Kalvarienberg sind 9 Kreuzwegstationen aus der 1. H. 18. Jh.
erhalten. Die barock bis klassiz. ausgestattete Kirche zur Kreuzaufrichtung wurde 1712/13 von Aichl errichtet. J. ist bis heute von
der Landwirtschaft geprägt. – 1890: 1851, 1930: 1995, 1991: 1311
Eww.   (IV/VIII) *Ben/Krz*

LV 259, Bd. 6, 110f.; J. Pinkava, Jaroměřická zastavení, Jaroměřice 1992.

Jaromeritz (Jaroměřice nad Rokytnou, Bez. Trebitsch). Die 14 km
s. von → Trebitsch gelegene Ortschaft wurde 1329 als »Jermiric«
erstm. erwähnt. Unter den Herren v. Lichtenburg, an die J. aus landesherrschl. Besitz gelangt war, entstand im 14. Jh. eine Burg, die von
den zw. 1534 und 1609 auf der Herrsch. ansässigen Herren v. Meseritsch und Lomnitz in ein dreiflügeliges Renaissance-Schloß umgebaut wurde. In dieser Zeit – 1576 erließ man eine luth. Kirchenordnung – war die seit 1325 bezeugte Laurentius-Pfarrei ev.
1554–98 gab es in J. eine Gem. der Böhm. Brüder. 1623 gingen die
Herrsch. und der seit 1. H. 15. Jh. als solcher belegte Marktflecken an
die Fam. Questenberg über. 8 Jahre später brannte die gesamte Ortschaft nieder. Seit 1675 gab es in J. ein Servitenkl., das 1785 geschlossen wurde. Johann Adam v. Questenberg (1678–1752) gab bei
Jakob Prandtauer das Projekt eines Barockschlosses in Auftrag. Der
Bau wurde in den Jahren 1700–37 realisiert. Gemeinsam mit der
Dekanatskirche St. Margaretha von 1715–37, dem Theater von
1722–23 sowie der Galerie, der Bibliothek und dem Tanz- und Mu-
siksaal entstand so eines der bedeutendsten Barockbauwerke Europas,
das von einem 1716 angelegten barocken Garten umgeben wird. Die
Gesamtanlage ist bis heute im urspr. Zustand erhalten. Auf Schloß J.
wurde in den ersten Jahrzehnten nach seiner Errichtung bes. die Musik gepflegt. Das Schloßorchester stand unter Leitung des tsch.

Komponisten František Václav Míča (1694–1744), der J. eine Oper widmete. Bis 1945 war J. im Besitz der Kaunitz. Anschließend oblagen Schloß und Park der Denkmalpflege in Brünn, die für die Renovierung und die Einrichtung eines Naturtheaters sorgte. Die nahezu rein tsch. Bev. lebt tradit. von der Land- und Nahrungsgüterwirtschaft sowie der im 19. Jh. angesiedelten Leichtindustrie. In J. wirkte der Schriftsteller Otokar Březina (1868–1929), an den ein Denkmal, ein Museum und ein von František Bílek 1932 geschaffener Grabstein erinnern. – 1850: 2332, 1900: 2781, 1950: 2668, 1991: 4025 Eww.

(VII) *Had*

J. Fišer, Paměti jaroměřického varhaníka a rektora Jana Růžičky (1716–1782), Jaroměřice 1933; V. Helfert, Hudba na Jaroměřickém zámku. František Míča 1696 až 1745, Praha 1925; ders., Hudební barok na českých zámcích. Jaroměřice za hr. Jana Adama z Questenberku, Praha 1916; LV 253, Bd. 12, 145ff.; LV 255, Bd. 2, 153f.; LV 950, Bd. 1, 346; LV 259, Bd. 1, 112–115; J. Krčal, Otokar Březina a Jaroměřice n. R., Jaroměřice 1968; A. Ondříček, Obrázky z Jaroměřicka, Bde. 1–2, Havlíčkův Brod 1956–58; A. Plichta, O životě a umění. Listy z jaroměřické kroniky 1700–1752, Přerov 1974; J. Sedlák, Jaroměřice nad Rokytnou. Státní zámek, město a památky okolí, Praha 1972; L. Zwěřina, Schloss Jaromeritz, die Kirchen daselbst sowie andere Baulichkeiten und Stiftungen der Besitzer und Grundherren in Jaromeritz, Brünn 1904.

Jauernig (Javorník, Bez. Mährisch Schönberg). Das 24 km nw. von → Freiwaldau gelegene J. wurde 1291 erstm. erwähnt und 1373 unter dem Breslauer Bf. Preczlaus v. Pogarell zur Stadt erhoben. An der Stelle einer got. Burg des 13. Jh., die 1428 von den Huss. erobert wurde, befindet sich auf einem dominanten steilen Felsen das 1488–1599 errichtete spätgot. Schloß, das nach seinem Begründer, dem Breslauer Bf. Johannes v. Thurzó, »Johannesberg« genannt wurde. Seine Grabplatte mit Wappen befindet sich über dem Tor im Schloßhof. Das Schloß diente von 1348 bis zum Übergang dieses Gebiets an Österr. 1742 als Verw.- und Sommerresidenz der Bff. v. Breslau. Der ovale Konzertsaal wurde auf Initiative des Komponisten Karl Ditters v. Dittersdorf errichtet, der 1769–94 in J. lebte und ab 1773 als Hauptmann von Freiwaldau angestellt war. An ihn erinnert ein klassiz. Denkmal in der Nähe seines Wohnhauses (heute Kunstschule). Ab 1766 entwickelte sich J. durch den Aufenthalt des Breslauer Bf. Gf. Philipp Gotthard v. Schaffgotsch zu einem kulturellen und musikalischen Zentrum. Das Schloß wurde 1798/99 unter Bf. Christian v. Hohenlohe-Bartenstein zum Barockschloß umgestaltet und ist seit 1963 Museum. Nach mehreren Stadtbränden baute man J. in der 1. H. 19. Jh. mit Häusern im Empirestil wieder auf. Erhalten geblieben sind einige Barock-Bürgerhäuser und die 1718–23 erbaute barocke Dreifaltigkeitspfarrkirche. Im langgestreckten Ortsteil J.-Dorf befindet sich auf dem Friedhof das älteste Denkmal, eine rom.-got. Hl.-Kreuz-Kapelle aus dem 13. Jh.; der hier beigesetzte Breslauer Bf. Kardinal Adolf Bertram (1859–1945) wurde 1991 in den Breslauer Dom überführt. Der späte Bahnanschluß 1897 und das Ausbleiben der Industrialisierung führten zu einem Bev.rückgang (1850: 3156; 1930: 2956 dt. und 111 tsch. Eww.) Die dt. Bev. wurde 1945/46 vertrieben (1991: 2592 Eww.). Auf Schloß Johannesberg wurde der Dichter der österr. Romantik, Joseph Christian Frh. v. Zedlitz (1790–1862), geb.; aus J. stammen außerdem die 3 Porträtmaler-Brüder Robert (1808–63), Adolf (1811–68) und Albert (1815–1902) Theer, der Mediziner Johann Nepomuk Rust (1775–1840) und der Naturforscher Hans Leder (1843–1921). (IV) *Lb*

M. Filipová/Z. Brachtl, Památký města Javorníku, Javorník 1991; M. Filipová, Hřbitovní kostel ze 13. století v Javorníku-Vsi, in: SMor 44 (1982), 11–17; Heimatkunde des poltischen Bezirkes Freiwaldau, Freiwaldau 1893, 140–149; Jauernig und das Jauerniger Ländchen. Hg. v. H. Pachl, Regensburg 1983; LV 950, Bd. 1, 348f.; LV 259, Bd. 2, 108; Zd. Kříž, Zámecké parky okresu Šumperk, Šumperk 1971, 20–23; LV 266, 278–284; A. Paupie, Bilder aus der Vergangenheit Jauernigs, Jauernig 1936; R. Zuber, Jesenicko v období feudalismu do roku 1848, Ostrava 1966, 279–298; ders., Karel Ditters z Dittersdorfu, Šumperk 1970.

Jechnitz (Jesenice, Bez. Rakonitz). Die in einer waldreichen Gegend an der Straße Pilsen–Saaz–Teplitz, 21 km w. von → Rakonitz gelegene Kleinstadt wird 1321 erstm. erwähnt, als hier der Edelmann Bořuta v. J. residierte. 1350 taucht in den Quellen die Pfarrkirche auf, 2 Jahre darauf erscheint der Ort erstm. als Städtchen. 1360–1418 herrschte hier Jenec v. Janowitz, der der Gem. 1409 Marktprivilegien und andere Rechte verlieh. 1418 wurde J. der Herrsch. Petersburg inkorporiert; zus. mit ihr fiel J. 1483 an die Herren v. Guttenstein, die sich durch eine Erweiterung der Privilegien 1507 und 1510 sowie deren Konfirmierung und Erweiterung durch Kg. Wladislaw II. 1515 um ein Aufblühen des Städtchens verdient machten. 1555–1619 gehörte J. Jaroslav Libštejnský v. Kolovrat und dessen gleichnamigen Sohn; angeblich erhielt das Städtchen unter ihm sein Wappen direkt von Ks. Rudolf II., der J. zugleich in den Rang einer Stadt erhob. Als Bestandteil der konfiszierten Herrsch. Petersburg ging J. 1622 an Hermann Czernin v. Chudenitz, dessen Fam. es bis zur Aufhebung der Leibeigenschaft gehörte. Die im 15.–16. Jh. ummauerte Kirche St. Peter und Paul, von deren Befestigung Mauerreste und eine Schießscharte erhalten blieben, wurde nach 2 Bränden 1686 und 1725 barockisiert und vergrößert. 1760 kam das spätbarocke Pfarrhaus hinzu. Nach 1848 beherbergte die Stadt das Bez.-Gericht. Lebensmittelherstellung und holzverarbeitende Industrie prägten das wirtsch. Bild. – 1850: 986, 1890: 1408 (davon 50 Tsch.), 1930: 1542 (etwa 90% Dt.), 1950: 1130, 1991: 1538 Eww. (I/II) *Led*

K. Fibiger, Dějiny Jesenicka, Jesenice 1969; LV 259, Bd. 3, 179, 373f.; LV 275, Bd. 7, 114; LV 283, Bd. 14, 282; LV 906, Bd. 1, 586f.

Jemnischt (Jemniště, Bez. Beneschau). Für 1381 wird in den Quellen ein 9 km sö. → Beneschau gelegenes Kastell als Besitz eines gewissen Bernhard v. J. erwähnt, der dem Magnatengeschlecht der Herren v. Cimburg angehörte. 1398 befand sich dieses Kastell in Händen von Mikeš Divůček v. J., anfänglich eines Anhängers von Jan Hus, seit etwa 1420 aber einer der schärfsten adeligen Gegner Jan Žižkas und des radikalen Huss. Nach zahlr. unbedeutenden Besitzern im 15.–17. Jh. erwarb J. 1699 Ferdinand Franz v. Říčan, der aus mehreren umliegenden Gütern eine große Herrsch. formte. Da das alte Kastell, das in seiner heutigen Gestalt aus dem 16./17. sowie 19. Jh. stammt und zu Wohn- und Wirtschaftszwecken genutzt wird, den repräsentativen Pflichten nicht mehr genügte, ließ Franz Adam v. Trautmannsdorff um 1724 verm. nach Plänen von Franz Maximilian Kaňka ein Schloß erbauen. Den hochbarocken Bau, den ein frz. Park umgab, schmückten Wenzel Lorenz Reiner und Felix Anton Scheffler mit Fresken aus. Gf. Heinrich Franz v. Rottenhan, der J. 1773 kaufte, ließ die Anlage teilw. im klassiz. Stil restaurieren, einen engl. Park anlegen und verwandelte die Herrsch. zu einem Zentrum der Baumwollindustrie in Böhmen; eine Manufaktur bestand im nahegelegenen Postupitz. Bis 1945 gehörte J. nacheinander den Fam. Buquoy, Windischgrätz und Sternberg, seitdem befindet es sich als Museum in staatl. Besitz.   (III/VII) *Pán*

M. Brožovský/Z. Kárník/N. Morávková, Státní zámek Jemniště, Praha 1976; LV 259, Bd. 6, 176f.; LV 279, Bd. 15, 90f.; A. Skalická/V. Zelený, Zámecký park na Jemništi, in: SVPP 30/1 (1989), 93–114; LV 283, Bd. 12, 90–95.

Jičin (Jičín). Die ostböhm. an der Cidlina, einem r. Nebenfluß der Elbe gelegene Bez.-Stadt wurde zw. 1297 und 1304 auf einem für 1293 urk. belegten Königsgut gegr., bald darauf jedoch an einen geographisch vorteilhafteren Ort verlegt. 1304 wird J. erstm. als Stadt erwähnt, die Kg. Wenzel II. seiner Herrsch. → Welisch angliederte. 1327 wurde J. den Herren v. Wartenberg verpfändet, welche die Stadt 1337 kauften. Ihnen folgten 1437–52 die Herren v. Waldstein, 1452–79 Kg. Georg v. Podiebrad und dessen Söhne sowie 1480–87 Samuel v. Hradek und Valečov. Eine wirtsch. und bauliche Entfaltung vollzog sich unter der Herrsch. der Trčka v. Leipa, die J. mit einem Befestigungsring umgaben, wovon das 1568–78 erbaute, 52 m hohe Walditzer Tor noch heute Zeugnis ablegt. Aus dieser Zeit stammen auch zahlr. Renaissancehäuser am Markt. Johann Rudolf Trčka v. Leipa verkaufte 1606 die Herrsch. Welisch, behielt aber J.; 1607 erwarben die Smiřický v. Smiřitz die Herrsch. Welisch und

→ Kumburg, bestimmten J. zu ihrer Residenz und ließen hier ein Renaissance-Schloß erbauen. Ein Erbstreit zw. den beiden Schwestern Smiřický v. Smiřitz endete mit einer Tragödie: 1620 explodierte ein Munitionslager im Schloß und zerstörte einen Teil der Anlage. Im Rahmen der nach der Schlacht am Weißen Berg 1620 einsetzenden Konfiskationen prot. Güter erwarb Albrecht v. Wallenstein J. und ließ dieses unter Beteiligung vornehmlich ital. Architekten und Künstler zum pol., wirtsch. und kulturellen Zentrum seines Hzt. → Friedland umgestalten. Zudem rief er die Jesuiten in die Stadt, die hier 1623 ein Gymnasium gründeten, das zum Bildungszentrum der näheren und weiteren Umgebung emporstieg. Die Jesuiten erhielten zudem die frühbarocke, turmlose Jakobskirche, die den Namen des Ordensgründers, Ignatius v. Loyola, erhielt. Als bfl. Residenz wurde 1627 eine neue Jakobskirche und 1629–63 die Marienkirche errichtet. Den etwa 2,5 km nö. von J. unter Wallenstein angelegten Lustgarten mit einer Loggia von 1632–34 verband eine langgestreckte, vierreihige Linden-Allee mit der Stadt. Seine gesamten Vorstellungen vermochte Wallenstein nicht umzusetzen. Eine begrenzte Fortsetzung der Bauvorhaben erlebte J. seit 1635 unter Rudolf v. Tiefenbach. Ihm folgten als Besitzer 1656 die Herren v. Sternberg und 1710 Johann Josef v. Trauttmannsdorff. Die barocke Pestsäule auf dem Markt stammt von 1702, der Krönungsbrunnen in der Form eines antiken Tempels von 1835. Im bayer. Erbfolgekrieg lagerte in J. für kurze Zeit das österr. Hauptkontingent. 1813 wurde im sog. Konferenzsaal des Schlosses die »Hl. Allianz« zw. Preußen, Österr. und Rußland gegen Napoleon geschlossen. Am 29.6.1866 besiegten nw. von J. 2 Divisionen der Preußen die Österr. und Sachsen, ein Erfolg, der zum Sieg bei → Königgrätz beitrug. Seit 1784 war J. Bez.-Stadt; in den Landesämtern stellten Dt. die Mehrheit, ihr Anteil an der Bev. sank jedoch schrittweise. Heute bestimmen Lebensmittel- und Landmaschinenindustrie die wirtsch. Bild der Stadt. In J. wurde der Schriftsteller und Kulturkritiker Karl Kraus (1874–1936) geb. – 1843: 4319, 1900: 9759, 1930: 11034 und 1991: 16803 Eww.   (III) *Fr*

J. Francek, K počátkům města Jičína, in: SPVA 5 (1984), 87–95; ders., Písemné prameny k dějinám města Jičína, in: ČRP 5 (1992), 87–98; ders., Soudní kniha města Jičína z let 1457–1547, in: VSH 2 (1992), 57–82; ders., Rebelie železnických poddaných v 17. století, in: ČRP 7 (1994), 51–62; Jičín. Bibliografický průvodce po stavebních, uměleckých a technických památkách. Bearb. v. H. Horáková, Jičín 1988; H. Horáková, Ulicemi Jičína, Jičín 1993; F. Menčík, Dějiny města Jičína, Bd. 1, Jičín 1906; J. Mencl, Historická topografie města Jičína, Bde. 1–2, Jičín 1940–48; ders., Jičín za švedských válek, Jičín 1940; J. Morávek/Zd. Wirth, Valdštejnův Jičín, Praha 1946; LV 279, Bd. 5, 185–193; LV 906, Bd. 1, 591–598; J. Wagner, Jičín, Praha 1979.

Jičinowes (Jičíněves, Bez. Jičín). Die erste Erwähnung des 6 km s. von → Jičín gelegenen Dorfes stammt von 1360, als ein Diviš v. J. als Besitzer genannt wird. Vor 1540 befand sich J. im Besitz des unmündigen Wilhelm Otmar v. Holohlav, dessen weiblicher Vormund verkaufte das Gut an Barbara v. Boskowitz, die Gemahlin Georgs v. Waldstein. Ihr folgte Johann d. J. v. Waldstein, der in J. ein Kastell erbauen ließ. Bis zum 30jähr. Krieg bildete dieses eine selbst. Herrsch.; Albrecht v. Wallenstein inkorporierte J. jedoch seiner Herrsch. → Welisch, die später die Gff. Schlick erwarben. Gf. Franz Ernst Schlick verkaufte J. um 1670 an Karl Zumsand v. Sandberg. Aufgrund des vertraglich vereinbarten Vorkaufsrechts konnte Gf. Franz Josef Schlick 1686 J. zurückerwerben. Hier ließ er 1715–17 nach Plänen von Jean Baptiste Mathey ein Barockschloß errichten, dem sich A. 19. Jh. ein engl. Park mit einem Empirepavillon anschloß. Bis 1948 diente das Schloß Verw.- und Residenzzwecken, später als Schule. Infolge der Restitutionen nach 1989 erhielt die Fam. Schlick ihren Besitz zurück. – 1843: 266, 1900: 444, 1930: 402, 1991: 316 Eww. (III) *Fr*

LV 259, Bd. 6, 184f.; LV 279, Bd. 5, 270; Stručný nástin dějin panství a hraběcího rodu šlikovského, Jičín 1895; LV 906, Bd. 1, 598f.

Jistebnitz (Jistebnice, Bez. Tabor). Die 14 km nw. von → Tabor gelegene Kleinstadt wurde erstm. 1262 als Marktdorf erwähnt. Für das 14. Jh. ist die Pfarrkirche St. Marien belegt, deren Anfänge verm. in das erste Viertel 13. Jh. reichen. J. gehörte zum Besitz der Herren v. Rosenberg, die hier ein Kastell erbauten, das 1638 teilw. abgetragen, E. 17. Jh. jedoch wiederhergestellt wurde und als Sitz der Hauptleute der gleichnamigen Herrsch. diente. 1421–37 gehörte J. den Taboriten, 1443 stand der Ort auf der Seite Ulrichs v. Rosenberg bei dessen bewaffnetem Vorgehen gegen Tabor. In der 2. H. 15. Jh. fiel J. an die Wladyken Kozský v. Kozí, denen Kuneš Bohdanecký v. Hodkov und Wolf Hazl v. Nová Ves folgten. 1537 erwarb die Stadt Tabor J., nach der Niederschlagung des Ständeaufstands von 1547 fiel J. jedoch als konfiszierter Besitz an die Gff. v. Guttenstein, 1549 an die Herren v. Lobkowitz. Als letzte Obrigkeit stand seit 1829 die Fam. Nádherný v. Borutin J. vor. 1872 entdeckte man in der hiesigen Pfarrei eine wertvolle Handschrift mit huss. Meßgesängen, geistl. Liedern, Vespern u. a. Gesängen aus der M. 15. Jh., das sog. J.er Kantional. In dem heute von Landwirtschaft geprägten Ort lebten 1850: 1476, 1900: 1520, 1950: 955 und 1991: 968 Eww. (VI) *Mik*

R. Cikkart, Minulost města Jistebnice, Tábor 1925; ders., Popis Táborska, Tábor 1947, 79–83; LV 259, Bd. 5, 97f.; LV 279, Bd. 7, 205ff.; LV 569, Bd. 1, 441; R. Slaba, O řemeslech a řemeslnících ve staré Jistebnici, in: JSH 13 (1940), 64–78; LV 283, Bd. 10, 63–71; LV 906, Bd.1, 627f.

Joachimsthal → Sankt Joachimsthal

Josefstadt (Josefov, Bez. Nachod). In den Jahren 1780–87 wurde,
um das Land vor preuß. Angriffen zu schützen, auf einer Fläche von
289 ha auf dem Areal des ehem. Dorfes Ples bei → Jaroměř eine Festung errichtet, die ein einzigartiges Zeugnis des klassiz. Urbanismus
und einen Höhepunkt der Festungsbaukunst des 18. Jh. darstellt. Den
Hauptbestandteil bilden gewaltige, aus dem Erdreich aufgeschüttete
und mit Ziegeln gedeckte Mauern. Innerhalb der Mauern dienten
weitverzweigte Kasematten dem Schutz der Verteidiger. Die zunächst den Namen Ples tragende Festung wurde nach Plänen und
unter der Leitung des frz. Ingenieurs Louis Querlonde du Hamel sowie seit 1785 des Obersten Franz Lauer erbaut. Die Grundsteinlegung
erfolgte am 3.10.1780 in Anwesenheit Ks. Josephs II., der den Fort-
gang der Bauarbeiten mehrmals persönlich überwachte. 1787 war die
Anlage im wesentlichen fertiggestellt und wurde dem Landeshauptmann in Böhmen übergeben. Da die Besatzung auf die Zivilbev. angewiesen war, hatte Joseph II. 1782 ein Besiedlungspatent herausgegeben, das die Rechte und Pflichten der künftigen Eww. der Festungsstadt regelte. Anläßlich der Krönung Leopolds II. zum böhm.
Kg. 1791 erhielt J. den Status einer freien kgl. Stadt, 2 Jahre später
verlieh der neue Monarch Franz II. Ples den Namen J. Den Zugang in
die Festungsstadt ermöglichten 4 Tore: Das Jaroměřer- und das Kro-
nen-Tor wurden 1891 abgetragen, das Gratzer- und Neustädter-Tor
1904. Den hist. Stadtkern dominieren Militärgebäude sowie die
ehem. Soldatenkirche Mariä Himmelfahrt von 1805–10. In der Festung selbst wurden sowohl Soldaten als auch Politiker eingekerkert,
unter ihnen der von Napoleon bei Ulm besiegte General Karl Mack
1805–07 und 1863 der poln. General Marian Langiewicz. Nach der
Völkerschlacht bei Leipzig 1813 saßen hier 7000 frz. Gefangene ein,
im Ersten Weltkrieg 40 000 gefangene Russen, Ukrainer, Serben und
Italiener; 1918–24 diente J. als Internierungslager für Deserteure aus
dem nachrevolutionären Rußland. Milit. Bedeutung erlangte die Festung allerdings nie. Im preuß.-österr. Krieg 1866 zogen die Preußen
an J. vorbei, ohne die Festung anzugreifen. Im Gefolge der veränderten machtpol. Verhältnisse, als Preußen Verbündeter Österr. wurde, verlor J. 1888 den Status einer Festung. Als Garnisonsstadt diente
es jedoch auch weiterhin. Nach 1918 verschmolz J. allmählich mit
dem benachbarten Jaroměř und bildete mit diesem eine Doppelstadt.
Die administrative Vereinigung erfolgte jedoch erst 1948. Die
Eww.schaft der Garnisonsstadt rekrutierte sich zu 2 Dritteln aus
Soldaten, in der Zivilbev. dominierten anfänglich nach der Verkündung des Besiedlungspatents tsch. Handwerker. – 1833: 1704, 1900:

6127 (davon 1586 Dt.), 1930: 7015 (davon 287 Dt.), 1970: 3196 Eww. (III) *Fr*

J. Duška, Paměti c. k. pevnosti a královského svobodného města Josefova, Jaroměř 1886; A. Hofmeister, Josefov za světové války 1914–1918, Josefov 1938; O. Mertlíková, Josefov, průvodce městskou památkovou rezervací, Jaroměř 1983; LV 905, Bd. 48, 205; V. Prokešová, Pevnost Josefov, Česká Skalice 1972; C. Štěrba, Z pamětí Josefova, Jaroměř 1926.

Joslowitz (Jaroslavice, Bez. Znaim). Der 17 km sö. von → Znaim gelegene Ort wurde erstm. 1249 zuverlässig genannt. Die örtl. Pfarre ist 1325 belegt. Anstelle einer ma., aus dem Jahre 1255 belegten Feste entstand nach 1567 eines der größten Schlösser Mährens, das A. 18. Jh. von Anton Erhard Martinelli im barocken Stil umgebaut worden ist. Die heutige Pfarrkirche stammt von 1788–91. Das zunächst den Herren v. Obřany gehörende J. war unter dem nachfolgenden Heinrich v. Leipa 1304 von den aus Ungarn kommenden, mit Hzg. Albrecht I. v. Österr. verbündeten Kumanen erobert worden. Den Herren v. Leipa folgten als Besitzer nach 1447 u. a. die Einzingar v. Einzing, die Kuna v. Kunstadt, die Gff. v. Hardegg, die Gff. v. Collalto und die Berka v. Dubá. 1609 wurde J. von Wolf Dietrich v. Althann erworben, der jedoch wegen seiner Beteiligung am Ständeaufstand 1618–20 enteignet wurde; J. kam dennoch an dessen Verwandten Michael Adolf, so daß der Ort bis 1790 im Besitz dieser Fam. blieb. A. 19. Jh. erwarben ihn die Gff. Pallavicini, verkauften J. aber 1835 – mit Verlust – an die Gff. Hompesch-Bollheim, die hier 1871 einen Fideikommiß errichteten; sie traten den Besitz 1919 an Reichsgf. Wilhelm v. Spee ab. – 1834: 1257, 1930: 2598 (davon 2321 Dt.), 1950: 1263, 1980: 1194 Eww. (VIII) *Kle*

Die ältesten Besitzer von Joslowitz, Znaim 1902; F. Lantzberg, Aus dem Joslowitzer Ländchen, in: SdJ 3 (1929), 1–14; ders., Das Schloß Joslowitz, in: SdJ 4 (1929/30), 17ff.; LV 290, Bd. II/24, 24–37; LV 791, Bd. II/2, 148–151.

Jung-Bunzlau (Mladá Boleslav). Auf einer Landzunge oberhalb der Mündung der Klenice in die Iser an der Straße von → Prag nach N in die Lausitz wurde in der 2. H. 10. Jh. eine Burg angelegt, die als Verw.-Zentrum des frühma. Böhmen Bedeutung gewann und erstm. zu 1130 als »Bolezlaui«, zu 1125/40 als »Novus Bolezlaus« erwähnt wurde. M. 13. Jh. gelangten die Kastellane aus dem Geschlecht der Markwartinger, die 1255 in der s. Vorburgsiedl. Podolec eine Johanniterkommende mit der Veitskirche gegr. hatten und etwa zur gleichen Zeit die nw. gelegene Burg Michalowitz errichteten, auf Kosten der kgl. Gewalt, welche als neuen Herrschaftsmittelpunkt die Burg → Bösig, 20 km nw. anlegte, in den Besitz der Burg. Burg und Vorburgsiedl., die um 1290 als »locus forensis Mladi Boleslaw« erwähnt ist, sind E. 13. Jh. zerstört worden. Unter den Herren v. Michalowitz intensivierte sich in der 1. H. 14. Jh. die Stadtwerdungsphase. Benesch v. Michalowitz erhielt 1318 Marktflecken, Zoll und Burg zu erbl. Besitz; sein Sohn Johann übertrug 1334 das Marktrecht von Podolec in die wüste Burg, stattete den Ort mit Nimburger Recht aus und ließ das Areal, die spätere Altstadt, befestigen. In dieser Zeit, vor 1345, wurde an der n. Seite der Anlage ein Minoritenkonvent eingerichtet. Für die Stadt, die 1391 von Kg. Wenzel IV. einen Jahrmarkt verliehen bekam und deren Bürger 1417 von der Todfallabgabe befreit wurden, sind vor der Huss.zeit keine Hinweise auf die Ratsverfassung greifbar. In der Huss.zeit, der die beiden Johanniterkl. und das Minoritenkl. zum Opfer fielen, herrschten in J.-B. versch. huss. Hauptleute. Stadtherren waren bis 1468 die Herren v. Michalowitz, zuletzt Peter (†1437) und sein Schwiegersohn Heinrich Kruhlata v. Michalowitz; ihnen folgten die Tovačovský v. Cimburg (1468–1513) und die Krajíř v. Krajek (1513–88). Vom letzten Besitzer, Bohuslaus Felix Hassenstein v. Lobkowitz, kaufte sich die Stadt 1595 durch Zahlung von 60 000 Schock Meißener Groschen frei und wurde 1600 durch Kg. Rudolf II. zur kgl. Stadt erhoben; nach der Niederschlagung der Ständeerhebung 1618–20 wurde die städt. Selbstverw. faktisch aufgehoben.

Die Keimzelle der städt. Entw., die Burg, wurde im 2. Viertel des 14. Jh. von den Herren v. Michalowitz zu einer got. Burg, nach 1468 durch Johann Tovačovský v. Cimburg spätgot. umgebaut und nach M. 16. Jh. unter den Krajíř v. Krajek wahrsch. durch Matteo Borgorelli (†1574) zu einem dreiflügeligen Renaissance-Schloß erweitert. Es blieb auch nach 1595, bis 1620, im Besitz der Herren Hassenstein v. Lobkowitz, wurde 1648 durch ksl. Truppen teilw. zerstört, gelangte 1678 von den Czernin v. Chudenitz in städt. Besitz und wurde 1752–83 zur Kaserne umgebaut, als welche es bis 1953 genutzt wurde (seit 1972 Museum). Am nö. E. des langgestreckten Altstädter Marktplatzes wurde 1554/59 das zweiflügelige Renaissance-Rathaus eingerichtet, dessen N-Flügel 1710 barockisiert wurde. Hinter dem Rathaus befindet sich die Archidiakonatskirche Mariä Himmelfahrt von 1406, die nach einem Brand von 1538 erneuert und im 18. Jh. barockisiert wurde. Aus der 1. H. 14. Jh. stammt die Kirche Johannes des Täufers am Neustädter Marktplatz, die anfangs von den Johannitern geführt wurde; sie wurde 1727 barockisiert, 1787 aufgehoben und 1816 als St.-Nepomuk-Kirche neu geweiht. Das in der Huss.zeit zerstörte Minoritenkl. aus dem 1. Viertel 14. Jh. an der n. Ecke des Stadtareals kam 1496 in den Besitz der Böhm. Brüder, die hier nach Schließungsmandaten von 1547, 1568, 1584 und 1602 bis 1623 Versammlungshaus und Schule, den sog. Karmel, führten; 1625 wurde

hier wieder ein Minoritenkonvent angesiedelt, der 1784 durch die Piaristen aus → Kosmanos, die hierher ihr Gymnasium verlegten, ersetzt wurde.
Die wirtsch. Blüte des 16. Jh. beruhte auf Tuchherstellung, Kürschnerei und Messerschmieden; 1659–1743 waren hier die aus Lothringen stammenden Glockengießer Pricqueu ansässig; am Beginn der industriellen Entw. steht 1819 die Kattunfabrik der elsässischen Textilunternehmer Köchlin & Singer, die 1849 von Franz Hiller als Weberei fortgeführt wurde und seit 1881 zu den Werken von Ignatz Klinger gehörte; bedeutsam für die Stadtentw. war das 1895 gegr. Unternehmen Laurin & Klement, das anfangs Fahrräder herstellte, 1905 mit der Autoproduktion begann, 1925 mit den Škoda-Werken fusionierte und seit 1990 unter Beteiligung des Volkswagen-Konzerns geführt wird. – Durch die Förderung der Tovačovský v. Cimburg wurde J.-B. nach 1468 zu einem Vorort der Böhm. Brüder, die in den Gebäuden des ehem. Minoritenkl. Schule und Druckerei (1518–34) unterhielten. Ernst Krajíř v. Krajek ließ 1544/54 ein dreischiffiges Versammlungshaus im Renaissancestil errichten, das 1623 geschlossen wurde; es wurde 1624–1787 als kath. Wenzelskirche genutzt (heute Kunstgalerie). In der 1. H. 17. Jh. wirkte in J.-B. der utraqu. Theologe und Chronist Jiří Kezelius (1576–1655), der die erste Stadtchronik verfaßte. – Die Bev. war bis ins 16. Jh. tsch.; E. 16. Jh. kam es zum Zuzug dt. Handwerker. Jüd. Eww., die im 19. Jh. etwa 10% der Bev. ausmachten, sind seit der 2. H. 15. Jh. nachweisbar; der jüd. Friedhof ist seit 1584 belegt; hier befindet sich das Grabmal des Jakub Bassewi v. Treuenberg (†1634), des ksl. Hofbankiers und ersten geadelten Juden in Böhmen. Aus J.-B. stammen Mikuláš Klaudyán (†1521), Drucker und Autor der ersten Landkarte Böhmens von 1518, der Schriftsteller Alois Vojtěch Šmilovský (1837–83) und der Lyriker und Zeichner František Gellner (1881–1914). – 1788: 1573, 1869: 8695, 1930: 19 630, 1950: 19 049, 1991: 44 459 Eww.
Nach dem Verlust der Burg J.-B. als Herrsch.mittelpunkt in der 2. H. 13. Jh. wurde dieser etwa 2 km nw. auf eine neue Burg, Michalowitz, anfangs »Michelsberg« genannt, am r. Ufer der Iser verlegt. Die Inhaber der Herrsch. (bis 1468), ein Zweig des Geschlechts der Markwartinger, nannte sich von da an (erstm. 1281 belegt) Herren v. Michalowitz. Die Burg wurde 1425 von huss. Truppen erobert, um 1438 aber wieder hergerichtet. Seit E. 15. Jh., als sie im Besitz der Tovačovský v. Cimburg war, verfiel sie und wurde 1580 als wüst bezeichnet. Zeitgleich mit dem Bau der Burg wurde eine spätrom./frühgot. Kirche angelegt, die 1358 als Pfarrkirche erwähnt wird, welche Funktion 1768 auf die Hl.-Kreuz-Kirche in → Kosmanos übertragen wurde. (III) *Ke*

LV 905, Bd. 21; F. Bareš, Paměti města Ml. Boleslavě, Bde. 1–2, Mladá Boleslav
1920–21; Boleslavica '68. Sborník příspěvků k dějinám Mladoboleslavska, Mladá
Boleslav 1969; Dějiny obcí okresu mladoboleslavského a benátského, Mladá Boleslav 1926, 195f., 271–337; LV 861, 161f.; LV 540, 204–221; LV 259, Bd. 3, 320–
324; 250 let gymnasia v Mladé Boleslavi, Mladá Boleslav 1938; Mladá Boleslav, Lysá
nad Labem, Nové Benátky. Hg. v. L. Kloudan [u. a.], Praha/Brno 1941; Mladá
Boleslav od minulosti k dnešku. Hg. v. V. Trtílek, Mladá Boleslav 1974; A. Molnár,
Boleslavští bratří, Praha 1952; LV 952, Bd. 1², 124; V. Sadek/J. Šedinová, The Je-
wish Cemetery at Mladá Boleslav, in: JB 18 (1982), 50–55; LV 279, Bd. 10, 30–34;
K. Sellner, Podolec. Několik kapitol z dějin Mladé Boleslavě, Mladá Boleslav 1926;
LV 906, Bd. 2, 398–403.

Jungfernteinitz (Panenský Týnec, Bez. Laun). Die 11 km ö. von
→ Laun gelegene Gem. ist bekannt durch bedeutende archäolog.
Funde aus der Latène-Zeit. J. erscheint erstm. in einer Schenkungsurk. des Benediktinerkl. → Kladrau im Jahre 1115. E. 13. Jh. grün-
dete Habart v. Žirotin in J. ein Klarissenkl.; der Bau der nur als Torso
erhaltenen Kl.kirche wurde nach einem Feuer 1382 begonnen und
beeindruckt auch heute noch als monumentales Architekturdenkmal.
Aufgrund der Anmut des Baus und des reichen S-Portals wurde der
Kirchenbau mit der Parler-Hütte in Zusammenhang gebracht. Das
heutige Aussehen des Kl.gebäudes stammt vom Umbau 1548. Die
St.-Georgs-Kirche auf dem Dorfplatz wurde 1722 erbaut. Auf dem
Friedhof ragt das um 1800 geschaffene klassiz. Grabmal eines ehem.
Besitzers der Herrsch., Johann Tuskany, hervor. 2 km s. von J. erhebt
sich über der gleichnamigen Gem. die Burg Žerotin, die ebenfalls
Habart v. Žirotin erbauen ließ und die dem Typus einer Anlage mit
Bergfried entspricht. Der berühmteste Angehörige aus dem Geschlecht v. Žirotin war Habarts Sohn Plichta, ein berühmter Kriegsmann, der 1322 in der Schlacht bei Mühldorf fiel. Von der urspr.,
1639 durch die Schweden zerstörten und seitdem verlassenen Burganlage haben sich lediglich die Reste zweier Mauern, Gewölbe sowie
ein Doppelgraben erhalten. – 1995: 366 Eww.   (II) *Rd*
LV 867, 91f.; LV 259, Bd. 3, 541f.; LV 275, Bd. 1, 190; LV 279, Bd. 8, 219–224; LV
283, Bd. 13, 74–78.

Jungwoschitz (Mladá Vožice, Bez. Tabor). Die 16 km nö. von
→ Tabor gelegene Kleinstadt befand sich im MA zus. mit der auf
einem felsigen Hügel errichteten Burg in kgl. Besitz. Archäolog. Untersuchungen des Areals deuten auf dessen planmäßige Gründung an
der Kreuzung zweier alter Wege im 13. Jh. hin. Obwohl Ks. Karl IV.
in seiner Maiestas Carolina 1355 die Burg »Bossicz« als Pfandschaft
bestimmte, blieb sie zunächst noch im Besitz der Krone; 1355–69 trat
der Kg. sogar selbst als Grundherr auf. Für die Zeit bis zu den
Huss.kriegen finden sich dann aber in den Quellen versch. Pfand-

herren. Die Brüder Materna und Christoph v. Ronow, deren Vater die Burg 1412 erworben hatte, standen auf seiten der kath. Partei. Aus diesem Grunde besetzten die huss. Hauptleute Jan Žižka 1420 und 5 Jahre später Johann Hvězda v. Vicemilice den im 14. Jh. zum Städtchen erhobenen Ort. Seit dem Einzug der Taboriten lag die Burg darnieder und verfiel. Im 17. Jh. errichtete man auf deren Areal eine Marienkapelle; von der Feste haben sich nur wenige steinerne Zeugnisse erhalten. Nach den Huss.kriegen diente J. neuerlich als Pfandschaft: Um 1450 erwarb Nikolaus Trčka v. Leipa den Ort, dessen Nachfahren hier für gut ein Jh. herrschten. 1548 fiel J. an Johann Voračický v. Pabénice, dessen Sohn Wenzel nach 1550 im Ort ein Renaissance-Schloß erbauen ließ. 1579 vergab Ks. Rudolf II. J. an Michael Španovský v. Lisov als erbl. Besitz, A. 17. Jh. folgte als neuer Grundherr Hans Bernard Fünfkircher v. Fünfkirchen. Als Teilnehmer des Ständeaufstandes 1618–20 verlor dieser seine Güter; die Herrsch. J. wechselte an den ksl. General Balthasar de Marradas, der seinen Besitz 1628 an die Ritter Přehořovský v. Kvasejowitz weiterverkaufte. 1678 schließlich folgte als neuer Eigentümer der spätere Prager Ebf. Gf. Franz Ferdinand v. Khuenburg, der J. in ein Fideikommißvermögen umwandelte. Die Gff. v. Khuenburg ließen als letzte Obrigkeit das Schloß barockisieren. In der Kleinstadt entstanden im 19. Jh. im Zuge der Industrialisierung mehrere Betriebe für Maschinenbau, Holz- und Nahrungsmittelindustrie. In J., dem Geburtsort des Historikers und Heimatkundlers August Sedláček (1843–1926), lebten 1850: 2064, 1900: 1844, 1950: 1570 und 1991: 2113 Eww. (VII) *Mik*

E. Barborová, Mladovožické panství ve světle urbáře z roku 1620, in: JSH 37 (1968), 10–14; R. Cikkart, Popis Táborska, Tábor 1947, 171–176; LV 259, Bd. 5, 129f.; LV 279, Bd. 4, 229–233; A. Sedláček, Minulost města Mladé Vožice v Táborsku, Praha 1870; LV 283, Bd. 10, 88–98; B. Štorm, Klasicistní Vožice, in: SVPP 1957, 144–154.

Kaaden (Kadaň, Bez. Komotau). Die 14 km s. von → Komotau zw. Duppauer Bergen und Erzgebirge gelegene, erstm. 1183 als »Kadan super Egram fluvium« erwähnte Siedl. war E. 12. Jh. durch eine Schenkung der Gemahlin Hzg. Friedrichs v. Böhmen dem Johanniterorden überlassen worden, der hier zus. mit der Kommende eine Pfarrkirche und ein Spital errichtete. Vor 1261 entzog Kg. Přemysl Otakar II. dem Orden den wegen seiner Lage am Egerdurchbruch und an den alten Saumpfaden nach → Prag und Sachsen strategisch wichtigen Marktflecken und erhob ihn zur kgl. Stadt. K. wurde die rechtl. Selbständigkeit der Bürgergem., Stadtrichteramt, Meilenrecht und freier Zuzug für Zuwanderer gewährt. Das städt. Zentrum wurde erweitert und nach NW verlegt, planmäßig mit großem Ringplatz ausgebaut und ummauert; der ö. gelegene Siedlungskern, die sog. Spittelvorstadt, sank zu einem untergeordneten Markt herab. Der Zuzug erfolgte von sächs. und fränkischer Seite, die tsch. Bev. tritt in der neuen Stadt kaum in Erscheinung; in einer Urk. von 1284 tragen Richter und Zeugen nur dt. Namen. Verm. zeitgleich mit der städt. Schwerpunktverlagerung ließ Přemysl Otakar II. am s. Stadtrand auf einem Fels über der Eger eine got. Burg errichten, an deren Stelle wahrsch. ein zur Verteidigung der böhm. Landesgrenze schon von Hzg. Soběslav (1125–40) errichteter Vorgängerbau stand. Die Burg wurde zum Mittelpunkt für die landesfstl. Verw., für 1277 ist mit Albert v. Seeberg (†1321) erstm. ein »purcravius de Cadan« belegt. 1297 ließ Kg. Wenzel II. auf der Burg mehrere dt. Fürsten zusammenkommen, um die Absetzung des röm.-dt. Kg. Adolf v. Nassau zugunsten des Habs. Albrecht I. vorzubereiten. Um 1306 verpfändete Kg. Albrecht I. Stadt, Burg sowie mehrere umliegende Dörfer an Friedrich (II.) v. Schönburg (†1312); dessen Söhne verpflichteten sich 1312 nach dem Tode des Vaters zur Rückgabe der Burg an Kg. Johann v. Luxemburg, nachdem dieser ihnen einen Teil der Pfandschaft als Erbgut übertragen hatte. Seither stand K., das 1319 eine kgl. Münze und ein Erbgericht erhielt und weiter privilegiert wurde, ein kgl. Unterkämmerer vor; daneben verwalteten kgl. Burggff. die Burg und die kgl. Güter in der 1362 von einem schweren Stadtbrand heimgesuchten Stadt, bis dieser 1366 von Kg. Karl IV. die Selbstverw. gewährt wurde. Eine organisierte kirchliche Verw. ist seit 1298 (»districtus Cadanensis«) nachgewiesen; nach dem Zehntverzeichnis von 1384 umfaßte das K.er Dekanat 41 Pfarreien.

In der Huss.zeit stand die dt. Bürgerschaft auf seiten Ks. Sigismunds. Der kurzen huss. Besatzung 1421 – ihr fielen u. a. die 1371 erwähnten Stadtbücher zum Opfer – folgte die Herrsch. dt. Kreuzfahrer unter Erkinger v. Seinsheim, dem die Stadt 1422 als Pfandbesitz verschrieben wurde. Seither geriet K. als Pfandschaft immer stärker unter den Einfluß lokaler Adeliger, bes. der Herren Hassenstein v. Lobkowitz, die auf der Burg residierten. 1454–69 fielen Stadt und Burg erneut an die kgl. Kammer; während der Herrsch. Kg. Georgs v. Podiebrad, der die Burg instandsetzte und ausbaute (1498 erneut ausgebrannt, 1504–07 Umbau zum Schloß), mehrten sich rel. Konflikte, die zahlr. Bürger zur Abwanderung nach Sachsen bewegten. Das älteste überlieferte Stadtbuch (1465–1517) belegt, daß im Gegenzug Tsch. in K. heimisch wurden; ab 1470 erscheint neben dem dt. auch ein tsch. Stadtschreiber. Die Ref. führte in der kgl. Stadt K., deren Bürger sich 1519 aus der Pfandschaft freigekauft hatten, zu einem hartnäckigen Konfessionskampf. Bereits 1523 ist der erste luth. Prediger belegt. Das wenige Jahre nach Einführung des Minoritenordens in Böhmen (um 1230) in K. gegr., im 15. Jh. mehrfach ausgebrannte Kl. mit Kirche St. Michael war seit 1543 verlassen und wurde kurz darauf der luth. Gem. übereignet. Auch das im W der Stadt an der Straße nach → Klösterle an der Eger gelegene spätgot. Kl. der Franziskaner-Observanten, das 1480–83 auf Initiative des Pfandherrn Johann Hassenstein v. Lobkowitz (†1517) an der Stelle einer älteren Kapelle zu den Vierzehn Nothelfern errichtet worden war, war seit 1564 verlassen. Am 29.6.1534 wurde in der Egerstadt zw. Kg. Ferdinand I. und Johann Friedrich Kfst. v. Sachsen im Namen Ulrichs Hzg. v. Württemberg und Philipps Landgf. v. Hessen der sog. K.er Friede geschlossen, der die Stellung des Habs. als röm.-dt. Kg. bedeutend stärkte, in dem er jedoch das Hzt. Württemberg abtreten mußte. Während des Schmalkaldischen Krieges vollzog das zunächst königstreue K. eine folgenschwere Kehrtwende. Die Parteinahme zugunsten der prot. Stände zog 1547 den Verlust der Privilegien, Besitzungen und Einkünfte nach sich. Trotz dieser Rückschläge nahm K., dessen Häuserzahl sich von 694 (1555) auf 434 (1615) verringerte, im böhm. Ständeaufstand 1618–20 erneut eine aktive Rolle ein. Sein wirtsch. und pol. Gewicht verlor es erst nach dessen Scheitern und den nachfolgenden Rechtsverkürzungen, verstärkt durch die Gegenref. und die dadurch ausgelöste Abwanderung zahlr. Prot., Pest (1631) und Stadtbrände (1631, 1635) sowie mehrfache Besatzungen durch sächs. und schwed. Truppen während des 30jähr. Krieges.

Auch während der Schles. und Napoleonischen Kriege wurde K., wo seit 1682 eine Steinbrücke über die Eger führte, wiederholt zum Durchgangslager. 1750–55 ließ Maria Theresia das verwahrloste Stadtschloß zur Militärkaserne umbauen. Zu den bestehenden, vom 17.–19. Jh. erweiterten und nach Bränden (1746, 1750, 1786, 1811) neuerrichteten Sakralbauten kam M. 18. Jh. das Elisabethinenkl. im O der Stadt. In dem durch die Reformen Ks. Josephs II. 1785 aufgelösten Minoritenkl. wurde bis 1823 das Piaristengymnasium, danach das Bez.-Gericht untergebracht. Der jüd. Friedhof (1884) wurde ebenso wie die Synagoge (1890) nach 1938 zerstört. Noch M. 19. Jh. lebte der Großteil der Bev. vom Ackerbau; von den Gewerben waren 1837 am zahlreichsten die Schuhmacher (69), Tuchmacher, Tuchscherer und Weber (30), Bäcker (24) sowie Schneider (18) vertreten. Erst nach 1850 setzte durch die Herstellung von Keramikwaren und bes. durch die Handschuherzeugung ein neuer wirtsch. Aufschwung ein: 1891 gab es in K. bereits 25 Handschuhfabriken, die rund 700 Personen beschäftigten.

Nach 1900 wurde die Wasserkraft der Eger verstärkt genutzt, 1919–24 entstand hier das größte Wasserkraftwerk der Tschsl. Bis zum Ersten Weltkrieg war die dt. Bürgerschaft in K. (1910: 8615 Eww., da-

von 8462 Dt.) von nat. Konflikten unberührt geblieben; dies änderte
sich mit dem 4.3.1919, als während einer von Gewerkschaften und
Sozialdemokraten organisierten Kundgebung für das Selbstbestimmungsrecht Deutschböhmens 24 Bürger von tsch. Soldaten erschossen wurden. Infolge des Münchener Abkommens marschierte A.
Oktober 1938 die dt. Wehrmacht in K. ein, das bis 1945 zum Reichsgau Sudetenland gehörte. Nach dem Zweiten Weltkrieg und der
Vertreibung bzw. Aussiedl. der dt. Bev. entwickelte sich in K. insbes.
Keramikindustrie. – Das hist. Stadtbild mit Häusern nahezu aller Stil-
epochen blieb trotz des schweren Stadtbrandes von 1811, dem neben
zahlr. öffentlichen Gebäuden auch etwa 500 Häuser zum Opfer fielen, zum großen Teil erhalten; von dem nach 1830 begonnenen Teil-
abriß der Befestigungsanlagen des 13.–15. Jh. blieben bes. im O der
Stadt Mauern, Bastionen und Stadttore verschont. Der rechteckige
Ringplatz wird von der im Kern got., nach Bränden seit 1654 umgestalteten Dekanatskirche Hl. Kreuzerhöhung sowie vom got. Rat-
hausturm mit seinem Steinhelm (1402, Neubau nach 1811) beherrscht, der als Wahrzeichen der Stadt zu den schönsten Wehrtür-
men Böhmens zählt. Eine der großen Persönlichkeiten von K. ist der
hier 1594–1601 tätige Stadtnotar Johann Sandel (†1625), der 1596 die
»Kronika čzeska« des Wenzel Hájek v. Libotschan ins Dt. übersetzte. –
1850: 3655; 1890: 6889; 1930: 8641; 1950: 5309 und 1991:
11 796 Eww.

3 km sw. von K. liegt der Burberg (1401 »Uhosscz dictus Purperk«),
der archäolog. Forschungen nach schon zur Keltenzeit eine Burgstätte war. Es wird vermutet, daß sich das beim fränkischen Chronisten Fredegar genannte »Castrum Wogastisburg«, bei dem um das Jahr
631 ein fränkisches Heer unter Dagobert I. von den Kriegern des Sla-
wenfst. Samo (†658) geschlagen wurde, auf das Dorf Atschau lokalisieren läßt. Die erstm. 1088 als Besitz des Wyschehrader Kapitels
belegte Siedl. gehörte später K., einzelnen Bürgern der kgl. Stadt bzw.
lokalen Adeligen. 1466 war die Feste verlassen, um 1740 wurde sie
verm. abgetragen; an ihrer Stelle entstand ein geräumiges Wohngebäude des abgabepflichtigen Hofes, das 1973 abgerissen wurde.

(I/II) *Bah*

LV 238, 46f.; LV 864, 155; J. Hemmerle, Kaaden und das Städtewesen Nordwest-
böhmens, in: Sud 13,2 (1971), 89–97; LV 259, Bd. 3, 7–10, 185f., 485; V. Karell,
Kaaden-Duppau. Ein Heimatbuch der Erinnerung und Geschichte des Landkreises,
Frankfurt am Main 1965; ders., Burgen und Schlösser des Erzgebirges und Egertales,
Bd. 1, Kaaden 1935, 51ff.; LV 952, Bd. 2, 178f., Bd. 4, 422f.; V. Razím, K počát-
kům opevnění města Kadaně, in: PAP 13 (1988), 340–346; LV 275, Bd. 7, 129–140;
L. Schlesinger, Die Apologie der Kaadner gegen Georg von Podiebrad, in: MVGDB
13 (1875), 126–143; LV 569, Bd. 1, 154, 163–166; LV 283, Bd. 14, 204–212; F. J.
Stocklöw, Der Bezirk Kaaden in seiner Gegenwart und Vergangenheit, Bde. 1–2

(Bd. 2 zus. mit W. Hammer), Kaaden 1890–94; LV 514, 55–64; J. Walfried, Der Amtsbezirk Kaaden, in: MVGDB 23 (1885), 21–55, 138–182.

Kačina (Bez. Kuttenberg). Das Dorf »Cacin« auf einer Anhöhe auf halbem Weg zw. → Kolin und → Časlau wird erstm. in der Stiftungs-urk. für das Kl. → Sedletz von 1142/43 erwähnt, ist aber schon im 14. Jh. untergegangen. Der Ort war im 15. Jh. ein wichtiger Trup-pensammlungsplatz und gehörte seit 1588 zur Herrsch. Neuhof, die 1764 Gf. Johann Karl Chotek (1704–87) erwarb. Sein Sohn Johann Rudolf (1748–1824), der hohe pol. Ämter innehatte, ließ hier an Stelle eines schon bestehenden Wildgeheges durch Nicolaus Joseph v. Jacquin (1727–1817) einen Park anlegen und 1802–22 nach Plänen des Dresdner Architekten Christian Friedrich Schuricht (1753–1832) ein Schloß im Empirestil anlegen, das als das bedeutendste seiner Art in Böhmen gilt. Die fünfteilige einstöckige Anlage hat den Grundriß eines nach O geöffneten Halbkreises und erinnert an das 1766–81 errichtete Schloß Gačina bei St. Petersburg; an das Hauptgebäude schließen sich zu beiden Seiten geschwungene Kolonnadenflügel an, die jeweils mit im Grundriß quadrat. Pavillons abgeschlossen werden; der N-Pavillon enthält ein 1851 fertiggestelltes Theater, der S-Pavil-lon die in der urspr. Einrichtung erhaltene Bibliothek (40 000 Bde.) und eine kleine, 1835 eingerichtete Kapelle. Die Herrsch. Neuhof gelangte nach dem Chotek von 1911–45 durch Heirat in den Besitz der Gff. v. Thun-Hohenstein. (III) *Ke*

O. J. Blažíček, Kačina, in: H. Rokyta/J. Hilmera, Burgen und Schlösser in den böh-mischen Ländern, Praha 1965, 107f.; LV 259, Bd. 6, 189ff.; L. Macková, Zámek Kačina, Praha 1956; LV 952, Bd. 1², 176f., Bd. 5, 193; LV 906, Bd. 2, 10f.

Kalsching (Chvalšiny, Bez. Krumau). Die Region K. sowie das an-grenzende Poletitzer Gebiet wurden, wie archäolog. Funde in einer Grabstätte in der ehem. Burgstätte in Poletitz bezeugen, im 10. und 11. Jh. von slaw. Stämmen besiedelt. 1281 wurde K. erstm. schriftl. erwähnt, als Mkgf. Otto v. Brandenburg dem Kl. → Goldenkron den Besitz des Gutes K. bestätigte. 1293 wurde es zum Städtchen erhoben. Bei der Säkularisation der Güter des Kl. Goldenkron während der Huss.kriege, gelang es Ulrich II. v. Rosenberg, K. seiner Domäne einzuverleiben. Auf Initiative Woks II. und Peters IV. v. Rosenberg wurde 1487–1507 die spätgot. Marienkirche erbaut. Im engmaschi-gen, 1507 vollendeten Netzgewölbe des Kirchenschiffes lassen sich deutliche künstlerische Einflüsse der bayer.-schwäbischen Bauhütte um Hans Wechselberger und Wolfgang Wiesinger aus → Braunau erkennen. Der ma. Charakter der den Markt begrenzenden Häuser wurde durch zahlr. Brände im 17.–19. Jh. zerstört. Einige Gebäude besitzen noch immer spätgot., aus der Zeit des Kirchenbaus stam-

mende Sattelportale. Als Zentrum des gleichnamigen Gerichts gehörte K. zur Herrsch. → Böhm. Krumau. Seit 1602 unterstand es der
kgl. Kammerverw.; 1622 erwarben die Eggenberg, 1719 die Schwarzenberg das Städtchen. Unter Josef Adam v. Schwarzenberg wurde
1756–60 nach Plänen von Josef Fortini unweit K. das Schlößchen
Rotendorf erbaut, das den Schwarzenberg seit M. 19. Jh. als Sommersitz diente. 1735 wurde in K. Josef Rosenauer (†1804) geb., der
das Projekt eines Schwarzenbergischen Schiffskanals entwarf, dessen
Bau 1789 begann. Nach Aufhebung der Leibeigenschaft befand sich
in K. seit 1850 das Bez.-Gericht. – 1930: 1412 (davon 1340 Dt.),
1991: 1002 Eww.   (VI) *Bůž*

A. Kubíková, Příspěvek k životopisu Josefa Rosenauera, in: JSH 50 (1981), 97–102;
LV 905, Bd. 41, 82–111; V. Mašková, Chvalšiny 1281–1981, Chvalšiny 1981; LV
906, Bd. 1, 553ff.

Kamenitz an der Linde (Kamenice nad Lípou, Bez. Pilgram). Das
Geschlecht der Beneschowitz legte bis 1248 neben Erz- und Silbergruben die Burg K. an, bei der ein Markt- und Kirchdorf entstand.
1348 zur Stadt erhoben, wurde K. 1420 von Kath. und 1425 von
Taboriten erobert. 1462 wurde das Stadtrecht verbessert. Die Allerheiligenkirche (1. H. 13. Jh.), mehrfach umgebaut, wurde 1538 Dekanatskirche. Erstm. 1541 ist das Ortsnamen-Attribut erwähnt, nach
einer Linde (tsch. lípa) bei der 1580–83 zum Renaissance-Schloß umgebauten Burg. Die Herrsch. befand sich seit dem 16. Jh. im Besitz
der Leskovetz v. Leskovetz, der Malovetz v. Chejnov und des Sigismund Wenzelik v. Wrchowischt, dem sie 1622 konfisziert wurde.
1662 gründeten die Besitzer von K. im s. davon gelegenen Neuötting
nach dem bayr. Vorbild eine im 17.–18. Jh. vielbesuchte Marienwallfahrt. A. 19. Jh. wurden die Mauern der Schutz- und Munizipalstadt niedergelegt. 1831 erwarben die Frhh. v. Geymüller die
Herrsch., die das 1744 barockisierte Schloß 1839–42 klassiz. umbau-
en ließen (nach 1945 Kindererholungsheim). 1850 wurde der Gerichtsbez. K. gebildet, 1960 aufgelöst. 1603 ist die Judengem. erstm.
erwähnt; sie eröffnete 1673 eine Schule. Die jüd. Gem. mit Friedhof
(1803) und Synagoge (1815) baute 1937–38 die letzte Synagoge auf
tschsl. Territorium. 1843–97 gab es im tsch.sprachigen K. eine dt.
Privatschule für jüd. Kinder. In K. wurde 1870 der Komponist Vítězslav Novák geb. (†1949). Das Schloß in Rainer Maria Rilkes
»Cornet« (1899) und die alte Linde im Schloßgarten in seinen frühen
Gedichten sind von K. inspiriert. – 1842: 2281, 1930: 2459, 1949:
2533, 1994: 4202 Eww.   (VII) *Me*

LV 337, 849–852; J. Dobiáš, Dějiny královského města Pelhřimova a jeho okolí,
Bd. 2, Pelhřimov 1936, 47–50; F. Hoffmann, Rukopis práv města Kamenice nad
Lípou, in: StR 12 (1978), 145–154; LV 259, Bd. 5, 101f.; LV 951, 140; 700 let

Kamenice nad Lipou, Kamenice nad Lipou 1948; LV 279, Bd. 4, 165–178; LV 283, Bd. 10, 202–210; LV 905, Bd. 18, 71–89; LV 513, 662f.; H. Rokyta, Das Schloß im »Cornet« von Rainer Maria Rilke, Wien 1966; LV 905, Bd. 18, 71–89; F. Švejda/S. Veselý, Z minulosti do přítomnosti Kamenicka, Kamenice nad Lipou 1955; LV 906, Bd. 2, 25f.; LV 540, 246f.

Kamnitz → Böhmisch Kamnitz

Kanitz (Dolní Kounice, Bez. Brünn-Land). Die 17 km sw. von → Brünn gelegene Kleinstadt K. erscheint in den Schriftquellen seit dem 12. Jh. als Besitz der gleichnamigen Herren v. K.; wohl im Verlauf des 14. Jh. erhielt sie den Status eines Städtchens. Von dem um 1181 gegr. Prämonstratenserinnenkl. Rosa Coeli, das in den Huss.kriegen niederbrannte und im 16. Jh. aufgegeben wurde, haben sich das Presbyterium ohne Gewölbe sowie ein Kreuzgang aus dem 14. Jh. erhalten. Zum Schutz des Kl. hatten die Herren v. K. am A. 14. Jh. eine Burg errichtet, die im 16. Jh. zu einem Renaissance-Schloß umgebaut und A. 18. Jh. barockisiert wurde. Unter den Roggendorf gab es hier A. 17. Jh. eine starke luth. Gem. Bereits zuvor hatten sich Täufer und Anhänger der Böhm. Brüder niedergelassen, die ein eigenes Gebetshaus und eine Schule errichteten. Im 17. Jh. besaß K. zudem eine zahlenmäßig starke jüd. Gem. Nach der Schlacht am Weißen Berg 1620 fiel die konfiszierte Herrsch. an Kardinal Franz v. Dietrichstein, der eine entschiedene Rekatholisierung durchsetzte. Bis 1848 Herrschaftsmittelpunkt, gab es in K. 1850–1919 eine selbst. jüd. Gem.; erhalten blieben die ehem. Synagoge sowie 2 jüd. Friedhöfe. Die dt. Schule wurde nach 1920 aufgelöst, das Vereinsleben gestaltete sich zumeist tsch. – 1880: 2802 (davon 574 Dt.), 1921: 3054 (davon 159 Dt.), 1991: 2200 Eww. (VIII) *Šta*
L. Hosák, Panství dolnokounické za Žabků z Limberka (1532–1566), in: JM 6 (1970), 27–36; LV 259, Bd. 1, 92f.; A. Kratochvíl, Archiv Dolních Kounic, městečka na Moravě, Popovice 1907; LV 290, Bd. II/23, 134–184; F. V. Peřinka, Klášter premonstrátek v Kounicích, in: SHK 11 (1910), 10–17, 113–130; J. Petrů, Rosa Coeli v Dolních Kounicích, Brno 1965; M. Řiháček, Dolní Kounice 1945–1948, Dolní Kounice 1978; O. Svoboda, Dolní Kounice, Dolní Kounice 1984; K. Tříska, Příspěvek k dějinám kounického kláštera, in: ČSPS 38 (1930), 16–27.

Kaplitz (Kaplice, Bez. Krumau). Die 1358 zum Untertanenstädtchen erhobene Marktsiedl. K., erstm. 1257 erwähnt, entstand an einem Handelsweg zw. Böhmen und Oberösterr. Im 13. Jh. zählte K. unter Bavor III. v. Strakonitz zu den Gütern der Burg → Poreschin. Seit 1317 gehörte K. den Herren v. Poreschin. 1434 erwarb Ulrich II. v. Rosenberg K., 1611 folgten die Herren v. Schwanberg, 1620 fiel das Untertanenstädtchen als Bestandteil der Herrsch. → Gratzen an die Fam. Buquoy. 1771–75 wirkte in K. der Pfarrer Ferdinand Kin-

dermann (1740–1801), der hier eine Industrialschule gründete. Das
Wirtschaftsleben prägte bis zum Bau der Pferdeeisenbahn in der 1. H.
19. Jh. die von → Böhm. Budweis über K. ins österr. Freistadt führende Straße. Die urspr. frühgot., aus dem 13. Jh. stammende Dekanatskirche St. Peter und Paul wurde nach einem Feuer 1507 neu
gebaut, im 18./19. Jh. verändert und zuletzt 1912 restauriert. Die St.-
Florians-Kirche entstand um 1500 an der Stelle eines Vorgängerbaus
und wurde nach einem Brand im 18. Jh. neuerrichtet. Das urspr.
Renaissance-Rathaus (1555) auf dem Markt wurde nach Stadtbränden (1718, 1839) umgestaltet. – 1850: 1992, 1880: 2314 (92% Dt.),
1930: 2267 (72% Dt.), 1950: 1920, 1991: 6489 Eww.   (VI) *Bůž*

LV 905, Bd. 42, 79–101; E. Drobil, Kaplice. Z dějin obce, kostela a školy, České
Budějovice 1938; J. Hanzal, Kindermannova vzorná škola v Kaplici, in: JSH 33
(1964), 156–163; M. John, Südböhmen, Oberösterreich und das Dritte Reich. Der
Raum Krumau-Kaplitz als Beispiel von internem Kolonialismus, in: LV 392, 446–
468; LV 906, Bd. 2, 30f.; E. Winter, Ferdinand Kindermann, Ritter von Schulstein.
Der Organisator der Volksschule und Volkswohlfahrt Böhmens, Augsburg 1926.

Karbitz (Chabařovice, Bez. Aussig). Die 10 km w. von → Aussig
gelegene Stadt wurde in einem Gebiet mit relativ dichter Besiedl.
errichtet. Verm. verlief hier bereits vor dem 10. Jh. der sog. Sorben-
weg über eine Zollstation in → Kulm in das Landesinnere. 1352 wurde K. erstm. urk. erwähnt. Es war zu dieser Zeit ein Pfarrdorf mit der
Kirche Mariä Geburt, die 1570–1624 luth. war, 1691–1701 barok-
kisiert und 1873 vergrößert wurde. Um 1520 erhielt das damals zur
Herrsch. → Graupen gehörende K. Stadtrecht. 1580 versuchten die
Bürger vergeblich, sich aus ihrer Abhängigkeit freizukaufen; sie wurden schließlich Untertanen der kgl. Stadt → Leitmeritz. 1601 fiel K.
an Peter Kölbel v. Geysing, der die Stadt seiner Herrsch. Kulm inkorporierte, wo K. bis 1848 verblieb. Das Rathaus stammt von 1606,
1611 errichtete man die Michaelskapelle auf dem neuen Friedhof. Bis
zur Feuersbrunst 1697 führten 2 Tore in die Stadt, die jedoch kein
Mauerring umgab. 1750 errichtete man auf dem Johannesberg eine
Wallfahrtsstätte mit der Kapelle Johannes des Täufers, die 1832 im
Empirestil umgebaut wurde. Während der Schlacht bei Kulm 1813
brannten 3 Viertel der Häuser in K. nieder, das 1850–1949 Sitz der
Bez.-Behörden war. Nach der Fertigstellung der Eisenbahnstrecke
Aussig–K. nahm die Braunkohleförderung einen spürbaren Auf-
schwung; seit 1928 führte auch eine Straßenbahnlinie von Aussig
nach K. – 1930: 6165 (davon 1478 Tsch.), 1950: 3429, 1991: 2068
Eww.   (II) *Sm*

G. Mattausch, Chronik der Stadt Karbitz, Karbitz 1880; G. Simon, Geschichte der
Stadt Karbitz und ihrer Umgebung, Karbitz 1922; I. Vávra, Srbská cesta, in: HG 17
(1978), 369–432.

Kardaschřečitz (Kardašova Řečice, Bez. Neuhaus). Seit A. 13. Jh.
gehörte K. den Herren v. Neuhaus, die sich diesen Besitz seit 1267
mit einer Nebenlinie teilten, den Herren v. Stráž. Diese erhielten die
»Untere Seite« mit der um 1250 entstandenen, später mehrfach erneuerten Kirche St. Johannes des Täufers, bauten A. 14. Jh. eine Feste
und machten das Teildorf zur Stadt. Die »Obere Seite«, ebenfalls mit
Feste, wurde bis M. 14. Jh. von Ulrich III. v. Neuhaus zur Stadt erhoben. Nach 1490 kaufte Heinrich IV. v. Neuhaus die »Untere Seite« hinzu und vereinte K. mit der Herrsch. → Neuhaus, bei der es
auch unter den Gff. Slawata blieb (bis 1693). 1769 erwarben die Fstt.
Paar die Herrsch. und das 1720–55 errichtete Schloß (bis 1930; seit
1949 Altersheim). 1850 kam K. zum Gerichtsbez. → Weseli an der
Lužnitz. – Seit A. 15. Jh. lebten in K. Juden, unter den Slawata entstand der jüd. Friedhof, seit A. 18. Jh. bestand die jüd. Gem. mit Synagoge (1708, neuerrichtet 1864) und Spital (1755), die mit dem
ehem. Ghetto 1863 abbrannten. In K. wirkte 1574–81 als Lehrer der
tsch. Reimdichter Simon Lomnitz v. Budeč (1552–1623). – 1842:
2035 (davon fast 130 jüd.), 1900: 2641, 1930: 2309, 1950: 1964,
1994: 2105 Eww. (VII) *Me*

LV 259, Bd. 5, 103; J. Hrubý, Místopis Řečice Kardašovy, Bde. 1–3, Kardašova
Řečice 1929–34; ders., Řečice Kardašova a bývalé panství Řečické, Praha 1893; LV
279, Bd. 4, 332–335; LV 283, Bd. 10, 246–255; LV 905, Bd. 10, 46–50; LV 513,
652ff.; K. Tříska, Staré rybniční hospodářství u Kardašovy Řečice, in: JSH 26
(1957), 9–13, 40–45; LV 906, Bd. 2, 31; LV 540, 248–254; V. Vyhlídka, Stručné
dějiny Kardašovy Řečice, Kardašova Řečice 1988.

Karlsbad (Karlovy Vary). Entscheidende Grundlage der Geschichte
von K. sind die mineralreichen Thermalquellen, die in der Erzge-
birgsbruchzone im Tepltal nahe der Einmündung in die Eger aus-
treten. Die wichtigste und heißeste (72°C) der 12 heute genutzten
Quellen ist der Sprudel, der in einer Fontäne bis zu 12 m springt, mit
einer durchschnittlichen Minutenschüttung von 2000 l; archäolog.
Funde und der im 12. Jh. erstm. erwähnte slaw. Name der Teplá
(warmer Fluß) sprechen dafür, daß die Thermen schon lange vor ihrer sagenhaften Entdeckung durch eine Jagdges. Ks. Karls IV. bekannt waren. Dieser verlieh K. 1370 das Elbogener Stadtrecht. Der
Ort war also schon zuvor, wohl um 1350, zus. mit einem befestigten
Jagdschloß (an dessen Stelle steht heute der 1608 errichtete Stadtturm) gegr. worden. Im Volksmund hieß die Stadt jedoch noch bis ins
16. Jh. meist »Warmbad«. Kg. Wenzel IV. verlieh K. 1401 das seltene
Asylrecht. Eine eigene Kirche wird erst 1485 erwähnt; die Seelsorge
wurde dem böhm. Orden der Kreuzherren mit dem roten Stern aus
→ Prag übertragen. 1437 wurde die bisher kgl. Stadt mit → Elbogen
an den kgl. Kanzler Gf. Kaspar Schlick verpfändet. 1521 stifteten des-

sen Nachkommen ein erstes Hospital für Kurgäste. Trotz mancher
Konflikte mit seiner Herrsch. verblieb K. im Besitz der Schlick bis
1547, als sie wegen Teilnahme am Ständeaufstand enteignet wurden.
Seitdem blieb K. kgl. Kammerstadt. Im 16. Jh. nahm das Kurleben
einen ersten Aufschwung. – Der böhm. Humanist Bohuslaus Has-
senstein v. Lobkowitz pries die Wirkung der Heilquellen, und der
Elbogener Arzt Wenzel Payer verfaßte 1521 die erste medizinische
Schrift über das Heilbad. Danach begann man, das bisher nur zum
Baden verwandte Wasser auch zu trinken. M. 16. Jh. setzte sich die
Ref. in K. durch, das durch Überschwemmung der Tepl (1582),
Stadtbrand (1604), Pest (1633/34) und den 30jähr. Krieg schwere
Schäden erlitt. Die 1628 durchgeführte Gegenref. zwang viele Prot.
zur Flucht. Aber schon E. 17. Jh. fanden sich erneut zahlr. Kurgäste in
K. ein, zum Teil mit großem Gefolge, so daß es europ. Ruhm ge-
wann. Im Sächs. Saal, dem ersten auf Anregung Kfst. August des Star-
ken errichteten »Lusthaus«, und im Böhm. Saal fanden prunkvolle
Feste statt (nach dem Abriß beider Säle wurde an ihrer Stelle später das
Hotel Pupp erbaut). Auf Anregung Ks. Karls VI. ließen die Kreuzherren 1732–36 anstelle des got. Vorgängerbaus die barocke Stadtpfarrkirche St. Maria Magdalena durch Kilian Ignaz Dientzenhofer
errichten. Der Brand von 1759, dem 2 Drittel der Stadt zum Opfer
fielen, unterbrach ihren Aufstieg nur vorübergehend. Auf Befehl
Ksn. Maria Theresias wurde die Stadt nach neuen Plänen großzügiger
aufgebaut. 1762 entstand mit dem Mühlbadehaus das erste größere
öffentliche Badehaus. Bes. nach 1800 beherbergte K. eine Reihe il-
lustrer Gäste. Nach der Niederlage Preußens gegen Napoleon 1807
sammelten sich hier die Emigranten: Reichsfrh. Karl vom und zum
Stein, Theodor Körner, Heinrich v. Kleist. Nutzen brachten der Stadt
auch die Konferenzen der konservativen dt. Mächte unter Führung
des österr. Staatskanzlers Fst. Metternich, die 1819 mit den reaktio-
nären »K.er Beschlüssen« endeten; diese sollten durch Pressezensur,
Verbot der Burschenschaften und der Turnbewegung den dt. Liberalismus treffen.
Im Laufe des 19. Jh. entwickelte sich K. vom Luxusbad der Mächtigen zum Weltbad des Bürgertums: 1756 waren 247 »Parteien« (mit
jeweils mehreren Personen) zur Kur in der Stadt, A. 19. Jh. über
1000, 1883 schon 20 700 mit 27 700 Personen, darunter viele Literaten, Komponisten und Musiker. Allein Johann Wolfgang v. Goethe weilte zw. 1785 und 1823 bei seinen 13 Besuchen zus. fast 2 Jahre
in der Stadt. 1881 wurde die 132 m lange Mühlbrunnkolonnade
fertiggestellt (schon seit dem berühmten Badearzt David Becher im
18. Jh. begann man das Heilwasser nicht mehr zu Hause, sondern an
den Quellen in gedeckten Hallen zu trinken). Bis zur Gegenwart wird

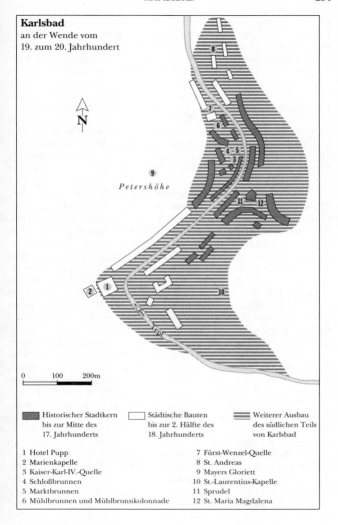

Karlsbad
an der Wende vom
19. zum 20. Jahrhundert

N

Petershöhe

0   100   200m

	Historischer Stadtkern bis zur Mitte des 17. Jahrhunderts		Städtische Bauten bis zur 2. Hälfte des 18. Jahrhunderts		Weiterer Ausbau des südlichen Teils von Karlsbad

1 Hotel Pupp
2 Marienkapelle
3 Kaiser-Karl-IV.-Quelle
4 Schloßbrunnen
5 Marktbrunnen
6 Mühlbrunnen und Mühlbrunnkolonnade
7 Fürst-Wenzel-Quelle
8 St. Andreas
9 Mayers Gloriett
10 St.-Laurentius-Kapelle
11 Sprudel
12 St. Maria Magdalena

K. (1810: 2494, 1847: 3400, 1900: 14 637 Eww., davon 130 Tsch.)
von der historisierenden Kurbad-Architektur der Zeit um 1900 geprägt. Anziehungskraft besaß neben dem Heilwasser auch das kulturelle Leben: Schon 1602 hatte eine erste Theateraufführung stattgefunden, 1788 eröffnete ein Theater mit Wolfgang Amadeus Mozarts
Oper »Figaros Hochzeit«, 1886 wurde das Stadttheater errichtet. 1806
entstand das Kurorchester, das seit 1851 wöchentliche Symphonie-
konzerte gab. Für ausländische Gäste wurden eine engl., eine russ.-
orthodoxe und eine prot. Kirche sowie eine Synagoge erbaut.
1870/71 erfolgte der Eisenbahnanschluß. 1911 hatte K. mit 71 000
Kurgästen und 200 000 Durchreisenden die bis dahin höchste Besu-
cherzahl. Die Bürger profitierten vielfältig vom Kurbetrieb,
Fremdenverkehr und Versand von Heilwasser und Salzen. Bekannt
war seit dem 18. Jh. auch K.er Zinngeschirr, Porzellan und Glas
(Moser). An den nat. Auseinandersetzungen nach 1900 war K. in bes.
Maße beteiligt: Gegen den Protest der Bürger, die sich zu »Dt.-
Österr.« bekannten, rückten E. 1918 tschsl. Truppen in die Stadt ein.
1919 wurden bei einer von Gewerkschaften und demokratischen
Politikern veranstalteten Protestkundgebung für das Selbstbestimmungsrecht »Deutschböhmens« 6 Bürger von tsch. Militär erschossen. – Wegen seines Bekanntheitsgrades und seiner geeigneten Infrastruktur fanden in K. zahlr. Kongresse statt: 1920 der Zweite Parteitag der Sozialdemokraten, 2 Zionistenkongresse (1920/24), 1929
der sozialdemokratische Reichsparteitag. Die Weltwirtschaftskrise
führte zu einem starken Rückgang des Kurbetriebs; zw. 1928 und
1936 halbierten sich die Einnahmen aus der Kurtaxe. 1934 fanden
auch in K. Aufmärsche der Sozialdemokraten »für Freiheit und Brot«
statt. 1938 proklamierte die SdP Konrad Henleins in K. ihr 8-Punkte-
Programm, mit dem sie sich erstm. öffentlich zum Nationalsozialismus bekannte und sich mit der Aufstellung unerfüllbarer Forderungen an die tschsl. Regierung endgültig in das Fahrwasser der Hitler-
schen Politik begab. Nach dem Anschluß an das Dt. Reich 1938 wurde K. ein Jahr später Sitz eines Regierungspräsidenten innerhalb des
»Reichsgaus Sudetenland«. Im Zweiten Weltkrieg wurde es zur Lazarettstadt, Luftangriffe töteten 1944/45 mehrere Hundert Eww. Am
10.5.1945 rückte die Rote Armee in K. ein, 1945/46 folgte die Vertreibung der bis dahin mehrheitlich dt. Bev. – 1930: knapp 24 000
(6,4% Tsch.), 1991: 56 222 Eww. (I) *Hil*

M. Augustin, Karlovy Vary na přelomu let 1918/19, in: MZK 29 (1994), 129–162; J.
Boháč/S. Burachovič, Das Bäderdreieck im Egerland, Amberg 1991; E. Hlawaček,
Karlsbad in geschichtlicher, medicinischer und topographischer Beziehung,
Prag/Karlsbad 1868; V. Karell, Karlsbad im Wandel der Jahrhunderte, Marburg
1958; K. Ludwig, Die Gegenreformation in Karlsbad, Prag 1897; ders., Geschichte
der Familie Becher in Karlsbad, Karlsbad 1923; A. Mařík, Karlovy Vary uprostřed

třicetileté války, in: MZK 26 (1990), 145–156; B. Mráz/L. Neubert, Karlovy Vary, Praha 1983; LV 507, 134–141; L. Schlesinger, Die Gründung von Karlsbad, in: MVGDB 31 (1893), 199–223; H. Schubert, Karlsbad: ein Weltbad im Spiegel der Zeit, München 1980; A. L. Stöhr, Kaiser-Karlsbad, Karlsbad 1822; A. Weiss, Die Heilquellen von Karlovy Vary, Praha 1967; A. Gnirs, Topographie der historischen und kunstgeschichtlichen Denkmale in dem Bezirke Karlsbad, München 1996, 43–74.

Karlsbrunn → Bad Karlsbrunn

Karlstein (Karlštejn, Bez. Beraun). 28 km sw. von → Prag erhebt sich die oberhalb der gleichnamigen Weinbaugem. auf einem steilen Kalksteinfelsen am Hang eines Seitentals der Beraun gelegene Burg K., die berühmteste der böhm. Burganlagen. 1348–57 errichtet, trug sie programmatisch als erster böhm. Bau den Namen Ks. Karls IV. Urspr. sollte sie als Erholungsort ihres Gründers dienen, doch noch während der Bauarbeiten änderte sich die Funktion der Burg, die schließlich als Aufbewahrungsstätte der böhm. Kroninsignien und der Reichskleinodien sowie als Sakralzentrum und Symbol des Kgr. Böhmen diente. 1357 wurde das Burgkapitel gegr., für dessen Bedürfnisse die Marienkapelle geweiht wurde. Mit der Weihe der Hl.-Kreuz-Kapelle 1365 fand der Bau seinen Abschluß. 1422 belagerten die Prager Huss. die Burg 7 Monate vergeblich. Unter Kg. Wladislaw II. avancierte K. endgültig zu einem vom unmittelbaren Verfügungsbereich des Herrschers losgelösten Landessymbol. Das Amt des K.er Burggf. bildete fortan eines der Ämter im Kgr. Böhmen. Burggf. Benesch v. Weitmühl ließ das Burggrafenamt in spätgot. Stil verändern, verm. die Herren v. Neuhaus ermöglichten den Zugang zu der Anlage durch neue Tore. 1578–97 führte der Baumeister Ulrico Aostalli unter dem Einfluß der Renaissance eine Umgestaltung durch. 1646 plünderten schwed. Truppen die Burg, deren Bedeutung fortan sank. Die Romantik des 19. Jh. belebte das Interesse an dem nat. Symbol neu: 1887–99 wurde die Anlage von Friedrich Schmidt und Josef Mocker mit mancherlei Veränderungen restauriert. – Ein Teil der Inneneinrichtung der Burg hat sein urspr. Aussehen bewahrt. Neben dem mit Holz getäfelten sog. ksl. Arbeitszimmer im Palast gilt dies vor allem für sämtliche Kapellen. Die Katharinenkapelle, die der Privatandacht Karls IV. diente, besitzt 2 Kreuzrippengewölbe, die um 1365 mit Halbedelsteinen ausgekleidet wurden und an der N-Seite die Köpfe böhm. Landespatrone sowie Fragmente der urspr. Wandmalereien zeigen. Die Hl.-Kreuz-Kapelle zählte einst zu den bedeutendsten Heiligtümern des Landes. Hier wurden bis 1427 in einer Nische über dem Altar die Reichskleinodien aufbewahrt. Ein vergoldetes got. Gitter mit eingelegten Edelsteinen trennt die längliche

Kapelle in 2 Hälften, wobei das im N gelegene Presbyterium allein
dem Ks. und der Priesterschaft zugänglich war. Das Kreuzgewölbe ist
vollständig mit vergoldeten und venezianischen Sternglasscheiben
belegt. – Ein Burgmuseum informiert über die Zeit Ks. Karls IV., die
Lebensbedingungen und die soziale und rechtl. Situation der einzel-
nen Stände sowie die Geschichte der Burg.			(II) *Dur*

LV 245, 158–163; LV 248, 131ff.; V. Dvořáková, Karlštejnské schodištní cykly. K
otázce jejich vzniku a sloh. zařazení, in: UM 9 (1961), 109–171; dies., Mezinárodní
význam karlštejnského dvorského atelieru malířského, in: UM 12 (1964), 362–386;
M. Eschborn, Karlstein. Die Rätsel um die Burg Karls IV., Stuttgart 1971; LV 259,
Bd. 4, 128–139; V. Menclová, Karlštejn, Praha 1965; LV 879, Bd. 2, 26ff., 48–63,
218f., 272f., 442ff.; LV 279, Bd. 6, 1–78.

Karwin (Karvinná, seit 1950 Karviná). Die Industriestadt beiderseits
der Olsa an der Grenze zu Polen wurde 1948 aus der gleichnamigen
Bergbaugem., aus Freistadt, den Gem. Altstadt und Roj sowie dem
Kurbad Darkau gebildet und zählte 1991: 68 405 Eww., davon 10,1%
poln., 11,8% slow. und 0,2% dt. Nationalität. Die Grenzstadt bildet
das östlichste Zentrum des steinkohlereichen Ostrau-Karwiner In-
dustrireviers, was Landschaft, Gem. und Bev. prägt. – Das Dorf K.
geht verm. auf den 1223 genannten Kirchort »Sal« im Hzt. Oppeln
zurück und wurde 1305 im Breslauer Zehntregister als »Arnoldis-
dorf« aufgeführt. Die Herrsch. kam 1461 an die Karwinský v. K. und
1570 an die Larisch v. Ellgoth (später Gff. Larisch-Mönnich), die das
1924 durch die Landreform reduzierte Gut bis 1945 besaßen (Grablege in der Barockkirche St. Peter von Alcantara von 1736). Die vor
1446 errichtete Pfarre war im 16. Jh. ev., wurde 1654 aufgelöst und
ist seit 1688 kath. – 1776 wurden Kohlenflötze entdeckt, mit deren
Abbau 1785/94 begonnen wurde. In der Folge wuchs die Arbeitergem. von 603 Eww. (1790) auf 16 423 Eww. (1910) an, von denen
82,5% poln., 12,1% dt. und 5,2% tsch. als Nationalität angaben; die
Mehrheit bekannte sich unabhängig davon zum »Schlonsakischen«,
einer eigenen (ober-)schles. Sprach- und Gruppenidentität. 1919/20
Sitz der alliierten Verw.-Kommission für das Teschener Gebiet, wurde die von zahlr. Gruben geprägte Streusiedl. 1923 zur Stadt erhoben;
innerhalb der Tschsl. bildete sie das pol. Zentrum der poln. Minderheit. – 1948: 22 258 Eww.
Freistadt weist die längere städt. Tradition auf und bildet das heutige
Stadtzentrum. Verm. gegen E. 13. Jh. an der Olsa an der Stelle des
heutigen Gemeindeteils Altstadt im Rahmen des Landesausbaus gegr.
(1305 erstm. erwähnt), erfolgte A. 14. Jh. die Verlagerung bzw. städt.
Neugründung auf höherem Gelände um die Burg der Teschener
Hzgg. Zeitweise von Nebenlinien verwaltet, war die in der Huss.zeit
schwer verwüstete Herrsch. bis 1569 Teschener Kammergut. Dann

verpfändeten die Teschener Piasten die gesamte Herrsch. der Stadt.
1572 erwarb das zur Standesherrsch. erhobene Gebiet der ev. Landeshauptmann von Teschen, Wenzel Czigan v. Slupsko. Die Handels-
und Handwerkerstadt mit dem (klassiz. erneuerten) Rathaus mit
Turm (1504) bildete nach 1560 ein prot. Zentrum, das erst 1654
seine letzte ev. Kirche verlor. Die got., seit 1376 belegte, 1511–30 in
Stein erneuerte und 1611 um eine Renaissance-Kapelle erweiterte
Pfarrkirche zur Kreuzaufrichtung (ehem. Mariä Himmelfahrt), war
1560–1628 ev. – Trotz Pest 1623 und Plünderung durch schwed.
Truppen 1647 entwickelte sich im 17./18. Jh. durch die Lein-
wandindustrie eine wirtsch. Blüte. Die Herrsch. fiel nach mehrfachem Besitzerwechsel 1749 an die Gff. Taaffe, die 1781 das Barockschloß im frühklassiz. Stil erneuerten. 1792–1945 waren die Gff. Larisch-Mönnich Grundbesitzer. Die Gem., deren Stadtbücher im 16.
und 17. Jh. tsch. geführt wurden, wies im 19. Jh. eine poln.-dt. gemischte Bev. mit einer kleinen jüd. Gem. auf; die Synagoge aus 2. H.
19. Jh. wurde nach 1939 von dt. Nat.soz. zerstört. Das an der 1869/72
gebauten Bahnlinie Oderberg–Kaschau gelegene Freistadt entwikkelte sich zu einem Verw.- und Industriezentrum mit regem poln.
Kulturleben. 1918 und 1938 jeweils für einige Monate von Polen
besetzt, kam die Bez.-Stadt im September 1939 an das Dt. Reich, das
hier poln. Arbeitslager einrichtete. Nach 1947 entstand n. der Stadt
im Stil der Stalinzeit die Arbeitergroßsiedl. Stalingrad (heute Neustadt). – 1910 waren von 4835 Eww. 59,5% poln., 35,3% dt. und
5,2% tsch. Nationalität. 1930: 6649, 1948: 6690 Eww. (davon 27,5 %
poln.).

Das ehem. Bauerndorf Roj, erstm. 1305 erwähnt, war im 14. Jh. mit
Freistadt verbunden und gehörte 1448–74 den Karwinsky v. K.; auf
diese geht das um 1560 vom Teschener Hzg. Friedrich Kasimir erneuerte Renaissance-Schloß zurück, das 1792 in spätbarockem Stil
umgebaut wurde und nach 1945 einem Krankenhaus weichen mußte. Die barocke Parkanlage wurde zum Kurpark des seit 1862 auf-
blühenden Jod- und Bromkurorts Darkau. Nach der 1572 erfolgten
Erhebung zur standesherrlichen Kleinstherrsch. Roy einschl. Darkau
wechselten die Besitzer meist nach wenigen Jahrzehnten, bis es 1792
die Frhh. v. Beess und Chrostin erwarben. Durch Kauf der Herrsch.
arrondierten 1899 die Gff. Larisch-Mönnich ihren Besitz. Das im
19. Jh. fast rein poln. Dorf (1910: 1931, 1948: 1563 Eww.) war nach
1920 einer der wenigen tschsl.-poln. Grenzübergänge.   (V) *Lu*

A. Adamus, Z dějin dolování nerostů v Ostravsko-Karvinském revíru, Mor. Ostrava
1925; J. Bakala, Staré Město a založení Fryštát, in: ČSM B 25 (1976), 33–49; J. Bayer,
Denkwürdigkeiten der Stadt Freistadt, Wien 1879; V. Brda, Dějiny hornické ostrav-
sko-karvinského revíru, Mor. Ostrava 1913; E. Fussek, Karwin, Duisburg 1976; B.
Gracová/A. Grobelný, Z minulosti Karvinska, in: StT 4 (1976), 11–53; A. Grobelný,

Vznik a počátky Karviné, její vývoj do roku 1920, in: TÉ 28/1 (1985), 7–12; B. Heckel, Karviná v záři věků, in: StT 7 (1979)–13 (1987); LV 255, Bd. 1, 410–413; LV 950, Bd. 1, 225, 384f., Bd. 2, 354f.; LV 259, Bd. 2, 118ff.; O. Káňa, Karvinsko v období předmnichovské ČSR, Karviná 1966; Karviná. Sborník příspěvků k dějinám a výstavbě města, Karviná 1968; F. Popiołek, Regesten zur Geschichte der Städte Freistadt und Jablonkau, in: ZGKS 2 (1906–07), 103–116; F. Šlachta, Dějiny hornického města Karvinné, Český Těšín 1937.

Katharein (Kateřinky, Bez. Troppau). An einer Furt über die Oppa entstand die Gem. K., die erstm. 1377 urk. genannt wird. Durch den schrittweisen Verkauf fstl. Besitzungen bildeten sich hier mit der Zeit 8 selbst. Verw.-Einheiten, die versch. Grundherren unterstanden: den Fstt. v. Troppau, dem Kl. der Troppauer Klarissen, dem Minoritenkl., der Kommende des Malteserordens, dem Jesuitenkolleg, der Herrsch. → Königsberg, den Eigentümern des Medkovský-Freihauses in Troppau sowie der Stadt → Troppau selbst. 1394 ließ Fst. Přemek v. Troppau in K. eine Hl.-Kreuz-Kapelle als Oktogonalbau im Stil der schles. Ziegelgotik errichten. Die spätere Bezeichnung »Schwedenkapelle« stammt aus dem 30jähr. Krieg, als schwed. Soldaten hier zu Gottesdiensten zusammenkamen. Die Pfarrkirche St. Katharina besitzt trotz barocken Aussehens zahlr. got. Stilelemente. Die Josephinischen Reformen unterstellten 1789 alle Gem. der Verw. durch einen Obervogt. K. erhielt 1932 Stadtrecht, 1939 bzw. 1945 erfolgte die Eingemeindung zu Troppau. – 1869: 3657, 1900: 7046 (davon 2078 Dt.), 1930: 6909 (davon 1332 Dt.) Eww.   (V) *Mü*

V. Prasek, Historická topografie země Opavské, Opava 1889, 400–422; M. Valík, Stručná historie města Kateřinek do r. 1937, Kateřinky 1937; ders., Výběr z vlastivědy slezských Kateřinek, Kateřinky 1947.

Katharinaberg (Hora Svaté Kateřiny, Bez. Brüx). Das 18 km nw. von → Brüx gelegene K. taucht erstm. unter dem Namen »Catternberg« 1473 in den Quellen auf. Die Entstehung des Ortes hing mit der sich ausdehnenden Silberförderung zus.; im 16. Jh. herrschte allerdings bereits die Gewinnung von Kupfer vor. Der Montanunternehmer Sebastian v. Weitmühl wandelte die Bergsiedl. in ein Städtchen um und erwarb für K. 1528 von Kg. Ferdinand I. ein Privileg zur Durchführung eines jährl. Marktes sowie zur Verwendung eines Stadtwappens. Die Erzförderung erlebte bis 1633, als die Stadt einer Feuersbrunst zum Opfer fiel, sowie 1714–60, als das hier gewonnene Kupfer bes. ins benachbarte Sachsen ausgeführt wurde, eine Konjunktur. 1786 wurde die Förderung eingestellt, die Bev. orientierte sich auf die Fertigung von Holzspielzeug. In K. dominierte bis zur Vertreibung und Aussiedl. nach 1945 die dt. Bev. (1930: 95%). – Das Rathaus auf dem Markt wurde in der 2. H. 18. Jh. erbaut, die Mariensäule gegenüber stammt von 1714. Die St.-Katharinen-Kirche erhielt ihre heutige Gestalt M. 18. Jh.; 1828: 850, 1921: 1533, 1994: 297 Eww.   (I/II) *Rd*

J. Fritsch, Heimatkunde des Brüxer Bezirkes, Brüx 1896, 149ff.; P. Jančárek, Města českého Krušnohoří v předbělohorské době, Ústí nad Labem 1971; ders., Hornictví v Hoře Sv. Kateřiny za feudalismu, Teplice 1980; LV 270, Bd. 4, 579ff.; LV 275, Bd. 7, 198ff.; LV 283, Bd. 14, 144ff.; A. Walter, Aus Alt-Katharinaberg, Katharinaberg 1928.

Kaunitz → Oberkaunitz

Kauřim (Kouřim, Bez. Kolin). Die 16 km w. von → Kolin im ö. Mittelböhmen gelegene Kleinstadt wurde vor 1261 als kgl. Stadt gegr.; die umliegende Landschaft, die von S her an die fruchtbare Elbtalniederung anschließt, war bereits in frühgesch. Zeit besiedelt. Seit der slaw. Landnahme entstand auf einer Anhöhe unweit der heutigen Stadt in sö. Richtung ein machtvoll befestigter Burgwall. Archäolog. Ausgrabungen, die wichtige Einblicke in die Frühgeschichte Böhmens gewähren, lassen 3 Gürtel zerstörter Mauern-Wälle erkennen; der äußere mißt etwa 1300 m und erreichte urspr. mehrere Meter Höhe. Diese eindrucksvollen Reste einer Befestigungsanlage zogen bereits die Aufmerksamkeit des Renaissance-Chronisten Wenzel Hájek v. Libotschan auf sich, der K. als die älteste von den alten Böhmen errichtete »Stadt« bezeichnete. A. 9. Jh. entstand die sog. hölzerne Burgwallanlage Alt K., die mehrfach erweitert wurde und die schließlich mit einer Fläche von etwa 44 ha zu den größten Anlagen dieser Art im frühma. Böhmen zählte. Sie dienten als Sitz der Fstt. und ihres Gefolges und bildeten sowohl milit. Zentren als auch Verw.- und Herrschaftsmittelpunkte eines bestimmten Bez.; zugleich waren sie Produktions- und Handelsorte und dienten der Bev. als Fluchtburg. Im Falle von K. handelte es sich um das Stammeszentrum der Zlitschanen. A. 10. Jh. vernichtete ein Feuer den mittleren Burgwall, der jedoch durch eine steinerne Mauer ersetzt wurde. Im mittleren Teil des Areals, der sog. Hochburg oder Akropolis, befanden sich zahlr. Wohn- und Produktionsgebäude. In unmittelbarer Nähe des Walls fand man die Reste einer Halle von 4–6 m Breite und annähernd 30 m Länge, vielleicht die Versammlungsstätte der milit. Gefolgschaft des einheimischen Fst.; zugleich lag im mittleren Teil der Anlage der sog. Weiher »Libuše«, in heidnischer Zeit wohl ein kultisches Heiligtum. In dessen Nähe befand sich ein Friedhof, dessen Gräber reich ausgestattet waren. Um die M. 10. Jh. erlosch das Leben im Burgwall Alt K. Die aufstrebenden Přemysliden liquidierten zielstrebig die letzten noch in Böhmen herrschenden anderen slaw. Fstt. und gliederten deren Herrschaftsbereiche ihrem eigenen Territorium an. Sie errichteten unweit von Alt K. auf dem gegenüberliegenden Ufer der Kauřimka eine neue, kleinere Burg, in deren Schutz auch Gerichte und Märkte stattfanden. Aus dem Jahre 1130 stammt die erste schriftliche Nachricht über die Burg K.: Hzg. Soběslav I. bestätigte hier den Besitz des Wyschehrader Kapitels, zu dem auch K. gehörte.

Um 1200 fiel die Burg an Hzg. Diepolt III. aus dem jüngeren Zweig der Přemysliden-Diepoldinger. Um diese Zeit wurde auch die rom. Kirche St. Georg auf der Burg erbaut, die jedoch A. 19. Jh. einstürzte. Innerdynast. Kämpfe zw. Přemysliden und Diepoldingern wurden mit milit. Mitteln ausgetragen und führten 1223 zur Eroberung und Zerstörung der Burg durch Kg. Přemysl Otakar I.; wenig später erfolgte dann die kgl. Stadtgründung. 1261 wurde K. erstm. in einer Urk. genannt, da ihr Magdeburger Recht auch für → Přelauč gelten sollte. Am K.er Recht wiederum orientierten sich andere Stadtgründungen: → Jaromeritz in Südmähren sowie → Wrbschan im Bez. Kolin. In die 2. H. 13. Jh. reichen auch die Anfänge der Stadtbefestigung, die nach 1450 noch ausgebaut wurde. Teile der Befestigungsanlagen mit dem spätma. Prager Tor blieben erhalten. Ebenfalls in die Zeit um 1260 fällt der Bau der Dekanatskirche St. Stephan, einer dreischiffigen Basilika, die 1876/77 in neogot. Stil umgestaltet wurde. Um 1330 wurde das Zisterzienserkl. St. Martin gegr. Der wirtsch. Aufschwung im 14./15. Jh. wurde von zahlr. Privilegien wie dem Bannmeilenrecht von 1334 flankiert und führte zum Erwerb mehrerer Dörfer im Hinterland der Stadt. Für 1489 ist eine Zunft der Weber belegt, denen Schneider, Schuster und andere Gewerbe folgten. 1547 verlor K. jedoch aufgrund seiner Haltung im antihabs. Ständeaufstand Privilegien und Landbesitz.

In der ganzen 2. H. 14. Jh. beherrschten Dt. den Rat, in dem 1364 erstm. 2 tsch. Namen erschienen. Im letzten Jahrzehnt vor den Huss.kriegen gerieten die dt. Ratsherren in die Minderheit. K. wollte sich anfangs nicht den Huss. anschließen, sah sich aber im April 1421 zur Unterwerfung gezwungen. 1424 unterstellte sich die Stadt Jan Žižka, 1434 kämpften die Eww. bei Lipan auf der Seite Prokops des Kahlen. 1436 schließlich gelobte die Stadt Ks. Sigismund in → Iglau Gehorsam. 1620 verlor K. seinen umliegenden Landbesitz aufgrund der Haltung im böhm. Ständeaufstand. Kg. Ferdinand II. übereignete diesen Besitz seinem Statthalter Karl v. Liechtenstein. In einem Dekret von 1747 wurde K. in die Reihe »geschlossener Städte« eingereiht, in denen es Juden bei Strafe von 100 Dukaten untersagt war, hier zu wohnen bzw. zu nächtigen (1848 aufgehoben). 1782 erfolgte der Bau eines neuen Rathauses (jetzt Museum). Die Industrialisierung des 19. Jh. brachte kaum einen wirtsch. Aufschwung, bis heute do-

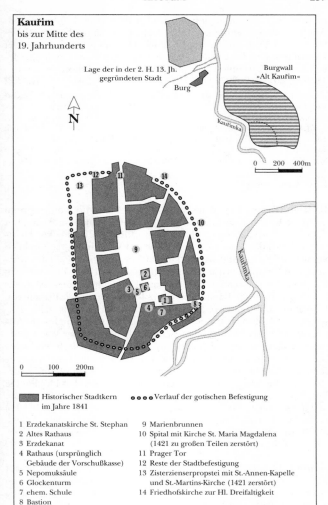

Kauřim
bis zur Mitte des
19. Jahrhunderts

Lage der in der 2. H. 13. Jh.
gegründeten Stadt

Burg

Burgwall
»Alt Kauřim«

Kauřimka

N

0   200   400m

0   100   200m

Kauřimka

▨ Historischer Stadtkern   ●●●● Verlauf der gotischen Befestigung
   im Jahre 1841

1 Erzdekanatskirche St. Stephan   9 Marienbrunnen
2 Altes Rathaus   10 Spital mit Kirche St. Maria Magdalena
3 Erzdekanat   (1421 zu großen Teilen zerstört)
4 Rathaus (ursprünglich   11 Prager Tor
  Gebäude der Vorschußkasse)   12 Reste der Stadtbefestigung
5 Nepomuksäule   13 Zisterzienserpropstei mit St.-Annen-Kapelle
6 Glockenturm   und St.-Martins-Kirche (1421 zerstört)
7 ehem. Schule   14 Friedhofskirche zur Hl. Dreifaltigkeit
8 Bastion

miniert die auf sehr fruchtbaren Böden betriebene Landwirtschaft. Aus K. stammen der humanistische Gelehrte Johannes Fortius (1517–90), der als Prof. an der Prager Univ. Hebräisch lehrte, sowie der Humanist Matthäus Collinus v. Chotěřina (1516–66), den eine lebenslange Brieffreundschaft mit Philipp Melanchthon verband. – 1869: 2780, 1910: 2976, 1950: 2400, 1991: 1799 Eww.   (III) *Krz*

J. Chochol/M. Blajírová/H. Palečková, Kostrové pozůstatky slovanského obyvatelstva na Staré Kouřimi, in: PA 51 (1960), 94–321; J. Kůrka, Archidiakonáty kouřimský, boleslavský, hradecký a diecése litomyšlská, Praha 1914; LV 875, 202–212; V. Oehm, Paměti královského města Kouřimě, Bd. 1, Praha 1884; LV 906, Bd. 2, 121ff.; V. Razim, K přemyslovskému opevnění města Kouřimě, in: AH 11 (1986), 255–266; LV 569, Bd. 1, 66ff.; M. Šolle, Kouřim v průběhu věků, Praha 1981; ders., Stará Kouřim a projevy velkomoravské hmotné kultury v Čechách, Praha 1966.

Kestržan → Altkestržan

Kiritein (Křtiny, Bez. Blansko). Das etwa 14 km nö. von → Brünn gelegene K. wurde erstm. 1237 als »Kirtina« im Zusammenhang mit dem Prämonstratenserkl. Obrowitz erwähnt. 1321 schenkte Heinrich v. Leipa der Marienkirche Mühle und Wald in K., das kirchlich von Obrowitz versorgt wurde. Die 1607 beginnende Wallfahrt wurde seit 1623 von den Brünner Jesuiten gefördert. 1728–50 entstand in K. einer der aufwendigsten barocken Kirchenneubauten Mährens durch den Brünner Baumeister Franz Joseph Ritz nach Plänen von Giovanni Santini mit Fresken von Johann Georg Etgens, zahlr. Plastiken von Andreas Schweigl und Seitenaltarblättern von Joseph Anton Winterhalter. Nach einem Brand 1844 erfolgte der Wiederaufbau vor allem mit Spenden der Fam. Dietrichstein. Nach wechselnden Besitzern kam die Herrsch. 1894 an Fst. Johann II. v. Liechtenstein, der K. 1896 in einen Fideikommiß umwandelte. Während des Zweiten Weltkrieges produzierten in den umliegenden Höhlen die Flugmotorenwerke Ostmark. – 1880: 542 Tsch. und 29 Dt., 1930: 494 Tsch. und 14 Dt., 1950: 649, 1991: 754 Eww.   (VIII) *Teu*

F. Fürst, Křtiny. Poutní místo u Brna, Brno 1934; LV 253, Bd. 10, 108f.; LV 255, 213; R. Hurt, Kostel Nanebevzetí Panny Marie v Brně-Zábrdovicích, Brno 1969; LV 290, Bd. II/6, 164–170; LV 791, Bd. II/4, 328–334.

Kladno. Die erstm. 1318 sicher belegte mittelböhm. Industriestadt K. liegt 35 km nw. von → Prag. Bis 1543 befand sich der Ort im Besitz der Landedlen Kladenský v. K., danach fiel er an die Žďárský v. Žďár. 1701 erwarb die Gem. K. Anna Maria Franziska Großhzgn. v. Toskana, 1705–1850 gehörte sie dem Kl. Břewnow bei Prag. Trotz der Erhebung zum Städtchen (1561) blieb das abseits der Hauptverkehrswege gelegene K. bis 1750 ein bedeutungsloser Ort.

Die umfangreiche Bautätigkeit des Kl. Břewnow M. 18. Jh. veränderte zwar das äußere Bild des Städtchens grundlegend, ein wirtsch. Aufschwung blieb allerdings weiter aus. Eine Wende brachte erst die Entdeckung der Steinkohlevorkommen um 1840 im nahegelegenen Nučitz sowie der Abbau von Kalkstein bei Tachlowitz. 1848 wurde die K.er Steinkohlegewerkschaft gegr. Kurz nach 1850 nahm die Hütte Luzerna ihre Arbeit auf. Die neue Technologie der Stahlproduktion, das sog. Thomas-Verfahren, ermöglichte eine Nutzung der phosphorreichen Nučitzer Erze und führte zu einer grundlegenden Steigerung der Roheisenproduktion. 1889 erfolgte die Gründung der weltbekannten Poldi-Hütte, die Edelstahl produzierte. Die Umstrukturierung zu einem Zentrum der Schwerindustrie im Rahmen der Habsburgermonarchie schlug sich auch in der demographischen Entw. nieder: Zählte K. 1814 noch rund 650 Eww., so stieg die Eww.-Zahl 1850 auf 2361, 1880 auf 14 085 und 1910 schon auf 19 369 an (etwa 3–4% Dt.). Nach 1920 stagnierte diese Tendenz wegen Trinkwassermangels, in den Mittelpunkt rückten nunmehr die umliegenden Gem.; K. stellte ein bedeutendes Zentrum der Arbeiterbewegung dar und war bes. 1918 und 1926 Ort zahlr. Streiks und Demonstrationen. – Die Entw. seit 1945 ist durch eine weitere Zunahme der industriellen Produktion gekennzeichnet. Zugleich kam es zur Sanierung älterer Stadtteile, die neuen einförmigen Wohnsiedl. weichen mußten. 1991 lebten in K. 71 753 Eww. (mit zahlr. Eingemeindungen). – Zu den erwähnenswerten Baudenkmälern der Stadt zählt das dreiflügelige Schloß, das verm. nach Plänen von Kilian Ignaz Dientzenhofer (1689–1751) entstand; zu ihm gehört die Kapelle St. Laurentius, die einen Rokokoaltar sowie Bilder und Plastiken aus dem 18. Jh. birgt. Um 1751 begann der Bau der barokken Florianskirche. Die Mariensäule auf dem Markt von 1741 wurde ebenfalls von Dientzenhofer entworfen. Um 1900 wurden im Stil der Neorenaissance das Rathaus und die dreischiffige Kirche Mariä Himmelfahrt errichtet. – In K. wurden der Komponist Jan Seidl (1893–1945), der Maler und Illustrator Cyril Bouda (1901–84) sowie der Bürgermeister von Chicago, Antonín Čermák (1874–1933), geb.

(II) *Pol*

J. L. Černý [u. a.], Dějiny školství okresu kladenského, Kladno 1898; J. Hase, Dějiny a vývin kladensko-buštehradských dolů, Kladno 1915; K. Jiřík, Z dějin dělnického hnutí na Kladensku, Praha 1962; J. Josif, Sto let kladenských železáren, Praha 1959; Z. Karník, Kladenský národní výbor (srpen 1918–květen 1919), in: SSH 2 (1957), 5–30; Kladensko. Život a kultura lidu v průmyslové oblasti, Praha 1959; R. Koller, Nástin regionálních dějin okresu kladenského, Kladno 1968; A. Pěnička, Kladensko v revolučních letech 1917–1921, Praha 1954; K. Stejskal, Kladno jindy a dnes, Kladno 1905; F. B. Škorpil, Kladno. Nástin historický, Kladno 1894; LV 905, Bd. 26, 64–87; LV 906, Bd. 2, 50f.

Kladrau (Kladruby, Bez. Tachau). In dünn besiedelter Landschaft s. von → Mies gründete der Böhmenhzg. Vladislav I. 1115 ein mit Mönchen aus dem schwäbischen Zwiefalten besetztes Benediktinerkl., das von Beginn an zu den bedeutendsten Kl. im Lande gehörte, durch hzgl. Schenkungen seine Besitzungen ausdehnte und aufgrund seiner günstigen Lage an einem von → Pilsen nach Nürnberg führenden Handelsweg wirtsch. prosperierte. Um 1230 wurde unweit des urspr. Dorfes ein neues Städtchen gegründet, das bald darauf ein Marktprivileg erhielt. Die reichen Güter des Kl., dem 87 Dörfer unterstanden, führten dazu, daß bei Kg. Wenzel IV. in den machtpol. Auseinandersetzungen mit dem Prager Ebf. Johannes v. Jenstein der Plan reifte, nach dem Tode Abt Raceks unter Ausnutzung der Sedisvakanz die Abtei K. zum Sitz eines westböhm. Btm. zu erheben. Die Pläne scheiterten jedoch. Opfer der kgl. Rache wurde der später hl. gesprochene Johannes v. Nepomuk. 1421 besetzten die Taboriten Kl. und Städtchen, nach den Huss.kriegen kehrten die Mönche zurück. Im 30jähr. Krieg wurde das Kl. erneut beschädigt. Einen bis 1770 dauernden großzügigen Neuaufbau nahm Abt Maurus Finzgut 1712 in Angriff. 1712–28 wurde die urspr. rom. dreischiffige Kl.kirche St. Maria nach Plänen von Giovanni Santini neu erbaut. Der neue hochbarocke Konvent entstand 1753 nach einem Entwurf von Kilian Ignaz Dientzenhofer. 1785 fiel das Kl. der Säkularisierung anheim, wurde nach 1825 in ein Schloß der Fstt. Windischgrätz umgewandelt, nach 1945 verstaatlicht und als Kulturzentrum genutzt. – 1850: 1180, 1900: 1366, 1930: 1238 (davon 78 Tsch.), 1950: 650 und 1991: 964 Eww. (I) *Kub*

T. Dittrich, Románské stavby z okruhu kladrubského kláštera, in: UM 28 (1980), 129–139; LV 259, Bd. 4, 139–142; R. C. Köpl, Die herzogliche Benediktiner Abtei Kladrau im Pilsener Kreise Böhmens, Pilsen 1863; V. V. Kremer, Založení kláštera kladrubského, in: SOM 9 (1973), 24–30; E. Kubů, Pozemková držba kláštera kladrubského v době předhusitské (do roku 1420), in: HG 18 (1979), 205–232; W. Mayer, Gründung und Besiedlung des Benediktinerklosters zu Kladrau, in: MVGDB 36 (1898), 428–444; LV 507, 147ff.; W. Schröft, Die Stadt Kladrau von der ältesten Zeit bis zur Gegenwart, Mies 1891; B. Stiess, Majetek kladrubského kláštera v době jeho zrušení roku 1785, in: MZK 8 (1971), 112–120.

Klattau (Klatovy). Das im sw. Böhmen gelegene, 1234 urk. erstm. erwähnte K. wurde um 1260 durch Kg. Přemysl Otakar II. neben einem alten Handelsort gegr., der sich 1253–57 im Besitz der Herren Soběhrd v. Šlovice befand. Der Kg. ließ K. zu einer befestigten Stadt ausbauen und mit Privilegien ausstatten, damit es den hier verlaufenden Handelsweg nach Straubing und Passau überwache. Der Ausbau der mächtigen Befestigungsanlagen wurde erst unter Kg. Johann v. Luxemburg beendet. 1288 gründeten hier die Kreuzherren mit dem roten Stern ein Spital. Etwa zur gleichen Zeit wurde K. zum Sitz von niederen Bez.-Ämtern, seit 1351 Sitz der Bez.-Verw. Die Abgabepflichten der Stadt milderte der Kg. 1337 und 1348, 1378 erhielt sie das Jahrmarktprivileg. 1380 wurde K., das dank solcher Vergünstigungen eine lange Blütezeit erlebte, an Hzg. Albrecht v. Bayern verpfändet, kehrte jedoch als Mitgift von Albrechts Tochter Johanna bei deren Heirat mit Kg. Wenzel IV. 1387 in den Besitz der böhm. Krone zurück. Nach 1419 wurde die Stadt aber nicht nur zum Stützpunkt der Huss., sondern beteiligte sich auch durch eigene Heeresabteilungen an deren Feldzügen; Kg. Sigismund belagerte sie mehrfach vergeblich. Gleich zu Beginn der Revolution zerstörten die huss. Bürger das Dominikanerkl. Während der kriegerischen Wirren verließen die Patrizierfam. dt. Herkunft die Stadt, die dadurch tsch. Charakter erhielt. Im November 1424 tagte in K. der Landtag der utraqu. Partei. Ihr blieb K. auch unter Kg. Georg v. Podiebrad treu und unterstützte mit eigener Abordnung dessen Kampf gegen das bayer. Heer in der Schlacht bei → Neuern 1467. Im 16. Jh. zählte die freie kgl. Stadt, die sich um 1520 lebhaft am Abwehrkampf des Städtestandes gegen den Adel beteiligte, zu den 10 bedeutendsten Städten Böhmens. Durch die Herstellung und den Export von feineren Sorten Leinen und durch seinen Hopfenanbau erlangte sie ein bedeutendes überregionales Gewicht. Den wirtsch. Aufschwung vermochten weder die Konfiskation eines Teils der Stadtgüter nach dem erfolglosen Ständeaufstand 1547 noch mehrere schwere Brände (1564, 1579, 1580 und 1615) entscheidend zu schwächen. 1557–59 baute man das Rathaus im Renaissancestil aus. Erst der Ständeaufstand 1618–20, in dem die Stadt die prot. Stände unterstützte, führte zu empfindlichen Rückschlägen: 1620 vom ksl. Heer erobert, durch die Konfiskation ihrer Landgüter hart bestraft und wiederholt ausgeplündert, litt die Stadt überdies 1641, 1645 und zuletzt 1648 unter der schwed. Belagerung. Nach dem Krieg wurde das Dominikanerkl. erneuert. 1675 setzten die seit 1636 hier ansässigen Jesuiten den Bau eines Kollegs (nach Auflösung 1775 Kaserne) durch, das K. zum Zentrum der Rekatholisierungsbestrebungen in der ganzen Region werden ließ. Zu diesem Kolleg gehörte damals der jesuitische Gelehrte Bohuslav Balbín (1621–88), der hier seine berühmte Apologie der tsch. Sprache schrieb. 1656–79 errichteten die Jesuiten am Hauptplatz ihre Kirche, deren Portal (1720) verm. von Kilian Ignaz Dientzenhofer stammt. Seit 1751 war K., das 1758 und nochmals 1810 von einem schweren Stadtbrand heimgesucht wurde, Sitz des neuerrichteten Bez.-Amtes für die s. H. des Pilsener Landes, seit 1850 Sitz der neuen österr. Bez.-Verw. Das 1812 in den Gebäuden des 1786 aufgelösten Dominikanerkl. begründete Gymnasium wurde 1866 tsch. Im 19. Jh. erfuhren

die tradit. Gewerbe (Leineweberei, Gerberei) ihre industrielle Umwandlung. Zu einer wichtigen Wirtschaftsbranche entwickelte sich
die Nelkenzucht seit 1813, als Rittmeister Volšanský Nelkensamen
aus Frankreich nach K. brachte. Um 1900 war K. ein bedeutender
Industriestandort geworden, der eine Gießerei, eine Landwirtschafts-
maschinenfabrik, mehrere Textilfabriken, eine beachtliche Nahrungsmittelindustrie sowie blühendes Kleingewerbe umfaßte.
Im O des Hauptplatzes befindet sich die got., mehrfach (1550–60,
1692) umgebaute und nach 1856 neogot. gestaltete Dekanatskirche
Mariä Geburt. A. 20. Jh. wurde sie erneut in den Zustand des
14./15. Jh. gebracht. In einer Ecke des Hauptplatzes steht das Rathaus, daneben die barocke Jesuitenkirche. Auf dem Platz und in den
Nebenstraßen sowie entlang der inneren Seite der heute noch gut
erhaltenen Stadtbefestigung befindet sich eine Anzahl prächtiger
Bürgerhäuser. K. ist der Geburtsort des Rechtsgelehrten Paul Christian v. Koldín (1530–89), des Verlegers Václav Matěj Kramerius
(1753–1808) und des Historikers Jindřich Vančura (1855–1936). –
1843 etwa 6000, 1900: 12 891, 1930: 14 089 (davon 447 Dt.), 1990:
19 878 Eww. (I/II) *Wei*

LV 905, Bd. 12, 39–102; LV 507, 150–153; K. Peters, Dějiny jesuitské koleje v
Klatovech, Klatovy 1947; LV 569, Bd. 1, 364; M. Šleisová, Klatovy, Klatovy 1970;
F. Švec, Přehledné dějiny města Klatov, Klatovy 1937; LV 906, Bd. 2, 63–67; J.
Vančura, 50 let Měšťanské besedy Klatovské 1863–1913, Klatovy 1913; ders., Dě-
jiny nejdejšího královského města Klatovy, Bde. 1–5, Klatovy 1927–36; F. Vaněk,
Obraz města Klatov na počátku 17. století, Klatovy 1940; V. Wagner, Klatovy.
Umělecké památky, Praha 1948.

Kleinskal (Malá Skála, Bez. Gablonz an der Neiße). Am r. Iserufer an
den K.er Felsen gelegen, wurde K. von der Festung Vranov beherrscht, die E. 13. Jh. von den Herren v. Wartenberg erbaut wurde.
Als erster urk. bekannter Besitzer wurde 1427 Hynek v. Waldstein
genannt. Zu seiner Zeit war die Burg offenbar verfallen, unterhalb
der zerstörten Feste wurde das Schloß K. angelegt. Karl Felix, der
Urenkel Hyneks v. Waldstein, verkaufte K. 1538 an Johann v.
Wartenberg, der die Burg samt der Herrsch. an Kg. Ferdinand I. 1547
abtreten mußte, nachdem er im Schmalkaldischen Krieg Partei für die
Stände genommen hatte. Zwar konnte er K. 1559 zurückerwerben,
doch verloren die Wartenberg die Herrsch. erneut, nachdem Johann
Georg v. Wartenberg 1618 am Ständeaufstand teilgenommen hatte.
Ihr nächster Besitzer, Albrecht v. Wallenstein, verkaufte sie 1628 an
Nikolaus Desfours. 1803 ging der Besitz an den Nixdorfer Fabrikan-
ten und Kriegslieferanten Franz Zacharias v. Römisch über, der in der
alten Burg Vranov ein Felsen-Panteon mit Skulpturen des Dresdner
Bildhauers Franz Pettrich anlegen ließ. Das Schloß K. wurde 1810 im

klassiz. Stil und A. 20. Jh. im Jugendstil umgebaut. – 1930: 123 (davon 12 Dt.), 1950: 69 Eww. (III) *MSW*

A. Benda, Geschichte der Stadt Gablonz und ihrer Umgebung, Gablonz 1877, 17–28; F. F. Effenberger, Felsen-Pantheon und Natur-Park auf der Herrschaft Kleinskal in Böhmen, Leitmeritz 1828; A. Fleischmannová, Hrad Vranov-Pantheon, Jablonec Nad Nisou 1972; LV 259, Bd. 3, 297f.; J. Paldus, Schätzungsberichte über die Wartenberger Herrschaften Friedstein, Böhmisch Aicha, Rohosetz und Klein-Skal im Jahre 1552, in: VKČSN (1908); LV 906, Bd. 1, 341.

Klentsch (Kleneč pod Čerchovem, seit 1950 Klenčí pod Čerchovem, Bez. Taus). K. zählte 1325 zu den 11 ältesten für den Wachdienst an den beiden Tauser Landespfaden vorgesehen Chodendörfern. Es unterstand dabei der Burg → Taus, welche 1630 die Gff. Lammingen v. Albenreuth zus. mit K. gewannen. Später gehörte der Ort zur Herrsch. Heiligenkreuz, seit 1678 bildete er das Rückgrat des späteren Dominiums Kaut-Chodenschloß. Unter Gf. Wolf Maximilian Lammingen v. Albenreuth stieg K. zum Städtchen auf und erhielt 1680 ein Wappen. Um 1696 fiel es an die Gff. Stadion, die hier bis 1848 herrschten. Die wirtsch. Entw. wurde durch die geographische Lage an der nach Regensburg führenden Straße begünstigt; den Post- und Fuhrverkehr löste jedoch nach 1861 der Eisenbahnanschluß ab. Dafür entfalteten sich Keramikherstellung, Spitzenklöppelei, Stickerei und Töpferei. – Die einschiffige Barockkirche St. Martin wurde 1737–45 an der Stelle eines 1481 erwähnten got. Vorgängerbaus errichtet; in ihrer Krypta ruhen Angehörige der Fam. Lammingen v. Albenreuth und Stadion. Unterhalb der Kirche steht das barocke Pfarrhaus von 1754. Das Geburtshaus des Dichters Heinrich Simon Baar (1869–1925) auf dem Markt brannte in den letzten Kriegstagen 1945 nach Luftangriffen nieder. Die 1612 erstm. belegte barocke Post ist eine der ältesten in Böhmen. – 1843: 1222, 1890: 1166, 1930: 1189 (davon 29 Dt.), 1991: 1104 Eww. (I) *Pe*

J. Š. Baar/F. Teplý, Klenčí, městečko na Chodsku, Praha 1909; J. Blau, Geschichte der deutschen Siedlungen im Chodenwald, besonders der »Zehn deutschen privilegierten Dorfschaften auf der Herrschaft Kauth und Chodenschloß«, Pilsen 1937; J. Bozděch, Klenčí, Praha 1958; LV 507², 153ff.; LV 701, 114ff.; Z. Procházka, Historické náhrobníky okresu, Plzeň-Domažlice 1990, 44f.; LV 905, Bd. 17, 82–88.

Klingenberg (Zvíkov, Bez. Pisek). Die Landzunge mit der Burg am Zusammenfluß der Moldau mit der Wottawa war bereits im 1. Jh. v. Chr. besiedelt. Der älteste Teil der Burg, der sog. Beulenturm, der an den S-Flügel des kgl. Palastes anschließt, wurde um 1230 erbaut. Aufgrund ihrer strategischen Bedeutung wurde die Burg nach 1250 zu einem zweigeschossigen vierflügeligen Palast mit Arkadeninnenhof erweitert. Den jüngsten Teil des gesamten Areals bildet die um

1250 vollendete S-Kapelle, deren Wände Malereien vom E. 15. Jh.
schmücken. Seit dem 14. Jh. war K. eine Pfandburg, so daß deren
Besitzer häufig wechselten. Nach 1431 wurde die Anlage unter Ulrich v. Rosenberg umgebaut und weiter befestigt. Seit 1473 gehörte
K. den Herren v. Schwanberg; 1623 erwarben die Eggenberg die
Burg. Im 30jähr. Krieg diente K. als Festung. Der N-Flügel des Palastes ist seit 1718 Ruine, die anderen Teile der Anlage wurden 1840–
44 und 1881–85 im Auftrag Karl v. Schwarzenbergs restauriert, dessen Fam. K. 1719 erworben hatte. (VI) *Bůž/Gr*

V. Denkstein, Zvíkov, Praha 1942; LV 250, Bd. 2, 189–206; L. Janák, Hrad Zvíkov,
Milevsko 1931; LV 872, 79–103; LV 874, 36–335; LV 875, 499–518; J. Kuthan,
Zvíkov. Geschichte und Kunstdenkmäler der Burg, České Budějovice 1987; LV
879, Bd. 1, 101f., Bd. 2, 219f., 300ff.; LV 906, Bd. 4, 375–380; LV 891, 464f.; LV
279, Bd. 11, 1–55; LV 275, Bd. 3, 22–26; LV 283, Bd. 8, 63; LV 905, Bd. 33, 367–
432; LV 289, 579; LV 259, Bd. 5, 216–221; F. Tyl, Paměti zvíkovské, Praha 1888.

Klobouk (Klobouky, Bez. Lundenburg). Festung und Dorf gehörten
1209–22 Leo v. K., dem Gründer des Prämonstratenserkl. Obrowitz
in → Brünn. Nach dessen Tod wurde K., 31 km sö. von Brünn gelegen, 1298 als »Klobauk« von Kg. Wenzel II. zum Marktflecken erhoben. Bis zur Auflösung des Brünner Kl. 1784 zählte K. zu dessen
Besitzungen. Die Festung wurde in den Huss.kriegen zerstört. An
gleicher Stelle ließ Abt Ambrosius v. Teltsch 1589 ein Renaissance-
Schloß errichten, das A. 18. Jh. in eine barocke Residenz umgestaltet
wurde. 1820 erwarben die Brüder Augustin und Ignaz Ritter v. Neu-
wall die Herrsch. Sie bauten das Schloß im klassiz. Stil zum Familiensitz um und förderten die durch den Eisenbahnanschluß beschleunigte Wirtschaftsentw. Die Mähr. Bank für Industrie und Handel kaufte K. im Jahre 1870. Unter den nächsten Eigentümern, den
Gebrüdern Duffek, wurde K. zu einem regionalen Handels- und Finanzzentrum. Das nach 1918 zunehmend verfallende Schloß wurde
1935 renoviert. Es beherbergt die volkskundl. Sammlungen des 1906
gegr. Museums. Bemerkenswert ist die barocke St.-Barbara-Kapelle
von 1669. Neben der Landwirtschaft war die nahezu rein tsch. Bev.
im 19. Jh. in der Zuckerfabrik und im 20. Jh. auch in der Baustoff-
und Chemieindustrie tätig. – 1850: 2170, 1900: 2357, 1950: 2121,
1991: 2299 Eww. (VIII) *Had*

F. Bednář, Dějiny evangelického reformovaného sboru v Kloboukách u Brna, Hodonín 1915; LV 253, Bd. 9, 235ff.; LV 255, Bd. 3, 270; LV 950, Bd. 1, 397f.; LV
259, Bd. 1, 121; Klobouky u Brna, minulost a současnost. Hg. v. M. Zemek, Mikulov 1969; M. Ludvíková, Lidová strava na Kloboucku a Ždánicku, Mikulov 1967;
Městské vlastivědné muzeum Klobouky u Brna, Mikulov 1977; J. Skutil, Pravěké
nálezy na Kloboucku, Klobouky u Brna 1939; LV 290, Bd. II/29, 41–65.

Klobouk → Wallachisch Klobouk

Klösterle (Kláśterec nad Orlicí, Bez. Wildenschwert). An einem
Übergang über die Wilde Adler am sö. Rand des Adlergebirges entstand ein erstm. 1273 erwähntes Kl. der Kreuzherren mit dem roten
Herzen, einem ma. Bettelorden. Das Kl. und die unweit angelegte
Siedl. wurden 1421 von den Huss. zerstört. 1452/53 wurde die spätgot. Hl.-Kreuz-Kirche mit einem Holzturm errichtet, deren Inneres
1586/89, 1691 und 1769 barock ausgebaut und mit einem Hauptaltar (1691) sowie mit Seitenaltären versehen wurde. Pol. gehörte K.
seit dem 15. Jh. nacheinander zu den Herrsch. → Žampach,
→ Pottenstein und → Senftenberg. 1830 ließ der damalige Eigentümer von Senftenberg, John Parish, 2 km nö. von K. ein Lustschloß
im Empirestil errichten, das später als Jagdhaus diente und 1936 abbrannte. K. liegt heute am n. Ende des Stausees von Pastwin. – 1890:
1074, 1980: 803 Eww.   (IV) *Bb*
LV 259, Bd. 6, 195; LV 952, Bd. 2, 232; LV 906, Bd. 2, 62f.

Klösterle an der Eger (Kláśterec nad Ohří, Bez. Komotau). Das 6
km w. von → Kaaden am l. Egerufer zw. Duppauer Bergen und Erzgebirge gelegene, 1352 urk. erstm. als »Claustrellum« (= kleines Kl.)
zus. mit einer Pfarrkirche (1639 zerstört) belegte K. entstand aus einer
vom Benediktinerkl. → Postelberg vor 1140 gegr. Propstei, die um
1277 bereits aufgelöst wurde. Der Ort, der danach an die Schönburg
fiel, erscheint 1449 unter den sächs. Rittern v. Vitzthum als »oppidum Clasterzecz« und wenig später als Städtchen. Für diese Zeit sind
tsch. und dt. Siedler belegt, versch. Grenzstreitsurk. von 1560/61
nennen dagegen nur noch dt. Namen. 1623 verkaufte die kgl. Kammer die nach der Schlacht am Weißen Berg konfiszierte Herrsch. an
Christoph Simon Frh. v. Thun, dessen aus Südtirol gebürtige Fam.
(seit 1629 Gff.), die bis 1945 im Besitz der Güter blieb, zum mächtigsten Grundherrn im mittleren Egertal aufstieg. Das von den Vitzthum 1590 als Ersatz für die benachbarte → Schönburg auf steilem
Felsen am Egerufer erbaute Renaissance-Schloß, das schwed. Truppen im 30jähr. Krieg schwer beschädigten, ließ Gf. Michael Oswald
v. Thun (†1694) 1660 durch Rossi de Lucca barockisieren; nach 2
Bränden (1784, 1856) wurde es im Stil der engl. Neugotik von Wenzel Hagenauer umgestaltet (Gruftkapelle). 1793/94 gründete Gf.
Franz Josef v. Thun hier die zweitälteste Porzellanfabrik Böhmens,
die als Wirtschaftsfaktor neben Bergbau, Maschinen- und Gerätebau
auch für das Umland hohe Bedeutung erlangte (im Schloß seit 1953
Porzellanmuseum). – Vom Münchener Abkommen bis zum Kriegsende gehörte das rein dt. K., das 1712 noch als Markt, wenig später

aber schon als Stadt bezeichnet worden war, zum Dt. Reich. Der Ort
wird von 2 barocken Gotteshäusern – der 1665–70 ebenfalls von
Rossi de Lucca barockisierten einschiffigen Pfarrkirche zur Hl. Dreifaltigkeit vor dem Schloßportal und der Wallfahrtskirche Maria Trost
(1743–60, Umbauten 1825) am oberen Stadtrand – sowie vom Neorenaissance-Rathaus und der Dreifaltigkeitssäule (1694) am Marktplatz beherrscht. – 1850: 1638, 1910: 2523, 1930: 2226, 1950: 1573,
1970: 3590 Eww.   (I) *Bah*

LV 238, 21f.; LV 259, Bd. 3, 15ff., 199–201, 551; V. Karell, Kaaden-Duppau. Ein
Heimatbuch der Erinnerung und Geschichte des Landkreises, Frankfurt am Main
1965, bes. 160–171; ders., Das mittlere Egertal und die Geschichte der Stadt Klö-
sterle an der Eger im Sudetenland, Bad Homburg 1961; ders., Aus dem Egertal bei
Klösterle, Frankfurt am Main 1964; ders., Burgen und Schlösser des Erzgebirges und
Egertales, Bd. 1, Kaaden 1935, 41ff.; R. Langhammer, Die Burgen des mittleren
Egertales und die Stadt Klösterle, Klösterle 1934, 67–70; ders., Klösterler Porzellan,
in: BOH 10 (1969), 136–255; ders., Aus der Geschichte der Klösterler-Thun'schen
Porzellanfabrik, in: StJ 4 (1955), 182–222; LV 952, Bd. 2, 232; LV 275, Bd. 7, 142–
156; LV 569, Bd. 1, 166, 178; LV 283, Bd. 14, 192–204; J. Walfried, Der Amts-
bezirk Kaaden, in: MVGDB 23 (1885), 21–55, 138–182.

Knin → Neuknin

Knobiz (Knovíz, Bez. Kladno). Das 4 km sö. von → Schlan gelegene
Dorf erschien seit E. 11. Jh. in Abhängigkeit zum Wyschehrader Kapitel und zum Georgskl. auf der Prager Burg. Seit dem 14. Jh. gehörte
es zum Landbesitz der Stadt Schlan und im 19. Jh. zur Herrsch. Tau-
schetin. Die vor 1850 umgebaute Filialkirche Allerheiligen weist einen got. Kern auf. 1845 zählte K. 37 Häuser und 290 Eww. Die
1892/93 bei der Freilegung einer urzeitl. Siedl. zutage geförderten
Funde – Keramik vom Typ sog. Etagengefäße, Tierknochen, Ge-
treidemörser, Kornreste, Schlacke aus Keramiköfen, Formen zum
Bronzegießen sowie Menschenknochen – gaben einer bedeutenden
jung- bis spätbronzezeitl. Kultur Mittel- und NW-Böhmens den
Namen K.er Kultur (etwa 1250–700 v. Chr.). Diese war durch eine
dichte landwirtsch. Besiedl. sowie rituellen Kannibalismus gekennzeichnet.   (II) *Žem*

J. Hrala, Knovízská kultura ve středních Čechách, Praha 1973; Lexikon alter Kulturen. Hg. v. J. Herrmann [u. a.], Bd. 1, Berlin 1984, 466; LV 305, 446–466; K. Sklenář, Památky pravěku na území ČSSR. Od lovců mamutů ke státu Přemyslovců,
Praha 1974, 192; LV 283, Bd. 13, 82; LV 905, Bd. 20, 84ff.

Kočí (Bez. Chrudim). Das 4 km ö. von → Chrudim gelegene vorstädt. Dorf taucht in den Schriftquellen seit E. 14. Jh. auf. In vorhuss.
Zeit gehörte der besitzrechtl. fixierte Teil des Dorfes der Stadt Chrudim und dem dortigen Spital, der andere Teil Landedelleuten der

Umgebung. Bis zur M. 16. Jh. erwarb Chrudim sämtliche Bauern-
höfe, K. blieb bis 1848 in städt. Besitz. Die Bartholomäuskirche wurde 1397 von Sophie v. Wittelsbach gestiftet. Der Bau konnte die
urspr. Disposition einer befestigten, von einem Wassergraben geschützten und über eine hölzerne Brücke zugänglichen Kirche bewahren. Das urspr. got. Aussehen, an Portal und Gewölbe-Eckstein
mit 1397 datiert, wurde später baulich verändert. Auf 1678 gehen die
bemalte Holzdecke mit Blumenelementen und der zweigeschossige,
reich verzierte Chor zurück. – Im S von K. haben sich im Gelände
bastionsartige Erdwälle erhalten, Überreste einer sternförmig angelegten Festung aus der Zeit der Theresianischen Kriege (1778). –
1848: 570, 1900: 850, 1950: 570, 1991: 531 Eww.   (III) *Vor*
J. Capoušek, Kočí u Chrudimě, Kočí 1990; V. Hanus [u. a.], Chrudimsko a Nasavrcko, Bd. 4, Chrudim 1926, 345–350; J. Herout, Kostel sv. Bartoloměv Kočí u
Chrudimě, Praha o. J.; M. Vorel, Polní pevnost u Tří bubnů, in: CVL 3 (1994).

Königgrätz (Hradec Králové). Am Zusammenfluß von Elbe und
Adler liegt in der fruchtbaren Elbniederung das wirtsch. und kulturelle Zentrum O-Böhmens. Seinen Namen verdankt K. der Burg
Grätz, der Residenz der böhm. Kgnn. im 14. Jh. Im 17./18. Jh. entdeckte man im Bereich der heutigen Stadt die Reste einer Siedl. aus
der Bronzezeit. Die beiden Flußläufe und ausgedehnte Sumpfgebiete
boten dieser Burgwallsiedl. und der seit dem 10. Jh. sicher bezeugten
Burg der Slawnikiden Schutz. Gleichzeitig lag diese an einem strategisch wichtigen Flußübergang des von Krakau nach → Prag führenden Handelsweges. Wenngleich die angebliche Existenz einer
Kapelle des Hl. Klemens zur Zeit der hl. Kyrill und Methodius archäolog. nicht belegt ist, deutet diese Annahme aber zumindest auf
den frühen rom. Ursprung der heute barocken Kirche St. Klemens
hin. Im 12. Jh. diente die Burg als fstl. Verw.-Zentrum mit einem
Burgdiakonat. Spätestens 1225 erhob Kg. Přemysl Otakar I. die vor
der Burg erwachsene Siedl. zur Stadt und erteilte der »civitas nostra in
Grudecz« Magdeburger Recht. Damit ist K. die am frühesten belegte
Rechtsstadt in Böhmen, die im 13. Jh. hinter Prag in der Größe den
zweiten Platz einnahm. 1259 erhielt → Leitomischl bereits K.er
(Magdeburger) Recht. 4 Kl. (Dominikanerinnen, Dominikaner,
Minoriten, Deutschherren), eine städt. und 4 vorstädt. Pfarrkirchen
sind für das 13. Jh. bezeugt, dazu der Sitz eines Archidiakons und ein
Dekanat. 1306 schenkte Rudolf v. Habs. seiner Gattin Elisabeth v.
Polen-Kalisch, Witwe Kg. Wenzels II., die Stadt (seit 1307 »Hradecz
reginae«). 1308 erneut Witwe geworden, übersiedelte Elisabeth mit
dem ganzen Hof nach K. und ließ daneben eine neue kgl. Burg bauen
sowie die Stadt mit Mauern und Türmen befestigen; in dieser Zeit
begann auch der Bau der Hl.-Geist-Kirche, die jedoch erst um 1360

vollendet wurde. Nach dem Machtantritt Kg. Johanns v. Luxemburg
verzichtete Elisabeth auf ihre Erbschaft K. und übersiedelte 1318
nach → Brünn, doch verblieb K. weiterhin bei der Krone. Karl IV.
schenkte es 1363 seiner vierten Gemahlin Elisabeth v. Pommern.
Eine Frucht des kulturellen Aufschwungs unter diesem bedeutendsten Luxemburger ist die nach 1370 entstandene K.er Handschrift,
der bekannteste Sammelband alttsch. Literatur. Während im
13./14. Jh. dt. Bürger in der Stadt überwogen, gewannen um 1400
Tsch. zunehmend Einfluß. Seit dem 14. Jh. bezeugen die Quellen
zudem eine sich immer stärker differenzierende Gewerbestruktur:
Neben Bäckern, Fischern und Tuchmachern erscheinen u. a. Hut-
macher, Weber, Bleicher und Handschuhmacher.
In der Zeit der huss. Revolution galt K. neben dem südböhm.
→ Tabor als das »kleinere Tabor«, da es zum Zentrum der Orebiten
aufstieg, einer zweiten Gruppe der militanten Huss. Zu Beginn der
Revolution wurde K. 1420 nach nur kurzzeitigem Widerstand von
den Taboriten eingenommen. 1423 gelang es Jan Žižka, den kgl. Par-
teigänger Diviš Bořek v. Miletínek, der sich in der K.er Burg ver-
schanzt hatte, zu vertreiben. Der Pfarrer der Hl.-Geist-Kirche,
Ambrosius, avancierte zu einer Leitfigur der Orebiten. Neben der
Burg zerstörten die Huss. auch die Kl. der Dominikaner und der
Minoriten. Unter der Regie des Predigers Ambrosius trotzten die
Bürger lange Kg. Sigismund und unterwarfen sich diesem erst 1437 in
größter Bedrängnis. K. blieb jedoch das Zentrum des ostböhm. Huss.
Nachfolger des 1439 verstorbenen Ambrosius als geistl. Haupt der
ostböhm. Huss. wurde für mehrere Jahre der erwählte utraqu. Ebf.
Jan Rokycana, nachdem er sich aus Prag zurückgezogen hatte. 1468
bereits kamen die ersten Böhm. Brüder nach K., wo sie eine eigene
Kapelle erhielten. 1482 tagten in K. die oppositionellen utraqu. Stände, 1502 die Abgesandten der kgl. Städte. In der utraqu. Stadt wuchs
seit 1562 der luth. Einfluß kontinuierlich: Bis 1618 befand sich K.
dann vollständig in der Hand der Luth.
1547 hatte die Stadt zwar vorübergehend aufgrund ihrer Beteiligung
am Ständeaufstand ihren Landbesitz verloren, doch erlangte sie diesen
später zurück und entfaltete ein reichhaltiges Kulturleben. Beredtes
Zeugnis hierfür war die mehr als 3 Jahrzehnte während Amtszeit des
Bürgermeisters Martin Ceip (1568–99), unter dem die Stadt eine
Umgestaltung im Stil der Renaissance erlebte. Ceip unterstützte auch
den Neubau einer Partikularschule, die in ihrer Tradition zu den ältesten in Mitteleuropa zählt. Hier lehrte der spätere Rektor der Prager
Univ. Johannes Campanus v. Wodnian (†1622), unter dessen Ägide
1574–81 der Weiße Turm für die 1509 gegossene Augustinus-Glok-
ke der Hl.-Geist-Kirche gebaut wurde, ein beachtliches Renaissan-

cewerk des ital. Meisters Vlach Burian, der auch das Prager Tor errichtete (1875 abgetragen). Eine Feuersbrunst 1586 und eine Pestepidemie 1599 fügten K. ebenso schwere Schäden zu wie später der 30jähr. Krieg. Von den mehr als 700 Häusern der Stadt vor 1618 blieben nach dem Krieg lediglich 200 erhalten. Bereits nach der Niederlage der prot. Stände in der Schlacht am Weißen Berg 1620 hatte die Rekatholisierung der ehem. Huss.bastion begonnen. Mit der Gründung eines Jesuitenkollegs 1636 wurde diese intensiviert. An der S-Seite des Marktes ließen die Jesuiten 1654–66 die barocke Marienkirche nach Plänen von Carlo Lurago errichten; dieser schloß sich das um 1720 fertiggestellte neue Kolleggebäude an, das nach dem Verbot der Jesuiten 1773 als Kaserne diente.

Zur Verstärkung der Seelsorge und der kath. Konfessionalisierung wurde 1664 das Btm. K. geschaffen. Die materielle Stütze ergab sich durch die Überlassung des Herrschaftssitzes Chrast im Gebiet von → Chrudim. Als Kathedrale diente die Hl.-Geist-Kirche; der dreischiffige Gottesraum mit seinem zum Marktplatz hin gerichteten hohen Chor stammt noch vom Bau des 14. Jh.; im Gefolge früherer Ausbesserungen und einer umfangreichen Barockisierung 1788/89 wurde ihr urspr. got. Aussehen aber allmählich überformt. Die bfl. Residenz am Marktplatz entstand 1709/10 verm. nach einem Entwurf Marc Antonio Canevalle (†1711); für den 1714–16 gebauten Rückteil dürfte Jan Blažej Aichl verantwortlich zeichnen. N. des Marktplatzes an der Stelle der alten Burg wurde 1709–14 ein Priesterseminar errichtet, das 1769–90 in spätbarockem Stil umgebaut wurde. Einfluß auf das geistige Leben seiner Zeit über den Raum K. hinaus gewann Bf. Johann Leopold v. Hay (1735–94), eine wichtige Stütze der Aufklärung und der Josephinischen Reformen in den böhm. Ländern. An der Stelle des Jesuitenkollegs stand das Geburtshaus von Bohuslav Balbín (1621–88), dessen lat. geschriebene Werke einen Beitrag zur Verteidigung der tsch. Sprache leisteten.

Die Niederlage Österr. in den Kriegen um Schles. wurde nicht zuletzt auf den unmodernen und unwirksamen Schutz der nordböhm. Festungen zurückgeführt. Bereits im zweiten Jahr seiner Regentschaft ließ Ks. Joseph II. daher einen Befestigungsring in K. anlegen; dem 1799 abgeschlossenen Bau mußten zahlr. ma. und barocke Bauten, sogar ganze Straßenzüge und der Hügel Rozberg, weichen. Im Krieg zw. Österr. und Preußen um die Vorherrsch. im Dt. Bund hoffte man vergeblich, daß die preuß. Armee an der inzw. veralteten Festung scheitern würde. Die Entscheidung fiel am 3.7.1866 im hügeligen Gelände nw. von K. zw. der Bistritz und der Elbe zugunsten Preußens. Die Entscheidungsschlacht dieses Krieges gilt als eine der größten Schlachten des 19. Jh.: Das österr. Heer war in der zweiten Ju-

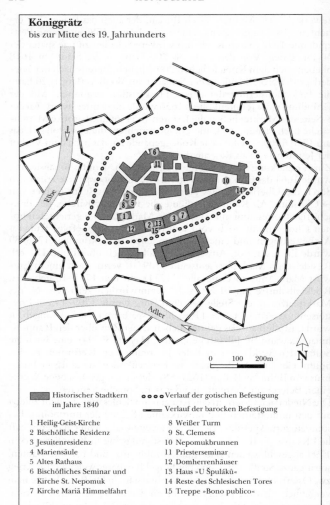

Königgrätz
bis zur Mitte des 19. Jahrhunderts

0   100   200m

N

◼ Historischer Stadtkern   ◦◦◦◦ Verlauf der gotischen Befestigung
  im Jahre 1840   ━━ Verlauf der barocken Befestigung

1 Heilig-Geist-Kirche   8 Weißer Turm
2 Bischöfliche Residenz   9 St. Clemens
3 Jesuitenresidenz   10 Nepomukbrunnen
4 Mariensäule   11 Priesterseminar
5 Altes Rathaus   12 Domherrenhäuser
6 Bischöfliches Seminar und   13 Haus »U Špuláků«
  Kirche St. Nepomuk   14 Reste des Schlesischen Tores
7 Kirche Mariä Himmelfahrt   15 Treppe »Bono publico«

nihälfte in einer Reihe verlorener Schlachten von der N-Grenze Böhmens bis in die Gegend um K. zurückgeschlagen worden. 178 000 Österr. und 20 800 Sachsen mit 770 Geschützen standen 221 000 Soldaten auf preuß. Seite gegenüber. Die österr. Soldaten unter Feldzeugmeister Ludwig August Ritter v. Benedek hatten ihre Verteidigungsaufstellung im von der Bistritz her allmählich aufsteigenden Hügelland in der Form eines Halbmondes genommen, der sich n. von → Ratschitz, Hořiňoves und → Benatek über Sadowa bis Probluz erstreckte. Die preuß. Truppen standen etwa 22 km entfernt in 3 Gruppen: die Elbe-Armee unter Herwarth v. Bittenfeld wartete bei Smidar und bildete den r. Flügel; die Erste Armee unter Prinz Friedrich Karl war bei → Hořiz aufgestellt; die Zweite Armee unter dem Kronprinzen Friedrich Wilhelm hatte bei → Königinhof an der Elbe und Gradlitz Stellung bezogen. Nach 6 Stunden heftigen Kampfes war die Entscheidung gefallen, mit der einer großdt. Lösung der entscheidende Stoß versetzt wurde und die den Preußen den Weg zur Proklamation des Dt. Kaiserreiches 1871 in Versailles eröffnete.

Seit A. 19. Jh. war K. ein Zentrum der nat. Bewegung: Jan Hostivít Pospíšil (1785–1868) gab tsch. Bücher heraus, Josef František Rautenkranz (1776–1817) trug den angehenden Klerikern des Priesterseminars die Grammatik der tsch. Sprache vor. Mit großem Enthusiasmus wurde Theater gespielt, mit bes. Vorliebe die Dramen von Václav Kliment Klicpera (1792–1859). – Der Abbruch des Festungssystems E. 19. Jh. gab der Entw. der Stadt einen gewaltigen Auftrieb. An der Stelle der bisherigen Festungskommandantur wurde 1885 ein neues Theater eröffnet. Bereits ein Jahr zuvor hatte man einen internat. Wettbewerb für einen Bebauungsplan der Stadt ausgeschrieben, dessen Ergebnisse als Grundlage für den ersten Bebauungsplan von 1890 dienten. Der Instrumentenbauer Václav František Červený (1819–1896) wirkte seit 1842 in K., nach und nach erweiterte er seine bescheidene Werkstatt zu einer berühmten Fabrik; seine Söhne gründeten später auch in Rußland und Amerika Niederlassungen. Die Klavierfabrik »Petrof« wurde 1864 von Antonín Petrof (1839–1915) gegr. Eine Schule für Taubstumme und eine für Kunstschlosserei öffneten nach 1890. In die Jahre 1907–09 fällt die Regulierung der Elbe und der Adler auf fast 8 km Länge und der Bau eines Wasserkraftwerks (1910–14). Nach 1900 gelang es den Stadtvätern, die Begründer der sog. modernen tsch. Architektur für den Ausbau von K. zu gewinnen: Jan Kotěra errichtete 1903/04 mit dem Anbau des Hotels Urban einen vielfach bewunderten Sezessionsbau, Josef Fňouk übertrug 1911 diesen Stil auf dessen Innenausstattung. Kotěra erhielt zudem den Auftrag für den Bau des Museums (1909–12), eines der repräsentativsten Gebäude. Nach Plänen Kotěras entstand zudem

1923 die Bibliothek. Weiterhin arbeiteten in dieser Zeit in K. Josef
Gočár, der 1929–33 das damalige Gebäude der Staatsbahn und 1932–
35 das Bez.- und Finanzamt erbaute, sowie die Brüder Václav und Jan
Rejchl, denen die Stadt das Bahnhofsgebäude, die medizinische Fakultät und das Bankgebäude am Elbufer neben dem Museum verdankt.
Als wirtsch. und kulturelles Zentrum der Region O-Böhmen ist K.
ein wichtiger Verkehrsknotenpunkt und ein bedeutender Standort
für Schwermaschinenbau, chemische, Nahrungs- und Genußmittelindustrie. Die Theatertradition wird ebenso fortgeführt wie die der
medizinischen Hochschule; daneben haben hier eine Pädagogische
und eine Pharmazeutische Hochschule ihren Sitz. K. ist der Geburtsort des Politikers Rudolf Ritter Lodgman v. Auen (1877–1962),
der 1918 als Landeshauptmann der dt.-österr. Provinz Dt.-Böhmen
an den Friedensverhandlungen in Saint Germain teilnahm und als
Vorsitzender der Dt. Nationalpartei im Prager Parlament saß. – 1869:
6193, 1890: 8523, 1910: 11 944, 1930: 18 243 (davon 359 Dt.), 1950:
21 788, 1991: 99 917 Eww.   (III) *Ben/Krz*

P. Bělina, Ze správní a hospodářské agendy města Hradce Králové ve 14. a na po-
čátku 15. století, in: SAP 23 (1973), 156–191; C. J. Bienenberg, Geschichte der Stadt
Königgrätz, Königgrätz 1775; H. Brückner, Die Gründung des Bistums Königgrätz,
Königstein/Taunus 1964; J. Francek/J. Jakl, Biskupové Královehradečtí, Hradec
Králové 1990; O. Jaroš, Hradec Králové. Pevnostní system 18. století, Hradec Králové 1968; L. Koudelková/F. Vich, Bibliografie města a okresu Hradec Králové,
Hradec Králové 1970; M. Lenderová, Město Hradec Králové ve světle soupisu obyvatelstva Čech podle víry z roku 1651, in: VSH 2 (1992), 131–140; K. Michl, Husitství na Hradecku, Hradec Králové 1956; ders., Selské bouře na Hradecku 1628 a
1775, Hradec Králové 1951; J. Mikan, Vznik a počátky hradeckého biskupství, Hradec Králové 1946; J. Mikulka, Dějiny Hradce Králové, Bd. 2/1, Hradec Králové
1994; V. Pešák, Kraj hradecký, Bde. 1–2, Praha 1951–54; M. Richter/V. Vokolek,
Hradec Králové na počátku dějin, Hradec Králové 1975; LV 275, Bd. 15; J. J. Nepomuk Solar, Dějepis Hradce Králové nad Labem a biskupství hradeckého, Praha
1870; J. Šůla, Venkovský lid východního Hradecka v letech 1590–1680, Hradec
Králové 1971.

Königinhof an der Elbe (Dvůr Králové nad Labem, Bez. Trautenau). Den Ausgangspunkt der Stadtentstehung bildete ein verm. im
12. Jh. errichteter Königshof. Unter der Regierung Kg. Přemysl Otakars II. wurde hier eine Stadt gegr., die erstm. 1270 urk. genannt
wird. In der Folgezeit gehörte K. zum → Trautenauer Lehen. A.
14. Jh. erlebte es einen deutlichen Aufschwung. Den hist. Stadtkern
bilden der trapezförmig gegliederte Markt und ein geradliniges Straßennetz. Zugleich wurde die Stadt ummauert und mit 4 von Türmen
geschützten Toren versehen: dem Oberen, Unteren, Schindelmacher
und Burgtor. Die Mauern ließ man 1758 einreißen, von den urspr. 4

Toren blieben das Obere und das Schindelmacher Tor erhalten. K. diente vor allem schles. Adeligen wiederholt als Pfandschaft. 1392 stieg es zur Leibgedingestadt böhm. Kgnn. auf, was auch im Stadtnamen seinen Niederschlag fand: Aus dem urspr. »Curia« wurde im 15. Jh. mehr und mehr K.; 1421 trat die Stadt auf die Seite der Huss., mit deren Unterstützung die Utraqu. die Selbstverw. ausübten. 1450 ging K. bei einem schles. Einfall in Flammen auf, 1547 mußte die Stadt für ihre Teilnahme am Ständeaufstand büßen. Weitere Rückschläge in der städt. Entw. verursachten wiederholte Feuersbrünste und Epidemien, schwed. Truppen im 30jähr. Krieg und preuß. Einfälle 1741 und 1756 in den Schles. Kriegen. Das alte Rathaus brannte 1572 bei einem großen Stadtbrand ab, ein neues mit Sgraffiti geschmücktes Gebäude errichteten Ulrico Aostalli de Sala und Franz Vlach. Nach einem neuerlichen Brand 1790 erfolgte 1833 ein Umbau. Die urspr. rom. Dekanatskirche Johannes des Täufers wurde mehrfach verändert: E. 14. Jh. entstand der heutige dreischiffige Bau, 1588 wurde das Dora-Vorhaus angegefügt, 1644 der Turm aufgestockt. Im Turm der Kirche fand 1817 Václav Hanka, der erste Bibliothekar des Prager Nationalmuseums, die sog. K.er Handschrift, die in epischen und lyrischen Gedichten die ruhmreiche Vergangenheit der tsch. Nation pries und die angeblich aus dem 13. Jh. stammte. Erst nach Jahren wurde die Handschrift als Fälschung Hankas entlarvt. Nach dem Stadtbrand 1572 entstanden zahlr. Renaissancehäuser, die später ein neues Aussehen erhielten. Unter den Barockbauten tritt das Bergerhaus hervor, das Franz Anastasius Berger 1738 erbauen ließ (heute Museum). Die Kreuzkirche auf dem unteren Markt stammt von 1752. Einfluß auf die Industrie- und Handelsentw. der Stadt im 19. Jh. hatte die Nord-Süd-Eisenbahn, die 1859 eröffnet wurde. Heute ist K. ein bedeutendes Zentrum der Textilindustrie. – 1843: 1052, 1900: 10 913 (davon 1486 Dt.), 1930: 16 585 (davon 1601 Dt.), 1950: 14 190, 1991: 16 976 Eww. (III) *Fr*

T. Halík, Dějiny Dvora Králové nad Labem, Dvůr Králové n. L. 1926; LV 905, Bd. 48, 27–69; LV 906, Bd. 1, 328–341; A. K. Viták, Dějiny královského věnného města Dvora Králové nad Labem, Praha 1867; R. M. Wlaschek, Urkundliche Untersuchungen zur Geschichte des Hussitismus in Königinhof a. d. Elbe, in: BOH 17 (1976), 38–52; V. Wolf, Počátky Dvora Králové nad Labem a Hostinného, in: Krkonoše – Podkrkonoší, Trutnov 1963, 16–23.

Königsaal (Zbraslav, Bez. Prag-West). Rund 10 km s. vom Zentrum → Prags liegt am l. Ufer der Moldau das 1974 Prag eingemeindete Städtchen K., dessen älteste Erwähnung als Fischerdorf von 1115 stammt. Seit 1268 gehörte es Kg. Přemysl Otakar II., der hier einen Jagdhof errichtete. Auf dessen Areal gründete Kg. Wenzel II. 1292 das Zisterzienserkl. Aula Regia als Sepulkralort der Herrscherfam.;

1305 wurde Wenzel II. als erster Kg. in der neuerbauten Marienkirche beigesetzt. Ein Werk der K.er Äbte Otto und Peter v. Zittau stellt
die berühmte K.er Chronik dar. Kl. und Kirche wurden 1420 von
den Huss. gebrandschatzt, die Reste im 30jähr. Krieg zerstört. 1634
erlitt K., das in der 1. H. 17. Jh. erstm. als Städtchen erwähnt wird, das
gleiche Schicksal. Die urspr. got. Jakobskirche wurde 1650–54 in
frühbarockem Stil umgebaut, die St.-Gallus-Kirche (nach 1125) auf
dem Havlín-Hügel 1660. A. 18. Jh. beseitigte man die Ruinen der
Marienkirche und begann den barocken Umbau der Anlage, das Kl.
wurde jedoch 1785 endgültig aufgelöst. Im 19. Jh. zerstörten unsach-
gemäße Umbauten die Gebäude. K. stieg zum Zentrum einer
Herrsch. auf, die 1825 Friedrich v. Oettingen-Wallerstein erwarb;
ihm folgte 1910 Cyril Bartoň v. Dobenín. Seit 1849 beherbergte K.
zahlr. Bez.-Behörden. In der 1. H. 20. Jh. erlebte das Städtchen als
Sommerfrische der Prager eine Blüte. 1911–25 wurden die Kl.ge-
bäude zu einer dreiteiligen, von einem Park umgebenen Schloßanlage umgestaltet; inzw. gehört der Komplex den Erben des letzten
Eigentümers Cyril Bartoň v. Dobenín. Auf dem Areal der Anlage
finden seit langer Zeit archäolog. Ausgrabungen statt. Die urspr. got.,
später bis 1739 in barockem Stil umgestaltete Prälatur weist in ihrem
Innern Fresken von Wenzel Lorenz Reiner und Franz Xaver Palko
auf. Der barocke Konvent wurde A. 18. Jh. nach Plänen von Giovanni Santini und František Maximilian Kaňka errichtet. Seit 1940
befindet sich hier die zur Nationalgalerie gehörende Sammlung tsch.
Bildhauerkunst des 19. und 20. Jh. – 1991 wurden die sterblichen
Überreste der letzten Přemysliden nach K. überführt. 1991 zählte das
zum Bez. Prag 5 (Smichow) zählende K., wo Heilpflanzen verarbeitet
werden, 7530 Eww. – Auf dem r. Moldau-Ufer liegt der zu K. gehörende Ortsteil Zawist, der das größte, aus dem 1. Jh. v. Chr. stammende keltische Oppidum auf tsch. Gebiet birgt. Die 170 ha große
Fläche wird durch ein 120 m tiefes Bachtal in 2 Teile gegliedert, in die
Hauptburg »Hradiště« und in die »Schanzen«. Die M. 19. Jh. begonnenen, seit 1963 systematisch durchgeführten Ausgrabungen weisen
eine wiederholte Besiedl. bereits seit dem 3. Jt. v. Chr. nach, insbes. in
der späten Bronzezeit, der Latène-, in röm. und altslaw. Zeit.

(II) *Led*

L. Jansová, Hradiště nad Závistí v období pozdně římském a v době stěhování ná-
rodů, in: PA 52 (1971), 135–178; dies., Das keltische Oppidum Závist. Heutiger
Stand der Ausgrabungen und ihre Ergebnisse, in: AR 23 (1971), 273–281; Kronika
Zbraslavská. Hg. v. F. Heřmanský, Praha 1976; LV 874, 264–272; LV 875, 475–482;
J. Kuthan, Cisterciácký klášter a pohřebiště posledních Přemyslovců na Zbraslavi, in:
PSH 11 (1978), 81–100; K. Motyková/P. Drda/A. Rybová, Závist. Keltské hradiště
ve středních Čechách, Praha 1978; Z. Nyplová, Zámek Zbraslav. Dějiny a popis,
Zbraslav 1933; F. Tadra, Listy kláštera zbraslavského, Praha 1904.

Königsberg (Klimkovice, Bez. Neutitschein). Das auf einem Hügel gelegene, seit 1416 belegte K. mit rechteckigem Marktplatz wurde verm. von Kg. Přemysl Otakar II. als kgl. Stadt im Troppauer Gebiet gegr. Unter dem Troppauer Landeshauptmann Andreas Bzenec v. Markwartowitz wurde die Feste nach 1578 in ein vierflügeliges Renaissance-Schloß umgebaut (nach Brand 1854 restauriert, heute Gemeindeverw.) und um 1600 die got. Pfarrkirche St. Katharina erneuert. Die utraqu. Herrsch. bzw. das Gut waren von 1650–1945 durchgehend im Besitz der Wilczek v. Guteland. Der kleingewerblich geprägte, überwiegend tsch. Gerichtsort, der im 19. Jh. sprichwörtlich zur Stadt der Schuster und Weber wurde, erlitt als Gem. im Reichsgau Sudetenland in den letzten Kriegstagen 1945 große Schäden. – 1930: 3240 (davon 229 Dt.), 1991: 4090 Eww.   (V) *Lu*

LV 239, 89–92; Heimatbuch der Dorfgemeinde Stiebnig, Landkreis Wagstadt, Ostsudetenland. Bearb. v. J. Höpp, Kirchseeon/Eglharting 1976, 87f.; LV 255, Bd. 2, 757–760; LV 259, Bd. 2, 122; LV 791, Bd. I/3, 225–228.

Königsberg an der Eger (Kynšperk nad Ohří, Bez. Falkenau). Die Gründung von K. erfolgte 1232 durch Kg. Wenzel I.; 1286 verlieh Kg. Wenzel II. das Patronatsrecht über K. an den Prager Orden der Kreuzherren mit dem roten Stern. Der Streit darüber mit den Zisterziensern von Waldsassen (Oberpfalz) wurde 1311 zugunsten der Kreuzherren entschieden. Ks. Karl IV. bestätigte 1364 das Stadtrecht. Nach mehreren Herrschaftswechseln war 1489 Gf. Hieronymus Schlick Burgherr von K.; 1547 fiel die Burgherrsch. an die Krone Böhmen zurück. Kg. Ferdinand I. verpfändete K. an Gf. Johann Heinrich zu Hartenberg, der die Stadt 1600 an Kaspar d. Ä. Belwitz v. Nostitz verkaufte. Von diesem erwarb es 1603 die Bürgerschaft. Nach Parteinahme für den »Winterkg.« Friedrich v. der Pfalz 1619 überließ die ksl. Hofkammer die eingezogene Herrsch. K. den Brüdern Metternich. Unter Metternichscher Herrsch. wurde K. durch den 30jähr. Krieg und 1706 durch einen Stadtbrand hart betroffen. 1726 kaufte Anton Friedrich Conway v. Watterforth die Herrsch.; 1741 wurde K. zunächst von Franzosen, dann von preuß. Husaren besetzt. Die Erbuntertänigkeit unter wechselnden Besitzern endete 1840. Seit 1848 gehörte K. zur Bezirkshauptmannschaft → Falkenau an der Eger. Es entstanden kleinere Textil- und Tischlereiunternehmen, der Braunkohlebergbau entwickelte sich. 1870 erfolgte die Anbindung an die Eisenbahn Eger–Prag. – 1890: 3849, 1930: 5117 (davon 4956 Dt.), 1947: 2045, 1980: 5095 Eww.   (I) *Rog*

Festschrift zur 700-Jahrfeier der Egerstadt Königsberg, Königsberg an der Eger 1932; A. Gnirs, Zur Baugeschichte des alten Schlosses in Königsberg, in: UE 32 (1928), 37–41; F. Korb, Hrad v Kynšperku nad Ohří, in: Karlovarsko. Vlastivědný sborník, Karlovy Vary 1958, 60–64; Kynšperk nad Ohří. 750 let. 1232–1982, Kynšperk nad Ohří 1982; LV 507, 169ff.; V. Pröckl, Kurzgefaßte Geschichte der Stadt Königsberg und ihrer Umgebung, Tachau 1884; LV 952, Bd. 2, 466f., Bd. 5, 217f.; 750 Jahre deutsche Stadt Königsberg im Egerland, Moosburg an der Isar 1982; LV 279, Bd. 13, 184f.; LV 906, Bd. 2, 202f.; 740 let města Kynšperka nad Ohří, Kynšperk nad Ohří 1972.

Königseck (Kunžak, Bez. Neuhaus). Um 1265 wurde K. vom mähr. → Teltsch aus gegr. und gehörte bis gegen E. 16. Jh. zu Mähren und zum Btm. Olmütz, danach zu Böhmen (an der Grenze zu Mähren). Es gelangte 1339 mit der Herrsch. Teltsch an Ulrich III. v. Neuhaus, der es zum Marktflecken erhob. In der 2. H. 14. Jh. im Besitz wechselnder Kleinadelsfam., fiel K. 1399 wieder an die Herren v. Neuhaus und ging mit deren Aussterben 1604 an die Gff. Slawata über. Die um 1370 entstandene Bartholomäuskirche, nach Bränden 1556, 1742 und 1808 erneuert, stand 1594–1773 unter dem Patronat der Neuhauser Jesuiten. Von den Slawata fielen 1693 Teltsch und die nun selbst. Herrsch. K. an die Gff. Liechtenstein-Kastelkorn, seit 1762 Podstatsky v. Liechtenstein. K. gehört seit 1850 zum Bez. → Neuhaus. Das Gut wurde 1924–26 parzelliert. – 1842: 2859 meist tsch., 1900: 2336, 1930: 1641, 1950: 1161, 1994: 1490 Eww.

(VII) *Me*

A. Decker, Obrázky z bývalého Kunžaku, Jindřichův Hradec 1912; M. Hála, Kunžak. Kronika obce, Kunžak 1988; J. Medek/F. Šámal, Kunžak a okolí, České Budějovice 1917; LV 283, Bd. 10, 214–219; LV 513, 649f.; M. Svobodová, Kunžatecko a Strmilovsko ve slavatovském urbáři z roku 1654, in: JSH 48 (1979), 66–69; LV 906, Bd. 2, 180; J. Schulz, Vývoj českomoravské hranice do 15. století, in: HG 4 (1970), 54–82.

Königswart → Bad Königswart

Kohljanowitz (Uhlířské Janovice, Bez. Kuttenberg). An der Stelle eines slaw. Burgwalls entstand im 10./11. Jh. eine dörfl. Siedl. mit rom. Kirchlein; hier wurde Holzkohle für die Verarbeitung des beim 20 km nw. liegenden Malin (nw. von → Kuttenberg) geförderten Silbers gebrannt. Durch die Herren v. Sternberg wurde sie in der 2. H. 13. Jh. zu einem herrschl. Dorf mit Feste ausgebaut. Der Ort war 1439–1712 im Besitz der Holický v. Sternberg, wurde 1540 zum Marktflecken und E. 17. Jh. zur Stadt erhoben (1739 Verleihung eines neuen Stadtwappens). Die rom. Ägidiuskirche, E. 13. Jh. über der älteren Kapelle errichtet, erhielt im 14. Jh. einen got. Chor, der mit Wandmalereien ausgestaltet wurde; sie war 1421–1623 Gotteshaus der utraqu. Gem.; 1795 wurde der W-Turm abgetragen und das Gebäude 1869/71 und 1908/09 restauriert. Pfarrkirche war seit E. 18. Jh. die 1767–95 auf dem Marktplatz errichtete barocke Aloisiuskirche. Die schon vor 1686 nachweisbare jüd. Bev. verfügte seit 1798 über eine Synagoge und seit 1833 über einen eigenen Friedhof. – 1797: 950, 1869: 2535 und 1991: 2956 Eww. (III) *Ke*

A. Dobíhal, Uhlířské Janovice v historii, Uhlířské Janovice 1969; LV 540, 267–273; LV 543, 28; LV 952, Bd. 2, 87f.; LV 906, Bd. 4, 133f.

Kojetein (Kojetín, Bez. Prerau). K. liegt sw. → Prerau in der s. Hanna. Die vor M. 13. Jh. als Straßendorf r. der March entstandene Ansiedl. wurde nach 1250 durch einen Marktplatz erweitert, um 1290 befestigt und zur Stadt nach Olmützer Recht erhoben. Aber erst nach 1787 führte K. konsequent die Bezeichnung als Stadt. – Kg. Přemysl Otakar II. schenkte den von bayer. Kolonisten besiedelten Marktflecken dem Prager Bf.; nach den Huss.kriegen, in denen K. kath. blieb, schwand der dt. Bev.anteil. 1415 verpfändeten die Ebff. die Herrsch. und verkauften sie 1725 endgültig. K. wechselte häufig die Besitzer. – Unter den Herren v. Pernstein siedelten sich im 16. Jh. Mähr. Brüder an, gleichzeitig entstand eine jüd. Gem.; sie wurde 1750 mit der chr. Gem. vereinigt. Um 1885 hatte K. etwa 700 jüd. Eww. – Durch den Bau der Bahnlinie Prerau–Brünn entwickelte sich K. nach 1864 zu einem Hauptabsatzplatz für Agrarprodukte. Am Masaryk-Platz befindet sich das Geburtshaus des mähr. Historiographen Beda Dudík (1815–90). – 1880: 4888 (davon 259 Dt.), 1930: 6214 (davon 38 Dt.), 1980: 6339 Eww. (VIII) *Do*

LV 253, Bd. 6, 83–86; L. Hosák, O nejstarších dějinách Kojetína, in: VVM 12 (1957) 47–51; LV 950, Bd. 1, 413; LV 259, Bd. 2, 123; J. Kovařík/B. Krat'och/B. Jelínek, Přerov. Přerovsko-Kojetínsko, Brno 1933; LV 290, Bd. II/31; F. Řezáč, Kojetín v minulosti a současnosti, Přerov 1966; LV 294, Bd. 5, 492ff.; LV 791, Bd. I/2, 134.

Kokořin (Kokořín, Bez. Melnik). 17 km nö. von → Melnik liegt im Kokořín-Tal die gleichnamige, von dichten Wäldern umgebene, vor M. 14. Jh. erbaute Burg, die Hynek Berka v. Dubá in der 1. H. 14. Jh. errichten ließ. Noch vor der Erbauung der Burg, die mit Bergfried, turmartigem Palas und weiteren Gebäuden zum Typus einer Bergfried-Burg gehörte, bestand das gleichnamige Dorf K. Die erste bekannte Urk. nennt Heinrich v. Osměchov als Eigentümer des Gutes, das er 1320 gegen Weleschitz eintauschte. In den Wirren der Huss.zeit gehörte es Aleš Škopek v. Dubá. Nach Eroberung, starken Beschädigungen und Wiederaufbau erlebte K. im 15.–17. Jh. häufig wechselnde Besitzverhältnisse. 1610 trat der damalige Burgherr Adam Hrzan v. Harras K. an Ks. Rudolf II. ab. Bereits im darauffolgenden Jahr verkaufte es Ks. Matthias an Wenzel d. J. Berka v. Dubá und Leipa, der als einer der führenden Räte und Anhänger des »Winterkg.« Friedrich v. der Pfalz nach der Niederschlagung des böhm.

Ständeaufstandes seiner Güter für verlustig erklärt wurde. 1625 erscheint Albrecht v. Wallenstein als Eigentümer, der K. seinem Fstm. → Friedland angliederte. Nach Wallensteins Ermordung 1634 übertrug Ks. Ferdinand II. die Herrsch. 1636 an den ksl. General Johann v. Beck. Die Burg verfiel zusehends. 1911–18 wurde sie nach Plänen von Eduard Sochor im Stil der Romantik erneuert und regotisiert. 1890 wurden der Gem. K. mehrere Siedl. angeschlossen. – 1869: 755, 1910: 620, 1950: 451, 1991: 366 Eww. (II) *Krz*

L. Boehm, Královské věnné město Mělník, Mělník 1892, 309f.; J. B. Cinbulk, Kokořín, Praha 1920; LV 245, 121f.; LV 248, 137f.; LV 259, Bd. 3, 203–206; LV 879, Bd. 1, 339ff.; LV 906, Bd. 2, 81; LV 279, Bd. 15, 106–112; Z. M. Zenger [u. a.], Kokořín, státní hrad a památky okolí, Praha 1965.

Kolin (Kolín). Die 35 km ö. von → Prag zu beiden Seiten der Elbe am Südhang einer fruchtbaren Flußniederung gelegene Bez.-Stadt gehört zu den ältesten Königsstädten Mittelböhmens. Die Ursprünge weisen auf das Dorf Altk., 8 km ö. von K., das sich durch seine von Hügeln umgebene Lage wegen Hochwassergefahr nicht zur Gründung einer Stadt empfahl. Vor 1261 ist die neue Stadt an der Elbe dann im Rahmen des von Kg. Přemysl Otakar II. betriebenen planmäßigen Landesausbaus gegr. worden. Im genannten Jahr ist K. in einer Urk. belegt, in welcher der böhm. Kg. → Přelauč Stadtrechte nach dem Vorbild von K. verlieh. Zugleich befreite es der Kg. für 4 Jahre von Abgaben und Zöllen. Der Grundriß der neu entstandenen Stadt war quadrat., das Netz von Straßen und Gassen erstreckte sich um rechteckige Wohnviertel, im Zentrum lag der Markt. Nach und nach entstanden 4 Vorstädte: die Kuttenberger, Kauřimer, Prager und die Elbe-Vorstadt. Etwa gleichzeitig mit der Stadtgründung nach Magdeburger Recht entstand das Dominikanerkl., das jedoch erst 1295 in den Schriftquellen nachweisbar ist, aber einen wichtigen Bestandteil des später mehrfach erweiterten Fortifikationssystems bildete. Bereits vor der eigentlichen Stadtgründung haben Dt. in Altk. gewohnt, doch scheint die Herleitung des Namens vom rheinischen Köln unwahrsch.; auffallend starke Beziehungen bestanden zu → Kuttenberg. Auch K. war als Bergstadt gedacht, wurde jedoch von Kuttenberg überflügelt, während Bürger von K. den Holzhandel für den Bergbau übernahmen. Wertvolle Einblicke in die Bev.-Zusammensetzung der Stadt und einiger Nachbardörfer bietet das K.er Stadtbuch aus dem 14. Jh.; bis zum A. der Huss.kriege dominierten dt. Namen im Rat, erst 1366 tauchte der erste tsch. Name auf. Etwa 75% der Fam. vor 1421 waren Dt.; mit dem beginnenden 15. Jh. setzte eine rasche Tschechisierung in der Stadt ein, die bis auf eine kurze Zeit im 16. Jh. endgültig blieb.
Zahlr. Privilegien förderten die wirtsch. Entw. im MA. 1310 etwa

erteilte Kg. Johann v. Luxemburg K. das Stapelrecht, 1327 das Privileg, einen Fischmarkt abzuhalten; 1385 erteilte Kg. Wenzel IV. das Recht, einen Fleischmarkt durchzuführen. 1391 folgte das Bannmeilenrecht. In der 2. H. 15. Jh. erwarben zahlr. Bürger umfangreichen Grundbesitz im Umland. 1492 bildeten die Fischer ein zunftähnliches Konsortium. Bereits 1359 wird ein Spital erwähnt, 1378 eine Pfarrschule. Die am r. Elbufer gelegene Altstadt wird von der St.-Bartholomäus-Kirche beherrscht, deren frühgot. Bau, eine dreischiffige Hallenkirche mit 2 Türmen, 1261–1300 erfolgte. Der hochgot. Chor im Kathedraltypus stammt aus den Jahren 1360–98 und ist ein Werk Peter Parlers. An der S-Seite befindet sich eine dreischiffige got. Marienkapelle. Die teilw. durch den Brand von 1796 zerstörte Einrichtung der Kirche ist bis auf den neogot. Hauptaltar von 1910 überwiegend barock. Aus K. stammt die Geistliche, Gelehrte und Prager Univ.-Rektor Stephan v. K. (†1406), der als Vorgänger von Jan Hus 1396–1402 als Prediger an der Prager Bethlehemskapelle wirkte. Am 22.4.1421 eroberten die Prager K., die Stadt bekannte sich daraufhin zum Huss. und trat dem Prager Städtebund bei. Bei der huss. Eroberung brannte das Dominikanerkl. nieder, die erhaltenen Gebäude dienten danach verm. als Sitz huss. Hauptleute; hier residierte seit 1434 Friedrich v. Straßnitz, der K. zus. mit 23 Dörfern als Pfandschaft erwarb. 1448 wird erstm. die Burg erwähnt, die bald darauf in den Besitz Kg. Georgs v. Podiebrad überging. Nach dessen Tod verblieb sie in kgl. Hand, verfiel jedoch zusehends. 1519 engte Kg. Wladislaw II. das gewachsene pol. Selbstbewußtsein der Bürger ein, als er K. erneut zur kgl. Stadt erhob. Ein Versuch, luth. Ideen zu verbreiten, scheiterte 1533. Die bereits seit dem 14. Jh. nachweisbaren Juden mußten 1541 die Stadt vorübergehend verlassen. Der in der 1. H. 15. Jh. entstandene jüd. Friedhof im Ortsteil Zálábí gehört zu den ältesten dieser Art in Böhmen. Für ihre Beteiligung am Ständeaufstand 1547 wurde der Landbesitz der Stadt konfisziert und später nur teilw. zurückgegeben.

Stadtbrände und Pestepidemien begleiteten den wirtsch. Niedergang, dem Zerstörungen und die schwed. Besatzung 1639/40 und 1643 im 30jähr. Krieg folgten. 1662–67 wurde das Kapuzinerkl. erbaut. Im 7jähr. Krieg erlitten die Preußen unter Kg. Friedrich II. bei K. am 18.6.1757 gegen die zahlenmäßig überlegenen Österr. unter Feldmarschall Gf. Leopold v. Daun die erste Niederlage. Sie zwang Friedrich, die Belagerung Prags aufzugeben. Der böhm. Feldzug war damit nach viermonatiger Dauer unter hohen Verlusten gescheitert. – 1778 wurde in K. eine Baumwollspinnerei eröffnet, die jedoch nur bis 1834 bestand. Nach dem 1845 erfolgten Anschluß an das sich ausweitende Eisenbahnnetz entstanden eine Zuckerfabrik, Maschinen-

baubetriebe und chemische Werke. Heute bestimmen Maschinen-
und Fahrzeugbau, Erdölverarbeitung, Düngerherstellung, Nahrungs-
und Genußmittelindustrie das wirtsch. Bild der Stadt, hinzu kommen
Schiffsverkehr auf der Elbe sowie Obst- und Gemüseanbau in fruchtbarer Umgebung. 1862 wurde in Prag und K. die erste tsch. Sportor-
ganisation »Sokol« von Miroslav Tyrš und Jindřich Fügner gegr. Seit
1871 wirkte in K. der Komponist František Kmoch (1840–1912) als
Kapellmeister. Der Maler Rudolf Kremlička (1886–1932) und der
Schriftsteller Josef Svatopluk Machar (1864–1942) wurden hier geb. –
1869: 9473, 1910: 16 831, 1950: 20 808, 1991: 31 595 Eww.

                                                                    (III) *Krz*

Zd. Bisinger/J. Schneider, Labe a Koliňané. Od raných dob do poloviny 19. stol., in:
PMK 4 (1987), 173–197, 5 (1989), 93–117; M. Bláhová, Nejstarší městská kniha
města Kolína, in: In memoriam Zd. Fialy, Praha 1978, 117–139; F. Dořák, Právěk
Kolínska a Kouřimska, Kolín 1936; LV 259, Bd. 6, 199ff.; Zd. Jelínek, Vzpomínky
na okupaci. Kolín a Koliňané v době nacistické okupace, protinacistické rezistence a
boji za národní svobodu v letech 1939–1945, Kolín 1986–87; L. Jirín [u. a.], Pohled
do pravěkého a slovánského osidlení jihovýchodního Kolínska, in: PA 78 (1987),
67–113; LV 875, 192–201; LV 891, 396; V. Rázim, Kolín, Čáslav, Nymburk –
městská opevnění posledních Přemyslovců v Čechách, in: UM 36 (1988), 309–339;
LV 569, Bd. 1², 68–74; St. Petr, Nejstarší židovská kniha města Kolína z let 1598–
1729 a správa kolínské židovské obce v tomto období, in: PMK 5 (1989), 39–92; J.
Vavra, Dějiny královského města Kolína, Kolín 1888.

Komotau (Chomutov). Das am Fuße des Erzgebirges an wichtigen
Überlandwegen von → Prag nach Sachsen gelegene K. wurde erstm.
1252 als »Chomutov« erwähnt, als es Friedrich v. K. dem Dt. Ritterorden schenkte. Der Orden erweiterte um 1264 den Sitz des Adeligen der ehem. slaw. Siedl. im S zur Ordenskommende, baute diese
mit dt. Kaufleuten und Gewerbetreibenden zum Markt (1261 »villa
forensis«) aus und errichtete 1281 die Katharinenkirche mit frühgot.
Presbyterium. Wegen des tsch. Ortsnamens und der tsch. benannten
Dörfer der Nachbarschaft ist ein gewisser Anteil tsch. Bev. anzunehmen. Um 1360 war die Kommende, die bis dahin um zahlr. Güter in
der Umgebung vergrößert worden war, die mächtigste und reichste
des Ordens in den böhm. Ländern. Für 1397 sind in K., das mit wichtigen Privilegien ausgestattet (seit 1261 Halsgerichtsbarkeit) und 1335
zur Stadt erhoben worden war, eine »ratstube« und eine »salcz camer
auf dem markte« belegt. Die Krise des Dt. Ordens um 1400 und dessen wirtsch. Niedergang leiteten jedoch eine Wende ein, die auch in
K. unter dem Landkomtur Albrecht v. Dubá spürbar wurde. Nachdem Kg. Wenzel IV. schon 1398 den Verkauf der Kommende ver-
langt hatte, ließ der neue Komtur, Ulrich Sezima v. Ústí, 1404 der
Stadtbefestigung massiv verstärken. Der rasche Wechsel an der Spitze
des Ordens in den kommenden Jahren spiegelt dessen wachsende

Bedrängnis wider. 1411 schließlich, ein Jahr nach der Schlacht bei Tannenberg, zwang Kg. Wenzel IV. den letzten Komtur zur Abtretung der gesamten Kommende einschl. K. und der unterdessen verwahrlosten Herrsch.; die Verw. der Stadt, die bereits seit 1399 zu den kgl. Städten gezählt wurde, übertrug er dem kgl. Burggf. Stephan Harnuschmeister v. Kobershain. Die Kommende des Ordens wurde in der Folgezeit nicht wieder erneuert.

Ks. Sigismund verpfändete K. 1420 an Wilhelm v. Hasenburg, der ebenso wie die dt. kath. Stadtbev. eine antihuss. Position einnahm. Im März 1420 wurde K. von den Truppen Jan Žižkas erstürmt, ausgeplündert und verwüstet, wobei der Großteil der Bev. ermordet wurde. Nach wechselnden Pfandherren fiel K. 1437 an Jakubek v. Wřesowitz, 1439–52 an dessen Sohn Johann. In dieser Zeit sind neben dt. auch einige tsch. Namen in K. belegt, die Tsch. scheinen jedoch trotz der tsch. Grundherren nur eine Minderheit geblieben zu sein. Der Wiederaufbau ist verm. von den dt. Dörfern in der Umgebung aus erfolgt, im ältesten überlieferten Stadtbuch (1468) tauchen nur wenige tsch. Namen auf; dagegen sind ein Jahrmarktprivileg, das Stadtwappen durch Kg. Ladislaus Postumus (1457) und einige weitere Privilegien aus dem 16. Jh. in tsch. Sprache abgefaßt. Eine innere Konsolidierung setzte erst 1488 unter Benesch v. Weitmühl (†1496) ein, dessen Fam. K. bis 1560 besaß. Nachdem ihm der Dt. Orden sämtliche Rechte in K. übertragen hatte, ließ er die einstige Ordenskommende durch den Egerer Baumeister Hans Schaffer umfassend erneuern. Unter der Herrsch. seines Sohnes Sebastian (†1549), der als Organisator und Förderer des Bergbaus im K.er Gebiet Bedeutung erlangte, wurde sie nach 1520 im Renaissancestil abermals erweitert, erlitt jedoch nur 5 Jahre später bei einem Stadtbrand schwere Schäden.

Während des Schmalkaldischen Krieges wurde K. 1547 von sächs. Truppen besetzt; anschließende Konfiskationspläne konnten jedoch durch Sebastian v. Weitmühl, der auf seiten Kg. Ferdinands I. gestanden hatte, abgewendet werden. Die luth. Ref. scheint erst unter Bohuslaus Felix Hassenstein v. Lobkowitz (†1583), der K. 1571 erwarb, festen Fuß in der Stadt gefaßt zu haben; unter seiner Herrsch. wurde für die Prot. im Schloß ein Betsaal (»Lutherboden«) eingerichtet, für 1583 ist dort ein aus Sachsen gebürtiger luth. Prediger belegt. Als den Söhnen des Bohuslaus Felix 1588 durch Gütertausch als neuer Besitzer der mächtige kath. Zweig der Lobkowitz folgte, veränderte sich das konfessionelle Klima schlagartig: Georg d. Ä. Popel v. Lobkowitz (†1606), einer der reichsten Adeligen seiner Zeit in Böhmen, führte die Jesuiten nach K. und gründete hier ein Kolleg und eine Schule des Ordens. Die Widerstände der prot. Bürger gegen die kom-

promißlose Rekatholisierung mündeten schon 1591 in einen offenen
Aufstand, in dessen Verlauf Schloß und Kolleg geplündert und die
Jesuiten vertrieben wurden; das anschließende Strafgericht in
→ Rothenhaus und die Todesurteile gegen mehrere Aufständische
verschärften die Spannungen in K. weiter. 1593 fiel der ambitiöse
Popel v. Lobkowitz jedoch bei Ks. Rudolf II. in Ungnade. Des
Hochverrats bezichtigt, wurde sein Besitz ein Jahr später konfisziert;
K. wurde kgl. Hauptleuten zur Verw. übergeben. 1598 vernichtete
ein Stadtbrand Teile des Schlosses, zahlr. öffentliche Gebäude, Bier-
brauereien, Mälzereien, die Fleischbänke, Tortürme und mehr als
200 Häuser. Im Jahre 1605 führten die langjährigen Verhandlungen
des Rates mit der kgl. Kammer um den Ankauf der Herrsch. zum
Erfolg, K. erhielt erneut die Rechte einer kgl. Stadt. Die Tatsache,
daß die dazu notwendigen Finanzmittel in kurzer Zeit aufgebracht
werden konnten, zeugt ebenso wie der 1607 begonnene Umbau des
Schlosses zu einem prachtvollen Rathaus von der wirtsch. Leistungsfähigkeit der Stadt (seit M. 16. Jh. Herstellung von Eisenvitriol,
Schwefelsäure, Alaunstein und versch. Substanzen aus Schiefer).
Das Scheitern des böhm. Ständeaufstands 1618–20, den die prot.
Eww. finanziell und milit. unterstützt hatten, bedeutete – ebenso wie
für zahlr. andere Städte – auch für K. einen tiefen Einschnitt. In das
während des Aufstands in städt. Besitz übergegangene Jesuitenkolleg
kehrte der Orden zurück, der sofort mit Nachdruck die Gegenref.
einleitete; die nach der Abwanderung zahlr. Prot. nach Sachsen bereits 1627 als rein kath. bezeichnete Stadt erhielt zwar 2 Jahre später
die nach 1620 konfiszierten Güter zurück, vermochte aber in den
kommenden Jahrzehnten nicht an ihre bisherige wirtsch. Entw. an-
zuknüpfen. Während des 30jähr. Krieges folgten mehrfache Besatzungen durch sächs. (1631), schwed. (1639, 1645, 1647) und ksl.
(1640) Truppen; auch später, während der Schles. und Napoleonischen Kriege, wurde K. wiederholt zum Durchgangslager. Die 1663–
71 von Carlo Lurago erbaute einschiffige Jesuitenkirche St. Ignatius
mit vorwiegend frühbarocker Innenausstattung wurde 1776 nach der
Auflösung des Ordens zur Garnisonskirche, das Kolleg selbst zur Kaserne; das Jesuitenseminar wurde 1779 von Prager Dominikanern
übernommen, 1786 säkularisiert und mit weltl. Prof. besetzt und
nach 1806 Zisterziensern aus → Ossek übergeben. Die Katharinenkirche, die seit 1629 als Ratskapelle gedient hatte, wurde 1782 unter
Ks. Joseph II. profaniert, von der Gem. erworben und als Lagerhaus
genutzt. 1848 wurde auch hier eine Nationalgarde gegr. Bedingt
durch die reichen Kohlevorkommen in der unmittelbaren Umgebung siedelten sich nach 1850 in K., das 1870–74 an die Eisenbahn
angeschlossen wurde, Walz- und Röhrenwerke, Maschinen-, Papier-

und Textilfabriken an. Die Stadt verfügte über vielfältige dt. Bildungseinrichtungen, u. a. eine Lehrerbildungsanstalt und maschinentechnische Lehrwerkstätten, sowie ein lebendiges dt. Vereinswesen. Vom Münchener Abkommen 1938 bis zum Kriegsende gehörte K. zum Reichsgau Sudetenland. Nach 1945 und der Vertreibung bzw. Aussiedl. der dt. Bev. entwickelte sich in K. insbes. Hütten- und chemische Industrie; die Umgebung prägen Braunkohlebergbau und -kraftwerke. – Im hist. Stadtbild sind nur noch Reste der ma., nach 1840 weitgehend abgerissenen Stadtbefestigung sowie spätgot. und Renaissance-Häuser, größtenteils mit barockisierten Fassaden, erhalten. Die 1516–85 errichtete, bis zum 19. Jh. mehrfach umgebaute dreischiffige Dekanatskirche Mariä Himmelfahrt am Marktplatz wurde 1909–15 im Neorenaissancestil erneuert. Die jüd. Synagoge von 1876 wurde nach 1938 zerstört, der jüd. Friedhof stammt von 1892. – K. ist der Geburtsort des Hebraisten und Theologen Matthäus Aurogallus (Goldhahn, um 1490–1543), des Rechtsgelehrten Johann Jakob v. Weingarten (1629–1701), des Historikers František Pubička (1722–1807) sowie des Begründers der ersten technischen Ausbildungsstätte in Prag und Planers der ersten Eisenbahn auf dem Kontinent, Franz Josef v. Gerstner (1756–1832). – 1850: 4722, 1910: 24 869 (96,2% Dt.), 1930: 33 279 (82,9% Dt.), 1950: 28 848 und 1991: 53 107 Eww.   (I/II) *Bah*

LV 238, 57f.; LV 864, 153; Heimatskunde des politischen Bezirkes Komotau, die Gerichtsbezirke: Komotau, Görkau und Sebastiansberg umfassend, Komotau 1898; J. Hemmerle, Kaaden und das Städtewesen Nordwestböhmens, in: Sud 13,2 (1971), 89–97; LV 259, Bd. 3, 7–11, 171–174; I. Krahl, Geschichte der königlichen Stadt Komotau, Komotau 1914; V. Kůrka, Ke kolonisaci Chomutovska, in: ČSPS 68 (1960), 129–146; LV 952, Bd. 2, 35; LV 569, Bd. 1, 155; LV 677; Zunftordnungen aus Stadt und Bezirk Komotau (1460–1741). Bearb. v. R. Wenisch, Reichenberg 1936; LV 275, Bd. 7, 172–186; LV 283, Bd. 14, 146–156.

Kondratz (Kondrac, Bez. Beneschau). Das 20 km sö. → Beneschau gelegene Dorf wurde verm. im 12. Jh. gegr., als es hier bereits einen Wladykensitz gab und kurz nach 1200 zudem die rom. Bartholomäuskirche erbaut wurde. Der einschiffige Bau mit 2 Türmen hat, trotz späterer baulicher Veränderungen – got. Presbyterium und Sakristei um 1380 sowie teilw. Barockisierung 1735 – den Festungscharakter einer adeligen Tribünenkirche bewahrt. Grundherren in K. sind erst seit 1318 belegt: der Fam. v. K. folgten später die Ritter v. Věžník. Im 15. Jh. gehörte der größte Teil des Gutes der Obrigkeit von Wlašim, die bis 1601 auch die verbliebenen Dorfanteile erwarb. Seit jener Zeit bildete K. einen Bestandteil der Herrsch. Wlašim. Das Kastell wurde aufgegeben, das kleine Dorf behielt lediglich die bis 1624 utraqu. und seit 1684 kath. Pfarrei. – 1848: 350, 1900: 670, 1920: 740, 1950: 560 und 1991: 440 Eww.   (III/VII) *Pán*

M. Navrátil, Dějiny Kondrace pod Blaníkem, Praha 1915; ders., Kondrac pod Blaníkem. Příspěvek k dějinám selského stavu, Praha 1911; J. Švastal, Gotická a barokní
proměna kostela sv. Bartoloměje v Kondraci u Vlašimi, in: PAP 16 (1991), 331–346.

Konitz (Konice, Bez. Proßnitz). Die Stadt entwickelte sich aus einer
am Flüßchen Jesenka gelegenen Siedl., an der ein von Mittelmähren
nach Böhmen führender Weg vorbeiführte. Die erste urk. Erwähnung von 1279 bezieht sich auf die Grundherrsch. K., die Kg. Wenzel II. Adam K. v. Cholina im Austausch für das Gut → Hohenstadt
übertrug (1305 bestätigt). 1351 erscheint K. als Städtchen mit Kastell,
1378 nennen die Quellen eine Kirche, an deren Stelle heute die 1556
vollendete Marienkirche steht. Im 16. Jh. wirkten hier ev. Pfarrer.
Neben der Pfarrkirche existierte im 16. Jh. n. des Marktes das 1686
und 1748 veränderte Kirchlein Johannes des Täufers, das zugleich als
Friedhofskirche diente. Versch. adelige Obrigkeiten wechselten sich
als Besitzer des stets als Mittelpunkt der gleichnamigen Grundherrsch.
dienenden K. ab. Zu den bedeutendsten gehörten die Herren K. v.
Cholina bis 1377, die Cimburg 1386–1446 und die K. v. Schwabenitz
1446–1655. Letztgenannte privilegierten den Ort 1491 mit einem
Jahrmarkt; überdies entstanden mehrere neue Wirtschaftsgebäude,
darunter ein Herrschaftshof und eine Brauerei. K. besitzt einen langgestreckten, rechteckigen Markt, von dessen Enden aus nach N und S
4 Straßen führen. S. des Marktes erstreckt sich der ehem. Komplex
herrschl. Objekte mit der Pfarrkirche, unterhalb lag in der sog. Altstadt die urspr. Siedl. Im 30jähr. Krieg wurde K. rekatholisiert, von
den 78 Häusern im Jahre 1618 standen 1677 nur noch 43. 1699 erwarb das Prämonstratenserkl. Hradisch bei → Olmütz die Herrsch.;
Abt Norbert Želecký v. Počenice ließ 1702–03 die Pfarrkirche erweitern und 1705 das Kastell zu einem Schloß umbauen. Nach der
Aufhebung des Kl. erwarb 1825 der Brünner Industrielle Karel Příza
das 1809 von einem Brand heimgesuchte K. Bis zum 18. Jh. dominierte die Landwirtschaft, die wenigen Handwerker – für das 18. Jh.
sind Zünfte belegt – produzierten ausschl. für den lokalen Markt. Zur
Zeit der Industrialisierung, die K. 1889 einen Eisenbahnanschluß
brachte, kamen lediglich kleinere Betriebe (Pottaschewerk, Ziegelei)
hinzu. 1850–1949 beherbergte der Ort das Amtsgericht, 1970 erhielt
K. Stadtrecht. – 1834: 1773, 1900: 2093, 1930: 2157 Eww.

                                                            (VIII)   *Šta*

LV 290, Bd. II/32; B. Burian, Z dějin Konice, in: Litovel, Konice a okolí, Brno
1938, 104–107; F. Lipka, Náhrobky Konických ze Švabenic, in: ČMorMZ 6 (1906),
309–313; J. Mathon, Kazatelna farního kostela v Konici, in: PA 39 (1933), 70–71; J.
Pinkava, Dějiny města Konice, Bd. 1, Konice 1993.

Konoged (Konojedy, Bez. Leitmeritz). Erstm. als »Conoiedi« und
»Konogedi« um 1057 erwähnt, war K. im MA ein Rittersitz im Besitz
der Herren K. v. Pogetitz. Nach dem Tod Albrecht K. v. Pogetitz
während des Ständeaufstands 1620 wurde der Besitz konfisziert und
ging zunächst an die Herren Berka v. Dubá, dann an Zdeněk Lev
Libštejnský v. Kolovrat über, der die Gegenref. mit großem Eifer
betrieb und 1624 zum Gf. erhoben wurde. Nach dessen Tod 1640
wurde der verschuldete Besitz ein Jahrzehnt später an die Gff. v.
Sporck verkauft. Diese ließen 1699 ein Armenhaus errichten. 1736–
1802 war K. im Besitz der Gff. v. Sweerts-Sporck. 1739 stiftete Gf.
Franz Karl Rudolf v. Sweerts-Sporck in K. ein aus 4 Flügeln bestehendes, um einen quadrat. Innenhof gebautes Servitenkl.; mit dem
Kl. verbunden war die spätbarocke Kirche Mariä Himmelfahrt
(1747–62). 1785 wurde das Kl. aufgehoben und vom Besitzer der
Herrsch. K. in ein Schloß umgebaut, während die Kl.kirche zur
Pfarrkirche erhoben wurde. – 1869: 598, 1930: 562 (davon 544 Dt.),
1950: 305, 1980: 185 Eww.   (II) *MSW*

LV 259, Bd. 3, 209f.; LV 275, Bd. 5, 269f.; LV 279, Bd. 14, 187, 287; LV 283, Bd. 1,
331ff.; LV 906, Bd. 2, 95ff.

Konopischt (Konopiště, Bez. Beneschau). Rund 40 km sö. von Prag
liegt nahe → Beneschau auf einem Plateau über einem Fischteich die
seit dem 16. Jh. zu einem Schloß erweiterte Burg K., deren verm.
Gründung um 1280 auf Kg. Wenzel II. oder den Prager Bf. Tobias v.
Bechin zurückgeht. Die erste urk. Erwähnung stammt von 1318, als
Beneš und Dobeš v. Beneschau hier residierten. 1327 fiel der Besitz
an die Herren v. Sternberg. Nach fast 2jähr. Belagerung eroberte ein
Heer Kg. Georgs v. Podiebrad 1468 die Burg. Reste der Belagerungsschanzen sind noch heute in der Umgebung des Schlosses sichtbar. A.
16. Jh. erfolgte ein Umbau im Stil der Spätgotik; nach 1540 sowie A.
17. Jh. kam es zu Erweiterungen unter dem Einfluß der Renaissance,
als Arkleb v. Kunowitz und nachfolgend bes. die Herren v. Hodějov
hier als Bauherren tätig waren. 1648 eroberten die Schweden K.
Nach 1725 ließen die Herren v. Wrtba die Burg barockisieren. Urspr.
nach frz. Vorbild eine regelmäßige Anlage mit 2 runden Bergfrieden
und 5 flankierenden Türmen, die ein Graben umzog (frz. Kastell),
verlor K. erst in der Barockzeit seinen Festungscharakter. 1889–94
baute Josef Mocker das Schloß zum Prunkpalast für den österr.-un-
gar. Thronfolger Franz Ferdinand um. Dieser machte aus K. eine luxuriös ausgestattete Residenz, die umfangreiche Kunstsammlungen
beherbergte. Im Park und in der waldreichen Umgebung huldigte der
Thronfolger seiner Jagdleidenschaft, von der die reiche Trophäen-
sammlung noch heute zeugt. Von Schloß K. aus, wo 1914 Ks. Wil-

helm II. und Großadmiral Alfred v. Tirpitz weilten, beeinflußte
Franz Ferdinand die pol. und milit. Haltung der Donaumonarchie.
Im Zweiten Weltkrieg diente K. der SS als Übungsgelände und Beu-
tekammer der Ostfeldzüge.   (II/VI) *Dur*

E. Charvátová [u. a.], Konopiště, státní zámek a památky v okolí, Praha 1962; LV
245, 127ff.; LV 247, 47–58; LV 248, 140f.; T. Durdík, Ranĕgotická stavební podoba
hradu Konopiště, in: SVPP 26 (1985), 163–182; ders., Archeologický výzkum hradu
Konopiště v roce 1991, in: SVPP 32 (1993), 65–78; J. K. Gregory, Die Ruinen der
Burgveste Kostelec an der Sazawa und das bewohnte Schloß Konopist, Prag 1836;
LV 259, Bd. 4, 149–152; LV 879, Bd. 1, 312–316, Bd. 2, 447f.; LV 279, Bd. 15,
28–37; J. Tywoniak, Zámek Konopiště, Praha 1972; F. Veselý, Konopiště, Praha
1921.

Kopidlno (Bez. Jičin). Das 13 km sw. von → Jičin gelegene K. wird
1322 erstm. als Besitz eines Peter v. K. erwähnt. Das Dorf bildete sich
um das sog. Untere und das Obere Kastell, die sich beide im Besitz der
Herren Kopidlanský v. K. sowie der Herren v. Střevač auf K. befanden. Im 14. Jh. wurde K. zum Städtchen erhoben, A. 16. Jh. stieg es
zur Stadt auf. Zu jener Zeit wurde das Obere Kastell aufgegeben und
das Untere Kastell unter Wenzel Haugwitz v. Biskupitz, der K. seit
1527 besaß, zu einem Renaissance-Schloß umgebaut. 1559 erwarb
Christoph Robmhap v. Suchá die Stadt, aus den Händen seines Erben
ging diese 1616 an die Trčka v. Leipa über, denen 1624 Albrecht v.
Wallenstein folgte. 1634 erschien als neuer Eigentümer Sigismund
Ludwig v. Dietrichstein, der K. 1638 mit Gf. Heinrich Schlick
tauschte. Gf. Franz Ernst Schlick schuf aus der Herrsch. K. und
→ Altenburg eine Familiendomäne, um deren Besitz Erbstreitigkei-
ten entbrannten, die erst 1757 ein E. fanden. Die barocke St.-Jakobs-
Kirche entstand 1704/05 nach Plänen von Giovanni Santini. Das
Schloß, heute ein Neorenaissancebau, gehörte bis 1906 den Gff.
Schlick, denen die Fam. Weißenwolf folgte. – 1843: 1235, 1900:
2176, 1930: 2182, 1991: 1586 Eww.   (III) *Fr*

LV 259, Bd. 6, 205ff.; Mĕsto Kopidlno 1514–1523–1973. 450. výročí udĕlení znaku, Kopidlno 1973; LV 279, Bd. 5, 263f., 274, 281; Stručný nástin dĕjin panství a
hrabĕcího rodu šlikovského, Jičín 1895; LV 906, Bd. 2, 100, Bd. 4, 540, 543; Z
minulosti mĕsta Kopidlna a okolí, Kopidlno 1941.

Koritschan (Koryčany, Bez. Kremsier). Die Geschicke des Ortes,
der vor 1349 das Marktrecht erhalten hatte und erst 1967 zur Stadt
erhoben wurde, ist aufs engste mit der nahegelegenen Zimburg verbunden. Auf dieser saßen im 14. Jh. die Herren v. Cimburg, die dem
Huss. anhingen und später Parteigänger Kg. Georgs v. Podiebrad
waren; 1468 wurde die Cimburg vom Heer des Matthias Corvinus
besetzt. Gegen E. 16. Jh. war der Prot. vorherrschend, 1610 wurde

die Pfarre jedoch erneut als kath. bezeichnet. Der 30jähr. Krieg
machte K. zum Herrschaftszentrum der Herren v. Cimburg. 1742–93
gehörte der Ort den Frhh. v. Gillern, unter denen eine Glasfabrik
errichtet wurde, um dann an die Frhh. Münch-Bellinghausen zu fal-
len. In der 2. H. 19. Jh. war K. ein Zentrum der Thonetschen Bug-
holzmöbelindustrie. Das um 1680 erbaute Schloß wurde 2. H. 18. Jh.
umgebaut und mit einem engl. Park umgeben. – 1850: 1901, 1930:
2701 (davon 35 Dt.), 1980: 3243 Eww.   (VIII) *Kle*
D. Antošová, Hrad Cimburk, Brno 1966; J. Ryška, Osídlení a hospodářský vývoj
koryčanského panství po válce třicetileté, phil. Diss. Brno o. J.; J. Sladký, Koryčany,
Slavkov 1947; LV 791, Bd. I/2, 176–180.

Kornhaus (Mšec, Bez. Rakonitz). Die am nö. Rand des Hopfenan-
baugebietes von → Saaz und → Rakonitz gelegene Agrargem. behielt
bis 1945 den Status eines Städtchens und bildete das Zentrum einer
Herrsch. Die erste Erwähnung stammt aus den Jahren 1316–18, als
hier der Wladyke Dcheř residierte. 1361 ist Albrecht v. Kolovrat als
Besitzer belegt. Er ließ ein Kastell erbauen und gab ihm den Namen
K., der mit der Zeit auch auf die Gem. überging. Das Kastell wurde
während der Herrenfronde gegen Kg. Wenzel IV. 1390 zerstört. Das
Dorf blieb bis 1569 in den Händen der Herren v. Kolovrat und fiel
danach an Friedrich Míčan v. Klinstein sowie 1586 an Matthias Stam-
pach v. Stampach. Nach der Schlacht am Weißen Berg 1620 wurde
die Herrsch. K. konfisziert und an Johann Adolf v. Schwarzenberg
verkauft. Als Städtchen mit Schloß und Herrenhof erscheint K.
erstm. in einem Verzeichnis von 1548. Das Schloß erlebte 1613 den
Umbau zu einem prunkvollen Renaissancesitz mit Park, Lustschloß,
Gehege und Fasanerie. Nach 1675 wurde die Anlage nach Plänen von
Domenico Spinetti und 1721–24 nach Vorlagen der Baumeister Paul
Ignaz Bayer und Anton Erhard Martinelli barockisiert. Weitere Umbauten folgten 1769–75 sowie nach 1800. 1780 erbauten Václav Vy-
čichlo und Jan Pucholt auf den Mauern eines älteren got. Vorgän-
gerbaus von 1352 die barocke Katharinenkirche. Bis zum E. des
Zweiten Weltkriegs verblieben Schloß und Hof im Besitz der Fam.
Schwarzenberg. – 1850: 1120, 1921: 1163, 1950: 999, 1991: 781
Eww. – 4 km sö. von K. liegt die Gem. Kornhaus Žechrowitz (1991:
362 Eww.), die 1045 erstm. belegt ist. Auf einem Hügel erhebt sich
die barocke St.-Martins-Kirche von 1774, außerhalb des Dorfes befindet sich eine bedeutende archäolog. Fundstätte – ein keltisches
Heiligtum aus der jüngeren Latène-Zeit, das durch einen drei-
gliedrigen Wall und Graben geschützt war. Bei Ausgrabungen wurden zahlr. wertvolle Steinplastiken zutage gefördert.   (II) *Led*
LV 259, Bd. 3, 211f.; L. Jansová, Mšecké Žehrovice und die Frage der Viereck-
schanzen in Böhmen, in: AR 20 (1968), 470–489; LV 305, Bd. 2, 660ff.; LV 279,

Bd. 8, 157ff.; LV 905, Bd. 20, 135; LV 906, Bd. 2, 438f.; J. Vesely, Geschichte der
fürstlich Schwarzenbergischen Besitzungen, Prag 1895, 47.

Koschumberg (Košumberk, Bez. Chrudim). Die 20 km s. von
→ Chrudim gelegene Burg K. wurde erstm. 1318 in einer Urk. Ojíŕs
v. K. erwähnt. Die gleichnamige Herrsch. erwarben 1372 die Brüder
v. Chlum. 1372–1654 war die Burg Residenz der Herren v. Chlum
und K.; Diviš Slawata v. Chlum und K., ein führender Politiker der
Brüderunität und aktiver Teilnehmer des Ständeaufstands 1547, ließ
die Burg im Renaissancestil umbauen. Seit der 2. H. 16. Jh. existierte
hier eine höhere Schule der Böhm. Brüder zur Erziehung junger
Adeliger. 1684 ging K. testamentarisch in den Besitz des Jesuitenkollegs in → Königgrätz über, das im nahegelegenen Chlumetz seine
Residenz hatte. Das Schloß in K. verfiel zusehends. Nach der Auflösung des Jesuitenordens 1773 verwaltete der Religionsfonds die
Herrsch., die 1807 in Privatbesitz überging. Die Burgruine erwarb
1922 die »Vereinigung zum Schutz von K.«, die umfangreiche Si-
cherungsarbeiten auf dem Areal der Burg durchführte. Das wirtsch.
Hinterland der Burg bildete seit dem MA das in unmittelbarer Nachbarschaft gelegene, vor 1372 zum Städtchen erhobene Luže. – 1848:
1591, 1900: 2070, 1950: 2462, 1991: 2631 Eww.   (III) *Vor*

K. Adámek, Luže, Košumberk a Chloumek v 17. a 18. věku, Praha 1902; J. Herout,
Košumberk, Pardubice 1962; LV 259, Bd. 6, 218ff.; V. V. Jeníček, Jindřich Slavata
na hradě Košumberce 1549–1599. Přehledné dějiny hradu a rodu, Košumberk 1939;
ders., Poslední Slavatovna Košumberská 1633–1690, Praha 1940; LV 279, Bd. 1,
94–110.

Kosmanos (Kosmonosy, Bez. Jungbunzlau). Das 4 km nw. von
→ Jung-Bunzlau an der Straße nach → Münchengrätz gelegene Dorf
K. wird erstm. 1186 als »villa Kosmonesi« erwähnt. Es war von M.
13. Jh. bis etwa 1470 im Besitz der Herren Zvířetický v. Wartenberg,
als es Johann Tovačovský v. Cimburg seiner Herrsch. Jung-Bunzlau
hinzufügte; 1364 ist es als Pfarrdorf mit einer Martinikirche bezeugt.
K. kam 1607 durch Heirat an Gf. Georg Friedrich Hohenlohe, dem
es nach 1620 wegen seiner Beteiligung am Ständeaufstand vorübergehend entzogen wurde, und war 1628–47 Besitz des ksl. Generals
Gottfried Heinrich (1594–1632) und seines Sohnes Gf. Wolfgang
Adam Pappenheim (†1647); in dieser Zeit war K. 1639 Hauptquartier
der schwed. Armee, bevor die ausgeplünderte Herrsch. 1650 an die
Gff. Czernin v. Chudenitz kam, unter denen K. bis 1740 seine Blütezeit erlebte. Der wichtigste Wirtschaftszweig war seit 1763 die Textilindustrie: Gf. Josef v. Bolza (†1782) richtete hier und im nahen
Josefsthal eine Kattundruckerei und Baumwollmanufaktur ein, die
1793–1868 hier von der Unternehmerfam. Leitenberger fortgeführt

wurde. Der 1948 nach Jung-Bunzlau eingemeindete Ort, seit 1913 Stadt, hatte 1869: 2441, 1991: 3338 Eww. – Aus K. stammt Josef Jelínek (1698–1776), Angehöriger einer vor allem in der Gegend von Jung-Bunzlau und Münchengrätz tätigen Holzschnitzer- und Bild- hauerfam. Den Gff. Czernin v. Chudenitz verdankt K. eine impo- sante barocke Bautätigkeit: 1670 wurde die frühbarocke Hl.-Kreuz- Kirche nach Plänen von Francesco Caretti (†1677) errichtet, der an der N-Seite 1688/94 ein – 1784 aufgehobener und nach Jung-Bunz- lau verlegter – Piaristenkonvent mit Gymnasium angefügt wurde. Die wohl schon E. 15. Jh. vorhandene Feste wurde nach Umbauten des 16./17. Jh. 1697–1709 nach Plänen von Giovanni Battista Al- liprandi (1665–1720) zu einem vierflügeligen Barockschloß mit 13 Achsen auf der O- und W-Seite umgebaut; nach einem 1835/36 vorgenommenen klassiz. Umbau des S-Flügels und einer 1905 er- folgten Modernisierung sind heute in der Anlage schulische Einrich- tungen untergebracht. 1704/12 entstand als Wallfahrtszentrum die Loretokirche mit Martinikapelle im O-Flügel, ebenfalls geplant von Alliprandi, als Kopie des Prager Loreto. (III) *Ke*

LV 905, Bd. 21, 98–117; J. Bukovský, Kosmonoská loreta, in: Bsl 3 (1994), 43–49; Dějiny obcí okresu mladoboleslavského a benátského, Mladá Boleslav 1926, 54–59; LV 259, Bd. 3, 213f.; J. Janoušek, Kosmonosy, in: Boleslavsko. Čtení z kraje střed- ního a dolního Pojizeří. Hg. v. E. Strnad, Mladá Boleslav 1947, 276–291; St. Klein, Kosmonosy, in: Mladá Boleslav, Lysá nad Labem, Nové Benátky. Hg. v. L. Kloudan [u. a.], Praha/Brno 1941, 156f.; LV 952, Bd. 2, 317; V. Ruda, Z dějin textilního průmyslu v Kosmonosích, Josefově Dole a Mladé Boleslavi do začátku 20. století, in: Boleslavica '68. Sborník příspěvku k dějinám Mladoboleslavska, Mladá Boleslav 1969, 70–90; LV 906, Bd. 2, 102–105.

Kost (Bez. Jičín). Die 10 km s. von → Turnau auf einem Sandstein- felsen am S-Rand des Böhm. Paradieses gelegene got. Burg K. wurde vor 1349 durch Benesch v. Wartenberg gegr. Nach 1370 ließ sie Peter v. Wartenberg grundlegend umbauen. Den Herren v. Hasenburg folgten 1497 die Herren v. Schellenberg als Besitzer, die den Bau des kleineren spätgot. Neuen Palas veranlaßten. Die Herren v. Biber- stein erweiterten die Anlage im Renaissancestil und fügten am ersten Tor einen dritten Palas hinzu. Während der kurzen Herrsch. Albrechts v. Wallenstein entstand 1629 neben dem großen Wohnturm eine Sala terrena. Der gesamte S-Teil des heutigen Areals, einschl. der Wirt- schaftsgebäude und der Brauerei, geht auf die bis 1637 hier regieren- den Lobkowitz zurück. 1635 vernichtete ein Großfeuer die Burg, die damit dauerhaft ihre Residenzfunktion einbüßte. 1686 stürzte der Alte Palas mit seinen bemalten und vergoldeten Räumen ein; die Ruine wurde zu einem Speicher umgebaut. Im 19. Jh. erfolgte der Abriß des unteren Tores und der Gebäude zw. der Kapelle und dem

Bau an der O-Seite des Hofes. Die Annenkapelle, ein freistehender
got. Bau vom E. 14. Jh., besitzt ein Renaissance-Kreuzgewölbe und
birgt um 1400 gefertigte got. Glasmalereien.   (III) *Dur*

J. Beneš, Dějiny hradu Kosti, Sobotka 1928; LV 245, 116ff., 317; LV 248, 141f.; LV
259, Bd. 3, 214–219; D. Menclová, Kost. Státní hrad a památky v okolí, Praha
²1966; LV 879, Bd. 1, 398–402, Bd. 2, 171ff., 463–466; J. Pekař, Kniha o Kosti,
Praha ⁴1970; LV 279, Bd. 10, 80–96; B. Štorm, Obnova státního hradu Kosti, in:
ZPP 13 (1953), 193–218.

Kostel (Podivín, Bez. Lundenburg). Die 8 km nnö. von
→ Lundenburg gelegene Ortschaft wurde 1067 als »castrum situm in
media aqua Zuartka nomine Podiuim« erwähnt. Die dt. Bezeichnung
taucht erst nach der Stadtgründung auf, die vor das Jahr 1222 zu datieren ist. Nachdem Kg. Konrad III. dem Olmützer Bf. 1144 das
Recht zugesprochen hatte, hier Münzen zu prägen, fiel die Burg K.
1221 endgültig dem Prager Btm. zu. 1422 übergab Kg. Sigismund K.
als Lehen an die Herren v. Liechtenstein, zu deren Besitzungen der
Ort nach einer kurzen Unterbrechung 1426 – die Huss. hatten die
Stadt eingenommen – bis 1553 gehörte. 1533 bildete sich in K. eine
Gem. der Böhm. Brüder, 1538 entstand eine Wiedertäufergem. 1559
gelangte K. in den Besitz der Herren v. Žerotín, die das Gut mit der
Herrsch. Lundenburg vereinigten. Die Burg wurde seit A. 17. Jh.
nicht mehr erwähnt. 1774 und 1825 haben Stadtbrände Teile von K.
zerstört. Die bereits 1222 erwähnte Pfarrkirche St. Peter und Paul
steht auf dem höchsten Punkt der Stadt. Sie wurde 1791–94 umgebaut. Unweit davon wurde 1858 eine unterirdische Kapelle geweiht,
deren Bezeichnung »Cyrilka« daran erinnert, daß die Slawenapostel
Kyrill und Methodius an dieser Stelle eine Quelle für ihre Gottesdienste und Taufen genutzt haben sollen. Die örtl. Bev. war überwiegend tsch. und lebte vor allem von der Landwirtschaft. Bis zum
Ersten Weltkrieg gab es eine dt. (10%), bis E. des Zweiten Weltkrieges eine jüd. (nahezu 10%) Minderheit, die bis 1919 in einer pol.
selbst. Gem. lebte. – 1850: 2195, 1900: 2750, 1950: 2404, 1991: 2840
Eww.   (VIII) *Had*

LV 861, 136, 164; LV 543, 22; LV 253, Bd. 8, 258f.; LV 255, Bd. 3, 255f.; LV 950,
Bd. 2, 262; L. Hosák/O. Nevřiva, Dějiny města Podivína, Brno 1959; LV 259, Bd.
1, 293f.; 100 let školy v Podivíně, Podivín 1975; LV 548, 289–294; LV 290, Bd. II/8,
138–178.

Kostenblatt (Kostomlaty pod Milešovkou, Bez. Teplitz). Die erste
Erwähnung der heute nur noch als Ruine erhaltenen, durch die Herren v. Ossek und Riesenburg erbauten Burg stammt von 1333. 1335
fiel K. an die Mkgft. Mähren, später an Ks. Karl IV.; als Besitzer werden 1370 die Herren v. Žerotín, nach 1388 die Herren Škopek v.

Dubá genannt. 1434 belagerten die von Jakubek v. Wřesowitz befehligten Taboriten die Burg, 1435 eroberte der Taboritenhauptmann die Feste; eine Nebenlinie seiner Nachfahren nannte sich Kostenblatter v. Wřesowitz. 1606 bezeichnen die Quellen die Burg als verwaist. Unterhalb von ihr entwickelte sich das gleichnamige Dorf, das 1352 als Pfarrdorf mit der Laurentiuskirche – baugesch. Untersuchungen datieren sie in die Zeit vor 1230 – und 2 Kastellen existierte. A. 17. Jh. wurde es zum Markt erhoben. 1624 erwarb Humprecht d. Ä. Czernin v. Chudenitz K.; auf dem Areal eines der beiden Kastelle ließ er ein 1684 vollendetes Schloß erbauen, das Octavio Broggio 1737 barockisierte. 1687 fiel die Herrsch. an die Gff. Clary-Aldringen, denen die Herren Věžník v. Věžník und im 19. Jh. die Gff. Ledebur-Wicheln folgten. Das Schloß diente seit 1888 als Frauenbesserungsanstalt. Im 18. Jh. wurde K. Wallfahrtsort, die Pilger kamen zum Brünnl, wo 1750 eine Kapelle erbaut wurde. – 1930: 1809 (davon 395 Tsch.), 1950: 1017, 1991: 763 Eww.   (II) *Sm*

F. Bernau, Kostenblatt, in: SMSH (1903), 213–230; LV 259, Bd. 3, 220–224; LV 879, Bd. 1, 373–376; LV 279, Bd. 14, 202–209.

Kralitz (Kralice, Bez. Trebitsch). Das 3,5 km osö. von → Namiest an der Oslawa gelegene Dorf wurde 1310 als »Krelicz« erstm. erwähnt. Zu dieser Zeit bestand in K. bereits eine rom. Kapelle, die ins 11. Jh. zurückreichte, später umgebaut wurde und als Filialkirche des Hl. Martin 1345 Erwähnung fand. Von der 1379 bezeugten und den Herren v. K. zugeschriebenen got. Festung sind seit 1956 Reste ausgegraben worden, ebenso vom Renaissance-Schloß, das nach 1540 errichtet worden ist. 1578, wenige Jahre, nachdem Johann d. Ä. v. Žerotín (†1583) K. erworben und seiner Herrsch. in Namiest an der Oslawa eingegliedert hatte, richteten die Böhm. Brüder auf Schloß K. eine Druckerei ein, die bis 1622 existierte. Hier wurde mit Unterstützung des Schloßherrn zw. 1579 und 1593 die erste tsch. Bibel, die »K.er Bibel«, gedruckt. Das sechsbändige Werk galt über Jhh. als Prüfstein für die Entw. der tsch. Sprache. Archäologen gelang es, mehr als 2000 Drucklettern zu finden. Seit 1969 dokumentiert ein Museum die Geschichte der Druckerei und der Brüdergem. in K., wo sich im Sommer 1627 auch Johann Amos Comenius aufhielt. Die rein tsch. Bev. lebt tradit. von der Landwirtschaft. – 1850: 884, 1900: 779, 1950: 805, 1991: 824 Eww.   (VIII) *Had*

F. Bureš, Politický a kulturně historický profil Kralic nad Osl., Kralice 1962; J. Chaloupka, Historický význam kralické tiskárny, Brno 1982; M. Daňková, Bratrské tisky invančické a kralické (1564–1619), Praha 1951; V. Fialová, Památník Bible kralické v Kralicích nad Oslavou, Brno 1972; LV 253, Bd. 12, 98f.; LV 950, Bd. 1, 442; LV 259, Bd. 1, 127; F. Hrejsa, Česká bible. K 350. výročí bible Kralické, Praha 1930; D. Kouřilová, Stavební vývoj tvrze v Kralicích nad Oslavou, in: VVM 24

(1977), 151–164; Kralice, Sborník. Hg. v. V. Fialová, Brno 1959; LV 290, Bd. II/45, 194–227.

Kralowitz (Kralovice, Bez. Pilsen-Nord). K. wurde nach 1158 als Dorf landesherrlicher Untertanen auf den Gütern Kg. Vladislavs II. gegr.; seit 1183 gehörte es den Zisterziensern in → Plaß. Um 1289 stieg K., das an einem Handelsweg von → Prag nach → Eger lag, zum Städtchen auf. Im 16. Jh. befand es sich im Pfandbesitz der Herren Griespeck v. Griespach, unter denen 1547 die Erhebung zur Stadt erfolgte. Florian Griespeck v. Griespach, der im 12 km s. von K. gelegenen Kacerow ein Renaissance-Schloß erbauen ließ, errichtete in K. ein kleineres Schloß, das 1845 niederbrannte. Des weiteren ließ er die urspr. got. Kirche St. Peter und Paul 1575–81 im Renaissancestil zu einer einschiffigen Tribünenkirche aus Ziegeln mit hohem W-Giebel und Portal umbauen. 1623–1785 unterstand K. erneut dem Kl. Plaß. 1850–1949 war es Bez.-Stadt, verfügte jedoch kaum über Industrie. – 1843: 1805, 1900: 2030, 1930: 2344 (davon 107 Dt.), 1991: 3019 Eww. – 2 km w. von K. liegt Maria Teinitz, seit 1230 eine Siedl. des Kl. Plaß, in der von 1699 bis zur Auflösung des Kl. 1785 eine Propstei existierte. Die Wallfahrtskirche Mariä Verkündigung mit ihren beiden Türmen wurde 1720–51 erbaut; die Kuppel stürzte 1920 ein und wurde nicht erneuert.   (I/II) *Pe*

I. Bukačová, Městská privilegia kralovická, Kralovice 1982; dies., 800 let Kralovic, Kralovice 1983; LV 259, Bd. 4, 161f.; V. Kočka, Dějiny politického okresu kralovického, Bd. 1, Kralovice 1930, 41–70; LV 507[2], 161ff.; LV 905, Bd. 37, 53–70, 233–245; LV 906, Bd. 2, 134ff., 155f.; H. Zápal, Mariánská Tejnice u Kralovic, Kralovice 1921; F. Zetek, Popis politického okresu kralovického, Kralovice 1932, 244–256.

Kralup an der Moldau (Kralupy nad Vltavou, Bez. Melnik). Die 25 km nw. von → Prag an einem Moldaubogen gelegene Stadt wird als Gut 993 erstm. in einer Schenkung des Hzg. Boleslav II. an das Kl. Břewnow erwähnt. Unter Kg. Wenzel I. eignete sich ein am Prager Hofe als Unterkämmerer der Kgn. Konstanze tätiger frz. Ritter mit Namen Champnois (Champonosius) die »villa Cralup« widerrechtl. an. Kg. Wenzel I. entzog daher dessen Nachfahren noch vor 1253 K. erneut und übereignete es dem Prager Konvent der Kreuzherren mit dem roten Stern. Diese verpachteten K. zeitweilig und errichteten in der 2. H. 14. Jh. ein Kastell, als dessen Besitzer vorübergehend der Bf. v. Meißen erscheint, später der Prager Ebf. Johannes v. Jenstein und 1406 als Pfandherr der Altstädter Schreiber Johann v. Weilburg. In den Huss.kriegen konfiszierten die Prager K.; das Kastell wurde beschädigt und nicht wieder erneuert. In der 2. H. 15. Jh. befand sich K. wiederum im Besitz der Kreuzherren. Der Eisenbahnanschluß 1850

und die Errichtung eines kleinen Moldauhafens für den Güterum-
schlag beschleunigten im 19. Jh. die Industrialisierung. Mehrere Zuk-
kereien und eine chemische Fabrik traten hinzu. 1881 wurde K.
durch ein ksl. Dekret zum Marktflecken erhoben, 1902 erhielt es
Stadtrecht. Die Grundsteinlegung für die neugot. Kirche Mariä Himmelfahrt erfolgte 1894. – 1890: 5448 (davon 56 Dt.), 1930: 10 411,
1991: 17 840 Eww.   (II) *Krz*

LV 259, Bd. 3, 234; P. F. Masner, Židé, jich modlitebny a hřbitovy na Kralupsku, in:
PK 4 (1937–38), 22f., 55–62, 104–113, 158–172.; O. Špecinger, Kralupy nad Vltavou, Kralupy 1966; ders., Přehled dějin Kralupska od nejstarších dob až do počátku
20. století, in: KVS 2 (1956); LV 516, Bd. 1, 89, 338, 457, Bd. 2, 493f.

Kratzau (Chrastava, Bez. Reichenberg). Das 9 km w. von
→ Reichenberg an der Görlitzer Neiße gelegene K. ist verm. 2. H.
13. Jh. an Stelle einer slaw. Siedl. planmäßig für den umliegenden
Kupfer-, Blei- und Zinnbergbau angelegt, jedoch erst 1352 als Pfarrei
»Craczauia« erwähnt worden. Während der Huss.kriege wurden der
zur Herrsch. der Dohna v. Grafenstein gehörende Ort und die seit
dem 14. Jh. existierende, heute nicht mehr vorhandene Burg zerstört.
In der Zeit des erneuten Aufschwungs des Bergbaus im 16. Jh. erhielt
K. 1527 sein ältestes überliefertes Stadtrecht. Der 30jähr. Krieg brachte den endgültigen Niedergang des Bergbaus und Zerstörungen für
die Stadt durch ksl. und schwed. Truppen. Neuen Aufschwung, der
auch durch die preuß. Besetzungen von 1741, 1745 und 1757 im
Krieg gegen Österr. nur zeitweise einen Rückschlag erlitt, erfuhr K.
mit dem Aufkommen der Tuchmacherei, die zugleich die Grundlage
der Industrialisierung im 19. Jh. bildete. Neben einem Dutzend
Textilfabriken sorgte der Maschinenbau für eine rasche, bis ins 20. Jh.
anhaltende Entw. der Stadt, die sich auch in der Bev.zunahme zeigte
(1869: 3200, 1920: 3358 (davon 2865 Dt.), 1930: 4061 Dt. und 554
Tsch., 1950: 3089, 1991: 5597 Eww.). In dieser Zeit wurde 1868 der
neogot. Umbau der urspr. got. St.-Laurentius-Kirche vollendet, die
mit Gemälden einheimischer Maler ausgestattet ist. Zu ihnen gehört
der in K. geb. Joseph Führich (1800–76), der als Akademieprof. in
Wien mit seinen Kirchengemälden einer der führenden Vertreter der
»Nazarener« war.   (III) *Hol*

LV 259, Bd. 3, 175; LV 905, Bd. 51, 129–156; LV 952, Bd. 2, 53f.; Reichenberg.
Stadt und Land im Neißetal. Ein Heimatbuch. Bearb. v. R. Gränzer, Augsburg 1974,
532–547; LV 906, Bd. 1, 535.

Krawarn (Kravaře, Bez. Troppau). Die erste Erwähnung des 8 km
nö. von → Troppau gelegenen K., der Wiege des alten Adelsgeschlechtes der Herren v. K., stammt aus dem Jahre 1224. Sicher gab es
hier bereits in der 2. H. 13. Jh. ein Kastell, das seit A. 15. Jh. bis 1575

den Kravarský v. Schlewitz gehörte. 1630 fiel die Herrsch. an den bekannten Alchimisten Michael Sendivoj v. Skorkau, dessen Tochter Veronika Marie den Besitz ihrem Gemahl Jakob v. Eichendorff vermachte. Dieser ließ M. 17. Jh. das alte Kastell zu einem Barockschloß umbauen, das 1721–28, wohl unter Beteiligung des Architekten Johann Lucas v. Hildebrandt, sein heutiges Aussehen erhielt. 1742 fiel K. an Preußen, die Herrsch. wechselte seit dieser Zeit wiederholt den Besitzer (→ Hultschiner Ländchen). 1921 erwarb das Landwirtschaftsministerium das Schloß und richtete hier eine Wirtschaftsschule ein, die jedoch 1937 abbrannte. Erst 1955–71 erfolgte eine neuerliche Rekonstruktion. Die Pfarrkirche St. Bartholomäus mit Renaissanceturm und imposantem dreiflügeligem Mittelteil in neogot. Stil wurde 1898 vollendet. In K., das 1960 zur Stadt erhoben wurde, lebten 1869: 4632, 1900: 5348, 1930: 6018 (davon 508 Dt.), 1950: 5394, 1991: 6560 Eww. (V) *Mü*

LV 255, 835f.; LV 259, Bd. 2, 128f.; O. Káňa [u. a.], Okres Opava, Ostrava 1983, 110ff.; Naše město Kravaře. Hg. v. E. Šefčík, Kravaře 1989; V. Prasek, Historická topografie země Opavské, Opava 1889, 485–489.

Kreibitz (Chřibská, Bez. Tetschen). Die urspr. Siedl. gehörte im 14. Jh. zur Herrsch. Scharfenstein. 2,5 km nw. errichtete man in der 2. H. 13. Jh. eine kleine Burg, die allerdings A. 14. Jh. verfiel. K. wurde 1352 erstm. als Pfarrdorf erwähnt. Von 1428 stammt die erste Erwähnung als Städtchen, im gleichen Jahr fiel K. an die Herren v. Wartenberg, denen der Ort (mit Ausnahme der Jahre 1511–29) bis 1614 gehörte. Seit jener Zeit herrschten hier von → Böhm. Kamnitz aus die Gff. Kinsky. Über dem unregelmäßigen Markt erhebt sich die urspr. got., 1596 und 1670 umgebaute St.-Georgs-Kirche, die 1901 in neogot. Stil restauriert wurde. In Ober-K., oberhalb des Städtchens, gab es eine berühmte, schon 1414 erwähnte Glashütte. Aus dem 17. Jh. stammende Grabsteine an den Außenmauern der St.-Georgs-Kirche erinnern an Hüttenmeister aus diesem Gewerbe. Neben dem Rathaus von 1872 finden sich in K. zahlr. barocke, klassiz. und neogot. Gebäude. Hier wurde der Naturwissenschaftler und Amerikareisende Thaddäus Haenke (1781–1817) geb. – 1930: 1600 (davon 70 Tsch.), 1950: 547, 1991: 1427 Eww. – Im 2 km sö. von K. gelegenen Schönfeld verbrachte 1720–28 der Komponist Christoph Willibald Gluck seine Kindheit. (II) *Sm*

K. R. Fischer, Die alte Kreibitzer Glashütte, in: MVGDB 58 (1919), 1–14; F. Gabriel/J. Smetana, K datování a funkci středověkých opevnění v Českém Švýcarsku, in: AH 6 (1981), 33–62; J. Klomínek/V. Sacher, 550 let sklárny ve Chřibské, Liberec 1964; M. Müller, Christoph Willibald Glucks Vater als Forstmeister der Herrschaft Böhmisch Kamnitz, in: BHE 6 (1944), 46–51.

Kremsier (Kroměříž). Die Anfänge der Siedl., die im s. Zipfel der fruchtbaren Hanna-Region liegt, reichen bis in die Zeit des Groß-mähr. Reiches, als an einer Furt eine slaw. Befestigung bestand. Der urspr. landesfstl. und nur am r. Ufer der March gelegene Ort wurde als Dorf erstm. 1110 beim Erwerb durch den Olmützer Bf. Johannes II. urk. erwähnt. Bereits 1207 wurde K., das wegen seiner Lage am Schnittpunkt mehrerer Handelswege schon damals einige Bedeutung besaß, als Marktflecken bezeichnet und – um 1266 – von Kg. Přemysl Otakar II. auf Anregung des Olmützer Bf. Bruno v. Schauenburg zur Stadt erhoben. Der Bf. errichtete in K. eine Burg und hielt hier verm. auch alljährliche Diözesansynoden ab. 1290 erhielt K. als Zeichen der wachsenden Bedeutung von Bf. Dietrich das dt. Brünner Stadtrecht. Die Stadt nahm einen stetigen Aufschwung, nicht zuletzt durch den Umstand, daß die Bff. hier immer öfter residierten. Während der Huss.kriege – die Stadt wurde 1423 und 1432 von den Huss. erobert und erst 1456 an das Olmützer Btm. zurückgegeben – wechselte K. mehrfach den Besitzer und wurde danach wiederholt verpfändet. Zu dieser Zeit galt K. als die radikalste huss. Stadt in Mähren. Sie ist auch die Geburtsstadt des bekannten Reformators Johannes Militsch v. K. (†1374). 1465–71 befand sich die Stadt im Zentrum der kriegerischen Auseinandersetzungen zw. Georg v. Podiebrad und Matthias Corvinus. Nach 1500 verblieb sie dann endgültig in bfl. Besitz und wurde im 16./17. Jh. zur Hauptresidenz der Bff. v. Olmütz. Im 16. Jh. stieg die Stadt unter dem humanistisch gesinnten Bf. Stanislaus Thurzó, der die got. Burg zu einem Schloß im Renaissancestil umbauen ließ, und unter den pol. einflußreichen Bff. Wilhelm Prusinovský und Stanislaus Pavlovský zu beachtlichem Wohlstand und einem wichtigen pol. und kulturellen Zentrum der Mkgft. auf. Der 30jähr. Krieg beeinflußte die Entw. der Stadt nachhaltig: 1626 schlug Wallenstein in der Nähe von K. das Heer General Mansfelds; 1643 wurde die Stadt nach Einnahme durch die Schweden unter Torstensson durch Feuer völlig zerstört. Der damalige Bf. Ehzg. Leopold Wilhelm war vor allem an den Einnahmen aus seinen Besitzungen interessiert. Die Stadt nahm erst 1664 mit dem Regierungsantritt Bf. Karls II. v. Liechtenstein-Kastelkorn, der Interesse und tätige Hilfe am Wiederaufbau zeigte, einen erneuten Aufschwung. Dieser als zweiter Gründer der Stadt bezeichnete Bf. legte unter dem Schloß einen frz. Garten an, der im 19. Jh. in einen engl. umgewandelt wurde, und ließ darin eine Rotunde im ital. Barock errichten, führte die Wasserleitung in die Stadt ein, gründete ein Piaristengymnasium und im Schloß eine große Bibliothek. Das zerstörte Schloß wurde 1686–1711 von den Wiener Hofarchitekten Giovanni Pietro Tencalla und Filiberto Luchese im spätbarocken Stil umgestaltet. Nun kam auch

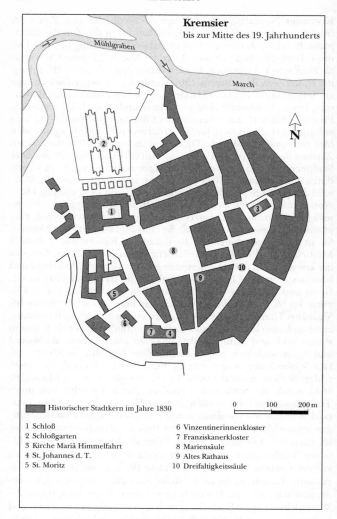

Kremsier
bis zur Mitte des 19. Jahrhunderts

Historischer Stadtkern im Jahre 1830

0   100   200 m

1 Schloß
2 Schloßgarten
3 Kirche Mariä Himmelfahrt
4 St. Johannes d. T.
5 St. Moritz
6 Vinzentinerinnenkloster
7 Franziskanerkloster
8 Mariensäule
9 Altes Rathaus
10 Dreifaltigkeitssäule

die unter seinem Vorgänger 1657 erlassene Erhebung der Handwerksinnungen von K. zur Hauptzeche für alle Bistumsstädte zum Tragen; dadurch wurden diese Städte gezwungen, Zunftartikel von K. anzunehmen, was zur wirtsch. Prosperität der Stadt beitrug. 1742 wurde diese von den Preußen besetzt, die ihren Aufenthalt von der Bev. bestreiten ließen und – auf Anordnung ihres Befehlshabers Gf. Kurt Christoph Schwerin – nur die Juden von dieser Maßnahme verschonten. Dieser Umstand führte nach Abzug der Preußen zu Pogromen. 1752 und 1836 wurde K. von Bränden heimgesucht; während der Napoleonischen Kriege wurde es 1805 von den frz. Truppen besetzt, 1809 verlegte man das Militärhauptspital in die Stadt.

Im Vormärz begann man, die Stadtmauern niederzureißen, Straßen zu planen und den Flußlauf der March zu regulieren. 1848 wurde nach der blutigen Niederschlagung des Wiener Oktoberaufstandes der konstituierende Reichstag von der Reichshauptstadt nach K. verlegt; seit dem 22.11. tagte er im prächtigen Sitzungssaal des Schlosses. Doch bevor er die im April 1848 erfolgte Pillersdorffsche Verfassung in die Praxis umsetzen konnte, wurde eine neue oktroyierte Verf. erlassen und der Reichstag unter Zuhilfenahme des Militärs am 7.3. 1849 aufgelöst. 1870 erhielt die Stadt das Autonomiestatut, womit sie → Brünn, → Olmütz, → Znaim und → Iglau gleichgestellt wurde; es blieb bis 1928 gültig. Wiederum in den Blickpunkt des pol. Interesses rückte K. im August 1885, als sich hier Ks. Franz Joseph I. v. Österr. und der russ. Zar Alexander III. mit ihren Ministern Gf. Taaffe und Gf. Girs trafen. Die hist., kulturelle und pol. Bedeutung der Stadt trug K. den Beinamen »Athen der Hanna-Region« ein. Die Entw. seit A. 20. Jh. war durch die Eingemeindung der umliegenden Dörfer und durch starkes Wachstum bes. der Lebensmittelindustrie gekennzeichnet. Der Zweite Weltkrieg wirkte sich wegen der Vernichtung der jüd. Bev. (1930: 409) und der Vertreibung der Dt. (1930: 506) nachhaltig auf der Bev.-Zusammensetzung aus. Die Industrie verlegte ihren Schwerpunkt auf den Möbel- und Maschinenbausektor. Das Schloß beherbergt heute hervorragende Werke der dt., ital. und niederländischen Malerei vom 15.–19. Jh.; in der salla terrena kann man die reiche Stukkatur von Baldassare Fontana bewundern, in der Bibliothek die Fresken von Franz Anton Maulbertsch (M. 18. Jh.). Der Große Platz bietet eine Fülle architektonischer Juwele: das Rathaus aus dem Jahre 1611, das Generalhaus, das Ensemble der Kapitelhäuser, die bereits 1675 errichtete Apotheke Zum goldenen Löwen und das Rottal-Haus. Unter den Sakralbauten sind bes. hervorzuheben die Dome der Jungfrau Maria und des Hl. Moritz. K. ist der Geburtsort des Malers und Grafikers Max Švabinský (1873–1966). – 1854: 7536, 1900: 13 935, 1930: 18 546 (davon 506 Dt.), 1950: 19 644, 1991: 28 962 Eww. (VIII) *Kle*

W. Haage, Abriß der Geschichte der Stadt Kremsier, Kremsier 1942; O. Kuča, Zámecké zahrady v Kroměříži. K analýse architektonické zahrady a přírodního parku v období 1790–1850, in: UM 6 (1958), 372–388, 422, 424; O. Odložilík, Na kroměřížském sněmu 1848–1849, Praha 1947; LV 290, Bd. II/33, 87–263; F. V. Peřinka, Dějiny města Kroměříž, Kroměříž 1940; J. Petrů, Kroměříž. Zámecká obrazárna, Brno 1965; R. Šmahel, Kroměříž, Praha 1971; J. Spáčil, Kroměřížská kronika. K 700. výročí trvání města, Kroměříž 1963; LV 791, Bd. I/2, 81–122.

Křenowitz (Chřenovice, Bez. Deutschbrod). Vor 1289 gründete verm. der an der mittleren Elbe beheimatete Adelige Leva v. Janowitz 5 km nw. von → Ledeč auf einem Felsen oberhalb der Sazawa eine Bergfried-Burg, die jedoch in der 1. H. 16. Jh. verwaiste (Turm-Ruine erhalten). Das gleichnamige Dorf entstand im 14. Jh.: 1395 erwähnt eine Urk. Nikolaus Kolovrat v. K., der hier der verm. durch das Kl. → Sazau A. 13. Jh. gegr. spätrom. Pfarrkirche St. Wenzel einen Hof mit Zubehör vermachte. Die Kirche ist das älteste Gebäude im Ledečer Umkreis. Aus der ersten Bauphase blieben ein rom. Portal und ein got. Sakramentshäuschen erhalten. A. 15. Jh. befand sich das Dorf im Besitz des Prager Bürgers Hanusch Otlinger, der 1414 Dorf und Burg dem reichen Kuttenberger Patrizier Konrad Naz verkaufte, welcher sich – ebenso wie seine Nachfahren bis 1474 – den Titel v. K. zulegte. Als Grundherren folgten später Heinrich und Johann v. Říčan, die K. dauerhaft ihrer Herrsch. Ledeč inkorporierten. – 1991: 196 Eww. (VII) *Ben/Krz*

LV 259, Bd. 6, 170f.; LV 921, Bd. 1, 135f.

Kreuzendorf (Holasovice, Bez. Troppau). Die 9 km nw. von → Troppau gelegene Gem. taucht 1155 erstm. in den Quellen auf. Archäolog. Ausgrabungen wiesen hier die Existenz einer neolithischen Siedl. nach, an die später eine slaw. Burgstätte der Holaschitzer anknüpfte, die K. auch seinen tsch. Namen gaben. Im 12. Jh. war K. Zentrum des gleichnamigen Burgbez., im Umfang etwa analog dem A. 14. Jh. gebildeten Fstm. Troppau. Später übernahmen → Grätz und → Troppau die Verw.-Funktionen von K.; bei der Teilung des Troppauer Landes 1377 fiel K. an die Jägerndorfer Güter des Fst. Hanusch v. Troppau und wurde Bestandteil der fstl. Jägerndorfer Kammer, mit der das weitere Schicksal von K. verbunden blieb. Im 30jähr. Krieg verödete die Gem. fast völlig. In ihrem Zentrum hat sich ein barocker Speicher erhalten (E. 18. Jh.). In K. wurde der bedeutende tsch. Komponist und Chormeister Pavel Křížkovský (1820–85) geb., dessen Elternhaus erhalten blieb. – 1869: 659, 1900: 823 (davon 369 Dt.), 1930: 886 (davon 70 Dt.), 1950: 780, 1991: 1324 Eww. (V) *Mü*

J. Bakala, Holasické pomezí v 11. a 12. století, in: ČSM 13 (1964), 105–117; O.

Káňa [u. a.], Okres Opava, Ostrava 1983, 121f.; V. Prasek, Historická topografie země Opavské, Opava 1889, 220ff.; A. Turek, Rodiště Pavla Křížkovského v 16. století, in: SlS 43 (1945), 125–133.

Křinetz (Křinec, Bez. Nimburg). Die Kleinstadt mit Schloß liegt an einem Ausläufer des flachen Elbetals, 12 km nö. von → Nimburg. Im 14. Jh. gehörten Dorf und Kastell den Herren Valečovský v. Valečov. Nach den Huss.kriegen ließ Johann v. Ronow, der sich nach K. Křinecký v. Ronow nannte, um 1470 auf einem Hügel oberhalb von K. die Burg Kuncberg erbauen. Um 1500 erhielt K. den Status eines Untertanenstädtchens, das sich um einen langgestreckten Markt gruppierte. E. 16. Jh. erwarben die Herren v. Waldstein die Herrsch. K., nach 1620 trat Adam v. Waldstein (†1638) als neuer Besitzer hervor. Ihm folgte 1649 Gf. August Paul v. Morzin (†1688), der an der Stelle des ehem. Kastells ein kleines frühbarockes Schloß errichten ließ. Nach 1650 wurde auch die Feste Kuncberg zu einem Schlößchen umgebaut, später jedoch aufgegeben und 1891 abgerissen. 1697 erhielt die außerhalb der Gem. gelegene Pfarrkirche zur Hl. Dreifaltigkeit ihr barockes Aussehen. Die malerische Gestalt kleinstädt. Architektur dokumentieren weitere Barockbauten wie die Georgskirche, das Pfarrhaus und die Nepomuk-Kapelle. E. 18. Jh. erwarb Jakob Frh. v. Wimmer K., seit 1808 gehörte der Besitz der Fam. v. Bethmann. Das 1780 mit 4 Jahrmärkten privilegierte Städtchen zählte 1834 142 Häuser und 1060 Eww.; 1835 vernichtete ein Großfeuer viele Gebäude des von der Landwirtschaft geprägten K. – 1900: 1318, 1950: 1103 und 1991: 995 Eww. (III) *Žem*

LV 259, Bd. 3, 246; Poděbradsko. Obraz minulosti i přítomnosti, Bd. 3/2. Hg. v. K. Kožíšek, Nymburk 1912, 222–242; LV 279, Bd. 10, 374–377; LV 283, Bd. 2, 32–37; LV 906, Bd. 2, 163f.

Křižanau (Křižanov, Bez. Saar). In dem 8 km nö. von → Großmeseritsch gelegenen K. wird um 1240 eine Burg im Besitz des Přibyslav v. K. erwähnt, die nach dessen Tod 1251 an die Herren v. Obřany fiel. Zu dieser Zeit muß auch die Pfarrkirche St. Marien bestanden haben, von der got. Reste (1230–40) erhalten sind und die 1678 als St. Wenzelskirche barock umgebaut wurde. 1287 schenkte Anna v. Obřany die Hälfte von K. dem Zisterzienserkl. → Saar, das dort Dt. ansiedelte, die in der Huss.zeit wieder verschwanden. Die im 14. Jh. umgebaute Burg fiel kurzzeitig an den mähr. Mkgf. Johann Heinrich und wurde landesfstl. Lehen. A. 15. Jh. war der Ort im Alleinbesitz der Brüder Sigismund und Milota v. K., die den Beschwerdebrief des böhm. Adels an das Konstanzer Konzil wegen der Verbrennung von Jan Hus mitunterzeichneten. Während der Huss.kriege wurde die Burg beschädigt, im böhm.-ungar. Krieg zerstört. Ab 1464 war sie im Besitz Johanns v. Pernstein. 1562 trat Wratislaw v. Pernstein die wüste Burg, den Markt K. und einige Dörfer der Umgebung an Zdeněk Lhotský v. Ptení ab, der anstelle der Ruine ein dreigeschossiges Renaissance-Schloß mit Arkadenhof errichten ließ (an N- und W-Seite erhalten). Nach häufigem Besitzerwechsel gelangte K. am A. 18. Jh. an die Kaunitz, unter denen die Eisenindustrie eine Blüte erlebte; 1849 endete der Erzabbau. Nach dem Brand von 1710 wurde das Schloß kurz darauf, bes. im Innern, barock umgebaut. 1727 erwarb das Kl. Saar die Herrsch. und machte aus dem Schloß ein Patrimonialamt. Nach der Josephinischen Kl.aufhebung kam K. über den Religionsfonds an den 1818 geadelten Johann Karl Endsmann v. Ronow, der eine Tuchfabrik gründete und eine umfangreiche Bibliothek mit Freimaurerschriften hinterließ. Die Industriellenfam. Teubner gestaltete ab 1866 das Schloß historistisch um. – 1880: 1932 Tsch. und 18 Dt., 1930: 1332 Tsch. und 14 Dt., 1950: 1358, 1991: 1764 Eww. (VIII) *Teu*

LV 259, Bd. 1, 131; LV 253, Bd. 11, 324f.; LV 290, Bd. II/41, 214–263; LV 791, Bd. II/6, 78–82.

Kromau → Mährisch Kromau

Krumau → Böhmisch Krumau

Kugelwaid (Kuklvejt, seit 1950 Kuklov, Bez. Krumau). Archäolog. Ausgrabungen in der Burgstätte K. lassen darauf schließen, daß das Gebiet um die spätere Burg und das Kl. bereits im 8./9. Jh. von slaw. Stämmen besiedelt wurde. Ks. Karl IV. übertrug die Herrsch. K., die kurz nach 1250 als kgl. Gut erwähnt wird, an den Hohenfurther Abt Dietrich. Nach dessen Tod fiel die Burg 1367 erneut an den Kg. Während der Adelsfronde gegen Kg. Wenzel IV. wurde die Burg 1395 durch ein Aufgebot Heinrichs III. v. Rosenberg erobert. 1405 schenkte Kg. Wenzel IV. die zerstörte Anlage den Herren v. Rosenberg. Von der urspr. Feste haben sich nur Mauerreste sowie der in den Fels geschlagene Graben erhalten. 1495 gründeten die Herren v. Rosenberg auf dem verödeten Burgareal ein Paulanerkl. Der nie vollendete Bau wurde um 1553 Opfer einer Plünderung, die Mönche wurden vertrieben. Versuche einer Neugründung M. 18. Jh. scheiterten. Die Ruinen der Außenmauer der Kl.kirche, der angrenzenden Gebäude und Reste einiger Portale vom A. 16. Jh. sind erhalten.

(VI) *Bůž*

J. Kadlec, Pauláni v Čechách, in: ČSPS 58 (1950), 40–52; LV 905, Bd. 41, 304–310; J. Neumann, Málo známá zřícenina Kuklov, in: PAP 6 (1981), 158–159; LV 906, Bd. 2, 170f.; LV 279, Bd. 3, 79–82.

Kukus (Kuks, Bez. Trautenau). Die Entdeckung einer Mineralquelle inspirierte den Grundherrn Reichsgf. Franz Anton Sporck (1662–1738), hier ein Kur- und Ges.-Zentrum in einer neugegr., 6 km sö. von → Königinhof an der Elbe gelegenen Siedl. ins Leben zu rufen. Die Arbeiten begannen 1692 mit der Errichtung eines hölzernen Badehauses und dem Bau einer Marienkapelle direkt über der Quelle. Der Weg führte von der Elbe über kaskadenartig angelegte Stufen zum Dianenbad. Über den Fluß erstreckte sich eine neue, mit Harlekinfiguren geschmückte Brücke. 1700 begann der Bau der Objekte auf dem r. Elbufer: Es entstanden u. a. ein heute nicht mehr bestehendes Lustschloß, ein Taubenschlag und Fontänen. Fast gleichzeitig wurde auf dem l. Elbufer das Dianenbad abgerissen, man errichtete ein Theater, Gästehäuser und Handwerkerunterkünfte. 1710 entstand an der Stelle des Badehauses ein zweigeschossiges Schloß, in dem Sporck und seine Fam. residierten. 1696 ließ Sporck Pläne zur Errichtung eines Spitals für 100 verarmte Untertanen und ausgediente Soldaten ausarbeiten, verwirklicht wurde der Plan jedoch erst 1707–17. In der M. des N-Flügels ist die Dreifaltigkeitskirche mit der Gruft der Gff. Sporck eingefügt. Im O-Teil des Spitals wurde ein Kl. der Barmherzigen Brüder mit einer Apotheke eingerichtet. Auf dem Hof des Spitals sowie im anschließenden Garten stehen zahlr. Plastiken von Matthias Bernhard Braun und dessen Schülern. Vor der Kirche plazierte Sporck die von Braun 1712–15 geschaffenen allegorischen Figuren der 8 Seligpreisungen, später kamen der Engel des seligen und des unseligen Todes hinzu, 1719 die Figur der Religion. Zur gleichen Zeit entstanden die Plastiken der 12 Tugenden und der 12 Laster. In der Umgebung von K. wurden Einsiedlerhütten und im Neuen Wald das sog. Bethlehem errichtet: Braun meißelte hier eine Reihe biblischer Szenen in den Sandsteinfelsen, u. a. eine Krippe, die dem Ort seinen Namen gab. Das Mäzenatentum des Gf. Sporck ließ in K., das als Badeort niemals in Betrieb genommen wurde, ein bedeutendes Zentrum barocker Plastik außerhalb → Prags entstehen. – 1843: 512, 1900: 434 (davon 376 Dt.), 1930: 429 (davon 314 Dt.), 1950: 288, 1991: 252 Eww. (III) *Fr*

H. Benedikt, Franz Anton Graf von Sporck (1662–1738), Wien 1923; O. J. Blažíček, Kuks, hospitál a Betlém, Praha 1963; T. Halík, Průvodce po Kuksu, Dvůr Králové n. L. 1932; Z. Hanzlíček/Z. Rajtr/V. Rušek, Barokní lékárna v Kuksu, Hradec Králové 1971; J. Hilmera, Šporkovská rezidence v Kuksu, Praha 1948; LV 259, Bd. 6, 231–236; LV 891, 401f.; LV 906, Bd. 48, 232–286; P. Preiss, Boje s dvouhlavou saní. František Antonín Špork a barokní kultura v Čechách, Praha 1981; LV 906, Bd. 2, 171–175.

Kulm (Chlumec, Bez. Aussig). Im FrühMA war K. ein bedeutender Grenzort, der für 993, 1057 und 1218 als Zollstation und 1040 als

»castrum« im Zusammenhang mit den milit. Auseinandersetzungen
zw. dem böhm. Fst. Břetislav I. und dem röm.-dt. Kg. Heinrich III.
erwähnt wird. Die Grenzburg erhob sich auf dem Horka-Berg oberhalb des Ortes. 1108 fand hier ein Fürstentag statt. Am 18.2.1126
siegte Hzg. Soběslav I. bei K. über ein Heer Kg. Lothars III. v. Supplinburg. Der K.er Weg, auch Sorbensteig genannt, war eine wichtige Verbindung zw. Böhmen und Sachsen. Bereits im 12. Jh. existierte hier die St.-Gotthard-Kirche, die später dem hl. Gallus geweiht
und 1847–52 in neogot. Stil umgestaltet wurde. Auf dem Areal der
alten Befestigungsanlage auf dem Horka-Berg errichtete man 1691
eine Barockkapelle mit dreiseitigem Grundriß. Vom 29.–30.8.1813
fand hier eine Schlacht zw. den von Dresden her zurückweichenden
österr., preuß. und russ. Truppen auf der einen und der Napoleonischen Armee auf der anderen Seite statt. An dieses der Völkerschlacht
bei Leipzig vorausgehende Gefecht erinnern ein preuß. (1817), ein
österr. (1825) und ein russ. (1835) Denkmal, 1913 wurde aus Anlaß
der 100. Wiederkehr der Schlacht ein weiteres Monument errichtet. –
1930: 1122 (davon 225 Tsch.), 1950: 683, 1991: 3653 Eww.　(II)　*Sm*
W. Herrmann, Geschichtliches über die Denkmäler des Kulmer Schlachtfeldes, in:
BGE 5 (1943), 151–160; LV 259, Bd. 2, 169; A. Rusó, Příspěvek k poznání slovanské lokality v Chlumci, poloha Horka, Teplice 1988; LV 279, Bd. 14, 339; G. Simon, Kulm, in: BHAK 1 (1921), 60–69, 101–108; ders., Die Schlacht bei Kulm,
Teplitz 1911; I. Vávra, Srbská cesta, in: HG 17 (1978), 369–432.

Kulm → Maria Kulm

Kumburg (Kumburk, Bez. Semil). Die 10 km ö. von → Jičin in den
ma. Quellen als »Goldenburg« erwähnte Burg wurde A. 14. Jh. erbaut. Der erste urk. genannte Burgherr war Markwart v. Goldenburg.
1406 erwarb Johann Kruschina v. Lichtenburg K., ihm folgte sein
Sohn Hynek, der in der Huss.zeit als Hauptmann der Prager eine
wichtige Rolle spielte. Hynek ließ die Befestigungsanlagen der Burg
ausbauen, die Burgmauer mit 6 Bastionen verstärken und einen Palast
errichten. 1500 folgten den Herren v. Lichtenburg als neue Besitzer
Johann Žehušický v. Nestajov, 1513 Hzg. Bartholomäus v. Münsterberg und 1517–24 die Herren Berka v. Dubá. 1529–1607 befand
sich K. im Besitz der Trčka v. Leipa, welche die Burg dann an Sigismund Smiřický v. Smiřitz verkauften. Nach der Konfiskation der
Güter der Smiřický ging K. an Albrecht v. Wallenstein, nach dessen
Ermordung 1634 schenkte Ks. Ferdinand II. die verlassene Feste Rudolf v. Tiefenbach. 1658 wurde K. im Zuge der Liquidierung mehrerer Burgen, die als feindliche Stützpunkte gedient hatten, zerstört.
Die Mauern und Türme der Burgruine wurden 1939–41 restauriert.

(III)　*Fr*

LV 259, Bd. 6, 236f.; LV 879, Bd. 1, 403ff., Bd. 2, 225ff.; LV 279, Bd. 5, 175–184; LV 906, Bd. 2, 175.

Kunětitzer Berg (Kunětická Hora, Bez. Pardubitz). Etwa 6 km nö. von → Pardubitz erhebt sich auf einem weithin sichtbaren Basaltfelsen die Ruine der Burg K. B., deren verm. kgl. Gründung um 1300 erfolgte, die jedoch bald danach wieder aufgegeben wurde. 1421 brachte der Huss.hauptmann Diviš Bořek v. Miletínek den im Besitz des Kl. Opatowitz befindlichen Hügel in seine Gewalt und errichtete hier auf den Ruinen der Burg seine Residenz. Die umfangreiche Vorburg diente dabei der Unterbringung des Kriegsvolks. 1491 fiel die Anlage an Wilhelm v. Pernstein, der die Burg großzügig umbauen und erweitern ließ, als Residenz jedoch Pardubitz wählte. Nach dem Verkauf der Besitzungen an Ehzg. Maximilian 1560 büßte die Burg dann endgültig ihre Bedeutung ein. Zu dem unter den Herren v. Pernstein vorgenommenen Umbau gehörte auch eine Modernisierung des Fortifikationssystems. Nach der Eroberung durch die Schweden 1645 lag die Burg in Trümmern, um 1930 wurde die Anlage teilw. wiederhergestellt.   (III) *Dur*

LV 245, 221f., 328–331; LV 248, 160f.; J. Herout, Kunětická Hora, státní hrad a okolí, Praha 1958; ders., Kunětická Hora, Pardubice 1961; LV 259, Bd. 6, 238–242; LV 879, Bd. 2, 225ff., 496–502; O. Pospíšil, O Kunětické Hoře, Pardubice 1948; LV 279, Bd. 1, 48–59.

Kunstadt (Kunštát, Bez. Blansko). Das 11 km w. von → Boskowitz gelegene K. wurde erstm. 1281 als Besitz des Heralt v. Obřany, Burggf. v. Olmütz, erwähnt, die Burg K. ist erst für 1360 belegt. K. ist Herkunftsort aller Zweige des Herrengeschlechts v. K., darunter die Linie v. Podiebrad und die schles. Fstt. v. Münsterberg als Nachkommen Kg. Georgs v. Podiebrad. Nach 1408 war der Ort im Besitz Bočeks v. K. und Podiebrad (†1417), des Großvaters Kg. Georgs, anschließend kam er an seine Söhne Boček und Viktorin. Nach 1448 war K. im Besitz Kg. Georgs, der einen gründlichen Umbau der Burg veranlaßte. 1520 übergab der letzte Kunstadt auf K., Ludwig Zajímač, die Herrsch. an Wilhelm v. Pernstein. Nach mehreren Besitzerwechseln fiel K. an Stephan Schmied v. Freihofen, der nach 1620 Johann Amos Comenius auf der Burg beherbergte und später als Calv. ins Exil gehen mußte. Ab 1680 erfolgte unter Johann Maximilian v. Lamberg der Umbau in ein zweigeschossiges, rechteckiges Barockschloß unter Beibehaltung bedeutender Teile aus der Renaissance und der alten Burg. 1687 wurde die Pfarrkirche St. Stanislaus errichtet. Die letzten Besitzer kamen 1901–45 aus der Fam. Coudenhove-Honrichs. 1889 begann in K., wo der tsch. Dichter František Halas (1901–49) begraben ist, die Keramikherstellung, später entwickelte sich in kleinem Umfang Maschinen- und Chemie-Industrie. Im nahegelegenen Borstendorf schuf Stanislav Rolínek (†1931) in einer künstlichen Höhle aus dem Sandstein gehauene überlebensgroße Figuren von Jan Hus und Jan Žižka sowie ein während des Protektorats beseitigtes Denkmal von Tomáš G. Masaryk. – 1880: 1091 Tsch. und 35 Dt., 1930: 1210 Tsch. und 11 Dt., 1950: 1114, 1991: 1484 Eww.

(VIII) *Teu*

LV 253, Bd. 5, 189f.; LV 259, Bd. 1, 131f.; LV 255, 321; L. Hosák/J. Skutil/I. Štarha, Příspěvky k dějinám Kunštátu na Moravě, Kunštát 1970; Kunštát 1280–1980. Kunštátský almanach, Kunštát 1980; A. Neumann, Příspěvky k náboženským dějinám Kunštátska a Bystřicka nad Pernštejnem, in: SHK 21 (1920), 44–57; V. Pražák, Kunštátské hrnčířství. Dějiny, vývoj a výrobní poměry hrnčířského řemesla v Kunštátě na Moravě, in: NVČ 33 (1956), 207–277; LV 290, Bd. II/35, 24–428; LV 791, Bd. II/4, 259–264.

Kunwald (Kunvald, seit 1945 Kunín, Bez. Neutitschein). Erstm. 1382 erwähnt, war das am Titsch-Bach gelegene Reihendorf mit kleiner Burg meist Teil der Herrsch. Alttitschein oder → Fulnek unter wechselnden Besitzern, so nach 1500 des utraqu. Johann d. Ä. v. Žerotín. Seit dem 15. Jh. wanderten Böhm. Brüder zu, so daß in der 2. H. 16. Jh. die Brüderunität in der Gem. die Mehrheit stellte. K. wurde 1515 mit → Zauchtel vereinigt und bildete seit 1584 eine eigene Grundherrsch. im Besitz der ev. Herren Zedritz v. Kinsberg, die 1618 am böhm. Ständeaufstand teilnahmen. Nach 1621 begann unter Johann Moritz v. Redern die Rekatholisierung, die zahlr. Eww. zur Auswanderung trieb. K. fiel später an Fstn. Eleonore Barbara v. Liechtenstein und 1723 an deren Tochter Gfn. Eleonore v. Harrach. Die Mähr. Brüder praktizierten über Jahrzehnte den Scheinkath., der nach 1724 intensiver verfolgt wurde, worauf ein großer Teil der Bev. nach Sachsen (Herrnhuter Brüdergem.) flüchtete. 1726–34 entstand das Barockschloß mit Park nach Plänen von Johann Lucas v. Hildebrandt; die Schloßkapelle von 1759 wurde 1811 im Empirestil vom Troppauer Architekten Franz Biela zur kath. Pfarrkirche Hl.-Kreuz-Aufrichtung umgebaut. Gfn. Maria Walburga Truchseß-Waldburg-Zeil gründete 1792 ein Erziehungsinstitut, das 1807–09 František Palacký besuchte und an dem der Pestalozzi-Schüler Karl Josef Jurende lehrte. Das mähr. Dorf war im 19. Jh. nahezu rein dt.sprachig (1910: 2108 Eww.), darunter etwa 100 Juden. 1946 wurde fast die gesamte Bev. aus K., das zum Reichsgau Sudetenland gehört hatte, vertrieben. – 1930: 2016, 1950: 1358, 1991: 1796 Eww.

(V) *Lu*

LV 239, 105–108; S. Drkal, K emigraci nekatolíků z kunínského panství do Saska v první polovině 18. století, in: VSONJ 2 (1968), 33–43; Heimatbuch Kunewald. Chronik eines sudetendeutschen Dorfes von den Anfängen bis zur Austreibung

1946. Hg. v. R. Bönisch, Oberhaching 1979; LV 255, Bd. 2, 686f.; LV 259, Bd. 2, 138; J. Kubový, Dějiny Kunína, Kunín 1970; F. Schwarz, Osvícenské snahy Marie Valburgy Truchsess-Zeilové na kunínské panství, in: VSONJ 33 (1984), 22–35; LV 294, Bd. 1, 250–256; LV 791, Bd. I/3, 156ff.

Kupferberg (Měděnec, Bez. Komotau). K., 10 km nw. von → Klösterle an der Eger gelegen, wurde um 1520 am Fuß des erstm. 1449 urk. erwähnten Kupferhübels als Berguntertanenstädtchen von Hans v. Vitzthum gegr., dessen aus Sachsen gebürtiges Geschlecht M. 15. Jh. nach Böhmen gekommen war und unter Georg v. Podiebrad rasch an Einfluß gewonnen hatte. Die seit 1544 unter den Vitzthum und den Schlick geteilte Herrsch. K. wurde zwar nach 1628 unter Heinrich Schlick wieder vereint, zeitgleich jedoch dessen Herrsch. Hauenstein inkorporiert. Die M. 16. Jh. unter den Vitzthum errichtete Feste in K., das 1588 von Ks. Rudolf II. zur Freien Bergstadt erhoben wurde, verlor damit ihre bisherige Funktion als Adelssitz und verfiel noch im 17. Jh. Nach dem Bergbau, der während des 30jähr. Krieges verfiel und A. 19. Jh. endgültig eingestellt wurde, wurden Zwirnherstellung und Spitzenklöppelei wichtige Erwerbszweige der bis M. 17. Jh. mehrheitlich luth. Bev. (seit 1642 kath. Pfarrer). Bedeutung erlangten unter den weiteren Besitzern bes. die Hzgg. v. Sachsen-Lauenburg (1665–1783), die oberhalb der Stadt 1674 die Wallfahrtskapelle zur Unbefleckten Empfängnis errichten ließen (1821 erneuert). 1839–1945 war die Fam. Buquoy im Besitz des rein dt. K., das vom Münchener Abkommen bis zum Kriegsende zum Dt. Reich gehörte. Die für zahlr. Erzgebirgsstädte typische regelmäßige Anlage des Ortes wird von der spätbarocken Pfarrkirche Mariä Geburt beherrscht, die 1803–14 an der Stelle eines größtenteils hölzernen Vorgängerbaus aus dem 16. Jh. errichtet wurde (seit 1545 ist K. auch als »Maria K.« belegt). – 1850: 970, 1910: 1159, 1930: 1113, 1950: 227, 1991: 170 Eww. (I) *Bah*

Zd. Binterová, Průvodce Měděncem, Kovářskou, Vejprty a okolím, Chomutov 1971, 3–12; LV 259, Bd. 3, 14, 77, 370, Bd. 4, 209; R. Langhammer, Die Burgen des mittleren Egertales und die Stadt Klösterle, Klösterle 1934, 38ff.; LV 952, Bd. 3, 43f.; LV 275, Bd. 2, 79f.; LV 569, Bd. 1, 163; LV 283, Bd. 15, 131–138; J. Walfried, Der Amtsbezirk Kaaden, in: MVGDB 23 (1885), 21–55, 138–182.

Kuttenberg (Kutná Hora). Im Flußtal der mittleren Vrchlice, unweit von Malin, einem Vorort der Slawnikiden, wo schon E. 10. Jh. Silbermünzen geprägt wurden, wurden um 1260 auf dem Gebiet des Kl. → Sedletz Silberadern entdeckt. Die ersten Gruben befanden sich im Vrchlice-Tal und im Gebiet n. des späteren Stadtkerns, in der Nähe der heutigen Allerheiligenkirche und in Gang. 1276 wurde erstm. ein Bewohner der Bergbausiedl., die 1278 als »Cuthna antiqua«

bezeichnet wird, erwähnt. Auf die Nachricht von den Silberfunden
kam es seit etwa 1290 zu einem massenhaften Zuzug von Bergleuten
und Handwerkern aus Böhmen, aber auch von außerhalb des Landes.
– In der Phase der vorstädt. Entw. wurde in der Bergbausiedl.
(»mons«) das Iglauer Bergrecht angewandt. Anfangs waren die rechtl.
Zuständigkeiten zw. dem Kl. Sedletz und den benachbarten kgl.
Städten → Časlau und → Kolin umstritten, bis es 1289 zu einem Abkommen über die Grenze des »in Kuttis« gelegenen Bergbaugebietes
kam, wobei ein Syboto als »magister montium in Kuttis« angeführt
wird. Wenig später wird die Verselbständigung von den beiden Städten erkennbar, wozu das Amt des »urburarius«, des Vertreters der kgl.
Regalinteressen, beitrug. Seit etwa 1300 zeichnet sich die eigentliche
Stadtwerdung ab. 1304, in Zusammenhang mit der Belagerung durch
Kg. Albrecht, und 1308–10 wurde die Stadtbefestigung errichtet, seit
1307 führte die Stadt ein Siegel und seit dieser Zeit ist auch ein Kollegium von anfangs 12, dann 18 Schöffen (iurati) belegt. Seit 1310
wird K. als »civitas« bezeichnet und 1318 erstm. als kgl. Stadt erwähnt,
doch ist eine Stadtrechtsverleihung nicht überliefert. Die Rechtssprechung war bis 1467 an das Iglauer Stadtrecht gebunden. Seit 1327
sind an der Spitze der Gem. 2 sich monatlich abwechselnde Bürgermeister (magistri iuratorum, seit M. 14. Jh. auch Schöppenmeister)
belegt; in der 2. H. 15. Jh. kommt die Funktion des auf ein Jahr gewählten Primators auf; mit der Unterstellung aller Bewohner des
Berggebiets unter die städt. Gerichtsbarkeit durch Kg. Johann 1329 ist
das E. des Stadtwerdungsprozesses markiert. Die Stadt war mit einer
Fläche von 71 ha nach → Prag die zweitgrößte Stadt Böhmens und
Mährens. Ihr waren die vorstädt. Siedl. Cech (bis 1462 Holcmark
genannt), Hloušky, Kolmark und Pách sowie im N Gang, das sich seit
dem 16. Jh. verselbständigte und 1793–1944 einen eigenen Magistrat
hatte, vorgelagert. In die Stadt führten, von W nach O, das Kauřimer,
Koliner, Kloster- und Časlauer Tor, die alle im 19. Jh. abgerissen
wurden. 1386 befreite Kg. Wenzel IV. die Bürger von der Todfall-
abgabe und legte 1394 fest, daß die Straße von Prag nach O über
Kolin, K. und Časlau verlaufen solle. Die städt. Führungsschicht, anfangs überwiegend dt., war bis zum Mai 1421, als sich die Stadt den
Prager Truppen ergeben mußte, antihuss. eingestellt und erfuhr in
der Folge eine soziale, nat. und rel. Umschichtung. Bis 1620 erwarb
die Stadt beträchtlichen Landbesitz. Am Rathaus wurde schon 1375
eine Turmuhr erwähnt. In K. druckte 1489 Martin v. Tišnov die sog.
K.er Bibel, und hier arbeitete von 1527–31 Brictius v. Liczka an seiner 1536 in Prag gedruckten Stadtrechtsammlung, der »Prawa Městská«; 1675 publizierte der K.er Jesuit Johann Kořinek das erste Werk
zur Stadtgeschichte.

Im 14./15. Jh. nahm K. zeitweise die Stellung einer zweiten Landeshauptstadt neben Prag ein. Hier befand sich seit M. 14. Jh. bis 1784
der Sitz des Münzmeisters bzw. später des Oberstmünzmeisters. Vor
allem Wenzel II., Wenzel IV., Sigismund und Wladislaw II. hielten
sich wiederholt im Königspalast im Welschen Hof auf. 1308–1510
wurden hier zahlr. Landtage abgehalten. Im September 1421 wurde
hier Großfst. Witold v. Litauen zum böhm. Kg., im September 1444
Georg v. Podiebrad zum Hauptmann der ostböhm. Stände und im
Juni 1448 zum Landesverweser, im Mai 1471 der Jagiellone Wladislaw zum böhm. Kg. gewählt. Unter den Habs. ging die zentralörtl.
Funktion zurück, nur 1568/69 wurden wegen der Pest vorübergehend alle Landesämter von Prag nach K. verlegt. Von großer Bedeutung für die kulturelle Entw. Böhmens war das von Wenzel IV. am
18.1.1409 erlassene K.er Dekret, durch das die Stimmverhältnisse an
der Prager Univ. zugunsten der böhm. Nation verändert wurden.
Der K.er Bürgermeister Johann Šultys v. Felsdorf, seit 1619 Mitglied
des Ständedirektoriums, gehörte zu den am 21.6.1621 auf dem Altstädter Ring Hingerichteten; sein Kopf wurde daraufhin in K. am
Koliner Stadttor angebracht, wo er bis 1724 verblieb. K. gehörte seither neben Prag, → Böhm. Budweis und → Pilsen zu den 4 böhm.
Städten, die auf den Landtagen vertreten waren.
Grundlage der Entw. der Stadt waren bis ins 18. Jh. der Silberbergbau
und die Münzprägung. Der an vielen Stellen seit E. 13. Jh. spontan
betriebene Bergbau, der damals etwa ein Drittel der europ. Silberproduktion zutage brachte, wurde von Kg. Wenzel II. zu regulieren
versucht, indem er zum einen 1300 die 17 Münz- und Bergämter der
böhm. Länder in K. konzentrierte und aus Florenz Münzfachleute
anwarb; diesen wies er in dem deshalb Welscher Hof bezeichneten,
wenige Jahre zuvor begonnenen Königspalast Arbeitsplätze zu. Zum
anderen unternahm er mit der 1300/05 erfolgten Fertigstellung des
»Ius regale montanorum« eine Kodifikation des Bergrechts für Böhmen und Mähren, welche das Iglauer Bergrecht ersetzte. Nach dem
Brand von → Iglau 1353 und dem Rückgang des dortigen Bergbaus
entwickelte sich K. zum Vorort des böhm. Bergbaus. Das kgl. Bergregal überwachte der sog. Urburer; die einzelnen Bergbauunternehmer erlangten Schürfrechte in umgrenzten Abbaufeldern. Das K.er
Abbaugebiet hatte eine Ausdehnung von etwa 30 qkm, es wurde eine
Abbautiefe von bis zu 500 m erreicht. Die größte Abbauintensität
wurde im 14. Jh. verzeichnet, als im Bergbau bis zu 3000 Personen
tätig waren und durchschnittlich etwa 5–6000 kg Silber im Jahr gewonnen wurden. Im 1. Drittel des 15. Jh. kam der Bergbau fast zum
Erliegen, konnte aber seit M. 15. Jh. durch Erschließen neuer Ab-
bauzonen wieder belebt werden. Unzufriedenheit mit der Praxis der

kgl. Amtsleute führte 1494/96 zu Bergarbeiteraufständen, die mit der Hinrichtung mehrerer Bergleute endeten. Seit M. 16. Jh. ging der Förderertrag deutlich zurück, seit A. 17. Jh. wurden nur noch wenige Gruben betrieben. Versuche, neue Vorkommen zu erschließen (zuletzt E. 19. Jh.), blieben erfolglos. Die von Wenzel II. eingerichtete Münzstätte war bis A. 16. Jh. die wichtigste in Böhmen. Das 1462 eingerichtete und erst 1784 aufgehobene Amt des Oberstmünzmeisters war im Welschen Hof angesiedelt; dort wurden bis 1549 die Prager Groschen geprägt, seit 1543 auch Taler und andere Werte, bis 1726 die Münze geschlossen wurde.

Das Stadtgebiet gehörte zur nw. gelegenen Pfarre Malin, über die der Abt v. → Sedletz das Patronatsrecht besaß. In unmittelbarer Nähe der Gruben wurden Kirchen und Kapellen errichtet, als welche 1369 erwähnt werden: als Hauptkirche (»ecclesia superior«) die Bergkirche – die spätere Jakobikirche –, die Marienkirche auf der Erzhalde, die Johanneskirche im sö. Teil der Stadt, die tsch. Bartholomäuskapelle vor dem Koliner Tor, die Georgskirche am Kauřimer Tor, die Maria-Magdalenenkirche auf dem Spitzberg und die Laurentiuskirche in Gang, n. von K. Seit etwa 1330 gab es einen lang andauernden Streit zw. den Ansprüchen des Kl. Sedletz und den städt. Forderungen nach kirchlicher Eigenständigkeit. In diesem Zusammenhang wurde um 1384 mit der Planung der Barbarakirche begonnen, deren Grundstück dem Prager Kapitel und zur sw. gelegenen Pfarrei Pněvitz, die in der Huss.zeit unterging, gehörte. Deren Pfarrer übersiedelte zur neuen Kirche und leitete von dort seine Pfarre. 1410 wurden die pfarrlichen Zuständigkeiten zw. Malin und Pněvice durch den Olmützer Bf. Konrad v. Vechta geschieden, erst 1668 hob Ks. Leopold I. die Sedletzer Ansprüche auf, als er dem Magistrat das Patronatsrecht über die städt. Kirchen verlieh. Von der veränderten sozialen und nat. Situation in der Stadt nach 1420 waren auch die kirchlich-rel. Verhältnisse betroffen. So wurde hier im Oktober 1441 Jan Rokycana als gewählter Ebf. bestätigt, und im Juli 1443 fand, zunächst im Welschen Hof, dann in der Jakobikirche, eine Disputation zw. taboritischen und utrauq. Theologen statt. Im März 1485 wurde auf einem Landtag ein Religionsfrieden zw. Kath. und Utrauq. beschlossen. In der Jakobikirche wurde 1436–1622 utrauq. Gottesdienst gehalten; vom E. 15. Jh. bis 1619 befand sich in K. ein utrauq. Konsistorium, und hier hielten sich 1489/90 und 1506/07 die utrauq. Bff. Augustin Lucian v. Santorin und Filip Villanuova auf. Mit dem Eintreffen der Jesuiten 1626 begann die Rekatholisierung. Diese übernahmen die Barbarakirche, errichteten in der Nachbarschaft ein Kolleg und nutzten von 1680–1773 den Hrádek als Seminargebäude.

Aus den Jahren um 1300 stammen die Anfänge der wichtigsten pro-

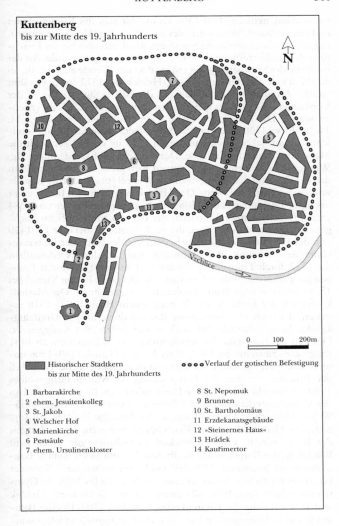

Kuttenberg
bis zur Mitte des 19. Jahrhunderts

N

Vrchlice

0   100   200m

◼ Historischer Stadtkern   ●●●● Verlauf der gotischen Befestigung
   bis zur Mitte des 19. Jahrhunderts

1 Barbarakirche   8 St. Nepomuk
2 ehem. Jesuitenkolleg   9 Brunnen
3 St. Jakob   10 St. Bartholomäus
4 Welscher Hof   11 Erzdekanatsgebäude
5 Marienkirche   12 »Steinernes Haus«
6 Pestsäule   13 Hrádek
7 ehem. Ursulinenkloster   14 Kauřimertor

fanen Baudenkmäler. Um 1300 wurde der Bau des Königspalastes
und der zentralen Münzstätte, des sog. Welschen Hofes, begonnen,
der anfangs ein eigenständig befestigtes Areal war, aber bei der Errichtung der Stadtbefestigung 1304/07 in sie einbezogen wurde. An der
sw. Ecke der Stadtbefestigung entstand an der Wende zum 14. Jh. als
Adelshof eine Holzfestung, der sog. Hrádek, der 1312 erstm. erwähnt
wurde. Als ältester Kirchenbau gilt die Allerheiligenkirche in der
Vorstadt Hloušky, n. des späteren Stadtgebietes, die E. 13. Jh. errichtet wurde. Die erste große Phase städt. Bautätigkeit war die 2. H.
14. Jh. Etwa 1330–1420 entstand die städt. Hauptkirche, die dreischiffige got. Jakobikirche, und nach 1375 im ö. Teil der Stadt die
Marienkirche auf der Erzhalde. Der Welsche Hof wurde durch Kg.
Wenzel IV. zu einem repräsentativen Königssitz umgebaut und um
den ö. Flügel mit der 1400 geweihten Wenzel- und Ladislaus-Kapelle
und einen Turm erweitert. Der Hrádek wurde A. 15. Jh. zu einer
hochgot. Burg umgebaut. 1388 wurde, getragen von der um 1384
gegr. Fronleichnamsbruderschaft, der Bau der fünfschiffigen hochgot. Barbarakirche begonnen, die in der ersten Bauetappe bis 1420
von der Bauhütte Peter Parlers betreut wurde. Nach der Unterbrechung der Stadtentw. in der Huss.zeit, sind nach dem Wiederaufbau
der 1422 durch Truppen Sigismunds und im Juni 1424 durch Truppen Jan Žižkas durch Brand zerstörten Stadt erst im letzten Viertel des
15. Jh. größere neue Baumaßnahmen zu verzeichnen. Die Marienkirche auf der Erzhalde wurde nach einem Brand 1470–1518 erneuert; der nach 1410 begonnene Bau der dreischiffigen Dreifaltigkeitskirche s. außerhalb der Stadt wurde 1488–1504 fertiggestellt.
Der Bau der Barbarakirche wurde unter versch. Bauleitern ab 1481
fortgesetzt, zunächst, bis 1487, unter Meister Hanuš, 1489–1506 unter Matthias Rejsek und 1512–32 unter Benedikt Ried; der Abschluß
der Arbeiten war mit der Fertigstellung des Mittelschiffgewölbes
1540–48 erreicht. Der Welsche Hof erfuhr E. 15. Jh. mit dem Anbau
des Münzmeisterhauses an der S-Seite die letzte Erweiterung. 1485–
95 ließ Hofmeister Prokop Kroupa, der damalige Besitzer, das sog.
Steinerne Haus am heutigen Wenzelsplatz umbauen, das als Zeugnis
der Blüte spätgot. Profanarchitektur in Böhmen gilt. Nach dem
Rückgang des Bergbaus M. 16. Jh. wurden nur noch wenige Baumaßnahmen begonnen. 1594/95 wurde gegenüber der S-Seite der
Jakobikirche das sog. Archidiakonat errichtet, das bis 1676 das Gymnasium beherbergte. 1626–67 enstand auf dem Gelände zw. Hrádek
und Barbarakirche das Jesuitenkolleg, vor dem 1703/16 eine Balu-
strade mit 13 lebensgroßen barocken Heiligenfiguren angelegt wurde; das Gebäude wurde nach 1773 als Kaserne, zeitweise auch als
Kadettenschule, genutzt. Akzente der Barockarchitektur erhielt das

Stadtbild im 2. Viertel 18. Jh. durch das 1733–43 nach einem Plan
von Kilian Ignaz Dientzenhofer angelegte Ursulinenkl. im N nahe
der Stadtmauer und durch die St.-Nepomuk-Kirche, die 1734–54
nach einem Plan von Franz Maximilan Kaňka auf dem Rejsek-Platz
errichtet wurde. Die Stadtentw. wurde in nachhuss. Zeit durch Seu-
chen und Katastrophen mehrfach beeinträchtigt, so durch die Pest
1582, 1599, 1625 und 1713, durch Plünderungen im 30jähr. Krieg
1639, 1644 und 1646 und durch große Stadtbrände 1770 und 1823.
Bürgerliches Leben entwickelte sich seit M. 19. Jh.: 1839 wurde an
der Stelle der ehem. Bartholomäuskirche das städt. Krankenhaus errichtet, 1843 wurde eine Theaterges. und 1848 eine Leseges. gegr.;
1844 und 1845 gab Petr Miloslav Veselský den Almanach »Horník«
heraus, und der Prager Journalist Karel Havlíček Borovský publizierte
hier 1850/51 die Zeitschrift »Slovan« und die »Epištoly kutnohorské«. 1877 wurde die archäolog. Ges. »Vocel« gegr., die sich der Restaurierung der städt. Baudenkmäler widmete. Die Industrialisierung
wirkte sich in K. erst relativ spät aus; lange Zeit waren die 1787 von
Johann Christoph Breuer gegr. Kattundruckerei und die Tabakfabrik
in Sedletz die einzigen Betriebe. Erst nach dem 1883 erfolgten Anschluß an die Bahnstrecke Kolin–Časlau setzte mit der Gründung einer Ziegelei, einer Zementfabrik, des Gaswerks, einer Lederfabrik
und einer Brauerei eine neue wirtsch. Entw. ein.
Die Bev. war anfänglich mehrheitlich dt.; in der Huss.zeit vollzog
sich eine Umschichtung, so daß 1433 das Tsch. als offizielle Sprache
festgelegt wurde. In der 2. H. 16. Jh. ist aber die dt. Minderheit wieder in Gottesdienst und Schule präsent. Bis zur Plünderung im November 1421 bestand an der Stelle des späteren Ursulinenkl. ein jüd.
Ghetto; danach bildete sich erst E. 19. Jh. wieder eine jüd. Gem. –
1869: 16 565, 1921: 19 112, 1950: 15 893 und 1991: 21 561 Eww. –
Aus K. stammen der humanistische Dichter und Historiker Martin
Kuthen v. Springsberg (um 1510–64), die Schriftsteller Andreas
(1510–71) und sein Sohn Nikolaus Dačický v. Heslov (1555–1626),
Josef Kajetán Tyl (1808–56), der Autor der tsch. Nationalhymne, der
Archäologe und Kulturhistoriker Jan Erazim Vocel (1803–71), der
Maler Felix Jenewein (1857–1905) und die Schriftsteller Jiří Ohren-
stein (Pseudonym Jiří Orten) (1919–41) und Gabriela Preissová, geb.
Sekerová (1862–1946). In der Marienkirche befindet sich das Grab
des Barockmalers Peter Johann Brandl (1668–1735). (III) *Ke*

K. Čermák/B. Skrbek, Mince království českého za panování rodu Habsburského
od roku 1526, Bde. 1–2, Pardubice 1891–1913; LV 472, 221–225; LV 259, Bd. 6,
242–249; V. Husa, Uhlířské tovaryšstvo na Kutnohorsku ve 14. až 16. stol., in: SSH
1 (1957), 7–66; J. Janáček, Das Kupfer in Kutná Hora (Kuttenberg), in: Schwerpunkte der Kupferproduktion und des Kupferhandels in Europa 1500–1650. Hg. v.
H. Kellenbenz, Köln/Wien 1977, 172–183; J. Jelínek, Kutná Hora, Praha 1990; Zd.

Jelínek, Dodávky stříbra a jeho zpracování v kutnohorské mincovně v poslední
čtvrtině 16. stol., in: SAP 25 (1975), 477–537; M. Kapavíková, Kutnohorské radní
knihy z let 1462–1527 a městská správa v tomto období., in: SAP 23 (1973), 106–
155; dies., Kutnohoršt'í městští písaři 15. a 16. století (písaři městských knih), Kutná
Hora 1984; J. Kejř, Právní život v husitské Kutné Hoře, Praha 1958; Kutnohorské
příspěvky k dějinám vzdělanosti české, Kutná Hora 1 (1881) – 11 (1941–49); Kut-
nohorsko. Hg. v. M. Kapavíková [u. a.], Praha 1978; E. Leminger, Královská mincovna v Kutné Hoře, Praha 1912–24; Listář k dějinám školství kutnohorského
(1520–1623). Hg. v. V. Nováček, Praha 1894; Listář k dějinám školství kutnohorského. Doplňky z let 1594–1623. Hg. v. O. Hejnic, Praha 1905; E. Matějková,
Kutná Hora, Praha [2]1965; J. Majer, K nejstarším právním dějinám Kutné Hory, in:
PHS 4 (1958), 131–152; J. G. Megerle v. Mühlfeld, Merkwürdigkeiten der königlich freien Bergstadt Kuttenberg und des daselbst befindlichen uralten Silberberg-
werkes, Wien 1825; L. Nemeškal, Výroba mincí v kutnohorské mincovně v prvním
údobí české tolarové ražby a její surovinové zdroje (1543–1561), in: NS 17 (1986),
33–80; J. Nuhlíček, Kutná Hora v době Jiříkově, in: SSH 4 (1969), 51–75; LV 540,
327–334; Příspěvky k dějinám Kutné Hory. Hg. v. L. Vaněk, Praha 1960; LV 569,
Bd. 1, 75–80; E. Šimek, Stříbro a kutnohorská mincovna v počátcích 17. století, in:
NL 28 (1973), 11–20; J. Šimek, Dějiny města Kutné Hory, in: Sborník vlastivědných
statí o politickém okrese Kutnohorském, Kutná Hora 1925, 131–197; Tisíc let kutnohorského dolování a mincování. Hg. v. F. Oraský, Praha o. J. [nach 1988]; F.
Trnka, Náboženské poměry při kutnohorské konsistoři r. 1464–1547, in: VKČSN
(1931), 1–96, (1932), 1–160, (1933), 1–107, (1934), 1–92; LV 906, Bd. 2, 182–198;
A. Zycha, Über den Ursprung der Städte in Böhmen und die Städtepolitik der Přemysliden, in: MVGDB 52 (1914), 2–76, 263–307, 559–605, hier 50–54.

Kuttenplan (Chodová Planá, Bez. Tachau). Die 13 km nö. von
→ Tachau gelegene Gem. wurde erstm. 1316–19 in den Quellen genannt. Für 1413 ist ein Kastell mit seinem damaligen Besitzer Hynko
v. Voitsberg belegt. Bis zu den Huss.kriegen wurde der umliegende
Grundbesitz mehrfach aufgeteilt; erst um 1437 gelang es den Rittern
v. Gottschau, die hier für ein Jh. herrschten, diesen wieder zusam-
menzuführen. Bereits vor 1350 existierte in K. die Kirche Johannes
des Täufers, die seit 1384 als Pfarrkirche belegt ist. Unter den Rittern
v. Gottschau wandelte sich das Dorf in ein 1514 erstm. erwähntes
Städtchen. Nach dem Tode Johanns v. Gottschau erwarb Johann
Pflug v. Rabenstein den Ort. 1538 privilegierten die Pflug v. Rabenstein K. mit einem Wochenmarkt und inkorporierten die dazugehörigen Güter ihrer Pfandherrsch. Tachau. 1558 erwarb Nikolaus
Miřkovský v. Stropčice K. erbl.; ihm folgten die Schirnding v.
Schirnding, die bis zum 30jähr. Krieg die Grundherrsch. ausübten.
Jobst Adam Schirnding v. Schirnding beteiligte sich am böhm. Stän-
deaufstand und mußte 1621 emigrieren. Das von der kgl. Kammer
konfiszierte K. kaufte 1623 der ksl. Oberst und bayer. Geheimrat
Theodor v. Haimhausen als Erbbesitz. Neben K. selbst umfaßte die
Herrsch. 3 Dörfer sowie mehrere Fischteiche. Bis 1945 befanden sich

diese Ländereien im Besitz der seit 1818 infolge Heirat den Titel Haimhausen-Berchem führenden Adeligen. Das urspr. Kastell diente bis 1734, als Sigismund v. Heimhausen an dessen Stelle ein Barockschloß erbauen ließ, als Wohnsitz. 1906 ließ die Fam. darüber hinaus noch ein neobarockes Schloß mit engl. Park errichten. 1822 zählte K. 151 Häuser und 966 Eww., die hauptsächlich in der Landwirtschaft und im Handwerk tätig waren. Daneben wurden Eisen, Kupfer, Alaun und Vitriol verarbeitet, es gab eine Brauerei und mehrere Ziegelfabriken. 1945 mußte die fast rein dt. Bev. die Stadt verlassen. – 1850: 904, 1900: 1194, 1930: 1735 (davon 68 Tsch.), 1950: 1051 und 1991: 1463 Eww. (I) *Kub*

A. Hamminger, Kuttenplan in Geschichte und Gegenwart, Bde. 1–3, Eger 1924–34; LV 259, Bd. 4, 109ff.; J. Novak, Co víme o osídlení Planska a Tachovska ve středověku, in: SOM 10 (1974), 12–20; LV 507, 120f.; E. Senft, Geschichte der Herrschaft und Stadt Plan in Böhmen, Bd. 1, Plan ²1932; LV 283, Bd. 6, 225–229; M. Urban, Notizen zur Heimatkunde des Gerichtsbezirkes Plan, Tachau 1884, 31–38; G. Weidl/M. Urban/L. Hammer, Heimatkunde des politischen Bezirkes Plan, Plan 1896, 339–346.

Lämberg (Lemberk, seit 1955 Lvová, Bez. Böhmisch Leipa). 1241 erstm. in den Quellen als »Lewenberch« genannt, gehörte die Herrsch. L. anfänglich den gleichnamigen Herren v. L., die hier 1256 eine Burg anlegen ließen. Unter der Herrsch. der Herren Berka v. Dubá wurde 1581–99 das Schloß errichtet. E. 16. Jh. gelangte die Herrsch. an Heinrich v. Waldstein, dem L. nach der Schlacht am Weißen Berg entzogen wurde. Der neue Besitzer Albrecht v. Wallenstein plante 1633 einen Umbau des Schlosses durch den Architekten Niccolo Sebregondi. Doch erst unter den Herren v. Bredau, die L. nach dem Tod Wallensteins 1634 erwarben, wurde das Schloß im barocken Stil umgebaut. Von den Bredau gelangte L. an die Gff. v. Gallas (danach Clam-Gallas). Seit 1951 ist in dem Schloß L. eine Sammlung des Kunstgewerblichen Museums in Prag ausgestellt.

(III) *MSW*

J. Bürger, Geschichte von Lämberg und Chronik von Ringelshain mit besonderer Berücksichtigung der Orte der Herrschaft und der Umgebung, Reichenberg 1886; LV 259, Bd. 3, 258–261; M. Lejsková-Matyášová, Lemberk, státní zámek a okolí, Praha 1965; A. Moschkau, Das Schloß Lämberg bei Gabel in Böhmen, Gabel 1879; V. Pinkava, Geschichte der Stadt Gabel und des Schlosses Lämberg in Böhmen, Deutsch-Gabel 1897; LV 896, 164; LV 275, Bd. 4, 258ff.; F. Stehlík, Lemberk, Ústí nad Labem 1961; LV 906, Bd. 2, 219ff.

Lana (Lány, Bez. Rakonitz). Die Agrar- und Bergbaugem. L. erstreckt sich am n. Rand der Pürglitzer Wälder; das gleichnamige Schloß mit Wildgehege und Jagdvilla dient als Sommerresidenz des tsch. Präsidenten. Dorf und Kastell L. wurden erstm. 1392 erwähnt, als hier ein gewisser Hašek aus dem Wladykengeschlecht v. Kladno residierte. Vom A. 15. Jh. bis 1589 gehörte L. zur Herrsch. Stochow, die damals Ks. Rudolf II. erwarb und der kgl. Herrsch. → Pürglitz inkorporierte. Bis 1592 ließ Rudolf II. hier nach Plänen des Baumeisters Jakob Burger ein Renaissance-Lustschloß erbauen, das als Unterkunft bei seinen Jagdausritten diente. Nach den im 30jähr. Krieg erlittenen Schäden wurde die Anlage 1652 in ein Barockschloß verwandelt. 1658 verpfändete Ks. Leopold I. die Herrsch. Pürglitz mit L. an Ernst Josef v. Waldstein. Als Lehen seiner Enkelin Maria Anna gelangte L. 1731 in die Hände von Josef Wilhelm v. Fürstenberg, dessen Nachfahren es bis zum Verkauf an den tschsl. Staat 1920 gehörte. Das Schloß erlebte 1730 einen Umbau mit Aufstockung, 1748 erfolgten weitere Veränderungen. 1821–25 fügte man eine zweite Etage hinzu, 1902/03 schließlich den dritten Stock mit Mansarde und einem turmartigen Eingangstrakt. 1849–75 wurde ein Park angelegt, Treibhäuser und neue Wirtschaftsgebäude entstanden. 1920/21 erfuhr die gesamte Anlage aufgrund ihrer neuen Funktion als zeitweiliger Präsidentensitz nach Plänen des Architekten Josip Plečnik eine neuerliche Umgestaltung. Die Rokokokirche zum Namen Jesu wurde 1747–52 an das Schloß angegliedert. Auf dem örtl. Friedhof befindet sich die Grabanlage des ersten tschsl. Präsidenten Tomáš G. Masaryk (1850–1937) sowie weiterer Angehöriger seiner Fam. – 1850: 926, 1921: 1152, 1950: 1227, 1991: 1479 Eww.

(II) *Led*

LV 259, Bd. 3, 252, 256f.; LV 279, Bd. 8, 87f.; LV 906, Bd. 2, 208.

Landsberg (Lanšperk, Bez. Wildenschwert). Die Burg L. entstand während der Besiedl. des Gebietes zw. der Stillen Adler und der böhm.-mähr. Höhe in der 1. H. 13. Jh. auf Königsboden. Der Funktion als Zentrum dieses Landes, auf die die Bezeichnung »Landesberg« zurückgeht, verdankt L., das auf einem steil zur Stillen Adler abfallenden Bergkegel errichtet wurde, seine Bedeutung. L. wurde erstm. 1285 in einer Urk. Kg. Wenzels II. als »castrum« erwähnt. Seit 1292 zählte die Herrsch., welche die Stadt → Landskron, 3 Marktorte und 43 Siedl. umfaßte, zur Ausstattung des Zisterzienserkl. → Königsaal. Da sich die umwohnenden Adeligen aus → Žampach und → Geiersberg in den Besitz der Herrsch. zu setzen suchten, griff das Kl. zum Mittel der Verpachtung und trat 1358 L. im Tausch an das Btm. Leitomischl ab, das auf der Burg einen bfl. Hauptmann einsetzte. 1425 und 1429 wurde L. von den ostböhm. Huss. erobert. Im 16. Jh. zählte es zum Besitz der Herren v. Pernstein, welche die Burg jedoch nicht mehr bewohnten. 1622 wird diese erstm. als wüst beschrieben, später diente sie als Steinbruch. Seit dem 16. Jh. ist nö. der Ruine das Dorf L. nachweisbar. – 1980: 122 Eww. (IV) *Bb*

LV 905, Bd. 47, 172–176; LV 259, Bd. 6, 253–255; J. Nygrýn, Hrad Lanšperk, Ústí
n. O. 1946; LV 952, Bd. 2, 482.

Landshut (Lanžhot, Bez. Lundenburg). Die 7 km sö. von
→ Lundenburg gelegene Ortschaft war im 14. Jh. ein Marktflecken
am Übergang über die March in Richtung Ungarn. Aus dem Besitz
der Herren v. Holstein ging das »oppidum Landshut« 1394 an den
mähr. Mkgf. über. Später gehörte L. als selbst. Gut den Liechtenstein,
die es ihren österr. Besitzungen eingliederten. Seit M. 16. Jh. gab es
eine Hl.-Kreuz-Pfarrkirche, die 1893 umgebaut wurde. 1565 errichteten die Wiedertäufer in L. ein Gemeindehaus. Bis zu seiner endgültigen Vernichtung 1619 wurde es mehrfach zerstört, so 1605 während des ungar. Adelsaufstandes unter Stephan Bocskay. 1733 brannte
L. vollständig ab. Nach dem Bau einer großen Eisenbahnbrücke über
die March erhielt L. Anschluß an das Streckennetz der Bahn; die Bedeutung des tradit. Fährbetriebes nahm dadurch schnell ab. Die nahezu rein tsch. Bev. lebte von der Landwirtschaft, seit dem 20. Jh. auch
von der Leichtindustrie. – 1850: 2043, 1900: 2972, 1950: 3657, 1991:
3740 Eww.   (VIII) *Had*
LV 253, Bd. 8, 255f.; LV 255, Bd. 3, 258; LV 950, Bd. 1, 489f.; L. Hosák, Lanž-
hotské katastry 1656–1788, Břeclav 1929; LV 290, Bd. II/8, 219–234.

Landskron (Lanškroun, Bez. Wildenschwert). Das unweit der
böhm.-mähr. Höhe gelegene L. wurde 1241 in der Titulatur des ver-
mutl. Lokators, Ulrich v. Dürnholz, erwähnt. Nach 1290 wurde die
»civitas« L. von der kgl. Kammer eingezogen und 1292 von Kg. Wenzel II. dem Zisterzienserkl. → Königsaal übertragen. Das einen regelmäßigen Grundriß mit quadrat. Marktplatz aufweisende L. galt
1304 als Zentrum des »districtus Landeschronensis« und wurde 1322
als Marktort, 1356 als »oppidum muratum« bezeichnet. Im 14. Jh.
entwickelte sich das überwiegend von einer dt.sprachigen Bev. besiedelte, am Rande des Schönhengstgaues gelegene L. als Archidia-
konatssitz zu einem Zentrum O-Böhmens. In L. wirkte 1368 der
Evangeliarmaler Johann v. Troppau. 1371 wurde von Peter Jelito
(1320–87), dem Kanzler Ks. Karls IV., der aus Nieder-Johnsdorf bei
L. stammte, ein Kl. der Augustiner-Chorherren gegr., an dessen Ort
sich heute die 1828 errichtete Kirche St. Maria Magdalena befindet.
Neben der als got. Hallenkirche vor 1350 errichteten Dekanatskirche
St. Wenzel (1645 ausgebrannt, später barock umgebaut) entstand
1393 ein neuer Augustinerkonvent, der bei der Eroberung durch die
Huss. 1421 geplündert wurde. Das 1358 dem Btm. Leitomischl
übertragene L. fiel nach dem Erlöschen des Btm. 1421 an adelige
Stadtherren und wurde im Besitz der huss. Kostka v. Postupitz nach
1430 zu einem Zentrum der Waldenser und Böhm. Brüder. 1531

erschien hier das von Michael Weisse (1488–1534) verfaßte erste gedruckte Gesangbuch der Böhm. Brüder in dt. Sprache, welches neben Nachdichtungen aus dem Tsch. auch Neuschöpfungen enthielt und das prot. Kirchenlied nachhaltig beeinflußte. 1547 mußten die Böhm. Brüder L. verlassen, wo sie jedoch 1552 und nach 1566 erneut nachweisbar sind. Die Brüderschule wurde trotz zweifacher Schließung (1547, 1582) jeweils wiedereröffnet. Daneben fand nach 1550 das Luth. Verbreitung. Im 16. Jh. kam L. in den Besitz der Herren v. Pernstein bzw. v. Boskowitz und 1588 an Adam Felix Hrzan v. Harras, der 1601 die Reste des Augustinerkonvents in ein Schloß umbauen ließ (heute städt. Museum). Aus der früheren Bauperiode blieb der got. Kapitelsaal erhalten. 1581/82 wurde das Renaissance-Rathaus (1830 umgebaut) am Marktplatz errichtet. 1622 kam die Herrsch., die auch → Wildenschwert und → Böhm. Trübau mit 39 Dörfern umfaßte, an die Liechtenstein, welche die Ratsverfassung der Stadt zugunsten eines Fürstenrichters aufhoben und 1622–31 die Gegenref. durchsetzten. Die Böhm. Brüder emigrierten nach Sachsen, ein Teil der Gem. ließ sich 1737 in Rixdorf bei Berlin nieder. 1643–48 wurde L. mehrfach von schwed. und ksl. Truppen verwüstet. Unter Johann Adam Andreas v. Liechtenstein, einem bedeutenden Bauherrn und Kunstsammler, setzte eine rege Bautätigkeit in L. ein: 1700–05 entstanden die Friedhofskirche St. Anna, das Dekanatsgebäude sowie 2 km sw. von L. 1698–1712 das sog. Neuschloß, von dem nach zahlr. Bränden nur ein Eckturm erhalten blieb. Dennoch stagnierte L. unter der Herrsch. der Liechtenstein, da der Stadt sämtliche Einnahmequellen entzogen waren. 1791 zur Munizipalstadt erhoben, entwickelte sich seit 1802 Textilindustrie, wobei die Leinwand- und Kattunfabrik Erxleben mehrere hundert Arbeiter und Hausweber beschäftigte. Zeugnis dieses Aufschwungs sind die Bürgerhäuser am Marktplatz; die urspr. Holzbauweise zeigt das in der 2. H. 18. Jh. enstandene sog. Kratschenhaus. Durch den fehlenden Anschluß an das Eisenbahnnetz – die 1842–45 erbaute Strecke Olmütz–Prag verlief in 4 km Entfernung, erst 1884/85 wurde eine Stichbahn errichtet – entwickelte sich L. nur schwach. 1871 siedelte sich Tabakindustrie, nach 1880 die »Mechanischen Papierhülsen- und Spulenfabriken« sowie Textilindustrie an. Am 28.10.1918 forderte ein dt. Nationalrat den Anschluß an Deutschböhmen, seit 1935 gewann die SdP im Stadtrat die Mehrheit und forderte den Anschluß an das Dt. Reich. Die dt.sprachige Bev. wurde nach 1945 zwangsausgesiedelt. L. verlor 1945 die Bez.-Behörden, so daß die Bev. erst nach 1968 wieder anwuchs. Aus L. stammt der Mediziner, Mathematiker und Professor der Prager Univ. Johann Marcus Marci v. Kronland (1595–1667). – 1845: 5000, 1890: 5820, 1930: 6497 (davon 5297 Dt.), 1950: 5538, 1968: 7152, 1980: 10 620 Eww. (IV) *Bb*

LV 905, Bd. 47, 119–172; F. Gauglitz, Heimat Kreis Landskron. Heimatbuch für
Stadt und Kreis Landskron, Bietigheim [2]1985; LV 261; Lanškroun. Příspěvky k po-
znání města a jeho okolí, Lanškroun 1991; E. Lehmann, Landskroner Urkundenbuch,
Landskron 1920; ders., Landskroner Heimatbuch, Landskron 1930; J. Loserth, Zur
Geschichte des Landskroner Teils der Schönhengster Sprachinsel, in: MVGDB 27
(1889), 193–235; LV 952, Bd. 2, 481f.

Landstein (Landštejn, Bez. Neuhaus). 10 km nw. von → Zlabings
erhebt sich auf einem Berg oberhalb des Dorfes Markel die ausgedehnte Ruine der ma. Burg L., die als kgl. Gründung A. 13. Jh. an der
unruhigen böhm.-österr. Grenze als Pendant zur bereits existierenden Burg Markel angelegt wurde. Um 1250 erwarben die Witigonen
die Burg; eine Linie dieses Adelsgeschlechts residierte hier bis in die
2. H. 14. Jh. Ihnen folgten für gut 2 Jhh. die Herren Krajíř v. Krajek.
Nach dem 30jähr. Krieg verlor die Burg ihre bisherige strategische
Bedeutung. Bis zur Feuersbrunst 1771 bewohnt, lag sie danach in
Trümmern. Von der urspr. ma. Anlage blieben die Hauptmauer mit 2
rechteckigen Türmen und die rom. Kapelle erhalten. Umbauten im
14. Jh. führten zur Errichtung eines neuen Wohnturms, um 1500
wurden der Palas erweitert und das Fortifikationssystem erneuert.
                                                    (VII) *Dur*
LV 245, 26f., 323f.; LV 248, 164f.; T. Durdík/M. Havlová, Die Burg Landstein,
České Budějovice 1991; LV 250, Bd. 6, 118–130; LV 259, Bd. 5, 117ff.; LV 879,
Bd. 1, 107–112, Bd. 2, 481–485; LV 279, Bd. 4, 98–111; V. Veselý, Popis a dějiny
hradu Landštejna, Jindřichův Hradec 1931.

Laun (Louny). Urspr. ein Dorf an einer Furt über die Eger auf dem
Wege nach Sachsen, wurde L. um 1250 als kgl. Stadt gegr.; die ersten
Kolonisten kamen verm. aus Sachsen. L. gehörte von A. an zum Magdeburger Rechtskreis. Den Stadtkern umgaben 3 Vorstädte: die Saazer Vorstadt mit der Peterskirche, die in ihrer heutigen Gestalt aus
dem 15. Jh. stammt, die Prager Vorstadt mit der Mutter-Gottes-Kir-
che von 1495 sowie die Benateker Vorstadt. Bis zur Huss.zeit erfolgten 2 Kl.gründungen (Dominikaner und Magdalenerinnen). Den
grundlegenden Erwerbszweig bildete der Getreide-, Wein- und
Hopfenanbau. Während der Huss.kriege unterhielt L. mit → Saaz
und → Schlan ein gemeinsames milit. Aufgebot und avancierte aufgrund von Konfiskationen der Kl.dörfer zur Großgrundherrsch.; E.
15. Jh. kam es zu einem Umbau des bisherigen Fortifikationssystems.
Eine verheerende Feuersbrunst 1517, der auch die Kirche, von der
nur der Turm verschont blieb, zum Opfer fiel, erforderte eine Umgestaltung der Stadt. Architekt der neuen, 1538 vollendeten Kirche
St. Nikolaus war Benedikt Ried, der hier seine letzte Ruhe fand. Die
mit einem dreiteiligen Zeltdach bekrönte Kirche zählt zu den Mei-

sterwerken der Spätgotik in Böhmen. In der Renaissance lehrten an
der Stadtschule zahlr. bedeutende Humanisten. 1620 besetzte Albrecht v. Wallenstein die Stadt, die im Barockzeitalter spürbar an Bedeutung verlor. Aus dieser Zeit stammen das Spital (1698) und der
bemerkenswerte Altar der Nikolauskirche (1704). 1714 wurde in der
Saazer Vorstadt die Kirche der Vierzehn Nothelfer erbaut. Im August
1813 befand sich während der Schlacht bei → Kulm in L. das Hauptquartier der gegen Napoleon verbündeten Mächte. An den Folgen
seiner Verletzungen starb hier der frz. General Jean Victor Moreau.
Ein Großfeuer 1849 und der Abriß zahlr. architektonischer Denkmäler (Bürgerhäuser, Stadttore, Rathaus) in der Folgezeit haben das
Aussehen der Stadt stark verändert. Nach 1870 wurde L. an das Eisenbahnnetz angeschlossen; 1873 erfolgte die Gründung des auch
heute noch größten Industriebetriebes der Stadt, des Eisenbahnaus-
besserungswerkes. In L. wurden der Dichter Jaroslav Vrchlický
(1853–1912) und der Architekt Kamil Hilbert (1869–1933) geb. Die
an der Sprachgrenze zum Dt. gelegene Stadt wahrte stets tsch. Charakter. – 1828: 2070, 1921: 11 556, 1990: 20 658 Eww.   (II) *Rd*

LV 867, 445f.; V. Herold, O nejstarší městské knize lounské, in: SAP 21 (1971),
32–92; Letopisy města Loun. Hg. v. B. Lůžek, Praha 1971; B. Lůžek, Stavitelé chrámu svatého Mikuláše v Lounech, Louny 1968; B. Roedl, Smolné knihy města Loun,
Louny 1993; ders., Náklady na činnost lounského hrdelního soudu v letech 1571–
1631, in: FHB 16 (1993), 97–112; ders., Huertova mise v Lounech, in: Rekatolizace
v českých zemích, Pardubice 1995, 111–117; F. Štědrý, Dějiny města Loun, Louny
1930; K. Štěpánek, Město Louny a české stavovské povstání roku 1618–1620, in:
SSM Hist. 4 (1964), 151–244; J. Vaniš, Kniha počtů královského města Loun z let
1450–1471 a 1490–1491, Praha 1971; R. Wunš, Dějiny svobodného královského
města Loun, Praha 1868.

Lauterbach Stadt (Město Litrbachy, seit 1948 Čistá, Bez. Falkenau).
Ein im Zusammenhang mit dem Zinnbergbau am Berg Knock ent-
standenes Straßendorf L. wurde erstm. in einem Lehensverzeichnis
der Landgff. v. Leuchtenberg 1360–79 erwähnt. Der Ort wurde
durch Privileg Kg. Ferdinands I. 1551 zur kgl. freien Bergstadt erhoben und zunächst dem Oberbergamt → Sankt Joachimsthal, 1573
dem Oberbergamt → Schlaggenwald unterstellt. Die in den Bergbau
gesetzten Erwartungen erfüllten sich hier aber nicht, so daß der urspr.
Bebauungsplan nur teilw. realisiert werden konnte. Der 30jähr. Krieg
und die Gegenref. hatten weiteren Wirtschaftsverfall und Bev.ab-
nahme zur Folge. Eine Pfarrstelle wurde in L. erst 1685 eingerichtet.
Ein großer Brand vernichtete 1772 den größten Teil der Stadt mit
allen im Rathaus befindlichen Archivalien sowie die im W des
Marktplatzes gelegene Kirche. Der Wiederaufbau des Ortes erfolgte
in bescheidener Form. Die neue Pfarrkirche wurde 1774/75 durch

Wenzel Hausmann aus → Tepl errichtet. Im Mai 1945 zunächst von amerikanischen Truppen besetzt, erhielt L. im Juli 1945 eine tsch. Ortsverw. Der 1946/47 nahezu vollständigen Vertreibung der dt. Bev. folgte die Umwandlung in ein Militärgelände und die gänzliche Zerstörung der Stadt bis etwa 1955. Heute erinnert nurmehr eine 1993 auf dem ehem. Stadtgelände errichtete zweisprachige Gedenktafel an den Ort. – 1843: 2082, 1900: 1634, 1939: 1000 (Dt.).

(I) *Rog*

J. Majer, K počátkům báňskoprávního vývoje na Slavkovsku do 16. století, in: MZK 8 (1971), 126–140; LV 507, 71f.; LV 952, Bd. 4, 643f.; LV 275, Bd. 2, 159ff.; LV 283, Bd. 15, 269ff.; »Ba u(n)s dahamm«. Heimatbuch der Bergstadt Lauterbach im Kaiserwald, Illertissen/Augsburg 1992.

Lautschin (Loučeň, Bez. Nimburg). Das Städtchen mit seinem Schloß liegt in hügeliger Landschaft 11 km n. von → Nimburg. Seit 1223 erscheint L. als Besitz lokaler Adeliger in den Quellen. Im 15. Jh. gehörte es den Herren Loučenský v. Kopidlno, seit 1510 den auf der Burg Kuncberg residierenden Křinecký v. Ronow. 1612 erwarb Wenzel d. J. Berka v. Dubá den Ort. Nach der Schlacht am Weißen Berg verlor dieser seine Güter, L. fiel an Adam v. Waldstein. Den Bau eines an der Stelle des ehem. Kastells errichteten Barockschlosses nahm 1704 Gf. Ernst v. Waldstein in Angriff. Die einstökkige dreiflügelige Anlage grenzte dabei an die 1710–13 erbaute Kirche Mariä Himmelfahrt, die nach dem Untergang der urspr. Pfarrei nach 1620 sowie nach dem Einsturz der got. Pfarrkirche 1786 die Funktion einer Filialkirche und seit 1853 die der Pfarrkirche erfüllte. 1756 erwarb Karl Egon Fst. zu Fürstenberg L., von 1808–1945 gehörte es den Fstt. v. Thurn und Taxis. 1834 zählte L. 86 Häuser und 606 Eww., erst 1906 wurde die im regionalen Maßstab prosperierende Gem. zum Städtchen erhoben. – 1900: 978, 1950: 808 und 1991: 759 Eww.   (III) *Žem*

LV 259, Bd. 3, 287f.; Poděbradsko. Obraz minulosti i přítomnosti, Bd. 3/2. Hg. v. K. Kožíšek, Nymburg 1912, 247–258; LV 279, Bd. 10, 345f.; LV 283, Bd. 2, 27–31; LV 906, Bd. 2, 312.

Ledeč (Bez. Deutschbrod). Die Geschichte der 24 km nw. von → Deutschbrod gelegenen Kleinstadt ist eng mit der am r. Ufer der Sazawa auf einem Felsvorsprung errichteten Burg verbunden. Das Dorf wurde verm. in der 1. H. 14. Jh. durch Zdeněk v. L. gegr. Kurze Zeit später ließen die Herren v. L. die Siedl. nach W um einen länglichen Markt erweitern und zum Städtchen erheben. Die verm. A. 14. Jh. n. des urspr. Dorfes gegr. Bergfried-Burg war Sitz der Herren v. L., von denen Nikolaus d. Ä. und Nikolaus d. J. den Beschwerdebrief böhm. Adeliger gegen die Verbrennung des Jan Hus in

Konstanz siegelten. 1458 erhob der böhm. Kg. den Ort zur Stadt; 2
Jahre später erhielten die Bürger das Recht, die Maut an der Holz-
brücke über die Sazawa zu erheben (1838 durch eine steinerne ersetzt), 1488 ein Jahrmarktprivileg und 1501 das Recht der Appella-
tion an den Rat zu Deutschbrod. Den Herren Meseritsch v. Lomnitz
folgten 1569–98 und – nach einem kurzen Intermezzo der Herren v.
Lobkowitz – wieder seit 1616 die Trčka v. Leipa, deren Besitz nach
der Schlacht am Weißen Berg 1620 der Konfiszierung anheimfiel.
Die Besitzer wechselten in der Folgezeit häufig. 1677 fiel die Herrsch.
L., zu der neben der Stadt noch 32 Dörfer gehörten, an Gf. Michael
Oswald v. Thun, welcher der im Kern got., 1556 erneuerten und im
17. Jh. erweiterten Burg einen frühbarocken Park und die Kapelle
Mariä Himmelfahrt hinzufügte. Als Lustschlößchen diente die Anlage in der Folgezeit als Sommersitz seines Bruders Gf. Johann Ernst v.
Thun, Ebf. v. Salzburg. 1753 übergab Ignaz Frh. v. Kochta die Burg
an Ksn. Maria Theresia, die hier im 7jähr. Krieg eine Kaserne einrichtete. 1879 vernichtete ein Feuer große Teile der Stadt. Die Dekanatskirche St. Peter und Paul wird 1360 erstm. im Kirchenverzeichnis des
Prager Ebf. Ernst v. Pardubitz erwähnt. Chor und Seitenkapellen des
got. Baues wurden um 1400, der S-Turm 1509–39, das Schiff um
1550 errichtet. Um 1554 zogen die örtl. Töpfer, deren Handwerk zu
dieser Zeit prosperierte, ein Netzgewölbe aus gebranntem Ton ein,
bemalt mit den Wappen von Adelsgeschlechtern aus dem Umkreis.
1730, A. 19. Jh. und 1930 fanden Restaurierungen statt. Die jüd.
Gem. erhielt 1601 einen Friedhof und 5 Jahre später eine Synagoge,
die 1739 nach einem Brand einem Neubau wich; der Friedhof,
wenngleich nach dem Zweiten Weltkrieg verfallen, birgt einige hist.
und künstlerisch bedeutsame Grabsteine. In L. dominieren heute
Maschinenbau und Schuhindustrie. – 1890: 2358, 1930: 2623, 1991:
6540 Eww.   (III/VII) *Ben/Krz*

E. Doubek, Z historie města Ledče nad Sázavou, Ledeč nad Sázavou 1957; LV 248,
167f.; I. Ebelová/L. Svoboda, Hradní areál v Ledči nad Sázavou, in: CB 3 (1993),
73–94; E. Fiedler, 400 let města Ledče nad Sázavou, Ledeč nad Sázavou 1962; F.
Pleva, Ledeč nad Sázavou a okolí, Ledeč nad Sázavou 1991.

Leipa → Böhmisch Leipa

Leipnik (Lipník nad Bečvou, Bez. Prerau). L. liegt nö. → Prerau an
der Fernverbindung Donau–Baltikum im Bečwa-Tal. Anstelle der
um 1240 verm. von den Tataren zerstörten Ansiedl. entstand zw.
1256 und 1266 eine mit dt. Kolonisten besiedelte planmäßige Anlage,
die vor 1280 Stadtrecht erhielt. Bis zu ihrer Selbständigkeit 1848 gehörte die grunduntertänige Stadt zur Herrsch. Helfenstein. Unter
deren zahlr. Besitzern bedeutete die Epoche der Herren v. Pernstein

(1474–1553) eine Blütezeit für L.; Wilhelm v. Pernstein (1435–1521) baute die Befestigung aus, legte Vorstädte an und versah L. mit einer bis in dieses Jh. funktionierenden Wasserleitung. Um 1488 entstand eine jüd. Gem.; ihre um 1530 erbaute Synagoge ist seit 1949 im Besitz der Tschsl. Kirche. – Gleichzeitig bildete sich ein Zentrum der Mähr. Brüder mit einer Schule und einem zweiten Bethaus in der w. Vorstadt. Die Herren v. Würben und Freudenthal förderten das Luth.; Georg v. Würben ließ für seine dt. Bediensteten bei dem von ihm erbauten Renaissance-Schloß eine luth. Kirche (1610) und Schule (1613) errichten. 1622 gelangte die Herrsch. Helfenstein durch Konfiskation in den Besitz des Olmützer Bf. Kardinal Franz v. Dietrichstein, der die Gegenref. einführte. Die Herrsch. blieb bis 1945 im Besitz seiner Nachfahren, zuletzt der Gff. Althann. – Das ehem. Brüderkollegium bezog 1634 der Piaristenorden (heute Kreisarchiv). Zu den Schülern des Piaristen-Gymnasiums zählte 1833/34 der Vererbungsforscher Gregor Mendel (1822–84). Nach dem wirtsch. Niedergang infolge des 30jähr. Krieges verhalfen erst der Bau der Kaiserstraße (1782–87) und der Kaiser-Ferdinands-Nordbahn (1841) L. wieder zum Aufschwung. Die bis E. 19. Jh. von Weberei und Agrarhandel lebende Stadt wandelte sich zu einer Industriestadt. – 1873 wurde die städt. Schule in einen dt., tsch. und jüd. Zweig geteilt, die dt. Realschule wurde 1919/20 durch die tsch. Behörden, die 1895 gegr. tsch. Realschule 1941 von den nationalsozialist. Behörden geschlossen. – 1763: 2783, 1880: 6367 (davon 1972 Dt.), 1930: 7530 (davon 740 Dt.), 1950: 7604, 1980: 6694 Eww.

Die 4 km sö. auf steilem Felsen gelegene Burg Helfenstein wurde E. 13. Jh. zur Beherrschung der Mähr. Pforte angelegt. Im 15. Jh. ließ Wilhelm v. Pernstein ihre Befestigung so verstärken, daß sie sich in allen nachfolgenden Kriegen als uneinnehmbar erwies. Nachdem sie 1626 zur Reichsfeste erklärt worden war, wurde sie 1656 auf Befehl Ks. Ferdinands III. für die Verteidigung untauglich gemacht. 1817 ließ der ksl. Hofkriegsrat den Bergfried vor geladenen Gästen demolieren. Seit 1973 wird die Ruine rekonstruiert. (V) *Do*

LV 290, Bd. II/44; LV 253, Bd. 6, 171–175; A. Fröhlich/M. Fröhlichová, Město Lipník nad Bečvou a hrad Helfštýn, Lipník 1931; Zd. Gardavský, Hrad Helfenštejn v datech, číslech, faktech a nákresech, Přerov 1990; J. Gwuzd, Územně plánovací dokumentace města Lipníku nad Bečvou, in: PAP 7 (1982), 142–151; A. Hajduk, Geschichte der Stadt Leipnik, Leipnik 1907; LV 950, Bd. 1, 533f.; LV 259, Bd. 2, 144f.; I. Kahlig, Die Burg Helfenstein in Mähren, Prag 1897; Kniha o Lipníku nad Bečvou, Lipník n. B. 1965; D. Menclová/Zd. Gardavský/V. Panos, Helfštejn. Státní hrad a památky v okolí, Praha 1971; B. Vaňák/A. Frel, 700 let města Lipníka nad Bečvou, Lipník n. B. 1965; LV 294, Bd. 1, 276–279.

Leitmeritz (Litoměřice). L., verkehrsgünstig an einer Fährstelle über
die Elbe gegenüber der Eger-Mündung gelegen, war im frühen MA
Hauptort der slaw. »Lutomericii«, bis diese A. 10. Jh. der Herrsch. der
Přemysliden eingegliedert wurden. Seitdem wurde L. zu einem befestigten Verw.-Zentrum der Prager Fstt.; um 1057 erbaute Hzg.
Spytihněv auf dem Burgberg die steinerne St.-Stephanskirche und
gründete bei ihr ein Kollegiatskapitel, das er mit Dörfern, Dienstleuten und Einkünften (Elb-Zoll) reich ausstattete. Um Burg und Kirche
entstand eine Siedlungsagglomeration mit Handwerker- und Kauf-
leuteniederlassungen. Der Kern der um 1225 formell gegr. und planmäßig um den Marktplatz angelegten Stadt lag auf dem Hügel (1219
»novus mons«) gegenüber dem Burgberg. Die ersten Bürger – ihre
Namen weisen sie als Dt. aus – genossen Autonomie in Verw. und
Gericht (Magdeburger Recht); sie engagierten sich in der Erschließung des Umlandes unter modernen Bedingungen (zu »dt. Recht«),
indem sie Siedler von der unteren Elbe und aus dem Rheinland an-
warben. Der Getreidehandel auf der Elbe nach N entwickelte sich zu
einem bedeutenden Faktor des Wirtschaftslebens. Die Stadt wuchs
rasch über die erste Ummauerung hinaus. Neben der 1235 erwähnten
Stadtkirche Allerheiligen und der 1297 genannten Laurentius-Kirche
entstanden 1233 das Kl. der Minoriten mit einer St.-Jakobs-Kirche
und um 1236 das Kl. der Dominikaner mit einer St.-Michaels-Kirche
sowie, an der Stelle der späteren Jesuitenresidenz, eine 1257 erwähnte
Marienkirche unter der Obhut des Kreuzherren-Ordens, der im
14. Jh. auch über ein Spital verfügte. Die Bebauung erfaßte den
Burghügel, doch blieb der Versuch, dort um 1253–62 eine »Neustadt« zu gründen, ohne Erfolg. Nach einem verheerenden Brand
1296 förderten die böhm. Kgg. Wiederaufbau und Entw. von L.
durch Ermäßigung der Landessteuer, Verleihung des Meilen- und
Stapelrechts und durch Übereignung von Land. Außer der 1298 erwähnten städt. Schule gab es M. 14. Jh. eine Kapitelschule. Eine 2. H.
13. Jh. errichtete kgl. Burg bildete seit der Erweiterung der ummau-
erten Stadtfläche M. 14. Jh. einen Teil der Befestigung. Die Bürgerschaft baute sich 1348 einen Stadtturm (Turm der Allerheiligenkirche) und 1397 am Marktplatz ein neues Rathaus. Nachteilig wirkte
sich die Freigabe des Getreidehandels auf der Elbe durch Kg. Wenzel IV. aus, da L. in diesem wichtigen Wirtschaftszweig sein Stapelrecht verlor.
In den Huss.kriegen stand L. zunächst auf der Seite Kg. Sigismunds
und provozierte durch die Hinrichtung von 17 Huss. 1420 die Belagerung durch den huss. Feldherrn Jan Žižka. L. unterstellte sich daher den gemäßigten utraqu. Prager Städten und trug damit auch dem
Wandel der städt. Bev. Rechnung: In die urspr. überwiegend dt.

Stadt waren immer mehr Tsch. eingewandert, die sich nun gegen das
dt. gebliebene Patriziat durchsetzten. Diese Polarisierung fand ihren
Ausdruck in dem zeitweiligen Verzicht auf den Rechtszug nach
Magdeburg und in der Forderung, die Dt. von allen öffentlichen
Ämtern auszuschließen, was Kg. Sigismund 1436 bewilligte. In der
2. H. 15. Jh. erholte sich L. von den Schäden der Huss.kriege. Kg.
Ladislaus Postumus bewilligte 1454 die Erhebung einer Maut für die
neu errichtete hölzerne Elbbrücke, die später häufig beschädigt oder
zerstört wurde; das Stapel- und Meilenrecht wurde durch die Kgg.
Georg v. Podiebrad und Wladislaw II. erneuert. Allerdings stand L. in
Auseinandersetzungen mit den umwohnenden Adeligen und mußte
A. 16. Jh. die Stadtmauern verstärken, die 1514 258 Häuser umschlossen. Auch auf wirtsch. Gebiet konkurrierte der Adel mit der
Stadt. A. 16. Jh. war die große Mehrheit der Bürger kalixtinisch. Ein
beeindruckendes Zeugnis ihres Glaubens ist das Kantionale der Li-
teratenbruderschaft (1517, mehr als 1000 Blatt). Die wenigen Kath.
waren auf dem späteren Domhügel konzentriert, ein jüd. Viertel gab
es bei der jetzigen Dominikanergasse; es wurde 1541 ausgeplündert.
Ein kgl. Privileg erlaubte es L. seit 1546, Juden den Aufenthalt in der
Stadt zu verbieten; an der Stelle der jüd. Schule entstand das städt.
Spital. Der Widerstand der böhm. Städte gegen die kath. Politik der
Habs., die ihnen zudem immer neue Steuern abverlangten, wuchs, als
Kg. Ferdinand I. 1547 in L. deren Beteiligung am Schmalkaldischen
Krieg forderte. Die Weigerung strafte der Kg. nach siegreicher
Schlacht 1547 bei Mühlberg: Wie andere Städte mußte L. hohe Geld-
strafen zahlen, die Waffen abliefern und dem Kg. wichtige Einnah-
mequellen überlassen. Die städt. Autonomie wurde eingeschränkt.
Eine Beeinträchtigung für L. bedeutete auch die Erhebung des nahen
→ Lobositz 1600 zur Stadt. Die 2. H. 16. Jh. hinterließ dennoch
zahlr. Beispiele für den Wohlstand der Bürger: am Marktplatz das
Rathaus (1537–39), Schwarzer Adler um 1560, Kelchhaus (1570–80).
Die kulturelle Entw. wird durch Gründung einer Lateinschule (Kol-
legium) und durch enge Verbindungen zum Zentrum der Ref. in
Wittenberg bezeugt.
In der 2. H. 16. Jh. war die Mehrheit der Eww. luth.; gemeinsam mit
Utraqu. und Böhm. Brüdern stand sie dem habs. Streben, kath. Rats-
herren zu Einfluß zu verhelfen, geschlossen entgegen, und aus der
Opposition erwuchs die Teilnahme am Ständeaufstand 1618–20. Die
Niederlage am Weißen Berg zog aber den erneuten Verlust aller Privilegien, die entschädigungslose Rückgabe der gerade erworbenen
kath. Kirchengüter und eine strenge Gegenref. nach sich. 215 Fam.
verloren ihr Vermögen, und 1627 mußten mehr als 500 Personen, die
nicht kath. wurden, die Stadt verlassen, darunter der Rektor des Kol-

legiums und Autor der Schrift »Respublica Bojema«, Pavel Stránský.
Von den Habs. geförderte Fam. und Institutionen, vor allem die Jesuiten, zogen in L. ein. Zw. 1631 und 1648 wechselte die Herrsch.
über L. häufig: Sachsen und Schweden vertrieben mehrfach die
Kath., und alle Heere fügten der Stadt und ihrer Umgebung schwere
Schäden zu. 1640 lebten nur noch 52 Bürger in L. und 8 Eww. in den
städt. Dörfern.

Mit dem Ende des 30jähr. Krieges 1648 begann die kath. Reorganisation, verbunden mit einer lebhaften Bautätigkeit im Barockstil.
1649 stiftete Gf. Heinrich Schlick ein Kapuzinerkl., bei dem 1654–57
eine Kirche St. Ludmila errichtet wurde. 1655 wurde das Btm. L.
gegr., der letzte Propst des Kapitels und erste Bf., Maximilian Rudolf
Frh. v. Schleinitz, siedelte sich auf dem Domhügel an. 1670 begann
Giovanni Dominico Orsi mit dem Bau des neuen Doms anstelle der
alten Stephanskirche, daneben entstanden Domdechantei und Domherrenhäuser sowie 1683–1701 die durch Giulio Broggio errichtete
Bischofsresidenz. 1672–85 wurde die neue Dominikanerkirche St.
Michael erbaut. Die eigentlichen Träger der Rekatholisierung waren
die Jesuiten. Ihre von Giulio Broggio geplante Marienkirche wurde
durch Octavio Broggio vollendet (1689–1731), ihr neues Kollegium
1770 fertiggestellt. Durch Zuwanderung erholte sich die Bürgerschaft langsam. Die Pestepidemie von 1680 traf sie jedoch empfind-
lich, woran die Pestsäule auf dem Marktplatz erinnert. Um die Reorganisation von Verw. und Gewerbe machte sich der aus der Oberlausitz eingewanderte Johann Pfalz v. Ostritz verdient, der seit 1685
als »Primator« amtierte und dessen Sohn Johann Christian 1711–24
ebenfalls an der Spitze von L. stand (Gruft der Fam. in der Stadtkirche). Repräsentanten der aus Italien stammenden Baumeister und
Gesellen – in der 2. H. 17. Jh. fast 70 Personen – waren Giulio und
Octavio Broggio. Octavio erbaute 1714–16 eine neue Wenzelskirche
auf dem Domhügel und leitete seit 1716 den Umbau der Stadtkirche.
Damals gewann die dt. Sprache in L. immer mehr an Geltung und
ersetzte schließlich das Tsch.; bis 1738 schrieb man die Protokolle des
Stadtrates in tsch. Sprache.

Die wichtigste Einnahmequelle für L. war weiter der Getreidehandel
auf der Elbe nach Sachsen. Die Konflikte zw. Preußen und Österr.
während der Schles. Kriege 1740–63 bremsten jedoch die Entw.; L.
litt mehrfach unter milit. Besetzung, die sich später in den Napoleonischen Kriegen wiederholte. Tiefgreifende Änderungen brachten
die Reformen der Aufklärungszeit: 1773 wurde der Jesuitenorden
aufgelöst, ebenso 1785 das Minoritenkl., in das 1789 die Dominikaner umziehen mußten, deren Kl. 1814–16 zum Bez.-Amt umgebaut
wurde. Seit 1777 mußte L. seine Landgüter verkaufen, 1778 ersetzten

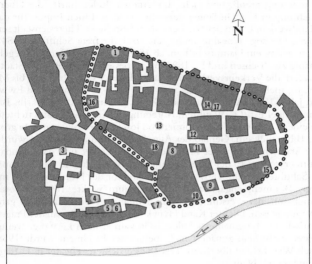

Leitmeritz
bis zur Mitte des 19. Jahrhunderts

N

0   100   200 m

Historischer Stadtkern   ●●●●Verlauf der gotischen Befestigung
im Jahre 1843

 1 ehem. kgl. Burg   11 Dekanatskirche Allerheiligen
 2 St. Adalbert   mit Stadtturm
 3 St. Wenzel   12 Altes Rathaus
 4 Dom St. Stephan   13 Pestsäule
 5 Bischöfliche Residenz   14 Minoritenkloster mit Kirche St. Jakob
 6 Konsistorium   15 Kapuzinerkloster mit Kirche St. Ludmilla
 7 Kapelle Johannes des Täufers   16 Dominikanerkloster mit
 8 Schwarzer Adler (Königsschlößchen)   Kirche St. Michael
 9 Kirche Mariä Verkündigung   17 Städtisches Spital
10 Jesuitenkolleg und Seminar   18 Kelchhaus

qualifizierte Beamte die autonome Stadtverw., und ab 1781 förderte
Ks. Joseph II. die Rückkehr von Glaubensflüchtlingen sowie die Einwanderung preuß. und sächs. Untertanen; Juden durfte die Über-
nachtung in L. nicht länger verwehrt werden. Einen Impuls für das
Handwerk in L. gab der Bau der nahen Festung → Theresienstadt seit
1780. Die sog. Elbeakte sorgte seit 1821 für freie Schiffahrt. 1841
legte erstm. ein Dampfschiff an, ab 1846 verkehrten Dampfer regelmäßig zw. Sachsen und L.; 1823–36 verbesserte der Abriß der Stadtmauern die Verkehrsverhältnisse in L., dessen Eww.schaft sich bis M.
19. Jh. mehr als verdoppelte: von 2830 Eww. 1787 auf 6068 Eww.
im Jahre 1854. Auf kulturellem Gebiet gab in der 2. H. 18. Jh. Bf.
Emmanuel Ernst v. Waldstein Anregungen. Am Bischofssitz richtete
er eine u. a. von Gelasius Dobner und Josef Dobrovský genutzte große Bibliothek ein. Gemäß der Allg. Schulordnung von 1774 wurde
die Stadtschule zu einer Hauptschule umgestaltet und das Gymnasium erweitert. In der Schulbildung war Bf. Ferdinand Kindermann
v. Schulstein (1790–1801), der Oberdirektor der Normalschulen im
Kgr. Böhmen, engagiert. Am Gymnasium wirkte 1800–15 Josef
Jungmann, der – erstm. an böhm. Schulen – Tsch.-Unterricht gab.
Der junge tsch. Dichter Karel Hynek Mácha war später an der Prager
Karls-Univ. Jungmanns Schüler. 1836 kam er nach L., wo er wenig
später starb. Sein zunächst in L. bestatteter Leichnam wurde 1938
nach Wyschehrad überführt. Das 1822 errichtete Theater in L. trägt
heute seinen Namen.
Máchas Spätwirkung steht bereits im Zusammenhang mit der Verschärfung der Spannungen zw. Dt.-Böhmen und Tsch. Zunächst
stärkten die revolutionären Ereignisse des Jahres 1848 die großdt.
Stimmung in L., wo man dt. Zeitungen und Vereine gründete. L.
schickte auch einen Abgeordneten in die Frankfurter Nationalversammlung. Dagegen trafen sich Repräsentanten der tsch. Kultur 1860
zum 50. Geburtstag Máchas an dessen Grab, und am 1.5.1861 weihte
man dort ein Denkmal ein; 1862 folgte die Gründung des Vereins
»Beseda« (Gespräch), der 1868 an der nat. Feier auf dem Georgsberg
(Říp) mitwirkte. Dem stand ein dt. Turnfest (1862), die Enthüllung
eines Denkmals für den Dichter Joseph Emanuel Hilscher und der
Besuch dt. Landtagsabgeordneter in L. (1863) gegenüber. Solche
Demonstrationen wiederholten sich 1898 im Umfeld des Jubiläums
der Ereignisse von 1848. Gegen die Zulassung des Tsch. als Amtssprache ab 1880 protestierten die Dt. ebenso wie gegen die Eröffnung
einer tsch. Schule in L. 1880 und deren öffentliche Anerkennung im
Jahr 1912. 1900 waren etwa 90% der Eww. dt.sprachig (11 532, darunter 478 Juden, von insgesamt 13 075 Eww.). L., dessen Bev. von
10 854 Eww. (1880) auf 16 988 (1921) wuchs, blieb eine von Hand-

werk, Verw. und Schulen, seit A. 20. Jh. auch von Garnisonen ge-
prägte Provinzstadt. Industrie entwickelte sich kaum, auch nicht nach
dem Bau einer eisernen Brücke über die Elbe (1858/59) und dem
Anschluß an das Eisenbahnnetz (1874). Die überwiegend dt.-böhm.
Bev. reagierte auf die Ausrufung der Tschsl. Republik 1918 mit einer
Selbständigkeitserklärung der Dt. in Böhmen, die in L. eine Natio-
nalversammlung bildeten. Das rasche milit. Vorgehen der tschsl.
Volkswehr beendete diese Episode schon am 11.12.1918. Die Gem.-
Wahl von 1919 ergab ein Übergewicht der dt. bürgerlichen Parteien,
die auch die Bürgermeister der Folgezeit stellten.

Dem Aufeinanderprall nat. Emotionen, die sich am Einzug tsch. Garnisonen und Verw.-Beamter entzündeten, folgte eine Phase relativer
Ruhe und Konsolidierung, bevor nach 1930 eine Radikalisierung
unter der dt. Bev. einsetzte; die tschsl. Behörden reagierten mit Verboten und Entlassungen dt. Beamter. Die in L. durchgeführten Ver-
anstaltungen des Verbandsturnwartes Konrad Henlein, Führer der
SdP ab 1935, fanden starken Widerhall; bei der letzten Gem.-Wahl in
der Tschsl. im Juni 1938 gewann die Henlein-Partei in L. 24 von 36
Mandaten. Innerhalb weniger Tage nach dem Münchener Abkommen 1938 verließen die tschsl. Institutionen und mehr als 5000 tsch.
Eww. die Stadt, bevor die dt. Wehrmacht am 10.10. in L. einzog. Im
Kalkbergwerk der Ziegelei (»Richardschacht«) mußten seit 1944
Kriegsgefangene und Häftlinge aus Konzentrationslagern unter
schwersten Bedingungen in einer unterirdischen Halle kriegswichtige Güter montieren. – Bis auf die Folgen eines sowjet. Fliegeran-
griffs noch nach dem Abzug der letzten dt. Soldaten überstand L. den
Zweiten Weltkrieg ohne schwere Zerstörungen. Doch wurden nun
die dt. Eww. innerhalb weniger Monate zum Verlassen ihrer Heimat
gezwungen; an ihrer Stelle siedelten die tschsl. Behörden tsch. Bewohner des Egerlandes an. Im Frühjahr 1948 sorgte die komm.
Machtübernahme für einen ges. Umschwung. Der »sozialist. Aufbau«
verwandelte die tradit. Bürgerstadt in einen Standort mittlerer und
kleinerer staatl. Betriebe, deren Produktion hauptsächlich auf den
landwirtsch. Charakter der Umgebung abgestimmt war. Das Gesamt-
bild der Stadt änderte sich mit der Entstehung moderner Siedlungs-
blöcke. Gleichzeitig gelang es aber, den alten, seit 1950 unter Denkmalschutz stehenden Stadtkern zu bewahren und viele Einzelobjekte
zu rekonstruieren. – 1921: 16 988 (etwa 65% Dt.), 1950: 14 035,
1991: 25 865 Eww.   (II) *Lüb*

H. Ankert, Kurze Geschichte der Stadt Leitmeritz, Leitmeritz 1923; LV 264, 331–
376; 900 Jahre Leitmeritzer Domkapitel. Bearb. v. V. Bartůněk, Praha 1959; R.
Hohmann, Die Anfänge der Stadt Leitmeritz, Prag 1923; LV 259, Bd. 3, 283–286;
Litoměřicko v odboji 1938–1945. Hg. v. J. Macek [u. a.], Litoměřice 1946; P. Macek, Městský hrad v Litoměřicích, in: CB 1 (1989), 171–183; O. Peterka/W.

Weizsäcker, Beiträge zur Rechtsgeschichte von Leitmeritz, Prag 1944; E. Šámánková, Litoměřice, Praha 1982; LV 776; J. Schlenz, Geschichte des Probsteistiftes St. Stephan in Leitmeritz, Prag 1933; J. Smetana, Litoměřice von der Urzeit bis zur Gegenwart, Litoměřice 1986; Stadt Leitmeritz 1227–1927, Leitmeritz 1927; J. Tomas, Počátky města Litoměřic, in: ÚSH 4 (1983), 59–108, 5 (1985), 31–90; J. Žemlička, Leitmeritz (Litoměřice) als Beispiel eines frühmittelalterlichen Burgenzentrums in Böhmen, in: LV 468, 256–264.

Leitomischl (Litomyšl, Bez. Zwittau). Das am Oberlauf der Loučna gelegene L. wird in der Cosmas-Chronik für das Jahr 981 erstm. erwähnt (»castrum sub silva situm nomine Luthomisl«). Daß eine slaw. Burgstätte, die man auf der heutigen Schloßanhöhe vermutet, bereits zu dieser Zeit existierte, ist nicht gesichert, spielte aber in der Bewegung der nat. Wiedergeburt im 19. Jh. eine bedeutende Rolle. E. 11. Jh. gründete Hzg. Břetislav II. in dem unterhalb der Burg verm. entstandenen Flecken – 1108 als »oppidum Lutomisl« bezeichnet – ein Benediktinerkl., das der Olmützer Bf. Heinrich Zdik 1145 in der Rodungstätigkeit erfahrenen Prämonstratensern, die aus der Gegend um Aachen kamen, übertrug. Die urspr. Siedl. lag am Fuße des Kl.berges, erst später entstand der langgestreckte, sichelförmige Marktplatz. 1259 gewährte Kg. Přemysl Otakar II. der Siedl. Marktrecht sowie eigene Gerichtsbarkeit, 1263 dann Königgrätzer Recht. Es entstanden eine dt. und eine tsch. Vorstadt. Für 1346 erwähnen die Quellen erstm. einen Rat, in dem ausschl. dt. Namen auftreten; bereits A. 15. Jh. dominierten dann Tsch. in der Bürgerschaft. Von L. aus begann zudem die Besiedl. des gleichnamigen Teils des Schönhengstgaus durch dt. Kolonisten. Bereits 1356 verfügten die L.er Bäkker über eine Zunftordnung, 1378 folgten die Tuchmacher und Weber. Mit der Gründung des Ebtm. Prag 1344 wurde in L. ein zweites Btm. für Böhmen geschaffen. Den materiellen Grundstock des neuerrichteten Suffraganbtm. bildeten die Besitzungen des aufgehobenen Prämonstratenserkl., dessen Kleriker zu Domkanonikern aufstiegen. Zweiter Bf. wurde 1353 der Kanzler Karls IV., Johannes v. Neumarkt. 1356 holte er Augustiner nach L., als deren Kl.kirche die heutige Dekanatskirche diente. 1364 ging Johannes v. Neumarkt als Bf. nach Olmütz, 1380 – kurz vor seinem Tode – nach Breslau; seine letzte Ruhestätte fand er verm. bei den Augustinern in L. Der L.er Bf. Johannes XII. v. Bucca, der Eiserne, war ein militanter Gegner der Lehre des Jan Hus und der Huss.; seit 1418 bekleidete er das Amt des Olmützer Bf. Sein Nachfolger in L., Albrecht v. Březí, trat zuweilen als Beschützer der Huss. auf. 1421 ergab sich L. freiwillig der vereinigten Streitmacht der Prager und Taboriten, die Jan Žižka anführte. Erneut besetzten die Taboriten 1425 die Stadt, die Domherren flohen nach → Zwittau in den Schutzbereich des Bf. v.

Olmütz. Mit dieser Zäsur hörte das Btm. L. faktisch zu bestehen auf, wenngleich noch 1474 Johannes VI., genannt »Bawor«, zum Bf. geweiht wurde und erst 1554 mit dem Sieg der Ref. in Zwittau und dem E. des Domkapitels in L. das Btm. rechtl. erlosch.
Nach 1432 gehörte L. zum Besitz der Kostka v. Postupitz, die später die Böhm. Brüder begünstigten. L. selbst stieg zu einem wichtigen Zentrum der Brüderunität auf: 1475 konstituierte sich hier eine der ältesten Brüdergem. mit Sitz eines Seniors, dessen bekanntester Inhaber seit 1552 Jan Augusta war. Weiterhin erhielt die Stadt ein Archiv und eine Druckerei. Die Neu- bzw. Oberstadt wurde von den Brüdern geprägt, die 1490 Privilegien von Kg. Wladislaw II. erhielten, die Unterstadt bes. von den Utraqu. Weil Bohuš Kostka v. Postupitz 1546/47 den Ständeaufstand gegen Kg. Ferdinand I. entschieden unterstützte, wurde ihm L. entzogen. Die Böhm. Brüder mußten 1548 Stadt und Land verlassen. 1567 kam L. zur Herrsch. des böhm. Oberstkanzlers Wratislaw v. Pernstein. Er errichtete ein Renaissance-Schloß, das bis 1581 nach Plänen von Giovanni Battista und Ulrico Aostalli entstand. Pernstein ging – nicht zuletzt aus finanziellen Gründen – noch keineswegs so entschieden gegen die Nichtkath. vor wie nach ihm seine Witwe Maria Manrique sowie Zdenko Adalbert Popel v. Lobkowitz. Der aufgestaute Unmut darüber machte sich im April 1619 Luft, als bei einem Begräbnis eines Prot., weil die Glocken nicht geläutet werden durften, die Menge das Pfarrhaus anzündete und den Dekan schwer verletzte. Seit 1626 wurde die Gegenref. offiziell eingeführt, viele besuchten jedoch weiter die prot. Gottesdienste auf dem benachbarten Gut der Herren v. Žerotín. 1640 rief Frebonie v. Pernstein die Piaristen nach L., die mit dem wenig später eröffneten Internat und Gymnasium einen beträchtlichen Einfluß auf die Entw. der Stadt ausübten. 1674 wurde zudem ein Philosophisches Institut eingerichtet. Die Piaristen entwickelten sich zu Trägern der Aufklärung und förderten das Theater- und Musikleben der Stadt. Wiederholte Brände (1735, 1769, 1775, 1814) und Truppendurchmärsche in den Schles. und danach in den Napoleonischen Kriegen beeinträchtigten die Entw. der Stadt jedoch erheblich.
Mit seinem kulturellen Leben spielte L. zur Zeit der nat. Wiedergeburt im 19. Jh. eine bedeutende Rolle. Anteil daran hatten die Ortshistoriographen Johannes President und František Jelínek ebenso wie der in L. geb. Bedřich Smetana (1824–84). Im Revolutionsjahr 1848 konstituierte sich in L. eine Studentenlegion aus Philosophen und älteren Gymnasiasten. Am Piaristengymnasium lehrte bis 1888 der Schriftsteller Alois Jirásek (1851–1930). Wenngleich 1882 eine Verbindung zur Eisenbahnstrecke Prag–Böhm. Trübau hergestellt wurde, gelang doch die Ansiedl. größerer Industriebetriebe nicht. Schuh-

werkstätten und eine Weberei bestimmten das wirtsch. Leben der Stadt. Seit 1949 findet in L. auf Anregung des hier geb. Zdeněk Nejedlý (1878–1962) das Opernfestival »Smetanas L.« statt. – 1869: 7382, 1910: 8181, 1930: 7602 (davon 82 Dt.), 1950: 6795, 1991: 10 187 Eww. (IV) Ben/Krz

L. Dědková, Organizace a písemnosti regulovaného magistrátu v Litomyšli, in: SAP 13 (1963), 205–240; H. Haas, Národnostní poměry na Litomyšlském panství v 17.– 19. století, in: LKMU 37 (1939), 33–40, 73–78; J. Hásková, Sociální struktura Litomyšle a peněžní hotovosti jejich obyvatel na přelomu 15. a 16. století, in: SNM A 36 (1982), 1–46; J. Hilmera, Litomyšl, Praha 1959; F. Hoffmann, Litomyšl v husitském revolučním hnutí, in: Sborník příspěvků k dějinám Litomyšle a okolí, Pardubice/Litomyšl 1959, 33–105; J. Hřivka, Litomyšlský velkostatek za Pernštejnů, Praha 1959; J. Kůrka, Biskupství litomyšlské, Praha 1912; Litomyšl 981–1981. Hg. v. J. Růžička, Gottwaldov 1981; Litomyšl. Duchovní tvář českého města. Hg. v. M. Skřivánek [u. a.], Litomyšl 1994; Zd. Nejedlý, Tisíc let života českého města, Bde. 1–2, Praha 1954; V. Oliva, O selském povstání na Litomyšlsku roku 1680, Praha 1925; J. Růžička, Plátenický obchodní podnik litomyšlských Valdštejnů-Vartemberků v letech 1777–1781, in: SAP 7 (1957), 85–137; ders., Úloha městské samosprávy v politickém vývoji Litomyšle 60. až 80. let minulého století, in: SAP 16 (1966), 128–156; M. Skřivánek, K náboženským dějinám východočeského města v 15. až 18. století, in: LV 469, 175–195; M. Skřivánek/P. Vopalka, Litomyšl. Eine altehrwürdige Stadt, Praha 1994; J. Štulc, Obnova národní kulturní památky zámku v Litomyšli, in: PAP 8 (1983), 334–340.

Lettowitz (Letovice, Bez. Blansko). 1250 wird ein Hermann v. L. erwähnt, aber erst für 1360 ist die 8 km nw. von → Boskowitz auf einer Insel am Straßenübergang über die Zwittawa gelegene Burg L. urk. belegt. Auf ihr entstand um 1400 die tsch. Übersetzung der Schriften Marco Polos (um 1254–1324). Da L. um 1400 im Besitz des Hynek v. Ronow war, eines Anhängers Ks. Sigismunds, wurde die Burg 1424 von den Huss. belagert und zerstört. Danach gelangte L. in die Hände der Herren v. Boskowitz; 1544 überließ Christoph v. Boskowitz die Herrsch. Gf. Christoph v. Hardegg, der die Ausbreitung des Luth. und der Brüdergem. förderte und eine Schule gründete. Noch 1652 fand der Brünner Jesuit Thomas Agnelius in L. nur vereinzelte Kath. vor. Nach mehreren Besitzerwechseln kam die Herrsch. 1668 an den Graner Ebf. Georg Szelepcsényi v. Pohroncz. Unter den ungar. Szelepczényi und nach 1724 unter den Frhh. Blümegen wurde die 1643 von den Schweden zerstörte Burg in ein Barockschloß umgebaut, die spätgot. Pfarrkirche St. Prokop barockisiert, 1750 ein Kl. der Barmherzigen Brüder gegr. und 1773 die Wenzelskirche errichtet. Weitere Bautätigkeit (Marstall, Sommer- und Winterreitschule) entfalteten nach 1820 die Kálnoky v. Köröspatak. Aus dieser Fam. stammte der 1898 in L. gest. Gustav Kálnoky v. Köröspatak, 1881–95 österr. Gesandter in St. Petersburg, als dessen Erzieher der tsch. Dichter und Archäologe Jan Erazim Vocel (1803–71) in L. gewirkt hatte. 1750 hatte Gf. Heinrich Kajetan v. Blümegen eine Kattunfabrik gegr., die Ausgangspunkt für die Textilindustrie in L. wurde; in der Umgebung wurden Eisenerze und Schwefel abgebaut, später kamen noch Maschinen- und Keramikindustrie hinzu. – 1880: 1966 Tsch. und 42 Dt., 1930: 3024 Tsch. und 93 Dt., 1950: 3508, 1991: 4562 Eww. (VIII) *Teu*

Almanach městyse Letovic. Památnosti, historie, úřady, korporace, živnosti, průmysl, Boskovice 1935; LV 253, Bd. 5, 133ff.; LV 259, Bd. 1, 141ff.; LV 255, 317; E. Janoušek, Paměti města Letovic, Letovice 1937; LV 290, Bd. II/5, 113–135; Letovice a okolí, Brno 1930; M. Pospíšilová, Textilní manufaktura v Letovicích v 18. století, in: VMM 33 (1981), 12–24; J. Skutil/A. Hubáček, Archiv města Letovic 1494–1945 (1950), Blansko 1966; LV 791, Bd. II/4, 244–252.

Leutensdorf → Ober-Leutensdorf

Levý Hradec (Bez. Prag-West). Auf dem Areal der Siedl. Žalow, unweit der n. Stadtgrenze → Prags, erhob sich auf dem l. Moldau-Ufer in der böhm. Frühzeit eine von Slawen seit A. 9. Jh. besiedelte Burgstätte. Seit M. 9. Jh. diente der Burgwall als ältester Sitz der ersten Přemyslidenfstt. Archäolog. Ausgrabungen haben mächtige Mauern, Reste von Blockhütten sowie Begräbnisstätten freigelegt. Hzg. Bořivoj gründete hier um 880 die erste chr. Kirche Böhmens, die St.-Clemens-Rotunde. E. 9. Jh. verlor der Burgwall seine Bedeutung, als auf der Prager Burg das neue fstl. Zentrum entstand. 982 wurde in der St.-Clemens-Kirche der später hl.gesprochene Adalbert aus dem Geschlecht der Slawnikiden zum zweiten Prager Bf. gewählt. In der 1. H. 11. Jh. wurde L. H. gebrandschatzt und zerstört, verblieb jedoch im Besitz der Přemysliden bis ins zweite Viertel 13. Jh., als es als Schenkung an das St.-Georgs-Kl. auf der Prager Burg ging. Später wurde L. H. gemeinsam mit Žalow der Gem. Rostok inkorporiert und zählt seit 1960 mit dieser zum Bez. Prag-W. Erhalten blieb auf dem Areal der urspr. Rotunde die St.-Clemens-Kirche, die später ein got. Presbyterium erhielt. 1684 trug man die Rotunde ab und fügte dem Presbyterium ein barockes Schiff an. Im Rahmen baugesch. Untersuchungen von Kirche und Friedhof wurden 1939/40 die Fundamente der Rotunde sowie got. Wandmalereien entdeckt. (II) *Led*

I. Borkovský, Levý Hradec, nejstarší sídlo Přemyslovců, Praha 1065; L. Skružný, Levý Hradec, Roztoky 1973; J. Skutil, Levý Hradec, in: ČSPS 66 (1958), 140–144.

Lewin (Levín, Bez. Leitmeritz). Bei dem 1169 erstm. erwähnten L. erhob sich auf einer Anhöhe eine Steinburg, mit deren Besitzern – wahrsch. den Herren v. Michelsberg – eine Gedenktafel 2. H. 13. Jh.

in der Dorfkirche in Zusammenhang steht, die neben einem Löwen
(»Kater von L.«) eine kyrillische Inschrift aufweist. Die Burg wurde
früh zerstört, einige Reste im 19. Jh. ergraben. Auf der Anhöhe steht
nun der 1699 erbaute Glockenturm der 1352 erwähnten Pfarrkirche;
sie entstand E. 18. Jh. als Rundbau völlig neu. A. 16. Jh. war L. im
Besitz Wenzels v. Wartenberg, der von Kg. Ferdinand I. die Erhebung von L. zur Stadt erlangte. 1542 erwarb diese der in
→ Liebeschitz sitzende Ulrich Dubanský v. Duban, dessen Güter Kg.
Ferdinand II. am A. des 30jähr. Krieges konfiszierte und den Jesuiten
übergab. Das Töpferhandwerk, das schon seit dem MA eine große
Rolle spielte, sorgte vor allem im 18. Jh. für eine Blüte der Stadt. Die
heimischen Ton-Lagerstätten waren jedoch E. 18. Jh. erschöpft, und
1791 und 1854 vernichteten Brände große Teile des Städtchens.
Trotz des Anschlusses an die Lokalbahn Auscha – Groß-Priesen 1888
nahm die Zahl der 1900 ausschl. dt.sprachigen Eww. stetig ab. – 1869:
1098, 1900: 491, 1939: 465, 1950: 269, 1991: 73 Eww.   (II) *Lüb*

LV 264, 451ff.; F. Gabriel, Zjišt'ovací výzkum na levínském hradě, in: Lit 16 (1983),
101–112; LV 259, Bd. 3, 262; J. Jarschel, Lewin bei Auscha, in: MNEK 51 (1928),
1–6; LV 279, Bd. 14, 110; J. Smetana, Tajemství levínského reliéfu, in: ČLit 2
(1978), 56–71; E. Wondrák, Bývalé lázně Jeleč u Levína, in: Lit 10 (1973), 47–51.

Libčan (Libčany, Bez. Königgrätz). Auf der Anhöhe über L., 9 km
w. von → Königgrätz, stieß man 1845 auf eine Begräbnisstätte aus der
frühslaw. Fürstenepoche und auf 4 Gräber mit hockenden Skeletten,
Bronze- und Steinwerkzeugen sowie Tongefäßen, was auf eine frühe
Besiedl. des Ortes hindeutet. 1073 wird L. als Schenkung an das Benediktinerkl. Opatowitz erstm. urk. erwähnt, 1250 nennen die Quellen einen gewissen Čest v. L. als neuen Grundherrn. Häufig wechselnde Besitzverhältnisse kennzeichneten die weitere Entw. 1516 erwarb Johann Donat v. Těchlovice L. zus. mit dem hier erstm. bezeugten Kastell, das jedoch, nachdem L. kurze Zeit später an die Stadt
Königgrätz überging, verfiel. Nach der Niederschlagung des Ständeaufstandes gegen Kg. Ferdinand I. wurde das Gut konfisziert;
1549–1674 gehörte es den Herren Nejedlý v. Vysoká, die ein neues
Renaissancekastell errichteten, das im 1. Viertel 18. Jh. unter den Gff.
Straka v. Nedabylice zu einem eingeschossigen Barockschlößchen
umgestaltet wurde. Aufständische Bauern verwüsteten die Gebäude
1775 auf ihrem Marsch nach → Prag. Der letzte Besitzer, Gf. Johann
v. Harrach, brachte im Schloß Archiv und Bauverw. des Großgutes
Sadowa unter, dem L. inkorporiert wurde (heute Schule). – Die
urspr. rom., E. 17. Jh. barockisierte und erweiterte Marienkirche enthält das barocke Grabmal des Gf. Peter Straka v. Nedabylice (†1720),
das aus der Bildhauerwerkstatt des Matthias Bernhard Braun stammt.
In L. wurde der Kunsthistoriker Zdeněk Wirth (1878–1961) geb. –
1890: 936, 1930: 977, 1950: 784, 1991: 743 Eww.   (III) *Ben/Krz*

LV 259, Bd. 6, 262; P. Křížek/M. Řezník, Hrady, zámky a tvrze na Královéhradecku, Hradec Králové 1992, 46f.

Libějitz (Libějice, seit 1950 Libějovice, Bez. Strakonitz). L. wurde erstm. 1264 als Besitz eines »Thomas de Zlubegewitz« erwähnt. Seit M. 14. Jh. waren hier die Herren Malovetz v. Malovitz ansässig, die nach 1354 eine got. Burg errichteten. 1559 erwarb Wilhelm v. Rosenberg die Burg und ließ sie in ein Renaissance-Schloß, das sog. Alte Schloß, umbauen, welches 1715–18 erweitert wurde. 1612 kam L. an die Herren v. Schwanberg, deren Besitz nach der Schlacht am Weißen Berg durch Ks. Ferdinand II. konfisziert und 1621 dem General Karl Bonaventura v. Buquoy übergeben wurde. Die Fam. Buquoy errichtete 1696 ein weiteres Barockschloß, das sog. Neue Schloß, welches die Fstt. v. Schwarzenberg, seit 1801 die Besitzer von L., 1816/17 erweitern ließen. – 1930: 454 (überwiegend Tsch.), 1991: 487 Eww.   (VI) *Hol*
J. Blesík, Z pamětí Libějovic, Libějovice 1948; LV 259, Bd. 5, 121f.; LV 905, Bd. 38, 105–117; LV 952, Bd. 2, 580; LV 289, 146f.; LV 906, Bd. 2, 236.

Libitz an der Cidlina (Libice nad Cidlinou, Bez. Nimburg). Die Gem. liegt 5 km sö. von → Poděbrad am r. Ufer der Cidlina vor deren Einmündung in die Elbe. Wohl E. 8. Jh. entstand an 2 Flußterrassen w. des Dorfes ein Burgwall. Wie archäolog. Ausgrabungen dokumentieren, wurde die Burgstätte mehrfach verändert. Nach 950 bildete das innere Areal die Residenz der Slawnikiden, die im ausgehenden 10. Jh. mit den Přemysliden um die Vorherrschaft in Böhmen rangen. Auf dem Areal der weitgestreckten Unterburg konnten zahlr. Produktions- und Wohnstätten lokalisiert werden. Seit 980 ließen die Slawnikiden in L. eigene Münzen prägen. Im Jahre 995 rottete hier eine přemyslidische Gefolgschaft das Geschlecht der Slawnikiden gewaltsam aus, L. diente fortan als lokales Verw.-Zentrum. 1108 ließ Hzg. Svatopluk in L. die Angehörigen der Wrschowitz ermorden. Seit dem 13. Jh. erscheint L. als ein dem Georgskl. auf der Prager Burg unterstehendes Dorf. Die Kirche St. Adalbert (ehem. St. Georg) mit ihrem got. Presbyterium wird als slawnikidische Gründung angesehen; nach einer Feuersbrunst 1832 erhielt sie eine Neorenaissancegestalt. L. gehört heute zu den charakteristischen Industrie-AgrarGem. des angrenzenden Elbetals. – 1835: 425, 1900: 953, 1950: 1237 und 1991: 1313 Eww.   (III) *Žem*
J. Justová, Libice – a centre of the Eastern Domain of Bohemia. Excavations of the Bailey, in: Archeology in Bohemia 1981–1985, Praha 1986, 199–208; LV 880, 157ff.; M. Šolle, Kulturně historický význam styků Libice a Kouřimě, in: SNM A 39 (1985), 1–2, 33–38; LV 283, Bd. 3, 74f.; R. Turek, Libice, knížecí hradisko X. věku, Praha 1966–68; LV 906, Bd. 2, 245f.; R. Turek/J. Hásková/J. Justová, Livbvz Metropolis. Tam, kde řeka Cidlina tratí své jméno, Libice nad Cidlinou 1981.

Liboch (Liběchov, Bez. Melnik). Der 6 km sw. von → Melnik am r. Elbufer gelegene, von Weinbergen umgebene Ort ist seit 1311 urk. nachweisbar. Bis 1403 residierten hier die Landedelleute v. L., 1410 ging der Besitz an die Škopek v. Dubá über. Heinrich Škopek v. Dubá, Sohn des gleichnamigen Hofmeisters und Günstlings Kg. Wenzels IV., bot verm. in L. im Oktober 1412 nach Verhängung des Interdikts über Prag Jan Hus Unterkunft und Schutz. Der böhm. Reformator verfaßte hier für die Frauengem. der hauptstädt. Bethlehemskapelle die Schrift »O poznání cesty pravé k spasení« (Über das Erkennen des wahren Weges zur Erlösung), kurz »Dcerka« (Das Töchterlein), genannt. Auch an seiner Hauptschrift »De ecclesia« begann Hus in L. zu arbeiten. Nach 1430 gab es wechselnde Besitzverhältnisse. 1547 gelangte L. an Kaspar Belwitz v. Nostitz, der das spätgot. Kastell in einen Renaissance-Sitz umbauen ließ. 1664 ging L. an Franz v. Scheidler, den ehem. Erzieher Ks. Leopolds I.; 1725–30 ließ Johann Joachim Pachta v. Reihofen nach Plänen von Franz Maximilian Kaňka die Anlage in barockem Stil umbauen. Im barocken Gartentrakt meißelte Václav Levý (1820–70) aus einer Felsenwand Heldengestalten der böhm. Vergangenheit. 1801 erwarb der Budweiser Unternehmer Jakob Veith (1758–1833) die Herrsch. und errichtete 1831 in Schelesen bei L. eine der ersten Rübenzuckerfabriken in Böhmen. Sein Sohn Antonín (1793–1853) versammelte als Mäzen in L. führende Repräsentanten der tsch. Romantik um sich, u. a. Bernard Bolzano, der hier seine Schrift »Die Paradoxien des Unendlichen« vollendete, aber auch Maler und Bildhauer. 1855 erfolgte ein neuerlicher Umbau des Schlosses im neugot. Stil. Die got. St.-Gallus-Kirche aus dem 14. Jh. ziert ein Altarbild von Karel Škréta. – 1890: 1325 (davon 660 Dt.), 1930: 1581 (davon 616 Dt.), 1950: 1142, 1991: 993 Eww. (II) *Krz*

F. M. Bartoš, Husův přítel a hostitel Jindřich Škopek z Dubé, in: JSH 10 (1937), 32–37; A. Čondl, Liběchov a okolí, Praha 1930; J. Hanzal, Liběchov osvícenský a romantický, in: SSH 14 (1979), 187–196; LV 259, Bd. 3, 264–268; LV 787, 118f.

Libochowitz (Libochovice, Bez. Leitmeritz) Im Jahr 1282 wurden erstm. Herren »de Lubochowitz« erwähnt. Das an der Eger, 12 km s. von → Lobositz gelegene L. gehörte damals den Herren v. Lichtenburg auf der → Hasenburg, deren Besitz 1335 über Kg. Johann an Johann Zbynko Zajíc v. Waldeck, seitdem Zajíc v. Hasenburg, gelangte. Das Städtchen L. (oppidum) entwickelte sich zum Zentrum einer Herrsch.; von der 1382 erwähnten Pfarrkirche Allerheiligen, die 1624 und 1699 durch Brand vernichtet wurde, blieb der Renaissance-Turm von 1541 erhalten. Die Herren v. Hasenburg blieben in den Huss.kriegen kath., so daß der Feldherr Jan Žižka L. um 1420 überfiel und Adelige und Priester auf dem Marktplatz verbrennen ließ. Die Herren v. Hasenburg behielten L. bis 1558, als die Domäne durch Verkauf an Johann d. Ä. v. Lobkowitz kam, der von Kg. Ferdinand I. die Erhebung von L. zur Stadt erreichte (1560). Damals lebte bereits eine größere Anzahl von Juden in der Stadt, denen 1483 ein Begräbnisplatz zugewiesen wurde und die ein eigenes Stadtviertel bewohnten (Synagoge 1761). Johanns d. Ä. Sohn, Georg, wurde 1594 wegen Hochverrats verurteilt, sein Besitz eingezogen. L. gelangte an Sigismund Bathory und nach dessen Tod an die Herren v. Sternberg (1613), 1670 an die Gff. v. Dietrichstein und E. 19. Jh. an die Gff. v. Herberstein, in deren Besitz das Schloß bis 1945 blieb. An der Stelle der älteren got. Burg, von der Mauerwerk aus dem 14. Jh. zeugt, hatte Johann d. Ä. v. Lobkowitz 1560–64 ein Renaissance-Schloß erbauen lassen, das 1683–90 von Antonio della Porta barock umgestaltet und später durch Wirtschaftsgebäude ergänzt wurde. Der Schloßturm aus dem 16. Jh. und die spätgot. Kapelle blieben dabei erhalten. Die Friedhofskirche St. Laurentius wurde 1720–22 erbaut. Das Schloß wurde 1824 und 1900–14 renoviert und nach 1945 zu einem staatl. Museum umgestaltet. Einer der 50 Innenräume ist dem Arzt und Naturwissenschaftler Jan Evengelista Purkyně (1787–1869) gewidmet, der in L. geb. wurde. Beim Schloß entstand seit 1685 nach Plänen des fstl. Gärtners Jan Tulipán ein frz. Garten mit Orangerie, der seit dem 19. Jh. durch einen engl. Park ergänzt wurde. Wirtsch. Schwerpunkte sind Glasproduktion und Lebensmittelverarbeitung. – 1900: 2171 (fast nur Tsch.), 1950: 2619, 1991: 3094 Eww. (II) *Lüb*

J. Hanzal, Renesanční zámek v Libochovicích, in: ČSPS 69 (1961), 146–151; LV 259, Bd. 3, 274–278; A. Kaubek, Děje města Libochovic nad Ohří, Litoměřice 1874; Libochovice, rodné město J. E. Purkyně. Hg. v. V. E. Babka [u. a.], Praha 1937; O. Matoušek, Libochovice – rodiště J. E. Purkyně 1560–1960, Libochovice 1960; J. Rublič, Zweihundertfünfzig Jahre des Schloßgartens Libochowitz in Böhmen, Libochowitz 1940; LV 291, 185; J. Weiss, Státní zámek Libochovice, Ústí nad Labem 1984.

Libotschan (Libočany, Bez. Laun). Das unweit von → Saaz gelegene L. wurde erstm. 1226 erwähnt, als hier das Kl. in → Doxan Besitz erwarb. Bereits im 14. Jh. gab es in L. eine Pfarrkirche. 1389 konfirmierte der später hl. gesprochene Prager Generalvikar Johannes v. Nepomuk den Tausch von Feldern zw. der Pfarrei in L. und dem Saazer Bürger Pitterkauf. Eine Blütezeit erlebte L., als sich die Gem. im Besitz des Saazer Bez.-Hauptmanns Wenzel Schroll v. Schrollenberg befand. Dieser ließ 1749–69 die Allerheiligenkirche errichten, deren äußere Gestalt sowie reiche Innenausstattung diese zu einem einzigartigen Rokokoensemble machen. Unter den Schroll v. Schrollenberg wurden um 1770 auch das Pfarrhaus und ein Schloß (heute Archiv) erbaut. Im 19. Jh. bestimmte der Hopfenanbau die

Entw. der Gem. Bereits 1760 existierte eine dt. Schule, die tsch. Minderheit gründete 1919 eine eigene Schule. L. hat sich im hist. Bewußtsein als Geburtsort des Chronisten Wenzel Hájek v. L. eingeschrieben, dessen »Kronika czeska« von 1541 für die breiten Volks-
schichten für mehr als 300 Jahre das Hauptwerk zur böhm. Geschichte bildete. – 1828: 325, 1921: 674 (81% Dt.), 1950: 528, 1995:
484 Eww.   (II) *Rd*

LV 860, Bd. 2/2, 687, 736, 770; Kunstführer des Heimatbundes Sudentenland,
Kreis Saaz, Reichenberg o. J., 18–22; LV 270, Bd. 4, 639, 644; LV 275, Bd. 7, 93–
97; LV 283, Bd. 14, 298ff.; K. Tutte, Der politische Bezirk Saaz, Saaz 1904, 547–
553.

Lichtenburg (Lichnice, Bez. Chrudim). Die weithin sichtbare Ruine der ma. Burg L. erhebt sich am Rande des Eisengebirges in der
Gem. Předhrad. Die kgl. Gründung datiert verm. aus der 1. H.
13. Jh., die erste urk. Erwähnung stammt von 1261, als Besitz eines
gewissen Smil v. Ronow. Im 14. Jh. wurde die Burg umgebaut, 1410
ging sie wiederum in kgl. Eigentum über. 1421 eroberten die Huss.
die Burg, die sie 1428 neuerlich belagerten, wovon noch heute Reste
der Belagerungsschanzen zeugen. 1490 fiel L. an die Trčka v. Leipa,
die der Anlage ein spätgot. Aussehen gaben. In der 2. H. 16. Jh. verlor
die Burg allmählich an Bedeutung. Im 17. Jh. wurden die Befestigungsanlagen geschleift, 1700 erwähnen die Quellen sie als Ruine.
Die urspr. Anlage besaß einen dreieckigen Grundriß mit 2 rundlichen
Wohntürmen. Die spätgot. Veränderungen betrafen bes. Wohngebäude und den Befestigungsring.   (III) *Dur*

LV 245, 68; LV 248, 170ff.; T. Durdík, Stavební podoba jižního nároží hradu Lichnice v souvislosti s jeho počátky, in: CB 2 (1991), 53–64; ders., K interpretaci výsledků archeologického výzkumu jižního nároží hradu Lichnice, in: CB 4 (1994),
67–74; LV 250, Bd. 4, 97–113; LV 259, Bd. 6, 267ff.; A. Klaus, Lichnice, Kutná
Hora 1898; LV 879, Bd. 1, 154–157; LV 279, Bd. 12, 29–43.

Lichtenstadt (Hroznětín, Bez. Karlsbad). Der 1219 in der Stauferzeit an der Erfurter Handelsstraße entstandene Marktort »Lyhtenstat«
wurde vom Gf. Hroznata 1217 dem Kl. → Tepl vermacht, das dort
eine Propstei errichtete und die Umgebung zu kolonisieren begann.
1333 bestätigte der mähr. Mkgf. die Stadtgründung; 1350 erteilte er
als Kg. dem Kl. das Recht, in der Nähe von L. Hammerwerke und
Mühlen zu errichten. Erst A. 15. Jh. bekam das unbefestigte Städtchen vom Tepler Abt Bohusch volles Erbrecht und das Tepler bzw.
Egerer Stadtrecht verliehen. 1437 kam L. in den Besitz der Gff.
Schlick, die es mit der Herrsch. → Schlackenwerth vereinigten. Seit
dem 15. Jh. wurden in der Umgebung etwas Zinn und Silber gefördert. Die Schlick siedelten in L. Juden an – die einzige große alte

Judengem. im dt. besiedelten Teil Böhmens! Ihr außerhalb des Ortes in Richtung Merkelsgrün gelegener und in nationalsozialist. Zeit verwüsteter Friedhof gilt als einer der ältesten Böhmens. – 1847: knapp 1000 (davon 527 Juden), 1930: 1971 (davon 14 Tsch.), 1950: 1018, 1991: 1514 Eww.   (I) *Hil*

J. Kühnl, Geschichte der Stadt Schlackenwerth, Schlackenwerth 1923 [ND Rastatt 1976]; LV 507, 102f.; A. Gnirs, Topographie der historischen und kunstgeschichtlichen Denkmale im Bezirke Karlsbad, München 1996, 76–88.

Liditz (Lidice, Bez. Kladno). Die 6 km ö. von → Kladno gelegene Bergarbeitergem. mit ihrer barocken Martinskirche zählte 1845 33 Häuser und 270 Eww. Traurige Berühmtheit erlangte L. durch sein im Zweiten Weltkrieg erlittenes tragisches Schicksal. Das Attentat auf den stellvertretenden Reichsprotektor Reinhard Heydrich am 27.5. 1942 beantworteten die dt. Okkupanten mit brutalem Terror. Nach der Verkündung des Standrechts besetzten Gestapo und SS den Ort am 19.6.1942 wegen angeblicher Zusammenarbeit mit der Widerstandsbewegung. Die 192 männlichen Bewohner über 14 Jahre wurden erschossen, 196 Frauen und 96 Kinder voneinander getrennt und in Konzentrationslager deportiert; die meisten kamen zu Tode. Das Dorf selbst wurde dem Erdboden gleichgemacht. 1948–61 entstand der neue Ort L.; das als Mahnstätte gepflegte Areal des ehem. L. ist jährlich Schauplatz von Gedenkveranstaltungen.   (II) *Žem*

R. Kocourek, Lidice, Praha 1972; V. Konopka, Zde stávaly Lidice, Praha [6]1978; M. Moulis, Lidice žijí, Praha 1972; LV 283, Bd. 13, 249f.; LV 905, Bd. 26, 88–92.

Liebau → Stadt Liebau

Liebenstein (Libštejn, seit 1950 Libá, Bez. Eger). Die 10 km nw. von → Eger gelegene Gem. entwickelte sich um die gleichnamige Burg, die 1264 erstm. urk. genannt wurde. Als deren Gründer erscheint das mächtigste Egerer Ministerialengeschlecht der Herren v. L., welche die Feste als zweiten Familiensitz anlegten. Nach deren Aussterben 1292 ging die Burg als Heimfall an das röm.-dt. Reich zurück, 1322 fiel sie wie das ganze Egerland als Reichspfandschaft an den böhm. Kg.; zu dieser Zeit war die Burg verwaist, erst 1346–49 ließ sie der Egerer Bürger Franz Gößwein erneuern. A. 15. Jh. gingen Burg und Herrsch. an das Egerer Patriziergeschlecht Rudusch, das hier 1406 die Pfarrkirche St. Katharina erbauen ließ. 1425 erwarb L. Heinrich v. Zedtwitz, dessen vogtländisches Geschlecht E. 14. Jh. das Ascher Gebiet und einen Teil vom Egerland erworben hatte. 1915 verkaufte Gf. Benno v. Zedtwitz L. an den Fabrikanten Leopold Hauser. Von der urspr. Burg blieb lediglich ein Rundturm erhalten, um den im 18. Jh. ein Barockschloß erbaut wurde. Vor 1850 gab es in der Gem. L. eine Poststation, 2 Herrenhöfe, 1 Brauerei, 3 Schenken und 2 Mühlen. – 1850: 1541, 1900: 2139, 1930: 2202 (vorwiegend Dt.), 1950: 796 und 1991: 407 Eww. (II) *Kub*

LV 250, Bd. 6, 283; K. Hieke, České zámecké parky a jejich dřeviny, Praha 1984, 226; LV 259, Bd. 4, 185; K. Siegl, Die Gründung der Kirche zu Liebenstein im Egerlande, Prag 1902; ders., Die Fehde Egers mit Ritter Jorg von Zedtwitz auf Liebenstein, in: MVGDB 55 (1917), 1–95; LV 283, Bd. 15, 361f.; LV 287, 269f.

Liebeschitz (Liběšice, Bez. Leitmeritz) Das 1057 erstm. erwähnte, 4 km sw. → Auscha gelegene L. gehörte A. 14. Jh. einem »Albertus de Lubesicz« und hatte 1352 eine Pfarrkirche Mariä Himmelfahrt, die 1813–16 klassiz. neugestaltet wurde. Die Herren Berka v. Dubá förderten um 1400 den Bau der Kirche, die sie mit Reliquien des hl. Sixtus ausstatteten. Seit den Huss.kriegen waren die Herren v. Wartenberg in L. ansässig; ihnen folgten im 16. Jh. die Herren Dubanský v. Duban, die ein Renaissance-Schloß erbauten. A. des 30jähr. Krieges konfiszierte Kg. Ferdinand II. die Herrsch. und gab sie an die Jesuiten, die L. zu einem Wallfahrtsort ausbauten; dazu gehörte der Umbau des Schlosses zu einer repräsentativen Residenz nach 1738 und die Ausgestaltung des Ortsplatzes mit einer Skulpturengalerie. 1680 war L. Schauplatz eines Bauernaufstandes, dessen Anführer im benachbarten Auscha hingerichtet wurden. Nach der Aufhebung des Jesuitenordens gelangte die Domäne L. 1773 an den kgl. böhm. Religionsfonds, 1839 in den Besitz der Lobkowitz und 1871 in den des Textilindustriellen Josef Schroll. Der Ort erhielt 1898 Anschluß an die Bahnstrecke Leitmeritz–Böhm. Leipa, wurde 1909 zum Marktflecken erhoben und verfügte seit 1910 über eine genossenschaftlich organisierte Molkerei, die eine der größten in der österr.-ungar. Monarchie war. Im Schloß wurde nach 1945 ein Heim der Sozialfürsorge eingerichtet. – 1792: 561, 1910: 893 (fast nur Dt.), 1950: 561, 1991: 916 Eww. (II) *Lüb*

LV 264, 453–458; LV 259, Bd. 3, 268–271; G. Klepsch, Von der Sonnenseite des Geltsch, Reichenberg 1932; LV 283, Bd. 1, 334ff.

Liebich → Ober-Liebich

Lieblitz (Liblice, Bez. Melnik). Die 9 km sö. von → Melnik gelegene Gem. ist erstm. 1254 belegt. 1321 werden die Brüder Kunat und Frycek als Vorfahren der späteren Herren v. L. genannt. 1375 wird in einer Besitzaufteilung ein gleichnamiges Kastell erwähnt. Wiederum 100 Jahre später erscheinen die Herren Smiřický v. Smiřitz als neue Besitzer von L.; 1544 ging der Besitz an das Geschlecht der Vliněves über. 1669 schließlich erwarb Daniel Norbert Pachta v. Reihofen L.; der neue Eigentümer verließ das got. Kastell, von dem es heute keine

Spuren mehr gibt, und errichtete ein Renaissance-Schloß. Giovanni Battista Alliprandi schuf 1699–1706 für Gf. Arnold Pachta v. Reihofen ein neues, repräsentatives Barockschloß. Die Anlage weist einen komplizierten Grundriß nach dem Vorbild Wiener Palaisbauten auf. An der s. Seite des Schlosses erstreckt sich ein ausgedehnter Park. Letzte Besitzer von L. waren bis 1945 die Gff. v. Thun-Hohenstein, deren Grabkapelle w. des Schlosses liegt. Die einschiffige got. St.-Wenzels-Kirche wurde später barockisiert, 1710 erfolgte der Anbau eines Oratoriums. – 1869: 500, 1910: 567, 1950: 546, 1991: 510 Eww.   (II) *Krz*

LV 259, Bd. 3, 271ff.; V. Míka/M. Jarošik, Státní zámek Liblice, Praha 1974; LV 891, 408f.; LV 279, Bd. 15, 70.

Liebwerda → Bad Liebwerda

Lissa an der Elbe (Lysá nad Labem, Bez. Nimburg). Stadt und Schloß liegen im Elbtal, 14 km w. von → Nimburg. Die urspr. Siedl., in der Hzg. Udalrich 1034 seinen Bruder Jaromír gefangenhielt, befand sich verm. auf dem Areal von Alt L., 4 km nw. von L.; später verlagerte sich der Platz der Besiedl. näher zur Elbe, wo auf dem Gipfel eines weithin sichtbaren Hügels eine Burg entstand. In ihrer Nähe wurde eine 1244 in den Quellen erwähnte Kapelle St. Desiderius errichtet, unterhalb der Burg entfaltete sich eine Marktsiedl. Im 13. Jh. besaßen die böhm. Kgnn. in L. Besitzanteile. 1291 beauftragte Guta, die Gemahlin Kg. Wenzels II., ihren Dienstmann Rudlinus, ihre zu L. gehörenden Güter mit dt. Recht auszustatten. Unterhalb der Burg erwuchs ein Städtchen mit langgestrecktem Markt, das bis in neuere Zeit den Namen Neu L. trug. Fast das gesamte 14. Jh. über verblieb L. im Besitz der böhm. Kgnn.; 1389 erschien Peter v. Wartenberg als neuer Besitzer. In den Huss.kriegen nahm das Städtchen mehrfach Schaden. 1446 erwarb die Herrsch. L. Johann Smiřický v. Smiřitz, dessen Nachfahren die Burg zu einem spätgot. Adelssitz umbauen ließen. 1548 erwarb Kg. Ferdinand I. den Ort, der fortan der kgl. Kammer unterstand. Nach einem Feuer 1558 erhielt die Burg eine Renaissancegestalt. Das Städtchen selbst wurde 1561, 1567, 1580 sowie 1608 privilegiert. Die gewaltsame Rekatholisierung nach 1620 stieß in L. auf Widerstand und trieb 1626 viele Bürger in die Emigration. Nach Plünderungen und Verwüstungen im 30jähr. Krieg schenkte Ks. Ferdinand III. L. 1647 seinem General Johann v. Sporck, der das Städtchen neu erbauen ließ. Dessen Sohn Franz Anton (1662–1738) ließ das Schloß zu einem prunkvollen, durch Matthias Bernhard Braun, Peter Johann Brandl und Wenzel Lorenz Reiner reich ausgeschmückten Barocksitz mit schönem Park

ausbauen. Darüber hinaus begründete Franz Anton Sporck eine
Bibliothek sowie eine Buchdruckerei und legte eine Galerie mit einer
großen Sammlung von Stichen an. In s. Nachbarschaft des Schlosses
erwuchs 1731–41 der Komplex eines Augustinerkl., das 1812 aufgelöst wurde. 1719–39 entstand am Fuße des Schloßhügels die Pfarr-
und Dekanatskirche Johannes des Täufers. Wenngleich sich die Umbauten am Schloß bis E. 18. Jh. erstreckten, klang die Rolle eines
kulturellen Zentrums, das L. unter Franz Anton Sporck gespielt hatte,
doch langsam aus. Von den Gff. Sweerts-Sporck ging die Herrsch.
1851 an die Fstt. Rohan über, denen weitere Besitzer folgten. Nach
1918 übernahm der tschsl. Staat L. von den Fstt. Kinsky. Die Kleinstadt, die 1834 406 Häuser und 2714 Eww. zählte, entwickelte sich
seit E. 19. Jh. rasch zu einem Industrie-Agrar-Zentrum der weiteren
Umgebung. – 1900: 3990, 1950: 6057 und 1991: 6826 Eww.

(III) *Žem*

LV 259, Bd. 3, 294ff.; F. Otruba, Paměti města Lysé nad Labem a vesnic okolních,
Lysá nad Labem 1925; LV 279, Bd. 10, 347–350; LV 283, Bd. 2, 56–62; LV 906,
Bd. 2, 334–337.

Lissitz (Lysice, Bez. Blansko). Das 6 km s. von → Kunstadt gelegene
L. wird erstm. 1308 im Besitz des Ješek v. Kunstadt erwähnt. Nach
wechselnden Besitzern gelangte es 1490 an die Herren v. Pernstein,
die es 1529 an Johann Černčický v. Kácov verkauften. Dessen Sohn
Diviš ließ die alte Feste um 1554 in ein Wasserschloß im Renaissancestil umbauen. Die Bautätigkeit setzten die Březnický v. Nachod,
die zusätzlich Parkanlagen nach ital. Vorbild anlegen ließen, nach
1584 fort. Nach 1730 gestaltete man das Schloß barock um (wohl
nach Plänen von Christian Alexander Öttl), Orangerie und Wirtschaftsgebäude wurden angefügt. Vom A. 19. Jh. bis 1945 war L., das
nur eine kleine Textilindustrie entwickelte, im Besitz der Dubský v.
Třebomyslitz, die das Schloß großzügig klassiz. veränderten (Glas-
häuser, Schloßkapelle). 1830 kam in L. die als Schriftstellerin berühmte Marie Gfn. Dubská, verheiratete Ebner-Eschenbach (†1916),
zur Welt. – 1880: 1870 Tsch. und 25 Dt., 1930: 1629, 1950: 1515,
1991: 1798 Eww.

(VIII) *Teu*

LV 253, Bd. 5, 205f.; LV 259, Bd. 1, 149; M. Hlaváčková/M. Sedláčková, Lysice,
Brno 1967; LV 255, 326; Lysice ve středověku a v raném novověku, Lysice 1970; J.
Paukert, Státní zámek Lysice, Brno 1981; S. Sahánek, M. Ebnerová a češství, in:
ČMM 49 (1925), 356–370; LV 290, Bd. II/35, 108–118; LV 791, Bd. II/4, 264–269.

Litschkau (Líčkov, Bez. Laun). Das Dorf mit dem gleichnamigen
Schloß, 8 km sö. von → Saaz, wurde erstm. 1342 urk. erwähnt, als es
der Allerheiligenkirche auf der Prager Burg gehörte. In jener Zeit
stand in L. eine Burg, von der ein ovaler Turm erhalten blieb. A.

16. Jh. erwarben die Herren Hassenstein v. Lobkowitz L., das damals
die Blutgerichtsbarkeit besaß. Zentrum der umfangreichen Herrsch.
wurde es M. 16. Jh. unter dem Landesverweser der Niederlausitz,
Bohuslaus Felix Hassenstein v. Lobkowitz, der die Burg zu einem
Schloß umbauen ließ. Ein grundlegender Umbau der Anlage erfolgte
um 1700 unter Josef v. Eben. Um das eigentliche Schloß wurde ein
terrassenförmiger Garten mit Logen angelegt. Inmitten der ganzen
Anlage ließen die Herren v. Eben die St.-Annen-Kapelle sowie eine
Gemäldegalerie errichten. Im 19. Jh. wurden die Sammlung ausgelagert und die Schloßräume wirtsch. genutzt, 1836 entstand hier eine
der ältesten Zuckerfabriken in Böhmen. Die dt. Schule wurde 1878
eingerichtet, die tsch. Schule folgte 1928. 1925 erwarb der Maler
Oskar Brázda das Anwesen; dessen Nachkommen gehört das Schloß
bis zur Gegenwart. – 1828: 544, 1921: 651 (95% Dt.), 1950: 279,
1990: 160 Eww. (II) *Rd*

LV 249, Bd. 3, 280f.; LV 270, Bd. 4, 473–476; LV 275, Bd. 7, 69f.; LV 279, Bd. 14,
403ff.; LV 283, Bd. 14, 27ff.; K. Tutte, Der politische Bezirk Saaz, Saaz 1904, 554–
563.

Littau (Litovel, Bez. Olmütz). Die Stadt, die aufgrund ihrer einzigartigen Lage zw. den beiden Armen der March den Beinamen »han-
nakisches Venedig« erhielt, wurde unweit eines slaw. Dorfes von dt.
Kolonisten am E. der Regierungszeit Kg. Přemysl Otakars II. (1253–
78) gegr.; Kg. Wenzel II. verlieh dem Ort 1291 Stadtrechte, die Kg.
Johann v. Luxemburg 1327 erweiterte. L. zählte zu den führenden
kgl. Städten und begründete 1346 zus. mit → Olmütz und → Mähr.
Neustadt ein Defensivbündnis. Während der Huss.kriege bildete die
Stadt eine bedeutende Stütze der kath. Partei, ging aber dennoch der-
art geschwächt aus diesen Kriegen hervor, daß Kg. Sigismund sie
1437 verpfänden mußte. 1440 nahm L. letztmalig an einem mähr.
Landtag teil, der es unter den Schutz Karls v. Wlašim stellte. Dessen
Fam. hielt L. bis 1513 in Pfandschaft, danach ging es in den erbl.
Besitz der Herren v. Boskowitz über und büßte seine Stellung als kgl.
Stadt ein. Den wirtsch. und kulturellen Aufschwung hingegen vermochten erst der 30jähr. Krieg sowie die schwed. Besatzung (1643–
50) lahmzulegen. 1597 erwarben die Herren v. Liechtenstein L. und
hielten die Stadt bis 1848 in ihrer Hand. Die Industrialisierung stärkte
E. 19. Jh. den tsch. Bev.anteil, der ein zahlenmäßiges Übergewicht
erlangte und 1899 die Stadtverw. übernahm. – Das älteste Bauwerk
der Stadt ist das spätgot. Kirchlein St. Georg, das vor 1500 für böhm.
Utraqu. erbaut wurde. Das Rathaus mit Turm (1557–72) wurde an
der Stelle des urspr. Gem.- und späteren Herrenhauses der Herren v.
Wlašim bzw. v. Boskowitz erbaut. Zu den Renaissance-Denkmälern
gehören das Lang-Haus (1542) sowie das Haus der Tuchmacherzunft

(1570). Daneben befindet sich die 1675–99 barockisierte Pfarrkirche
St. Markus. Auch die urspr. got. Kirche St. Philippus und Jacobus
wurde 1692–94 barock umgestaltet. Die Pestsäule stammt von 1724.
Im städt. Zeughaus von 1824 befindet sich ein Stadtmuseum; das
1903–04 im Neorenaissancestil erbaute Gymnasium dominiert das
neuzeitl. Aussehen der Stadt. – 1900: 4633 (3160 Tsch. und 1448
Dt.), 1930: 4318 (3939 Tsch. und 348 Dt.), 1950: 4238, 1991:
10 043 Eww.   (IV/VIII) *Sp*

J. Kux, Geschichte der Stadt Littau, Brünn 1900; K. Obšil, Historický průvodce
Litovlí, Litovel 1965; LV 290, Bd. II/39, 52–139; J. Schulz/J. Lošťák, Historický
místopis okresu Litovel 1848–1960, Olomouc 1977, 30–51; R. Šmahel, Litovel,
Ostrava 1977; J. Škoda, Karel z Lichtenštejna versus město Litovel, Listy z let 1609–
12, in: OAO (1986), 223–231; ders., Zřízení a artykulové Jana Šembery Černohor-
ského z Boskovic měšťanům a vší obci města Litovle z roku 1593, in: OAO (1989),
175–191; B. Vaňák, Hospodářský a kulturní vývoj Litovle v 2. polovině 19. století a
počátkem 20. století až do první světové války, Olomouc 1956.

Lobenstein (Úvalno, Bez. Freudenthal). An der alten Verbindung
von → Troppau zum Gebirge dürfte auf dem Abflachungsterrain des
Niederen Gesenkes schon früh eine slaw. Siedl. bestanden haben.
Urk. des 13. Jh. erwähnen eine Grenzburg »Czwilin«, die wohl an der
Stelle der späteren Schellenburg anzusiedeln ist. Für die unterhalb
dieser Bergfeste gelegene Siedl. nennt eine Olmützer Urk. vom 12.3.
1289 sowohl die slaw. Bezeichnung »Vualen« als auch den dt. Namen
»L.«. 1377 fielen Burg und Siedl. im Zuge der Landesteilung an die
Hzgg. v. Jägerndorf.; E. 15. Jh. kam L. in den Besitz der Herren v.
Schellenberg, die es 1523 an den brand. Mkgf. Georg den Frommen
verkauften. Unter der bis zum 30jähr. Krieg währenden brand.
Herrsch. wurden das ev. Bekenntnis eingeführt, das Patronat des Prämonstratenserkl. Hradisch bei → Olmütz aufgehoben und eine erste
Schule eingerichtet. Die Burganlage verfiel seit dem 17. Jh.; der
überwiegende Teil der seit M. 19. Jh. wachsenden Bev. war in der
Landwirtschaft tätig, seit Errichtung einer Eisenbahnhaltestelle 1875
stieg die Zahl der Pendler nach → Jägerndorf. Die Pfarrkirche St.
Nikolaus mit got. W-Turm reicht ins 13. Jh. zurück, das Schiff wurde
1766 barockisiert, die Innenausstattung stammt überwiegend aus dem
19./20. Jh. In L. wurde Hans Kudlich (1823–1917), Vorkämpfer der
Bauernbefreiung in Österr., geb.; an ihn erinnert die auf dem nahegelegenen Wachberg 1913 errichtete »Kudlichwarte«. – 1837: 951,
1900: 1304, 1930: 1720 (davon 190 Tsch.), 1950: 1051, 1980: 966
Eww.   (V) *Bei*

O. Hohn, Jägerndorf-Lobenstein-Braunsdorf in Wort und Bild, Grettstadt 1981; E.
Königer, Das Dorf Lobenstein in der ersten Hälfte des 16. Jahrhunderts, in: ZVGMS
32 (1930), 214–220; LV 564; LV 168, Bd. 5, Nr. 417; H. Schulig, Ein Heimatbuch
für die Bereiche Jägerndorf und Olbersdorf, Troppau 1923, 587–599.

Lobkowitz (Lobkovice, Bez. Melnik). Die etwa 16 km s. von
→ Melnik gelegene Gem. ist erstm. unter Kg. Karl IV. als Pfarrdorf
belegt. Um 1342 erscheinen in den Quellen die Brüder Bohunek und
Laurentius v. L.; 1367–77 besaß der Prager Bürger Nikolaus Schotter
(Cotr) im Dorf L. Besitzanteile. 1385–98 befand sich L. im Besitz des
Hofmarschalls und Günstlings Kg. Wenzels IV., Johann Čuch v. Zá-
sada, um 1400 erwarb es der Prager Bürger Prokop Krukner. Zur
Grundherrsch. L. gehörten 2 Dörfer: L. sowie Mlikojed. 1409 ging L.
an Nikolaus v. Lobkowitz und Aujezd, genannt der Arme, der sich als
erster Vertreter dieses böhm. Adelsgeschlechtes »v. L.« nannte. Die
Linie L.-Chlumec wurde 1623 in den Reichsfürstenstand erhoben.
Die Güter der Herren v. L. wurden mehrmals geteilt. Die Stammburg
L. selbst – ein urspr. got. Kastell, später zu einem Renaissance-Schloß
umgebaut und 1679 durch Antonio della Porta erneuert – erlebte
wiederholte Besitzerwechsel: Von 1616–1829 gehörte L. den Herren
v. Pernstein. Zu den späteren Besitzern zählte auch der böhm. Lan-
deshistoriker František Palacký (1798–1876), der auf dem Friedhof
seine letzte Ruhestätte fand. Die einschiffige, aus dem 14. Jh. stammende got. Kirche Mariä Himmelfahrt wurde um 1700 barockisiert.
– 1869: 306, 1910: 442, 1950: 597, 1991: 537 Eww.   (II) *Krz*

T. Klein, Die Erhebungen in den weltlichen Reichsfürstenstand 1550–1806, in:
BDLG 122 (1986), 150; LV 279, Bd. 15, 253–256; LV 516, Bd. 2, 495.

Lobositz (Lovosice, Bez. Leitmeritz). An der Porta Bohemica, dem
Eintritt der Elbe ins Böhm. Mittelgebirge, bestand schon in prähist.
Zeit eine Fischersiedl.; das hier gelegene Dorf L. übertrug Hzg. Vladislav II. 1143 den Prämonstratensermönchen des neu gegr. Kl. Strahov bei → Prag. 1248 erwarb es der Leitmeritzer Bürger Hartwic und
wurde hier nach dt. Recht Richter; sein Sohn verkaufte das Gut 3
Jahre später dem Kl. Altzelle bei Meißen, das von Ks. Karl IV. 1348
das Fährrecht erlangte. Durch Verpfändung gelangte L. 1415 an die
Ritter v. Kladno und 1511 an den sächs. Hofmarschall Heinrich v.
Schleinitz. Doch machte Altzelle noch über mehr als ein Jh. Ansprüche auf L. geltend. In den Huss.kriegen erlitt es schwere Schäden,
da die umliegenden kaisertreuen Burgen, vor allem Kostial und
→ Hasenburg, umkämpft waren. Den Bau eines Renaissance-
Schlosses anstelle einer älteren Feste begann 1545 Georg v. Schleinitz.
Als L. am E. 16. Jh. in den Besitz der Herren v. Waldstein kam, erreichte Adam v. Waldstein von Ks. Rudolf II. die Erhebung zur Stadt
(1600), wogegen das benachbarte → Leitmeritz erfolglos gerichtlich
vorging. Das im 30jähr. Krieg mehrfach zerstörte L. kam nach 1653 in
den Besitz der Mkgff. v. Baden (Grabstätten in der barocken Wenzelskirche) und 1783 an die Fstt. v. Schwarzenberg. Schwer beschä-

digt wurde L., bei dem 1756 die erste Schlacht des 7jähr. Krieges
stattfand, durch Feuer 1787, 1796 und 1809. Im 19. Jh. verzeichnete
die Stadt ein schnelles Wachstum von Gewerbe, Industrie (1846 Eisenbahn Prag–L., 1850 L.–Aussig) und Bev. Die Entstehung der
Tschsl. 1918 zog die teilw. Enteignung des Fst. v. Schwarzenberg
(1921) und eine Bodenreform (1926) nach sich, die den tsch. Gutsar-
beitern zugute kam. Die nach dem Zweiten Weltkrieg eingerichteten
staatl. Betriebe in L. führen die zuvor in dt. Hand befindlichen tradit.
Gewerbezweige fort (Obst- und Zuckerverarbeitung, Kunstsei-
deherstellung, chemische Industrie, Staatsgut mit Tierzucht). – 1833:
1122, 1900: 4583 (überwiegend Dt.), 1930: 5929 (davon 3711 Dt.),
1950: 5233, 1991: 9708 Eww.   (II) *Lüb*

J. Blažek/O. Kotyza, Pohřebiště z doby stěhování národů v Lovosicích, in: Lit 26
(1990), 59–66; LV 264, 411–415; A. Dopsch, Das Treffen bei Lobositz 1. Oktober
1756, Graz 1892; LV 259, Bd. 3, 290f.; H. Mader, Lobositz von der Urzeit bis heute,
Lobositz 1933–34; V. Salač, Keltské výrobní a distribuční centrum v Lovosicích, in:
Lit 26 (1990), 31–57; J. Štíbr, Bitva u Lovosic a řád Marie Terezie, in: Lit 23 (1987),
163–173; J. Veselý, Geschichte der fürstlich Schwarzenbergschen Domäne Lobositz, Prag 1894.

Lomnitz an der Popelka (Lomnice nad Popelkou, Bez. Semil). L.
wurde erstm. 1308 als Besitz des »Albertus de Lompnitz« erwähnt.
1417 wird eine Festung, 1437 ein »oppidum« genannt. Unter Wilhelm Štěpanický v. Waldstein und dessen Sohn Wenzel erfolgte
1524–79 der Ausbau zu einer 12 Dörfer umfassenden Herrsch. sowie
die Erweiterung der Festung zu einem Schloß (1566/67). Die vor
1618 utraqu. Bev. wurde seit 1630 rekatholisiert. 1654–1796 befand
sich L. im Besitz der Fam. Morzin, die um 1737 das Schloß zu seiner
erhaltenen barocken dreiflügeligen Form ausbaute. Die Fassade und
die Innenausstattung wurden jedoch durch Umbauten im 19./20. Jh.
verändert. An Baudenkmälern sind am Marktplatz die Nikolauskirche (16. Jh., 1781/82 barockisiert) und die Friedhofskapelle Johannes
des Täufers (1768) erhalten. S. der Stadt befindet sich auf dem Berg
Tabor am Ort eines ehem. huss. Heiligtums die 1704 erbaute Kirche
zur Verklärung Christi, zu der von L. ein Kreuzweg führt. Vor 1848
umfaßte die Herrsch. 21 Dörfer. Im Schloß befand sich der Sitz der
herrschl. Verw. und ab 1850 des Kreisgerichts und des Gefängnisses.
Die umliegenden Siedl. Alt- und Unterl. wuchsen erst im 19. Jh. zus.,
als sich der Ort zu einem Zentrum der Leinen- und Textilindustrie
entwickelte. Die Fa. Šlechta, die 1890 an 850 mechanischen Webstühlen Textilprodukte herstellen ließ, zählte zu den größten ostböhm. Unternehmen, so daß im Zuge der Industrialisierung die Bev.
rasch wuchs. Heute ist in L. Textil- und Lebensmittelindustrie angesiedelt, im Haus der Fam. Šlechta am Marktplatz befindet sich ein
Stadtmuseum. – 1980: 5951 Eww.   (III) *Bb*

J. J. Fučík/R. Pavlita, Historický místopis města Lomnice nad Popelkou, Lomnice 1928; LV 259, Bd. 6, 285f.; LV 952, Bd. 2, 662f.

Louňowitz (Louňovice pod Blaníkem, Bez. Beneschau). Die 21 km sö. → Beneschau gelegene Gem. entstand im Zuge der Kolonisation der waldreichen Gegend um den → Blanik durch das Prämonstratenserkl. → Seelau. Dessen Abt Gottschalk gründete um 1149 ein Prämonstratenserkl. im Tal zw. beiden Hügeln und beauftragte den Ordensbruder Heinrich, einen aus dem Rheinland stammenden Mönch, Schwestern aus dem rheinischen Kl. Donnewald nach »Lunae vallis« zu führen. Der Konvent erwarb umfangreichen Grundbesitz, den 1420 die Taboriten besetzten, die zudem das Kl. in Brand steckten. 1436 bestätigte Ks. Sigismund der kgl. Stadt → Tabor die Herrsch. über diese Güter, die die Stadt aber 1547 aufgrund ihrer Beteiligung am Ständeaufstand verlor. Danach gab es häufig wechselnde Besitzer. Unter Ulrich und Ulrich Sezima aus dem Adelsgeschlecht der Ritter Skuhrovský v. Skuhrov entstand 1566–1610 ein Renaissance-Schloß. Karl Adam v. Řičan, der L. nach dem Aussterben der Skuhrovský v. Skuhrov durch Heirat erbte, vermachte den Besitz 1672 an das Ebtm. Prag. Unter Ebf. Johannes Friedrich v. Waldstein (1675–94) wurde das Schloß barockisiert. Im Zuge der Bodenreform 1925 fiel es an lokale Institutionen und wurde zu musealen Zwecken genutzt. Das heutige Aussehen der urspr. got. Kirche Mariä Himmelfahrt resultiert aus der barocken Umgestaltung um 1670. In L. wurde Barockkomponist Jan Dismas Zelenka (1679–1745) geb. – 1848: 730, 1900: 1060, 1950: 720 und 1991: 680 Eww.

(VII) *Pán*

J. Burian, Louňovice pod Blaníkem. Nástin dějepisný, Praha 1894; E. Čáňová, Populační vývoj farnosti Louňovice pod Blaníkem (1743–1829), in: SVPP 20 (1979), 295–317; LV 259, Bd. 6, 288f.; P. Radoměrský, Nejstarší dějiny Louňovic pod Blaníkem, in: ČNM Spol. věd 133 (1964), 67–90, 134 (1965), 12–27; LV 275, Bd. 10, 93–98; LV 283, Bd. 12, 63–68.

Luditz (Žlutice, Bez. Karlsbad). Das an der wichtigen Handelsstraße von → Eger nach → Prag im Schnellatal entstandene L. gehörte im 12. Jh. verm. dem Kl. → Kladrau. Die Herren v. Riesenburg, die es seit 1280 besaßen, bauten es im 14. Jh. zus. mit einer Burg als Städtchen aus. Ks. Karl IV. gewährte L. 1375 das Egerer Stadtrecht. 1415 kam es an die Herren v. Elsterberg, die für den Ort vom Kg. einen Pfingstjahrmarkt bewilligt bekamen und selbst den Bürgern Freizügigkeit, freies Erb- und Verheiratungsrecht zugestanden. 1422 von den Huss. besetzt und gebrandschatzt, gelangte L. 1426 in die Hand des Jakubek v. Wřesowitz und wurde utraqu.; die Wřesowitz machten L. zum gut befestigten Mittelpunkt ihrer Herrsch. im Elbogener

Kreis. Von hier aus wurden → Theusing und sogar → Petschau erobert. Sie erwirkten weitere Privilegien: 1445 den freien Salzhandel,
1478 einen zweiten Jahrmarkt, 1514 eine Bannmeile für den Verkauf
von Getreide, Malz, Schmalz, Wolle, Salz und Eisen. 1537 wurde die
Herrsch. an die Herren v. Plauen verkauft, welche die Privilegien
erneuerten. Sie vertrieben die Juden der Stadt. Um 1560 ging L. an
den Hassensteiner Zweig der Lobkowitz, danach 1575–1872 an die
Herren Kokorzowetz v. Kokorzow. Nach 1624 wurden L. und seine
Umgebung wieder kath.; im 30jähr. Krieg hatte die Stadt unter den
Kriegsfolgen und der Pest schwer zu leiden. Die Kokorzowetz bauten
die Stadtburg am oberen Marktplatz im 18. Jh. zu einem Barock-
schloß um, von dem heute nur noch Reste Zeugnis geben. Nach
Aufhebung der Untertänigkeit wurde die Stadt 1850 Sitz der Bez.-
Hauptmannschaft, 2 Jahre später war die Straßenverbindung zur
Chaussee von → Prag nach → Karlsbad hergestellt. 1897 wurde die
Eisenbahnverbindung nach → Rakonitz eröffnet. 1847 hatte L.
1758 Eww., neben der dt. Bev. 73 Juden und 8 Tsch. Die Bürger
lebten bis in das 20. Jh. von Landwirtschaft (Brauereien, Mühlen),
Handel und Handwerk (Tuchmachergewerbe, Klarinettenzungen-
herstellung). Nach 1945 wurde etwas Industrie angesiedelt, der Bau
einer Talsperre schuf Platz für die Errichtung von Neubausiedl. –
1910: 1882, 1930: 2019 (davon 139 Tsch.), 1991: 2802 Eww.

(I) *Hil*

M. Bělohlávek, Husitské Žluticko, Plzeň 1961; K. Fleissner, Die Geschichte der
Stadt Luditz in chronologischer Darstellung, Saaz 1936; Heimatbuch des Kreises
Luditz, München 1971, 404–448; F. Kürschner, Das Stadtrecht von Luditz, in:
MVGDB 5 (1867), 26–33; LV 259, Bd. 4, 417f.; LV 507, 300ff.

Luhatschowitz (Luhačovice, Bez. Zlin). 1412 wurde das damals zur
Herrsch. der Burg Světlov gehörende, 20 km s. von → Zlin gelegene
Dorf L. erstm. erwähnt. Seit 1590 Mittelpunkt eines Adelsgutes, ließen dessen Besitzer hier vor 1609 ein Kastell errichten, neben dem
1730–38 ein repräsentatives Barockschloß errichtet wurde. Die erste
wiss. Abhandlung über die unweit des Dorfes entdeckten Mineralquellen stammt von 1669. Der Ruf der jod- und bromhaltigen Heilquellen verbreitete sich zunehmend, so daß 1789 ein Kurbad in der
waldreichen Umgebung der Wisowitzer Berge gegr. wurde und
mehrere Kurgebäude entstanden. Seit 1902, als die gesamten Kuranlagen in den Besitz einer lokalen Kurbetriebs-Aktienges. übergingen,
erfolgte ein rascher Ausbau der vorhandenen Kapazitäten. Mehrere
Kurhäuser wurden nach Projekten des slow. Architekten Dušan Jurkovič (1868–1947) erbaut, der an die walachische Volksbauweise anknüpfte. Zahlr. Persönlichkeiten, unter ihnen der Komponist Leoš
Janáček, weilten wiederholt in L. Die Bedeutung des bis heute viel-

besuchten Kurortes spiegelte sich auch in der Erhebung zur Stadt 1936. – 1880: 945, 1930: 2200, 1991 über 5800 Eww. (V) *Šta/Krz* LV 253, Bd. 8, 143–146; LV 259, Bd. 1, 146; A. Jančář, Luhačovice, Praha 1981; Luhačovice, Luhačovice 1986; A. Kašpar, Průvodce po lázních a jejich okolí, Praha 1965; Lázně Luhačovice 1902–1926, Luhačovice 1927; Z. Pokluda, Zámek v Luhačovicích, in: GMS (1983), 231–275; I. Štarha, Luhačovice od léčebného místa k městu, in: GMS (1986), 85–110.

Lukawitz → Unterlukawitz

Lundenburg (Břeclav). Die an der Thaya gelegene Bez.-Stadt war bis zu ihrer Stadterhebung 1872 ein Marktflecken mit bedeutendem Getreide- und Holzhandel. Die erste zweifelsfreie Erwähnung stammt von 1131. Auch wenn es sich bei früheren Nennungen um Fälschungen aus dem 12. Jh. handelt, steht fest, daß hier bereits im 11. Jh. das Zentrum eines Burgensystems existierte. Bis A. 10. Jh. hatte sich in der 5 km in s. Richtung entfernten Heidenstätte eine slaw. Burganlage entwickelt, die nach 1950 archäolog. untersucht wurde und deren materielle Zeugnisse seit 1964 in einem Gebäude ausgestellt werden, das 1811 im Stil des Empire als Jagdschloß errichtet worden war. 1390 gelangten Burg und Herrsch. L. als kgl. Lehen an die Liechtenstein, die hier mit einer Unterbrechung während der Huss.kriege bis 1534 ansässig waren. Unter den Herren v. Žerotín, denen L. bis 1620 gehörte, wurde 1570 das A. 19. Jh. neogot. umgestaltete Renaissance-Schloß erbaut. Zum Zeitpunkt der Schloßentstehung konnten sich Böhm. Brüder, Juden und die bis 1622 in L. bezeugten Wiedertäufer ansiedeln. Nachdem Karl Eusebius v. Liechtenstein (†1684) die Herrsch. 1638 gekauft hatte, blieb sie bis 1945 als ein Zentrum ihrer mähr. Besitzungen in der Hand der Liechtenstein. Die Entw. zu einem Wirtschaftszentrum wurde durch den bereits 1835 erfolgten Eisenbahnanschluß ermöglicht, in dessen Folge L. zu einem Schienenverkehrskreuz ausgebaut wurde. 1861 ging eine Zukkerfabrik, 1872 eine Raffinerie in Betrieb. Der tradit. Holzwirtschaft folgten Metallverarbeitungs- und Chemieunternehmen. Die Bev. war bis E. des Zweiten Weltkrieges gemischt (1880: 3442 dt. und 1922 tsch., 1910: 4954 dt. und 3699 tsch., 1930: 1582 dt. und 11 220 tsch. Eww.). In der 1753–56 umgebauten Pfarrkirche des Hl. Wenzel wurde tsch. gepredigt; dt. Gottesdienste fanden in der 1856 am Bahnhof errichteten Kapelle Kyrill und Methodius statt. 1919 vereinigte sich die bis dahin pol. selbst. Judengem. (1900: 759 Mitglieder) mit der Stadt. Nach der Aussiedl. der dt. Bev. nahm die Eww.-Zahl zunächst ab und dann rasch zu: 1950: 11 010, 1980: 16 401, 1991 mit Vororten 26 206 Eww. (VIII) *Had*

Břeclav-dějiny města. Hg. v. M. Zemek, Brno 1968; Břeclav–100 let městem 1872–

1972. Hg. v. M. Zemek u. A. Zimáková, Mikulov 1972; Břeclavsko. Hg. v. Z. Nekuda, Brno 1969; LV 177; L. Czudan, Chronik der Stadt Lundenburg, Lundenburg 1887; B. Dostál, K časně slovanskému osídlení Břeclavi-Pohanska, Praha 1982; B. Dostál, Břeclav-Pohansko. Velkomoravský velmožský dvorec, Brno 1975; LV 543, 10; LV 253, Bd. 8, 246–251; LV 255, Bd. 3, 253ff.; L. Hosák, Dějiny města a panství Břeclavě, Břeclav 1926; LV 950, Bd. 1, 118f., Bd. 2, 268; LV 259, Bd. 1, 57ff., 194; F. Kalousek, Die großmährische Burgwallstadt Břeclav, in: SPFFUB 19 (1960), 5–22; B. Novotný, Výzkum velkomoravského hradiště ›Pohanska‹ u Nejkudu na lednickém ostrově, in: AP 54 (1963), 3–40; H. Preidel, Die neuentdeckten frühmittelalterlichen slawischen Burgwälle bei Mikultschitz und bei Lundenburg, in: StJ 8 (1964), 125–160; LV 898, Bd. 1, 280–286; LV 548, 321–329; LV 313, 52f.; F. Svěrák, Nářečí na Břeclavsku a v dolním Pomoraví, Brno 1966; LV 290, Bd. II/8, 111–137; M. Zemek/A. Zimáková, Místopis Břeclavska 1848–1960, Olomouc 1966.

Mährisch Altstadt (Staré Město, Bez. Mährisch Schönberg). M. A. wurde erstm. 1325 urk. erwähnt, als der Herr von → Goldenstein, Johann Wüstehube, die Stadt Goldeck, wie M. A. wegen des Gold- und Silberbergbaus zu dieser Zeit hieß, mit allen Goldgräbereien und Erzgruben dem schles. Zisterzienserkl. Kamenz schenkte. 1336 wurde M. A. zur Bergstadt erhoben und erlebte in der Folge mehrere Besitzerwechsel. 1423 wurde die Stadt von den Huss. besetzt. Seit dieser Zeit verlor auch der Bergbau an Bedeutung, obwohl 1575 noch Gold und Silbervorkommen erwähnt wurden. Die prot. Pfarrkirche St. Anna wurde 1617/18 von Elisabeth Peterswald v. Peterswald erbaut. Nach der Konfiskation 1622 kam M. A. bis 1848 in den Besitz der Liechtenstein. 1645 wurde es von den Schweden gebrandschatzt. Das 1618/19 von Adam Hanke erbaute Renaissance-Rathaus wird vom stilvoll profilierten Turm beherrscht. 1725 wurde das Rathaus nach einem Brand wieder aufgebaut. Die Bergwerksbetriebe der 1828 gegr. Buhl-Alberti AG zählten 1938 zu den größten in Europa, wodurch die Bev. (1790: 1200; 1900: 2114 Eww.) wuchs. Die Dt. wurden nach dem Zweiten Weltkrieg vertrieben (1930: 2131 dt. und 101 tsch. Eww., 1991: 2131 Eww.).   (IV) *Lb*

LV 254, Bd. II/2, 254f.; A. Gottwald, Altstadt, o. O. 1976; LV 253, Bd. 4, 87ff.; LV 950, Bd. 2, 57; LV 266, 435–438; J. Šimo, Pověsti Starého Města a okolí, Bruntál 1993; Staré Město pod Sněžníkem a okolí, Šumperk 1971.

Mährisch Aussee (Úsov, Bez. Mährisch Schönberg). Das ö. von → Müglitz und der March gelegene M. A. erschien 1260 erstm. in einer Urk., als der Kastellan von Olmütz, Ägidius v. Schwabenitz, die landesherrliche Burg als Dienstlohn erhielt. Die Burg ist das einzige Beispiel einer Übernahme des frz. Kastelltyps in Mähren. 1276 war sie wieder im Besitz des Landesherrn, mußte aber von Mkgf. Karl 1334 wieder zurückerobert werden. 1408 wurde M. A. an Johann v. Wlašim verpfändet, dessen Geschlecht die Burg spätgot. umbaute. Im Jahre 1513 übernahm Ladislaus Černohorský v. Boskowitz den Besitz und ließ einen tiefgreifenden Renaissance-Umbau durchführen. Nach dem Tod des Johann Černohorský v. Boskowitz 1597 kam M. A. 1600 an Karl v. Liechtenstein, der 1598 dessen Tochter Anna geheiratet hatte. M. A. blieb bis 1945 im Besitz der Liechtenstein. Während des 30jähr. Krieges erlitt die Burg schwere Beschädigungen. In der Herrsch. M. A. gab es einige Eisenhämmer, die 1649 als verwahrlost bezeichnet wurden. Trotzdem gehörte M. A. mit 31 Dörfern zu den reichsten mähr. Herrsch.; das Schloß in M. A. diente den Liechtenstein nur zeitweise als Aufenthaltsort. Ab 1691 erfolgte der barocke Umbau des Schlosses. Anna v. Liechtenstein stiftete während der Pest 1624 die auf einer Anhöhe über dem Schloß liegende Rochus-Kapelle, die sich zu einem Wallfahrtsort entwickelte. Das Wald- und Forstwesen prägte den Ort. Das Schloß war 1852–67 Sitz der Mähr.-Schles. Höheren Forstschule, die dann nach → Eulenberg verlegt wurde. 1901 wurde das Liechtensteinische Forst- und Jagdmuseum im Schloß gegr. und 1990 wiedereröffnet. Auch der späte Bahnbau 1902 konnte den Rückgang der Bev. infolge mangelnder Industrialisierung nicht aufhalten (1880: 1863 dt. und 288 tsch. Eww.; 1930: 1493 Eww., davon 866 Dt.). 1564 waren nach dem von Albrecht v. Boskowitz in jenem Jahr begonnenen Herrschaftsurbar von 58 angesiedelten Bürgern 3 Juden, deren Zahl schnell anstieg und 1830 mit 656 Personen ein Viertel der Bev. betrug. Die Gem. M. A. wurde auch für Juden der umliegenden Regionen zum Zentrum. 1930 lebten allerdings nur noch 20 Juden in der Stadt. Auf dem jüd. Friedhof befinden sich noch Grabsteine aus dem 18. Jh.; die Judenstadt Kilch besaß spätestens seit 1688 eine eigene Synagoge, die 1722 zerstört und 1784/85 neu aufgebaut wurde. In der Reichspogromnacht 1938 im Innern verwüstet, dient sie seit 1990 der tsch. Brüdergem. als Gotteshaus. Die dt. Bev. wurde 1945/46 vertrieben (1950: 933, 1991: 1094 Eww.). M. A. ist Geburtsort des Schriftstellers Vlastimil Artur Polák (1914–90). (IV/VIII) *Lb*

J. Březina, Zábřežsko v období feudalismu do roku 1848, Ostrava 1963, 386–403; LV 247, 100–112; Heimatbuch für Stadt und Kreis Hohenstadt/March. Hg. v. W. Wollmann, Göppingen 1982, 119–137; LV 253, Bd. 4, 220ff.; L. Hosák, K počátkům hradu a městecka Úsova, in: SMor 19 (1970), 3–8; LV 950, Bd. 2, 647; LV 259, Bd. 2, 254–257; J. Klenovský, Židovská čtvrt' v Úsově, Brno 1993; LV 254, Bd. II/2, 584ff.; LV 548, 331–342; LV 266, 482–486; J. Spunda, Die verlorenen Inseln. Ein Beitrag zur Erforschung der nationalen Auseinandersetzung und Umvolkung in Mittelmähren, 2: Mährisch-Aussee, in: BOH 3 (1962), 332–340; F. Thiel, Der Wirtschaftsstatus der Herrschaft Aussee (1776–1781), in: ZVGMS 43 (1941), 67–76; S. Utěšený, O nejstarších matrikách úsovské farnosti (1610–1725), in: SMor 28 (1974), 42–45.

Mährisch Budwitz (Moravské Budějovice, Bez. Trebitsch). Die 19 km von → Trebitsch gelegene Ortschaft wurde erstm. 1231 als »Budewigez« und 1235 als »Budwiz« erwähnt. Die damals existierende landesherrliche Burg wurde später, wahrsch. beim großen Stadtbrand von 1532, vollkommen zerstört. Kg. Sigismund hatte den Bürgern der Stadt 1401 das Brau- und Schankrecht für Bier erteilt. 1421 wurden diese Privilegien um das Meilenrecht und einen Jahrmarkt erweitert. Die Herrsch. M. B. gehörte den Herren v. Lichtenburg, bis sie 1522 von Zdeněk und Burian v. Waldstein erworben wurde. Unter den Waldstein konnten die Stadtprivilegien abermals erweitert werden. 1561 wurden die Juden ausgewiesen. Kurze Zeit später existierte eine luth. Pfarrgem. Nach der Ständeerhebung 1618–20 wurde M. B. konfisziert und an Hannibal v. Schaumburg übergeben. Die Jesuiten aus → Znaim übernahmen 1627 die Rekatholisierung der Herrsch. Nachdem M. B. 1632 von der Pest heimgesucht worden war, standen 1643 die Schweden vor der Stadt. Hannibals Erbe, Rudolf Heinrich v. Schaumburg, ließ 1666–72 an der Stelle von 4 Renaissance-Bürgerhäusern am Unteren Marktplatz ein barockes Schloß errichten, in das auch das von 1592 stammende Rathaus einbezogen wurde. Die Proteste der Bürgerschaft waren beträchtlich. 1736 erwarben die Gff. Wallis die Herrsch., die bis 1945 in M. B. ansässig waren. Bemerkenswerte Baudenkmale sind zahlr. Bürgerhäuser, die 1235 bezeugte Pfarrkirche St. Ägidius sowie das Schloß, in dem sich seit 1946 ein bereits 1895 gegr. Regionalmuseum befindet, das untergegangene Gewerbearten dokumentiert. Im 19. Jh. entwickelte sich die Stadt zu einem wirtsch. Zentrum, in dem sich versch. Industrien in Form kleiner Unternehmen ansiedelten. 1882 wurde eine Maschinenfabrik errichtet, die zur Königsfelder Maschinenfabrik in → Brünn gehört. Bis zur Jh.wende war die Bev. gemischt, 1880 zählte man 2569 tsch. und 358 dt. Bürger, 1930: 3998 tsch. und 52 dt., 1991: 8025 Eww. Diese leben vom Maschinenbau, der Baustoffgewinnung, der Lederverarbeitung sowie der Nahrungsgüterwirtschaft.   (VII) *Had*

G. Chaloupka, K počátkům města Mor. Budějovic, in: VVM 5 (1950), 152–169; LV 548, 343–367; J. Fišer, Kronika tak zvaná Chudánkova a jiné chované paměti města Moravských Budějovic, Bde. 1–2, Moravské Budějovice 1930–31; LV 543, 19; LV 253, Bd. 12, 127–131; LV 255, Bd. 2, 156f.; LV 950, Bd. 1, 127f.; LV 259, Bd. 1, 162; Královopolská strojírna Moravské Budějovice 1882 až 1982, Moravské Budějovice 1982; S. Marák, Tragedie moravského města, Moravské Budějovice 1914; J. Sedlák, Moravské Budějovice, Brno 1970.

Mährisch Kromau (Moravský Krumlov, Bez. Znaim). Die Stadt liegt in einem Becken der Znaimer Höhen an der Rokytna. Eine frühe Besiedl. belegen neolithische Funde. Das bereits im Laufe des

12. Jh. gegr. M. K., das erstm. 1277 urk. erwähnt wurde, gehörte im 13. Jh. den Herren v. Obřany, die hier um 1250 eine Kommende des Dt. Ritterordens errichteten sowie die Spitalkirche (1237) und die Pfarrkirche (1248) erbauen ließen. Kg. Přemysl Otakar II. verlieh M. K. das Stadtrecht. Unter Kg. Johann v. Luxemburg erhielten die Herren v. Leipa die Stadt, in der sie 1355 ein Augustinerkl. gründeten; von diesem blieb jedoch nur das Presbyterium erhalten. 1369 kam M. K. an die Herren v. Krawarn. Während der Huss.kriege sympathisierte die Mehrheit der Stadt mit der neuen Lehre, was die Vertreibung der Augustinermönche 1422 erklärt und den Umstand, daß der huss. Heerführer Bohuslaus v. Sternberg hier beigesetzt wurde. Nach dem Aussterben der Kromauer Nebenlinie der Krawarn kam M. K. 1447 wiederum an die Herren v. Leipa, die die Stadt mehr als ein Jh. im Besitz hielten. Sie ließen an Stelle der 1346 erwähnten Burg, in der 1537 der Arzt und Naturforscher Philippus Paracelsus weilte, verm. durch Leonardus Garof de Bison 1557–62 ein Renaissance-Schloß erbauen. Erst die Niederschlagung des Ständeaufstandes von 1618–20, an dem sich auch Berchtold Bohobud v. Leipa beteiligt hatte, machte ihrer Herrsch. ein Ende. Sie wurden enteignet, M. K. kam 1625 gegen Bezahlung an den Obersthofmeister Ks. Ferdinands II., Gundaker v. Liechtenstein. Durch den 30jähr. Krieg wurde M. K. stark in Mitleidenschaft gezogen, bes. 1645 durch eine längere schwed. Besetzung. Ein in der Judengem. 1690 ausgebrochenes Feuer zerstörte die Stadt fast vollständig. 1742 besetzten die Preußen M. K. für 5 Wochen; auch die Napoleonischen Kriege sowie der preuß.-österr. Krieg 1866 verschonten die Stadt nicht. Die wuchtige, 1669 restaurierte rom. Spitalkirche zur Hl. Dreifaltigkeit wurde 1833 ein Raub der Flammen und erst 1880 wiedererrichtet. Die urspr. got. Pfarrkirche Allerheiligen ist nach einem verheerenden Brand M. 17. Jh. weitgehend im barocken Stil wiederaufgebaut und 1785 noch einmal umgestaltet worden. Von der got. Kl.kirche St. Bartholomäus ist nach dem barocken Umbau um 1700 nur das Presbyterium erhalten. Die Umgebung dominiert die auf dem Wahrzeichen der Stadt, dem Florianiberg, 1695 errichtete und 1834 renovierte viertürmige Florianikapelle. Der Liechtensteinsche Fideikomiß wurde 1900 aufgelöst und in eine Allodialherrsch. umgewandelt, die sich 1908–45 im Besitz der Gff. Kinsky befand. Gegen E. des Zweiten Weltkrieges erlitt die Stadt beträchtliche Bombenschäden. M. K. ist der Geburtsort des Operettenkomponisten Ralph Benatzky (1889–1957). Der Schriftsteller Alexander Roda-Roda, eigtl. Sándor Friedrich Rosenfeld, besuchte hier das dt. Gymnasium. – 1834: 1442, 1930: 3476 (davon 349 Dt.), 1950: 3112, 1980: 6718 Eww.

(VIII) *Kle*

M. Berková/Š. Pelanová, Páni na Moravském Krumlově 1260–1945, Moravský Krumlov 1986; H. Brunner, Die Herren von Lippa, in: ZVGMS 12 (1908), 395–432, 13 (1909), 196–221, 372–386, 14 (1910), 115–146, 309–336, 15 (1911), 466–488; LV 548, 369ff.; LV 290, Bd. II/34, 76–127; E. Sloschek, Geschichte der Stadt Mährisch Kromau, Znaim 1937; ders., Die Kromauer Kommende des Deutschen Ritterordens, in: ZVGMS 44 (1942), 166–173; LV 791, Bd. II/1, 269–280.

Mährisch Neustadt (Uničov, Bez. Olmütz). Eine ältere Übereinkunft zw. Mkgf. Vladislav III. (Heinrich) und dem Lokator Theoderich hinsichtlich der Gründung einer Stadt spätestens 1213 wurde im Jahre 1223 nachträglich durch eine lat. Urk. Kg. Přemysl Otakars I. konfirmiert. Dieses Dokument, das der neugegr. Stadt Magdeburger Recht verlieh, ist das älteste seiner Art in den böhm. Ländern. Wenngleich M. N. nie die angestrebte Bedeutung erlangte, da sich die mit den hiesigen Mineralvorkommen verbundenen Erwartungen nicht erfüllten, wahrte es doch seine privilegierte Stellung als kgl. Stadt. Die Positionen, die das dt. Patriziat in der 20 km nw. von → Olmütz gelegenen Stadt anfänglich erreichte, gingen in huss. Zeit verloren. Die vor 1327 angelegten Befestigungsanlagen hielten dem huss. Ansturm 1424 jedoch stand. 1469 bestätigte Kg. Georg v. Podiebrad die herausgehobene Stellung der tsch. Bürger in einem Privileg. Bot M. N. in den nachfolgenden Jahren zunächst das Bild einer loyalen Königsstadt, so bewirkten der vorübergehende Verlust des Status einer kgl. Stadt als Strafe für die Beteiligung am böhm. Ständeaufstand 1618–20, die schwed. Besatzung 1642–50 sowie die preuß. Einfälle 1741 und 1758 empfindliche Rückschläge. Der demographische Niedergang wurde durch verm. aus Schles. herbeiströmende Dt. ausgeglichen, die der Stadt ein dt. Gepräge gaben. Im 18./19. Jh. erlebte M. N. durch die Entw. der Nahrungsmittel- und Textilindustrie einen wirtsch. Aufschwung. Nach Kriegsende 1945 wurde die dt. Bev. vertrieben und ausgesiedelt. – Zu den wichtigen Baudenkmälern der Stadt zählen die aus dem 14. Jh. stammende Pfarrkirche Mariä Himmelfahrt, das im Stil der Neorenaissance errichtete Rathaus, die 1729–43 von Georg Heinz geschaffene Mariensäule sowie die Kirche zur Kreuzerhöhung mit dem Minoritenkl. aus dem 14. Jh. – 1880: 5001 (4667 Dt. und 299 Tsch.), 1930: 4738 (4013 Dt. und 628 Tsch.), 1950: 3544, 1991: 12 831 Eww.

(IV/VIII) *Sp*

F. Hrubý, Severní Morava v dějinách, Brno 1947, 159–179; J. Kux, Geschichte der königlichen Stadt Mährisch Neustadt, Mährisch Neustadt 1923; LV 290, Bd. II/56, 41–123; J. Prucek/Z. Dohnalová/V. Kollmann, Uničov. Historie a současnost města v datech, Uničov 1988; T. Soušek, Uničov, Uničov 1980; A. Turek, Přehled vývoje národnostních poměrů v Uničově, in: ČSM 31 (1982), 97–116.

Mährisch Ostrau (Moravská Ostrava, seit 1946 Ostrava). Die drittgrößte Stadt der Tsch. Republik (1991: 327 371 Eww.), an der Mündung von Ostrawitza und Oppa in die Oder gelegen, bildete das Zentrum des bedeutendsten Industr“eviers der Habsburgermonarchie und danach der Tschsl. (sog. O.-Karwiner Revier). Die Agglomeration, in der versch. nat. Gruppen stets eine Rolle spielten (früher Dt., Juden und Polen, heute Slowaken, Polen und Roma), gehört überwiegend zum nö. Ausläufer der Mkgft. Mähr., umfaßt seit der Entstehung von Groß-O. 1924 bzw. nach weiteren Eingemeindungen (1941, 1957 und seit 1975) aber auch hist. Gebiete der Hztt. Troppau und Teschen sowie des → Hultschiner Ländchens (bzw. Preuß.-Schles.).

Die Innenstadt, das 1267 erstm. erwähnte M. O. l. der Ostrawitza oberhalb ihrer Mündung in die Oder, entstand verm. M. 13. Jh. aus einer slaw. Siedl. Die nach Magdeburger Recht gegr. Stadt der Herrsch. → Hochwald gegenüber der älteren Burg Schles. O. war seit 1267 im Besitz der Bff. v. Olmütz. Im Weichbild der Stadt wurden im Rahmen des damaligen Landesausbaus zahlr. Waldhufendörfer angelegt, u. a. Witkowitz und Zábřeh an der Oder. Der befestigten Handwerkerstadt mit der got. Pfarrkirche St. Wenzel von 1297 (später barockisiert) wurde 1362 von Kg. Karl IV. ein erster Jahrmarkt bewilligt. Nach 1420 fiel die Herrsch. Hochwald an Kg. Sigismund, der die Stadt 1428 einem Verbündeten der Huss., Fst. Bolko V. v. Oppeln, und später Huss.führern wie Johann Čapek v. Sán und Nikolaus Sokol v. Lamberg übertrug. Erst 1511 konnte der Olmützer Bf. die Herrsch. Hochwald mit M. O. zurückgewinnen. Die durch Viehhandel und Tuchmacherei prosperierende Stadt entwickelte sich im 16. Jh. nicht nur zur größten der Herrsch. Hochwald, sondern der Stadtrat erlangte auch einen privilegierten Sonderstatus (Altes Rathaus von 1556 mit Barockturm von 1687, heute Stadtmuseum). Ausdruck der wirtsch. Blüte war der Erwerb von Marienberg 1533 und Oderfurt 1555. Obwohl um 1570 einige Bürger luth. waren, dominierte schon vor 1600 die Gegenref. Durch die mehrfache Besetzung versch. Heere, durch Stadtbrände, Überschwemmungen und die Pest gehörte M. O. zu den am stärksten zerstörten mähr. Gem. im 30jähr. Krieg, was zus. mit dem Verlust städt. Privilegien und der umliegenden Gem. um 1600 zum wirtsch. Niedergang der Stadt führte.

Der Aufschwung zur Industriestadt begann 1840 mit der Eröffnung der ersten Kohlengrube, dem Anschluß an die Kaiser-Ferdinands-Nordbahn (1847) und dem Bau der Kettenbrücke nach Schles. O. (1851). Kohleförderung, Verkoksung, Stahlerzeugung, Maschinen- und Bauindustrie ließen die Eww.-Zahl der Stadt vor allem durch Zuwanderung von 2831 (1849) auf 36754 (1910; davon 47,1% dt.,

36,2% tsch. und slow., 13,9% poln.) und den Anteil der erst seit 1792 zugelassenen Juden auf rund 15% (1900) anwachsen. Die ganze Region wurde zu einem der Zentren der Arbeiterbewegung in den böhm. Ländern, die mehrfach Massenstreiks organisierte und dabei übernat. agierte (1900 Generalstreik der Bergarbeiter; nach 1911 »Kleine« oder »O. Internationale«). Zw. 1880 und 1930 erfolgte der großstädt. Ausbau der von Zersiedl. und provisorischen Arbeiterunterkünften geprägten Gem. Im historistischen Stil wurden errichtet: die Hauptsynagoge (1879, im Juli 1939 von dt. Nationalsozialisten angezündet), die Heilandskirche (auch Erlöserbasilika genannt, 1889), die ev. Kirche (1907), das tsch. Nationalhaus (1894), das Dt. (1895) und das Poln. Haus (1902), das Stadttheater (1907), Schulgebäude, Hotels, Wohn- und Geschäftshäuser. Kurz vor der Jahrhundertwende entstanden in den Vorstädten zahlr. Arbeiterkolonien. In der nach 1918 sozialdemokratisch regierten Stadt, in der tschsl. zionistische Organisationen ihren Sitz hatten, demonstrierten Bauten der Moderne wie das Neue Rathaus (1929) mit 85 m hohem Uhrturm, das Haus der Künste (1926), Kaufhäuser (Warenhaus Bachner von Erich Mendelsohn 1930, Bat'a-Haus 1931) und Bankgebäude den weiteren Aufschwung (1930: 125 304 Eww., davon 79% tschsl., 18,6% dt., 1,9% jüd., 0,4% poln. Nationalität). Danach wurde M. O. jedoch von der Weltwirtschaftskrise stark betroffen. Bereits am 14.3. 1939 besetzten dt. Truppen die Stadt, deren Industrie rasch auf Kriegsproduktion umgestellt wurde. Es gelang einem vergleichsweise hohen Anteil der jüd. Bev. zu fliehen, bevor etwa 4000 Personen in Konzentrationslager verschleppt wurden. Am 30.4.1945 eroberten sowjet. Truppen unter schweren Gefechten die u. a. durch alliierte Luftangriffe stark zerstörte Stadt, aus der die dt. Bev. flüchtete bzw. 1946 teilw. vertrieben wurde. Die Bez.-Stadt wurde 1946 in O. umbenannt und war 1960–90 Sitz des Nordmähr. Kreises. In Verbindung mit dem sozialist. Ausbau der Großindustrie, insbes. mit der Anlage des neuen Eisenwerks Nová Hut' in Großkunzendorf 1947–53 und einem Kohlenelektrizitätswerk, entstanden mehrere großflächige Neubausiedl. mit zus. etwa 100 000 Wohnungen, so Poruba l. der Oder, die größte Siedl. der Tschsl. (1980: 93 800 Eww.), oder im S Hrabuvka bei Witkowitz. 1945 wurde die tschsl. Bergbauakademie von → Příbram hierher verlegt. Die 1959 gegr. Pädagogische Fakultät wurde 1991 in eine Univ. umgewandelt.

Ältester Stadtteil ist das 1229 erstm. erwähnte Schles. O., dessen Burg von schles. Piasten im Btm. Breslau am Handelsweg Troppau–Teschen–Krakau im 13. Jh. gegr. wurde. Im Vertrag von 1297 zw. dem Oppelner bzw. Teschener Hzg. und dem Bf. v. Olmütz wurde, für Jhh. bis 1918 wirksam, die Grenze zw. Mähren und Schles. (Hzt.

Teschen) entlang der Ostrawitza gezogen. Burg und Dorf Poln. bzw. Schles. O., im MA auch Slaw. O. oder Wendisch O. genannt, wurde aufgrund der anderen Herrschaftszugehörigkeit (bis 1327 Polen) von der länger im Gebiet des röm.-dt. Reiches liegenden Stadt M. O., im 15. und 16. Jh. auch Dt. O. (»Germanica Ostrava«) bezeichnet, unterschieden. Die Herrsch., 1380 von Hzg. Przemysł I. an Ernst v. Tworkau übertragen, wurde 1428 von den Huss. besetzt. Für das Dorf ist 1444 ein huss. Pfarrer belegt, später eine Gem. der Brüderunität. Unter den Herren Sedlnický v. Choltitz, die wiederholt Landeshauptleute des Hzt. Teschen waren, wurde nach 1534 die Burg zum Schloß (heute Ruine) umgebaut. 1555 erhielt die ev. Pfarrei St. Georg (1654 wieder aufgelassen) den ersten ev. Kirchenbau im O.er Raum. 1714 kaufte Reichsgf. Heinrich Wilhelm Wilczek v. Guteland die Herrsch. Nachdem um 1750 Steinkohlefelder entdeckt worden waren, begann 1763 angeblich Johann Kultička im Tagbau mit der Kohlegewinnung im Burnia-Tal. Reichsgf. Franz Josef Wilczek v. Guteland baute nach 1785 die Kohleförderung systematisch aus und errichtete 1783 die barocke Pfarrkirche St. Josef. Das Dorf war zw. 1820 und 1870 der Mittelpunkt des ostschles. Kohlebergbaus. Die Kohlenschächte gehörten neben den Adelsfam. Wilczek v. Guteland, Salm-Reifferscheidt und Larisch-Mönnich den Frhh. v. Rothschild, den Ehzgg. v. Teschen, Bahnges. und den Unternehmerdynastien Gutmann bzw. Zwierzina. 1900 lebten in Schles. O. 18 805 Eww. (84,5% tsch., 11,4% poln., 3,7% dt.). Im Oktober 1918 Sitz des tsch. Nationalausschusses für Schles., wurde der Marktflekken 1929 zur Stadt erhoben (Rathaus von 1913) und 1941 mit M. O. vereinigt.

Das unter dem Namen »Witchendorf« erstm. 1257 erwähnte bfl. Lehensdorf Witkowitz blieb bis zur Gründung der Eisenwerke Rudolfshütte 1828 unbedeutend. Auf Initiative von Franz Xaver Riepl entstand unter dem Olmützer Ebf. Ehzg. Rudolf Johann 1828 das erste Puddelwerk Österr., 1836 der erste Koksofen und 1839 das erste Walzwerk. Die Witkowitzer Eisenwerke gingen nach 1840 in den Besitz des Nordbahnaktionärs und Bankiers Salomon Maier Frh. v. Rothschild über und wurden nach 1873 unter dem Namen »Witkowitzer Berg- und Eisenhüttengewerkschaft« zum größten Hüttenwerk der Habsburgermonarchie ausgebaut. Die Gem., die 1843 erst 328 Eww. zählte und 1908 zur Stadt erhoben wurde, erreichte ihre größte Bev.-Zahl 1921 mit 27 358 Eww., als in dem Stahl- und Maschinenunternehmen rund 22 200 Personen beschäftigt waren. Neben der 1888 erbauten neugot. Pfarrkirche St. Paul und der Synagoge prägten das Volkshaus der Sozialdemokratie und das Tsch. Haus (1899) sowie die neoklassiz. Wohnblöcke die Arbeitergem.; 1924

erfolgte die Vereinigung mit M. O. (1980: 22 973 Eww.), 1945 die
Verstaatlichung des Unternehmens (1948–90 Klement-Gottwald-
Eisenwerke).
Der n. Stadtteil Oderfurt (bis 1903 Priwoz) liegt an einem alten Oder-
übergang oberhalb der Mündung der Ostrawitza gegenüber der im
13. Jh. angelegten und schon vor 1600 untergegangenen Burg Lan-
dek (Funde aus der Steinzeit und slaw. Burgstätte des 8.–12. Jh.). Das
seit 1377 urk. belegte Dorf mit einer Feste kam 1555 in den Besitz der
Stadt M. O. Infolge der 1847 entstandenen M. O.er Station der
Nordbahn und der 1882 fertiggestellten Oderbrücke siedelte sich neben Steinkohlengruben, Koksereien und Walzwerken Chemie- und
Elektroindustrie an. Für die 1900 zur Stadt erhobene Arbeitergem.
mit dt. Mehrheit legte der Wiener Architekt Camillo Sitte einen
städt. Regulierungsplan vor und erbaute 1897 das Rathaus und 1899
die neugot. Pfarrkirche Mariä Empfängnis (1924 mit M. O. vereinigt; 1980: 5759 Eww.).
Den Weg vom Lehen der Bff. v. Olmütz zur Arbeitervorstadt ging
auch die Siedl. Marienberg. Die erstm. 1367 erwähnte Kolonisten-
gem. »Teufelsdorf« gehörte – wie das bereits 1288 als »Heynrichsdorf«
belegte Zabřeh an der Oder – seit 1533 zu M. O. Im 19. Jh. »Ellgoth«
genannt (1834: 209 Eww.), erhielt die Arbeitervorstadt 1902 ihren
neuen Namen und 1907 Stadtrecht, bevor 1924 die Eingemeindung
nach M. O. erfolgte (1980: 14 338 Eww.). Die neobarocke Marienkirche von 1908 wurde im Innern mit Werken von Luděk Marold
sowie Franta und Joža Uprka ausgestattet.   (V) *Lu*

A. Alois, Z minulosti Ostravska a Ostravy, Mor. Ostrava 1925; ders., Z dějin Slezské
Ostravy, Mor. Ostrava 1925; J. Bakala, Středověké osídlení pravobřezního Ostravska, in: Ost 9 (1977), 150–180; ders., Středověké osídlení levobřežního Ostravska,
in: Ost 14 (1987), 118–155; K. J. Bukovanský, Dějiny Polské Ostravy, Polská Ostrava 1901; Dějiny Ostravy. Hg. v. K. Jiřík, Ostrava 1993; R. Drapala, Geschichte der
Stadt Mährisch-Ostrau, Mähr. Ostrau 1935; A. Grobelný [u. a.], Ostravsko do r.
1848, Ostrava 1968; M. Karlíček, Ostravský kraj, Praha 1951; Mährisch-Ostrau, die
Stadt der Kohle und des Eisens, Mähr. Ostrau 1942; M. Myška, Založení a počátky
Vítkovických železáren. 1828–1880, Ostrava 1960; C. Nečas, Vítkovické železárny
v době národní nesvobody 1938–1945, Ostrava 1970; J. Noušová, Ostrava. Sedm
století, Ostrava 1975; Ostrava. Město uhlí a železa, Ostrava/Praha/Brno 1947;
Ostrava, Martin 1985; 140 let Vítkovických železáren. 1828–1968, Ostrava 1968;
Studie k vývoji ostravské průmyslové oblasti, Bde. 1–9, Praha 1966–75; E. Tengler,
Vlastivěda Slezské Ostravy, Mor. Ostrava 1931; V. F. Wattolik, Beiträge zur Ge-
schichte der Stadt Mährisch-Ostrau, Mähr.-Ostrau 1881; LV 294, Bd. 1, 182–188;
LV 791, Bd. I/3, 117–124; I. Zehngut, Dějiny židovstva ostravského, Ostrava 1952.

Mährisch Schönberg (Šumperk). Die Bez.-Stadt M. S. liegt n. der
Mündung der Teß in die March. Um 1180 war das Dorf im Besitz des
Zdeněk Ralsko v. Waldstein, dessen Söhne 1230 ein Predigerkl. für

das zur Stadt erhobene M. S. stifteten. Die Dominikaner hatten 1224 eine Ordensniederlassung für 8 Mönche gegr., welche samt der Stadt durch die Kriege zw. den Söhnen Kg. Přemysl Otakars I. 1239 zerstört wurde. Um 1250 erfolgte der Wiederaufbau nach dem Plan, den die innere Stadt noch heute aufweist. Bei der Neubesiedl. 1269–76 wurde der Stadt der Name »Schön Berg« gegeben. 1286 erfolgte der Neubau des Dominikanerkl. durch den Wyschehrader Propst Holý v. Waldstein, den späteren Bf. v. Olmütz Johannes (1302–11). Der Konvent wurde 1293 mit 40 Geistlichen wiederhergestellt. Mkgf. Karl verlieh 1340 den Herren v. Leipa das Bergrecht für die in ihrem Besitz befindlichen Güter M. S., → Goldenstein und → Žampach. 1391 verlieh Mkgf. Jobst der Stadt mit ihren 16 Dörfern zahlr. Privilegien, die sie einer kgl. Stadt gleichstellten. Nach wechselnden Besitzern übernahm 1496 Peter v. Žerotín, mit dem der Aufstieg dieses im 15./16. Jh. bedeutenden mähr. Adelsgeschlechts begann, die auf M. S. haftenden Schulden und erhielt als Pfand die Stadt sowie → Blauda, die 1504 in seinen Besitz übergingen. Mit der Annahme der Ref. wurden 1553 die Mönche und die kath. Bev. aus der ev. Stadt vertrieben. Mit Unterstützung der ksl. Hofkanzlei kaufte diese sich 1562 los und unterstellte sich dem Ks., der ihr eine 10jähr. Steuerfreiheit gewährte und die Blutgerichtsbarkeit zuerkannte. Die 1481 in M. S. gegr. Tuchmacherzunft entwickelte sich zum wohlhabendsten Handwerk, verschwand aber mit der Industrialisierung der Tucherzeugung. Die im 16. Jh. relativ große jüd. Gem. wurde 1585 aus der Stadt ausgewiesen. Die meisten Juden siedelten sich in der nächstgelegenen alten Judengem. → Mähr. Aussee an. Als nunmehr kgl. Stadt prosperierte M. S., hatte sich aber auch eine gewaltige Schuldenlast zugemutet. 1622 übertrug Ks. Ferdinand II. M. S. sowie einige andere Besitzungen (→ Blauda, → Eisenberg an der March, → Goldenstein, → Groß-Ullersdorf, → Hohenstadt und → Schildberg) an den böhm. Statthalter Karl v. Liechtenstein mit der Auflage, die Schulden der Güter zu übernehmen. Der Liechtensteiner wurde durch diese Besitzungen zu einem der mächtigsten Adeligen Nordmährens. Im bisher ev. M. S. wurde nun die Gegenref. durchgeführt, 1623 das Kl. wieder instandgesetzt. Die obrigkeitliche Bestätigung des neugewählten Rates wurde von der Leistung des kath. Eides und der Wiedereinführung der Dominikaner abhängig gemacht. M. S. blieb bis 1848 Liechtensteinsche Schutzstadt. Die nordmähr. Hexenverfolgungen um M. S. und → Groß-Ullersdorf in der 2. H. 17. Jh. unter den Žerotín und Liechtenstein zählen zu den schwersten in den böhm. Ländern, bei denen rund 100 Personen umgebracht wurden. Die Stadt M. S. hatte den in → Groß-Ullersdorf tätigen Juristen Franz Heinrich Boblig v. Edelstadt beauftragt, die Hexeninquisition durchzuführen. Prominentestes Opfer war der hiesige Dekan Christoph Alois Lauthner, der 1685 in seinem Heimatort → Müglitz hingerichtet wurde.

Im 18. Jh. wurde M. S. zu einem Zentrum der Textilindustrie, des mähr. Leinweberhandwerks und später der Leinenindustrie. In dem 1784 aufgehobenen Kl. richtete 1785–88 der Wiener Großhändler Ernest Klapperoth eine Manchestersamtfabrik ein, womit der Anstoß zur Industrialisierung gegeben wurde. Die Fabrik, die als die größte ihrer Art in Europa galt, konnte sich nach der Aufhebung der Kontinentalsperre 1813 nicht weiter behaupten. Die Kl.räume wurden zur Kaserne umgebaut. M. S. war bis 1892 Garnisonsstadt. Die um 1870 gegr. Ges. »Mähr. Grenzbahn« mit Sitz in M. S. erwirkte mit der Strecke Hohenstadt–M. S.–Zöptau (1871) den Anschluß an das Eisenbahnnetz. M. S. wurde im 19. Jh. zum Zentrum des nordmähr. Schulwesens. Seit 1875 erschien hier in der gleichzeitig gegr. »Egerischen Buchdruckerei« Nordmährens älteste Zeitung, der »Nordmähr. Grenzbote«. Im 20. Jh. veränderte sich die Industriestruktur hin zum Hüttenwesen und Maschinenbau. Die Bev. stieg ständig (1880: 8517 dt. Eww.; 1900: 11 174 dt. und 308 tsch. Eww.; 1930: 11 585 dt. und 3434 tsch. Eww.). Nach der Vertreibung der Dt. (1947: 686 dt. Eww.) wuchs die Bev.-Zahl im industriell geprägten M. S. 1991 wieder auf 30 446 Eww. an.

Bei dem großen Stadtbrand 1669 wurde die Stadt fast völlig zerstört. Die Häuser am großen rechteckigen Marktplatz wiesen vorher Lauben auf, die gänzlich verschwunden sind. Inmitten des Platzes steht anstelle des abgerissenen Renaissance-Rathauses von 1475 das 1910/11 erbaute neue Rathaus. Die Mariensäule wurde 1718–20 zum Gedenken an das Erlöschen der Beulenpest von Johann Wenzel Sturmer errichtet. In die neuerbaute Stadtbefestigung fügte sich das Schloß, das nach dem Brand nur noch als Brauhaus und Salzmagazin diente. Das ehem. barocke Dominikanerkl. dient seit 1950 als Schule. Die Kl.kirche Mariä Verkündigung, 1286 als älteste Kirche der Stadt als got. Steinbau errichtet, wurde nach dem Brand 1686 barockisiert. Das aus dem 16. Jh. stammende Geschaderhaus mit einem Arkadenhof ließ der Garnhändler Matthias Geschader 1797 barock umbauen. Das von Hans Hönig gegr. stadtgesch. Museum wurde 1921 aus dem Kl.gebäude hierher überführt. Seit 1950 ist das Museum in der im Spätempire-Stil errichteten Chiari-Villa im Park untergebracht. Im SO der Altstadt befindet sich die Friedhofskirche St. Barbara mit Deckengemälden des Mähr. Neustädter Malers Ignaz Oderlitzky (1775). Geb. wurde in M. S. der Dichter Roman Karl Scholz, der sich vom überzeugten Nationalsozialisten zum Widerstandskämpfer wandelte und 1944 im Alter von 32 Jahren hingerichtet wurde. M. S. ist

außerdem Geburtsort des Pianisten Eduard Chiari (1883–1954), des
Komponisten und Industriellen Max Oberleithner (1869–1935), des
Schriftstellers Emil Mario Vacano (1840–92) sowie des Tenors, Film-
schauspielers und Schriftstellers Leo Slezak (1873–1946).   (IV) *Lb*
LV 254, Bd. II/2, 232–268; F. Harrer, Geschichte der Stadt Mährisch-Schönberg,
Mährisch-Schönberg 1923; LV 253, Bd. 4, 41–50; LV 548, 379f.; LV 950, Bd. 2,
568; LV 259, Bd. 2, 243f.; J. Jersák, Šumpersko 1938–1945, Šumperk 1946; Mäh-
risch Schönberg, Stadt und Kreis, Steinheim/Murr 1967; LV 266, 461–472; L.
Mlčák, K stavebním dějinám dominikánského kláštera v Šumperku, in: SMor 39
(1980), 25–31; Der politische Bezirk Mährisch-Schönberg mit den Gerichtsbezirken
Mährisch-Schönberg, Mährisch-Altstadt und Wiesenberg, Hohenstadt 1938; 700
Let města Šumperka. 1276–1976, Bearb. v. F. Spurný, Šumperk 1976; Stadt und
Kreis Mährisch-Schönberg gestern und heute, Bad Hersfeld 1988; Státní seznam
nemovitých kulturních památek okresu Šumperk. Bearb. v. L. Mlčák, Šumperk
1983; K. Umlauff, Geschichte der Stadt Mährisch Schönberg, Mährisch-Schönberg
1901.

Mährisch Trübau (Moravská Třebová, Bez. Zwittau). Die Gründung des 55 km w. von → Olmütz gelegenen M. T. erfolgte um 1250
auf Initiative des in NW-Böhmen beheimateten Adeligen Borsso v.
Riesenburg. Die herbeigerufenen dt. Siedler ließen sich zunächst
verm. n. von M. T. in der »antiqua villa« nieder; später verlagerte sich
die Siedl. in das günstiger gelegene, wasserreiche Triebetal. In der
Gründungsurk. des Borsso für das Augustinereremitenkl. Mariakron
bei M. T. von 1267 werden diesbezüglich die »niuwe stat« sowie ein
»Sedlinus advocatus de Tribouia« erwähnt, 1280 nennen die Quellen
dann erstm. den vollen Namen »Tribouia Moravicalis«. Die Anlage
der Stadt erfolgte nach schachbrettartigem Grundrißplan mit großem
quadrat. Marktplatz; nach der Ummauerung entwickelten sich allmählich 3 Vorstädte. 1365 erwarb Mkgf. Johann Heinrich Stadt und
Burg, 2 Städtchen sowie 21 namentlich aufgeführte Dörfer im Umland. M. T. stieg somit für mehrere Jahrzehnte zur landesfstl. Stadt auf
und erhielt zahlr. Privilegien. 1372 wurde das erste Stadtbuch angelegt, das eine sich entfaltende Gewerbestruktur erkennen läßt: 1406
waren Kaufleute aus M. T. bereits auf südmähr. Märkten vertreten.
Die Stadt profitierte dabei von ihrer günstigen Lage an der von
→ Olmütz nach → Zwittau führenden Straße. Im ältesten Stadtbuch,
dessen Eintragungen bis 1554 reichen, dominieren dt. Namen; erst
seit 1443 gibt es tsch. Vermerke. 1422 öffneten die Bürger einem
kath. Aufgebot aus Schles. freiwillig die Tore. Ihre Blütezeit erlebte
die Stadt unter den Herren v. Boskowitz. 1486 erwarb Ladislaus Černohorský v. Boskowitz die Herrsch. und begann, in M. T. seine Residenz zu errichten; von dieser blieb jedoch nur ein 1492 vollendetes
Tor – das früheste Renaissancewerk in Mähren – erhalten. Der gebildete, pol. aktive Grundherr machte aus M. T. ein humanistisches

Zentrum der Wissenschaften und Künste. Wiederholt privilegierte er
die Bürger seiner Residenzstadt, 1487 erhielten sie das Recht, Salzhandel zu betreiben. Der von der Obrigkeit betriebenen Verbreitung
der kath. Glaubenslehre diente die 1502 erstm. erwähnte Bruderschaft Unser Lieben Frauen. Verheerende Folgen hatte eine Feuersbrunst 1541, die einen Großteil der zumeist aus Holz errichteten
Häuser in der Stadt vernichtete.
Eine neue Blütezeit brachte die Herrsch. des Ladislaus Velen v. Žerotín 1589–1619, der 1612–18 im SO des Stadtkerns ein dreiflügeliges
Schloß im Stil der Spätrenaissance errichten ließ und M. T. abermals
zu einem Zentrum von Kunst und Wissenschaft ausbaute. Nach der
Schlacht am Weißen Berg 1620 mußte der als Förderer der Brüdergem. geltende Ständepolitiker ins Exil gehen; seine Güter fielen an
Karl v. Liechtenstein, der eine konsequente Rekatholisierung einlei-
tete. 1726 wurde die Pfarrkirche Mariä Himmelfahrt barockisiert.
1763 ließen sich die Piaristen in M. T. nieder und erneuerten das
Schulwesen. A. 19. Jh. siedelten sich erste Manufakturen an, bes.
Textilfabriken und Silberschmiede, auch Metallbearbeitung und
Werkzeugherstellung. Bei den Gem.-Wahlen 1938 erhielt die SdP
mehr als 80% der Stimmen. Nach dem Zweiten Weltkrieg und der
Zwangsaussiedl. der dt. Bev. entwickelten sich insbes. Maschinenbau
und Seidenweberei. – Den Markt zieren zahlr. Bürgerhäuser aus der
Spätgotik und Renaissance. Die Pestsäule stammt von 1717–20. In
M. T. wurden der Staatswissenschaftler und Politiker Karl Giskra
(1820–79) sowie der Militär und Schriftsteller Rudolf v. Eichthal
(1877–1974) geb. – 1869: 6020, 1890: 8554, 1930: 8167 (davon 801
Tsch.), 1950: 7150, 1991: 11668 Eww.   (IV/VIII) *Ben/Krz*

A. Czerny, Der politische Bezirk Mährisch Trübau, Mährisch Trübau 1904; M.
Hausmann, Zur Geschichte der beiden Burgen von Mährisch-Trübau, in: MVHSL
26 (1930), 37–46; LV 814, 115–120; G. Korkisch, Die nationalen Auswirkungen der
Hussitenkriege in den nordmährischen Städten Mährisch Trübau und Littau, in:
ZSG 3 (1939), 241–252; ders., Der Bauernaufstand auf der Mährisch-Trübauer
Herrschaft 1706–1713, in: BOH 11 (1970), 164–274; ders., Die Mährisch-Trübauer
Stadtlandschaft auf Grund des ältesten Urbars von 1535–48, München 1960; Z.
Kudělka, K dějinám hradu v Moravské Třebové, in: UM 6 (1958), 253–262; Mo-
ravskotřebovsko. Hg. v. J. Martinková [u. a.], Moravská Třebová 1991; Moravská
Třebová. Minulost, současnost a budoucnost, Brno 1993.

Mährisch Weißkirchen (Hranice, Bez. Prerau). M. W. liegt nö.
→ Prerau r. der Bečwa an der ehem. Bernsteinstraße. Der Ort geht
verm. auf Rodungstätigkeit des Benediktinerkl. → Raigern bei
→ Brünn zurück, in dessen Besitz sich das einstige Grenzland gegen
Polen zw. dem 11. und frühen 13. Jh. befand. 1276–92 wurde der
urspr. Hranice (Grenze) genannte Marktflecken zur Stadt nach Ol-

mützer Recht erhoben. Der Name »Alba ecclesia«, von dem die dt.
Bezeichnung abgeleitet ist, tauchte erstm. 1276 auf. Seine Deutung ist
ungewiß: Man führt ihn einerseits auf eine verm. von den Benediktinern hier gebaute, weiß verputzte Steinkirche, andererseits auf den
weißen Habit der Prämonstratenser des Kl. Hradisch bei → Olmütz
zurück, denen die Herrsch. seit 1222 gehörte. 1464 übertrug das Kl.
dem Huss.führer Johann Tovačovský v. Cimburg Stadt und Herrsch.
als Pfand, das jedoch nie eingelöst wurde. Unter den Herren v. Pernstein (1475–1548) erlebte die Stadt eine Blüte. Das im Kern spätgot.
Schloß wurde 1609 modernisiert und mit farbigen Renaissance-
Stukkaturen ausgeschmückt, die zu den schönsten in Mähren zählen.
Auch das aus dem 16. Jh. stammende Rathaus ist wegen seiner reichen Ausstattung bemerkenswert. 1620 wurde die Herrsch. konfisziert und dem Olmützer Bf. Kardinal Franz v. Dietrichstein übertragen; in dessen Fam. blieb sie bis zum E. des Zweiten Weltkrieges.
Die Stadt kaufte sich 1848 von der Obrigkeit frei. – Wilhelm v. Pernstein begünstigte die Ansiedl. von Mähr. Brüdern und Juden. Das
Gebetshaus der Brüder, die ehem. Sebastianskirche, das sog. Salzhaus,
ist heute im Besitz der Böhm. Brüdergem.; in ihrem schönen, mit
Sgrafitti verzierten Schulgebäude wirkte Jiří Strejc (1536–99), einer
der Übersetzer der Kralitzer Bibel. – Von den Verwüstungen des
30jähr. Krieges erholte sich die Stadt seit dem 18. Jh., wozu der Bau
der Kaiserstraße (1783), später auch der der Nordbahn (1847) beitrugen. Haupterwerbszweige bildeten die Textil- und Möbelindustrie
(Thonet-Bugholzmöbel). Die Eww.-Zahl stieg von 1880: 7384
(5048 Tsch., 2034 Dt.), 1900: 8185 (5228 Tsch., 2555 Dt.), 1930:
10 826 (9007 Tsch., 1127 Dt.), 1950: 11 757 auf 1980: 14 470. Die
meisten dt. Schulen wurden nach 1918 geschlossen. – Die 1858 gegr.
Militärakademie war in der ganzen Monarchie renommiert und ist
mehrfach in die Literatur eingegangen (Robert Musil, Josef Roth).
(V) *Do*

V. Bartovský, Mährisch Weißkirchen, Mährisch Weißkirchen 1907; LV 290, Bd.
II/20; LV 463, 287ff.; L. Hosák/B. Indra/M. Jašková, Hranice. Dějiny města, Bd. 1,
Hranice 1969; LV 950, Bd. 1, 297f.; LV 259, Bd. 2, 90–93; L. Novotný, Srdce
Moravské brány – Hranice, Ostrava 1963; LV 294, Bd. 1, 16–22.

Maffersdorf (Vratislavice nad Nisou, Bez. Reichenberg). M. ist
1901 durch die Vereinigung des l. der Görlitzer Neiße 5 km sö. von
→ Reichenberg liegenden, zur Herrsch. Reichenberg gehörenden
dt. Ortes M. und des älteren, bereits Mitte 14. Jh. erwähnten und zur
Herrschaft → Böhm. Aicha zählenden tsch. Dorfes Wratislawitz her-
vorgegangen und 1903 zur Marktgem. erhoben worden. An Stelle
der 2. H. 16. Jh. erbauten, 1700 abgerissenen hölzernen Kirche wurde 1701 der Bau der heutigen Dreifaltigkeitskirche eingeweiht. Im

19. Jh. entwickelte sich M. zu einem Zentrum der noch heute betriebenen Textilherstellung mit der seit 1843 existierenden, auch
nach Übersee exportierenden Teppichfabrik Ginzkey. M. ist der Geburtsort des Konstrukteurs und Unternehmers Ferdinand Porsche
(1875–1951), der seit 1934 den Volkswagen konstruierte und bis
1945 das Volkswagenwerk leitete, sowie des Führers der SdP und seit
1939 nat.sozialist. Gauleiters und Reichsstatthalters im Sudetenland
Konrad Henlein (1898–1945). – 1869: 3957 (überwiegend Dt.),
1930: 5977 Dt. und 517 Tsch., 1950: 4759, 1991: 6061 Eww.

(III) *Hol*

A. Appelt, Zur älteren Geschichte von Maffersdorf, in: MVHJ 2 (1928), 171–181;
A. Jäger, Dorfchronik. Geschichte der Ortschaften Maffersdorf, Proschwitz und
Neuwald. Hg. v. A. Wildner, Gablonz 1925; LV 905, Bd. 51, 175–183; LV 952,
Bd. 4, 619; Reichenberg. Stadt und Land im Neißetal. Ein Heimatbuch. Bearb. v.
R. Gränzer, Augsburg 1974, 582–586; LV 906, Bd. 4, 270.

Maidelberg (Dívčí Hrad, Bez. Freudenthal). Die 14 km n. von
→ Jägerndorf gelegene Herrsch. M. war urspr. Bestandteil des Fstm.
Troppau, seit M. 13. Jh. erscheint sie im Besitz des Btm. Olmütz. Bf.
Bruno v. Schauenburg (1247–81) nennt M. unter dem Namen »Deu-
ziz« erstm. in seinem Testament vom 29.11.1267; die Existenz einer
frühgot. Wasserburg ist 1385 quellenmäßig gesichert. Siedl. und Burg
wurden 1474 stark zerstört, den Wiederaufbau begannen im 16. Jh.
die Herren v. Würben. Seit E. 16. Jh. erscheint M. im Besitz der Sedlnický v. Choltitz. In den Jahren 1591–93 trat an die Stelle der alten
Wasserburg ein stark befestigter Renaissancebau. Nach dem Scheitern des böhm. Ständeaufstandes 1618–20, an dem sich auch die Sedlnický beteiligt hatten, wurde M. konfisziert und dem Dt. Orden
übergeben. 1768 erwarb der Johanniterorden die Herrsch. und unterhielt hier bis 1918 eine Kommende. 1945 wurde M. stark zerstört,
die Rekonstruktion erfolgte 1962–69. Das Schloß wird heute für
Wirtschaftszwecke genutzt.

(V) *Bei*

J. Chowanetz/A. Wurst, Der Hotzenplotzer Schulbezirk, Jägerndorf 1890, 160–
166; LV 259, Bd. 2, 55; LV 168, Bd. 4, Nr. 38.

Maleschau (Malešov, Bez. Kuttenberg). Etwa 6 km sw. von
→ Kuttenberg, am Steilufer des Flüßchens Vrchlice, wurde in der
1. H. 14. Jh. eine Feste errichtet, nach der ein »Przibislaus de Malad-
scowe« 1303 erstm. benannt wird. Die Burg gelangte 1359 an das
Zisterzienserkl. → Sedletz und nach 1364 an die Kuttenberger Fam.
Ruthard. Im November 1421 wurde die Burg von Huss. erfolgreich
belagert; sw. der Feste fand am 7.6.1424 eine siegreiche Schlacht huss.
Truppen unter Jan Žižka gegen Truppen des Herrenbundes statt. Die
Burg gehörte dann bis 1515 den Mokrovouský v. Hustířany und war

im folgenden in der Hand häufig wechselnder Besitzer. 1580–1620 verfügte über die Güter die kgl. Kammer, 1710–1809 war M. mit einer Unterbrechung bei den Frhh. v. Ostein und schließlich seit 1809 bei den Frhh. v. Dalberg. – Von der Burg, die seit der 2. H. 17. Jh. verfiel, ist der fünfstöckige Turm erhalten; der Sitz der Herrsch. wurde unter den Reichsgff. v. Sporck im letzten Drittel des 17. Jh. nach dem n. gelegenen Roztěž verlegt, die Verw., für die ein neues Schloß unweit der Feste errichtet wurde, blieb bis 1820 in M. An der O-Seite des länglichen Marktplatzes wurde 1731/33 die barocke Wenzelskirche mit W-Turm errichtet. In dem Marktflecken existierte schon vor 1685 jüd. Bev.; die 1890 aufgehobene Gem. unterhielt seit 1831 einen Friedhof. – 1869: 1490, 1991: 903 Eww.

(III) *Ke*

J. Durdík, Husitské vojenství, Praha 1954, 167–171; LV 543, 18; LV 259, Bd. 6, 294–297; LV 457, Bd. 1, 264f.; LV 952, Bd. 3, 11; LV 279, Bd. 12, 129–135; LV 906, Bd. 2, 343.

Manetin (Manětín, Bez. Pilsen-Nord). 1169 trat Kg. Vladislav II. den damals in kgl. Besitz befindlichen Sprengel an die Prager Johanniter ab. Diese gründeten eine Kommende und 1235 ein Städtchen vom Typ eines Straßendorfs. Von den Huss.kriegen bis 1544 gehörte M. den Herren v. Schwanberg und dann 1560–1617 den Hrobčický v. Hrobčitz, die ein Renaissance-Schloß erbauten. Seit 1622 gehörte M. den Gff. Lažanský v. Buková, die nach einer Feuersbrunst 1712 Schloß und Stadt neugestalten ließen und aus M. eine Barockperle W-Böhmens machten. Das einstöckige Schloßgebäude, das die S-Seite des Marktes einnimmt, ist durch einen überdeckten Gang mit dem Oratorium der Dekanatskirche verbunden. Die einschiffige Dekanatskirche Johannes des Täufers wurde 1712–17 von Johann Georg Hess erbaut. In der Mitte des Marktes erhebt sich die Dreifaltigkeitssäule (nach 1719), an beiden Enden der Terrasse stehen Brunnen mit Figuren des hl. Nepomuk und des hl. Florian von 1744. Nach 1850 beherbergte M. zahlr. Bez.-Behörden, die Industrialisierung scheiterte jedoch am fehlenden Eisenbahnanschluß. – 1843: 1252, 1890: 1343, 1930: 1171 (davon 206 Dt.), 1950: 785, 1991: 820 Eww.

(I/II) *Pe*

LV 259, Bd. 4, 206f.; V. Kočka, Dějiny politického okresu kralovického, Bd. 2, Kralovice 1932, 6–22; LV 701, 184ff.; LV 279, Bd. 13, 143ff.; V. Široký, Manětínsko, Dolní Bělá 1930; LV 905, Bd. 37, 91–133; A. Steinhäusel, Manětín, Plzeň 1973; LV 906, Bd. 2, 347–350; F. Zetek, Popis politického okresu kralovického, Kralovice 1932, 287–290.

Maria Kulm (Chlum Sv. Maří, Bez. Falkenau). Der Legende nach wurde im 13. Jh. auf dem rund 10 km sw. → Falkenau an der Eger

gelegenen Kulmer Berg eine wundertätige geschnitzte Marienstatue
gefunden und für diese eine Kapelle errichtet. 1383 ersetzte man die
hölzerne Kapelle durch eine steinerne einschiffige Kirche. Diese
wurde 1429 von den Huss. niedergebrannt, jedoch unverzüglich
wieder aufgebaut. 1492 erfolgte eine Erweiterung des Baues nach S,
1499 der Anbau der Kapelle der Hl. Drei Könige. – M. K. wurde
1342 erstm. urk. erwähnt und 1469 durch seinen Besitzer, den Großmeister des Ordens der Kreuzherren mit dem roten Stern Michael
Puchner, mit Privilegien versehen. 1651 wurden diese durch den
Prager Ebf. Gf. Harrach erweitert und M. K. zum Marktflecken erhoben. Trotz eines Versuchs, 1584 die Ref. einzuführen, blieb M. K.
kath.; 1618 wurde der Pfarrer von M. K. von prot. Adeligen gefan-
gengesetzt und in der Folgezeit ev. gepredigt. Seit 1621 fand in
M. K., das im 30jähr. Krieg stark zerstört wurde, wieder kath. Gottesdienst statt. 1666 errichtete man für das Gnadenbild der Muttergottes eine eigene Kapelle mit Kuppelbaldachin. Um 1675 erhob der
Prager Ebf. Gf. Waldstein M. K., das zu einem berühmten barocken
Wallfahrtsort geworden war, zur Propstei. 1690–1701 wurde eine
neue Hauptkirche errichtet und 1708 ein Kreuzgang mit 6 Kapellen
angebaut. Die weithin sichtbare Wallfahrtskirche ist das Wahrzeichen
der Landschaft westlich des Falkenauer Beckens. Der Ort war seit
1950 ein Mittelpunkt für die verbliebenen Dt. Westböhmens geworden; in dieser Zeit nahmen an Wallfahrten nach M. K. jährlich
etwa 30 000 Dt. teil. – 1885: 843 (Dt.), 1939: 1389, 1947: 788
(überwiegend Dt.), 1980: 326 Eww. (I) *Rog*

R. Čapek, Maria Kulm, Eger 1926; LV 507, 117f.; LV 275, Bd. 2, 169f.; LV 283,
Bd. 15, 31–35; LV 854, 19, 23, 28–33; H. Theisinger, Aus dem Egerland, Falkenau
Stadt und Land, Buchloe 1983, 526–533; LV 906, Bd. 2, 501ff.; J. Wagner/K. Ki-
bic/L. Neubert, Krajem západočeských lázní, Praha 1974, 97ff.

Mariaschein (Bohosudov, Bez. Teplitz). Die 7 km nö. von
→ Teplitz gelegene heutige Gem. M. am Fuße des Erzgebirges entwickelte sich schrittweise aus dem Dorf Althof mit seiner ma., verm.
aus dem 13. Jh. stammenden Wasserburg, dem 1446 erwähnten Dorf
Scheine und der Jesuitenkirche mit angrenzender Residenz. Der Legende nach sollen hier 1426 an die 300 vom Schlachtfeld bei
→ Aussig geflohene Kreuzfahrer getötet worden sein. In M. weihte
man früh das Kirchlein der Schmerzensreichen Gottesmutter, das
1591 an die Jesuiten in → Komotau fiel. 1650 begannen die Jesuiten
einen Konvent sowie eine Wallfahrtskirche zu errichten, welche die
Baumeister Giulio und Octavio Broggio aus → Leitmeritz 1701–08
im Auftrag der Gff. Kolovrat in barockem Stil umgestalteten. Die
Wohngebäude entstanden nach 1668. Seit 1670 nannte man die Anlage der Jesuiten M., seit 1780 bezog der Name auch die beiden Gem.

mit ein. 1773 wurde der Konvent aufgelöst. 1853 gründete man dort ein bfl. Gymnasium, das 1950 geschlossen wurde (1992 neueröffnet). – 1930: 4449 (davon 750 Tsch.), 1950: 2550, 1991: 3305 Eww.

(II) *Sm*

H. Hallwich, Die Jesuitenresidenz Mariascheune (Mariaschein) in Böhmen, Mariaschein 1868; A. Hoppe, Der Gnadenort Mariaschein in Nordböhmen, Mariaschein 1918; J. Miller, Historia Mariaschenensis, Prag 1710; A. Prinz, Kurze Geschichte und Beschreibung des Wallfahrtsortes Mariaschein bei Teplitz in Böhmen, Leipzig 1855.

Marienbad (Mariánské Lázně, Bez. Eger). Als eines der berühmtesten europ. Heilbäder liegt die junge, architektonisch einheitliche Stadt M. in reizvoller Umgebung am sö. Fuße des Kaiserwaldes. Die Quellen nahe der Gem. Auschowitz waren bereits im 16. Jh. bekannt: 1528 ließ Kg. Ferdinand I. eine erste Analyse ihrer Heilwirkung durchführen. Auf Initiative von Ksn. Maria Theresia fanden 1765/66 eingehende Untersuchungen statt. Zu dieser Zeit waren 7 Heilquellen bekannt (1990 etwa 40). Die Anfänge von M. stehen in Verbindung mit dem Prämonstratenserkl. → Tepl, das E. 18. Jh. die gesamte Umgebung erwarb und dessen Abt Karl Kaspar Reitenberger (1779–1860) als Gründer der Bäder in M. angesehen wird. Der Tepler Arzt Joseph Nehr (1752–1820) erwarb sich um die wiss. Auswertung der örtl. Quellen Verdienste und veranlaßte den Bau der ersten Kurhäuser. 1808 erhielt eine der Quellen den Namen Marienquelle, zugleich fand die erste Bädersaison für 80 Gäste statt. 1812 erhielt M. den Status einer selbst. Gem., 1818 folgte die Ernennung zum Kurort. Tatkräftig ging man an die Errichtung von Kurhäusern und Kolonaden, die Mehrzahl der Gebäude entstand im Empirestil. Der ehem. Gärtner des Fst. Lobkowitz und spätere Bürgermeister, Václav Skalník (1775–1861), begann 1817 mit der Trockenlegung des gesamten, urspr. sumpfigen Tals und dessen Umgestaltung in einen weiträumigen Landschaftspark, der schrittweise die ganze Stadt einschloß. Seit der Gründung der Stadt suchten zahlr. Persönlichkeiten den Kurort auf: Aristokraten, Politiker, reiche Bürger, Künstler und Wissenschaftler, denen der Kurort als Sommerfrische diente. Hierzu trug auch der wiederholte Aufenthalt Goethes bei, der in M. 1824 im Alter von 75 Jahren die »M.er Elegie« über seine späte Liebe zu der 19jährigen Ulrike v. Levetzow schrieb. 1843 zählte M. 79 Häuser und etwa 400 Eww.; 1865 suchten mehr als 4000 Kurgäste den Ort auf, der 1865 das Stadtrecht erhielt. Der 1872 erfolgte Eisenbahnanschluß an → Eger und → Pilsen, 1898 an → Karlsbad, förderte den Besucherstrom für Stadt und Bäder. E. 19. Jh. überstieg die Zahl der Besucher die Marke von 20 000; in der 2. H. 19. Jh. entstanden die meisten für die damalige Zeit prunkvollen und luxuriös ausgestatteten

Hotels und Pensionen. Die sog. Bäderarchitektur zeichnete sich
durch zahlr. hohe und gelb verputzte Gebäude aus, die bes. in historisierenden Stilarten errichtet wurden. So entstanden die Neo-
renaissance-Gebäude der neuen Kurhäuser und des Casinos, die neogot. anglikanische Kirche, die im neobyzantinischen Stil errichtete
Dekanatskirche und eine Reihe neobarocker Pensionen. Seit 1888
bestand in M. ein Bez.-Gericht, 1902 wurde es Bez.-Stadt. Bereits
1888 gab es eine elektrische Straßenbeleuchtung, seit 1902 eine elektrische Straßenbahn, die bis 1952 in Betrieb war. Aufgrund des ständig zunehmenden Kurbetriebs und der wachsenden Beliebtheit erreichte die Stadt A. 20. Jh. den Rang eines gesellschaftlichen Treff-
punkts von europ. Bedeutung: Der engl. Kg. Edward VII. (1841–
1910) gründete in M. eine Golfanlage, die russ. Aristokratie errichtete
sich eine orthodoxe Kirche. Bereits 1889 fertigten die Eisenwerke in
→ Blansko für M. eine für die damalige Zeit sehr moderne gußeiserne
Kolonade. Der Erste Weltkrieg unterbrach die bis dahin kontinuierliche Entw. und nahm der Stadt ihre Ausstrahlungskraft. Der Glanz
früherer Tage war verblichen, die neue Atmosphäre war der demokratischen Entw. angepaßt. Die vorwiegend dt. Bev. lebte dennoch weiterhin hauptsächlich vom Kurbetrieb, Industrie gab es
kaum. Im Zweiten Weltkrieg diente M. als Lazarettstadt, wodurch
größere Schäden abgewendet werden konnten. Nach der Aussiedl.
der dt. Bev. sank das gesellschaftliche Prestige weiter. Die neuen Kurgäste gehörten zur Nomenklatura der Gewerkschaftsbewegung und
kamen – wenn überhaupt – nun aus sozialist. Ländern. Bis zur Gegenwart gibt es keine nennenswerte Industrie in M., lediglich ein
Werk zur Herstellung von Oblaten, eine Abfüllanlage für Mineralwasser, ein Sägewerk und andere Kleinbetriebe. – 1850: 466, 1900:
6424, 1930: 7202 (davon 6310 Dt.), 1950: 9261 und 1991:
15 382 Eww.   (I) *Kub*

F. Arnold, Unser Marienbad. Geschichte und Bedeutung eines Weltkurortes 1808–
1958, Marburg 1958; B. Brandl, Prälat Karl Reitenberger, Abt von Stift Tepl und
Gründer der Kurstadt Marienbad, Marienbad 1930; A. Danzer, Geschichte von
Marienbad, Prag 1842; ders., Marienbads Heil-Quellen, Prag 1843; A. Herzig, Marienbad, Wien 1888; LV 905, Bd. 50, 163–188; H. Köhler, Kurze Notizen zur Geschichte Marienbads 1786–1900, Marienbad 1912; Mariánské Lázně. Prameny, dějiny, lidé. Bearb. v. A. Vrbová, Karlovy Vary 1958; Marienbad. Der Weltkurort mit
den Gemeinden des Landkreises, Gneisenfeld 1977; LV 507, 186–190.

Maschau (Mašt'ov, Bez. Komotau). Das 13 km s. von → Kaaden am
Fuße der Duppauer Berge gelegene M. (1196 »Mastow«) war urspr.
ein Fürstenhof, der 1. H. 12. Jh. von Hzg. Soběslav I. (1125–40) an
den Wladyken Milhost gelangte. Dessen gleichnamiger Sohn gründete hier 1191 ein Kl. mit Zisterziensern aus Waldsassen (Oberpfalz);

der kleine Konvent wurde jedoch schon 1197–99 nach → Ossek verlegt. Den Herren v. M. (verm. Nachfahren der Milhost), denen das E.
14. Jh. zum Städtchen erhobene M. zunächst gehörte, folgten nach
1391 die Herren v. Dubá und 1410 der huss. gesinnte Habart v.
Hertenberg. Die E. 13. Jh. errichtete Burg und der Ort wurden 1421,
nachdem wenige Monate zuvor dem huss. Heerführer Jan Žižka die
Tore geöffnet worden waren, von einem Kreuzheer verwüstet. Die
Bev. war A. 14. Jh. noch gemischt, danach zunächst tsch., 1654 gab es
in M. fast nur noch Familiennamen dt. Herkunft. Die neuzeitliche
Entw. war von zahlr. Besitzerwechseln gekennzeichnet. 1569 fiel M.
an Johann Waldemar Hassenstein v. Lobkowitz (†1597), der 1571 die
ma. Burg in ein repräsentatives Renaissance-Schloß umbauen ließ.
Johann Heinrich Stampach v. Stampach, dessen Güter wegen seiner
Teilnahme am Ständeaufstand 1618–20 konfisziert wurden, folgte
1623 der span. Oberst Gf. Guillermo Verdugo. 1661–1791 residierten die Goltz (seit 1765 Gff.) in M., das 1735 von Ks. Karl VI. zur
Stadt erhoben wurde; sie ließen das Schloß barockisieren und um
einen Turmanbau erweitern. 1792 folgten als neue Besitzer die Mladota v. Solopisk (Familiengruft von 1805), 1838 die Dietrichstein und
1845 die Czernin v. Chudenitz. Vom Münchener Abkommen 1938
bis zum Kriegsende gehörte M. zum Dt. Reich. – Bis 1580 diente die
got. St.-Barbara-Kirche als Pfarrkirche, danach die aus dem 13. Jh.
stammende, 1765 erweiterte Dekanatskirche Mariä Himmelfahrt
(Gruftkapelle von 1805). Dem schweren Stadtbrand von 1719 fiel
auch das Rathaus zum Opfer, dessen Neubau 1891 abgetragen wurde. – Von den jüd. Eww. der mehrheitlich dt., tradit. von der Landwirtschaft und vom Obstbau lebenden Bev. zeugen nur noch Spuren
eines jüd. Friedhofs aus dem 15. Jh. Aus M. stammt der spätere Generalvikar und Weihbf. der Prager Diözese, Erasmus Dionys Krieger
(†1792). – 1850: 1246, 1910: 1084, 1930: 1018, 1950: 462, 1991:
689 Eww.   (I/II) *Bah*

LV 238, 30f.; LV 864, 155; LV 259, Bd. 3, 301, Bd. 4, 149, 204, 240, 285; LV 952,
Bd. 3, 37f.; W. Rott, Der politische Bezirk Podersam (Gerichtsbezirke Podersam
und Jechnitz), Podersam 1902, 234, 365–382, 566ff.; LV 275, Bd. 7, 120–126; LV
569, Bd. 1, 179; LV 283, Bd. 14, 231–239.

Meedl (Medlov, Bez. Olmütz). Das 9 km w. von → Mähr. Neustadt
gelegene M. wird von der Kirche St. Peter und Paul mit ihrem Presbyterium aus dem 13. Jh. und dem 1526 vollendeten Turm beherrscht. Wenn der in einer verm. 1141 ausgefertigten Urk. des Olmützer Bf. Heinrich Zdik aufgeführte lokale Name »Medli ugezdec«
(Medli Sprengel) sich tatsächlich auf M. bezieht, so darf die slaw.
Siedl. als eines der ältesten landesherrlichen Verw.-Zentren in Mähren angesehen werden. Nach der Gründung mehrerer umliegender

Städte und Burgen büßte es jedoch seine urspr. Bedeutung ein. Um
1250 wurde M. durch dt. Kolonisten neu besiedelt. Der Ort entwikkelte sich zum Mittelpunkt eines ausgedehnten Pfarrsprengels von
Dörfern, die um 1250 zur Grundherrsch. der kgl. Burg Úsov gehörten. Seit 1291 besaß M. das Heimfallrecht. Im 15. Jh. wurde es verpfändet, gehörte seit 1494 den Herren v. Wlašim und fiel um 1530 an
die Herren v. Boskowitz. Seit A. 17. Jh. herrschten hier die Fstt. v.
Liechtenstein. Im 30jähr. Krieg erlitt M. schwere Schäden. Die Bürger des 1873 zum Städtchen erhobenen Ortes weigerten sich 1918
mehr als einen Monat lang, die Souveränität des tschsl. Staates anzuerkennen. 1938–45 gehörte M. zum Reichsgau Sudetenland, nach
Kriegsende wurde die dt. Bev. vertrieben und ausgesiedelt. – 1930:
1408 (davon 133 Tsch.), 1950: 916, 1991: 1424 Eww.   (IV/VIII) *Sp*

F. Hrubý, Severní Morava v dějinách, Brno 1947, 162ff., 188ff.; J. Kux, Das Kirch-
spiel Meedl, Bde. 1–2, Mährisch Neustadt 1902–27; LV 290, Bd. II/56, 171–182.

Melnik (Mělník). Die mit ihrem hist. ma. Kern auf einer Anhöhe
über dem Zusammenfluß von Elbe und Moldau gelegene mittelböhm. Bez.-Stadt entstand an der Stelle einer urspr. slaw. Burgstätte
der Pschowanen. Um 880 heiratete der chr. Přemyslidenfst. Bořivoj
die Tochter des letzten Fst. der Pschowanen, die später hl. gesprochene Ludmila, womit das Herrschaftsgebiet der Pschowanen an das
Prager Fstm. ging. E. 10. Jh. taucht, im Unterschied zum älteren
»Psow antiquitus«, als neuer Name »Myelnik« auf. Als erste böhm.
Fstn. nahm hier Emma, Gemahlin Hzg. Boleslavs II., ihren Witwensitz. Sie steht als Auftraggeberin am A. der ma. Buchmalerei in
Böhmen und ließ zudem als erste Fstn. im Reich eigene Münzen mit
ihrem Namen in eigener Münzstätte (»Melnic civitas«) prägen. Als
kgl. Stadt wurde M. 1274 von Přemysl Otakar II. gegr. und nach
Magdeburger Stadtrecht organisiert. Die Prager- und die Elbevor-
stadt umschlossen den eigentlichen Stadtkern. 1328 wurde vor den
Toren der Stadt ein Spital errichtet. Im 14. Jh. verlieh Ks. Karl IV. M.
zahlr. Privilegien und ließ zudem aus Burgund mitgebrachte Reben
an den Elbhängen bei M. anbauen. Bereits 1377 hatte sich der urspr.
dt.sprachige Charakter der Stadt so verändert, daß die Tsch. im Rat
eine Mehrheit bildeten. In den Huss.kriegen schloß sich M. dem Prager Städtebund an, nach 1436 tagten hier wiederholt die Utraqu.; bis
1475 nahmen zahlr. böhm. Kgnn. in der Leibgedingestadt ihren Witwensitz, u. a. Barbara v. Cilli (1390/95–1451) und Johanna v. Rožmital (†1475), nach deren Tod M. an wechselnde Besitzer verpfändet
wurde. 1513 setzten sich die Bürger gegen zunehmende Eingriffe
seitens des Burgherrn milit. zur Wehr. Nach der Niederschlagung des
Ständeaufstandes von 1547 wurden M. zahlr. Landgüter konfisziert.

Auch der 30jähr. Krieg sowie eine verheerende Feuersbrunst 1652 schädigten die städt. Wirtschaft beträchtlich. Die ma. Burg wurde M. 16. Jh. zu einer Renaissance-Residenz umgebaut, weitere Umgestaltungen der seit 1753 im Besitz der Lobkowitz befindlichen Anlage folgten (heute teilw. Museum). Einziges Fragment der ma. Stadtbefestigung ist das Prager Tor aus dem 15. Jh.; die in der ehem. Prager Vorstadt gelegene Kirche St. Ludmila stammt von 1583. Das Rathaus wurde 1675–93 barockisiert. Die Propsteikirche St. Peter und Paul konnte von ihrer urspr. rom. Gestalt nur den 60 m hohen Turm bewahren. Das 1750–53 erbaute Kapuzinerkl. wurde 1789 aufgelöst. Erst im 19. Jh. setzte eine wirtsch. Belebung ein. 1841 legte der Dampfer »Bohemia« erstm. die damals schiffbare Elbstrecke von M. nach Dresden zurück. Die auf der Elbe betriebene Kettenschiffahrt erreichte 1885 M.; 1897 wurde in M. ein Frachtschiffhafen errichtet, A. 20. Jh. die Strecke Aussig–M. kanalisiert. 1885 wurde in M. die erste Weinbauschule Böhmens gegr.; heute bestimmen neben dem Weinanbau Maschinenbau, Nahrungs- und Genußmittelindustrie das wirtsch. Bild der Stadt. – 1869: 7112, 1930: 11 537 (davon 280 Dt.), 1950: 11 914, 1991: 19 635 Eww. (II) *Krz*

M. Bělohlávek, Mělnické hospodářství před Bílou horou (1539–1616), in: ČSPS 63 (1955), 147–168; L. Boehm, Královské věnné město Mělník, Mělník 1892; J. César, Revoluční hnutí zemědelského dělnictva na Mělnicku v letech 1918–1920, in: SSH 3 (1959), 146–166; Čtyřicet let veřejné obchodní školy na Mělnice 1894/95–1934/35, Mělník 1935; LV 259, Bd. 3, 303ff.; V. Kulas/L. Justová, Vlastivědná bibliografie Mělnicka, Mělník 1971; Lobkovická zámecká obrazárna Mělník, Mělník 1936; Mělník. Státní zámek, město a památky v okolí, Mělník 1960; LV 279, Bd. 15, 57–65; 700 let města Mělníka (1274–1974). Hg. v. K. Haupt, Mělník 1974.

Meltsch (Melč, Bez. Troppau). Die Geschichte der 14 km sw. von → Troppau gelegenen Gem. ist eng mit der nahegelegenen Burg Wiegstein verbunden, zu deren Herrsch. M. bereits 1377 zählte, als der Name M. erstm. im Zusammenhang mit der Teilung des Fstm. Troppau in den Quellen erscheint. Zentrum der Wiegsteiner Grundherrsch. wurde M. erst 1671, als der damalige Besitzer Wilhelm Alexander Oderský v. Liderau M. testamentarisch unter seinen Erben aufteilte. Seine Tochter Anna Magdalena erhielt M.; sie war in erster Ehe mit Gf. Ferdinand Maximilian v. Trautmannsdorff, in zweiter Ehe mit Gf. Franz Josef v. Hoditz verheiratet, dem sie das Gut 1705 vermachte. Der 1722 gestorbene Hoditz ließ auf dem Boden des alten Meierhofes A. 18. Jh. ein Barockschloß mit großem Park erbauen und begründete eine umfangreiche Bibliothek sowie eine Bildersammlung. 1755 erwarb das Troppauer Jesuitenkolleg M., nach dessen Auflösung das Gut einem Studienfonds vermacht wurde. Der Grundherrsch. wurden nach und nach sämtliche durch die Josephi-

nischen Reformen aufgelösten Troppauer Kl. zugeschrieben, die
Besitzungen M. damit beträchtlich erweitert. Schrittweise erfolgte
jedoch ein Verkauf an weltl. Eigentümer: 1810 erwarb Gf. Johann v.
Tenczin, der bereits die Herrsch. Wiegstein besaß, M. und ließ das
Schloß im Empirestil umbauen (heute Schule). 1814 kaufte Gf. Jo-
hann Arz M., dessen Nachfahren teilten den Besitz auf; der größere
Teil ging 1888 wiederum an die Grundherrsch. Wiegstein, die seit
1884 den Gff. Razumovsky gehörte. Der Ort wird von der barocken
Pfarrkirche St. Antonius von Padua beherrscht, eine urspr. barocke
Allerheiligenkirche (um 1780), die 1889–90 nach Plänen des nam-
haften Architekten und Mitbegründers der Wiener Sezession, Josef
Maria Olbrich, in neogot. Stil grundlegend umgestaltet wurde. In M.
wurde der Dichter und Komponist Gustav Willscher (1882–1937)
geb. – 1869: 1035, 1900: 997 (davon 956 Dt.), 1930: 889 (davon 691
Dt.), 1950: 643, 1991: 645 Eww.   (V) *Mü*

LV 255, 777; LV 259, Bd. 2, 151; O. Káňa [u. a.], Okres Opava, Ostrava 1983,
126f.; Melč v minulosti a přítomnosti, Melč 1936.

Meseritsch → Großmeseritsch

Meseritsch → Wallachisch Meseritsch

Mies (Stříbro, Bez. Tachau). An der Stelle der heutigen Stadt befand
sich urspr. im Tal der Mies eine Bergsiedl., in der bereits unter der
Herrsch. Vladislavs II. (†1174) Silber gefördert wurde. Um 1240 verlegte man diese auf den Hügel oberhalb des Flüßchens und erweiterte
sie zu einer kgl. Bergstadt, die vom Bergbau sowie von ihrer Lage an
einem bedeutenden Handelsweg nach Nürnberg profitierte. Mit der
Zeit erschöpften sich zwar die Silbervorräte, doch gewann man dafür
Blei, das im 15. Jh. nach → Kuttenberg ausgeführt und dort als Zusatz
bei der Silberverarbeitung genutzt wurde. Die Böhmenkgg. Johann,
Karl IV. und Wenzel IV. erteilten der Stadt zahlr. Privilegien, u. a.
die Halsgerichtsbarkeit, das Recht auf selbst. Ratswahl, das Heimfallrecht und ein Marktprivileg. Die Rechtsprechung erfolgte nach dem
Vorbild der Prager Altstadt. In vorhuss. Zeit entstanden neben 3 Kirchen auch 2 Kl., die Stadt selbst zählte mehr als 300 Häuser mit über
2000 Eww.; im örtl. Minoritenkl. lebte mehrere Jahre der spätere
Univ.-Magister Jacobellus v. M. (nach 1370–1429), der sich als erster
für das Abendmahl in beiderlei Gestalt einsetzte. M. stand zunächst
nicht auf huss. Seite, 1421 trotzte man erfolgreich der Belagerung
durch Jan Žižka. Erst 1426 wurde die Stadt durch den Huss.haupt-
mann Przibik v. Klenau erobert und schloß sich dem taboritischen
Städtebund an. Später standen die Bürger auf der Seite Kg. Georgs v.

Podiebrad, der der Stadt ihre alten Privilegien bestätigte, 1467 das
Stapelrecht konfirmierte und 1469 dem Stadtwappen eine Stadtmau-
er mit Tor, 2 Türmen und dem böhm. Löwen hinzufügte. Im
15./16. Jh. erlebte M. eine wirtsch. Blüte: Der Stadt gehörten 13
Dörfer im Umland, die städt. Brauerei exportierte gewinnbringend
Bier in andere deutsche Länder. Die urspr. got. Stadtbefestigung wurde damals ausgebaut, neue Vorstädte kamen hinzu, die Mehrzahl der
Häuser wurde nach wiederholten Bränden im Renaissancestil umgestaltet. Bis ins 16. Jh. dominierten hier Tsch., erst nach dem 30jähr.
Krieg, als der Bergbau eine neue Blüte erlebte, verschob sich die
Bev.-Zusammensetzung zugunsten der Dt. Bis zu den Napoleoni-
schen Kriegen wurden große Mengen Blei an die habs. Truppen ge-
liefert. Danach gingen die Fördermengen stark zurück, A. 20. Jh.
wurden die lokalen Schächte geschlossen. Die wirtsch. Entw. erlebte
trotz der günstigen Lage an der Eisenbahnstrecke Pilsen–Eger einen
Rückschlag. 1850–1960 war M. Bez.-Stadt. Das vor 1274 errichtete
Minoritenkl. wurde 1785 aufgelöst und diente später als Schule. Die
1565/66 erbaute Pfarrkirche Allerheiligen wurde 1757 barockisiert.
Auf dem Markt steht eine von Lazar Wiedemann geschaffene barokke Mariensäule mit 17 Heiligengestalten. – 1850: 3611, 1900: 3905,
1930: 5349 (davon 581 Tsch.), 1950: 4601 und 1991: 7391 Eww.

(I) *Kub*

K. Beer, Über kirchliche Verhältnisse der königlichen Stadt Mies in vergangenen
Jahrhunderten, in: MVGDB 51 (1913), 145–182, 328–361; I. Fischer, Historische
Memoiren der Stadt Mies und deren Umgebung, Mies 1883; F. Hanslitschek, Bergstadt Mies, Reichenberg 1926; V. Bystřický, Národnostní vývoj města Stříbra a jeho
nejbližší okolí, in: MZK 1 (1962), 161–187; J. Martínek, K určení románského kostela ve Stříbře, in: SOM 10 (1974), 4ff.; R. Nový, Stříbrské vojenství v době předhusitské, in: HV (1963), 412–444; LV 507, 269–272; G. Schmidt, Abriß der Geschichte der königlichen Stadt Mies, Mies 1912; LV 283, Bd. 6, 130–139.

Mikultschitz (Mikulčice, Bez. Göding). Das 7 km sw. von
→ Göding gelegene Dorf ist vor allem durch die seit 1954 systematisch geführten archäolog. Untersuchungen einer slaw. Burgstätte aus
dem 6.–9. Jh. bekanntgeworden. Die am r. Ufer der March »Na Va-
lách« (Auf den Wällen) gefundene Anlage war von Palisaden umgeben. Ausgegraben wurden die Reste eines Palastes und mehr als 10
Kirchen unterschiedlicher Grundrisse. M. gilt als ein Zentrum des A.
10. Jh. untergegangenen Großmähr. Reiches, an das seit 1963 ein
Denkmal erinnert. In den schriftl. Quellen wurde M. 1131 erstm. als
»Miculcici« erwähnt. Zu diesem Zeitpunkt zählte das Dorf zu den
Besitzungen des Btm. Olmütz, später wurde es der Herrsch.
→ Lundenburg eingegliedert. Von der seit 1353 bezeugten Festung
ist nach den Huss.kriegen nichts mehr erhalten geblieben. Die aus

dem Jahre 1383 stammende Pfarrkirche Mariä Himmelfahrt wurde
M. 18. Jh. umgebaut. Seit dem MA lebt die nahezu rein tsch. Bev.
von der Landwirtschaft, bes. vom Weinbau. – 1850: 951, 1900: 1230,
1950: 1098, 1991 mit Eingemeindungen 1751 Eww.   (VIII) *Had*

J. Havlíková, Rodinné obřady, obyčeje a slavnosti na současné jihomoravské vesnici
(Na příkladu obcí Dolní Bojanovice a Mikulčice), Brno 1980; LV 253, Bd. 8, 239f.;
LV 255, Bd. 3, 258; LV 950, Bd. 2, 66; LV 259, Bd. 1, 152f.; J. Poulík, Dvě velkomoravské rotundy v Mikulčicích, Praha 1963; ders., Mikulčice, Sídlo a pevnost
knížat velkomoravských, Praha 1975; ders., Mikulčice, Velkomoravské mocenské
ústředí, Praha 1974; H. Preidel, Die neuentdeckten frühmittelalterlichen slawischen
Burgwälle bei Mikulschitz und bei Lundenburg, in: StJ 8 (1964), 125–160; LV 313,
137f.; J. Škvrna, Dějiny a popis Těšic a Mikulčic, Hodonín 1913; Velkomoravské
Mikulčice, Brno 1970; LV 290, Bd. II/17, 204–211.

Mileschau (Milešov, Bez. Leitmeritz). Das 8 km nw. von
→ Lobositz gelegene M., 1384 Standort einer Pfarrkirche, war seit A.
der schriftl. Überlieferung im Besitz der Herren Kapler v. Sullowitz,
die E. 14. Jh. auf einem Felsen über dem Dorf eine Burg erbauten. Sie
wurde im Auftrag Kaspar Zdeněks Kapler v. Sullowitz (†1686) in den
Jahren 1662–67 unter der Leitung des Baumeisters Antonio della Porta zu einem Barockschloß umgestaltet. Kapler v. Sullowitz, der sich
bei der Verteidigung Wiens gegen die Türken auszeichnete und glän-
zend belohnt sowie zum Gf. erhoben wurde, ließ 1680–83 bei M.
eine Kirche (mit Fam.gruft) zu Ehren des hl. Antonius von Padua
erbauen, die er kostbar ausstattete. Der Fam.zweig der Hrzan-Kapler
v. Harras besaß M. bis 1842; von 1866–1945 war es im Besitz der aus
Westfalen stammenden Fam. v. Ledebur-Wicheln. Seit 1945 dient
das Schloß als Sanatorium. – 1900: 455 (Dt.), 1930: 675 (davon 589
Dt.), 1950: 433, 1991: 311 Eww. – Der nahe M.er Berg mit einer
Aussichtsplattform und Bergwirtschaft ist seit dem 19. Jh. ein beliebtes Ausflugsziel mit einem großartigen Rundblick, den schon Alexander v. Humboldt beschrieb. Hier wurde 1906 eine Wetterstation
errichtet und 1913 eine Drahtseilbahn für Lasten gebaut.   (II) *Lüb*
LV 264, 419f.; LV 259, Bd. 3, 311–317; W. Mostecký/V. Němeček, Geologické
vycházky do Milešovského pohoří, in: Lit 7 (1970), 5–12; LV 283, Bd. 1, 108; LV
291, 194.

Millotitz (Milotice, Bez. Göding). Das 7 km von → Gaya gelegene
Dorf wurde 1360 als »villa Miloticz« erstm. erwähnt. Zu diesem Zeitpunkt existierte bereits eine Festung, die Kg. Sigismund im Jahre
1400 besetzte. Unter Johann v. Moravany wurde die gut befestigte
Anlage zu einem Zentrum der mähr. Huss. 1552 ging die Herrsch. in
den Besitz der Herren v. Žerotín über, die 1553–69 im Bereich der
Festung ein Renaissance-Schloß errichten ließen, dessen Arkaden-

gänge im Zuge der Barockisierung erhalten blieben. Die Baumaßnahmen waren nach der Verwüstung durch die Türken 1663 von
Franz Gabriel Serényi (†1691) veranlaßt worden, dessen Fam. M.
1648 erworben hatte. Der Einfall und die Brandschatzung der Kurutzen 1705 veranlaßte seinen Nachfahren Karl Anton zu weitreichenden Umbauten am Schloß, die 1722–25 vom Brünner Architekten Franz Benedikt Kličník (†1755) realisiert wurden. Die Dekkenmalerei im großen Schloßsaal übernahm 1725 Franz Gregor Ignaz
Eckstein (†1740). Neu errichtet wurden seinerzeit Reithalle, Gewächshaus und Orangerie. Der 1766 angelegte und nach 1900 verwilderte Park ist nach 1960 rekonstruiert worden. Die zu Ausstellungen genutzte Schloßbibliothek wurde 1951 um die aus
→ Straßnitz überführte Bibliothek der Fam. Magnis erweitert. Seit
der 2. H. 14. Jh. ist die kath. Allerheiligen-Pfarrkirche bezeugt, die
1697–1701 barockisiert wurde. Die nahezu rein tsch. Bev. ist tradit.
in der Land- und Nahrungsmittelwirtschaft beschäftigt. Seit der
Jh.wende wird nahe M. Braunkohle abgebaut. – 1850: 933, 1900:
1216, 1950: 1560, 1991: 1877 Eww. (VIII) *Had*

LV 253, Bd. 8, 310f.; LV 950, Bd. 2, 73; LV 259, Bd. 1, 158f.; J. Krist, Společnost a
rodina v Miloticích u Kyjova, Bde. 1–2, Brno 1974; M. Nováková-Skalická, Státní
zámek Milotice, Brno 1976; J. Petrů, Státní zámek Milotice, Brno 1971; Z. Pokluda,
Rozsah milotického panství v 15.–16. století a jeho proměny, in: JM 10 (1974),
137–142; J. Sedlář, K ikonologii fresky F. Ř. Ecksteina v zámku v Miloticích u
Kyjova, in: SPFFBU F 5 (1961), 342–348; M. Zemek, Österreichische Architekten
südmährischer Schlösser (17.–19. Jh.), in: ÖOH 33 (1991), 569–584.

Miltschin (Miličín, Bez. Beneschau). Die 28 km s. → Beneschau an
einem bedeutenden Landespfad gelegene Ortschaft M. wird 1283 im
Zusammenhang mit einem gewissen Wilhelm v. M. erstm. urk. erwähnt. 1346–1593 bildete M. den n. Zipfel des Rosenberger Dominiums und erfreute sich reger obrigkeitlicher Fürsorge. Um 1380
ließ Ulrich I. v. Rosenberg die got. Kirche Mariä Geburt erbauen, die
geringfügigen barocken Veränderungen stammen aus den Jahren
1736–54. Zugleich gab es in M. eine (heute nicht mehr lokalisierbare)
Burg, die in den Huss.kriegen unterging. In der 2. H. 16. Jh. entstand
an ihrer Stelle ein Herrenhaus, in dem die Rosenberger auf ihren
Reisen nach → Prag Station machten. 1696 ließen die neuen Besitzer,
die Gff. v. Khuenburg, das herrschl. Haus zu einem Barockschloß
umwandeln, das 1749 bei einem Feuer völlig niederbrannte. Da das
Verw.- und Gerichtszentrum 1732 nach → Jungwoschitz verlegt
worden war, sank die Bedeutung des wirtsch. schwachen M. weiter. –
1848: 1740, 1869: 2420, 1900: 1850, 1920: 1670, 1950: 1150 und
1991: 940 Eww. (VI) *Pán*

LV 259, Bd. 5, 128; E. Procházková, Cechovní řemesla v Miličíně a v Mladé Vožici v 18. století, in: SVPP 32 (1992), 79–94; dies., Hrdelní soudnictví města Miličína v 15.–18. století, in: SVPP 26 (1985), 249–270; LV 275, Bd. 14, 28ff.; LV 279, Bd. 4, 234–237; LV 283, Bd. 10, 98f.; F. Teplý, Paměti starožitného města Miličína a jeho okolí, Praha 1899.

Mirowitz (Mirovice, Bez. Pisek). Urspr. handelte es sich um eine Marktsiedl. unterhalb der Burg Bozeň, die jedoch frühzeitig unterging. Um 1250 wurde die got. St.-Clemens-Kirche gegr.; ein halbes Jh. später entwickelte sich neben dem Dorf eine kgl. Siedl., deren erste urk. Erwähnung von 1323 stammt, als Kg. Johann v. Luxemburg M. zus. mit der Herrsch. → Klingenberg an Peter v. Rosenberg verpfändete. Zeitweilig konnte M. (1327 als Städtchen erwähnt) aus der Rosenberger Pfandschaft ausgelöst werden. In der 1. H. 15. Jh. unterstand es direkt der kgl. Kammer. Im 14./15. Jh. wurde der quadrat. Markt angelegt, dessen Mitte eine Mariensäule (1717) schmückt. 1575 erwarb Christoph v. Schwanberg M. gemeinsam mit der Herrsch. → Worlik. Im 16. Jh. wurde das got. Kastell umgebaut und ein jüd. Friedhof eingerichtet. Ks. Rudolf II. verlieh M. ein Privileg, das u. a. die Abhaltung von Märkten, Zolleinnahmen und das Bierbrauen enthielt. Im 30jähr. Krieg wurde M. mehrfach gebrandschatzt. Seit 1623 befand es sich im Besitz der Eggenberg, denen 1719 die Schwarzenberg folgten. 1866 wurde in M. der Dichter Antonín Klášterský geb. – 1850: 1257, 1900: 1019, 1950: 1065, 1991: 1325 Eww. (VI) *Bůž/Gr*

A. Klášterský, Vzpomínky a portréty, Praha 1934; LV 906, Bd. 2, 396; LV 279, Bd. 11, 74f.; LV 275, Bd. 3, 20; LV 283, Bd. 8, 58f.; LV 905, Bd. 33, 109–122; J. Toman, Dějiny města Mirovice, Mirovice 1948; LV 289, 543–546.

Mislibořitz (Myslibořice, Bez. Trebitsch). Die 6 km w. von → Hrottowitz gelegene Ortschaft wurde erstm. 1234 als Besitz derer »de Mizliboriz« erwähnt. 1531 ging die Herrsch. an die Chroustenský v. M. über, die 1538 die Erhebung zum Marktflecken erreichten. Nach 1620 wurden deren Güter konfisziert und verkauft. 1637–1765 gehörte M. zu den Besitzungen der Herren v. Ostašov, die A. 18. Jh. an der Stelle der alten Festung ein barockes Schloß errichten ließen, dessen Entwurf auf Jakob Prandtauer (1660–1726) zurückgeht. Das im W von M. auf einer Anhöhe errichtete Bauwerk ist eine städtebauliche Dominante. Es wurde von 3 Seiten her von einem barocken Park umgeben. Nachdem der böhm. Kanzler Rudolf Gf. v. Chotek nach 1765 kurzzeitig zu den Besitzern von M. zählte, wurde das Schloß 1823 von dem aus Griechenland stammenden Unternehmer Georg Simon Sina (†1856) erworben. Die von seinen Nachfahren in Auftrag gegebenen Umbauten gingen vielfach zu Lasten des barocken Charakters. Verändert wurde bes. das Interieur durch die Ein-

richtung einer Bibliothek, einer Bildergalerie sowie einer Musikinstrumentensammlung. 1921 kaufte der tschsl. Staat das hochverschuldete Schloß und übereignete es 1928 der Böhm. Brüdergem. für soziale Zwecke. Die damit verbundenen baulichen Maßnahmen zerstörten die kunsthist. wertvolle Substanz des nach 1945 als Altersheim genutzen Gebäudes. Bereits 1271 ist die Pfarrkirche des Hl. Lukas bezeugt. Im 16. Jh. ev., wurde die Pfarrei im 30jähr. Krieg geschlossen und erst 1704 wiedereröffnet. 100 Jahre später wurde die urspr. got. Kirche umgebaut. Die nahezu rein tsch. Bev. lebt tradit. von der Land- und Nahrungsgüterwirtschaft. – 1850: 807, 1900: 950, 1950: 692, 1991: 664 Eww. (VII) *Had*
LV 253, Bd. 9, 189f.; LV 255, Bd. 2, 137f.; LV 950, Bd. 2, 10f.; LV 259, Bd. 1, 166f.; LV 313, 147; LV 290, Bd. II/21, 176–195.

Mißlitz (Miroslav, Bez. Znaim). Der erstm. 1221 urk. erwähnte Ort hatte nachweislich schon 1239 auch eine Pfarre. Seit dieser Zeit ist M. als Weinbauzentrum bekannt. Davon zeugen u. a. die sehenswerten barocken Weinkeller in der Stadt. Dorf und Schloß, das im Kern auf eine got., 1387 belegte Wasserfestung zurückgeht und um 1670 barockisiert wurde, waren im MA längere Zeit im Besitz der Fam. v. M. Später wechselte der Besitz häufiger, bis Hynek Hoditz v. Hoditz, der am Ständeaufstand von 1618–20 teilnahm, enteignet wurde. Zur Stadt war M. 1533 auf Bitte von Sigismund Valecký v. Mirov, der in M. auch ein Schloß errichten ließ, von Kg. Ferdinand I. erhoben worden. Im 16. Jh. verbreitete sich hier, mit Unterstützung der Obrigkeit, die ev. Lehre. Trotz der forcierten Gegenref. bekannten sich nach dem Toleranzpatent Ks. Josephs II. von 1781 einige Fam. zum Prot. und errichteten 1846 eine eigene ref. Kirche. M. hatte eine starke jüd. Gem., die zeitweise 50% der Bev. ausmachte und ab 1790 eine eigene Volksschule betrieb. Sie bildete eine selbst. pol. Gem., die erst 1924 aufgelöst wurde. Ihre Entstehung geht verm. auf das 15. Jh. zurück, belegt ist sie allerdings erst aus der Zeit der Türkenkriege im 17. Jh.; in M. lebte auch der erste jüd. Schlossermeister der Habsburgermonarchie, er hatte 1831 seinen Meisterbrief erhalten. 1692–1784 befand sich M. im Besitz des Kl. Klosterbruck (→ Znaim). 1824 gelangte es an Joseph Edler v. Hopfen, der es 1846 seinem Enkel Baron Franz Xaver v. Hopfen, dem Präsidenten des Reichsrates, Gouverneurs der Bodenkreditanstalt und Präsidenten der k.k. Südbahn, vermachte. 1911 kam M. an die aus Ungarn stammenden Barone Hardt-Stummer v. Tavarnok. 1907 wurden die Orte Böhmdorf und Wenzelsdorf eingemeindet. – 1850: 1817, 1900: 2489, 1930: 4417 (davon 1960 Dt.), 1950: 2252, 1980: 4112 Eww. (VIII) *Kle*
LV 290, Bd. II/34, 246–261; R. Jelínek, Z dějin židovské obce v Miroslavi, in: VVM 15 (1960), 149–151; ders., Sedm set padesát let písemných památek, Miroslav 1972;

LV 548, 387–405; H. Slezacek, Mißlitz 912–1912, Mißlitz 1912; I. Štarha, Povýšení Miroslavi na městečko, in: JM 15 (1979), 244–245; LV 791, Bd. II/4, 333–338.

Mistek → Friedek-Mistek

Mnischek (Mníšek, seit 1960 Mníšek pod Brdy, Bez. Přibram). Die 16 km nö. von → Dobřiš gelegene Kleinstadt M. wurde 1355 erstm. in der Majestas Carolina Ks. Karls IV. genannt. A. 15. Jh. befand sich M. im Besitz des Johann v. Lestkov, Burggf. auf → Žebrak. 1409 wandelte Kg. Wenzel IV. die Pfandschaft M. in ein Lehen um, verbunden mit Jagdrecht und Holzgewinnung in den Dobřišer Wäldern. In den Huss.kriegen wurde M. 1420 durch Jan Žižka zerstört, wenig später erwarb es Předbor v. Řepnice, 1437 bestätigte Ks. Sigismund dessen Besitzrechte. Předbors Sohn, Peter, verkaufte M. 1487 an Johann Wratislaw v. Mitrowitz, der dieses 1503 in erbl. Besitz überführen konnte. An der 1348 erstm. erwähnten Pfarrkirche wirkten bis 1532 ausschl. kath. Priester, erst mit dem utraqu. Prediger Stephan Polák trat eine Wende ein. 1604–10 bekleidete in M. der entschiedene Luth. und humanistische Schriftsteller Johann Rosacius Hořovský (†1632) das Amt des Pfarrers. Das urspr. auf einem Felsen gelegene ma. Kastell wurde im 16. Jh. in eine Schloßanlage umgewandelt, die jedoch im 30jähr. Krieg die Schweden in Brand setzten. 1655 erwarb der Prager Bürger Servatius Engel v. Engelfluß, der 1670 in den Herrenstand aufstieg, M. und ließ ein neues, vierflügeliges Barockschloß errichten. Die 1743–56 erbaute, einschiffige St.-Wenzels-Kirche weist einen nach 1775 geschaffenen Hauptaltar aus dem Umkreis Ignaz Franz Platzers auf. Ackerbürgertum und Kleingewerbe prägten die wirtsch. Entw. vom MA bis ins 19. Jh.; 1771/72 fielen 124 Menschen, damals 20% der Bev., einer Hungersnot zum Opfer. Der Eisenbahnanschluß 1863 ließ M. zu einem beliebten Ausflugsziel der Prager werden. – 1869: 2076, 1910: 1843, 1950: 2104, 1991: 3957 Eww.   (II/VI) *Krz*

LV 259, Bd. 4, 215f.; LV 906, Bd. 2, 415f.; St. Polák, Mníšek pod Brdy, in: VSP 20 (1982), 87–90; LV 279, Bd. 6, 93–99; J. Vávra, Historické paměti bývalého panství Mníšeckého a kláštera svaté Máří Magdaleny na Skalce, Praha 1899.

Mödritz (Modřice, Bez. Brünn-Land). Das im S. an die Stadt → Brünn grenzende M. taucht erstm. 1131 urk. auf. Seit dem 12. Jh. gehörte M., das seit 1380 als Städtchen belegt ist, verm. als geistl. Gut zur Grundherrsch. Chirlitz. Bei ihr verblieb es bis 1848 trotz wiederholter Pfandschaften. Seit E. 15. Jh. gab es hier eine Burg mit Herrenhof. Im 16. Jh. wurde M. mit einem Wochenmarkt, 2 Jahrmärkten sowie weiteren Vorrechten privilegiert. Die Pfarrkirche St. Gotthard entstand 1540 auf dem Boden eines Vorgängerbaus aus dem

12. Jh., der Umbau im Stile des Rokoko datiert in das Jahr 1727. Die Kirche diente den Brünner Gärtnern als Wallfahrtsort. In M. wurde der später in Heidelberg als Mathematiker und Astronom tätige Johann Christian Mayer (1714–83) geb. Bis 1945 war es Hauptort der Brünner dt. Sprachinsel. Der älteste dt. Verein entstand 1859, tsch. Zusammenschlüsse bildeten sich erst nach 1918 heraus, als zudem eine tsch. Schule eröffnet wurde. – 1880: 1834 (davon 443 Tsch.), 1921: 2237, 1930: 2509 (davon 701 Tsch.), 1950: 2423, 1991 fast 3400 Eww. (VIII) *Šta*

F. Judex, Ortsgeschichte von Mödritz bei Brünn, Mödritz 1939; L. Konečný, Poznámky ke stavebnímu vývoji kostela v Modřicích, Modřice 1972; L. Masur, Der Inhalt des Mödritzer Kirchturmknauses, Brünn 1926; Přehled archeologie se zřetelem k historii a prehistorii Modřic, Modřice 1972; L. Šebestík, Christian Mayer z Modřic 1719 až 1783, Modřice 1969; LV 290, Bd. II/6, 195–203.

Moldauthein (Týn nad Vltavou, Bez. Budweis). M. zählt zu den ältesten Siedl. in S-Böhmen. Der Name »Thein« bezeichnete den durch eine Einfriedung abgegrenzten Raum vor der eigentlichen Gründung einer Stadt. Bis zu den Huss.kriegen gehörte M. den Prager Bff.; Bf. Jaromír gründete hier 1068 die erste Kirche St. Katharina, die urspr. der Jungfrau Maria geweiht war (Umbau im 17. Jh.). 1251 ist in M. die St.-Christophorus-Kirche belegt, die heute den Namen St. Jacobi trägt. E. 13. Jh. ersetzte Bf. Tobias v. Bechin den befestigten Bischofshof durch eine steinerne Burg, die E. 17. Jh. zerstört wurde. Aus der Untertanensiedl. entwickelte sich ein Städtchen, das 1406 zahlr. Privilegien erhielt. Kg. Sigismund verpfändete M. 1432 an Ulrich v. Rosenberg. Zu den späteren Besitzern gehörten die Herren Čábelický v. Soutice. Im 16. Jh. wurde in M. ein Umschlagplatz für Salz eingerichtet. 1609 verlieh Ks. Rudolf II. M. den Status einer kgl. Stadt. Während des 30jähr. Krieges trat Ks. Ferdinand II. das seiner Privilegien beraubte M. an die Prager Ebff. ab, die hier 1699 ein Schloß erbauen ließen. Im 19. Jh. erhielt M. einen Industriehafen. Auf dem örtl. Friedhof befindet sich das Grab des Puppenspielers Matěj Kopecký (1775–1847). Aus M. stammt der Dichter und Aufklärer Antonín Jaroslav Puchmajer (1769–1820). – 1850: 4277, 1921: 3801, 1950: 3776, 1991: 2803 Eww. (VI) *Bůž/Gr*

K. Pletzer, Týn nad Vltavou, Týn nad Vltavou 1992; LV 906, Bd. 4, 121f.; 750 let Týna nad Vltavou 1229–1979. Hg. v. M. Rychlíková, Týn nad Vltavou 1979; J. Sakař, Dějiny města Týna nad Vltavou, Bde. 1–4, Týn nad Vltavou 1934–57; LV 279, Bd. 7, 265–274; LV 275, Bd. 13, 41–44; LV 283, Bd. 9, 53ff.; LV 289, 113ff.

Morawitz (Moravice, Bez. Troppau). Die 15 km sw. von → Troppau gelegene Gem. wurde von böhm. Kolonisten etwa M. 13. Jh. gegr.; 1283 wird hier ein Ritter Jenczko v. M. erwähnt, of-

fenbar gab es bereits zu dieser Zeit ein Kastell. M. bildete eine kleine
Grundherrsch., deren Besitzer einander abwechselnde Kleinadelige
der Umgebung waren. 1526 fiel M. für gut ein halbes Jh. an die Herren Stosch v. Kaunitz. Seit dem ausgehenden 16. Jh. läßt sich eine
starke dt. Einwanderung beobachten, bereits 100 Jahre später beherrschten die Dt. den Ort, ähnlich wie das gesamte Umland, vollständig. 1622 büßte Johann Odkolek v. Aujezd M. aufgrund seiner
Beteiligung am böhm. Ständeaufstand ein, die Gem. wurde den
Troppauer Besitzungen des Fst. Karl v. Liechtenstein eingegliedert.
Im 30jähr. Krieg wurde das Kastell zerstört. Die barocke Kirche St.
Philippus und Jacobus stammt aus der 1. H. 18. Jh. (nach einem
Brand 1958 restauriert). Das eingeschossige ehem. Vogteigebäude
wurde in der 1. H. 19. Jh. im Empirestil umgebaut. – 1869: 728,
1900: 650 (davon 647 Dt.), 1930: 540 (davon 524 Dt.), 1950: 411,
1991: 296 Eww.   (V) *Mü*

LV 255, 747; LV 259, Bd. 2, 155; L. Svoboda, Příspěvky k historické topografii
knížetství Opavského a Krnovského, in: VMO 15 (1907), 12ff.; A. Turek, Poněm-
čení vsi Moravice, in: SlS 43 (1945), 38–51.

Morchenstern (Smržovka, Bez. Gablonz an der Neiße). Der Name
M. geht auf den tsch. Flurnamen »smržovsko« zurück, der, wie die
erste urk. Erwähnung 1568 zeigt, von den ersten dt. Siedlern als
»Morgenstern« übersetzt wurde. An der Kamnitz gelegen, war M.
Teil der Herrsch. Semil der Herren Smiřický v. Smiřitz, bevor es 1622
an Albrecht v. Wallenstein, nach dessen Tod an den Gf. Nikolaus
Desfours kam. Dessen Nachfolger Albrecht Maximilian machte M.
zum Obergericht eines neu eingerichteten Fideikommisses. Urspr.
von prot. dt. Siedlern bewohnt, wurde M. nach 1623 katholisiert.
Nachdem 1736 eine selbst. Pfarrei in M. eingerichtet worden war,
wurde 1767 der Grundstein zur St.-Michaelskirche gelegt. Die handwerkliche Erwerbsgrundlage bestand zunächst in der Holzverarbeitung und der Aschenbrennerei, seit E. 17. Jh. auch im Textilgewerbe.
Erst M. 18. Jh. kam die Glaswarenerzeugung hinzu. 1868 wurde M.
zur Marktgem. und 1905 zur Stadt erhoben. Zu diesem Zeitpunkt
hatte es rund 1900 Eww. (etwa 300 Tsch.). Nach dem Zweiten Weltkrieg wurden aus M. nicht alle Dt. vertrieben, sondern viele Facharbeiter als Spezialisten zurückgehalten.   (III) *MSW*

R. Dressler, Morchenstern im Georgental, in: Gablonz an der Neiße. Hg. v. G. Stütz
u. K. Zenkner, Schwäbisch Gmünd 1982, 491–505; LV 961, Bd. 2, 26ff.; K. R.
Fischer, Die Schleifmühlen auf der Morchensterner Herrschaft, in: JGJI 17 (1907),
106ff.; J. Schlenz, Die Seelsorgerexpositur in Morchenstern, in: MVHJ 29 (1935),
156ff.

Müglitz (Mohelnice, Bez. Mährisch Schönberg). Das 12 km s. von
→ Hohenstadt liegende M. wurde 1131 erstm. urk. als »Mogilnici«
erwähnt, unterstand seit 1180 dem Bf. v. Olmütz und gehörte als
1273 erstm. belegte Stadt zur bfl. Herrsch. → Mürau. 1861 wurde ein
Gräberfeld aus der Zeit der Lausitzer Kultur entdeckt. Das M.er Gebiet zählt damit zu den bedeutendsten archäolog. Fundstätten Mährens. Seit 1951 ist im ehem. Pfarrhaus ein stadtgesch. Museum mit
Schwerpunkt auf den prähist. Funden untergebracht. 1424 wurde M.
als bfl. Besitz von den Huss. unter Jan Žižka erstürmt und in Brand
gesteckt. In der Gruft unter der Annenkapelle an der Dekanatskirche
befinden sich noch die Knochen von mehr als 700 Erschlagenen. Die
Stadt erholte sich jedoch schnell: Nach einem Urbar von 1526 war M.
mit 1500 Eww. eine der größten Städte Nordmährens. Weite Teile
der Stadtmauern aus dem 14. Jh. einschl. des Torturms (1540) sind
erhalten. Der erste Prager Ebf. nach der Huss.zeit, Anton Brus (1561–
80), sowie sein Nachfolger, Martin Medek (1581–90), stammten aus
M.; beide förderten ihre Heimatstadt, Medek 1589 durch eine Spi-
talstiftung. Das Stadtbild wird von der urspr. got., später barockisierten Dekanatkirche Thomas v. Canterbury beherrscht. Den Marktplatz schmückt eine an die Pest von 1715 erinnernde Skulpturen-
gruppe von Johann Wenzel Sturmer (1717). 1685 wurde bei der
größten mähr. Hexenverfolgung in → Mähr. Schönberg und
→ Groß-Ullersdorf der aus M. gebürtige Dekan Christoph Alois
Lauthner hingerichtet. M. war eine Stadt des Handwerks und des
Handels: 1732/33 zählte man 101 Handwerker. Durch den Bau der
Kaiserstraße (1828) und den Eisenbahnanschluß (1845) kam es zum
industriellen Aufschwung, bes. die Elektroindustrie ab 1900 führte zu
steigenden Bev.-Zahlen (1854: 4028 Eww.; 1910: 4294 dt. und 191
tsch. Eww.). Die Mehrzahl der dt. Eww. wurde 1946 ausgesiedelt;
1991 war die Bev. wieder auf 9704 Eww. angestiegen. Aus M.
stammt der Maler Thaddäus Supper (1712–71).   (IV/VIII) *Lb*

A. Breitenbach, Die Müglitzer Stadtchronik aus dem Jahre 1727, in: ZVGMS 29
(1927), 1–39; J. Březina, Zábřežsko v období feudalismu do roku 1848, Ostrava
1963, 264–288; Heimatbuch für Stadt und Kreis Hohenstadt/March. Hg. v. W.
Wollmann, Göppingen 1982; F. Hekele, Z minulosti města Mohelnice, Mohelnice
1953; LV 253, Bd. 4, 187–192; LV 950, Bd. 2, 90; LV 259, Bd. 2, 155; LV 254, Bd.
II/2, 571–587; LV 266, 353–360; J. Nekvasil, Pravěk Mohelnicka, Mohelnice 1963;
K. Schirmeisen, Müglitz und seine Umgebung zur Vorzeit, in: ZVGMS 43 (1941),
145–156; F. Spurný, 700 let města Mohelnice, Mohelnice 1974; A. Turek, K vývoji
národnostních poměrů v Mohelnici v 16. a 17. stol., in: SMor 8 (1962), 23–29.

Mühlhausen (Milevsko, Bez. Pisek). Eine slaw. Besiedl. der Region
M. ist bereits für das 10. Jh. belegt. 1184 wird ein Georg v. M. erwähnt, der 1184–87 ein mit Prämonstratensern aus → Seelau besetz-

tes Kl. gründete, dessen erster Abt Gerlach war, der Fortsetzer der
Cosmas-Chronik. Nach 1187 wurde die dreischiffige rom. Kl.kirche
Mariä Heimsuchung erbaut und E. 13. Jh. um ein Querschiff und
einen fünfseitigen geschlossenen, später barockisierten Chor erweitert. N. des im 14. Jh. fertiggestellten Kl.areals steht die vor 1184 erbaute Friedhofskirche St. Ägidius. Um 1400 gestalteten ein gewisser
Meister Staněk und sein Sohn Johann diese rom. Tribünenkirche um.
Das Gewölbe des Presbyteriums wurde vor 1407 vollendet. Seine
größte Blüte erlebte das Kl. im 14. Jh. Die erste Erwähnung von M.
als Städtchen (1327) steht in Zusammenhang mit dem Salzhandel.
1420 zerstörten die Huss. das Kl., dessen Besitz 1437 an die Herren v.
Rosenberg und 1473 an die Herren v. Schwanberg fiel. 1543 ist eine
Lateinschule in M. belegt. 1575 wurde das Kl. aufgehoben und die
Anlage an die Schwanberg verkauft. Danach wurde unter den Herren
Hodějovský v. Hodějov die gesamte Kl.anlage zu einem Herrensitz
umgebaut. 1579 erscheint M. als Stadt. Aufgrund ihrer Beteiligung
am Ständeaufstand 1618–20 verloren die Hodějovský v. Hodějov
sämtliche Güter; das Kl. erhielten 1623 die Prämonstratenser in Strahov. 1785 wurde es endgültig aufgehoben, allerdings verblieb die
Herrsch. M. bis 1848 im Besitz des Kl. Strahov. Im 18. Jh. errichtete
man hier eine Synagoge und einen jüd. Friedhof. Im Zuge der Industrialisierung erfolgte 1889 der Eisenbahnanschluß an die Strecke
Ražitz–Pisek–Tabor–Iglau. Aus M. stammen der Schriftsteller Jiří
Mařánek und der Maler Karel Stehlík. – 1850: 2620, 1900: 2934,
1950: 3350, 1991: 9457 Eww. (VI) *Bůž*/*Gr*

800 let Milevska 1184–1984. Hg. v. J. Bervida [u. a.], Milevsko 1984; K. Dolista,
Premonstrátský klášter Milevsko, Milevsko 1990; LV 871, 30–53, 180–184; LV 872,
110–114; LV 874, 27, 160; LV 875, 233–238; J. Kytka, Milevsko a jeho kraj, Milevsko 1940, 20–60; LV 881, 188–193; F. B. Mikovec, Alterthümer und Denkwürdigkeiten Böhmens, Bd. 1, Prag 1860, 203–219; LV 905, Bd. 5, 91–119; LV
906, Bd. 2, 385–389; LV 275, Bd. 14, 147f.; LV 283, Bd. 10, 52f.; LV 289, 627–632.

Mühlhausen

Mühlhausen (Nelahozeves, Bez. Melnik). Die 18 km sw. von
→ Melnik gelegene Gem. taucht 1352 erstm. als Eigentum des Prager
Domkapitels in den Quellen auf. Die St.-Andreas-Kirche stammt aus
dem 14. Jh. Einer der Pröpste errichtete hier ein Kastell, das in der
huss. Bewegung von den Pragern konfisziert und später an Angehörige des hauptstädt. Bürgertums verpfändet wurde. Nach 1466 befand sich M. zeitweise im Besitz des in Diensten Georgs v. Podiebrad
stehenden Juristen und Diplomaten Gregor v. Heimburg. 1544 erwarb Florian Griespeck v. Griespach, der als Nachfahre eines verarm-
ten bayer. Rittergeschlechts in Diensten Kg. Ferdinands I. stand, den
Meierhof in M., 1549–52 auch das Kastell sowie umliegende Dörfer,
womit die Grundlagen für die Herrsch. M. entstanden. Er und sein

Sohn Blasius ließen 1552–1614 in 3 Bauphasen ein dreiflügeliges dreigeschossiges Renaissance-Schloß auf einem Felsvorsprung am l. Moldauufer erbauen, in dem heute die Sammlungen der mittelböhm. Galerie mit Schwerpunkt spanische Renaissance-Porträts aufbewahrt werden. Das Schloß erinnert an norditalienische. Festungsbauten. Zum Hof ist der 1558–64 erbaute n. Mittel-Flügel in allen Stockwerken von Arkadengängen umgeben. Aufgrund seiner Beteiligung am Ständeaufstand 1618–20 wurde Blasius seiner Güter für verlustig erklärt, seine Witwe verkaufte die stark verschuldete Herrsch. 1623 an Polyxena v. Lobkowitz (1567–1642). 1637 ging der Besitz an Fst. Wenzel Eusebius v. Lobkowitz über. In den darauffolgenden Jhh. war M. Verw.-Sitz, Wohnstätte herrschl. Beamter, Militärlazarett und Mädchenpensionat. 1874 erfolgte ein Umbau der Innenräume. Das bis heute von der Landwirtschaft geprägte M. ist der Geburtsort des tsch. Nationalkomponisten Antonín Dvořák (1841–1904). – 1869: 1016, 1910: 1282, 1950: 1707, 1991: 1216 Eww.   (I/II) *Krz*

M. Flegl, K významu osobnosti Floriana Gryspeka v předbělohorských Čechách, in: SSH 8 (1971), 181–187; LV 259, Bd. 3, 338–341; F. Kliment/K. Mikysa, Nelahozeves, Praha 1954; LV 895, 63ff.; Rodiště Antonína Dvořáka Nelahozeves, Nelahozeves 1941; LV 279, Bd. 15, 253–256; V. Wachsmannová, Státní zámek Nelahozeves. Dvořákova Nelahozeves, Praha 1951.

Münchengrätz (Mnichovo Hradiště, Bez. Jungbunzlau). Als im Zuge des hochma. Landesausbaus 1144 der böhm. Hzg. Vladislav II. Zisterzienser nach Böhmen rief, ergriff zugleich sein Kämmerer Markwart, Ahnherr des später bedeutenden nordböhm. Adelsgeschlechts der Markwartinger, die Initiative zur Klostergründung im Isergebiet. Die tatsächliche Besiedl. mit Mönchen aus → Plaß erfolgte jedoch nicht vor 1177, und zwar an der Stelle eines slaw. Burgwalls unweit der Mündung der Zábrdka in die Iser, etwa 13 km nö. von → Jung-Bunzlau. M. 13. Jh. legte das Kl. zum Absatz seiner Erzeugnisse etwa 2 km ö. unmittelbar s. an das schon bestehende Dorf Rybitew mit Marienkirche anschließend eine Marktsiedl. mit Jakobikirche um einen fast quadrat. Marktplatz (140 x 150 m) an, auf dem sich am Handelsweg von → Prag in die Lausitz über Jung-Bunzlau und M. oder → Weißwasser die Straße von → (Alt) Bunzlau nach Tyrnau und die vom Kl. nach Sobotec kreuzten; die Siedl. wird schon 1279 als »civitas« erwähnt. – Nach der Zerstörung des Kl. und der Vertreibung der Mönche durch ein Orebitenheer im April 1420 blieb die Anlage wüst, bis Georg Labounský v. Labouň (†1572) hier um 1560 ein Renaissance-Schloß mit Marienkirche errichten ließ; in dem Gebäude wird seit 1852 eine Brauerei betrieben. Die Herrsch. war seit 1420 in der Hand versch. regionaler Adeliger, aber auch der kgl. Kammer und der Prager Altstadt und kam 1579 in den Besitz von

Christoph Budowetz v. Budow. Nach der Konfiszierung der Güter
seines Sohnes Wenzel und dessen Hinrichtung 1621 als eines der
Führer der Ständeopposition kam sein Besitz an Albrecht v. Wallenstein, bei dessen Nachkommen M. bis 1945 blieb. – Nach dem Weg-
fall der Klosterherrsch. wurde in der 2. H. 15. Jh. auf dem Gebiet von
Rybitew in der Nähe der – vor 1836 abgerissenen – Marienkirche
eine Feste errichtet, die A. 17. Jh. unter Wenzel Budowetz v. Budow
einem einstöckigen, zweiflügeligen Renaissance-Schloß wich; dieses
wurde beim Neubau eines zweistöckigen, dreiflügeligen Barockschlosses 1697–1700 unter Ernst Josef v. Waldstein (†1708) nach Plänen von Marc Antonio Canevalle (†1711) im nw. Teil eingebaut. Im
Schloß, das 1865 seinen letzten Umbau erfuhr, fand im September
1833 auf der Konferenz von M. mit der Zusammenkunft von Ks.
Franz I. v. Österr., Zar Nikolaus I. v. Rußland und dem preuß.
Kronprinzen Friedrich Wilhelm das letzte Treffen der sog. Hl. Allianz statt. Der Schloßbau steht im Zusammenhang großer Baumaßnahmen der Waldstein in M. seit dem ausgehenden 17. Jh.: 1694–99
wurde nö. an den Schloßpark anschließend ein – 1785/1815 aufge-
lassenes – Kapuzinerkl. mit schlichter dreischiffiger Dreikönigskirche
errichtet. Im s. Anschluß an die Kl.kirche ließ Maria Magdalena v.
Waldstein 1721–24 die barock ausgeschmückte Annenkirche als
Wallfahrtskirche bauen; hierher wurde 1785 aus dem aufgehobenen
Kartäuserkl. Walditz der Sarg Albrechts v. Wallenstein überführt. Im
Bereich des Marktfleckens, der im 17. Jh. unter Übernahme des Namens Hradiště mit Rybitew zu einem einheitlichen städt. Siedlungs-
komplex zusammengewachsen war (1556 erstm. als Stadt bezeichnet), wurde 1726 n. des Marktplatzes die Jakobikirche als einschiffiger Barockbau mit W-Turm neugebaut. – Jüd. Bev. ist seit 1479
nachweisbar; das Ghetto lag in Rybitew, der seit 1710 unterhaltene
jüd. Friedhof auf einem Plateau am l. Ufer der Iser; die jüd. Gem.
wurde 1890 aufgehoben. – 1869: 3199, 1991: 8435 Eww. Ein dt.
Bev.anteil ist vor dem 16. Jh. nicht nachweisbar, im 19. Jh. betrug er
etwa 1%. Im Ghetto von M. wurde der österr. Schriftsteller Leopold
Kompert (1822–86) geb.   (III) *Ke*

850 let kláštera Hradiště nad Jizerou. 1194–1994, Kláster Hradiště nad Jizerou o. J.
[1994]; I. Brandstädter, Hradiště. Geschichtliches und Kunstgeschichtliches von einem in den Hussitenkriegen zerstörten Zisterzienserkloster, in: MNVHW 55
(1932), 77–81, 112–115; V. Budil/J. Herout, Mnichovo Hradiště, státní zámek,
město a památky v okolí, Praha [2]1960; J. Bukovský, Obnova barokních koníren
Mnichovohradist'ského zámku, in: PAP 5 (1980), 14–23; K. Charvátová, Der Bau
der Zisterzienserklöster in Böhmen, in: Cystersi w kulturze średniowiecznej Europy. Hg. v. J. Strzelczyk, Poznań 1992, 179–196; LV 543, 19; LV 259, Bd. 3, 326–
331; J. Kuthan, Pozůstatky středověkých staveb cisterciáckého kláštera v Hradišti nad
Jizerou, in: PAP 2 (1977), 597–606; LV 873, 45–62; LV 758; J. Neuwirth, Deutsche

Predigt- und Gebetsaufzeichnungen eines Cisterciensers von Hradiště (Münchengrätz) aus den Jahren 1420–1431, in: MVGDB 28 (1890), 373–383; LV 952, Bd. 1²,
755f.; LV 279, Bd. 10, 123–132; LV 905, Bd. 46, 178–343, 367–412; LV 906, Bd. 2,
411–414; LV 940, 91f.; J. E. Wocela, Ostatky chrámu byvalého kláštera Hradiště nad
Jizerou, in: PA 11 (1865), 23–34; Zlomek urbáře kláštera Hradišťského. Hg. v. J.
Emler, Praha 1884.

Mürau (Mírov, Bez. Mährisch Schönberg). In dem 7 km w. von
→ Müglitz liegenden Dorf M. befindet sich über dem Ort auf einer
steilen, bewaldeten Felskuppe eine 1266 erstm. erwähnte Burg. Sie
diente den Bff. v. Olmütz als Verw.sitz der bfl. Herrsch. M., aber
auch als Flucht- und Jagdburg. Mehrmals wurde sie von den von
Geldsorgen bedrängten Bff. verpfändet. Während der Huss.kriege
fand Bf. Johannes der Eiserne hier für seine 3000 Soldaten einen festen Rückhalt, den die Huss. nicht anzugreifen wagten. Der Administrator des Btm. Olmütz, Bf. Jan Filipec v. Großwardein, umgab die
Burg ab 1484 mit starken Mauern. 1679–94 wurde sie unter Bf.
Karl II. v. Liechtenstein zu einer barocken Festung gegen die Türken
ausgebaut. Eine Waffenkammer, 1839 als eine der reichhaltigsten
Mährens bezeichnet, wurde 1855 aufgelöst und verteilt. 1762 erfolgte der Neubau einer Strafanstalt für Priester, in die 1801 auch die alte
Burg einbezogen wurde. Als die Festung 1854 von Kardinal Friedrich
Egon v. Fürstenberg an den Staat verkauft wurde, baute man sie neu-
got. um und machte sie zur Strafanstalt für Schwerverbrecher. Wäh-
rend des Protektorats, aber auch nach 1945, wurden hier pol. Gefan-
gene inhaftiert. Die Festung wird immer noch als Gefängnis genutzt
und ist deshalb nicht zugänglich. Auch die frühbarocke Kirche St.
Margaretha befindet sich innerhalb der Festungsanlage. Die Bev.-
Zahl sinkt seit der Einrichtung des Gefängnisses. – 1848: 2400, 1930:
1016 (davon 651 Dt.), 1950: 676, 1991: 407 Eww.   (IV/VIII) *Lb*
Das Bergschloß Mürau in Mähren, in: MVHSL 12 (1916), 87–103; J. Březina,
Zábřežsko v období feudalismu do roku 1848, Ostrava 1963, 238–260; V. Godula,
Život vězňů na Mírově v letech 1942–1945, in: SlS 67 (1969), 514–527; O. Grün-
wald, Mürau im Schönhengstgau, Ingesheim 1992; L. Hájková, Mírov, Praha 1947;
Heimatbuch für Stadt und Kreis Hohenstadt/March. Hg. v. W. Wollmann, Göppingen 1982, 79f.; LV 253, Bd. 4, 205f.; LV 950, Bd. 2, 77f.; LV 259, Bd. 2, 152–
155; LV 266, 348–352.

Muschau (Mušov, Bez. Lundenburg). Von der 10 km nnö. von
→ Nikolsburg entfernten Ortschaft zeugt seit 1980 nur noch die auf
einer Insel inmitten der aufgestauten Thaya erhaltene ehem. Pfarrkirche. Bereits 1276 erwähnt und dem hl. Leonard geweiht, wurde sie
letztmalig 1912 umgebaut. Am Ufer der alten Thaya, auf dem sog.
Burgstall nahe dem Zusammenfluß mit der Swratka und der Iglawa,
befand sich bereits E. 2. Jh. eine römische Militärstation, die von der

X. Legion besetzt war und deren Überreste 1925 entdeckt wurden.
W. des Ortes, ebenfalls am alten Lauf der Thaya, stand eine »Tabor-
gräben« genannte Befestigung. Auch diese Lokalitäten fielen den Flu-
ten zum Opfer. Die Bev. (1850: 532, 1930: 730, 1970: 533 Eww.)
war bis E. des Zweiten Weltkrieges nahezu rein dt. und lebte von der
Landwirtschaft.   (VIII) *Had*

J. Freising, Ortsgeschichte von Muschau. Ein Heimatbuch, Muschau 1934; LV 253,
Bd. 9, 303; LV 255, Bd. 3, 248; LV 950, Bd. 2, 106f.; LV 259, Bd. 1, 166; LV 313,
145.

Načeradec (Bez. Beneschau). Die erste schriftl. Erwähnung der
26 km sö. → Beneschau gelegenen Ortschaft N. stammt aus der Ger-
lach-Chronik und bezieht sich auf das Jahr 1184. Genannt wird in
diesem Zusammenhang die rom., um 1150 erbaute Kirche St. Peter
und Paul, die im 13.–14. Jh. in got. Stil verändert und vergrößert
sowie 1734 teilw. barockisiert wurde. Der erste Grundherr des Dorfes, das mit der Zeit zu einem kleinen Untertanenstädtchen heranwuchs, ist erst für 1252 belegt: Vítek v. N. bzw. v. Krumau führte in
seinem Wappen eine Rose und war verm. mit den südböhm. Witigonen verwandt. Im 14. Jh. wurde N. dreigeteilt; die einzelnen Besitzanteile führten die Ritter Trčka v. Leipa 1450 wieder zus. und
inkorporierten N. der Herrsch. → Wlašim. Das got. Kastell, in dem
im 16.–17. Jh. das Rittergeschlecht der Dvořecký v. Olbramovitz residierte, fiel dem Stadtbrand 1661 zum Opfer. Als neuer Herrsch.-
Sitz diente seit 1734 ein spätbarockes Schloß, das Franz Josef v. Starhemberg am Markt erbauen ließ. Nach der Bodenreform 1925 diente
es als Kinderheim und Internat. Die Anfänge einer jüd. Gem. reichen
vor das Jahr 1618 zurück, 1919 verließen die letzten Juden den
wirtsch. rückständigen Ort. Die ältesten Grabsteine auf dem Friedhof
stammen von 1687. – 1848: 1570, 1900: 1880, 1950: 1120 und 1991:
1150 Eww.   (VII) *Pán*

LV 259, Bd. 6, 312f.; LV 875, 244f.; J. Nuhlíček, Právní poměry v městečkách na
Podblanicku po válkách husitských, in: SSH 7 (1972), 134–141; J. Pánek, Hrdelní
soudnictví na Vlašimsku v 16.–18. století, in: SVPP 23 (1982), 163–197; LV 275,
Bd. 10, 99ff.; LV 283, Bd. 12, 68–72; E. Vošický, Sto let bojů s vrchností v Na-
čeradci (1630–1731), in: SVPP 3 (1959), 70–86.

Nachod (Náchod). Zum Schutz des Territoriums, das der alte, Prag
und Polen verbindende Handelsweg durchquerte, ließ Hron v. Na-
čeratice um 1250 eine Grenzburg errichten und verm. zugleich eine
Stadt gründen. Die Feste erhob sich an einem strategisch bedeutsamen Platz, wo sich der Landespfad zum Branka-Paß verengte. Urspr.
befand sich an der Stelle der späteren Altstadt ein Marktdorf, dessen
Bedeutung die Friedhofskirche Johannes des Täufers aus dem 13. Jh.

hervorhebt. In den nachfolgenden Jhh. wechselten die Besitzer der Burg häufig, die zudem wesentliche bauliche Umgestaltungen erlebte. Die urspr. an der höchsten Stelle einer Erhebung angelegte Grenzfeste wurde mit der Zeit zu einem mächtigen Fortifikationssystem ausgebaut. N. besaß seit seiner Gründung den typischen Grundriß einer Kolonisationsstadt. Die ma. Burg wiederum entsprach in keiner Weise den Ansprüchen des mächtigen und reichen Herrengeschlechts Smiřický v. Smiřitz, die N. 1544 erwarben. 1554–1614 ließen sie die Burg zu einem Renaissance-Schloß umbauen. Das prosperierende N. erlebte seine größte kulturelle Blüte, das äußere Bild der Stadt glich dem einer kgl. Stadt. Diese Entw. unterbrach der 30jähr. Krieg. Da die Smiřický v. Smiřitz auf der Seite des »Winterkg.« Friedrich v. der Pfalz gestanden hatten, fielen deren Besitzungen an den Ks. und wurden 1623 an die Trčka v. Leipa übertragen. Nach der Ermordung Adam Erdmanns Trčka v. Leipa in → Eger 1634 wurden die Güter neuerlich konfisziert und gingen in den Besitz eines ksl. Generals, Ottavio I. Piccolomini v. Amalfi, über. N. erlebte die Schrecken des 30jähr. Krieges und eine gewaltsame Rekatholisierung. 1650–59 erfolgte ein barocker Umbau des Schlosses, in dem sich heute eine wertvolle Sammlung von Gemälden und niederländischen Gobelins befindet. 1663 wurde das barocke Rathaus errichtet und die aus dem 14. Jh. stammende, spätgot. St.-Laurentius-Kirche auf dem Markt barockisiert. Die Bürger erhielten zahlr. Privilegien. Nach dem Aussterben der Piccolomini 1783 ging N. zunächst an die Fam. Desfours, der Peter v. Bühren, Hzg. v. Kurland und Sagan, folgte. Nach dem Tode des Hzg. im Jahre 1800 gehörte N. dessen Tochter, Hzgn. Katharina Wilhelmine v. Sagan, seit M. 19. Jh. bis 1945 der dt. Adelsfam. Schaumburg-Lippe. Das neue, 1902–04 im Neorenaissancestil erbaute Rathaus zieren Sgraffiti von Mikoláš Aleš. Stadttheater und Hotel Beránek auf dem Markt wurden 1914 im Jugendstil errichtet. – 1833: 2186, 1900: 10049, 1930: 13538, 1991: 20712 Eww. (IV) *Fr*

F. Dvořáček, Popis památek historických a uměleckých zámku náchodského, Náchod 1940; J. Guth, Nachod, Stadt und Schloß, Prag 1905; LV 259, Bd. 6, 313–317; P. Imrich, Náchod, Pardubice 1988; J. K. Hraše, Dějiny Náchoda, Bde. 1–2, Náchod 1895–1994; G. E. Pazaurek, Schloß Nachod, Reichenberg 1905; LV 891, 419f.; LV 279, Bd. 5, 1–32; J. Suchý, Náchod, Hradec Králové 1976; A. Weihe-Eimke, Wegweiser durch das Schloß Nachod, Königgrätz 1872; LV 905, Bd. 36, 52–87.

Namiescht (Náměšt' na Hané, Bez. Olmütz). Das sich in malerischer Lage am Fuße der bewaldeten Hänge des Drahaner Berglandes erstreckende N. wurde erstm. 1141 in einer Urk. des Olmützer Bf. Heinrich Zdik unter den Gütern des Olmützer Kapitels aufgeführt.

Der größere Teil des Dorfes befand sich jedoch im Besitz von Angehörigen des mähr. Kleinadels, die sich v. N. nannten. 1319 erhob
Kg. Johann v. Luxemburg N. zum Städtchen, verbunden mit dem
Recht eines Wochen-, später auch eines Jahrmarktes. Das Verw.-
Zentrum der kleinen Grundherrsch. bildete urspr. ein Kastell, das
1371 erstm. urk. belegt ist. Verm. zum Schutz der bfl. Besitzungen
des Dorfes errichtete man eine Burg, die für die Jahre 1423–82 belegt
ist, später jedoch aufgegeben wurde. 1536–94 befand sich N. im Besitz der Herren v. Würben, die um 1556 das alte Kastell zu einem
kleinen Renaissance-Schloß umbauen ließen. Dieses sog. Untere
Schloß wurde nach dem 30jähr. Krieg erneuert und A. 18. Jh. barok-
kisiert. 1726 erwarb Gf. Alois Thomas Raimund v. Harrach die
Herrsch. N.; sein Nachfolger, Gf. Ferdinand Bonaventura v. Harrach, ließ 1760–63 ein neues, das sog. Obere Schloß auf einer Anhöhe
inmitten eines kreisförmig angelegten Parks erbauen, von dem aus
sich in 4 Richtungen Lindenalleen erstrecken. Aufgrund seiner ein-
maligen Lage dominierte das Obere Schloß die gesamte Gem.; während im Unteren Schloß 1765–78 eine Textilmanufaktur und danach
eine Brauerei eingerichtet wurde, avancierte das Obere Schloß zur
pompösen Residenz der Gff. v. Harrach und ihrer Nachfolger, der
Gff. Kinsky (1780–1916) sowie der Fam. Ottahal (1916–45). Das erhaltene Barock- und Rokoko-Interieur des Schlosses dient heute
musealen Zwecken und dokumentiert den Lebensstil des mähr. Adels
in der 2. H. 18. und im 19. Jh.; im Areal des Schlosses befindet sich
eine einzigartige Sammlung hist. Kutschen der Bff. und Ebff. v. Olmütz. Neben der Schloßkapelle zur Hl. Dreifaltigkeit besitzt N. die
Pfarrkirche St. Heinrich und St. Kunigunde, die 1872 an der Stelle
der urspr. Kirche erbaut wurde. – 1910: 1057, 1930: 1141 (davon 9
Dt.), 1991: 1818 Eww.   (VIII) *Sp*

V. Burian, Zámek v Náměšti na Hané, Praha 1965; LV 290, Bd. II/49, 448–460;
Náměšt' na Hané, Biskupství a Nové Dvory, Hranice 1925; LV 253, Bd. 1, 102–106;
Státní zámek Náměšt' na Hané, Olomouc 1976.

Namiest an der Oslawa (Náměšt' nad Oslavou, Bez. Trebitsch).
Die 20 km ö. von → Trebitsch gelegene Ortschaft wurde 1234 als
»Namez« erstm. erwähnt. Zu diesem Zeitpunkt existierte bereits eine
zum Schutz der damaligen Furt über die Oslawa errichtete Burg, die
bis 1399 den Herren v. Lomnitz gehörte. Anschließend gehörte sie
Lacek v. Krawarn, der bis zu seinem Tod 1416 Anhänger der huss.
Reformbewegung war. Sein Erbe, Heinrich v. Krawarn, übergab N.
1419 an Kg. Sigismund, der ihn zum mähr. Landeshauptmann ernannte. Nachdem die Herrsch. 1437 an die Herren v. Schwanberg
gekommen war, zählte sie zw. 1481 und 1567 wiederum zum Besitz
der Herren v. Lomnitz. Diese richteten 1530 eine Druckerei ein, in

der 3 Jahre später die erste tsch. Grammatik gedruckt wurde. Durch Erbfall gelangte N. an Johann d. Ä. v. Žerotín. Dieser ließ die inzw. erweiterte Burg nach 1570 in ein Renaissance-Schloß umbauen, auf dem die Böhm. Brüder willkommene Gäste waren. Karl d. Ä. v. Žerotín veranlaßte die Erweiterung der Bibliothek. Nachdem N. 1632 zum Marktflecken erhoben worden war, ging die Herrsch. 1752 bis 1945 in den Besitz der Haugwitz über, die das Schloß nach 1760 zu einem kulturellen Zentrum umbauten, in dem bes. die Musik gepflegt wurde. Nach 1945 war das von einem engl. Park umgebene Schloß kurzzeitig Sommersitz des tschsl. Staatspräsidenten. Heute beherbergt es eine umfangreiche Teppich- und Gobelinsammlung. Zum Bild der 1923 zur Stadt erhobenen Ortschaft gehören neben dem Schloß die bereits 1345 bezeugte und Johannes dem Täufer geweihte barocke Pfarrkirche, das Renaissance-Rathaus von 1639 sowie die 1737 erbaute, mit 20 barocken Figuren besetzte Brücke über die Oslawa. Zw. 1759 und 1784 gab es in N. ein Kapuzinerkl., in dessen Gebäuden 1795 die erste mähr. Textilmanufaktur eröffnet wurde. Seit dieser Zeit entwicklte sich N., beschleunigt durch den 1885 erfolgten Bahnanschluß, zum Zentrum der mähr. Stoff- und Teppichherstellung. Seit der 2. H. 19. Jh. ist die nahezu rein tsch. Bev. überwiegend in den örtl. Textilbetrieben tätig. – 1850: 2975, 1900: 1699 1950: 2359, 1991: 5115 Eww.   (VIII) *Had*

LV 253, Bd. 12, 89ff.; LV 255, Bd. 2, 140ff.; LV 950, Bd. 2, 117f.; LV 259, Bd. 1, 167–170; Náměšť nad Oslavou, dějiny města od nejstarší doby až po naši současnost, Praha 1985; J. Petrů, Náměšť nad Oslavou. Státní zámek, Brno 1973; J. Sedlák, Náměšť nad Oslavou. Státní zámek, město a památky okolí, Praha 1973; J. Skutil, Z nejdávnější minulosti Náměšťska nad Oslavou, in: RMSI (1947), 13–54; B. Šindelář, O západoevropských odbornících v některých textilních manufakturách na Moravě koncem 18. století, in: ČMM 77 (1958), 54–74; V. Svobodová, Lidový kroj v okolí Náměště nad Oslavou, in: ČE 7 (1959), 113–145; L. Urbánková-Hrubá, Supliky poddaných Karlu st. z. Žerotína z náměšťského a rosického panství v l. 1617 až 1629, in: ČMM 83 (1964), 304–318; LV 290, Bd. II/45, 39–99.

Napajedl (Napajedla, Bez. Zlin). An verkehrsgünstiger Lage existierte 14 km sw. vom heutigen → Zlin am l. Ufer der March bereits früh eine Siedl., die urk. jedoch erst für 1362 belegt ist. 1371 wird N. als Städtchen bezeichnet, 1366 gab es hier ein Kastell. Der wirtsch. Aufstieg während des 16. Jh. fand mit dem 30jähr. Krieg ein jähes Ende. 1712 entstand oberhalb des Marktes eine Barockkirche, M. 18. Jh. der Neubau des spätbarocken Schlosses auf felsenartiger Terrasse über der Stadt. Die Industrialisierung des 19. Jh. führte zum Anschluß an das Schienennetz, eine Zuckerfabrik öffnete 1837. Berühmt wurde N. durch die Einrichtung eines Gestüts zur Zucht engl. Vollblüter 1886. 1898 folgte die Verleihung des Stadtrechts, 1904 der

repräsentative Bau des Rathauses am Markt im Neorenaissancestil. –
1880: 3404 (davon 199 Dt.), 1921: 3607 (davon 21 Dt.), 1991 fast
7800 Eww. (V) *Šta*

LV 253, Bd. 8, 76ff.; LV 259, Bd. 1, 171f.; Napajedla, minulost a současnost města,
Napajedla 1972; V. Prasek, Paměti městečka Napajedla, Velké Meziříčí 1882; V.
Sova, Dějiny Napajedel a blízkého okolí, Uherské Hradiště 1928; LV 4 (Gottwal-
dov), 230–236.

Nebillau (Nebílovy, Bez. Pilsen-Süd). Das 9,5 km sö. von → Přestitz
gelegene Dorf wurde 1327 erstm. urk. genannt; es gehörte im 14. Jh.
den Herren Netunický v. N., im 15.–16. Jh. bis 1555 den Nebilovský
v. Drahobuz. Im 17. Jh. residierten im Kastell zumeist die Herren
Kokorzowetz v. Kokorzow. 1705 erwarb der venezianische General
Gf. Adam v. Steinau (†1712) N., der anstelle des Renaissance-Kastells
ein Barockschloß zu errichten begann. Seine Vollendung erlebte dieses unter der Fam. Czernin, die N. 1715 ihrer Herrsch. → Sťahlau
inkorporierte. Das Schloß in N. verfiel zusehends, da sich das Zentrum der Herrsch. nun verlagerte. – Im O-Teil der Gem. steht das seit
1707 durch Jakob Auguston d. J. erbaute Barockschloß. 1784–89
führte Wenzel Haberditz, nach 1790 Ignaz Johann Nepomuk Palliardi Umbauten durch. Die Anlage besteht aus 2 parallelen eingeschossigen und hufeisenförmigen Gebäuden mit Mansardendächern,
die einst Arkadengänge und Terrassen verbanden. 1 km sw. findet
sich auf einer Anhöhe die Siedl. Prusiny mit barockem Pfarrhaus von
1722 sowie 1352 erstm. erwähnter barocker Friedhofskirche St. Jakob, die 1722 neu gebaut wurde. – 1843: 379, 1890: 353, 1930: 395,
1991: 306 Eww. (I/VI) *Pe*

J. Hilmera, Zámek v Nebílovech, in: ZPP 11–12 (1952), 225–233; LV 259, Bd. 4,
223f.; LV 279, Bd. 13, 86; LV 906, Bd. 2, 453f.

Nepomuk (Bez. Pilsen-Süd). 2 km von dem 1284 erwähnten
Marktdorf Pomuk entfernt, gründeten Zisterziensermönche aus dem
fränkischen Ebrach nach 1144 unter tatkräftiger Unterstützung Hzg.
Vladislavs II. ein Kl.; A. 14. Jh. bauten sie das Dorf zu einem Städtchen aus. Als Zentrum einer Herrsch., die an die 100 Dörfer und 2
weitere Städtchen umfaßte, erlebte N. aufgrund von Goldfunden
einen Aufstieg. Um 1345 wurde in Pomuk der später hl.gesprochene
Johannes v. Nepomuk geb., dessen Vater Wolflin hier höchstwahrsch. 1355–67 das Richteramt bekleidete. Um 1400 begann Pomuk schrittweise den Namen N. anzunehmen. Die Region um N.
war damals sprachlich ein Mischgebiet, das im 15. Jh. jedoch nahezu
vollständig tschechisiert worden ist. Offenkundig verpachtete Kg.
Karl IV. nach 1350 auf der Grundlage des Bergregals N., das nicht
zum Besitz des Kl. zählte. Zw. dem Kl. und dem Städtchen liegt der

sog. Grüne Berg, auf dem verm. um 1280 zum Schutz des Kl. eine
Burg errichtet wurde, zu der auch die Kirche Mariä Himmelfahrt
gehörte. 1419 brachte Nikolaus v. Hus die Feste in seine Gewalt und
verlieh ihr den Namen Ölberg. Der erklärte Gegner der Huss., Bohuslaus v. Schwanberg, eroberte die Burg 1420 und brannte sie nieder. Im gleichen Jahr zerstörten die Huss. das Kl., das nicht wieder
aufgebaut wurde. Die Güter verpfändete man den weltl. Besitzern
der Herrsch. Grünberg. Seit 1464 waren dies die Herren v. Sternberg,
die 1558 die Besitzungen in erbl. Besitz überführten. Unter den
1726–84 regierenden Herren v. Martinitz erfolgte 1730 die Erhebung zur Stadt. Nach der Kanonisierung des Johannes v. Nepomuk
1729 stieg N. zum Wallfahrtsort auf. Bald nach der »Entdeckung« der
sog. Grünberger Handschrift 1817 entstand in N. eine Lesegesell-
schaft. Günstig für die Entw. wirkte sich die Lage an der 1835 fertiggestellten Staatsstraße sowie die Präsenz des Bez.-Gerichts seit 1850
aus. Dennoch verließen viele Eww. die Stadt: 1843–1930 erhöhte
sich die Eww.-Zahl nur unwesentlich von 1572 auf 1739 (1950:
1596, 1991: 2321 Eww.). – Unterhalb des seitlich abfallenden Marktes befindet sich die barocke Nepomuk-Kirche (um 1650), die verm.
nach Vorlagen Kilian Ignaz Dientzenhofers 1734–38 umgebaut wurde. In Grünberg erhebt sich weithin sichtbar das barocke dreigeschossige Dreiflügelschloß, das 1669–96 auf dem Areal der got. Burg
errichtet wurde, von der nur wenige Mauerfragmente erhalten blieben. In der Vorburg liegt die barocke, 1688 zu einer dreischiffigen
Basilika umgebaute Schloßkirche Mariä Himmelfahrt mit Mauerresten aus dem 15. Jh.   (VI) *Pe*

A. Berndorf, Kláster pod Zelenou Horau, Plzeň 1929; ders., Zámek zelonohorský.
Nepomuk a jeho nejbližší okolí, Nepomuk 1930; J. Čechura, Mikuláš z Husi a Ze-
lená Hora, Kláster Pomuk na počátku husitství, in: MZK 18 (1982), 199–209; ders.,
Pomuk-Zelená Hora-Nepomuk, in: UM 29 (1981), 325–339; LV 259, Bd. 4,
407ff.; Johannes von Nepomuk 1293–1993 (Austellungskatalog), München 1993;
V. Kuthanová, Bývalý cisterciácký kláster Nepomuk, in: UM 25 (1977), 449–463;
Nepomuk 1393–1993, Nepomuk 1992; LV 507[2], 205ff.; LV 701, 162ff.; LV 279,
Bd. 9, 221–226; A. Šlégl, Politický okres přeštický, Bd. 2, Přeštice 1925, 141–151;
LV 905, Bd. 25, 19–25, 43–58; J. Tykal, Minulostí Nepomucka, Nepomuk [2]1973;
LV 906, Bd. 2, 58f., 463–466, Bd. 4, 361.

Nesselsdorf (Kopřivnice, Bez. Neutitschein). Unterhalb der von Gf.
Heinrich v. Hückeswagen um 1290 erbauten Burg Schauenstein, die
nach den Huss.kriegen aufgegeben wurde, liegt am Rande der Beskiden das 1511 erstm. erwähnte N. mit Vogtei, das zur Herrsch.
→ Hochwald des Btm. Olmütz gehörte. Die rasche Industrialisierung
nahm ihren Ausgangspunkt von der 1813 gegr. Fayence-Fabrik, der
1850 die im Vogteigebäude von Ignaz Schustala begründete Kut-

schenfabrik folgte. Aus dieser entstand 1891 die Waggonfabrik »N.er Wagenbau«, die 1897 den ersten PKW der Habsburgermonarchie, den »Präsident«, herstellte. In dem 1920 in TATRA umbenannten Unternehmen, das neben Waggons, LKW und PKW auch Flugzeuge produzierte, waren die Konstrukteure Hans Ledwinka und Ferdinand Porsche an der Entw. des ersten luftgekühlten Motors und des stromlinienförmigen PKW »Tatraplan (T 77)« beteiligt. Die 1948 zur Stadt erhobene mähr. Industriesiedl. mit der neogot. Pfarrkirche St. Bartholomäus (1894, Pfarrei seit 1869) und dem Technischen Museum Tatra war stets überwiegend tsch. besiedelt, mußte aber aus (kriegs-) wirtsch. Gründen nach dem Münchener Abkommen 1938 an das Dt. Reich abgetreten werden. – 1890: 2202, 1930: 4759 (davon 622 Dt.), 1950: 8628, 1991: 24 102 Eww. (V) *Lu*

LV 239, 92–104; LV 255, Bd. 2, 700, 702; L. Hosák, Počátky Frenštátu a hradu Schauensteinu, in: SlS 57 (1959), 338–341; LV 259, Bd. 2, 233f.; K dějinám Tatry Kopřivnice, Bde. 1–2, Kopřivnice 1967–70; M. Klos, Hospodářské poměry kopřivnické keramické továrny v letech 1813–1918, in: ČSM B 19 (1970), 28–42; Moravské Kravařsko. Politický okres novojický, Příbor 1898, 274–277; LV 290, Bd. II/54, bes. 206–220; LV 294, Bd. 1, 161.

Netolitz (Netolice, Bez. Prachatitz). N. zählt zu den angeblich ältesten Orten Böhmens. Nach der Cosmas-Chronik soll sich hier 981 eine Grenzburg von Slavnik, dem Vater Bf. Adalberts v. Prag, befunden haben. Bei der nicht mehr vorhandenen Burg entwickelte sich in der 2. H. 13. Jh. eine Stadt, die Kg. Přemysl Otakar II. dem 1263 gestifteten Kl. → Goldenkron schenkte. N. entstand aus 2 Siedlungskernen. Der erste befand sich um die an Stelle eines rom. Vorgängerbaus noch vor 1300 errichtete, später barock umgestaltete Wenzelskirche, der zweite um die 1284 geweihte, 1625 und 1770 barock erneuerte Kirche Mariä Himmelfahrt. Die Stadt war bereits im MA bekannt durch ihre Viehmärkte und ist es bis heute durch ihre Pferdezucht. 1420/69 wurde sie an die Herren v. Rosenberg verpfändet, die N. mit Unterbrechungen bis 1601 besaßen. Als weitere Stadtherrn folgten Ks. Rudolf II., 1621 die Eggenberg und 1719 die Schwarzenberg. Während des 30jähr. Krieges wurde N. durch den ksl. General Henri Duval Dampierre erobert und zerstört, so daß nur wenige Beispiele – so die Brauerei von 1566 – von der Bebauung vor dieser Zeit erhalten sind. Im NW von N. liegt der Ort Kurzweil. In vorhuss. Zeit befand sich hier der dem Kl. Goldenkron gehörende Hof Rohn, der 1513 in Besitz der Herren v. Rosenberg kam. Wilhelm v. Rosenberg ließ in Kurzweil 1583–89 durch Baldassare Maggi da Arogno ein Schloß im Stil eines ital. Casinos erbauen, das von einem rechteckigen Garten mit Mauern und Gräben umgeben ist. Die 1585–89 entstandene Schloßkirche wurde u. a. von Georg Widmann nach

Dürer-Vorlagen ausgemalt. – 1930: 2272 (überwiegend Tsch.), 1991: 2650 Eww. (VI) *Hol*

T. Antl, Dějiny města Netolic, Netolice 1903; M. Dorda-Ebert, Die Volkszuge-hörigkeit der Untertanen der Klosterherrschaften Chotieschau und Frauenthal sowie der weltlichen Herrschaft Netolitz in vorhussitischer Zeit, in: BOH 9 (1968), 31–72; LV 259, Bd. 5, 114f.; J. M. Klimesch, Ein Urbar der Herrschaft Netolitz aus dem 15. Jahrhundert, in: MVGDB 54 (1916), 301–319; LV 905, Bd. 38, 63–94, 147–190; K. Pletzer, Netolická privilegia v Českých Budějovicích, in: JSH 41 (1972), 61–67; LV 952, Bd. 3, 216; V. Starý, Netolice od A do Z, Netolice 1993; LV 289, 152ff.; LV 906, Bd. 2, 469f.

Netschetin (Nečtiny, Bez. Pilsen-Nord). N. wurde 1169 erstm. erwähnt. Den verm. auf dem nahen Špičák-Hügel gelegenen Sitz der Herren v. N. erwarb E. 13. Jh. Kg. Wenzel II. Um 1330 erwuchs hier ein Kameralstädtchen, das die böhm. Kgg. jedoch verpfändeten. Vor 1333 gründete Kg. Johann v. Luxemburg auf einem nahegelegenen anderen Hügel die neue Feste N., die als befestigter kgl. Stützpunkt den Namen Preitenstein erhielt und nach 1547 der Zerstörung anheimfiel. Erhalten blieben lediglich Wälle, Gräben, die Außenmauer und Gebäudereste. Nach 1434 sank N. wieder zum Dorf herab; allerdings erneuerte Kg. Wladislaw II. 1511 die städt. Rechte. Häufige Besitzerwechsel kennzeichneten die weitere Entw.; 1557–1623 befand sich N. in erbl. Besitz der Griespeck v. Griespach, die 2 km n. von N. unterhalb der verlassenen Burg Preitenstein ein neues Renaissance-Schloß erbauen ließen. 1637–1789 gehörte dieses zus. mit N. den Herren Kokorzowetz, nach 1839 der Fam. Mensdorff-Pouilly, die das Schloß 1855–58 in neogot. Stil restaurierte. 1964 brannte die Anlage nieder (seit ihrer Wiederherstellung 1970 Landwirtschaftsschule). – 1843: 1326, 1890: 1270, 1930: 892 (davon 844 Dt.), 1991: 477 Eww. – Im O des Ortes erhebt sich über dem Friedhof die einschiffige St.-Jakobs-Kirche; das urspr. got. Pfarrhaus aus dem 14. Jh. wurde 1750–52 barockisiert. (I) *Pe*

M. Bělohlávek, 800 let Nečtin 1169–1969, Nečtiny 1969; LV 245, 152f.; LV 259, Bd. 4, 224–228; V. Kočka, Dějiny politického okresu kralovického, Bd. 1, Kralovice 1930, 149–167; J. Miler/P. Valenta, Hrad Nečtiny, in: RKAS (1987), 78–87; LV 507², 201ff., 208; LV 279, Bd. 13, 202–205; LV 905, Bd. 37, 141–153.

Neuberg (seit 1950 Podhradí, Bez. Eger). Die 4 km n. von → Asch gelegene Gem. erwuchs um eine 1288 erstm. erwähnte Burg, die Kg. Rudolf I. v. Habs. den Herren v. Plauen als Lehen verschrieb. In N. residierte das aus der Egerer Ministerialität hervorgegangene Geschlecht derer v. N., das mit der Zeit die Vorherrsch. der Plauener abschüttelte und einen Großteil des Ascher Ländchens unter seine Kontrolle brachte. Die drohende Konkurrenz aus dem Egerland zwang die Herren v. N., ihr Territorium 1331 dem Böhmenkg. Johann v. Luxemburg zu unterstellen. Dieser verlieh Bürgern von N. ihre Herrsch. als unmittelbares böhm. Lehen, womit die Grundlagen für eine autonome Sonderstellung des Ascher Ländchens geschaffen wurden, die bis ins 18. Jh. fortdauerte. Um 1400 gingen N. und die gesamte Herrsch. an die Zedtwitz, welche die formale Verbindung der Regionen Asch und → Eger auflösten und 1422 durch Kg. Sigismund die Autonomie ihrer Besitzungen bestätigt erhielten. 1470–90 ließen die Zedtwitz in N. eine Kirche erbauen, deren heutige Gestalt von 1678–1711 stammt. Im 16. Jh. führten sie das Luth. ein und orientierten sich pol. an Sachsen. Nach 1620 blieb das Ascher Ländchen, identisch mit der Herrsch. der Zedtwitz in N., das einzige prot. Territorium in Böhmen. Nach einer Feuersbrunst 1610 büßte die alte Burg ihre Funktion als Herrsch.zentrum ein und verfiel zusehends. Erhalten blieb lediglich ein Rundturm. Die Zedtwitz splitterten sich in zahlr. Nebenlinien auf, die sich eigene Schlösser in N., der Umgebung sowie im unweit entfernten Asch bauten. – 1850: 1919, 1900: 2109, 1930: 2002 (davon 9 Tsch.), 1950: 454 und 1991: 138 Eww.

(I) *Kub*

K. Alberti, Die Veste Neuberg und ihrer einstigen Besitzer, Asch 1925; ders., Beiträge zur Geschichte der Stadt Asch und des Ascher Bezirkes, Bde. 1–4, Asch 1935–40; LV 259, Bd. 4, 266f; LV 287, 275f.

Neubistritz (Nová Bystřice, Bez. Neuhaus). Die seit dem 9. Jh. dem slaw. Weitra-Gebiet zugerechnete Region Landstein-N. fiel 1179 an Österr. und gehörte seither – bis ins 16. Jh. – zum Btm. Passau. Die Landesgrenze verlief n. von N. (»Markstein«). Die Besiedl. erfolgte von S durch die Gff. v. Raabs, die Gff. v. Hirschberg und deren Ministerialen, die Herren v. Zöbing, sowie die österr. Johanniterkommende Mailberg. Bis 1259 fiel → Landstein mit N., wo eine Wasserburg entstand, an die Witigonen, womit dieses Grenzgebiet wieder zu Böhmen gehörte. N. ist 1341 erstm. als Stadt erwähnt; 1355 wurde die Pfarrkirche St. Peter und Paul geweiht, die 1675 Dekanatskirche wurde und heute als Barockbau mit got. Elementen erhalten ist. 1381 gelangte Landstein-N. an die Krajíř v. Krajek. 1420 wurde N. von den Taboriten unter Jan Žižka erobert. Durch Erbteilung entstand 1489 die Herrsch. N., die seit 1575 im Besitz der Lobkowitz, 1615–93 der Gff. Slawata war. Die Burg wurde im 16. Jh. zum Schloß umgewandelt und im 17.–19. Jh. umgebaut. N. wurde 1850 Sitz eines Gerichtsbez.; 1938 wurde es dem Sudetenland (Gau Niederdonau) zugeschlagen. Jüd. Eww. gab es seit A. 19. Jh., 1878 entstand der Friedhof, 1893 die Kultusgem. – 1842: 3450, 1890: 4030 dt., 1930: 2665, nach Zwangsaussiedl. der Dt. 1949: 2366, 1994: 3303 Eww. – 4 km ö. von N. gründeten 1501 die Krajíř v. Krajek in

Kloster das Paulanerkl. Heilbrunn, das 1533 von Wiedertäufern zerstört wurde. 1626 erneuerten es die Slawata und errichteten 1668–82 die barocke Dreifaltigkeitskirche. 1785 wurde das Kl. säkularisiert.

(VII) *Me*

H. Hadam, Neubistritz. Geschichte der Stadt und der ehemaligen Herrschaft, Stuttgart 1981; ders., Häusergeschichte der Stadt Neubistritz, Stuttgart 1986; ders., Landstein. Geschichte der Burg und Herrschaft, Stuttgart 1978; LV 259, Bd. 5, 117f., 137; L. Jirásko, Osídlení Novobystřicka v předhusitské době, in: HG 17 (1978), 209–272; ders., Vývoj česko-rakouské hranice na Novobystřicku do 15. století, in: JSH 46 (1977), 8–24; A. A. Klose, Chronik von Neubistritz, Neubistritz 1876; A. Kreuzer, Die Besiedlung des Raumes von Zlabings und Neubistritz, Geislingen/Steige 1973; LV 263; H. Lang, Das Neubistritzer Bergland, o. O. 1983; K. Lechner, Besiedlungs- und Herrschaftsgeschichte des Waldviertels, Wien 1937; LV 279, Bd. 4, 154–164; LV 513, 642f.; LV 283, Bd. 10, 223–230; LV 906, Bd. 2, 479f.; LV 540, 4f.

Neubydžow (Nový Bydžov, Bez. Königgrätz). Die 21 km w. von → Königgrätz gelegene Kleinstadt N. entstand vor 1305 auf Weisung Kg. Wenzels II. durch die Verlegung eines bereits bestehenden Marktortes (später Altb.) in sö. Richtung an die Cidlina und durch die Verleihung des Königgrätzer (Magdeburger) Rechts. In dieser Zeit wurde auch die Pfarrkirche errichtet, eine dreischiffige Pseudobasilika mit mächtigen Pfeilern und Kreuzrippengewölbe. Bereits kurze Zeit später diente N. als Pfandschaft, 1311 fiel es erneut an die Krone. Ein auf der 1323 erstm. bezeugten Burg residierender kgl. Burggf. stand an der Spitze der Verw.; 1325–93 herrschten hier die Herren v. Wartenberg. Wie die Eintragungen des ältesten Stadtbuches 1311–1470 belegen, gehörte N. zu jenen Städten in Innerböhmen, in denen die tsch. Bürger schon vor 1400 die Majorität im Rat übernahmen (überwiegend dt. Namen 1311, 1372 mehrheitlich, 1407 fast nur tsch. Namen). Wie die meisten Städte und Dörfer in der Umgebung bekannte sich N. im 15. Jh. zum Huss.; Paul v. Bydžov verfaßte Verteidigungsschriften der utraqu. Lehre und gab Werke des Jan Hus, Johannes v. Přibram und Jacobellus v. Mies heraus. 1405–25 im Besitz des huss. Čeněk v. Wartenberg, erlitt die Stadt dennoch in den Huss.kriegen große Zerstörungen. 1516 fiel sie mit ländlichen Besitzungen an Wilhelm v. Pernstein, der die Grundherrsch. um weitere Dörfer vergrößerte. 1569 erhielt N. den Status einer kgl. Stadt, zugleich erfolgte die Einreihung unter die kgl. Leibgedingstädte. Das gesamte 16. Jh. erschütterten heftige rel.-pol. Streitigkeiten die Stadt. Die Gem. der Böhm. Brüder wurde 1548 verboten, ein Großteil in die Emigration gedrängt. Dennoch erhielten noch im 18. Jh. neben den Böhm. Brüdern und Luth. versch. Sekten rel. Schwärmer in der Stadt Zulauf. – Die Dekanatskirche wurde 1680 im Innern erneuert

und 1722 barockisiert. 1768–75 baute man im eingemeindeten Ort
Metličan die urspr. rom. Jakobskirche um, verm. nach einem älteren
Entwurf Kilian Ignaz Dientzenhofers. Der jüd. Friedhof, der ins Jahr
1520 zurückreicht, ist einer der ältesten in Böhmen. – 1890: 7999,
1930: 7920, 1950: 7074, 1991: 7242 Eww.   (III) *Ben/Krz*

J. Chlup, Prameny a literatura o královském věnném městě Novém Bydžově a okolí,
Nový Bydžov 1941; J. Jizba, Místopis a veřejná správa politického okresu novybyd-
žovského, Nový Bydžov 1931; J. Kašpar, Šlechtičtí rodové v Novém Bydžově, in:
ČČH 13 (1907), 226; Kniha svědomí města Nového Bydžova z let 1311–1470. Hg.
v. J. Kapras, Nový Bydžov 1907; J. K. Řehotský, Počátky městského soudu novo-
bydžovského, Stráž na Cidlině 1907; C. Říha, Dějiny a místopis Nového Bydžova,
Praha 1868; A. Rybová, Pozdnělaténské a časněřímské sídliště v Novém Bydžově-
Chudanicích, in: PMHK 7 (1964), 3–142.

Neudek (Nejdek, Bez. Karlsbad). 1341 bestätigte Kg. Johann v. Luxemburg Peter Plick v. Plickenstein als Lehensbesitz das »Castrum
Neidek« an der Rohlau, das verm. dessen Vater Konrad an der Straße
von Chodau nach Sachsen erbaut hatte. Die Fam. besaß Burg und
Siedl. bis zum E. 14. Jh.; 1446 erwarb Matthias Schlick N., das bis A.
17. Jh. in der Hand der gfl. Schlick blieb. Zu ihrer Zeit blühte der
Zinn-, Silber-, Blei- und Eisenbergbau auf. Die Ref. setzte sich in N.
durch, 1602 wurde dem Städtchen ein Privileg mit städt. Freiheiten
verliehen. N. erlitt schwere Schäden im 30jähr. Krieg, der Bergbau
verlor an Bedeutung. 1633 wurde die Herrsch. an die Czernin verkauft. Das heutige neubarocke Schloß steht an der Stelle des von den
Schlick im Renaissancestil erbauten und von den Czernin barockisierten Schlosses. Die Bodenschätze, die Hütten- und Hammerwerke
der älteren Zeit führten im 18./19. Jh. zur Entstehung großer Betriebe der Metall- und Eisenindustrie; daneben wurde das Textilgewerbe
(bes. Spitzenerzeugung, Kammgarn- und Wollspinnereien) bedeutsam. – 1847: 2225, 1930: 9042 (davon 269 Tsch.), 1950: 6121, 1991:
8180 Eww.   (I) *Hil*
LV 259, Bd. 4, 228; LV 507, 203ff.; J. Pilz, Geschichte der Stadt Neudek, Neudek
²1923.

Neuern (Nýrsko, Bez. Klattau). Das am Fuße des Böhmerwaldes gelegene N. entwickelte sich aus 2 Grenzsiedl. des 12. Jh. Zum Jahre
1327 ist N., das danach häufig den Besitzer wechselte, urk. als kgl.
Besitz belegt. Die got. Pfarrkirche St. Thomas ist erstm. für 1352 erwähnt. Unweit von N. unter der Burg Bayreck wurde 1467 mit Hilfe
kgl., Tauser und Prager Soldaten ein Heer, das aus Bayern gegen
Georg v. Podiebrad ausgezogen war, vernichtend geschlagen. Seit
1558 gehörte N., das 1593 Stadtrecht erhielt, zur Herrsch. Wistritz,
die bis 1720 Peter Koc v. Dobrš, nach 1730 Gf. Karl J. Palm-Gun-

delfingen besaß und die seit 1839 den Hohenzollern gehörte. Die
Kirche der Vierzehn Nothelfer vom A. 18. Jh. wurde 1974 abgeris-
sen. Im 19. Jh. lebte das vorwiegend dt. besiedelte N. von beschei-
dener Zündholzindustrie, Glasschleiferei und Federnhandel, nach
1900 entwickelten sich neue Branchen wie Optik, Spinnereien und
Holzverarbeitung. In N. wurde der Schriftsteller und Volkskundler
Josef Blau (1877–1960) geb. – 1880: 1588, 1930: 3230 (davon 288
Tsch.), 1950: 3288, 1990: 4182 Eww.   (I) *Wei*

J. Blau, Der Neuerner Federnhandel. Ein Beitrag zur Geschichte des Handels in
Böhmen, in: MVGDB 46 (1909), 67–84; ders., Geschichte der Burg Bayreck,
Neuern 1931; LV 905, Bd. 12, 129–132; LV 507, 210f.; LV 569, Bd. 1, 354, 358,
365f.; LV 279, Bd. 9, 128–135.

Neugarten (Zahrádky, Bez. Böhmisch Leipa). Das Dorf N., das
erstm. 1376 im Stadtbuch von → Weißwasser urk. erwähnt wurde,
lag in der Herrsch. → Neuschloß, die im 16. Jh. den Herren Berka v.
Dubá, dann den Herren v. Wartenberg gehörte, bis sie 1623 eingezogen und Albrecht v. Wallenstein übertragen wurde. 1634 der Witwe Wallensteins zugesprochen, gelangte N. wenig später in den Besitz der Gff. v. Kaunitz. Am Rand des langgestreckten Dorfes entstand 1547–50 ein Schloß, dessen Bau von den Wartenberg begonnen und von Wallenstein fortgeführt wurde. Nach 1770 wurde es im
barocken Stil umgebaut und nach 1820 um Anbauten im klassiz. Stil
ergänzt. Um 1550 wurde eine später barockisierte Pfarrkirche im
Renaissancestil errichtet. – 1869: 1178, 1930: 1029 (davon 702 Dt.),
1950: 686, 1980: 603 Eww.   (II) *MSW*

F. Gabriel/J. Panáček, Vývoj panských sídel na horním území Novozámeckého
panství, in: CB 2 (1991), 23–52, 3 (1993), 7–46; LV 896, 214f.; LV 275, Bd. 5,
244ff.; LV 906, Bd. 4, 325f.; M. Vojtíšková, Zahrádky u České Lípy, Ústí nad Labem 1962; F. J. Wünsch, Die Herrschaft Neuschloß-Leipa in den Kriegsjahren
1631–1635, Böhmisch-Leipa 1930.

Neugedein (Kdyně, Bez. Taus). Für 1384 sind eine Pfarrkirche und
am Kojetitz-Bach ein Dorf erwähnt, dessen Schicksal eng mit der
Burg Riesenburg verknüpft war. 1508 erscheint N. als Städtchen.
Von einer Feuersbrunst im 16. Jh. blieben lediglich Kirche, Pfarrhaus
sowie das Herrschaftshaus auf dem Gutshof verschont. Für diese Gebäude prägte sich der Name Altgedein ein, da sö. davon N. entstand.
Diese für 1586 belegte Bezeichnung galt bis 1926, als die Gem. ihren
urspr. Namen Gedein annahm. Die 1,5 km n. hiervon gelegene Burg
Riesenburg kontrollierte die Neumarker Senke, durch die der sog.
Regensburger Weg nach Bayern führte. Nach 1260 hatte diese Diepolt, der Ahnherr der Herren Schwihau v. Riesenburg begründet,
dem die Burg bis A. 15. Jh. und dann wieder 1508–43 gehörte. Im

15. Jh. gehörte Riesenburg den Herren v. Janowitz, die wiederholt in die an der bayer. Grenze ausgetragenen milit. Konflikte eingriffen. 1497 wechselte die Feste an einen 7 kgl. Städte der Regionen → Pilsen und Parchen sowie einige lokale Ritter umfassenden Bund. Der sog. Riesenburger Landfrieden diente insbes. dem Schutz vor Raubrittern. N. gehörte zu einer Herrsch., deren Sitz von der Burg nach Kaut im Böhmerwald verlagert wurde und die seit 1697 der Fam. Stadion gehörte. Die 1784 erneuerten Viehmärkte machten den Namen N. weithin bekannt. 1840 erhielt N. den Status einer Stadt, in der 1850–1949 das Bez.-Gericht und 1855–68 auch die Bez.-Behörde residierten. Das in N. beheimatete Weberhandwerk führte vor 1697 zur Gründung der ältesten Textilmanufaktur in Böhmen, die der Wiener Bankier Jakob Matthias Schmidt nach 1769 in eine Fabrik zur Herstellung von Wollstoffen umwandelte. Die Spinnerei in N. beschäftigte 1853 annähernd 500 Menschen, durch Zuarbeiten fanden mehr als 6400 Personen Arbeit; 1853 bildete diese die größte Fabrik in der Region Pilsen. – 1843: 2035, 1890: 2070, 1930: 2756 (davon 65 Dt.), 1991: 3203 Eww. – Auf einem bewaldeten Hügel steht die Ruine der got. Burg Riesenburg. In Altg. steht die einschiffige St.-Nikolaus-Kirche aus dem 14. Jh., 1763–68 kamen die Kapellen hinzu. (I) *Pe*

LV 245, 126, 247, 298f.; G. Hofmann, Z počátků textilní manufaktury v Nové Kdyni, in: MZK 7 (1970), 123–134; LV 259, Bd. 4, 139, 296–299; J. Jánský, Rýzmberský landfrýd a rytířsko-měšťanský spolek Jana Klenovského, in: MZK 28 (1993), 85–98; P. Lederer, Zur Geschichte der Wollzeugfabrik in Neugedein, in: MVGDB 44 (1906), 124–133; S. Líkař, Dějiny kdyňské přádelny 1769–1969, Kdyně 1969; LV 507², 146f.; Z. Procházka, Rýzmberk, Plzeň 1988; LV 279, Bd. 9, 59–72; LV 905, Bd. 17, 77–81, 106; E. Tšída, Z minulosti Kdyňského kraje, Bd. 1, Kdyně 1925.

Neuhaus (Jindřichův Hradec). N. übertraf als Adelsresidenz mit mächtiger Burg bzw. Renaissance-Schloß, als größte untertänige Stadt Böhmens und Zentrum der Tuchherstellung am Kreuzungspunkt wichtiger Fernhandelswege im 14.–18. Jh. fast alle kgl. Städte, bis es im 19. Jh. mit der südböhm. Region und abseits der Hauptbahnlinien zurückblieb. Seinen gesch. Rang begründeten die Herren v. N., der neben den Rosenberg bedeutendste Zweig der Witigonen. Die Burg, auf einem wohl im 10. Jh. angelegten slaw. Burgwall über der Nežárka errichtet, ist 1220 erstm. erwähnt als »Novum castrum« (1223 »Nova domus«, 1255 »Gradecz«, 1265 »Newenhaus«), im Besitz Heinrichs, des Begründers der N.er Linie der Witigonen – nach ihm seit 1410 das tsch. Ortsnamen-Attribut. Bis 1259 wurden die ältesten Teile der Burg, Bergfried und rom.-got. Palas mit Hl.-Geist-Kapelle, errichtet. Heinrich berief vor 1237 den Dt. Orden nach N., der das Patronat übernahm, ein Spital errichtete und eine eigene

Herrsch. ausbildete. Ab 1269 ist die Ordenskommende N. belegt.
Der Orden bestimmte das geistl. Leben der Region bis ins 15. Jh. Im
Umland wurden nach dt. Recht dt. Kolonisten angesiedelt. Im letzten Drittel 13. Jh. wirkten am Hofe Ulrichs II. in N. Minnesänger
wie Ulrich v. Liechtenstein und entstand eine Redaktion der dt.
Alexandreïs Ulrichs v. Eschenbach – einer Hochblüte ritterlicher
Kultur. 1293 ist N., mit rasch wachsender Zahl tsch. und dt. Handwerker und Kaufleute, erstm. als Stadt erwähnt, 1294 die Judengem.,
eine der ältesten in Böhmen. In der 1. H. 14. Jh. stieg N. unter Ulrich III. zur bedeutendsten untertänigen Stadt Böhmens auf. Stadtplatz und -befestigung wurden angelegt. 1338 entstand im Palas das
dt. beschriftete Wandgemälde eines Georgszyklus: der Hl. mit dem
Ordenskreuz, als Stifter Ulrich III. und der N.er Komtur – in Einheit
mit einer Wappengalerie von 19 böhm. Herren, Teilnehmern der
Ordenskreuzzüge nach Preußen und Litauen 1322–37. Bis 1335 zog –
nach den Templern – mit den Minoriten in N. die Inquisition ein,
gegen die Ketzerbewegung dt. Waldenser, deren Aufstand im von
Ulrich III. betriebenen ersten böhm. Ketzerkreuzzug 1341 erstickt
wurde. Der Orden vollendete die Johanniskirche mit reichen got.
Wandgemälden und mit der Nikolauskapelle und errichtete das Kl.
mit Kapitelsaal (Tuchmacherkapelle).
Den Aufstieg der Stadt, getragen von einer wohlhabenden, teils dt.
Handwerker- und Kaufmannschaft, bes. der Tuchmacherzunft, bezeugen die dt.rechtl. Stadtprivilegien von 1389 und die Entfaltung
städt. Selbstregierung, die Entstehung dreier Vorstädte, die Errichtung der Wenzelskapelle und eines zweiten, städt. Spitals samt Kapelle
in der Wenzelsvorstadt sowie der got. Neubau der Pfarrkirche Mariä
Himmelfahrt. Die Taboriten, zunächst durch Ulrich Vavák v. N. gestützt, drängte Meinhard v. N. wieder zurück, der als Exponent des
Hochadels einer der polit. Führer der gemäßigten Utraqu. und nach
der Niederlage der Taboriten 1434 böhm. Oberstburggf. wurde. Als
solcher war er entscheidend an den Ausgleichsverhandlungen der
Huss. mit Ks. Sigismund beteiligt. Der Dt. Orden verlor 1429 das
Patronat, verließ die Stadt nach 1450 und hinterließ seinen Besitz den
Herren v. N. 1452 konnte der Franziskaner Johannes v. Capestrano
in der Wenzelsvorstadt predigen. 1463 trat der streng kath. Heinrich IV. v. N. die Herrsch. an, dessen Gegner Kg. Georg v. Podiebrad
N. 1467 vergeblich belagern ließ. Kg. Wladislaw II., der Heinrich
zum böhm. Oberstburggf. erhob, verbesserte das Stadtwappen um
seine gekrönte Initiale und 2 böhm. Löwen. 1478 ließen sich die
schon 1457 an die Wenzelskirche berufenen Franziskaner-Barfüßer
in der Neustadt nieder und bauten noch im 15. Jh. die Katharinenkirche und Kl., das im 18.–19. Jh. umgestaltet wurde. Heinrich IV.

ließ die Burg um den Königspalast erweitern und einen – später
überbauten – zweiten, spätgot. Palas sowie den Roten Turm mit der
Schwarzen Küche errichten. Der Gutsbetrieb wurde seit E. 15. Jh.
mit Teichwirtschaft und Schafzucht ausgebaut. Im 15./16. Jh. stieg
die Tuchmacherei mit bedeutender Ausfuhr zu höchster Blüte auf.
Im 16. Jh. wandelten sich die »Regierer« von N. zur Hofaristokratie,
so Adam I., der maßgeblich zur Königswahl Ferdinands I. 1526
beitrug. Joachim v. N., zweitgrößter Grundherr Böhmens, verlieh
der Stadt 1552 großzügige Privilegien und ließ das Kl. der Minoriten,
die 1564 nach → Iglau zogen, in ein neues Spital verwandeln. Sein
Mausoleum (1570) befindet sich in der Pfarrkirche. Unter Joachim
und Adam II. wurde die got. Burg von ital. Architekten, Antonio
Ericer, Baldassare Maggi u. a., zum repräsentativen Renaissance-
Schloß umgestaltet. Es entstanden der mächtige Neue Bau und der
sog. Spanische Flügel, in dem der spätgot. Palas aufging, die verbin-
denden Großen und die Kleinen Arkaden und bes. das 1596 beendete
Rondell, ein Hauptwerk der böhm. Renaissance. Die Bautätigkeit
trug jedoch zur Überschuldung der Herrsch. bei. Während Adam in
N. Luth. und Böhm. Brüder sowie 1590–94 den Bau der utraqu.
Dreifaltigkeitskirche tolerierte, erwirkte seine Gattin Katharina v.
Montfort 1594 die Berufung der Jesuiten nach N., die im ersten Drit-
tel 17. Jh. am Ort der früheren Ordenskommende ihr Kolleg mit
Maria-Magdalena-Kapelle und Seminar (Gymnasium) errichteten
und das Patronat über die Pfarreien der Herrsch. N. erhielten.
Nach dem Aussterben der Herren v. N. trat 1604 Gf. Wilhelm Slawata v. Chlum und Koschumberg (kgl. Statthalter, 1618 Opfer des
Prager Fenstersturzes) als neuer »Regierer« von N. das Erbe an. Die
Stadt wurde nach 1620 rekatholisiert, der Stadtpfarrer 1625 zum in-
fulierten Propst erhoben. Das Jesuitengymnasium entwickelte sich
zur bedeutenden Lehrstätte. Hier wirkte der tsch. Dichter und Komponist Adam Michna v. Otradowitz (um 1600–76, geb. und gestorben in N.), hier lehrte 1655–61 Bohuslav Balbín, zu den Schülern
zählten Thomas Pešina v. Čechorod, Marcus Marci, die späteren
Kardinäle Harrach und Kollonitsch sowie Franz II. Rákóczi. Unter
den Gff. Czernin v. Chudenitz, die 1693 die Herrsch. N. erbten,
verlor die Stadt ihre Residenzfunktion. Ein Brand ließ 1773 das
Schloß größtenteils als Ruine zurück. Fünf Jahre nach dem Verbot
des Jesuitenordens 1773 wurde das Gymnasium geschlossen. Tuchherstellung und -handel wurden seit E. 18. Jh. zunehmend von länd-
licher Hausindustrie und von Faktoren bedrängt. 1801 verwüstete
eine Brandkatastrophe die Stadt. Der Wiederaufbau unter Stadtbau-
meister Josef Schaffer (1752–1838) war von geglückter Stilvielfalt
geprägt. So wurden etwa bis 1828 die Propsteikirche neugot., die

Neubauten wie Druckerei und Villa der Verlegerfam. Landfras klassiz. errichtet. Im Vormärz verschwanden die ma. Stadttore, mit Ausnahme des Nežárka-Tors. Verdienste um die Erhaltung des Schlosses erwarb sich Gf. Eugen Czernin v. Chudenitz, der 1838 den Georgszyklus wiederentdeckte und 1851 das Familienarchiv nach N. verlegte – mit dem Archiv der Herren v. N. und der Gff. Slawata, das Balbín und seit 1828 Franz Palacký benutzten, das zweitgrößte Adelsarchiv Böhmens. Das Schloß wurde 1906–14 durch Humbert Walcher v. Molthein restauriert. Zwar entstand 1. H. 19. Jh. hier eine der größten böhm. Tuchfabriken mit über 500 Arbeitern (1845), in der 2. H. 19. Jh. wurde N. jedoch wirtsch. Krisen- und Auswanderungsgebiet. Seit dem E. der Patrimonialverw. 1848 hatte N. eine tsch. Majorität im Magistrat. Die tsch. Patriotenbewegung konnte sich in N., seit seinen Anfängen eine tsch. Sprachinsel mit allerdings starken dt. Anteilen, durchsetzen. Am Gymnasium wurde 1861 Tsch. zweite, 1866 alleinige Unterrichtssprache. Die jüd. Gem., die 1867 die Synagoge aus dem 18. Jh. umbaute (nach 1945 Betsaal der Tschsl. Huss. Kirche), vollzog den nat. Wandel nach: 1875 wurde eine dt. Privatschule für jüd. Kinder gegr., die jedoch 1909 schloß. Am 1400 gegr., 1773 erweiterten jüd. Friedhof entstand noch 1937 ein Kultsaal.

1938 wurde das Umland außer einer Landbrücke, nicht aber N. selbst, zum Sudetenland (Gau Niederdonau) geschlagen. 1945 fielen Gut, Schloß und Archiv an den Staat, der das Schloß 1976–93 renovierte. N. ist seit 1850 Sitz des Bez., der 1960 um die Bez. → Datschitz (ehem. Mähren) und Teile von → Wittingau erweitert wurde, und hat Textil- und Lebensmittelindustrie, Fremdenverkehr sowie eine Fakultät der Südböhm. Univ. In N. wurde der tsch. Historiker und österr. Minister Antonín Rezek (1853–1909) geb. – 1842: 7604, 1890: 8273 meist tsch., 1930: 10 467 (davon 551 Dt.), 1950: 9768, 1994: 22 435 Eww. (VII) *Me*

E. Charvátová, Jindřichův Hradec, Praha 1974; LV 472, 193ff.; LV 249, 103ff.; LV 259, Bd. 5, 90–97; Jindřichův Hradec 1293–1993, České Budějovice 1992; L. Jirásko, Jindřichův Hradec. Burg und Schloß, Praha 1994; ders., K dějinám Jindřichova Hradce v předhusitském období, in: JSH 47 (1978), 77–96; LV 656; LV 951, 137; A. Matějček/K. Tříska, Jindřichův Hradec, zámek a město, Praha 1944; J. Muk, Jak se poněmčoval Jindřichův Hradec, Jindřichův Hradec 1933; ders./J. Pokorný, 600 let textilu na Jindřichohradecku, Jindřichův Hradec 1947; R. Nový, Jindřichohradecká znaková galerie z r. 1338, in: AUC phil. et hist. 3–4 (1971), 179–197; LV 540, 447–451; LV 279, Bd. 4, 1–67; LV 283, Bd. 10, 230–246; LV 905, Bd. 14, 32–290; M. Rachmuth, Die Juden in Neuhaus, in: JGGJ 3 (1931), 3–34, 4 (1932), 183–252; LV 513, 643–649; F. Strejček, Jak se probouzel Jindřichův Hradec, Jindřichův Hradec 1933; F. Teplý, Dějiny města Jindřichova Hradce, Bde. 1–7, Jindřichův Hradec 1927–36; LV 906, Bd. 1, 603–621, Bd. 4, 492f.; K. Vorbach, Zur Baugeschichte der Minoritenkirche Neuhaus in Südböhmen, in: Heimat und Volk. Forschungsbeiträge zur sudetendeutschen Geschichte. Festschrift für W. Wostry.

Hg. v. A. Ernstberger, Brünn 1937, 95–106; LV 520, Bd. 1, 168; LV 767; LV 869; LV 263, 249–253.

Neuknin (Nový Knín, Bez. Přibram). An der Stelle des späteren, 8 km von → Dobřiš gelegenen Dorfes N. befand sich im HochMA urspr. ein böhm. Fstnn. gehörender Hof. Die erste urk. Erwähnung reicht in das Jahr 1186, als hier Friedensverhandlungen zw. Hzg. Friedrich v. Böhmen und Mkgf. Konrad Otto v. Mähren zur Beendigung des Bürgerkrieges im Lande stattfanden. Für 1321 ist ein gewisser Stefan v. Tetín belegt, der das Dorf Knín gründete. Die Entdeckung von Goldvorkommen zog Bergleute als neue Eww. an. 1321–31 vollzog sich die Aufteilung der urspr. Siedl.; während sich auf dem r. Flußufer das mit städt. Privilegien ausgestattete Bergstädtchen N. entfaltete, blieb auf dem l. Ufer das nunmehr verkleinerte Dorf Altk. zurück. Anfänglich kamen dt. Siedler nach N., doch bereits 1380 lag die Verw. in den Händen der tsch. Bev.; 1391 trat Heinrich v. Rosenberg vorübergehend als Lehensherr auf. Die Bürger neigten früh der huss. Reformbewegung zu und gewährten im November 1419 Bergwallfahrern aus west- und südböhm. Städten Unterkunft. 1424 wurde N. von den Taboriten geplündert und in Brand gesteckt. Erst 1461 bestätigte Kg. Georg v. Podiebrad neuerlich alle bei einem Feuer vernichteten, älteren Privilegien der Stadt. Die im 16. Jh. einsetzende wirtsch. Blütezeit fand im 30jähr. Krieg, bes. durch die schwed. Besatzung seit 1639, ein definitives Ende. 1669–1850 gehörte Altknin den Prager Kreuzherren mit dem roten Stern. Die im 16. Jh. erweiterte und E. 18. Jh. im Inneren barock ausgestaltete St.-Nikolaus-Kirche weist in ihrem Kern auf einen rom. Bau. Die urspr. got. St.-Franziskus-Kirche in Altknin wurde nach 1730 im Rokokostil umgebaut. Die Industrialisierung des 19. Jh. berührte N. kaum, zumal die 1897 fertiggestellte Eisenbahnstrecke Dobřiš–Prag an N. vorbeiführte. Erst 1960 wurde die Gem. Altknin mit dem Städtchen N. zusammengeschlossen. – 1869: 2083; 1910: 2065, 1950: 1537, 1991: 1716 Eww.   (II/VI) *Krz*

LV 259, Bd. 4, 236ff.; L. Kopaček, Knín Nový, in: Památník okresu dobříšského, Dobříš 1898, 132–140; J. Litochleb, K dějinám a topografie středověké těžby zlata v okolí Knína, in: VSP 18 (1980), 33–37; LV 906, Bd. 2, 507f.; St. Polák, Přehled dějin města Nového Knína, in: VSP 18 (1980), 17–26; V. Sakař, K počátkům města Nového Knína, in: VSP 18 (1980), 27–32; LV 279, Bd. 6, 112–115; J. Valenta, Paměti královského zlatohorního města Nového Knína, Dubno/Příbram 1932.

Neumarkt (Úterý, Bez. Pilsen-Nord). Das 10 km sö. von → Tepl gelegene Markt- und Pfarrdorf erscheint 1233 erstm. in den Quellen, als es aus kgl. Hand in den Besitz des Prämonstratenserkl. Tepl wechselte. Die Gründung von N. erfolgte um 1200 im Umkreis der Kirche

Johannes des Täufers, welche die Johanniter unweit des von → Eger über Tepl nach → Prag führenden Landespfads erbaut hatten. Im 14. Jh. stieg das Dorf zum Städtchen auf, das mit Ausnahme der Jahre 1474–86, als der lokale Adel als Obrigkeit fungierte, bis 1848 Kl. Tepl unterstand. Vor 1557 wurde das Rathaus errichtet, dessen heutiges Aussehen auf die Zeit nach dem Brand von 1694 zurückgeht. Zu jener Zeit erfolgte auch der Umbau der Kirche. Die oberhalb des Städtchens gelegene St.-Wenzels-Kapelle entstand 1747–49. Um 1630 erfolgte die schrittweise Germanisierung des urspr. tsch. Städt-chens. Der in N. geb. Karl Kaspar Reitenberger gründete später → Marienbad. – 1843: 953, 1890: 1113, 1930: 830 (davon 808 Dt.), 1950: 294, 1991: 267 Eww.   (I) *Pe*

Unsere Heimat. Eine Heimatkunde des Weseritzer Gerichtsbezirkes und seiner Randgebiete, Weseritz 1936; M. Urban, Die Stadt Neumarkt und der Stiftbesitz von Tepl überhaupt, Mies 1894; K. Waska, Dějiny poddanského městečka Úterý do konce 17. století, phil. Diss. Praha 1977; ders., Národnostní vývoj městečka Úterý do poloviny 17. století, in: MZK 17 (1981), 125–138.

Neu-Oderberg → Oderberg

Neureichenau (Nový Rychnov, Bez. Pilgram). Das 1352 erstm. er-wähnte, dt. besiedelte Marktdorf Reichenau gehörte zunächst zur Herrsch. → Rothřečitz der Prager Ebff., die hier eine Feste errich-teten. Die Pfarrkirche Mariä Himmelfahrt entstand bis 1363. Seit 1390 besaß N. Stadtrecht (bis 1945). Bereits unter Ebf. Ernst v. Par-dubitz bildete N. eine eigene Herrsch., die jedoch von Ebf. Konrad v. Vechta 1415 verpfändet wurde. Seit der hussit. Revolution hatte N. tsch. Eww. Seit dem 15. Jh. war die Herrsch. N. an die Herren Les-kovetz v. Leskovetz verpfändet, welche sie 1586 von Kg. Rudolf II. käuflich erwarben. Die Feste wurde 1543–61 zum Schloß ausgebaut – seither das Ortsnamen-Attribut – und 1675 barockisiert. Seit 1596 unter den Řičanský v. Řičan, wurde die Herrsch. N. 1622 konfisziert und auf Betreiben von Ebf. Gf. Ernst Adalbert Harrach dem Prager Ebtm. zurückgegeben. Die Pfarre, im 15. und 16. Jh. utraqu. bzw. prot., wurde bis 1677 von den Neuhauser Franziskanern verwaltet. 1850 gelangte N. zum Bez. → Pilgram. Gut und Schloß gehörten bis 1945 dem Ebtm. Prag, das Schloß wurde nach 1989 restituiert. – 1842: 1047, 1890: 1230 tsch., 1930: 820, 1949: 716, 1994: 1014 Eww.   (VII) *Me*

LV 337, 484ff.; J. Dobiáš, Dějiny královského města Pelhřimova a jeho okolí, Bde. 1–5, Pelhřimov 1927–70; LV 259, Bd. 5, 142; LV 279, Bd. 4, 278; LV 283, Bd. 10, 155–162; LV 513, 675; LV 905, Bd. 18, 237–241; LV 906, Bd. 2, 509f.

Neureisch (Nová Říše, Bez. Iglau). Verm. an der Stelle des heutigen Rathauses der 10 km sö. von → Teltsch gelegenen Zwergstadt befand sich eine 1254 erwähnte, heute nicht mehr vorhandene Burg. Nach mehreren Besitzern gelangte die Burg zus. mit der 1354 erstm. genannten Stadt schließlich an Kg. Wladislaw II., der sie 1500 an die Zalud v. Palowitz verschenkte. Diese gaben die Burg 1528 an das Städtchen N., von dem sie 1536 an das Kl. N. kam. Das 1248 erstm. erwähnte, reichen Besitz erwerbende Prämonstratenserinnenkl. wurde 1430 und 1433 durch die Huss. zerstört und erlangte erst nach seiner Besetzung mit Prämonstratenserkanonikern im Jahre 1596 einen Neuaufschwung, der seinen Ausdruck in dem 1641–49 vorgenommenen Barockausbau der Kl.anlage fand. In der 1677–98 barock gestalteten Abteikirche St. Peter und Paul sind vor allem die Innenausstattung und die Fresken von Johann Lukas Kracker bemerkenswert. 1756 wurde in N. der Violonist und Komponist Paul Wranitzky (1756–1808) geb., der seit 1790 als Konzertmeister am Wiener Hoftheater wirkte. – 1869: 1149 (überwiegend Tsch.), 1991: 776 Eww.
(VII) *Hol*

V. Dokoupil, Tisky 16. století z knihovny premonstrátů v Nové Říši, Brno 1960; LV 950, Bd. 2, 415f.; LV 259, Bd. 1, 174; Klášter praemonstrátský v Nové Říši 1211–1911, Nová Říše 1911; Nová Říše. Klášter premonstrátů 1211–1936, Nová Říše 1936; LV 290, Bd. II/64, 302–333; C. Zídek, Beschreibung und kurze Geschichte des Praemonstratenser-Chorherrenstiftes Neu-Reisch in Mähren, Würzburg/Wien 1882.

Neuschloß (Nový Hrad, Bez. Laun). Die Burg liegt auf dem Gebiet der Gem. Imling, 5 km sw. von → Laun. Urspr. stand hier ein Kastell, dessen Besitzer Albrecht v. Kolovrat 1465 die kgl. Erlaubnis erhielt, in N. eine Burg zu errichten (1474 vollendet). Der hier residierende Zweig der Kolovrat nannte sich von nun an »N. v. Kolovrat«; die neuen Besitzer, welche die Herrsch. bis 1573 innehatten, legten um N. ein Netz von Fischteichen an. 1579–81 führte der Launer Steinmetz Vinzenc Strašryba am Schloß bauliche Veränderungen durch. Während des 30jähr. Krieges wurde das Schloß 1620 durch Bauern aus den umliegenden Dörfern, 1623 und 1647 von Soldaten geplündert. 1651 erwarb Mkgf. Christian Wilhelm v. Brandenburg die Herrsch. und ließ das verlassene Schloß wiederaufbauen sowie eine neue Kapelle errichten. Weitere barocke Umgestaltungen folgten nach 1670 unter Gustav Adolf v. Varrensbach. Seit 1767 befand sich N. im Besitz der Schwarzenberg. Den ältesten Teil des Schlosses bilden Turm und S-Flügel, urspr. ein got. Palast; 1846 gehörten zur Herrsch., die eine Fläche von 3600 ha einnahm, 11 Dörfer mit einer ethnisch gemischten Bev.; in der Gem. Imling lebten 1828: 340, 1921: 706 (nur Tsch.), 1990: 350 Eww.
(II) *Rd*

LV 270, Bd. 4, 455–463; LV 275, Bd. 7, 60–65; LV 279, Bd. 14, 195–198; LV 283, Bd. 14, 33–38; K. Tutte, Der politische Bezirk Saaz, Saaz 1904, 804–811; J. Veselý, Geschichte der fürstlich Schwarzenbergschen Domaine Postelberg, Prag 1893, 129–141.

Neustadt → Mährisch Neustadt

Neustadt an der Mettau (Nové Město nad Metují, Bez. Nachod). Johann Černčický v. Kácov inkorporierte 1483 seiner Herrsch. auch die Krčiner Güter und unternahm den Versuch, das gleichnamige, in den Huss.kriegen zerstörte Städtchen Krčin neu zu gründen. Seine Anstrengungen erwiesen sich jedoch als vergeblich; deshalb gründete er 1501 eine neue Stadt, eben das 10 km s. von → Nachod gelegene N. Auf dem Gipfel eines von 3 Seiten von der Mettau umflossenen Bergvorsprungs ließ er einen rechteckigen Markt anlegen, an dessen Innenseite ein Kastell erbaut wurde. 1503 gingen sämtliche Privilegien von Krčin auf N. über, zudem erhielten die Bürger weitere Vorrechte. Nach einer Feuersbrunst 1526 erwarben die Herren v. Pernstein Stadt und Herrsch.; sie gestalteten N. zu einem Juwel der Renaissancebaukunst um, da sie vor die niedergebrannten Ruinen der den Markt begrenzenden Häuser durch ital. Baumeister eine einheitliche Fassadenfront mit Dachgiebeln und Arkaden setzen ließen, an welche die einzelnen Bürger ihre Häuser anfügen mußten. Die Kirche zur Hl. Dreifaltigkeit im S des Marktes entstand zugleich mit der Stadt und erhielt nach einem Feuer 1540 ihre heutige Gestalt. Auf die gleiche Entstehungszeit gehen die den Stadtkern umschließenden Mauern zurück; die Stadttore wurden später abgetragen, lediglich ein Turm blieb erhalten. 1548 verkauften die Herren v. Pernstein die Herrsch. an die aus der Steiermark stammenden, prot. Herren v. Stubenberg, in deren Besitz N. bis zu den der Schlacht am Weißen Berg folgenden Güterkonfiskationen blieb. Die neuen Besitzer ließen das Kastell zu einem Renaissance-Schloß umbauen. Albrecht v. Wallenstein als kurzzeitigem Besitzer folgten die Trčka v. Leipa, die in der Herrsch. eine gewaltsame Rekatholisierung durchführten. Bei einem Aufstand bäuerlicher Untertanen 1628 ging das Schloß in Flammen auf. 1634 schenkte Ks. Ferdinand II. nach der Ermordung des an der Seite Wallensteins stehenden Adam Erdmann Trčka v. Leipa in → Eger N. dem schottischen Geschlecht Leslie, welches das Schloß 1655–61 im Barockstil umbauen ließ. 1692 gründete Jakob v. Leslie das Kl. der mildtätigen Brüder mit Spital und Kirche Mariä Geburt. 1802 erwarben die Dietrichstein die Stadt. Sie residierten jedoch nicht in N., so daß das Schloß schrittweise verfiel. Im Geist der nat. Wiedergeburt entstanden zahlr. patriotische Verbände. 1908 kauften die Brüder Cyril und Josef Bartoň Herrsch. und Schloß, das sie re-

novieren und mit bedeutenden Werken zeitgenössischer tsch. Kunst
ausstatten ließen. – 1651: 555, 1833: 1662, 1900: 3018, 1930: 3827,
1950: 3984, 1991: 10 220 Eww.   (IV) *Fr*

LV 259, Bd. 6, 329–332; J. Juránek, Český Betlém Nové Město nad Metují, Nové
Město n. M. 1947; ders./K. Branný, Nové Město nad Metují, Praha 1976; J. Klos,
Paměti města a zámku Nového Města nad Metují, Nové Město n. M. 1922; Nové
Město nad Metují a jeho kraj. Hg. v. J. Moravec, Praha 1940; J. N. Padiaur, Ge-
schichte der Stadt Neustadt an der Mettau in Böhmen, Neustadt a. d. Mettau 1818;
LV 891, 421f.; LV 279, Bd. 2, 147–156; L. Vacina/J. Vacinová, Nové Město nad
Metují – Výběrová bibliografie k 475. výročí založení města, Náchod 1976.

Neustadt an der Tafelfichte (Nové Město pod Smrkem, Bez. Reichenberg). Die 11 km ö. von → Friedland an der Lomnitz am Fuße
der Tafelfichte gelegene Stadt wurde 1584 durch Melchior v. Redern
für den Abbau der dortigen Zinn-, Eisen- und Kupfervorkommen
gegr.; nach Erlöschen des hauptsächlich von sächs. Bergleuten betriebenen Bergbaus im 17. Jh. bestimmten Textilherstellung, Metallverarbeitung und Gürtlereien das wirtsch. Leben in N. Das Zentrum
der gitterförmig angelegten, bis 1945 vor allem von Dt. bewohnten
Stadt bildet der Marktplatz mit seinen Fachwerk- und Laubenhäusern
und der 1607 errichteten, im 19. Jh. veränderten Pfarrkirche St. Katharina mit dem Turm von 1693. Im 1912 gegr. Stadtmuseum sind
Zeugnisse der Zinn- und Porzellanmalerei ausgestellt. – 1930: 172
Tsch. und 3986 Dt., 1991: 3883 Eww.   (III) *Hol*

Čtyři sta let Nového Města pod Smrkem 1584–1984. Hg. v. L. Nedomanský u. J.
Tomsa, Nové Město pod Smrkem 1984; Festschrift zur Feier des Heimatfestes »350
Jahre Neustadt a. T.«, Neustadt a. T. 1934; LV 952, Bd. 3, 57; A. Ressel, Neustadt
an der Tafelfichte, Friedland 1930; LV 906, Bd. 2, 497.

Neustadtl (Stráž, Bez. Tachau). Der tsch. Name Stráž = Wache des
20 km sö. von → Tachau gelegenen Städtchens deutet darauf hin, daß
die urspr. Siedl. im Zusammenhang mit der Bewachung der Landesgrenze entstand. Die erste urk. Erwähnung stammt von 1331, als N.
bereits als Kammerstädtchen bezeichnet wurde, das unter der Verw.
der nahen Burg → Pfraumberg stand. Kg. Johann v. Luxemburg verlieh N. ein Marktprivileg, das Recht der freien Testamentsausübung
und der Wahl des Richters. Im 14./15. Jh. bestätigten die böhm. Kgg.
diese Freiheiten mehrfach. In den Huss.kriegen wurde N. zerstört,
danach setzte eine Eindeutschung ein. Der dt. Name des Ortes wurde
1429 erstm. bezeugt; die Gewinnung von Eisen und Kupfer sowie die
Entfaltung der Glasherstellung förderten den Zuzug von dt. Kolonisten. Seit etwa 1450 teilten sich die Burg Pfraumberg und die Herren v. Schwanberg die Herrsch. in N., das sich schrittweise in ein
Untertanenstädtchen wandelte. 1843 zählte der Ort 193 Häuser mit

mehr als 1400 Eww., die vornehmlich in Landwirtschaft und Handwerk tätig waren. 1876 brannte der Ort zum größten Teil ab. Die um 1400 erbaute und 1877 restaurierte Pfarrkirche St. Wenzel diente 1543–1635 den Luth.; daneben besaß N. neben der Hl.-Geist-Kapelle und der Friedhofskirche Johannes des Täufers auch eine Synagoge und einen jüd. Friedhof. 1910 erhielt der Ort einen Eisenbahnanschluß an → Tachov und → Taus. – 1850: 1484, 1900: 1165, 1930: 987 (davon 957 Dt.), 1950: 537, 1991: 595 Eww.   (I) *Kub*

J. Baštář, Dějiny města Stráže u Tachova, in: SOM 9 (1973), 1–9; J. Köfl, Der politische Bezirk Tachau, Tachau 1890, 462–489; LV 507, 264f.; M. Urban, Zur Heimatkunde des Tachau-Pfraumberger Gaugebietes, Plan 1924.

Neustadtl in Mähren (Nové Město na Moravě, Bez. Saar). Das 10 km ö. von → Saar gelegene N. entstand vor 1255 als Gründung Bočeks v. Obřany, des Vogtes des Zisterzienserkl. Saar und Kolonisators der Gegend. Das zunächst »Bočkanov« genannte N. ist für 1293 erstm. als »Nova Civitas« belegt. 1312 fiel es nach dem Tod des Smil v. Obřany an Heinrich v. Leipa, der eine Feste errichten ließ. Die Pfarrkirche St. Kunigunde stammt vom E. 14. Jh. Der nun eingerichtete Toleranz-Betsaal wurde 1898 zur Brüderkirche. 1496 kam es an die Herren v. Pernstein, die dem Ort wirtsch. – bes. unter Wratislaw v. Pernstein (1561–82) – zur Blüte verhalfen. 1555 entstand das Rathaus (heute Museum), 1596 die Friedhofskirche Mariä Himmelfahrt. Wilhelm Dubský v. Třebomyslitz, seit 1585 im Besitz der Herrsch. N., ließ an der Stelle der früheren Feste ein im Grundriß bis heute erhaltenes Renaissance-Schloß errichten. Nach der Schlacht am Weißen Berg 1620 erwarb Kardinal Franz v. Dietrichstein das Konfiskat N., das 1638 an den Wirtschaftsverwalter Simon Kratzer v. Schönsberg weiterveräußert wurde. Dieser Ökonom errichtete in der Umgebung einen Eisenhammer und wandelte das 1643 von den Schweden geplünderte Schloß in einen Nutzbau um. Kratzers verschuldeter Sohn Maximilian verkaufte 1691 Schloß (Umbauten 1745, 1874) und Herrsch. an Fst. Ferdinand v. Dietrichstein, dessen Sohn Johann Leopold beides 1699 dem Adeligen Damenstift in → Brünn überließ, in dessen Besitz es bis 1945 blieb. – 1610 war Jakob Ignaz Germanus der erste kath. Pfarrer nach Ausweisung der utraqu. Prädikanten, die mit den Dubský v. Třebomyslitz nach N. gekommen waren; 1782 bekannten sich 43 Fam. zum ev. Glauben. Bis zum A. 20. Jh. hatte das fast rein tsch. N., wo die Bildhauer Jan Štursa (1880–1925) und Vinzenz Makovský (1900–67) geb. wurden, kaum Industrie; Heimweber versorgten Brünner und Wiener Textilfirmen mit Baumwollstoffen, später kamen Holz- und eigene Textilindustrie hinzu. – 1880: 2420 Tsch. und 41 Dt., 1930: 2570, 1950: 3631, 1991: 8257 Eww.

(VII) *Teu*

LV 253, Bd. 11, 118–121; LV 259, Bd. 1, 174f.; J. Kopřiwa, Geschichte der Stadt
Neustadtl in Mähren, Brünn 1856; J. Křička, Nové Město na Moravě v letech 1892 a
dalších, Nové Město na Moravě 1969; LV 290, Bd. II/83, 202–257; LV 791, Bd.
II/4, 384–390; K. Žák, Historický průvodce Novým Městem na Moravě, Nové
Město na Moravě 1931.

Neustudenetz (Nový Studenec, Bez. Deutschbrod). Der etwa 10
km ö. von → Chotěboř gelegene Ort taucht 1314 erstm. in den Quellen auf. 1583 erwarb Vlachyně v. Řičan die Siedl. am Studenetz-Bach
und erbaute sich sw. von dieser eine neue Residenz, deren Name
(Neu St.) sich auch auf das bestehende Dorf übertrug. Die vierflügelige eingeschossige Renaissanceanlage erlebte erst unter Jaroslav v.
Nachod ihre Fertigstellung. In der Folgezeit wechselten die Besitzer
häufig. 1669 entstand unter Ferdinand Leopold Kustoš v. Zubří die
barocke Schloßkapelle St. Michael (Fresken E. 17. Jh.). 1701 fiel die
Herrsch. N., die in der 2. H. 17. Jh. 22 Dörfer umfaßte, an Anton
Benedikt Leveneur v. Grünwald. Das 1948 verstaatlichte Schloß
diente seit 1951 als Sitz des Staatsarchivs des Pardubitzer Bez., seit
1960 gehört es als Depositur zum Prager Hauptstaatsarchiv. – 1991:
277 Eww.   (III/VII) *Ben/Krz*
LV 259, Bd. 6, 335.

Neu-Titschein (Nový Jičín). Das Zentrum des von der Oder durch-
flossenen viehreichen Kuhländchens, dessen Name verm. auf die
Herren v. Krawarn zurückgeht, war bereits um 1200 v. Chr. besiedelt. Im Rahmen des Landesausbaus gründete um 1227 Rheingf.
Arnold v. Hückeswagen auf einem schon in frühgesch. Zeit besiedelten Vorberg der Beskiden die Burg Titschein (»Gyczin«, heute
Ruine) als Mittelpunkt der gleichnamigen Herrsch. Die spätere
Schutzfeste der Herren v. Krawarn wurde während der Renaissance
unter den Herren v. Žerotín umgebaut, aufgrund deren Teilnahme
am Ständeaufstand jedoch 1622 konfisziert, im 30jähr. Krieg mehrfach besetzt und dann als Gefängnis bzw. Spital genutzt, bevor sie A.
18. Jh. aufgelassen wurde. Unterhalb der Burg liegt das seit dem MA
(meist überwiegend tsch.) selbst. Handwerkerstädtchen Alttitschein
mit der barockisierten Pfarrkirche St. Wenzel (1378), die vor 1600
unter dem luth. Pfarrer und Kirchenlieddichter Jakub Kunvaldský
prot. wurde (1980: 2529 Eww.). – Um 1293 wandelte sich eine in der
Ebene gelegene slaw. Bauernsiedl. zu einer Kolonistenstadt, die in
Abgrenzung vom Burgdorf N. genannt wurde und der unter Wok I.
v. Krawarn 1313 die Maut- und 1354 die Stadtrechte bestätigt wurden. 1428 wurde N. kurzzeitig von den Huss. besetzt. Besitzer waren
seit 1500 die utraqu. Žerotín, die 1533 die Herrsch. teilten und unter
denen das festungsartige Schloß mit charakteristischen Rundturm-

Doppelpaaren entstand (heute Bez.- und Hut-Museum). Die an der alten Handelsroute (seit 1785 Reichsstraße der Habsburgermonarchie) von Wien über → Brünn und → Olmütz nach Krakau gelegene prosperierende Tuchmacher-, Hutmacher- und Gerberstadt N. (E. 16. Jh.: über 2000 Eww.) kaufte sich 1558 frei und erwarb von Johann d. Ä. v. Žerotín auch die gesamte Herrsch. mit → Stramberg und umliegenden Dörfern. Mit kgl. Bestätigung wurde 1563 die seit dem 14. Jh. bestehende Judengem. ausgewiesen. Vom damaligen Reichtum zeugen das (1930 historisierend neugestaltete) Rathaus und die Renaissance- und Barockhäuser des quadrat., laubenumschlossenen Ringplatzes, unter denen die 1563 errichtete Alte Post mit doppelstöckigen Arkaden das älteste ist. Die befestigte, dt. geprägte, freie Kammerstadt, in der nach 1450 Utraqu. und um 1543 eine Gem. und Schule der Brüderunität belegbar sind und deren Pfarre 1569 luth. wurde, stand 1619 auf seiten Kg. Friedrichs v. der Pfalz, von dem sie den Rang einer kgl. Stadt erhielt.

Nach der Besetzung durch ksl. Truppen wurde die Stadt 1621 von Einheiten Hzg. Johann Georgs v. Jägerndorf zerstört. Über den Gräbern von ca. 400 spanischen bzw. neapolitanischen Soldaten entstand vor den Mauern der Stadt die Spanische Kapelle, die 1724 zur Wallfahrtskirche ausgebaut wurde. 1624 verlor N. endgültig alle Freiheiten, Rechte und den Herrsch.besitz, der einschl. der wieder untertänigen Stadt dem Olmützer Kolleg der Jesuiten übertragen wurde, unter dessen Leitung eine massive Rekatholisierung begann. 1729–36 wurde die urspr. got. Dekanatskirche Mariä Himmelfahrt barockisiert. Nach Aufhebung des Jesuitenordens wurde N. 1775 Munizipalstadt, gehörte 1781–1918 der Theresianischen Ritterakademie in Wiener Neustadt und entwickelte sich zum Schulort sowie in der 2. H. 19. Jh. zur Industriestadt (1799 Hutfirma Hückel, heute TO-NAK, im 20. Jh. Fabriken für Textilmaschinen und Autoscheinwerfer). Dadurch wuchs zugleich der tsch. Bev.-Anteil. Die regional bedeutende jüd. Gem. (um 1900: etwa 270) mit Rabbinatssitz baute 1908 eine neue, große Synagoge, die den nationalsozialist. Pogrom von 1938 überstand (heute Bez.-Archiv). Die Stadt bildete im 19. Jh. ein regionales Zentrum der dt. pol. und nat., aber auch sozialdemokratischen Bewegungen (Dt. Volksverein), denen eine aktive tsch. Minderheit gegenüberstand (1894 tsch. Nationalhaus). N. war E. 1918 Teil des dt.-österr. Sudetenlands und blieb auch in der ČSR einer der Mittelpunkte dt.-nat. Politik in NO-Mähren. Nach der Angliederung im Oktober 1938 an das Dt. Reich (Reichsgau Sudetenland) floh die tsch. und jüd. Bev. Nach 1945 erfolgte die weitgehende Vertreibung der dt. Bev.- 1880: 10 274 (davon 1095 Tsch.), 1910: 13 899 (davon 2057 Tsch.), 1950: 18 077, 1991 mit Eingemeindungen 28 955 Eww.

Wenige km s. von N. liegt an der Grenze zum walachischen Bergland
die tsch. Pfarrgem. Hotzendorf, die A. 15. Jh. entstand, sich bis zum
30jähr. Krieg zur Brüderunität (Holzkirche St. Andreas von 1551)
bekannte und seit 1784 eine luth. Pfarre hat (1880: 1385 Eww., von
denen fast alle tsch. und die Mehrheit ev. waren; 1980: 1728 Eww.).
1798 wurde hier der tsch. Historiker und Nationalpolitiker František
Palacký (†1876) geb. (Geburtshaus heute Museum). (V) *Lu*

M. Baláš, Topografie Nového Jičína v 16. a 17. století, Nový Jičín 1961; E. Czuczka,
Geschichte der Arbeiterbewegung in Neu-Titschein und im Kuhländchen, Trop-
pau-Kathrein 1931; LV 864, 139; W. Finfera, Neutitschein, Ludwigsburg 1994; J.
Hanák, K historii židovských náboženských obci v Novém Jičíně, in: VSONJ 48
(1992), 3–45; L. Hosák, Počátky Nového Jičína. K středověké kolonizaci Ostravska,
in: SlS 58 (1960), 112–120; LV 259, Bd. 2, 81, 167–170, 224–227; V. Janák, Osídlení Novojičínska od pravěku do ranného středověku, in: VSONJ 46 (1990), 53–62;
LV 548, 409–416; Moravské Kravařsko. Politický okres novojický, Příbor 1898,
233–253, 165–175, 180–186; A. Turek, Hrad a panství Starý Jičín, Nový Jičín 1978;
J. Wagner, Nový Jičín, Praha 1979; LV 294, Bd. 1, 335–362; LV 791, Bd. I/3, 138–
153; LV 239, 121–163; LV 290, Bd. II/47.

Niemes (Mimoň, Bez. Böhmisch Leipa). Die Entw. von N. wurde
wesentlich von dessen Lage am Zusammenfluß der Polzen und des
Jungfernbachs bestimmt, in dessen Tal der Handelsweg verlief, der
von → Zittau über → Haida nach → Jung-Bunzlau und → Prag führte. Urk. ist N. 1371 als Zollstätte belegt. 1371 bestätigte Ks. Karl IV.
den Brüdern Johann und Wenzel v. Wartenberg, den Besitzern der
Stadt, das Zollprivileg. 1516 erwarben N. die Herren v. Biberstein,
die 1570 am n. Rand der Stadt ein Renaissance-Schloß errichten ließen. Seit 1618 waren die Müller v. Mühlhausen im Besitz von N., das
sie jedoch wegen Teilnahme am Ständeaufstand schon 2 Jahre später
einbüßten. 1624 gelangte der sächs. Rat Johann Zeidler in den Besitz
der Stadt, die nach dem sächs. Einfall in Böhmen 1631 Albrecht v.
Wallenstein übereignet wurde. 1634 wurde N. zum dritten Mal konfisziert und der Fam. Zeidler zurückgegeben. Nach dem Erwerb der
Stadt durch Johann v. Adlerthurn ließ dieser 1664 das Schloß im barocken Stil erweitern. 1807–30 wurde es im klassiz. Stil umgebaut
und um ein Seitengebäude ergänzt. Wegen seines verfallenen Zu-
stands wurde das Schloß nach 1980 abgerissen. Das Stadtbild wird von
der Pfarrkirche St. Peter und Paul beherrscht, die im 17. Jh. von San-
tin de Bossi auf der höchsten Erhebung nahe der Hauptstraße gebaut
wurde. – 1869: 5904, 1930: 6113 (davon 5331 Dt.), 1950: 5213,
1980: 7716 Eww. (III) *MSW*

F. Bernau, Album der Burgen und Schlösser im Königreiche Böhmen, Saaz 1888,
17–24; K. J. Bienert, Das Niemeser Passionsspiel, Warnsdorf 1928; LV 259, Bd. 3,
319f.; R. Maras, Niemes am Roll, Niemes 1902; J. Tille, Geschichte der Stadt Niemes und ihrer nächsten Umgebung, Niemes 1905; LV 275, Bd. 4, 234; LV 569,
Bd. 1, 260, 282.

Nikolsburg (Mikulov, Bez. Lundenburg). Die am Ende der Pollauer Berge 19 km w. von → Lundenburg gelegene Ortschaft war bis M. 19. Jh. die größte Stadt in Südmähren. A. 13. Jh. wurde auf einer heute als Schloßhügel bezeichneten Anhöhe eine Burg errichtet, die zunehmend als Verw.-Zentrum diente und die Aufgaben der älteren, 1222 als »Dewiczki« bezeugten Maidelburg übernahm. 1235 »Meidburg« genannt, war sie am nö. Ende der Pollauer Berge, 7,5 km von N. entfernt, erbaut worden. Ihre Bedeutung sank, seitdem die Liechtenstein M. 13. Jh. in N. ansässig wurden. 400 Jahre später, nach der Zerstörung durch die Schweden 1645, verfiel sie zusehends. Seither zeugen imposante Ruinen von dem ehemals 65 x 20 m großen Bauwerk. Von einigen Fachleuten wurden sie ins 14. Jh. datiert, woraus folgen würde, daß die alte Maidelburg an anderer Stelle gestanden haben muß.

Als der mähr. Mkgf. und spätere böhm. Kg. Přemysl Otakar II. 1249 dafür sorgte, daß N. an die Liechtenstein gelangte, war dieses noch ein Dorf, für das die Bezeichnung »Niclaspurg« überliefert ist. Bei der in das Jahr 1173 datierten Erwähnung »Myculov« handelt es sich um eine Fälschung aus dem 14. Jh. 1322 wurde N. zur Stadt erhoben. Damit einher ging die Erweiterung der Burg, in deren Verlauf vor 1380 eine Marienkapelle entstand. Die Reste der so entstandenen got. Burganlage blieben als Viereckturm und ein in den Fels geschlagenes Tor erhalten. Zur besseren Sicherung des Handelsweges Brünn–Wien wurde 2. H. 14. Jh. auf einer der Burg gegenüberliegenden Kuppe, dem Geisberg, eine kleine Burg errichtet, deren Ruine bis heute zum Stadtbild gehört. 1426 gelang es den Huss., N. zu erobern. 100 Jahre später reagierten die Liechtenstein auf die drohende Türkengefahr, indem sie zw. 1530 und 1550 im SO, SW und im W der Burg Bastionen erbauen ließen, die nach wie vor zu erkennen sind. Auf der Bastion im N befand sich der Burgpalast. Auch die am ö. Hang des Schloßhügels gelegene und seit 1276 bezeugte Pfarrkirche St. Wenzel wurde in dieser Zeit umgebaut. In der 1. H. 16. Jh. entwickelte sich die Herrsch. N. zu einem Zentrum der hier seit 1524 ansässigen Wiedertäufer. Aus der Schweiz kommend, ließ sich Balthasar Hubmaier im Sommer 1526 in N. nieder und erreichte den Übertritt der ganzen Stadt und Leonhards v. Liechtenstein zu seiner Lehre, für die man diesen 2 Jahre später in Wien verbrannte. Von der in N. eingerichteten Druckerei der Wiedertäufer wurden insgesamt 18 Traktate gedruckt.

Ein Jahr, nachdem die Liechtenstein die Herrsch. N. 1560 an den Ungarn Ladislaus Kereczényi v. Kányaföld verkauft hatten, brannte die Stadt nieder. Ihr Wiederaufbau fiel bereits in die Zeit der Dietrichstein, denen N. 1575–1945 gehörte. Unter Adam v.

Dietrichstein (†1590), der für die Einleitung der von den Jesuiten getragenen Rekatholisierung sorgte, und dessen Sohn, dem Olmützer Bf. Kardinal Franz v. Dietrichstein (†1636), wurde der Umbau der Burg in ein Renaissance-Schloß vorangebracht. Nachdem er N. zu seiner Residenz erkoren hatte, gründete der Bf. 1611 ein Kapuzinerkl., das bis 1784 bestand. 1631 erreichte er, daß in N. das erste Piaristenkolleg n. der Alpen entstehen konnte, an dem der in N. geb. österr. Nationalökonom Joseph Sonnenfels (1732/33–1817) sowie der tsch. Physiologe Jan E. Purkyně (1787–1869) studierten. Das Piaristengymnasium wurde 1873 verstaatlicht. Die im Zuge des 30jähr. Krieges nach Mähren gelangten schwed. Truppen eroberten N. am 17.4.1645. Sie plünderten die Bibliothek des Schlosses, in dessen Keller 2 Jahre zuvor ein Riesenweinfaß von 1010 hl. Fassungsvermögen gebaut worden war. Bis heute ist es nur zweimal gefüllt worden. Nach einer Feuersbrunst 1719, die von der seit 1. H. 16. Jh. belegten Judenstadt ausging, wurden Umbauten am Schloß und in der Stadt notwendig, an denen sich 1719–23 der ksl. Architekt Christian Alexander Öttl und der Barock-Bildhauer Ignaz Lengelacher beteiligten. Aus dieser Zeit stammt auch die sog. Dietrichsteinsche Bibliothek, deren Reste nach dem Schloßbrand vom 22.4.1945 gemeinsam mit den aus → Jaromeritz und → Mähr. Budwitz hierher überführten Büchersammlungen nach wie vor in N. sind. Sie befinden sich in dem 1948–62 wiederaufgebauten Schloß, das darüber hinaus ein Regionalmuseum und Teile des Bez.-Archivs beherbergt. Zu den bemerkenswerten Bauwerken von N. gehört die Dietrichstein-Gruft, die 1844–56 anstelle der 1784 abgebrannten Annenkirche errichtet wurde. Auf dem ö. der Stadt bis auf 363 m ansteigenden »Hl. Berg« steht eine Kapelle, die man 1623 nach einer Pestepedemie erbaut und dem hl. Sebastian geweiht hatte. Nach mehreren Blitzschäden 1679 erneuert, wurde sie zu einem Wallfahrtsort. In der 2. H. 18. Jh. entstanden insgesamt 14 Kapellen, die den Pilger an den Gang Christi zur Kreuzigung erinnern sollten. Ks. Joseph II. ließ die Kapelle 1786 schließen. Erst 1863 wurde sie wiedereröffnet.

Die am w. Hang des Schloßhügels gelegene Judenstadt war 1719 nahezu niedergebrannt. Mit Unterstützung aus Wien wurde sie sofort wieder aufgebaut. Begünstigt durch ksl. Patente, entwickelte sich in N. die größte jüd. Gem. in Mähren – 1789 zählte man 600 Fam.; vom 16.–19. Jh. war N. Sitz der mähr. Landesrabbiner, die maßgeblichen Anteil daran hatten, daß die Stadt zu einem Handels- und Finanzzentrum wurde. Der jüd. Friedhof mit über 2500 Gräbern zeugt von der Größe der Gem., die bis 1919 pol. selbst. war und 1938 von den Nationalsozialisten aufgelöst wurde. Erhalten geblieben sind Reste des Ghettos mit der heute als Konzerthalle genutzten Synagoge, die

im 16. Jh errichtet und 1. H. 18. Jh. umgebaut worden war. Durch
die Entscheidung, die Eisenbahnstrecke Wien–Brünn über Lundenburg und nicht über N. zu führen, begann die wirtsch. Bedeutung der
Stadt ab M. 19. Jh. zu sinken. Neben dem tradit. und seit dem MA
betriebenen Weinbau sowie der Nahrungsgüterwirtschaft entwik-
kelten sich dennoch die Baustoffgewinnung, die Lederverarbeitung
sowie der Maschinenbau. Die Bev. war bis 1918 nahezu rein dt.
(1880: 7437 dt. und 144 tsch., 1910: 7787 dt. und 189 tsch. Eww.).
Nach der Entstehung der Tschsl. wurde N. als Zentrum der dt. Politik
in Mähren noch im Dezember 1918 milit. besetzt. Der Anteil der
tsch. Bev. stieg bis zur Vertreibung der Dt. auf nahezu 15% (1930:
6409 dt. und 898 tsch. Eww.). Erst 1970 wurde die Zahl von
7000 Eww. wieder überschritten (1991: 7477 Eww.). Bei bzw. in N.
stand die Wiege zweier österr. Staatspräsidenten: Karl Renner (1870–
1959) und Adolf Schärf (1890–1965). Auf Schloß N. wurde am 26.7.
1866 nach der Schlacht bei → Königgrätz unter Anwesenheit von
Bismarck der Präliminarfrieden zw. Österr. und Preußen geschlossen.

(VIII) *Had*

LV 177; V. Dokoupil, Bývalá knihovna Ditrichštejnů v Mikulově, Brno 1961; LV
861, 135, 161; Gymnasium Mikulov 1631–1981, Brno 1981; LV 543, 19; LV 253,
Bd. 9, 288–293; LV 255, Bd. 3, 246ff.; L. Hosák/B. Valoušek/V. Šuk, Mikulovsko.
Vlastivědný sborník o historii, geologii a květeně Mikulovska, Brno 1956; LV 950,
Bd. 1, 290, Bd. 2, 67; LV 259, Bd. 1, 89f., 153–156; M. Hroňanská, Státní zámek v
Mikulově, Brno 1972; N. Langer, Unverlierbare Heimat. Kindheit und Jugend in
Nikolsburg, Wien 1959; LV 876, 140–143; A. Schwetter, Der politische Bezirk
Nikolsburg in historischer, statistischer und topographischer Beziehung, Nikolsburg
1884; M. Trantírek, Dějiny mikulovské zámecké knihovny, Mikulov 1963; LV 548,
417–450; M. Zemek, Österreichische Architekten südmährischer Schlösser (17.–
19. Jh.), in: ÖOH 33 (1991), 569–584; ders. [u. a.], Mikulov. Památková rezervace,
Praha 1983; ders./A. Zimáková, Místopis Mikulovska 1848–1960, Olomouc 1969.

Nimburg (Nymburk). Die Bez.-Stadt N. liegt 40 km nö. von
→ Prag in einer fruchtbaren Niederung an der Mündung der Mrdlina
in die Elbe. Die günstige Lage am Zugangsweg nach Prag und das
landwirtsch. Hinterland veranlaßten Kg. Přemysl Otakar II., hier um
1275 die kgl. Stadt »Nuenburch« zu gründen. Als Lokator und erster
Richter der Stadt erscheint in den Quellen ein gewisser Konrad. Die
ersten Bewohner kamen aus Norddeutschland, das Umland selbst
blieb tsch.; zur Stadt N. gehörten 116 ha Land. Der regelmäßige ovale
Grundriß grenzt im s. Abschnitt an die Elbe. Beim Aufbau eines Fortifikationssystems wurde im N und O die Mrdlina einbezogen, so daß
die Stadt Inselcharakter erhielt. Inmitten des städt. Areals entstand der
trapezförmige Ring. Von seinen Enden aus erstreckt sich das Haupt-
straßennetz. Im O des Rings liegt ein kleinerer Kirchplatz mit der
urspr. dem hl. Nikolaus geweihten städt. Pfarrkirche St. Ägidius.

Dem frühgot., aus Backstein erbauten Presbyterium vom E. 13. Jh.
fügte man um 1350 eine dreischiffige Halle mit n. Ziegelturm an, der
1846 abgetragen wurde. Die Kirche wurde mehrfach umgebaut. Ihr
Inneres birgt Reste von Wandmalereien aus der 2. H. 14. Jh., an der
barocken Ausschmückung beteiligten sich Josef (1730–1802) und
Wenzel Kramolín (1733–99). Im W des Rings entstand im Zusammenhang mit der Stadtgründung ein Dominikanerkl., das einen integralen Bestandteil der Stadtbefestigung bildete. Erhalten blieben die
Reste der frühgot., aus Backstein errichteten Kl.kirche St. Marien.
Das Kl. selbst zerstörten die Huss., 1663 wurde es im Barockstil wiederhergestellt, 1789 jedoch aufgelöst. N. erhielt wohl in der 1. H.
14. Jh. einen Befestigungsring, bestehend aus einem Band von Dop-
pelgräben und Mauern. Reste dieser Fortifikation sind noch heute
sichtbar. Im O von N. ist zudem ein Stück der einstigen Stadtmauer
aus Backstein zu sehen. Die 4 ma. Stadttore wurden im 19. Jh. abgetragen. Im O von N. erhob sich einst die heute nicht mehr existierende Kirche Johannes des Täufers. An der Elbe errichtete man zahlr.
Mühlen. Für 1287 erwähnen die Quellen eine über die Elbe führende
Brücke. Im gleichen Jahr verkaufte Kg. Wenzel II. das erbl. Richteramt mit dazugehörigem Besitz an die Brüder Eckardt und Peter v.
Görlitz, 1293 an Ortlieb v. Rožmital. 1310 suchte die Schwester des
letzten Přemyslidenkg. Elisabeth im befestigten N. Zuflucht vor dem
sie verfolgenden Hzg. Heinrich v. Kärnten. Die Schäden, die Johann
v. Biberstein der Stadt zufügte, beabsichtigte Kg. Johann v. Luxemburg durch ein Privileg auszugleichen. Er erneuerte sämtliche Rechte, verlieh N. Leitmeritzer Recht und fügte neue Freiheiten hinzu. In
kirchlicher Hinsicht gehörte N. zum Dekanat Hawran, erst im 16. Jh.
wurde es Dekanatssitz.
Im gesamten 14. Jh. dominierte der dt. Bev.anteil, doch nahm die
Zahl tsch. Bürger langsam zu; nach 1404 wird in der Pfarrkirche eine
tsch. Kapelle mit einem St.-Wenzels-Altar genannt. Erst mit dem
Vordringen des Huss. erlangte in N. das tsch. Element die Vorherrsch. Die Stadt bekannte sich zu den Pragern, 1423 fand hier eine
Zusammenkunft der Utraqu. statt. Später schloß sich N. dem Wai-
senbund an, 1425 besetzten die Taboriten die Stadt. Ein Versuch
Hynek Bočeks d. J. v. Kunstadt, N. 1426 der Gewalt der Taboriten zu
entreißen, scheiterte. 1436 bestätigte Ks. Sigismund die städt. Freiheiten. Später stand N. auf seiten Kg. Georgs v. Podiebrad, unter
dessen Herrsch. die Stadt erblühte. Im Stil der Spätgotik und Frührenaissance errichtete man das Rathaus, das mit einer tsch. Inschrift
für 1526 datiert wird und später mehrfach Umbauten erlebte. N. stieg
zum regionalen Zentrum des Utraqu. und Luth. auf. Für ihre Politik
im Ständeaufstand gegen Kg. Ferdinand I. mußte die Stadt 1547 die

Konfiskation ihrer Landgüter hinnehmen. An der lebhaften Bautätigkeit beteiligten sich seit M. 16. Jh. auch zahlr. ital. Künstler. Die festen wirtsch. Grundlagen der tsch. dominierten Stadt untergrub erst der 30jähr. Krieg. 1618 schloß sich N. den rebellierenden Ständen an und erhielt nach der Schlacht am Weißen Berg eine ksl. Besatzung. 1628 verfügte Ks. Ferdinand II. die Rückgabe eines Teils der städt. Privilegien und des Landbesitzes unter der Voraussetzung, daß die Stadt zum Kath. konvertiere. Etwa 150 Fam. verließen daraufhin N. ins Exil, vor allem nach Zittau, Pirna und nach Ungarn. Der ständige Durchmarsch von Truppen hinterließ seine Spuren: 1631 und 1634 eroberten die Sachsen die Stadt, später plünderten sie die Schweden. Von diesen Schicksalsschlägen begann sich N. erst E. 17. Jh. zu erholen. Lange Zeit lag es in Trümmern. Erwähnung verdienen lediglich die barocken Umbauarbeiten am Dominikanerkl. Erst A. 18. Jh. werden Spuren einer gewissen Belebung sichtbar. Seit 1717 zierte eine (1857 restaurierte) Mariensäule den Markt, später kamen einige spätbarocke Heiligenfiguren in der Stadt hinzu. 1834 zählte N. 317 Häuser und 2312 Eww.; ein wirtsch. Aufschwung setzte nach 1850 ein. Als Bez.-Stadt bildete N. nun das Einzugszentrum der umliegenden Elbeniederungen. Die durch die ma. Stadtbefestigung gesetzte Bebauungsgrenze wurde überwunden, N. dehnte sich nach N und W aus. Dem 1859 gegr. tsch. Sängerbund folgten bald weitere patriotische Vereinigungen. Die rein tsch. Stadt entwickelte sich zu einem regionalen Zentrum des nat. und kulturellen Lebens. Nach 1880 öffnete eine Bürgerschule für Jungen und Mädchen ihre Pforten, 1873 erhielt N. Eisenbahnanschluß im Rahmen der österr. NW-Bahn. Diese Entfaltung begleitete eine rege Bautätigkeit: 1870–73 entstanden eine Zentralwerkstatt und eine Arbeiterkolonie, 1898 die prot. Neorenaissance-Kirche, 1912 die Eisenbetonbrücke über die Elbe. In N., heute ein Kultur-, Industrie- und Verkehrszentrum, lebten 1900: 7843, 1950: 11 914 und 1991: 15 142 Eww.   (III) *Žem*

J. Brabencová, Vliv migrace na věkovou a sociální strukturu obyvatelstva města Nymburka na přelomu 19. a 20. století, in: HD 15 (1991), 99–121; Z. Holečková, Hrdelní soudnictví královského města Nymburk, Poděbrady 1991; F. Kulhánek, Dějiny královského města Nymburka, Nymburk 1911; A. Sedláček, O starém rozdělení Čech na kraje, Praha 1921, 106f.; LV 283, Bd. 2, 48–55; LV 906, Bd. 2, 511–516; J. Vondráček, Božena Němcová v Nymburce 1848–1850, Nymburg 1913.

Oberdannowitz (Horní Dunajovice, Bez. Znaim). Das in einem kleinen Tal gelegene O. ist bes. wegen der reichen prähist. Funde, namentlich der versch. Gräber, interessant. Der Ort wurde erstm. 1350 erwähnt, als er sich im Besitz der Nikolsburger Kirche befand. 1505–1615 gehörte O. den Březnický v. Nachod, unter denen die

Böhm. Brüder Schutz fanden. Die Stadterhebung fand 1538 statt.
Nach den Wirren des 30jähr. Krieges erwarb das Prämonstratenserkl.
Strahov den Ort. Das an Stelle einer got. Festung 1. H. 16. Jh. errichtete Renaissance-Schloß wurde im 19. Jh. zum Speicher. Die Pfarrkirche (1540) auf einem Hügel außerhalb des rein tsch. Ortes weist
eine einzigartige Umfassungskonstruktion mit gerader Decke auf. –
1834: 500, 1921: 697, 1980: 667 Eww.   (VIII) *Kle*

B. Dostál, Pravěké nálezy z Horních Dunajovic, in: SPFFBU E 8 (1963), 5–14; ders.,
Römerzeitliche Funde aus Horní Dunajovice, in: SPFFBU E 5 (1960), 73–84; J.
Kovárník, Záchranný výzkum v Horních Dunajovicích, okres Znojmo, in:
SPFFBU E 28 (1983), 280–289; LV 290, Bd. II/76, 179–188; LV 791, Bd. II/4,
264ff.

Oberkaunitz (Horní Kounice, Bez. Znaim). Das altmähr. Geschlecht, das sich nach dem Ort nannte, gründete um 1200 eine Kommende des Johanniterordens in O., die während der Wirren der
Huss.kriege unterging. Zur gleichen Zeit wie die Kommende wurde
auch die Ortspfarre gegr. Die heutige barocke Pfarrkirche, auf dem
ehem. Friedhof aufgestellt, datiert aus dem Jahre 1790. O. wurde
1318 von Kg. Johann v. Luxemburg zum Markt erhoben. Kg. Ferdinand I. bewilligte dem Ort im 16. Jh. 2 jährliche Märkte; dieses
Recht verkaufte O. im 17. Jh. allerdings dem Städtchen Rouchowan.
Unter den Besitzern des rein tsch. O. finden sich die Herren v. Kunstadt im 15. Jh., v. Wlašim im 17./18. Jh. und die Gff. v. Daun im
18./19. Jh., die 1904 ausstarben. – 1834: 543, 1930: 491, 1950: 398,
1980: 300 Eww.   (VIII) *Kle*

LV 290, Bd. II/42, 122–134; LV 716, 350f.; L. Jan, Ekonomické zázemí johanitské
komendy v Horních Kounicích, in: JM 23 (1987), 85–94; LV 791, Bd. II/4, 293–
297.

Ober-Leutensdorf (Horní Litvínov, seit 1955 Litvínov, Bez. Brüx).
Die 11 km n. von → Brüx gelegene Industriestadt war bis 1715 ein
unbedeutendes Dorf mit einer Kirche, das 1352 erstm. in einem
päpstlichen Zehntregister erscheint. Ober- und Unter-L. lagen in
unmittelbarer Nachbarschaft. Beide Dörfer besaßen bis A. 17. Jh. ein
Kastell und gehörten bis zu den Huss.kriegen zum Lehenssystem der
Burg → Ossek. 1608 wurde O.-L. dauerhaft der Herrsch. → Dux angegliedert. Die Steuerrolle von 1654 führt für O. 20 Bauern mit
ausschl. dt. Namen auf. 1715 gründete Gf. Johann Josef v. Waldstein
hier eine der ersten Tuchmanufakturen in Böhmen. Ks. Karl VI. erhob O.-L. gleichzeitig zum Marktflecken und verlieh diesem das
Recht, ein Wappen zu führen. Die hier erzeugten Tuche fanden in
Prag, Wien und in der Levante den größten Absatz. Als die Tuchmanufaktur gegr. wurde, standen in O.-L. etwa 20 Häuser, 1775 be-

reits 300. 1848 wurde die Manufaktur geschlossen. Im 19. Jh. entwickelten sich weitere Wirtschaftszweige: 1811 begann in der Umgebung der Kohleabbau, 1822 nahm man die Herstellung von Spielzeug auf. 1852 wurde O.-L. zur Stadt erhoben. Das bedeutendste Baudenkmal ist die 1685–94 erbaute St.-Michaels-Kirche, die 1763 und im 19. Jh. umgebaut wurde. Ein barockes Aussehen weist auch das Dekanatsgebäude auf. Das Schloß, in dem 1791–93 Giacomo Casanova weilte, wurde 1732 errichtet und 1815 baulichen Veränderungen unterzogen. Heute befindet sich im Schloß ein Museum mit volkskundl. Sammlungen. Durch eine eigentümliche Architektur zeichnet sich das 1947–58 erbaute Koldy-Haus aus, das als Wohnstätte für 1400 Menschen geschaffen wurde. Dieser Komplex stand in Zusammenhang mit der Errichtung einer großen Chemiefabrik im benachbarten Maltheuern nach Kriegsende, deren Emissionen schwere Umweltschäden hervorriefen. O.-L. ist der Geburtsort des Begründers der tsch. Numismatik Nikolaus Audakt Voigt und des Historikers Ludwig Schlesinger. – 1850: 3375, 1921: 10924 (73% Dt.), 1990: 29096 Eww. (II) *Rd*

D. F. Cron, Lobrede der Arbeitsamkeit und ihrer Beförderer, als in Oberleutensdorf das hundertjährige Jubelfest der Tuchfabrik gefeiert wurde, Prag 1816; J. Fritsch/W. Forst, Heimatkunde des Brüxer Schulbezirks, Brüx 1908, 181–196; LV 648, 221–240; R. Lill, Oberleutensdorf, Oberleutensdorf 1923; L. Schlesinger, Zur Geschichte der Industrie in Oberleutensdorf, in: MVGDS 3 (1865), 87–92.

Ober-Liebich (Horní Libchava, Bez. Böhmisch Leipa). 1352 erstm. mit der dt. Namensform »Lybiechau« urk. erwähnt, war die tsch. Form »Chotohošt'« im 14. Jh. stärker verbreitet. Seit 1384 besaß O.-L. eine einschiffige St.-Jakobs-Pfarrkirche, die ebenso wie der Marktflecken 1426 von den Huss. niedergebrannt wurde (1499 Neubau, 1736 Umbauten). Neben der Pfarrkirche wurde 1701 eine Mariensäule errichtet. Der Marktflecken O.-L. gehörte zu der gleichnamigen Herrsch., die im 14. Jh. den Herren v. Klinstein, bis M. 15. Jh. mit einigen Unterbrechungen zur Herrsch. → Konoged und bis 1614 den Herren v. Wartenberg gehörte. Heinrich v. Wartenberg, der 1574 in O.-L. ein Renaissance-Schloß errichten ließ (1930/31 renoviert), verhinderte die Verbreitung der Ref.; Heinrich Penzig v. Penzig, der den Ort 1614 erwarb, büßte 1623 wegen Beteiligung am Ständeaufstand den Besitz ein, der an den Malteserorden fiel. Erst in der Folge der Bodenreform der Ersten Tschsl. Republik verkaufte der Orden O.-L., dessen Schloß 1939–43 vom Reichsarbeitsdienst, 1943–45 von der SS bezogen wurde. Ein beträchtlicher Teil der Eww. fand seinen Erwerb im glasverarbeitenden Gewerbe. – 1869: 1028, 1930: 1047 (davon 973 Dt.), 1950: 639, 1980: 392 Eww. (II) *MSW*

LV 259, Bd. 3, 139, 201; LV 275, Bd. 5, 258f.; LV 569, Bd. 1, 260; LV 279, Bd. 14, 427ff.; LV 906, Bd. 2, 411.

Ober-Plan (Horní Planá, Bez. Krumau). Das urspr. Dorf mit der Pfarrkirche wurde 1263 Bestandteil der Güter des Kl. → Goldenkron. Nach der Säkularisierung der Kl.güter in der Huss.zeit ging O.-P. 1420 in den Besitz Ulrichs II. v. Rosenberg über. Auch unter der Herrsch. der Eggenberg und Schwarzenberg gehörte es zum Großgut → Böhm. Krumau. Seit 1850 bildete O.-P. das Zentrum eines Gerichtsbez. Eine wirtsch. Belebung brachte der Bau der Eisenbahnstrecke von → Böhm. Budweis, dessen Abschnitt zw. → Gojau nach Salnau 1892 auch O.-P. erreichte. Wiederholte Brände vernichteten zahlr., bis ins 19. Jh. hinein aus Holz errichtete Gebäude. Die urspr. frühgot. Dekanatskirche St. Margaretha (2. H. 13. Jh.) wurde um 1700 barockisiert. Im baulich ältesten Teil der Kirche haben sich wertvolle figurale Renaissancemalereien (1530–80) erhalten. N. der Kirche steht auf einem Hügel die 1777–79 errichtete Barockkapelle zur Schmerzensmutter Maria in Gutwasser. 1805 wurde in O.-P. der Dichter und Schriftsteller Adalbert Stifter (†1868) geb., der sich in seinem Werk u. a. mit dem s. Teil des Böhmerwaldes und dem Leben seiner Bewohner befaßte. In Stifters Geburtshaus wurde eine Gedenkstätte eingerichtet, im Park steht sein Bronzestandbild. – 1850: 2484, 1930: 1598 (davon 1510 Dt.), 1991: 1924 Eww. (VI) *Bůž*
LV 905, Bd. 41, 324–346; J. K. Markus, Oberplan, Wien 1893; LV 906, Bd. 1, 412f.; H. Rokyta, Adalbert Stifter a Čechy, České Budějovice 1968.

Oderberg (Bohumín, Bez. Karwin). Das seit dem 13. Jh. belegte schles. Pfarrdorf »Bogun« an einer Oderfurt war meist Grenzgem. – im MA zw. Schles. und Mähren, in der Neuzeit zw. Österr. und Preußen und im 20. Jh. zw. der ČSR bzw. ČR und Polen. Die Herrsch. gehörte urspr. zu Ratibor, später zu Oppeln und wurde 1742 zw. dem österr. Hzt. Teschen und dem preuß. Hzt. Ratibor geteilt. Besitzer der kleinen Standesherrsch. waren u. a. seit 1523 die Hohenzollern, nach der Konfiskation 1623 für 2 Jhh. die Henckel v. Donnersmarck, dann die Frhh. Mattencloit und von 1886–1945 die Gff. Larisch-Mönnich. – Das hist. O. entwickelte sich E. 14. Jh. zur Stadt mit rechteckigem Marktplatz, ehem. got. Pfarrkirche Mariä Geburt und Feste. Der Bau der Ks.-Ferdinands-Nordbahn 1847 führte zum raschen Aufstieg des Stadtteils Neu-O. im Gebiet des heutigen Gemeindeteils Schönichel. Aus der Grenzstation am Knotenpunkt der Strecken von Wien und Kaschau nach Oberschles., Berlin und Krakau entstanden einer der größten Verschiebebahnhöfe Europas sowie zahlr. Industriebetriebe, darunter ein Eisenwalzwerk und eine Drahtfabrik (Firmenmuseum). Etwa die H. der um 1880 in beiden Gem. lebenden Eww. (je ca. 1000) waren dt. bzw. poln. Nationalität. 1918/20 und 1938/39 kurzzeitig an Polen, dann bis 1945 an das Dt. Reich gekommen, wurde das 1924 zur Stadt erhobene Neu-O. 1973 mit O. unter dem Namen Bohumín vereinigt. – O.: 1930: 3188 (davon 720 Dt.), 1950: 2964 Eww.; Neu-O.: 1930: 10 794 (davon 3913 Dt.), 1950: 8392 Eww.; Bohumín: 1980: 25 177 (mit 7% slow. und 7% poln. Bev.-Anteil), 1991: 23 686 Eww.

(V) *Lu*

Bohumín. Studie a materiály k dějinám a výstavbě města. Hg. v. A. Grobelný u. B. Čepelák, Mor. Ostrava 1976; F. Dostal, Leitfaden zur Geschichte der Herrschaft und der Stadt Oderberg, Oderberg 1913; LV 255, Bd. 1, 415f.; LV 950, Bd. 1, 84, Bd. 2, 570; LV 898, Bd. 1, 79–82; B. Šíma, Dělnické kolonie v Bohumíně, in: TĚ 25/3 (1982), 5–13; P. Wodecki, K vymezení Bohumínska do r. 1918, in: TĚ 21/3 (1978), 37–41.

Odersch (Oldřišov, Bez. Troppau). Die 7 km nö. von → Troppau gelegene Gem. taucht erstm. 1234 als Besitz des Prämonstratenserkl. Hradisch bei → Olmütz urk. auf. 1526 verkaufte dieses O. an Christoph Tvorkovský v. Krawarn, der hier vor 1550 ein Kastell erbauen ließ. Dem Städtchen (seit M. 16. Jh.) wurden 1574 die Frondienste schriftl. fixiert und das Heimfallrecht zugestanden. Häufige Besitzerwechsel kennzeichneten die weitere Entw.; nach dem Anschluß an Preußen (→ Hultschiner Ländchen) brach hier 1765 ein großangelegter Bauernaufstand aus, der zugleich die österr. Teile Schlesiens erfaßte. Das urspr., in den Wirren des 30jähr. Krieges verwahrloste Kastell ließ Gf. Georg Stephan v. Würben nach 1650 zu einem kleinen Barockschloß umbauen, das seit 1958 staatl. Zwecken dient. A. 19. Jh. wurde hier zudem ein Landschaftspark angelegt. Die Kirche Mariä Geburt ist seit 1670 Pfarrkirche. – 1869: 1282, 1900: 1447, 1930: 1328 (davon 83 Dt.), 1950: 1199, 1991: 1238 Eww.   (V) *Mü*

LV 255, 795f.; LV 259, Bd. 2, 171f.; B. Indra, Povstání nevolníků v Oldřišově u Opavy roku 1765, in: SlS 55 (1955), 339–352; O. Káňa [u. a.], Okres Opava, Ostrava 1983, 127f.; A. Weltzel, Besiedlungen des nördlich der Oppa gelegenen Landes, Bd. 1, Leobschütz 1890, 3–8.

Odrau (Odry, Bez. Neutitschein). Um 1360 wurde in Verbindung mit dem slaw. Dorf »Vyhnanov« am Oberlauf der Oder bzw. am Rande des Odergebirges unter den Herren v. Sternberg die Kolonistenstadt nach Troppauer Recht angelegt. Die zeitweise zw. Schles. und Mähren umstrittene Grenzgem. war 1428–35 Stützpunkt der Huss. und ging danach an die Ritter Oderský v. Liderau, Zvolský v. Zwole und an die prot. Praschma v. Bielkau über. Von 1553–1627 war die Pfarrei luth. Die Pest (1602), mehrfache Besetzung und lange ksl. Sequestration im 30jähr. Krieg schwächten die Handelsstadt, die in der Barockzeit trotz wiederholter Bauernunruhen in der Umgebung einen neuen Aufschwung erlebte: 1691 Neubau der ehem. got. Pfarrkirche St. Bartholomäus (1373), 1730 unter Franz Leopold Frh. v. Lichnowsky Umbau des Schlosses (1964 abgebrannt). M. 18. Jh. begann mit Tuchmanufakturen und dem 1747–96 betriebenen Silber- und Bleiabbau die Industrialisierung, in deren Rahmen 1866 eine Gummiwarenfabrik entstand (1930: 4000, davon 3461 Dt., 1991: 8955 Eww.). – Im nahegelegenen Heinzendorf wurde der Brünner Prälat und Begründer der Vererbungslehre Gregor Mendel (1822–84) geb., in Klein-Petersdorf 1886 die erste Raiffeisenkasse der österr.-ungar. Monarchie gegr. (V) *Lu*

LV 239, 164–167; LV 253, Bd. 1, 365ff.; LV 255, Bd. 2, 771–774; LV 259, Bd. 2, 170f.; LV 269, Bd. 1, 122–141; A. Rolleder, Geschichte der Stadt und des Gerichtsbezirkes Odrau, Steyr 1903; ders., Odrau, einst Winanow (Wihnanow) genannt, in: ZVGMS 1 (1897), 40–48; F. Šustek, Zánik zámku a dalších památek v Odrách, in: VSONJ 46 (1990), 22–33; LV 791, Bd. I/3, 180–183.

Olmütz (Olomouc). Die nahezu in der M. Mährens am Oberlauf der March gelegene und heute als O.er Berg bekannte flache Anhöhe in der fruchtbaren Hanna-Ebene war seit dem 4. Jt. v. Chr. besiedelt. Der w. Nebenarm der March schloß die 3 Haupterhebungen des Berges im N, O und S urspr. enger als heute ein; die 3 Hügel wurden im Lauf der Zeit nach den auf ihnen errichteten Kirchen als Michaels-, Peters- und Wenzelsberg bezeichnet. An dem durch seine Höhenlage und die nahegelegene Furt über die March ausgezeichneten Platz kreuzten sich schon in vorgesch. Zeit wichtige regionale und überregionale Verkehrswege. – Nö. des Michaelsberges bestand eine altslaw. Agrarsiedl., aus der Funde von Keramik des Prager Typs stammen. Eine weitere, auf Grund der Funde u. a. von awarisch-slaw. Beschlägen in das 7. Jh. datierte Siedl. lag im Überschwemmungsland der March im Gebiet der heutigen Vorstadt Povel (rund 2 km s. des Petersberges). Diese Siedl. scheint bereits um die Wende vom 8. zum 9. Jh. zugunsten eines großmähr. Burgwalls auf dem Petersberg aufgegeben worden zu sein. Der Ausbau des Burgwalls erfolgte offensichtlich im Zuge der damaligen großmähr. Zentralisierungsbestrebungen; die Anlage hatte von A. an zentralörtl. Bedeutung. Die hier sowie auf dem Wenzelsberg ergrabenen Funde aus der großmähr. Epoche weisen auf enge Verbindungen des O.er Burgwalls mit den großmähr. Burgwällen in Südmähren (→ Mikultschitz, Pohansko bei → Lundenburg) hin. Schon bald nach dem gewaltsamen Untergang der großmähr. Höhensiedl. auf dem Petersberg wurde hier und auf dem Wenzelsberg eine neue Burganlage errichtet, bei der sich in der Folgezeit an den Abhängen nach NW, insbes. am Platz der älteren slaw. Siedl., ein Suburbium entwickelte. Die dort lebenden

Kaufleute und Handwerker standen in Kontakt mit Polen und der
Kiewer Rus.
In der 2. H. 10. Jh. bildete O. einen Stützpunkt der Přemysliden in
Mähren. Nach der Verdrängung der Polen aus Mähren und der Eingliederung des Landes in das böhm. Staatswesen unter Hzg. Udalrich
1019/20 ließ sich dessen Sohn Břetislav I. auf der O.er Burg nieder;
der Fürstensitz lag wahrsch. in der Nähe der verm. gleichzeitig errichteten Peterskirche auf dem Petersberg (die Kirche wurde 1455 umgebaut und E. 18. Jh. abgerissen). Die Přemyslidenburg war seit 1061
Sitz des O.er Teilfst. Otto I. des Schönen (1061–87), eines Sohnes
Břetislavs I., der zuvor das Teilfstm. Znaim regiert hatte. 2 Jahre später wurde bei der Peterskirche das im 10. Jh. untergegangene mähr.
Btm. wiedererrichtet. Erster Bf. wurde der Benediktinermönch Johannes (1063–85), der aus dem bayer. Kl. Niederaltaich kommend in
Břewnow gewirkt hatte. Möglicherweise wich Otto I. im Zusammenhang mit der Bistumserrichtung in die l. der March gelegene ältere Burg (Hradiště) aus, die nach der Überlieferung zeitweiliger Sitz
des Fst. war und von Otto I. schon bald danach (1077/78) Benediktinern aus Břewnow übergeben wurde (Kl. Hradisch). Die Kirche der
durch Otto I. den Schönen und seine Gemahlin Euphemia reich be-
stifteten Kl.gründung, der zweiten in Mähren überhaupt, wurde
1078 durch Bf. Johannes geweiht. – Wohl noch vor 1070 war mit der
Errichtung eines neuen Fürstensitzes auf dem Wenzelsberg begonnen
worden. Er lag mit großer Wahrscheinlichkeit an der Stelle der späteren Domdechantei im N des heutigen Wenzelsplatzes. Auf dem
Areal dieser neuen Burganlage entstand in der Regierungszeit des
Teilfst. Svatopluk seit 1104/07 die große Basilika St. Wenzel. Svatopluks Sohn, Wenzel, schenkte die noch unvollendete Kirche 1130
an Heinrich Zdik, der sie im folgenden Jahr weihte. 1141 wurde der
Sitz des O.er Bf. von St. Peter in der nunmehrigen Vorburg hierher
verlegt. Das Kapitel bei St. Peter mit 4 Kanonikern blieb bestehen, an
der neuen Bischofskirche errichtete Heinrich Zdik ein neues 12köpf-
iges Kapitel. Die urspr. rom. Basilika wurde 1184–99 erweitert; sie ist
im Kern in der später mehrfach umgestalteten Domkirche bis heute
erhalten. Etwa gleichzeitig mit der Verlegung des Bischofssitzes 1141
wurde parallel zur Hauptachse der Wenzelskirche im NO unter Beteiligung rheinischer Bauhandwerker der rom. Bischofspalast aufgeführt, von dem wichtige Teile bis heute erhalten sind. Der bereits
1204 durch Brand schwer zerstörte, im 13. Jh. erneuerte, in neuerer
Zeit lange als Fürstenpalast angesehene und als Nationaldenkmal ge-
feierte Bau wurde nach dem Zweiten Weltkrieg umfassend renoviert
und rekonstruiert. Der nö. des Palasts stehende, vom A. 13. Jh. stammende rom. Rundturm mit barocker Haube, der später die Kapelle

des Domdekans (Barbarakapelle) aufnahm, dürfte urspr. als Wohnturm gedient haben. Vor dem ehem. Bischofspalast ließ Bf. Bruno v. Schauenburg (1247–81), der Berater Kg. Přemysl Otakars II., die ältere Johanneskapelle errichten, einen Bau im Stil der westfälischen Gotik, der 1268 geweiht wurde. Unter Verwendung von Mauerwerk des aufgelassenen Palastes wurde im 13. Jh. der bestehende dreiflügelige Domkreuzgang gebaut.

Seit dem Aussterben des O.er Přemyslidenzweiges (um 1200) war die Bedeutung der Burg als Fürstenresidenz zurückgegangen; nach 1253 verlor die Burg diese Funktion bald ganz. Gleichzeitig verstärkte sich durch die wohl nach 1200 begonnene Ummauerung des Wenzelsbergs die Abgrenzung von Bischofskirche und -residenz von den sich im Laufe des 12. Jh. stetig verdichtenden Siedl. im W.; 1306 wurde in der vormaligen Fürstenburg Kg. Wenzel III., das letzte Glied der Hauptlinie der přemyslidischen Dynastie, ermordet. – Als Mittelpunkte der Siedl. w. der Burg treten die teilw. in ältere Zeit zurückreichenden Kirchen hervor: St. Peter und die nö. davon gelegene Marienkirche in der Vorburg, weiter w. die wohl bereits in frühma. Zeit zurückreichende Kirche St. Michael, weiterhin die 1257 erstm. urk. belegte, nach Ausweis des nach Niederaltaich weisenden Mauritius-Patroziniums aber vielleicht schon in der Zeit von Bf. Johannes zurückreichende Kirche St. Mauritz nw. des Michaelsberges sowie die erst 1299 urk. belegte, aber wohl gleichfalls ältere Kirche St. Blasius s. des Michaelsberges (1839 abgerissen). Für die Entw. zur Stadt war vor allem die wohl noch im 12. Jh. erfolgte Anlage der beiden Marktplätze am w. Abhang des Michaelsberges wichtig: des trapezförmigen Oberen Marktes (Oberring) und des in Form eines langgestreckten Dreiecks s. von diesem angelegten Unteren Marktes (Niederring). Der Oberring ist mit 17 000 qm nur wenig kleiner als der Marktplatz zu → Böhm. Budweis. Das alte Böhmendorf befand sich in unmittelbarer Nähe zur Kirche St. Mauritz. Die schon für das 12. Jh. belegte Ansiedl. der Juden lag zw. Peters- und Michaelsberg. Die einzelnen Schritte der Entw. zur Stadt sind bislang nur teilw. erforscht. Die Kompliziertheit dieser Entw. läßt sich bis heute an den Straßenführungen ablesen. Die ältesten Wohnstätten waren bedeckte Grubenhäuser, vereinzelt auch Holzhäuser; gemauerte Häuser wurden in O. in größerem Umfang erst nach M. 14. Jh. gebaut. Ein rom. Steinhaus aus dem 13. Jh. befand sich früher an der Stelle des heutigen Kaufhauses bei St. Mauritz.

Unter Kg. Přemysl Otakar II. erfolgte zw. 1239 und 1248 die Lokation der Stadt O. zu Magdeburger Recht. Wohl handelte es sich hierbei im wesentlichen um die bereits weit entwickelte Siedlungsagglomeration im SW im Umkreis der Kirche St. Blasius. Der Stadt-

vogt hatte 1246 seinen Sitz auf dem Michaelsberg. Die Einbeziehung
weiterer Siedl. erfolgte in der 2. H. 13. Jh. Schon 1256 wurde den
Bürgern von → Prerau durch Kg. Přemysl Otakar II. das Stadtrecht
nach O.er Vorbild verliehen. 1261 gewährte er den Bürgern von O.
das Recht zur Errichtung eines »theatrum sive domus communis que
in vulgo Chaufhus«; das Rathaus fand seinen Platz in der M. des
Oberrings. Für 1378 sind Bauarbeiten am Rathaus belegt. Die berühmte astronomische Kunstuhr am Rathaus, ein Werk des le-
gendären Meisters Pohl, wurde 1945 zerstört und nach einem Karton
von Karel Svolinský erneuert. 1261, 1278 und 1291 erhielt die Stadt
Markt- und Zollprivilegien. Die Stadtbefestigung wurde im wesentlichen noch im 13. Jh. abgeschlossen. Das Stadtgebiet war damals größer als das von → Znaim oder → Brünn. – 1352 bestätigte Mkgf. Johann Heinrich v. Mähren die Stellung von O. als Oberhof für die
Städte Magdeburger Rechts in Mähren. Als Zwischeninstanz galt in
der Folgezeit Breslau. Für O. lösten erst um 1709 die böhm. Stadtrechte das Magdeburger Recht ab. Im zweiten und dritten Jahrzehnt
des 15. Jh. legte der O.er Stadtschreiber Wenzel die für die Stadtverfassung wichtigen Stadtbücher an (Copeybuch, Liber memorialis,
Liber civitatis). Bf. Bruno v. Schauenburg (1247–81) hob mit der allg.
Förderung des Zuzugs dt. Siedler nach Mähren auch speziell die Stellung der Dt. in O. Als Herkunftsorte der herbeigerufenen Siedler
werden u. a. Städte in Mähren und Schles. (→ Freudenthal, → Mähr.
Neustadt) angenommen. Die Namengebung in den Urk., im ältesten
Stadtbuch von 1343–1420 und im Judenregister von 1420–23 belegen den überwiegend dt. Charakter vor allem der Oberschicht der
Stadt im MA im einzelnen. Nach dem Stadtbuch war das Verhältnis
von Dt. und Tsch. in der 2. H. 14. Jh. etwa 4 : 1 (348 Dt., 86 Tsch.,
19 unbestimmt). Unter den Städten Böhmens und Mährens ist einzig
für O. die vom E. des MA aus Sachsen bekannte Bestimmung belegt,
daß nur Dt. in den Rat gewählt werden sollen. Der starke Einfluß des
dt. Patriziats auf das pol. Leben fand im 15. Jh. seinen Niederschlag
am deutlichsten in der ablehnenden Haltung der Stadt gegenüber
dem Huss.; O. stand damals an der Spitze der antihuss. gesinnten
mähr. Stände. Kg. Sigismund belohnte diese Einstellung durch die
Verleihung von Privilegien, welche die Entw. der Stadt nachhaltig
förderten.
Bereits seit dem 13. Jh. fanden die Zusammenkünfte des mähr. Landtags und des Landgerichts abwechselnd in Brünn und in O. statt; bis
1641 diente das Dominikanerkl. dafür als Tagungsort. Der Anstieg
der pol. Bedeutung der Stadt fand A. 14. Jh. seinen Niederschlag in
einem Privileg Kg. Johanns v. Luxemburg von 1314, in dem O. als
Hauptstadt der Mkgft. Mähren bezeichnet wurde. O. sah sich in der

Folgezeit vielfach gezwungen, diese Stellung gegenüber Brünn zu verteidigen. Erst während des 30jähr. Krieges gelang es Brünn, diesen Anspruch mit Erfolg an sich zu ziehen. Die Rivalität der beiden mähr. Städte fand auch in den großen Neubauten und der aufwendigen Ausstattung der beiden Hauptkirchen – St. Mauritz in O. und St. Jakob in Brünn – ihren sichtbaren Ausdruck. Nach einem katastrophalen Brand (1398) wurde um 1401 der Neubau von St. Mauritz mit Errichtung eines Turmes eingeleitet. Der Ausbau des monumentalen dreischiffigen Langhauses und des Hallenchores zog sich, mehrfach durch Brandfälle unterbrochen, über nahezu eineinhalb Jahrhunderte hin. Die heute in der Prager Nationalgalerie aufbewahrte Kreuztragung des Meisters des Raigerner Altars von ca. 1415/20 aus der Mauritzkirche wird zu den bedeutendsten Spätwerken der böhm. Tafelmalerei der luxemburgischen Epoche gezählt. Eine Gedenktafel am Oberring erinnert an den 1479 zw. Wladislaw II. v. Polen und Matthias Corvinus geschlossenen O.er Vertrag, der die damals bestehende Doppelherrsch. in den Ländern der Böhm. Krone legalisierte: Dem Polenkg. wurde damit die Herrsch. über Böhmen, dem Ungarnkg. die über die Nebenländer der Böhm. Krone zugesprochen.

Die Bedeutung von O. als kirchlicher Verw.-Mittelpunkt stieg mit dem weit über die Stadt hinausreichenden hohen Ansehen einer Reihe bedeutender Bff. Zu den herausragenden Persönlichkeiten gehörten der für die Anliegen der Kirchenreform bes. aufgeschlossene Heinrich Zdik (1126–50), der 1151 das bisherige Benediktinerkl. Hradisch an den Prämonstratenserorden übertrug, der Zisterzienser Robert (1202–40), der als erster der Reihe der O.er Bff. als Kanzler des böhm. Kg. für Mähren fungierte, Bruno v. Schauenburg (1247–81), der als Berater Kg. Přemysl Otakars II. großen Anteil an der Entfaltung der přemyslidischen Macht hatte, auch wenn sein Plan der Erhebung von O. zur kirchlichen Metropole des gesamten Herrschaftsraumes des Kg. scheiterte, Johannes v. Neumarkt (†1380), der Kanzler Ks. Karls IV., Johannes der Eiserne (von Bucca) (1416–30), der entschiedene Gegner der Huss., und Stanislaus Thurzó (1497–1540), unter dem O. zu einem Mittelpunkt gelehrter humanistischer Studien aufstieg. – Die Errichtung zahlr. Kl. verstärkte das geistl. Element in der Stadt. Eine wichtige Rolle kam dabei den Bettelorden zu. Schon 1213 ließ sich bei der Kirche St. Peter der Konvent der Augustinerinnen nieder; er zog in der 2. H. 13. Jh. an die Kirche St. Jakob um. Das Kl. ging nach der Aufhebung 1524 an die Minoriten über. Seit etwa 1230 bzw. 1238/40 bestanden die Kl. der Minoriten und Dominikaner; ersteres (St. Franziskus) entstand am Neuen Tor der vom Marktzentrum zum Dombezirk führenden w.-ö. Hauptverbindungsstraße, letzteres – 1243 erstm. erwähnt – bei

Olmütz
bis zur Mitte des 19. Jahrhunderts

Kloster Hradisch

Mittlerer March-Arm

March-Arm

March

N

Ehem. Přemyslidenburg
und Unterburg vom 11. Jh.

Gotische Stadt bis 1526

Verlauf der barocken Befestigung

Historischer Stadtkern bis zur
Mitte des 19. Jh.

0   100   200m

1 St. Moritz
2 St. Wenzel
3 Přemyslidenpalast
4 Erzbischöfliche Residenz
5 Kirche Maria-Schnee,
  altes und neues Konvikt
  St.-Franziskus-Seminar
6 St. Michael
7 Theresientor

8 Rathaus mit
  Astronomischer Uhr
9 Palais Petrasch
10 Franzens-Universität,
  heute F. Palacký-Univ.
11 Jesuitenkolleg
12 Tritonenbrunnen
13 Heilig-Geist-Spital
14 Burggrafenhaus
15 Jupiterbrunnen

16 Neptunbrunnen
17 Caesarbrunnen
18 Herkulesbrunnen
19 Merkurbrunnen
20 Dreifaltigkeitssäule
21 Kloster mit
  St.-Klara-Kirche
22 Fleischbänke
23 Kirche Mariä
  Empfängnis

der alten St.-Michaelskirche. Die 1246–75 für die Dominikaner neuerbaute frühgot. Hallenkirche zu St. Michael ist ebenso wie der aus
der 2. H. 14. Jh. stammende got. Kreuzgang des Kl. in wichtigen
Teilen bis heute erhalten. Möglicherweise im Zusammenhang mit
dem Plan der Erhöhung des O.er Btm. zum Ebtm. stand die Gründung des Kl. der Klarissen (St. Klara) gegenüber dem Minoritenkl.
1287 wurde am s. E. der Stadt bei den Markthallen das Dominikanerinnenkl. St. Katharina errichtet; von der Kirche sind noch wesentliche Teile aus dem 14. Jh. erhalten. – Eine Reihe weiterer Ordensniederlassungen entstand im Zuge der kath. Restauration nach
der huss. Revolution. Die Augustinerchorherren von → Landskron
und → Proßnitz, die vor den Huss. in O. Schutz gesucht hatten,
bildeten seit 1434 einen eigenen Konvent, der sich zunächst in der
Vorstadt niederließ. 1492/93 übertrug ihm der damalige Administrator des Btm. O., Bf. Johann Filipec v. Großwardein, die von ihm
selbst gegr. Allerheiligenkapelle in der Vorburg als Sitz. Papst Alexander VI. erteilte 1500 die formelle Bestätigung zur Transferierung
des Landskroner Stiftes nach O.; gleichzeitig wurde jenes der Late-
ranenser Kongregation einverleibt. Als Nachfolgerin der während der
huss. Revolution untergegangenen Kartause → Dolein entstand 1440
die Kartause Mariä Himmelfahrt zu O. Bald nach den Besuchen des
Johannes v. Capestrano (1451 und 1454) in O. entstanden in den
Jahren 1457–68 am nw. Rand der Stadt Kirche (heute Mariä Unbe-
fleckte Empfängnis) und Kl. der Franziskaner-Barfüßer (Bernhardi-
ner).
Von der M. 15. Jh. bis A. 17. Jh. erlebte die Stadt die Zeit ihrer höchsten Blüte. O. war damals das Handwerks- und Handelszentrum für
N-Mähren und zugleich dessen kultureller und geistl. Mittelpunkt.
Die Zünfte in O. wurden Vorbild für zahlr. Innungen in ganz Mähren. Die Stadt zog in großer Zahl Künstler und Gelehrte an. Den
Reichtum der Bürger in jener Zeit spiegelt das äußere Erscheinungsbild der Stadt bis heute. Mit dem humanistischen Aufbruch in O. um
1500 verbunden waren die Anfänge des Buchdrucks (um 1499) sowie
die Gründung der Sodalitas litteraria Meierhofiana (Marcomannica),
zu deren Mitgliedern neben Bf. Stanislaus Thurzó und vielen Angehörigen des Domkapitels zahlr. gebildete Bürger zählten. 1504
weilte Conrad Celtis in O. Zu den bemerkenswerten Bauwerken der
ausklingenden Gotik gehören neben der Pfarrkirche St. Mauritz die
Hieronymuskapelle im Rathaus (vor 1488) und das Barfüßerkl. Nach
1520 zog die Renaissance in O. ein; zu nennen sind hier vor allem die
äußere Doppeltreppe und das Portal des Rathauses von 1530, die
Grabkapelle des O.er Bürgers und Unternehmers Wenzel Edelmann
an der S-Seite des Chores der Mauritzkirche von 1572, die Familien-

gruft von Bf. Stanislaus Pavlovský (1579–98) am Chor des Domes (Stanislauskapelle) von 1582–91 sowie eine Reihe von Bürgerhäusern und Adelspalais am Oberring und Niederring, darunter das Edelmann-Palais am Oberring (1572–86, in Formen der Neorenaissance erneuert 1869–71) und das Palais des Weinhändlers Matthias Hauenschild v. Fürstenfeld am Niederring von 1583. – Die reformatorischen Anliegen Luthers fanden in O. in breitem Umfang Aufnahme. 1528 wurden hier 3 oder 4 Täufer verbrannt. Seit dem letzten Drittel des 16. Jh. wurde der Prot. in der Stadt jedoch zurückgedrängt. Von Bf. Wilhelm Prusinovský (1565–72) berufen, zogen 1566/67 die Jesuiten in das vormalige Minoritenkl. ein. Die von ihnen errichtete Schule wurde durch Papst Gregor XIII. und Ks. Maximilian II. 1573 als Univ. privilegiert. Sie blieb bis zur Aufhebung des Ordens 1773 200 Jahre lang unter der Verw. der Jesuiten. Neben den philosophischen und theol. Fächern konnten seit 1679 auch die juristischen hier studiert werden. Im letzten Drittel des 17. und ersten Viertel des 18. Jh. wurden nacheinander das Alte Konvikt, das Seminar St. Franz Xaver, die Kirche Maria Schnee, das Kolleg, das Neue Konvikt und die Fronleichnamskapelle errichtet. Damit entstand der für lange Zeit umfangreichste geschlossene Gebäudekomplex in der Stadt. Seit 1614 bestand das Kapuzinerkl.; die Kapuzinerkirche Mariä Heimsuchung im SO des Unteren Marktes entstand in den Jahren 1655–61. 1623 bzw. 1656 wurde beim Kl. ein theol. Ordensstudium eingerichtet. Seit 1697 wirkten Ursulinen in O.

Der 30jähr. Krieg setzte der bisherigen Prosperität der Stadt in allen Bereichen ein Ende. Im Zuge des Ständeaufstandes 1618–20 erlag in O. der hl. Johann Sarkander, damals Pfarrer zu → Holleschau, während eines Gerichtsverfahrens der Aufständischen über die ihm vorgeworfene, bis heute umstrittene pol. Aktivität den Folgen der mehrfach angewendeten Folter. Zum Gedächtnis an ihn wurde 1909/10 am Ort des früheren Stadtgefängnisses im Burggäßchen eine Kapelle (Sarkanderkapelle) in neubarocken Formen errichtet. Mit der Übertragung der Landtafeln nach Brünn 1641 verlor O. faktisch die Funktion der Hauptstadt der Mkgft. Mähren. O. verblieb allein der Titel einer kgl. Hauptstadt. Die schwed. Besetzung der Stadt 1642–50 hatte für O. katastrophale Folgen: Nach dem Abzug der Schweden waren von den 700 Häusern der Bürger, des Adels und des Klerus nur mehr 168 bewohnbar; von den vor 1618 etwa 30 000 Eww. waren nur 1675 Personen übriggeblieben. Der nach Abzug der Schweden ausgebrochenen Pestepidemie fielen weitere 500 Eww. zum Opfer. Noch 1678 waren nur ca. 65% der Häuser bewohnt. – 1655 wurde O. zus. mit 3 weiteren mähr. Städten zur Festung erklärt. Der Status als Festungs- und Garnisonsstadt bestimmte für die folgenden 2 Jhh. die

Stadtentw. und das innerstädt. Leben. Nichtsdestoweniger kam es sowohl von kirchlicher als auch von bürgerlicher und adeliger Seite zu
zahlr. Bau- und Umbaumaßnahmen, die O. nun zu einer in weitem
Umfang stark vom Barock geprägten Stadt werden ließen. Zu den
von kirchlichen Institutionen errichteten Bauten gehörten neben den
jesuitischen u. a. die bfl. (heute ebfl.) Residenz (1665–69) und mehrere Domherrenkurien. Das im Lauf der Jh. mehrfach zerstörte Prämonstratenserkl. Hradisch erhielt seine heutige Gestalt 1659–1736.
Zu diesem gehörte auch die in den Jahren 1629–33 rund 8 km nö von
O. auf einem Höhenrücken über der Stadt von dem O.er Bürger Jan
Andrysek errichtete Wallfahrtskirche Heiligenberg; sie erhielt ihre
heutige Gestalt nach Zerstörungen im 30jähr. Krieg in den Jahren
1670–90. Die seit E. 17. Jh. entstandene Reihe barocker Brunnen auf
O.er Plätzen zählt zu den besten Ensembles dieser Art in jener Zeit.
Dazu gehören auf dem Oberring Herkules- und Caesarbrunnen sowie in der 8.-Mai-Straße der Merkurbrunnen (1687/1711, 1725
bzw. 1727; ersterer bis 1716 an der Stelle der Dreifaltigkeitssäule), auf
dem Niederring Neptun- und Jupiterbrunnen (1683 bzw. 1735) sowie auf dem Platz vor dem Klarissenkl. der Tritonenbrunnen (1709).
Die verheerende Feuersbrunst von 1709, die 350 Häuser vernichtete
und darüber hinaus weitere Häuser der Stadt in Mitleidenschaft zog,
vermochte die bauliche Entw. der Stadt nur vorübergehend aufzuhalten. Große Opfer forderte die Pestepidemie von 1713/15. Zur
Erinnerung an sie wurden 1716–54 die Dreifaltigkeitssäule auf dem
Oberring und 1716–27 die Mariensäule auf dem Niederring errichtet. Mehrere Angehörige des mähr. Adels ließen ältere Palais umbau-
en oder neuere errichten, so u. a. die Podstatský v. Prusinowitz, Salm
oder Zástřizl. Im Krieg um die österr. Erbfolge wurde O. unter
Maria Theresia nach kurzer Besetzung durch ein preuß. Heer
1741/42 nach Plänen von P. P. Bechade de Rochepine zur Festung
ausgebaut. Im Zusammenhang damit wurden im Umkreis von einer
Meile vor der Stadt sämtliche Häuser der verbliebenen Vorstadt niedergerissen. Neubauten außerhalb der Stadt erfolgten nur in gerin-
gem Umfang. In O. selbst gab es infolge der Umklammerung durch
die Mauern keine baulichen Entfaltungsmöglichkeiten. Die Festung
rückte nur einmal, bei der Abwehr einer preuß. Belagerung 1758, in
das Zentrum des Geschehens. – Die Entfaltung des geistl. Lebens in
der Stadt zeigte sich in bes. Weise in der Gründung der Societas in-
cognitorum eruditorum in terris austriacis durch Joseph Frhr. v.
Petrasch (1714–72), den vormaligen Sekretär des Prinzen Eugen. Die
Ziele dieser Ges. entsprachen dem Geist der patriotisch gesinnten
kath. Aufklärung. Die Gründung erfolgte im Palais Petraschs auf dem
Oberring. Die Ges. nahm weitreichende Beziehungen auf (u. a. mit

Ludovico Muratori). Kl. Hradisch bildete nach 1770 einen Mittelpunkt jansenistischen Denkens. 1777 wurde O. zum Ebtm. erhoben,
wobei ihm als einziges Btm. das damals neuerrichtete Btm. Brünn
unterstellt wurde. Die Errichtung eines weiteren Suffraganbtm. in
→ Troppau kam nicht zustande. Die den Jesuiten seit der Aufhebung
ihres Ordens (1773) entzogene Hohe Schule wurde 1778 nach Brünn
verlegt; 4 Jahre später erhielt O. ersatzweise ein Lyzeum.
In den Jahren 1782–84 wurde ein Großteil der Kl. aufgehoben, so die
der Augustiner-Chorherren, Prämonstratenser, Kartäuser, Franziskaner-Observanten und Klarissen. Mit dem Prämonstratenserkl. Hradisch wurde die Propstei Heiligenberg säkularisiert. Das Kl. wurde
Sitz des josephinischen Generalseminars zur Priesterausbildung. Als
Vizerektor und späterer Rektor wirkte hier 1787–90 Josef Dobrovský (1753–1829), der Begründer der slaw. Altertumswissenschaft.
Seit 1795 wurde das Kl. vor allem als Militärlazarett verwendet. Die
Jesuitenkirche Maria Schnee wurde Garnisonskirche. Das Jesuitenkolleg wurde als Kaserne genutzt. 1794 wurde hier der frz. General
Marie Joseph Motier Marquis de La Fayette gefangengehalten. In das
ehem. Dominikanerinnenkl. St. Katharina zogen 1782 die Ursulinen
ein. Der Konvent der Dominikaner durfte 1784 das vormalige Kl. der
Franziskaner-Observanten bei der Kirche der Unbefleckten Empfängnis Mariä beziehen. Auch das Kapuzinerkl. blieb damals bestehen. Die klassiz. Kirche und das Kl. der Klarissen von 1773–85 wurden zunächst als Bibliothek und Kaserne, seit jüngerer Zeit als Museum genutzt. Eine Reihe kirchlicher Gebäude fiel dem Abbruch
zum Opfer: An der Stelle des Allerheiligenstifts in der Vorburg er-
stand 1808–12 die Kadettenanstalt. An die Stelle der Kartause trat
1839–46 eine Kaserne, an die Stelle des Heiliggeistspitals 1848 ein
Gefängnis. Das Dominikanerkl. fand nach 1840 als ebfl. Priesterseminar Verwendung. Für die Entfaltung des kulturellen Lebens in der
Zeit der Restauration wurde das 1822–30 gebaute städt. Theater an
der W-Seite des Oberrings wichtig. An ihm debütierten oder wirkten
später u. a. Leo Slezak, Adele Sandrock, Tilla Durieux und Gustav
Mahler. Ebf. Rudolf v. Österreich (1819–31), der Bruder Ks.
Franz II. und Kardinal, zu dessen Inthronisation in der O.er Kathedrale Ludwig van Beethoven seine Missa solemnis komponiert
hatte, setzte sich 1827 mit Erfolg für die Wiederherstellung der Univ.
ein; diese trug nun den Namen »Franzensuniv.«. 1848 beherbergte
Ebf. Maximilian Joseph Frhr. v. Sommerau-Beeckh (1837–53) den
wegen der Wiener Unruhen nach O. exilierten ksl. Hof. Im ebfl.
Palais übertrug damals Ks. Ferdinand I. dem 18jähr. Franz Joseph I.
die Regierung. Wegen der Beteiligung von Prof. und Studenten an
den 1848er Unruhen wurde die Univ. seit 1851 wieder schrittweise

abgebaut und 1860 durch ksl. Dekret ganz aufgehoben. Die Theol.
Fakultät bestand als selbst. Institution weiter, seit 1919 unter dem
Namen der hl. Kyrill und Methodius.
Obwohl O. seit 1841 einen Eisenbahnanschluß besaß, wirkte sich
dieser kaum auf die Entfaltung der Stadt aus. Deren Bedeutung blieb
zunächst weiterhin gering. 1850 wurde hier die sog. O.er Punktation
geschlossen, die eine Unterordnung der preuß. Politik unter österr.
Vorstellungen bedeutete. Seit M. 19. Jh. nahmen auch in O. die nat.
Strömungen zu. In der Folgezeit entstanden zahlr. tsch. Vereine und
tsch. Zeitungen. In den Jahren 1850–57 saßen in der Festung zahlr.
pol. Häftlinge versch. Nationalitäten ein. Im preuß.-österr. Krieg von
1866 spielte die Festung keine Rolle. Nach der Schleifung der
Mauern 1876–86 blieben von der theresianischen Befestigung nur
mehr das Theresientor von 1752 (s. des Oberrings) sowie Teile des
Littauer Tores erhalten. – In den letzten Jahrzehnten des 19. Jh. gewann O. in wachsendem Umfang pol., kirchlich, kulturell und
wirtsch. an Bedeutung und entwickelte sich zu einem der wichtigen
urbanen Zentren Mittel- und N-Mährens. Im wirtsch. Bereich sind
vor allem die in jener Zeit entstehende Metall-, Leder- und Lebensmittelindustrie zu nennen. Unter Kardinalebf. Friedrich Egon
Landgf. v. Fürstenberg (1853–92) wurde die Kathedralkirche 1883–
92 nach Entwürfen von Gustav Meretta und Richard Völkel in die
heutige neogot. Form gebracht. Neben der 2türmigen Fassade wurde
damals der 102 m hohe S-Turm am Querhaus errichtet. Nach der
Gründung der Tschsl. Republik 1918, insbes. auch als Folge der Eingemeindung von 13 umliegenden Dörfern und der Bildung von
Groß O., ging die Stadtverw. in tsch. Hände über. Zu dieser Zeit
bekannten sich 20% der Eww. zur dt. Nationalität. Nebeneinander
bestanden tsch. und dt. Grund- und Mittelschulen, neben 5 dt. erschienen ebensoviele tsch. Zeitungen. Auf seiten beider Nationalitäten blühte ein vielfältiges Ges.- und Vereinsleben, neben 446 tsch.
gab es 169 dt. Vereinigungen. Bei den Parlamentswahlen 1935
stimmten 14,9% der Eww. für Henleins SdP. 1939–45 standen Pro-
tektorats- bzw. dt. Besatzungsbehörden der Stadtverw. vor. Nach
Kriegsende wurde die Mehrzahl der dt. Eww. zwangsausgesiedelt.
1949–60 erlebte O. als Bez.-Stadt und Sitz zahlr. Ämter einen bescheidenen Aufschwung. Bes. Bedeutung für die Stadt erlangte der
Ausbau der 1946 zunächst mit 4 Fakultäten (Philosophie, Medizin,
Naturwissenschaften, Theologie) neu errichteten, nun nach František
Palacký benannten Univ. In der Folgezeit wurde die Gliederung
mehrfach verändert: 1948 wurde die Theol. Fakultät nach Prag bzw.
→ Leitmeritz verlegt. Die 1989 erneuerte Univ. hat gegenwärtig 7
Fakultäten. Die Zahl der Lehrenden betrug 1990 über 1000, der Stu-

dierenden rd. 7000. – Die Eww.-Zahl von O. betrug 1869: 24 114, 1900: 44 740, 1930: 66 440 (davon 22,6% Dt.), 1950: 63 878, 1991: 103 993. (VIII) *Sp/Ma*

F. Bischof, Über das älteste Olmützer Stadtbuch, Wien 1877; F. Bolek, Katolické kostely a kaple v Olomouci, Olomouc 1936; P. Dedic, Die Geschichte des Protestantismus in Olmütz, Wien/Leipzig 1931; J. Drábek, Moravský generální seminář 1784–1790, Loštice 1946; J. Föhner, Olmützer Erinnerungen, Olmütz 1930; M. Hein, Geschichte des Handels und Gewerbes von Olmütz im Mittelalter, Olmütz 1935; LV 814; I. Hlobil/P. Michna/M. Togner, Olomouc, Praha 1984; M. Koudela/Z. Kašpar, Švědové v Olomouci 1642–1650, Praha 1993; LV 875, 250–258; J. Kux, Geschichte der königlichen Hauptstadt Olmütz bis zum Umsturz 1918, Reichenberg/Olmütz 1937; ders., Verwaltungsgeschichte der Stadt Olmütz, Olmütz 1942; J. Matzke, Zur Siedlungsgeschichte von Alt-Olmütz, Steinheim am Main 1976; P. Michna/M. Pojsl, Románský palác na Olomouckém hradě, Brno 1988; L. Mlčák, Hradisko u Olomouce, Ostrava 1978; Nejstarší městská kniha olomoucká z let 1343–1420. Hg. v. V. Spáčil, Olomouc 1982; LV 290, Bd. II/2; J. Pánek, Olmütz als Bischofs- und Landeszentrum an der Schwelle zur Neuzeit, in: LV 404, 233–244; M. Pojsl/V. Hyhlík, Olomouc očima staletí, Olomouc 1992; V. Richter, Raněstředověká Olomouc, Praha 1959; W. Saliger, Über das Olmützer Stadtbuch des Wenzel von Iglau, Brünn 1882; LV 253, Bd. 1; P. Wörster, Humanismus in Olmütz. Landesbeschreibung, Stadtlob und Geschichtsschreibung in der ersten Hälfte des 16. Jahrhunderts, Marburg 1994; R. Zimprich, Die königliche Hauptstadt Olmütz, Olmütz 1944.

Opalka (Opálka, Bez. Klattau). In dem am Landweg von → Janowitz an der Angel nach Bayern gelegenen O. erbaute 1392 Buško v. Drosau eine Grenzfeste und verlegte dorthin die Verw. seiner Domäne Drosau, zu der 6 Dörfer und das gleichnamige Städtchen gehörten. Unter den häufig wechselnden Besitzern des Gutes finden sich die Ritter v. Malonitz und die Herren v. Rožmital. Seit 1544 war O. im Besitz der Herren v. Sternberg. In der 2. H. 16. Jh. ließ Zdeněk v. Sternberg die Burg gründlich umbauen und schloß den älteren got. Teilen ein weiteres Wohngebäude im Renaissancestil an. 1630 kaufte Georg Adam Bořita v. Martinitz das gesamte Gut. Ein weiterer Umbau im Barockstil erfolgte unter Paul v. Morzin (1673–1721). Im 18. Jh. verlor die Burg ihre pol. und wirtsch. Bedeutung. Seit 1760 befand sich O. im Besitz von Gf. Palm, 1789 wurde das Gut an die Untertanen verkauft; seither verfiel die Burg zusehends. – 1880: 204, 1930: 217 (davon 17 Dt.), 1990: 84 Eww. (I) *Wei*

LV 259, Bd. 4, 240f.; J. Melicharová, Šumava, Praha 1973, 159, 215f.

Opočno (Bez. Reichenau an der Kněžna). Das für die böhm. Herrscher strategisch wichtig am Weg nach Glatz gelegene O. wurde erstm. für das Jahr 1068 in der Chronik des Cosmas v. Prag als Přemyslidenburg erwähnt. Nach dem Zerfall des kgl. Burgensystems

diente O. seit A. 14. Jh. als Herrensitz und besaß seit 1359 Markt- und
Stadtrechte. Unter Johann Městecký v. O. wurde die Burg 1425 von
den Huss. erobert. Seit 1495 gehörte die Herrsch. den Trčka v. Leipa,
die 1562, als ihr Güterbesitz bereits stark angewachsen war, in den
böhm. Herrenstand aufgenommen wurden. Als pol. Zentrum des
aufstrebenden Adelsgeschlechts gewann O. neue Bedeutung. 1560–
69 erbaute Wilhelm Trčka v. Leipa auf dem Gelände der alten Burg
ein dreiflügeliges Renaissance-Schloß nach ital. Vorbild. Nach der
Schlacht am Weißen Berg 1620 entgingen der prot. Johann Rudolf
Trčka v. Leipa (1557–1634) und seine einflußreiche Frau Maria
Magdalena, geb. Popel v. Lobkowitz (†1633), den ksl. Strafmaßnah-
men. 1628 erfolgte der Übertritt zum Kath., die Erhebung in den
Grafenstand und eine Rekatholisierung der Herrsch. Nach der Ermordung Adam Erdmanns Trčka v. Leipa 1634 in → Eger – er galt als
einer der treuesten Gefolgsleute Wallensteins und ist in der dt. Literatur in Anschluß an Schiller als »Terzky« bekannt – wurde O. konfisziert. In der Schloßkirche zur Hl. Dreifaltigkeit, die zus. mit dem
Renaissance-Schloß entstand (1716 umgebaut), befindet sich die
Trčka-Gruft. Die Herrsch. fiel an die Gff. (seit 1763 Fstt.) v. Colloredo-Wallsee (1775 Colloredo-Mansfeld), in deren Besitz das
Schloß bis 1945 verblieb. Die Rekatholisierung setzte sich im Gebiet
um O. erst allmählich durch. E. 17. Jh. erfolgte der barocke Ausbau
des Schlosses unter Leitung von Giovanni Battista Alliprandi (1665–
1720), wobei im Kern das Renaissance-Schloß erhalten blieb. Die
Galerie mit ital. Gemälden aus dem 16.–18. Jh. und die reiche
Schloßbibliothek spiegeln die künstlerischen Interessen der Fam.
Colloredo wider, die im 18./19. Jh. wichtige Positionen im österr.
Militär und in der Diplomatie einnahm. Von ihrer Bautätigkeit zeugen auch am Marktplatz das Kapuzinerkl. und die Kirche Christi Geburt mit Kreuzgang und Kreuzweg, die 1676–78 von Bernardo Mi-
nelli im Auftrag Gf. Ludwigs v. Colloredo-Wallsee erbaut wurden.
Von Interesse ist weiterhin die 1569 erbaute (1810 erneuerte) Friedhofskirche St. Marien, in der sich die Familiengruft der Fam. Colloredo befindet. Am Rande des Schloßparks zeigt das Lustschlößchen
Werke des in O. geb. Malers František Kupka (1871–1957). Vom
10.–23.6.1813 fanden in O. Verhandlungen zw. Zar Alexander I. v.
Rußland, Metternich, Hardenberg und kurzzeitig Friedrich Wilhelm III. v. Preußen statt, bei denen es um die Einbeziehung Österr.
in ein antinapoleonisches Bündnis ging und deren Ergebnis die Konvention von Reichenbach vom 27.6.1813 bildete. Im 19./20. Jh.
blieb O. ein Residenzstädchen ohne wirtsch. Bedeutung. – 1980:
3609 Eww.   (III) *Bb*

A. Flesar, Popis historicko-archeologicko-statistický okresu opočenského, Hradec

Králové 1895; LV 259, Bd. 6, 342–347; J. Láska, Panství Opočno v letech 1650–1750, in: PMHK B 12 (1920), 139–182; B. Lifka, Colloredovská a Mansfeldská bibliografie a ikonografie, in: J. Colloredo-Mansfeld. Sborník k 70 narozeninám, Praha 1936, 257–302; LV 879, Bd. 1, 60, Bd. 2, 224, 347; Opočno. Státní zámek a památky v okolí. Bearb. v. A. Hejna [u. a.], Praha [3]1962 [[1]1957]; LV 952, Bd. 3, 281; F. Tischner, O náboženském hnutí na Opočensku r. 1732, in: OPD 2 (1930) 184–201; J. Vacinová, Zámecká knihovna v Opočně, Hradec Králové 1971; J. Wolf, Soupis nekatolíků panství Opočenského z r. 1724. Příspěvky k bouři opočenské r. 1732, Praha 1908.

Orlau (Orlová, Bez. Karwin). 1227 übertrug angeblich Papst Gregor IX. das Dorf dem bedeutenden poln. Benediktinerkl. Tyniec bei Krakau, das hier ein Filialkl. und nach 1291 eine Abtei gründete, zu der zahlr. umliegende Dörfer im Hzt. Oppeln (seit 1315 Hzt. Teschen) gehörten. Neben der 1447 errichteten Pfarrkirche Mariä Geburt bestand seit 1465 eine Wallfahrtskirche. Als der Teschener Piastenhzg. Wenzel (II.) Adam zum ev. Glauben übertrat, wurden 1561 die Mönche aus dem im wirtsch. Niedergang befindlichen Kl. vertrieben, die Kl.kirche wurde ev.; das Gut fiel an Freistadt, ging 1571 an Wenzel Czigan v. Slupsko über und 1619 durch Kauf an die Bludowski v. Bludowitz bzw. im 19. Jh. an die Frhh. Mattencloit. 1631 wurde die luth. Pfarre aufgehoben (1862 erneuert) und das Kl. durch die Benediktiner von Tyniec wiedergegr.; die Bev. blieb aber dem prot. Bekenntnis treu. 1722 schloß sich der Konvent dem Kl. → Braunau in O-Böhmen an. Mit der 1817 begonnenen Steinkohlenförderung, in deren Folge Gruben und Koksöfen entstanden, erlebte die landwirtsch. Gem. einen tiefgreifenden Strukturwandel. Der tsch.-poln. Marktflecken in der geographischen Mitte des Ostrau-Karwiner Kohlenreviers wuchs um 1900 rasch durch Zuwanderer aus Galizien (1890: 3340, 1910: 8207 Eww.), erhielt 1909 ein slaw. Gymnasium und wies mehrere Synagogen auf. Nach 1918 zw. Polen und der ČSR umstritten, gehörte die 1922 zur Stadt erhobene großflächige Bergbaugem. 1938/39 zu Polen und bis 1945 zum dt. Oberschles. Nach 1945 erfolgte ein Wachstum durch Eingemeindungen und Zuzug (1948: 20 444 Eww., davon 17% Polen; 1991: 36 339 Eww., davon 4,6% poln. und 9,4% slow. Nationalität). Das 1974 eingemeindete Dombrau mit Schloß der Frhh. Mattencloit (1760) wurde 1990 wieder eine selbst. Gem. (V) *Lu*

A. Adamus, K dějinám benediktinského opatství v Orlové, Opava 1923; ders., Z dějin Orlové, Mor. Ostrava 1926; G. Biermann, Das ehemalige Benediktinerstift Orlau im Teschnischen, In: Programm des k.k. ev. Gymnasiums in Teschen, Teschen 1862, 3–28; A. Grobelný/J. Kaloč, Dělnická Orlová 1848–1914, in: StT 2 (1973), 157–187; LV 950, Bd. 2, 188; LV 259, Bd. 2, 60, 177; Orlová 1223–1973. Hg. v. V. Plaček, Orlová 1973; B. Pitronová, Statek Orlová a Lazy v 2. polovině 18. stol., in: SlS 55 (1957), 88–105; dies., K dějinám Orlové za pozdního feudalismu, in:

StT 1 (1972), 91–106; F. Popiołek, Orłowa i Ostrawa, Cieszyn 1915; Třicet let Velké Orlové, in: StT 5 (1977), 9–36.

Oslawan (Oslavany, Bez. Brünn-Land). Die heute 20 km w. von → Brünn gelegene Kleinstadt O. gehörte als Dorf 1197–1225 dem Benediktinerkl. → Trebitsch und fiel dann im Tausch an Heilwida v. Znaim, die hier das Zisterzienserinnenkl. Vallis S. Mariae stiftete. Dessen Existenz bezeugt eine 1225 durch den päpstlichen Legaten Konradus ausgestellte Urk., die dem Kl. Güter und Rechte konfirmierte. Im Beisein Kg. Přemysl Otakars I. weihte Bf. Robert v. Olmütz 1228 die Kl.kirche, der Monarch selbst stattete O. nach dem Vorbild der Abtei → Welehrad mit zahlr. Privilegien aus. In den Huss.kriegen nahm das Kl. schweren Schaden, nach einem Brand 1525 wurde es ganz aufgegeben. Die Nonnen zogen ins Zisterzienserinnenkl. nach Alt Brünn, der Besitz fiel an Kg. Ferdinand I. und diente fortan mehrfach als Pfandschaft. Unter den Althan wurde das Kl. 1577 zu einem Renaissance-Schloß mit 2 Arkadenflügeln umgebaut, im 18. Jh. barockisiert. Im Stil der Renaissance erfuhr auch die urspr. frühgot. Marienkirche bauliche Veränderungen, ebenso wie die Pfarrkirche St. Nikolaus schließlich in der Barockzeit. 1712–82 befand sich die Herrsch. O. im Besitz des Alt Brünner Zisterzienserinnenkl., nach dessen Auflösung fiel sie an die ksl. Kammer. Die letzten Besitzer waren seit 1885 die Ritter Gomperz. – 1880: 2473, 1921: 3714, 1991: 4500 Eww.   (VIII) *Šta/Krz*

J. Cycaková, Oslavany, Brno 1971; K. Fojtík, Důlní katastrofa v Oslavanech 13. dubna 1820, in: ČMM 78 (1959), 270–281; ders./O. Sirovátka, K dějinám hornictví na Rosicku a Oslavansku v první polovině 19. století, in: ČMM 73 (1954), 68–82; LV 253, Bd. 10, 152f.; L. Hosák, Zvod na panství oslavanské 1547, in: ČSPS 40 (1952), 124–128; LV 290, Bd. II/23, 207–237; LV 875, 279–286.

Ossek (Osek, Bez. Teplitz). Gut 5 km nw. von → Dux liegt das Bergbaustädtchen O. mit seinem berühmten, 1191 durch den Wladyken Milhost urspr. in → Maschau bei Kaaden gegr. Zisterzienserkl., das 1197–99 nach einem Streit zw. Fundator und Konvent auf die Güter des Magnaten Slavko, des Ahnherrn der Herren v. Riesenburg, nach O. verlegt wurde. Das Kl. erlitt in den Huss.kriegen 1421 und 1429 schwere Schäden. Sein heutiges Aussehen geht auf die durch den Baumeister Octavio Broggio 1712–17 durchgeführte Barockisierung zurück. Die urspr. nach 1220 vollendete dreischiffige rom. Kirche Mariä Himmelfahrt besitzt eine wertvolle barocke Ausschmückung. Der O-Flügel des Klosterhofes weist einen architektonisch wertvollen Kapitelsaal mit einem um 1240 aufgestellten Pult auf; die gesamte Anlage mit Kreuzgang wurde nach 1340 fertiggestellt, das Brunnenhaus um 1300. Im Zuge der barocken Umgestal-

tung errichtete man zugleich neue Kl.gebäude: 1710 eine dreiflügelige Prälatur, 1720 ein Krankenhaus sowie versch. Wirtschaftsgebäude. – Die barocke Pfarrkirche St. Peter und Paul ist ein Werk Octavio
Broggios aus dem Jahre 1714. Die n. vom Kl. gelegene urspr. frühgot.
Katharinenkirche wurde nachfolgend barockisiert. In der Nähe des
heutigen Bahnhofs finden sich Reste einer wallartigen Befestigung.
Die Ruine der Burg O. (Riesenburg) erhebt sich auf einem Hügel
unweit der gleichnamigen Gem. am Rande des Erzgebirges. Die
Gründung geht verm. auf Kg. Přemysl Otakar II. zurück; die Bauarbeiten leitete Boreš aus dem Geschlecht der Hrabschitz, welcher später die Burg O. wahrsch. als Lehen gewann und sich den Beinamen v.
Riesenburg zulegte. Die Baumaßnahmen zogen sich bis A. 14. Jh.
hin. 1398 fiel der Besitz an die Mkgff. v. Meißen. Kg. Georg v. Podiebrad führte O. neuerlich der Krone zu. Im 16. Jh. büßte die Burg
ihre Funktion als Herrsch.sitz ein und verwahrloste in der Folgezeit
(heute Ruine). Den ältesten Teil der Anlage bildete die auf dreieckigem Grundriß errichtete Oberburg mit dem im N gelegenen
großen Wohnturm, der 1260–70 entstand. Verm. aus dem späten
13. Jh. datiert die got. Kapelle; wohl ebenfalls noch in das 13. Jh. fiel
die Fertigstellung der dreiteiligen Vor- bzw. Unterburg mit ihrem
eindrucksvollen, in Außen- und Innenring aufgegliederten Fortifikationssystem. (II) *Dur*

H. Beschorner, Die Herrschaft Riesenburg und ihre Besitzer bis zum Übergang in
wettinischen Besitz im Jahre 1398, in: Forschungen zur Geschichte Sachsens und
Böhmens, Dresden 1937, 92–128; E. Čáňová, Hospodářský stav panství Rýzmburk
v 16. a na počátku 17. století, in: SAP 5/2 (1955), 205–226; T. Durdík/J. Klápště,
Dva pohledy na počátky hradu Riesenburku, in: AR 44 (1992), 266–276; LV 245,
66ff.; LV 248, 206ff.; LV 259, Bd. 3, 361–364; LV 874, 110–155; LV 875, 261–279;
LV 879, Bd. 1, 196–202; B. Scheinpflug, Studien zur Geschichte von Ossegg, in:
MVGDB 18 (1880), 241–252, 19 (1881) 56–68, 148–160; LV 279, Bd. 14, 167–177.

Ostra → Ungarisch Ostra

Ostrau → Mährisch Ostrau

Oswětiman (Osvětimany, Bez. Ungarisch Hradisch). Das Städtchen
liegt am s. Ausläufer des Marsgebirges, 17 km w. von → Ungar. Hradisch. 4 km nw. der Gem. befindet sich auf dem St.-Clemens-Hügel
eine Burgstätte aus dem 9. Jh.; den Kern bildete eine befestigte Erhebung, in deren nö. Teil sich das Zentrum der Akropolis mit der
Ruine der St.-Clemens-Kirche befindet. An der Kirche, deren Anfänge wohl in die großmähr. Zeit zurückreichen, bestand seit 1358
eine Propstei der beschuhten Augustiner in → Brünn, die 1421 die
Huss. zerstörten. O. ist seit M. 14. Jh. als Sitz und Gut versch. Adels-

geschlechter erwähnt. Das Kastell wurde in den Kriegen gegen Kg.
Matthias Corvinus zerstört. 1550 gelangte O. an Johann Ždánský v.
Zástřizl, der den Besitz der Herrsch. → Buchlau inkorporierte. Den
langsamen Aufstieg der 1611 53 Bauern zählenden Gem. bremste der
30jähr. Krieg, erst E. 17. Jh. erholte sich O. von den erlittenen Schäden. 1689–91 erhielt die got. Pfarrkirche St. Gallus ihr barockes Aussehen. 1838 zählte die Gem. 126 Häuser und 706 Eww.; nach 1850
erhielt das als größere Landgem. geltende O. den Status eines Städtchens. – 1900: 1025, 1950: 999 und 1991: 756 Eww.   (VIII) *Žem*
LV 253, Bd. 8, 313; LV 259, Bd. 1, 184; V. Hrubý, Velkomoravské hradisko sv.
Klimenta u Osvětiman, in: ČMorM 44 (1959), 19–70; LV 290, Bd. II/63, 617–622;
LV 294, Bd. 4, 175–178; S. Zacherle, Nové poznatky o klimentském hradisku u
Osvětiman, in: Sl 29 (1987), 21–34.

Pardubitz (Pardubice). Die erste schriftl. Erwähnung des Kl. des
Cyriakusordens an der Bartholomäuskirche in P. geht auf das Jahr
1295 zurück. Am Zusammenfluß der Elbe und der Chrudimka entstand spätestens A. 14. Jh. eine Wasserburg, die 1318 Půta v. Dubá
gehörte. In der Nähe der Burg befand sich eine Furt durch die Elbe,
unweit hiervon wiederum wurde eine Maut für die Holzflößerei erhoben. 1332–40 erreichte Ernst v. Hostýně, der Vater des späteren
Prager Ebf. Ernst v. P., die Erhebung von P. zur Stadt. Bis 1391 gehörten Stadt und Burg Smil Flaška v. P., dem bekannten ma. Dichter,
der P. in einem Rechtsstreit gegen Kg. Wenzel IV. verlor. Neuer
Eigentümer wurde Hanuš v. Mülheim, Mitbegründer der Prager
Bethlehemskapelle. Nach dessen Tod 1405, spätestens jedoch bis zum
A. der Huss.kriege, erwarben die Herren v. Kunstadt und Podiebrad
den Ort. Auf der Burg starb 1427 Viktorin v. Kunstadt, der Vater des
späteren böhm. Kg. Georg v. Podiebrad. Nach Viktorins Tod
herrschte in P. mehrere Jahre der huss. Kriegsmann Johann Hlaváč v.
Mitrow und Ronow; spätestens 1436 gehörte P. jedoch einem weiteren huss. Protagonisten, Diviš Bořek v. Miletínek. Diviš residierte
auf der nahegelegenen Burg → Kunětitzer Berg und trat P. seinem
Bruder Vaněk Vyzdvihač ab. Die Wasserburg in P. blieb auch weiterhin bewohnt und funktionstüchtig. Vaněks Sohn, Georg, residierte hier bis 1491. Seit 1490 begann Wilhelm v. Pernstein (†1521), ein
in Diensten des ungar. Kg. Matthias Corvinus reich gewordener Angehöriger des mähr. Hochadelsgeschlechts, in der Umgebung von P.
seine Familiendomäne aufzubauen. 1475–1521 konzentrierte Wilhelm in seinen Händen einen gewaltigen Grundbesitz. Auf den meisten seiner Grundherrsch. ließ er ein umfangreiches Netz von Fischteichen anlegen, so auch in der Region P., die damit eines der er-
tragreichsten Fischzuchtgebiete in den böhm. Ländern wurde. Nach
1491 verlegte Wilhelm die Hauptresidenz seiner Fam. nach P., wobei

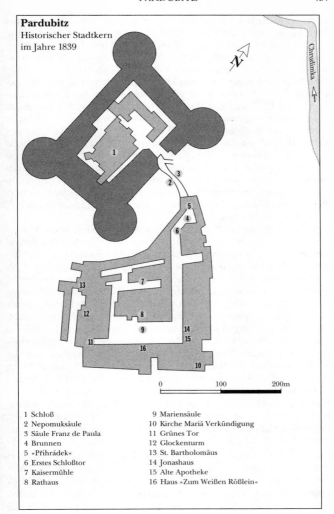

Pardubitz
Historischer Stadtkern
im Jahre 1839

Chrudimka

0   100   200m

1 Schloß
2 Nepomuksäule
3 Säule Franz de Paula
4 Brunnen
5 »Přihrádek«
6 Erstes Schloßtor
7 Kaisermühle
8 Rathaus
9 Mariensäule
10 Kirche Mariä Verkündigung
11 Grünes Tor
12 Glockenturm
13 St. Bartholomäus
14 Jonashaus
15 Alte Apotheke
16 Haus »Zum Weißen Rößlein«

er die vorteilhafte Lage der alten Wasserburg nutzte und diese zu einer Festung mit einem mächtigen Erdwall ausbauen ließ. Auch P. selbst, das 1512 eine Stadtordnung erhielt, wurde in die Umbauten einbezogen, da es die Residenz des damals reichsten Mannes im Kgr. Böhmen entsprechend repräsentieren sollte. A. 16. Jh. wurden hier zahlr. spätgot. Sandsteingewände und kunstvoll verzierte Häusergiebel geschaffen, die sich teilw. bis heute erhalten haben. Nach der Feuersbrunst von 1507 wurde die Stadt prachtvoll in spätgot. Stil umgebaut. Nach einem weiteren Stadtbrand 1538 erhielt P. dank der Unterstützung von Wilhelms Sohn, Johann v. Pernstein, ihr Renaissance-Gewand durch plastische Türgewänder und -portale aus roter Terrakotta sowie gebogene Häusergiebel, die Häuser selbst wurden um ein Stockwerk erhöht. Damals entstand auch die heutige Dominante der Stadt, der Grüne Turm. P. wurde wirtsch. und kulturelles Zentrum einer ausgedehnten Herrsch., die nach der Finanzkrise der Herren v. Pernstein 1560 Ehzg. Maximilian erwarb. Kgl. Kammerstadt blieb P. bis weit in die Neuzeit.

Seit A. 16. Jh. wurde P. zur Festungsstadt ausgebaut. Seine Verteidigungskraft demonstrierte es nicht allein im 30jähr. Krieg während der erfolglosen Belagerung durch den schwed. General Lennart Torstensson 1645, sondern auch noch 1744, als die preuß. Armee P. als wichtigen Stützpunkt s. der Elbe nutzte. Im 17./18. Jh. verhinderten die mächtigen Festungsbauten im Umkreis von Stadt und Schloß eine rasche Stadtentfaltung. P. blieb somit eine kleine Ackerbürgerstadt mit einer Militärgarnison. In der Region entwickelte sich lediglich die Tuchherstellung in Manufakturen. Im Schloß P. wurde 1787 ein großes Textillager der Linzer Manufaktur eingerichtet. Zahlr. Bürgerhäuser wurden barockisiert. Veränderungen brachte erst das 19. Jh., vor allem der Bau der Eisenbahnlinie Prag–Olmütz 1845, an die sich in P. 1859 die Strecke nach → Reichenberg und 1871 nach → Deutschbrod anschloß. Anfänglich entfalteten sich vor allem die Nahrungs- und Genußmittelindustrie (Brauerei, Zuckergewinnung, Spirituosenfabrik, später auch die bekannten Lebkuchen) sowie die Herstellung landwirtsch. Maschinen. 1889 entstand die erste chemische Fabrik, die Mineralölraffinerie Fanta. Im Verlauf des 19. Jh. entwickelte sich, angeregt durch die in P. stationierte Garnison, die Tradition der Parforce-Pferderennen, an der die österr.-ungar. Aristokratie 1841–1913 großes Interesse zeigte. In P. wirkten die Begründer des tsch. Flugwesens, die Ingenieure Jan Kašpar und Evžen Cihák; 1911 gelang Kašpar der erste Flug von P. nach Prag. Während des Ersten Weltkriegs entstand auf dem Areal der heutigen Siedl. Dukla das damals größte Militärkrankenhaus der Habsburgermonarchie. Bereits im ersten Drittel des 20. Jh. wurde die chemische In-

dustrie (Antrieb- und Sprengstoffe) der wichtigste Industriezweig.
1944 war P. deshalb Ziel von 3 Luftangriffen der Alliierten. – Nach
Kriegsende stieg P. zum bedeutendsten Industriezentrum O-Böhmens
auf. Unweit der Stadt wurden die beiden Wärmekraftwerke
Opatowitz und Chwaletitz errichtet. – 1848: 4000, 1890: 16 815
Tsch. und 216 Dt., 1950: 42 500, 1991: 94 636 Eww. (III) *Vor*

E. Halbrštátová/P. Vorel, Pardubická radnice, Pardubice 1994; LV 250, Bd. 6, 151–
200; Historický atlas měst, Bd. 2: Pardubice. Bearb. v. P. Vorel, Praha 1995; V.
Hrubý/P. Vorel, »Burianova báseň« a pozdně gotická Pardubice, in: Pocta J. Petrá-
ňovi, Praha 1991, 161–190; J. Petrtyl/F. Šebek, Dokumentárnost nálezů mincí na
Pardubicku a Chrudimsku, Pardubice 1970; F. K. Rosůlek, Pardubicko, Holicko,
Přeloučsko, Bd. 3, Pardubice 1909, 432–567; J. Sakař, Dějiny Pardubic nad Labem,
Bde. 1–5, Pardubice 1920–35; F. Šebek [u. a.], Dějiny města Pardubic, Bd. 1, Pardubice 1990; ders., K vývoji farní správy Pardubic v době předhusitské, in: VSH 2
(1992), 45–56; LV 279, Bd. 1, 31–47; Z. Vavřík [u. a.], Pardubice, Pardubice 1940;
P. Vorel, Knihy rudé města Pardubic. Regesta z let 1515–1585, Bd. 1, Pardubice
1987; ders., Nejstarší urbář pardubického panství a jeho vypovídací hodnota o vývoji
města Pardubic v letech 1506 až 1516, Pardubice 1990; LV 939; E. Žandová, Počet
domů a obyvatel v Pardubicích v první polovině 16. století, in: VSH 1 (1991), 107–
120.

Patzau (Pacov, Bez. Pilgram). Schon im 12. Jh. Wladykensitz, ist die
Feste 1316 erstm. erwähnt. Darunter entwickelte sich der Burgflek-
ken P. mit trapezförmigem Markt und der Pfarrkirche St. Michael aus
dem 13. Jh. Er ist 1392 erstm. als Marktstadt erwähnt, zunächst auch
mit dt. Eww. und befand sich 1401–1528 im Besitz der Malovetz v. P.
In der 2. H. 15. Jh. entstand der zweischiffige got. Neubau der Mi-
chaelskirche, seit 1802 Dekanatskirche. 1597 wurde P. zur Stadt erhoben. 1622 wurde die Herrsch. P. konfisziert, 1666 den Unbe-
schuhten Karmelitern auf der Prager Kleinseite vermacht, aber erst
1708 übernommen. Der Orden wandelte nach einem Stadtbrand
1727 das aus der Burg entstandene Schloß in einen barocken Kl.-Bau
mit Wenzelskirche um. 1787 säkularisiert, fiel die Herrsch. an den
Religionsfonds und wurde 1835 verkauft. 1850 trat an die Stelle der
Patrimonialverw. der Gerichtsbez. P., der 1960 aufgelöst wurde.
1570 sind erstm. Juden in P. erwähnt, deren Friedhof seit 18. Jh. bestand; ihre Synagoge brannte 1933 ab. – 1842: 2621, unter ihnen 19
jüd. Fam., 1890: 2844 tsch., 1910: 164 jüd., 1930: 2673, 1949: 2816,
1994: 5201 Eww. (VII) *Me*

LV 337, 878f.; LV 259, Bd. 5, 149f.; LV 951, 229; F. Pakosta, Město Pacov a okolí,
Pacov 1910; LV 279, Bd. 4, 204–213; LV 283, Bd. 10, 188–194; LV 905, Bd. 18,
123–149; LV 906, Bd. 3, 9–12; LV 513, 668f.; LV 540, 472–476.

Pawlowitz → Großpawlowitz

Payreschau (Boršov, seit 1955 Boršov nad Vltavou, Bez. Budweis).
P. wurde erstm. 1261 schriftl. erwähnt, als Albert v. P. in einer Urk.
Woks I. v. Rosenberg als Zeuge bei der Schenkung des Kl.
→ Hohenfurth mit dem Patronatsrecht bei der Kirche in Weseli an
der Lužnitz und im Dorf Ponědraž erscheint. Der erwähnte Albert
vermachte P. 1290 dem Zisterzienserkl. Hohenfurth, dem das Dorf
bis 1848 gehörte. Zunächst gewährten die Herren v. Rosenberg, später die Schwarzenberg dem Kl. Schutz, wobei sie auch in dessen innere Angelegenheiten eingriffen. Die got. Pfarrkirche St. Jakob wird
erstm. 1290 erwähnt, E. 15. Jh. erfolgte ein Umbau. Die Wandmalereien im Presbyterium entstanden kurz nach 1400. Aus dem 18. Jh.
stammt die St.-Nepomuk-Kapelle. Die nach Plänen von Franz Anton
Gerstner konzipierte Pferdebahn, die seit 1832 → Böhm. Budweis
und Linz verband, durchquerte auch P.; 1891 erfolgte der Eisenbahnanschluß. – 1850: 212, 1880: 261 (davon 28 Dt.), 1921: 289 (davon 6
Dt.), 1991: 406 Eww.   (VI) *Bůž/Gr*
LV 905, Bd. 8, 15ff.; V. Mareš, O minulosti obce Boršova u Českých Budějovic,
Boršov 1938; LV 906, Bd. 1, 110; LV 279, Bd. 3, 291; LV 283, Bd. 9, 180; LV 289,
92ff.

Pecka (Bez. Jičin). Die 22 km nw. von → Kukus gelegene Burg wurde verm. A. 14. Jh. erbaut, für 1322 ist als Besitzer Budivoj v. P. urk.
belegt. Von seinen Nachfolgern ist Jarek v. Železnice bekannt, ein
Gegner der Huss., dessen Feste diese 1433/34 erfolglos belagerten.
1543 ging P. in den Besitz der Herren Škopek v. Bílé Otradovice
über, die mit dem Umbau der Burg zu einem Renaissance-Schloß
begannen. 1594 wurde die Burg aufgeteilt. Eine H. ging an Karel
Škopek, seinen Anteil verkaufte später dessen Witwe Barbara Miřkovský v. Stropčice an Christoph Harant v. Poltschitz und Wesseritz.
Die andere H. der Burg besaß bis 1612 Adam Škopek, danach erwarb
eine weitere Gemahlin Harants v. Poltschitz, Anna Salomena v. Hořovice, diese. Christoph Harant v. Poltschitz, Reisender, Schriftsteller und Komponist, wurde 1621 aufgrund seiner Beteiligung am
böhm. Ständeaufstand hingerichtet. 1624 erwarb Albrecht v. Wallenstein P., schenkte dieses jedoch 1627 den Kartäusern in Walditz.
Nach der Auflösung des Kl. fiel P. an den Religionsfonds, 1824 kaufte Ferdinand v. Trauttmannsdorff den Besitz. Seit 1921 befindet sich
das Schloß (heute Ruine) im Besitz der Stadt. Im zugänglichen Ha-
rant-Palast sind das Heimatmuseum und eine Ausstellung mit Skulpturen von Bohumil Kafka (1878–1942) untergebracht. Der Barock-
brunnen am Markt stammt von 1634. – 1843: 1353, 1910: 1533,
1930: 1169, 1991: 849 Eww.   (III) *Fr*
LV 905, Bd. 31, 131–142; J. Červenka, Pecka, Pardubice 1991; J. Francek, Kryštof
Harant z Polčic a Bezdružic, Pecka 1994; LV 259, Bd. 6, 363ff.; Z. Kotíková, Pecka,

Praha 1940; Z. Louda, Pecka, Pardubice 1968; J. Racek, Kryštof Harant z Polčic a jeho doba, Bde. 1–3, Brno 1970–73; LV 279, Bd. 5, 99–113; F. Teplý, K dějinám zámku Pecky u Jičina, in: ČSPS 44 (1936), 151–159; LV 906, Bd. 3, 30ff.

Pernstein (Pernštejn, Bez. Saar). Die 9 km sö. von → Bystřitz gelegene, A. 13. Jh. als typische Inselfestung angelegte Burg P. ist die im Zustand der 1. H. 14. Jh. am besten erhaltene Burganlage Mährens. Die Besitzverhältnisse sind A. 13. Jh. unklar. Erster bekannter Besitzer war Stephan v. Medlov (1203 – um 1235), der in Diensten von Mkgf. Vladislav III. (Heinrich) und Kg. Přemysl Otakar I. stand. Von ihm stammt das Herrengeschlecht v. P. ab (1285 erstm. »de Perenstein«). Nach dem Tod von Mkgf. Johann Heinrich 1375 kam es zum Streit über P. zw. dessen Söhnen Jobst und Prokop. Wilhelm I. v. P. (†1422), der in Diensten von Mkgf. Jobst stand und einflußreiche Landesämter innehatte, gilt als ritterliches Vorbild seiner Zeit. Seine Söhne Bawor und Johann (†1475) wurden aus Streben nach Kirchenbesitz und pol. Ehrgeiz Huss. und Stützen Kg. Georgs v. Podiebrad in Mähren. Unter Wilhelm II. v. P. (um 1435–1521) wurde die Burg neu befestigt und erweitert mit einem viereckigen Turm sowie einer neuen Mauer mit Graben und Fallbrücken. Wilhelm II. verband wirtsch.-finanzielle mit herausragenden pol. Fähigkeiten, war Initiator wirtsch. Tätigkeit des Adels (Teichwirtschaft, Bergbau, Handel) und Gläubiger des Kg. und anderer Adeliger. Er begründete eines der größten Dominien in den böhm. Kronländern, das schließlich sogar den Besitz der südböhm. Herren v. Rosenberg übertraf. Wilhelm II. und dessen Bruder Wratislaw (†1496), die vor allem in → Prag, Wien und → Pardubitz weilten, vernachlässigten jedoch die Burg; erst unter Johann dem Reichen v. P. (†1548) wurde sie erneut erweitert und unter ital. Einfluß zu einem Repräsentationsbau umgestaltet. Unter dem späteren Oberstkanzler Wratislaw v. P., der eine Bibliothek und Kunstsammlungen anlegen ließ, zählte der Hof von P. zu den vornehmsten und humanistisch gebildetsten seiner Zeit. Die hohe Verschuldung der Herren v. P. zwang 1596 Johann v. P. (†1597) zum Verkauf der Burg. Fortan wechselten die Besitzer häufig, 1710 fiel die Burg an Franz Edler Stockhammer, der sie teilw. im Rokokostil umbauen ließ (Barockkapelle und Chinesischer Pavillon mit Fresken von Franz Gregor Ignaz Eckstein, Park mit Plastiken von Andreas Schweigl). 1793 erwarb sie Ignaz Schröffel v. Mannsberg, 1818–1945 gehörte sie den Gff. Mitrowsky v. Mitrowitz und Nemischl. Im 19. Jh. erfuhr P. zahlr. bauliche Veränderungen, der von August Prokop geplante weitgehende historisierende Umbau scheiterte jedoch am Widerstand der Besitzer. (VIII) *Teu*

LV 253, Bd. 11, 271f.; LV 259, Bd. 1, 29, 185f.; LV 255, 330; J. E. Nečas, Pernštýn a poříčí Svratky, Kroměříž 1903; LV 930; LV 290, Bd. II/12, 154–173; F. Višírek,

Panství pernštejnské za doby kolem třicetileté války, ČMM 34 (1910), 146–158, 281–298; LV 939; LV 791, Bd. II/4, 371f.

Perutz (Peruc, Bez. Laun). Die 11 km ö. von → Laun gelegene Gem. prägte sich im tsch. Bewußtsein als Stätte ein, an der sich um das Jahr 1000 Hzg. Udalrich und die Bäuerin Božena begegnet sein sollen, aus deren Ehe der spätere Fst. Břetislav hervorging. In der Zeit der nat. Wiedergeburt bildete diese Romanze ein Motiv für zahlr. bildende Künstler, Komponisten und Dramatiker. An die Legende in P. erinnern die etwa 600 Jahre alte Ulrichseiche und der in neogot. Stil restaurierte Božena-Brunnen. Tatsächlich wurde P. jedoch erstm. 1170 als Adelssitz erwähnt. 1770 wurde der Umbau des urspr. got. Kastells zu einem Schloß vollendet. 1725 wurde die Kirche St. Peter und Paul erbaut. Der Bolzano-Anhänger František Daneš schuf M. 19. Jh. an der Pfarrei in P. ein geistiges Zentrum, das führende böhm. Gelehrte, unter ihnen Franz Palacký, aufsuchten. 1897 erhielt P. Stadtrecht und durfte ein Wappen führen. Nach dem E. des Zweiten Weltkrieges wohnte im Schloß der Maler Emil Filla. – 1845: 580, 1930: 1364 (2% Dt.), 1950: 1058, 1990: 757 Eww.   (II) *Rd*

LV 259, Bd. 3, 371f.; J. Imbr, Průvodce po Peruci a její paměti, Peruc 1905; B. Lůžek, Peruc, Praha 1985; R. Prahl/Z. Hojda, Setkávání s Oldřichem a Boženou, in: DAS 12 (1990), 38–45; LV 279, Bd. 8, 226ff.; LV 283, Bd. 13, 82–89.

Petersburg (Petrohrad, Bez. Laun). Auf einer Anhöhe unweit der 11 km s. von → Podersam gelegenen Gem. befinden sich die Reste einer Burg, die Peter v. Janowitz um 1360 erbauen ließ; M. 15. Jh. war P. Mittelpunkt einer umfangreichen Herrsch., zu der 2 Städtchen und 16 Dörfer gehörten. Um 1550 wurde die Burg aufgegeben und unterhalb der Anlage ein Schloß errichtet. 1622 erwarb Hermann Czernin v. Chudenitz P., dessen Nachkommen die Herrsch. bis 1945 behielten. Die gesamte Region war zu jener Zeit vorwiegend dt.sprachig. 1697–1703 wurde das Renaissance-Schloß zu einer barocken Residenz umgebaut; E. 18. Jh. ließ der damalige Besitzer, Johann Rudolf Czernin v. Chudenitz, einen engl. Park anlegen. Heute dient die gesamte Anlage, die bis 1864 eine Brauerei beherbergte, medizinischen Zwecken. Zu den weiteren Sehenswürdigkeiten gehören das 1650–52 erbaute Spital mit der Dreifaltigkeitskapelle unweit des Schlosses sowie die nahe der Burgruine gelegene Allerheiligenkapelle aus der gleichen Zeit; M. 19. Jh. nahm die Herrsch. P. eine Fläche von 20 500 ha ein. 1786 wurde eine dt. Schule gegr., die tsch. Minderheit erhielt 1928 ihre Schule. – 1828: 268, 1921: 831 (80% Dt.), 1950: 579, 1990: 551 Eww.   (I/II) *Rd*

LV 259, Bd. 3, 373ff.; LV 270, Bd. 4, 329, 353; A. Ratt, Der Bauernaufstand 1680, in: UH 8 (1938), 251–255, 9 (1939), 283–287, 10 (1941), 327–331; W. Rott, Der politische Bezirk Podersam, Podersam 1902, 781–805; LV 275, Bd. 7, 109–118; LV 279, Bd. 14, 344–347; LV 283, Bd. 14, 277–287.

Petschau (Bečov nad Teplou, Bez. Karlsbad). Die erstm. 1349 urk. genannte, in Spornlage über der Tepl gelegene Burg ist, wohl auch als Zollstelle, an einer wichtigen Kreuzung der Straßen Elbogen–Pilsen und Tepl–Schlackenwerth durch die Herren v. Ossek und Riesenburg angelegt worden. Die Burg mit der darunter entstehenden Siedl. wurde zu ihrem Herrschaftszentrum. Schon M. 14. Jh. betrieben sie auch Bergbau auf Silber und Zinn im angrenzenden Kaiserwald. 1399 verliehen die Brüder Boresch v. Riesenburg den »armen leuten« von P. städt. Rechte wie Freizügigkeit, Erbrecht, Freiheit von Frondiensten, Brau-, Holz-, Rode- und Jagdrechte. Nach mehrfachem Besitzerwechsel im frühen 15. Jh. etablierten sich hier die Herren v. Plauen. 1430 wurde die Burg vom Huss.hauptmann Jakubek v. Wřesowitz erobert und niedergebrannt. Die Plauener privilegierten 1481 den Marktort; auf ihre Bitten hin erhob ihn Kg. Wladislaw II. 1482 zur Stadt mit Befestigungsrecht, Elbogener Stadtrecht und Jahrmarkt. 1495 kauften die Pflug v. Rabenstein die Herrsch. P., deren Wohlstand durch den blühenden Zinnbergbau anwuchs. Die Besitzer ließen die Burg umbauen, wie sie noch heute in ihren Grundzügen erhalten ist. 1547 wurde jedoch Kaspar Pflug v. Rabenstein als Anführer des Ständeaufstands von Kg. Ferdinand I. enteignet, die Herrsch. versch. Herren wie den Plauenern und den Schlick, 1573 der Stadt P. selbst verpfändet. 1615 kaufte die Stadt → Schlaggenwald P. auf. Der Aufstieg des Ortes endete mit dem 30jähr. Krieg, die Gegenref. vertrieb die ev. Bergleute nach Sachsen, 1648 wurde die Burg durch schwed. Truppen schwer beschädigt. Aufstände und Judenverfolgungen folgten im Innern. Die 1624 den Herren v. Questenberg verkaufte Herrsch. kam von diesen an die mit ihnen verwandten Kaunitz. Sie errichteten sich 1753 in der Nähe der fast verfallenen Burg das noch vorhandene barocke Neuschloß mit der Steinbrücke. 1760 verlor P. durch einen schweren Brand sein ma. Gesicht. 1848 wurde es Sitz des Bez.-Amtes. Die Bev. lebte von Land- und Forstwirtschaft und Handwerk. Trotz des Anschlusses an die Eisenbahn (1899) siedelte sich kaum Industrie an. – 1848: 2430, 1930: 2384 (davon 168 Tsch.), 1950: 1035, 1991: 1086 Eww.   (I) *Hil*
LV 905, Bd. 50, 220–289; LV 259, Bd. 4, 26–29; J. Mayer, Zur Geschichte von Petschau, in: MVGDB 9 (1871), 80–84; LV 507, 56ff.; M. Urban, Zur Geschichte der Stadt und Herrschaft Petschau, Falkenau 1849.

Pfraumberg (Přimda, Bez. Tachau). Etwa 30 km sw. von → Mies befinden sich auf einem weithin sichtbaren Berg oberhalb der gleichnamigen Gem. die Überreste der einstigen Grenzburg P., über deren

Errichtung der Chronist Cosmas v. Prag 1121 berichtet. Als Bauherr
ist verm. Diepolt II. v. Vohburg anzusehen. Als der böhm. Hzg. Vladislav von dessen rechtswidrigem Akt erfuhr, belagerte er die Burg,
die nach der Einnahme als bedeutende Grenzburg diente. Sie erfreute
sich in der Folgezeit eines großen Interesses von seiten der böhm.
Herrscher; die Maiestas Carolina nannte sie als unveräußerliches
Krongut. In den Huss.kriegen wurde sie 1427 eingenommen und
nachfolgend wiederholt verpfändet. Die bedeutendsten Besitzer waren später die Herren v. Schwanberg, welche die Anlage erneuern
ließen. Trotzdem erwies sich der bautechnische Zustand als bedenk-
lich, so daß die Burg verfiel. Die vorteilhafte Kammlage der ältesten
Steinburg in Böhmen erlaubte urspr. die Einbeziehung des natürlichen Terrains in das Fortifikationssystem. Den Mittelpunkt der ma.
Anlage bildete der viereckige mächtige Wohnturm. Zu Füßen der
Burg entwickelte sich eine Siedl. (1615 Stadtrecht) mit rom. Kirche.

(I) *Dur*

Burg und Stadt Pfraumberg in tausendjähriger Vergangenheit, Pfraumberg 1925; LV
245, 21ff.; LV 248, 239ff.; M. Halová, Od Tachova k Přimdě. Průvodce po Tachově
a okolí, Plzeň 1962; LV 259, Bd. 4, 278–281; LV 879, Bd. 1, 103–107; Z. Procház-
ka/J. Úlovec, Hrady a zámky okresu Tachov, Bd. 2, Tachov 1990, 121–131; LV
279, Bd. 13, 1–14; T. Schuster, Geschichte der Stadt und Burg Pfraumberg, Pfraumberg 1912; M. Urban, Zur Heimatkunde des Tachau-Pfraumberger Gaugebietes,
Plan 1925.

Pilgram (Pelhřimov). Die ganze Region mit → Rothřečitz als Zentrum gelangte 1144 durch landesfstl. Schenkung an die Prager Bff.
Diese gründeten 1. H. 13. Jh. zunächst das spätere Altp. Dieser Markt
wurde um 1250 um 3 km zum Flüßchen Biela verlegt, wo sich bereits
ein Pfarrdorf mit der wohl 1236 geweihten Veitskirche befunden
hatte. 1289 wurde diese zweite, burgrechtl. städt. Siedl. mit überwiegend dt. Eww. von den Anhängern des Zawisch v. Falkenstein zerstört. Bf. Tobias v. Bechin ließ darauf nach 1290 die neue Stadt P.
errichten, deren Vorgängerin zur Vorstadt wurde. Im 14. Jh. entwikkelte sich so, durch Zerstörungen Wilhelms v. Landstein 1317 nicht
gehemmt, eine befestigte Anlage mit rechtwinkligem Marktplatz und
Straßennetz sowie überwiegend mit dt. Eww. Die Stadt wurde
schließlich an Stelle von Rothřečitz neues Zentrum der Gesamtherrsch. Die Pfarrkirche St. Marien, dann St. Bartholomäus, errichtete man A. 14. Jh. und erweiterte sie A. 15. Jh., als sie zur Dekanatskirche erhoben wurde. 1379 verlieh Ebf. Johannes Očko v. Wlašim
»Pilgreims« Altstädter Recht, das 1406 mit großem Privileg bestätigt
wurde. Unter Ebf. Konrad v. Vechta 1415 zunächst verpfändet, gelangte P. 1420 an die Taboriten. Kg. Sigismund verpfändete 1437 die
seit den Huss.kriegen utraqu. und mehrheitlich tsch. Stadt mit

Herrsch. an die Trčka v. Leipa. 1446–51 fanden 4 Landtage in P. statt. Von den Trčka v. Leipa ging P. 1549 an Adam Řičanský v. Řičan, der das Schloß errichten ließ. Nach Stadtbränden 1554 und 1561 wurde die Stadtbefestigung mit Unterem und Oberem Tor erneuert, ebenso 1575–89 die 1553 erneut erweiterte got. Pfarrkirche. 1572 kaufte sich die bisher untertänige Stadt samt Herrsch. von den Herren Řičanský v. Řičan los und übernahm das Schloß als Rathaus. 1596 erhob Kg. Rudolf II. P. zur kgl. Stadt. Nach 1622 bemühte sich Ebf. Gf. Ernst Adalbert Harrach vergeblich um deren Rückgabe.

Nach Brandschatzung durch die Schweden 1645 und Stadtbrand 1646 war die H. der Häuser verlassen. P. erholte sich nur langsam, zumal seine Märkte zunächst nicht erneuert wurden. Eine Lateinschule, deren Gründung seit 1680 wiederholt gescheitert war, hatte nur 1763–83 Bestand. Nach Bränden 1766 und 1780 erhielten die Häuser, im Kern oft aus dem 16. Jh., barocke und klassiz. Fassaden. Rathaus, Bartholomäus- und Veitskirche – bis 1787 Friedhofskapelle – wurden barock umgestaltet. 1850 wurde P. Bez.-Hauptstadt, das Rathaus zum Bez.-Gericht und 1910 Museum. 1848 und seit 1861 setzte sich die tsch. Nationalbewegung im öffentlichen Leben durch. 1871 gründete die Stadt auf Initiative der Bürger ein tsch. Realgymnasium, das 1892 verstaatlicht wurde. War in P. noch bis M. 19. Jh. das Tuchmachergewerbe führend, entwickelte sich in der 2. H. 19. Jh. Maschinen-, Perlmutt-, Stärke- und Strickwarenfabrikation; A. 20. Jh. arbeitete in P. die größte Bürstenfabrik der Monarchie. Der Gutsbesitz der ehem. kgl. Stadt bestand noch 1933. Der Bez. P. wurde 1960 um die Bez. → Humpoletz, → Patzau und → Kamenitz an der Linde erweitert. Jüd. Eww. sind in P. seit 1570 nachgewiesen, waren seit 1628 aber nicht mehr zugelassen. Der jüd. Friedhof wurde 1880 angelegt, die neogot. Synagoge 1891 errichtet, 1961 jedoch abgerissen. In P. wurde 1385 der Taboritenbf. Nikolaus v. P. geb. († um 1459). – 1842: 3297, 1900: 4727, 1930: 6511, 1949: 6191, 1994: 16 480 Eww.   (VII) *Me*

J. Dobiáš, Dějiny královského města Pelhřimova a jeho okolí, Bde. 1–5, Pelhřimov 1927–70; LV 472, 292f.; LV 259, Bd. 5, 151f.; LV 951, 233; A. Mayer, Das Deutschtum im Pilgramer Gebiet im 14. Jahrhundert, in: ZVGMS 33 (1931), 41–57; ders., Zur ältesten Geschichte von Pilgram, in: ZVGMS 32 (1930), 55–78; Památník státního reálného gymnasia plukovníka J. J. Ševce v Pelhřimově k 75. výročí obnovení ústavu, Pelhřimov 1948; K. Polesný/Zd. Wirth, Pelhřimov, Pelhřimov 1911; LV 279, Bd. 4, 274–278; LV 513, 672ff.; LV 283, Bd. 10, 142–155; LV 905, Bd. 18, 150–208; LV 906, Bd. 3, 33–39; F. B. Vaněk, Pelhřimov za války, Pelhřimov 1938.

Pilsen (Plzeň). Die administrativen Zwecken dienende Fürstenburg P. entstand in der 2. H. 10. Jh. über der Úslava an einer Kreuzung wichtiger Handelswege, die → Prag über → Taus mit dem bayer.

Regensburg und später über → Pfraumberg und → Tachau mit
Nürnberg verbanden. Der Chronik Bf. Thietmars v. Merseburg zufolge siegte unterhalb der Burg 976 Hzg. Boleslav II. über ein in
Diensten Ks. Ottos II. stehendes Kontingent der Bayern. Die přemyslidischen Hzgg. nutzten die Burg als Sitz des westlichsten Bez. des
böhm. Staates, wo Bezirksbeamte, vielleicht auch Teilfstt., residierten. A. 11. Jh. gab es hier unter Hzg. Jaromír eine Münzstätte. 1213–
16 regierte als Angehöriger der kgl. Nebenlinie der Diepoldinger
Diepolt III., für 1224–28 erwähnen die Quellen den Sohn Kg. Přemysl Otakars I., Wenzel I., als »dux plzniensis et budyssiniensis«. Aus
dem breitangelegten Suburbium, das sich zu beiden Seiten der Úslava
erstreckte, entwickelte sich eine Siedl. von Handwerkern und Kaufleuten, die den Ausgangspunkt der späteren Stadt mit zahlr. Märkten
bildete und als Altp. bezeichnet wurde. Deren Bedeutung unterstreicht die Tatsache, daß hier bis M. 13. Jh. 5 Kirchen entstanden.
Weitere 3 Sakralbauten befanden sich auf der Burg sowie in deren
Suburbium auf dem Hůrka-Hügel: Neben der Hofkapelle St. Laurentius und der Hl.-Kreuz-Kirche mit ihren erhaltenen Grundmauern stand hier eine große Pfarrkirche, die zu den ältesten erhaltenen
Bauten in Böhmen zählt – die vorrom. ottonische Rotunde St. Peter
(E. 10. Jh.). Als die in das relativ enge Tal der Úslava eingezwängte
Burg mit ihrem Suburbium ihre Bedeutung verlor und den wachsenden Bedürfnissen nicht mehr entsprach, erfolgte um 1295 die Gründung von Neup. am Zusammenfluß von Mies und Radbusa, 9 km
nw. von Altp.; dieses sank zu einem Kammerstädtchen herab, das
nach 1360 ein kgl. Burggf. verwaltete. Die Mehrzahl der Handwerker und Kaufleute zog nach Neup., wohin sich auch die Handelswege
verlagerten.
Die neue Stadt entstand auf einer Fläche von 20 ha.; auf Befehl Kg.
Wenzels II. gab der Lokator Heinrich der Stadt einen regelmäßigen
Grundriß mit einem länglichen Markt und 15 geradlinigen Gassen;
das gesamte Areal wurde mit einer steinernen Mauer umgeben. Der
Zugang in die befestigte Stadt erfolgte durch 4 Stadttore. P. wurde
auf dem Kataster des Dorfes Malice gegr., dessen Allerheiligenkirche
bis 1322 auch der neugegr. Stadt als Pfarrkirche diente; danach übernahm die auf dem Ring errichtete St.-Bartholomäus-Kirche diese
Funktion. Während der Stadtgründung erfolgte im N auch der Bau
des Dominikanerkl. mit der Margarethenkirche und der Hl.-Geist-
Kapelle (1895 abgetragen) sowie im O der des Minoritenkl. mit der
Kirche Mariä Himmelfahrt; 1460 hielten hier die Franziskaner wieder
Einzug. Im SpätMA gehörte P. nach → Prag und → Kuttenberg zu
den größten böhm. Städten. Bereits A. 14. Jh. besaß es einen doppelten Mauerring, hinter dem in 290 Häusern annähernd 3000 Eww.

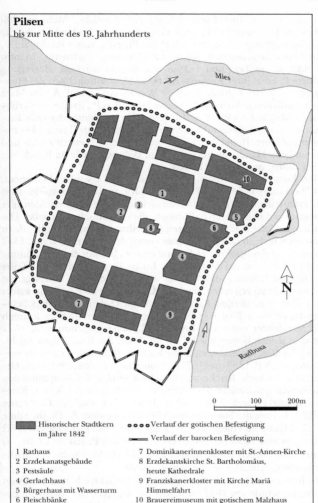

Pilsen
bis zur Mitte des 19. Jahrhunderts

Mies

N

0   100   200m

▨ Historischer Stadtkern im Jahre 1842	●●●● Verlauf der gotischen Befestigung
	▬▬ Verlauf der barocken Befestigung

1 Rathaus
2 Erzdekanatsgebäude
3 Pestsäule
4 Gerlachhaus
5 Bürgerhaus mit Wasserturm
6 Fleischbänke
7 Dominikanerinnenkloster mit St.-Annen-Kirche
8 Erzdekantskirche St. Bartholomäus, heute Kathedrale
9 Franziskanerkloster mit Kirche Mariä Himmelfahrt
10 Brauereimuseum mit gotischem Malzhaus

Radbusa

lebten; weitere 1000 Eww. zählten die Vorstädte. Mehr als 500 Handwerker waren in 50 versch. Gewerben tätig. Im Hinblick auf die Rechtsprechung orientierte sich P. am Prag-Altstädter Recht, auf P. wiederum beriefen sich die Städte Dobrzan, → Manetin, Mauth, → Radnitz, → Tepl und → Plan. Zu Beginn der huss. Bewegung bildete P. eines ihrer Zentren. Als führende Persönlichkeit des Huss. agierte in P. der radikale Prediger Wenzel Koranda d. Ä.; im März 1420 verließen jedoch die Anhänger Jan Žižkas P., das fortan als führendes Mitglied des P.er Landfriedens und Hauptstütze der kath. Partei auftrat. Kg. Sigismund belohnte die Stadt für ihre Treue 1434 mit einer goldenen Bulle; die Bürger mußten keine Steuern zahlen und waren beim Handel im gesamten Kgr. Böhmen sowie im Reich von allen Zöllen und Mauten befreit.

1466 kam es zum offenen Widerstand gegen Georg v. Podiebrad, 1478 erkannte P. Matthias Corvinus als Kg. an. Die Stadt spielte auch im kulturellen Leben eine herausragende Rolle. 1468 erschien hier das erste gedruckte Buch in Böhmen, die »Trojanische Chronik«. Das äußere Bild der Stadt veränderten Feuersbrünste am A. 16. Jh., doch bezeugen bedeutende Renaissancebauten deren wirtsch. Blüte. 1547 stand P. auf der Seite der Habs. und erhielt als Lohn die erste Stimme in der Städtekurie auf dem Landtag. Im 16. Jh. galt P. als Hauptpfeiler des Kath. in Böhmen, daher war es seit 1578 Nichtkath. untersagt, das Bürgerrecht zu erwerben; die kath. Erneuerung hielt in P. ein halbes Jh. früher als im übrigen Kgr. Einzug. P. hielt folglich im böhm. Ständeaufstand 1618–20 den Habs. die Treue. 1618 wurde es zwar durch ein Ständeheer unter Gf. Ernst v. Mansfeld eingenommen, 1621 stand es jedoch bereits wieder auf ksl. Seite. Auch nach dem 30jähr. Krieg blieb es ein Stützpunkt des Kath. in Böhmen. Trotzdem verweigerte sich P. 1553 und 1671 der Einrichtung eines selbst. Btm. Die Stellung der kath. Kirche wurde jedoch infolge der Josephinischen Reformen geschwächt. Die verheerenden Folgen des 30jähr. Krieges, verstärkt durch 2 Pestwellen (1680, 1714) und ein Großfeuer (1729), konnte die Stadt erst um 1740 überwinden; A. 18. Jh. zählte P. 279 Häuser und mehr als 3000 Eww., 1843 582 Gebäude mit 8892 Eww.; in eine moderne Stadt verwandelte sich P. erst A. 19. Jh., als unter dem Bürgermeister Martin Kopecký (1828–50) die ma. Stadtbefestigung schrittweise abgetragen wurde.

Das heimische Bier, das eine bis ins MA zurückreichende Tradition aufweist, wurde seit 1842 im neuen sog. Bürgerlichen Brauhaus gebraut, das den Namen »P.er Urquell« (Plzeňský Prazdroj) berühmt machte. Neben dem Bürgerlichen Brauhaus existierten in P. 7 weitere Brauereien. Bis 1850 entstanden in der Stadt lediglich 4 größere Fabriken, erst nach 1860 beschleunigte sich das Tempo der Indu-

strialisierung. Auch die Eww.-Zahl nahm rasch zu: 1858 zählte P.
rund 17 000 Eww., 1890 bereits über 50 000. Den industriellen Aufschwung begünstigten zunächst die Kohleförderung in der nahen
Umgebung sowie 1861–76 der Bau einer Eisenbahnlinie; bis heute ist
P. nach Prag der größte Eisenbahnknotenpunkt des Landes. 1859
wurde in der Stadt eine Niederlassung der Sedletzer Eisenwerke Gf.
Waldsteins gegr., die 10 Jahre später der Ingenieur Emil Škoda erwarb: Dies war die Geburtsstunde der späteren Škoda-Werke, die
einen Grundpfeiler der städt. Industrieproduktion bildeten. Seit 1899
arbeitete das Unternehmen als Aktienges. und avancierte schrittweise
zum größten Waffenproduzenten in der Doppelmonarchie. – Durch
das Verdienst des Erfinders František Křižík kam 1860 in P. die erste
Bogenlampe zum Erleuchten, 1899 nahm das städt. Elektrizitätswerk
seine Arbeit auf. Zudem verkehrte seit dieser Zeit eine elektrische
Straßenbahn. Der Prozeß der Konzentration von Industrie und Arbeiterschaft, die 1894 das erste »Arbeiterhaus« in Böhmen errichtete,
beschleunigte sich spürbar. Im Ersten Weltkrieg gab es in der Stadt an
die 100 Fabriken; 1910 lebten in P. 80 000 Eww., 1930 hatte sich
deren Zahl auf nahezu 115 000 erhöht. Bereits zu dieser Zeit sprach
man von Großp. Kleineren Eingemeindungen 1924 folgten weitere
während der dt. Besatzung 1942, als P. einen Magistrat erhielt. Während der dt. Besatzung erreichte die Grenze des Dt. Reiches mit Lititz
die Stadtgrenze. 1942–45 wurden in P. bei 11 Luftangriffen 6777
Häuser und nahezu 70% der Fabrikgebäude zerstört; 926 Menschen
wurden getötet. Am 5.5. begann der Aufstand der Eww. der Stadt,
einen Tag später marschierten amerikanische Truppen ein.
Nach aufwendiger Erneuerung der Stadt und dem Beginn der komm.
Herrsch. fand am 1.6.1953 eine große Demonstration gegen die
Währungsreform und das herrschende Regime statt, die niedergeschlagen wurde; das Denkmal der Befreiung mit der Statue Tomáš G.
Masaryks von Jaroslav Hruška wurde abgerissen. – 1949 trat eine neue
Bez.-Einteilung in Kraft, die versch. Eingemeindungen zur Folge
hatte. 1972 lebten 150 000 Eww. in P., die Zahl erhöhte sich bis 1991
um weitere 23 000. P. nimmt aufgrund seiner Eww.-Zahl weiterhin
den zweiten Platz hinter Prag in Böhmen ein und verkörpert das
wirtsch. und kulturelle Zentrum W-Böhmens.
Zu den bedeutenden Ereignissen im kulturellen Leben der Stadt gehörte 1794 die Gründung eines Philosophischen Instituts am städt.
Gymnasium. Beide Einrichtungen standen unter Aufsicht der Prämonstratenser des Kl. Tepl; hier lehrten u. a. Josef Stanislav Zauper
(1784–1850) sowie die Aufklärer Josef Vojtěch Sedláček (1785–1836)
und Josef František Smetana (1801–61). Die erste tsch. Schule wurde
1819 gegr., das erste steinerne Theater 1832 erbaut. Die dritte Auf-

klärergeneration vertrat der jungtsch. Politiker František Schwarz (1840–1906). 1902 öffnete das neue Theater seine Pforten. In P. unterrichtete 1873–1908 der Schriftsteller Karel Klostermann (1848–1923), dessen Grab sich auf dem Zentralfriedhof befindet, als Prof. an der dt. Realschule. In P. geb. wurden u. a. 1904 der Schriftsteller Emil František Burian (†1959), 1907 der Komponist Václav Trojan sowie 1912 der Buchillustrator und Zeichentrickfilmregisseur Jiří Trnka (†1969). Seit 1945, als die Medizinische Fakultät der Prager Karls-Univ. in der westböhm. Metropole gegr. wurde, ist P. Hochschulstadt. 1948 öffnete die Pädagogische Fakultät, seit 1949 gibt es in P. eine Hochschule für Maschinenbau und Elektrotechnik. 1991 wurden beide Fakultäten der neugegr. Westböhm. Univ. inkorporiert. Seit 1993 ist P. Sitz des gleichnamigen Btm. der röm.-kath. Kirche.

Der älteste Sakralbau am nö. Stadtrand von P., die später mehrfach umgestaltete St.-Georgs-Kirche aus dem Jahre 992, hatte der Prager Bf. Adalbert zus. mit einem Kl. für Benediktiner erbauen lassen, das er später dem Kl. Břewnow zuwies. Der Stadtkern wird zum einen von der 1295 begonnenen, E. 15. Jh. vollendeten und zuletzt 1879–83 von Josef Mocker sowie 1914–23 von Kamil Hilbert neogot. umgebauten dreischiffigen Erzdekanatskirche St. Bartholomäus (heute bfl. Kathedrale) mit ihrem 102 m hohen Turm, zum anderen von dem dreigeschossigen, 1907–12 von Jan Koula neu gestalteten Renaissance-Rathaus (1558) beherrscht. Zw. Rathaus und Bartholomäuskirche, wo sich bis 1829 die imposante städt. Lateinschule befand, steht die 1681 von Christian Widmann geschaffene, 1714 um weitere Figuren ergänzte Pestsäule. Am Markt, der ebenso wie die angrenzenden Gassen von zahlr. Renaissance-, Barock- und Empirehäusern geschmückt wird, befinden sich auch das 1607–09 für Ks. Rudolf II. von Giovanni Maria Filippi umgebaute Kaiserhaus sowie das Chotěšovský- und das Gerlach-Haus (heute Ethnographisches Museum). Gegenüber dem spätgot. Wasserturm, der im MA in die Stadtbefestigung und das Prager Tor integriert war, befinden sich die 1392 erbauten Fleischbänke. Am sö. Ende der Altstadt liegt das Franziskanerkl. (1295) mit der im 13.–16. Jh. errichteten, vom P.er Baumeister Jakob d. J. Auguston (†1735) barockisierten dreischiffigen Kirche Mariä Himmelfahrt sowie mit der 1370–80 erbauten Barbarakapelle. Von Auguston stammen ebenfalls das Erzdekanatsgebäude auf dem Markt, die zweitürmige Barockkirche St. Anna und das benachbarte Dominikanerinnenkl. (1710–14), das nach seiner Auflösung 1782 zunächst als Prämonstratensergymnasium diente und nach Umbauten 1805–09 heute als wiss. Bibliothek genutzt wird. An der Stelle des 1895 abgerissenen Dominikanerkl. wurden 1899–1902 der weiträumige Justizpalast sowie ein Gefängnisgebäude (heute Archiv) errichtet; hier standen einst auch die zweitgrößte got. Kirche St. Margaretha, die Hl.-Geist-Kapelle, das Spital mit St.-Wenzels-Kapelle sowie der mächtige got., später barockisierte Konvent mit angrenzendem Friedhof.

Am ö. Rand des Stadtkerns befindet sich seit 1842 das Areal des Bürgerlichen Brauhauses »Prazdroj-Urquell« mit einem Wasserturm, an dessen Stelle früher der städt. Richtplatz lag. Ö. davon schließt sich die 1869 gegr. Gambrinus-Brauerei, die zweitgrößte in P., an. Der 1908 im Neorenaissancestil vollendete Hauptbahnhof wurde 1945 stark beschädigt. In seiner Nähe steht auf dem r. Ufer der Radbusa die barocke, 1745 nach Plänen von Matthias Andreas Kondela erbaute Kirche Zum Jesulein und die einschiffige got. Friedhofskirche St. Nikolaus (1406–10; 1739–44 barockisiert), neben der u. a. der tsch. Dichter Josef Kajetán Tyl (1808–56) und Emil v. Škoda (1839–1900) ruhen. Im ö. Stadtbez. Petrohrad steht die dreischiffige, 1910–13 von Anton Möller aus → Warnsdorf im Jugendstil erbaute Maria-Růžencová-Kirche. (I/II/VI) *Pe*

M. Bělohlávek, Kniha počtů města Plzně 1524–1525, Plzeň 1957; ders., Řád německých rytířů v Plzni do válek husitských, in: MPP 1 (1958), 7–29; ders., Plzeň a její dějepisci, Plzeň 1959; ders. [u. a.], Dějiny Plzně, Bde. 1–3, Plzeň 1965–82; ders., Příspěvek k historii Plzně v letech 1939–1941, in: MZK 4 (1966), 88–103; ders., Die Rolle Pilsens im Transithandel des 16. Jahrhunderts, in: LV 633, 514–524; J. Čipera, Národnostní poměry v Plzni v minulosti a přítomnosti, Plzeň 1909; LV 259, Bd. 4, 261ff.; J. Hejnic, Latinská škola v Plzni a její postavení v Čechách 13.–18. století, Praha 1979; ders./M. Polívka, Plzeň v husitské revoluci, Hilaria Litoměřického »Historie města Plzně«, její edice a historický rozbor, Praha 1987; F. Janáček, Největší zbrojovka monarchie. Škodovka v dějinách, dějiny ve Škodovce 1859–1918, Praha 1990; J. Ječný, Die Münzstätte in Pilsen, Budweis 1931; V. Jíša, Škodovy závody 1859–1919, Praha 1965; K. Kern, Pilsen im Mittelalter, Pilsen 1930; LV 392, 187–196; Z. Přibylová, Bibliografie Plzně do roku 1941, Plzeň 1952; Tisíc let Starého Plzence-bývalé Staré Plzně 976–1976, Plzeň 1976; LV 906, Bd. 3, 81–99, 420ff.; A. Zeman, Hospodářská a sociální skladba Plzně na počátku 18. století, Plzeň 1955; ders./V. Lhotka/V. Laštovka, K historii plzeňských pivovarů, Plzeň 1959.

Pirnitz (Brtnice, Bez. Iglau). Das 11 km sö. von → Iglau an der Iglawa gelegene P. wurde aufgrund seiner strategisch bedeutenden Lage am Kreuzungspunkt wichtiger Handelsstraßen – darunter der von → Prag nach Wien – bereits in der 1. H. 13. Jh. durch eine Burg gesichert. Der 1234 erstm. genannte, 1340 als Stadt erwähnte Ort blieb bis 1384 landesfstl. und kam A. 15. Jh. an die Herren v. Waldstein, die während der Huss.kriege die Burg ausbauen, mit einem Wassergraben versehen und im 16. Jh. in ein Renaissance-Schloß umwandeln ließen. Unter den Waldstein gelangte P. als Handelsstadt zu wirtsch. Blüte, von der noch heute eine Reihe von Renaissance- und Barockhäusern zeugt. 1601 fiel P. an Zdeněk Brtnický v. Waldstein, der eine sorgfältige Ausbildung an den Univ. von Straßburg und Orléans genossen und Bildungsreisen durch Frankreich, Belgien, England und Italien unternommen hatte, über die er Tagebuchaufzeichnungen führte. Als Anhänger des Luth. beteiligte er sich aktiv am Ständeaufstand 1618–20, wurde nach der Schlacht am Weißen Berg verhaftet, zum Tode verurteilt, dann vom Ks. zu lebenslanger Haft begnadigt, in der er 1623 starb. Das konfiszierte P. gelangte an Gf. Rombaldo v. Collalto. Dieser berief 1627 die Paulaner in die Stadt, für die ein neues Kl. in der Vorburg bei der Schloßkirche von 1588 errichtet wurde. Gleichzeitig erfolgte ein barocker Umbau des Schlosses, das bis 1945 im Besitz der gfl. Fam. verblieb. Von den Räumen des eindrucksvollen, um 3 Innenhöfe gruppierten Gebäudekomplexes ragen der Kaisersaal und der Ahnensaal mit ihren Gemälden heraus. Heute besitzt P. vor allem Bedeutung als Sommerfrische, in der außerdem tradit. Leder- und Holzverarbeitung eine Rolle spielen. Die Stadt ist der Geburtsort des Architekten und Designers Josef Hoffmann (1870–1956), der 1899–1937 an der Wiener Kunstgewerbeschule lehrte und 1903 die sog. Wiener Schule mitbegründete. – 1869: 3597 (überwiegend Tsch.), 1991: 3592 Eww. (VII) *Hol*

B. Bretholz, Die Judenschaft einer mährischen Kleinstadt. Markt Pirnitz im XVIII. Jahrhundert, in: JGGJ 2 (1930), 403–455; Dějiny Brtnice a připojených obcí. Hg. v. J. Janák, Brno 1988; A. K. Hoffmann, Městys Brtnice na Moravě, Brtnice 1925; LV 950, Bd. 1, 113; LV 259, Bd. 1, 54ff.; LV 290, Bd. II/28, 128–153; M. Zaoralová, Vývoj správy Brtnického velkostatku a její písemnosti, in: SAP 19 (1969), 258–301.

Pisek (Písek). Belege für eine Besiedl. von P. reichen bis in das 8. Jh. zurück. Der Name der Siedl. »Na písku« (Auf dem Sande) leitet sich vom goldhaltigen Sand ab, den man an den Ufern der Wottawa auswusch. Später erwuchs aus der Siedl. ein Marktdorf mit der St.-Wenzels-Kirche. Am nahegelegenen felsigen Ufer ließ Kg. Wenzel I. eine got. Burg erbauen (Urk. von 1243), in deren Umfeld das heutige P. entstand. Kg. Přemysl Otakar II. begründete hier um 1254 eine ummauerte Stadt mit einer Münzstätte (»Civitas Pisecensis«), die neben → Böhm. Budweis den zweiten Stützpunkt der landesherrlichen Macht in S-Böhmen bildete. Aus der Gründungsphase der Stadt stammen die um 1250 erbaute got. Pfarrkirche Mariä Geburt und die nach 1265 von der kgl. Bauhütte aus → Klingenberg errichtete steinerne Brücke über die Wottawa. 1306 wurde der Bau der Befestigungsmauern abgeschlossen. Unter den Stadttoren war das im 19. Jh. abgetragene Putimer-Tor das bekannteste. Im 14. Jh. entfaltete sich P. dank seiner vorteilhaften Lage am Bayern und Böhmen verbindenden »Goldenen Steig«. Ks. Karl IV. bestätigte P. als Zentrum des Parchener Kreises und richtete hier ein Gericht, eine Salz-

stätte und 1362 ein Getreidelager ein. A. 15. Jh. war P. eine der ersten
Städte, die sich zur huss. Lehre bekannten. Auf der Burg residierte der
huss. Hauptmann Matthäus Louda v. Chlumčany, als örtl. Prediger
trat Nikolaus v. Pilgram auf. In der 2. H. 15. Jh. blühte P. neuerlich
auf, so daß 1509 die Burg einschl. der kgl. Herrsch. erworben werden
konnten. Nach 1547 verlor die Stadt jedoch ihren Landbesitz wegen
ihres Widerstandes gegen Kg. Ferdinand I. Zw. 1549 und 1576 wurde die Friedhofskirche zur Hl. Dreifaltigkeit mit dem 1575 vollendeten Glockenturm erbaut. Zahlr. urspr. got. Bürgerhäuser besitzen
Renaissance-, Barock- und Empirefassaden. 1619–20 wurde P. dreimal von ksl. Truppen eingenommen. 1623 erwarb der ksl. General
Martin de Huerta Stadt und Burg und führte die gewaltsame Rekatholisierung durch. 1641 erhob Ks. Ferdinand III. P. erneut in den
Rang einer kgl. Stadt. In den österr. Erbfolgekriegen besetzten bayer.
und frz. Truppen E. 1741 die Stadt. 1737–64 wurde das barocke
Rathaus erbaut, 1778 das Gymnasium aus → Klattau nach P. verlegt.
Einen wirtsch. Aufschwung brachte der Holzhandel dank der Schiff-
fahrt auf Wottawa und Moldau. Mehr als ein Jh. war P. mit 6880 ha
größter städt. Landbesitzer in Böhmen. 1858 erschien hier eine der
ersten Zeitungen Böhmens, der »Wottauer Bote«. In der 2. H. 19. Jh.
wurden die tsch. Vereine »Sokol«, »Beseda«, »Literární jednota«, eine
Bibliothek und ein Museum gegr.; die Bürger-Vorschußkasse war
seit 1860 eines der ersten Geldinstitute in S-Böhmen. Einen hervorragenden Ruf besaß das örtl. Schulwesen: 1860 entstand die Realschule, 1861 die erste tsch. höhere Mädchenschule, 1870 die erste
tsch. Bauernschule, 1884 die Revierschule, 1899 die Waldschule. Die
Bildungseinrichtungen verliehen P. den Beinamen »böhm. Athen«.
E. 19. Jh. nahm die wirtsch. Entw. aufgrund der Produktion von Filz
und Pappe einen Aufschwung, außerdem gab es eine Tabakfabrik.
1875 bereits hatte P. einen Eisenbahnanschluß nach → Prag erhalten,
1899 folgte die lokale Verbindung von → Tabor nach Ražitz. Am
14.10.1918 wurde im P.er Rathaus die Republik proklamiert und der
erste Nationalausschuß gegr. Am 6.5.1945 befreite die amerikanische
Armee die Stadt. Aus P. stammen die Humanisten Václav Hladič Pí-
secký (1482–1511) und Jan Kocín v. Kocínet (1543–1610). – 1850:
6559, 1890: 13 608 (2% Dt.), 1921: 13 608, 1950: 18 834 und 1991:
29 550 Eww.   (VI) *Bůž / Gr*

Almanach 750 let města Písku. Hg. v. Z. Janík, Písek 1993; V. Kopřiva [u. a.], Dva-
náct píseckých zastavení 1243–1993, Písek 1993; LV 872, 50–78; LV 874, 36f.,
333ff.; LV 875, 286–300; J. Kuthan, Hrad v Písku, Písek 1979; LV 879, Bd. 1, 208–
211, 451; J. de la Motte, Písek nad Otavou, Písek 1947; LV 906, Bd. 3, 50–57; A.
Sedláček, Dějiny královského krajského města Písku nad Otavou, Bde. 1–3, Písek
1911–13; LV 279, Bd. 7, 179–194; LV 275, Bd. 3, 7–15; LV 283, Bd. 8, 1–15; LV
905, Bd. 33, 165–273; J. Šindelář, Knížka o Písku, Písek 1985; LV 289, 563–570.

Plan (Planá, Bez. Tachau). Die Anfänge des 10 km nö. von
→ Tachau an der Schlada gelegenen P. sind nicht völlig geklärt; P.
wurde in der 1. H. 13. Jh. im damaligen böhm. Grenzland zum staufischen → Eger im Zuge der Binnenkolonisation als tsch. Siedl. gegründet. Verm. stand hierbei das unweit gelegene Prämonstratenserkl. → Tepl Pate, doch führt die älteste schriftl. Erwähnung 1251
als Patronatsherrn der Kirche St. Peter und Paul und vielleicht auch
des Dorfes das Zisterzienserkl. Waldsassen (Oberpfalz) an. Im 14. Jh.
erbauten die Ritter Dobrohost v. Ronsperg, unweit des Dorfes an
einem von → Pilsen nach Nürnberg führenden Weg, eine kleinere
Burg, die 1395 erstm. urk. belegt ist. Vor 1343 legten sie zw. dieser
Feste und dem alten Dorf P. eine neue städt. Siedl. an, die 1379 als
Städtchen in den Quellen erscheint. Dem neuen P. wurde Pilsener
(Altstädter) Recht verliehen. Damals erbaute man auch die Pfarrkirche Mariä Himmelfahrt. Den wirtsch. Aufstieg förderte die Gewinnung von Silber und Blei in der Umgebung. E. 14. Jh. fiel P. an Bořivoj v. Svinař, unter dem 1395 die Burg niederbrannte, die später
jedoch wieder aufgebaut wurde. In den Huss.kriegen befand sich das
Städtchen in kath. Hand, anschließend brachte es Alesch v. Seeberg,
der Begründer der P.er Nebenlinie dieses Adelsgeschlechts, in seine
Gewalt. Seine Nachfahren regierten bis A. 16. Jh. 1517 gelangte P. an
die Schlick, eines der damals reichsten und mächtigsten Adelsgeschlechter im Lande. Die Schlick ließen die Burg zu einem Renaissance-Schloß umbauen und intensivierten die Silbergewinnung in
der Umgebung. Im 30jähr. Krieg erlebte die Stadt mehrfach Brand-
schatzungen und fiel an den Präsidenten des ksl. Kriegsrates General
Heinrich Schlick. Dessen Sohn verkaufte P. 1665 an die Gff. v. Sinzendorff, die ein Großgut schufen. 1679 und 1787 wüteten Feuersbrünste. Nach dem ersten Brand erbaute man das frühbarocke Rathaus. A. 18. Jh. ließen die Gff. v. Sinzendorff zudem das Schloß restaurieren. Nach dem Aussterben dieses Geschlechts 1822 ging der
Besitz an die Gff. Nostitz über, die hier bis 1945 residierten. Handwerk, Bergbau und Getreidehandel bestimmten die wirtsch. Entw.
(im 19. Jh. Glaswerk, Maschinenfabrik, Ziegelei, Brauerei, mehrere
Mühlen). 1872 erfolgte der Eisenbahnanschluß. – 1850: 3124, 1900:
4790, 1930: 5618 (davon 249 Tsch.), 1950: 3326 und 1991:
5045 Eww.   (I) *Kub*

LV 259, Bd. 4, 256f.; E. Maur, Panství Planá za války o rakouské dědictví, in: SOM 4
(1970), 1–6; J. Novák, Co víme o osídlení Plánska a Tachovska ve středověku, in:
SOM 10 (1974), 12–20; LV 507, 218ff.; E. Senft, Geschichte der Herrschaft und
Stadt Plan in Böhmen, Bde. 1–2, Plan 1932–37; LV 283, Bd. 6, 216–220; M. Urban,
Notizen zur Heimatkunde des Gerichtsbezirkes Plan, Tachau 1884, 54–57; ders.,
Aus Alt-Plan, Plan 1916; G. Weidl/M. Urban/L. Hammer, Heimatkunde des po-
litischen Bezirkes Plan, Plan 1896, 366–476.

Plan → Ober-Plan

Planitz (Plánice, Bez. Klattau). Das urk. erstm. 1329 als Städtchen belegte, 1397 zur Stadt erhobene P. wurde A. 14. Jh. vom Zisterzienserkl. → Nepomuk gegr. Als Kirchengut wurde es 1420 durch die Huss. schwer verwüstet. Nach 1420 gehörte P. zur Herrsch. Grünberg der Herren v. Schwanberg, die 1464 an die Herren v. Sternberg fiel. Diese verliehen P. 1511, 1521 und 1568 weitere Privilegien, zeitweise war es sogar freie Stadt. 1638 wurde P. aus der Herrsch. Grünberg gelöst und gelangte an Jaroslav Bořita v. Martinitz, dessen Fam. es bis 1790 hielt und zum Verw.-Zentrum ihrer Domäne ausbaute. Die Feste wurde A. 18. Jh. zu einem einstöckigen Barockschloß ausgebaut. Um 1720 wurde in P. eine der ältesten Manufakturen Böhmens für Baumwolle gegr., die jedoch bald wegen eines Brandes ihre Tätigkeit einstellen mußte. 1790–1848 gehörte P. den Gff. Wallis. Moderne Industrien (Textil, Holz) siedelten sich erst nach dem Zweiten Weltkrieg an. In P. wurde der Erfinder der Bogenlampe František Křižík (1847–1941) geb. –1880: 1818, 1930: 1455 (davon 3 Dt.), 1990: 961 Eww. (I/VI) *Wei*

LV 905, Bd. 7, 135ff.; LV 259, Bd. 4, 257; LV 507, 221f.; LV 279, Bd. 9, 227–236.

Plaß (Plasy, Bez. Pilsen-Nord). Das Zisterzienserkl. P. spielte in der böhm. Geschichte seit seiner Gründung durch Kg. Vladislav II. 1144 bis zu dessen Auflösung 1785 eine bedeutende Rolle. Die aus Franken herbeigerufenen Mönche kolonisierten die n. von → Pilsen gelegene Landschaft. 1154–1204 errichteten sie eine dreischiffige Basilika im rom. Stil, die später mehrfache bauliche Veränderungen erfuhr. Aus der Gotik stammt die eingeschossige Königskapelle aus der Zeit um 1265, die inmitten eines barocken Speichers erhalten blieb. Bereits um 1350 gehörten dem Kl. 70 Dörfer in der Umgebung von Pilsen sowie weitere in den Regionen → Saaz und → Prag. In den Huss.kriegen fiel das Kl. der Zerstörung anheim, die Grundherrsch. erlitt schwere Einbußen. Noch 1518 sah sich das Kl. gezwungen, die Herrsch. Kacerow zu verpfänden; dem Kl. selbst blieben lediglich 6 Dörfer. Eine Wende setzte nach der Schlacht am Weißen Berg ein, als das Kl. mehrere neue Dörfer erwerben konnte und wirtsch. erstarkte. Die nach 1620 dem Kl. vorstehenden Äbte Andreas Trojer (1681–99) und Eugen Tyttl (1699–1738) verwandelten P. in eine großangelegte Barockanlage. 1685/86 entstand im O der große dreigeschossige Speicher. Nach 1698 wurde im NO die Prälatur vollendet, das spätere Schloß, ein eingeschossiger Zweiflügelbau. Nach Plänen des Baumeisters Jean Baptiste Mathey erlebte auch die urspr. got. St.-Wenzels-Kirche auf dem Friedhof einen Umbau: Sie erhielt 2 Türme an

der Hauptfassade, die 1826 erneut im Empirestil verändert wurden.
Darüber hinaus kam es zum Bau der Familiengruft der Fstt. v. Metternich. Den monumentalen barocken zweigeschossigen Vierflügel-
konvent erbaute verm. Matthias Andreas Kondela nach Plänen von
Giovanni Santini 1711–40 auf durch 5100 Eichenpfähle verstärktem
sumpfigen Untergrund. Der Konvent dient heute dem Institut für
Denkmalpflege Pilsen und dem Bez.-Archiv. Auf der N-Seite des
Konvents befindet sich die Kirche Mariä Himmelfahrt von 1661–66,
eine dreischiffige Basilika. Nach der Auflösung des Kl. 1785 verwaltete eine rel. Stiftung die Grundherrsch., zu der neben dem Städtchen
→ Kralowitz 55 Dörfer, 16 Häuser in Prag, Pilsen und → Rakonitz
sowie die Propsteien in → Böhm. Leipa und Maria Teinitz gehörten.
1826 erwarb den größten Teil der ehem. Kl.herrsch. der österr.
Staatskanzler Clemens Lothar Wenzel Fst. v. Metternich. 1829–75
arbeitete in P. die Metternichsche Eisenhütte. – 1930: 1747 (davon 32
Dt.), 1991: 1924 Eww.   (I/II)   *Pe*

J. Čechura, Hospodářský vývoj plaského kláštera v době přemyslovské, in: HG 18
(1979), 233–306; ders./J. Kuthan, Středověké stavby kláštera v Plasích, in: PAP 5
(1980), 203–217; LV 639, 52–63; LV 259, Bd. 4, 257–260; M. Hurt/P. Hubka/O.
Soutner, Plasy, Plasy 1994; LV 874, 156–172; L. Losos/B. Nechvátal, Rekonstrukce
raně středověké dlažby v královské kapli v Plasech u Plzně, in: AR 24 (1972), 529–
541, 597–600; J. Mrkvička, Plasy, Plzeň 1964; LV 507², 222ff.; P. Preiss, K stavební
histori kláštěrního kostela v Plasích, in: MPP 1 (1958), 101–105; LV 905, Bd. 37,
155–202; B. Štiess, K rušení klášterů v Čechách za Josefa II., in: MZK 12 (1975),
127–135.

Platten → Bergstadt Platten

Platz (Stráž nad Nežárkou, Bez. Neuhaus). Die Herren v. Stráž, eine
1267 begründete Nebenlinie der Herren v. Neuhaus, errichteten die
1284 erstm. erwähnte Burg an Stelle einer Warte über der Nežárka.
Von der Burg hat sich der 1861 erhöhte spätgot. Turm erhalten. Der
dt. Ortsname wurde aus dem des Nachbardorfes Plavsko (Altp.) gebildet. Der Burgflecken wurde im 14. Jh. zum Markt erhoben. 1361
erstm. erwähnt ist die got. Pfarrkirche St. Peter und Paul, die 1413
und im 19. Jh. umgebaut wurde. Der utraqu. Heinrich v. Stráž brachte es unter Kg. Georg v. Podiebrad zum Oberstlandhofmeister. Seine
Grabplatte befindet sich in der 1413 an die Pfarrkirche angebauten
Michaels- oder »Schloßkapelle«. Mit seinen Söhnen erlosch 1474 das
Geschlecht. Zu den nun oft wechselnden Besitzern zählten A. 16. Jh.
der Kuttenberger Unternehmer Wenzel Wenzelik v. Wrchowischt,
seit 1596 die Herren v. Neuhaus und bis 1693 die Gff. Slawata. An
Stelle der 1570 ausgebrannten Burg wurde nach 1715 das Schloß errichtet (Jugendpflegeheim bis 1995). 1850 kam P. an den Bez.

→ Neuhaus. 1914–30 war das Schloß im Besitz der Opernsängerin Ema Destinová (1878–1930). Die jüd. Gem. ist seit A. 19. Jh. mit Synagoge (heute Lagerraum) und jüd. Friedhof belegt. – 1841: 1323, unter ihnen 11 jüd. Fam., 1900: 1494 tsch., 1930: 963, 1950: 910, 1994: 887 Eww. (VII) *Me*

LV 259, Bd. 5, 182f.; LV 951, 285; LV 279, Bd. 3, 263–271; LV 283, Bd. 9, 112–117; LV 513, 654; LV 906, Bd. 3, 442.

Ploschkowitz (Ploskovice, Bez. Leitmeritz). Das 1057 erstm. erwähnte P., 6 km nö. von → Leitmeritz, schenkte der Adelige Hroznata 1188 dem Johanniterorden, der hier bis zu den Huss.kriegen eine Kommende unterhielt. Ks. Sigismund gab P. 1436 dem ehem. huss. Hauptmann Jakubek v. Wřesowitz, dessen Nachkommen die Kommende befestigten und sich nach P. benannten. Gegen Adam Ploschkovsky v. Drahonitz rebellierten 1496 dessen Bauern, eroberten die Burg und unterstellten sich dem Ritter Dalibor v. Kozojedy, der deswegen in → Prag vor Gericht gestellt und 1498 zum Tode verurteilt wurde (Prager Burgturm »Daliborka«). Das Schicksal des Ritters Dalibor gab das Libretto für Bedřich Smetanas 1868 uraufgeführte Oper »Dalibor«. Im 16. Jh. wechselten die Besitzer häufig; die alte Befestigung wurde 1545–75 in ein Schloß umgebaut. Im 30jähr. Krieg wurde P. mehrfach niedergebrannt; die Renovierung des Schlosses leitete seit 1650 Marie Sidonie, Tochter des Gf. Heinrich Schlick ein, die P. jedoch 1663 an Hzg. Julius Heinrich v. Sachsen-Lauenburg verkaufen mußte. Als dessen Sohn Julius Franz starb, fiel P. an seine Tochter Anna Maria Franziska, die in zweiter Ehe mit dem letzten Medici, Jean Gaston III. Großhzg. v. der Toskana (†1737), verheiratet war. Sie ließ, wahrsch. durch Octavio Broggio, neben dem älteren Schloß, das 1816 abgerissen wurde, eine »maison de plaisance« als neue Sommerresidenz errichten. Durch Erbfall gelangte P. in den Besitz des Wittelsbachers Maximilian Josef III., Kfst. v. Pfalz-Bayern und Zweibrücken, während dessen Herrsch. 1775 ebenfalls ein Bauernaufstand ausbrach. Mit der Erhebung Bayerns zum Kgr. 1805 war die Übertragung der böhm. Besitzungen der Wittelsbacher an den Habs. Ehzg. Ferdinand v. Salzburg verbunden, der seit 1813 Großhzg. der Toskana und seit 1835 Ks. v. Österr. war. Einen Aufschwung für Schloß P. bedeutete Ferdinands Abdankung als Ks. im Jahr 1848. Er übersiedelte nach Prag und machte P., das um eine Etage aufgestockt wurde, zu seiner zweiten Sommerresidenz neben → Reichstadt. Auf dem zugehörigen Gut P. arbeiteten, verteilt auf die herrschl. Dörfer, etwa 300 meist tsch. Gutsarbeiterfam., sowie während der Hopfenernte bis zu 500 tsch. Hopfenpflücker; auch das Dorf P. war 1900 überwiegend tsch. bewohnt (407 Eww.). Als Ferdi-

nand 1875 starb, erbte sein Neffe Ks. Franz Joseph I. P.; 1918 konfiszierte der neue tschsl. Staat das Schloß und nutzte es als Residenz
des Außenministeriums. Nach 1945 wurde es renoviert und der Öffentlichkeit als Museum zugänglich gemacht. – 1991: 264 Eww.

(II) *Lüb*

LV 264, 391; LV 259, Bd. 3, 378–384; P. Macek, Zámek v Ploskovicích, in: Lit 16
(1980), 123–148; M. Ryška/K. Kraus, Státní zámek Ploskovice, Ústí nad Labem
1984; LV 279, Bd. 14, 554; LV 291, 216.

Plumenau (Plumlov, Bez. Proßnitz). Das im ö. Vorfeld des Drahaner Berglandes gelegene Städtchen entstand als Siedl. unterhalb der
gleichnamigen Burg, die auf einem Felsen über dem Flüßchen Hlou-
čela errichtet worden war. Diese gehörte vor 1312 Hzg. Nikolaus II.
v. Troppau, dem als Besitzer Kg. Johann v. Luxemburg und 1322 –
dies die erste urk. Erwähnung von P. selbst – Wok v. Krawarn folgten. Die erstm. 1347 bezeugte Unterburg entwickelte sich vor 1384
zu einem Städtchen. Die Feste wurde als Mittelpunkt einer umfangreichen Grundherrsch. schrittweise von einer einfachen, 1993 in archäolog. Ausgrabungen nachgewiesenen Bergfried-Burg zu einer
Anlage mit vierflügeligem Palast und Innenhof ausgebaut. Die Herren v. Pernstein ließen 1555 im Ort die Dreifaltigkeitskirche errichten, deren einer Turm nach dem Brand von 1828 abgetragen wurde;
der Bau diente seit 1853 als Pfarrkirche. Zudem entstanden mehrere
Wirtschaftsgebäude. Die Burg brannte 1586 nieder; der neue, seit
1599 herrschende Grundherr Karl v. Liechtenstein ließ die Anlage
wiederherstellen und neu befestigen. Die Arbeiten dauerten bis 1618,
trotzdem eroberten die Schweden 1643 P., brandschatzten die Feste,
ließen die Mauern schleifen und wüteten im Ort, während die Bürger
die Flucht ergriffen. 1680 initiierte Fst. Johann Adam Andreas v.
Liechtenstein nach Plänen seines Vaters Karl Eusebius neben dem
Burgpalast den Bau eines Schlosses. Von der geplanten, vierflügeligen
Anlage wurde jedoch lediglich ein Flügel mit reich verzierter Hof-
fassade und unvollendetem Interieur fertiggestellt. Im 18. Jh. erwuchs auf Teilen der Mauern das Erdgeschoß eines Verw.-Gebäudes,
das sog. Niedere Schloß. Als ein heftiger Schneesturm 1801 Burg und
Schloß starken Schaden zufügte, ließ Fst. Alois Joseph v. Liechtenstein die Burg niederreißen. In der von der Landwirtschaft geprägten
Gem. lebte eine größere Anzahl Handwerker, die seit dem 17. Jh.
Zünfte bildeten. 1828 wütete ein Großfeuer in P. Im Schloß war
1850–1949 das Amtsgericht untergebracht. Im Zuge der Bodenreform in der ersten Tschsl. Republik wurde P. 1931 in das Eigentum
des Staatl. Bodenamtes überführt. – 1834: 1118, 1900: 1431, 1930:
1785 Eww.

(VIII) *Šta*

J. Blekta, Plumlov a panství plumlovské v době tereziánského katastru kolem roku 1750, Prostějov 1939; LV 290, Bd. II (Okres plumlovský); J. Kühndel/J. Mathon, Plumlovský zámek a jeho knížecí architekt, Prostějov 1937.

Počatek (Počátky, Bez. Pilgram). Die im Zuge des hochma. Landesausbaus am Weg von Böhmen nach Mähren nahe der europ. Wasserscheide (alttsch. počátek = Ursprung, Quelle) angelegte slaw. Siedl. ist erstm. 1285–90 erwähnt, ihre Pfarrkirche St. Johannes des Täufers 1354. Das Gut P. erwarb 1389 Heinrich III. v. Neuhaus, das Marktdorf stieg zur Stadt auf, 1420 wurde der Besitz mit der Herrsch. → Neuhaus vereinigt. Während der Huss.kriege stand P. auf kath. Seite; 1425 von den Taboriten erfolglos belagert, wurde es mit Mauern befestigt und von der Todfall-Abgabe befreit. 1564 inkorporierte Joachim v. Neuhaus P. seiner Herrsch. → Serowitz, der es bis 1848 zugehörte. Nach schwed. und ksl. Besatzungen im 30jähr. Krieg und nach Bränden 1653 und 1662 wurde P. wiederaufgebaut und die 1594–1773 unter dem Patronat der Neuhauser Jesuiten stehende Pfarrkirche 1688–90 barock erneuert. Den Rang der Stadt gegenüber dem Herrsch.sitz Serowitz drückte die Erhebung zur Munizipalstadt mit reguliertem Magistrat 1783 aus. Nach einem Stadtbrand 1821 zählte P. bald wieder über 2500 Eww., neben Ackerbürgern bes. Tuchmacher und Weber. 1850 wurde P. Bez.-Stadt (bis 1945), es entwickelten sich Textilindustrie und tsch. Vereinsleben. In P. wurde 1629 der mähr. Historiograph Thomas Pešina v. Čechorod (†1680), ein Repräsentant des kath. Barockpatriotismus (Geburtshaus mit Gedenktafel am Marktplatz), geb., 1868 der tsch. Lyriker Otokar Březina, d. i. Václav Jebavý (†1929), dessen Symbolismus und Mystik verpflichtetes Werk u. a. durch Übertragungen Franz Werfels im dt. Sprachraum bekannt wurde (Geburtshaus mit Gedenktafel und Büste von Karel Kotrba, Gedenkstätte). – 1842: 2561, 1900: 2829, 1930: 2419, 1950: 2132, 1994: 2830 Eww. (VII) *Me* LV 951, 238; 700 let Počátek, Počátky 1985; LV 513, 661f.; LV 283, Bd. 10, 213f.; LV 905, Bd. 18, 213–227; LV 906, Bd. 3, 103ff.; T. Zapletal, Sborník starožitného města Počátky, Bde. 1–3, Jindřichův Hradec 1941.

Poděbrad (Poděbrady, Bez. Nimburg). 8 km sö. von → Nimburg liegt, eingebettet in einer fruchtbaren Ebene am r. Ufer der Elbe, die Kurstadt P.; seit alters existierte hier eine wichtige Furt über die Elbe, an einem von → Prag nach Schles. führenden Handelsweg. Im 10./11. Jh. gehörte die damals relativ dichtbesiedelte Region um P. zum Hinterland der Burg Libitz. Im 12. Jh. verlagerte sich das Zentrum der přemyslidischen Verw. nach Hawran. Wie archäolog. Ausgrabungen bezeugen, lag das urspr. P. verm. 2 km sö. vom eigentlichen Zentrum auf dem Areal der heutigen Radiostation. Hier befand

sich wohl auch der befestigte Sitz des Adelsgeschlechts v. P. Nachdem Kg. Přemysl Otakar II. dieses Territorium in Besitz genommen
hatte, ließ er an der Stelle des heutigen Schlosses eine steinerne Burg
in Gestalt eines mächtigen Vierecks errichten. 1268 führte er hier
Verhandlungen mit Hzg. Ulrich v. Kärnten. Von der Feste blieb ein
runder Turm in der SW-Ecke des Schlosses erhalten. Unter dem
Schutz der Burg entfaltete sich eine Marktsiedl., die von ihrer Lage
am Handelsweg profitierte. Unter Kg. Johann v. Luxemburg geriet P.
schrittweise in den Besitz einer Reihe von Pfandherren, 1345 etwa
erwarb Hynek v. Lichtenburg P.; durch dessen Tochter Elisabeth fiel
P. an die Herren v. Kunstadt. Kg. Karl IV. übertrug diesen P. 1363 als
erbl. Besitz, so daß sich die Fam. den Namen v. Kunstadt und P.
zulegte. Die Herren v. Kunstadt zählten zu den bedeutenden pol.
Persönlichkeiten ihrer Zeit und profilierten sich nach 1415 als führende Repräsentanten des Huss.; aus diesem Grunde versuchten sowohl Kg. Sigismund als auch die Taboriten bzw. Waisen, P. in ihre
Gewalt zu bringen. Aus dem Geschlecht der Herren v. Kunstadt und
P. stammte auch der spätere böhm. Kg. Georg v. P., welcher der
Überlieferung zufolge am 23.4.1420 in der Burg geb. wurde. Unter
seiner Herrsch. erhielt P. eine von 3 Stadttoren durchbrochene
Mauer und den Rang einer Stadt, den 1472 die Söhne Georgs bestätigten. Die urspr. bescheidene Siedl. dehnte sich im 14.–15. Jh.
wesentlich aus. Ihr Zentrum bildete ein breit angelegter länglicher
Markt, der an der O-Seite an die Burg grenzte, die mehrfache bauliche Veränderungen erlebte. Über das gesamte MA hinweg dominierte in P. und Umgebung das tsch. Bev.-Element. 1495 trat Heinrich v. P. die gesamte gleichnam. Herrsch. an Kg. Wladislaw II. ab.
Nach zahlr. weiteren Verpfändungen löste Kg. Ferdinand I. P. 1542
ein und entschied, die Herrsch. künftig nicht mehr zu verpfänden.
1548 begann der Umbau der Burg zu einem repräsentativen Renaissance-Schloß, das 1580–82 nach Plänen von Giovanni Battista Aostalli, Hans Tirol und Ulrico Aostalli seiner Vollendung entgegensah.
Nach 1550 erhielt die Hl.-Kreuz-Kirche, in der 1449 Kunhuta v.
Sternberg, die erste Gemahlin Kg. Georgs v. P., ihre letzte Ruhestätte
fand, ein spätgot. Aussehen. An das Grab erinnert heute eine hölzerne
Tafel mit einer Kopie der Grabinschrift. Bedeutung verdient daneben
auch die steinerne Grabplatte des Baumeisters Giovanni Battista Aostalli (†1575). 1875–98 erhielt die Kirche eine neogot. Gestalt. Auch
die 1516 zur Erinnerung an die eigenmächtig hingerichteten Kuttenberger Bergleute erbaute Bergmannskirche Mariä Himmelfahrt am l.
Elbufer erfuhr mehrfache Umgestaltungen; 1634 trug man sie ab,
später wurde sie jedoch erneuert.
Im 30jähr. Krieg besetzten 1631 und 1634 die Sachsen P., ihnen folg-

ten die Schweden. Das Schloß verlor seine einstige Bedeutung und diente hauptsächlich als Verw.-Sitz. Einen größeren barocken Umbau begann der Baumeister Franz Maximilian Kaňka 1723/24, die Arbeiten wurden nach 1750 fortgesetzt. Mehrfach hielten sich im Schloß Maria Theresia und ihr Gemahl Ks. Franz v. Lothringen auf. 2 Feuersbrünste (1800, 1832) vernichteten das urspr. ma. Stadtbild. Lange Zeit bewahrte P. sein kleinstädt., von gewerblicher Produktion bestimmtes Aussehen. Die Bev. rekrutierte sich vornehmlich aus Tsch. Neben der eigentlichen, bereits früh befestigten Stadt gehörten auch die Kirchen- und die Nimburger Vorstadt zu P., das 1835 mit diesen zus. 331 Häuser und 2834 Eww. zählte. Kgl. Kameralstadt blieb P. bis 1839, als der Wiener Bankier Georg Simon Sina die gesamte, 62 Dörfer umfassende Herrsch. kaufte. Nach 1848 befanden sich in P. vorübergehend die Bez.-Hauptmannschaft und das Bez.-Gericht. Durch Einheirat konnten die Gff. v. Ypsilanti P. 1884 in ihren Besitz bringen. Erst um 1900 begann der wirtsch. Aufstieg der Stadt im Zusammenhang mit der Entdeckung von Mineralheilquellen. Geringere Bedeutung besaßen die einheimischen Glashütten. Von den städt. Denkmälern blieb das Rathaus erhalten, das 1814 einen Turmanbau erhielt. Das Neue Rathaus wurde 1905/06 im Neorenaissancestil erbaut. Die Häuser am Markt weisen häufig einen Renaissancekern auf. Architektonische Beachtung verdient das Gebäude der Bürgerlichen Vorschußkasse von 1897/98. Den Georg-v.-P.-Platz zieren eine Mariensäule von 1765 und ein bronzenes Reiterdenkmal des Kg., das Bohuslav Schnirch 1896 schuf. Im NW des Stadtzentrums erstreckt sich das umfangreiche Areal der Heilbäder mit einer Reihe beachtenswerter Gebäude und Figuren. Seit der ersten Badesaison 1908 stieg P. zu einem internat. anerkannten Heilzentrum für Herzkrankheiten auf. – 1900: 6297, 1950: 11 972 und 1991: 13 213 Eww.												(III) *Žem*

J. Hellich, Příběhy havířského kostelíčka Nanebevzetí P. Marie za mostem v Poděbradech, Nymburk 1922; LV 259, Bd. 6, 373–378; A. Robek, Lázně Poděbrady 1908–1978. Historický nástin, Mladá Boleslav 1978; LV 279, Bd. 12, 1–19; H. Sedláčková, Poděbrady. Stadtführer – historische Übersicht, Poděbrady 1992; LV 283, Bd. 3, 59–64; LV 906, Bd. 3, 107–112.

Podersam (Podbořany, Bez. Laun). Die 15 km sw. von → Saaz gelegene Gem. wurde erstm. 1369 urk. erwähnt, als sich P. im Besitz des Benediktinerkl. → Postelberg befand. 1426 erwarb Burian v. Guttenstein P., seinen Nachfahren gehörte die Herrsch. bis 1535. Etwa zu jener Zeit wurde P. Städtchen, was ein entsprechendes Wappen bezeugt. Im 16. Jh. bestand die H. der Bev. aus dt. Luth., wovon die häufige Verwendung der dt. Sprache in den Stadtbüchern jener Zeit zeugt. 1575 erteilte Gf. Christoph Schlick den Bewohnern umfang-

reiche Privilegien: u. a. überließ er der Stadt die patrimoniale Brauerei und belegte das nach P. eingeführte Bier mit einem Zoll. Für 1590
wird erstm. eine Schule erwähnt. Nach dem 30jähr. Krieg verstärkte
sich der dt.sprachige Charakter weiter; in einer Steuerrolle von 1654
sind 80% der Namen dt.; dies hing u. a. auch mit der Herkunft der
Obrigkeit zusammen: 1637–65 gehörte P. dem ksl. General Hzg. Julius Heinrich v. Sachsen-Lauenburg, bis 1771 dann dem Mkgf. v.
Baden-Baden. Seit 1772 stand P. unter Verw. der kgl. Kammer.
Durch die verheerenden Feuersbrünste von 1590, 1720, 1734 und
1748 wurden zahlr. architektonische Denkmäler zerstört. Die Kirche
St. Peter und Paul von 1734 steht auf dem Areal einer urspr. got.
Kirche, das Pfarrhaus stammt von 1788. Die Dreifaltigkeitssäule daneben wurde A. 18. Jh. errichtet. Eine jüd. Synagoge wurde 1874
geweiht, eine neorom. ev. Kirche 1902. Im Ortsteil Lubau stehen die
Überreste der Türme einer ehem. Wasserburg. Im 19. Jh. entfaltete
sich in P. ein reichhaltiges Ges.-Leben. Der älteste Verein wurde
1861 gegr., die erste Regionalzeitung, das »P.-Jechnitzer Wochen-
blatt«, erschien seit 1874. 1883 wurde ein öffentliches Krankenhaus
eingeweiht, 1891 öffnete die neue Stadtschule. 1874 begann die Kao-
lingewinnung. Vom 19. Jh. bis zur Vertreibung der dt. Bev. nach
dem Zweiten Weltkrieg war P. überwiegend dt.sprachig. – 1828:
761, 1921: 3342 (84% Dt.), 1950: 3600, 1990: 4688 Eww.   (I/II)   *Rd*

E. Czerwenka, Zur Geschichte des Kohlenbergbaus im Bezirke Podersam, in: UH 5
(1935), 133–137; A. Ratt, Eine Gemeinde-Ruge von Podersam aus dem Jahre 1553,
in: UH 9 (1939), 297–301; W. Rott, Der politische Bezirk Podersam, Podersam
1902, 415–437; LV 270, Bd. 4, 685–692; LV 275, Bd. 7, 102f.; LV 283, Bd. 14,
263–267.

Pohrlitz (Pohořelice, Bez. Lundenburg). Die 27 km s. von → Brünn
am r. Ufer der Iglawa gelegene Ortschaft wurde 1222 als »Bohorlicz«
erstm. erwähnt. Als kgl. Stadt, in der 1336 Kg. Johann v. Luxemburg
weilte, wurde sie 1421 von Kg. Sigismund an Hzg. Albrecht v.
Österr. übergeben. 1514 verlor P. seine Stadtrechte. Erst 1885 wurde
der durch Vieh- und Getreidehandel bekannte Marktflecken wieder
zur Stadt erhoben. In der 2. H. 16. Jh. war P. ein Zentrum der Wiedertäufer, die hier 1581 einen »Brüderhof« einrichteten. Von der
vom 15. Jh. bis 1938 ansässigen Judengem. in P. (1790: 26 Häuser und
453 Eww.; 1890: 114 Häuser und 659 Eww.) zeugt der jüd. Friedhof.
Die 1222 bezeugte St.-Jakobs-Pfarrkirche mit got. Wandmalereien
aus dem 14. Jh. wurde 1668 umgebaut. Nach dem bereits 1839 erfolgten Eisenbahnanschluß entwickelte sich P. zu einem wirtsch.
Zentrum mit einer großen, 1872 gegr. Zuckerfabrik. Die Bev. war
bis E. des Zweiten Weltkrieges gemischt. 1880: 2211 dt. und 1010
tsch., 1910: 3119 dt. und 359 tsch., 1930: 1210 dt. und 2816 tsch.

Eww. Ende Mai 1945 wurde in P. ein Durchgangslager für die aus Brünn zwangsausgesiedelten Dt. eingerichtet. Die wahrsch. mehr als 800 Toten des sog. Brünner Todesmarsches sind nahe P. begraben worden. Ihre Überreste sollen, so eine E. 1994 getroffene Entscheidung der Bürger von P. (1991: 4378 Eww.), nach dem österr. Drasenhofen umgebettet werden. (VIII) *Had*

J. Edler, Chronik der Orte Seelowitz und Pohrlitz und ihrer Umgebung, Brünn 1859; LV 861, 16, 135, 164; LV 548, 477–486; LV 543, 22; LV 253, Bd. 9, 313ff.; LV 255, Bd. 3, 237f.; LV 950, Bd. 2, 269f.; S. Nováček, Mikulovsko a Pohořelicko od nástupu nacismu k osudnému Mnichovu, Brno 1960; Pohořelice, 750 let města, Pohořelice 1973; J. Unger, Pohořelice-Klášterka, Praha 1980; LV 456, 438–455; LV 290, Bd. II/81, 28–86.

Polička (Bez. Zwittau). Die im böhm.-mähr. Grenzbereich 15 km sw. von → Zwittau gelegene Kleinstadt erstreckt sich in einem Kessel am Flüßchen Weißbach an der Schnittstelle mehrerer Handelswege. Das Areal besiedelten bereits um 1150 Prämonstratenser aus → Leitomischl. In der eigentlichen Gründungsurk. Kg. Přemysl Otakars II. von 1265 ist die Rede von der »novella plantatio nostrae civitatis in Policzek«. Die neuen Siedler, vornehmlich aus dem norddt. Raum, waren dem Lokator Konrad v. Limberg gefolgt; die neue Stadt erhielt Hohenmauther und damit Magdeburger Recht. Zugleich wurde bestimmt, daß der Weg von → Hohenmauth nach → Brünn über P. führen sollte. Das Stadtgebiet bildete ein unregelmäßiges Oval mit einem rechteckig verlaufenden Gassensystem. Neben dem größeren Markt, den später das Rathaus flankierte, entstand noch ein zweiter sog. Kleinerer Markt mit der St.-Jakob-Dekanatskirche. Während sich im O später die Obere Vorstadt herausbildete, entstand im W die Untere Vorstadt mit der Michaeliskirche. P. gehörte damit zu den mittelgroßen Königsstädten. Nach dem Tode Přemysl Otakars II. ging die Stadt an dessen Witwe Kunigunde. 1285 vermachte sie Kg. Wenzel II. Zawisch v. Falkenstein zu erbl. Besitz; später fiel die Stadt an Kgn. Elisabeth v. Polen-Kalisch, 1305 ist sie als Leibgedingestadt der böhm. Kgn. belegt. Die Regierungszeit Ks. Karls IV. brachte für P. einen bedeutenden Aufschwung: Holzhäuser wurden durch Steinhäuser ersetzt, auf dem Hauptmarkt errichtete man ein Rathaus; nach 1360 schützte eine umfangreiche Befestigungsanlage die Stadt. Die dt. Bewohner gerieten verm. bereits im 14. Jh. in die Minderheit, zumal die Stadt an der Sprachgrenze lag. Am Beginn der huss. Auseinandersetzungen stand P. wie die meisten anderen Leibgedingestädte auf kgl. Seite. Erst 1421 öffnete auch P. wie → Chrudim und → Hohenmauth dem Hussitenheer die Tore und trat dem Prager Städtebund bei. Dabei blieb es trotz kurzfristiger Einnahme durch ungar. kgl. Truppen im Herbst 1421. 1547 wurde

der Besitz der Stadt, die sich an der Rebellion gegen Kg. Ferdinand I.
beteiligt hatte, konfisziert und erst 1559 zurückgegeben. Noch einmal wurde P. durch den Entzug von Dörfern und zahlr. Privilegien
bestraft, als es sich 1618–20 dem böhm. Ständeaufstand anschloß.
1628 erhielt es seine Privilegien und Freiheiten zurück, doch galt dies
ausschl. für Kath.; viele Prot. zogen daher das Exil vor. Im Verlauf des
30jähr. Krieges wurde die Stadt nahezu völlig entvölkert, erst im
18. Jh. zeigte sich die städt. Wirtschaft, in der das Tuchhandwerk zu
einer gewissen Blüte gelangte, von den Folgen erholt. Der Barock
prägte nun das äußere Bild der Stadt: 1727–31 errichtete man auf dem
Markt eine Pestsäule, das neue Rathaus, eine Nepomuksäule sowie 2
Brunnen. Ein Brand zerstörte 1845 weitgehend das barocke Gesicht
der Stadt, von 237 Steinhäusern blieben nur 4 vom Feuer verschont.
Die Häuser wurden im klassiz. Stil wiederaufgebaut. Das von Landwirtschaft, Kleingewerbe und Tuchmacherei geprägte P. ist der Geburtsort des Komponisten Bohuslav Martinů (1890–1959). – 1890:
4550, 1900: 4981 (davon 19 Dt.), 1930: 6096, 1991: 8987 Eww.

(IV/VIII) *Ben/Krz*

K. Adámek, Z dějin hospodářství královského věnného města Poličky, Praha 1906;
ders., Z kulturních dějin královského věnného města Poličky, Bde. 1–2, Praha 1901–
05; K. Dudek, Dějiny královského věnného města Poličky, Bd. 1, Polička 1940; D.
Junek, Polička. Gotické opevnění města, o. O. 1990; D. Libal/L. Reml, Polička,
Praha 1962; Polička. Eine ostböhmische Stadt an der Grenze zu Mähren. Hg. v. St.
Konečný [u. a.], o. O. 1992; J. Růžička/J. Krušina, Dějiny města Poličky, Bd. 1,
Hradec Králové 1968; F. Vaníček, Staročeské městské zápisy poličské, Polička 1940;
LV 905, Bd. 22.

Politz (Police nad Metují, Bez. Nachod). Mit der Schenkung eines
Politzer Sprengels an das Kl. Břewnow durch Kg. Přemysl Otakar I.
1213 setzte die Kolonisationstätigkeit der Benediktiner in diesem
Gebiet ein. In P. wurde 1253 durch den Břewnower Abt Martin I.
ein Kl. gegr., in dessen Nähe sich eine Siedl. entfaltete, die 1253 den
Status eines Städtchens und das Privileg zur Durchführung eines
Wochenmarktes erhielt. 1294 fand der Bau der Kl.kirche Mariä Himmelfahrt seinen Abschluß. Erhalten blieb das frühgot., 1270–80 geschaffene W-Portal, die dreischiffige Pfeilerbasilika brannte mehrfach nieder und wurde baulich verändert. 1723 schuf Kilian Ignaz
Dientzenhofer die barocke W-Fassade. Die umfangreiche Bautätigkeit zeugt von der urspr. Absicht der Benediktiner, P. zu einem
Herrsch.zentrum zu machen; später übernahm jedoch → Braunau
diese Funktion. Urspr. prosperierte das Städtchen, 1295 erhielt es die
Halsgerichtsbarkeit und stieg zum Mittelpunkt der Herrsch. auf, deren Verw. in den Händen der P.er Pröpste lag. Die Blütezeit endete
jedoch mit den Huss.kriegen, als P. schwere Schäden davontrug. Ei-

nen gewissen Aufschwung brachten die durch Kg. Wladislaw II. verliehenen Privilegien, doch blieb P. auch in der Folgezeit nicht von
Feuersbrünsten und milit. Zerstörungen verschont. Im 18. Jh. wurden Rathaus und Kl. (1786 aufgelöst) barockisiert. Das wirtsch. Leben kennzeichneten die manuelle Leinenherstellung und die bekannten Leinenmärkte. Im 20. Jh. entfaltete sich neben der Textilproduktion auch Maschinenindustrie. Seit dem A. der Kolonisation wurde
das Gebiet um P., im Unterschied zu den n. gelegenen Territorien,
durch Tsch. besiedelt. – 1833: 1399, 1900: 2789, 1930: 3445, 1991:
4480 Eww. (IV) *Fr*

LV 905, Bd. 45, 246–273; LV 259, Bd. 6, 382f.; St. Brandejs, Kniha o Polici nad
Metují a Policku, Police n. M. 1940; F. Kincl [u. a.], Police nad Metují. Město a
okolí, Praha 1959; J. Kohl, Police nad Metují, Police nad Metují 1993; LV 875,
311–317; 725 let Police nad Metují, Police nad Metují 1978; V. V. Tomek, Älteste
Nachrichten über die Herrschaften Braunau und Politz bis zur Zeit des Hussitenkrieges, Prag 1857; ders., Příběhy kláštera a města Police nad Metují, Praha 1881.

Polna (Polná, Bez. Iglau). Das zum Jahr 1242 erstm. genannte, 16 km
nö. von → Iglau gelegene P. entwickelte sich noch im 13. Jh. zur
Stadt, deren Kirche 1282 erwähnt wird. 1471 fanden hier Verhandlungen zur Beendigung des zweiten Huss.krieges zw. Böhmen
und Ungarn statt. Nach mehrfach wechselnden Besitzern kam die
Stadt 1597 an die Herren Seidlitz v. Schönfeld. Mit der Niederschlagung des böhm. Ständeaufstands 1620 wurde P. vom Ks.
konfisziert und an Kardinal Franz v. Dietrichstein übergeben.
1646/47 zerstörten die Schweden das von Teichen umgebene
Schloß, das nach 1584 aus einer im 13. Jh. angelegten, um 1490 spätgot. erneuerten Burg entstanden und 1623–36 erweitert worden war.
Es wurde 1690–93 und 1753 umgebaut und nach einem Brand 1844
teilw. abgerissen; in seinem restaurierten Teil befindet sich heute das
Stadtmuseum. Zu weiteren Baudenkmälern von P. zählen die an
Stelle eines got. Baus 1699–1707 erbaute Kirche Mariä Himmelfahrt,
die 1447 gegr., 1684 barockisierte und im 19. Jh. neugot. veränderte
Spitalkirche St. Anna, die um 1340 errichtete, 1488 erweiterte und im
17./18. Jh. umgebaute Friedhofskirche St. Katharina und die Friedhofskirche St. Barbara von 1720/25. Am ö. Stadtrand befindet sich
der Komplex des 1668 angelegten Ghettos mit der Synagoge von
1684 und dem ma., im 17. Jh. erweiterten jüd. Friedhof. 1840/42
wirkte die Schriftstellerin Božena Němcová (1820–62) in P., die in
ihren damals vielgelesenen Romanen das Volksleben schilderte und
sozialkritische Prosa verfaßte. Über die Grenzen hinaus bekannt wurde das sonst kaum bedeutende, von der Holzverarbeitung und der
Textilproduktion lebende und nach dem großen Stadtbrand von
1863 in seiner Entw. stagnierende P. aufgrund des 1899 nach Er-

mordung eines jungen Mädchens unter antisemitischen Vorzeichen
gegen Leopold Hilsner geführten sog. Ritualmord-Prozesses, gegen
den der spätere erste Präsident der ČSR, Tomáš G. Masaryk, publi-
zistisch auftrat. – 1869: 6498 (überwiegend Tsch.), 1991: 4631 Eww.
(VII) *Hol*

B. Černý, Vražda v Polné, Praha 1968; J. Hoffmanová, Vystěhovalectví z Polné do
Severní Ameriky ve druhé polovině 19. století, Havlíčkův Brod 1969; Listář města
Polné. Hg. v. K. Turecký, Praha 1940; A. Nussbaum, Der Polnauer Ritualmord-
prozeß, Berlin 1906; F. Pojmon, Polná. Popis dějepisný, místopisný a statistický,
Hradec Králové 1898; LV 952, Bd. 3, 428f.; F. Půža, Poddanství lidu vesnického na
bývalém panství polensko-přibyslavském, Přibyslav 1937; M. Zaoralová, Velkostatek Polná-Přibyslav a Pohled, jeho historický a správní vývoj a dějiny jeho archivu,
in: SAP 27 (1977), 143–183.

Poreschin (Pořešín, Bez. Krumau). Die gleichnamige, verm. um
1300 von Bavor III. v. Strakonitz gegr. Burg erhob sich auf einem
Felsvorsprung über der Maltsch. Die erste urk. Erwähnung geht auf
das Jahr 1312 zurück. Um 1315 erwarb Bavor III. in einem Tausch-
geschäft mit den ihm verwandten Werner, Racek und Přibík v. Vi-
tějovice deren gleichnam. Burg, die er seiner eigenen Herrsch. einverleibte. Die erwähnten Brüder, die nun die Burg P. besaßen, wurden die Stammväter der Herren v. P., deren Geschlecht 1423 ausstarb. Danach fiel P. als Heimfall an Kg. Sigismund. 1434 erwarb
Ulrich II. v. Rosenberg die Burg und ließ sie schleifen, damit sie nicht
in die Hände seiner huss. Gegner falle. Die Burg blieb eine Ruine;
von ihr sind nur die dreifachen Gräben erhalten, welche die befestigte
Anlage in 2 Suburbien und die eigentliche Burg gliederten. An der n.
Außenmauer befand sich am Eingangstor ein viereckiger Turm. Ihm
gegenüber stand nahe des s. Tores der Palas, von dem sich Mauerreste
und Teile eines got. Portals erhalten haben. – 1930: 236 (fast nur Dt.),
1991: 113 Eww.   (VI) *Bůž*

LV 905, Bd. 42, 211; J. M. Klimesch, Urkunden und Regesten zur Geschichte des
Gutes Poreschin im 14. und 15. Jahrhundert, Prag 1889; LV 279, Bd. 3, 229–237.

Pořič (Poříčí nad Sázavou, Bez. Beneschau). Das 6 km n.
→ Beneschau gelegene Dorf P. ist seit 1351 belegt. Es entstand durch
die schrittweise Verschmelzung der 3 Siedl. P., Balkovice und Kouty,
die anfänglich versch. Obrigkeiten aus den Reihen des niederen
Adels unterstanden. Aus diesem Grunde errichtete man hier in unmittelbarer Nachbarschaft 2 rom. Kirchen und verm. auch 2 eigenständige Kastelle, von denen lediglich eines erhalten blieb. P. wurde
unter Johann v. Schellenberg 1577 dem Gut Mrač angegliedert und
1725 der Herrsch. → Konopischt inkorporiert. Die heute im Nah-
erholungsbereich von → Prag gelegene Ortschaft weist 2 außeror-

dentlich bedeutsame Baudenkmäler auf: Die rom. Tribünenkirche
St. Peter und Paul entstand verm. um 1150 und ist mit zahlr. got.
Fresken aus dem 13.–14. Jh. ausgeschmückt. Die rom. St.-Gallus-
Kirche wurde nach 1225 errichtet und erfuhr nach 1620 und 1745
teilw. barocke Umgestaltungen. – 1848: 940, 1900: 790, 1950: 980
und 1991: 970 Eww. (III/VII) *Pán*

LV 259, Bd. 4, 271; F. Jech, Poříčí nad Sázavou, Poříčí 1928; V. Mareš, Historicko-
kartografické a ikonografické materiály Poříčí nad Sázavou, in: SVPP 16 (1975),
303–309; M. Vlk, Baroknĕgotická úprava kostela sv. Havla v Poříčí nad Sázavou, in:
SVPP 17 (1976), 155–166.

Postelberg (Postoloprty, Bez. Laun). Das 8 km w. von → Laun gelegene P. wurde erstm. in der Cosmas-Chronik als Dorf neben dem
Benediktinerkl. der Jungfrau Maria, das später den Namen Porta
Apostolorum erhielt, genannt. Weder das Datum der Kl.gründung
noch der Name des Fundators sind überliefert. Im Mai 1420 wurde
das Kl. mit seiner reichen Bibliothek von den Huss. zerstört. A. 16. Jh.
erhielt P. den Status einer Untertanenstadt; auf dem Gelände des Kl.
wurde ein Schloß errichtet, das 1706–18, nach Plänen von Paul Ignaz
Bayer ein barockes Aussehen erhielt. E. 18. Jh. erfolgten weitere bauliche Umgestaltungen des Schlosses. 1692, als die Bev. bereits mehrheitlich dt.sprachig war, erwarb Ferdinand v. Schwarzenberg die
Herrsch., die bis 1945 im Besitz seiner Fam. blieb. P. entwickelte sich
schrittweise zum Mittelpunkt eines umfangreichen Dominiums, das
1846 rund 11 500 ha umfaßte. Im 18. Jh. siedelten sich zahlr. Juden
an, die in einem Ghetto lebten. 1753 wurde nach Plänen Andrea
Altomontes die Kirche Mariä Himmelfahrt erbaut. Etwa 600 m sw.
von P. liegt an der Eger die bereits von Cosmas erwähnte slaw. Burgstätte Draguš, welche die Přemysliden auf dem eroberten Terrain des
Stammes der Lutschanen errichtet hatten. – 1828: 1125, 1921: 3379
(58% Dt.), 1950: 2366, 1990: 3578 Eww. (II) *Rd*

LV 259, Bd. 3, 388ff.; LV 270, Bd. 4, 424–440; LV 275, Bd. 7, 30–37; O. Schmidt,
Das böhmische Benedictinerkloster Porta apostolorum, in: MVGDB 23 (1884),
100–104; LV 279, Bd. 14, 414f.; LV 283, Bd. 14, 64–73; Statistische Tafeln des
Postelberger Bezirkes, Prag 1862; P. Sommer/B. Stauber, Příspěvek k lokalizaci
postoloprtského kláštera, in: AR 35 (1983), 540–551; K. Tutte, Der politische Bezirk Saaz, Saaz 1904, 753–797; J. Veselý, Geschichte der fürstlich Schwarzenbergschen Domaine Postelberg, Prag 1893.

Pottenstein (Potštejn, Bez. Reichenau an der Kněžna). Die 11 km s.
von → Reichenau an der Kněžna auf einem Berg gelegene Burg
wurde 1287 erstm. im Titel des »arbiter Botho v. Bothenstein« erwähnt. Dessen Sohn Nikolaus war einer der heftigsten Gegner der
Luxemburger in Böhmen. 1339 eroberte der damalige mähr. Mkgf.

Karl nach neunwöchiger Belagerung P. und zerstörte die Burg. Als
Kg. ließ Karl IV. P. 1355–59 erneuern. Aus dieser Zeit datiert die
erste Nachricht über den etwa 2 km unterhalb der Burg angelegten
Marktort. 1432 von den Huss. erobert, diente P. im 15. Jh. Kg. Georg
v. Podiebrad und den schles. Fstt. v. Münsterberg als Sitz. 1497 erwarb Wilhelm v. Pernstein die Herrsch., welche die Marktorte P. und
→ Adlerkosteletz sowie 13 Siedl. umfaßte. Die Herren v. Pernstein
bauten P. im 16. Jh. zu einem repräsentativen Adelssitz aus. Belegt ist
die Anwesenheit einer Gem. der Böhm. Brüder. Nach 1556 erfolgte
eine Aufteilung der Herrsch., die nun häufig den Besitzer wechselte.
Die Burg verfiel und wurde 1673 als wüst bezeichnet. 1746 erwarb
der schles. Emigrant Gf. Johann Ludwig Harbuval de Chamaré P. und
siedelte hier Weber an. 1755 wurden eine Weber- und Spinnerei-
schule, Leinwandbleichen sowie später eine Seidenfabrikation eingerichtet. 1749–55 erbaute man ein quadrat. Schloß. Vor dem Ersten
Weltkrieg wurde das Schloß als Wohnsitz der Gfn. Dobřenský v.
Dobřenic zu einem kulturellen Zentrum, in dem u. a. Rainer Maria
Rilke, Karl Kraus und Rudolf Kassner verkehrten. Die Burgruine
wurde Ausflugsziel. – 1900: 754, 1980: 1041 Eww.   (IV) *Bb*

LV 259, Bd. 6, 389–393; M. Flegl, K stavebnímu vývoji a konzervaci hradu Pot-
štejna, in: PAP 7 (1982), 400–404; LV 649; LV 879, Bd. 2, 302f., 502–505; LV 952,
Bd. 3, 446f.; LV 279, Bd. 2, 1–23; F. J. Zoubek, Vypsání hradu Potenšteina v Hradecku, Praha 1870.

Prachatitz (Prachatice). Die erste Erwähnung des an den ö. Ausläufern des Böhmerwaldes gelegenen P. zum Jahr 1088 in einer Fälschung des 12. Jh. bezieht sich auf das noch heute vorhandene Altp.,
das damals dem Wyschehrader Stift durch Kg. Vratislav zus. mit den
Einkünften des sog. Goldenen Steiges geschenkt wurde. Dieser 1010
erstm. genannte Handelsweg, der hier seinen Ausgang nahm und
über den Böhmerwald nach Passau führte, verschaffte P. in der Folgezeit eine Schlüsselstellung im Handel zw. Böhmen und Bayern. E.
13. Jh. leiteten die Wyschehrader Grundherren s. des gleichzeitig
aufgelassenen Zolldorfs Altp. die Anlage der neuen Siedl. P. am Fuße
des Libin-Berges in die Wege, die 1323 in einer Urk. Kg. Johanns
erstm. als Stadt erwähnt wird und infolge weitgehender Handelsprivilegien (Straßenzwang, Vorkaufs- und Niederlagsrechte) bald eine
dominierende Stellung gegenüber den anderen Orten der Region
errang. Seine wirtsch. Blüte verdankte P. in erster Linie dem von Kg.
Wenzel IV. 1381 ausdrücklich verbrieften Recht der gesamten Salzeinfuhr von Bayern nach Böhmen. Einen ersten schweren Rückschlag erlitt die von Dt. und Tsch. bewohnte Stadt in der Zeit der
huss. Revolution. Jan Hus selbst soll angeblich in P. die Schule be-
sucht und gewohnt haben; das sog. Hus-Haus wurde allerdings erst

1555 erbaut. Im September 1420 ergab sich die von der dt. Bev. weitgehend verlassene Stadt kampflos dem Huss.führer Jan Žižka, der sie
im November 1420 nach angeblichen Rekatholisierungsversuchen
zurückkehrender Dt. stürmen und verwüsten ließ. Obwohl 1436 zur
kgl. Stadt erhoben, geriet P. in den folgenden Jahrzehnten doch unter
mehrfach wechselnde Besitzer, bis es 1501 endgültig an die Herren v.
Rosenberg kam. Der erneute wirtsch. Aufschwung äußerte sich in
der nach einem großen Stadtbrand 1507 einsetzenden Bautätigkeit,
deren Ergebnis bis heute das Gesicht der Stadt bestimmt. Zu den herausragenden Bauten dieser Zeit gehören die im 14. Jh. über einem
Vorgängerbau errichtete, im 15. Jh. erweiterte und 1513 vollendete
Jakobskirche, die aus dem 14. Jh. stammende, 1540/57 umgebaute
und mit Sgraffiti nach Hans Sebald Beham dekorierte Alte Schreib-
schule, das 1573 gebaute angebliche Salzamt, das Rumpal-Haus, ein
ehem. spätgot. Brauhaus mit Renaissance-Laube, das an Stelle der
ehem. Rosenberger Burg 1571 fertiggestellte Alte Rathaus mit Sgraffiti nach Motiven von Hans Holbein, das sog. Neue Palais der Rosenberger von 1572 sowie das Sytra-Haus von 1604, in dem sich heute das Bez.-Museum befindet.
Die Stadt, die 1601 von den Herren v. Rosenberg an Ks. Rudolf II.
verkauft wurde, wurde durch den 30jähr. Krieg in Mitleidenschaft
gezogen. Ihre Bürger leisteten im März 1620 dem von den böhm.
Ständen zum Kg. gewählten Friedrich v. der Pfalz den Treueid. In
einer Strafaktion ließ der ksl. General Karl Bonaventura v. Buquoy P.
im September 1620 stürmen, plündern und verwüsten. Die Stadt verlor ihre Privilegien und Besitzungen, mußte Söldnereinquartierun-
gen in Kauf nehmen und wurde im selben Jahr an die Eggenberg
verschenkt. Im weiteren Kriegsverlauf wurde sie mehrfach gebrandschatzt und ausgeplündert, so daß von den einst mehr als 300 Bürgerhäusern bei E. des Krieges 162, darunter über 40 unbewohnbare
Ruinen, übrig blieben. Trotz Neuaufbau und Wiederbelebung der
Wirtschaft konnte P. nicht mehr an seine einstige Blütezeit anknüp-
fen, sondern sank durch die Einführung des ksl. Salzmonopols 1692
und die Verlegung der Salzeinfuhr nach → Böhm. Budweis zur Be-
deutungslosigkeit herab. 1719 kamen die Fstt. v. Schwarzenberg in
den Besitz von P., das seit 1766 eine Garnison beherbergte. Ein
Großbrand vernichtete 1832 137 Häuser und machte mehr als
1000 Eww. obdachlos. 1848 wurde die Stadt im Rahmen der nach
der Revolution einsetzenden Reformen aus der Herrsch. der
Schwarzenberg entlassen; 1861 übernahm ein gewählter Gem.aus-
schuß mit einem dt. Bürgermeister die Stadtverw.; P. wurde Sitz eines Bez.-Gerichts, einer Bez.-Hauptmannschaft und eines Steuer-
amts und entwickelte sich im Laufe des 19. Jh. zu einer Schul-, Beam-

ten- und Garnisonsstadt. Haupterwerbszweige bildeten außerdem die Textil- und Nahrungsmittelherstellung, Holzverarbeitung, Landwirtschaft sowie der beginnende Fremdenverkehr. In der Stadt, die in der Mehrheit dt. Eww. besaß (1900: 3334 Dt., 941 Tsch.), kam es seit A. 20. Jh. verstärkt zu Auseinandersetzungen zw. beiden Bev.teilen. Mit der Einbeziehung von P. in die neugebildete ČSR 1918 erfuhren diese Konflikte infolge der Zurückdrängung der dt. Vorherrschaft in der Bev.zahl (1930: 2368 dt. und 2283 tsch. Eww.) sowie auf pol., wirtsch. und kulturellem Gebiet eine Zuspitzung (Wahlen zum Stadtrat 1931: 17 dt. und 13 tsch. Mandate; 1935: 14 dt. und 16 tsch. Mandate). Nach dem Münchener Abkommen wurde die Stadt im Oktober 1938 von dt. Truppen besetzt und wenig später Bayern angegliedert. Im Mai 1945 ergab sich P. kampflos den amerikanischen Truppen. Die verbliebene dt. Bev. wurde 1946 zwangsausgesiedelt. P. ist heute Bez.-Stadt im südböhm. Kreis und besitzt 11 675 Eww. (1991). (VI) *Hol*

F. Bernau, Rathaus und Stadttor zu Prachatitz, Prag 1900, 538–576; Heimatkreis Prachatitz im Böhmerwald, Bde. 1–2, Augsburg 1970–77; LV 905, Bd. 38, 204–302; J. Messner, Prachatitz. Ein Stadtbild, Pilsen [2]1899; P. Messner, Letzter Versuch der ehemaligen Salzstadt Prachatitz, die Salzzufuhr von Passau auf dem »Goldenen Steig« aufrecht zu erhalten, in: MVGDB 68 (1930), 38–46; P. Praxl, Das Wyschehrader Landgut Prachatitz, in: OG 15 (1973), 210–237; LV 952, Bd. 3, 453; V. Starý, Počátky města Prachatic, in: JSH 47 (1978), 1–12; ders./P. Novák, Prachatice, historie a současnost, Prachatice 1980; LV 289, 906–911; LV 906, Bd. 3, 149–155.

Prag (Praha). Geographisch im Herzen Europas gelegen, ist P. in ununterbrochener hist. Kontinuität seit E. 9. Jh. Mittelpunkt, Metropole und Hauptstadt Böhmens, der böhm. Länder, der Tschsl. und seit 1993 der Tsch. Republik. Die Geschichte von P. ist mit der böhm. bzw. tsch. Geschichte nicht deckungsgleich, doch aufs engste verflochten: Die Ereignisse, die sich hier abspielten, hatten oftmals für den ganzen Staat tiefere Bedeutung als für die Stadt, umgekehrt erwies sich P. unzählige Male als Schauplatz von Höhepunkten in der böhm. Geschichte. Das Stadtbild wird von der Moldau und ihren 23 Zuflüssen geprägt. In Jahrtausenden schuf das Wasser ein von langen Felskämmen umsäumtes Becken. Im SW reicht das Hořowitzer Hügelland und im SO das Bergland von Brdy in das hauptstädt. Territorium hinein, während sich bis an den n. Stadtrand die mittelböhm. Ebene ausdehnt. – Die ersten Spuren und Funde menschlicher Besiedl. im Raum P. reichen bis in die Steinzeit zurück. Nach neolithischen Siedl. seit dem 4. Jt. v. Chr. im nw. Teil des heutigen P. errichtete der keltische Stamm der Bojer im 4. Jh. v. Chr. am s. Rand des P.er Territoriums einen mächtigen Burgwall (Hradiště bei Zawist). Rund 4 Jhh. später folgte der germanische Stammesverband der

Markomannen. Im 4.–5. Jh. n. Chr. kamen Angehörige der Stämme der Thüringer und Langobarden in das P.er Becken, die hier in versprengten Siedl. bis zur 2. H. 6. Jh. lebten. Im 6. Jh. drangen Slawen in den Raum P. vor. Stützpunkte ihrer überwiegend ackerbaulichen Besiedl. wurden seit dem 7. und 8. Jh. die großen befestigten Burgwälle Zámky, Butowitz, Podhoř und Šárka. Fst. Bořivoj I. († vor 891) aus der den Stamm der Tschechen beherrschenden Fam. der Přemysliden, der ein Vasall des großmähr. Kg. Svatopluk (870–94) wurde und durch den mähr. Ebf. Methodius (†885) die Taufe empfing, gründete 880–90 auf einem Vorsprung über der Moldau, wo sich ein Versammlungsort und ein steinerner Fürstenthron des Stammes der Tschechen befanden, die erste chr. Kirche zur Jungfrau Maria und die P.er Burg als neuen Hauptsitz der Přemyslidenherrscher anstelle des alten Hofes in → Levý Hradec. Die durch Wälle mit einer steinernen Front und Gräben befestigte Burg stieg zum Zentrum der Verbreitung des chr. Kultes im Lande auf. Hzg. Vratislav I. (915–21) gründete hier die dreischiffige St.-Georgs-Basilika, sein Sohn, der spätere Nationalheilige Böhmens, Wenzel (†935), die mit 4 Apsiden versehene St.-Veits-Rotunde. Der Name P. ist, wie heute allg. angenommen wird, als Substantivbildung zu tsch. pražiti (rösten) und prahnouti (dürr, heiß werden) anzusehen, bezeichnete also eine ausgetrocknete und dürre Stelle. Die älteste schriftl. Erwähnung von P. stammt von Widukind v. Corvey aus dem 10. Jh. und besagt, daß 929 die »Burg der Böhmen« durch den ostfränkisch-dt. Kg. Heinrich I. (919–36) belagert und »Kg. Wenzel« zur Unterwerfung gezwungen worden sei. – An der St.-Georgs-Basilika, der Grablege der ersten getauften Přemyslidenfst., entstand um 970 durch die Tochter Hzg. Boleslavs I., die Äbtissin Mlada Maria, das älteste Kl. in Böhmen (Benediktinerinnen).

Die zentralörtl. Bedeutung von P. als Hauptburg der Přemysliden, Versammlungsort der Großen des Landes, kultischer Mittelpunkt und vielbesuchter Markt, erfuhr in den siebziger Jahren des 10. Jh. mit der Gründung einer selbst. Kirchenorganisation im Land eine weitere Steigerung. Die Eingliederung in den Mainzer Metropolitanverband stellte dabei das Resultat der bei den Verhandlungen um die Bistumserrichtung von seiten des röm.-dt. Reiches vertretenen Reichskirchenpolitik dar. Die St.-Veits-Rotunde mit dem Grab des hl. Wenzel stieg 973 zur Kathedralkirche auf. Erster P.er Bf. war der ehem. Corveyer Mönch Thietmar (973–82). Ihm folgte als Angehöriger des mit den P.er Přemysliden konkurrierenden ostböhm. Fürstengeschlechts der Slawnikiden der später hl. gesprochene Adalbert (982–97), der im Jahre 993 mit Unterstützung Hzg. Boleslavs II. rund 2 km w. der Burg bei dem in hzgl. Besitz befindlichen Hof Břewnow das erste

Benediktinermännerkl. des Landes gründete, das nach der Neubesiedl. mit Mönchen aus dem bayer. Niederaltaich im Geist der Gorzer Kirchenreform um 1000 rasch zu einem weithin ausstrahlenden Zentrum lateinischer Kultur und monastischer Reform heranwuchs. – Wahrsch. ließen die Přemysliden bereits in der 1. H. 10. Jh. auf einem rund 3 km s. der Burg über dem r. Moldau-Ufer vorspringenden Felsen die »Höhere Burg«, den Wyschehrad, errichten, den neben seiner Schutzfunktion vor allem als Schauplatz staatspol. Handlungen große Bedeutung erlangte und im 11./12. Jh. zeitweilig die Residenzfunktion der P.er Burg übernahm. Von Kg. Vratislav II. (1061–92) bis Soběslav I. (1125–40) residierten hier die přemyslidischen Fstt. Vratislav II. gründete auf dem Wyschehrad um 1070 ein exemtes Kollegiatstift mit der Basilika St. Peter und Paul. Erst im 14. Jh. verband dann die bekannte dynast. Legende von der Fstn. Libussa und Přemysl dem Pflüger den Wyschehrad mit den mythologischen Anfängen des Herrschergeschlechts der Přemysliden und ihres Staates. Die P.er Burg und der Wyschehrad bewachten wichtige Moldau-Furten und die Kreuzung von Fernhandelswegen, die im 10.–12. Jh., seit dem Einfall der Ungarn in das Donautal, P. mit den bedeutenden europ. Handelszentren verbanden. Die Gründung der beiden Fürstenburgen hatte, neben dem Untergang älterer benachbarter Burgstätten, eine Siedl.-Verlagerung und -Konzentration in Handels- und Handwerkersiedl. in unmittelbarer Nähe der neuen Fürstensitze zur Folge. Bereits der arabisch-jüd. Kaufmann Ibrahim ibn Jakub, der Böhmen 965 oder 966 bereist hatte, verzeichnete unterhalb der P.er Burg die Existenz eines lebhaften Marktes sowie einer kleinen Stadt »aus Stein und Kalk«. Die durch Belagerung und Brand in den Kämpfen der 1. H. 11. Jh. um die böhm. Herrschaft beschädigte P.er Burg wurde in der Folgezeit wiederhergestellt und in spätottonischem Stil umgebaut. Man ersetzte den Burgwall durch eine steinerne Mauer und erweiterte die St.-Veits-Rotunde zu einer Basilika mit Doppelchor, 3 Krypten und Querschiff. Den Bau begann Hzg. Spytihněv II. (†1061); Kg. Vratislav II. vollendete ihn nach 1090 bereits in rom. Stil. Zu einem festen Herrschersitz ließ dieser auch den Wyschehrad ausbauen, wo neben dem Fürstenpalast und der steinernen Brücke die dreischiffige Basilika St. Peter und Paul mit Doppelchor, die dreischiffige Basilika St. Laurentius sowie die bis heute erhaltene St.-Martins-Rotunde entstanden. Nach den Thronkämpfen (1100–26) vollendeten Hzg. Soběslav I. sowie sein Nachfolger Kg. Vladislav II. den Umbau der P.er Burg zu einer rom. Pfalz mit Befestigung, Gebäuden des Herrschers und bfl. Palast. Damals erhielt auch die St.-Georgs-Kirche ihre heutige rom. Gestalt.
Während sich die Entw. der P.er Burg und des Wyschehrad in der

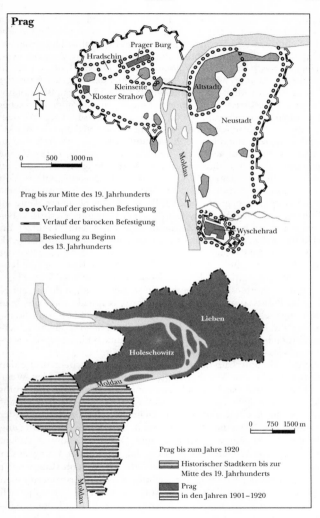

Prag

Prager Burg

Hradschin

Kleinseite
Kloster Strahov

Altstadt

Neustadt

Moldau

Wyschehrad

Prag bis zur Mitte des 19. Jahrhunderts

○ ○ ○ ○ Verlauf der gotischen Befestigung

━━━ Verlauf der barocken Befestigung

Besiedlung zu Beginn
des 13. Jahrhunderts

0   500   1000 m

Lieben

Holeschowitz

Moldau

Moldau

0   750   1500 m

Prag bis zum Jahre 1920

Historischer Stadtkern bis zur
Mitte des 19. Jahrhunderts

Prag
in den Jahren 1901–1920

Frühzeit mit Hilfe archäolog. Forschungen und der vorhandenen Schriftquellen nachzeichnen läßt, herrschen hinsichtlich der Genesis der Suburbien und Siedl. l. und r. der Moldau zahlr. Unklarheiten. Um 1100 sind ein »suburbium Pragense«, ein »vicus Visegradensis«, daneben Siedl. dt., rom. (Wallonen) und jüd. Kaufleute sowie ein großer Markt am r. Moldau-Ufer, im Gebiet des heutigen Altstädter Ringes, ausdrücklich belegt. Hier entstand im 12. Jh. ein fstl. Zollhof (Teyn-Ungelt); in der Umgebung erwuchs ein nahezu geschlossenes Ensemble steinerner rom. Höfe, Häuser, Kirchen und Kl. Mit dem auf dem l. Moldau-Ufer gelegenen Suburbium verband die Markt-siedl. eine steinerne, über 20 Pfeiler und 21 Bögen führende und an ihren Enden befestigte Brücke von 514 m Länge, die 1158–72 eine ältere hochwassergefährdete hölzerne Verbindung ersetzt hatte und nach Judith, der Gemahlin Kg. Vladislavs II., benannt wurde. Von Ausdehnung und monumentaler Gestalt der rom. P.er Agglomeration des 12. und beginnenden 13. Jh. zeugen bis heute die Reste im 1140–43 von Hzg. Vladislav II. und seiner Gemahlin Gertrud v. Babenberg (†1150) in enger Zusammenarbeit mit dem Olmützer Bf. Heinrich Zdik auf dem Berg Strahov errichteten Prämonstratenserkl. Mons Sion, die Krypten der Kirche St. Martin in der Mauer und der St.-Wenzels-Kirche »Am Zderaz«, die Hl.-Kreuz-Rotunde, die Rotunde St. Longinus »Am Fischteich« sowie weitere rund 46 nachgewiesene Kultorte und Kirchenbauten. Darüber hinaus dokumentieren der Palastsaal im Hause der Herren v. Kunstadt und Podiebrad (Kettengasse) sowie bedeutende Reste weiterer 50–60 rom. Steinhäuser und Höfe die beachtliche Entwicklung des damaligen steinernen Profanbaus. Die dort erhaltenen Saalräume bilden heute das Souterrain von Gebäuden im Bereich der Altstadt.

Die Besiedl. unterhalb der P.er Burg und des Wyschehrad, um den großen Markt, den Teynhof sowie die auf diese zulaufenden Wege stellten um 1200 das Ensemble eines ansehnlichen Handelszentrums dar; es wies jedoch weder ein zusammenhängendes Straßennetz auf noch stand es unter einem einheitlichen Recht. Brennpunkte der Stadtentw. wurden die erwähnten Siedl. fremder, in der Umgebung des P.er Markts angesiedelter Kaufleute. Der ständig anwachsenden, bei der Kirche St. Peter am Poritsch, d. h. im Uferland, unweit der unteren Moldau-Furt gelegenen Siedl. der Dt. kam im Rahmen der Gesamtentw. der Vorburg eine wichtige Rolle zu. Erstm. erwähnen Quellen aus der 2. H. 11. Jh. den Aufenthalt von Dt.; es darf jedoch davon ausgegangen werden, daß bereits zuvor dt. Kaufleute, möglicherweise aus Regensburg, dort ansässig waren. In einem bedeutenden Immunitätsprivileg, das die dt. Kaufleute aus der Siedl. an der St.-Peters-Kirche von Hzg. Soběslav II. (1173–78) erhielten, wurden die Rechte, die diesen angeblich bereits Kg. Vratislav II. im 11. Jh. verliehen hatte, bestätigt und erweitert. Die rechtl. Emanzipation der P.er Bürgerschaft vollzog sich damit unter dem Patronat des Herrschers; allerdings ging die Initiative vor allem von dt. Kaufleuten aus, wie dies aus weiteren, den Bürgern im 13. Jh. verliehenen Privilegien deutlich wird.

Mit der räumlichen Ausdehnung der Siedl. an der Moldau, dem damit in Zusammenhang stehenden Bev.anstieg sowie der Bedeutungszunahme der Kaufmannssiedlung ging in der 2. H. 12. Jh. die Bezeichnung P. von der Burg auf die bisherige Vorburg über. Der Prozeß des Entstehens und des Zusammenschlusses der hochma. Stadt mit voller kommunaler Selbstverw. gipfelte im 13. Jh.; in den letzten Regierungsjahren Kg. Přemysl Otakars I. ist, erstm. 1222, die Vorburg am r. Moldau-Ufer als »civitas Pragensis« belegt. Ein Zeichen dieser Veränderung bildete die Errichtung von Mauern, die nach 1230 die P.er Stadt (Altstadt) von der bisherigen heterogenen Bebauung am r. Moldau-Ufer abtrennten; die Mauern bezogen sowohl die 1235–53 durch den kgl. Münzmeister Eberhard um den großen Markt an der St.-Gallus-Kirche neu lokalisierte »civitas circa Sanctum Gallum«, in der sich Kolonisten aus Oberdeutschland niederließen, als auch den Teynhof ein. 1257 gründete Kg. Přemysl Otakar II. auf dem Areal der einstigen alten Siedl. am l. Moldau-Ufer unterhalb der P.er Burg die »Nova civitas sub castro Pragensi«, die dann seit dem 14. Jh. den Namen »Minor civitas Pragensis« (Kleinere Stadt bzw. Kleinseite) trug. Sie erwuchs auf einem regelmäßigen, von Gassen durchzogenen Grundriß um einen quadrat. angelegten Markt, in dessen M. neben dem alten Kirchlein St. Wenzel die neue, 1283 geweihte Pfarrkirche St. Niklas errichtet wurde. Die Mauern der auf dem l. Flußufer gelegenen Neuen Stadt verbanden den Brückenkopf der Judith-Brücke mit der befestigten, vor 1169 an der Kirche Maria unter der Kette gegr. Johanniterkommende sowie mit dem nahegelegenen bfl. Hof, wohin die P.er Bff. am A. 13. Jh. aus ihrer bisherigen Residenz an der St.-Veits-Kirche übersiedelten. Die Altstädter Fortifikation bestand aus einer Burgmauer, einem 10 m breiten Burggraben, Wall und 13 mit Türmen versehenen Toren.

Den städt. Ausbau des 13. Jh. prägten auch die Ordensniederlassungen. Die seit 1223 bei St. Laurentius unweit der Judith-Brücke angesiedelten Templer bauten ihr Domizil aus. Die seit 1226 bei St. Clemens am Poritsch beheimateten Dominikaner ließen sich 1232 in der Nähe der Judith-Brücke nieder, da sie innerhalb der Mauern Schutz suchten. 1233 zog der seit 1215 bei St. Peter am Poritsch angesiedelte Dt. Orden zur St.-Benedikt-Kirche. Neu gegr. wurden 1232 das Minoritenkl. bei St. Jakobus, 1252 das Kl. des Spitalordens

der Kreuzherren mit dem roten Stern bei St. Franziskus und 1256 das
an der Kirche S. Crucis maioris gelegene Cyriakuskl. Ein hervorragendes Beispiel der Ordensbaukunst des 13. Jh. zeigt noch heute das
Klarissenkl. St. Agnes mit der St.-Franziskus-Kirche und der Marienkapelle. Es wurde 1233 gegr. und kurze Zeit später um das benachbarte Minoritenkl. und die St.-Salvator-Kirche erweitert und diente
zeitweilig als přemyslidische Grablege. Das unter Kg. Wenzel II.
1285 gegr. Augustiner-Eremitenkl. unter der Burg stieg zu einer den
Hofkl. in anderen Ländern vergleichbaren Institution auf und gewann als Mittelpunkt der Gelehrsamkeit rasch an Bedeutung, zumal
es seit etwa 1300 das Generalstudium der bayer. Provinz des Augu-
stiner-Eremitenordens, der die böhm. Niederlassungen damals an-
gehörten, beherbergte.
Die städt. Bedeutung der jüd. Siedl. repräsentiert die zweischiffige
Alt-Neu-Synagoge, die nach 1230 im Zentrum des jüd. Ghettos entstand. Die an ältere Wurzeln aus dem 11. und 12. Jh. anknüpfende
Blütezeit des jüd. Viertels stand im Zusammenhang mit der Erteilung
eines großen Privilegs für die P.er Juden durch Kg. Přemysl Otakar II.
im Jahre 1255. Sie korrespondierte mit einer allg. baulichen Entfaltung der P.er Städte, die in der Zeit zw. 1250 und 1350 ihre Fortsetzung fand. In deren Ergebnis kam es zu einer konsequenten got. Umgestaltung der auf dem r. Moldau-Ufer gelegenen Agglomeration auf
einem um 2–4 m höheren Terrain, das im 13. und 14. Jh. infolge
einer Anhäufung von Abfällen und bewußten Aufschüttungen gegenüber dem urspr. Niveau erreicht wurde. Die Erdgeschosse der
rom. Häuser befinden sich daher bis heute in den Kellern der neuen,
got. Ansiedlung. Dominanten der sich entfaltenden got. Stadt bildeten die 1319–74 entstandene Minoritenkirche St. Jakobus, die 1339–
71 erbaute Kapitelskirche St. Ägidius sowie Bürgerhäuser von turmartigem Typus, von denen zumindest 2 nahezu unverändert noch
heute in der Rittergasse der Gallus-Stadt zu finden sind. – Hand in
Hand mit dem Aufbau der befestigten got. Agglomeration ging die
rechtl. Emanzipation der P.er Städte durch die Ausweitung der sog.
Soběslavschen Rechte sowie der Vergünstigungen, die der Gallus-
Stadt 1265 gewährt wurden. Nach einem ersten, erfolglosen Versuch
einer Vereinigung der beiden Städte durch das Ius Ottocarii 1269 kam
es 1287 zu einer dauerhaften rechtl. Verbindung der Gallus-Stadt mit
der Altstadt. Da den entscheidenden Anteil bei der Konstituierung
der »Rechts-Städte« auf dem P.er Territorium das dt. Patriziat besaß,
fand in der auf dem r. Moldau-Ufer gelegenen Altstadt das Nürnberger Recht Anwendung, während die auf dem l. Moldau-Ufer gelegene Kleinere Stadt unter Magdeburger Recht stand. 1258 wurden
neben einem Richter in der Altstadt erstm. Schöffen (iurati) erwähnt,

die aus dem Kreis der Bürger bestimmt wurden. Eine eigene Siegel-
führung ist bei der Kleineren Stadt seit 1257, bei der Altstadt seit 1264
bezeugt. Spätestens seit den achtziger Jahren des 13. Jh. konstituierte
sich nachweisbar die sog. Große Gem. der P.er Altstadt, seit 1287
waren hier neben dem Richter ein Gremium von 12 Ratsherren und
ein aus 6 Schöffen bestehendes Gericht tätig. Anfänglich finden sich
fast ausschl. dt. Namen im Rat, erst 1326 begegnen die ersten tsch.
Namen. Um die Wende zum 15. Jh. ist etwa die H. des Rates tsch.
Die kgl. Zustimmung zur Errichtung eines Rathauses erfolgte 1299.
Zudem wird 1318 erstm. ein Bürgermeister als Haupt des städt. Rates
erwähnt. Die dominierende Rolle des P.er Patriziats beruhte auf
Bergbau- und Münzgewerbe, Lokatorentätigkeit und Fernhandel.
Einen merklichen wirtsch. und rechtl. Aufschwung nahmen Altstadt
und Kleinere Stadt im 14. Jh.: 1304 einigten sich beide Städte auf den
Stapelzwang für fremde Kaufleute im Teyn-Hof. Neben der Bedeutung von P. als kgl. Residenz und Mittelpunkt der Landesverw. erhöhte sich seit dem 13. Jh. im Zuge der fortschreitenden Emanzipation des Adels die Rolle der Stadt als Adelszentrum, was sich in den
auf der P.er Burg abgehaltenen Landtagen sowie im allmählichen
Anstieg des adeligen Grundbesitzes in der Altstadt manifestierte. Unter den letzten Přemysliden wurde zur Evidenzhaltung des Adels-
besitzes im Land die Landtafel eingerichtet, die sich rasch als eigene
Behörde mit eigenem Schreiberpersonal institutionalisierte; die
Landtafeln wurden zunächst in der Sakristei des Veitsdomes aufbewahrt. – Das E. der Přemyslidenherrsch. 1306 hinterließ in der
Hauptstadtentw. keinen nachhaltigen Einschnitt. Durch Kg. Johann
v. Luxemburg erhielten die Bürger für die finanzielle Unterstützung
seiner Außenpolitik zahlr. wirtsch. Privilegien. Für die Altstädter
stellte – neben dem 1316 erteilten Vorkaufs- und Marktrecht für den
Holzhandel per Schiff auf der Moldau und der schrittweisen Nutzung
der Erträge der kgl. Ungelte und Mauten zugunsten der Befestigung
der Stadt und der Bepflasterung der Gassen in den Jahren 1328–31 –
das durch Ks. Ludwig den Bayern 1330 verliehene Privileg, mit dem
die P.er Kaufleute von allen Zöllen im röm.-dt. Reich befreit wurden, die größte Errungenschaft dar. Die rechtl. Autonomie wurde
insbes. gefördert durch die kgl. Befreiung der Altstädter von der Aufsicht des kgl. Unterkämmerers und die Verleihung der Halsgerichtsbarkeit (1337), durch die Zustimmung des Kg. zur Abfassung eines
städt. Rechtsbuches, das für die Rechtsbelehrung aller böhm. Städte
mit süddt. Recht verbindlich sein sollte (1341), sowie durch die Befreiung der Kleineren Stadt aus der Rechtsabhängigkeit vom Beru-
fungsstuhl Magdeburger Rechts in → Leitmeritz (1338). – Die gesellschaftlich aufgestiegenen, vermögenden Patriziergeschlechter

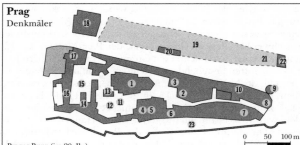

Prag
Denkmäler

Prager Burg (im 20. Jh.)

1 St.-Veits-Kathedrale	10 Goldenes Gäßchen	17 Spanischer Saal
2 St.-Georgs-Basilika	11 Reiterstandbild des	18 Reitschule der Prager Burg
3 Georgskloster	hl. Georg	19 Königsgärten
4 Alter Königspalast	12 Monolith	20 Ballhaus
5 Wladislaw-Saal	13 Ehem. Propstei	21 »Singende Fontäne«
6 Allerheiligen-Kapelle	14 Hl.-Kreuz-Kapelle	22 Kgl. Lusthaus
7 Palais Lobkowitz	(heute Schatzkammer)	(sog. Belvedere)
8 Schwarzer Turm	15 Kohl-Brunnen	23 Wallgarten
9 Daliborka-Turm	16 Matthias-Tor	

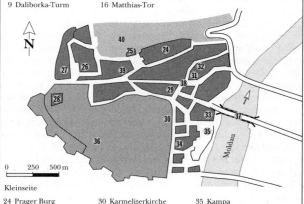

Kleinseite

24 Prager Burg	30 Karmeliterkirche	35 Kampa
25 Erzbischöfliches	St. Maria de Victoria	36 Aussichtsturm auf dem
Palais	31 St. Thomas	Laurenziberg
26 Loreto	32 Waldstein-Palais	37 Karlsbrücke
27 Palais Czernin	33 Kirche Maria	38 Kleinseitner Ring
28 Kloster Strahow	»Unter der Kette«	39 Palais Schwarzenberg
29 St.-Nikolaus-Kirche	34 Palais Michna	40 Palais Sternberg

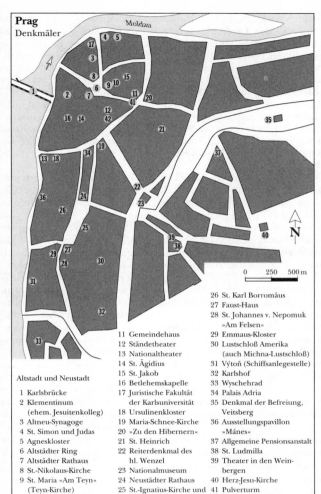

Prag
Denkmäler

Moldau

0   250   500 m

↑ N

Altstadt und Neustadt

1 Karlsbrücke
2 Klementinum
  (ehem. Jesuitenkolleg)
3 Altneu-Synagoge
4 St. Simon und Judas
5 Agnoskloster
6 Altstädter Ring
7 Altstädter Rathaus
8 St.-Nikolaus-Kirche
9 St. Maria »Am Teyn«
  (Teyn-Kirche)
10 Ungelt

11 Gemeindehaus
12 Ständetheater
13 Nationaltheater
14 St. Ägidius
15 St. Jakob
16 Betlehemskapelle
17 Juristische Fakultät
   der Karlsuniversität
18 Ursulinenkloster
19 Maria-Schnee-Kirche
20 »Zu den Hibernern«
21 St. Heinrich
22 Reiterdenkmal des
   hl. Wenzel
23 Nationalmuseum
24 Neustädter Rathaus
25 St.-Ignatius-Kirche und
   ehem. Jesuitenkolleg

26 St. Karl Borromäus
27 Faust-Haus
28 St. Johannes v. Nepomuk
   »Am Felsen«
29 Emmaus-Kloster
30 Lustschloß Amerika
   (auch Michna-Lustschloß)
31 Výtoň (Schiffsanlegestelle)
32 Karlshof
33 Wyschehrad
34 Palais Adria
35 Denkmal der Befreiung,
   Veitsberg
36 Ausstellungspavillon
   »Mánes«
37 Allgemeine Pensionsanstalt
38 St. Ludmilla
39 Theater in den Wein-
   bergen
40 Herz-Jesu-Kirche
41 Pulverturm
42 Carolinum (Karlsuniv.)

strebten nach dem Erwerb ländlichen Grundbesitzes und nach Aufnahme in den Landadel. Neben den nach außen abgeschlossenen Geschlechtern des Patriziats begann sich daher im 14. Jh. eine neue Schicht der Bürgerschaft pol. zu formieren: die Handwerkerschaft, deren Angehörige in zunehmendem Maße tsch. Kreisen entstammten. Der Altstädter Rat billigte die Zunftstatuten der Schneider (1318), Goldschmiede (1324), Plattner (1328), Tuchmacher (1337) und Fleischer (1339). Aus der Formierung der zunehmend tsch. Handwerkerschaft erwuchs in der Folgezeit ein pol. Konkurrenzkampf um die kommunale Selbstverw. mit dem Kaufmannspatriziat, der sich bis zum A. der huss. Revolution zuspitzte. Mit Hilfe Ks. Karls IV. fanden die Handwerker erstm. 1350–52 Aufnahme in den Rat der Altstadt.

Die Regierungszeit Ks. Karls IV., der P. zielstrebig in eine repräsentative Metropole des röm.-dt. Reiches verwandelte, stellt die Blütezeit der ma. P.er Agglomeration dar. Die nach 1340 durch Johann und Karl IV. gezielt angestrebte Erhebung von P. zum Ebtm. und dessen Loslösung von Mainz führte im Frühjahr 1344 zum Erfolg. Im Spätherbst des gleichen Jahres wurde der Grundstein für den seit 1341 vorbereiteten Neubau des Domes nach dem Vorbild frz. Kathedralen gelegt. Planung und Bauleitung oblagen dem nordfrz. Architekten Matthias v. Arras (†1352), dem Peter Parler (†1399) aus Schwäbisch-Gmünd folgte. Zahlr. Dedikationen des Herrschers erhöhten zudem die Bedeutung des Hradschin als geistl. Zentrum. Außer im Ausbau des Palast- und Dombez. und der Erneuerung des Wyschehrad manifestierte Karl IV. seine Hauptstadtvorstellungen vor allem in der Gründung der Neustadt und der Stiftung der Univ. Im Gründungsprivileg für die Neustadt vom 8.3.1348 gestand Karl IV. dieser die gleichen Rechte wie der Altstadt zu (u. a. eigene Gerichtsbarkeit und Marktrecht). In einer zweiten Urk. sicherte er den Eww. eine 12jähr. Steuerfreiheit zu und gestattete die Niederlassung von Juden sowie die Übersiedl. versch. Gewerbe aus der Alt- in die Neustadt. Die im Gründungsprivileg vorgesehene Mauer der Neustadt war bereits nach 2 Jahren fertiggestellt. Sie umschloß die Neustadt im O halbkreisförmig in fast 3,5 km Länge und bezog im S den Wyschehrad in den Stadtkomplex r. der Moldau ein. Zugleich stiftete Karl IV. in der Neustadt zu den dort bereits zahlr. vorhandenen Kirchen und Kl. 7 neue, darunter das Karmeliterkl. Maria Schnee nahe dem Gallustor und das Slawenkl. Emmaus. – Am 7.4.1348 gründete Karl IV. die später nach ihm benannte Univ., die er der Obhut des P.er Ebf. als Kanzler unterstellte. Der eigentliche Lehrbetrieb an der alle 4 Fakultäten umfassenden Lehrstätte begann jedoch erst später. Seit 1366 bildete das »in domo Lazari« in der Altstadt begründete, 1383 in das

Haus des Johlin Rothlew übertragene Collegium Carolinum den
Mittelpunkt der Hohen Schule, an der hervorragende Gelehrte aus
dem ganzen Reich unterrichteten. Seit dem Auszug eines großen
Teils der dt. Prof. und Studenten der P.er Univ. als Folge des Kuttenberger Dekrets Kg. Wenzels IV. von 1409 nahm jedoch die Ausstrahlungskraft der Alma mater ständig ab.
Durch eine Richtungsänderung der Handelswege mit Hilfe zahlr.
Privilegien versuchte der Ks., den Bürgern eine exponierte Stellung
im europ. Handel zu sichern. Das P. Karls IV. wuchs zu einer blühenden got. Großstadt heran, einer der größten im damaligen Europa, in der auf einer Fläche von 8,1 qkm annähernd 40 000 Eww.
lebten. Am Hofe Karls IV. erblühte die höfische Kultur, die zielbewußt an die Staatsideologie und die Tradition der ritterlichen Kultur
der letzten Přemysliden, einschl. ihres lateinisch-tsch.-dt. Trilinguis-
mus, anknüpfte. Gerade im höfischen Milieu der böhm. Herrscher
entwickelten sich zw. 1230 und E. 14. Jh. die Grundlagen der Schriftsprache, der künstlerischen Literatur und des Amtsstils, und zwar
nicht allein der tsch., sondern auch der (mittelhoch-)dt. Sprache.
Neben Gelehrten suchten Dichter und Komponisten wie Heinrich v.
Mügeln († um 1370) oder Guillaume de Machaut (†1377) das höfische Milieu auf. In P. waren tätig zahlr. Künstler, unter ihnen die
Maler Theoderich v. P. († um 1368), der »primus magister« der 1348
gegr. Malerzeche, Nikolaus Wurmser aus Straßburg und Tommaso
da Modena. Neben der kulturellen Blüte und dem gesellschaftlichen,
ökonomischen und pol. Aufschwung der Stadt und des Hofes entwickelten sich jedoch merkliche soziale Gegensätze. Diese führten
zus. mit der Kirchenkrise zum Entstehen einer Reformbewegung,
deren bedeutendster Vertreter schließlich A. 15. Jh. der an der Univ.
P. sowie als Prediger an der Bethlehemskapelle wirkende Jan Hus
wurde, die jedoch bereits seit M. 14. Jh. gesellschafts- und kirchen-
kritische P.er Reformprediger hervorgebracht hatte: Konrad Waldhauser (um 1325–69), Johannes Militsch v. Kremsier (um 1320–74)
und Matthias v. Janov (um 1350–93). Die Reformbewegung verband
sich bei Jan Hus mit der reformatorischen Kirchenkritik und Philosophie des von der Kirche verurteilten John Wyclif und verschärfte
sich in P. um 1412 aus Anlaß eines Ablaßstreits und kirchlicher Gegenmaßnahmen. Der Protest gegen die Verbrennung von Hus in
Konstanz 1415 und die Erhebung des Laienkelchs zum Symbol der
Reformbewegung radikalisierten diese gegen die Kirche – und
schließlich auch gegen den Kg. – und mündeten so in eine Revolution, deren Zentrum zunächst P. wurde. Den Anlaß für deren Ausbruch bildete eine von dem Mönch Johannes v. Seelau angeführte
Protestaktion der P.er Kelchanhänger am 30.7.1419 (Fenstersturz

kath. tsch. Ratsherren der Neustadt). Das huss. P. brach die Macht des alten dt. Patriziats der Altstadt und der verweltlichten Kirche, konfiszierte deren Eigentum, trotzte durch die Siege am Veitsberg und Wyschehrad 1420 dem von Kg. Sigismund angeführten Kreuzzug, schloß sich in einer revolutionären städt. Gem. zus. und stieg 1421 zum entscheidenden Machtfaktor im Lande auf. Nach der Ermordung des Johannes v. Seelau, des radikalen Führers des revolutionären P. 1422 und nach der durch Jan Žižka bei → Maleschau 1424 erlittenen Niederlage zerfiel jedoch die Einheit der P.er Städte. Die huss. Bürgerschaft der Altstadt schlug sich mit ihrem Städtebund in den Konflikten zw. den einzelnen huss. Parteien auf die Seite der gemäßigten Utraqu., während sich die Neustadt als treuer Verbündeter des Feldheeres der radikalen »Waisen« erwies. Die Eroberung der Neustadt durch die Altstädter und die Herrenliga am 6.5.1434 erfolgte nur wenige Tage vor der endgültigen Niederlage der radikalen Taboriten und Waisen in der Schlacht bei Lipan.

Auch in nachhuss. Zeit bewahrten die P.er Städte ihre privilegierte pol. Stellung an der Spitze des Städtestandes, der nun an den Landtagen beteiligt war. Das Altstädter Rathaus bildete den Schauplatz von Landtagsverhandlungen und auch der Königswahl des huss. böhm. Adeligen Georg v. Podiebrad 1458. Die durch die Auswirkungen der Huss.kriege hervorgerufenen Schwankungen in der hauptstädt. Wirtschaft suchte Georg zielgerichtet zu beheben. Er erklärte sämtliche Kommunalschulden für getilgt, bestätigte den Bürgern den Besitz konfiszierter Güter und setzte sich bei Ks. Friedrich III. für die Bestätigung alter Handelsprivilegien von P. ein. Allerdings war seinen Bemühungen nur ein begrenzter Erfolg beschieden. Nach dem Tod Georgs 1471 wurde der neue Herrscher Wladislaw II. nicht in P., sondern in → Kuttenberg gewählt. Die Periode seiner Residenz in P. währte nur bis 1490, als Wladislaw ungar. Kg. wurde und mit dem gesamten Hof nach Ofen (Buda) übersiedelte. Der Ausbau der P.er Burg unter der Leitung des Baumeisters Benedikt Ried 1490–1509 sollte die Stadt und das Land für den Verlust der Hofhaltung entschädigen. Die P.er stützten sich zunehmend auf ihre eigenen Kräfte. Sie erweiterten nach und nach ihre Außenhandelsbeziehungen; 1488 schlossen sie mit Nürnberg einen vorteilhaften Handelsvertrag. Versuche Kg. Wladislaws II. zur Erneuerung des kath. Glaubens konnte P. 1483 in einem bewaffneten Aufstand abwehren. Mit milit. und diplomatischen Mitteln vermochte es schließlich den auf eine Beschneidung der pol. und ökonomischen Rechte des Städtestandes 1500–17 zielenden Bestrebungen des Adels die Stirn zu bieten; dabei gewann es 1514 von Kg. Wladislaw sogar das Privileg der freien Ratswahl. Angesichts einer erneuten pol. Offensive des Adels verbündeten sich Alt- und Neustadt 1518 zu einer Großen Gem. unter der Führung des Primators Johann Pašek v. Vrat. Nachdem seit 1519 die Luther-Anhänger in der P.er Bürgerschaft zunehmend Einfluß gewonnen hatten, beendete Pašek 1524 mit einem Ratsumsturz deren kurzfristige Regierung für lange Zeit. Die bedeutende Position der Metropole in der böhm. Ständeges. wurde nach der Thronbesteigung des ersten Habs. (1526) zunächst durch Verstärkung der kgl. Autorität eingeschränkt und schließlich durch die weitreichende Beschneidung der kommunalen Rechte der böhm. Königsstädte durch Kg. Ferdinand I. nach dem fehlgeschlagenen Aufstand der ev. Stände Böhmens 1547 gebrochen. P. blieb zwar Hauptstadt, verlor aber aufgrund von Konfiskationen und Strafen den größten Teil seines Besitzes, der Privilegien und vor allem die pol. Autonomie und das Gewicht innerhalb der Ständegem.

Im Gegensatz zu diesem pol. Prestigeverlust und den wirtsch. Einbußen erlebten die P.er Städte jedoch in der 2. H. 16. Jh. eine Ära des intensiven Renaissance-Ausbaus der Stadt, eine Belebung des städt. Handels sowie eine Steigerung des äußeren Glanzes: 1583–1612 wurde P. Residenz des kunstsinnigen Ks. Rudolf II., dessen Hof einen Anziehungspunkt für Künstler und Gelehrte aus ganz Europa bildete. Kaum jedoch waren die im Stil der Renaissance errichteten Adelspaläste auf dem Hradschin und der Kleinseite – etwa diejenigen der Herren v. Rosenberg, v. Lobkowitz, v. Neuhaus, Bořita v. Martinitz und Smiřický v. Smiřitz – sowie die großen Häuser der Kaufleute in der Altstadt – die der Teufl, Nerhof und Hebenstrait – vollendet, setzte der zweite gegen die Habs. gerichtete böhm. Ständeaufstand 1618–20 diesem Aufschwung einen Schlußpunkt. Wenngleich die P.er Städte im Aufstand lediglich eine eher passive Rolle spielten, mußten sie doch nach der Niederlage am Weißen Berg 1620 erneut harte Strafen hinnehmen, darunter vor allem auch den Entzug der Reste pol. Autonomie und der pol. Bedeutung des Städtestandes im Landtag. Erzwungene Emigration der Nichtkath., Plünderungen, Kriegsverluste und Epidemien ließen im Verlauf des 30jähr. Krieges die Eww.-Zahl der ehemals blühenden Agglomeration von 60 000 (vor 1618) auf 26 400 (1648) sinken. Durch den Umzug des ksl. Hofes und aller bedeutenden Ämter nach Wien sank P. zu einer Provinzstadt des Habsburgerreiches herab. Die kath. Erneuerung hatte in den P.er Städten schon nach M. 16. Jh. begonnen, so mit der Gründung eines Jesuitenkollegs 1556 im verfallenen Dominikanerkl. St. Clemens, mit der Wiederbesetzung des seit 1421 vakanten Erzbischofsstuhles 1561, mit der Erneuerung des Prämonstratenserkl. Strahov um 1600 durch den Abt Johannes Lohelius und mit der Ansiedl. der Kapuziner (1601). Seit 1621 betrieb die gegenreformatorische Politik

schließlich auch in P. eine radikale Rekatholisierung durch Vertreibung der Nichtkath., teilw. Restitution der Kirchengüter, Übergabe
der Karls-Univ. an die Jesuiten (Carolo-Ferdinandea) und Eingliederung kath. Adelsfam. auch aus Spanien, Italien, den Niederlanden
und Österr.; nach 1650 begannen diese Adelsfam. neben den erneuerten oder neugegr. Kl. bis ins 18. Jh. durch den barocken Umbau
oder Neubau von Palästen und Kirchen – im 18. Jh. auch durch adelige und kirchliche Musikpflege – den P.er Städten ein neues, europ.
Gepräge der Barockkultur zu verleihen. Die Bürger der P.er Städte
vermochten auch nach der Überwindung der Kriegsplagen die Kräfte
für eine beachtliche Bauaktivität zu mobilisieren, die vor allem nach
dem großen Feuer von 1689 der Stadt das unverkennbare, stilistisch
einheitliche Aussehen des »P.er Barock« verlieh. Die Stadt krönten
Kirchenbauten der Jesuiten und weiterer kath. Orden wie die Kir-
chen St. Niklas, St. Ignatius, St. Franziskus, St. Jakob, St. Margaretha,
St. Norbert (Strahov) und St. Johannes. Den äußeren Rahmen der
Stadt bildete ein mächtiges, die got. Mauern ersetzendes barockes
Fortifikationssystem, das seinen Höhepunkt in der Zitadelle auf dem
Wyschehrad fand. Diese Befestigungsanlagen bewahrten P. vor einer
Eroberung durch die Schweden 1648, nicht aber vor der Okkupation
frz.-bayer. Truppen 1741 und des preuß. Heeres 1744 in den Österr.
Erbfolgekriegen. – Die katastrophalen wirtsch. Folgen des 30jähr.
Krieges konnten erst E. 17. Jh. allmählich überwunden werden. P.
blieb im System des europ. Handels eine Randstadt, das überlebte
Zunftsystem setzte der gewerblichen Entfaltung enge Grenzen. Die
erste Manufaktur in P., die der Erzeugung von Luxustextilien diente,
gründete der Kuttenberger Karl Heiser 1706. Ein zweiter ähnlicher
Betrieb entstand erst um 1720, weitere folgten mit größerem zeitli-
chen Abstand.

Einen Wendepunkt im pol. und wirtsch. Leben des provinziellen
spätbarocken P. bedeutete das Patent Ks. Josephs II. vom 12.2.1784,
das die 4 bislang selbst. P.er Städte – Altstadt, Neustadt, Kleinseite und
Hradschin – zu einer einheitlich verwalteten Stadt verband. Mit der
Entfaltung der Manufakturproduktion und den ersten Anzeichen der
Industrialisierung nahm der Zustrom von Eww. aus dem tsch. Umland in die Metropole derart zu, daß deren Areal, das seit den Zeiten
Ks. Karls IV. unverändert geblieben war, den nunmehr neuen An-
forderungen nicht mehr entsprach. Im Vorfeld der barocken Befestigung entstanden die ersten industriellen Vororte Karolinenthal,
Smichow, Holešovice-Bubny und Lieben. Streiks und Unruhen der
hier lebenden Arbeiterschaft erlebte P. erstm. 1844. Die Hauptstadt
war jedoch bereits damals Zentrum der tsch. patriotischen Bewegung
der nat. Wiedergeburt, die erfolgreich den nach der Schlacht am

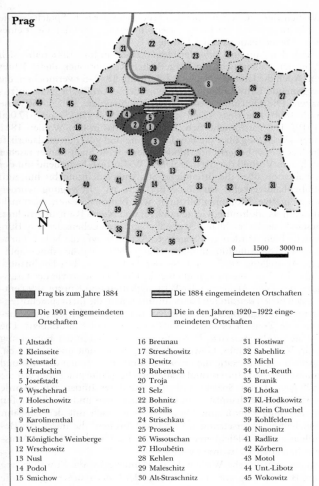

Prag

N

0   1500   3000 m

■ Prag bis zum Jahre 1884   ▦ Die 1884 eingemeindeten Ortschaften

▨ Die 1901 eingemeindeten   ☐ Die in den Jahren 1920–1922 einge-
Ortschaften   meindeten Ortschaften

1 Altstadt	16 Breunau	31 Hostiwar
2 Kleinseite	17 Streschowitz	32 Sabehlitz
3 Neustadt	18 Dewitz	33 Michl
4 Hradschin	19 Bubentsch	34 Unt.-Reuth
5 Josefstadt	20 Troja	35 Branik
6 Wyschehrad	21 Selz	36 Lhotka
7 Holeschowitz	22 Bohnitz	37 Kl.-Hodkowitz
8 Lieben	23 Kobilis	38 Klein Chuchel
9 Karolinenthal	24 Strischkau	39 Kohlfelden
10 Veitsberg	25 Prossek	40 Ninonitz
11 Königliche Weinberge	26 Wissotschan	41 Radlitz
12 Wrschowitz	27 Hloubětin	42 Körbern
13 Nusl	28 Kehlen	43 Motol
14 Podol	29 Maleschitz	44 Unt.-Libotz
15 Smichow	30 Alt-Straschnitz	45 Wokowitz

Weißen Berg zu verzeichnenden Rückgang der tsch. Sprache sowie des National- und Staatsbewußtseins überwand und den Geist eines neuen Sprachnationalismus formte.

Durch den Aufstand radikaler Demokraten im Juni 1848 reihte sich P. in den Zusammenhang bürgerlicher Revolutionen dieses Jahres ein. Auch die Jahre des Bach-Absolutismus 1849–59 vermochten die beginnende Umwandlung in eine moderne Großstadt nicht aufzuhalten. Die Dynamik dieser Entw. beschleunigte sich schrittweise nach 1860. Die Eww.-Zahl stieg von 111 000 (1843) auf 617 000 (1910). Das patriotische tsch. Bürgertum, das in den Wahlen 1861 einen klaren Sieg über die P.er Dt. errang und von nun an dauerhaft die Stadtverw. beherrschte, modernisierte seine Stadt immer rascher nach dem Vorbild der Metropolen in W-Europa, beginnend mit der Kanalisation über die öffentliche Straßenbeleuchtung bis hin zum Straßenbahnverkehr. Im Sinne der tsch. nat. Bewegung wurden repräsentative Monumentalbauten wie Nationaltheater, Nationalmuseum, Rudolfinum, Gemeindehaus und Neues Rathaus errichtet. Bestandteile des reichhaltigen gesellschaftlichen Lebens der tsch. Bürgerschichten wurden großangelegte Aktionen wie die Sokol-Turnfeste seit 1882, die Jubiläumsausstellung 1891 oder die ethnographische Ausstellung 1895. – Infolge der Teilung der Karl-Ferdinands-Univ. 1882 in eine tsch. und eine dt. Hochschule sowie der Gründung der Tsch. Akademie der Wissenschaften und Künste 1890 entstanden neben den älteren Landesinstitutionen, die nicht sprachorientiert waren (Kgl. Böhm. Gesellschaft der Wissenschaften), neue bedeutende Zentren des tsch. Wissenschafts- und Kulturlebens. Die Entfaltung der tsch. nat. Bewegung äußerte sich in der Entstehung zahlr. Vereine, Klubs, Gewerkschaftsorganisationen und neuer tsch. Parteien, die frühzeitig die urspr. »gesamtnat.« Parteien der Alt- und Jungtsch. in den Hintergrund drängten. Die größte pol. Partei war die 1878 gegr. Tschsl. Sozialdemokratie. Auf deren Initiative hin wurde P. 1890–1905 Schauplatz von Demonstrationen und Streikkämpfen für das allg. Stimmrecht. Diese verbanden sich mit den langjähr. Sprachauseinandersetzungen und nat. Unruhen, die durch das Bemühen um die Gleichberechtigung des Tsch. und des Dt. als Amtssprachen ausgelöst worden waren.

Das nat.-patriotische Wirken der tsch. Intelligenz, die Zuwanderung tsch. Bevölkerung vom Lande infolge der Industrialisierung und die ungünstige Populationsentw. der dt. Minderheit in P. bewirkten eine zunehmende Tschechisierung der Stadt (1881 81,5% Tsch. und 17,9% Dt.; 1890 in den Grenzen des künftigen Groß-P. 41 797 Dt. = −10,6%; 1910 nur noch 37 405 = − 6,1%). Dennoch bildete die böhm. Landesmetropole im 19. und A. 20. Jh. durch das Wirken sowohl einheimischer als auch für kürzere oder längere Zeit hier wirkender Dt. (Carl Maria v. Weber, Gustav Mahler, Ernst Mach, Albert Einstein) ein bedeutendes Zentrum dt. Kultur und Wissenschaft. Ein außergewöhnliches Niveau erreichte vor allem die P.er dt. und dt.-jüd. Literatur, der Franz Kafka, Rainer Maria Rilke, Franz Werfel, Gustav Meyrink und Egon Erwin Kisch zu Weltruhm verhalfen. – Zu den ambivalenten Folgen des raschen wirtsch., demographischen und pol. Aufstiegs des tsch. P. zählte die Modernisierung der Innenstadt, der nach 1893 trotz des Protests zahlr. Persönlichkeiten und Verbände ein Großteil der hist. Altstadt und nahezu die gesamte Judenstadt zum Opfer fielen. Die Reformbestrebungen innerhalb der kath. Kirche fanden ihren äußeren Ausdruck im Ausbau des Veitsdomes 1873–1929. Im Sinne des Historismus wurden daneben auch der Wyschehrad erneuert und mehrere große Kirchen (darunter St. Ludmila in den Königlichen Weinbergen) neu erbaut. Auf huss.-ev. bzw. nat.-tsch. Seite kam es zur Errichtung zahlr. kirchlicher Versammlungsräume (sbory). Als Nationaldenkmäler wurden 1912/13 das Wenzelsdenkmal auf dem Wenzelsplatz, 1914/15 das Hus-Denkmal auf dem Altstädter Ring und 1929/32 das Žižka-Denkmal errichtet.

In der Neustadt sowie in den neuentstandenen Stadtgem. der P.er Agglomeration, zu denen u. a. Žižkow, die Königlichen Weinberge, Nusle, Wrschowitz, Lieben und Koschiř gehörten, wuchsen neben architektonisch interessanten, im Stil der Neorenaissance, des tsch. Jugendstils sowie des Kubismus errichteten Gebäuden auch ganze Stadtviertel unansehnlicher Mietshäuser empor. In ihnen konzentrierte sich das zahlenmäßig starke Stadtproletariat. Der breitangelegte Aufbau verlieh den vorstädt. Siedl. nicht allein schrittweise städt. Charakter, sondern verband diese nach dem 1874 begonnenen Abtragen der Stadtmauern auch mit der Innenstadt zu einem urbanen Gesamtensemble. Dennoch waren bis zum Ersten Weltkrieg die Bemühungen um die Bildung eines einheitlichen Groß-P. nicht von Erfolg gekrönt: Der Stadt P. schlossen sich lediglich 1883 Wyschehrad, 1884 Holešovice-Bubny und 1901 Lieben an. Erst nach Gründung der Tschsl. Republik wurden zum 1.1.1922 37 angrenzende Städte und Dörfer eingemeindet. In Groß-P. lebten nun auf einer Fläche von 171,64 qkm 676 657 Eww. Bei der Volkszählung 1930 lebten in P. 848 948 Eww., von denen sich 45 819 (= 5,4%) zur dt. Nationalität – hiervon 8088 Juden – bekannten. Bis 1938 stieg die Eww.-Zahl auf 962 200. 1922–38 entstanden zahlr. wertvolle Zeugnisse der Architektur und Kultur aus dem Geist des Modernismus, Funktionalismus und der künstlerischen Avantgarde. Schauplätze kultureller Neuerungen waren insbes. einige Theater wie das Städt. Theater in den Königlichen Weinbergen, das Freie Theater und die

»Bühne D 34«, Verlage und Redaktionen von Zeitungen und Zeitschriften sowie künstlerische Vereinigungen. Gleichermaßen beteiligten sich an diesem Geschehen auch kulturelle Institutionen, Verbände und Presseorgane der P.er Dt.; hierzu zählten das Dt. Theater, das Dt. Haus, die Urania, das P.er Tagblatt und die Bohemia. Zeugnisse des hohen Niveaus der P.er Zwischenkriegsarchitektur sind zahlr. Monumentalbauten: der Adria-Palast, der Messepalast, die Juristische Fakultät, das Denkmal der Befreiung, die Allg. Pensionsanstalt, Mánes sowie in sich geschlossene neue Siedl.-Komplexe wie Spořilov, Ořechovka, Baba und das Zentrum von Dejwitz.
Die stärkste pol. Kraft in der zentralen Körperschaft von Groß-P. stellten bei allen Kommunalwahlen (1923, 1927, 1931 und 1938) die tsch. Nat. Sozialisten. An zweiter Stelle folgten die Kommunisten, sodann die Sozialdemokraten und die Nat. Demokraten. Eine deutliche Verschiebung zur pol. Rechten kennzeichnete jedoch in den dreißiger Jahren die dt. Minderheit in P., von der große Teile der Wählerstimmen 1931–38 von den aktivistischen (bürgerlichen) Parteien und der Sozialdemokratie zur rechten Sud.dt. Heimatfront und dann zur SdP wanderten (Stimmenverteilung 1931: Dt. Sozialdemokratische Arbeiterpartei 3997, Dt. Arbeits- und Wirtschaftsgemeinschaft 10 440, Dt. Nationalpartei und Dt. Nationalsozialist. Arbeiterpartei 5150; 1938: Wahlblock der demokratischen Dt. 4849, SdP 15 423). – Am 15.3.1939 marschierte die dt. Wehrmacht in P. ein. Auf den Widerstand in Massendemonstrationen der P.er gegen die Okkupanten (28.10.1939) folgten Verhaftungswellen, Hinrichtungen und die Schließung der tsch. Hochschulen (17.11.1939). Nach dem Attentat auf den stellvertretenden Reichsprotektor Reinhard Heydrich am 27.5.1942 steigerte sich der Terror. Den Höhepunkt des Widerstands erlebte P. in einem Aufstand noch am 5.–9.5. 1945, der mit der Befreiung der Stadt und dem Eintreffen der Roten Armee endete. In den Kämpfen hatten SS-Verbände den größeren Teil des hist. Altstädter Rathauses und des dort gelagerten Stadtarchivs zerstört, 1961 Tsch. fielen. Die Rache der Tsch. traf auch die dt. Zivilbev., sofern sie P. mit den abziehenden dt. Truppen nicht schon verlassen hatte. Nach dem E. der Kämpfe wurden viele Dt., die sich noch in P. aufhielten, interniert und vertrieben. Innerhalb der organisierten Phase von März bis Oktober 1946 wurden 19 732 Personen dt. Nationalität zwangsausgesiedelt, 2795 Personen durften bleiben. Nach Wiederherstellung der Republik siegte in den Wahlen im Mai 1946 von den 4 zugelassenen Parteien der Nat. Front in P. die Komm. Partei mit 36% der Stimmen vor den Nat. Sozialisten mit 33%. Die Aufbaulosungen und das von den Komm. propagierte Programm des sog. tschsl. Wegs zum Sozialismus erhielten die zeitweilige Unter-

stützung der Mehrheit der Bürger und öffnete der Komm. Partei den
Weg zur Usurpation der Macht in einem unblutigen Umsturz vom
20.–25.2.1948. Danach erlebte die Hauptstadt die »Säuberung« aller
städt. Organe durch die Aktionsausschüsse der Nat. Front, eine
Verw.-Reform, in welcher der Magistrat aufgelöst und die Stadt in 16
Bez. aufgeteilt wurde, sowie die Verstaatlichung privater Betriebe
und Gewerbe, die 43 000 Unternehmen und Firmen umfaßte. Um
Wohnraum und Industrieflächen zu schaffen, wurde das P.er Territorium schrittweise vergrößert: 1960 kamen 4 Gem. zu P., 1968 21,
Teile von 4 Gem. 1970, 30 Gem. folgten 1974. 1960 beschloß man
eine neue administrative Aufgliederung in 10 Stadtbez. Die industrielle Produktion wuchs in den 40 Jahren der komm. Herrsch. um
das Zwölffache; zugleich vergrößerte sich jedoch die technologische
Rückständigkeit der Industrie. Insgesamt erreichte die Stadt eine geringere Qualität ihres Ausbaus als während der Ersten Republik.
Dennoch wurden auch in dieser Zeit bedeutende städt. Bauwerke
geschaffen: 1973 die Nusler Brücke, 1985 die Brücke in Barrandov,
die Inbetriebnahme der 3 Trassen der Metro 1974–85, die städt.
Kaufhäuser Dům módy, Kotva, Máj und Družba im Zentrum. – Einen Versuch zur Überwindung der Irrtümer, inhumanen und un-
demokratischen Züge des nach 1948 entstandenen pol. Systems stellte
der »P.er Frühling« 1968 dar. Dessen gewaltsame Niederschlagung
durch 5 Armeen des Warschauer Vertrags am 21.8.1968 bedeutete
das E. der Bemühungen um die Realisierung eines »Sozialismus mit
menschlichem Antlitz«. Das nach dem April 1969 installierte harte
»Normalisierungs«-Regime brachte zugleich auch neue Dispro-
portionen in der Stadtentw. und zunehmende Stagnationserschei-
nungen sowohl in der Wirtschaft und der technischen Infrastruktur
als auch im kulturellen Niveau der Stadt. Das P.er Musikleben vermochte jedoch seinen internat. Ruf zu wahren, vor allem durch die
Qualität der Tsch. Philharmonie und das jährliche Musikfestival des
»P.er Frühlings«. Die mächtige Volksbewegung der von P.er Studenten und Künstlern ausgelösten »samtenen« Revolution nach dem
17.11.1989 führte eine Erneuerung des demokratischen pol. Systems
herbei.
In der Gegenwart bildet P. aufgrund der Größe der Produktion und
der Zahl der Beschäftigten (etwa 300 000) das größte Industriezentrum der Tsch. Republik mit einem Übergewicht an Maschinenbau
(40% der Industrieproduktion der Stadt), Nahrungsmittelindustrie
(20%) und Elektrotechnik (8%). Zu Lasten der Industrie wuchs jedoch in den letzten Jahren spürbar der Anteil des Dienstleistungssek-
tors. – Das Territorium von P. ist in 10 Stadtbez. und 57 Stadtteile
aufgeteilt. Das höchste Organ der städt. Selbstverw. stellt die Ver-

tretung der Hauptstadt P. mit dem Rat und dem Primator an der Spitze dar. Die Stadtbez. und -teile werden von Stadtbez.- und örtl. Vertretungen mit den Räten und Bürgermeister an der Spitze verwaltet. P. ist zugleich Sitz der Bez.-Behörden der Bez. P.-Ost und P.-West.   (II) *Led*

D. Arens, Prag. Kunst, Kultur und Geschichten der »Goldenen Stadt«, Köln 1991; O. Bašeová/L. Neubert, Pražské zahrady, Praha 1991; M. Benešová/R. Pošva, Pražské ghetto. Asanace, Praha 1993; J. J. Boehm, Die Deutsche technische Hochschule in Prag und ihre Vorstufen. Zweieinviertel Jahrhunderte akademische deutsche Ingenieurausbildung 1718–1945, München 1991; I. Borkovský, Pražský hrad v době přemyslovských knížat, Praha 1969; ders., Svatojiřská bazilika a klášter na Pražském hradě, Praha 1975; M. Brod, Pražský kruh, Praha 1993; J. Čarek, Románská Praha, Praha 1947; P. Čornej, Praha. Sídelní město a metropole, Praha 1993; I. Čornejová, Kapitoly z dějin pražské univerzity v letech 1622–1773, Praha 1992; H. Cysarz, Prag im deutschen Geistesleben, Wien 1989; Dějiny Prahy. Hg. v. J. Janáček [u. a.], Praha 1964; J. Diviš, Pražské cechy, Praha 1992; Z. Dragoun/P. Preiss/P. Sommer, Břevnovský klášter, Praha 1992; K. J. Erben, Die Primatoren der königlichen Altstadt Prag, Praha 1858; J. Fischer/O. Fischer, Pražské mosty, Praha 1985; J. Forbelský/J. Royt/M. Horyna, Pražské Jezulátko, Praha 1992; Gotik. Prag um 1400. Der schöne Stil. Böhmische Malerei und Plastik in der Gotik, Wien 1990; F. Graus, Prag als Mitte Böhmens 1346–1421, in: Zentralität als Problem der mittelalterlichen Städteforschung. Hg. v. E. Meynen, Köln/Wien 1979, 22–47; A. Hájková, Praha v kommunistickém odboji, Praha 1984; J. Heřman/M. Vilímková, Pražské synagogy, Praha 1970; L. Hlaváčková/P. Svobodný, Dějiny pražských lékařských fakult 1348–1990, Praha 1993; Z. Hledíková, Biskupské a arcibiskupské centrum ve středověké Praze, in: PSH 27 (1994), 5–25; LV 782; Der Hradschin. Die Prager Burg und ihre Kunstschätze, Freiburg 1992; LV 259, Bd. 7; J. Hrdlička, Pražská heraldika. Znaky pražských měst, cechů a měšťanů, Praha 1994; J. Hrůza, Město Praha, Praha 1989; J. Janáček, Das alte Prag, Wien [u. a.] ³1983; ders., Dějiny obchodu v předbělohorské Praze, Praha 1955; ders., Vyprávění o Staroměstské radnici, Praha 1961; ders., Vyprávění o Vyšehradu, Praha 1994; F. Kašička/B. Nechvátal, Vyšehrad pohledem věků, Praha 1985; J. Kohout/J. Vančura, Praha 19. a 20. století. Technické proměny, Praha 1986; M. Kratochvil, O vývoji městské správy pražské od roku 1848, Praha 1936; A. Kubíček, Betlémská kaple, Praha ²1960; ders., Pražské paláce, Praha 1946; ders./A. Petráňová/J. Petráň, Karolinum a historické koleje Univerzity Karlovy v Praze, Praha 1961; D. Líbal, Pražské gotické kostely, Praha 1946; V. Lorenc, Nové Město pražské, Praha 1973; F. Machilek, Praga caput regni. Zur Entwicklung und Bedeutung Prags im Mittelalter, in: Stadt und Gesellschaft im Deutschen Osten und in Ostmitteleuropa. Hg. v. F. B. Kaiser u. B. Stasiewski, Köln/Wien 1982, 67–125; A. Matějček, Národní divadlo a jeho výtvarníci, Praha 1954; B. Mendl, Vývoj řemesel a obchodu v městech pražských, Praha 1947; A. Merhautová-Livorová, Bazilika sv. Jiří na Pražském hradě, Praha 1972; J. Mezník, Praha před husitskou revolucí, Praha 1990; J. Morávek/Z. Wirth, Pražský hrad v renesanci a baroku 1490–1790, Praha 1947; P. Moraw, Zur Mittelpunktfunktion Prags im Zeitalter Karls IV., in: Europa Slavica – Europa orientalis. Festschrift für H. Ludat zum 70. Geburtstag. Hg. v. K. D. Grothusen u. K. Zernack, Berlin 1980, 445–489; ders., Die Prager Universitäten des Mittelalters, in: Spannungen und Widersprüche. Gedenkschrift für F. Graus. Hg. v. S. Burghartz [u. a.], Sigmaringen

1992, 109–125; J. Pešek, Měšťanská vzdělanost a kultura v předbělohorských Čechách 1547–1620, Praha 1993; J. Petráň, Staroměstská exekuce, Praha [3]1996; L. Petráňová, Domovní znamení staré Prahy, Praha 1988; J. Petro/K. Werner, Prag und Umgebung, Bielefeld 1992; E. Poche [u. a.], Praha středověká, Praha 1983; ders./P. Preiss, Pražské paláce, Praha 1973; F. Ruth, Kronika královské Prahy a obcí sousedních, Bde. 1–3, Praha 1903–04; V. Sadek/J. Šedinová, Starý židovský hřbitov a Klausova synagoga, Praha 1989; H. Soukupová, Anežský klášter v Praze, Praha 1989; L. Sršeň, Budova Národního muzea v Praze. Architektura, umělecká výzdoba a původní uměleckořemeslné vybavení, 1891–1991, Praha 1991; LV 404, 185–211; R. Švácha, Od moderny k funkcionalismu. Proměny pražské architektury první poloviny dvacátého století, Praha 1985; M. Svatoš [u. a.], Dějiny univerzity Karlovy, Bd. 1: 1347/48–1622, Praha 1955; J. Teige, Základy starého místopisu pražského (1437–1620), Bde. 1–2, Praha 1910–15; LV 516; M. Vilímková, Die Prager Judenstadt, Hanau 1990; dies., Stavitelé paláců a chrámů, Praha 1986; P. Voit, Pražské Klementinum, Praha 1990; V. Vojtíšek, Čtení o Staroměstské radnici v Praze, Praha 1926; ders., O vývoji samosprávy pražských měst, Praha 1927; J. Vrchotka, Národní muzeum v Praze. Pokladnice české vědy a kultury 1818–1988, Praha 1988; Z. Winter, Děje vysokých škol pražských 1409–1622, Praha 1897.

Prčitz → Sedletz-Prčitz

Přelauč (Přelouč, Bez. Pardubitz). Die 15 km w. von → Pardubitz gelegene Stadt tauchte 1086 erstm. in den Quellen als Teil eines Stiftungsbesitzes des Benediktinerkl. Opatowitz auf. Kg. Přemysl Otakar II. erteilte dem Kl. 1261 für P. ein Stadtprivileg. E. 14. Jh. entstand hier eine selbst. Propstei. 1421 wurde P., wo sich in Ansätzen eine Kommune taboritischen Typs gebildet hatte, durch ein Heer des Johann Meštecký v. Opočno verwüstet. Seit 1518 gehörte P. zur Herrsch. Pardubitz der Herren v. Pernstein, seit 1560 zur kgl. Kammerherrsch.; 1580 erhob Ks. Rudolf II. P. zur kgl. Kammerstadt. Nach der wirtsch. Stagnation im 17./18. Jh. entwickelte sich die Stadt seit 1845 dank ihrer Lage an der Eisenbahnstrecke Prag–Olmütz zu einem wichtigen Wirtschaftszentrum und war bis 1960 Bez.-Stadt. Der Markt wurde im 19. Jh. im Neorenaissancestil umgebaut. Als Architekt des 1899–1901 errichteten Gebäudekomplexes Záložna und der 1904 fertiggestellten ev. Kirche wirkte Rudolf Kříženecký. Die Pfarrkirche St. Jakob an der N-Seite des Marktes geht auf einen rom. Vorgängerbau zurück. – 1848: 1800, 1890: 3498 Tsch. und 92 Dt., 1950: 4400, 1991: 9700 Eww. – In der Umgebung von P. liegen die Schlösser Choltitz und Zdechowitz, das Kastell Swojschitz sowie das ehem. ksl. Gestüt in Kladrub an der Elbe. (III) *Vor*

J. Ledr, Dějiny města Přelouče nad Labem, Přelouč 1926; E. Nohejlová, Příběhy kláštera opatovického, Praha 1925; F. K. Rosůlek. Pardubicko, Holicko, Přeloučsko, Bd. 3, Pardubice 1909, 61–94; P. Vorel, Urbář městečka Přelouče z let 1518–1550, in: IZ (1988), 1–3, 16–35; ders., Vývoj cen domů v městě Přelouči v letech 1518–1620, in: VSH 2 (1992), 105–130.

Prerau (Přerov). P. entstand an einer für die Sicherung der Fernverbindung nach Polen strategischen Stelle: Auf einem das Bečwa-
Tal beherrschenden Granitfelsen, über einer Furt, ist spätestens seit
1131 eine landesfstl. Burg nachweisbar. Im 13. Jh. ist unterhalb derselben ein unbefestigtes Dorf bezeugt, das 1256 von Kg. Přemysl
Otakar II. zur kgl. Stadt mit Olmützer Recht erhoben wurde. Innerhalb eines bald darauf angelegten doppelten Mauerrings wurde um
einen Marktplatz eine planmäßige Siedl. errichtet. 1275 wird eine
Brücke über den Fluß erwähnt, die einzige an der mittleren und unteren Bečwa. Nach der Eroberung durch Johann Tovačovský v.
Cimburg wurde P. ein Zentrum des Huss.; 1475 verpfändete der Kg.
Burg und Stadt an die Herren v. Pernstein, denen er beide 1487 als
erbl. Eigentum übertrug. Seither wandelte sich die kgl. zu einer untertänigen Stadt. Während der über 100 Jahre dauernden Herrsch. der
Pernstein gedieh P., die jüd. Gem. vergrößerte sich. Wilhelm v.
Pernstein (1434–1521) legte auf dem Areal um die Burg auf ellipti-
schem Grundriß eine ummauerte Oberstadt als eigene Verw.-Einheit
an; sie schloß sich 1498 mit der Unterstadt zus. Seit 1484 ließen sich
hier Mähr. Brüder nieder. Ihre Gem. »auf dem Hügel« entwickelte
sich im 16. Jh. neben → Eibenschitz und → Fulnek zur bedeutendsten Brüdergem. in Mähren. Auf dem Oberring erinnert ein Denkmal des tsch. sezessionistischen Bildhauers František Bílek (1923) an
den Brüderbf. Jan Blahoslav (1523–71), den Übersetzer des Neuen
Testaments und Autor der ersten tsch. Grammatik, der hier geb. wurde. Der Theologe und Pädagoge Johann Amos Comenius (1592–
1670) besuchte hier die Lateinschule der Brüder und unterrichtete
später selbst an ihr. 1596–1690 war P. im Besitz der Herren v. Žerotín, danach unter häufig wechselnden Eigentümern. 1850 wurde die
Stadt pol. selbst., 1918 kaufte sie das von den Pernstein im Renaissancestil umgebaute, von den Žerotín barockisierte Schloß, seither
Comenius-Museum für Schul-, Stadt- und Bezirksgeschichte. Von
den Verwüstungen des 30jähr. und des 7jähr. Krieges erholte sich die
Stadt erst im 19. Jh. durch den Eisenbahnbau: P. wurde zum Knotenpunkt der Kaiser-Ferdinands-Nordbahn (1841) mit der Linie
Prag–Olmütz (1848). Am Bahnhofsgebäude befindet sich eine Gedenktafel für Alois Negrelli, den Erbauer der Nordbahn. Heute ist P.
eine Industriestadt, die von Maschinenbau, Chemie- und Nahrungsmittelindustrie und dem Bau optischer Instrumente lebt. – 1835:
4192, 1890: 10 879, 1930: 22 012, 1950: 21 116, 1980: 44 220 Eww.
Das am nw. Stadtrand von P. gelegene, seit 1960 eingemeindete
Předmost gilt als eine der größten Fundstätten der Mammutjäger-
kultur in Mitteleuropa. Bereits im 16. Jh. hatte man hier auf dem r.
Ufer der Bečwa in einer etwa 8–9 m tiefen Lößschicht, die sich um

einen Kalksteinfelsen abgelagert hatte, große Mengen von Tierknochen gefunden. 1882 begannen mähr. Forscher, u. a. der Paläontologe Karel Jaroslav Maška (1851–1916) und die Höhlenforscher Martin Kříž (1841–1916) und Karl Absolon (1877–1960), mit der systematischen Erforschung des etwa 10 000 qm großen Geländes. In 2–4 m Tiefe stießen sie auf 3 untereinanderliegende Kulturschichten mit Steinwerkzeugen und bearbeiteten Tierknochen, hauptsächlich vom Mammut. 1894 machte Maška hier den sensationellen Fund eines Massengrabes mit über 20 außergewöhnlich gut erhaltenen menschlichen Skeletten, die der Anthropologe Jindřich Matiegka (1862–1941) als »homo predmostensis« bezeichnete. – Von geringerer Bedeutung ist ein ebenfalls hier ergrabenes slaw. Gräberfeld aus dem 9.–12. Jh. mit vereinzelten Brandgräbern des 8. Jh.   (VIII) *Do*

K. Absolon, Předmostí, eine Mammutjägerstation in Mähren, Berlin 1918; F. Dostál [u. a.], Dějiny města Přerova, Bde. 1–2, Přerov 1970; LV 950, Bd. 2, 317, 319f.; B. Klíma, Lovci mamutů z Předmostí, Praha 1990; J. Kovařík/J. Kraťoch/B. Jelínek, Přerov. Přerovsko-Kojetínsko, Přerov 1933, 9–118; LV 290, Bd. II/53; J. Matiegka, Homo predmostensis, Praha 1934; J. Skutil, První historické zprávy o diluviálních nálezech v Předmostí, Brno 1951; G. Vožda [u. a.], Okres Přerov, Ostrava 1988; LV 294, Bd. 1, 394f., 398–410; F. Zapletal, Skalka aneb Hradisko v Předmostí u Přerova, Přerov 1941.

Přerow an der Elbe (Přerov nad Labem, Bez. Nimburg). Das Städtchen mit seinem mehrfach umgebauten Renaissance-Schloß liegt in der fruchtbaren Elbeniederung, 16 km w. von → Nimburg. Die älteste Erwähnung stammt von 1227. Später wechselte P. an das Kl. Břewnow, das sein hiesiges Gut verpachtete. E. 14. Jh. sollte das Kastell durch einen imposanten Verw.-Sitz ersetzt werden, das vierflügelige Bauwerk blieb jedoch unvollendet. 1437 verpfändete Ks. Sigismund P. an Heinrich v. Stráž, der mit dem Kl. Břewnow 1457 einen Pfandvertrag schloß. Über seine Gemahlin konnte Johann v. Schellenberg (†1508) P. erwerben. Unter seiner Herrsch. stieg die Gem. 1499 zum Städtchen auf, der Bau eines Herrensitzes wurde fortgesetzt. 1547 konfiszierte Kg. Ferdinand I. nach dem Ständeaufstand die Herrsch., die sich vorübergehend im Besitz der Prager Städte befunden hatte, und wandelte diese in ein Kammergut um. Seit M. 16. Jh. vollzog sich der Umbau der alten Residenz zu einem Renaissance-Schloß. Der 30jähr. Krieg führte zu einer Stagnation der Entw. und zu einer Unterbrechung der Bautätigkeit. Nach 1620 wurde die zusammengeschmolzene Herrsch. → Brandeis an der Elbe zugeordnet. Um eine Restaurierung des Schlosses machten sich erst Leopold II., Ghzg. v. Toskana (1797–1870), und dessen Sohn Ludwig Salvator (1847–1915) nach 1860 verdient. Die Pfarrkirche St. Adalbert stammt von 1681/82. 1844 zählte das Städtchen 95 Häuser und

605 Eww. Es ist heute als Freilichtmuseum der Volksarchitektur bekannt. – 1900: 969, 1950: 1100 und 1991: 1028 Eww.   (III) *Žem*

LV 259, Bd. 6, 396–399; F. Kubec, Stavební vývoj pozdně gotického hrádku v Přerově nad Labem, in: PAP 12 (1987), 76–82; LV 769, Bd. I/1, 35–38; LV 279, Bd. 15, 165–168; LV 283, Bd. 12, 269f.; LV 906, Bd. 3, 172f.

Přestitz (Přeštice, Bez. Pilsen-Süd). Das erstm. 1226 auf dem l. Ufer der Angel erwähnte Marktdorf wurde 1239 vom Kl. → Kladrau erworben, das an der Kirche eine Propstei gründete sowie ein Städtchen aussetzte. Im 15./16. Jh. herrschten hier die Herren Schwihau v. Riesenburg, die P. versch. Privilegien erteilten. Den Status einer Stadt erhielt P. nach 1750; 1705–85 gehörte es neuerlich den Benediktinern in Kladrau, die hier 1750–75 eine große Barockkirche erbauen ließen. Im 19. Jh. prägte noch immer die Landwirtschaft das wirtsch. Leben. Seit 1850 ließen sich hier versch. staatl. Behörden nieder. – Auf der s. Anhöhe erhebt sich die Erzdekanatskirche Mariä Himmelfahrt (1775), die in unmittelbarer Nähe eines älteren Gotteshauses nach Plänen von Kilian Ignaz Dientzenhofer errichtet wurde. Auf der S-Seite des Marktes steht die Mariensäule von 1676. P. ist der Geburtsort des Komponisten Jakub Jan Ryba (1765–1815) und des Architekten Josef Hlávka (1831–1908). – 1843: 1930, 1890: 3059, 1930: 4074 (davon 13 Dt.), 1991: 5655 Eww. – 2 km sö. von P. liegt der Weiler Vícov mit der urspr. rom. St.-Ambrosius-Kirche, deren W-Turm und die Mauer des Schiffs aus der Zeit um 1250 stammen.
(I/VI) *Pe*

Osobnosti Přešticka, Přeštice 1994; LV 507², 233ff.; LV 701, 202ff.; Přeštice, 750 let, Plzeň 1976; E. V. Řičák, Dějepis města Přeštic a jeho okolí, Praha 1864; A. Šlégl, Politický okres přeštický, Přeštice 1925, 67–83; LV 905, Bd. 25, 70–83; LV 906, Bd. 3, 175–178.

Přibislawitz (Přibyslavice, Bez. Trebitsch). In dem 9 km nw. von → Trebitsch gelegenen Dorf ist bereits für 1231 eine Burganlage bezeugt. Diese gehörte zum Erbteil von Kgn. Konstanze, der Gattin Kg. Přemysl Otakars I. Aus jener Zeit stammen die Fundamente der urspr. rom., einschiffigen Pfarrkirche, die zunächst dem hl. Matthäus, 1662 dem hl. Gotthard und später der hl. Anna geweiht war. Die Pfarr- und Wallfahrtskirche Mariä Himmelfahrt wurde 1764 als Erweiterung einer Kapelle von 1734 errichtet. Die Papierherstellung hat in P. eine lange Tradition. Schon 1690 ging die erste Papiermühle in Betrieb. Im 18. Jh. gab es zudem einen Eisenhammer. Von der zahlenmäßig nahezu gleichbleibenden, rein tsch. Bev. arbeiteten 1930 ca. 300 in der Papierfabrik. – 1850: 679, 1900: 604, 1950: 643, 1991: 812 Eww.   (VII) *Had*

M. Dokládal/V. Kouřil, Antropologický rozbor kosterního materiálu z románského kostela v Přibyslavicích, okres Třebíč, in: SPK 8 (1971), 3–18; LV 253, Bd. 12, 74; LV 950, Bd. 2, 325; LV 259, Bd. 1, 197; Z. Kudělka, Stavební vývoj románského kostela v Přibyslavicích, in: UM 30 (1982), 43–50; Papírna Přibyslavice 1690–1970. Jubilejní bilance přibyslavické papírářské tradice. Hg. v. J. Machoň, Přibyslavice 1970; J. Šebánek, Listiny přibyslavické, in: ČMM 57 (1933), 1–58; J. Tenora, Prebenda kapitulky brněnské v Přibyslavicích, in: ČMM 57 (1933), 211–218; LV 290, Bd. II/66, 344–353.

Příbram (Příbram). Am sö. Fuß des erzhaltigen Brdy-Waldes, 55 km sw. von → Prag, liegt die ehem. kgl. Bergstadt P.; die erste Erwähnung des Ortes datiert in das Jahr 1216: In einer Urk. bestätigte der Prager Bf. Andreas (1214–24), daß das Prager Btm. vom Prämonstratenserkl. → Tepl das »praedium dictum Pribram« für 300 Pfund Silber erworben habe. P. wurde somit eines der Zentren der bfl. Güter. Kg. Přemysl Otakar II. (1253–78) beauftragte in einem nicht datierten Schreiben Konrad und Heinrich »de Bibrano«, an einem ihnen vorteilhaft erscheinenden Ort eine Stadt zu gründen, bei der es sich verm. um P. handelte. Beide Personen sind mit jenen Donatoren identisch, die 1311 Bf. Johann IV. v. Draschitz eine in der bfl. Herrsch. gegr. Hütte zur Verarbeitung der im Bergbau gewonnenen Erze übergaben. In den Machtkämpfen nach dem Tod Přemysl Otakars II. überfiel 1288 Burggf. Krušina v. Lichtenburg zus. mit dem Worliker Burggf. Dietrich Schwihau v. Riesenburg die bfl. Besitzungen und vor allem die umliegenden Dörfer und brannte sie nieder. Noch zweimal mußte P. binnen kurzer Zeit derartige Überfälle ertragen; Ostern 1289 kamen bei einem solchen Raubzug viele Eww. ums Leben. P. selbst sowie die Dörfer blieben nach dem Bürgerkrieg verwaist. Erst mit der neuen Kolonisationswelle 1290/91, als schwäb. Siedler in die Region vorstießen, konnte an eine Neugründung gedacht werden. 1290 oder 1291 schloß Bf. Tobias v. Bechin mit einem Richter Přemysl einen Vertrag über die Neugründung eines »locus forensis dictus Pribram« nach dt. Recht. 1298 bestätigte Bf. Gregor Zajíc v. Waldeck dem Pfarrer Vojslav in P. das Recht, aus den Abgaben der bfl. Herrsch. den Kirchenzehnten zu erheben. Vojslav hatte bezeugt, daß seine Vorgänger seit mehr als 40 Jahren dieses Recht besaßen. Daraus kann zugleich gefolgert werden, daß die St.-Jakobs-Kirche in P. bereits um 1250 erbaut worden sein muß. Deren heutige Gestalt geht allerdings auf Umbauten von 1560 und 1795 sowie auf die neorom. Umgestaltung von 1869 zurück, bei der die barocke Innenausstattung erhalten blieb.

1367 erscheint in den Quellen noch der dt. Ortsname »Pribrams«, 2 Jahre später taucht bereits die tsch. Bezeichnung »Przibramow« bzw. »Przibram« auf. Schon 1379 bildeten die Dt. im Rat eine unbedeutende Minderheit. 1364 vollendete Ebf. Ernst v. Pardubitz kurz vor seinem Tod den 1343 begonnenen Umbau des bisherigen hölzernen Kastells in ein ummauertes Schlößchen, das in Teilen bis heute erhalten ist. Um 1390 bereits existierte eine niedere Schule. Wie anderen ebfl. Städten auch erteilte der Prager Bf. Zbynko Zajíc v. Hasenburg 1406 den Eww. von P. ein umfangreiches Privileg über ihre Rechte und Pflichten. Seit Beginn der huss. Bewegung stand P. auf der Seite der utraqu. Partei, ohne jedoch jemals eine entscheidende Rolle zu spielen. 1421 und 1422 leistete P. dem kath. Magnaten Hanuš v. Kolovrat vergeblich Widerstand. Insgesamt vermochte dieser die Stadt viermal zu erobern. Seine Ansprüche begründete Hanuš mit der Pfandschaft über P., die ihm Kg. Sigismund übertragen habe. Aus P. stammt der huss. Theologe Johannes v. P. (†1448). Anfänglich ein Verbündeter des Jacobellus v. Mies bei der Verteidigung des Laienkelchs, avancierte er schließlich zum Führer der konservativ-utraqu. Univ.-Magister, die sich im Bündnis mit dem Hochadel um einen Ausgleich mit der Kurie bemühten. Nach der huss. Revolution gingen die ehem. ebfl. Güter in den Besitz der Krone über, doch beeinflußten im 15. und A. 16. Jh. wiederum häufig wechselnde Pfandherren die Geschicke der Stadt, deren wirtsch. Entw. stagnierte. Erst im 16. Jh. erlebte sie eine neue Blüte. 1513 fiel P. an die Pešík v. Komárov. 1525 rief Heinrich Pešík v. Komárov dt. Bergleute aus dem Erzgebirge nach P. und führte das Joachimsthaler Bergrecht ein. Der oberste Münzmeister Johannes Trčka v. Vitenec wies den Bergleuten einen Platz zur Gründung einer freien Bergsiedl. bei P. zu, die den Namen Birkenberg erhielt und 1897 zur kgl. Bergstadt erhoben, 1953 schließlich P. eingemeindet wurde.

1527 wurde das »Bergbuech vber das Bergkwerch Przibram« begründet; kgl. Privilegien von 1534 und 1579 ordneten an, daß auch die Quartalsrechnungen der Schreiber und Schichtmeister in dt. Sprache zu führen seien. Die wirtsch. Prosperität dauerte nur wenige Jahrzehnte; die Erzfunde gingen zurück, die dt. Bergleute wanderten ab, und der tsch. Charakter der Stadt dominierte erneut. 1582 forderte eine Pestepidemie mehrere hundert Tote. In den Wirren des 30jähr. Krieges mußten die Bewohner Einquartierungen ksl. Söldner sowie den Einmarsch der Schweden erdulden. 1628 hatte Ks. Ferdinand II. alle bisherigen Privilegien der Stadt erneuert, doch galten diese allein für die kath. Eww.; Prot. und Juden wurde der Aufenthalt in P. untersagt. 1647 übertrug Ks. Ferdinand III. den Jesuiten den Hl. Berg sö. von P., auf dem bis dahin lediglich eine kleine Marienkapelle gestanden hatte. Schon bald wurde diese der bekannteste Wallfahrtsort Böhmens. Einheimische und ital. Baumeister schufen hier 1658–1751 eine imposante Anlage, deren zentraler Mittelpunkt eine 1661 von Carlo Lurago geschaffene einschiffige Kirche mit Presbyterium und

Empore ist. Die Industrialisierung des 19. Jh. führte zur Gründung
zahlr. neuer Schachtanlagen. 1849 wurde im Gebäude des ehem. bfl.
Schlosses eine Bergakademie eröffnet. 1875 wurde im Adalbert-
Schacht mit 1000 m die größte in der damaligen Welt bekannte
Schachttiefe erreicht; im gleichen Jahr erfolgte der Anschluß an das
Eisenbahnnetz. Zu der Silber-, Blei- und Zinkerzförderung gesellten
sich im 20. Jh. Buntmetallurgie, Bekleidungs-, Holz- und Lebensmittelindustrie. Zudem wurde P. das Zentrum des Uranerzbergbaus
der Tschsl. – 1869: 12 387, 1900: 13 475 (davon 89 Dt.), 1950:
12 445, 1991: 38 073 Eww.   (II/VI) *Krz*

B. Kopičková, Vznik vrchního horního úřadu v Příbrami v roce 1814 a jeho počátky, in: VSP 5 (1971), 149–173; J. Kubát, K dějinám dolování v 16. století na
Příbramsku, in: SAP 12 (1962), 143–202; M. Marhoul, Nástin sociálně ekonomic-
kého vývoje města Příbramě v letech 1869–1970, in: VSP 14 (1978), 81–110; J.
Pánek, Hrdelní soudnictví města Příbramě v 17. a 18. století, in: SSH 13 (1978),
87–195; K. Pobuda, Příbramské kostely, Praha 1940; LV 891, 443f.; LV 906, Bd. 3,
178–184; St. Polák, Češi a Němci v historických počátcích Příbramě, in: VSP 18
(1980), 39–52; ders., Město stříbra a slávy starých hornických tradic, Příbram 1966;
ders., Příbram, in: VSP 11/12 (1977), 11–52; ders., Trhová kniha města Příbramě z
let 1512–1553, in: SAP 19 (1969), 518–540; LV 569, Bd. 1, 58f.; LV 279, Bd. 6,
122–131; E. Wächtler, Zur Geschichte der Lage der Bergarbeiter im böhmischen
Erzbergbaurevier Příbram in der Revolution 1848/49, in: JFW 2/3 (1964), 279–
288.

Přibyslau (Přibyslav, Bez. Deutschbrod). Das am r. Ufer der Sazawa
12 km sö. von → Deutschbrod gelegene P. wurde verm. von Přibyslav, einem Bruder des Johann v. Polná, in der 1. H. 13. Jh. gegr. Die
Burg P. diente dem Schutz des gerade erst kolonisierten Gebietes der
Herren v. Polná. Als die Herrsch. 1251 an Smil Světlický v. Lichtenburg fiel, existierte das unterhalb der Feste angelegte P. bereits als
Städtchen; 1257 wird es als ein Zentrum der Förderung von Sil-
bererzen im tsch. Teil des böhm.- mähr. Höhenzuges genannt. 1255–
72 gehörten Burg und Städtchen dem Gründer der Burg → Ronow
an der Doubrawa, Čeněk v. Ronow, 1283–1317 dessen Söhnen Hynek und Čeněk. Vor 1381 erhielt P. Stadtrecht. Um 1400 waren gut 3
Viertel der Bev. Dt., doch nahm deren Anteil später kontinuierlich
ab. Während des huss. Heerzuges nach Mähren im Oktober 1424 fiel
P., dessen Stadtherr Čeněk v. Ronow mit Kg. Sigismund sympathisierte, nach zweitägiger Belagerung in die Hände der Huss. unter Jan
Žižka, der 4 Tage später in der Nähe der Stadt starb. Obwohl 1431 die
Burg Hzg. Albrecht v. Habs. übergeben worden war, vermochten
sich die Huss. noch bis 1434 zu halten. Im gleichen Jahr fiel die Burg
an den in O-Böhmen führenden huss. Adeligen Hynek Ptáček v.
Birkenstein, der sie seiner Herrsch. Polna inkorporierte. Die letzte
Erwähnung der Burg stammt von 1515, als Hynek v. Kunstadt seinen

Besitz an Nikolaus Trčka v. Leipa verkaufte. Die Feste verfiel, 1547 wird sie als verlassen beschrieben. 1553 gewann Zacharias v. Neuhaus durch Heirat mit Katharina, der Tochter Karls v. Waldstein, P. mit der gesamten Herrsch. Polna. Er errichtete ein eingeschossiges vier-flügeliges Renaissance-Schloß ö. der verfallenen Burg. 1597 wechselte P. zus. mit der gesamten Herrsch. an Hertwig Zeidlitz v. Schönfeld. Da Rudolf Zeidlitz v. Schönfeld am böhm. Ständeaufstand 1618–20 teilgenommen hatte, wurden dessen Güter 1622 konfisziert und ein Jahr später durch Ks. Ferdinand II. an Kardinal Franz v. Dietrichstein verkauft. Verm. unter Karl Maximilian v. Dietrichstein wurde das Schloß in eine vierflügelige Barockanlage erweitert. 1767 wütete sowohl im Schloß als auch in der Stadt ein Feuer, 1847 folgte eine neue Brandkatastrophe. Franz Josef v. Dietrichstein ließ darauf-hin die Hauptfassade des Schlosses klassiz. restaurieren. 1862 ging P. in den Besitz der Gfn. Clothilde Clam-Gallas über. Nach der Boden-reform 1923 diente das Schloß als Sitz für Bez.-Behörden und mu-sealen Zwecken. – 1890: 2607, 1930: 2288, 1991: 4028 Eww.

(VII) *Ben/Krz*

LV 259, Bd. 6, 401f.; J. Janák, Morava a Tábor lidu na Žižkově poli u Přibyslavi v roce 1868, in: VVM 20 (1968); F. Půža, Kronika přibyslavská, Přibyslav 1914.

Prittlach (Přítluky, Bez. Lundenburg). In der Umgebung des etwa 10 km onö. von → Nikolsburg gelegenen Dorfes wurde eine große slaw. Begräbnisstätte aus dem 5.–7. Jh. freigelegt. Die in den mehr als 800 Gräbern gefundenen Tongefäße zählen zur ältesten slaw. Kera-mik, die dem Prager Typ zugeordnet wird. Die erste schriftl. Erwäh-nung stammt von 1220, 2 Jahre später wurde die St.-Margaretha-Kirche in »Pritluc« zur Pfarrkirche erhoben. 1754 wurde sie barok-kisiert. P. gehörte zunächst zu den Besitzungen des Kl. → Welehrad und dann zur Herrsch. → Eisgrub. Am 15.9.1619 wurde P. von ksl. Truppen zerstört. 1857 brannte die gesamte Ortschaft nieder. Die bis E. des Zweiten Weltkrieges nahezu rein dt. Bev. lebte seit dem MA von der Landwirtschaft, hauptsächlich vom Weinbau. – 1869: 799, 1900: 870, 1950: 745, 1991: 823 Eww.   (VIII) *Had*

LV 253, Bd. 9, 226f.; LV 255, Bd. 3, 253; LV 950, Bd. 2, 329f.; LV 313, 184f.

Prödlitz (Brodek, seit 1960 Brodek u Prostějova, Bez. Proßnitz). Das 11 km s. von → Proßnitz gelegene P. entstand als Straßendorf an einer Furt entlang eines von → Brünn nach → Olmütz führenden Handelsweges. Die älteste Erwähnung (1278) steht im Zusammen-hang mit der Nennung eines Nikolaus v. P.; 1376 erschien P. erstm. als Städtchen. In der 2. H. 15. Jh. stieg es zum Mittelpunkt einer Herrsch. auf, deren Besitzer im 16. Jh. am w. Stadtrand ein Kastell,

einen Herrschaftshof, eine Brauerei und eine Mälzerei errichten ließen. Auf dem Gelände des Kastells erbaute Paul Karl Baron Kleinburg
1707–10 nach Plänen von Johann Bernhard Fischer v. Erlach ein Barockschloß mit Park; der Architekt lieferte zudem die Vorlage für die
1726 vollendete Pfarrkirche. In dem 1750–55 unter Gf. Corfitz v.
Ulfeld umgestalteten Schloß ließ der österr. Außenminister Gf. Gustav Sigismund Kálnoky v. Köröspatak (1832–98) reichhaltige Bü-
cher-, Gemälde- und Möbelsammlungen zusammentragen. In dem
von der Landwirtschaft geprägten Dorf wurden im 18.–19. Jh. Fay-
encen sowie Töpfereiwaren hergestellt. P. ist der Geburtsort des Politikers und Journalisten Moritz Hruban (1862–1945) sowie des Was-
serwirtschaftlers Antonín Smrček (1859–1951). – 1834: 788, 1900:
1003, 1930: 1300 Eww.   (VIII) Šta

M. Buzzi, Lidové hrnčířství na Prostějovsku, in: ZMP 5/1 (1985), 12–20; LV 290,
Bd. II/62, 282–289; Významné parky Jihomoravského kraje, Brno 1978, 385f.

Proßnitz

Proßnitz (Prostějov). Die Anfänge der im Zentrum der fruchtbaren
Hanna gelegenen Stadt P. sind mit einer slaw. Siedl. verbunden. Der
Ort erscheint 1131/41 in einem Besitzverzeichnis des Bf. v. Olmütz.
Die Marktsiedl. »Prosteyow« wird 1213 erwähnt (1258 »Prosteys«),
die dt. Form des Namens dominiert bis zu den Huss.kriegen. Dt. gab
es hier verm. seit M. 13. Jh.; in der 2. H. 13. Jh. entstand die Altstadt
mit der Marienkirche, 1393–1406 folgte die sog. Neustadt. Das allmählich zu einem Städtchen aufsteigende P. gehörte in der 1. H.
14. Jh. den mähr. Mkgff., nach 1350 dem Adelsgeschlecht der Schellenberg. 1372 erwarben die Herren v. Krawarn den Ort und inkorporierten diesen ihrer Herrsch. → Plumenau. 1390 privilegierte
Mkgf. Jobst das »opidum Prostanum« mit einem Jahrmarkt. Im Jahr
darauf stiftete Peter v. Krawarn das Augustinerkl. mit der Kirche
Mariä Heimsuchung, 1406 erweiterte er die Privilegien der anfänglich nach Brünner, später nach Olmützer Recht organisierten Stadt.
In huss. Zeit bekannten sich die Bürger zum Utraqu. Das 1392 begonnene Stadtbuch zeigt die dt. Namen noch in der Überzahl, doch
beherrschten die Tsch. schon 1397 den städt. Rat. Den Markt umgaben 2 durch Tore begrenzte Gassen. Nach den Huss.kriegen, in
denen das Kl. zerstört wurde, erhielt P. eine durch Pfahlmauern mit 4
Toren versehene Befestigung, die 1495 unter den Herren v. Pernstein
(1492–1599) von einer steinernen Mauer ersetzt wurde. Die Pernstein ließen zudem das n. Stadttor beim Bau des Schlosses niederreißen. Ein Teil der Stadtbefestigung blieb erhalten, der größte Teil
wurde jedoch in der 2. H. 19. Jh. abgetragen. Auf dem Areal des
durch die Huss. zerstörten Kl. ließen sich seit 1454 aus → Olmütz
vertriebene Juden nieder, die hier ein Ghetto mit einer erstm. 1540

erwähnten, 1676 erweiterten und 1904 durch einen Neubau ersetzten Synagoge errichteten. Eine zweite Synagoge entstand A. 19. Jh. Neben der aus der Neustadt erwachsenen Vorstadt im W kam im O die 1488 P. integrierte Újezd-Vorstadt mit der Friedhofskirche St. Peter und Paul hinzu (1728–30 barockisiert). Vor dem s. Stadttor entstand das 1466 erstm. erwähnte Spital, im N bildete sich um 1500 eine Siedl. der Böhm. Brüder mit dem 1503 erbauten Gebetshaus. Zu den prägenden Wirtschaftszweigen in P., das von seiner Lage an dem von → Brünn nach → Olmütz führenden Handelsweg profitierte, gehörten die Tuchmacherei und die Brauerei, im 16. Jh. kam die Schnapsbrennerei hinzu. Im 15.– 16. Jh. erhielt P. weitere Privilegien und erwarb zudem ländlichen Grundbesitz in der Umgebung. Das gewachsene Selbstbewußtsein der Bürgerschaft spiegelte sich in der Errichtung des Rathauses 1521 an der S-Front des Marktes (heute Museum). 1588 wurde der Umbau der mit einem hochgot. Chor ausgestatteten und nunmehr als Pfarrkirche dienenden Hl.-Kreuz-Kirche vollendet, deren heutiges, barockes Aussehen auf die Veränderungen von 1697 zurückgeht. 1522–30 ließ Johann v. Pernstein im NW der Stadt ein Schloß erbauen, das sein Sohn Wratislaw mit steinernen, 1643 durch die Schweden zerstörten Arkaden umgeben ließ.

Seit 1599 gehörte P. Karl v. Liechtenstein, der die Stadt gewaltsam rekatholisierte. Die Katastrophe des 30jähr. Krieges entvölkerte P.; die plündernden Schweden zerstörten Mauern und Schloß und brandschatzten die Vorstädte. Hatte die Stadt 1590 632 Häuser gezählt, waren es 1656 noch 506, davon allerdings nur 244 bewohnt. 1697 wütete ein verheerender Brand. Nachdem sich schon E. 16. Jh. erneut Dt. in P. niedergelassen hatten, setzte nach 1648 ein verstärkter dt. Zustrom ein. Unter dem Pfarrer Capricius (1639–66) wurde festgelegt, daß der Geistliche jeden Sonntag dt. predigen solle. 1730–55 ließen die Liechtenstein in der Stadt ein Kl. der Barmherzigen Brüder mit der St.-Nepomuk-Kirche sowie ein Spital erbauen, 1756–64 kam das (1784 aufgelöste) Kapuzinerkl. mit der Barbarakirche hinzu. Nach der langen wirtsch. Stagnation erlebte die Tuchmacherei E. 18. Jh. einen neuen Aufschwung, der sich in der wachsenden Zahl der Meister und Webstühle manifestierte: Während es 1785 43 Meister waren, arbeiteten 1792 schon 98 Meister an 237 Webstühlen. Die Textilproduktion lag dabei zu einem Großteil in jüd. Händen. 1801 gründete der jüd. Unternehmer Veit Ehrenstamm eine Tuchfabrik, doch legten die Napoleonischen Kriege die Produktion zunächst lahm. Das Zeitalter der Industrialisierung förderte dann in erster Linie die Textilindustrie. Nach 1840, als die Brüder Mandl eine Textilfabrik gründeten, stieg P. zum Zentrum der Konfektionsindustrie in der Habsburgermonarchie auf. Daneben wurden Landmaschinen

produziert; die Nahrungsmittelindustrie profitierte von der fruchtbaren Umgebung der Stadt. 1870 erhielt P. einen Eisenbahnanschluß
an der Strecke Brünn–Olmütz. Die wirtsch. Prosperität fand ihren Ausdruck auch in zahlr. Reprä-
sentativbauten wie dem Theater (1907) und dem Neuen Rathaus
(1914). 1892 hatten die Tsch. im Rathaus erstm. die Mehrheit er-
langt, die sie von nun an dauerhaft behaupteten. Das Vereinsleben
gestaltete sich zweisprachig, so seit 1871 im Arbeiterbildungsverein,
der allerdings bereits 4 Jahre später wieder aufgelöst wurde. Seit 1855
besaß P. den Status einer Bez.-Stadt, die zahlr. Mittelschulen und
kulturelle Institutionen besaß. Hier wurden der Philosoph Edmund
Husserl (1859–1938) sowie der Dichter Jiří Wolker (1900–1924) geb.
– 1880: 18175 (davon 4516 Dt.), 1900: 23774 (davon 964 Dt.),
1921: 30002 (davon 1181 Dt.), 1991 nahezu 48000 Eww.

(VIII) *Šta/Krz*

LV 548, 491–504; B. Heilig, Die Vorläufer der mährischen Konfektionsindustrie in
ihrem Kampf mit den Zünften, in: JGGJ 3 (1931), 307–448; ders., Eine mährische
Stadt und ihr Ghetto, in: ZVGMS 31 (1932), 117–126; ders., Zur Entstehung der
Proßnitzer Konfektionsindustrie, in: ZVGMS 31 (1929), 14–35; LV 290, Bd. II/60;
J. Kühndel, Nejstarší městská kniha prostějovská, in: RMP 6 (1929), 57–137; ders./J.
Mathon, Pernštejnský zámek v Prostějove, Prostějov 1932; J. Mathon, Prostějov a
okolí ve světle svých historických a uměleckých památek, Prostějov 1924; Prostějov
v proměnách staletí, Prostějov 1994; K. Sommer/E. Gímeš, Z dějin oděvního průmyslu na Prostějovsku, Prostějov 1970; A. Soška, Prostějov revoluční a republikán-
ský 1918–1929, Prostějov 1929.

Prostibor (Prostiboř, Bez. Tachau). Die Ruinen der urspr. ma., später zu einem Schloß umgebauten Burg P. erheben sich unweit von
→ Kladrau auf einem Plateau. Die erste urk. Erwähnung stammt
verm. indirekt bereits aus dem Jahr 1235. 1372 fiel die Burg an das Kl.
Kladrau, 1403 belagerte ein kgl. Heer die Burg, 1423 nahmen die
Huss. die Anlage in Besitz. Bauliche Umgestaltungen der Inneneinrichtungen folgten im 16. Jh., die heutige Gestalt bestimmen barokke, klassiz. und neuzeitliche Veränderungen. Die in ihren Ausmaßen
bescheidene ma. Anlage war zweigeteilt, das Aussehen der Vorburg
ist unbekannt. Auch der rundliche Bergfried in der Oberburg blieb
nicht erhalten. Wertvolle Fresken aus der Renaissance wurden abgenommen und nach → Bischofteinitz gebracht. (I) *Dur*

LV 259, Bd. 4, 153f.; LV 905, Bd. 30, 150ff.; Z. Procházka/J. Úlovec, Hrady, zámky a tvrze okresu Tachov, Bd. 2, Tachov 1990, 116–120; Z. Procházka/V. Navrátil,
K výzkumu hradu Prostiboř-Kopec, in: SOM 19 (1984), 21–36; LV 279, Bd. 9,
183–186.

Protiwin (Protivín, Bez. Pisek). Die urspr. Burg und das gleichnamige Dorf bildeten von A. an einen Bestandteil des Kronguts. P. wurde erstm. 1282 erwähnt, als es zu einer Verpfändung an die oberösterr. Fam. Prusching kam. Im 14. Jh. erwarben die Herren v. Rosenberg den Besitz. Ihnen folgten u. a. um 1530 die Herren v. Pernstein, 1598 die Wratislaw v. Mitrowitz, 1660 die Herren Schwihau v. Riesenburg, 1661 die Trauttmannsdorff und 1711 die Schwarzenberg. Deren Residenz bildete das durch den Umbau der ehem. Burg nach 1600 entstandene Renaissance-Schloß, das 1660 sowie 1720–30 barockisiert wurde. Den letzten Umbau führten Paul Ignaz Bayer und Anton Erhard Martinelli für Adam Franz Schwarzenberg durch. 1520 wurde eine Brauerei gegr. Die einschiffige Elisabethkirche stammt aus den Jahren 1661/62. 1878 wurde ein jüd. Friedhof angelegt. Die im Neorenaissancestil erbaute Schule zieren Sgraffiti aus den Jahren 1902/03, die Mikoláš Aleš entworfen hat. – 1850: 1202, 1890: 2467, 1950: 2847, 1991: 1325 Eww.   (VI) *Bůž/Gr*

A. Kolafová/J. Jarolímek, Dějiny města Protivína 1282–1982, Protivín 1982; LV 906, Bd. 3, 161f.; LV 279, Bd. 7, 234–239; LV 275, Bd. 3, 100–109; LV 283, Bd. 8, 418; LV 905, Bd. 33, 281–293; LV 289, 157f.

Pürglitz (Křivoklát, Bez. Rakonitz). Städtchen und Burg liegen in waldreicher Landschaft an der Einmündung des Rakonitzbaches in die Beraun, etwa 45 km w. von → Prag. Die Burg P. galt über das gesamte MA hinweg als eine der bedeutendsten landesherrlichen Burgen in Böhmen. Im 13.–17. Jh. war sie zugleich Verw.-Zentrum eines umfangreichen Königsgutes und Mittelpunkt eines waldreichen Territoriums im Flußgebiet der Beraun, das die Feste P. gemeinsam mit anderen kgl. Jagdburgen hütete. Erstm. erwähnt wird P. in der Cosmas-Chronik für 1110 mit ihrem urspr. Namen Hrádek. Im 12.–13. Jh. übernahm P. schrittweise die Funktion des nahegelegenen alten fst. Jagdhofs in Zbetschno. Die neue steinerne Burg, nach dem Vorbild westeurop. Festungen mit einer Fortifikation versehen, ließ Kg. Wenzel I. auf einem dreieckigen Felsvorsprung oberhalb des Rakonitzbaches errichten. Der Ausbau dieses »Castellum novum« mit einem ovalen Wohnturm, einer dreiflügeligen Oberburg und 2 Palasflügeln in der Unterburg wurde 1287 durch die Einweihung der Burgkapelle abgeschlossen. P. avancierte zur bevorzugten Residenz der Kgg. Wenzel I. und Přemysl Otakar II.; 1316 sowie 1319–23 wurde hier der junge Karl (IV.) erzogen, der später als Kg. oft an diesen Ort zurückkehrte. Sein Sohn Kg. Wenzel IV. verlieh der Burg durch einen großangelegten Umbau ein spätgot. Aussehen. Dieser Bau ging während einer Feuersbrunst 1422 sowie in den nachfolgenden milit. Auseinandersetzungen um die Burg zw. den Huss. und Kg.

Sigismund verloren. 1423–54 befand sich P. als Pfandschaft in den
Händen des Alesch Holický v. Sternberg, danach fiel sie wiederum an
die Krone.
Eine Erneuerung erfolgte unter Kg. Wladislaw II., als die Burg im
wesentlichen ihr heutiges Aussehen erhielt. Die spätgot. Burg beherrschen bis heute der durch ein sternförmiges Gewölbe geschmückte
Königsaal im w. Palas sowie die prunkvoll ausgestattete Burgkapelle,
beide verm. ein Werk des kgl. Baumeisters Hans Spiess. Nach 1526
war die damals bereits zumeist unter dem Namen P. bekannte Burg
häufiger Aufenthaltsort der in den umliegenden Wäldern jagenden
habs. Herrscher; 1559–64 war sie Zufluchtsstätte des ksl. Statthalters
in Böhmen, Ehzg. Ferdinand v. Tirol, und der Philippine Welser aus
Augsburg, die heimlich die Ehe geschlossen hatten, vor allem aber
Staatsgefängnis, wo 1548–64 der Bf. der Brüderunität Jan Augusta
und 1591 der bekannte Hofalchimist Ks. Rudolfs II., Edward Kelley,
einsaßen. 1686 wurde die nach einem Feuer 1643 beschädigte Burg
zus. mit der 3 Städte, 54 Dörfer und 10 Höfe umfassenden Herrsch.
an Ernst Josef v. Waldstein verkauft. Dessen Enkelin Maria Anna
brachte 1731 Burg und Herrsch. als Mitgift in die Ehe mit Josef Wilhelm v. Fürstenberg ein. 1826 suchte erneut ein Feuer die Burg heim,
verschont blieben lediglich der große Saal und die Kapelle (1856–
1921 wiederhergestellt). Bis 1920 befand sich P. im Besitz der Fam.
Fürstenberg und ging dann in staatl. Verw. über (seit 1929 Museum).
Durch ihr äußeres Erscheinungsbild regte die Burg frühzeitig zu literarischen und künstlerischen Werken an, beginnend bei dem romant. Dichter Karel Hynek Mácha (1810–36); dessen Dichterfreund
Karl Egon Ebert (1801–82), ein Prager Dt., war hier als Fürstenber-
gischer Archivar, Bibliothekar und schließlich als Verwalter der
Herrsch. P. tätig. – Die Gem. P. entstand rechtl. erst 1892 durch die
administrative Zusammenlegung der Siedl. Buda und Amalín, die die
Unterburg der Feste P. bildeten. 1896 erhob Ks. Franz Joseph I. das
nahezu rein tsch. P. zum Städtchen. Die Pfarrkirche St. Peter wurde
1522 gegr. und 1885 nach Plänen des Architekten Josef Mocker in
neogot. Stil umgebaut. In der Gem. P. und auf umliegenden Höhen
stehen die Barockkapellen St. Wendelin, St. Marien und St. Eu-
stachius aus der Zeit um 1800 sowie das neogot. Denkmal Karl Egon
v. Fürstenbergs von 1858. – 1890: 773, 1930: 704, 1991: 700 Eww.

(II) *Led/Dur*

K. Benešovská/J. Žižka, Křivoklát. Hrad a okolí, Praha 1987; A. Birnbaumová/D.
Menclová, Křivoklát. Státní hrad a památky v okolí, Praha 1960; LV 905, Bd. 36 u.
39; F. Dollinger, Geschichte von Pürglitz, Wien 1887; T. Durdík, Die Burg Křivoklát und weitere Burgen auf der ehemaligen Fürstenbergischen Herrschaft Křivoklát, in: Die Fürstenberger. 800 Jahre Herrschaft und Kultur in Mitteleuropa. Hg.
v. E. H. Eltz u. A. Strohmeyer, Kornneuburg 1994, 300–306; ders., The Castle of

Křivoklát in the light of archeological excavations, in: Archeology in Bohemia 1986–
1990, Praha 1991, 159–165; LV 245, 246–252; LV 248, 153–156; LV 259, Bd. 3,
246–252; J. Kaše [u. a.], Křivoklát, Praha 1983; V. Kočka, Dějiny Rakovnicka, Rakovník 1936, 9–135; LV 875, 217–224; LV 879, Bd. 1, 250–256, Bd. 2, 174ff.,
421–435; LV 279, Bd. 8, 1–59; LV 906, Bd. 2, 164–168.

Pullitz (Police, Bez. Trebitsch). Das 16 km sw. von → Mähr. Budwitz gelegene Dorf wurde 1343 als »Politz« erstm. erwähnt. Vorläufer
des 1534 von Johann Tavíkovský v. Tavíkovice erbauten Renaissance-Schlosses war eine 1371 bezeugte Festung, in deren Nähe A.
16. Jh. eine Brauerei existierte. Etwa 150 Jahre nachdem die Herrsch.
1633 an die Fam. Berchtold gelangt war, in deren Besitz sie bis 1821
blieb, wurde das Schloß barockisiert. Die Säle erhielten Stuckdecken,
das Mobiliar wurde der Mode der Zeit angepaßt. Bis 1945 wechselten
die Besitzer, zu denen 1860–72 auch die Stadt → Znaim gehörte,
mehrfach. Bemerkenswert sind die erhaltenen Reste des jüd. Friedhofs am Dorfrand. Eine 1759 errichtete Synagoge wurde später zur
Turnhalle umgebaut. Die nahezu rein tsch. Bev. lebt tradit. von der
Landwirtschaft und der Baustoffgewinnung. – 1850: 761, 1900: 818,
1950: 560, 1991: 389 Eww. (VII) *Had*

LV 861, 125, 164; LV 543, 23; LV 253, Bd. 12, 186; LV 255, Bd. 2, 172f.; LV 950,
Bd. 2, 277f.; LV 259, Bd. 1, 195; LV 548, 505–511; L. Meduna, Z historie Police u
Jemnice. Příspěvek k dějinám jihozápadní Moravy, Police 1969; J. Sedlák, Zámek
Police, Brno 1972.

Pustoměř (Pustiměř, Bez. Wischau). Die 5 km n. von → Wischau
gelegene Gem. taucht erstm. in einer Fälschung auf, und zwar in der
sog. Gründungsurk. des Kapitels zu → Altbunzlau, die P. für das Jahr
1046 unter den hzgl. Gütern aufführt. 1232 befand sich das Dorf im
Besitz des Btm. Olmütz. Verm. wurde die Fürstenburg P. frühzeitig
aufgegeben oder nach Wischau verlegt. 1247 erwähnen die Quellen
die dem Btm. Olmütz gehörende Kirche St. Panteleon, 1277 die bfl.
Burg. Offensichtlich brachte das Btm. Olmütz P. zw. 1141 und 1242
in seinen Besitz, da es in einem Güterverzeichnis der mähr. Kirche
von 1141 noch fehlt. 1340 gründete Bf. Johann Volek in P. ein Benediktinerinnenkl. und stattete es mit umfangreichem Landbesitz aus.
Seit dem 15. Jh. verfiel es jedoch und wurde 1588 schließlich von
Papst Sixtus V. aufgelöst, wobei die Reste der Klostergrundherrsch.
der bfl. Herrsch. Wischau inkorporiert wurden. Die ausschl. tsch.
Bev. lebte vornehmlich von der Landwirtschaft. – 1993 annähernd
1500 Eww. (VIII) *Šta*

LV 259, Bd. 1, 198; LV 4 (Vyškov), 175ff.; V. Kotrba/M. Rokyta, Pustiměřská
rotunda, in: Putování krajem mladí Klementa Gottwalda, Praha 1954, 20; Vyškovsko, Brno 1965, 402–407.

Rabenstein an der Schnella (Rabštejn nad Střelou, Bez. Pilsen-Nord). Auf einem schmalen Felsvorsprung hoch über der Schnella, 7 km sö. von → Manetin, ist für 1269 eine Burg bezeugt. Die Herren Pflug v. R. erhoben deren Suburbium 1337 zum Städtchen, das mit der Burg über eine gemeinsame Befestigungsanlage verfügte. Kg. Karl IV. inkorporierte R. der kgl. Kammer und schuf ein Lehenssystem. 1375 erteilte er den Bürgern das Recht, auf dem von → Prag nach → Eger führenden Weg Zoll zu erheben. Gegen die rebellischen Herren v. Guttenstein rückte 1509 ein Landesaufgebot vor, das R. besetzte. Nachfolgend gab es häufig wechselnde Besitzverhältnisse: 1518–64 regierten die Gff. Schlick, welche die Burg umbauen ließen, ihnen folgten bis 1714 die Pötting, die 1666 den Servitenorden nach R. führten und 1705 neben der heruntergekommenen Burg ein Barockschloß errichteten. Das Servitenkl. wurde 1762 neben dem Schloß in frühbarockem Stil erbaut (heute Hotel). Die angrenzende einschiffige 1766–69 nach Plänen von Anselmo Lurago erbaute Kirche der Sieben Schmerzen Mariä wurde seit der Auflösung des Kl. 1767 als Pfarrkirche genutzt. Seit 1748 war R. Teil der Herrsch. Manetin, die den Herren Lažanský v. Buková gehörte. Die wirtsch. Entw. prägte der Abbruch von Schieferdecker, der erstm. 1514 erwähnt wurde. – 1843: 566, 1890: 536, 1930: 344 (davon 267 Dt.), 1950: 77, 1991: 26 Eww. (I/II) *Pe*

LV 259, Bd. 4, 285f.; V. Kočka, Dějiny politického okresu kralovického, Bd. 2, Kralovice 1932, 63–82; A. Nowak, Die Gründung von Burg und Stadt Rabenstein an der Schnella, in: UE 41 (1937), 85–90; A. Nürnberger, Heimatliches aus Rabenstein an der Schnella, Rabenstein an der Schnella 1929; LV 507², 239f.; LV 279, Bd. 13, 137–142; LV 905, Bd. 37, 215–228.

Raby (Rabí, Bez. Klattau). R. ist ein kleines Städtchen mit einer malerischen Ruine der einst größten got. Burg Böhmens. Die Burg R. wurde im 13. Jh. durch die Herren v. Potstein unweit einer alten Ansiedl. von Goldsuchern an der Wottawa errichtet. Den Kern der Burg bildet ein mächtiger quadrat. Burgfried (A. 14. Jh.). 1420/21 wurde R., dessen Befestigungen erst 1513 fertiggestellt wurden, erfolgreich von Jan Žižka belagert. Die Siedl. vor der Burg wurde 1499 zur Stadt erhoben und mit Jahrmarkt sowie Befestigungsrecht ausgestattet. Die Bürger erhielten das volle Erb- und Bierbraurecht sowie andere Privilegien. 1502 versammelte sich in R. der böhm. Adel, um über die Brauereirechte mit den Städten zu verhandeln. 1549 begann jedoch der Ausverkauf der an die 60 Dörfer umfassenden Herrsch.: R. gehörte bis 1708 Adam Chanovský, danach dem Passauer Bf. Johann Philipp v. Lamberg. A. 18. Jh. wurde die Burg endgültig verlassen. Das landwirtsch. geprägte, rein tsch. R. stagnierte. – 1850: 648, 1930: 571, 1950: 455, 1990: 370 Eww. (VI) *Wei*

D. Menclová, Rabí, Praha 1971; LV 879, Bd. 1, 322–325; LV 507, 237f.; Rabí.
Státní hrad a památky v okolí, Praha 1960; LV 279, Bd. 11, 81–96.

Radnitz (Radnice, Bez. Rokytzan). Das bereits 1335 als Städtchen
erwähnte R. gehörte bis 1431 zur Herrsch. → Zbirow, die sich im
Besitz der Herren v. Rosenberg befand. Das wirtsch. Leben wurde
bes. von der Eisengewinnung geprägt. R. besaß ein eigenes städt.
Gericht mit Appellationsrecht nach → Pilsen und eigene Stadtbücher.
Im 16. Jh. gab es häufige Besitzerwechsel; das Städtchen wurde in
Ober- und Unter-R. geteilt, unter den Czernin v. Chudenitz erhielten beide 1570 durch Ks. Maximilian II. Stadtrecht. Die 1651–73 regierenden Malovetz v. Chejnov bestimmten R. zum Zentrum der
Grundherrsch. und ließen ein frühbarockes Schloß errichten. Nach
1719 berief Kasimir Ferdinand v. Kupferwald den Pilsener Baumei-
ster Jakob Auguston nach R., der 1720 die einschiffige Pfarrkirche St.
Wenzel völlig umbaute und anschließend auch das Schloß im SW-
Teil des Marktes neugestaltete. Nach einem Feuer 1849 wurde dieses
neuerlich verändert, erhalten blieb nur das mittlere Gebäude. Nach
1758 gehörte R. dauerhaft den Sternberg, die A. 19. Jh. in Březina ein
Schloß erbauen ließen. 1806–20 wirkte an der Pfarrei der von der
Idee der nat. Wiedergeburt geprägte Dichter Antonín Jaroslav Puchmajer, der 1808 in R. die erste behördlich genehmigte Lesegesell-
schaft in Böhmen gründete. 1700 zählte R. 360 Eww., 1843 lebten in
263 Häusern bereits mehr als 2400 Eww.; begünstigt wurde die Bev.-
Zunahme durch die Entfaltung des Bergbaus seit dem 17. Jh. und die
Glasherstellung. – 1930: 2478 (davon 9 Dt.), 1950: 1992, 1991:
1681 Eww.   (II/VI) *Pe*

LV 259, Bd. 4, 287ff.; J. Kovář, Zámek v Radnicích, in: MZK 10 (1974), 164f.;
Minulostí Radnicka. Hg. v. J. Kroc, Plzeň 1976; Monografie Radnicka. Hg. v. V.
Hejný, Příbram 1948; LV 507[2], 241ff.; Radnice, 400 let města. Hg. v. J. Kroc, Radnice 1970; LV 905, Bd. 9, 71–82; P. Suchá, Čtenářská společnost v Radnicích 1818–
1968, Rokycany 1968.

Radun (Raduň, Bez. Troppau). Die Anfänge der 5 km s. von
→ Troppau gelegenen und 1329 erstm. erwähnten Gem. sind mit den
gleichnamigen Rittern v. R. verbunden, die hier im 15. Jh. ein Kastell erbauten. In der 1. H. 16. Jh. ließ Georg Tvorkovský v. Krawarn,
dessen Fam. R. für gut 100 Jahre gehörte, das Kastell zu einem Renaissance-Schloß umgestalten. Unter den Herren v. Krawarn wurde
auch die Pfarrkiche zur Hl. Dreieinigkeit errichtet. Zu den häufig
wechselnden adeligen Besitzern zählten seit etwa 1780 die Frhh. v.
Mönnich. 1816–22 ließ Gf. Johann Larisch-Mönnich das alte Schloß
abtragen und nach Plänen des Troppauer Architekten Karl J. Englisch
eine Anlage im Empirestil mit Landschaftspark erbauen. 1832 erwar-

ben die Fstt. Blücher R.; das Schloß erhielt 1849 sowie 1883–1912 sein von der Romantik geprägtes Aussehen. – 1869: 565, 1900: 560 (davon 20 Dt.), 1930: 717 (17 Dt.), 1950: 769, 1991: 971 Eww.

(V) *Mü*

LV 255, 751f.; LV 259, Bd. 2, 199; E. Kolářová, Z historie a současnosti zámku v Raduni, in: SPPSK 7 (1987), 143–168; LV 269, Bd. 1, 179–182; F. Šigut, Historie stavby zámku v Raduni u Opavy, in: ČSM 13 (1964), 65–69.

Raigern (Rajhrad, Bez. Brünn-Land). Auf dem Areal einer Burgstätte aus großmähr. Zeit entwickelte sich im HochMA die 10 km s. von → Brünn gelegene Ortschaft R., die erstm. 1045 bzw. 1048 in Urk.-Fälschungen des 13. Jh. Erwähnung findet. Die erste zweifelsfreie Nennung von R. datiert in das Jahr 1169. Der Überlieferung nach gründete Hzg. Břetislav I. auf dem Gelände der urspr. Burg 1048 das älteste Benediktinerkl. in Mähren, das als Filiation und Propstei dem Kl. Břewnow unterstand und erst 1813 den Status einer selbst. Abtei erhielt. Die angrenzende Siedl. gehörte von A. an zur Kl.grundherrsch. Das mit Grund und Boden sowie zahlr. Privilegien ausgestattete Kl. überstand, trotz wiederholter Kriegseinwirkungen und der durch die böhm. Stände 1619 beschlossenen Auflösung, die Wirren der Zeit. In der 1. H. 18. Jh. fand ein völliger Umbau der Anlage statt. Bauherr des neuen Barockkomplexes war Propst Anton Pirmus, den Entwurf schuf der in Prag tätige ital. Architekt Giovanni Santini, doch wurden dessen Pläne nicht völlig realisiert. Die auf dem Boden der urspr. rom. Basilika 1722–39 in der M. des O-Flügels der vierflügeligen Kl.anlage errichtete Kirche ist ein Werk des Brünner Baumeisters Franz Benedikt Klíčník. Das Presbyterium wurde 1763 erneuert, auf dem kuppelförmigen Gewölbe schuf vor 1729 der aus Brünn stammende Maler Johann Georg Etgens Fresken, welche die Geschichte und Verherrlichung des Benediktinerordens zeigen. Die Bibliothek mit mehr als 60 000 Bänden birgt zahlr. Handschriften und Inkunabeln. Nach ihrer endgültigen Auflösung 1948 diente die Kl.anlage der tschsl. Armee. Umfangreiche Restaurierungsarbeiten begannen nach der pol. Wende 1989. Dem Konvent gehörten u. a. die Historiker Bonaventura Piter und Beda Dudík sowie der Topograph Gregor Wolný an. Im Ort, bis heute von Kleingewerbe geprägt, steht die 1765/66 erbaute Hl.-Kreuz-Pfarrkirche auf dem Boden eines gleichnamigen Vorgängerbaus von 1683. Das bereits 1339 als Städtchen erwähnte R., das jedoch erst 1554 sein Siegelrecht durch den Břewnower Abt bestätigt erhielt, war bis 1850 Herrsch.sitz. Die rein tsch. Gem. zählte 1880: 1651, 1993: 2731 Eww.

(VIII) *Šta/Krz*

V. Dokoupil, Knihovna benediktinů v Rajhradě, Rajhrad 1968; B. Dudík, Geschichte des Benediktiner-Stiftes Raygern im Markgrafthume Mähren, Bd. 1,

Brünn 1849; V. Hájek, Pohled do minulosti Rajhradu, Rajhrad 1966; LV 290, Bd.
II/79, 228–279; V. J. Pokorný, Klášter Rajhrad, Brno 1925; ders., Z rajhradských
pamětí, Rajhrad 1932; ders., 900 let rajhradského kláštera, Brno 1948; K. Uhl, Dějiny farnosti rajhradské, Rajhrad 1934; G. Wolny, Geschichte des Benediktinerstiftes
in Raigern, Prag 1829.

Raitz (Rájec, Bez. Blansko). Das 6 km n. von → Blansko gelegene
R. wurde erstm. 1131 erwähnt. Im 14. Jh. bestand hier eine Feste, die
seit 1386 im Besitz des Aleš Lysický v. Kunstadt war, während der
Huss.kriege zerstört, später erneuert und nach 1570 unter Bernard
Drnovský v. Drnovic zum vierflügeligen Renaissance-Schloß umgebaut wurde (1756 nach Brand abgebrochen). Nach der Ausweisung
des Prädikanten der luth. Gem. 1616 wurde ein kath. Pfarrer eingesetzt. Nach dem 30jähr. Krieg kam R. an Georg v. Roggendorf, 1763
an Gf. Anton Salm-Reifferscheidt, der sofort mit dem Bau eines
neuen Schlosses aus den Steinen des Vorgängerbaus begann. Um
1700 wurde die Allerheiligen-Pfarrkirche errichtet. Der wichtigste
Besitzer von R. war Gf. Hugo Salm (1776–1836), der stark an Physik
und Chemie interessiert war, die Eisenindustrie förderte und 1836 in
R. die erste Zuckerfabrik Mährens gründete. Er machte sich um die
Gründung des Brünner Franzensmuseums verdient, war Freund Josef
Dobrovskýs und korrespondierte u. a. mit Johann Wolfgang v. Goethe. Im 19. Jh. war der Schriftsteller Ferdinand v. Saar (1833–1906)
häufiger Gast in R. – 1880: 1314 Tsch. und 18 Dt., 1930: 1873, 1950:
1921, 1991: 3521 Eww.   (VIII) *Teu*

O. J. Blažíček, Rájec nad Svitavou, Brno 1967; LV 253, Bd. 5, 176f.; LV 259, Bd. 1,
201f.; LV 255, 308; LV 290, Bd. II/4, 155–167; J. Skutil, Rájec-Jestřebí. Dějiny
města od nejstarších dob po současnost, Rájec-Jestřebí 1981; LV 791, Bd. II/4, 324–
328.

Rakonitz (Rakovník). R., das administrative und kulturelle Zentrum des w. Teils Mittelböhmens, liegt von Wäldern und Hopfen-
feldern umgeben in einem Becken am Rakonitzbach. Die erste urk.
Nachricht stammt von 1252, als R. als Sitz des »niederen« (d.h.
Bez.-)Gerichts erscheint. Als Stadt wird R. erstm. 1319 in einer Urk.
Kg. Johanns v. Luxemburg genannt. Die eigentliche Stadtgründung
erfolgte um 1250 auf regelmäßigem Grundriß mit einer befestigten,
vor 1352 belegten und 1379 als Patrozinium aufgeführten Pfarrkirche
St. Nikolaus. Von ihrer Gründung bis E. 16. Jh. unterstand R. als
Kameralstadt den Hauptleuten der kgl. Burg → Pürglitz. Während
der Huss.kriege nahm die Stadt 1422 Schaden und wurde 1423 an
Alesch Holický v. Sternberg verpfändet, der sie bis 1457 beherrschte.
Die Kgg. Ladislaus Postumus, Georg v. Podiebrad und Wladislaw II.
verliehen der Stadt mehrfach Privilegien: 1454 das Bannmeilenrecht,

1471 das Recht des Mauerbaus, 1473 das Jahrmarkt- und Mautprivileg; 1482 erhielt R. Wappen und Siegel. Die Blütezeit der Stadt fand ihren Höhepunkt im 16. Jh., als ihr insbes. die Bierbrauerei und das reichhaltige Kulturleben das Gepräge gaben. 1588 erhob Ks. Rudolf II. R. zur freien Königsstadt. Trotz der im 30jähr. Krieg erlittenen Schäden sowie der nachfolgenden Stagnation behielt R. bis 1850 den Status einer Bez.-Stadt. Eine neue Prosperität setzte im 19. Jh. ein, als 1833 die erste Realschule Böhmens für Landwirtschaft und Hopfenanbau gegr. wurde, das industrielle Brauwesen anlief, eine Zuckerfabrik, Steinkohleabbau, die Gewinnung feuerfesten Schiefertons, Keramikfabriken und Werke zur Seifenherstellung sowie Maschinenbaubetriebe Beschäftigung boten. Mit dem Eisenbahnanschluß 1871 wurde das rein tsch. R. Knotenpunkt mehrerer lokaler Strecken. – Von der ma. Stadtbefestigung blieben das spätgot. Prager Tor (1516) und das Hohe Tor (1519–24) erhalten. Die got., aus dem 14. Jh. stammende Bartholomäuskirche war vor 1422 urspr. dem hl. Nikolaus geweiht (1450–1514 umgebaut, 1885–96 regotisiert). Das alte Rathaus (1555), urspr. ein got. Gebäude mit Renaissance-Elementen, wurde 1734–38 nach einem Feuer barockisiert. Im ehem. Haus der Zisterzienser aus → Plaß, 1771–81 auf dem Areal des 1516/17 erbauten Pfarrhauses in barockem Stil errichtet, befindet sich heute ein Museum. Die frühgot. St.-Ägidius-Kirche, in den Anfängen der Stadtgeschichte entstanden, wurde 1487, 1660 und 1856 umgebaut. Aus R. stammt Sixt v. Ottersdorf, 1546–47 Kanzler der Prager Altstadt und Chronist des Ständeaufstands von 1547; hier wirkte der Historiker und Schriftsteller Zikmund Winter (1846–1912), dessen Namen das örtl. Gymnasium trägt. – 1850: 3144, 1921: 8805, 1950: 11 619, 1991: 17 425 Eww. (II) *Led*

LV 905, Bd. 39, 128–250; V. Kočka, Dějiny Rakovnicka, Rakovník 1936, 640–645; F. Levý, Dějiny královského města Rakovníka, Rakovník 1896; K. Mejstřík, Rakovníkem po velkých stopách, Rakovník 1983; V. Razím, Středověké opevnění města Rakovníka, in: PAP 9 (1984), 84–93; J. Renner, Rakovník 19. století, Rakovník 1931; ders.; Dějiny Židů na Rakovnicku, Rakovník 1937; LV 275, Bd. 1, 91; LV 283, Bd. 13, 7; J. Sommer/V. Razím, Poznámky k historii kostela sv. Bartoloměje v Rakovníku, in: PSK 3 (1988), 53–60; LV 906, Bd. 3, 211–215.

Ratibořitz (Ratibořice, Bez. Nachod). 1388 erscheint in den Quellen das Dorf R. mit Kastell im Besitz des Vaněk v. Žampach, der auch den Titel v. R. führte. Dessen Tochter Elisabeth erhielt R. um 1405 bei ihrer Eheschließung mit Hynek v. Riesenburg. R. wurde der Herrsch. Riesenburg inkorporiert. 1534 wird das Kastell als verlassen erwähnt. 1582 erwarb Jaroslav Smiřický v. Smiřitz R.; bis 1948 hingen die Geschicke des Ortes daraufhin eng mit den Besitzern der Herrsch. → Nachod zus. Hzg. Lorenzo Piccolomini ließ 1708 ein

Barockschloß mit Kapelle errichten, das A. 19. Jh. einen Umbau im
Empirestil erlebte und als Sommersitz der Hzgn. Katharina Wilhelmine v. Sagan diente. Zugleich wurde im Aupa-Tal ein engl. Park
angelegt. Katharina Wilhelmine spielte eine wichtige Rolle in der
hohen Politik als Gegenspielerin Napoleons; in R. fanden wiederholt
pol. Beratungen statt, zu denen die Gesandten, Generäle und Monarchen der gegen Napoleon geschlossenen Allianz herbeieilten. In die
Literaturgeschichte ging das Schloß ein, weil in seiner Nähe die
Schriftstellerin Božena Němcová (1820–62) ihre Jugend verlebte
und sie die hist. Gebäude in ihrem Roman »Babička« (Die Großmutter) verewigte. R. gehört heute zu Böhm. Skalitz. – 1833: 52,
1900: 110, 1930: 135 (92,5% Tsch.), 1950: 90, 1970: 142 Eww.

(III) *Fr*

E. Bouza/L. Mühlstein, Česká Skalice, stručné dějiny města, Česká Skalice 1975,
69–72; E. Chvalkovská, Ratibořice, Praha 1955; V. Heckel, Ratibořice, Praha 1963;
LV 259, Bd. 6, 415f.; LV 279, Bd. 5, 52; B. Štorm, Ratibořice, Praha 1958; Z.
Wirth, Ratibořice, státní zámek, kulturní a přírodní památky Babiččina údolí, Praha
1961; LV 905, Bd. 36, 187–191.

Ratschitz (Račice, Bez. Wischau). Das 9 km w. von → Wischau
gelegene Dorf R. wird 1227 erstm. urk. erwähnt, als es mit dem nahegelegenen Drnowitz dem mächtigen Geschlecht der Hrabschitz gehörte. 1312 nennen die Quellen eine gut befestigte Burg, die Kg.
Johann v. Luxemburg erst mit Hilfe von Bergleuten, die einen Tun-
nel gruben, den Anhängern von Hzg. Nikolaus v. Troppau zu entreißen vermochte. Die Feste wurde geschleift, doch noch im 14. Jh.
als landesherrliche Burg erneuert. Für treue Dienste erhielten dann
die Herren v. Leipa, später die Herren v. Sternberg sowie die Herren
v. Krawarn R. als Entlohnung. 1422 eroberte ein Aufgebot des Bf. v.
Olmütz die Feste. Das Dorf erhielt vor 1466 den Status eines Städtchens, eine Pfarrei wurde schon 1409 genannt. 1466–1568 herrschten hier die Boskowitz, ihnen folgten die Haugwitz v. Biskupitz sowie die Peterswald v. Peterswald, welche die Burg zu einem zunächst
eingeschossigen, 1585 aufgestockten Renaissance-Schloß mit reicher
Reliefverzierung an den Arkaden umbauen ließen. 1580–1620 fanden neuerliche Umbauten am Schloß statt, auch die Kirche Mariä
Himmelfahrt wurde in diese Arbeiten einbezogen (später barockisiert). Aus dieser Zeit stammt zudem der steinerne, sechsseitige Brunnen, den eine von dem Bildhauer Alexander Kohout geschaffene
Fortuna-Statue ziert. Nach der Schlacht am Weißen Berg 1620 mußte Hanusch Peterswald v. Peterswald R. als Konfiskat abtreten; nachfolgend prägten häufige Besitzerwechsel die weitere Entw. Im 19. Jh.
wurde das Schloß im Empire-Stil umgestaltet. 1773 hatte man Pfarrhaus und Schule, die den Zerstörungen des 30jähr. Krieges zum Op-

fer gefallen waren, erneuert. 1810 durften die Bewohner ein Haus am Markt als Rathaus nutzen, ein Jahr später priviliegierte Ks. Franz I. R. mit einem Jahrmarkt. Der Ort hat bis heute seinen landwirtsch. Charakter bewahrt. 1960 wurden R. (1880: 861 Eww.) und das benachbarte Pistowitz zusammengeschlossen (1993 zus. 1010 Eww.).

(VIII) *Šta*

LV 259, Bd. 1, 200; LV 4 (Vyškov), 177f.; Vyškovsko, Brno 1965, 407–410.

Rattay (Rataje nad Sázavou, Bez. Kuttenberg). Der am r. Ufer der Sazawa gelegene Ort wird 1289 durch einen »Pribizlaus de Rathay« erstm. erwähnt. 1293 wurde der Ort mit dem Übergang an den Prager Bf. Tobias v. Bechin Marktdorf, das Heinrich v. Leipa (†1329) mit einer Befestigung sichern ließ. Dabei stand eine sog. Vordere oder Obere Burg, die den Zugang von O schützte, einer Unteren Burg auf einem Felsvorsprung über der Mündung des Živný in die Sazawa, 1385 erstm. als »Pyrgenstein« erwähnt, gegenüber; zw. beiden Anlagen befand sich der Ort. Die Fortifikationsfunktion der oberen Burg trat im 16. Jh. zurück, als Ladislav Malešický v. Černožice, dessen Fam. R. 1528–93 besaß, sie zu einem Renaissance-Schloß umbauen ließ. Der während eines Bauernaufstandes im Gebiet von → Kauřim und → Časlau 1627 zerstörte Ort wurde von den Herren v. Thalenberg, die die Herrsch. von 1636–1712 innehatten, wieder aufgebaut. Dabei wurde bis 1672 das Schloß als vierflügeliger Barockbau umgebaut und 1675–91 an der gegenüberliegenden Seite des Marktplatzes die Matthäuskirche neu errichtet, beide nach Plänen von Andrea de Quadri (†1692). Unter den Kinsky, Inhabern der Herrsch. in der 1. H. 18. Jh., die sich hier aber kaum aufhielten, wurde die Untere Burg zum Pfarrhaus umgebaut, das Schloß wurde dann unter den Liechtenstein als Herrsch.inhabern (1772–1922) reiner Verw.-Sitz. – 1869: 1223, 1991: 621 Eww.   (III/VII) *Ke*

LV 259, Bd. 6, 411ff.; LV 879, Bd. 1, 353f.; LV 952, Bd. 3, 544; LV 279, Bd. 12, 51–58; LV 906, Bd. 3, 220ff.

Raudnitz (Roudnice nad Labem, Bez. Leitmeritz). Bei der 1167 erwähnten Siedl. R., die seit dem 12. Jh. den Prager Bff. gehörte, ließ Bf. Heinrich Břetislav (†1197) nach frz. Vorbild eine rom. Burg erbauen. 1237 erhielt R. von Kg. Wenzel I. städt. Privilegien gemäß dem Recht von → Leitmeritz. Bes. unter Bf. Johannes v. Draschitz (1301–43), Ebf. Ernst v. Pardubitz (1344–64) und Ebf. Johann Očko v. Wlašim (1364–78) erlebte R. eine Blütezeit: 1310 begann man mit dem Bau einer Wenzelskirche, 1343 wurden – zunächst mit der von Papst Clemens VI. auf Drängen Karls IV. erlassenen, bald aber aufgehobenen Bestimmung, nur Tsch. aufzunehmen – ein Augustiner-chorherrenstift mit einer Kirche Mariä Geburt gegr., 1333–38 eine Steinbrücke über die Elbe errichtet, schließlich die Burg erweitert und 1378 die Stadtrechte auf die »Neustadt« übertragen. Der röm. Volkstribun Cola di Rienzo war 1350 auf Befehl Karls IV. vorübergehend in R. in Haft. 1421 und 1425 wurde die Stadt durch die Huss. niedergebrannt, nach dem Tod Ebf. Konrads v. Vechta (1431) kam sie an wechselnde weltl. Herren. Burg und Elbbrücke erneuerte seit 1575 Wilhelm v. Rosenberg, dessen Witwe Polyxena in zweiter Ehe Zdeněk Adalbert Popel v. Lobkowitz heiratete. R. wurde Hauptsitz des Herrengeschlechts Popel v. Lobkowitz, das 1624 – als Fstt. v Lobkowitz – in den Fürstenstand erhoben wurde, und entwickelte sich zum Zentrum der Gegenref. Beim Schloß gründete das Paar ein 1615–28 erbautes Kapuzinerkl. und erneuerte die Wenzelskirche. Im 30jähr. Krieg wurde die Stadt beschädigt und die Brücke zerstört. Fst. Wenzel Eusebius v. Lobkowitz ließ 1652–84 durch Antonio della Porta unter Verwendung rom. Fundamente ein neues Schloß errichten. Die bei einem verheerenden Brand 1676 zerstörte Kirche des Augustinerkl. ließ Fst. Philipp v. Lobkowitz 1725–34 durch Octavio Broggio barock erneuern; Broggio erbaute 1726 auch eine St.-Wilhelms-Kapelle. In wirtsch. Hinsicht spielte in R., dem Mittelpunkt der Gutswirtschaft der Lobkowitz, die nach der ersten Verkleinerung ihrer Besitzungen durch die Bodenreformen nach 1920 nach dem Zweiten Weltkrieg schließlich ganz enteignet wurden, die Lebensmittelverarbeitung immer eine wichtige Rolle. Daneben entwickelte sich in R. seit dem 19. Jh. u. a. chemische und metallverarbeitende Industrie. Das Schloß wird seit Kriegsende als Militär-Musikakademie genutzt. – 1869: ca. 5000, 1900: 7986 (davon 37 Dt.), 1980: über 13 000 Eww.

In der 2. H. 19. Jh. war das fast geschlossen tsch. besiedelte R. zu einem Schwerpunkt der tsch. nat. Bewegung geworden, wozu die Nähe des 5 km sö. von R. gelegenen auffälligen Basaltberges Říp (Georgsberg) beitrug, der als ein nat. Kulturdenkmal gilt. Hier hatten der Überlieferung nach einst die Böhmen unter Führung ihres Urvaters Čech beschlossen, sich anzusiedeln. Auf dem daher verehrten Berg ließ Fst. Soběslav I. nach seinem Sieg über Kg. Lothar bei → Kulm im Jahr 1126 eine ältere rom. Rotunde aus der 1. H. 11. Jh. erneuern und durch einen Turm ergänzen. Am 30.4.1848 versammelten sich die nat. Studentengarden auf dem Georgsberg, und von hier aus wurde 1868 in feierlichem Geleit der Grundstein für das Nationaltheater nach Prag transportiert. Portal und Fenster der Kirche wurden 1869–81 neu gestaltet. (II) *Lüb*

LV 905, Bd. 4, 152–189, Bd. 27; LV 259, Bd. 3, 404–410; K. Boldan, Die Augustiner-Chorherren aus Raudnitz und Sadská im Exil in der Hussitenzeit als Schreiber von Handschriften, in: StR 29 (1992), 79–93; J. Kadlec, Začátky kláštera Augustiniánských kanovníků v Roudnici, in: StR 20 (1981), 65–86; Q. Kastner, Názvy čtvrtí, náměstí a ulic v Roudnici nad Labem, in: Lit 23 (1987), 251–268; ders., Roudnice nad Labem od nejstarších písemných zpráv do roku 1945, Roudnice nad Labem 1989; LV 880, 302f.; V. Pešák, Die Judengemeinde in Raudnitz a. d. Elbe im Jahr 1726, in: JGGJ 4 (1934), 333–352; J. Tomas, Počátky města Roudnice nad Labem, in: Lit 6 (1969), 5–15; J. Zibermayer, Zur Geschichte der Raudnitzer Reform, in: MIÖG Erg.-Bd. 11 (1929), 323–353.

Reichenau → Neureichenau

Reichenau an der Kněžna (Rychnov nad Kněžnou). Das zentral im Adlergebirgsvorland gelegene R. wurde erstm. 1258 im Namen des kgl. Kämmerers Hermann v. Dürnholz, der als »de Richenawe« bezeichnet wurde, erwähnt. Im Zuge der Besiedl. im 14. Jh. wurde R. zum Mittelpunkt der Region. 1378 ist eine Tuchmacherzunft belegt, 1488 bestätigte Kg. Wladislaw II. der Stadt deren Siegel- und Wappenrechte. Die Pfarrkirche St. Gallus aus der 2. H. 13. Jh., die 1521 spätgot. umgebaut und im 17. Jh. barockisiert wurde, ist das einzige erhaltene ma. Baudenkmal. Johann d. J. v. R. (1447–vor 1478) zählte zu den ersten Anhängern der Böhm. Brüder. 1467 wurde in Lhotka bei R. Matthäus v. Kunwald, der erste Bf. der Brüderunität, gewählt. R. wurde danach für 150 Jahre zu einem Mittelpunkt der Böhm. Brüder. 1497–1556 zählte es zum Besitz der Herren v. Pernstein, 1577–1623 der Trčka v. Leipa und der Prager Patrizierfam. Betengel v. Neuenburg. Die spätgot. Dreifaltigkeitskirche (1592–1602) mit freistehendem Glockenturm errichtete Christoph Betengel v. Neuenburg als Kirche der Brüdergem., die später umgebaut und mit einer barocken Fassade versehen wurde. Eine jüd. Siedl. bestand schon vor 1567, die Synagoge wurde 1787 errichtet. 1588 ist ein jüd. Friedhof belegt, dessen älteste erhaltene Grabmäler vom E. 17. Jh. stammen. Die Herrsch. wurde 1622 konfisziert, rekatholisiert und 1640 von den Gff. Libštejnský v. Kolovrat erworben. Gf. Karl Libštejnský v. Kolovrat ließ 1676–90 ein (1713–27 ausgebautes) Barockschloß errichten, in dem die Kolovrat-Galerie mit europ. Malerei des 17./18. Jh., Familienporträts sowie die Bibliothek mit Handschriftensammlung von der Sammeltätigkeit der Fam. Zeugnis geben. 1714 wurde am Ort ein Piaristengymnasium mit Kolleg gegr., das 1918 abbrannte. Gf. Franz Anton Libštejnský v. Kolovrat (1778–1861) wurde 1826 österr. Innenminister und war einer der liberalen Gegenspieler Metternichs. In der 1. H. 19. Jh. entwickelte sich Leinwand- und Textilgewerbe, das infolge der ungünstigen Verkehrslage jedoch stagnierte. Im Zweiten Weltkrieg bestand hier ein Nebenlager des schles. Konzentrationslagers Groß-Rosen, das nach der Evakuierung aus Schles. A. 1945 bis Kriegsende zum Stammlager wurde. R.

ist der Geburtsort des Historikers und Linguisten Franz Martin Pelzel
(1734–1801), der 1792 in Prag den ersten Lehrstuhl für tsch. Geschichte und Sprache erhielt. – 1826: 3578, 1900: 5079, 1980: 8955
Eww.   (IV) *Bb*

Historie města Rychnova nad Kněžnou v datech. U příležitosti 500. výročí udělení
městského znaku. Hg. v. A. Strážnická [u. a.], Rychnov nad Kněžnou 1988; LV 259,
Bd. 6, 430–433; T. Kouřil/A. Svoboda, Dějiny Rychnova nad Kněžnou, Rychnov
nad Kněžnou 1928; O. Petraš, Rychnov nad Kněžnou 1258–1958, Hradec Králové
1958; LV 952, Bd. 3, 622f.

Reichenberg (Liberec). Das an der Görlitzer Neiße zw. dem Jesch-
ken und dem Isergebirge gelegene R. entstand nach der 1278 durch
Kg. Přemysl Otakar II. erfolgten Belehnung der Herren v. Biberstein
mit der Herrsch. → Friedland um 1300 als Bergbausiedl. und wurde
1352 erstm. erwähnt. In seiner Bedeutung blieb der Ort, der während
der Huss.kriege und 1469 durch Kg. Georg v. Podiebrad zerstört
wurde, lange hinter den anderen dieses Gebietes zurück. Günstiger
gestaltete sich die Situation, als Kg. Ladislaus Postumus 1454 das Verbot der Straßenbenutzung von Liebenau nach Görlitz aufhob und das
damals erstm. als Stadt erwähnte R. dadurch eine vorteilhafte Lage an
der Handelsstraße von Görlitz nach → Prag erhielt. 1558 erwarben die
luth. Herren v. Redern R., das durch den Zuzug von flämischen
Leinewebern und dt. Tuchmachern einen raschen Aufschwung
nahm und 1577 durch Kg. Rudolf II. formell zur Stadt erhoben und
mit Wappen und Jahrmarktprivileg ausgestattet wurde. Die Herren v.
Redern ließen 1583–87 das Renaissance-Schloß errichten, das 1604–
06 mit einer Kapelle versehen, 1615 verändert, 1772–76 barockisiert
und durch den Bau des Neuen Schlosses erweitert, 1852–54 klassiz.
umgebaut und mit einem neurom. Turm versehen wurde. Aus dem
16. Jh. stammt gleichfalls die 1587/88 erweiterte, 1733–35 barockisierte Antoniuskirche. Nach der Schlacht am Weißen Berg wurde der
Redernsche Besitz konfisziert und R. 1622 von Albrecht v. Wallenstein erworben, der die Stadt erweitern und für die im großen Maße
von Heereslieferungen profitierenden Tuchmacher ein Viertel mit
den sog. Wallensteinhäusern anlegen ließ. Nach Wallensteins Ermordung 1634 fiel die Stadt an die Gff. v. Clam-Gallas und wurde
mehrfach von durchziehenden Truppen, so 1639 von den Schweden,
geplündert. Durch den 30jähr. Krieg, die folgenden Jahre der Gegenref., bei der viele der überwiegend prot. Bewohner R. verließen,
und die Pest von 1680 verlor die Stadt einen großen Teil ihrer Bev.;
ein neuer Aufschwung setzte A. 18. Jh. ein, in dessen Ergebnis R. zur
leistungsfähigsten Tuchmacherstadt Böhmens avancierte, deren Bedeutung sich für die Habsburgermonarchie nach dem Verlust Schlesiens 1742 noch erhöhte. Durch die Josephinischen Reformen und

die darin enthaltenen zollpol. Maßnahmen erreichte R. um 1800 eine nie gekannte Stellung als Industrie- und Handelsstadt, verbunden mit einem raschen Anwachsen der Bev. (1789: 6594, 1801: 7763, 1827: 10 367 Eww.).

1835 wurde die erste Dampfmaschine in R. aufgestellt, der 1839 die erste maschinenbetriebene Weberei folgte. Neben der Textilproduktion prägten der Maschinenbau und die Metallverarbeitung das wirtsch. Leben der Stadt, das vor allem mit der Herstellung der Eisenbahnverbindungen zu den Kohlerevieren seit 1860 einen weiteren raschen Aufschwung nahm. Dieser schlug sich seit dem 18. Jh. auch in der städt. Architektur mit ihren spätbarocken und klassiz. Bürgerhäusern, so dem Haus des Handelsherrn Daniel A. Kraus von 1796, der 1753–61 errichteten Kreuzkirche, dem 1881–83 erbauten Theater und dem 1888–93 im Stil der Neorenaissance nach dem Wiener Vorbild geschaffenen Rathaus nieder. In der seit 1850 selbst. Stadtgem. entstand außerdem eine Reihe von Lehreinrichtungen wie die Handels- und Gewerbeschule, die Lehrerbildungsanstalt und das Gymnasium, sowie von Kultureinrichtungen wie das 1873 gegr. Nordböhm. Museum mit einer hervorragenden kunstgewerblichen Sammlung, die 1904 von dem Textilfabrikanten Johann v. Liebig gestiftete Regionalgalerie mit Sammlungen frz., niederländischer, dt. und böhm. Meister des 17.–20. Jh., das Stadtbad oder der Tiergarten. Der Zuzug von Arbeitern aus Sachsen, Schles. und Böhmen ließ R., wo sich ab 1877 für mehrere Jahre der Sitz des Zentralkomitees der österr. Sozialdemokratie befand, seit der 2. H. 19. Jh. zu einem Zentrum der dt. und tsch. Arbeiterbewegung werden, verstärkte jedoch zugleich die Spannungen zw. beiden Nationalitäten. Diese erreichten einen Höhepunkt, als R. im Dezember 1918 von tsch. Truppen besetzt wurde, da das Gebiet der Sudeten nach dem Zerfall der Habsburgermonarchie 1918 seinen Anschluß an die Republik Österr. erklärt hatte. Auch nach der Eingliederung in die ČSR konnte sich eine dt. Bev.mehrheit in der Stadt behaupten (1920: 27 929 dt. von 34 985 Eww.; 1930: 6314 tsch. und 30 023 dt. Eww.), die bis 1945 einen dt. Bürgermeister besaß. Nicht zuletzt durch die schwere Wirtschaftskrise der Jahre 1933–36 erreichte die SdP unter Konrad Henlein immer größeren pol. Einfluß in den Sudetengebieten und trug maßgeblich zur sog. Sudetenkrise bei, in deren Ergebnis Hitler diese Gebiete nach dem Münchener Abkommen 1938 von der Tschsl. abtrennte und den dt. Reichsgau Sudetenland mit R. als Hauptstadt bildete. Nach der Besetzung der Stadt durch sowjet. und tsch. Truppen im Mai 1945 wurde der größte Teil der dt. Bev. vertrieben und zwangsausgesiedelt. Heute ist R. Bez.-Stadt und die Metropole Nordböhmens, deren wirtsch. Leben von der Textilproduktion, dem

Maschinenbau, der Holzverarbeitung und der Konsumgütermesse
bestimmt wird. R. ist der Geburtsort des Schriftstellers und Kunst-
wissenschaftlers František Xaver Šalda (1867–1937), der in seinen
publizistischen Werken für die moralische und gesellschaftliche Verantwortung der Künstler plädierte. – 1930: 36 337, 1991: 101 967
Eww.   (III) *Hol*

J. Belda, Liberec v revolučním roce 1848, Liberec 1959; H. Hallwich, Reichenberg
und Umgebung. Eine Ortsgeschichte mit spezieller Rücksicht auf die gewerbliche
Entwicklung, Reichenberg 1872–74; ders., Reichenberg vor dreihundert Jahren,
Reichenberg 1868; J. G. Hermann, Geschichte der Stadt Reichenberg, Reichenberg 1863; LV 259, Bd. 3, 267f.; K. Kern, Reichenberg, Berlin 1929; J. Joza, Z
minulosti textilního průmyslu v Libereckém kraji, Liberec 1958; LV 905, Bd. 51,
195–283; LV 251; LV 952, Bd. 2, 582f.; Reichenberg. Stadt und Land im Neißetal.
Ein Heimatbuch. Bearb. v. R. Gränzer, Augsburg 1974; S. Technik/V. Ruda, Liberec minulosti a budoucnosti, Liberec 1961; dies., Liberec minulosti a součastnosti,
Liberec 1980; LV 906, Bd. 2, 236–241.

Reichstadt (Zákupy, Bez. Böhmisch Leipa). R. ist 1352 zunächst in
seiner tsch. Namensform belegt. Neben der älteren tsch. benannten
Siedl. entstand ein dt. Städtchen, das 1378 in den Quellen als »Ri-
chinstat« auftaucht. An der Verbindungsstraße zw. dem oberen und
mittleren Polzental, zw. → Böhm. Leipa und → Niemes gelegen, entwickelte sich R. vor allem als Sitz einer einflußreichen Grundherrsch.; im 14. Jh. im Besitz der Herren v. Wartenberg, wurde R.
1398 an die Herren Berka v. Dubá verkauft. Auf diese geht der Bau
des Schlosses zurück, das 1541 im Renaissancestil entstand. 1612 fiel
R. an die Herren v. Kolovrat, die während des Ständeaufstands auf
ksl. Seite standen. Das Schloß wurde von dem geschlagenen Ständeheer auf dem Rückzug in die Lausitz besetzt und beschädigt und
1634 von schwed. Truppen zerstört. Nachdem die Herrsch. 1632 an
Hzg. Julius Heinrich v. Sachsen-Lauenburg gelangt war, brachen
1658 und 1680 Aufstände gegen die Herrsch. aus. Das Schloß, das
nach der Niederschlagung des zweiten Aufstands als Gefängnis diente, ließ Hzg. Julius Franz v. Sachsen-Lauenburg 1670–83 durch den
sächs. Architekten und Bildhauer Jeremias Süssner sowie durch Giovanni Domenico Orsi und Giulio Broggio im Barockstil erneuern.
Unter der Herrsch. der Hzgg. v. Sachsen-Lauenburg entstand 1676
ein Kapuzinerkl., das 1684 von dem Prager Ebf. Johannes Friedrich v.
Waldstein geweiht wurde. A. 18. Jh. fiel R. an das Kurhaus von
Bayern, 1780 an den Hzg. v. Zweibrücken, 1784 an den Fst. zu Waldeck. 1805 kam es an Hzg. Ferdinand d'Este und durch ihn an die
toskanische Nebenlinie des Hauses Habs. Ks. Franz I. verlieh 1818
seinem Enkel Orlik, dem Sohn Napoleons I. und der österr. Ehzgn.
Marie Louise, den Titel eines Hzg. v. R. Dieser nahm jedoch bis zu

seinem Tod 1832 R. nicht in Besitz. 1847 fiel es an die habs. Hauptlinie, 1848 war es einer der Sitze des abgedankten Ks. Ferdinand. Am
8.7.1876 war R. Schauplatz eines Treffens zw. Ks. Franz Joseph I. v.
Österr. und Zar Alexander II. v. Rußland, bei dem über die österr.
Neutralität im bevorstehenden russ.-osmanischen Krieg verhandelt
wurde. – Erst nach 1900 siedelte sich in größerem Maße papierver-
arbeitende Industrie an. – 1869: 5809, 1930: 2145 (davon 1730 Dt.),
1950: 1486, 1980: 2646 Eww.   (II) *MSW*

J. Friedrich, Reichstadt, das kaiserliche Schloß, Böhmisch Leipa [2]1899; J. Hobzek,
Zákupy, Praha 1975; LV 259, Bd. 3, 529ff.; O. Pechová, Zákupy. Státní zámek a
památky v okolí, Praha 1965; LV 896, 215; LV 279, Bd. 14, 117, 244; F. Stehlík,
Zákupy, Praha 1960; LV 906, Bd. 4, 329–334; F. Zuman, Dvě zániklé sklárny na
panství zákupském, in: ČSPS 47 (1939), 1–11, 84–92, 137–140, 154–165.

Reichwaldau (Rychvald, Bez. Karwin). Die verm. Kolonisations-
gründung in Schles. wird erstm. 1305 im Breslauer Zehntregister als
Teil der Herrsch. Freistadt erwähnt, unterstand dem Benediktinerkl.
→ Orlau und ging im 15. Jh. an das Hzt. Teschen über. 1573 kaufte
Burian Barský v. Barst die kleine Standesherrsch., dessen Sohn Bernard 1577 ein Renaissance-Schloß errichtete (heute Amtsgebäude).
1596 erhielt die seit 1390 belegte Pfarrei den Kirchenneubau St. Anna. Sie wurde nach 1540 ev. und erst 1688 rekatholisiert, die Bev.
blieb jedoch überwiegend ev. Nach den Herren Haugwitz v. Biskupitz, v. Würben und v. Gaschin und Rosenberg war die Gem. und
die minderberechtigte Standesherrsch. im Hzt. Teschen von der
2. H. 18. Jh. bis 1906 in Händen der Gff. Larisch-Mönnich, danach
bis 1945 im Besitz der Gff. Starhemberg. Die 1880 mit 2488 Eww.
fast rein poln. Bergarbeitergem. wuchs bis 1910 auf 6070 Eww. an,
nun zur H. poln. bzw. tsch. An die Stelle der seit dem 19. Jh. bestehenden Kohlengrube trat nach 1945 die verarbeitende Industrie. Die
Gem., die 1918/20 und 1938/39 von Polen jeweils kurzzeitig bzw.
dann bis 1945 vom Dt. Reich besetzt worden war, wurde 1985 zur
Stadt erhoben. – 1930: 6878, 1991: 6645 Eww. (davon 3,5% poln.).
                                                                (V) *Lu*

J. Benatzky, Kostel sv. Anny v Rychvaldě, in: TĚ 35/3 (1992), 7–11; LV 253, Bd. 1,
413; LV 950, Bd. 2, 405; LV 259, Bd. 2, 205; V. Prasek, Rychvald, Opava 1905.

Řičan (Říčany, Bez. Prag-Ost). Ř. liegt an der Kreuzung alter Handelswege, von denen der eine urspr. zum Kl. → Sazau, der andere
über → Beneschau und → Neuhaus nach Österr. führte. Das frühgot.
Kastell (heute Ruine) mit Städtchen gründete vor 1276 der 1260–77
als böhm. Oberstkämmerer tätige Andreas v. Všechromy, der Ahnherr der Herren v. Ř. Das auf langgestrecktem rechteckigem Grundriß errichtete Städtchen war Sitz eines Dekanats. An der frühgot. Kir-

che St. Peter und Paul entstand 1380 eine Schule. 1420 eroberte Jan
Žižka Ř. Seit 1491 herrschten hier die Trčka v. Leipa, denen 1551 die
Vostrovec v. Kralovice folgten. 1572 erwarb es Jaroslav Smiřický v.
Smiřitz, der 1575 von Ks. Maximilian II. für das Städtchen ein Wap-
penprivileg und das Recht zur Abhaltung von Märkten erhielt. Seit
1623 gehörte Ř. zu Auřinowes. Bis 1772 übten die Bürger die Halsgerichtsbarkeit aus. Seit 1850 saßen hier Bez.-Amt und Bez.-Gericht,
bis 1960 bildete Ř. einen eigenen Bez. – 1896: 2241, 1910: 3411,
1950: 8345, 1991: 10 621 Eww.   (II) *Led*
LV 259, Bd. 7, 160f.; F. Kyzlík [u. a.], Říčany, Praha 1975; G. Trnka, Město Říčany
v minulosti a přítomnosti, Říčany 1913.

Richenburg (Rychmburk, Bez. Chrudim). In der 1. H. 14. Jh.
übertrug Kg. Johann v. Luxemburg einem gewissen Tas, offenkundig
ein Angehöriger des Adelsgeschlechts v. Mrdice, umfangreichen
Landbesitz aus ehem. kgl. Eigentum in der Region → Skutsch. Bis
1325 ließ dieser eine neue Burg erbauen. Die 25 km sö. von
→ Chrudim gelegene Feste, die Mittelpunkt einer großen Herrsch.
wurde, nannte er zunächst Reichenberg. Vor 1361 erwarben die
Herren v. Pardubitz Ř., wo der bekannte Dichter der vorhuss. Zeit,
Smil Flaška v. Pardubitz, seinen Wohnsitz nahm. In den ersten Jahren
der huss. Bewegung diente R. als eine der wenigen Zufluchtsstätten
des kath. Adels und des Bürgertums in O-Böhmen. Das Hinterland
der Burg bildete das heutige Städtchen Předhrad (1848: 680, 1900:
670, 1950: 410, 1970: 490 Eww.). – Die Burg erlebte im ersten Drittel 16. Jh. unter den Herren v. Waldstein einen umfassenden Umbau.
Auch unter den Berka v. Dubá, die E. 17. Jh. die letzte große Umgestaltung vornahmen und dabei einen neuen W-Flügel errichten ließen, diente die Burg 1558–1714 als Herrensitz. M. 18. Jh. war sie
verlassen; ihr heutiges Aussehen geht auf eine Umgestaltung zu
Wohn- und Wirtschaftszwecken unter Philipp Joseph Kinsky um
1800 zurück.   (III/VII) *Vor*
K. V. Adámek, Urbář panství rychmburského z roku 1731, Praha 1901; LV 250,
Bd. 1, 188–201; LV 259, Bd. 6, 427–430; LV 879, Bd. 1, 358ff., Bd. 2, 448f.; LV
279, Bd. 1, 75–92.

Řimau (Římov, Bez. Budweis). Für 1395 werden ein Kastell mit
dazugehörigem Hof als Ř. erstm. urk. erwähnt. Seit A. 15. Jh. gehörte das Kastell den Edelleuten Hlavatec v. Hlavatec, denen 1541 die
Herren Vojíř v. Protivec folgten. Ctibor Vojíř v. Protivec verlor wegen Beteiligung am Ständeaufstand 1618–20 seine Güter. 1626 erwarb Johann Ulrich v. Eggenberg Ř. und vermachte dieses noch im
gleichen Jahr den Jesuiten in → Böhm. Krumau. Um 1685 wurde an
der Stelle des halbverfallenen Ritterkastells eine Jesuiten-Residenz

errichtet, die sich zu einem Marienwallfahrtsort entwickelte. Durch die Bautätigkeit der Jesuiten entstand ein umfangreicher Komplex barocker Kirchengebäude, deren Kern die 1648–50 erbaute Loretto-Kapelle bildet. Der Glockenturm wurde 1891 fertiggestellt. Den Gesamtbereich zieren 25 Passionskapellen, die in die umliegende Landschaft eingepaßt wurden. Nach der Auflösung des Jesuitenordens 1773 ging R. an den Religionsfonds, der diesen Besitz 1802 an die Fam. Schwarzenberg verkaufte. Seit 1814 gab es häufig wechselnde Besitzverhältnisse. – 1869: 686, 1930: 646, 1950: 575, 1991: 474 Eww. (VI) *Bůž*
E. Drobil, Řimov, poutní místo v jižních Čechách, Praha 1903; LV 906, Bd. 1, 304ff; LV 722, 17f.

Rochlitz an der Iser (Rokytnice nad Jizerou, Bez. Semil). Das erstm. in der Hoflehentafel von 1562 erwähnte R. entstand aus 2 Siedlungskernen um Glashüttengüter (später Nieder- und Ober-R.), wuchs in der 2. H. 16. Jh. durch Zuwanderung und zählte etwa 400 Eww.; 1625–34 sind Silber-, Kupfer- und Bleigruben belegt, die zur Finanzierung der Unternehmungen Wallensteins im 30jähr. Krieg beitrugen, anschließend jedoch eingestellt wurden. Das zur Herrsch. → Starkenbach gehörige R. wurde 1679/80 rekatholisiert, infolgedessen Teile der Bev. in die Oberlausitz flüchteten. 1684 und 1711–14 wurden neue Glashütten angelegt, so daß die Bev. anwuchs (1688: 1040, 1723: 2445 Eww.). In R. siedelten sich Glasschleifer und -vergolder an, in der 1. H. 19. Jh. galt das n. gelegene Neuwelt als bedeutendste Glashütte Böhmens. Daneben lebte die Bev. vom Leinengewerbe und der Weberei, unter der in R. die Schleierweber vorherrschten. Die St.-Michaelskirche (1752–59) ist erhalten; das Stadtbild wird geprägt durch das Neorenaissance-Rathaus (1905) und das Wintersportzentrum. Aus R. stammt der Lyriker, Erzähler und Essayist Franz Fühmann (1922–84). – 1980: 3872 Eww. (III) *Bb*
Heimatkunde des Gerichtsbezirkes Rochlitz im Riesengebirge für Schule und Haus, Rochlitz 1921; LV 952, Bd. 3, 581; LV 109; LV 167.

Rodisfort (Radošov, Bez. Karlsbad). Als »Furt des Radowan« wurde R. 1226 erstm. schriftl. erwähnt, doch war es schon vorher ein bes. für den Salzhandel wichtiger Egerübergang auf der Erfurter Straße nach → Prag. Kg. Vladislav II. hatte dem um 1143 gegr. Prämonstratenserinnenstift → Doxan ein Gebiet übertragen, dessen s. Grenze R. bildete. Das Patronatsrecht der Kirche besaß im 13. Jh. das Kl. Waldsassen (Oberpfalz). Der kgl. Anspruch auf R. und das Interesse versch. Lehensnehmer und Pfandherren an der einträglichen Zollstelle überschnitten sich hier. Die Teilung des Ortes unter mehrere Herrsch. dauerte bis 1848. Eine Brücke über die Eger wurde erst

im 14. Jh. errichtet. 1352 schrieb Ks. Karl IV. den Kaufleuten für den
Transport von Massengütern wie Metallen und Getreide nach Prag
den Weg über R. vor. Statt des Burggf. v. Elbogen bekamen die Bürger von → Schlackenwerth 1399 das Recht, einen Zöllner in R. zu
ernennen. 1576 brannte die Brücke ab, ein Hochwasser zerstörte sie
1682, 1742 brannten sie die Franzosen nieder (1783 wiederhergestellt). Die holzgedeckte Brücke, deren Steinpfeiler wohl noch aus
dem 14. Jh. stammen, brannte 1985 erneut ab. − 1930: 1089 (davon
1059 Dt.), 1950: 343, 1991: 532 Eww.   (I) *Hil*

LV 126, Bd. 2, Nr. 332, 644, 715; J. Kühnl, Geschichte der Stadt Schlackenwerth,
Schlackenwerth 1923, Anhang 6f.; O. Zerlik [u. a.], Die Karlsbader Landschaft,
Wiesbaden 1974, 845–857; A. Gnirs, Topographie der historischen und kunstge-
schichtlichen Denkmale im Bezirke Karlsbad, München 1996, 97–99.

Römerstadt (Rýmařov, Bez. Freudenthal). Die 15 km sw. von
→ Freudenthal liegende dt.rechtl. Siedl. wurde 1351 erstm. als »Rey-
marscat« nach ihrem Lokator Reymar erwähnt. Die ö. des Marktplatzes liegende Burg R. verfiel bis 1660 vollständig. Die Stadt mit der
9 km w. von R. gelegenen landesfstl. Burg Rabenstein wurde mehrmals verpfändet, so etwa 1398 kurzfristig an Proček v. Busau. 1406
erteilte Mkgf. Jobst R. dieselben Privilegien wie → Brünn und
→ Olmütz. Peter v. Žerotín, der 1528 Pfandbesitzer von R. und dem
3 km nw. gelegenen Gut Janowitz (Janovice, seit 1967 Stadtteil von
R.) wurde, belebte den im 13. Jh. betriebenen Bergbau neu. Er errichtete in Janowitz 1520–30 ein Schloß, das 1663 und 1763–65 aus-
und umgebaut wurde. 1552 kam die Herrsch. Rabenstein an den
Bergbauunternehmer Lorenz Eder v. Schemnitz und 1586 an den ksl.
Rat Ferdinand Hoffmann Frh. v. Grünbüchel und Strechau, wodurch die Herrsch. Allodialgut der prot. Fam. wurde. Die 1555–1625
prot. Pfarrei wurde rekatholisiert. Der Umbau der spätgot. Pfarrkirche St. Michael erfolgte 1609–18 und 1668 nach 2 Stadtbränden. Das
bereits bei der Eingliederung ins Btm. → Leitomischl 1351 erwähnte
hölzerne Lindenkirchel war stets kath. geblieben. Nach dem Feuer
von 1668 wurde das Rathaus neu erbaut, das nach einem weiteren
Brand 1790, der alle Urk. vernichtete, 1844 die heutige Gestalt erhielt. Die Jesuiten verstärkten ab 1664 die Gegenref.; 1670 waren von
814 Eww. noch 228 prot.; im Zuge der großen nordmähr. Hexenverfolgung klagte man 1686 auch den Pfarrer von R., Johann Franz
Pabst, an, der sich seiner Verhaftung durch Flucht entzog. Durch
Heirat kam die Herrsch. 1678 in den Besitz der Dietrichstein und
1721 in den der Harrach. Gf. Ferdinand Bonaventura v. Harrach förderte den Bergbau und die Leinenindustrie. 1746 wurde eine Lein-
warenfabrik gegr., wodurch die Bev. stark anwuchs (1804:
2328 Eww.). 1878 wurde R. an das Eisenbahnnetz angeschlossen.

Die 1893 gegr. Metallwarenfabrik Franke und Scholz schuf Ersatz für die seit 1880 im Niedergang begriffene Leinwarenerzeugung. Im Zweiten Weltkrieg beschäftigte die kriegswichtige Fa. 900 Mitarbeiter sowie zahlr. Fremdarbeiter und Kriegsgefangene (1945: 200). Auch die 1873 gegr. Seidenwarenfabrik Flemmich hatte durch die Umstellung auf Kunstseidenwaren schon im Ersten Weltkrieg Umsatzsteigerungen zu verzeichnen. Die zweite große Seidenfabrik war mit 1619 Beschäftigten (1939) die 1892 gegr. der Gebrüder Schiel. Infolge der Industrialisierung stieg auch die Bev. an (1910: 5018; 1930: 6108 Eww.). E. 19. Jh. gab es eine kleine jüd. Gem. Die Fabriken wurden als tsch. volkseigene Betriebe »Brokat I« und »Brokat II« weitergeführt. Die dt. Bev. (1939: 5859 Eww.) wurde 1946 vertrieben, die Gesamtbev. erreichte 1980 wieder die Zahl von 9927 (1991: 9420 Eww.). Das Janowitzer Schloß wurde 1945 enteignet und ist seit 1949 eine Zweigstelle des Landesarchivs in → Troppau. R. ist Geburtsort des Malers Johann Christoph Handke (1694–1774) sowie der Schriftsteller Franz Brixel (1840–1903) und Franz Orlet (1882–1957).

(IV) *Lb*

K. Berger, Zur Geschichte der Stadt Römerstadt, o. O. 1930; Budujeme pohraničí. Zpráva o činnosti správní komise v Rýmařově 1945–46, Rýmařov 1946; G. Haas, Die Leinenindustrie der Bezirke Bärn und Römerstadt 1700–1860, in: NML (1942), 388–395; L. Hosák/F. Spurný, Dějiny Rýmařovska, Bde. 1–3, Rýmařov 1957–61; LV 950, Bd. 2, 405; F. Mainuš, Janovické harrachovské plátnické podnikání v letech 1746–1756, in: SlS 54 (1956), 468–494; LV 290, Bd. II/56; Der politische Bezirk Römerstadt. Hg. v. W. Höllner [u. a.], Römerstadt 1885; K. Pulz/F. Stowitschek, Römerstadt, Mähren-Schlesien, Römerstadt 1937; F. Tutsch, Römerstadt und das Römerstädter Ländchen, Wolfratshausen 1964; H. Weinelt, Siedlungsgeschichtliche Probleme um zwei Nordmährische Burgen [Römerstadt und Straleck], in: ZSG 5 (1941–42), 83–92.

Rohosetz → Großrohosetz

Roketnitz (Rokytnice, Bez. Prerau). Der Marktflecken liegt 5 km w. → Prerau in der Bečwa-Ebene. 1348 wird ein Hermann v. R., 1385 eine Festung und ein Gut R. erwähnt. Die Besitzer der kleinen Allodialherrsch. wechselten häufig. Unter den Herren v. Ludanitz (1466–1571) siedelten sich Luth. und Mährische Brüder in R. an, die aber schon E. 16. Jh. vom nachfolgenden Besitzer Joachim Haugwitz v. Biskupitz vertrieben wurden. 1663–1773 war R. im Besitz des Olmützer Jesuitenkollegiums. 1835 kam es an die Frhh. v. Eichhoff; ihnen verblieb nach der Bodenreform (1924) ein Restgut mit dem Schloß, das sie bis 1945 innehatten. – Anstelle der in den Huss.kriegen zerstörten Festung ließen die Herren v. Ludanitz ein Renaissance-Schloß bauen, das nach 1667 durch einen frühbarocken Bau ersetzt wurde (heute Altersheim). – 1880: 851, 1930: 1413, 1980: 1575.

(VIII) *Do*

LV 259, Bd. 2, 200f.; LV 950, Bd. 2, 376; LV 290, Bd. II/53, 356–367; LV 294, Bd. 1, 415–418.

Rokytzan (Rokycany). Entlang des von → Prag über → Pilsen nach Bayern führenden Weges wird 1110 an der Furt über die Klabawa das Dorf R. als Besitz des Prager Bf. erwähnt. Auf dem heutigen Kleinen Markt stand bis zum 15. Jh. ein bfl. Hof, der später zu einem kleinen Schloß umgebaut wurde. E. 13. Jh. erhielt R. den Status eines Städtchens, das 1399 über einen Befestigungsring verfügte und seit 1406 nach dem Vorbild der Prager Altstadt Recht sprach. E. 14. Jh. wurde hier der Theologe und Prediger Jan Rokycana (†1471) geb. Die ebfl. Herrschaft endete während der huss. Bewegung; R. wurde an die Herren v. Malovetz und dann an die Herren v. Schwanberg verpfändet. Diese verkauften R. 1498 an die kgl. Kammer, das Schloß verfiel jedoch. R. stieg zur Stadt auf und erhielt 1584 sogar den Titel einer kgl. Stadt. Nach 1620 verlor es sämtliche Besitzungen. E. 1642 wurde in der Stadt das gesamte Madlonsche Regiment aufgrund der in der Schlacht bei Breitenfeld erlittenen Niederlage hingerichtet. 1784 vernichtete eine Feuersbrunst 171 Häuser, 100 Scheunen sowie die Dekanatskirche. Eisenverarbeitende Industrie gab es bereits seit dem 14. Jh. Die vom Eisenbahnanschluß begünstigte wirtsch. Entw. führte im 19. Jh. zur Errichtung von Eisenhämmern. 1884–1902 bestanden die Hütte Friedrich und bis 1931 die Hopfengärtnerschen Werke; 1897 nahm eine Gießerei ihren Betrieb auf, 1912 folgte ein Walzwerk, später kamen mehrere Großbetriebe wie die heutige Metallhütte, eine Zweigstelle der Škodawerke Pilsen sowie ein Betrieb zur Fahrradherstellung hinzu. Seit 1850 war R. zudem Sitz staatl. Behörden. – Im NW-Teil der Stadt haben sich Reste der einstigen Stadtbefestigung erhalten. Im NO steht die urspr. aus dem 14. Jh. stammende got., nach einem Feuer 1784 von Ignaz Johann Nepomuk Palliardi baulich veränderte dreischiffige Dekanatskirche Maria Schnee, deren w., 1823 hinzugefügter Turm 1856 aufgestockt wurde. An die Kirche schließen sich das barocke Dekanatsgebäude (nach 1784) sowie das zweigeschossige Bez.-Museum an. Die einschiffige Friedhofskirche zur Hl. Dreifaltigkeit am w. Stadtrand stammt von 1609. Die S-Seite des Masaryk-Platzes beherrscht das spätbarocke Rathaus, das Anton Barth und Ignaz Alois Palliardi 1784–1810 schufen. – 1890: 5010, 1930: 7741 (davon 237 Dt.), 1991: 15 188 Eww.

(II/VI) *Pe*

V. Černá, Rokycany, Praha 1946; P. Cironis, Historie města Rokycan, Bd. 1, Rokycany 1993; Z. Louda, Rokycany, Plzeň 1971; LV 259, Bd. 4, 292f.; Město Rokycany a okres, Praha 1938; LV 507², 244–247; LV 701, 212–217; J. Pohl, Kniha černá nebo smolná královského svobodného města Rokycan 1573–1630, Rokycany 1911; F. Purkhart, Stavba radnice v Rokycanech, in: MZK 10 (1974), 119–134; S. Rokycký, O bývalém dvorci biskupském a tvrzi v Rokycanech, in: ČSPS 46 (1938), 185–191; LV 279, Bd. 13, 216ff.; LV 905, Bd. 9, 82–128; A. Srb, Královské svobodné město Rokycany, Praha 1896; V. Stránský/V. Kraft, Železářství na Rokycansku, Plzeň 1934; A. Zeman, Hospodářství královského města Rokycan v polovině 18. století, in: ČSPS 62 (1954), 88–115.

Ronow an der Doubrawa (Ronov nad Doubravou, Bez. Chrudim). Unweit der Burg → Lichtenburg gründete Ulrich v. Lichtenburg 1307 das Städtchen R., das bis 1592 das wirtsch. Zentrum der Lichtenburger Herrsch. bildete. Nach einer Besitzaufteilung fiel R. an Ernst Robmhap v. Suchá, der hier ein Kastell errichten ließ, das M. 17. Jh. zu einem Barockschloß umgebaut wurde. 1747 vereinigte Johann Wenzel Caretto de Millesimo die Herrsch. R. mit dem benachbarten Gut Třemoschnitz und verlegte seine Residenz dorthin. Das Kastell in R. verfiel, 1823 ließ es der damalige Besitzer, eine Stiftung zugunsten verarmter Adeliger, abtragen. Das heutige Schloß wurde 1823 von dieser Stiftung als Verw.-Gebäude errichtet (E. 19. Jh. neogot. umgebaut). – 1848: 1600, 1900: 1700, 1950: 1300, 1991: 1628 Eww. – Das bedeutendste Baudenkmal der Umgebung ist die Burg Lichtenburg, die Smil v. R. vor 1261 an der Stelle einer älteren Befestigungsanlage erbauen ließ. Um 1330 ging Lichtenburg in kgl. Besitz über, wurde jedoch bald darauf verpfändet. Kg. Wladislaw II. vererbte die Burg Nikolaus d. J. Trčka v. Leipa. Noch bis zum E. 16. Jh. Residenz, wurden nach dem 30jähr. Krieg die Befestigungsanlagen systematisch zerstört.   (III) *Vor*
K. Čermák, Na památku 600letého jubilea města Ronova, Ronov 1908; T. Durdík, Stavební podoba jižního nároží hradu Lichnice v souvislosti s jeho počátky, in: CB 2 (1991), 53–64; J. Herout, Lichnice, Pardubice 1962; LV 259, Bd. 6, 267f.; LV 279, Bd. 12, 44f.; Z. Smetánka/J. Škadraba, K počátkům městečka Ronova nad Doubravou, in: Středověká archeologie a studium počátků měst, Praha 1977, 105–112; J. Urban, Lichtemburská država na Českomoravské vrchovině ve 13. a 14. století, in: HG 18 (1979), 31–68.

Ronsperg (Poběžovice, Bez. Taus). Das 12 km nw. von → Taus gelegene R. wurde erstm. 1359–73 erwähnt, als ein gewisser Zdeněk v. R. als Grundherr in den Quellen erscheint. 1424 erhielt die Gem. den Status eines Städtchens, 1502 folgte die Stadterhebung unter Dobrohost v. R. (1459–1506); dieser ließ eine neue Burg, eine Kirche und Befestigungsanlagen errichten. 1542–1621 gehörten R. und die gleichnamige Herrsch. den Herren v. Schwanberg, 1682–1717 folgten die Herren v. Vunšvic, im 19. Jh. die Gff. Thun-Hohenstein. Das Großgut R. befand sich bis 1945 im Besitz der Fam. Coudenhove-Kalergi, ein Angehöriger aus diesem Adelsgeschlecht, Richard

Nikolaus, begründete die Paneurop. Bewegung. 1661 nahm eine Papiermanufaktur ihre Arbeit auf, dennoch beherrschte die Landwirtschaft das wirtsch. Leben in R., wo sich 1850–1949 der Sitz des Bez.-Gerichts befand. – 1843: 1905, 1890: 1854, 1930: 1989 (davon 1798 Dt.), 1950: 1232, 1991: 1506 Eww. – Im NO von R. befindet sich auf einer Anhöhe das zweigeschossige Schloß mit seinem Arkadenhof, urspr. eine got. Wasserburg, die 1682–95 barockisiert wurde. Auf dem Markt steht die einschiffige, 2. H. 17. Jh. barockisierte Kirche Mariä Himmelfahrt, deren einer NW-Turm erhalten blieb.

(I) *Pe*

LV 259, Bd. 4, 284f.; K. Liebscher, Der politische Amtsbezirk Bischofteinitz, Bischofteinitz 1913, 404–429; P. Mužík, Z historie města Poběžovic, in: VZOAD (1980), 50–61; Poběžovice, Obraz minulosti a přítomnosti 1921–1936, Poběžovice 1937; Z. Procházka, Město Poběžovice, Domažlice 1991; O. Schubert, Beiträge zur Geschichte unseres westlichen heimischen Sudetengaues mit besonderer Berücksichtigung der Stadt Ronsperg, Bd. 1, Bischofteinitz 1940; LV 279, Bd. 9, 87–90.

Rosenberg (Rožmberk, seit 1950 Rožmberk nad Vltavou, Bez. Krumau). Die sog. Obere Burg gründete Wok I. v. Rosenberg nach 1225. Den Kern der Anlage bildete ein got. Turm, dem sich der Palas anschloß. Eine Feuersbrunst zerstörte 1522 die Feste, von der nur der schlanke Wehrturm erhalten blieb. Eine Untere Burg ist erstm. 1262 urk. erwähnt. Ein Jh. später erhielt R. den Status eines Untertanenstädtchens. Die Untere Burg wurde 1330–40 unter Peter I. v. Rosenberg erweitert. 1420–56 befanden sich Burg, Städtchen und Herrsch. im Pfandbesitz der Herren v. Wallsee, denen nach 1460 die Popel v. Lobkowitz folgten. Nach 1550 und bes. 1600–12, als der Enkel des letzten Rosenbergers, Johann Zrínsky v. Seryn, R. verwaltete, erfolgte der Umbau der Unteren Burg zum Renaissance-Schloß. Nach dem Tode Zrínskys 1612 folgten die Herren v. Schwanberg als neue Besitzer. Als Teilnehmer am böhm. Ständeaufstand mußte Peter v. Schwanberg 1619 die Einnahme durch ein ksl. Heer unter Karl Bonaventura Buquoy erleben, dem Ks. Ferdinand II. 1620 die Herrsch. R. übertrug. Bis 1945 befand es sich im Besitz der Fam. Buquoy. Nach kleineren Barockumbauten A. 18. Jh. erhielt die Untere Burg 1840–57 ihr heutiges, neogot. Aussehen. Der anglophile Johann Georg Buquoy führte bis etwa 1870 die romant. Umgestaltung des Interieurs fort. Neben zahlr. Sälen (Kreuzgalerie, Waffenkammer, Rosenberger Zimmer) richtete er auch eine Familiengalerie ein. Das Städtchen wird von der frühgot., nach 1300 erbauten Dekanatskirche St. Marien beherrscht, deren heutige Gestalt auf spätgot. Umbauten zurückgeht. Vom E. 15. Jh. stammt das Pfarrhaus, das später mehrfach barockisiert wurde. Einige Häuser auf dem Markt haben ihre Renaissancegestalt bzw. ihr barockes Aussehen bewahrt. Die

Anfänge der jüd. Gem. reichen in die Zeit um 1250 zurück. – 1850: 1943, 1930: 973 (davon 873 Dt.), 1991: 213 Eww. (VI) *Bůž*

LV 905, Bd. 42, 215–260; LV 259, Bd. 5, 167f.; A. Kalný, Židovská obec v Rožmberku nad Vltavou, in: ŽR (1988), 44–53; A. Kubíková, Panství Rožmberk ve světle berní ruly, in: JSH 60–61 (1991–92), 91–99; dies., Zaniklá židovská obec v Rožmberku nad Vltavou, in: JSH 52 (1983), 87–89; LV 906, Bd. 3, 255–161; LV 279, Bd. 3, 98–116.

Roßbach (seit 1950 Hranice, Bez. Eger). In einem engen Ausläufer zw. Franken und dem Vogtland 8 km n. von → Asch entstand am Handelsweg zw. → Eger und Plauen eine Siedl., die erstm. 1413 urk. erwähnt wird. Diese gehörte zum hist. Ascher Land und unterstand gemeinsam mit diesem bis E. 14. Jh. den Herren v. Neuberg und anschließend über viele Jhh. den Herren v. Zedtwitz. Ebenso wie das Ascher Land bewahrte auch R. bis 1775 eine bedeutende Autonomie. Ohne offiziell das Stadtrecht zu erlangen, stieg die Gem. zu einer stadtähnlichen Siedl. auf, in der sich Handwerk und Handel entfalteten. Bes. der Handel profitierte von der günstigen Lage zw. Sachsen und Bayern. Bereits seit dem 17. Jh. erlebte das Weberhandwerk eine Blüte; R. und Asch boten sächs. Weberzünften in dieser Hinsicht ernsthafte Konkurrenz. Um 1800 produzierten annähernd 100 Meister und 400 Gesellen handgewebte Stoffe und Musselin mit versch. Farbmustern, die exportiert wurden. Bis 1831 existierte eine gemeinsame Zunft der R.er und Ascher Weber; nach deren Auflösung bildeten die Weber in R. einen eigenen Verband der Webermeister. Vor 1850 zählte der Ort 319 Häuser und 2700 Eww., zumeist Weber, die Baumwollstoffe verarbeiteten. Bis 1830 wies R. einen höheren Industrialisierungsgrad als das benachbarte Asch auf; Asch profitierte jedoch von seiner verkehrsmäßig günstigen Lage, während in R. ein Ausbau des Verkehrsnetzes versäumt wurde. Dennoch hielt sich die Textilindustrie das gesamte 19. Jh. über. 1863 besaß R. eine Baumwollspinnerei und 22 Fabriken, die gewirkte und gewebte Waren aus Baumwolle, Wolle und Seide herstellten. 1881 erhielt es den Status eines Städtchens, die Eww.-Zahl stieg jedoch nur geringfügig. Eine neue Verdienstmöglichkeit bot die Teppichproduktion, die hier bis 1951 existierte. Wie in der gesamten Region lebten auch in R. fast nur Dt., die 1945 ausgesiedelt wurden. Dies wirkte sich negativ auf die gesamte wirtsch. Entw. aus, hinzu kam die Grenzlage am Eisernen Vorhang. 1964 erhielt R. den Status einer Stadt. Neben der tradit. Textilproduktion herrschen heute Glasherstellung, Maschinenbau und Landwirtschaft vor. – 1850: 3041, 1900: 4039, 1930: 4283 (davon 106 Tsch.), 1950: 2503 und 1991: 1788 Eww. (I) *Kub*

K. Alberti, Beiträge zur Geschichte der Stadt Asch und des Ascher Bezirkes, Bde. 1–4, Asch 1935–40; Das Heimatbuch von Roßbach mit seinen Nachbargemeinden

Friedersreuth, Gottmannsgrün und Thonbrunn im Sudetenland, Hof an der Saale
1970; G. Held, Die kirchliche Entwicklung der Gemeinde Roßbach, Roßbach
1928; G. Hoier, Was die Flur Roßbach erzählt, Roßbach 1930; ders./W. A. Steinels
Jahrbücher von Roßbach (1703–1720), Roßbach 1934; LV 507, 100f; LV 283,
Bd. 15, 372; J. Tittmann, Heimatkunde des Ascher Bezirkes für Schule und Haus,
Asch 1893.

Rossitz (Rosice, Bez. Brünn-Land). Das 15 km w. von → Brünn
gelegene R. taucht in den Schriftquellen seit M. 13. Jh. auf, als hier
eine Burg als Residenz und Mittelpunkt der gleichnamigen Herren
v. R. diente. Im Besitz von R. waren 1319–1549 die Hecht v. R.,
deren Symbol – ein silberner Hecht auf rotem Feld – im Wappen des
in der 1. H. 15. Jh. zum Städtchen erhobenen Ortes Aufnahme fand.
1562 trat Berchtold Bohobud v. Leipa seinen Besitz an den Landrichter Johann d. Ä. v. Žerotín ab. Dieser ließ auf dem Areal der Burg ein
vierflügeliges, zweigeschossiges Renaissance-Schloß erbauen (Umbauten 2. H. 18. Jh.). Unter dem Schutz Johanns d. Ä. und seines
Sohnes Karl d. Ä. v. Žerotín entwickelte sich R. zu einem bedeutenden Zentrum der Böhm. Brüder. Nach 1620 suchten neben den
Brüdern auch Täufer in R. Zuflucht. Karl d. Ä. v. Žerotín, der wichtigste mähr. Ständepolitiker seiner Zeit, bestimmte R. zu seiner Residenz. Im Schloß richtete er eine umfangreiche Bibliothek ein. Nach
der Niederlage der Stände am Weißen Berg verkaufte er 1629 seine
Güter an Albrecht v. Wallenstein und siedelte nach Breslau über. Zu
den häufig wechselnden Besitzern von R. gehörten später die Frhh. v.
Sina, die R. ihrer Herrsch. → Eichhorn Bittischka inkorporierten.
Neben dem Schloß erhebt sich die urspr. rom. Pfarrkirche St. Martin,
die im 15. Jh. gotisiert und auch später mehrfach verändert wurde.
Auf einem Hügel s. der Stadt steht die Kapelle zur Hl. Dreifaltigkeit
von 1691. – Seit 1907 Städtchen, war R. 1949–60 zudem Bez.-Stadt.
– 1880: über 3000 (nur Tsch.), 1950: 4600, 1991 etwa 5300 Eww.
                                                              (VIII)   *Šta*

K. Fojtík/O. Sirovátka, K dějinám hornictví na Rosicku a Oslavansku v první polovině 19. století, in: ČMM 73 (1954), 68–82; J. Gross, Rosice 1907 až 1957, Rosice
1957; J. Janele, Město Rosice, Rosice 1907; LV 290, Bd. II/23, 264–300; I. Štarha,
Starší znakové privilegium Rosic, in: JM 5 (1969), 133–135.

Roßwald (Slezské Rudoltice, Bez. Freudenthal). R., 9 km sw. von
→ Hotzenplotz, entstand M. 13. Jh. im Zuge der planmäßigen
Besiedl. Nordmährens unter dem Olmützer Bf. Bruno v. Schauen-
burg (1247–81); zur Sicherung der Kolonisation übergab dieser »Ro-
dolueswalt« am 6.11.1255 seinem Truchseß Herbort, bei dessen Fam.
R. bis 1570 verblieb. Nach mehreren Besitzerwechseln erwarb 1630
Gf. Georg Maximilian v. Hoditz das Olmützer bfl. Lehnsgut R.; un-

ter dessen Urenkel, Gf. Albert Joseph v. Hoditz (1706–78), wurde das alte Renaissanceschloß mit großem Kostenaufwand zu einer internat. beachteten Residenz mit weitläufigen Gartenanlagen, Wasserspielen, zahlr. Kunstobjekten sowie Theater- und Konzertbetrieb ausgebaut. Nach 1770 brach die damit völlig überlastete R.er Gutswirtschaft zus., Hoditz übersiedelte nach Potsdam. Unter den nachfolgenden Besitzern aus der Fam. v. Badenfeld wurden die Hoditzschen Anlagen weitgehend entfernt. Das Schloß litt 1945 unter den Kampfhandlungen, wurde jedoch in vereinfachter Form wiederhergestellt. Aus R. stammt der Komponist Johann Carl Hanke (1748–1835). Die Dorfkirche wurde 1871–73 im neorom. Stil erbaut. – 1869: 1976, 1950: 555, 1980: 671 Eww.   (V) *Bei*

W. Bein, »Der mährische Epikuräer«. Albert Joseph von Hoditz (1706–1778) als Mäzen der Schönen Künste, in: Festschrift H. Unverricht zum 65. Geburtstag. Hg. v. K. Schlager, Tutzing 1992, 35–45; J. Chowanetz/A. Wurst, Der Hotzenplotzer Schulbezirk, Jägerndorf 1890, 187–197; H. Heinz, Barockschlösser in Schlesien. Herzogtümer Troppau-Jägerndorf, in: StJ 8 (1964), 53–86; LV 259, Bd. 2, 213f.; B. Lifka, Knihovna Karla Josefa a Vojtěcha hr. Hodických z Hodic ve Slezských Rudolticích, in: StrK 9 (1974), 115–140; LV 168, Bd. 3, Nr. 162; B. Vogelsang, Theaterbau in Schlesien, Dortmund 1984, 317–320.

Rothenhaus (Červený Hrádek, Bez. Komotau). Das 5 km nö. von → Komotau gelegene Barockschloß R. geht auf eine urk. erstm. 1321 als »Borek« belegte ma. Burg zurück, die verm. in der 2. H. 13. Jh. zum Schutz der Grenze auf landesfstl. Befehl von den aus egerländischem Uradel stammenden Planský v. Seeberg errichtet wurde. Nach zahlr. Besitzerwechseln kamen die als Neu Seeberg (1327 »Novum Seberch«) bezeichnete Burg sowie Teile des nahegelegenen Städtchens Görkau 1417 an den während der Huss.kriege auf seiten Ks. Sigismunds stehenden Wenzel v. Morawes und Kopitz, der die Burg rot tünchen und vielleicht auch mit einem roten Ziegeldach versehen ließ (1422 erstm. »Rubeum castrum«). Während des Schmalkaldischen Krieges wurde R., zu dieser Zeit in Händen des kgl. Heerführers Sebastian v. Weitmühl, von sächs. Truppen besetzt. Nach 1606 fiel es an Adam Hrzan v. Harras (†1619), dessen Nachfahren hier bis 1707 herrschten. Unter ihnen wurde an der Stelle der 1632 von ksl., 1639 von schwed. Truppen geplünderten und zerstörten Burg verm. nach Plänen von Jean Baptiste Mathey und Antonio Porta 1655–97 ein vierflügeliger, zweistöckiger Renaissancebau errichtet, der als bedeutendstes Schloß des böhm. Erzgebirges gilt (Schloßkapelle Johannes des Täufers, Schloßpark, neogot. Gruft). Über die Liechtenstein, Auersperg, Rottenhan und Buquoy fiel R. 1887 an die böhm. Linie der Hohenlohe-Langenburg, in deren Besitz es bis 1945 blieb. Aufgrund der Beziehungen Max Egon zu Hohen-

lohe-Langenburgs zur Henlein-Partei wurden 1938, im Vorfeld des
Münchener Abkommens, die Vermittlungsgespräche zw. dem briti-
schen Politiker Lord Walter Runciman (1870–1949) und sud.dt. Persönlichkeiten auf Schloß R. geführt, an die seit 1969 eine »Gedenkstätte zum Kampf gegen den Faschismus« im Arbeitszimmer des Prinzen erinnert. – In dem 1938 bis zum Kriegsende zum Dt. Reich gehörenden, heute der Stadt Görkau eingemeindeten R., dem Geburtsort des Bildhauers Ferdinand Maximilian Brokoff (1688–1731),
lebten 1869: 502, 1910: 502 (davon 485 Dt.), 1950: 222, 1991:
139 Eww.   (I/II) *Bah*

LV 238, 54f.; M. Bělohlávek, 600 let Červeného Hrádku 1384–1984, Plzeň 1984;
LV 259, Bd. 3, 75ff.; V. Karell, Burgen und Schlösser des Erzgebirges und Egertales,
Bd. 1, Kaaden 1935, 66–69; V. Naňková, Červený Hrádek, Chomutov 1974; R.
Pensler, Geschichte der Stadt Görkau und des Schlosses Rothenhaus, Görkau [2]1928
[ND Darmstadt 1988]; LV 952, Bd. 1, 744, Bd. 2, 162f.; LV 275, Bd. 7, 190–200;
LV 954, 109; LV 283, Bd. 14, 130–146; Stadt Görkau und Schloß Rothenhaus im
Bild, Bde. 1–2. Hg. v. H. Hujer, Darmstadt [2]1988.

Rothlhota (Červená Lhota, Bez. Neuhaus). Der Ort ist durch das
»romant.« Wasserschloß, eine glückliche Verschmelzung versch. Stil-
epochen, bedeutsam. Das abseits der im 13. Jh. unter dem Namen
»Jenczenslag« entstandenen Siedl. gelegene Schloß, Sitz der Herrsch.
R., wurde im 14. Jh. zunächst als Feste auf einem Felsen errichtet, im
15. Jh. durch eine Teichanlage zur Wasserburg umgewandelt und
nach 1530 durch Hons Vlach (Giovanni de Spazio) zum Renaissance-
Schloß ausgebaut, schließlich im 17. Jh. barockisiert. Die Herrsch.,
die sich zuvor im Besitz von Fam. des Landadels befand, wurde 1621
konfisziert und 1641 an Gf. Wilhelm Slawata verkauft. Den Slawata,
die das Schloß 1671–80 als Sommersitz einrichten ließen, folgten seit
1693 mehrere meist adelige Fam., so 1794–1823 die Frhh. v. Still-
fried. Seit 1835 war R. im Besitz der Fstt. Schönburg-Hartenstein (bis
1945), die das Schloß zunächst neugot., 1903–12 durch Humbert
Walcher v. Molthein im Neorenaissancestil umgestalten ließen. Auf
R. starb 1799 der Komponist Karl Ditters v. Dittersdorf (geb. 1739).
                                                            (VII) *Me*

LV 337, 476f.; LV 259, Bd. 5, 36ff.; J. Klik/J. Pavel, Červená Lhota. Státní zámek a
památky v okolí, Praha 1959; E. Kotulová/M. Paulík, Červená Lhota, České Budějovice 1981; LV 279, Bd. 4, 264–269; LV 283, Bd. 10, 255–265; LV 906, Bd. 1,
188f.; LV 292, 263.

Rothporitschen (Červené Poříčí, Bez. Klattau). Das 1318 urk.
erstm. belegte R., das sich zu jener Zeit im Besitz der Ritter v. R. und
Skočice befand, fiel 1547 an Heinrich Mladita v. Jimanice. Dieser ließ
im Dorf eine Feste errichten, die A. 17. Jh. unter Nikolaus Šic v.

Drahenitz im Barockstil umgebaut wurde. Wegen dessen Beteiligung am böhm. Ständeaufstand 1618–20 wurde R. 1623 konfisziert und dem ksl. Oberst Philipp Adam v. Kronberg übertragen. Seit 1772 befand sich R. im Besitz des Hzg. von Bayern, der das Schloßgebäude 1776 durch ein monumentales Portal schmücken und einen Teil des Schloßgartens in frz. Stil einrichten ließ. Vor dem Schloß steht eine Barockkapelle mit Ausstattung im Rokokostil. Nach 1830 wechselte R. abermals seinen Besitzer und wurde zum böhm. Krongut. Vergleichbar mit anderen Dörfern der Umgebung blieb auch das wirtsch. Leben von R. durch die Landwirtschaft geprägt. – 1850: 471, 1930: 492 (davon 4 Dt.), 1950: 401, 1990: 257 Eww.   (I/VI) *Wei*
LV 259, Bd. 4, 51f.

Rothřečitz (Červená Řečice, Bez. Pilgram). Die Region von → Chejnow ö. bis zur mähr. Grenze gelangte 1144 durch landesfstl. Schenkung an die Prager Bff., die R. zu deren Zentrum machten. So entstanden im 12. Jh. das Marktdorf R., das als Städtchen zuerst 1283/84 erwähnt ist, und auf einem älteren Burgwall die 1290 erstm. genannte Feste mit Hofgut, die einem Burggf. unterstand und später zur Burg ausgebaut wurde. Die got. Pfarrkirche St. Maria Magdalena stammt vom E. 13. Jh., wurde 1680 und 1732–34 barockisiert und zur Dekanatskirche erhoben. Bf. Tobias v. Bechin förderte E. 13. Jh. die Entw. der Herrsch. und siedelte nach emphyteutischem Recht zusätzlich dt. Kolonisten an. 1378 verlieh Ebf. Johannes Očko v. Wlašim R. Altstädter Recht, das Ebf. Zbynko Zajíc v. Hasenburg 1406 bestätigte. Ein Brand warf 1384 die Entwicklung der Stadt zurück, die ihre Funktion als Zentrum der Gesamtherrsch. an → Pilgram verlor. R. wurde unter Ebf. Konrad v. Vechta 1415 zus. mit Pilgram verpfändet, 1421 von den Taboriten besetzt und damit säkularisiert. Spätestens 1523 kam R. an die Leskovetz v. Leskovetz, die es 1558 als Erbeigentum erhielten. Um 1560 ließen sie die got. Burg, von der sich ein Turm erhalten hat, zum Renaissance-Schloß ausbauen, das 1593–97 mit Sgraffiti geschmückt und A. 17. Jh. zu einem um 2 Höfe gruppierten umfangreichen Gebäudekomplex erweitert wurde. 1593 erhielt R. eine Verbesserung seiner Stadtrechte. Seit 1596 unter den Řičanský v. Řičan, wurde die Herrsch. R. 1622 konfisziert und auf Betreiben von Ebf. Gf. Ernst Adalbert Harrach dem Prager Ebtm. zurückgegeben. Nach einem großen Stadtbrand 1669 wurde die Stadt – näher zum Schloß – neuerrichtet und mit Toren versehen. 1850 gelangte sie zum Bez. Pilgram. Schloß und Gut gehörten noch 1933 dem Prager Ebtm., welches das Schloß, teilw. als Archiv genutzt, nach 1989 zurückerhielt. 1945 verlor R. seine Stadtrechte. – 1842: 1360, 1900: 1285, 1930: 1036, 1949: 936, 1994: 1073 Eww.   (VII) *Me*

LV 337, 484ff.; J. Dobiáš, Dějiny královského města Pelhřimova a jeho okolí, Bde. 1–5, Pelhřimov 1927–70, bes. Bd. 1, 146–235; LV 259, Bd. 5, 38ff.; LV 279, Bd. 4, 250–263; LV 513, 671f.; LV 283, Bd. 10, 132–138; LV 905, Bd. 18, 244–262; LV 906, Bd. 1, 190f.

Rothschloß (Krakovec, Bez. Rakonitz). 16 km w. von → Pürglitz liegt die Ortschaft R. mit der Ruine der gleichnamigen got. Burg, die verm. 1381–83 von dem Günstling Kg. Wenzels IV., Jíra v. Roztoky, erbaut wurde. Seit 1410 befand sie sich im Besitz des Heinrich Lefl v. Lažany. 1414 machte in R., auf dem Weg zum Konstanzer Konzil, Magister Jan Hus Station. Die Zerstörungen des 30jähr. Krieges waren erst E. 17. Jh. behoben. Seit der Feuersbrunst 1783 war die Burg verwaist. Der zweiteilige, von einem Zwinger umgebene Kern der Anlage mit seinem dreiflügeligen rückwärtigen Teil und dem niedrigen, halbrunden Turm stellt das Werk einer höfischen Bauhütte Kg. Wenzels IV. dar und zählt zu den Höhepunkten der böhm. Burgenarchitektur des 14. Jh.   (II) *Dur*

LV 245, 188–191; LV 248, 146ff.; LV 259, Bd. 3, 229–233; V. Kočka, Dějiny hradu Krakovce, Rakovník 1912; D. Menclová, Krakovec. Státní hrad a okolí, Praha 1956; LV 879, Bd. 2, 133–142; LV 279, Bd. 8, 98–118; A. Sedláček, Hrad Krakovec, Praha 1914; K. Spalová, Hrad Krakovec, Praha 1929.

Rotschow (Ročov, Bez. Laun). Der Barockkomplex des Augustinerkl. erstreckt sich in einem malerischen Tal 12 km s. von → Laun. 1373 sanktionierte Ks. Karl IV. Albrecht v. Kolovrat dessen Vorhaben, hier ein Kl. zu gründen, 1374 bewilligte auch Papst Gregor XI. diesen Plan. Aus der Gründungszeit des Kl. haben sich lediglich eine Madonna auf dem Hauptaltar der Kl.kirche Mariä Himmelfahrt, die Krypta mit Überresten von Angehörigen der Kolovrat sowie ein illuminiertes Graduale erhalten. 1424 steckten die Huss. das Kl. in Brand. Das heutige Aussehen des Kl. stammt von 1746–50, als nach Plänen Kilian Ignaz Dientzenhofers die Kirche und 1759–65 der Konvent erbaut wurden. 1352 gründete Albrecht v. Kolovrat das Städtchen R., der regelmäßig angelegte Dorfplatz erinnert an diese Phase. Die 1878 fertiggestellte neogot. Kirche Mariä Geburt steht auf der Stelle eines urspr. got. Vorgängerbaus. Aus dieser Zeit stammt lediglich das steinerne Taufbecken aus dem 16. Jh.; R. ist heute die bedeutendste Hopfenanbaugem. der Region Laun. – 1828: 310, 1921: 889, 1950: 660, 1990: 463 Eww.   (II) *Rd*

LV 860, Bd. 2, 345, 441, 713; LV 270, Bd. 4, 697–702; LV 275, Bd. 7, 55–60; LV 283, Bd. 14, 45ff.; F. Štědrý, Klášter augustiánů v Ročově, in: SHK 24 (1923), 12–30; ders., Ročov v okresu lounském, Louny 1926.

Rožmital (Rožmitál pod Třemšínem, Bez. Příbram). In einem ausgedehnten Tal gründete um 1250 ein gewisser Ulrich aus dem Geschlecht der Buzice, Sohn des Budislav v. Březnitz, eine Wasserburg
und gab dieser den dt. Namen »Rosental«. Nw. davon entstand eine
Pfarrsiedl., die 1369 erstm. belegt ist. Eine zweite Siedl. wurde ö. der
Burg zw. 2 Fischteichen angelegt; hieraus erwuchs ein Städtchen, das
1379 als »Rozental oppidum« erwähnt wird. Erste Siedler waren
möglicherweise Dt., die tsch. Bev. erlangte jedoch rasch ein ent-
scheidendes Übergewicht. Bis 1347 befand sich R. im Besitz der
gleichnamigen Herren v. R., die dann die H. ihres Besitzes an den
Prager Ebf. abtraten. Der für 1398–1454 belegte Zdeněk v. R. stand
während der Huss.kriege auf kath. Seite und bemächtigte sich zeitweilig auch des ebfl. Teils von R., doch übertrug Ks. Sigismund 1436
diesen an die Brüder Johann und Wenzel Zmrzlík v. Schweißing. Die
andere H. ging an Lev und Protiva v. R.; erst unter Zdeněk Lev v. R.
(um 1470–1535) wurde der gesamte Besitz wieder in einer Hand vereint. Zdeněk Lev v. R. zählte über viele Jahre hinweg zu den einflußreichsten böhm. Adeligen und stand als Oberstburggf. an der
Spitze der böhm. Stände und der Landesverw.; sein Sohn, Adam Lev
v. R., mußte 1544 die verschuldete Herrsch. an Gläubiger abtreten.
1550–55 erwarb Florian Griespeck v. Griespach den Besitz, erweiterte die Herrsch. und vollendete den Umbau der got. Burg zu einem
Renaissance-Schloß. Der gleichnamige Enkel wurde 1622 aufgrund
seiner Beteiligung am böhm. Ständeaufstand seiner Güter für verlustig erklärt. 1623 übereignete Kg. Ferdinand II. den konfiszierten
Besitz an den Prager Ebf. Ernst Adalbert v. Harrach. Die dreiflügelige
zweigeschossige Anlage, deren heutiges Aussehen im wesentlichen
auf das 16. Jh. zurückgeht, wurde mehrfach von Bränden beschädigt,
stets jedoch wieder aufgebaut. Die wirtsch. Entw. des Untertanenstädtchens begünstigten in unmittelbarer Nähe gelegene Fundstätten
von Gold, Silber und Eisen. Mehrere Privilegien für versch. Wochenmärkte machten R. zu einem lokalen Handelsplatz. 1469 wird
eine Schule urk. erwähnt. Urspr. kath., faßte im 16. Jh. der Utraqu. in
R. Fuß, doch bereits 1627 verkündeten die aus → Březnitz herbei-
geeilten Jesuiten den erfolgreichen Abschluß der Gegenref. in R. Im
18. Jh. erlebte die Eisenerzförderung einen neuen Aufschwung, hinzu trat die Glasherstellung. – 1869: 3198, 1910: 3050, 1950: 2487,
1991: 4474 Eww.   (VI) *Krz*

R. R. Hofmeister, Rožmitálské obrazy, Praha 1922; V. Holý, Růst a rozklad ro-
dového majetku Švihovských z Ryzmberka a pánů z Rožmitálu, in: MPP 3 (1960),
45–79; LV 259, Bd. 5, 168; A. Macák, Hospodářský stav rožmitálského panství v
druhé polovici 16. století, in: SAP 3 (1953), 3–42; LV 879, Bd. 2, 278f.; St. Polák,
Rožmitál pod Třemšínem, in: VSP 20 (1982), 108–114; LV 279, Bd. 11, 192–199;
F. A. Slavík, Rožmitál pod Třemšínem, Rožmitál pod Třemšínem ²1930; LV 569,
Bd. 1, 59f.

Rožnau am Radhost (Rožnov pod Radhoštěm, Bez. Wsetin). Das
durch den Olmützer Bf. Bruno v. Schauenburg (1247–81) gegr. Dorf
»Rosenove« wurde erstm. 1267 urk. erwähnt. Seit dem 14. Jh. erscheinen Adelige als Grundherren. Das Dorf, seit 1411 Kleinstadt,
hieß mitunter auch »Roznovec«, ebenso wie die nahegelegene Burg,
die 1538 zerstört wurde. Neben der Landwirtschaft bildeten die einheimische Tuchherstellung und die Weberei die Existenzgrundlage
der Bev., woran im 19. Jh. die Textilindustrie anknüpfte. Um 1660
gab es hier eine Papiermühle, die 1712 gegr. Brauerei bestand bis
1960. 1796–1949 war R. ein in weiten Teilen Europas bekannter
Kurort (Kurgebäude von 1874). 1880 erhielt R. Stadtrecht. Das Walachische Freilandmuseum, das erste seiner Art in Mitteleuropa, entstand 1925; es zeigt Originale bzw. Nachbauten von Holzhäusern aus
dem 17.– 19. Jh. Die barocke Pfarrkirche wurde 1745–49 erbaut.
Bedeutung besitzen heute Elektrotechnik, eine Strickerei sowie eine
Papierfabrik. – 1793: 2275, 1869: 3215, 1930: 3647 (davon 53 Dt.),
1991: 17 727 Eww.   (V) *Sp*
L. Baletka/L. Zapletal, Okres Vsetín, Ostrava 1987, 108–112; F. Bayer, Rožnov,
léčebné místo na Moravském Valašsku a jeho okolí, Praha 1878; E. Hölzel, Rosenau
unter dem Radhost, Olmütz 1860; F. Kop, Rožnov pod Radhoštěm, Rožnov pod
Radhoštěm 1962; LV 290, Bd. II/55, 61–129.

Rudig (Vroutek, Bez. Laun). Die 6 km s. von → Podersam gelegene
Gem. wurde erstm. 1227 urk. erwähnt, als sich R. im Besitz Kojatas v.
Hrabschitz befand. Aus dieser Zeit stammt die tribünenartige St.-Ja-
kobs-Kirche, ein bedeutsames Zeugnis rom. Baukunst mit fränkischen Einflüssen. Die Kirche bildete einen befestigten Komplex mit
einem Kastell, das im 30jähr. Krieg zerstört wurde. Zw. dem ehem.
Huss.hauptmann Jakubek v. Wřesowitz und der Stadt → Saaz ent-
brannte nach den Huss.kriegen ein Streit um R., der 1441 mit der
Zerstörung des Kastells durch die Saazer sein E. fand. R. wurde verm.
im 14. Jh., als es ein Kirchengut bildete, zum Untertanenstädtchen
erhoben. Hierfür spricht auch das Wappen, das einen Geistlichen inmitten einer got. Kapelle zeigt. 1599 wütete eine verheerende Feuersbrunst, 1645 plünderten die Schweden den Ort. Nach dem 30jähr.
Krieg kamen in das nahezu verlassene Städtchen neue, ausschl. dt.
Kolonisten. 1726 wurde die Kirche Johannes des Täufers vollendet;
die Pestsäule auf dem Markt stammt von 1714. 1630 erwarb Hermann Czernin v. Chudenitz R. und gliederte es dauerhaft in seine
Herrsch. → Petersburg ein. 1873 erhielt R. einen Eisenbahnanschluß.
Bereits für 1721 ist eine Schule belegt, die tsch. Minderheit gründete
eine solche 1922. – 1826: 910, 1921: 1806 (95% Dt.), 1950: 1231,
1990: 1624 Eww.   (I/II) *Rd*
LV 881, 263; LV 270, Bd. 4, 358–365; LV 275, Bd. 7, 111ff.; LV 279, Bd. 14, 348;

LV 283, Bd. 14, 285f.; A. Ratt, Ein altes Übereinkommen zwischen den beiden Städtlein Podersam und Rudig, in: UH 1 (1928), 5–13; W. Rott, Der politische Bezirk Podersam, Podersam 1902, 471–493.

Rudoletz → Böhmisch Rudoletz

Rumburg (Rumburk, Bez. Tetschen). Die Anfänge der Besiedl. stehen im Zusammenhang mit der von der Přemyslidenburg in Zittau ausgehenden Kolonisation. Der Name R. ist erstm. 1298 bezeugt. Im 14. Jh. gehörte R. als Lehen der Herren Berka v. Dubá zur sächs. Burg Hohnstein bei Sebnitz, für 1352 wird die St.-Bartholomäus-Kirche erwähnt. Als Städtchen erscheint R. 1377. Im 14. Jh. erzeugten flämische Siedler Tuche, seither erlebte auch der Leinwandhandel eine Blüte. Aufgrund ihrer Grenzlage hatte die Stadt wiederholt unter milit. Waffengängen zu leiden. Seit 1481 befand sich R. im Besitz des sächs. Geschlechts der Herren v. Schleinitz, die auf der 10 km s. gelegenen Burg Tollenstein residierten. Bei einer Teilung 1566 wurde R. neuer Sitz der Obrigkeit, die hier ein Schloß errichten ließ. 1642 zerstörten die Schweden die Anlage, 1726 erfolgte die Wiederherstellung, später diente die Anlage Verw.-Behörden. Im 16. Jh. gab es einen luth. Pfarrer. 1604 fiel die Herrsch. an die Gff. Kinsky. 1681 folgten die Liechtenstein, die aufgrund einer Stiftung der Gff. v. Pötting 1683–90 nach Plänen von Johann Lucas v. Hildebrandt ein Kapuzinerkl. mit der 1707 geweihten Lorettokapelle erbauen ließen. Das Gnadenbild der Schwarzen Madonna zog zahlr. Wallfahrer an. 1713 ließ sich in R. der engl. Kaufmann Robert Alason nieder und gründete eine Tuchmanufaktur, für die 316 Meister arbeiteten. Zugleich bot die Manufaktur auch den Webern in → Schluckenau, → Kreibitz, Georgenthal und in anderen Orten Beschäftigung. 1753 erhielten 2 weitere Engländer, George Francklin und John Nurse, von Ksn. Maria Theresia das Privileg, einen grenzüberschreitenden Tuchhandel zu betreiben. 1754 beteiligte sich auch Anton Salomon am Leinwandhandel. Nach 1764 bemühte sich John Coulston um eine Ausweitung der Tuchbleiche. Seit E. 18. Jh. entfalteten sich zudem Baumwollindustrie und die Verarbeitung von Schafwolle. 1850–1960 besaß R. den Status einer Kreisstadt, 1854 erschien die erste lokale Tageszeitung, 1869 erhielt die Stadt einen Eisenbahnanschluß. Im Mai 1918 brach im hier stationierten Ersatzbataillon des 7. Schützenregiments aus → Pilsen ein gegen den Krieg gerichteter Aufstand aus. In R. wurde der Industrielle und Naturwissenschaftler Josef Emanuel Fischer v. Röslerstamm (1787–1866) geb. – 1880: 10 142 (98 Tsch.), 1910: 10 544 (36 Tsch.), 1930: 10 466 (799 Tsch.), 1950: 6565, 1991: 10 775 Eww.   (II) *Sm*

F. Čenský, Příspěvek k dějinám rumburského platenictví. Počátky firmy Roberta

Alasona, in: ZMDČ 4 (1985), 225–240; LV 259, Bd. 3, 412; R. Lahmer, Geschichte
der Stadt Rumburg, Rumburg 1884; ders., Heimatkunde des politischen Bezirkes
Rumburg, Rumburg 1885; J. Smetana, Rok 1918 na Děčínsku, Děčín 1968; ders.,
Rumburk v době předhusitské, in: DVZ 4 (1994), 13–19; R. Wolkan, Studien zur
Reformationsgeschichte Nordböhmens, Teil 5: Die Reformation im »Schleinitzer
Ländchen«, Prag 1884.

Saar (Žd'ár nad Sázavou). 1252 gründete Boček v. Kunstadt, der
wichtigste Kolonisator dieser Gegend, in dem am s. Rand des S.er
Berglandes gelegenen Marktstädtchen S. ein Zisterzienserkl., dessen
erste Mönche Abt Perchtold v. Pomuk schickte. Bočeks Nachkommen, darunter die schles. Fstt. v. Münsterberg, machten das Kl. zu
einem der bedeutendsten der böhm. Länder. 1353 bestätigte Kg.
Karl IV., 1411 Kg. Wenzel IV. dessen Privilegien. 1422 brannten die
Huss. das Kl. nieder, erneuert wurde es unter Kg. Georg v. Podiebrad.
1462 erteilte Papst Pius II. die Pontifikalien. 1588 tauschte Karl II. v.
Münsterberg mit dem Olmützer Bf. Stanislaus Pavlovský Besitzungen, wodurch das Kl. untertan wurde. 1606 verleibte Kardinal Franz
v. Dietrichstein S. den bfl. Gütern ein und erhob es 1607 zur Stadt.
1613 erfolgte aus wirtsch. Überlegungen die Auflösung des Kl., 1617
die Angliederung an Dietrichsteins Familienbesitz → Chropin, nachdem zuvor die Abtei in ein Schloß umgebaut und große Teile des Kl.
(darunter der got. Kreuzgang) abgebrochen worden waren. 1638
kaufte Abt Johann Greifenfels den größten Teil von S. zurück und
gründete das Kl. neu. Abt Benedikt Zaunmüller (1676–91) baute den
neuen Konvent mit Mariensäule und Refektorium, sein Nachfolger
Edmund Wagner (1691–1705) nach einem Brand 1689 die achtek-
kige Kirche St. Margaretha und das Kl.-Tor. Abt Wenzel Vejmluva
(1705–38) holte namhafte Architekten, Bildhauer und Maler nach S.
und ließ die Kl.kirche Mariä Himmelfahrt umbauen, die Abtei zur
Adelsakademie umgestalten (1727), die Prälatur bauen und die Wallfahrtskirche St. Nepomuk (1719–22) aus Anlaß von dessen Heilig-
sprechung 1720 errichten. Abt Otto Steinbach v. Kranichstein (1782–
84) betrieb selbst die Auflösung des durch einen Brand beschädigten
Kl.; die Güter übernahm der Religionsfonds, die Mönche gingen
nach → Tischnowitz. Die letzten Besitzer waren – nach mehrfachem
Wechsel – bis 1945 die Kinsky. – Seit dem 17. Jh. entwickelte sich in
S. Weberei; den Charakter der heutigen Stadt prägen Gießereien,
Kupfer-, Holz- und Nahrungsmittelindustrie. Der Anteil der Dt.
überwog im MA, ging später aber ganz zurück. – 1880: 2784 Tsch.
und 10 Dt., 1930: 3391 Tsch. und 14 Dt., 1950: 3671, 1991:
23 191 Eww.   (VII) *Teu*

M. Dorda-Ebert, Die Herrschaft des Zisterzienserklosters Saar und die Volkszugehörigkeit seiner Untertanen in den Jahren 1407, 1462 und 1483, in: BOH 7

(1966), 59–109; B. Drož, Dějiny kláštera a města Žďáru na Moravě, Mor. Budějovice 1903; ders., Kulturně-historický obraz Žďáru v 15. a 16. století, Žďár 1937; F. Machilek, Stiftergedächtnis und Klosterbau in der Chronik des Heinrich von Saar, in: In Tal und Einsamkeit. 750 Jahre Kloster Fürstenfeld, Fürstenfeldbruck 1990, 148–208; A. Mayer, Das Deutschtum auf der Saarer Herrschaft im 15. und 16. Jh., in: ZVGMS 33 (1931), 153–170; H. Svobodová, Žďár nad Sázavou, Praha 1975; M. Zemek/A. Bartušek, Dějiny Žďáru nad Sázavou, Bde. 1–4, Havlíčkův Brod 1956–74.

Saaz (Žatec, Bez. Laun). Seit dem Jahre 1004, als der ostfränkisch-dt. Kg. Heinrich II. bei einem Feldzug gegen den poln. Hzg. Bolesław I. Chrobry durch Böhmen zog, ist die verm. E. 9. Jh. entstandene Burgstätte S. in den Schriftquellen bezeugt. Der Chronist Thietmar v. Merseburg beschreibt, wie Heinrich Richtung S. marschierte, dessen Bewohner ihm die Tore öffneten und die dortige poln. Besatzung töteten. Wenngleich Thietmar für S. den Terminus »urbs« benutzte und dessen Bewohner als »concives« bezeichnete, kann S. zu diesem Zeitpunkt noch nicht als Stadt angesehen werden. Erst im Laufe des 11./12. Jh. stieg S. zu einem Zentrum der damaligen Burgbezirksverw. auf, in deren Rahmen es zu den bedeutendsten Lokalitäten zählte. S. war ein sog. Teilfstm. für jüngere Angehörige der Přemyslidendynastie. Sofern die Kastellane von S. nicht unmittelbar aus den Reihen der Přemysliden kamen, handelte es sich ausnahmslos um Anführer der herrschenden Gefolgschaft. Das Aussehen der rom. Burg ist nicht überliefert. Auf einer Vedute Johann Willenbergs von 1602 sind lediglich die Burgtürme wiedergegeben, der Palas existierte schon nicht mehr. Das Areal der Burgstätte reichte von der heutigen Brauerei bis zur Rückseite des Rathauses. Gerade dort konnte 1993 die Existenz eines mächtigen Grabens nachgewiesen werden, der den eigentlichen Burgbez. von der Vorburg trennte und an das natürliche Terrain anknüpfte. Das wirtsch. Hinterland des Verw.-Sitzes bildete ein Netz von Siedl., in denen Handwerker und Bauern lebten. Eine solche Siedl. erstreckte sich in der Dvořák-Straße, wo 1995 die Grundmauern der St.-Veits-Kirche vom A. 11. Jh. mit einer älteren Grabstätte ergraben wurden. Dieses Siedlungsnetz bestätigt auch die Tatsache, daß im 14. Jh., einschl. der Vorstädte, insgesamt 15 Kirchen und Kapellen in S. belegt sind, davon 9 Pfarrkirchen. In der 1. H. 13. Jh. verwandelte sich S. schrittweise in eine hochfeudale Stadt. Die Chronistenbezeichnung von 1248 als »civitas« im Zusammenhang mit den Kämpfen zw. Kg. Wenzel I. und dessen Sohn Přemysl werden als Beweis für die Existenz von S. als Stadt angesehen. Der Stadtgründungsprozeß fand 1265 mit einer Urk. Přemysl Otakars II. seinen Abschluß. Der Kg. übertrug S. die Jurisdiktion gegenüber deren Bürgern und während der Marktzeit dem Richter Rechtshoheit im

Umkreis einer Meile, und er gestattete die freie Nutzung der umliegenden Wälder. Etwa in jener Zeit wurde unter maßgeblicher Beteiligung dt. Kolonisten, die verm. aus Bayern kamen, der Burg und Vorstadt trennende Graben zugeschüttet und die Innenstadt durch eine steinerne Mauer umgeben. Ein Teil der Stadtmauer hat sich an den Rückwänden mehrerer Häuser auf dem Markt erhalten. S. gehörte dem Nürnberger Rechtsbez. an. Das Patriziat, das den Rat stellte, war bis A. 15. Jh. ausschl. dt.; zu dieser Zeit fand die Auflösung des alten Burgbezirksystems ihren Abschluß. Infolge der beginnenden Aufteilung des Landes bildete S. einen neuen Kreis, zu dem u. a. die Städte → Komotau, → Kaaden und → Laun gehörten. In S. selbst fanden die Kreistage der Stände statt, und hier wurde auch das Bezirksaufgebot mit Waffen ausgestattet.

M. 14. Jh. hatte sich S. vollständig als Stadt konstituiert und zog aus seiner Lage an der Eger und entlang des kgl. Weges von → Prag nach Bayern und in die Oberpfalz Nutzen. Der Stadtkern, ausgehend von der heutigen Brauerei bis zum »Ringplatz«, erstreckte sich auf einer Fläche von 15,5 ha. 2 Tore mit Barbakane führten in diesen Bereich: Im N das Priester und im S das Prager Tor. 2 Pforten, die Libotschaner und die Mühlenpforte, ermöglichten den Zugang von W bzw. O; im S lag die Obere oder Prager Vorstadt, die 26 ha umfaßte. Auch sie war befestigt und besaß 3 Tore. Im W lag unterhalb des Stadtzentrums die Untere Vorstadt. Diese durchfloß ein Flußarm der Eger. Eine hölzerne Brücke über die Eger verband im N die Stadt mit der kleinsten Vorstadt – Dvorník. Im O umspannte S. die jüngste Vorstadt Mlynáře mit einem weiteren Seitenarm, dem Jankov. In der Stadt lagen ein Minoritenkl. und die Propstei der → Postelberger Benediktiner. Seit 1362 befindet sich auf dem Markt das Rathaus. In S. gab es 2 Spitäler und eine bedeutende Stadtschule. Der heutige Grundriß mit 4 Plätzen und dem Straßennetz entspricht ganz dem ma. Aussehen. Von den urspr. 15 Kirchen blieben nur 3 erhalten. Die städt. Hauptkirche, die Dekanatskirche Mariä Himmelfahrt, weist im W-Teil Mauerreste einer urspr. rom. Basilika auf, die eigentliche dreischiffige Kirche wurde M. 14. Jh. erbaut. Ein Kellergewölbe aus der Renaissance besitzt die St.-Wenzels-Kirche in der unteren Vorstadt; die got. St.-Jakobs-Kirche in der Oberen Vorstadt befindet sich heute im Besitz der orthodoxen Kirche. Im MA herrschten Tuchmacherei und Landwirtschaft vor; 1348 weisen die Quellen erstm. auf den Hopfenanbau hin. Während des gesamten 14. Jh. stößt man in S. auf versch. häretische Bewegungen, bes. auf das Waldensertum. Wiederholt griff deshalb die Inquisition ein. 1365 hielt sich Konrad Waldhauser in der Stadt auf. Seine gegen die Bettelorden gerichtete Predigt löste einen Konflikt mit den örtl. Minoriten aus. Der Stadt wurden von den Herrschern aus dem Hause Luxemburg zahlr. Privilegien verliehen, welche die wirtsch. Prosperität sicherten. Die bedeutendste Persönlichkeit, die im MA in S. lebte, war Johannes v. Tepl. Dieser kam nach 1370 als Rektor und Stadtschreiber nach S.; auf seine Initiative hin wurde 1383 das städt. Kopialbuch angelegt, in das anfänglich die kgl. Privilegien, später auch versch. Rechtsverordnungen der Bürger ihren Eintrag fanden. Da die meisten Originale verlorengingen, stellen diese Aufzeichnungen eine einzigartige Quelle für die ältere Stadtgeschichte dar. Johannes v. Tepl schuf in S. eines der grundlegenden Werke der älteren dt. Literatur, den »Akkermann aus Böhmen«. Seine Persönlichkeit verkörpert dabei die Geschichte von S. als Stadt zweier Volksgruppen: obwohl dt. Herkunft, beherrschte er die tsch. Sprache so gut, daß er 1411 in das rein tsch. Milieu der städt. Kanzlei der Prager Neustadt eintreten konnte. An sein Wirken erinnert eine Tafel am Rathaus.

1405 beherrschte eine ethnisch gemischte Schicht von Handwerkern den städt. Rat. Deren Angehörige erscheinen in der Folgezeit während des gesamten Zeitraums der Huss.kriege in den Quellen. Dies bedeutet, daß ein großer Teil der dt. Bev. den Huss. annahm und in der Stadt verblieb. Deren fortschreitende Assimilierung erfolgte in der 1. H. 15. Jh.; die beiden Kl. wurden verm. bereits 1419 zerstört. Im September 1421 tauchte das Heer des zweiten antihuss. Kreuzzuges vor den Toren der Stadt auf, nachdem es zuvor → Kaaden und → Komotau eingenommen hatte. Nach mehreren fehlgeschlagenen Versuchen, die Stadt zu erobern, und aus Furcht vor herannahenden huss. Verstärkungen zog die Kreuzfahrerarmada wieder ab. Der 1420 gebildete Militärbund mit → Laun und → Schlan spielte bis zur erneuten Festigung der Zentralgewalt unter dem späteren Kg. Georg v. Podiebrad eine wichtige Rolle. Daran änderte die Niederlage des Verbandes, der zu jener Zeit eine poln. Thronkandidatur in Böhmen unterstützte, in der Schlacht bei Selnitz 1438 nichts. Auch M. 15. Jh. blieb S. ein Wirkungsfeld waldensischer Prediger wie Friedrich Reisers und Matthäus Hagens. Möglicherweise waren es diese Traditionen, die 1521 Thomas Müntzer nach S. führten. Bis 1620 blieb die Stadt ein Zentrum des Utraqu., von hier stammte Gallus Cahera, Administrator der utraqu. Kirche in Böhmen und Freund Martin Luthers. Im 16. Jh. zählte S. unverändert zu den größten böhm. Städten. 1567 wurden 701 Wohnhäuser gezählt, die H. entfiel dabei auf die Vorstädte. Die Stadt wurde zusehends tsch.; daher wurden die Stadtbücher ausnahmslos in tsch. Sprache geführt. Eine kleine Minderheit bildeten die Juden, gegen die sich 1541 ein Pogrom richtete. 1546/47 beteiligte sich S. am Ständeaufstand, nach dessen Niederschlagung wurde es von allen böhm. Königsstädten am härtesten bestraft. Zu den berühmtesten Bildungsinstitutionen außerhalb Prags zählte damals die Lateinschule in S.; eine Pestepidemie raffte 1582 jedoch nahezu den gesamten Lehrkörper hinweg. 1604 erwarb Pavel Skála v. Zhoře, der später im sächs. Exil seine berühmte böhm. Kirchengeschichte verfaßte, das Bürgerrecht. Als utraqu. Stadt trat S. 1618 auf die Seite der rebellierenden Stände. Der Primator von S., Maximilian Hošt'álek, war Mitglied der Ständeregierung und gehörte zu den 27 auf dem Altstädter Ring im Juni 1621 hingerichteten Aufständischen. Nach der 1620 einsetzenden Rekatholisierung wanderten etwa 1000 Bewohner nach Sachsen aus, vor allem nach Freiberg. Nach dem 30jähr. Krieg vermochte S. nie seine wichtige Position zurückzuerlangen. Erst 1723 konnte es seine Kriegsschulden begleichen und in etwa die Eww.-Zahl vom E. 16. Jh. erreichen. Deutlich verstärkte sich im Gefolge der Emigrationswelle und der erneuerten Zuwanderung der dt. Anteil der Bev.; A. 18. Jh. wurden alle Stadtbücher in dt. Sprache geführt. Seit 1771 war S. Sitz des Kreisamts. Aus der Barockzeit stammen die meisten Baudenkmäler: 1683 wurde das Kapuzinerkl. gegr., 1728 der Dekanatskirche die St.-Nepomuk-Kapelle angefügt, 1773 ein Turm; M. 18. Jh. schuf Johann Karl Vetter die Florianssäule sowie die Dreifaltigkeitssäule. Die meisten Barockfassaden der Bürgerhäuser fielen 1738, 1767 und 1788 Feuersbrünsten zum Opfer. 1743 wurde in S. der Aufklärer und Bibliothekar Rafael Ungar geb.

1820–30 wurden die 4 Stadttore niedergerissen; bei Ausgrabungen entdeckte man 1994 die dem ehem. Prager Tor vorgelagerte Befestigung, die nahezu die gesamte Fläche des »Ringplatzes« einnahm. 1827 wurde eine Kettenbrücke über die Eger errichtet, die erste ihrer Art in Böhmen. Auch Industriebetriebe entstanden: 1801 eine Brauerei, 1830 eine Nagelfabrik, 1853 eine turbinenangetriebene Mühle und 1872, als S. einen Eisenbahnanschluß erhielt, eine Zuckerfabrik. Das 19. Jh. erwies sich als die goldene Ära des Hopfenanbaus, S. wurde weltweites Exportzentrum. Bereits 1833 war ein Hopfenbauernverband gegr. worden, der durch Zertifikate die Echtheit und Qualität des einheim. Produkts beglaubigte. Im 19. Jh. wurden hier mehrere Fachzeitungen über den Hopfenanbau herausgegeben. 1839 erschien die erste Nummer des örtl. »Allg. Anzeigers der Stadt S.«, 1848 wurde das Theater erbaut, 1857 das städt. Krankenhaus, 1870 die Gasbeleuchtung in Betrieb genommen. Die rasche Zunahme der Eww. zw. 1830 (4907) und 1900 (16 188) unterstreicht die demographische Entfaltung der Stadt, die einen ausgesprochen dt. Charakter besaß; 1880 bekannten sich lediglich 6% der Eww. zur tsch. Umgangssprache. Auch der Anteil der Juden, die 1873 eine Synagoge errichteten, war nicht unbedeutend. E. 19. Jh. verstärkten sich die nat. Gegensätze zusehends. Die dt. und tsch. Eww. besaßen ihre eigenen Schulen. Ein hervorragendes Niveau bewahrte das Gymnasium, an dem der Forschungsreisende Emil Holub studierte. In der Ersten Republik gab es dt. und tsch. Allg.- und Stadtschulen, eine dt. Handelsschule und mehrere Gewerbefortbildungsschulen für beide Nationalitäten. 1920 wurde ein tsch. Lehrerinstitut gegr.

Die Dt. in S. bekannten sich nach dem Ersten Weltkrieg zur Provinz Deutschböhmen. Am 6.12.1918 besetzte jedoch die tsch. Armee widerstandslos die Stadt. Nach 1930 errangen die Dt. Nationalsozalisten die Sympathien der Mehrheit der Eww.; bei den Parlamentswahlen 1935 gewann die SdP Konrad Henleins 74% der Stimmen. Der Anschluß an das Dt. Reich nach dem Münchner Abkommen 1938 wurde deshalb begrüßt. Nach dem Krieg wurde die große Mehrheit der Dt. vertrieben und ausgesiedelt. Deren Platz nahmen vor allem Reemigranten aus den Reihen der Wolhynier Tsch. ein, die mit der Armee Ludvík Svobodas ins Land kamen. Die sozialist. Wirtschafts- und Wohnungspolitik hatte zur Folge, daß der hist. Stadtkern, vorwiegend von Roma bewohnt, in den Jahrzehnten vor 1989 dem Verfall preisgegeben wurde. Hierzu trug auch die Eingliederung von S. in den Bez. → Laun 1960 bei. – 1991: 19 967 Eww.   (II) *Rd*

J. Bubeník/O. Uhlíková, K počátkům města Žatce, in: PA 68 (1977), 193–215; P. Čech, Archeologický průzkum při rekonstrukci plynovodu v Žatci, in: AR 46 (1994), 65–80; H. Födisch, Das Saazer Land in ur- und frühgeschichtlicher Zeit, München 1961; E. Hentschel, Das Buch von Saaz und dem Saazer Land, München 1987; R. Holodňáková/B. Roedl, Ulice města Žatce, Žatec 1994; W. Katzerovsky, Nekrologium der Stadt Saaz, Saaz 1888; R. Quoika, Chronik der letzten hundert Jahre in Saaz von 1848–1948, Mondorf/Troisdorf 1970; L. Schlesinger, Saaz in der Hussitenzeit bis zum Tode Žižkas, in: MVGDB 27 (1889), 97–153; 700 let Žatce, Žatec 1965; A. Seifert, Geschichte der königlichen Stadt Saaz, Saaz 1894; ders., Die Stadt Saaz im 19. Jahrhundert, Saaz 1902; ders., Geschichte der Saazer Stadt-Decanal-Kirche, Saaz 1898; E. Stoll, Saazer Bilder aus vergangener Zeit, Saaz 1936; F. Tippmann, Verfassungs- und Verwaltungsgeschichte der Stadt Saaz in vorhussitischer Zeit, Bde. 1–2, Saaz/Königstein 1912–13; K. Tutte, Der politische Bezirk Saaz, Saaz 1904; Das Urkundenbuch der Stadt Saaz bis zum Jahre 1526. Bearb. v. L. Schlesinger, Prag 1892; W. Wostry, Saaz zur Zeit des Ackermann-Dichters, München 1951.

Sadska (Sadská, Bez. Nimburg). An der Stelle der 7 km sw. von → Nimburg gelegenen heutigen Stadt entstand auf einer Anhöhe in der Elbeniederung an einem von → Prag nach Schles. führenden Handelsweg ein Fürstenhof, an dem im 12. Jh. Hoftage stattfanden. In der Nachbarschaft des Hofes gründete Hzg. Bořivoj II. A. 12. Jh. das Kollegiatskapitel St. Apollinaris. 1189 wurden auf dem Hoftag zu S. die sog. Statuten Konrads II. Otto verabschiedet, eines der ältesten böhm. Rechtsdenkmäler. 1362 verlagerte Ks. Karl IV. das Kapitel

nach Prag, doch bereits 1363 sind für S. Augustinerchorherren belegt.
An dem langgedehnten, unterhalb des Hügels sich erstreckenden
Ring entwickelte sich eine Marktsiedl., die Kg. Ferdinand I. 1562
zum kgl. Kammerstädtchen erhob. Der Ort, 1665 und 1712 von Feuersbrünsten heimgesucht, erlebte dennoch weder im 16. Jh. noch
nach dem 30jähr. Krieg einen wirtsch. Aufschwung, sondern bewahrte seinen agrarisch-handwerklichen Charakter. Erst später profitierte er von seiner günstigen Verkehrslage. Die Kirche St. Apollinaris auf der Anhöhe, zugleich Pfarrkirche, entstand um 1370; nach
1730 erfolgten Umbauten von Kilian Ignaz Dientzenhofer. Vom
Areal der einstigen Bäder hat sich die 1775–79 ebenfalls nach Plänen
von Dientzenhofer erbaute Kapelle zur Schmerzensreichen Muttergottes erhalten. 1784 erhob Ks. Joseph II. S. zur »schutzunterthänigen
kgl. Kameralstadt«. – 1835: 2210, 1900: 3150, 1950: 3099 und 1991:
3104 Eww.　　　　　　　　　　　　　　　　　　(III) *Žem*

A. Přibyl/K. Liška, Znaky a pečetě středočeských měst, Praha 1975, 131; LV 283,
Bd. 3, 63–66; LV 906, Bd. 3, 286–289.

Sankt Joachimsthal (Jáchymov, Bez. Karlsbad). Nach Silberfunden
bei der verlassenen Erzgebirgssiedl. Konradsgrün erschloß Gf. Stefan
Schlick dort seit 1516 mit Hilfe sächs. Bergfachleute ein überaus er-
tragreiches Bergbaurevier. Noch im selben Jahr entstanden im engen
Erzgebirgstal die 400 ersten Behausungen. Der nach dem hl. Joachim
umbenannte Ort, der 1518 eine erste Bergordnung erhielt, wurde
1520 bereits freie kgl. Bergstadt mit Wochenmarkt und 2 Jahrmärkten. Reiche Kaufleute aus Nürnberg, Augsburg und Leipzig (u. a. die
Welser und später die Fugger) legten ihr Kapital in St. J. an. Ein un-
geheurer Zustrom von Menschen nicht nur aus den sächs. Bergbau-
gebieten hatte eingesetzt. Nach → Prag wurde St. J. (1520: etwa
5000, 1525: 13 000, 1533: 18 000 Eww. in 1200 Häusern) zahlenmäßig zur zweitgrößten Stadt Böhmens. Dem entsprach die reiche
Ausbeute der Silberbergwerke: 1533, im Jahr des höchsten Ertrags,
betrug sie über 14 000 kg Silber. Damals arbeiteten in St. J. rund 8000
Bergleute, 300 Schichtmeister und 800 Steiger. Im 16. Jh. waren insgesamt 134 Stollen in Betrieb. 1519 hatte Gf. Stefan Schlick durch
einen Landtagsbeschluß ohne Beachtung kgl. Ansprüche das Münzrecht erhalten. Seine ersten Münzmeister (bes. Heinrich v. Könne-
ritz) begannen mit der Prägung der Taler-Groschen oder Joachims-
Taler im Gewicht von 29,33 g Silber und im Wert eines Goldguldens.
Ihr Name, der später auch für andere Münzen verwendet wurde, lebt
noch heute im amerikanischen Dollar weiter. Das J.er Bergrecht, zum
großen Teil aus Meißen übernommen, wurde zur Grundlage der späteren böhm. Berggesetzgebung. In der bunt zusammengewürfelten

Bergbev. kam es bald zu sozialen Spannungen, die sich 1521/23 in Streiks und Aufständen der schlecht bezahlten Bergknappen entluden. In den Ausschreitungen von 1525, die mit dem dt. Bauernkrieg zusammenhingen, wurden das Rathaus und die Burg Freudenstein zerstört, welche die Schlick zum Schutz der Bergstadt errichtet hatten. Der Streit wurde schließlich durch Verhandlungen beigelegt. Zusätzliche Unruhe brachte der Einfluß der Ref., die sich in St. J. früh durchsetzte und von hier aus weit nach Böhmen ausstrahlte. Die St.-Joachims-Kirche wurde 1537 als prot. Kirchenbau errichtet. Die Stadt entwickelte sich nun für einige Jahrzehnte zum Zentrum eines erstaunlich reichen kulturellen und geistigen humanistischen Lebens. Im Mittelpunkt stand der Rektor der Lateinschule und spätere Pfarrer Johannes Mathesius (1504–65), der erste Luther-Biograph, Chronist von St. J. und Begründer der bedeutenden Lateinschulbibliothek. Neben anderen Dichtern, Musikern und Wissenschaftlern ist bes. der Liederdichter, Kantor und Schulmeister Nikolaus Herman (um 1480–1561) zu erwähnen. Georg Agricola (1494–1555) war für 3 Jahre Stadtarzt in St. J. und eignete sich hier die montanistischen Kenntnisse für sein bahnbrechendes Werk über den Bergbau an. Das Kunstgewerbe, besonders die Herstellung von Prägemedaillen, stand in hoher Blüte.

1528 nahm Kg. Ferdinand I. den Gff. Schlick das Münzrecht wieder ab, 1545 mußten sie auch die Bergwerke abtreten. Nach der Niederlage des Ständeaufstands 1547, auf dessen Seite das ev. St. J. gestanden hatte, wurde auch die Stadt ihrer Privilegien und Freiheiten teilw. beraubt. Seither blieben die böhm. Kgg. im ungestörten Besitz von St. J., dessen Reichtum schon M. 16. Jh., als die Ergiebigkeit der Silbergruben nachließ, abzunehmen begann. Im Durchschnitt der Jahre 1536–45 wurden noch 5574 kg, der Jahre 1575–94 nur noch 424 kg Silber gewonnen. Der weitere Niedergang der Förderung, die amerik. Konkurrenz, die Schikanen der kgl. Beamten und der Abzug von Fachleuten nach der Ausschaltung der Schlick ließen St. J. zur Kleinstadt absinken, die um 1600 nur noch 3000 Eww. hatte; A. 17. Jh. war bereits die Spitzenklöppelei der wichtigste Erwerbszweig. Der 30jähr. Krieg mit Plünderungen und Einquartierungen sowie die gewaltsame Einführung der Gegenref. trafen die Stadt schwer. Erst im 18. Jh., als der Bergbau mit dem Abbau niederer Metalle wieder verstärkt aufgenommen wurde, kam es zu einer bescheidenen Erholung. Bis in die 2. H. 19. Jh. bestand in St. J. das oberste böhm. Bergamt. Das »Komitee zur Förderung der Erwerbstätigkeit der böhm. Erz- und Riesengebirgsbewohner« förderte im 19. Jh. die Spitzen-, Tabak- und Handschuhindustrie. Die Herstellung von Uranfarben setzte nach 1840 ein; bis etwa 1920 lieferte St. J. ein Drit-

tel der Weltproduktion von Radium. Die verheerenden Stadtbrände
1872/73 ließen von der alten Stadt nur die kgl. Münze aus dem
16. Jh., die Friedhofskapelle (um 1516) sowie 3 weitere Barockkapellen unversehrt. 1896 wurde die Lokalbahn nach → Schlackenwerth eröffnet. 1945–60 wurde bei St. J. in großem Ausmaß Uran für
die sowjet. Atombombenproduktion gewonnen. Die dazugehörigen
Bergmannssiedl. wurden jedoch in Schlackenwerth errichtet. 1963
wurde St. J. zum Bad erhoben, Radiumbäder zu Heilzwecken gab es
allerdings schon seit 1906. Daneben spielt der Wintersport in der zw.
550 und 800 m Höhe gelegenen Stadt eine bedeutende Rolle. –
1847: 4740, 1931: 7400 (96% Dt.), 1991: 2716 Eww.   (I) *Hil*

O. Böss, Deutsche Kriegsgefangene im Uranbergbau von St. Joachimsthal 1945–50,
in: BOH 13 (1972), 384–406; Dolování v Jáchymově 1516–1966, Praha 1967;
Jáchymov v kulturním vývoji střední Evropy, Praha 1986; J. Janáček, Die Fugger in
Joachimsthal, in: Hist 6 (1963), 109–144; H. Lorenz, Bilder aus Alt-Joachimsthal.
Umrisse einer Kulturgeschichte einer erzgebirgischen Bergstadt im 16. Jahrhundert,
St. Joachimsthal 1925; J. Mittenzwei, Der Joachimsthaler Aufstand 1525, Berlin
1968; L. Nemeškal, Jáchymovská mincovna v první polovině 16. století. Význam
ražby tolaru, Praha 1964; LV 507, 125–131; LV 905, Bd. 40, 42–124; St. Joachims-
thal in der Zeit Georgius Agricola, Schneeberg/Karlovy Vary 1994; H. Sturm, Abriß
der geschichtlichen Entwicklung von Stadt und Bezirk Joachimsthal, St. Joachims-
thal 1932; ders., Skizzen zur Geschichte des Obererzgebirges im 16. Jahrhundert,
Stuttgart 1965, 16–66, 105–120; W. Weizsäcker, Sächsisches Bergrecht in Böhmen.
Das Joachimsthaler Bergrecht des 16. Jahrhunderts, Reichenberg 1929; R. Wolkan,
Die Anfänge der Reformation in Joachimsthal, in: MVGDB 32 (1894), 273–299; J.
Mathesius, Sarepta oder Bergpostill sampt der Joachimßthaler kurtzen Chronicken,
Nürnberg 1564 [ND Praha 1975].

Sankt Johann unter dem Felsen (Svatý Jan pod Skalou, Bez. Beraun). Der Wallfahrts- und Ausflugsort St. J. liegt 4 km ö. von
→ Beraun im Böhm. Karst. Der ersten Erwähnung zufolge schenkte
Hzg. Břetislav I. (1035–55) die Kapelle Johannes des Täufers in der
Höhle dem Benediktinerkl. Ostrov bei → Prag. 1310 wurde hier eine
Propstei und nach der Auflösung des Kl. in Ostrov 1517 eine Abtei
eingerichtet. Die Geschichte des Kl. in St. J. steht im Zusammenhang
mit der Verehrung des hl. Iwan, der hier im 9. Jh. als Eremit gelebt
haben soll. A. 16. Jh. entstand ein neues Kl. (1785 aufgehoben) mit
der Kirche St. Johannes, die, mit Ausnahme des im Jahre 1600 fertiggestellten Turmes, von Carlo Lurago 1657–61 umgebaut wurde.
1710 schuf Christoph Dientzenhofer ein neues Gewölbe, den Altar
von 1695 beherrscht das Bild »Die Begegnung Johannes des Täufers
mit dem hl. Iwan« von Johann Georg Heinsch. An das vierflügelige
Kl.gebäude schließt die Prälatur an, ein Werk Kilian Ignaz Dientzenhofers von 1726–31. Ö. davon, an der Stelle des angeblichen Zusam-
mentreffens beider Hll., steht die 1714 vollendete und im 19. Jh. re-

staurierte barocke Hl.-Kreuz-Kapelle. S. der Kirche liegen 3 Höhlen, in die 3 Gebäude eingefügt wurden: die Kirche Johannes des Täufers mit got., vorwiegend jedoch barocken Elementen und Wandmalereien zum Thema »Die Geburt des Herrn« aus dem 18. Jh., die Kl.krypta von 1712 und die alte Marienkirche von 1657 mit Renaissance- und Barockgräbern sowie Stuckverkleidung. – 1850: 603, 1930: 296 und 1991: 256 Eww. (II) *Pol*

K. V. Knapp, Benediktinští klášterové sv. Jana Křtitele na Ostrově a ve Skalách, in: PA 4 (1860), 108–117, 154–167; I. Kořan, Legenda a kult sv. Ivana, in: UM 35 (1987), 219–237; V. Kotrba, Svatý Jan pod Skalou, Praha 1944; LV 769, Bd. I/1, 47–61; LV 906, Bd. 3, 475–478.

Sazau (Sázava, Bez. Kuttenberg). Am l. Ufer der mittleren Sazawa, etwa 50 km sö. von → Prag, gründete Hzg. Udalrich 1032 gemeinsam mit Prokop (†1053), der dort seit etwa 1009 als Einsiedler gelebt und verm. eine ostkirchliche Ausbildung erhalten hatte, ein Benediktinerkl., das die slaw. Liturgie pflegte. Hierdurch nahm es eine Sonderstellung ein, bis Hzg. Břetislav II. 1097 diese Tradition beendete und die slaw. Mönche, die schon unter Hzg. Spytihněv 1056–61 vertrieben worden waren, durch lat. Mönche aus Břewnow ersetzte. Im Zuge der Verehrung des 1204 kanonisierten Gründerabtes entstanden im Kl. mehrere Prokop-Viten; ferner führte in den 1170er Jahren ein sog. Mönch aus S. die Chronik des Cosmas für die Zeit von 1126 bis 1162 fort. – Wenn die Mönche auch nach dem Niederbrennen des Kl. 1420 durch Huss. 1437 zurückkehrten, so entwickelte es sich doch bis in die 2. H. 17. Jh. nur auf sehr niedrigem Niveau, als das Kl. Břewnow, das damals die ehem. Kl.güter zurückkaufte, eine Neubelebung einleitete, bevor der Konvent 1785 aufgehoben wurde. Reste der ältesten Baustufen der Kl.anlage des 11./12. Jh. sind durch Ausgrabungen nachgewiesen worden. 1315 wurde der Bau einer got., Maria und Johannes dem Täufer geweihten Basilika begonnen, die nach Fertigstellung des Chors mit Krypta im dritten Viertel des 14. Jh. als dreischiffige Hallenkirche zu Ende geführt und in der 2. H. 17. Jh. barockisiert wurde. Vom Konventsgebäude sind der Kreuzgang und ein Teil des Kapitelsaals mit Wandmalereien des 14. Jh. erhalten. Neben dem Kl. entstand eine 1241 erstm. erwähnte Siedl., in der im 14. Jh. die einschiffige, im 18. Jh. barockisierte St.-Martins-Kirche erbaut wurde, die bis 1785, als die ehem. Kl.kirche diese Funktion übernahm, als Pfarrkirche diente. Der Ort, in dem 1836/37 eine Glashütte betrieben wurde, hatte 1869: 1862 und 1991: 3688 Eww. (III) *Ke*

A. Bachmann, Das Geschichtswerk des Klosters Sazau, in: ZVGMS 13 (1909), 25–59; M. Glosová, Stavební obnova a využití bývalého kláštera v Sázavě, národní kulturní památky, in: PAP 9 (1984), 461–464; LV 747, Bd. 2, 93–105; J. Kadlec, Das

Kloster des hl. Prokop an der Sasau, in: LV 782, 297–307; LV 952, Bd. 4, 14; F. Sławski/A. Gąsiorowski, Sazawa, in: Słownik starożytności słowiańskich. Hg. v. G. Labuda u. Zd. Stieber, Bd. 5, Wrocław [u. a.] 1975, 82ff.; LV 906, Bd. 3, 290–294; Z tradic slovanské kultury v Čechách. Sázava a Emauzy v dějinách české kultury. Hg. v. J. Petr, Praha 1975; M. Vilímková/P. Preiss, Ve znamení břevna a růží. Historický, kulturní a umělecký odkaz benediktinského opaství v Břevnově, Praha 1989, 38, 131–134.

Schattau (Šatov, Bez. Znaim) Das w. von → Znaim nahe der niederösterr. Grenze in einer für seine Weißweine bekannten Gegend gelegene Dorf hatte nachweislich schon 1201 eine Pfarre, deren Patronat Kl. Klosterbruck (→ Znaim) bis 1784 innehatte. 1338 schenkte Mkgf. Karl v. Mähren das bis dahin landesfstl. Sch. der Stadt Znaim, Mkgf. Johann Heinrich verlieh ihm 1373 das Marktrecht. Unter den wechselnden Besitzern befanden sich die Herren v. Vöttau, v. Boskowitz und v. Dietrichstein. 1577 vertrieb Esther v. Dietrichstein den kath. Pfarrer und setzte einen luth. Pastor ein. Wichtig für den Ort war die Befreiung von den Robotleistungen A. 17. Jh.; seit dieser Zeit hatte Sch. dieselbe Herrsch. wie → Joslowitz. Die frühbarocke Pfarrkirche St. Martin (1656) ist nach einem Brand A. 18. Jh. wiederaufgebaut und 1884 restauriert worden. – 1850: 1659, 1930: 2065 (davon 1300 Dt.), 1950: 1302, 1980: 1168 Eww.

(VII) *Kle*

L. Wieder, Markt Schattau, Znaim 1925; ders., Alt-Schattauer Brauchtum, in: SdJ 6 (1931/32), 65–67; LV 290, Bd. II/76, 480–487; V. Vildomec/F. Klučka, Závod Šatov 1873–1972, Šatov 1974; LV 252, Bd. 1, 32–39; LV 791, Bd. II/4, 165–170.

Schatzlar (Žacléř, Bez. Trautenau). An einem nach Schles. führenden Handelsweg entstand verm. im 13. Jh. die 11 km n. von → Trautenau gelegene Siedl. Bornflos, die später den Status eines Städtchens erhielt und in Bernstadt umbenannt wurde; A. 14. Jh. errichtete man s. von diesem auf einem hohen Felsen die Burg Sch., deren Name auch auf die Kleinstadt überging. Die erste Erwähnung von Sch. stammt von 1334. Im 15. Jh. diente es den Schlesiern als Stützpunkt im Kampf gegen die Huss.; nach 1436 wurde die Burg häufig verpfändet. Als einer der Pfandherren unternahm Hanusch v. Warnsdorf wiederholt bewaffnete Raubzüge gegen schles. Städte. Den Schlesiern gelang es, einige Burgen zu erwerben und diese zu zerstören. Sch. blieb jedoch verschont und ging unter der Auflage, stets Zutritt zu gewähren, an Hanusch, Kunesch und Ulrich Liebenthaler. Ihnen folgten die Brüder Georg und Christoph Zedwitz, die Sch. an Kg. Georg v. Podiebrad verkauften, der die Herrsch. wiederum an Hanusch v. Warnsdorf als Lehen vergab. Die beiden

Herrsch. Sch. und Trautenau wurden zusammengelegt, so daß 1484
Sch. an die Herren v. Schumburg fiel. Diese teilten ihren Besitz 1515
auf, doch hielt sich Hermann v. Schumburg nicht an die getroffenen
Vereinbarungen und wurde, auch aufgrund anderer Vergehen, als
Landesschädiger geächtet. 1523 rückte eine Strafexpedition gegen
den Verfemten vor und brannte Sch. nieder. 1539 erwarb Christoph
Gendorfer v. Gendorf, Besitzer der Herrsch. → Hohenelbe, die zerstörte Feste und ließ an deren Stelle ein Renaissance-Schloß erbauen.
Nach seinem Tode 1563 erbten dessen Nachkommen Sch.; seit 1590
gehörte es Ks. Rudolf II., der die Herrsch. 1607 an Hermann Cetryc
v. Karyš verkaufte. Von 1622–35 befand sich Sch. im Besitz der Trčka
v. Leipa. Im Zuge der anschließenden Konfiskationen übertrug Ks.
Ferdinand II. Sch. 1636 den Wiener Jesuiten, die es bis zur Auflösung
ihres Ordens behielten. Das im 30jähr. Krieg zerstörte Schloß wurde
zwar A. 18. Jh. erneuert, brannte jedoch 1759 während des bayer.
Erbfolgekrieges aus, als die Preußen Sch. beschossen. Im 19./20. Jh.
wurde die Anlage teilw. restauriert und zu schulischen Zwecken genutzt. Die Jesuiten ließen die Dreifaltigkeitskirche 1732 barockisieren, die Lorettokapelle stammt von 1753. Im Stadtbild haben sich
einige gezimmerte Holzhäuser auf Säulen erhalten, das klassiz. alte
Rathaus wurde um 1800 erbaut. 1796 erschlossen Bergleute aus
→ Kuttenberg in Sch. Steinkohleschächte, in denen im 19. Jh. fast
1500 Bergleute tätig waren. In Sch. gab es dt. Schulen, Vereine und
pol. Parteien. – 1843: 1074, 1900: 3052 (117 Tsch.), 1930: 3611 (724
Tsch.) und 1991: 3700 Eww.   (III) *Fr*

LV 259, Bd. 6, 561f.; K. Prätorius/H. Weber, Schatzlar. Eine sudetendeutsche Stadt
im böhmischen Riesengebirge und die Bezirksgemeinden, Marburg/Lahn 1993; LV
279, Bd. 5, 161–166; LV 906, Bd. 4, 384f.; Žacléř, východní brána Krkonoš, Žacléř
1969.

Schelletau (Želetava, Bez. Trebitsch). 14 km nw. von → Mähr.
Budwitz am alten Königsweg Prag–Wien gelegen, wurde Sch. erstm.
im Jahre 1303 als »Zeletaw« erwähnt. Vor 1368 wurde im damaligen
Marktflecken Sch. eine Burg erbaut, von der nur noch der Name
»Starý hrad« zeugt. Nachdem sie in den Besitz der Herren v. Neuhaus
gelangt war, wurde diese wahrsch. während der Huss.kriege zerstört.
In einen Wirtschaftshof umgewandelt, gehörte sie später zur Herrsch.
→ Teltsch, aus der sie 1828 als selbst. Gut ausgegliedert wurde. 1862
erwarb Sch. Karl Friedrich Kammel aus dem Geschlecht der Hardegger. Die von ihm 5 Jahre später eröffnete Brauerei war für ihr Bier
berühmt. Sie wurde 1948 in einen volkseigenen Betrieb umgewandelt. Im Jahre 1907 kaufte sich mit František Staněk (1867–1936) ein
führender österr. und später tschsl. Politiker als Gutsbesitzer in Sch.
ein. Auf dem Friedhof steht die 1583 erbaute Katharinenkirche. Dem

Erzengel Michael ist die urspr. got., im 17. und 19. Jh. umgebaute
Pfarrkirche geweiht. Die nahezu rein tsch. Bev. lebt tradit. von der
Landwirtschaft, seit dem 19. Jh. auch von der Lebensmittelindustrie.
In Sch. wurde der Dichter und Kunsthistoriker Antonín Bartušek
(1921–74) geb. – 1850: 1166, 1900: 1269, 1950: 1649, 1991:
1550 Eww.   (VII) *Had*

LV 253, Bd. 12, 304f.; LV 950, Bd. 2, 815f.; LV 259, Bd. 1, 277f.; J. Koutek, O
novém kutání na zlato v okolí Želetavy na jihozápadní Moravě, in: VSGU 13 (1937),
160–165; LV 290, Bd. II/64, 403–419.

Schildberg (Šilperk, seit 1947 Štíty, Bez. Mährisch Schönberg). Das
1278 erstm. erwähnte, 15 km w. von → Mähr. Schönberg gelegene
Sch. geht auf eine dt.rechtl. Gründung im 13. Jh. zurück und liegt an
einer Abzweigung des im 13. Jh. angelegten Glatzer Weges nach
→ Landskron. Vor 1300 bestand eine hinter der Kirche gelegene
Burg, die seit 1574 verfiel. Sch. gehörte zur Herrsch. → Eisenberg an
der March und war bis 1480 im Besitz der Herren v. Sternberg. Nach
wechselnden Besitzern kam Sch. nach der Konfiskation 1624 an die
Liechtenstein, welche die Gegenref. durchführten. Sch. wurde 1646
von den Schweden geplündert und durch mehrere große Stadtbrände
(1681, 1799, 1802) zerstört. Während des Zweiten Schles. Krieges
1744 steckte die preuß. Armee Sch. nach einer Plünderung in Brand.
Gegen E. 18. Jh. hatte sich die handwerklich strukturierte Stadt wieder erholt (1790: 1720 Eww.). Die barocke Dekanatskirche Mariä
Himmelfahrt wurde 1755 anstelle der 1744 abgebrannten hölzernen
Kirche gebaut. Zur Erinnerung an die Pest wurde 1716 auf dem
Stadtplatz eine Mariensäule und 1732 eine Nepomuksäule errichtet.
Infolge mangelnder Industrialisierung sank die Bev. (1880: 2002;
1930: 1567 Eww., davon 489 Tsch.). Die dt. Bev. wurde 1946 ver-
trieben (1991: 1989 Eww.).   (IV) *Lb*

J. Březina, Zábřežsko v období feudalismu do roku 1848, Ostrava 1963, 357–375;
Festschrift anläßlich 600-Jahrfeier der Stadt Schildberg, Schildberg 1934; LV 253,
Bd. 4, 228ff.; LV 950, Bd. 2, 548f.; LV 259, Bd. 2, 240; LV 254, Bd. II/2, 588–595;
LV 266, 458–461; V. Rýznar, Štíty 1278–1978, Štíty 1978.

Schillersdorf (Šilheřovice, Bez. Troppau). Bei der Teilung des Fstm.
Troppau 1377 wurde das 8 km nö. von → Hultschin gelegene Sch.
den Troppauer Gütern der Fstt. Přemek und Wenzel einverleibt.
Zus. mit den benachbarten Orten Ludgersthal und Markersdorf
bildete Sch. ein von dt. Kolonisten beherrschtes Territorium im ö.
→ Hultschiner Ländchen. Im 15. Jh. gehörte die Gem. den Rittern v.
Sch., um 1530 erwarben die Herren Birka v. Nassidel die Herrsch.;
1560 folgten die Herren v. Würben, denen das gesamte Hultschiner
Ländchen untertan war. Diese ließen verm. ein Renaissance-Kastell

erbauen, das erstm. 1609 in den Quellen erscheint, als Bohunka Stosch v. Kaunitz, die Gemahlin Johanns Geraltowsky v. Geraltowitz, das Gut Sch. erwarb. Im 17. Jh. wechselten wiederholt die adeligen Besitzer, bis 1674 Gfn. Barbara Perpetua v. Ursenberg Sch. an das Troppauer Jesuitenkolleg verkaufte. Die Jesuiten erbauten A. 18. Jh. hier die Barockkirche Mariä Himmelfahrt. 1734 brach in Sch. ein Bauernaufstand aus, der aus überzogenen Abgabenforderungen resultierte. Als Sch. 1742 an Preußen fiel, geriet das für die Herrsch. → Albersdorf eingetauschte Gut unter die Verw. des Jesuitenkollegs in Neisse (Schles.). Nach der Aufhebung des Jesuitenordens 1773 übernahm die kgl. Kammer Preußens diese Funktion. 1787 erwarb Karl Frh. Larisch Sch., verkaufte die Gem. aber noch im gleichen Jahr an Friedrich Frh. v. Eichendorff. Dieser ließ offenbar an der Stelle des alten, im 30jähr. Krieg verwahrlosten Kastells ein Schloß im klassiz. Stil erbauen. Die dreiflügelige Anlage besitzt reich verzierte Fassaden mit Gesimsen und Pilastern. Der romant. Dichter Joseph v. Eichendorff verlebte hier bei seinem Onkel einen Teil seiner Jugend. Den nach 1820 angelegten Landschaftspark ziert ein Pavillon in Gestalt eines Jagdschlosses. 1817 erfolgte in der Grundherrsch. Sch. die Aufhebung der Leibeigenschaft. 1835 ging Sch. an Franz Hubert Stücker v. Weyershof, 1846 an Salomon Meyer Frh. Rothschild. Im Besitz der Fam. Rothschild blieben Großgut und Schloß bis 1945. Die Rothschild ließen den Park erweitern und riesige Treibhäuser und Orangerien errichten. Heute dient das Schloß restauratorischen und schulischen Zwecken. – 1869: 1197, 1900: 1482, 1930: 1564 (davon 74 Dt.), 1950: 1547, 1991: 1554 Eww.   (V) *Mü*

LV 255, 805f.; LV 259, Bd. 2, 233; O. Káňa [u. a.], Okres Opava, Ostrava 1983, 132f.; A. Weltzel, Besiedlungen des nördlich der Oppa gelegenen Landes, Bd. 1, Leobschütz 1890, 117–122.

Schlackenwerth (Ostrov, Bez. Karlsbad). Der am Erzgebirgsfuß etwa 5 km von der Einmündung in die Eger an der Wistritz gelegene Ort wird urk. erstm. 1207 als »Zlaucowerde« (Insel des Slavko) genannt. Demnach war wahrsch. Gf. Slavko v. Bilin (†1226) aus der Fam. der Hrabschitz (Riesenburg) sein Gründer, dessen Hauskl. → Ossek Besitzungen sö. von Sch. besaß; Slavkos Sohn Bohuslaus übertrug dem Kl. das Patronatsrecht über die reiche Kirche in Sch., wo auch das Kl. Waldsassen (Oberpfalz) 1269 Aufsichtsrecht hatte. Unter Kg. Přemysl Otakar II. ging Sch. wegen des Verrats der Riesenburg in Konflikt mit dem röm.-dt. Kg. Rudolf v. Habs. in kgl. Besitz über. Die urspr. wohl am r. Wistritzufer angelegte Ortschaft wurde nach Ausweis des Dialekts wie das Egerland von Fam. ostfränkisch-bayer. Herkunft besiedelt. Das älteste noch vorhandene Bauwerk dieser Zeit ist die spätrom. Pfarr- und jetzige Friedhofskirche St.

Jakob von 1226. Erst 1331 wird Sch. ausdrücklich als kgl. Stadt (civitas) bezeichnet. Auch durch die Privilegien der luxemburgischen Herrscher Johann, Karl IV. und Wenzel IV. nahm Sch. im 14. Jh. einen bedeutenden Aufschwung, es erhielt das Elbogener Stadtrecht und das Recht, den Stadtrichter selbst zu wählen. Befreiung von alten Zehntzahlungen, Bannmeilenrecht, Straßenzwang, einen Wochenmarkt und das Recht, die Egerbrücke bei Welchau neu zu errichten, förderten seinen Wohlstand. Die Huss.zeit unterbrach diese Entw.: 1428 besetzte ein huss. Kriegshaufen unter Jakubek v. Wřesowitz die Stadt und machte sie bis mindestens 1434 zum nw. Stützpunkt huss. Kriegs- und Beutezüge; seinen kath. und dt. Charakter scheint Sch. jedoch bewahrt zu haben. 1434 verpfändete Ks. Sigismund Sch. mit dem gesamten Elbogener Bez. seinem aus Egerer Fam. stammenden Kanzler Kaspar Schlick. Nach der Teilung der Herrsch. (1489) wurde die Stadt Sitz der Sch.er Linie. Kaspar II. Schlick erbaute sich das erste Schloß. Am Aufblühen des → Sankt Joachimsthaler Silberbergbaus waren auch Bürger aus Sch. beteiligt. 1585 trennte sich die Stadt endgültig von den Schlick, kaufte die Herrsch. und wurde damit – auf der Höhe ihres Ansehens – zu einer kgl. Kammerstadt. Da sich Sch. dem Ständeaufstand 1618–20 angeschlossen hatte, wurde es 1623 enteignet; die Herrsch. kaufte der ksl. Feldherr Hzg. Julius Heinrich v. Sachsen-Lauenburg. Auch wenn es dem Fst. im 30jähr. Krieg gelang, schwere Plünderungen in Sch. zu verhindern, so hatte die Stadt doch durch Einquartierungen ksl., schwed. und bayer. Truppen sowie steigende Kriegssteuern zu leiden. Mit dem Fst., der die Gegenref. durchsetzen und die Bürger zu Erbuntertanen herabdrücken wollte, geriet die Stadt in heftige Konflikte; trotz tapferen Widerstandes mußte sie schließlich nach einem ksl. Urteil 1655 die Erbhuldigung leisten. Die Rechte des Rats wurden beschränkt und teilw. dem herrschl. Amt übertragen. Auch die zunächst nur äußerliche Rekatholisierung gelang erst nach 1650. Den Zwecken der kath. Erneuerung diente auch die Gründung des Piaristenkl. mit 12 Ordenspriestern (1666). Die prachtliebenden Lauenburger Fstt. errichteten neben dem alten Schlickschen ein neues Schloß mit einem Lustgarten nach Versailler Vorbild.

Auf dem Erbwege ging die Herrsch. Sch. 1690 an Mkgf. Ludwig Wilhelm v. Baden, den Türkenlouis, über. Als Dank für dessen Sieg über die Türken stiftete Fstn. Sibylla Augusta 1691 das Gnadenbild der »Maria-Treu«. Aus derselben Zeit stammt die Pestsäule als Dank für die Verschonung vor der Pest von 1686. Der Mkgf. ließ nach dem Brand des Schlickschen Schlosses das neue Weiße Schloß errichten, wovon heute noch ein Flügel erhalten ist, und vergrößerte den Lustgarten. Am glänzenden Hof hielt sich der bedeutende Komponist Jo-

hann Caspar Fischer (um 1670–1746) als Kapellmeister auf. Die anhaltenden Kriege des 18. Jh., die Einquartierungen und der schwere
Stadtbrand von 1743 ließen die Stadt jedoch zunehmend verarmen.
1787 ging die Herrsch. an das Kaiserhaus, 1811 an die habs. Nebenlinie der Großhzgg. v. Toskana über, die an ihrem Besitz Sch. wenig
Interesse zeigten. Die Napoleonischen Kriege sowie ein weiterer
Stadtbrand (1795) schadeten der Stadt erneut. 1848/49 wurden die
Patrimonialbehörden aufgelöst und durch staatl. Behörden ersetzt,
die Stadtgem. von herrschl. Aufsicht befreit. Sch. wurde der neuen
Bezirkshauptmannschaft → Karlsbad unterstellt. Neue Chausseen
nach Karlsbad, über Sankt Joachimsthal nach Sachsen und zu den
Egerbrücken wurden 1833 fertiggestellt, diejenige über → Lichtenstadt und → Bergstadt Platten nach Johanngeorgenstadt 1851. Sch.
wurde 1871 an die Bahnlinie Prag–Eger angeschlossen; Porzellanhersteller, Brauereien und eine große Rohpappenfabrik waren die
größten Arbeitgeber. Nach dem Zweiten Weltkrieg erfuhr die Stadt
einen großen industriellen Aufschwung: Neubaugebiete für Sankt
Joachimsthaler Bergleute entstanden, Gießereien, ein Zweigwerk des
Škodakonzerns, der Trolleybusse produzierte, und andere Industrie
wurde angesiedelt. – 1847: 1276, 1930: 2958 (davon 191 Tsch.),
1950: 2746, 1991: 17 872 Eww.   (I) *Hil*

LV 126, Bd. 2; J. Kühnl, Geschichte der Stadt Schlackenwerth, Schlackenwerth
1923 [ND Rastatt 1976]; LV 507, 214–217; A. Gnirs, Topographie der historischen
und kunstgeschichtlichen Denkmale im Bezirke Karlsbad, München 1996, 100–147.

Schlaggenwald (Horní Slavkov, Bez. Falkenau). Das sö. von
→ Elbogen am Rande des Kaiserwaldes gelegene Sch. geht auf die
bäuerliche Siedl. Seifartsgrün zurück, die in der Nutzung der Zinnerzvorkommen lange im Schatten des benachbarten → Schönfeld lag.
Erst nach der 1300 erfolgten Neuanlage als Stadt mit Luditzer Stadtrecht (seit 1341) löste Sch. Schönfeld als Vorort des Bergwerks ab.
Die Besitzer der → Petschauer Bergherrlichkeit, seit 1454 die Herren
v. Plauen und Meißen, förderten die Entw. von Sch., so Heinrich III.
v. Plauen, der dem Ort 1489 das vollständige Egerer Stadtrecht verlieh. Sein Sohn überließ 1495 Petschau und die Bergstädte Schönfeld,
→ Lauterbach und Sch. Sebastian Pflug v. Rabenstein. Unter dessen
Nachfolger als Berg- und Stadtherr, Johann Pflug v. Rabenstein,
wurde Sch. nach 1500 zum Zentrum des Bergbaus und Zinnhandels.
Es war die Zeit seiner höchsten baulichen und kulturellen Blüte. In
der Ref.zeit wurde der größte Teil der Eww. prot. Die Hospitalkirche St. Anna (um 1500) wurde nach dem Stadtbrand 1713 in ihrer
heutigen Form wiederaufgebaut. Die Ausschmückung des Innenraumes erfolgte 1726–80. Die Pfarrkirche St. Georg wurde 1518–20 erbaut. Letzter adeliger Stadt- und Bergherr war Kaspar Pflug v. Ra

benstein, dem Sch. wegen seiner Teilnahme am Ständeaufstand 1547 konfisziert wurde; der Ort wurde freie Bergstadt und Sitz eines kgl. Bergoberamts. Aber schon E. 16. Jh. ging die Ausbeute des Erzbergbaus zurück, was zus. mit der Pest von 1587 und 1607 und den Verheerungen des 30jähr. Krieges den Niedergang der Stadt einleitete. Seit 1624 wurde die Gegenref. durchgeführt. Die Vereinigung des Schönfelder Bergamtes mit dem Oberamt in Sch. 1756 konnte die Aufhebung des Bergoberamts Sch. 1772 nicht verhindern. Als einfaches Bergamt bestand es noch bis 1868 weiter. 1792 wurde eine Porzellanfabrik gegr., deren Erzeugnisse nach Meißener und Wiener Muster, bes. Ziergeschirr und Porzellanmalerei, vor allem um 1840 recht bedeutend waren. Am Marktplatz stehen noch Häuser aus der Blütezeit der Stadt im 15./16. Jh., einige mit got. Portalen wie das um 1500 erbaute Pohlhaus und das Haus der Pflug v. Rabenstein. Aus Sch. stammen der Geschichtsschreiber der Huss.kriege Zacharias Theobaldus (1584–1627) sowie die Humanisten Caspar Bruschius (1518–57) und Christoph Crinesius (Grünes, 1584–1629), Verfasser einer aramäischen Grammatik und des ersten syrischen Lexikons. – 1885: 3838 (Dt.), 1930: 3288 (davon 3182 Dt.), 1950: 1973, 1980 nach Eingemeindungen 6658 Eww. (I) *Rog*

A. Gnirs, Eine Bergchronik der Städte Schlaggenwald und Elbogen, Elbogen 1926; J. Janusová, Vybrané kapitoly z dějin Západočeského kraje, Bd. 2, Plzeň 1977, 74–78, 153f.; J. Kašpar, Havířské hnutí v Horním Slavkově a Krásnu roku 1680, in: MZK 2 (1963), 110–115; P. Kozubek/K. Mlynařík, Ke znovuotevření starých důlních děl na Hubenově pni v Horním Slavkově, in: SDH 10 (1980), 104–113; L. Kubátová, Horní řády pro stříbrné doly v Horním Slavkově a Krásne, in: SDH 1 (1971), 60–103; J. Majer, K počátkům báňskoprávního vývoje na Slavkovsku do 16. století, in: MZK 8 (1971), 126–140; LV 507, 91–94; LV 952, Bd. 4, 100; R. Prosch, Abriß der Geschichte der alten, einst kaiserlichen freien Bergstadt Schlaggenwald, Schlaggenwald 1938; E. Reyer, Kulturbilder aus der freien Bergstadt Schlackenwald, Wien 1904; LV 275, Bd. 2, 155–159; Schlaggenwald, einst kaiserlich freie Bergstadt im Egerland, Hausham 1991; LV 283, Bd. 15, 257–265; LV 906, Bd. 2, 417f.

Schlan (Slaný, Bez. Kladno). Die Stadt liegt unterhalb der gleichnamigen, 330 m hohen Erhebung in einer hügeligen Region, 10 km n. von → Kladno. Auf dem bereits früh besiedelten Areal gründeten um 1250 Benediktinermönche aus Ostrow die St.-Gotthard-Kirche. Im 13. Jh. entfaltete sich hier der Marktort Sch., den Kg. Wenzel II. vor 1305 zur Stadt erhob, die rasch einen tsch. Charakter gewann. Die Stadt mit ihrem fünfeckigen Grundriß wurde durch einen langgestreckten Markt geprägt. Am sö. E. lag der alte Siedlungskern, der sich um die um 1350 zu einer dreischiffigen Basilika umgebaute und 1450–1520 erneut veränderte St.-Gotthards-Kirche gruppierte. 1371 wütete in Sch. eine schwere Feuersbrunst. Bereits 1419 bekannte sich die Stadt zum Kelch und avancierte zu einem bedeutenden Zentrum des Huss.; 1421 eroberten sie die Prager, 1425 nahmen die Taboriten die Stadt ein. Die mit → Laun und → Saaz verbündete Stadt nahm aktiv am pol. Geschehen teil. Später unterstützte sie Kg. Georg v. Podiebrad und die poln. Dynastie der Jagiellonen. Die urspr. im 14. Jh. errichtete Stadtmauer wurde 1460–72 durch ein neues Fortifikationssystem ersetzt; von den 3 Stadttoren blieb nur das Welwarner Tor von 1461 erhalten. Im 16. Jh. breitete sich das Luth. in Sch. aus, obwohl die dt. Minderheit weder im MA noch später eine einflußreiche Stellung erlangte. Aufgrund der Beteiligung am Ständeaufstand 1547 wurde der städt. Besitz konfisziert. Weitere Katastrophen folgten nach der Schlacht am Weißen Berg. Die sich zum Luth. bekennende Stadt wurde 1623 verpfändet und 1638 Jaroslav Bořita v. Martinitz erbl. verkauft. Die Nichtkath. verließen die Stadt. Überdies erlitt Sch. im 30jähr. Krieg durch milit. Einfälle, Feuer und eine Pestepidemie schwere Schäden. Erst nach 1650 setzte durch die Verdienste des Bernhard Ignaz Bořita v. Martinitz (†1685) ein kultureller und baulicher Aufschwung ein. Der 1581–1602 errichteten, n. der Stadt gelegenen Dreifaltigkeitskirche gliederte er 1655–62 ein Franziskanerkl. an. An die städt. Schultradition knüpfte das am ö. Teil des Marktes 1659–66 erbaute Piaristenkolleg an. Durch einen Vertrag mit Gfn. Maria Anna v. Clam-Martinitz wurde Sch. 1794 aus der Untertänigkeit entlassen und erhielt den bis 1848 geltenden Status einer freien, unter obrigkeitlichem Schutz stehenden Stadt. 1714 wurde der Kreis Sch. aufgelöst und mit → Rakonitz zusammengelegt, 1787 jedoch der Sitz dieses Kreises nach Sch. verlegt. 1850–1960 befand sich hier die Kreisverw. Die an der Reichsstraße gelegene Stadt erlebte im 19. Jh. einen raschen wirtsch. Aufschwung. Hatte Sch. 1845 nur 476 Häuser und 4180 Eww. gezählt, so stieg deren Zahl 1900 bereits auf 10 571. 1884 erhielt Sch. wiederum den Titel einer kgl. Stadt. Die nat. Bewegung, die Sch. in der 2. H. 19. Jh. intensiv erfaßte, festigte den tsch. Charakter der Stadt. In Sch., wo der Maler Josef Navrátil (1798–1869) und der Schriftsteller Karel A. Vinařický (1803–69) geb. wurden, lebten 1950: 11 088 und 1991: 13 601 Eww.

(II) *Žem*

K. Kazda, Slaný po stránce historické (město a jeho kraj), Slaný 1920; K. Křesadlo, K dějinám města Slaného do porážky husitské revoluce, in: SSH 8 (1973), 55–69; ders., K dějinám města Slaného v 15. a 16. století, in: SSH 9 (1974), 119–134; J. Lacina, Paměti královského města Slaného, Slaný 1885; V. Moucha [u. a.], Kniha o Slaném, Slaný 1994; Slaný. Bearb. v. Z. Kuchyňka u. V. Přibyl, Praha 1994; LV 283, Bd. 13, 51–546; LV 905, Bd. 20, 208–272; LV 906, Bd. 3, 334–341.

Schluckenau (Šluknov, Bez. Tetschen). Die Existenz einer Siedl. ist durch einen Fund von Silbermünzen bereits für das 10./11. Jh. be-

legt. Das vom benachbarten Sachsen aus angelegte Sch. wurde erstm.
1281 als »Slaukennouwe« erwähnt. Die Entstehung einer Stadt in der
2. H. 14. Jh. hing mit der Lage an der sog. Salzstraße, die hier mit aus
der Lausitz ins böhm. Binnenland führenden Wegen kreuzte, sowie
mit den Bedürfnissen dieses Teils der sächs. Herrsch. Hohnstein zus.;
diese gehörte seit 1353 als böhm. Lehen dem mächtigen Adelsgeschlecht der Berka v. Dubá, deren Wappen sich auf dem ältesten
Stadtsiegel von Sch. aus dem Jahre 1416 findet. Sch. wurde von einem Mauerring mit 2 Stadttoren umschlossen, von denen das letzte
1853 abgetragen wurde. Die erstm. für 1346 bezeugte St.-Wenzels-
Kirche gehörte zur Diözese Meißen. Ihre heutige Gestalt geht auf die
barocke Umgestaltung von 1711–14 zurück. Spätestens A. 15. Jh.
errichtete man eine Feste als Residenz des für Sch. zuständigen
Hauptmanns der Herrsch. Hohnstein. Die ob ihrer Grenzlage wiederholt in milit. Konflikte hineingezogene Stadt entwickelte sich
zum wirtsch. Mittelpunkt des Böhm. Niederlandes, im SpätMA vor
allem durch die hier angesiedelte Tuch- und Leinenherstellung. Seit
1453 gehörte Sch. zur Herrsch. Tollenstein, die 1481 die Ritter v.
Schleinitz erwarben. 1566 wurde Sch. geteilt, danach erbaute man ein
Renaissance-Schloß als Sitz der neuen Obrigkeit. In der Umgebung
wurde damals bei Schweidrich Silber gefördert. Im 17. Jh. litt die
Stadt unter schweren Feuersbrünsten, Plünderungen und einer Pestepidemie. 1662 fiel sie an die Dietrichstein, denen 1745 die Gff. v.
Harrach folgten, unter denen die Textilherstellung einen Aufschwung nahm. E. 17. Jh. arbeiteten die lokalen Leineweber für die
Faktoreien in Bautzen, nach 1713 produzierten sie ausschl. für den
engl. Kaufmann Robert Alason. 1838 vernichtete ein Feuer die gesamte Stadt. 1873 erhielt Sch. einen Eisenbahnanschluß. Seit 1876
bestand die Fabrik Weber, die sich auf die exportorientierte Samt-
fertigung spezialisierte. 1850–1949 war Sch. Kreisstadt. Hier wurden
der Maler Dominik Kindermann (1739–1817) und der Erfinder der
Technologie für die Rubinglas-Herstellung Friedrich Egermann
(1775–1864) geb. – 1930: 5578 (davon 255 Tsch.), 1950: 3650, 1991:
4452 Eww.   (II) *Sm*

J. Fiedler, Heimatkunde des politischen Bezirkes Schluckenau, Rumburg 1898; LV
259, Bd. 3, 461f.; R. Lahmer, Chronik der Stadt Schluckenau, Schluckenau 1889;
A. Paudler, Beiträge zur Geschichte der Stadt Schluckenau, Böhmisch Leipa 1882; J.
Smetana, Děčínsko a Šluknovský výběžek na podzim 1918, in: ÚSH 3 (1968), 39–
54.

Schlüsselburg (Lnáře, Bez. Strakonitz). Sch. wurde erstm. 1318 als
im Besitz eines »Habhardus de Lnarz« befindliches Dorf genannt.
1465 erfolgte die erste Erwähnung der hier am Ufer der Lomnitz
liegenden Burg, welche die Herren v. Schweißing besaßen. Bereits

im MA war Sch. für seine heute noch betriebene Fischzucht bekannt. Nachdem Burg und Hof Sch. 1564 an die Herren v. Sternberg verkauft worden waren, wechselte der Ort bis ins 19. Jh. mehrfach den Besitzer. Von diesen ließen die Novohradský v. Kolovrat E. 16. Jh. an Stelle der Burg das Alte Schloß erbauen. Daneben wurde in der 2. H. 17. Jh. unter den Herren v. Mitrowitz sowie Czernin v. Chudenitz das barocke Neue Schloß mit der Josephskapelle (1657) errichtet. Zur gleichen Zeit entstanden das Barockkl. der Barfüßer-Augustiner (1688–93, heute Krankenhaus) und die 1666 begonnene, 1723 geweihte Dreifaltigkeitskirche, die mit Gemälden von Peter Brandl ausgestattet ist. In Sch. wurde 1825 der Lexikograph František Štěpán Kott (†1915), der Autor eines umfangreichen dt.-tsch. Wörterbuches, geb. – 1930: 3093 (überwiegend Tsch.), 1991: 7408 Eww.

(VI) *Hol*

LV 259, Bd. 5, 123; Okolím Lnář. Hg. v. V. Skalický, Strakonice 1984; LV 952, Bd. 2, 646; LV 289, 490f.; LV 906, Bd. 2, 301–304.

Schönbach (seit 1950 Luby, Bez. Eger). Das am Fuße des w. Erzgebirges gelegene Sch. wurde 1158 erstm. urk. erwähnt. Zum Besitz des Zisterzienserkl. Waldsassen (Oberpfalz) gehörend, erhielt Sch. 1319 nach Egerer Vorbild Stadtrecht. 1349 gelangte das Sch.er Ländchen als Lehen an die Böhm. Krone; später galt es zeitweilig als dt. Kronlehen. Seit 1422 befand es sich als Pfandschaft im Besitz der Mkgff. v. Meißen. Erst unter der 1434–1547 währenden Herrsch. der Schlick bildete es einen integralen Bestandteil Böhmens. Die Pisnitz, die in Sch. 1597–1739 regierten, ließen 2. H. 17. Jh. ein neues Schloß erbauen, welches das aus dem 14. Jh. stammende Kastell ersetzte. Nach dem Rückgang des Erzbergbaus suchte man seit dem 18. Jh. einen Lebensunterhalt in der Herstellung von Musikinstrumenten; E. 18. Jh. gab es in Sch. 8 Geigenbauerwerkstätten, 1873 eröffnete zudem eine Fachschule. Vor 1850 zählte die Stadt 2488 Eww., 1 Brauerei, 1 Gasthaus und 4 Mühlen, darüber hinaus waren Gericht und Bodenamt ansässig. Neben der Pfarrkirche St. Andreas gab es die 1409 geweihte Kirche zur Hl. Kreuzfindung. 1945 wurde die dt. Bev. ausgesiedelt. Die Vertriebenen ließen sich in Bubenreuth bei Erlangen nieder, wo eine Geigenbauersiedl. die alte Tradition der Musikinstrumente-Herstellung fortführte. – 1850: 2606, 1900: 4180, 1930: 4770 (davon 87 Tsch.), 1950: 2244 und 1991: 2410 Eww. (I) *Kub*

H. Brandl, Geschichtliche Mitteilungen aus dem Bezirke Graslitz mit vollständiger »Steuer-Rolle« nach der General-Visitation de anno 1654, Rotava 1928; Heimatbuch der Musikstadt Schönbach, Bubenreuth 1969; Heimatkunde des Bezirkes Graslitz, Graslitz 1929, 335–338; LV 259, Bd. 4, 201; J. Köhler, Eine Kunde des politischen und Schulbezirkes Eger, Eger 1905, 177ff.; K. Mädler, Die Musikinstrumenteindustrie in Schönbach, in: UE 25 (1921), 53–56; LV 507, 182ff.; LV 283, Bd. 15, 57–62; LV 287, 292f.

Schönberg → Mährisch Schönberg

Schönburg (Šumburk, seit 1950 Šumná, Bez. Komotau). Die 2 km
w. von → Klösterle an der Eger auf steil emporragendem Basaltkegel
über dem l. Egerufer gelegene Sch. wurde 1431–35 im Zusammenhang mit einer Erbteilung der Herrsch. Pürstein zw. Alesch und Wilhelm v. Schönburg errichtet. Nach dem Stammsitz des sächs. Geschlechts nannte sich Wilhelm, der Georg v. Podiebrad unterstützte,
auch Herr »zcu Nuenschonenburg« (1435). Aufgrund zahlr. Fehden
und Güterkonflikte mit dem lokalen Adel fiel die gesamte Herrsch.
mit Sch. und Klösterle an der Eger 1449 an Wilhelm d. Ä. v. Ilburg
(†1489). Dieser trat sie wenige Jahre später an die ebenfalls aus Sachsen stammenden Ritter v. Vitzthum ab, welche die Burg erheblich
vergrößern ließen. Die im nw. Böhmen reich begüterten Vitzthum
erreichten 1512, daß Kg. Wladislaw II. ihre Lehensgüter in Allodialgut umwandelte. Nachdem die Schönburg 1543 die von ihnen errichtete Burg erneut erworben hatten, setzte mit einer Feuersbrunst
E. 16. Jh. der rasche Verfall der Burg ein. 1623 kam sie in den Besitz
von Christoph Simon Frh. v. Thun, dessen aus Südtirol gebürtige
Fam. (seit 1629 Gff.) in der Folgezeit zum mächtigsten Grundherrn
im mittleren Egertal aufstieg. Der von den Thun zus. mit der Sch.
(seit 17. Jh. Ruine) erworbene Meierhof, der nach 1560 unterhalb
der alten Burg erbaut worden war, wurde in der 2. H. 17. Jh. bedeutend erweitert und im Barockstil umgebaut (heute Verw.bau). Vom
Münchener Abkommen 1938 bis zum Kriegsende gehörte Sch. zum
Dt. Reich. – 1869: 65, 1910: 24 (dt.), 1950: 13, 1970: 12 Eww.

(I) *Bah*

LV 238, 27; LV 259, Bd. 3, 462f., Bd. 4, 209; V. Karell, Burgen und Schlösser des
Erzgebirges und Egertales, Bd. 1, Kaaden 1935, 35–40; ders., Das mittlere Egertal
und die Geschichte der Stadt Klösterle an der Eger im Sudetenland, Bad Homburg
1961, 31–35; LV 952, Bd. 4, 308.

Schönfeld (seit 1950 Krásno, Bez. Falkenau). Das als eine der ältesten Bergstädte Böhmens geltende Sch. wurde im Zusammenhang
mit dem Zinnbergbau gegr.; die erste schriftl. Nennung erfolgte in
einer Urk. der Brüder Borsso und Slavko v. Riesenburg 1341. Im
Jahre 1355 erhielt Sch. durch Privileg Borssos v. Riesenburg das Berggericht (Bergschöppenstuhl). Ein Privileg Kg. Wladislaws II. bezeichnete 1480 Sch. als einen Ort, wo von alters her das Bergrecht
gesprochen wurde. 1547 erhob Kg. Ferdinand I. Sch. zur kgl. Bergstadt. Seit 1404 war Sch. Filialkirche von → Schlaggenwald mit eigenem Kaplan. Im Zuge der Ref. entstand hier 1550 eine eigene prot.
Pfarrgem. 1624 wurde Sch. nach Einquartierung und Kontributionen durch ksl. Behörden rekatholisiert. Zw. 1550 und 1750 war die

Stadt berühmt für ihre hervorragende Zinngießerei. Durch den Niedergang des Zinnbergbaus seit dem 18. Jh. verarmt, wurde Sch. bei einem verheerenden Brand 1848 fast vollständig zerstört. Der Wiederaufbau erfolgte wegen der Armut der Bev. in sehr bescheidener Form. – 1885: 3060 (Dt.), 1930: 2132 (davon 2079 Dt.), 1950: 1011, 1980: 552 Eww.   (I) *Rog*

K. Enzmann, Chronik der uralten, ehemals königlich freien Bergstadt Schönfeld, Bezirk Elbogen, Elbogen 1934; ders., Ursprung und Geschichte der Mutter-Gottes-Statue in Schönfeld, Schönfeld 1914; L. Kubátová, Horní řády pro stříbrné doly v Horním Slavkově a Krásně, in: SDH 1 (1971), 60–103; LV 507, 167ff.; V. Pröckl, Geschichte der königlichen Bergstädte Schlaggenwald und Schönfeld, Eger 1887; LV 275, Bd. 2, 159; LV 283, Bd. 15, 265–268.

Schönhof (Krásný Dvůr, Bez. Laun). Die erste urk. Erwähnung der 15 km sw. von → Saaz gelegenen Gem. geht auf das Jahr 1295 zurück, als hier ein gewisser Ritter Wilhelm, der Begründer des Geschlechts der Herren Fremut v. Sch., genannt wird. Dieses Geschlecht residierte im Unteren Kastell an einem Bach unweit der Mühle. Im 15. Jh. wurde auf dem Areal der Gem. Sch. noch ein zweites, das sog. Obere Kastell errichtet, das M. 16. Jh. Johann Mašťovský v. Kolovrat zu einem Renaissance-Schloß umbauen ließ. Das Untere Kastell verfiel. 1649 kaufte Hermann Czernin v. Chudenitz die Herrsch., die bis 1945 im Besitz dieser Fam. blieb. 1846 nahm das Dominium Sch. eine Fläche von 6400 ha ein. Sein heutiges Aussehen erhielt das Schloß 1720–25 nach Plänen von Franz Maximilian Kaňka. 1783–93 wirkte hier Rudolf Födisch als Gärtner und begründete eine der ersten engl. Parkanlagen in Böhmen. 1810 weilte Goethe als Gast des Schloßherrn Johann Rudolf Czernin v. Chudenitz, des Parkbegründers, in Sch.; 1812 wurde eine dt. Schule eröffnet, 1923 folgte eine tsch. Schule. – 1828: 334, 1921: 689 (92% Dt.), 1950: 379, 1990: 499 Eww.   (V) *Rd*

K. Hieke, České zámecké parky a jejich dřeviny, Praha 1984, 203–208; LV 270, Bd. 4, 371–381; LV 275, Bd. 7, 75–82; LV 279, Bd. 14, 350f.; LV 283, Bd. 14, 254–263; W. Rott, Der politische Bezirk Podersam, Podersam 1902, 503–516.

Schönhof (Šenov, poln. Szenów, Bez. Friedek-Mistek). Der zu 1305 erstm. als »Sonow« erwähnte Ort an der Lučina, die etwa 6 km weiter nw. bei → Mähr. Ostrau in die Ostrawitza mündet, verdankt seine Entstehung der Aufsiedl. des Teschener Landes auf Initiative des Teschener Hzg. Mieszko durch dt. (aus der Niederlausitz) und mähr. Siedler. Der Ort war bis M. 16. Jh. Eigentum der Teschener Hzgg.; 1549 erwarb ihn der mähr. Adelige Jaroslav Skrbenský v. Hříště (†1602), der hier ein Renaissance-Schloß errichten ließ, das 1927 wegen Baufälligkeit abgerissen wurde. Die Skrbenský v. Hříště besaßen das Gut bis 1867, 1893 erwarb es Gf. Larisch-Mönnich. S. gehörte bis E. 16. Jh. zur Pfarrei Rzepischt (6 km sw.). A. 17. Jh. errichtete Johann Skrbenský v. Hříště neben dem Schloß die Nikolaus-Kirche. Die Herren Skrbenský v. Hříště waren bis in die 2. H. 17. Jh., auch nach 1654, als die ev. Kirche von einer ksl. Religionskommission geschlossen wurde, Luth. 1764 wurde die heutige spätbarocke Vorsehungskirche fertiggestellt, in der noch 4 Steinplatten mit Basreliefs der Skrbenský v. Hříště zu sehen sind. – 1869: 1915, 1900: 2970 (davon etwa 10% Polen und 2% Dt.), 1991: 5330 Eww.

(I/II) *Ke*

LV 255, 906f.; LV 950, Bd. 1, 223f.; LV 259, Bd. 2, 232f.; L. Kiška, Starší historie a pamětihodnosti obce Šenova ve Slezsku, Šenov 1991; H. Lankočí, Obec a panství Šenov, Radvanice 1913; D. Martincová, Nástin činnosti stavitele Jakuba Pánka na Severní Moravě, in: SPPSK 1 (1971), 120–140; L. Mlčák, Státní seznam nemovitých kulturních památek okresu Frýdek-Místek, Ostrava 1980, 112ff.; L. Tvrdý, 700 let Šenova, Šenov 1986; R. Žáček, Pobeskydí od husitství do Bílé Hory, Frýdek-Místek 1986, 81.

Schön-Priesen (Krásné Březno, Bez. Aussig). Zw. dem 10. und A. 13. Jh. existierte unterhalb eines Felsens auf dem Areal des späteren Dorfes Sch.-P. eine slaw. Siedl. Die erste urk. Erwähnung stammt von 1186, als die Johanniter das Dorf in ihren Besitz brachten. Als verpfändetes Lehen fiel dieses 1335 an Heinrich v. Kyöz, der auf einem Hof, den man später zu einer Feste ausbaute, seinen Sitz nahm. Seit 1415 gehörte Sch. zu Schwaden, beide Dörfer gingen dann an die Burg Blankenstein über. Im 16. Jh. übersiedelten die damaligen Besitzer, die Ritter v. Bühnau, nach Sch.-P., wo sie 1604–06 ein Schloß erbauen ließen (1730 umgestaltet). Neben dieser Anlage wurde 1597–1603 in got. und Renaissancestil die St.-Florians-Kirche, ein Werk des Baumeisters Hans Boge aus Pirna, errichtet. Seit 1847 arbeitete hier eine Spiritusbrennerei, 1851 erhielt Sch.-P. einen Eisenbahnanschluß. 1867 wurde eine Brauerei gegr., 1892 eröffnete man den neuen Hafen. Der Name Sch.-P. fand seit 1876 Anwendung, urspr. hatte sich die Bezeichnung Prießnitz eingebürgert. Seit 1900 ist Sch.-P. ein Stadtteil von → Aussig. 1901 verkehrte die erste Straßenbahn zw. Aussig und Sch.-P. (1991: 14 739 Eww.).   (II) *Sm*

LV 259, Bd. 3, 234f.; E. Wagner, Aussig. Ein Heimatbuch, Bd. 4: Schönpriesen, Aussig 1927; M. Zápotocký/M. Cvrková, Slovanská osada v Ústí n. L.-Krásném Březně, in: AR 45 (1993), 279–314.

Schreckenstein (Střekov, Bez. Aussig). Auf einem Felsen über der Elbe errichtete 1316–19 Pešek v. Weitmühl eine Burg, die ihm Kg. Johann v. Luxemburg als Lehen vergab und die dem Schutz des Wasserweges bzw. der Stadt → Aussig diente. Noch 1319 fiel diese Feste allerdings an Johann und Beneš v. Wartenberg auf → Tetschen. Nach 1400 entbrannten um Sch. heftige Streitigkeiten, als der damalige Burgherr, Johann v. Wartenberg, diese Ješek v. Wchynitz im Tausch für dessen Güter abtrat. Eine Zuspitzung erfuhren die Auseinandersetzungen nach 1403, als Mkgf. Wilhelm I. v. Meißen (1343–1407) die Feste in Besitz hielt. 1410 fiel sie als kgl. Lehen an Wenzel IV. zurück, der Vlašek v. Kladno als Burggf. einsetzte. In den Huss.kriegen war hier eine Meißnische Besatzung stationiert; die Nachfahren der Ritter v. Kladno residierten anschließend bis 1479 auf Sch., als die Brüder Hanuš und Laurenc Glatz v. Althof, die einem vermögenden, durch Bergbau bei → Graupen reich gewordenen Geschlecht entstammten, dieses kauften. Die neuen Herren ließen die Anlage grundlegend umbauen und erweitern. 1506 fiel Sch. an Opel v. Vitzthum. Nachfolgend bestimmten häufige Besitzerwechsel die Entw. bis 1563, als Sch. an Wenzel v. Lobkowitz ging. 1615–1948 befand sich die Burg im Besitz des Raudnitzer Zweigs dieses Geschlechts. Im 30jähr. Krieg wechselten ksl. sowie sächs. und schwed. Besatzungen einander ab. Zweimal wurde Sch. belagert und noch im 7jähr. Krieg 1757 erobert, womit die Zerstörungen an der Anlage ihren Höhepunkt fanden; die Feste war fortan nicht mehr bewohnt. Seit A. 19. Jh. zogen die romant. wirkenden Ruinen der Burg zahlr. Besucher in ihren Bann. Dreimal weilte der Dichter Karel Hynek Mácha (1810–36) hier, 1842 besuchte der Komponist Richard Wagner (1813–83) Sch., woran eine Gedenktafel am Eingang zur Burg erinnert. Die Umgebung lieferte ihm, wie er später bekannte, Inspirationen für seine Oper Tannhäuser. Nach 1989 gelangte der Besitz erneut an die Fam. Lobkowitz. – Unter dem Schutz der Burg entwickelte sich in rundlicher Form auf dem Areal des heutigen Bahnhofs das gleichnamige Dorf. Die erste urk. Nennung stammt von 1316. Erst nach 1896 begann sich dieses auszudehnen, 1903 erfuhr die Kirche Christi Himmelfahrt ihre Vollendung. 1922–35 errichtete man unterhalb der Burg nach Plänen von František Vahala ein Kraft- und Stauwerk, das eine ganzjähr. Schiffbarkeit der Elbe und der Moldau bis → Prag sicherte. 1936 erhielt Sch. Stadtrecht, 1939 erfolgte die Eingemeindung zu Aussig. – 1930: 9919 (davon 1280 Tsch.), 1950: 3094, 1991: 11 835 Eww.   (II) *Sm*

F. Bernau, Der Schreckenstein, Böhmisch Leipa 1892; J. Hobzek/E. Šamánková, Hrad Střekov, Praha 1960; LV 259, Bd. 3, 444–447; K. Jahnel, Die Popel von Lobkowitz auf Schreckenstein, in: MNEK 32 (1909), 1–10; J. Lippert, Aus dem Aussiger Elbetal vor 500 Jahren, Aussig 1908; G. Pilz, Urkundlicher Beitrag zur Geschichte der Burg Schreckenstein, in: MVGDB 28 (1890), 274–292; LV 279, Bd. 14, 34f.; F. J. Umlauft, Der Schreckenstein, Aussig 1926.

Schüttenhofen (Sušice, Bez. Klattau). Sch. entstand A. 12. Jh. aus einer alten slaw. Siedl. an der goldführenden Wottawa. Der 1233 erstm. urk. belegte Ort gehörte damals den bayer. Gff. v. Bogen, seit 1242 dem Hzg. v. Bayern. Um 1257 wurde die Gegend von Kg. Přemysl Otakar II. besetzt und 1273 vertraglich an das Kgr. Böhmen gebunden. Der Kg. baute die Siedl. zur Stadt aus, um im Grenzgebiet über eine feste Stütze seiner Macht zu verfügen. Daher wurde Sch. auch mit großzügigen Befestigungsanlagen versehen. Die Existenzgrundlage bildeten die Goldwäscherei und der Salzhandel mit Passau, beide durch umfangreiche Privilegien im 14. Jh. abgesichert. Damals wurde Sch. durch eine dt.stämmige Patrizierschicht verwaltet; den Bürgern gehörten zahlr. Dörfer in der Umgebung der Stadt. Erst während der huss. Bewegung etablierte sich in Sch. eine neue tsch. Führungsschicht, welche die Stadt pol. mit den Taboriten verband. In der utraqu. Stadt setzte sich im 16. Jh. der Prot. durch (bis 1870 war die Gem.-Vertretung dt.). Die Zeit der wirtsch. Prosperität durch den Malz-, Salz- und Getreidehandel mit bayer. Städten endete 1620. Sch. hatte damals schwer unter der gewaltsamen Gegenref. und den Konfiskationen seiner Güter zu leiden. 1678–81 wütete in der Stadt die Pest. Durch einen schweren Brand verlor Sch. 1707 den größten Teil seiner älteren Bausubstanz. Neben dem Hauptplatz, der vom barocken Rathaus (1707) sowie auf der S-Seite vom spätgot. Dekanatsgebäude mit Renaissance-Frontfassade (heute Böhmerwald-Museum) beherrscht wird, befindet sich die Dekanatskirche St. Wenzel, deren Umfassungsmauern von 1322 stammen. Die Friedhofskirche St. Maria stammt aus dem 14. Jh., die Kirche St. Felix mit Kapuzinerkl. wurde 1654–55 errichtet. Erst das 19. Jh. brachte eine neue Blütezeit, vor allem dank der weltweit bekannten Zündhölzererzeugung seit 1839 (Fa. Solo). Außerdem entwickelten sich holzverarbeitendes Gewerbe und Lederwarenindustrie. Sch. ist der Geburtsort des Malers Maxmilian Pirner (1854–1924). – 1850: 3757, 1900: 6674, 1930: 6856 (davon 98 Dt.), 1990: 10 491 Eww.   (VI) *Wei*

J. Farták, 120 let sirkárny Solo Sušice, Plzeň 1959; LV 905, Bd. 12, 109–143; A. Janák, Kapucínský klášter v Sušici. Krátká historie o jeho počátcích, významu a klášterní knihovně, Sušice 1938; R. Kůs, Sušice, Praha 1958; LV 507, 272ff.; LV 569, Bd. 1, 355, 370.

Schüttenitz (Žitenice, Bez. Leitmeritz). Das 1057 erstm. erwähnte, 3 km nö. von → Leitmeritz gelegene Sch., das Hzg. Vratislav II. 1088 dem Kollegiatkapitel Wyschehrad bei → Prag schenkte, zeichnete sich früh durch Wein- und Obstbau aus. Schon um 1200 existierte hier eine Kirche, die 1260 in Stein errichtet und mit 4 rom. Figuren ausgestattet wurde (heute Museum Leitmeritz). Die Wyschehrader Pröpste besaßen in Sch. ein festes Haus als Verw.-Sitz und einen

Meierhof. Allerdings verpfändete Kg. Wenzel IV. 1410 das Gut an
Haško v. Robetsch. 1421 wurde es von dem huss. Feldherrn Jan Žižka eingenommen. Seit 1436 hatte es der ehem. huss. Hauptmann Jakubek v. Wřesowitz, dem auch das benachbarte → Ploschkowitz gehörte, zur Pfandherrsch.; später gelangte es an die utraqu. Herren v.
Ruppau. Wenzel Wilhelm v. Ruppau war während des Ständeaufstandes 1618–20 Oberstkanzler unter dem »Winterkg.« Friedrich v.
der Pfalz, so daß er nach der Schlacht am Weißen Berg nach Sachsen
fliehen mußte. Sein Gut wurde konfisziert und erneut dem Wyschehrader Kapitel verliehen; mit der Aufhebung von dessen Exemtion
wurde Sch. 1763 ins Btm. Leitmeritz eingegliedert. Propst Ferdinand
Benno Bořita v. Martinitz ließ 1645 die zerstörte Pfarrkirche St. Peter
und Paul im Barockstil wiederherstellen, Propst Hugo Franz v. Kö-
nigsegg-Rothenfels (seit 1709 Bf. v. Leitmeritz) 1699 die alte Feste
durch ein Schloß ersetzen. Die Pröpste und Pfarrer in Sch. machten
sich auch um die Schulbildung verdient: 1691 wurde eine erste Schule in der Gutsverw. gegr., 1791 folgte eine Landwirtschaftsschule; das
erste Schulhaus von 1816 wurde 1880 und 1913 durch Neubauten
ersetzt. Von den Pröpsten ragt Ferdinand Kindermann v. Schulstein
heraus (1781–1801, seit 1790 auch Bf. v. Leitmeritz), der Oberdirektor der Normalschulen im Kgr. Böhmen. Eine auf einer Anhöhe w.
von Sch. gelegene Lorettokapelle wurde 1785 aufgehoben und wegen der schönen Aussicht in eine »Gloriett« verwandelt. Das bei einem Brand 1806 vernichtete Schloß ließ Propst Baron Prokop Hen-
ninger 1835–58 neu errichten. Die Herrsch. verpachteten die Pröpste
seit dem 19. Jh. Mit der Bodenreform 1925 kam das Schloß in Staatsbesitz und wurde Nebenstelle des staatl. Leitmeritzer Bez.-Archivs.
Die vor allem von der Landwirtschaft lebende, hauptsächlich dt. Bev.
wuchs nur langsam an: 1833: 874, 1930: 1306 (davon 147 Tsch.),
1950: 835, 1991: 610 Eww.   (II) *Lüb*

LV 264, 396ff.; J. Bukovský, Žitenická loreta, in: Lit 14 (1977), 83–93; LV 259,
Bd. 3, 543ff.; LV 279, Bd. 14, 369; LV 283, Bd. 1, 368.

Schwabenitz (Švábenice, Bez. Wischau). Die 8 km ö. von Wischau
gelegene Gem. erhielt ihren Namen nach der Burg, die sich einst auf
einem Hügel oberhalb der heute von Sch. nach Dětkowitz führenden
Straße erhob. Seit 1246 ist das einflußreiche Herrengeschlecht derer
v. Sch. belegt. Die Feste wurde in den Huss.kriegen zerstört und später nicht wieder erneuert. Die unterhalb gelegene Siedl. erhielt bereits
1348 den Status eines Städtchens, dessen größerer Teil dem Btm.
Olmütz gehörte, das diesen Besitz dem Benediktinerinnenkl. in
→ Pustoměř vermachte. Im 15. Jh. fielen die Güter wiederum an den
Bf. v. Olmütz, der sie der Herrsch. Wischau inkorporierte. Ein

kleinerer Teil von Sch. gehörte bis 1850 zur Herrsch. → Eiwanowitz
in der Hanna. Das Patronatsrecht über die Pfarrkirche in Sch. übertrugen Witek v. Sch. und seine Getreuen 1309 dem Kl. Na Zderaze in
→ Prag; nach 1363 erhielten es die Benediktinerinnen von Pustoměř.
1732 verlegte man das Dekanat von Pustoměř nach Sch. – Die barocke, 1741 erbaute St.-Michaels-Kirche beherrscht mit ihren 3 Statuen – einer Figurengruppe der Hl. Dreifaltigkeit, des Hl. Florian und
des Hl. Johannes v. Nepomuk – das Ortsbild. – 1880: 1308, 1993:
unter 1000 Eww. (VIII) *Šta*

LV 259, Bd. 1, 224; LV 4 (Vyškov), 210f.; F. Pokorný, Švábenice. Rod pánů ze
Švábenic. Příspěvek k dějinám městečka, Brno 1970; Vyškovsko, Brno 1965, 435ff.

Schwarzkosteletz (Kostelec nad Černými Lesy, Bez. Kolin). Bereits
in der 1. H. 13. Jh. wurde das 10 km s. von → Böhm. Brod gelegene
Gebiet um Sch. im Rahmen des intensiven Landesausbaus unter den
Přemysliden kolonisiert; erst 1348 findet sich jedoch eine erste
schriftl. Nachricht über Sch.: Mkgf. Johann Heinrich, der Bruder Ks.
Karls IV., stimmte einem Vertrag zu, den im 1. Viertel 14. Jh. sein
Vater Kg. Johann v. Luxemburg geschlossen hatte und der einen
Tausch der Burg »Costelicz in Nygra Sylva« sowie der gleichnamigen
Herrsch. für die Burg → Nachod vorsah. Als neuer Lehensherr er-
schien damals Ješek v. Nachod, nach dessen Tod der Besitz an seine
Söhne überging. 1415 verkauften diese Burg und Herrsch. Sch. an
einen Günstling Kg. Wenzels IV., Johannes Sekretarius; dessen ältester Sohn Johann war ein entschiedener Anhänger der Kompaktaten,
Jan Rokycanas und Kg. Georgs v. Podiebrad. 1489 erfolgte die Erhebung von Sch. zum Städtchen. 3 Jahre später gelangte das stark verschuldete Sch. in den Besitz der Herren Slawata v. Chlum und Koschumberg. Diviš Slawata verlor als Teilnehmer am Ständeaufstand
1547 seine Güter. Sch. avancierte nun zu einem beliebten kgl. Jagdschloß inmitten dunkler Wälder und wurde im Stil der Renaissance
umgebaut, nachdem ein Feuer 1549 große Teile der Anlage zerstört
hatte. Die Umgestaltung erfolgte in mehreren Bauabschnitten nach
Plänen von Hans Tirol und Ulrico Aostalli. Finanzielle Schwierigkeiten zwangen Kg. Ferdinand I. 1558, Sch. für die Summe von
62 000 Talern an Jaroslav Smiřický v. Smiřitz zu verkaufen. Dieser
erwählte Sch. zum neuen Stammsitz seiner Fam. und setzte den begonnenen Umbau fort, die Herrsch. wurde arrondiert. 1554 stiegen
die Smiřický v. Smiřitz in den Herrenstand auf und bekleideten zahlr.
Landes- und Hofämter. A. 17. Jh. gehörten sie zu den reichsten
Großgrundbesitzern in Böhmen. Albrecht Johannes Smiřický v. Smiřitz (1594–1618) zählte zu den Initiatoren und Führern des Prager
Fenstersturzes von 1618. Nach der Niederschlagung des Ständeauf-

standes und den anschließenden Konfiskationen prot. Güter fiel Sch.
1621 an Albrecht v. Wallenstein, der es 2 Jahre später an Karl v. Liechtenstein weiterverkaufte. Im 30jähr. Krieg verwüsteten die Heere der
gegnerischen Parteien mehrfach Sch. und dessen Umgebung. Erst
1665, nach der Beendigung von Erbstreitigkeiten, konnte an eine
Neuordnung der wirtsch. Verhältnisse in der Herrsch. gedacht werden. Das Urbarium von 1677 liefert diesbezüglich wichtige Auf-
schlüsse. 1729 widmete sich Maria Theresia, Hzgn. v. Savoyen und
Enkelin des Karl Eusebius v. Liechtenstein, verstärkt der Armenfürsorge, ließ Pfarrhäuser und Kirchen erneuern und schenkte 1736
den Eww. von Sch. die Freiheit. Das Renaissance-Schloß wurde nach
Plänen des Tiroler Baumeisters Josef Jäger nach 1759 barockisiert.
Unter Franz Joseph Johann Adam v. Liechtenstein brach 1775 wie
schon 1626 eine bäuerliche Revolte aus. 1850 wurde ein Teil des
Schlosses Sitz des Bez.-Gerichts. Während des preuß.-österr. Krieges
1866 saß hier František Ladislav Rieger in Haft. Seit 1933 dient das
Schloß universitären Zwecken. – 1869: 3032, 1910: 3000, 1950:
3261, 1991: 3164 Eww.   (III) *Krz*

K. Hodinář/V. Klíma, Kronika města Kostelce nad Černými lesy, Kostelec na Černými Lesy 1912; LV 259, Bd. 6, 208–212; J. Klápiště, Černokostelecko jako kolo-
nizační oblast, in: HG 10 (1973), 123–138; ders., Středověké osídlení Černokoste-
lecku, in: PA 69 (1978), 423–475; Kostelec nad Černými lesy, Praha 1971; M. Lemberg, Im Strudel der böhmischen Ständekatastrophe. Das unvollendete Verlöbnis des
Albrecht Johann Smiřický mit Amelie Elisabeth von Hanau und der Kampf um das
Erbe, BOH 35 (1994), 1–44; LV 279, Bd. 15, 1–14.

Schweinitz (Trhové Sviny, Bez. Budweis). Die Siedl. Sch. entstand
um 1250 an einem Verbindungsweg zw. dem Waldviertel und Böhmen. 1260–81 wird die dortige Burg als Besitz eines gewissen Hoger
v. Sch. erwähnt. Die Gem. entwickelte sich unterhalb dieser Burg
(nach 1480 zerstört) als deren Suburbium. Bis 1327 befand sich Sch.
in den Händen der Witigonen aus → Wittingau, denen die Herren v.
Landstein und 1359 die Herren v. Rosenberg folgten (bis 1611). 1379
wird Sch. erstm. als Städtchen erwähnt, dessen Name sich nach dem
Erwerb von Marktprivilegien 1481/82 durchzusetzen begann. In der
2. H. 15. Jh. wurde die urspr. got. Kirche Mariä Himmelfahrt zu einer spätgot. Basilika mit Netzgewölbe umgebaut. Nach 1620 gelangte Sch. an Karl Bonaventura Buquoy. 1705–09 wurde s. von Sch. die
Wallfahrtskirche zur Hl. Dreifaltigkeit erbaut, ein Zentralbau mit
sechseckigem Grundriß. – 1850: 2680, 1930: 3062 (99% Tsch.),
1950: 2599, 1991: 865 Eww.   (VI) *Bůž/Gr*

LV 905, Bd. 8, 121–130; K. Hlubuček, Historické, umělecké a přírodní památky
Trhosvinenska. Město Trhové Sviny, Trhové Sviny 1951; J. John, Mé, tvé, naše
Trhové Sviny, České Budějovice 1974; K. Kůrka, Trhové Sviny, Trhové Sviny

1936; LV 906, Bd. 4, 74–78; LV 279, Bd. 3, 238; LV 275, Bd. 13, 146f.; LV 283, Bd. 9, 88; R. Štícho, Trhové Sviny, Trhové Sviny 1936; A. Teichl, Geschichte der Herrschaft Gratzen mit Zugrundelegung des Urbars vom Jahre 1553, Gratzen 1899, 334–356; LV 289, 369–375; Trhové Sviny. 500 let městem, Trhové Sviny 1938.

Schweißing (Svojšín, Bez. Tachau). Sch., eine der ältesten Siedl. in der Region → Mies, liegt 20 km ö. von → Tachau. Auf die ma. Wurzeln verweist noch heute der rom. Turm der Kirche St. Peter und Paul (E. 12. Jh.). Unweit davon stand verm. zu dieser Zeit ein Kastell, die Wiege der gleichnamigen Herren v. Sch., die seit 1177 diese Bezeichnung führten und sich später in mehrere Nebenlinien aufgliederten. Aus einem dieser Zweige stammte der Münzmeister Kg. Wenzels IV., Peter Zmrzlík v. Sch. Die Herren v. Sch. hielten den Ort zumindest bis E. 14. Jh., einige Angehörige dieses Geschlechts erscheinen hier noch im 15. Jh. Nach den Huss.kriegen residierten bis 1543 die Paběnický v. Paběnice, denen die Přichowsky v. Přichowitz folgten. Diese stiegen 1704 in den Grafenstand auf, Anton Peter Přichowsky v. Přichowitz (1707–93) bekleidete seit 1763 das Amt des Prager Ebf.; die Přichowsky v. Přichowitz ließen A. 18. Jh. neben der Kirche ein Barockschloß errichten. 1795 erwarb der Ritter Josef Bigatto den Besitz und inkorporierte ihn seiner angrenzenden Herrsch. Oschelin. Die gesamte Herrsch. vermachte er 1812 der Fam. Juncker, der die Güter bis 1935 gehörten. – 1850: 474, 1900: 420, 1930: 579 (davon 518 Dt.), 1950: 309 und 1991: 389 Eww.   (I) *Kub*

LV 259, Bd. 4, 328; J. Martínek, Svojšín u Stříbra – Kostel sv. Petra a Pavla, in: SOM 10 (1974), 21–25.

Schwihau (Švihov, Bez. Klattau). Die älteste Besiedl. in Sch., das erstm. für 1245 urk. belegt ist, befand sich auf dem r. Ufer der Angel neben der rom. Kirche St. Ägidius. Die Burg Sch., der urspr. Sitz des Adelsgeschlechts der Herren Sch. v. Riesenburg, wurde 1342 auf dem l. Ufer auf einer künstlichen Insel in der Angel als Wasserfeste angelegt. Etwa gleichzeitig erfolgte der Ausbau des gegenüberliegenden Dorfes zu einem Städtchen, das zum Zentrum der Herrsch. der Herren Sch. v. Riesenburg wurde und in dem 1384 die St.-Wenzels-Kirche belegt ist. Sch. litt jedoch schwer unter der Konkurrenz des nahe gelegenen → Klattau. Nach 1407 gehörte es Wilhelm Sch. v. Riesenburg, dem Anführer des Pilsener kath. Landfriedens, weshalb Sch. 1425 von den Taboriten belagert und erstürmt wurde. Wilhelms Sohn Botho ließ an Stelle der Feste nach Plänen des Prager Architekten Benedikt Ried eine neue, großzügig entworfene Burg im Stil der süddt. Spätgotik errichten. Zugleich begann er auch, die Stadtbefestigungen auszubauen. Die erst 1530 fertiggestellte Burg wurde zu einer unbezwingbaren Anlage. Die gewaltigen Bauvorhaben Bothos – er ließ gleichzeitig noch die Burg → Raby ausbauen – überstiegen jedoch die wirtsch. Tragkraft seiner Herrsch., so daß diese 1534 aufgeteilt und teilw. an die Herren Czernin v. Chudenitz verkauft werden mußte. Botho erreichte noch, daß Sch. E. 15. Jh. zur Stadt erhoben wurde. Als 1655 Ks. Ferdinand III. das Abtragen der Befestigungen zahlr. böhm. Burgen, darunter auch der von Sch., anordnete, konnte diese Anordnung durch vielfache Intervention – u. a. von Bohuslav Balbín – teilw. umgangen werden. Dennoch verfiel die Burg zusehends. Ihr heutiger Zustand, der etwa dem aus der M. 16. Jh. entspricht, ist Ergebnis sorgfältiger Rekonstruktionen. Die Stadt prosperierte bis zum 30jähr. Krieg, der eine zweifache Plünderung durch schwed. Truppen mit sich brachte. Im 18./19. Jh. erlebte das lediglich landwirtsch. geprägte Sch., durch mehrere große Brände heimgesucht, eine Zeit des wirtsch. Verfalls, der sogar zum Verlust des (1973 erneuerten) Stadtrechtes führte. Die St.-Wenzelskirche wurde 1747 nach einem Brand neu errichtet. – 1880: 1476, 1930: 1510 (davon 10 Dt.), 1990: 1098 Eww. (I) *Wei*

LV 905, Bd. 7, 152–171; LV 259, Bd. 4, 336–340; Z. Knoflíček, Státní hrad Švihov, Plzeň 1981; LV 879, Bd. 2, 393–405; D. Menclová, Státní hrad a městečko Švihov, Praha 1953; LV 507, 275f.; LV 279, Bd. 9, 1–26; F. Zeman/F. Teplý, Kniha o Švihově a okolí, Švihov 1927.

Sebastiansberg (Hora Svatého Šebastiána, Bez. Komotau). Das auf dem Erzgebirgskamm an der böhm.-sächs. Grenze gelegene S. wurde nach 1513 von dem als Organisator und Förderer des Bergbaus im Komotauer Gebiet bekannten Sebastian v. Weitmühl (†1549) gegr., erhielt 1536 Zollprivilegien, 1563 Stadtrecht und wurde 1597 von Ks. Rudolf II. zur Freien Bergstadt erhoben. Der Bergbau wirkte siedlungsfördernd, der Zuzug kam vor allem von sächs. Seite. 1558 wurde in S., wo um diese Zeit 5 Hauptgruben in Betrieb waren, ein selbst. Bergamt eröffnet. Die seit M. 15. Jh. den Herren v. Weitmühl gehörende Herrsch. → Komotau, zu der die 1571 als »Bastianperk« belegte, durch Silber-, Zinn- und Kupferabbau rasch wachsende Bergstadt gehörte, fiel nach 1560 an Ehzg. Ferdinand v. Tirol, 1571 an die Herren Hassenstein v. Lobkowitz und 1605 an die kgl. Kammer. Hatte sich das frühzeitig prot. S. noch 1617 von versch. Zinsverpflichtungen loskaufen können, so verursachten der Rückgang des Bergbaus, der 30jähr. Krieg (Stadtbrand 1636), die nach 1630 einsetzende Gegenref. sowie wiederholte Durchmärsche österr. und preuß. Truppen im 18. Jh. empfindliche Rückschläge. Das wirtsch. Leben der über ausgedehnte Torflager verfügenden Stadt, die 1852 und 1854 erneut von Feuersbrünsten heimgesucht wurde und größtenteils niederbrannte, prägten Spielwarenerzeugung, Strickerei, Spitzenklöppelei und Borstenviehhandel; bekannt wurden die

Lehrwerkstätten für Korbflechterei sowie die Moorversuchsanstalt (Moormuseum) der bis 1945 dt. Stadt, die von 1938 bis zum Kriegsende zum Dt. Reich gehörte. – Den quadrat. Stadtplatz dominierten die 1945 gesprengte neorom. Pfarrkirche St. Sebastian, deren Patronat bis 1773 die Jesuiten von Komotau besessen hatten, und das Rathaus (19. Jh.). – 1850: 2134, 1890: 2491, 1930: 1670, 1950: 305, 1991: 180 Eww. (I/II) *Bah*

T. Bílek, Die Gegenreformation in den Bergstädten des Erzgebirges 1623–1678, in: MVGDB 23 (1885), 209–228; Heimatskunde des politischen Bezirkes Komotau, die Gerichtsbezirke: Komotau, Görkau und Sebastiansberg umfassend, Komotau 1898; V. Karell, Kaaden-Duppau. Ein Heimatbuch der Erinnerung und Geschichte des Landkreises, Frankfurt am Main 1965, 45, 80, 99; LV 952, Bd. 1, 699; J. Schenk/A. Přibyl, O hornické minulosti krušnohorských horních měst Krupky, Hory Sv. Kateřiny, Hory Sv. Šebastiana a Přísečnice a jejich znacích a pečetích, in: SSM Hist. 6 (1970), 101–136; LV 569, Bd. 1, 167; LV 283, Bd. 14, 160–163.

Sedletz (Sedlec, Bez. Kuttenberg). Der Adelige Miroslav vermachte 1142 mit Zustimmung Hzg. Vladislavs II., Bf. Ottos v. Prag und des Olmützer Bf. Heinrich II. v. Zdik ein Wald- und Sumpfgebiet an der Vrchlice zur Gründung einer Zisterze, die im folgenden Jahr mit Mönchen aus Waldsassen (Oberpfalz) besiedelt wurde. Dieses erste Zisterzienserkl. in Böhmen, das in der Folgezeit mit zahlr. weiteren Schenkungen ausgestattet wurde, geriet zwar in der Zeit nach dem Tod Přemysl Otakars II. in Schwierigkeiten, denen aber bald eine Blütezeit des Kl. unter Abt Heinrich Heidenreich (1282/83–1320) folgte. Diese basierte vor allem auf den beim unmittelbar w. benachbarten → Kuttenberg gemachten Silberfunden, die sich teilw. auf Kl.besitz befanden; hierdurch galt S. in der 1. H. 14. Jh. als das reichste böhm. Kl. Dies drückte sich aus in einer Phase großer Bautätigkeit, aber auch in der pol. exponierten Stellung des Kl. und seines Abtes unter den Kgg. Wenzel II., Wenzel III. und später Johann v. Luxemburg. Die Zisterzienserkl. → Königsaal (Aula regia) bei → Prag und Skalitz (n. von → Kauřim) wurden von S. besiedelt und über die Zisterzienserinnenkl. → Frauenthal (bei → Deutschbrod) und Altbrünn (→ Brünn) übte es das Patronatsrecht aus. Im April 1421 wurde das Kl., dem zuvor die Auslagerung seiner Bibliothek in das niederösterr. Kl. Klosterneuburg gelungen war, von Huss. unter Jan Žižka überfallen und ausgebrannt. 1454 kehrten die Mönche zurück, erst nach 1622 trat aber ein neuer wirtsch. Aufschwung ein. Eine zweite Blütezeit, begleitet von größeren Baumaßnahmen, erlebte S. vom ausgehenden 17. Jh. bis M. 18. Jh.; 1783 wurde die Aufhebung des Kl. verfügt, seine Besitzungen wurden in den böhm. Religionsfonds überführt.

Die urspr. rom. Kl.anlage ist 1280 bis etwa 1320 got. umgebaut worden. Erhalten ist die Kirche Mariä Himmelfahrt, eine fünfschiffige turmlose Basilika von 113 m Länge mit dreischiffigem Querschiff und Chorumgang mit Kapellenkranz, die 1699–1707 nach den Zerstörungen von 1421 in barockgot. Stil erneuert und 1854–57 renoviert wurde. Das nach der Entweihung 1788 als Lagerhaus genutzte Kirchengebäude war seit 1806 Kirche der von Malin hierher verlegten Pfarre. Nur Reste der s. Seitenmauer im heutigen Pfarrhaus und das Portal sind von der 1817 abgerissenen Philippus-und-Jakobuskirche aus der 2. H. 14. Jh. erhalten, an der das Kl. 1389 eine Bruderschaft vom Hl. Grab eingerichtet hatte. Im Kl.gebäude wird seit 1812 eine Tabakfabrik betrieben. Die unweit n. gelegene, im Grundriß quadrat. Allerheiligenkapelle stammt aus der Zeit um 1400, wurde 1661 und nach 1700 umgebaut und hat im Untergeschoß ein Beinhaus, das 1870 seine heutige Dekoration aus Knochen von etwa 40 000 Menschen erhielt. In der Gem., die 1950 zur Stadt Kuttenberg kam, lebten 1850: 408 und 1991: 1246 Eww. (III) *Ke*

J. Čechura, Sedlecký klášter a počátky kutnohorského dolování, in: SSH 14 (1979), 157–163; ders., K některým otázkám hospodářského a správního systemu cisterciáckych klášterů (Zlatá Koruna v předhusitském období), in: ČsČH 29 (1981), 228–257; ders., Úřední knihy kláštera v Sedlci z období počátku 15. až konce 16. století, in: ČNM hist. 152 (1983), 114–130; J. Čelakovský, Klášter Sedlecký, jeho statky a práva v době před válkami husitskými, Praha 1916; K. Charvátová, Der Bau der Zisterzienserklöster in Böhmen, in: Cystersi w kulturze średniowiecznej Europy. Hg. v. J. Strzelczyk, Poznań 1992, 179–196; dies./V. Hyhlík, Bývalé cisterciácké opatství Sedlec u Kutné Hory, Praha 1992; LV 259, Bd. 6, 440f.; LV 873, 143–161; LV 875, 360–369; LV 758; J. Nuhlíček, Zlomek urbáře kláštera sedleckého z třicetých let 14. stol., in: SAP 7,2 (1957), 226–272; LV 952, Bd. 4, 20; LV 906, Bd. 3, 300–303.

Sedletz-Prčitz (Sedlec-Prčice, Bez. Beneschau). Die 25 km s. → Beneschau gelegene Kleinstadt mit ihrem Doppelnamen entstand erst 1960 durch den Zusammenschluß mehrerer kleiner Ortschaften. Die beiden Gem. S. und P. konnten bis dahin auf eine eigenständige Entw. zurückblicken. P. wird erstm. 1179 urk. als Gut des Vítek I. v. P. erwähnt, des Begründers der südböhm. Witigonen. Dessen Sohn Vítek III. gilt als Ahnherr der Rosenberger, die P. bis zum 14. Jh. in Besitz hielten. Spätere Obrigkeiten erhoben das Dorf zum Mittelpunkt einer kleinen Grundherrsch.; P. erhielt durch Ks. Rudolf II. 1576 den Status eines Städtchens. Johann v. Thalenberg inkorporierte es 1612 dem benachbarten Gut Smilkau. Die jeweilige Obrigkeit residierte anfänglich in einem (heute nicht mehr bestehenden) Kastell nahe der rom., um 1170 erbauten und später mehrfach veränderten Laurentiuskirche; später zog man in ein Renaissance-Schloß, das Adam Voračický v. Paběnice vor 1591 vollenden ließ und das heute, nach Umbauten im 18. Jh., als Wirtschaftsgebäude

dient. – Das seit 1318 belegte S. gehörte stets zur Herrsch.
→ Hochchlumetz. Als die dortige Linie der Herren v. Lobkowitz
1602 → Selčan dauerhaft erwarb, verlegte sie das Verw.-Zentrum
dorthin, während S. bis 1850 stagnierte, als man das Bez.-Gericht hier
ansiedelte. Die rom. Kirche St. Hieronymus (nach 1150) wurde
1898/99 in neorom. Stil verändert. – 1848: 1990, 1900: 1970, 1950:
1500 und 1991: 3050 Eww.						(VI) *Pán*

Č. Habart, Sedlčansko, Sedlecko a Voticko, Bd. 4, Sedlčany 1994, 441–462, 472–
191; LV 259, Bd. 4, 273f.; E. Procházková, Cechovní řemesla v Prčici v 17.–18.
století, in: SVPP 29 (1988), 141–155; dies., Hrdelní soudnictví městeček Prčice a
Sedlce v 16.–18. století, in: SVPP 24 (1983), 239–258; A. Šašek, Dějiny města Sedlce
se zvláštním zřetelem na jeho hospodářské poměry po válce třicetileté, Sedlčany
1949; LV 275, Bd. 8, 202f.; LV 279, Bd. 15, 282–285; LV 283, Bd. 16, 146–152.

Sedlnitz (Sedlnice, Bez. Neutitschein). Die 2 unabhängigen, seit
dem 13. Jh. belegten Dörfer Erb- und Lehn-S. waren als Lehen der
Olmützer Bff. im MA in der Hand der Herren v. Krawarn bzw. der
Sedlnický v. Choltitz. Lehn-S. mit einer urspr. got. Feste ging 1655
durch Kauf an Hartwig Erdmann v. Eichendorff über. Der einfache
Herrsch.sitz wurde 1828 durch den Dichter Joseph Frh. v. Eichendorff (1788–1857) im klassiz. Stil umgestaltet. Eine Denkmal-Pyra-
mide erinnert an den Lieblingsaufenthaltsort des Romantikers, das
völlig veränderte Schloßgebäude dient heute als Kulturhaus. In der
1826 klassiz. erneuerten Pfarrkirche St. Michael (A. 15. Jh.) in Erb-S.
befinden sich die Renaissance-Grabplatten ehem. Herrsch.besitzer.
Die 1863 vereinigten Dörfer waren überwiegend kath. und dt.spra-
chig. Die landwirtsch. Gem. wandelte sich E. 19. Jh. zum Arbeiter-
dorf. Nach der Vertreibung der dt. Bev. 1946 wurde das Doppeldorf
aus der Umgebung besiedelt. – 1910: 1854, 1950: 1548, 1991:
1132 Eww.						(V) *Lu*

LV 239, 206f.; LV 255, Bd. 2, 692f.; A. Bönisch, Joseph von Eichendorffs Ah-
nenerbe und Dichterklause Sedlnitz. Hg. v. F. Eichler, Bde. 1–2, Heidelberg 1957–
58; J. König, Sedlnitz. Schule, Kirche und Pfarre, Esslingen 1981; F. Matějek, Sedlnice v 17. století a v první polovině 18. století, in: VSONJ 25 (1980), 48–62; Moravské Kravařsko. Politický okres novojický, Příbor 1898, 337–341; LV 290, Bd.
II/54, bes. 253–266; LV 294, Bd. 1, 362–369, 431–434; LV 791, Bd. I/3, 58–61.

Seeberg (seit 1950 Ostroh, Bez. Eger). Die 8 km nö. von → Eger
gelegene Gem. wurde um einen etwa 1200 gegr. Ministerialensitz
angelegt. Die Burg erschien erstm. 1322 im Zusammenhang mit der
Verpfändung des Egerlandes an die Böhm. Krone in den Quellen.
Spätestens seit 1349 unterstand S. der Stadt Eger, aus der auch die
Schlick stammten, die Burg und Herrsch. 1434 von Ks. Sigismund als
Geschenk empfingen. 1461–74 gehörte S. einem weiteren Egerer

Patriziergeschlecht, den Juncker. Seit E. 15. Jh. bis zum 30jähr. Krieg wechselten die Adelsgeschlechter v. Neuberg und v. Brand einander als Besitzer ab. Seit 1635 herrschten Kriegsgewinnler aus dem neuen, nach 1620 formierten Adel, u. a. die Moser, Steinheim und Gerard, 1703 erwarb Eger den gesamten Besitz. Damit fand die Existenz einer selbst. Domäne ihr E., da Eger S. mit weiteren Herrsch. zusammenschloß. Die urspr. rom.-got. Burg erlebte im 16. Jh. unter den Neuberg einen Umbau, 1647 brannten die Schweden die Anlage nieder, A. 18. Jh. erfolgte der Wiederaufbau. 1478 wurde die benachbarte St.-Wolfgangs-Kirche geweiht. – 1850: 584, 1900: 391, 1930: 400 (davon 383 Dt.), 1950: 93, 1991: 26 Eww. (I) *Kub*

LV 250, Bd. 6, 289f.; LV 259, Bd. 4, 244f; F. Kubů, Dějiny hradu Ostrohu, in: ZCM 1 (1982), 25–46; LV 879, Bd. 1, 98; V. Pröckl, Schloß Seeberg im Egerlande, seine Geschichte, seine Geschlechter, seine Kirche, Eger 1870; P. Šebesta, Stavební vývoj hradu Seebergu, in: ZCM 1 (1982), 47–50; K. Siegl, Schloß Seeberg im Egerlande, Eger 1915; LV 287, 294f.

Seelau (Želiv, Bez. Pilgram). Der Ort verdankt seinen Rang als eines der bedeutendsten Zentren der ma. und Barockkultur in Böhmen dem fast 850jähr. Prämonstratenserkl. S. (lat. Siloe). Zunächst wurde 1139 in Spornlage über der Želivka ein Benediktinerkl. als Filiation von → Sazau gegr. Aber schon 1144 gelangte das landesfstl. S. mit der weiteren Region an die Prager Bff. Auf Betreiben des Olmützer Bf. Heinrich Zdik rief Bf. Daniel I. 1148/49 Prämonstratenser-Chorherren des Kl. Steinfeld/Eifel mit dem ersten Abt, Gottschalk, nach S. Dieses wurde Mutterkl. von Geras (1153), → Mühlhausen (1187), dessen erster Abt, der böhm. Chronist Gerlach, aus S. hervorging, sowie der Nonnenkl. → Louňowitz (1149/50), Pernegg (1155) und Kanitz (1183). Zu dem 1226 von Papst Honorius III. bestätigten Besitz mit zahlr. Patronaten erwarb S. 1233 von Landmeister Hermann Balk das Gut → Humpoletz des Dt. Ordens mit Patronatsrechten dort und in → Iglau hinzu. So bildete S. im Zuge des Landesausbaus eine bis ins 14. Jh. zur mähr. Grenze sich ausdehnende, teils auch dt. besiedelte Herrsch. mit Grangien aus. Nach einem Brand 1375 wiedererrichtet, wurde das Kl. 1420 und 1424 von den Taboriten ausgeraubt. Nachdem die Äbte sich nach Iglau zurückgezogen hatten, überließ Kg. Georg v. Podiebrad das Kl.-Gut 1468 den Trčka v. Leipa, denen es bis 1599 gehörte. Sie ließen im Kl. die »Trčka-Burg« errichten. Das Prämonstratenserkl. Strahov in → Prag kaufte das 1620 konfiszierte S. 1623 zurück. Das seit 1643 wieder selbst., 1645–46 von den Schweden beschädigte Kl. erlebte seit dem letzten Drittel 17. Jh. mit der Neuerrichtung des Konventsgebäudes durch Giacomo Antonio de Maggi 1680–88 die zweite Blütezeit, die – nach einem Brand 1712 – im Ausbau von Refektorium, Kapitelsaal und Biblio-

thek sowie bes. im barockgot. Wiederaufbau der Kl.kirche Mariä
Geburt durch Giovanni Santini gipfelte. Seit 1703 unterhielten die
Prämonstratenser in S. ein Gymnasium, das 1807 nach
→ Deutschbrod verlegt wurde. Nach einem Brand 1907 wurde der
Abtsbau neubarock wiedererrichtet. Noch um 1930 verfügte das Kl.
über Großgrundbesitz. 1950 wurde es geschlossen und war zunächst
Internierungslager für Kleriker, seit 1954 psychiatrische Anstalt, bis
1991 die Prämonstratenser zurückkehrten. – Der Prediger und Anführer der Huss. in der Prager Neustadt Jan Želivský (Johannes v. S.,
†1422) war urspr. Mönch des Kl. S. Der Komponist Bohuslav Martinů (1890–1959) lebte zeitweilig in S.   (VII) *Me*

LV 337, 221ff.; J.Zd. Charouz, Premonstrátský klášter Želiv, o. O. 1992; J. Dobiáš,
Dějiny královského města Pelhřimova a jeho okolí, Bde. 1–5, Pelhřimov 1927–70,
hier Bd. 1, 168ff., Bd. 2, 173ff.; J. Čechura, Zapomenuté listiny kláštera Želiv z
předhusitského období, in: JSH 57 (1988), 25–39; LV 721, 205–238; G. Kobliha,
Klášter v Želivě, o. O. 1896; LV 951, 355; V. Petrů, Klášter Želiv. Cestopisná črta,
Praha 1898; S. Roubíček, Latinské školy při klášteře želivském, in: SHK 18 (1917),
1–19; LV 513, 686–692; LV 283, Bd. 11, 119–130; LV 906, Bd. 4, 411–419.

Seelowitz → Großseelowitz

Sehuschitz (Žehušice, Bez. Kuttenberg). Am l. Ufer der mittleren
Doubravka, 6 km n. von → Časlau, wird 1352 erstm. der Pfarrort
»Zehussic« erwähnt. Seit 1430 sind als Besitzer die Herren Žehušický
v. Nestajov belegt, die 1547 den Besitz allerdings wegen Beteiligung
am Ständeaufstand durch Konfiskation verloren. 1564–98 war S. bei
den Herren v. Dohna, die die Herrsch. an die Herren v. Waldstein
verkauften, denen dann von 1661 bis 1913 die Gff. Thun-Hohenstein folgten. Die urspr. Feste des 14. Jh. wurde in der 2. H. 16. Jh. zu
einer vierflügeligen Anlage umgebaut, die aber nach Fertigstellung
des neuen Schlosses als reines Wirtschaftsgebäude genutzt wurde; E.
18. Jh. wurde der N-Flügel abgerissen und in einem Teil des Gebäudes eine Brauerei untergebracht. Gf. Michael Oswald Thun-Hohenstein (1631–94) ließ unweit davon am ö. Rand des Dorfes ein neues
Schloß errichten, das 1679 fertiggestellt war; dieses hat im Grundriß
die Gestalt des Buchstabens H, wobei der eingeschossige Vorder- und
Gartenflügel durch einen zweigeschossigen Mitteltrakt verbunden
sind. Gf. Joseph Matthias Anton Thun-Hohenstein (1794–1868) ließ
die Anlage 1826 im Empirestil umbauen; im sich anschließenden
Tiergehege wird seit 1830 eine Herde von weißen Hirschen gehalten. Am Marktplatz ließ Gf. Johann Joseph Thun-Hohenstein (1711–
88) 1760 an Stelle der ma. Markuskirche einen spätbarocken einschiffigen Neubau mit rechteckigem Chorabschluß errichten. – Im
Dorf, 1540–1601 und wieder seit 1865 Marktflecken, lebten 1869:

2555, 1991: 582 Eww. In der alten Feste wurde Johann Stich (1748–
1803), der unter dem Namen Giovanni Punto bekannte Komponist
und Waldhornist, geb.   (III) *Ke*

LV 905, Bd. 44, 384–411; LV 259, Bd. 6, 568–571; LV 952, Bd. 4, 822f.; LV 906,
Bd. 4, 405.

Selčan (Sedlčany, Bez. Příbram). Die 30 km ö. von → Příbram am
Flüßchen Mastník gelegene ehem. kgl. Bergstadt S. zählt zu den ältesten Siedl. in S-Böhmen, die im Rahmen der hochma. Kolonisa-
tionsbewegung unter den Přemysliden entstanden. Die Pfarrkirche
St. Martin wurde nach 1275 errichtet. 1294 erscheint S. als Marktdorf
des Ulrich v. Neuhaus. 1337 verpfändete Kg. Johann v. Luxemburg
S. im Zusammenhang mit Goldfunden in der Umgebung an Peter v.
Rosenberg. Um 1370 zählten zur Herrsch. S. als Bestandteil der Rosenberger Grundherrsch. 15 Dörfer und 3 Kleinstädte. Bereits um
1379 verfügte das 1353 zum Städtchen erhobene S. über 18 Fleischläden und mehrere Werkstätten hier ansässiger Tuchmacher. 1418 verlieh Ulrich v. Rosenberg S. in einem Privileg Freiheiten, die denen
einer kgl. Stadt gleichkamen. Im Juli 1419 beteiligten sich auch Eww.
aus S. an den huss. Bergwallfahrten. Zwar bekannten sie sich offen zu
den Vier Prager Artikeln, mußten auf der anderen Seite jedoch ihrem
auf seiten Kg. Sigismunds stehenden Stadtherrn Gehorsam leisten.
1425 wurden in S. mehrere huss. Landedelleute hingerichtet, kurz
danach fiel die Stadt vorübergehend an die Taboriten. Die durch
zahlr. Kriege zunehmend verschuldeten Herren v. Rosenberg verpfändeten und verkauften später viele Dörfer der Herrsch. S. an die
Herren v. Lobkowitz, so 1476 auch S. selbst. Im 16. Jh. erreichte die
Herrsch. nahezu ihre urspr. Größe. Mehrere Marktprivilegien förderten die wirtsch. Entw., unter den einheimischen Zünften dominierten die Tuchmacher. 1524 wird erstm. das städt. Spital erwähnt.
Wenngleich sich die Herren v. Lobkowitz zum Kath. bekannten,
neigten die Eww. dem Utraqu. zu. 1580 erwarb Jakob Krčín v. Jelčany S., 1604 folgte ihm Zdenko Adalbert Popel v. Lobkowitz als
Stadtherr. Der Beteiligung von S. am böhm. Ständeaufstand 1618–20
folgte die gewaltsame Rekatholisierung. Im 30jähr. Krieg wurde die
Stadt 1643 und 1645 von den Schweden gebrandschatzt. Erst M.
18. Jh. hatte sie sich von den Kriegsfolgen erholt. Landwirtschaft und
Kleingewerbe bestimmten das wirtsch. Gepräge. Im 19. Jh. setzte die
fabrikmäßige Textilherstellung ein. Aus S. stammt der humanistische
Gelehrte Petrus Codicillus (1553–89), der als geistl. Schreiber des
Prager utraqu. Konsistoriums einer der Urheber der »Confessio Bohemica« von 1575 war. Von der St.-Martins-Kirche haben sich der
frühgot. Turm, Sakristei und Hauptportal erhalten; 1864 wurde die

Kirche baulich verändert. Die an der Stelle einer urspr. Franziskaner-
kapelle 1732–35 erbaute einschiffige Kirche Mariä Himmelfahrt
weist eine barocke Innenausstattung auf. – 1869: 2457, 1910: 2611,
1950: 2397, 1991: 7959 Eww. (VI) *Krz*

LV 639, 95; E. Ježek, Sedlčany v době utraquismu 1420–1620, Sedlčany 1937; ders.,
Z dějin města Sedlčan, in: VSP 15 (1979), 7–50; L. Heller/B. Souček, Kříž a kalich
na Sedlčansku, Sedlec [u. a.] 1948; LV 643, 89–112; J. Pánek/E. Procházková,
Hrdelní soudnictví města Sedlčan v 15.–18. století, in: VSP 16 (1979–1981), 23–87;
LV 906, Bd. 4, 297ff.; St. Polák, Rožmberská kapitola z dějin Sedlčan, in: SSH 8
(1974), 135–161; LV 569, Bd. 1, 60; LV 279, Bd. 3, 24ff.; J. Sláma, K historické
problematice raně středověkého osídlení Benešovska a Sedlčanska, in: SVPP 17
(1976), 27–39.

Semil (Semily). Die im 14. Jh. unweit der Iser entstandene Festung S.
wurde erstm. 1352 als Besitz der Herren v. Lämberg erwähnt und ist
im 15. Jh. als Herrensitz belegt. Die Herrsch. befand sich seit 1542 im
Besitz der Smiřický v. Smiřitz, die in der Umgebung Glashütten anlegen ließen; S. wurde im 16. Jh. zur Stadt mit Ratsverfassung erhoben. Nach 1622 an Albrecht v. Wallenstein abgetreten, kam es
1634 an den österr. Oberst Nikolaus Desfours (†1661) und wurde
1646–60 rekatholisiert. Das 2. H. 17. Jh. 40 Häuser zählende S.
brannte 1691 ab; aus der Wiederaufbauzeit sind das – im Bauernaufstand 1775 verwüstete und später mehrfach umgebaute – Schloß
(1698–1702) und die barocke Friedhofskirche Johannes des Täufers
(1723–27) erhalten. Seit M. 19. Jh. nahm der 1855 an die Eisenbahnlinie Reichenberg–Pardubitz angeschlossene Ort durch den Aufbau
von etwa einem Dutzend Fabriken mit mechanischen Webstühlen
einen Aufschwung zu einem industriellen Zentrum und wurde zur
Bez.-Stadt erhoben. In S. wurde der tsch. Politiker František Ladislav
Rieger (1818–1903) geb., der nach 1860 neben seinem Schwieger-
vater Franz Palacký die tsch. Nationalpartei anführte und 1879–91 im
österr. Reichsrat die alttsch. Fraktion vertrat. – 1834: 1706, 1900:
3200, 1980: 8464 Eww. (III) *Bb*

J. Gotthard, Okres Semily, Praha 1932; LV 259, Bd. 6, 417f.; F. Mizera, Paměti
města Semil a okolí, Semily 1930; LV 952, Bd. 4, 40f.

Senftenberg (Žamberk, Bez. Wildenschwert). Das im Adlergebirgs-
vorland an der Wilden Adler gelegene S. wurde erstm. 1332 erwähnt
und gehörte nacheinander zu den Herrsch. → Landskron,
→ Pottenstein und → Žampach. Nach 1568 entstand eine Herrsch.
S., als deren Mittelpunkt Nikolaus v. Bubna und Lititz um 1600 ein
Renaissance-Schloß errichten ließ, das 1643 ausbrannte. Unter Franz
Adam v. Bubna und Lititz (†1711), der das Schloß barock umbaute
sowie die Schloßkapelle Mariä Himmelfahrt (1691) und die auf einer

Anhöhe w. der Stadt gelegene, den Pestheiligen geweihte Kapelle am Rosalienberg (1682) errichtete, wurde S. Zentrum einer größeren Herrsch. Bedeutendstes barockes Bauwerk ist die Kirche St. Wenzel (1729–38). Eine jüd. Gem. wurde 1654 erstm. erwähnt. Auf dem in der 2. H. 17. Jh. angelegten jüd. Friedhof sind Grabsteine aus dem 18. Jh. erhalten. Die 1810/11 anstelle eines älteren, erstm. 1666 belegten Gotteshauses erbaute und mehrfach erneuerte Synagoge dient heute der tsch. huss. Kirche. Die Herrsch. S. umfaßte 1808 beim Verkauf an Verian Alfred v. Windischgrätz, der 1810–14 das Schloß im Empirestil umbauen ließ, 23 Dörfer. 1815 gingen Herrsch. und Schloß an die Fam. Parish über. John Parish ließ 1845 das Catherine-Hospital errichten (heute Stadtmuseum). Seit dem 19. Jh. siedelte sich Textilindustrie an. In dem nach S. eingemeindeten Helkowitz wurde Wenzel Prokop Diviš (1696–1765), der Erfinder des Blitzableiters, geb. – 1980: 6188 Eww. (IV) *Bb*

LV 864, 179f.; LV 259, Bd. 6, 563–565; LV 952, Bd. 4, 803; J. Štech, Žamberskovlastivědný popis, Žamberk 1933; J. Weiner, Kleine Heimatkunde des politischen Bezirkes Senftenberg, Katscher 1888.

Serowitz (Žirovnice, Bez. Pilgram). Kern der slaw. Siedl. ist die wohl 2. H. 13. Jh. errichtete Spornburg. Unter den Besitzern ist zuerst 1345 Ulrich III. v. Neuhaus erwähnt. 1485 erwarb der im Erzhandel aufgestiegene Kuttenberger Wenzel Wenzelik v. Wrchowischt die Herrsch., ließ die Burg ausbauen und mit spätgot. Wandmalereien schmücken, darunter die Darstellung eines unter Burg S. errichteten Hüttenwerks. 1564 ging die Herrsch. wieder an die Herren v. Neuhaus, die sie um → Počatek erweiterten. Sie bauten die Burg zum Renaissance-Schloß um. Unter den Gff. Slawata brachte der 30jähr. Krieg durch Schweden und Kaiserliche schwere Verluste. Die Pfarrkirche St. Philipp und Jakob entstand vor M. 14. Jh., wurde nach der Zerstörung durch die Schweden Filialkirche von → Počatek (bis 1729) und 1713 wiedererrichtet, stand bis 1773 unter dem Patronat der Neuhauser Jesuiten und wurde 1868–72 neuerbaut. 1693 erbten die Gff. Sternberg die Herrsch. und erneuerten das baufällige Schloß für Amtszwecke und Beamtenwohnungen. In die von Landwirtschaft und Tuchmacherei geprägte Stadt hielt 1858 die Industrialisierung mit einer Textilfabrik Einzug. S. entwickelte sich zum Zentrum der böhm. Knopffabrikation aus eingeführtem Perlmutt, die bis weit ins 20. Jh. überwiegend als Hausindustrie betrieben wurde. 1850 kam S. an den Bez. Počatek. Die Gff. Sternberg verkauften 1910 Gut und Schloß an die Stadt S. Das 1964 teilw. ausgebrannte Schloß wurde sorgfältig wiederhergestellt und als Stadtmuseum eingerichtet. – 1842: 1612, 1900: 2582, 1930: 2918, 1949: 2379, 1994: 3112 Eww. – In dem bei S. gelegenen Dorf Stitna wurde um 1333

Thomas v. Štítný geb. († nach 1400), kleinadeliger Besitzer des dortigen Gutes, auf dem er bis 1381 lebte. Als Übersetzer und Autor von Erbauungsliteratur, die eine wichtige Entwicklungsstufe der tsch. Prosa bildet, gehört er in die Reihe der vorhuss. Reformer. 1901 wurde am Ort der untergegangenen Feste Stitna eine Gedenkstätte für Thomas v. Štítný errichtet.   (VII) *Me*

LV 259, Bd. 5, 192, 223ff.; J. Krása, Nástěnné malby žirovnické zelené světnice, in: UM 12 (1964), 282–300; LV 513, 661; LV 279, Bd. 4, 112–120, 121–124; LV 283, Bd. 10, 210–214; LV 905, Bd. 18, 306–324; LV 906, Bd. 3, 510, Bd. 4, 429–432.

Sichrow (Sychrov, Bez. Reichenberg). Der 8 km nw. von → Turnau gelegene Ort fand erstm. 1367 unter dem Namen »Svojkov« im Besitz der Herren Kyj v. Kyjov Erwähnung. Das Dorf wurde nach der Schlacht am Weißen Berg konfisziert und 1628 an Albrecht v. Wallenstein übergeben, dem versch. Besitzer folgten. Von diesen ließ Vincenz Lamotte v. Frintropp an Stelle des alten Herrenhauses 1690–93 ein kleines Barockschloß errichten, welches zugleich dem Ort seinen heutigen Namen gab. 1820 erwarben die frz. Fstt. Rohan das Schloß und leiteten dessen neugot. Umbau (1847–62) sowie die Anlage eines engl. Schloßparks mit zahlr. Baumarten in die Wege. Das Schloß besitzt eine Bibliothek und eine frz. Porträtsammlung, die zu den bedeutendsten außerhalb Frankreichs gehört. Hier befindet sich außerdem eine Gedenkstätte für den Komponisten Antonín Dvořák (1841–1904), der oft als Gast auf Schloß S. weilte. – 1991: 170 Eww.   (III) *Hol*

R. Anděl, Sychrov. Státní zámek, Frydlant 1975; LV 259, Bd. 3, 455–458; LV 952, Bd. 4, 265; LV 906, Bd. 3, 494ff.; Zd. Wirth, Sychrov, státní zámek a památky v okolí, Praha 1968.

Sión (Bez. Kuttenberg). Johann Roháč v. Dubá, der nach 1421 Güter des Wyschehrader Kapitels in Besitz genommen hatte, errichtete an der Stelle einer seit 1352 als Hradek bezeugten Burgwallanlage ö. des sw. von → Maleschau liegenden Pfarrdorfes Chlistowitz seit 1426 eine Burg auf einem Felsvorsprung über dem r. Ufer der Vrchlice. Roháč v. Duba war nach der Schlacht von Lipan 1434 der bedeutendste Gegner eines Kompromisses mit Kg. Sigismund und verstärkte in dieser Zeit die Befestigung seiner, unter Rückgriff auf biblische Symbolik S. genannten Festung. Diese wurde nach dem Fall von → Königgrätz im März 1437 von Mai bis September vergeblich belagert, bis sie nach Eintreffen weiterer ungar. Truppen am 6.9.1437 eingenommen wurde; Johann Roháč v. Dubá und die letzten Verteidiger wurden am 9.9. auf dem Prager Altstädter Markt gehängt. Die zur Burg gehörenden Güter wurden 1581 mit der Herrsch. Maleschau vereinigt. M. 19. Jh. entwickelte die Burg große Symbolkraft im tsch. Nationalbewußtsein, was den damaligen Besitzer der Herrsch., Karl Dalberg-Ostein, dazu veranlaßte, 1870 die letzten größeren Mauerreste abzutragen. (III) *Ke*

J. Čechura, Sión a Kunětická Hora: Hrady husitské revoluce?, in: HT 5 (1982), 152–163; J. Durdík, Husitské vojenství, Praha 1954, 156f.; LV 259, Bd. 6, 444ff.; E. Jánská, Archeologický výzkum hradu Sión, in: AR 15 (1963), 220–247; M. Kaňák, Vyznamné postavy husitského revolučního hnutí, [masch.] Praha 1960, 173–178; J. Macek, Die Hussitenbewegung in Böhmen, Prag 1965, 87f.; LV 879, Bd. 2, 221; LV 952, Bd. 4, 61f.; LV 279, Bd. 12, 135–138.; LV 906, Bd. 3, 316.

Skutsch (Skuteč, Bez. Chrudim). Das 22 km sö. von → Chrudim gelegene S. wurde erstm. 1289 als Besitz der kgl. Kammer urk. erwähnt. Vorausgesetzt werden darf die Existenz einer älteren Befestigungsanlage. Im 14. Jh. besaß S. bereits den Status einer Untertanenstadt und gehörte, nach 1538 zum Städtchen abgesunken, zur Herrsch. der Burg → Richenburg. Im 19. Jh. entwickelte sich vor allem die Schuhherstellung, die bis heute neben der Textilproduktion den Hauptindustriezweig bildet. Im Zusammenhang mit dem Bau der Eisenbahnstrecke Pardubitz–Deutschbrod begann man hier hochwertigen Granit in großen Steinbrüchen abzubauen. Vom urspr. ma. Stadtbild blieb am besten das spätgot. sog. Zvěřinův-Haus mit Gewölben aus dem 16. Jh. im Erdgeschoß erhalten. Den Markt beherrscht die Dekanatskirche Mariä Himmelfahrt mit ihrem 30 m hohen Turm. Die zweite Stadtkirche Corpus Christi diente urspr. als Spitalkirche und wurde nach Plänen des Prager Baumeisters Peter Loutka 1385–91 im Auftrag Smils Flaška v. Pardubitz erbaut. – 1848: 3600 (nur Tsch.), 1900: 4000, 1950: 3000, 1991: 5206 Eww.
(III/VII) *Vor*

J. Frolík, Archeologické nálezy a minulost Skutečska, Skuteč 1985; V. Kurz, Skuteč a Skutečsko, Skuteč 1967; LV 279, Bd. 1, 92; K. Zástěra, Skuč a okolí, Skuteč 1896.

Slatinan (Slatiňany, Bez. Chrudim). Das 3 km s. von → Chrudim gelegene S. wurde erstm. 1294 erwähnt. E. 14. Jh. befand sich hier ein Kastell mit Herrenhof und Dorf, das dem lokalen Adel gehörte. 1525 erwarb die Stadt Chrudim das Gut, verlor es jedoch erneut nach dem gescheiterten Ständeaufstand 1547. 1575 ließ der neue Besitzer, Bohuslav Mazanec v. Friedberg, das Kastell durch den Baumeister Ulrico Aostalli zu einem Renaissance-Schloß umbauen. Nach 1622 wurde S. vorübergehend der Herrsch. → Richenburg eingegliedert. Unter Adam Burghardt v. Voděrady, der das Schloß nach 1669 umgestalten ließ, sowie von 1747–1942 unter den Auersperg war S. erneut Herrensitz. Die heutige Gestalt des Schlosses geht auf die 1898–1901 erfolgte Rekonstruktion zurück. Der Bau der Eisenbahnstrecke Prag–Pardubitz 1871, der auch S. erreichte, wirkte sich positiv auf die

beginnende Industrialisierung aus. 1911 erhielt S., um 1900 ein beliebtes Erholungszentrum, den Status eines Städtchens. – 1848: 630,
1900: 1800, 1950: 2600, 1991: 4049 Eww.   (III) *Vor*

V. Hanus [u. a.], Chrudimsko a Nasavrcko, Bd. 4, Chrudim 1926, 435–445; LV
259, Bd. 6, 451ff.; LV 279, Bd. 1, 147–152.

Smečno (Bez. Kladno). Stadt und Schloß liegen in sanft hügeliger
Landschaft, 6 km sw. von → Schlan. 1252 wurde S. erstm. erwähnt.
1416–18 erwarb Marquardt v. Martinitz das Dorf. Um 1460 ließ dessen Sohn Bořita (†1479) das hiesige Kastell zu einem spätgot. Adelssitz
mit der St.-Annen-Kapelle im O-Turm umbauen. Die pol. Karriere
der zu Bořitas Ehren Bořita v. Martinitz genannten Fam. ma-
nifestierte sich auch im Aufstieg von S., das 1510 den Status eines
Städtchens erhielt. 1515 erreichten die Herren Bořita v. Martinitz die
Erhebung zur Stadt. Deren Areal konzentrierte sich um den straßen-
förmigen Markt. Auf w. Seite schloß ihn die got. Dekanatskirche zur
Hl. Dreifaltigkeit ab, die E. 16. Jh. zu einer dreischiffigen Basilika im
Renaissancestil verändert und später nach Plänen von Kilian Ignaz
Dientzenhofer barockisiert wurde; dahinter lag der Herrensitz. In die
Stadt führten 3 Tore, doch gab es keine Befestigung. Um 1580 ließen
die Herren Bořita v. Martinitz das ihren adeligen Repräsentations-
bedürfnissen nicht mehr genügende Kastell zu einem Renaissance-
Schloß umbauen. In die vierflügelige Anlage wurden 2 Bastionen des
alten Kastells eingefügt. Die Umbauten, die teilw. auch die Stadt mit
einbezogen, fanden A. 17. Jh. unter Jaroslav Bořita v. Martinitz
(†1649) ihren Abschluß. Als eifriger Kath. zählte dieser Adelige zu
den beiden Statthaltern, welche die aufgebrachten prot. Stände am
23.5.1618 aus einem Fenster der Böhm. Kanzlei auf der Prager Burg
warfen. Den Sieg Kg. Ferdinands II. nutzte Jaroslav Bořita v. Martinitz zu einer weiteren Festigung der Stellung seiner Fam., deren Besitzungen er nahezu verdreifachen konnte. Die in den Gff.stand erhobenen Herren Martinitz zählten zu den treuesten Stützen der Habs.
Die im 30jähr. Krieg Schloß und Stadt u. a. durch den sächs. Einfall
von 1632 zugefügten Schäden waren bald behoben. Die Martinitz –
seit E. 18. Jh. aufgrund der Ehe der Erbin des letzten Martinitz mit
Karl Josef Reichsgf. v. Clam: Clam-Martinitz – ließen S. im barocken
und nachfolgend auch im klassiz. Stil umgestalten. Nach dem Ersten
Weltkrieg wurde der Besitz der Clam-Martinitz konfisziert. – 1900:
2531, 1950: 2405 und 1991: 1646 Eww.   (II) *Žem*

J. Hons, Martinický velkostatek Smečno a jeho nejstarší urbář, in: SSH 4 (1969),
77–104; LV 769, Bd. I/7, 181–194; LV 279, Bd. 8, 119–140; LV 283, Bd. 13, 57–67;
LV 905, Bd. 20, 275–318; LV 906, Bd. 3, 425–430.

Smiřitz (Smiřice, Bez. Königgrätz). Das in der fruchtbaren Elbniederung der sog. Goldenen Rute, 10 km n. von → Königgrätz gelegene S. wurde als Siedl. mit einer Wasserfeste M. 13. Jh. gegr. Zunächst im Besitz der Herren v. Wartenberg, fiel es 1406 an die Herren Smiřický v. S.; 1415 unterzeichnete Wenzel Smiřický v. S. den Protestbrief böhm. Adeliger an das Konstanzer Konzil. 1417 bezeugen die Quellen erstm. Johann Smiřický v. S., den späteren Huss.hauptmann und Politiker. Seit 1498 gehörte S. den Trčka v. Leipa. In die Regierungszeit Wilhelms Trčka v. Leipa (1540–62) fällt der Umbau des alten Kastells zu einem Renaissance-Schloß. Nach der Schlacht am Weißen Berg fiel der Besitz der Konfiskation anheim (die grundherrlichen Güter umfaßten 46 Dörfer), 1634 folgten als neue Besitzer die Gff. Gallas. Unter Gf. Matthias v. Gallas nahmen die Schweden 1645 S. ein. Nach weiteren Umbauten fiel der Besitz 1685 an die Sternberg, die 1699–1713 eine Schloßkapelle nach Plänen von Kilian Ignaz Dientzenhofer anbauen ließen. Häufig wechselnde Besitzverhältnisse bestimmten die weitere Entw.; 1780–1848 und 1881–1918 gehörte S. der ksl. Hofkammer; im Schloß waren in dieser Zeit Verw.-Beamte untergebracht. 1863–81 ließ der damalige Eigentümer, der Reichenberger Unternehmer Johann Liebig, die Anlage als Wohnsitz umfassend restaurieren. 1918 folgte die Verstaatlichung (seither Landwirtschaftsschule). – Während in der 2. H. 19. Jh. neben der Landwirtschaft Kleingewerbe vorherrschte, prägen heute eine Zuckerfabrik und ein Elektrizitätswerk die Wirtschaft der Kleinstadt. – 1890: 2247, 1930: 2236, 1991: 3084 Eww.   (III) *Ben/Krz*

A. Chalupa, Panství Smiřice a jeho poddaní v polovině 17. století, in: HK 2 (1958), 197–214; J. Korán/K. Michl/J. Zachálka, Smiřice, Hradec Králové 1975; P. Křížek/M. Řezník, Hrady, zámky a tvrze na Královéhradecku, Hradec Králové 1992, 85ff.; V. Pešák, Panství rodu Smiřických v letech 1609–1618, in: SAMV 13 (1940), 7–203; V. Richter, Zámecká kaple ve Smiřicích, in: SPFFBU 4 (1955), 93–108; O. Stefan, Šternberská kaple ve Smiřicích a její význam v dějinách české barokní architektury, in: Sborník k 70. narozeninám K. B. Mádla, o. O. 1929, 1–42; J. Zeman, Kulturní obraz ze Smiřic, Náchod 1911.

Soběslau (Soběslav, Bez. Tabor). Die 16 km s. von → Tabor gelegene Stadt wurde erstm. 1293 urk. als Besitz der südböhm. Herren v. Rosenberg erwähnt. E. 14. Jh. erteilte Heinrich v. Rosenberg S. nach dem Vorbild kgl. Städte Privilegien, die eine Befestigung gestatteten. 1385 erwähnen die Quellen erstm. die örtl. Burg, auf der bis zum Beginn der Huss.kriege die Rosenberger Burgff. residierten. 1394 wurde Kg. Wenzel IV. hier von den gegen ihn rebellierenden böhm. Herren kurzzeitig gefangengehalten. Nach 1420, als S. der Herrsch. → Chausnik inkorporiert wurde, hatten zahlr. Beamte der Rosenberger hier ihren Sitz. Als Untertanenstadt des kath. Ulrich v. Rosenberg wurde S. in den Huss.kriegen zweimal niedergebrannt. 1421 zog Jan Žižka in die Stadt ein, 1435 hinterließen die Taboriten trotz ihrer Niederlage bei Lipan 1434 hier noch einmal ihre Spuren. In den milit. Auseinandersetzungen der sog. Grünberger Liga mit Kg. Georg v. Podiebrad nach 1460 wurde Johann v. Rosenberg gezwungen, die Burg S. an den Führer der Liga Zdeněk v. Sternberg abzutreten. Johanns Sohn Wok erwarb die Feste 1481 zurück, die bis zum Aussterben der Rosenberger 1611 in deren Besitz blieb. Im 16. Jh. erlebte die Stadt eine wirtsch. Blüte, zu der auch der Erwerb einiger Dörfer in der Umgebung beitrug. Der letzte Rosenberger, Peter Wok, stattete S. mit zahlr. Privilegien aus; in seinem Testament verfügte er die Gründung einer prot. Schule als Gegengewicht zu den südböhm. Jesuitenkollegien. Der Testamentsvollstrecker und Erbe der Rosenberger, Johann Georg v. Schwanberg, ließ für diese Schule den S-Trakt der Burg umgestalten; die Schule wurde nach der Niederschlagung des böhm. Ständeaufstandes von 1618–20 geschlossen. Danach teilte S. das Schicksal der Herrsch. → Wittingau, der S. am E. 16. Jh. von Peter Wok v. Rosenberg angegliedert worden war. Als Konfiskat fiel S. an Ks. Ferdinand II. Bis M. 17. Jh. verarmte die Stadt, die im 30jähr. Krieg als Besitz der Ehzgg. Ferdinand und Leopold Wilhelm schwere Schäden erlitten hatte. 1660 kam die Herrsch. dauerhaft an Johann Adolf v. Schwarzenberg und dessen Nachfahren. Der Anschluß an die Eisenbahnstrecke Prag–Wien nach 1870 begünstigte einen wirtsch. Aufschwung infolge der Gründung mehrerer Betriebe zur Textil- und Nahrungsmittelherstellung. Zu den Wahrzeichen der Stadt gehört die nach 1375 von Ulrich v. Rosenberg als Spitalkirche gegr., später mehrfach veränderte Veitskirche, die zu den ältesten zweischiffigen got. Hallenkirchen S-Böhmens gehört. Den Hauptplatz zieren zahlr. Renaissance-Häuser, das barocke Alte Rathaus und ein kleines Museum mit Trachten und Volkskunst aus der Region. In den Randdörfern von S. finden sich zahlr. Beispiele für den sog. Bauernbarock, gemauerte Gutshäuser mit oft geschlossenen Höfen und barocken Giebeln. – 1850: 3491, 1900: 3771, 1950: 4500 und 1991: 7073 Eww. (VII) *Mik*

V. Bůžek, Renesanční domácnost soběslavského primátora Řehoře Smrčky ze Sabinova, in: TA 3 (1991), 34–51; R. Cikhart, Popis Táborska, Tábor 1947, 139–147; LV 248, 264; M. Hradilová, Soběslavské kšafty z let 1455–1523, in: TA 4 (1992), 47–107; LV 259, Bd. 5, 175; Jubilejní sborník městského muzea v Soběslavi 1897–1947, Soběslav 1947; L. Lancinger/J. Muk, Hradní palác v Soběslavi, in: CB 1 (1989), 159–169; J. Lintner, Soběslav 1390–1940, Soběslav 1941; LV 569, Bd. 1, 443f.; LV 279, Bd. 3, 155–168; LV 906, Bd. 3, 380–383.

Sobrusan (Zabrušany, Bez. Teplitz). Etwa 300 m n. der Straßenkreuzung von S. finden sich in Richtung Wschechlab die Relikte einer slaw. Burgstätte mit Funden aus dem 9.–10. Jh.; die Forschung geht davon aus, daß es sich bei dieser Fortifikation um die in den Fuldaer Annalen für 857 im Zusammenhang mit einem Heerzug der Franken nach Böhmen genannten »civitas Wistrachi ducis« handelt, dessen Sohn Slavitah anschließend nach Mähren floh. Kontakte zum Großmähr. Reich belegt das ungewöhnlich reiche Ensemble von Schmuckgegenständen aus dem sog. Fürsten-Hügel, in unmittelbarer Nähe der etwa 1 km sw. gelegenen Ortschaft Schellenken. In S. befand sich das urspr. Zentrum der slaw. Lemuser, das nach der Errichtung des Burgwalls in → Bilin aufgegeben wurde. Das Dorf S., in dem sich im MA eine Feste befand, wurde erstm. 1207 erwähnt. – 1930: 981 (davon 291 Tsch.), 1991: 264 Eww. (II) *Sm*

A. Rusó, Příspěvek k poznání slovanského hradiště v Zabrušanech, Teplice 1991; J. Sláma, Civitas Wiztrachi ducis, in: HG 19 (1973), 433–445.

Sonnberg (Žumberk, Bez. Budweis). Das Dorf S. wurde M. 13. Jh. am Rand eines Grenzwaldes gegr.; als erster Besitzer des got. Kastells wird 1279 ein gewisser Engelschalk mit seinen Brüdern erwähnt. Unter Pavlík v. S. wurde das Kastell 1382–1412 umgebaut und befestigt. Aus dieser Zeit stammt auch die urspr. got. Kirche Johannes des Täufers. Heinrich Pouzar v. Michnitz, dem S. 1549–1600 gehörte, ließ das Kastell im Renaissancestil umbauen und das gesamte Dorf mit einer steinernen, von 6 zylinderförmigen Türmen unterbrochenen Mauer einfrieden. 1602 erwarb Peter Wok v. Rosenberg S., überließ dieses jedoch 1610 seinem Sekretär Theobald Hock v. Zweibrücken, der weitere Umgestaltungen im Renaissancestil durchführte. 1618 wurde S. der Herrsch. → Gratzen eingegliedert, deren Besitzer Peter v. Schwanberg als Teilnehmer des Ständeaufstandes seine Güter verlor. Ks. Ferdinand II. schenkte 1620 das Gut S. seinem General Gf. Karl Bonaventura Buquoy. Nach 1780 wurden Kastell und Landbesitz an die Untertanen veräußert. – 1900: 320 (nur Dt.), 1921: 629 (95% Dt.), 1950: 98, 1991: 28 Eww. (VII) *Bůž/Gr*

V. Bok, Poznámky k životu a dílu Theobalda Höcka z Zweibrückenu, in: OH 3 (1993), 233–240; LV 905, Bd. 42, 433–444; LV 879, Bd. 2, 494; LV 906, Bd. 4, 447ff.; LV 279, Bd. 3, 244–251; E. Schneider [u. a.], Památník venkovského lidu v Žumberku, České Budějovice 1981; A. Teichl, Geschichte der Herrschaft Gratzen mit Zugrundelegung des Urbars vom Jahre 1553, Gratzen 1899; LV 289, 364ff.; A. Vávra, Gratzenerland, České Budějovice 1992, 63–67.

Spitinau (Spytihněv, Bez. Zlin). Die Anfänge des 18 km sw. von → Zlin gelegenen Dorfes S. bleiben umstritten, doch ist der Name urk. sicher für 1141 bezeugt. Er leitet sich verm. von Spytihněv II., einem Angehörigen der přemyslidischen Herrscherdynastie, her, der zu jener Zeit in S. eine Fürstenburg erbauen ließ. Diese diente als milit. und Verw.-Zentrum eines umfangreichen Territoriums zu beiden Ufern der March. Die Funktion eines geistl. Mittelpunktes erfüllte die auf der Burg gelegene Kirche. Archäolog. Ausgrabungen bezeugen, daß dieses »castrum Zpitignew« um 1200 unterging, wobei verm. die Wucht des Wassers den Ausschlag gab. Im Zusammenhang mit der Ausdehnung der přemyslidischen Macht nach S verlor der Ort an Bedeutung, seine Funktionen übernahmen andere Wehranlagen. 1318 fiel S. an das Btm. Olmütz, 1582 verkaufte der Bf. den Besitz an Adelige; seither ist der Ort ein unbedeutendes, von der Landwirtschaft geprägtes Dorf. – 1991 rund 1600 Eww. (V) *Šta*

B. Novotný, Výzkum přemyslovského ústředí »castrum Zpitignew« z 11.–12. století a rekonstrukce jeho údělu v archeologických a písemných pramenech, in: AH (1978), 183–212; Spytihněv. Monografie nejstarší vesnice slovácké, Spytihněv 1932; LV 4 (Gottwaldov), 252f.

Staab (Stod, Bez. Pilsen-Süd). Das am l. Ufer der Radbusa an einem nach Bayern führenden Weg gelegene Dorf St. schenkte 1235 Kg. Wenzel I. dem Frauenzweig des Prämonstratenserkl. → Chotěschau. 1315 erhob dieses St. zum Städtchen. Im 15. Jh. diente St. als Pfandschaft, seit A. 16. Jh. bis 1782 standen erneut die Chotěschauer Prämonstratenserinnen St. als Obrigkeit vor. Bis 1822 gehörte es dem Religionsfonds, danach den Gff. v. Thurn und Taxis. 1850 erhielt der Ort den Status einer Stadt, in dem staatl. Behörden ihren Sitz nahmen. Bis E. 17. Jh. dominierte das tsch. Element, danach kam es zu einer schrittweisen Germanisierung, nach 1918 stellten die Tsch. lediglich 25% der Eww.schaft. Die Landwirtschaft prägte das wirtsch. Leben, einige Bewohner fanden in den umliegenden Gruben, der Brauerei sowie in einer Ziegelfabrik Arbeit. Auf dem r. Flußufer liegt im S-Teil der Stadt auf einer Anhöhe die dreischiffige im Empirestil erbaute Marienkirche, die urspr. von 1567 stammt und 1841–49 neu errichtet wurde. 1652 wurde in St. der Schriftsteller und Historiker Johann Florian Hammerschmidt (†1735) geb. – 1843: 1412, 1890: 2285, 1930: 3298 (davon 2362 Dt.), 1950: 2666, 1991: 3582 Eww.

(I) *Pe*

J. Justová, Slovanské hradiště v Hradci u Stoda a Stodsko v raném středověku, in: PA 70 (1979), 131–212; N. Möhler, Geschichte der Stadt Staab, Staab 1924; LV 507², 261f.; LV 701, 228ff.; J. Pohl, Poštovská trať Praha-Plzeň-Kleneč, Plzeň 1907, 18f.; LV 905, Bd. 30, 187–195; V. Tyr, Stříbrsko, Plzeň 1929, 156–159.

Staditz (Stadice, Bez. Aussig). In der Umgebung der 8 km sw. von → Aussig gelegenen Gem. St. entdeckte man zahlr. Funde aus prähist. Zeit. Der Cosmas-Chronik nach stammt der Begründer der böhm. Přemyslidendynastie, Přemysl der Pflüger, aus St., wo ihn die Boten der Fstn. Libussa vom Pflug weg an den Prager Fürstenhof riefen. In

Anlehnung an diese Legende befreite Ks. Karl IV. 3 bäuerliche Anwesen 1359 von der Fron. Dafür erlegte er deren Besitzern auf, jährlich an den kgl. Tisch Nüsse vom sog. Přemysl-Haselstrauch zu entsenden. Der Brauch ist bis 1701 belegt. Im SW des Ortes liegt an der
nach Groß-Tschochau führenden Straße das sog. Königsfeld, wo seit
1841 ein Denkmal Přemysl des Pflügers mit 3 gußeisernen Reliefs
und einem bronzenen Pflug steht, das auf Initiative des Gf. Erwein v.
Nostitz hin der Bildhauer Josef Max entworfen hatte. St. bildet heute
einen Ortsteil von Groß-Tschochau. – 1991: 140 Eww.   (II) *Sm*

F. K. Hillardt, Přemysls Denkmal auf dem Königsfelde bei Staditz, Prag 1841; H.
Lipser, Die Staditzer Freisassen, in: BHAK 15 (1935), 18–24; J. Sláma, Slepé uličky
archeologie, Praha 1977, 246–253; J. Weyde, Zum Przemysldenkmal in Staditz, in:
BHAK 9 (1929), 39–41; J. Zbíral, Stadice, Trmice 1923.

Stadt Lauterbach → Lauterbach Stadt

Stadt Liebau (Město Libavá, Bez. Olmütz). Die etwa 25 km ö. von
→ Sternberg gelegene Kleinstadt, die verm. in der 2. H. 13. Jh. durch
das Prämonstratenserkl. Hradisch bei → Olmütz gegr. wurde, ist
erstm. 1301 als »Lubavia« schriftl. belegt. Zw. 1301 und 1305, als in
der Umgebung Bergbau betrieben wurde, befand sich die Stadt, die
Leobschützer Recht besaß, in kgl. Besitz. Danach fiel sie an das Olmützer Kapitel und wurde 1323 den bfl. Besitzungen inkorporiert.
Dennoch bekannte sich die vorwiegend dt. Bev. im 16. Jh. zum
Prot., seit 1563 existierte eine luth. Pfarrei. Dem Widerstand gegen
den Olmützer Bf. 1619 folgte eine gewaltsame Rekatholisierung;
1629 erhielt St. L. allerdings seine Privilegien zurück. An die Stelle
der im 17. Jh. bei einem Brand vernichteten Kirche trat 1817 der
heutige Bau. Die Zünfte in St. L. (1728: 10), Gewerbe und Industrie
besaßen lediglich lokale Bedeutung. 1850–1939 amtierte in St. L. das
Bez.-Gericht. Nach Kriegsende 1945 wurde die dt. Bev. zwangsausgesiedelt; die Stadt ist seither Zentrum eines ausgedehnten milit.
Übungsgeländes der tschsl. Armee. – 1869: 2555, 1900: 2483, 1930:
2113 (davon 37 Tsch.), 1950: 5063, 1991: 912 Eww.   (V) *Sp*

K. Berger, Zur Geschichte der Stadt Liebau, in: ZVGMS 20 (1916), 272–321; Heimatbuch Stadt-Liebau. Stadt-Liebau und seine Geschichte 1238–1946, Marburg
1983; LV 290, Bd. II/51, 160–185.

St'ahlau (Šť'áhlavy, Bez. Pilsen-Süd). Das 13 km sö. von → Pilsen
auf dem l. Ufer der Úslava gelegene Dorf St'. taucht erstm. 1239 in
den Quellen auf. Die Herren Kokorzowetz v. Kokorzow, die hier
1539–1710 residierten, erbauten ein Schloß und schufen das Großgut
St'.; ihnen folgten die Czernin v. Chudenitz und 1816–1945 die
Waldstein. Auf der s. Anhöhe sind mit Gräben und Wällen die Reste

des ehem. Kastells zu sehen, auf dem n. Hügel steht das um 1600 im Stil der Renaissance erbaute eingeschossige Schloß auf hufeisenförmigem Grundriß. Das Schloß umgibt eine barocke, wellenförmig ausgreifende Mauer, die auf sw. Seite an die St.-Adalbert-Kirche grenzt, eine urspr. sechseckige Kapelle von 1638, die 1759–62 in Anlehnung an Kilian Ignaz Dientzenhofer vergrößert wurde. 0,5 km nw. von St'. steht auf einem Friedhof die klassiz. achteckige Kapelle der Kreuzaufrichtung (1800), in der Krypta ruhen Angehörige der Fam. Czernin und Waldstein. – 1,5 km sö. von St'. steht das im Louis-Seize-Stil 1784–89 von Wenzel Haberditz erbaute vierflügelige Schloß Kozel, das Ignaz Johann Nepomuk Palliardi klassiz. erweiterte. Das Schloß umgibt ein 1875 angelegter engl. Park. – 1843: 797, 1890: 1189, 1930: 1726 (davon 24 Dt.), 1991: 1801 Eww.

(II/VI) *Pe*

J. Batěk, Z dějin Šťáhlav, Blovice 1967; LV 259, Bd. 4, 159f., 331f.; E. Jílková/A. Rybová/V. Šaldová, Mohylové pohřebiště na Hájku u Šťáhlav, in: PA 50 (1959), 54–116; F. Kovářík, Šťáhlavy a Šťáhlavláci, Rokycany 1932; V. Mixová/V. J. Sedlák, Kozel u Šťáhlav. Státní zámek a okolí, Praha 1954; V. Naňková-Mixová, Státní zámek Kozel, Plzeň 1961; LV 905, Bd. 9, 142–149; LV 279, Bd. 13, 77ff.; LV 906, Bd. 2, 125, Bd. 3, 503f.

Stannern (Stonařov, Bez. Iglau). Das 13 km s. von → Iglau gelegene Städtchen zählte zu den bedeutendsten Orten der ehem. Iglauer Sprachinsel. Obwohl erst 1347 als Dorf und 1365 als Stadt erwähnt, deutet die im Kern spätrom., später mehrfach veränderte Pfarrkirche St. Wenzel mit dem um 1250 entstandenen Beinhaus auf eine um über 100 Jahre frühere Entstehung hin. Die Stadt lag an der wichtigen Straße von → Prag nach Wien und war im 14. Jh. ein Zentrum der Erzförderung. Die damals bereits vorhandene Burg wurde 2. H. 15. Jh. während der böhm.-ungar. Kriege zerstört und verschwand nach 1531. In diesem Jahr befand sich in St. bereits eine neue Burg, welche die Herren Rubik v. Hlavatec zus. mit dem Städtchen an die Stadt Iglau verkauften. 1712/22 erschütterten Bauernunruhen St., die schließlich milit. niedergeschlagen wurden. Bekannt wurde St. durch den am 22.5.1808 niedergegangenen Steinregen, der durch einen Meteoritenfall ausgelöst worden war. – 1920: 1275 (davon 862 Dt.), 1991: 926 Eww.

(VII) *Hol*

LV 950, Bd. 2, 492f.; LV 259, Bd. 1, 217; LV 290, Bd. II/28, 216ff.; J. Wallner, Die Bauernunruhen in Stannern in den Jahren 1712–22, in: Nbl (1884), 25ff.

Starkenbach (Jilemnice, Bez. Semil). In der erst um 1300 besiedelten Vorgebirgslandschaft des Riesengebirges wurde St. 1356 erstm. als »Gilempnis« erwähnt. Der Ort an der oberen Iser gewann als Marktort der Herrsch. Štěpanice an Bedeutung und wurde bei deren

Teilung 1492 unter den Brüdern Hennig und Hynek v. Waldstein Zentrum einer Herrsch.; die Bev. ging in der 2. H. 16. Jh. zum ev. Glauben über und wurde seit 1681 gewaltsam rekatholisiert. 1595 erhielt S. von Ks. Rudolf II. Privilegien für Jahr- und Wochenmärkte. In der 2. H. 16. Jh. entstand ein eingeschossiger Renaissancebau, der heute den w. Teil des Schlosses bildet. Dieser wurde 1646 von schwed. Truppen geplündert und von Gf. Alois Thomas Raimund v. Harrach, dessen Vater Ferdinand Bonaventura S. 1701 erworben hatte, 1716 erweitert. Als wirtsch. Zentrum der Harrachschen Güter, auf denen der Ausbau von Eisenhämmern und Glashütten forciert wurde, beherbergte S. die Verw. Den bedeutendsten Gewerbezweig bildeten Weberei und Leinenerzeugung, die S. zu einem frühindustriellen Zentrum in Böhmen machten. Erhalten ist die Brauerei (1701) neben dem Schloß (Riesengebirgsmuseum). In der barocken Dekanatskirche St. Laurentius (1729–36) befindet sich eine spätgot. Madonnenstatue aus der 2. H. 15. Jh. In der Altstadt dominieren klassiz. Häuser, die nach dem Brand von 1788 errichtet wurden. Der Ort bildete mit seiner mehrheitlich tsch. Bev. E. 19. Jh. ein tsch. Sprachzentrum im Riesengebirgsvorland. – 1890: 2700, 1980: 5297 Eww.

(III) *Bb*

LV 109; V. Elsner, Heimatkunde des Rochlitzer Gerichtsbezirkes mit Berücksichtigung der deutschen Gemeinden der Gerichtsbezirke Starkenbach und Hochstadt, Rochlitz 1893; F. Kutnar, Z dějin zemědělství a plátenictví na jílemnickém panství ke konci 18. stol., in: KP (1963) 86–97; LV 952, Bd. 2, 148; L. Schmid, Statistischtopographische Beschreibung der gräflich von Harrachschen Domaine Starkenbach mit besonderer Rücksicht auf ihre Forste, Prag 1879.

Starkstadt (Stárkov, Bez. Nachod). Das 10 km nw. von → Hronow liegende Dorf wurde verm. in der 2. H. 13. Jh. im Rahmen der Kolonisationstätigkeit der Herren v. Skalitz gegr.; die erste urk. Erwähnung datiert erst von 1321, als ein »Buchusius de Starkinstat« genannt wird, der in einem heute nicht mehr vorhandenen Kastell residierte. Bis 1685 gehörte St. zur Herrsch. Skalka. 1546 ließ Bernard Žehušický v. Nestajov in St. ein Schloß errichten, das 1681–91 umgebaut und 1927 wesentlich verändert wurde (heute Altersheim). Hertwig Žehušický v. Nestajov erhob St. zur Stadt, welche die Halsgerichtsbarkeit besaß und der er ein Wappen verlieh. Als Erbe fiel die Stadt an die Herren Čertorejský v. Čertorej. 1673 erwarben sie die Herren v. Kaiserstein, in deren Besitz die Herrsch. bis 1920 verblieb. Die barocke St.-Josefs-Kirche wurde 1654–62 an der Stelle eines niedergebrannten Vorgängerbaus aus dem 14. Jh. errichtet. Das zweigeschossige gezimmerte Pfarrhaus mit Mansardendach (1581) zählt zu den ältesten Bauten dieser Art in Böhmen. Die Häuser am Markt mit Laubengängen stammen aus dem 19. Jh.; St. gehörte zu den charakteristischen dt. Städten im Sudetenland, in denen es 1945 nach Vertreibung und Aussiedl. zu einer grundlegenden Veränderung der Bev.-Struktur kam. – 1833: 842, 1900: 994 (davon 978 Dt.), 1930: 892 (davon 777 Dt.), 1991: 777 Eww. (IV) *Fr*

Das Braunauer Land, Forchheim 1971, 454–461; LV 905, Bd. 45, 285–293; G. Hartel-Tham, Starkstadt, Forchheim o. J.; LV 259, Bd. 6, 465f.; LV 279, Bd. 5, 68–73; L. Wintera, Geschichtsbild der Stadt Braunau und des Bezirkes, Broumov 1894.

Stauding (Studénka, Bez. Neutitschein). Die 1959 aus mehreren Gem. beiderseits der Oder gebildete Stadt (1991: 10 736 Eww.) vereint versch. regionale und nat. Traditionen. E. 14. Jh. entstand das Kolonistendorf St. mit slaw. Vorgängersiedl., das zum Hzt. Troppau gehörte. 1832 ging die Herrsch., in der 1766 ein Bauernaufstand stattgefunden hatte, von den Gff. Larisch-Mönnich an die Fstt. Blücher v. Wahlstatt über, unter denen das Barockschloß 1860 klassiz. umgebaut wurde, 1847 der Bahnhof an der Ks.-Ferdinands-Nordbahn entstand und damit in dem stets überwiegend tsch. Pfarrdorf die Industrialisierung begann. 1901 wurde eine Waggonfabrik gegr., die nach 1936 auch Flugzeuge produzierte. – Die erstm. 1324 erwähnte Vogtei Botenwald mit Pfarrei seit 1432 bildete seit dem 16. Jh. als Teil der Herrsch. → Kunwald eine mähr. Enklave im Troppauer Gebiet. Die seit dem 17. Jh. rein dt. landwirtsch. Gem. wandelte 1913 den aufgelassenen Gutsbesitz in eine dörfliche Genossenschaft um. Nach der Zugehörigkeit zum Reichsgau Sudetenland wurde 1946 ein Großteil der Bev. vertrieben. – 1880: 2237, 1930: 3800 Eww. – Auf der anderen Oderseite liegt die von Teich- und Viehwirtschaft geprägte, seit dem späten 14. Jh. belegte tsch. Gem. Kleinolbersdorf, die zum Hzt. Teschen bzw. zu → Stramberg gehörte und seit 1660 in Hand der Gff. Vetter v. der Lilie war, die im dt. besiedelten Gemeindeteil Neuhübel an Stelle der alten Feste 1742 ein Rokokoschloß mit wertvollen Fresken erbauten. – Das 1324 erstm. erwähnte Reihendorf Petrowitz, seit dem 14. Jh. im Besitz des Augustinerkl. → Fulnek, bildete bis 1945 eine tsch. Sprachinsel (1859: 1126, 1950: 798 Eww.) und beherbergte nach 1875 eine tsch. Lehrerbildungsanstalt für Mähren. (V) *Lu*

LV 239, 204, 222–226; Heimatbuch Kunewald. Chronik eines sudetendeutschen Dorfes von den Anfängen bis zur Austreibung 1946. Hg. v. R. Bönisch, Oberhaching 1979, 83f., 88; LV 255, Bd. 2, 687, 694f., 765; LV 259, Bd. 2, 164f., 229; Moravské Kravařsko. Politický okres novojický, Příbor 1898, 267ff., 335ff., 343f.; V. Prasek, Památky Pustějova a dědin k proboštovství Fulneckému příslušných, Opava 1883; LV 290, Bd. II/53, 157–163, 232–238; A. Turek, Fulnecko, Brno 1940, 228–232; ders., 650 let obce Pustějova, in: VSONJ 14 (1974), 1–13; LV 294, Bd. 1, 255f., 334f.; LV 791, Bd. I/3, 218ff., 240ff., 245f.

Steinitz (Ždánice, Bez. Göding). Ausdrücklich erwähnt wurde die 9 km nw. von → Gaja gelegene Ortschaft erst 1349 als »Zdanycz cum castro«. Der Marktflecken St. mit einer Burg sowie einer St.-Marien-Pfarrkirche hat jedoch schon im Jahre 1286 existiert. Die landesherrschl. Burg war A. 14. Jh. als wirtsch. Zentrum Ausgangspunkt der Kolonisation des gesamten Gebietes. Unter wechselnden Besitzern wurde sie zunächst in eine Feste umgebaut, gegen E. 15. Jh. aber aufgegeben. 1566 erwarb Ulrich v. Kaunitz die Herrsch. Auf den Fundamenten der alten Burg ließ er ein 1569 vollendetes Renaissance-Schloß errichten, das durch einen quadrat. Grundriß, Arkaden und rechteckige Türme gekennzeichnet war. Nach dem Ständeaufstand 1618–20 wurden die Besitzungen Karls v. Kaunitz konfisziert, worauf die Herrsch. an die Herren v. Liechtenstein gelangte, denen sie bis 1945 oblag. Im Zuge mehrerer Renovierungen wurde der Renaissancecharakter des Schlosses nicht zerstört. Ausgenommen ist das 1739 barockisierte Portal. 1850 zog das Kreisgericht in das von einem engl. Park umgebene Schloß ein, nach dem Zweiten Weltkrieg diente es der örtl. Schraubenfabrik als Ausbildungsstätte. E. 18. Jh. war die in St. hergestellte Keramik sehr begehrt. Die nahezu rein tsch. Bev. lebte vor allem von der Landwirtschaft. In St. wurden der Heimatschriftsteller Karel Jaromír Bukovanský (1844–1932) sowie der Avantgarde-Architekt Antonín Mendl (1890–1944) geb. – 1850: 1952, 1900: 2184, 1950: 2248, 1991: 2820 Eww. (VIII) *Had*

A. Grobelný, Učitelská a vlastivědná činnost K. J. Bukovanského, in: SlS 71 (1973), 42–55; LV 253, Bd. 8, 327f.; LV 255, Bd. 3, 271f.; LV 950, Bd. 2, 810; LV 259, Bd. 1, 273ff.; M. Kolaja, Nářečí na Kyjovsku a Ždánsku, Kyjov 1934; Kyjovsko a Ždánsko ve svých obcích, Kyjov 1939; M. Ludvíková, Lidová strava na Kloboucku a Ždánicku, Mikulov 1967; J. Vrbas, Dějiny městečka Ždánic, Ždánice 1898; J. Vrbas, Ždánsko. Zeměpisný a dějepisný popis, Ždánice 1930; LV 716, 205f.

Steinschönau (Kamenický Šenov, Bez. Böhmisch Leipa). 1362 erstm. als »Schenow« erwähnt, gehörte St. zur Herrsch. → Böhm. Kamnitz, die zunächst im Besitz der Herren Berka v. Dubá und dann der Herren v. Wartenberg war, bis sie 1614 von Radslaw Kinsky v. Wchynitz und Tettau erworben wurde. Die St.er Pfarrei verwaiste 1625, als der letzte prot. Pastor Jacob Heintsch mit seinen Glaubensgenossen auswanderte. Vorübergehend von der Böhm. Kamnitzer Geistlichkeit betreut, erhielt St. erst 1728 wieder eine Pfarrei St. Johannes der Täufer. Ein Jahrzehnt zuvor war von dem Architekten Pietro Paolo Columbani an der Stelle der alten hölzernen eine neue Kirche errichtet worden. Seit A. 19. Jh. war St. vor allem vom Glasgewerbe und -handel geprägt. Neben der Glasraffinierungsfabrik von Franz Vogel, die bis nach Konstantinopel und Ägypten Geschäfte betrieb und ihre Niederlassungen unterhielt, wurden in St. 27 Glashandlungen und 312 Glasarbeiter gezählt. Hier ist eine der bedeutendsten Sammlungen für böhm. Glas aus dem 17.–20. Jh. zu besichtigen. – 1869: 3813, 1930: 5340 (davon 4436 Dt.), 1950: 3176, 1980: 3753 Eww. – Ein bekanntes Naturdenkmal ist der nahegelegene aus schwarzem Basaltgestein bestehende Herrenhauerfelsen. (II) *MSW*

A. Herr, Der Herrenhauerfelsen bei Steinschönau, Nördlingen 1987; A. Palme, Steinschönau, Berlin 1930; F. F. Palme, Beiträge zur Geschichte der Steinschönauer Glasindustrie, Bensen 1935; V. Ryneš, Z galerie zušlecht'ovatelů českého skla v Kamenickém Šenově na někdejším českokamenickém panství, in: AV 1 (1966), 121–126; LV 275, Bd. 5, 213f.; LV 283, Bd. 1, 257ff.; LV 288, Bd. 5; LV 906, Bd. 2, 26.

Sternberg → Böhmisch Sternberg

Sternberg (Šternberk, Bez. Olmütz). Die got. Burg mit ihren im Stil der Renaissance und später der Neogotik vorgenommenen Umbauten sowie das auf got. Fundamenten ruhende barocke Augustinerkl. mit der aus dem 18. Jh. stammenden Kirche Mariä Verkündigung überragen die 16 km n. von → Olmütz am SW-Hang des Mähr. Gesenkes gelegene Kleinstadt St. Die älteste urk. Erwähnung stammt von 1296; die Stadtgründer knüpften verm. an eine ältere, unterhalb der 1253–69 durch die mächtigen Herren v. St. erbauten Burg gelegene Siedl. an. Die Vorrechte einer befestigten Untertanenstadt erhielt St. in der 2. H. 14. Jh. durch den Magdeburger Ebf. Albrecht v. St., die Verleihung der eigentlichen Stadtprivilegien und der hieraus resultierenden Gerichts- und Verw.-Hoheit erreichte es jedoch erst 1409. Die günstige Lage der Stadt bot wirtsch. Vorteile, barg jedoch auch zahlr. Gefahren. St. diente sowohl in den Huss.kriegen als auch im 30jähr. Krieg versch. Heeren als Stützpunkt. Die Eww. bekannten sich im 15.–16. Jh. zur Brüderunität bzw. zum Luth. Kriegszerstörungen, Pestepidemien und die gewaltsame Rekatholisierung im 17. Jh. führten zu einem spürbaren Rückgang des tsch. Bev.anteils, der durch verstärkte Zuwanderung aus Schles. ausgeglichen wurde. – Nach 1695 war St. im Besitz der Fstt. v. Liechtenstein. In der 1. H. 19. Jh. entwickelte sich Textilindustrie, seit 1872 existierte eine Fachschule für Weberei. Nach dem durch tschsl. Militär 1918 gewaltsam vereitelten Versuch der Gründung einer unabhängigen Provinz Sudetenland kam es am 4.3.1919 zu einer großen Protestaktion der dt. Bev., welche die tschsl. Ämter in der Stadt besetzte und sich mit der Armee Kämpfe lieferte. Opfer auf beiden Seiten verstärkten die Spannungen zw. dt. und tsch. Bürgern. Nach Kriegsende 1945 wurde die dt. Bev. vertrieben und ausgesiedelt. – Zu den Baudenkmälern gehören neben der Burg das 1784 säkularisierte Augustinerkl. am Obermarkt, die Marien- oder Pestsäule (1719) und das Spitalkirchlein

Mariä Reinigung. – 1930: 12760 (11178 Dt. und 1346 Tsch.), 1991: 14752 Eww. (IV/VIII) *Sp*

LV 253, Bd. 3, 235–241; F. Hrubý, Severní Morava v dějinách, Brno 1947, 48–71; K. Morav/J. Prucek, Dvojí převrat ve Šternberku v 17. století a jeho odezva v knihovnách měšťanů, in: OAO (1979), 85–90; J. Prucek, Albert ze Šternberka raně humanistický mecenáš, in: OAO (1973), 22–27; W. Stief, Geschichte der Stadt Sternberg in Mähren, Thayngen/Schaffhausen 1934; J. Valíček, Místopis Šternberska 1848–1960, Olomouc 1970, 15–25.

Stettin (Štítina, Bez. Troppau). Urspr. hieß die 8 km ö. von → Troppau gelegene Gem. »Trupke«; der Name St. bezog sich allein auf das dortige Kastell, wo 1282 die Brüder v. St. genannt werden. Wohl in der 2. H. 16. Jh. ließen die damaligen Besitzer, die Herren Tvorkovský v. Krawarn, dieses Kastell zu einem vierflügeligen und von einem Wehrgraben umgebenen Renaissance-Schloß umbauen. Mehrere Adelsgeschlechter tauchen in der Folgezeit als Eigentümer von St. in den Quellen auf, so die Herren Mosch v. Moritsch, v. Bock und Chorynský v. Ledska. Letztere ließen E. 18. Jh. den Wassergraben zuschütten und im Schloß eine herrschl. Brauerei einrichten. 1837 verkaufte Ernst Otto Czeike v. Badenfeld St. an den Dt. Orden, der das Gut, zus. mit dem benachbarten → Hrabin, zu einer Grundherrsch. vereinigte. Das Schloß selbst verfiel mit der Zeit und wurde 1988 abgerissen; die Kapelle St. Magdalena aus dem 16. Jh. hat sich erhalten. In St. wurden der Literaturhistoriker Josef Vašica (1884–1968) und Josef Šrámek (1875–1937), in den Jahren 1918–27 schles. Landespräsident, geb. – 1869: 524, 1900: 587 (davon 29 Dt.), 1930: 1079 (davon 43 Dt.), 1950: 818, 1991: 1594 Eww. (V) *Mü*

LV 255, 748f.; LV 259, Bd. 2, 239f.; O. Káňa [u. a.], Okres Opava, Ostrava 1983, 133f.; LV 269, Bd. 1, 183–186; L. Svoboda, Příspěvky k historické topografii knížetství Opavského a Krnovského, in: VMO 15 (1907), 39–42.

Stiebnig (Jistebník, Bez. Neutitschein). Der Name des seit 1373 nachgewiesenen ehem. Waldhufendorfs in der Nähe eines Oderübergangs (Bernsteinstraße, schles. Ochsenweg) weist eine slaw. Wurzel (»Giestrbrnici« = Teichwächter) auf. Das Dorf gehörte meist zur Herrsch. → Wagstadt, kam im 15. Jh. in Besitz Kg. Georgs v. Podiebrad und war danach bis 1746 auf 2 Herrsch. aufgeteilt, die meist dem Wagstädter Rittergeschlecht Praschma v. Bielkau unterstanden. Die seit 1585 belegte luth. Pfarrei wurde im Rahmen der Rekatholisierung aufgelöst, aber erst 1784 als kath. Pfarre neu errichtet (1812 Dorfkirche St. Peter und Paul). Unter Gfn. Anna Maria Larisch-Mönnich wurde die Herrsch. 1792 von der Troppauer in die Teschener Landtafel übertragen. Die in der Barockzeit umgebaute ehem. kleine Feste wurde im Vormärz abgerissen. Über weibliche

Erbfolge fiel der Gutsbesitz an die Fstt. Blücher v. Wahlstatt, die 1945 enteignet wurden. Die dt.sprachige landwirtsch. Gem. (Ackerbau, Zuckerrüben, Fischzucht) wandelte sich nach 1870 zu einem Dorf von Pendlern mit einer tsch. Arbeiterkolonie am Bahnhof der Ks.-Ferdinands-Nordbahn. Im Oktober 1938 kam die zeitweilige Grenzgem. an das Dt. Reich. An die Stelle der bis 1946 fast völlig ausgesiedelten dt. Bev. traten Wolhynien-Tsch. – 1860: 1363, 1939: 2216, 1950: 1600, 1991: 1456 Eww. (V) *Lu*

LV 239, 84ff.; Heimatbuch der Dorfgemeinde Stiebnig, Landkreis Wagstadt, Ostsudetenland. Bearb. v. J. Höpp, Kirchseeon/Eglharting 1976; LV 253, Bd. 1, 363; LV 259, Bd. 2, 116; LV 791, Bd. I/3, 248f.

Stockau (Pivoň, Bez. Taus). Im Tal des gleichnamigen Flüßchens wurde um 1225 eine Kirche erbaut, die den Ausgangspunkt für den um 1260 entstandenen, seit 1379 urk. nachweisbaren Augustiner-Eremitenkonvent bildete, der zu den ältesten Kl. dieses Ordens in Böhmen gehörte. Er überstand die Huss.kriege, brannte jedoch 1573 nieder, wobei auch das wertvolle Archiv ein Raub der Flammen wurde. 1595 begannen langjähr. Instandsetzungsarbeiten, die 1641 und 1648 die plündernden Schweden unterbrachen. Nach dem 30jähr. Krieg erlebte St. aufgrund seiner Besitzanteile in 12 Dörfern einen wirtsch. Aufschwung. 1666 wurde das Refektorium fertiggestellt, 1686 die Kirche erweitert, 1773 die gesamte Anlage umgebaut. 1787 wurde der Konvent aufgelöst, das gesamte Gut fiel an den Religionsfonds. 1800 erwarb St. der Advokat Leonhard Stöhr, der das Hauptgebäude des Konvents zu einem Schloß umbauen ließ. Seit 1843 gehörte St. zur Herrsch. → Ronsperg. Um den Konvent herum entstand das seit 1784 belegte neue Gutsdorf St. – 1843: 376, 1890: 335, 1930: 308 (davon 294 Dt.), 1950: 174, 1991: 59 Eww. (I) *Pe*

LV 259, Bd. 4, 255; K. Liebscher, Der politische Amtsbezirk Bischofteinitz, Bischofteinitz 1913, 436–443; J. Micko, Vom alten Kloster Stockau, in: UWH 1 (1929), 32f.; Z. Procházka, Historické náhrobníky okresu Domažlice, Plzeň/Domažlice 1990, 50f.; V. Steinbachová, Rozvoj školství na panstvích Poběžovice, Pivoň a Mutěnín na konci 18. a v první polovině 19. století, in: VZOAD (1979), 54–73.

Strahl (Střela, Bez. Strakonitz). 1242 wird ein Martin und 1262 ein Zdeněk v. St. genannt, die verm. im Besitz der hier in der 1. H. 13. Jh. an strategisch günstiger Stelle entstandenen Burg gewesen sind. Diese wird zus. mit dem Hof St. erstm. 1318 erwähnt. Nach mehreren Besitzern fiel das heute in → Strakonitz eingemeindete, 5 km w. dieser Stadt befindliche Dorf E. 16. Jh. an die Boubínský v. Ujezd, die es aufgrund ihrer antihabs. Haltung im böhm. Ständeaufstand 1618–20 verloren. Im 30jähr. Krieg wurde die Burg 1619 durch

ksl. Truppen, 1645 durch die Schweden erobert und verwüstet. Die
seit 1623 im Besitz von St. befindlichen Herren Libštejnský v. Kolovrat vermachten den Ort 1654 dem Jesuitenorden. Dieser ließ an
Stelle der zerstörten Burg ein Barockschloß errichten, das 1720 vollendet wurde. Nach Aufhebung des Jesuitenordens 1773 wechselte St.
bis 1945 noch mehrmals seine Besitzer, von denen die Fam. Obst das
Schloß in der 2. H. 19. Jh. umfassend instandsetzen ließ. − 1930: 142
(überwiegend Tsch.), 1991: 66 Eww.   (VI) *Hol*

LV 259, Bd. 5, 185; LV 952, Bd. 4, 197; A. Sedláček, Zámek Střela na panstvi Kra-
selovských, Prácheň 1864; LV 289, 505; LV 906, Bd. 3, 450.

Strakonitz (Strakonice). St. liegt an der Mündung der Wolinka in
die Wottawa, wo Spuren einer keltischen Siedl. und der damals betriebenen Goldwäscherei gefunden wurden. 1235 wird erstm. Bavor I. mit dem Beinamen v. St. erwähnt, der sich im Besitz der hier
gelegenen Wasserburg befand. Von dem Bau dieser Zeit sind noch
die Befestigungsmauern, der rom. Alte Palas und die Prokopkirche
erhalten. 1243 wurde ein Teil der Burg dem Johanniterorden überlassen, der das Ensemble 1260–80 durch den Neuen Palas (heute hist.
Museum), um 1280 durch einen Kreuzgang und um 1300 durch den
sog. Rumpalturm erweiterte. Die neben der Burg entstandene, in
eine Ober- und eine Unterstadt geteilte Siedl. wurde 1367 zur Stadt
erhoben und von den böhm. Kgg. privilegiert. Mehrfache Stadtbrände haben die ma. Bebauung im wesentlichen vernichtet. Erhalten
blieben die im 14. Jh. errichtete, 1580–83 umgebaute Margarethenkirche, die E. 13. Jh. entstandene, 1720–30 veränderte Friedhofskirche St. Wenzel und die auf den A. 13. Jh. zurückgehenden, 1641
umgebauten Fleischläden. 1402 erwarben die Johanniter mit der
Herrsch. über St. auch die andere H. der Burg. Die Stadt wurde während der Huss.kriege 1420 durch Jan Žižka erobert, die Burg jedoch
vergeblich belagert. 1421 übersiedelte der böhm. Großprior der Johanniter von Prag nach St. und ließ die Burg durch die Errichtung der
Komturei und des Turmes Jelenka weiter ausbauen. Im 30jähr. Krieg
wurde sie 1619 durch bayer. Truppen und 1641 durch die Schweden
beschädigt. 1694 verlegte der Johanniterorden zwar seinen Hauptsitz
erneut nach Prag, die Burg blieb jedoch bis 1925 in seinem Besitz und
wurde 1715 durch die Großprioratsresidenz sogar noch erweitert.
Von der in St. in der frühen Neuzeit ansässigen jüd. Gem. zeugen das
ehem. Ghetto des 16. Jh. und der jüd. Friedhof aus dem 17. Jh. Die
Stadt wurde über die Grenzen hinaus bekannt durch die A. 19. Jh.
aufgenommene Produktion orientalischer Feze. Die Industrialisierung führte im 20. Jh. zu einer kontinuierlichen Zunahme ihrer Bev.,
vor allem infolge der hier angesiedelten Motorradproduktion (ČZ-

Werke seit 1930). In St. wurde 1799 der Gelehrte und Schriftsteller František Ladislav Čelakovský (†1852) geb., der durch die Sammlung und Übersetzung slaw. Sprichwörter und Volkslieder bekannt ist. – 1869: 9427, 1930: 9883, 1950: 13 087, 1991: 24 705 Eww. (VI) *Hol*

A. Birnbaumová, Strakonický hrad, Praha 1947; J.Zd. Cvrček, Strakonice. Osudy jihočeského města a jeho okolí, Strakonice 1967; ders., Strakonice, Strakonice 1989; LV 259, Bd. 5, 178–183; J. Kuthan, Johanitská komenda ve Strakonicích v raném středověku, in: JSH 36 (1967), 117–129, 165–174; F. Pecen, Strakonice, Strakonice 1930; LV 952, Bd. 4, 181; LV 289, 517f.; LV 906, Bd. 3, 430–437.

Stramberg (Štramberk, Bez. Neutitschein). Am Rande der Beskiden liegt unterhalb der Ruine Strahlenburg die denkmalgeschützte malerische Kleinstadt St. mit hangseitigem rechteckigem Stadtplatz, Pfarrkirche St. Nepomuk, Resten der Stadtmauer und walachischen Holzhäusern. Die im 13. Jh. nach nicht gesicherter Überlieferung vom Templerorden errichtete Burg war im 14. Jh. landesherrlicher Besitz des mähr. Mkgf. Johann Heinrich, der 1359 dem 1211 erstm. erwähnten Burgdorf das Stadtrecht (Olmützer Recht) verlieh. Die im 17. Jh. aufgelassene Burg mit dem 1899 rekonstruierten Rundturm »St.er Röhre« ist seit 1800 ein beliebtes romant. Motiv. Stadt und Gut waren als Teil der Herrsch. Neu-Titschein nach 1380 u. a. im Besitz der Krawarn, Cimburg und seit 1523 der Žerotín, bevor beides 1558 an die Stadt → Neu-Titschein überging. Die A. 17. Jh. ev. Stadt beteiligte sich 1618 am Ständeaufstand gegen die Habs. und wurde im 30jähr. Krieg mehrfach zerstört. 1624 dem Jesuitenkolleg in → Olmütz übertragen, fiel St. 1781 an die Theresianische Ritterakademie in Wiener Neustadt. Die fast rein tsch. Stadt, die nach 1938 dem Reichsgau Sudetenland eingegliedert wurde, war während des Zweiten Weltkriegs ein Zentrum des tsch. Widerstands im Kuhländchen. – Der nahegelegene Kalkhügel Kotoutsch (auch Ölberg) mit altem Wallfahrtsort und steinzeitlichem bzw. keltischem Siedlungsplatz enthält die Schipka-Höhle, in der vorgesch. Funde gemacht wurden (u. a. Neandertalerkiefer). Aus der vor 1620 brüderischen Gem. Senftleben stammt Christian David (1690–1751), der Mitbegründer der Brüdergem. in Herrnhut in der sächs. Oberlausitz. – 1890: 2642 (davon 11 Dt.), 1930: 3591, 1950: 3373, 1991: 3280 Eww. (V) *Lu*

M. Baláš, Od Beskyd do Poodří, Bd. 1, Nový Jičín 1965; LV 239, 230–245; LV 255, Bd. 2, 684f.; L. Hosák, Počátky hradu a města Štramberka, in: VSONJ 2 (1968), 28–32; LV 259, Bd. 2, 240ff.; J. Jurok, Nejstarší dějiny Štramberka, in: VSONJ 33 (1984), 1–12; Moravské Kravařsko. Politický okres novojický, Příbor 1898, 206–218; E. Šamánková, Štramberk, Ostrava 1966; 600 let města Štramberka, Ostrava 1959; LV 294, Bd. 1, 342–348; LV 791, Bd. I/3, 164–169.

Straßnitz (Strážnice, Bez. Göding). Die 8 km sw. von → Wessely an der March gelegene Ortschaft wurde 1302 als »Straznicz« erstm. erwähnt. An einer strategisch wichtigen Stelle am Übergang über die March nach Ungarn existierte zu diesem Zeitpunkt eine Burg, die 1376 in die Hände der Herren v. Krawarn, eines Zweiges der Herren v. Beneschau, gelangte. Peter v. Krawarn sorgte als Anhänger der huss. Reformbewegung dafür, daß St. nach seiner Stadterhebung 1412 zu einem Zentrum der Huss. in Mähren wurde. Sein Sohn Georg ließ St. um die Neustadt erweitern. Die von der Stadt durch einen Arm der March getrennte Burg erhielt ein spätgot. Aussehen. Nachdem die Herren v. Žerotín 1486 die Herrsch. übernommen hatten, wurde ihnen 1501 auch die Stadt übergeben. Sie veranlaßten den Umbau der Burg in ein Renaissance-Schloß, das um 1850 historistisch umgestaltet wurde. Das Schloß beherbergt heute ein Keramik- und Musikinstrumentenmuseum. Die Žerotín erließen 1582 eine luth. Kirchenordnung, den Böhm. Brüdern ermöglichten sie die Errichtung von Gemeindehäusern. E. 1628 kaufte der aus Italien stammende Franz Magnis Stadt und Herrsch.; 5 Jahre später gründete er ein Piaristenkolleg mit Gymnasium, an dem später der tsch. Physiologe Jan E. Purkyně (1787–1869) lehrte. Im Kl. wirkten die Barmherzigen Schwestern des Hl. Vinzenz von Paul. Von der Fam. Magnis, der St. bis 1945 gehörte, wurde 1824 der Bau einer der ersten Kettenbrücken Europas veranlaßt. Das Stadt und Schloß verbindende Bauwerk wurde 50 Jahre später ersetzt. Die Pfarrkirche des Hl. Martin stammt von 1442, die Kirche Mariä Himmelfahrt wurde 1785 errichtet. Bis zur Jh.wende lebte in St. neben der überwiegend tsch. Bev. eine dt. Minderheit (1880: 4492 tsch. und 631 dt. Eww.). Bis 1919 existierte die selbst. »Israelitengem. St.« (1890: 93 Häuser und 428 Eww.). 1921 kamen auf 5175 tsch. Eww. nur noch 41 dt.; die Mehrheit der 1991: 6081 Eww. lebt von der im 19. Jh. angesiedelten Bekleidungs- und Holzverarbeitungsindustrie. Darüber hinaus hat der Weinbau eine lange Tradition. Jährlich im Juni findet in dem die örtl. Volksarchitektur dokumentierenden Museumsdorf (Skansen) ein internat. Folklorefestival statt. (VIII) *Had*

E. Edgar, Kněží chrámu sv. Martina v Strážnici, in: ČMM 34 (1910), 163–166; A. Haas, Piaristé v našich zemích, in: ČSPS 56 (1948), 1–13, 104–118; LV 543, 26; LV 253, Bd. 8, 263ff.; LV 950, Bd. 2, 499f.; LV 259, Bd. 1, 218ff.; E. Ježek, Historie piaristických budov ve Strážnici, Strážnice 1935; H. Majnušová, K problematice poddanské pozemkové držby strážnického panství ke konce 16. a poloviny 17. století, phil. Diss. Brno 1967; L. Nopp, Kurze Geschichte der Stadt und Herrschaft Straßnitz, Straßnitz 1904; ders., Obrázky z dějin města Strážnice a řemeslných cechů, Strážnice 1922; J. Petrů/J. Tomeš, Strážnice, Brno 1974; M. Plaček, Přemyslovské hrady ve Strážnici a Uherském Ostrohu a jejich typologická příslušnost, in: VVM 35 (1983), 328–341; LV 548, 517–522; Strážnice 1946–1965, Brno 1966; LV 290, Bd.

II/59, 146–312; Strážnice. Průvodce městem a okolím. Hg. v. M. Nováček, Strážnice 1966; Strážnice 1946–1965. Národopisné studie, Brno 1966; LV 716, 200f.

Stražisko (Bez. Proßnitz). Das über dem Tal der Jesenka am Fuße eines seit der jüngeren Bronzezeit besiedelten Hügels gelegene Dorf diente seit alters aufgrund seiner Lage an einem von Mittelmähren nach Böhmen führenden Weg als Wachort. St. entstand als Siedl. unterhalb der Burg Grünberg (1379 »Grumberg«), deren erste mit Sicherheit feststehende Besitzer 1288 Ctibor v. Grünberg und 1326 Adam Konitz v. Cholina waren. In den böhm.-ungar. Kriegen wurde die Feste 1468/69 durch Truppen des ungar. Kg. Matthias Corvinus beschädigt, 1559 beschreiben die Schriftquellen sie als leerstehend. Das unterhalb der Burg gelegene Dorf wurde jedoch wieder aufgebaut. Auf den Ruinen der Burg errichtete das Prämonstratenserkl. Hradisch bei → Olmütz 1728 das Kirchlein der Schutzengel, das seit 1858 als Pfarrkirche diente. Von der Burg blieben lediglich die Reste eines Grabens auf der N-Seite des Hügels erhalten. A. 18. Jh. gab es in St. vorübergehend Eisenhämmer, die das nw. von → Konitz geförderte Erz verarbeiteten. Seit dem Eisenbahnanschluß 1889 dient St. vor allem als Erholungsort. – 1869: 257, 1930: 278 Eww.   (VIII) *Šta*
LV 290, Bd. II/32, 98–103; J. Kühndel, Hornictví a hutnictví na Konicku, in: RNPM 17 (1940), 37–52.

Střilek (Střílky, Bez. Kremsier). Das unter dem Marsgebirge gelegene, 1261 erstm. urk. erwähnte Dorf wurde 1358 zum Städtchen erhoben. Es befand sich u. a. im Besitz der Peterswald v. Peterswald, Künburg und Herberstein. Vor dem 30jähr. Krieg waren die Wiedertäufer stark vertreten. 1912 erwarb Gf. Leopold v. Berchtold, österr. Außenminister 1912–15, den Ort. Bemerkenswert ist der symmetrisch angelegte örtl. Friedhof aus der Zeit von 1730–43. Die auf der umgebenden Mauer stehenden Plastiken von Bohumír Fritsch (1705–50) und die Giovanni Santini zugeschriebene Kapelle machen ihn zum barocken Kunstwerk. Die Renaissance-Festung wurde im 18. Jh. zum Schloß umgebaut und später nochmals umgestaltet. Die über dem Ort gelegene, 1261 erwähnte Burg verfiel seit E. 15. Jh. und war 1542 bereits verlassen. Die einschiffige Pfarrkirche (1744–69) wurde nach Plänen von Christoph Maywald erbaut. Die Bev. des rein tsch. Ortes blieb seit M. 19. Jh. mit 1000–1200 Eww. konstant. – 1980 945 Eww.   (VIII) *Kle*
F. Kubíček, Navštivte Střílky a jejich památný hřbitov, Střílky 1934; LV 290, Bd. II/75, 333–351; M. Stehlík, Střílky, Brno 1964; LV 791, Bd. I/2, 191–195.

Studenetz → Neustudenetz

Sukdol (Suchdol, Bez. Kuttenberg). Der 7 km w. von → Kuttenberg an der Straße nach → Prag über → Kauřim gelegene Ort wird seit 1257 im Zusammenhang mit den Herren von S. erwähnt und befindet sich seit M. 14. Jh. im Besitz versch. Kuttenberger Patrizierfam. Unter diesen wurde hier eine durch einen Wassergraben geschützte Feste angelegt, die anläßlich einer Belagerung 1402 erstm. erwähnt wurde. 1508–12 gehörte das Gut dem Prager Burghauptmann Záviš Sulka v. Hradek, 1513–21 Kuneš Bohdanecký v. Hodkov, 1530–71 den Popel v. Vesce und 1571–1615 den Voděradský v. Hrušov. Der Ort wurde im 30jähr. Krieg mehrmals durch ksl. und schwed. Truppen geplündert; 1647 erwarb die zu S. gehörenden Güter Gf. Heinrich Wolf Berka v. Dubá, der sie mit seiner Herrsch. → Maleschau vereinigte, eine Verbindung, die 1738–76 unter Václav Neumann v. Puchholc (1670–1743) und seinen Söhnen aufgehoben wurde, aber seit 1776 unter den Ostein, seit 1809 den Dalberg-Ostein, wieder bestand. – Die Dorfanlage um den beinahe rechteckigen Dorfplatz weist in der nö. Ecke die im Kern got. Margarethenkirche aus der 2. H. des 13. Jh. auf, die 1746/47 umgebaut wurde. Auf der gegenüberliegenden w. Seite befand sich die Feste, die 1530–47 zu einem Renaissance-Schloß umgebaut und nach 1738 barockisiert wurde; es wurde seit dem letzten Viertel des 18. Jh. zu Wirtschaftszwecken genutzt, so 1839–75 zum Betrieb einer Zuckerfabrik. – 1869: 1493 und 1991: 1039 Eww. (III) *Ke*

LV 259, Bd. 6, 474f.; F. Kubec, Raně renesanční prostorový soubor v zámku Suchdole na Kutnohorsku, in: PAP 6 (1981), 271–277; Zd. Louda, Tvrz Suchdol u Kutné Hory, in: PPé 23 (1963), 107–112; LV 879, Bd. 2, 489f.; LV 952, Bd. 4, 232; LV 279, Bd. 12, 139–144; LV 906, Bd. 3, 463.

Swojanow (Svojanov, Bez. Zwittau). Die weiträumige, inmitten von Wäldern auf einem Felsvorsprung oberhalb der Křetinka bei der gleichnamigen Gem., etwa 20 km sw. von → Zwittau gelegene Ruine der Burg S. hat sich neben der Bebauung im äußeren Befestigungsring und einem klassiz. restaurierten Palas im Zentrum in ihrem ma. Kern erhalten. Ihre Gründung erfolgte um 1265 durch Kg. Přemysl Otakar II. Die Königsaaler Chronik erwähnt die Burg 1287 unter ihrem dt. Namen »Fürstenberg«. 1287–90 befand sich diese in Händen des einflußreichen Adeligen Zawisch v. Falkenstein, dessen zweite Gemahlin Elisabeth, Schwester des ungar. Kg. Ladislaus IV., hier vorübergehend lebte. Danach gehörte die Burg bis zu den Huss.kriegen wiederum der Böhm. Krone. Ješek v. Boskowitz ließ die Burg nach 1470 in spätgot. Stil verändern, unter den Trčka v. Leipa folgten im 16. Jh. weitere Umbauten. Nach einem Feuer 1569 veranlaßten die damaligen Besitzer, die Herren Žehušický v. Nestajov, die Ausgestaltung zu einem Renaissance-Schloß. Sowohl der 30jähr. als auch der 7jähr. Krieg fügten der Anlage Schäden zu. Sie diente im 19. Jh. zunächst als Lager, nach einem Feuer 1842 erfolgte ein teilw. Umbau im klassiz. Stil. Von der frühgot. Burg sind nur Teile der kreisförmigen Innenburg mit Resten der Fortifikation, der Bergfried und ein palastartiges Gebäude bekannt. Vom spätgot. Umbau blieb am besten die äußere Befestigung mit halbrunden Basteien erhalten.

(VIII) *Dur*

J. A. Cupal, Královský hrad Svojanov, Polička 1939; LV 245, 279f.; LV 248, 278f.; J. Herout, Svojanov, Pardubice 1956; LV 259, Bd. 6, 479–482; LV 875, 384ff.; LV 879, Bd. 1, 303ff., Bd. 2, 312f.; LV 279, Bd. 1, 115–132; J. Slavíček, Svojanov, Pardubice 1967.

Tabor (Tábor). Trotz der günstigen Lage von T. auf einer felsigen Landzunge über der Luschnitz ist eine kleine befestigte Siedl. mit der Bezeichnung Hradiště erst in der 1. H. 13. Jh. erwähnt. Kurz vor 1272 bemächtigte sich Kg. Přemysl Otakar II. dieser Siedl. und legte auf der ganzen Fläche (etwa 16 ha) eine gleichnamige Stadt mit Burg an. Die langjähr. intensive Bautätigkeit wurde durch die Witigonen gewaltsam unterbrochen. Die nicht mehr ausgebaute Stadt blieb in Trümmern bis zum Februar 1420, als die huss. Gem. des nahegelegenen Sezimovo Ústí Hradiště aus strategischen Gründen zu ihrer neuen Heimat T. machte. Im Laufe weniger Wochen sammelten sich in der Festung mit dem neuen biblischen Namen »Burgwall des Berges T.« (später nur T.) 3–4000 Anhänger der huss. Bewegung von nah und fern an. Der Versuch, eine egalitäre Konsumkommune zu schaffen, scheiterte zwar bald, doch entwickelte sich die Bruderschaft der Taboriten unter der Führung von Jan Žižka (†1424) und Prokop dem Kahlen (†1434) zu einer entscheidenden Machtkomponente der huss. Gemeinschaft. Die Gem. T. beherrschte die umliegende Region und stand an der Spitze eines radikal-huss. Städtebundes, dessen Feldheer ständige Besatzungen in wichtige Städte und Burgen legte und in allen Ländern der Böhm. Krone operierte. Nach Beendigung der Huss.kriege und der Niederlage seines Feldheeres 1434 schloß T. ein Versöhnungsabkommen mit Ks. Sigismund, der T. 1437 die Privilegien einer kgl. Stadt, ein Wappen und einen ausgedehnten Grundbesitz zuerkannte. Doch auch nach dem Zerfall seines Städtebundes blieb T. ein destabilisierender Faktor im Lande. 1452 zwang Georg v. Podiebrad die Stadt milit. zur Kapitulation. Sie verlor dabei ihre pol. und rel. Unabhängigkeit und wurde den übrigen kgl. Städten utraqu. Bekenntnisses gleichgestellt.

Zum wichtigsten Handwerk entwickelte sich in T. die Tucherzeugung, die ihre Produkte sogar auf entfernten Märkten verkaufte. Zahlr. vernichtende Brände (1532, 1559) zerstörten fast alle Bauten aus der Huss.zeit, so daß die meisten Häuser des hist. Stadtkerns Renaissance- oder Barockcharakter tragen. Die Teilnahme am Ständeaufstand 1547 bescherte T. wie den meisten anderen kgl. Städten gewaltige Schäden: es verlor einen beträchtlichen Teil seines Liegenschaftsbesitzes, mußte eine hohe Geldbuße entrichten und sich der Oberaufsicht eines kgl. Stadtrichters unterordnen. Noch schlimmere Folgen hatten die Eroberung der Stadt durch ein ksl. Heer im November 1621 und die anschließenden Güterkonfiskationen. Nach Beendigung des 30jähr. Krieges folgte die gewaltsame Rekatholisierung, die sich auf das 1640 gegr. Augustinerkl. und die nach 1700 entstandene barocke Wallfahrtskirche in der nahegelegenen Gem. Klokot stützte. Einen Großteil der Geldmittel mußte die Stadt für die Erneuerung und Vervollkommnung der Fortifikationen aufwenden, denn sie blieb weiter eine wichtige milit. Festung. Der Einsetzung eines staatl. Kreis-Amtes 1750 folgte die Ablösung der älteren bürgerlichen Selbstverw. 1788 durch einen ernannten Magistrat. Für das breitere landwirtsch. Hinterland blieb T. bis tief in das 19. Jh. hinein ein Zentrum des Handwerks und Handels sowie der Verw. Die Errichtung von Mittel- und Fachschulen mit tsch. Unterrichtssprache (1862 Realgymnasium, 1866 höhere Landwirtschaftsschule) förderte die pol. und kulturelle Aktivität, die sich in der Entstehung von mehreren nat. Interessen- und Kulturvereinen, in der Herausgabe zweier Wochenblätter (»Tábor« ab 1864, »Český jih« ab 1872), in der Gründung des städt. Museums (1878) und in der Belebung huss. Traditionen äußerte. Obwohl T. seit 1868 nur eine Bez.-Stadt war, verblieb hier der Sitz höherer Behörden im Justiz- und Finanzwesen. Größtes Unternehmen in der Gegend wurde die 1872 gegr. staatl. Tabakfabrik, andere kleine Fabriken entstanden nach der Inbetriebnahme der Eisenbahnstrecke von Wien über T. nach → Prag 1871. Nach 1900 erhöhte sich die Zahl der Arbeiter in T. durch die Gründung neuer Industriebetriebe; der Einfluß ihrer Gewerkschafts- und pol. Organisationen erstarkte.

Nach 1918 begann sich die Stadt rasch auszuweiten. In ethnisch-sprachlicher Hinsicht waren T. und Umgebung rein tsch., die Eww.-Zahl erreichte bei der Volkszählung 1921 fast 13 000, der Wohnungsbau weitete sich aus, Neubauten von Ämtern und Schulen kamen hinzu. Der beschauliche Zeitraum der nur teilw. durch die wirtsch. Depression nach 1929 unterbrochenen Prosperität fand mit der Okkupation der ČSR durch dt. Truppen im März 1939 ein jähes Ende. T. wurde Sitz einer Außenstelle der Gestapo; der Plan, die tsch. Bev. auszusiedeln und die Stadt in ein jüd. Ghetto umzuwandeln, wurde aber im Oktober 1941 in Berlin abgelehnt. Wie anderswo auch verstärkten sich in T. die Repressionen nach dem Attentat auf Reinhard Heydrich: In T. wurden allein im Juni 1942 156 Personen hingerich-

tet. – Die Nachkriegszeit bedeutete für T. und Umgebung eine
stürmische industrielle Aufwärtsentw., die sich auch in der Eww.-
Zahl niederschlug (1950: 18 914, 1991 mit Eingemeindungen
35 602 Eww.). Dank der Erhebung der Stadt zum nat. Kulturdenkmal (1962) konnten die bedrohten unterirdischen Räume stabilisiert
und einige Gebäude des hist. Stadtkerns restauriert werden. Von der
Stadtbefestigung blieben nur das Bechin-Tor, 3 Basteien und Teile
der massiven Umwallungsmauer erhalten. Den Stadtplatz dominieren
das Rathaus mit einem geräumigen, 1515/16 von Wendel Roskopf
eingewölbten zweischiffigen Saal und die spätgot. Kirche zur Verklärung Christi mit Renaissancegiebeln und einem mit einer Barock-
kuppel abgeschlossenen hohen Turm. Von Bedeutung sind die Friedhofskirche St. Jakob (vor 1388), das ehem. Augustinerkl. mit der Kirche Mariä Geburt, die kleine Spitalkirche St. Elisabeth, der Zier-
brunnen von 1567 auf dem Stadtplatz, das Stadttheater (1886/87) und
der 1492 im Stil der Renaissance erbaute Wasserturm, der zum Um-
pumpen des Wassers aus dem künstlichen Staubecken des Flusses Jordan diente. – T. ist der Geburtsort des böhm. Landtagsabgeordneten
und ersten Direktors des Realgymnasiums Václav Křížek (1833–81),
der Historiker Martin Kolář (1836–98) und August Sedláček (1843–
1926) sowie des Komponisten und Dirigenten Oskar Nedbal (1874–
1930). Im SO von T. liegt die Ruine der Ziegenburg. Der nicht sehr
große befestigte Sitz wurde erstm. 1377 belegt. 1413/14 weilte hier
und in der Umgebung der Sprecher der huss. Reformbewegung,
Magister Jan Hus. Nach der Eroberung und Niederbrennung durch
ein Heer Kg. Albrechts II. 1438 ging die Burg bald unter. Im W von
T. haben sich die Ruinen der gegenüberliegenden Burgen Příběnice
und Příběničky in einer Flußkrümmung der Luschnitz erhalten. Der
befestigte Siedl.-Komplex mit dem Städtchen Latrán, der den Herren
v. Rosenberg gehörte, wurde nach der Einnahme durch die Huss.
1435 zerstört.   (VI) *Šma*

A. Hejna, Tábor, Praha 1964; J. Kořalka, Vznik táborského muzea roku 1878, Tábor
1978; ders., Sociální struktura židovského obyvatelstva v Táboře roku 1900, in: TA 4
(1992), 108–114; ders., Tabor als Symbol und historische Tradition in der tschechischen Gesellschaft des 19. Jahrhunderts, in: HT 11 (1994), 77–95; ders./F. Nesvad-
ba, Revoluční Tábor. Dvě studie z dějin Tábora a Táborska ve 20. století, České
Budějovice 1979; F. Kroupa, Tábor v době pobělohorské, in: JSH 1 (1928), 59–68; J.
Macek, Tábor v husitském revolučním hnutí, Bde. 1–2, Praha [2]1955–56; F. Šmahel
[u. a.], Dějiny Tábora do roku 1452, Bde. I/1–2, České Budějovice 1988–90; ders.,
Die hussitische Kommune von Tabor 1420–1430, in: Jan Hus und die Hussiten in
europäischen Aspekten, Trier 1986, 6–28; Tábor. Sborník k 550 výročí vzniku města, Tábor 1970; K. Thir, Hradiště hory Tábor jako pevnost v minulosti, Tábor 1895;
ders., Staré domy a rodiny táborské, Bde. 1–2, Tábor 1920; V. Vančata, Počátky
průmyslu na území okresu Tábor do roku 1914, in: TA 1 (1987), 95–112.

Tachau (Tachov). An der Stelle der späteren, unweit der Landesgrenze gelegenen Königsstadt, existierte schon 1115 am Handelsweg
von → Prag nach Nürnberg ein Dorf, das Hzg. Vladislav I. dem Benediktinerkl. → Kladrau schenkte. Bei diesem Dorf stand damals ein
verm. hölzernes, Wachzwecken dienendes Kastell, das Hzg. Soběslav I. 1126–31 in die steinerne Königsburg T. umbauen ließ. Im
13. Jh. geriet die Feste in den Besitz der Vorfahren der Herren v.
Schwanberg. Kurze Zeit später gewann Kg. Přemysl Otakar II. T. für
die kgl. Kammer zurück und ließ die Burg in got. Stil umgestalten,
möglicherweise sogar an günstigerer Stelle neu erbauen. Auf dem
Areal der alten Siedl. gründete er eine kgl. Stadt, die im W durch die
Burg, im S durch die Mies und durch Mauern geschützt wurde. Die
Gründung erfolgte um 1270, in den Quellen wird T. erstm. 1285
erwähnt. In seinem Umland herrschte ein bes. Lehenssystem, ähnlich
dem der kgl. Burg → Bösig; Einfluß hierauf nahm das Ministeria-
lensystem der stauf. Familiengüter, etwa im Egerland. Die Besitzer dieser Lehensgüter unterstanden einem eigenen Gericht und
waren zu milit. Diensten beim Grenzschutz und bei der Verteidigung
der Burg T. verpflichtet. Diese verwandelte sich schrittweise in eine
mächtige Grenzanlage mit doppeltem Mauerring, Burg und 3 Toren.
Nach dem Tode Kg. Přemysl Otakars II. 1278 fiel T. als Pfandschaft
wiederholt an versch. Adelige; Zeiten aristokratischer Herrsch.
wechselten mit solchen kgl. Besitztums. Nach 1310 etwa befand sich
T. in Händen Heinrichs v. Leipa; Kg. Johann v. Luxemburg und sein
Sohn Karl mußten Stadt und Burg mehrfach als Pfand einlösen. Beide
verliehen T. zahlr. Privilegien. Ks. Karl IV. ließ eine neue Fortifikation mit einstöckigen Türmen erbauen, von denen mehrere noch
heute ein Bild vom Aussehen der ma. Stadtbefestigung vermitteln.
Erhalten blieb ein zusammenhängender Teil der Mauern mit 16 Bastionen. Karl IV. weilte wiederholt auf der Burg T., 1347 erhielt er
hier die Nachricht vom Tode seines ksl. Gegenspielers Ludwig des
Bayern. A. 15. Jh. wurde T. erneut verpfändet, diesmal an Johann v.
Schwanberg. Dieser geriet bald mit seinem kgl. Pfandherrn in Streit,
1406 belagerte daraufhin ein kgl. Heer Stadt und Burg. Johann sah
sich gezwungen, T. einem Verwandten auszuhändigen, er selbst wurde eingekerkert und 1410 hingerichtet. 1410–21 befand sich T. wiederum in kgl. Hand, danach verpfändete es Kg. Sigismund an Heinrich v. Metelsko. Eine Belagerung durch die von Jan Žižka befehligten Taboriten konnte abgewehrt werden, T. schloß sich daraufhin
dem antihuss. Pilsener Landfrieden an. 1427 schlugen die Taboriten
vor der Stadt die Verbände des vierten Kreuzzuges, die nach schweren Kämpfen im August Stadt und Burg einnahmen. T. stand nun auf
der Seite des Waisenbundes und wurde zu einer huss. Grenzbastion

umfunktioniert. Deren Stärke zeigte sich im Verlauf des fünften Kreuzzuges 1431, als man einer 14tägigen Belagerung erfolgreich trotzte. Nach dem E. der Huss.kriege verhandelte hier der letzte Pfandherr, Heinrich v. Metelsko, mit der huss. Besatzung über eine Übergabe. 1436 bestätigte Ks. Sigismund der Stadt ihre bisherigen Privilegien und fügte diesen das Recht, zweimal jährlich Markt zu halten, hinzu. Um 1448 fiel T. an das mächtige westböhm. Geschlecht der Herren v. Guttenstein, das hier mehr als 60 Jahre herrschte. Während dieser Zeit brannte die Stadt viermal nieder, beim letzten Feuer 1492 wurden auch das Rathaus und die Privilegien der kgl. Lehensträger vernichtet. Burian der Reiche v. Guttenstein (1462–89) konnte 1477 Burg, Stadt und Herrsch. in erbl. Besitz überführen. Der einflußreiche Magnat erkannte die bisherigen städt. Freiheiten an, begann jedoch auf der Burg eigene Hauptleute einzusetzen. Seine streitsüchtigen Söhne bekriegten sich allerdings untereinander, rebellierten auch gegen den Kg. und verloren am Ende ihre Besitzungen. Kg. Wladislaw II. nutzte deren Zerstrittenheit aus und eroberte 1510 T. auf milit. Wege zurück. Nachfolgend wechselten erneut die Besitzer: 1530–47 herrschten die Pflug v. Rabenstein in T., denen bis 1602 die Herren v. Lobkowitz folgten. Seit 1606 begann die kgl. Kammer die Herrsch. Stück für Stück zu verkaufen, 1607 wurde das Lehensgericht abgeschafft, das alte Lehenssystem zerfiel.

1618–20 beteiligte sich die Stadt aktiv am böhm. Ständeaufstand. Nach der Schlacht am Weißen Berg verlor sie daraufhin ihren gesamten Grundbesitz und sank auf den Status einer Untertanenstadt herab. 1623 erwarb Johann Philipp Husmann v. Nameda T., 1664 folgte Johann Anton Los v. Losinthal, der auf dem Areal der halbverfallenen Burg, von der allein der zylindrische Turm erhalten blieb, ein vierflügeliges Barockschloß erbauen ließ und 1682 T. zu einer Fideikommißherrsch. umwandelte. Das Schloß brannte 1770 nieder und wurde 1785–88 teilw. in klassiz. Stil wiederaufgebaut. Die Gff. Los arrondierten die Grundherrsch. durch den Erwerb und die Anlage neuer Dörfer. 1781 starb dieses Geschlecht aus, der Ort fiel an die Fstt. Windischgrätz. In T. residierte Marschall Alfred Windischgrätz, ein bes. im Zusammenhang mit den Revolutionsereignissen von 1848 bekannter österr. Heerführer. 1937 verkauften dessen Nachfahren Herrsch. und Schloß an den tschsl. Staat. Im 18. Jh. wüteten mehrere Feuersbrünste in T., das vor 1850 mehr als 3300 Eww. zählte. Der ausgeprägte land- und forstwirtsch. Charakter begann sich erst im 19. Jh. zu wandeln. Seit 1873 gab es eine Holzfachschule, die Fertigung von Perlmutt- und Kunsthornknöpfen setzte ein. Die seit 1897 bestehende Tabakfabrik beschäftigte über 500 Arbeiter. Erst 1894–1910 kam ein Eisenbahnanschluß hinzu. Im Februar 1945 wurde T. bombardiert; nach Kriegsende mußte die mehrheitlich dt. Bev. die Stadt verlassen. Trotz Holz-, Kunststoff- und Nahrungsmittelindustrie dominiert unverändert die Landwirtschaft. – Die Dekanatskirche in T. stammt aus dem 14. Jh., das Franziskanerkl. besteht seit 1466. Das 1351 gegr. Dominikanerkl. fiel zunächst den Huss. zum Opfer, 1616 einem Brand. Die Mariensäule auf dem Markt, den zahlr. Häuser aus dem 17. Jh. flankieren, stammt von 1756. – 1850: 3760, 1900: 6356, 1930: 6825 (davon 448 Tsch.), 1950: 4716 und 1991: 12 833 Eww. (I) *Kub*

B. Brilling, Zur Geschichte der Juden in Tachau, in: JB 3 (1967), 26–35; M. Halová, Muzeum a františkánský klášter v Tachově, in: SMČL (1968), 9–25; LV 259, Bd. 4, 340ff.; J. Köferl, Der politische Bezirk Tachau, Tachau 1890; I. Kořán, O stavbě františkánského kláštera v Tachově, in: SOM 6 (1971), 1–12; J. Křižáková, Přehled husitských a křižáckých výpadů na území Tachovska, in: SOM 7 (1972), 13f.; LV 507, 276–280; 600-Jahr-Feier Tachau 1329–1929, Tachau 1929; J. Stocklöw, Geschichte der Stadt Tachau mit teilweiser Berücksichtigung der Herrschaft Tachau, Bde. 1–2, Tachau 1878; M. Urban, Zur Heimatkunde des Tachauer-Pfraumberger Gaugebietes, Plan 1924; J. Walfried, Beiträge zur Geschichte der Stadt Tachau, in: MVGDB 12 (1874), 291–297, 13 (1875), 187–195.

Tannwald (Tanvald, Bez. Gablonz an der Neiße). Die Gründung von T., das 1624 erstm. urk. erwähnt wurde, geht in das 16. Jh. zurück. Für die Ansiedl. wurden dt. Bauernfam. aus den schon bestehenden benachbarten Gebirgssiedl. geworben. M. 17. Jh., als T. zur Herrsch. des Nikolaus Desfours gehörte, zählte der Ort noch 28 Häuser. Bis 1750 verdoppelte sich diese Anzahl. A. 18. Jh. begann sich in T. Textilindustrie zu entwickeln, die hier auf günstige Bedingungen traf, vor allem die Wasserenergie, die aus der Kamnitz bezogen werden konnte. Die rasche Entw. der Textilindustrie zog viele Arbeiter an, bes. aus tsch. besiedelten Gebieten. 1905 wurde T. zur Stadt erhoben, was seinen städtebaulichen Ausdruck in der Anlage eines Marktplatzes und der Errichtung des Rathauses (1909) fand. Nach 1930 wurde T. von einer tiefen wirtsch. und pol. Krise erfaßt. Obwohl die SdP auch hier große Erfolge erzielte, wurde bei den Kommunalwahlen 1935 durch ein Zusammengehen aller dt. Gegner der SdP mit den tsch. Parteien erstmals ein tsch. Bürgermeister gewählt. 1869: 4349, 1930: 4423 (davon 2649 Dt.), 1950: 2678, 1970: 6168, 1980: 7592 Eww. (III) *MSW*

Heimatkunde des Bezirkes Gablonz a. N. in Böhmen (Gerichtsbezirke Gablonz und Tannwald). Hg. v. E. Gierach u. J. Streit, Bde. 1–6, Gablonz 1932–39; E. Huyer, Tannwald mit Brand, in: Gablonz an der Neiße. Hg. v. G. Stütz u. K. Zehner, Schwäbisch-Gmünd 1982, 624–639; Proces s účastníky svárovské stávky. Hg. v. I. Churaňová, Praha 1956; LV 961, Bd. 2, 39; LV 514, 184–188; F. Thomas, Tannwald und Umgebung, Reichenberg 1887.

Taus (Domažlice). Für 993 wird in einer Fälschung aus dem 13. Jh. an dem nach Regensburg an der Landespforte vorbeiführenden Weg eine Zollsiedl. erwähnt, aus der sich ein 1231 erstm. urk. genanntes Dorf entwickelte. Kg. Přemysl Otakar II. ließ oberhalb des Dorfes 1262–65 eine kgl. Stadt errichten, die dem Grenzschutz dienen sollte. An deren sw. Zipfel wurde zur Verstärkung der Mauern eine Burg errichtet, auf der ein kgl. Burggf. residierte. Für 1266 wird die Burg als Sitz des niederen, Alt Pilsen unterstellten Bez.-Amtes erwähnt. Dem Burggf. unterstanden die freien Choden als Grenzwächter, die auf der Burg über ein eigenes Gericht verfügten. Die Rechtsgewalt des Burggf. bezog sich häufig nicht auf die Stadt, die der Kg. bis 1419 über insgesamt 54 Jahre hinweg an Adelige verpfändete. Zu den Pfandherren gehörte u. a. Wilhelm Zajíc v. Waldeck, der auf der Burg 1318 ein wichtiges Treffen veranstaltete, auf dem mit den sog. T.er Verträgen ein Frieden zw. Kg. Johann v. Luxemburg und den böhm. Magnaten ausgehandelt wurde. In T. fand offenbar 1331 auch ein Landtag statt, an dem neben der Geistlichkeit Abgesandte der Städte teilnahmen. Im gleichen Jahr erwarb der Schwiegersohn Kg. Johanns, Hzg. Heinrich XV. v. Niederbayern, T. als Pfandschaft. Unter Kg. Karl IV. wurde die Rechtsgewalt des Burggf. über die Stadt aufgehoben. Der Pfandherr Heinrich v. Neuhaus geriet 1354 in einen Konflikt mit Karl IV., der die Stadt daraufhin belagerte. T. kapitulierte wohl kampflos, Karl IV. gestattete den Bürgern später die Durchführung von Jahrmärkten und verlieh ihnen weitere Privilegien. 1373 brannten die Bayern Vorstädte und umliegende Dörfer nieder, konnten T. selbst aber nicht einnehmen. Während der Huss.kriege wurde das dt. Patriziat vertrieben, die tschechisierte Stadt stellte sich auf die Seite der Taboriten. 1431 siegten vor den Toren von T. die von Prokop dem Kahlen befehligten huss. Heere über die Verbände des fünften Kreuzzuges. Nach der Schlacht bei Lipan stand T. wiederholt im Brennpunkt böhm.-bayer. Auseinandersetzungen, die 1452 im Landshuter Frieden ein E. fanden. T. bildete weiterhin eine Pfandschaft und gehörte u. a. den Herren v. Janowitz, v. Rožmital, v. Sternberg und v. Schwanberg. Unter Kg. Georg v. Podiebrad und den Jagiellonen setzte eine wirtsch. Blüte ein. Die der Stadt aufgrund ihrer antihabs. Position 1547 beschlagnahmten Güter, bei denen es sich um 13 ganze und 7 wüste Dörfer handelte, erwarb T. innerhalb von 2 Jahren zurück.

Schmerzlichere Verluste bedeuteten die Konfiskationen von Eigentum und Landbesitz, die T. wegen seiner Beteiligung am böhm. Ständeaufstand 1618–20 nach 1621 erlitt. Diese wurden durch die Schäden des 30jähr. Krieges sowie Feuersbrünste 1683 und 1747 noch verstärkt. Nach mehr als 100jähr. Stagnation setzte um 1770 ein ge-

wisser wirtsch. Aufschwung ein, vor allem in der Textilproduktion.
1843 zählte T. 566 Häuser, insgesamt 17 Dörfer befanden sich in
städt. Besitz. Seit 1850 konzentrierte sich in T. die Bez.-Verw.; 1861
erfolgte der Eisenbahnanschluß. Im 19. Jh. kennzeichnete ein reges
nat. Leben, an dem auch führende tsch. Literaten und Wissenschaftler
Anteil nahmen, das gesellschaftliche Klima der Stadt. Noch bis 1938
gab es nur wenig Industrie in T., das als Verw.- und kulturelles Zentrum einer von Landwirtschaft geprägten Region fungierte. Zum Industriestandort entwickelte sich das nahegelegene → Neugedein.
Trotz des heute in T. angesiedelten Maschinenbaus und der Wä-
scheproduktion hat sich an dieser Situation kaum etwas geändert.
T. weist einen regelmäßigen, langgestreckten Grundriß mit abgerun-
deten Ecken auf. Sein Zentrum bildet ein von durchgehenden Straßen und Gassen erweiterter Marktplatz, an dessen n. Seite die heute
einschiffige, nach 1275 erbaute Dekanatskirche Mariä Geburt steht.
Sie brannte 1747 aus und wurde 1751–56 nach Plänen von Johann
Záhořík im Barockstil erneuert. Von den einst mächtigen Befestigungsanlagen der Stadt blieben neben dem frühgot. Unteren Tor an
der ö. Seite des Marktes nur Mauerreste erhalten. Die meisten Häuser
am Markt stammen aus dem 14.–16. Jh. und weisen Laubengänge
und barocke bzw. klassiz. Fassaden auf. Das hist. Ensemble dieser
Häuser durchbrach 1891–93 der Bau des Neorenaissance-Rathauses.
Am sw. E. der Altstadt sind die Reste der Chodenburg zu sehen, die
1592 niederbrannte. Am w. E. des Marktes steht das 1287 gegr., 1421
zerstörte Augustiner-Eremitenkl., das im 17./18. Jh. einen barocken
Umbau erlebte. Die angrenzende, zuletzt im 18./19. Jh. veränderte
einschiffige Kl.kirche Mariä Himmelfahrt besitzt im spätgot. Interieur eine got. Madonnenfigur vom A. 16. Jh.; sw. von T. erhebt sich
die barocke, 1775 geweihte und 1851 restaurierte Wallfahrtskapelle
St. Laurentius. Die Wallfahrt am 13.8.1939 entwickelte sich zu einer
eindrucksvollen Manifestation gegen die dt. Besatzung. – In T. wurden der Schriftsteller Karel Matěj Čapek-Chod (1860–1927) sowie
der Komponist und Sammler Jindřich Jindřich (†1967) geb. – 1820:
5500, 1890: 7703, 1930: 9068 (davon 292 Dt.), 1991: 11 519 Eww.

(I) *Pe*

T. Durdík, Chodský hrad v Domažlicích, Plzeň 1987; F. Forst, Domažlice v dějinách
husitského revolučního hnutí, Domažlice 1961; Die Geschichte der Kirchen und
Kapellen der Pfarrgemeinde Taus, Pilsen 1991; LV 259, Bd. 4, 65–68; P. Mužík,
Obyvatelstvo města Domažlic v letech 1631–1830, in: SAP 36 (1986), 103–207; P.
Mužík/V. Steinbachová/S. Gryc, K novým zítřkům. Z dějin dělnického hnutí na
Domažlicku 1850–1918, Plzeň 1987; J. Paroubek, Starobylé město Domažlice, Do-
mažlice 1926; R. Pavlík, Osvobození 1945–1990, Domažlice 1991; Z. Procházka,
Domažličtí hrnčíři na Hořejším předměstí ve 14. a 15. století, Domažlice 1983; ders.,
Historické náhrobníky okresu Domažlice, Plzeň/Domažlice 1990; LV 279, Bd. 9,

74–85; LV 905, Bd. 17, 14–72; LV 906, Bd. 1, 310–316; J. Vrba/V. Malý/ J. Šetelík, Domažlice a Chodsko, Louny 1926.

Teindles (Doudleby, Bez. Budweis). T. bildete das Zentrum eines vom slaw. Stamm der Dudleber besiedelten Territoriums, deren Burgstätten sich auf einer Landzunge oberhalb der Maltsch erstreckten. Die Cosmas-Chronik verzeichnet für 981 eine Grenzburg der Slawnikiden. Nach deren gewaltsamer Ausrottung 995 fiel das Gebiet um T. an die Přemysliden. T. entwickelte sich zum Zentrum der Region und zum Sitz fstl. Beamter. Nach der Gründung der kgl. Stadt → Böhm. Budweis 1265 sank jedoch die Bedeutung von T., das nun in den Besitz der Herren Teindles v. Teindles überging. Die neuen Besitzer ließen unterhalb der urspr. Burgstätte ein Kastell erbauen. Noch vor 1350 wurde die got. St.-Vinzenz-Kirche errichtet, die 1708/09 nach Plänen von Paul Ignaz Bayer barockisiert wurde. Im 16. Jh. wurde T. verkauft und zweigeteilt (bis 1848), eine H. erwarb 1544 Böhm. Budweis, die andere fiel 1575 an die Herrsch. → Wittingau. – 1850: 499, 1921: 454, 1950: 371, 1991: 142 Eww.

(VI) *Bůž/Gr*

LV 905, Bd. 8, 54–57; LV 906, Bd. 1, 318; V. Pulec, Doudleby, České Budějovice 1926; LV 279, Bd. 3, 287; LV 283, Bd. 9, 29; A. Teichl, Geschichte der Herrschaft Gratzen mit Zugrundelegung des Urbars vom Jahre 1553, Gratzen 1899; LV 289, 104–110.

Tejnitz an der Sazawa (Týnec nad Sázavou, Bez. Beneschau). Die heute 9 km nw. → Beneschau gelegene Kleinstadt T. entstand in der 2. H. 11. Jh. als Siedl. an einer strategisch bedeutsamen Furt über die Sazawa. Die urspr. Burgstätte der Přemyslidenfstt. bestand aus einer steinernen Rotunde, die heute als Gebetshaus der tschsl. huss. Kirche genutzt wird, und einem hölzernen Palast. In die Zeit um 1200 datiert die rom. Steinburg, die erstm. 1318 als Besitz Ulrichs v. T. urk. genannt wird, dessen Geschlecht, den Herren Medek v. Waldeck, T. bis E. 15. Jh. gehörte. Später verlor die Feste ihre Wohnfunktion, 1654 wütete ein Feuer; die Burg verfiel, zumal die Obrigkeit seit 1607 im nahegelegenen → Konopischt residierte. T. blieb ein unbedeutendes Dorf, das um 1790 lediglich 9 Häuser und 54 Eww. zählte. Kurz darauf setzte allerdings eine wirtsch. Konjunktur ein. Die Besitzer der Herrsch. Konopischt, Gf. Franz Josef v. Wrtba, gründete 1791 in den Räumen der Burg in T. eine Manufaktur zur Steingut-Produktion, für die er Meister aus Holland und Deutschland nach T. rief. Das Steingut erreichte rasch eine hochwertige technische und künstlerische Qualität, die bis zum E. der Fabrik 1866 anhielt. Der Prager Unternehmer Jakob Wahle gründete 1842 in Brodetz (heute Ortsteil von T.) eine große Baumwollspinnerei, die bis 1936 die meisten

Eww. beschäftigte. Die wirtsch. Bedeutung wurde durch den Eisenbahnanschluß 1897 und die Eröffnung einer Waffenfabrik durch
František Janeček 1931 gefördert. Erst seit 1922 ist T. eine pol. selbst.
Gem., die seit 1969 Stadtrecht besitzt. Im Zweiten Weltkrieg errichtete die Waffen-SS unweit des Ortes ein riesiges Übungsgelände, ein
Teil der Eww. wurde aus diesem Grunde umgesiedelt. Am 9.5.1945
endete in T. ein Todeszug frz. pol. Häftlinge aus Flossenbürg und
→ Theresienstadt. – 1848: 180, 1900: 1240, 1950: 2500 und 1991:
5250 Eww. (II/VI) *Pán*

LV 248, 293f.; A. Hejna, Archeologický výzkum v areálu hradu v Týnci nad Sázavou, in: SVPP 12 (1971), 70–89, 18 (1977), 129–140; LV 259, Bd. 4, 364ff.; J.
Košťák [u. a.], Týnec nad Sázavou, Týnec n. S. 1963; LV 279, Bd. 15, 43–46; J.
Tywoniak, Týnec nad Sázavou. Z jeho historie a současnosti, Týnec nad Sázavou
1987; ders./M. Herda, Týnecká kamenina, Roztoky u Prahy 1986.

Teltsch (Telč, Bez. Iglau). Das inmitten von Teichen gelegene T. gilt
als eine der schönsten ma. Städte Mährens. Im Jahre 1207 erstm. erwähnt, entwickelte sich der Ort E. 13. Jh. zu einer Stadt, die am
Kreuzungspunkt wichtiger Straßen Bedeutung als Handelszentrum
und milit. Stützpunkt besaß. Aus dieser Zeit stammt der Turm der
Hl.-Geist-Kirche, der zugleich der Bergfried der landesherrlichen
Burg war. Kg. Johann verkaufte 1315 Burg und Stadt T. an die Herren v. Wartenberg und später an die Herren v. Bergau, von denen sie
jedoch bald wieder in kgl. Hand zurückfielen. 1339 tauschten sie
schließlich die Herren v. Neuhaus ein. Die Burg diente als Verw.-
Zentrum, mußte aber nach einem Brand im Jahre 1387 aufgegeben
werden. In der 2. H. 14. Jh. wurde an der Stelle des heutigen Schlosses eine Wasserburg errichtet, von der Teile erhalten sind. 1423 eroberten die Huss. T., obwohl dessen Besitzer des von der Prager
Univ. vertriebenen Magistern Unterstützung gewährt und sich dadurch den Tadel des Konstanzer Konzils eingehandelt hatte. Die Herren v. Neuhaus spielten im 15. Jh. eine wesentliche Rolle in den Auseinandersetzungen mit Kg. Georg v. Podiebrad und erlangten 1485
schließlich von Kg. Wladislaw II. die Kämmererwürde des Kgr. Böhmen. 1531 fiel T. als Erbe an Zacharias v. Neuhaus, der aufgrund
seiner Fähigkeiten höchste Ämter der Mkgft. Mähren erlangte, für
seine Toleranz gegenüber Nichtkath. bekannt war und durch seine
Reformen dazu beitrug, daß die Herrsch. T. zu den damals er-
tragreichsten Mährens gehörte. Die vor allem auf Fischzucht beru-
hende wirtsch. Blüte der Stadt fand ihren Niederschlag in zahlr. Re-
naissance- und Barockhäusern, die nach dem großen Brand von 1530
entstanden und deren malerisches Ensemble noch heute fast unverändert erhalten ist. Zacharias v. Neuhaus ließ nach 1550 die Burg in
T. durch Antonio Vlach und Baldassare Maggi da Arogno in ein Re-

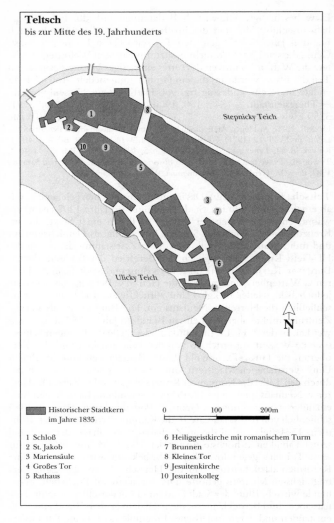

Teltsch
bis zur Mitte des 19. Jahrhunderts

Stepnicky Teich

Ulicky Teich

N

Historischer Stadtkern
im Jahre 1835

0   100   200m

1 Schloß
2 St. Jakob
3 Mariensäule
4 Großes Tor
5 Rathaus

6 Heiliggeistkirche mit romanischem Turm
7 Brunnen
8 Kleines Tor
9 Jesuitenkirche
10 Jesuitenkolleg

naissance-Schloß umbauen, dessen Flügel sich um 2 Arkadenhöfe gruppieren und dessen Räume – Schatzkammer, Speisesaal, Rüstkammer, Goldener und Blauer Saal – nach ital. Vorbild prächtig ausgestattet wurden. Neben dem Schloß, das heute museal genutzt wird, und den Bürgerhäusern prägen die fast vollständig erhaltene Stadtbefestigung, die spätgot. Hl.-Geist-Kirche, die 2. H. 14. Jh. entstandene, um 1450 umgebaute Pfarrkirche St. Jakob sowie die Jesuitenkirche von 1666/67 das Bild der Stadt. 1602 kam die Herrschaft T. an die Herren Slawata v. Chlum und Koschumberg, die 1597 zum Kath. übergewechselt waren und zu dessen entschiedensten Verfechtern wurden. Wilhelm Slawata gehörte als Günstling Ks. Rudolfs II. zu den Betroffenen des Prager Fenstersturzes von 1618, wurde nach der Schlacht am Weißen Berg mit weiteren Ehren überhäuft und 1628 zum böhm. Oberstkanzler ernannt. T. hatte im 30jähr. Krieg vor allem durch die schwed. Besetzung 1645 zu leiden. Nach dem Tod des letzten Slawata 1712 fiel die Herrsch. T. an Franz Anton v. Liechtenstein-Kastelkorn, der sie an Alois Podstatský v. Prusinowitz mit der Bedingung vererbte, daß Name und Wappen der Liechtenstein-Kastelkorn mit denen der Podstatský-Prusinowitz verbunden werden, was 1762 geschah. Bis 1945 blieben Schloß und Grundherrsch. im Besitz dieser Fam. In den sich seit dem 19. Jh. hinter den Teichen entwickelnden neuen Stadtteilen zählen Maschinenbau, Holzverarbeitung und Nahrungsgüterproduktion zu den wichtigsten Wirtschaftszweigen. 1951–57 wurde die Altstadt von T., die heute unter Denkmalschutz steht, umfassend restauriert. – 1869: 6186 (überwiegend Tsch.), 1991: 6049 Eww. (VII) *Hol*

J. Beringer/J. Janoušek, Město a panství Telč, Telč 1891; J. Bláha/L. Konečný, K nejstarší historii města Telče, in: Uměleckohistorický sborník. Hg. v. J. Sedlář, Brno 1985, 129–160; LV 950, Bd. 2, 578f.; LV 259, Bd. 1, 225–231; D. Kusák/F. Kozík, Telč, Praha 1965; M. Nováková-Skalická, Telč, Brno 1977; E. Polásková, Telč, městská památková reservace, Brno 1966; V. Richter, Telč, státní zámek, město a památky v okolí, Brno 1976.

Tepl (Teplá, Bez. Karlsbad). T. war urspr. eine Zollstelle am Landestor, am Flüßchen Tepl an der Straße von → Eger nach → Pilsen gelegen. Daneben gründete der reiche böhm. Adlige Hroznata, wohl 1193, anstelle einer gelobten Jerusalemwallfahrt, das gleichnamige Prämonstratenserstift, dessen Propst er A. 13. Jh. selbst wurde. Bf.-Hzg. Heinrich und Papst Coelestin III. bestätigten dem Stift 1197 den Ort T. mit Markt- und Grenzzoll. Stift und Ort hatten seitdem eine gemeinsame Geschichte. 1356 gewährte Ks. Karl IV. T. einen Jahrmarkt, Abt Bohusch verlieh 1385 einige städt. Privilegien (volles Erbrecht, Gebrauch von Siegel und Stadtbuch). Ob der Notar Johannes v. T. († um 1414), der Autor des berühmten »Ackermann aus

Böhmen«, dort geb. ist oder zur Schule ging oder ob T. sein erster Dienstort war, ist unklar. Die Pest von 1380/81 wütete in T. bes. stark, 1422 wurde das Stift durch die Huss. niedergebrannt. 1460/66 bestätigte Kg. Georg v. Podiebrad die älteren Privilegien und genehmigte T. den Bau einer Mauer. Darüber kam es zw. T. und dem Stift zu einem heftigen Streit, der erst 1503 mit einem Vergleich beendet wurde: T. bekam das Pilsner Stadtrecht, einen zweiten Jahrmarkt, durfte aber nur Graben und Holzplanken als Befestigung besitzen (1509). 1525 beteiligten sich die Bürger am Bauernaufstand gegen die Klosterherrsch.; das 1643 von den Schweden geplünderte T. hatte im 30jähr. Krieg schwer zu leiden. 1698 und 1794 wüteten Stadtbrände. Das Stift nahm jedoch in der Barockzeit einen neuen Aufschwung; die Stiftskirche wurde umgebaut, neue Kl.gebäude wurden errichtet. Die Aufhebung des Kl. durch Ks. Joseph II. 1781 konnte verhindert werden. A. 19. Jh. gründeten die Prämonstratenser unter Abt Karl Reitenberger → Marienbad. Das Stift mit seiner berühmten Bibliothek, deren Grundstock Abt Sigismund (†1506) gelegt hatte, war schon im 19. Jh. ein vielbesuchter Anziehungspunkt. Goethe besuchte T. 1821–23 mehrmals und schenkte dem Stift seine Steinsammlung. Nach dem Zweiten Weltkrieg wurden die Gebäude teilw. als Kaserne genutzt und nach 1989 dem Orden restituiert. – Das Städtchen T. blieb Ackerbürgerstadt. Nach 1945 wurde ein Betrieb für Flachsverarbeitung errichtet. – 1900: 3000 (nur Dt.), 1930: 2474 (82 Tsch.), 1950: 1080, 1991: 2924 Eww.   (I) *Hil*

Beiträge zur Geschichte des Stiftes Tepl, Bde. 1–2, Marienbad 1917–25; J. Čechura, Vývoj pozemkové držby kláštera v Teplé v době předhusitské, in: MZK 24 (1988), 205–255; K. Dolista, Tepelský klášter v pozdní gotice a renesanci, in: MZK 5 (1967), 173–197; K. Haubertová, O nejstarších tepelských listinách, Plzeň 1981; A. Huber, Das Stift Tepl im Aufklärungszeitalter, in: APr 26 (1950), 41–66, 27 (1951), 28–50, 81–101, 28 (1952), 16–45, 29 (1953), 67–105, 30 (1954), 41–59; LV 905, Bd. 50, 368–505; LV 507, 281ff.; Das Stift Tepl und die Prämonstratenser in Obermedlingen. Hg. v. E. Schmidt u. G. Vogt, Donauwörth 1993; Das Tepler Land. Hg. v. J. Schmutzer u. O. Zerlik, Geisenfeld 1967.

Teplitz (Teplice). Die Funde antiker Münzen in der sog. Urquelle bezeugen, daß die örtl. Heilquellen bereits im 1. Jh. bekannt waren. Die intensive Besiedl. im Gebiet der späteren, zw. Erzgebirge und Böhm. Mittelgebirge gelegenen Stadt T. haben archäolog. Ausgrabungen schon für die Urzeit nachgewiesen; ein relativ dichtes Siedlungsnetz entwickelte sich zudem in der slaw. Burgwallzeit. Die Kenntnis der Thermalquellen belegt auch der Name T.: 1158–64 gründete die böhm. Kgn. Judith »bei den warmen Quellen« ein Benediktinerinnenkl.; die durch Grabungen freigelegten Reste der dreischiffigen rom. Basilika weisen gerade in diese Zeit. Nach der

Schlacht auf dem Marchfeld 1278 erlitt das Kl. schwere Einbußen, 1426 folgte die Zerstörung durch die Huss. Einen indirekten Hinweis auf die Existenz als Stadt bietet eine Erwähnung von 1287. 1352 werden die Stadtkirche St. Marien und die Kl.kirche Johannes des Täufers in der Vorstadt erwähnt. Verm. existierte bereits zu dieser Zeit eine Stadtmauer mit 4 Toren. Als Städtchen erscheint T. 1382. Ein Jahrzehnt später wird eine Schule erwähnt, 1406 bezeugen die Quellen Heilbäder. Bis zur Zerstörung durch die Huss. 1426 wahrte T. den Charakter einer Kleinstadt und ging dann in den Besitz der Ritter v. Wřesowitz über. Eine Episode blieb der Status als Leibgedingestadt der Kgn. Johanna, der Gemahlin Georgs v. Podiebrad. 1478–86 errichtete man 2 km ö. von T. die Neuenburg. 1590 schufen holländische Baumeister hier ein neues Fortifikationssystem. Schon im 16. Jh. empfahl der berühmte Arzt Theophrastus Bombastus v. Hohenheim, genannt Paracelsus, die T.er Heilquellen, denen auch der böhm. Humanist Thomas Mitis de Limuz (1523–91) die in Versform abgefaßte Topographie »De thermis Teplicensibus« widmete, die 1561 im Druck erschien. Der nach 1450 auf den Ruinen des Kl. erbaute Herrensitz wurde 1585–1634 zu einem Schloß erweitert, 1751 folgte eine Barockisierung, A. 18. Jh. die Umgestaltung im Empirestil. Mittelpunkt der Altstadt ist der Marktplatz, an dessen N-Seite das 1545 erbaute Rathaus steht. Die barocke Dreifaltigkeitssäule auf dem Schloßplatz stammt von Matthias Bernhard Braun. – Seit 1580 befand sich T. im Besitz der Wchynitz v. Wchynitz und Tettau, die nach 1585 auch die Kirche Johannes des Täufers umbauen ließen und über der Urquelle ein steinernes Haus errichteten. 1634 fiel die Herrsch. an die kaisertreuen Gff. Aldringen (seit 1666 Clary-Aldringen). Die Stadt brannte 1654 nieder, erlebte jedoch wenig später einen großangelegten Wiederaufbau als Kurbad, das auch die Kfstt. v. Sachsen aufsuchten. Als diese 1697–1763 überdies die poln. Krone trugen, kamen zahlr. poln. Aristokraten nach T.; M. 18. Jh. gab es hier 12 Bäder, hinzu kamen 5 in den Vorstädten. Das älteste Kurgäste-Verzeichnis bezeugt 653 Besucher im Jahre 1709. Der Bäderarzt Matthias Hansa veröffentlichte 1784 eine chemische Analyse der hiesigen Heilquellen. Nach einem Feuer 1793, das die noch zu großen Teilen aus Holzhäusern bestehende Stadt vernichtete, wurden die Mauern abgetragen. Beim Wiederaufbau ging der ma. Grundriß von T. verloren, das nunmehr den Bedürfnissen des damaligen Kurbetriebs angepaßt und architektonisch vom Empire-Stil geprägt wurde.

Um das eigentliche Kurgelände entstand auf dem Areal der bisherigen Vorstadt die Bäder-Straße. In Richtung Spitalhügel errichtete man neue Gebäude in palastähnlichem Stil, die fortan die Bäderstadt prägten: Zu ihnen zählten das Ledebur-Palais, das städt., Damen-, Fürsten-, Gürtler-, Schlangen- und das Neubad, die nach 1830 entstanden. Der Schloßpark, urspr. in barockem und Renaissancestil angelegt, erhielt bis 1810 das Aussehen eines engl. Parks. Am Schloß gab es bereits seit 1789 ein Theater, das nicht allein den adeligen Schloßbesitzern, sondern auch den Kurgästen und Bürgern zur Verfügung stand. Das seit 1795 in der »Prager Zeitung« erscheinende Verzeichnis der Kurgäste wurde seit 1801 als eigenständige Kurliste herausgegeben. Die Kuranlagen entwickelten sich zu einem »Salon Europas«, 1813 trafen sich hier vor der Völkerschlacht bei Leipzig die Monarchen von Rußland, Preußen und Österr.; die Atmosphäre in T. entsprach ganz dem Zeitgeschmack, daher erholten sich hier nicht allein Patienten, sondern auch führende Persönlichkeiten aus ganz Europa. In der 1. H. 19. Jh. bewegte sich die Zahl der jährlichen Kurgäste zw. 5–6000. – Auf dem T.er Kongreß wandte sich am 28.8.1848 die dt.böhm. Volksbewegung gegen eine »Einverleibung in einen tsch.-böhm. Teilstaat Österr.« und schlug u. a. eine Kreiseinteilung Böhmens nach Sprachgrenzen vor, eine Forderung, welche die böhm. Innenpolitik nachfolgend in starkem Maße prägte. Seit 1850 residierten in T. Bez.-Behörde und -Gericht. Die Fertigstellung der Eisenbahnlinie Aussig–T. 1858 legte die Grundlage für die nachfolgende Industrialisierung. Fabriken entstanden außerhalb der Kuranlagen, deren Areal nun erweitert wurde. Die Gem. erbaute 1872 das komfortable, 1914 erweiterte Kaiserbad, Fst. Clary-Aldringen ließ am sog. Herrenhaus von 1823 ein Gartenhaus errichten. 1871/72 suchten T. mehr als 13 000 Kurgäste auf. Auch Verwundete aus dem preuß.-frz. Krieg fanden hier Genesung. 1878 erholte sich Ks. Wilhelm I. von den Folgen eines Attentats im Herrenhaus. Die höhere Ges. suchte jedoch bereits zu dieser Zeit eher → Karlsbad und → Marienbad auf. Die Störung des hydraulischen Gleichgewichts als Folge der einsetzenden Kohleförderung führte 1879 zum Versiegen der Ur-, Augen- und Sandquelle. Die komplizierten Wiederherstellungsarbeiten dauerten bis 1883. Seit jener Zeit mußten Pumpen das Thermalwasser für die Bäder bereitstellen. Die Zahl der Kurgäste ging auch aufgrund der zunehmenden Industrialiserung zurück, bes. infolge des Aufbaus der Keramik-, Glas- und Textilindustrie sowie der Kohleförderung in der Umgebung. 1895 wurde T. mit dem benachbarten Badeort Schönau, der seit 1884 Stadtrecht besaß, vereinigt. 1924 öffnete das nach einem Brand neu erbaute Erzgebirgstheater. Das Schloß birgt seit 1946 ein Regionalmuseum. T.-Schönau war in der Vorkriegszeit Sitz zahlr. sud.dt. Institutionen, etwa des Bundes der Dt. in Böhmen, des Sekretariats der Dt. Sozialdemokratischen Arbeiterpartei und des dt. Turnverbandes. Mit dem sog. »Zwischenfall von T.-Schönau« vom 17.10. 1937 wurde der letzte Akt der Sudetenkrise vor dem Münchener

Abkommen eingeleitet. In T. wurden der Dichter Alfred Meisner (1822–85), der Geologe und Univ.-Prof. Gustav Karl Laube (1839–1923), der Historiker Hermann Hallwich (1838–1913) sowie der Polarforscher Julius Payer (1842–1915) geb. – 1880: 14 841 (812 Tsch.), 1910: 26 777 (2089 Tsch.), 1930: 30 799 (5232 Tsch.), 1950: 24 186, 1991: 53 039 Eww. (II) *Sm*

P. Beer, Dějiny Teplicka do roku 1848, Teplice 1969; J. Budinská, Příspěvek k vývoji českého a německého hnutí na Teplicku, Duchcovsku a Bílinsku v prvním roce ČSR, in: ÚSH 3 (1968), 55–72; P. Budinský, Pravěk Teplicka, Teplice 1977; A. Hejna, Bazilika v Teplicích, in: UM 8 (1960), 217–238; H. Hallwich, Teplitz. Eine deutschböhmische Stadtgeschichte, Leipzig 1886; LV 259, Bd. 3, 100ff., 465–469; G. C. Laube, Teplitzer Badeleben in alter Zeit, in: MVGDB 45 (1907), 437–463; M. Lejsková, Teplice v době klasicismu, Teplice 1983; A. Müller, Quellen und Urkundenbuch des Bezirkes Teplitz-Schönau bis zum Jahre 1500, Prag 1929; LV 288, Bd. 4.

Teschen (Český Těšín, poln. Cieszyn, Bez. Karwin). Die alte Residenzstadt des gleichnamigen Hzt. an der Olsa im Vorland der Beskiden wurde 1920 entlang des Flußlaufes zw. der Tschsl. und Polen geteilt und bildet heute 2 Städte: das tsch. T. (1991: 28 711 Eww., davon 67,7% tsch., 17,4% poln., 6% slow., 6% schles., 3,1 mähr. und 0,6% dt. Nationalität) l. bzw. w. der Olsa und das poln. T. in der Wojewodschaft Bielitz (1990: 36 200 Eww.) mit dem alten Stadtkern. – Grabungen weisen auf eine Besiedl. in vorkeltischer Zeit hin; die kleine rom. Rundkapelle St. Nikolaus (A. 11. Jh.), verm. Teil der Burg eines poln. Vogtes, gilt als ältestes erhaltenes Bauwerk Schles. Burg und Gebiet, 1155 als Kastellanei des Btm. Breslau belegt, kamen 1163 zu dem durch Teilung entstandenen piast. Hzt. Ratibor (seit 1202 Hzt. Oppeln). Durch weitere Erbgänge bildete sich zw. 1281 und 1315 das selbst. Hzt. T., das sich 1327 unter Hzg. Kasimir I. der böhm. Lehenshoheit unterstellte.

Im sw. Vorfeld der Burg mit ihrem Bergfried (Piastenturm) vom A. 14. Jh. erfolgte während des Landesausbaus durch die Oppelner Piasten um 1260 die Stadtgründung nach Löwenberger (nach 1374 Magdeburger) Recht. Noch im 13. Jh. entstanden die Pfarrkirche St. Maria Magdalena und die Dominikanerkirche (seit 1790 Stadtpfarrei). Auf der sich im 15. Jh. bildenden Ständeversammlung des Hzt. war T. als Stadt vertreten (barockes Ständehaus sowie zahlr. Adelspalais). Mit der Fugger-Thurzó-Ges. zum Handel mit ungar.-slow. Kupfer begann nach 1495 eine wirtsch. Blütezeit der Handwerkerstadt, die im 16. und 17. Jh. durch ihre kleinkalibrigen Jagdgewehre mit Bein-Intarsien (sog. Teschinken) bekannt wurde. Während sich im 15. Jh. im Hzt. das Tsch. als Sprache der Stände durchsetzte, blieb die städt. Oberschicht dt.sprachig; die Mehrheit der Bev. dagegen

verwendete das Poln. Nach Einführung der Ref. zw. 1528 und 1545
wurde an der Stadtkirche slaw., in der Dominikanerkirche dt. gepredigt. Die Landeskirchenordnung Hzg. Wenzels II. (Adam) schuf
1578 das selbst. Dekanat T. Die ev. Dreifaltigkeitskirche wurde 1594
erbaut (1846 weitgehend erneuert). Als erster schles. Fst. konvertierte
1610 Hzg. Adam Wenzel zum Kath. Unter der piastischen Erbtochter
Hzgn. Elisabeth Lukretia, verheiratet mit Gundaker v. Liechtenstein,
wurde die Stadt 1629 für kath. erklärt, doch auch nach der Gründung
der Jesuiten-Residenz mit der Hl.-Kreuz-Kirche von 1670 und des
Jesuiten-Gymnasiums 1675, nach der Ausweisung des Pfarrers der ev.
Dreifaltigkeitskirche 1683 sowie nach einer rel. bedingten Auswan-
derungswelle hielt sich in der Bev. ein starker Geheimprot. Lange im
Gebrauch war im Hzt. T. wie im slow. Oberungarn das tsch.sprachige
Gesangbuch »Cithara sanctorum« des ev. Pfarrers Georg Trzanowski
(Tranoscius).
Mit dem Tode Elisabeth Lukretias 1653 fiel das Hzt. T. als erledigtes
Lehen an die Habs., die es 1722–66 dem Haus Lothringen übertru-
gen. Im Zuge von Verw.-Reformen des 18. Jh. wurde T. zur Kam-
meralstadt herabgestuft. Ein gewisses Gegengewicht zum Verlust der
Residenzfunktion bildete die Entw. zur Schulstadt und zum Zentrum
des oberschles., pietistisch geprägten Prot., welcher in der – nach
Abschluß der Altranstädter Konvention – 1710–53 erbauten ev. Gnadenkirche (Jesuskirche) und der 1711 errichten ev. Lateinschule (nach
1810 theol. Gymnasium) seinen Kristallisationspunkt fand. Die seit
der Teilung Schles. 1742 einzige ev. Gem. Österr. wurde 1781 nach
dem Toleranzpatent Ks. Josephs II. Sitz des ev. Konsistoriums der
Habsburgermonarchie, bevor dieses 1784 nach Wien verlegt wurde
und statt dessen in T. für das Augsburgische Bekenntnis eine Super-
intendentur entstand. Das Hzt. ging 1766 an die Tochter Maria Theresias, Ehzgn. Maria Christine, und deren Gatten Albert v. Sach-
sen(-Teschen). Durch den T.er Frieden vom 13.5.1779 wurde der
Bayer. Erbfolgekrieg beendet und Rußland (nachträglich) Garantie-
macht des Westfälischen Friedens. Die nach einem Stadtbrand 1789
spätbarock-klassiz. erneuerte Stadt beherbergte 1805 den vor den
Napoleonischen Truppen geflohenen Wiener ksl. Hof.
Im 19. Jh. profitierte die Stadt von ihrer Verkehrslage an der
Kaiserstraße Wien–Krakau und der Trasse Kaschau–Berlin bzw. später als Eisenbahnknotenpunkt der l. der Olsa geführten Linie Oderberg–Kaschau (ab 1869) und der 1886 gebauten Bahnstrecke Friedek–Bielitz im Rahmen der Entw. der Schwerindustrie in O-Schles.
Der versuchte Ausbau zur Messestadt war nach 1775 gescheitert,
doch entstand hier mit der Fa. Prochaska nach 1806 eine der größten
Druckereien der Monarchie. Die mehrheitlich poln.sprachige Bez.-

Stadt hatte in Österr. Schles., das 1782–1849 mit Mähren zu einer Provinz vereinigt war, keine herausgehobene Stellung (1849: 7127, 1890: 14 370 Eww.). Ehzg. Karl v. Teschen ließ 1837 durch den Wiener Architekten Josef Georg Kornhäusel ein neues Schloß bauen. 1892 entstand das ev. Krankenhaus, 1895 das erste poln. Privatgymnasium O-Schles.; 1908 wurde von dt. Vereinen das städt. Theater errichtet. Unter Feldmarschall Ehzg. Friedrich v. Teschen, dem k.u.k. Oberbefehlshaber im Ersten Weltkrieg, befand sich 1914–16 das Hauptquartier des österr.-ungar. Armee-Oberkommandos in der Stadt. Für die nat. und pol. Situation bis zum Zweiten Weltkrieg waren 2 Faktoren kennzeichnend: einerseits die tradit. relativ große jüd. Bev.-Anteil von etwa 10% (1890: 1313, 1910: 2112 Personen) mit Kreisrabbinat und Friedhof, andererseits die zw. Dt., Polen und Tsch. stehenden sog. Schlonsaken. Diese sprachen einen regionalen poln.-tsch. Dialekt, waren prodt. bzw. prohabs., später protschsl. eingestellt, häufig ev. und organisierten sich nach 1909 in der Schles. Volkspartei unter Józef Kożdoń. Im November 1918 kam T. provisorisch unter poln. Verw., wurde am 23.1.1919 von tschsl. Truppen besetzt und stand danach unter alliierter Besatzung, bis die Stadt aufgrund des internat. Schiedsspruchs vom 28.7.1920 entlang der Olsa geteilt wurde. Während der poln. Teil in seiner Randlage stagnierte, erhielt die industrialisierte w. Vorstadt um den Bahnhof (spätestens seit dem 15. Jh. besiedelt) noch 1920 Stadtrecht, erlebte ein rasches Wachstum (1930: 9746, 1950: 12 693 Eww.) und wurde mit historisch-kubistischen Gebäuden (Rathaus 1928) und teilw. funktionalistischer Architektur ausgebaut (Regulierungsplan von 1927). Im dreisprachigen tsch. T. mit 3 Synagogen stellten die Schlonsaken 1923–38 mit Kożdoń den Bürgermeister. Nach der poln. Besetzung von »West-T.« im Oktober 1938 wurden beide Städte vereint. 1939–45 an das Dt. Reich (Schles. bzw. seit 1941 Oberschles.) angegliedert, war T. ein Zentrum für Kriegsgefangenen- und Arbeitslager insbes. für Polen, während Juden und Roma in Konzentrationslager verschleppt und ermordet wurden. 1945 wurde die Grenze von 1920 wiederhergestellt (tschsl.-poln. Grenzübergang »Brücke der Freundschaft«); aus der unzerstörten Doppelstadt wurden bis 1948 große Teile der dt. Bev. deportiert oder zwangsweise ausgesiedelt.

Im 1975 an das tsch. T. angegliederten Gemeindeteil Kotzobendz mit Renaissance-Schloß aus dem frühen 17. Jh. sind Spuren keltischer Besiedl. belegt. Bei der an einem Seitenarm der Olsa gelegenen Burgwallanlage aus dem 8.–11. Jh. in Thiergarten bei Kotzobendz, teilw. als Alt-T. bezeichnet, ist verm. die frühma. Vorgängersiedl. zu lokalisieren. (V) *Lu*

J. Bakala, Ke vzniku města Těšína, in: ČSM – B 25 (1976), 102–114; LV 339; Český

Těšín, 50 let městem. Bearb. v. A. Grobelný u. B. Čepelák, Ostrava 1973; J. Hejret, Těšínsko, Praha 1919; O. Káňa/R. Pavelka, Těšínsko v polsko-československých vztazích 1918–1939, Ostrava 1970; LV 368, 530–534; M. Landwehr v. Pragenau, Geschichte der Stadt Teschen. Bearb. v. W. Kuhn, Würzburg 1976; Nástin dějin Těšínska. Hg. v. M. Borák und J. Gawrecki, Ostrava 1992; F. Popiołek, Dzieje Cieszyna, Cieszyn 1916; V. Prasek, Dějiny knížectví Těšínska až do roku 1433, Opava 1894; LV 898, Bd. 1, 358f.; F. Uhlíř, Těšínské Slezsko, Ostrava 1946; J. Vochala, Vlastivěda Těšínska. Frýdecko a Slezsko-Ostravsko, Frýdek 1923; ders., Vývoj národnostní a jazykové otázky na Těšínsku, Těšín 1921–24; K. Witt, Die Teschener Frage, Berlin 1935; Zaolzie. Studia i materiały z dziejów społeczności polskiej w Czechosłowacji, Cieszyn 1992; Zarys dziejów Śląska Cieszyńskiego, Ostrava 1992; R. Prokop, Sedmdesát let města Českého Těšína, in: TĚ 33/4 (1990), 5–8.

Tetschen (Děčín). Die bis 1945 T.-Bodenbach genannte nordböhm. Bez.-Stadt liegt 12 km s. der tsch.-dt. Grenze beiderseits der von teilw. felsigen Höhen eingefaßten Elbe an der Einmündung der Polzen. Die Anfänge der Besiedl. reichen auf dem l. Elbufer bis in die Bronzezeit zurück. Die älteste Bezeichnung dieser Region – in einer Urk. von 1086 wird für 993 die »provincia Dechinensis« bzw. »Dazana« erwähnt – verweist verm. auf jenen Typ der Bezeichnung dieses Gebiets, der sich von den Namen der přemyslidischen Burgen ableitete, die nach der Einigung des Landes angelegt wurden. Auf dem Areal des heutigen Schlosses erstreckte sich eine solche Burg, die erstm. 1128 erwähnt wurde. Noch 1146 erhob man hier einen Salzzoll. Um 1200 erwies sich die Siedl. als relativ unbedeutend. Im Bereich der Frauenwiese s. des Schlosses haben archäolog. Ausgrabungen die Relikte einer untergegangenen befestigten Stadt freigelegt, die offenkundig Kg. Přemysl Otakar II. um 1260 gegr. hatte und die 1283 urk. erwähnt wird. Darüber hinaus ist die Existenz einer von einem Friedhof umgebenen Marienkirche nachgewiesen. 1305/06 gelangte die gesamte Herrsch. an die mächtigen Herren v. Wartenberg. Die diesbezügliche Konfirmation durch Ks. Karl IV. 1370 deutet darauf hin, daß damals die »Altstadt« verlassen war und man zielgerichtet daranging, eine neue Stadt im Bereich des erhaltenen hist. Kerns zu errichten. Deren Rechte wurden in Urk. 1406 und 1412 bestätigt. Ein Mauerring mit 3 Toren, von denen das Haupttor in Richtung Umschlagplatz an der Elbe zeigte, umgab die Stadt.

In den Huss.kriegen bildete T. eine der Stützen der kath. Partei im Lande. Die Herren v. Wartenberg gerieten jedoch schrittweise in Konflikt mit Sachsen und dem Oberlausitzer Sechsstädtebund, dessen Heer 1444 Stadt und Burg T. einnahm. Sie traten 1511 die Herrsch. an Nikolaus Trčka v. Leipa ab, dem 1514 die aus Sachsen stammenden Frhh. Salhausen folgten, unter denen die luth. Ref. Einzug hielt. 1534 fiel T. an die Ritter v. Bühnau, unter denen Handwerk und Fernhandel auf der Elbe einen Aufschwung nahmen. 1564–69 wurde die noch heute bestehende got. Steinbrücke über die Polzen erbaut. Nach der Schlacht am Weißen Berg 1620 mußten die prot. Ritter v. Bühnau das Land verlassen. Die Herrsch. fiel 1628 an die kaisertreuen, urspr. aus Tirol stammenden Gff. Thun. Im 30jähr. Krieg folgte der sächs. Besatzung 1631–35 in den Jahren 1639/40 sowie 1648/49 eine schwed.; nach der Konsolidierung der pol. und wirtsch. Verhältnisse wurde die alte Burg nach 1660 zu einem weiträumigen Barockschloß umgebaut. 1668 entstand auf dem Markt die Lorettokapelle mit gfl. Grablege, 1691 fand der Umbau der Hl.-Kreuz-Kirche seinen Abschluß. Auf die barocken Umgestaltungen weisen noch heute die sog. Lange Fahrt, eine durch den Felsen gebrochene Straße zum Schloß, und der Rosengarten mit malerischen barocken Treppenanlagen hin. In der 1. H. 19. Jh. entwickelte sich das in seiner heutigen Gestalt auf den Umbau von 1786–99 zurückgehende Schloß zu einem bedeutenden kulturellen Mittelpunkt. Führende Persönlichkeiten des nat. Lebens der Tsch. hielten sich hier auf. Das industrielle Zeitalter hatte sich schon 1802 mit der Gründung der ersten Textilfabrik durch Franz Mattausch aus Wernstadt angekündigt. 1828 folgte eine weitere Fabrik, 1838 ein Papierwerk. 1835 wurden Mauern und Stadttore niedergerissen. Seit 1850 war T. Bez.- und Gerichtsstadt, im benachbarten → Bad Liebwerda bestand seit 1850 eine landwirtschaftl. Akademie, die seit 1922 der Prager Dt. Technischen Hochschule als Außenstelle unterstand. Seit 1855 verband eine Kettenbrücke beide Ufer der Elbe. – 1880: 5612 (davon 370 Tsch.), 1910: 10640 Eww. (davon 61 Tsch.).

Der linksseitige Teil der heutigen Stadt nahm eine abweichende Entw., da die Besiedl. hier bis zur damaligen Zeit durch ein Netz kleinerer Siedl. gekennzeichnet war. Zu den wichtigsten Gem. zählten das 1352 als Pfarrdorf erwähnte Rosawitz und das 1401 belegte Selnitz mit seiner Feste; für 1407 nennen die Quellen erstm. Bodenbach mit einem Hof, 1454 Kröglitz, 1515 Krochwitz, Ullgersdorf, Hopfengarten und Biela; in Bünauburg gab es bereits 1547 einen Eisenhammer. 1579 wird Kalmswiese, 1652 Weiher und Bösegründel, 1720 Herbstwiese erwähnt. In Ober-Grund entstanden 1769 Kuranlagen, 1786 gründete man Wenzelsdorf. Unter den genannten Gem. begann sich im 19. Jh. allmählich Bodenbach durchzusetzen. Eine grundlegende Voraussetzung für dessen Wachstum bildete seine Lage am Eisenbahnnetz: 1851 wurde die Bahnlinie Prag–Bodenbach–Dresden in Betrieb genommen, 1869 fuhr der erste Zug nach → Warnsdorf, seit 1872 mit Anschluß nach → Böhm. Leipa; seit 1871 gab es eine Verbindung über Eulau nach → Teplitz, seit 1874 die Nordwestverbindung auf dem gegenüberliegenden Elbufer. T. war mit diesem durch 2 Eisenbahnbrücken verbunden und bildete so, neben → Aussig, den wichtigsten nordböhm. Verkehrsknotenpunkt. Einen Aufschwung erlebte zudem der Schiffsverkehr auf der Elbe, seit 1860 bestand in Rosawitz ein Winterhafen (am Hauptbahnhof in T. befindet sich ein Museum zur Geschichte des Elbverkehrs). Die Eww.-Zahl erhöhte sich von 738 im Jahre 1850 auf 5862 (davon 681 Tsch.) 1880, 1910 waren es bereits 13 412 Eww. (davon 608 Tsch.). 1901 erhielt Bodenbach Stadtrecht.

Seit M. 19. Jh. wurden auf beiden Seiten der Elbe neue Stadtviertel angelegt, bei denen sich architektonisch historisierende Stilarten durchsetzten; seit 1905 traten Jugendstilbauten (sog. Schäferwand, Synagoge) hinzu. Zu den älteren Industriezweigen wie der Textilverarbeitung oder der Papier- und Keramikherstellung kamen weitere hinzu; A. 20. Jh. gewannen metallverarbeitende Industrie und Elektrotechnik an Bedeutung. 1933 wurde die alte Kettenbrücke über die Elbe durch eine neue ersetzt, seit 1985 gibt es eine weitere Brücke. 1930 zählte T. 12 855 Eww. (davon 2135 Tsch.), in Bodenbach lebten 22 658 Eww. (davon 2135 Tsch.). 1942 wurden T., Bodenbach und Altstadt zur Stadt T.-Bodenbach vereinigt (1991: 55 112 Eww.). In T. wurden der Dresdner Hofmaler Anton Kern (1709–49) sowie der Begründer der tsch. Turnvereinigung »Sokol« Miroslav Tyrš (1832–84) geb.; Bodenbach ist der Geburtsort der Maler Eduard Lebiedzki (1862–1912) und Rudolf Wejrich (1882–1939). (II) *Sm*

B. Chlebníček, Děčín. Historický průvodce městem, Děčín 1975; I. Čornejová, Děčínská větev panů z Vartenberka v době předhusitské, in: ZMPČ 4 (1985), 333–356; L. Käs, Die Stadt Tetschen, Tetschen 1888; M. Košťál, Snahy o zachycení přítomnosti a minulosti Děčínska v letech 1945–1964, in: ZMDČ 1 (1965), 7–15; H. Slavíčková, Zámek Děčín, Děčín 1991; J. Smetana, Děčínsko a Šluknovský výběžek na podzim 1918, in: ÚSH 3 (1968), 39–54; ders., Od Děčanů k Děčínu, Děčín 1966; ders., K počátkům města Děčína, in: ZMDČ 4 (1985), 241–277; LV 288, Bd. 9; R. Wolkan, Studien zur Reformationsgeschichte Nordböhmens, Teil 4: Die Ritter von Bünau und die Reformation in Tetschen, Schloß Benatek 1883; T. Velímský, Město na Louce. Archeologický výzkum na Mariánské Louce v Děčíně, Děčín 1991; M. Zápotocký, Slovanské osídlení Děčínska, in: AR 29 (1977), 521–533.

Thalenberg (Talmberk, Bez. Kuttenberg). Die heute als Ruine unweit der gleichnamigen, etwa 35 km sw. von → Kuttenberg gelegenen Gem. erhaltene ma. Burg geht verm. auf eine Gründung durch Ernst v. Kaunitz A. 14. Jh. zurück. Die Herren v. T. hielten diese bis in die 2. H. 15. Jh. in ihrem Besitz. Wohl A. 16. Jh. verfiel die Anlage, 1533 beschreiben die Quellen T. als verlassenes Schloß. Die ma. Burganlage setzte sich aus Vor- und Hauptburg zus.; von der Vorburg lassen sich lediglich die Ausmaße erahnen. Den Kern der Burg umschloß ein Zwinger; an der am besten geschützten Rückfront stand der längliche Palas, die Ecken der Stirnseite beherrschten 2 runde Türme. T. gehörte im SpätMA zu jenen Adelsburgen, die in der 1. H. 14. Jh. durch eine Vermehrung der Türme den Grundtyp der Bergfried-Burg weiterentwickelten. (III) *Dur*

LV 245, 125f.; LV 248, 285f.; T. Durdík/J. Holeček, Povrchový průzkum hradu Talmberka, in: SVPP 17 (1976), 139–154; LV 250, Bd. 6, 236f.; LV 259, Bd. 6, 489f.; LV 879, Bd. 1, 360f.; LV 279, Bd. 12, 58–62.

Theresienstadt (Terezín, Bez. Leitmeritz). 1776 beschloß der damalige Thronfolger Joseph (II.) den Bau einer Festung zum Schutz des böhm. Flachlandes gegen von N einfallende Heere. Nach Verlegung zweier Dörfer und Aufschüttung des späteren Stadtgebietes in sumpfigem Gelände legte der Ks. am 10.10. 1780 den Grundstein für die nach seiner Mutter Ksn. Maria Theresia genannte Festung, die seit 1782 auch kgl. und freie Stadt war, deren Magistrat aber noch unter der Führung des Bürgermeisters von → Leitmeritz stand; ein eigener Bürgermeister fungierte erst seit 1835. Ansiedl. und planmäßig schachbrettartige Bebauung des von Festungsanlagen umgebenen Stadtgeländes förderte man durch langjähr. Steuervergünstigungen, staatl. Kredite und Freistellung vom Militärdienst (bis 1846). Neben den Militärgebäuden (Kommandantur, Kasernen, Spital, Arsenale) entstanden das klassiz. Gebäude einer dt. Schule, die 1810 vollendete Garnisonskirche Auferstehung Christi und eine Reihe von Bürgerhäusern (1830: 110 Häuser, 1302 Eww.). Die »Kleine Festung« ö. der Eger diente als Staatsgefängnis, in dem u. a. der griechische Freiheitskämpfer Gf. Alexander Ypsilanti bis 1828 und ab 1914 der Attentäter von Sarajewo, Gavrilo Princip, inhaftiert wurden. Seit der Aufhebung der Festung 1882 wurde auch das Gelände vor den Wällen bebaut, zugleich verstärkte sich der Zuzug tsch. Bürger, so daß 1882 eine tsch. Schule gegr. wurde. Von den nicht zur Garnison gehörenden etwa 3000 Eww. war 1900 rund die H. tsch., vom Militär nur etwa ein Viertel. Der dt. Anteil an der Bev. (1930 weniger als 10%) sank mit der Auflösung der österr. Garnison am 1.10.1918, da nun die Fam. der tsch. Soldaten einzogen. Diese verließen die Stadt nach der Besetzung durch die dt. Wehrmacht am 15.3.1939, so daß T. zu großen Teilen unbewohnt war.

Die dt. Reichskanzlei beschloß im Oktober 1941, die Stadt in ein abgeschlossenes jüd. Ghetto zu verwandeln; alle Nicht-Juden mußten die Stadt verlassen. Zunächst brachte man Juden aus Böhmen und Mähren nach T., später auch prominente Juden aus Deutschland und Österr. Gegenüber ausländischer Kritik diente T. den Nationalsozialisten zeitweise als Mittel zur Darstellung ihrer vorgeblichen Umsiedlungsaktionen. Insgesamt wurden schließlich mehr als 150 000 Juden aus ganz Europa nach T. verschleppt und von dort in Vernichtungslager (vor allem nach Auschwitz) deportiert. Bis zu 50 000 Menschen waren gleichzeitig in T. eingeschlossen. Die »Kleine Festung«, die zunächst als Polizeigefängnis der Prager Gestapo diente, wurde zu einem Konzentrationslager erweitert, in dem zahllose Menschen ihr Leben verloren. Auf dem Ehrenfriedhof vor dem Eingangstor zur Kleinen Festung ruhen etwa 26 000 Opfer der NS-Diktatur; das dem siebenarmigen Leuchter der jüd. Liturgie nachempfundene Menora-Denkmal steht an der Stelle, wo die Asche von über 20 000 Juden zerstreut wurde. Nach dem Krieg internierte man in der Festung NSDAP-Funktionäre. – Die Zahl der Eww. stieg nach 1945 gegenüber der Vorkriegszeit nicht mehr an. – 1950: 3127, 1991: 1875 Eww.   (II) *Lüb*

H. G. Adler, Theresienstadt 1941–1945, Tübingen 1955; ders., Die verheimlichte Wahrheit. Theresienstädter Dokumente, Tübingen 1958; LV 264, 402ff.; T. Kulišová, Malá pevnost Terezin. Národni hřbitov-ghetto, Praha 1964; dies./K. Lagus/J. Polák, Terezin, Praha 1967; K. Lagus/J. Polák, Město za mřížemi, Praha 1964; Z. Lederer, Ghetto Theresienstadt, London 1953; A. Romaňak, Pevnost Terezín a její místo v dějinách fortifikačního stavitelství, Ústí nad Labem 1972; Terezín v konečném řešení židovské otázky. Hg. v. M. Kárný u. V. Blodig, Praha 1992; O. Vostoček/Z. Kostková, Terezín, Praha 1980.

Theusing (Toužim, Bez. Karlsbad). Das an der Straße von → Eger nach → Prag gelegene, 1354 urk. als Propstei des südböhm. Prämonstratenserkl. → Mühlhausen erwähnte Th. bestand verm. schon seit dem späten 12. Jh.; in die befestigte Propstei flohen 1420 die Mühlhausener Mönche vor den Huss., die sich des Ortes jedoch unter Führung Jakubeks v. Wřesowitz bemächtigten. Ihm wurde Th. von Ks. Sigismund 1437 verpfändet, von Johannes v. Wřesowitz wurde es mit dem sog. Johannesschloß neu befestigt. 1469 wurde die Burgsiedl. durch Zuzug von Bürgern aus dem nahegelegenen zerstörten Städtchen Uitwa zur Stadt ausgebaut. Das Privileg Kg. Georgs v. Podiebrad erlaubte auch eine Ummauerung. Th. nahm unter der Herrsch. der Wřesowitz, der Plauen (seit 1490) und der Herren Hassenstein v. Lobkowitz (seit 1563), die das noch bestehende Obereigentum des Kl. ablösten, einen wirtsch. Aufschwung. 1623 kauften es die Sachsen-Lauenburger aus → Schlackenwerth, welche die Gegenref. durchsetzten und das Schloß barockisierten. Die Herren v. Beaufort-Spontin besaßen die Herrsch. seit 1837, das Schloß bis 1945. Die Stadt hatte unter dem 30jähr. Krieg und durch mehrere Stadtbrände (bes. 1847) sehr zu leiden. Unter den Handwerken ragte das Schusterhandwerk hervor, das sich im 20. Jh. zur Schuhfabrikation ausweitete. Bis in die Gegenwart ist Th. auch ein landwirtsch. Zentrum. – 1847: 1904, 1930: 1933 (davon 31 Tsch.), 1950: 1092, 1991: 3864 Eww.   (I) *Hil*

LV 905, Bd. 50, 506–540; LV 259, Bd. 4, 354f.; LV 507, 283ff.; J. Ryba, Režijní
hospodářství na toužimském panství ve druhé polovině 16. století a první polovině
17. století, in: Seminář a jeho hosté. Sborník prací k 60. narozeninám R. Nového.
Hg. v. Z. Hojda [u. a.], Praha 1992, 217–225; ders., Urbáře a pozemkové knihy
panství Toužim v druhé polovině 17. století, in: MZK 28 (1992), 99–126; K. Sokol,
500 let města Toužimi, Toužim 1969; Theusing im Egerland. Geschichte einer
deutschen Stadt in Böhmen. Hg. v. G. Kahabka, Friedberg/H. 1988; M. Urban, Zur
Geschichte der Burg und Stadt Theusing, in: MVGDB 40 (1902), 105–140.

Tischnowitz (Tišnov, Bez. Brünn-Land). Die Schriftquellen erwähnen das 25 km nw. von → Brünn gelegene T. seit dem 13. Jh. als
Besitz der mähr. Mkgff. 1240 erscheint es als Städtchen, im 14. Jh.
wird es als eine der 30 landesherrlichen Städte in Mähren aufgeführt.
Danach stagnierte die Entw. allerdings, bis 1788 behielt T. seinen
kleinstädt. Charakter. Wiederholt war der Ort milit. Bedrohungen
ausgesetzt: Den Tatareneinfällen M. 13. Jh. folgten in der 1. H.
15. Jh. die Huss. und im 30jähr. Krieg die Schweden. Zudem wüteten 1668 und 1707 verheerende Brände. Auseinandersetzungen der
Bürger mit den Nonnen der Zisterzienserabtei Porta Coeli (Him-
melspforte), die T. als geistl. Obrigkeit vorstand, prägten die Stadtgeschichte bis zur Auflösung des Kl. 1782. – Im Jahre 1233 hatte
Mkgf. Přemysl seiner Mutter, der Kgn.-Witwe Konstanze v. Ungarn,
bei T. Ländereien geschenkt, auf denen diese das Zisterzienserinnenkl. Porta Coeli gründete. Der im rom.-got. Übergangsstil errichtete Bau wurde vor 1239 geweiht, beide Fundatoren fanden hier ihre
letzte Ruhestätte. Die dreischiffige Marienkirche besitzt als Basilika
ein ausladendes Querschiff, in das die fünfseitigen Kapellen münden.
Der Kl.-Bau ist ein typisches Werk der frühgot. Zisterzienserbau-
kunst burgundischer Prägung. In den Huss.kriegen wurde das Kl. zerstört und büßte seinen Grundbesitz ein. 1619 scheiterte der Versuch,
es neu zu beleben. Seine Wertgegenstände konnten 1642 vor den
plündernden Schweden auf der nahen Burg → Pernstein in Sicherheit
gebracht werden. Vor 1750 veranlaßte die damalige Äbtissin Božena
Sázavská Rekonstruktionsmaßnahmen, die 1748 ihren Abschluß fanden (nach der Auflösung 1782 Zuckerfabrik, heute Museum). – Als
neue Eigentümer folgten Wilhelm Mundy, 1821 die Frhh. v. Wit-
tinghof und 1861 das Zisterzienserinnenkl. Marienthal in der Oberlausitz, dem es gelang, den Konvent in T. zu erneuern. Seit 1850 tagte
das Amtsgericht in T., das 1896 den Status einer Bez.-Stadt erhielt.
Die rein tsch. Stadt ist heute von Maschinenbau, Elektrotechnik und
Textilfabriken geprägt. – 1880: 2589, 1921: 3477, 1991: 3477 Eww.
(VIII) *Šta/Krz*

Z. Drobná, Předklášteří u Tišnova, Praha 1940; J. Hajek, Čtení o starém Tišnově,
Tišnov 1986; R. Klátil, Paměti Předklášteří a tišnovského kláštera, Tišnov 1925;

A. V. Kožíšek, Tišnov a Předklášteří, Brno 1924; LV 875, 393–407; LV 290, Bd. II/65, 76–144; F. J. Rypáček, K dějinám živností řemeslnických na Moravě. Listiny cechů soukenického, kovářského, kolářského, zámečnického a bednářského města Tišnova z roku 1589, in: ČMM 35 (1911), 103–114.

Tismitz (Tismice, Bez. Kolin). An der Stelle des 3 km sw. von → Böhm. Brod gelegenen Dorfes befand sich im 8./9. Jh. eine slaw. Burgstätte. In den Schriftquellen taucht T. erstm. 1295 auf, erste Besitzer waren Nikolaus und Zdislav v. T. 1378 erwarb Bohuněk Hájek v. Tismitz vom Tětiner Pfarrer Kuneš den auf T. ruhenden Zins. Etwa 1386 ging T. an Nikolaus v. Lipany, den Begründer des Geschlechts der Vrbík v. T., der 1399 an der Seite Kg. Wenzels IV. gegen die Herrenliga kämpfte. Sein Sohn Johann gewährte 1419 den aus Prag geflohenen Kartäusermönchen in T. Zuflucht. Ein Kastell wird zwar erst 1504 in den Landtafeln erwähnt, wurde aber zweifellos wesentlich früher erbaut. 1512 gingen Kastell und Dorf an die Stadt Böhm. Brod über, die jedoch aufgrund ihrer Haltung in der Ständerevolte 1547 T. wieder verlor. Nach dem böhm. Ständeaufstand 1618–20 und den sich anschließenden Konfiskationen verleibte der ksl. Statthalter in Böhmen Karl I. v. Liechtenstein T. seiner Herrsch. → Schwarzkosteletz dauerhaft ein. Die verm. nach 1175 als Bestandteil eines feudalen Herrenhofes erbaute dreischiffige rom. Basilika St. Marien ist bis auf geringfügige Veränderungen von 1755 im urspr. Zustand erhalten. – 1869: 1377, 1910: 1588, 1950: 1230, 1991: 381 Eww. (III) *Krz*

LV 860, Bd. 1/1, 57f.; LV 259, Bd. 6, 493; LV 881, 154f., 182, 324; LV 891, 448; LV 279, Bd. 15, 25.

Tobitschau (Tovačov, Bez. Prerau). T. liegt in der Marchaue w. → Prerau; E. 13. Jh. ist hier eine Kirche bezeugt, seit 1321 sind Festung und Siedl. T. als kgl. Lehen nachweisbar. Unter den Herren v. Cimburg, die über nahezu 2 Jhh. die Herrsch. innehatten (1327–1502), zunächst als Lehen, seit 1470 als erbl. Besitz und seit 1359 den Namen Tovačovský v. Cimburg führten, erlebte T. seine Blütezeit. 1359 wurde T. zur Stadt nach Magdeburger Recht erhoben. Johann Tovačovský v. Cimburg (†1464) baute sie 1425 zu einer huss. Festung aus und siedelte 1454 aus Olmütz vertriebene Juden an. Sein Sohn, Ctibor II. (1437–94), Rechtsgelehrter und Landeshauptmann der Mkgft. Mähren, eine der herausragenden Persönlichkeiten des Landes, verfaßte in T. nach 1480 das erste mähr. Rechtsbuch (»Kniha Tovačovská«). Unter ihm entwickelte sich T. zu einem Zentrum des mähr. Geisteslebens. Obwohl ein Anhänger Georgs v. Podiebrad, gewährte er den verfolgten Böhm. Brüdern Schutz auf seinem Besitz. Die Herren v. Pernstein, die nach dem Aussterben der Cimburg die

Herrsch. innehatten (1503–97), waren um den Ausbau von Stadt und Schloß bemüht. Die von Ctibor II. in ein Renaissance-Schloß umgebaute got. Wasserburg, der er den heute noch weithin die Landschaft bestimmenden 96 m hohen Torturm hinzufügte, wurde von den Pernstein um einen Flügel erweitert und von allen nachfolgenden Eigentümern weiter ausgestaltet; heute dominiert der Historismus des ausgehenden 19. Jh. – Die urspr. got., 1786 barockisierte Pfarrkirche St. Wenzel birgt die sog. Madonna von T. (1382), die dem Weichen Stil zugerechnet wird. Nachdem die Stadt im 30jähr. Krieg abgebrannt worden war, verlor T. jedoch seine Bedeutung. Bis in die Neuzeit wechselten die Besitzer häufig. Zuletzt, bis 1939, gehörte das Schloß nebst einem nach der Bodenreform (1921) verbliebenen Restgut den Rittern v. Gutmann. Von 1941–45 diente das enteignete Anwesen dem nationalsozialist. Regime als Germanisationszentrum für die Hanna. – 1880: 2479 (davon 232 Dt.), 1910: 3158 (davon 64 Dt.), 1930: 2838 (davon 11 Dt.), 1980: 2589 Eww. – Etwa 1 km entfernt steht an der Straße nach → Olmütz ein Gedenkstein des Brünner Sezessionsarchitekten Adolf Loos für die Gefallenen des Krieges von 1866. (VIII) *Do*

V. Burian, Bitva u Tovačova r. 1866, in: SVMO B 5 (1955), 1–20; I. Hlobil, Zur Renaissance in Tovačov während der Aera Tovačovský von Cimburk, in: UM 22 (1974), 509–519; LV 950, Bd. 2, 597; LV 259, Bd. 2, 246ff.; J. Kovařík/J. Kraťoch/B. Jelínek, Přerov. Přerovsko-Kojetínsko, Brno 1933, 43–51; LV 290, Bd. II/31, 211–261; M. Nováková, Tovačov, Ostrava 1966; B. Štégr, Tovačov 650 let městem, Tovačov 1971; A. Ugwitz, Z minulosti města Tovačova a okolí, Prostějov 1907; LV 454, Bd. 1, 203–206.

Točnik (Točník, Bez. Beraun). Rund 22 km sw. von → Beraun erhebt sich die weithin sichtbare Burgruine T. als Pendant zur benachbarten Burg → Žebrak, dem einstigen Sommersitz Kg. Wenzels IV., der vor 1398 auch T. erbauen ließ. Seit 1421 befand sich T. in den Händen häufig wechselnder adeliger Pfandherren. Johann v. Wartenberg veranlaßte 1534–43 die erste Phase des Umbaus im Stil der Renaissance, die Arbeiten fanden unter den Herren v. Lobkowitz ihre Fortsetzung. Das grundlegende Bauschema der ma. Burg wurde dabei beibehalten. Seit 1594 gehörte T. wiederum der Krone, wurde jedoch nur notdürftig erhalten und verfiel schließlich. Die ma. Anlage setzte sich aus 3 Teilen zus., wobei die Mittelburg der gewaltige saalartige Palas dominierte. Die Innenburg mit dem prachtvollen Königspalast oberhalb des Grabens diente dem Kg. als private Residenz. Von ihrem urspr. Aussehen her zählte T. zu den architektonischen Meisterleistungen des böhm. Burgenbaus im 14. Jh. (II) *Dur*

LV 245, 182–187; LV 248, 287f.; LV 259, Bd. 4, 349–354; D. Menclová, Žebrák a Točník, státní hrady a okolí, Praha 1958; LV 879, Bd. 2, 153–171; LV 279, Bd. 6, 140–168.

Tollenstein (Tolštejn, Bez. Tetschen). Etwa 8 km sw. von → Rumburg erhebt sich auf einem weithin sichtbaren Felsen die Ruine der verm. A. 14. Jh. durch die Herren v. Wartenberg gegr. Burg T. Um 1450 ließen die Herren v. Dubá diese in großem Stil verändern. Die bei einer Belagerung durch ein Aufgebot des Oberlausitzer Sechsstädtebundes gemachten Erfahrungen erzwangen einen weiteren Ausbau des Fortifikationssystems, der 1516 seinen Abschluß fand. Im 16. Jh. büßte T. seine Funktion als Herrsch.sitz ein, lediglich die Befestigungsanlagen wurden notdürftig instandgesetzt. 1642 besiegelten die Schweden durch ihre Zerstörungen das Schicksal der Burg. Aus der ältesten Bauphase haben sich nur wenige Mauerreste erhalten. Im 19. Jh. besuchten und bewunderten zahlr. Romantiker, unter ihnen Rainer Maria Rilke, die Burgruine.   (II) *Dur*

F. Bürckholdt, Der Tollenstein. Dessen Beschreibung, Geschichte und Sagen, Rumburg 1867; LV 245, 260; LV 248, 289; LV 259, Bd. 3, 470ff.; LV 879, Bd. 2, 336f., 474f.; A. Moschkau, Burg Tollenstein in Böhmen, Rumburg 1882; LV 279, Bd. 14, 115–122.

Tracht (Strachotín, Bez. Lundenburg). Die etwa 11 km n. von → Nikolsburg am n. Ufer der 1980 angestauten Thaya gelegene Ortschaft wurde 1174 als »castrum Strachotin« erwähnt. Frühere Nennungen sind Fälschungen aus dem 12. Jh. Schon im 11. Jh. sind eine Burg und eine St.-Petrus-Kirche bezeugt, woran die Bezeichnung »Peterwiese« noch heute erinnert. T. wurde 1334 zum Marktflecken erhoben. Es gehörte zur Herrsch. Nikolsburg. Die spätgot. Kirche des hl. Ulrich wurde 1575 erbaut, der Turm 1727 errichtet. Das barocke Standbild des hl. Johannes v. Nepomuk stammt wahrsch. von Ignaz Lengelacher (1698–1780). Die bis E. des Zweiten Weltkrieges zu fast 90% dt. Bev. lebte vor allem von der Landwirtschaft und der Fischzucht. – 1850: 1211, 1900: 1236, 1950: 742, 1991: 768 Eww.

(VIII) *Had*

LV 253, Bd. 9, 229f.; LV 255, Bd. 3, 249; LV 950, Bd. 2, 496; A. Ries, Der Markt Tracht in Vergangenheit und Gegenwart. Ein Heimatbuch, Brünn 1930; LV 313, 207.

Trautenau (Trutnov). An einem Handelsweg nach Schles. entlang der Aupa wurde um 1250 im Rahmen der Kolonisationstätigkeit der Herren v. Schwabenitz das Marktdorf Aupa, heute die obere Altstadt von T., gegr.; auf einem weiter s. gelegenen, vorteilhafteren Areal entstand später eine 1260 als »Aupa secunda« erwähnte neue Siedl.; der Grundriß der Stadt war regelmäßig mit einem rechteckigen Markt, die Gassen liefen auf das Untere, Mittlere und Obere Stadttor zu. Die anfänglich hölzerne Stadtmauer wurde im 14. Jh. durch eine steinerne ersetzt. In die Befestigung einbezogen waren die Burg und der Mühlgraben, auf dem im 15. Jh. eine Papiermühle entstand. Die Pfarrkirche St. Marien beherrschte das Stadtbild. An der Kolonisationstätigkeit nahmen auch die Kreuzherren mit dem roten Kreuz regen Anteil; sie gründeten in T. ein Spital, das der Filiale des Kl. in Neisse unterstand. In den Huss.kriegen wurde das Kl. zerstört und später, zus. mit der Kirche St. Peter und Paul, in der Nähe des Unteren Tores wieder aufgebaut. Die dt., aus Schles. stammenden Kolonisten verliehen der Stadt den Namen T., der 1301 erstm. urk. nachweisbar ist. E. 13. Jh. verblaßte die Macht der Herren v. Schwabenitz; darauf weisen die Lehensgründung 1277 und der Verkauf des Trautenauer Landes nach 1297 an Kg. Wenzel II. hin. Nach dem Aussterben der Přemysliden wurde die Region verpfändet. Bis 1316 herrschte hier Johann v. Wartenberg, ihm folgte Botho v. Turgov. 1329 tauschte Kg. Johann v. Luxemburg T. gegen das Gebiet um Görlitz bei Hzg. Heinrich v. Schweidnitz-Jauer auf Lebenszeit ein. 1340 bestätigte der böhm. Kg. die Existenz des Lehens durch die Ausgliederung der Stadt aus der Rechtsgewalt der Landes- und Kreisbeamten. Die Lehensträger durften nicht frei über dieses Eigentum verfügen, das im Prinzip unteilbar war. Auf der Burg residierte ein kgl. Hauptmann, der mit der Zeit zum Herrn der Region aufstieg. 1344 wurde T. an Peter v. Rosenberg verpfändet, dem weitere Adelige als Pfandherren folgten. 1365 verschrieb Ks. Karl IV. T. an die Hzgg. Ladislaus und Bolko v. Oppeln, die nach dem Tode Hzg. Bolkos v. Schweidnitz (†1368) und dessen Gemahlin Agnes (†1392) die Herrsch. übernehmen sollten. E. 14. Jh. fiel T. an Kg. Wenzel IV., der die Stadt seiner Gemahlin Sophie v. Wittelsbach vermachte; T. stieg nun zur kgl. Leibgedingestadt auf.

Zu Beginn der huss. Bewegung wurde T. 1421 erobert und gebrandschatzt, eine huss. Besatzung beherrschte die Burg. Danach gehörte T. zur ostböhm. Hussitenbruderschaft der »Waisen« (Nachfolger Jan Žižkas und Verbündete der Taboriten). Die Witwe Kg. Sigismunds, Barbara v. Cilli, verpfändete T. an Hanusch v. Warnsdorf. Dieser versuchte, das T.er Lehen zu aktivieren und übertrug 1484 einem Verwandten, Friedrich v. Schumburg, das Pfandrecht für Burg und Stadt. Dessen Söhne wiederum teilten 1515 das väterliche Erbe. Hermann v. Schumburg mußte 1521, um seine Schulden zu begleichen, seinen Besitz an die Herren v. Lichtenburg verkaufen. Nachdem Johann Krušina v. Lichtenburg zum Verlust von Leib und Leben verurteilt worden war, überschrieb die kgl. Kammer dessen Besitz an Christoph Gendorfer v. Gendorf. Einen Teil der Stadt T. erhielt Jiřík Bucký v. Warnsdorf, die zweite H. fiel nach dem Tod Karls v. Schumburg 1526 zunächst an dessen Schwester Konstanze. Die Streitigkeiten zw. den Pfandherren und T. mündeten in eine spannungsgeladene Situation, die erst das Kammergericht durch die Überführung des Besitzes an Kgn. Anna zu entschärfen vermochte. Die Beteiligung der Stadt am Ständeaufstand 1547 unterbrach den wirtsch. Aufschwung. Kg. Ferdinand I. verpfändete die Herrsch. an Christoph Gendorfer v. Gendorf, der die got. Burg zu einem Renaissance-Schloß umbauen ließ. Die fortlaufenden Streitigkeiten mit den Bürgern veranlaßten Gendorf, die Stadt an seine Tochter Eustachie abzutreten, die T. 1563 ihrem Schwiegersohn Wilhelm Miřkovský v. Stropčice übereignete. 8 Jahre später verlor Wilhelm die Stadt mit der Begründung, es handele sich um Eigentum der böhm. Kgn., die T. den Bürgern bis 1591 anvertraut habe; T. stieg nunmehr zur kgl. Stadt auf. E. 16. Jh. verkaufte die kgl. Kammer die Herrsch. an die Stadt, in deren Besitz Schloß, Mühlen, Papiermühle und 24 Dörfer übergingen.

Im 17. Jh. verlor T. aufgrund seiner Beteiligung am böhm. Ständeaufstand 1618–20 zahlr. Güter, konnte jedoch 1628 das Schloß zurückgewinnen, das aber im 30jähr. Krieg zerstört wurde. In der Folgezeit führten Finanzprobleme, Epidemien und Feuersbrünste zu wiederholten Rückschlägen in der Stadtentw.; 1745 steckten die Preußen während des Schles. Krieges die Stadt in Brand. Das Schloß wurde teilw. wiederaufgebaut, E. 18. Jh. diente es aber nur noch als Salzlager, im 19. Jh. als Schule. Das Rathaus befand sich urspr. mitten auf dem Markt und wurde nach dem Brand 1583 nach Plänen von Carlo Valmadi 1591 im Renaissancestil an der Marktseite neugebaut. Ein Feuer vernichtete 1861 große Teile des Gebäudes, auf dessen Ruinen ein neugot. Bau errichtet wurde. Die spätbarocke Pfarrkirche weist auch klassiz. Züge auf. Die barocke Dreifaltigkeitssäule stammt von 1704. Die Nepomuk-Statue von 1728 und die Figuren der Hl. Fam. von 1730 schufen Schüler von Matthias Bernhard Braun. Die 1712 erbaute Kirche Johannes des Täufers brannte 1745 aus und wurde 1811–18 erneuert. Am 27.6.1866, 6 Tage vor der Schlacht bei → Königgrätz, warfen die Österr. eine preuß. Heeresabteilung bei T. zurück, woran mehrere Schlachtdenkmäler in der Umgebung erinnern. Das friedliche Zusammenleben von Dt. und Tsch. über viele Jhh. hinweg wurde seit M. 19. Jh. von zunehmenden Konflikten gestört. Die tsch. Minderheit weihte 1900 ihr Nationalhaus in T. ein. 1945 wurde die dt. Stadtbev. zum großen Teil vertrieben und ausgesiedelt. – 1843: 1086, 1900: 14 791 (davon 1523 Tsch.), 1930: 15 923 (davon 3879 Tsch.) und 1991: 31 999 Eww. (III) *Fr*

J. Demuth, Der politische Bezirk Trautenau, Trautenau 1901; D. Doležal, Trutnovská manská soustava a její kniha z let 1480–1539, in: SAP 42 (1992), 207–259; LV 259, Bd. 6, 495ff.; A. Just/J. Procházka/J. Šabacký, 700 let Trutnova 1260–1960, Trutnov 1959; A. Just/K. Hybner, Trutnov známý neznámý. Historický místopis města slovem i obrazem, Trutnov 1991; J. Lippert, Geschichte der königlichen Leibgedingestadt Trautenau, Prag 1863; L. Mühlstein, Východočeský kraj. Trutnovsko, Hradec Králové 1988; LV 279, Bd. 5, 150–160; LV 906, Bd. 4, 83ff.; R. M. Wlaschek, Jüdisches Leben in Trautenau/Nordböhmen, Dortmund 1991; V. Wolf, Vymezení regionu Trutnovska do konce XIV. století a jeho otázky, in: Krkonoše – Podkrkonoší, Trutnov 1967, 14–20.

Trebitsch (Třebíč). Die an beiden Ufern der Iglawa gelegene Bez.-Stadt geht auf ein 1101 gegr. Benediktinerkl. zurück, dessen Äbte 1160 als »abbatis de Trebeith« erwähnt wurden. Bis ins 20. Jh. bestand die 1227 zum Marktflecken und 1335 zur Stadt erhobene Ortschaft aus 3 selbst. Gem.: der Neustadt (1850: 5377 Eww.), der Judenstadt (1900: 1460 Eww.) und dem Unterkl. (1900: 1325 Eww.). Die Gesamtbev. der Stadt T. nahm seit der Industrialisierung in der 2. H. 19. Jh. schnell zu. Bis zum Sieg der Tsch. bei den Gemeindewahlen von 1882 gab es in T. eine große dt. Minderheit. So kamen 1880 auf 6334 tsch. 2942 dt. Eww., 20 Jahre später standen 11 359 tsch. nur noch 856 dt. gegenüber. Auch nach der Aussiedl. der dt. Bev. stiegen die Eww.-Zahlen weiter (1950: 18 671, 1991 mit Vororten 38 785). – Das im Zentrum der frühen Stadtentw. stehende Kl. war zw. 1240 und 1260 zu einer uneinnehmbaren Burg ausgebaut worden. Zu diesem Zeitpunkt hatte die auf einer Anhöhe gelegene, »Palánek« genannte ehem. landesherrschl. Festung bereits ihre Bedeutung verloren. Im Zuge der Huss.kriege, während derer die Stadt 1424–26 und 1430–35 von den Huss. gehalten wurde, ist die alte Festung endgültig zerstört worden. Dasselbe Schicksal drohte der Stadt, als Kg. Matthias Corvinus diese am 14.5.1468 eroberte. Zumindest das Kl. verlor fortan seine Bedeutung. 1491 gelangten die kl. Besitzungen an Wilhelm v. Pernstein, unter dessen Nachfahren sich in der seit 1454 mit Braurechten privilegierten Stadt die ersten Zünfte zu entwickeln begannen. 1516 hatte Johann v. Pernstein in T. den ersten mähr. Literaturzirkel gegr. Die 1556 drei Burgen, die Stadt T. sowie 85 Dörfer – von denen 14 wüst waren – umfassende Herrsch. ging 1558 an Burian Osovský v. Doubravitz über. Mit dem Wirken seines Sohnes Smil (†1613) war eine wirtsch. Blütezeit in T. verbunden. Bes. die Tuchmacherei entwickelte sich, deren Produkte bis auf die Märkte in Linz, Nürnberg und Augsburg gelangten. Vom Reichtum der Stadt zeugten das auf dem Gelände des Kl. erbaute Renaissance-Schloß, das Rathaus von 1583 sowie eine Reihe von teilw. bis heute erhaltenen Bürgerhäusern. Der sich seit 1522 in der Herrsch. verbreitende luth. Glaube überwog in der 2. H. 16. Jh.; seit 1607 stand es den Untertanen frei, sich zur Augsburger Konfession zu bekennen. Die Böhm. Brüder richteten 1543 eine Gem. ein und hielten 1596 sowie 1607 ihre Synoden in T. ab. Nachdem 1629 die letzten ev. Gottesdienste stattgefunden hatten, begannen die Jesuiten 1657 mit der Rekatho-

lisierung. Zu diesem Zeitpunkt lag die durch den 30jähr. Krieg und
wiederholte Pestepidemien stark in Mitleidenschaft gezogene Stadt
nahezu am Boden. 1655 wurden nurmehr 845 Eww. gezählt. Unter
den Herren v. Waldstein, denen die Herrsch. T. von 1629 bis 1945
gehörte, ist die Stadt wieder aufgebaut worden. 1684 wurde an der
Stelle des Gemeindehauses der Böhm. Brüder ein Kapuzinerkl. gegr.
Zum neuerlichen Wachsen der Stadt hatte nicht zuletzt der M. 18. Jh.
erfolgte Ausbau des ksl. Straßennetzes beigetragen. Zw. den wirtsch.
Zentren → Brünn und → Iglau gelegen, entwickelte sich A. 19. Jh.
zunächst eine prosperierende Textilindustrie, die jedoch später durch
die Lederverarbeitung in den Hintergrund gedrängt wurde. Die 1842
gegr. Schuhfabrik Buschikowsky beschäftigte 1906 1000 Arbeiter. In
der Doppelmonarchie hatte sie eine Monopolstellung. Der → Zliner
Schuhkönig Tomáš Baťa kaufte die Fabrik 1931 auf, 1948 wurde sie
verstaatlicht. Der 1886 erfolgte Anschluß an die Eisenbahn beschleunigte die Entw. von Metallverarbeitung, Maschinenbau und Baustoffindustrie. Auch die tradit. Nahrungsgüterwirtschaft und die
Holzverarbeitung verzeichneten einen Aufschwung. Zu den hervorragenden Baudenkmälern der Stadt zählt in erster Linie das seit E.
17. Jh. umgebaute sowie nach 1950 renovierte Schloß. Es beherbergt
neben dem Westmähr. Museum heute auch das Bez.-Archiv T. Die
auf die rom. Basilika Mariä Himmelfahrt des Benediktinerkl. zurückgehende Pfarrkirche St. Prokop entstand 1704–30. Auf got. Fundamenten basiert die Stadtpfarrkirche St. Martin, die 1905 umgebaut
und mit einem 72 m hohen Turm versehen wurde. Zum Kapuzinerkl. gehörte die 1687–93 erbaute Kirche Verklärung Christi, deren
Turm 1885 errichtet wurde. Neben Resten der ma. Stadtbefestigung
gibt es in T. eines der besterhaltenen Judenviertel Europas. Auf dem
jüd. Friedhof wurde bis 1968 bestattet. Zw. 1911 und 1919 lebte der
Schriftsteller Vítězslav Nezval (1900–58) in T.; geb. wurden hier der
General Jan Syrový (1888–1971) sowie der Politiker Bohumír Šmeral
(1880–1941), dem ein Museum und ein Denkmal gewidmet waren.

(VII) *Had*

A. Bartušek, Umělecké památky Třebíče, Brno 1969; Z. Drobná, Basilika sv. Pro-
kopa v Třebíči-zámku, Třebíč 1939; K. Dvořák, Ze staré Třebíče. Kniha vzpomínek
z let 1864–1880, Třebíč 1940; LV 861, 126, 168; R. Fišer, Poddanské město Třebíč
ve druhé polovině 17. století, in: ČCM 90 (1971), 304–324; ders./E. Nováková/J.
Uhlíř, Třebíč. Dějiny města, Bd. 1, Brno 1978; LV 253, Bd. 12, 40–48; LV 543, 27;
LV 255, Bd. 1, 50–53; LV 950, Bd. 2, 611f.; LV 259, Bd. 1, 233–236; J. Janák,
Třebíč. Dějiny města, Bd. 2, Brno 1981; LV 548, 523–573; A. Kubeš, Dějepis města
Třebíče, Třebíč 1874; A. Kubeš, Manové bývalého benediktinského kláštera Tře-
bíckého, in: ČMM 26 (1902), 201–226, 364–431; F. J. Lehner/E. Muška, Opatský
chrám Panny Marie v Třebíči a jeho dějiny, Třebíč 1903; J. Mejzlík, Dělnické hnutí
na Třebíčsku v letech 1917–1938, Brno 1962; V. Nikodem, Dějiny města Třebíče,
Bd. 1: 1468–1660, Třebíč 1931; V. Sameš, Stručné dějiny města Třebíče, Třebíč

1972–79; Třebíč. Metropole západní Moravy, Praha 1959; O. Urban, Kapitoly z
dějin hudby v Třebíči, Třebíč 1973–78; LV 290, Bd. II/66, 45–167.

Trebnitz (Třebenice, Bez. Leitmeritz). 4 km nw. von T., bei Wa-
tislav, lag im 9. Jh. an der Grenzscheide dreier tsch. Stammesgebiete
ein besiedelter Burgwall, dessen Reste erhalten sind. T. gehörte seit E.
12. Jh. den Benediktinerinnen des Georgskl. auf der Prager Burg.
1299 verlieh Kg. Wenzel II. dem Kl. Privilegien; seitdem war T.
Marktort und Städtchen, für das 1384 eine Pfarrkirche bezeugt ist. In
der Zeit der Huss.kriege verpfändete Kg. Sigismund T. an die Kapler
v. Sullowitz, die Herren der nahen Burg Kostial; die gleichnamige
got. Burgruine liegt 2 km n. von T. in einem Naturschutzgebiet. Bis
1621 unterstand T. weltl. Herren; der letzte Pfandherr Prokop Dvořecký v. Olbramowitz gehörte zu den 1621 in Prag hingerichteten
Aufständischen. Danach kam T. bis zur Auflösung des Kl. 1782 wieder in den Besitz der Prager Nonnen. Seit Sigismund (1423) bestätigten die böhm. Kgg. die städt. Rechte für T. Die Bürger bauten 1551
einen Turm, dem bald die Kirche Mariä Geburt am Marktplatz angegliedert wurde. 1573–75 entstand ein umfangreiches tsch. Kantionale der Literatenbruderschaft von T. Seit dem 19. Jh. werden in der
Umgebung Edel- und Halbedelsteine gefördert, wodurch sich Wirt-
schafts- und Bev.-Struktur des Dorfes veränderten. Indem die Bev.
wuchs, ging der Anteil der Dt. auf weniger als 30% zurück. Daher
prallten in T. die nat. und sprachlichen Gegensätze aufeinander: 1871
wurden die zweisprachigen Klassen aufgelöst, an ihre Stelle traten
einsprachige tsch. und dt. Klassen und Schulen sowie bewußt hier
gegr. Kinderheime. Seit 1945 dient die ehem. ev. Kirche als Granat-
Museum, in dem auch das Kantionale von T. untergebracht ist. Die
Eww. finden in der Granatförderung in der Umgebung von T. und in
der Lebensmittelproduktion Beschäftigung. – 1833: 989, 1900: 1722,
1930: 2035 (davon 301 Dt.), 1950: 1454, 1991: 1396 Eww.   (II) *Lüb*

LV 264, 425f.; LV 259, Bd. 3, 225f.; A. Sedláček, Děje Třebenic, Tábor 1897; J.
Smetana [u. a.], Muzeum českého granátu v Třebenicích, Praha 1989; LV 283,
Bd. 1, 90f.; LV 906, Bd. 4, 88ff.; Z. Vaňa, Die slawischen Burgwälle im Nordwesten
Böhmens und ihr gegenwärtiger Forschungsstand, in: Siedlung, Burg und Stadt. Stu-
dien zu ihren Anfängen. Hg. v. K.-H. Otto u. J. Herrmann, Berlin 1968, 196–209.

Trhowy Štěpanow (Trhový Štěpánov, Bez. Beneschau). Die Anfänge der 26 km sö. → Beneschau gelegenen Gem. sind eng mit dem
Btm. Prag verbunden, dem das Dorf 1274–1421 gehörte. In dieser
Zeit war das Dekanat T. Š. Zentrum der kirchlichen Verw. der Region der mittleren Sazawa, dem 64 Pfarreien unterstanden. 1379 erhielt T. Š. den Status eines Städtchens, der Aufstieg endete jedoch mit
der Säkularisation der Kirchengüter zu Beginn der huss. Revolution.

Häufig wechselnde Obrigkeiten bestimmten danach die Besitzverhältnisse. Den Rittern Trčka v. Leipa, die hier 1442–1547 herrschten,
folgten 1596–1664 die Herren v. Sternberg, daneben traten zahlr.
lokale Rittergeschlechter als Besitzer hervor. Die verm. aus dem
13. Jh. stammende Bischofsburg verfiel später; Johann Malovetz v.
Malovitz ließ daher vor 1575 ein Renaissance-Kastell erbauen, von
dem sich aber keine Reste erhalten haben. Auf dem Markt entstand
nach Plänen von Ignaz Gottfried v. Housson 1668 ein Barockschloß,
das dem großen Stadtbrand 1741 zum Opfer fiel. Einziges steinernes
Zeugnis aus dem MA ist die nach 1350 erbaute und 1859 regotisierte
Bartholomäuskirche mit ihren got. Wandmalereien. Der Eisenbahnanschluß 1902 zog keinen wirtsch. Aufschwung nach sich. Vor 1643
ließen sich in T. S. Juden nieder, die ältesten Grabsteine auf dem jüd.
Friedhof reichen in die Zeit um 1711 zurück. – 1848: 1430, 1900:
1240, 1950: 1010 und 1991: 1260 Eww.   (III/VII) *Pán*

P. Bolina/T. Durdík, Povrchový průzkum hradu v Trhovém Štěpánově, in: SVPP
25 (1984), 105–118; LV 248, 290; LV 259, Bd. 6, 494f.; LV 279, Bd. 15, 190ff.;
A. N. Vlasák, Okres Vlašimský, Praha 1874, 63–70.

Třiblitz (Třebívlice, Bez. Leitmeritz). Herren v. T., wo es 1384 eine
Pfarrkirche St. Wenzel gab, sind seit 1318 erwähnt. Die Besitzrechte
waren schon im 14. Jh. geteilt; die befestigten Herrensitze in Nieder-
und Ober-T., 6 km w. von → Trebnitz, vereinigte 1560 Adalbert
Audritzky v. Audritz, doch wurden sie unter seinen Erben wieder
geteilt. Nieder-T. gehörte seit E. 17. Jh. den Gff. v. Klebelsberg und
Thunberg. Gf. Franz v. Klebelsberg, ein Kunst- und Büchersammler
und Inhaber hoher Regierungsämter, veranlaßte seit etwa 1780 die
barocke Umgestaltung des Herrensitzes, der 1837 durch einen klassiz.
Bau ersetzt wurde. Ober-T. erwarb er 1812, 1819 gründete er eine
Manufaktur zur Bearbeitung von Halbedelsteinen (Granat, Hya-
zinth). Im Marienbader Palais des Gf. traf Johann Wolfgang v. Goethe 1821–23 Ulrike v. Levetzow (1804–99), die »Marienbader Ge-
liebte« des alternden Dichters. Deren Mutter Amalie heiratete 1843
den Gf.; nach Ulrikes Tod – ihr Grabmal befindet sich auf dem Friedhof in T. – erwarb die Stadt → Brüx die Liegenschaften und richtete
im Schloß eine Ferienkolonie für Bergarbeiterkinder ein (heute
Grundschule). A. 20. Jh. kam die Granatwäscherei zum Erliegen, die
Zahl der Eww. ging seitdem zurück. – 1900: 577 (davon 18 Dt.),
1950: 521, 1991: 487 Eww.   (II) *Lüb*

LV 264, 426ff.; LV 259, Bd. 3, 478f.; A. Kirschner, Erinnerungen an Goethes Ulrike
und an die Familie Levetzow-Rauch, Aussig 1907; J. Smetana, Příspěvek k soupisu
heraldických památek na Litoměřicku, in: Lit 21–22 (1985–86), 77–95.

Triesch (Třešt', Bez. Iglau). T. liegt im Tal des Triescher Baches im Pirnitzer Bergland 14 km sw. von → Iglau. Obwohl es erst 1333 erwähnt wird, geht seine Entstehungszeit in das 13. Jh. zurück. 1358 wurde T. von Stefan v. Březnitz an Mkgf. Johann Heinrich verkauft, der es im gleichen Jahr an Jaroslav v. Sternberg weiterverkaufte. Die Herren v. Sternberg besaßen T., in dessen Umgebung seit dem 14. Jh. Silberbergbau betrieben wurde, bis E. 15. Jh.; dann kam es an die Wenzelik v. Wrchowischt, welche die erstm. 1513 genannte Burg erbauen und nach 1580 in ein Renaissance-Schloß in Form einer zweigeschossigen Vierflügelanlage mit Arkaden umwandeln ließen. Wegen der Teilnahme am Ständeaufstand 1618–20 verlor die Fam. ihre Besitzungen. T. fiel 1627 an die Herberstein, die das Renaissance-Schloß 1660 in ein Barockschloß umbauen und den Schloßpark anlegen ließen. 1843 schließlich wurden die Sternbach Besitzer des Schlosses, unter denen 1860 dessen N-Seite im Neorenaissancestil verändert wurde. Neben dem Schloß, das heute von der Akademie der Wissenschaften verwaltet wird, zählen die 1349 erstm. erwähnte, im 17./18. Jh. veränderte Pfarrkirche St. Martin und die Kirche St. Katharina von 1526 zu den bedeutenden städt. Bauwerken. Die Industrialisierung des 19. Jh. und die damit verbundene Bev.zunahme führten dazu, daß T., welches bereits 1464 als Stadt erscheint, aber in der Folgezeit diese Bedeutung verlor, 1901 erneut zur Stadt erhoben wurde. T. war bes. 1918 ein Zentrum der Arbeiterbewegung und des Genossenschaftswesens, wo u. a. der Lyriker und Publizist Stanislav Kostka Neumann (1875–1947) als komm. Propagandist wirkte. 1945 wurden in den letzten Kriegstagen mehr als 40 Bewohner der Stadt von der SS ermordet. T. ist heute ein Industriestandort, in dem Holzverarbeitung, Textilherstellung und Nahrungsgüterwirtschaft Bedeutung besitzen. 6 km w. der Stadt befinden sich die bekannten Granitsteinbrüche von Mrakotin. T. ist der Geburtsort des Sozialökonomen Joseph Schumpeter (1883–1950), der seit 1932 an der Harvard-Univ. lehrte und wesentliche Beiträge zur Konjunkturtheorie lieferte. – 1869: 5087 (überwiegend Tsch.), 1991: 5948 Eww.

(VII) *Hol*

R. Cílek, Třešt' včera, dnes, zítra, Třešt' 1980; LV 950, Bd. 2, 617; LV 259, Bd. 1, 236ff.; J. Mottl, Kronika květnových dnů. Hg. v. V. Šplíchal, Brno 1965; V. Richter, Město Třešt' a jeho památky, Třešt' 1943; ders., Třešt', Brno 1970; Třešt'. Šest set let městečka pod Špičákem. Sborník. Hg. v. R. Ježek, Třešt' 1959.

Troppau (Opava). Das Areal unweit des Zusammenflusses der Oppa und der Mohra, auf dem sich heute die Stadt T. in fruchtbarer Hügellandschaft unweit der poln.-tsch. Grenze erstreckt, gehört zu den Altsiedelgebieten. Die ersten Zeugnisse für eine Besiedl. belegen archäolog. Funde bereits für die ältere Steinzeit. Nahezu jeder prähist.

Abschnitt hinterließ auf dem Territorium von T. seine Spuren. Am E.
dieser Reihe stand die slaw. Burgstätte in Gilschwitz, deren Bewohner höchstwahrsch. zum Stamme der Holaschitzer gehörten, woran
die nahegelegene Gem. → Kreuzendorf erinnert. Die ma. Kolonisation von T. setzte verm. im 12. Jh. ein, als in der Nähe einer Furt eine
Kaufmannssiedl. entlang des Handelsweges von Mähren nach Polen
entstand. 1195 wird T. erstm. urk. bezeugt. Daß es sich schon damals
um keine unbedeutende Lokalität gehandelt haben dürfte, belegt die
Tatsache, daß der Olmützer Teilfst. Vladimír mit seinem Gefolge hier
Halt machte. Bedeutung und Stellung der Kaufmannssiedl. bestätigte
das städt. Statut, das diese um 1215 erhielt. Wenig später, 1224, wurde
auch eine Urk. ausgefertigt, die T. erstm. als Stadt erwähnt. Danach
war T. nicht sehr umfangreich und das Gebiet noch nicht zusam-
menhängend bewohnt. Der Siedlungskern lag an der Kreuzung der
Handelswege auf dem Areal des Oberrings und erstreckte sich bis zur
Straße zw. Märkten und W-Teil des Niederrings. Zum erwähnten
Zeitpunkt gab es etwa 65 Bürgerhäuser und eine unbekannte Zahl
von Gebäuden in der jüd. Siedl., die im Bereich der Judengasse lag.
Bereits damals existierte die Pfarrkirche St. Marien, die dem Dt. Orden gehörte. Ihr heutiges, durch die schles. Gotik beherrschtes Aus-
sehen stammt aus dem 3. Viertel 14. Jh., die Inneneinrichtung wurde
nach einem Feuer 1758 barockisiert. Eine Pfarrei an dieser Kirche
wird erstm. 1237 genannt. Die Stadt dehnte sich rasch aus; noch im
Lauf des 13. Jh. zählte sie annähernd 300 Bürgerhäuser.
Die urspr. Befestigung bestand lediglich aus einem Graben und mit
Holzpalisaden versehenen Erdwällen. Später wurden diese durch eine
steinerne Mauer mit 3 Stadttoren ersetzt. Von W her gelangten
Händler auf der alten Olmützer Straße durch das sog. Jaktar-Tor in
die Stadt, im NW endete der Ratiborer Weg am gleichnamigen Tor,
und im S stand, in Richtung der landesherrlichen Burg in → Grätz,
das Grätzer Tor. Neben den beiden bereits erwähnten Märkten gab es
damals noch einen dritten, den sog. Viehmarkt. Wohl um 1240 begann man an dessen s. Ende den Bau des umfangreichen Komplexes
des Minoritenkl. mit der Hl.-Geist-Kirche, der vor 1269 vollendet
wurde. Aus dem urspr. got. Kirchenbau entstand im 17. Jh. durch
Umbau eine einschiffige Kirche mit zahlr. Seitenkapellen. In deren
Krypta sind die sterblichen Überreste der T.er Přemysliden und zahlr.
Angehöriger aus den Reihen des heimischen Adels aufbewahrt. Im
Kl. selbst fand 1256 ein Königstag Kg. Přemysl Otakars II. statt. Seit
dem 15. Jh. tagten hier regelmäßig Landtag und -gericht des Hzt.
Troppau. Der letzte ma. Markt in T. war der sog. Pechring in un-
mittelbarer Nachbarschaft der Kirche Mariä Himmelfahrt. Das Areal
um den Pechring schmückten vorwiegend Kirchengebäude. Neben

Troppau
bis zur Mitte des 19. Jahrhunderts

0   100   200m

N

Historischer Stadtkern
bis zur Mitte des 19. Jahrhunderts

●●●● Verlauf der gotischen Befestigung

1 Kirche Mariä Himmelfahrt
2 St. Elisabeth
3 Stadtturm »Hláska«
4 Franziskaner(Barfüßer)-kloster
5 Minoritenkloster mit
  Heilig-Geist-Kirche

6 Dominikanerkloster mit
  St.-Wenzels-Kirche
7 St. Georg
8 St. Johannes d. T.
9 Rathaus
10 Altes Landhaus
   (ehem. Jesuitenkolleg)

der bereits erwähnten Kirche befand sich hier eine Kommende des
Dt. Ordens sowie ein Ordensspital mit der Elisabethkapelle. 1291
gründete Nikolaus I. v. T. das Dominikanerkl., dessen St.-Wenzels-
Kirche 1336 fertiggestellt und 1732–35 barockisiert wurde. Das Innere birgt eine got. Kapelle mit Originalfresken aus der 1. H. 14. Jh.
Im 14.–15. Jh. wies T. ein ansehnliches Weichbild auf. Die Häuser
waren bereits teilw. gemauert. Auf dem oberen Markt entstand 1327
ein Kaufmannshaus, das älteste Handelszentrum von T.; zu diesem
gehörte ein hölzerner Turm, den im 16. Jh. ein Sturm zum Einsturz
brachte. 1614–18 errichtete der T.er Baumeister Christoph Proch-
huber einen neuen Turm. Nach dem Umbau 1902–03 zogen hier das
städt. Museum und das Stadtarchiv ein (heute Stadtrat).
Seit E. 13. Jh. gab es in T. eine Münze. Im 14.–15. Jh. entstanden
zahlr. neue Kirchen. So errichteten die Malteser eine Kommende mit
der Kirche Johannes des Täufers, 1443 wurde auf dem Pechring ein
Wallfahrerhospital mit der St.-Antonius-Kirche und ein Friedhof mit
dem Kirchlein St. Michaelis errichtet, 1451 wurden die Franziskaner-
Observanten eingeführt.
A. 15. Jh. ließ Hzg. Přemek v. T. im nw. Stadtgebiet eine Burg erbauen, in die der přemyslidische Fürstenhof aus dem nahegelegenen
→ Grätz übersiedelte. Die prosperierende Entfaltung der Stadt bremsten die kriegerischen Unruhen, welche die Länder der Böhm. Krone
im 15. Jh. erfaßten. Hzg. Přemek v. T. war ein Gegner des Huss.,
wenngleich er sich zumindest auf dem Papier 1431 zu den Vier Artikeln bekannte. In den milit. Auseinandersetzungen nahm vor allem
die Umgebung von T. Schaden. T. selbst wurde 1431 durch eine
verheerende Feuersbrunst zerstört. Auch in die böhm.-ungar. Kriege
in der 2. H. 15. Jh. wurde T. einbezogen. Die Přemysliden auf dem
T.er Fürstenthron ersetzte der Sohn Kg. Georgs v. Podiebrad, Viktorin, der schließlich den Forderungen des Sohnes des ungar. Kg.
Matthias Corvinus, Johann, nachgeben mußte. Nach dem Tode von
Matthias Corvinus wurde das Hzt. Troppau unmittelbar den böhm.
Kgg. unterstellt. Um 1500 war T. eine reiche Stadt. Bei → Benisch
fand man Erze, die Tuchweberei dominierte das in T. angesiedelte
Handwerk. Darüber hinaus gehörten der Stadt als Obrigkeit mehrere
Dörfer im Umland. Im 16. Jh. erfaßte die Ref. T., die meisten Bewohner bekannten sich nach 1550 zum Prot.; die Bürger gerieten
dabei in scharfe Konflikte mit den Olmützer Bff.; eine Rebellion
T.er Prot. mußte 1607 sogar durch ein ksl. Regiment niedergeschlagen werden. Für seinen Widerstand wurde das Hzt. Troppau
durch die Übertragung an Karl v. Liechtenstein 1614 bestraft.
Die Niederlage der prot. Stände in der Schlacht am Weißen Berg
1620 sicherte zwar die Position des Liechtensteiners im Hzt. Trop-

pau; eine endgültige Bestätigung erfuhren die Besitzverhältnisse jedoch erst durch die Ergebnisse des 30jähr. Krieges, in dessen Verlauf T. 1626 kampflos den Söldnern des dänischen Kg. übergeben und mehrfach von den Schweden besetzt wurde. 1623 suchte zudem eine Pestwelle die Stadt heim, 1689 wütete ein Großfeuer. 1625 folgten die Jesuiten einem Ruf nach T., 5 Jahre später gründeten sie hier ein Gymnasium. 1711–23 erhielt das Kolleg ein barockes Aussehen, nach der Aufhebung des Ordens 1773 fiel es an die Stände. 1814 entstand am Gymnasium das älteste Museum auf dem Territorium des böhm. Staates. Seit 1853 diente das Gebäude Landtag und Landesausschuß, heute ist hier das Landesarchiv untergebracht. Durch den starken Druck der Gegenref. wurden die Eww. gezwungen, noch vor dem Abschluß des Westfälischen Friedens 1648 zum kath. Glauben überzutreten. – T. blieb auch nach dem 30jähr. Krieg Zentrum des Hzt., die Bedeutung der hzgl. Rechtsgewalt und damit auch die Bedeutung als Residenz nahm jedoch mit den zunehmenden Zentralisierungsbestrebungen der Habs. ab. T. geriet immer stärker unter die unmittelbare Aufsicht der ksl. Behörden. Vor allem die Textilproduktion, deren Entfaltung strenge Zunftvorschriften verhinderten, stagnierte. Die städt. Wirtschaft war eng mit der landwirtsch. Produktion verknüpft. Noch in der 1. H. 18. Jh. gab es in T. 12 obrigkeitliche Höfe. Die ethnisch-nat. Zugehörigkeit der Eww. wandelte sich schrittweise zugunsten der dt. Bev.; um 1720 stellten die Tsch. nurmehr 15% der Stadtbev.

Eine einschneidende Wende brachten die Schles. Kriege. Die Niederlage Ksn. Maria Theresias und die Aufteilung Schles. zw. Preußen und Österr. rückte T., das nun Sitz ksl. Behörden wurde, in das Zentrum Österr.-Schles. Auch nach den Josephinischen Verw.-Reformen 1782 tagte in T. weiterhin ein Ständetag, der sog. Schles. Öffentliche Konvent. Zahlr. Angehörige des schles. Adels errichteten sich in T. Paläste. Zu den wertvollsten Bauten zählen das Palais Blücher, das 1737 an der Stelle älterer Adelshäuser entstand und das seit 1930 musealen Zwecken dient, sowie das Palais Sobek, das 1733 auf dem Areal dreier Adelshäuser erbaut wurde. 1750–66 arbeitete unter Johann Wenzel Schindler die erste Druckerei in T., ihr folgte später die Druckerei Trassler. Die Entfaltung der Stadt wurde durch die Abtragung der ma. Stadtbefestigung 1800–39 erleichtert. Am Oberring wurde 1805 das Theater errichtet, das an der Stelle des ehem. Friedhofs und der St.-Michaels-Kapelle entstand. Die Bedeutung der Stadt im 19. Jh. unterstreicht der sog. T.er Kongreß 1820, auf dem sich europ. Herrscher und Diplomaten versammelten, um über die revolutionären Ereignisse in Süditalien zu beraten. T. galt in der Folgezeit vor allem als Stadt von Behörden und Institutionen, deren Blüte auch die preuß. Besetzung 1866 nicht nachhaltig beeinflussen konnte. Zu den wichtigsten Industriezweigen zählte im Zeitalter der beginnenden Industrialisierung die Textilproduktion. 1825 wurde eine Brauerei eröffnet, um 1850 nahmen in der Vorstadt 2 Zuckerfabriken ihre Arbeit auf. 1855 erfolgte der Eisenbahnanschluß im Rahmen der Kaiser-Ferdinands-Nordbahn.

In das Zentrum des pol. Lebens der Stadt rückten immer mehr nat. Fragen. Nach 1848 neigte die Mehrzahl der dt. Bev. dem dt. Liberalismus zu; Liberale und Nationalisten beherrschten auch die städt. Verw. Dennoch entstanden in der 2. H. 19. Jh. auch zahlr. tsch. Vereine und Korporationen, so etwa 1877 die »Matice opavská« und 1883 das tsch. Gymnasium. 1861–65 erschien die tsch. Zeitung »Opavský Besedník«, seit 1850 der »Opavský týdeník«. Von den dt. Zeitungen gab es bereits seit 1788 die »Österr. Kriegs- und Friedenschronik«, seit 1811 dann die »T.er Zeitung« sowie weitere Blätter. Zu den führenden Vereinen gehörte die 1884 gegr. Nordmark mit ihrer zentralen Losung: »In Schlesien dt. erhalten, was dt. ist«. Die pol. und ethnisch-nat. Situation spitzte sich nach dem E. des Ersten Weltkrieges zu, als T. Hauptstadt der Prov. Sudetenland wurde, die den Vorstellungen der dt. Politiker zufolge Bestandteil des Staates Dt.-Österr. sein sollte. Der Versuch einer Revolte gegen den entstehenden tschsl. Staat endete mit der kampflosen Besetzung der Stadt durch tschsl. Militär am 18.12.1918. Bis 1928 bildete T. die Hauptstadt der tschsl. Prov. Schles.; aus nat. Gründen – das Rathaus befand sich in den Händen der dt. nationalistischen Parteien – büßte T. jedoch 1924 seine Position und 1928 im Zusammenhang mit der Bildung des Landes Mähren–Schles. seine Funktion als Sitz der Landesbehörden ein. Das Gebäude der ehem. Landesregierung, einst ein klassiz. Palais, wird heute von der Schles. Univ. genutzt. Die Zwischenkriegszeit brachte eine nachhaltige Zunahme tsch. Kultur- und Bildungsorgane, insbes. im Bereich der Grund- und Mittelschulen. Dennoch überwog weiterhin der dt. Bev.-Anteil, der vor allem nach 1935 der Ideologie der Henlein-Partei erlag, so daß die Mehrheit der dt. Eww. 1938 den Anschluß an den Reichsgau Sudetenland begrüßte. T. wurde Hauptstadt eines der 3 Regierungsbez.; ein Teil der tsch. Fam. verließ nach dem Münchner Abkommen T., sämtliche tsch. Schulen und Kulturinstitutionen wurden geschlossen. In den letzten Tagen des Zweiten Weltkrieges wurde nahezu der gesamte hist. Stadtkern zerstört. Die dt. Bev. wurde 1945 vertrieben und ausgesiedelt. – 1930: 36 030 (etwa 60% Dt.), 1950: 25 724 Eww.

Die schrittweise Eingemeindung umliegender Dörfer ließ die Eww.-Zahl bis 1991 auf 63 464 ansteigen. T. ist Sitz zahlr. Bez.-Ämter, 1991 gründete man hier die Schles. Univ. Zu den bedeutendsten Kultureinrichtungen zählen das Schles. Landesmuseum, das 1893–95 an Stelle des Kunstgewerblichen Museums errichtet wurde, sowie das Schles. Theater. Gegenüber von dem Museum, an der Stelle der einstigen Feste, steht heute ein Gymnasium, in dem sich vormals ein 1893–99 erbautes Lehrerinstitut befand. Die 1676–81 errichtete Barockkirche St. Adalbert am Unterring steht an der Stelle eines Vorgängerbaus. Das Kaufhaus Breda entstand 1927–28 nach Plänen des Architekten Leopold Bauer, die St.-Hedwigs-Kirche 1935–38 zur Erinnerung an die Opfer des Ersten Weltkrieges. Zahlr. bedeutende Persönlichkeiten wurden in T. geb. oder haben hier gelebt: Am Jesuitenkolleg wirkte mehrere Jahre der Schriftsteller und Historiker Bohuslav Balbín (1621–88). Zu den Studenten des hiesigen Gymnasiums gehörten der Biologe Gregor Mendel (1822–84) sowie der Politiker Hans Kudlich (1823–1917). Am Gymnasium lehrte mehrere Jahre der Historiker Faustin Ens (1782–1858), am tsch. Gymnasium der Historiker, Topograph und Naturwissenschaftler Vincenc Prasek (1843–1912). In der 1. H. 20. Jh. lebte hier der Erfinder der Farbfotografie Karl Schinzel (1886–1951). In T. wurden der Architekt und Mitbegründer der Wiener Sezession Josef Maria Olbrich (1867–1908) und der tsch. Dichter Petr Bezruč (1867–1958) geb., der in seinen »Schles. Liedern« das Leben der Bergleute seiner Heimat beschrieben hat. (V) *Mü*

J. Bakala, Výběrová bibliografie k dějinám Opavy do roku 1848, in: ČSM 36 (1987), 76–90; LV 338; V. Čechová, Geneze středověké Opavy a tržní sítě na Opavsku do konce 13. století, Ostrava 1970; F. Ens, Geschichte der Stadt Troppau, Wien 1835; LV 255, 733–746; LV 259, Bd. 2, 176; J. Kalus/K. Müller/R. Žáček, Stará Opava, Opava 1994; M. Myška, Opava v polovině 19. století, in: ČSM 37 (1988), 113–133; Opava. Sborník k 10. výročí osvobození města, Ostrava 1956; Opava 1224–1974, Opava 1974; J. Polišenský, Opavský kongres r. 1820 a evropská politika let 1820–1822, Ostrava 1962; E. Schremmer, Troppau, Schlesische Hauptstadt zwischen Völkern und Grenzen, Berlin/Bonn 1984; LV 281; E. Seidl, Das Troppauer Land zwischen den fünf Südgrenzen Schlesiens, Berlin 1992; 150 let Slezského muzea 1814–1964, Ostrava 1964; Unser Troppau. Ein Heimatbuch, Bamberg 1950; Z dějin města Opavy, Opava 1974; J. Zukal, Paměti opavské, Opava 1912.

Trosky (Bez. Semil). Etwa 10 km sö. von → Turnau erhebt sich auf 2 schroffen Basaltfelsen die weithin die Landschaft beherrschende Ruine der Burg T. inmitten des Böhm. Paradieses. Die erste urk. Erwähnung stammt von 1396, der Gründer war Čeněk v. Wartenberg. A. 15. Jh. befand sich die Burg im Besitz Ottos v. Bergau. 1424 widerstand sie huss. Belagerung; 1467 allerdings eroberte ein Aufgebot Kg. Georgs v. Podiebrad die Burg, die in der 2. H. 15. Jh. ihren Status als Obrigkeitssitz verlor. Nach dem 30jähr. Krieg lag die Anlage in Trümmern. Den Bauplan der ma. Burg prägten in markanter Weise die beiden Basaltfelsen, auf denen sich 2 Wohntürme erhoben; zw.

beiden Türmen erstreckte sich der zweiteilige, von Mauern geschützte Burgkern mit got. Palas. Ein kleinerer, vornehmlich aus Holz errichteter Palast lag unter dem niedrigeren Turm. Die eigentliche Burg
sicherte zudem eine befestigte Vorburg.   (III) *Dur*

LV 245, 144ff.; LV 248, 290f.; LV 259, Bd. 3, 475–478; D. Menclová/J. Wagner/K.
Hlávka, Trosky. Státní hrad a památky v okolí, Praha 1958; LV 879, Bd. 2, 96ff.; J.
Podobský/B. Vlček, Dějiny hradu Trosky, Liberec 1958; LV 279, Bd. 10, 63–70.

Trübau → Böhmisch Trübau

Trübau → Mährisch Trübau

Tuchoraz (Bez. Kolin). Die 2 km s. von → Böhm. Brod gelegene
Gem. taucht 1295 erstm. in den Quellen auf, als ein gewisser Litoš
v. T. mit seinen Söhnen auf einem befestigten Hof lebte. Die Anfänge des steinernen Kastells gehen auf das beginnende 15. Jh. zurück.
1463 erscheint Nikolaus v. Landstein, Burggf. auf → Frauenberg, als
neuer Besitzer, der unter Kgn. Johanna mehrere Hof- und Landesämter bekleidete. Gemäß seiner gesellschaftlichen Stellung ließ er das
Kastell in T. repräsentativ um- und ausbauen. Einer der späteren Eigentümer, Bořivoj v. Donin und auf T., nahm 1547 aktiv an der Ständerevolte teil und stand nach deren Niederschlagung auf T. unter
Hausarrest. Bereits 1541 wurden Schloß und gleichnamiges Städtchen, das später wieder zu einem Dorf herabsank, in die Landtafeln
eingeschrieben. Erbteilungen führten 1579 dazu, daß Jaroslav Smiřický v. Smiřitz T. seiner Herrsch. → Schwarzkosteletz einverleibte.
1770 wurde das Kastell nahezu abgetragen, das so gewonnene Bau-
material diente zur Errichtung von Dämmen für herrschl. Fischteiche. Vom urspr. got. Kastell haben sich nur Reste (Palas, Turm) erhalten, got. Gewölbe weisen auf den Einfluß der Prager Parler-Hütte.
– 1869: 558, 1910: 648, 1950: 507, 1991: 326 Eww.   (III) *Krz*

LV 259, Bd. 6, 502f.; E. Šamánková, Tvrz Tuchoraz, Praha 1948; LV 279, Bd. 15,
15–18.

Türmitz (Trmice, Bez. Aussig). Die erste urk. Erwähnung der im
Biela-Tal gelegenen Gem. stammt von 1264 im Zusammenhang mit
der Nennung eines Johann v. T.; 1330 gehörte T. zur Herrsch.
→ Graupen, später erwähnen die Quellen hier 2 Lehensgüter mit
Kastellen. Das auf dem l. Ufer der Biela befindliche Unter-T. gehörte
bis zum 17. Jh. dem Adelsgeschlecht T. v. Mühlen. Ober-T., auf dem
r. Ufer der Biela, zählte 1416 zum Besitz des Hynek Berka v. Dubá,
seit 1437 herrschten hier die Herren v. Mannsdorf. Beide Dorfteile
fielen 1662 an Johann Hartwig v. Nostitz, dessen Nachfahren hier bis

zur Aufhebung der Untertänigkeit 1848 residierten. 1664 übertrug Johann Hartwig das Marktrecht aus Groß-Tschochau auf T. und betrieb die Niederlassung von Handwerkern. Seit 1675 fanden hier zudem Jahrmärkte statt. Die urspr. got. Marienkirche auf dem kleinen Markt erhielt 1898 durch Georg Stibral ihr heutiges Aussehen. Im sog. Neuen Schloß, erbaut 1856–63 durch den Wiener Architekten Heinrich Ferstel im Stil der elisabethanischen Gotik, ist seit 1919 das Stadtmuseum von → Aussig untergebracht. Seit 1914 verband eine elektrische Straßenbahn T. mit Aussig, 1939 folgte die Eingemeindung, 1994 erlangte T. wiederum seine Eigenständigkeit. Bis M. 19. Jh. dominierte die Landwirtschaft; im Zuge der Industrialisierung entstanden chemische Werke, eine Zuckerfabrik, eine Baumwollspinnerei und ein großes Elektrizitätswerk, das einen großen Teil N-Böhmens mit Strom versorgte. Aus T. stammen die Ahnen Rainer Maria Rilkes. – 1930: 7593 (davon 2318 Tsch.), 1950: 5372, 1991: 1452 Eww. (II) *Sm*

J. Fleischmann, Aus der Geschichte der Stadt Türmitz, in: BGE 2 (1940), 6–14; H. Hallwich, Herrschaft Türmitz, Prag 1865; LV 259, Bd. 3, 473ff.; C. Jahnel, Die Ritter von Mühlen, in: MNEK 18 (1895), 232–238; LV 279, Bd. 14, 46f.; A. Tscherney, Beitrag zur Geschichte der Stadt Türmitz, Aussig 1909.

Turnau (Turnov, Bez. Semil). T. wurde um 1250 von Jaroslav v. T. und Gallus v. Lämberg, 2 Brüdern aus dem Geschlecht der Markwartinger, an der Iser gegr.; Lage und Größe der frühen Burg sind unbekannt. Den Aufschwung der Neugründung (1352 oppidum) förderte die Anlage eines Dominikanerkl., das 1424 bei der Eroberung durch die Huss. ausbrannte, später als Gebetshaus der Böhm. Brüder genutzt und 1838–53 als Kirche Mariä Himmelfahrt neogot. ausgestattet wurde. Aus dem 14. Jh. erhalten ist im Turm der Pfarrkirche St. Nikolaus das Kirchenschiff des 1357 erstm. erwähnten got. Vorgängerbaus, der 1707–22 nach einem Brand barock wiederaufgebaut wurde. Im 15./16. Jh. zählte die Stadt zu den umliegenden Herrsch. → Großrohosetz, → Waldstein und → Großskal. Wirtsch. nahm T. im 16. Jh. durch die seit dem MA verbreitete Halbedelsteinschleiferei und Glaserzeugung einen Aufschwung (1618: etwa 3000 Eww.). Aus dieser Zeit stammt das 1526 errichtete, 1894 umgebaute Rathaus am Marktplatz. Bis 1547 galt T. unter dem Einfluß der Krajíř v. Krajek als ein Zentrum der Böhm. Brüder; später wurde es mehrheitlich luth. und nach 1622 rekatholisiert, wobei ein Teil der Bev. nach Zittau auswanderte. Das im 30jähr. Krieg schwer zerstörte T. fiel anschließend an die Waldstein. 1650 gründete Maximilian v. Waldstein am Marktplatz ein Franziskanerkl. und ließ 1651–55 eine barock ausgestattete Kirche errichten, die 1822–24 nach einem Brand erneuert wurde. 1707–14 kam es unter Franz Josef v. Waldstein zu einem Konflikt um die Stadtfreiheiten, die strikt begrenzt wurden. Eine jüd. Gem. wurde erstm. 1527 erwähnt, der älteste auf dem Friedhof erhaltene Grabstein stammt von 1680. M. 19. Jh. lebten in T. etwa 300 Juden (6% der Bev.). 1758 entstand die »Steinschneider Commertz Fabrique«, eine Edelsteinmanufaktur. Mit dem Ausbau als Zentrum der Schmuckerzeugung von überregionaler Bedeutung (1792: 164 Steinschneidemeister) setzte ein Aufschwung ein, der durch die Napoleonischen Kriege und die Konkurrenz des benachbarten → Gablonz an der Neiße gebremst wurde. 1848 erreichte T. den Status einer freien Stadt. Dank der frühen wirtsch. Blüte wurde es in der 1. H. 19. Jh. zum Mittelpunkt der tsch. Nationalbewegung. Seit 1870 bauten Firmen wie May & Palma oder Kraus durch die Entw. einer Edelstein- und Halbedelsteinindustrie ihre Position aus und leiteteten 1884 mit der Gründung einer Fachschule zur Schmuckbearbeitung den Ausbau zur Industriestadt ein. Heute sind in T. neben den tradit. Branchen Maschinenbau und Textilindustrie angesiedelt. In T. wurde Wenzel Fortunat Durych (1735–1802) geb., der erste böhm. Orientalist und Slawist. – 1900: 6278, 1980: etwa 15 000 Eww. (III) *Bb*

V. Hamáčková, Židovský hřbitov v Turnově, in: CRP 4 (1991), 7–18; J. Klápště, O počátcích města Turnova, in: PH (1981) 289–293; Listář fary turnovské z let 1620–1696. Hg. v. J. V. Šimák, Praha 1910; LV 952, Bd. 4, 400f.; LV 905, Bd. 32, 185–237; J. V. Šimák, Příběhy města Turnova nad Jizerou, Bde 1–3, Turnov 1903–04; M. Štěpánek, 700 let města Turnova. 1272–1972, Turnov 1972.

Týřov (Bez. Rakonitz). Die nur noch als Ruine erhaltene Burg, die sich auf einem steilen Felsvorsprung an der Mündung des Angerbachs in die Beraun erhebt, zählte im 13. Jh. zu den bedeutendsten Königsburgen Böhmens. Die erste Erwähnung stammt von 1249, als Kg. Wenzel I. hier seinen aufständischen Sohn Přemysl, den späteren Kg. Přemysl Otakar II., und dessen Gefolge gefangennahm. Wenzel I. hielt sich wiederholt in T. auf. Seit 1307 wurde die Burg nahezu dauerhaft an adelige Gläubiger verpfändet. Aus diesen kurzzeitigen Verpfändungen seit 1423 entwickelte sich zwar ein Dauerzustand – 1423–54 etwa gehörte T. Alesch Holický v. Sternberg, 1460–1577 den Tyřov v. Einsiedel und 1577–89 Johann d. Ä. v. Lobkowitz; dennoch wurde T. immer als der kgl. Herrsch. → Pürglitz zugehörig betrachtet. 1589 wurde T. dauerhaft der kgl. Herrsch. inkorporiert. Seit 1574 erscheint die Burg in den Quellen als verlassen. Die Rechte der Pfandherren wurden eingeschränkt, so daß sie verpflichtet waren, dem Kg. stets hier Aufenthalt zu gewähren; außerdem bestand ein Jagdverbot in den umliegenden Wäldern. Der Grund für die erste Einschränkung lag offenbar im bes. Festungscharakter der Burg, die Kg. Wenzel I. als eine unter mitteleurop. Verhältnissen einzigartige zweigeteilte Feste hatte errichten lassen, deren Oberburg mit Palas und großem ovalen Turm durch eine Unterburg in Gestalt eines rechteckigen Kastells frz. Typs mit 6 runden, der Spitze der Burg vorgelagerten Verteidigungstürmen vervollständigt worden war. Das Fortifikationssystem bewährte sich noch in den langwierigen Kriegen des 15. Jh. Die zweite Beschränkung hinsichtlich der Pfandherrsch. resultierte aus der Tatsache, daß an T. die wertvollsten Wald- und Jagdreviere von Pürglitz grenzten, deren Nutzung ausschl. dem Kg. vorbehalten war. Auf dem Areal der Burg T. fanden 1973–84 archäolog. Ausgrabungen statt. Angesichts ihres dt. Namens Angerbach wird sie in den Quellen häufig mit der nahe gelegenen kleinen Burg Angerbach bei Kozlan verwechselt.   (II) *Led/Dur*

LV 245, 53ff.; LV 247, 19–46; T. Durdík, Královský hrad Týřov, in: 750 let obce Skryje, Skryje 1979, 12–16; ders./Z. Nemeškalová/Z. Jiroudková, Nálezy mincí z hradu Týřova, in: CB 1 (1989), 67–89; LV 259, Bd. 3, 482ff.; V. Kočka, Dějiny Rakovnicka, Rakovník 1936, 135–146; LV 875, 422–425; LV 879, Bd. 1, 194ff.; LV 279, Bd. 8, 60–70.

Ullersdorf → Groß-Ullersdorf

Ungarisch Brod (Uherský Brod, Bez. Ungarisch Hradisch). In hügeliger Landschaft, 15 km ö. von → Ungar. Hradisch, liegt U. B. Im frühen MA führte hier ein Weg von Böhmen nach Ungarn. An einem Übergang über die Olšawa entstand an einem Ort, der 1131 als »Brod« erwähnt wird, eine Zollstation. Für 1099, 1116 und 1126 sind hier Treffen böhm. und ungar. Herrscher belegt. Um Einfälle der Ungarn abzuwehren, gründete Kg. Přemysl Otakar II. 1254–62 am Orte Brod eine Stadt, die bald darauf den Zusatz »Ungar.« erhielt. Im Zentrum der n. Ummauerung stand eine kgl. Burg. Aufgrund ihrer strategischen Bedeutung als Feste erhielt die Stadt zahlr. Privilegien. Das Übergewicht der Dt. ging langsam zurück, immer mehr Tsch. schafften nach 1350 den Aufstieg in die vermögende Oberschicht. Die wirtsch. Entw. förderten Jahrmärkte, die eine überregionale Bedeutung gewannen. Nach 1419 hielt Kg. Sigismund die Stadt auf seiner Seite, 1428 fiel sie jedoch an die Huss.; eine wichtige Rolle spielte U. B. in den Kämpfen Kg. Georgs v. Podiebrad gegen Kg. Matthias Corvinus. Nach Verpfändungen in der 2. H. 15. Jh. schenkte Kg. Wladislaw II. U. B. 1506 Johann v. Kunowitz, wodurch der Status als kgl. Stadt verlorenging. Einen starken Einfluß übten in U. B. die Böhm. Brüder und die Luth. aus, ein hohes Niveau besaßen Brüder- und Stadtschule. Seit dem MA gab es eine starke jüd. Gem. Die Herrsch. über die Stadt ging 1611 an die Kaunitz über. Im 30jähr. Krieg erlitt sie starke Schäden. Seit E. 17. Jh. trugen Getreidemärkte zu neuerlichem Aufstieg bei. Zugleich erhielt U. B. ein barockes

Aussehen. Anstelle der heruntergekommenen Burg ließen die Kaunitz A. 18. Jh. eine Schloßresidenz erbauen. Die got. Marienkirche am Dominikanerkl. wurde 1630–73 barockisiert. Die Stadtkirche Johannes des Täufers am Unteren Tor wurde 1717–33 durch die am Unteren Ring errichtete dreischiffige Kirche zur Unbefleckten Empfängnis Mariä ersetzt; der Turm stammt von 1886. Das Pfarrhaus wurde 1735–37 erbaut, die Mariensäule auf dem Markt 1785. 1838 zählte die Stadt 2240 Eww., ein hoher Anteil waren Juden. Trotz Eisenbahnanschluß (1888) überwog in U. B. noch E. 19. Jh. die handwerkliche Kleinprodukion. Der Herrsch. einer von den örtl. Juden unterstützten dt. Minderheit in der Stadtverw. folgte nach 1890 eine zunehmende Tschechisierung. 1850–1945 war U. B. Bez.-Stadt. Nach dem Zweiten Weltkrieg erlebte die Stadt als regionales Zentrum von Maschinenbau, Möbel- und Nahrungsmittelindustrie deutlichen Zuwachs. – 1900: 4912, 1930: 5936 (davon 42 Dt. und 384 Juden), 1950: 6775, 1991: 14 744 Eww. – Dem Andenken des im 6 km entfernten Niwnitz geb. Predigers und Pädagogen Johann Amos Comenius (1592–1670) ist das im Schloß untergebrachte Comenius-Museum gewidmet. (V) *Žem*

B. Bretholz, Die Judengemeinde von Ungarisch-Brod und ihr Streit mit dem Grundherrn Leo Wilhelm von Kaunitz, in: JGGJ 4 (1932), 107–181; LV 253, Bd. 8, 126–131; LV 259, Bd. 1, 238f.; M. Riedl, Boj o český Uherský Brod a jeho školy, in: VVM 24 (1972), 160–179; LV 290, Bd. II/63, 744–764; LV 294, Bd. 4, 102–113; M. Zemek [u. a.], Uherský Brod. Minulost i současnost slováckého města, Brno 1972.

Ungarisch Hradisch (Uherské Hradiště). Das Areal der in SO-Mähren in einem fruchtbaren Streifen des mittleren Laufs der March gelegenen Bez.-Stadt war bereits in prähist. Zeit besiedelt. Im 8. Jh. entstand hier ein Siedl.komplex, der zu einem der Zentren des Großmähr. Reiches aufstieg. Neueren Forschungen zufolge erstreckte sich der befestigte Kern mit der Georgskirche auf einer großen Insel der March, auf dem Areal der späteren Stadt U. H. Auf dem r. Flußufer wurde eine aus zahlr. Handwerker- und Bauernsiedl. bestehende äußere Vorburg entdeckt. Die Intensität der slaw. Besiedl. fand um 900 ihren Höhepunkt. Auf einer Anhöhe 2 km sö. des Zentrums erhob sich ein Kirchenbez., offenbar ein Kl.; eine großmähr. Kirche mit Friedhof wurde 5 km nw. von U. H. freigelegt. Mit dem Untergang des Großmähr. Reiches hing auch das E. der hiesigen Besiedl., die eine Fläche von etwa 250 ha einnahm, zus. In přemyslidischer Zeit bildeten Kunowitz und das urspr. den Namen Altstadt tragende Marktdorf → Welehrad, das seit A. 13. Jh. dem gleichnamigen Zisterzienserkl. gehörte, lokale Zentren. Im Hinblick auf die strategische Lage an der ungar. Grenze ließ Kg. Přemysl Otakar II. 1257/58 auf der St.-Georgs-Insel, die den Zisterziensern in Welehrad unterstand, eine Stadt erbauen. Die Gründung der kgl. Stadt krönte eine langjähr. Entw., die auf die Bildung eines überregionalen Zentrums am Zusammenfluß von March und Olšawa zielte. Der urspr. Name der Stadt »Neu Welehrad« wurde bald darauf durch »Hradisch« ersetzt; der Beiname »Ungar.« verbreitete sich im 16. Jh. Die bereits 1258 mit wichtigen Privilegien ausgestattete Stadt profitierte von ihrer günstigen Lage an einem Handelsweg zw. Mähren und Oberungarn (Slowakei). Die materiellen Ansprüche, die das Kl. Welehrad gegenüber der Stadt erhob, konnte letztere schrittweise eindämmen. Da die Stadt zugleich die Rolle einer militär. Festung erfüllte, war der Weg für weitere Vorrechte (1310, 1363, 1372, 1411) geebnet. Im 14. Jh. gehörte U. H. zu den hinsichtlich ihrer Bev. ethnisch gemischten Städten, die vermögende Oberschicht stellten Dt.; in den Huss.kriegen hielt die Stadt den Kgg. Sigismund und Albrecht II. v. Habs. die Treue. Hierfür wurde sie 1421, 1423 und 1429 mit neuen Vorrechten privilegiert. Die Bedrängnis von seiten des Welehrader Kl. nutzte U. H. damals, um die Reste seiner Abhängigkeit abzuschütteln. Der Erbrichter wurde durch die kommunale Selbstverw. ersetzt. Den einheimischen Tsch. gelang es, in die Reihen der führenden Bürger und in den Rat vorzudringen. In den Kämpfen gegen Kg. Matthias Corvinus stellte sich die Stadt, wenngleich kath., auf die Seite Kg. Georgs v. Podiebrad und der Jagiellonen. Wiederholten ungar. Belagerungen 1469, 1470 und 1473/74 konnte sich U. H. nicht entziehen. Die Bedeutung der Stadt als einer von einem Ring steinerner Mauern umgebenen Festung wuchs mit der zunehmenden türk. Bedrohung nach 1526. Auch aus diesen Gründen fiel U. H. nicht der Verpfändung anheim und behielt den Rang einer kgl. Stadt. Deren Silhouette belebte sowohl die 1460–1514 in der Nähe der urspr., später abgetragenen St.-Georgs-Kirche erbaute neue Georgskirche als auch die E. 15. Jh. erfolgte Gründung des Franziskanerkl. Seit M. 16. Jh. verstärkten sich in U. H. die Einflüsse des Luth.; die fortschreitende Gegenref. symbolisierte A. 17. Jh. der Primator und spätere Dekan Wenzel Kulíšek v. Moravičany. Als sich die Stadt 1619 dem Ständeaufstand anschloß, floh dieser nach Wien und kehrte erst mit dem siegreichen ksl. Heer zurück. Die Kath. übernahmen nunmehr die Stadtverw., die eine wichtige milit. Stütze der Habs. wurde. Der 30jähr. Krieg rief schwere Schäden in U. H. hervor: Die Zahl der Häuser, die vor 1620 bei 180 gelegen hatte, sank um die H.; 1653–58 errichteten die Jesuiten ein großes Kollegium und begannen 1673 den Bau der Kirche St. Franz Xaver. Zu den führenden Barockinterieurs in Mähren zählt der Komplex des nach 1650 neu errichteten Franziskanerkl. Auch nach 1648 blieb die Stadt nicht von ungar. Ein-

fällen verschont; größere Schäden allerdings riefen Epidemien und
Feuersbrünste (1680, 1681, 1715) hervor. Noch E. 18. Jh. hatte die
Zahl der Häuser den Stand vor 1620 nicht erreicht. Die durch ein bes.
Amt mit einem Hauptmann an der Spitze geführte städt. Obrigkeit
sicherte zwar einen ausgeglichenen Finanzhaushalt, dennoch verfiel
das wirtsch. Gewicht der Stadt. Eine größere Bedeutung bewahrte sie
in den Bereichen Kultur und Schulwesen durch die städt. Schule sowie das 1644–1773 bestehende Jesuitengymnasium. Die Barockfestung mit ihren 10 fünfeckigen Bastionen wurde seit M. 17. Jh. errichtet. Erst nach 1782, als die Stadt ihren Festungscharakter einbüßte, konnte sich die Vorstadt ausdehnen. Nach der Auflösung des
Jesuitenkollegiums 1773 wurde die Georgskirche beschädigt und
1785 abgetragen; die Funktion der Pfarrkirche übernahm die Franziskuskirche. Seit 1786 gab es einen städt. Magistrat, bis 1860 war U. H.
Kreisstadt. Erst E. 18. Jh. erwachte die Stadt aus ihrer Stagnation und
übernahm erneut die Funktion des kulturellen und wirtsch. Zentrums SO-Mährens. 1838 zählte U. H. im inneren Areal der Stadt 197
Häuser und 1913 Eww.; 1867 erhielt es den Status einer selbstver-
waltenden Stadt. Das tradit. Übergewicht der Dt. im öffentlichen und
pol. Leben endete 1890, als die Stadtverw. in tsch. Hände überging.
Seit 1870 erlebte U. H. einen sichtbaren Aufschwung, wovon u. a.
die Gründung einer Vorschuß- und einer Sparkasse zeugen. Wenngleich einige kleinere Industriebetriebe entstanden, lag der Schwerpunkt der lokalen Produktion doch bei Handwerkern und Gewerbetreibenden. Wochen- und Jahrmärkte entfalteten sich, 1908 kamen Viehmärkte hinzu. Seit E. 19. Jh. entstanden zahlr. öffentliche
Gebäude: eine jüd. Synagoge, Rathaus, Gericht und Waisenhaus.
Mehrere Kultur- und Bildungsvereine prägten das Ges.leben; eine
wichtige Rolle spielte 1914 die Eröffnung des Museums der Mähr.
Slowakei. Nach dem Zweiten Weltkrieg erlebte U. H. als Zentrum
der mähr. Slowakei mit Maschinenbau, Textil-, Lebensmittel- und
Spirituosenindustrie einen bedeutenden Aufschwung. – 1900: 5137,
1950: 8405 und 1991: 15 834 Eww.   (V/VIII) Žem
J. Grepl, Uherské Hradiště, Brno 1977; A. Verbík [u. a.], Uherské Hradiště. Dějiny
města, Brno 1981; LV 253, Bd. 8, 39–48; V. Hrubý, Staré Město, Velkomoravský
Velehrad, Praha 1965; R. Procházka/L. Sulitková, Uherské Hradiště ve 13.–15. sto-
letí. Sociálně ekonomická struktura, topografie, Uherské Hradiště 1984; LV 290,
Bd. II/63, 708–744; LV 294, Bd. 4, 41–58.

Ungarisch Ostra (Uherský Ostroh, Bez. Ungarisch Hradisch). Die
Stadt liegt auf einer früher von der March umflossenen Insel an einem
flachen Flußabschnitt 10 km sw. von → Ungar. Hradisch. Verm.
wurde unter Kg. Přemysl Otakar II. w. der Gem. im Grenzgebiet zu
Ungarn eine kgl. Burg erbaut, die anfänglich als 1286 und 1320 er-

wähnte Feste Stenice bekannt war. Seit etwa 1320 bürgerte sich die
Bezeichnung »Ostroh« bzw. »Ostrov« (= Insel) ein, der Zusatz »Ungar.« wird erst seit 1846 geführt. Obwohl Kg. Johann v. Luxemburg
die Burg verpfändete, blieb diese doch bis A. 15. Jh. im Besitz der
böhm. Kgg.; 1371 wird als Bestandteil der Burgherrsch. die Stadt O.
erwähnt. Zu Beginn der Huss.bewegung befand sich die Herrsch. in
der Pfandschaft Hašeks v. Waldstein. 1421 bildete O. ein milit. Zentrum der Huss. und trotzte mehrfachen Eroberungsversuchen. Später
befand sich die Stadt in Händen des russ. Fst. Friedrich v. Ostrorog,
eines ehem. Huss.hauptmanns. 1435 bestätigte und erweiterte Kg.
Sigismund die städt. Freiheiten. Zahlr. rasch wechselnden Eigentümern folgte 1511 Johann v. Kunowitz als Herr über Burg und Stadt.
Bereits im 16. Jh. nahmen Juden eine starke Position in der städt.
Wirtschaft ein. Auch ließen sich hier Angehörige der Böhm. Brüder
nieder, später dominierten im tsch. beherrschten O. Luth. Den Umbau der alten Burg – von ihr blieb ein Wohnturm erhalten – in ein
vierflügeliges Renaissance-Schloß begann Dietrich v. Kunowitz
(†1582). Den Hof zieren Arkaden, im ö. Trakt befand sich die
Schloßkapelle. Nach 1620 wurde der damalige Besitzer, Johann
Bernhard v. Kunowitz, seiner Güter für verlustig erklärt, die Herrsch.
wechselte 1625 an Gundaker v. Liechtenstein. 1645 eroberten die
Schweden die Stadt. Da das Schloß nicht als obrigkeitliche Residenz
diente, beherbergte es lediglich die Patrimonialverw. und verfiel mit
der Zeit. Die Stagnation erfaßte auch O. selbst, dessen handwerklich-
ländlichen Charakter lediglich die Handel treibenden Juden belebten,
die eine selbst. Gem. mit einer 1944 zerstörten Synagoge sowie einer
Schule bildeten. Die alte Pfarrkirche St. Andreas wurde M. 18. Jh.
barockisiert. Seit 1850 befand sich in O., das 1838 177 Häuser und
1185 Eww. (die H. davon Juden) zählte, das Bez.-Gericht. Der Eisenbahnanschluß erfolgte 1888. Das Großgut gehörte der Fam.
Liechtenstein bis 1945. Eine größere Entfaltung der Stadt verhinderte
die Nähe zu → Ungar. Hradisch und → Wessely an der March. –
1910: 1000, 1930: 871 (davon 34 Dt. und 58 Juden) 1950: 828 und
1991: 4451 Eww.   (VIII) *Žem*
LV 253, Bd. 8, 88ff.; LV 259, Bd. 1, 239f.; A. Navara, Průvodce dějinámi města
Uherského Ostrohu, Uherský Ostroh 1968; LV 290, Bd. II/63, 764–772; LV 294,
Bd. 4, 350–353.

Ungarschitz (Uherčice, Bez. Znaim). Das 8 km sw. von → Vöttau
gelegene U. wurde erstm. 1312 urk. genannt, als das → Oslawaner
Zisterzienserinnenkl. den Ort von den Füllstein geschenkt bekam
und dies von Elisabeth, der letzten Přemyslidin und Gemahlin Kg.
Johanns v. Luxemburg, bestätigt wurde. 1493 übergab Kg. Wladislaw II. Leopold Krajíř v. Krajek U. als Allodialgut; E. 16. Jh. wurde

der Ort an Wolf Strein v. Schwarzenau abgetreten. Der dem Prot. zugetane Johann Georg Strein v. Schwarzenau wiederum veräußerte U. 1628 an die Gff. v. Berchtold, die hier bis 1692 saßen. Im Jahre 1769, nachdem Ort und Gut mehrfach den Besitzer gewechselt hatten, kam U. an die Gff. v. Collalto und San Salvadore, die es bis E. des Zweiten Weltkrieges behalten sollten. Während der 1927 durchgeführten Bodenreform ist sowohl die dazugehörige Forstwirtschaft als auch die Burgruine Freistein verstaatlicht worden. Die anstelle eines Nonnenkl. errichtete spätgot. Feste wurde um 1550 von den Herren Krajíř v. Krajek zum Renaissance-Schloß ausgebaut und nach 1670 im frühbarocken Stil verändert. – 1834: 291, 1921: 427 (davon 98 Dt.), 1950: 420, 1980: 360 Eww. 		(VII) *Kle*

L. Hosák, Ze starých pamětí žarošických a uhřických, in: OHC (1968–69), 14–18; J. Muk/L. Lancinger, Stavební vývoj zámku v Uherčicích, in: VVM 32 (1980), 194–199; O. Sedlar, Schloß Ungarschitz bei Freistein, in: DH 18 (1932), 278–279; LV 791, Bd. II/3, 328.

Unterhaid (Dolní Dvořiště, Bez. Krumau). U. wurde erstm. 1279 erwähnt, als in einer Urk. die Zugehörigkeit der dortigen Kirche zum Kl. → Hohenfurth bestätigt wurde. Bis E. 14. Jh. zählte U. verm. zu den Gütern der Burg → Poreschin, gehörte zum Verw.-Bez. Rosenberg und erscheint 1380 als Städtchen. Bauherr der dreischiffigen spätgot. Pfarrkirche St. Ägidius war E. 15. Jh. Peter IV. v. Rosenberg. Nach dem Aussterben der Herren v. Rosenberg 1611 fiel der Gerichtsort U. für kurze Zeit an Johann Zrínsky v. Seryn, 1619 dann an die Herren v. Schwanberg. Seit 1620 gehörte U. der Fam. Buquoy, nach 1848 unterstand es dem pol. Bez. → Kaplitz. Einen wirtsch. Aufschwung brachte in der 1. H. 19. Jh. die nach Plänen des böhm. Physikers Franz Josef v. Gerstner (†1832) erbaute Pferdebahn, die → Böhm. Budweis und Linz verband und dem Salztransport diente. Die Trasse zw. Böhm. Budweis und Kirschbaum erbaute Gerstners Sohn, Franz Anton (1796–1840). U. ist der Geburtsort des Dichters Hans Watzlik. – 1880: 838 (99,4% Dt.), 1930: 654 (82% Dt., 1950: 365, 1991: 632 Eww. 		(VI) *Bůž*

LV 905, Bd. 42, 37–56; V. Mašková/H. Šandera, Dolní Dvořiště 1279–1979, Dolní Dvořiště 1980; LV 906, Bd. 1, 294f.; LV 891, 373f.; LV 643, 89–113.

Unterlukawitz (Dolní Lukavice, Bez. Pilsen-Süd). 3 km n. von → Přestitz wird auf dem l. Ufer der Angel 1216 das Dorf U. erwähnt, 1352 die dortige Pfarrkirche. 1437–1596 gehörte U. den Herren Lukavský v. Řenče, unter deren Herrsch. für 1505 ein Kastell belegt ist. 1502 vereinigte man U. mit dem 1 km nw. gelegenen Nachbardorf Oberl.; U. bildete fortan das Zentrum der Herrsch., welche die Fam. Morzin 1666–1780 erweiterte. Gf. Ferdinand Morzin ließ 1708 auf

dem Boden des Kastells ein Schloß erbauen. Die musikliebenden
Morzin unterhielten im Schloß eine eigene Kapelle mit 16 Musikern,
die 1721–27 der Zeitgenosse Bachs, Johann Friedrich Fasch, leitete.
1759/60 hielt sich in U. der junge Joseph Haydn auf, der hier die erste
seiner 104 Sinfonien (»Lukawitzer«) komponierte. 1794–1938 befand sich U. im Besitz der Fam. Schönborn. Im S des Dorfes steht eine
dreischiffige Barockkirche, die verm. Jakob Auguston d. J. erbaute.
Der s. des Schlosses gelegene Park wurde in der 1. H. 18. Jh. nach
Plänen von Johann Ferdinand Schor angelegt. In der sö. Ecke des
langgestreckten Hügels erhebt sich die einschiffige Kirche St. Peter
und Paul; der urspr. frühgot. Bau aus der 2. H. 13. Jh. wurde 1722
barockisiert, der Hauptaltar stammt von 1734. – 1843: 865, 1890:
835, 1930: 834 (davon 5 Dt.), 1991: 457 Eww.   (I/VI) *Pe*

LV 259, Bd. 4, 64, 84f.; M. Poštolka, Joseph Haydn a naše hudba 18. století, Praha
1961; LV 279, Bd. 9, 178f.; LV 905, Bd. 25, 28–32; LV 906, Bd. 1, 301f.

Unter-Wisternitz (Dolní Věstonice, Bez. Lundenburg). Die 1331
als »Wistanitz« erstm. erwähnte Ortschaft ist 9 km n. von
→ Nikolsburg an der seit 1980 aufgestauten Thaya gelegen. Bekannt
geworden ist sie vor allem durch die seit 1924 von Karl Absolon
(1877–1960) geführten archäolog. Ausgrabungen. Neben Zeugnissen aus der Steinzeit, von denen die als »W.er Venus« bezeichnete und
im örtl. Museum als Nachbildung ausgestellte Tonfigur internat. Berühmtheit erlangte, wurden auch Überreste einer slaw. Burg- und
Begräbnisstätte aus dem 9.–12. Jh. freigelegt. Noch vor 1460 hatte
man die in den Huss.kriegen verlorengegangenen Marktrechte erneuert und U.-W. zum Marktflecken erhoben. M. 16. Jh. war es ein
Zentrum der Wiedertäufer. Während der Ständeerhebung 1618–20
wurden die ksl. Truppen am 5.8.1619 nahe U.-W. geschlagen. Zahlr.
barocke Häuser, das Rathaus aus dem 17. Jh. sowie die urspr. got.
Pfarrkirche St. Michael sind erhalten geblieben. Die Herrsch. Nikolsburg hatte in U.-W. eine Brauerei. Bis E. des Zweiten Weltkrieges war die tradit. vom Weinbau lebende Bev. zu über 90% dt. –
1850: 789; 1900: 842; 1950: 412; 1991: 334 Eww.   (VIII) *Had*

K. Absolon, Die Erforschung der diluvialen Mammutjägerstation von Unterwi-
sternitz an der Pollauer Bergen in Mähren, Brünn 1938; K. Černohorský, K problematice Dolních Věstonic v časném středověku, in: ČMorM B 50 (1965), 63–107;
LV 253, Bd. 9, 295f; LV 255, Bd. 3, 250; LV 950, Bd. 2, 696; J. Jelínek, Nález
fosilního člověka Dolní Věstonice, in: Ant 3 (1953), 37–91; B. Klíma, Die große
Anhäufung von Mammutknochen in Dolní Věstonice, Praha 1969; ders., Dolní
Věstonice, tábořiště lovců mamutů, Praha 1983; LV 313, 68f.

Vöttau (Bítov, Bez. Znaim). Nachdem die urspr. Siedl. nach Fertigstellung des → Frainer Stausees 1932 überflutet worden war, wurde

etwa 2 km ö. der Burg nach Plänen von Josef K. Říha ein neuer Ort errichtet. Die Burg, ein wichtiger Bestandteil des Verteidigungssystems gegenüber Österr., wurde erstm. M. 11. Jh. erwähnt; sie war zu jener Zeit in landesfstl. Besitz. Der Ort ist verm. erst nach der Errichtung der Burg entstanden. Die örtl. Pfarre gehört zu den ältesten Mährens und war bis auf eine kurze Zeitspanne um 1620, in der in V. sowohl Böhm. Brüder als auch Prot. vertreten waren, stets kath.; kurz vor 1298 hatte der mähr. Landeshauptmann Raimund v. Lichtenburg die Herrsch. als Pfand erhalten. 1307 schenkte sie Heinrich v. Kärnten diesem Geschlecht als Erblehen, das die Lichtenburg bis 1576 hielten. Unter ihnen ist Hynek Kruschina v. Lichtenburg hervorzuheben, der wegen seines zähen Widerstandes gegen Kg. Georg v. Podiebrad in die Geschichte der böhm. Länder einging und auch V. in die kriegerischen Ereignisse einbezog. Nach Aussterben der V.er Linie kamen Burg und Ort an die Strein v. Schwarzenau, die 1617 beide an die Herren v. Wlašim verkauften. Deren Herrsch. dauerte bis 1736, als V. durch Erbschaft an die Gff. v. Daun kam. Unter den seit A. 20. Jh. wiederholt wechselnden Besitzern errichtete die neugeadelte Industriellenfam. v. Haase in der Burg einen Tiergarten. Die urspr. Burg war während der Frühgotik umgebaut, E. 15. Jh. und um 1600 erweitert und von den Daun seit M. 19. Jh. im neogot. Stil restauriert worden. Sie beherbergt eine wertvolle Waffensammlung und die Militärbibliothek des berühmten Generals Gf. Leopold v. Daun. Die Burgkapelle ist von Anton Rücker regotisiert worden. Die Umgebung des Ortes übte Einfluß auf die tsch. Kunst aus und ist u. a. in den Werken des Komponisten Vítězslav Novák (1870–1949) und des Malers Roman Havelka verewigt. – 1834: 389, 1930: 402 (davon 27 Dt.), 1950: 217, 1980: 194 Eww. (VII) *Kle*

J. Paukert, Bítov, Brno 1974; LV 290, Bd. II/70, 59–109; A. Turek, K vývoji národnostních poměrů na bývalých panstvích Bítov a Uherčice, in: JM 25 (1989), 187–192; V. Voldán/M. Zemek, Velkostatek Bítov. Inventář 1640–1931, Brno 1960; LV 791, Bd. II/4, 208–215.

Wällischbirken (Vlachovo Březí, Bez. Prachatitz). 1274 wurde der nw. von → Prachatitz gelegene Ort als Besitz der Gebrüder Werner, Vchyna und Michael erstm. erwähnt, 1359 die Pfarrkirche Mariä Verkündigung, die 1659/69 in frühbarockem Stil neu errichtet wurde. Der Ort tritt A. 15. Jh. als »Vlach Malovec« und erst im 16. Jh. als »Vlachovo Březí« auf. Vlach v. Březí unterzeichnete 1415 den Protest böhm. Adeliger gegen die Verbrennung von Jan Hus und kämpfte 1468/71 als Anhänger Kg. Georgs v. Podiebrad gegen dessen adelige Gegner. Diese zerstörten ihm 1468 und 1469 die hier befindliche Burg, an deren Stelle nach erneuter Zerstörung im Jahre 1620 ein frühbarockes Schloß errichtet wurde. 1502 gelangte die Burg in den

Besitz der Malovetz v. Malovitz, auf deren Bitte Kg. Ferdinand I. den Ort 1538 zum Markt erhob und ihm ein Wappen erteilte. Nach weiteren Besitzerwechseln kam W. schließlich 1680 an die Gff. v. Dietrichstein. 1868 wurde es zur Stadt erhoben, die in der Folgezeit jedoch keinen weiteren Aufschwung nahm. – 1869: 4019 (überwiegend Tsch.), 1991: 1629 Eww. (VI) *Hol*

J. Brož, Vlachobřezské cechy, Vlachovo Březí 1938; LV 259, Bd. 5, 210; LV 905, Bd. 38, 354–365; Pergameny a postavy Vlachova Březí, Vlachovo Březí 1968; LV 952, Bd. 1, 161; LV 289, 919f.; LV 906, Bd. 4, 242f.; Vlachovo Březí 1538–1988. Hg. v. V. Starý, Vlachovo Březí 1988.

Wagstadt (Bílovec, Bez. Neutitschein). Die um 1320 von Wok I. v. Krawarn auf einem Hügel gegr. befestigte Kolonistenstadt (1329 als »Wokinstat« belegt) mit gleichmäßigem Grundriß, ehem. rechteckigem Marktplatz und der urspr. got. Pfarr-, seit 1670 auch Dekanatskirche St. Nikolaus gehörte zum Fstm. Troppau. Im 14. Jh. mit dem Gut → Fulnek verbunden, ging die Stadt 1464 an die Herren v. Füllstein und W. und um 1550 an die Praschma v. Bielkau, unter denen die Pfarre luth. wurde und die den Silberbergbau aufnahmen. Um 1600 errichteten diese an Stelle der Burg ein Renaissance-Schloß (nach Stadtbrand 1736 barockisiert). Karl Praschma v. Bielkau, der Führer des prot. Adels im Troppauer Gebiet, machte W. 1604–20 zum Hauptort des Fstm., in dem die Landtafel aufbewahrt und Landtage abgehalten wurden. Nach 1620 von den Kosaken belagert und von ksl., später von Mansfeldschen und bis 1645 von schwed. Truppen mehrfach zerstört, erwarben die konfiszierte Herrsch. 1648 die Sedlnický v. Choltitz, die sie dann für 3 Jhh. in Besitz hatten. Im 19. Jh. erfolgte die Industrialisierung in der rein dt.sprachigen Stadt durch die Tuchmacherei und seit 1864 durch die Knopf- und Metallfabrik Mathias Salcher, wodurch tsch. Arbeiter zuzogen, so daß 1930 schon 20% der Bev. tsch. waren. Die Kreisstadt des Reichsgaues Sudetenland wurde am Kriegsende 1945 stark zerstört (u. a. Schloß und Rathaus von 1592) und danach ein Teil der Bev. zwangsweise ausgesiedelt. – 1890: 4083, 1991: 9282 Eww. (V) *Lu*

LV 239, 17–21; S. Drkal, Selské renitence na Bílovecku v letech 1846–1848, in: SlS 54 (1956), 183–194; LV 255, Bd. 2, 760–763; LV 259, Bd. 2, 23f.; Město Bílovec, Bílovec 1947; LV 269, Bd. 1, 42–69; J. Pleskot, Materiály k hospodářskému vývoji města Bílovce v 19. století, in: SlS 54 (1956), 331–353; LV 898, Bd. 1, 48–54; 650 let města Bílovce, Bílovec 1971; A. Turek/J. Hanák, Národnostní poměry na Bílovecku v roce 1939, in: VSONJ 46 (1989), 17–26; LV 791, Bd. I/3, 214–218; J. Zukal, Zur Geschichte der Herrschaft Wagstadt im 16. und 17. Jahrhundert, in: ZGKS 2 (1906–07), 1–37.

Waldstein (Valdštejn, Bez. Semil). Die 3 km sö. von → Turnau gelegene Burg W. wurde zw. 1260 und 1280 von den Markwartingern
gegr. Die auf hohem Sandsteinfelsen gelegene Burg galt als uneinnehmbar. Nach W. nannte sich das einflußreiche böhm. Adelsgeschlecht der Herren v. W., welche die Burg wiederholt in ihrem Besitz hatten. Unter ungeklärten Umständen spätestens 1423 an huss.
Eigentümer gefallen, wechselte W. im 15. Jh. häufig den Besitzer. Im
16. Jh. sank ihre strategische Bedeutung; die Burg wurde zur Herrsch.
→ Großskal geschlagen und brannte M. 16. Jh. aus. 1582 wird sie als
Ruine bezeichnet. 1824–43 bauten die Lexa v. Aehrenthal die Burg
in neogot. Stil wieder auf, von dem got. Vorgängerbau sind nur Keller und Teile des Palas erhalten. Durch die Lage im sog. Böhm. Pa-
radies wurde W. seit der 2. H. 19. Jh. zu einem Zentrum der Bur-
genromantik und einem vielbesuchten Ausflugsziel.   (III)   *Bb*
LV 259, Bd. 6, 489–491; LV 952, Bd. 4, 469; LV 905, Bd. 32, 238–241.

Wallachisch Klobouk (Valašské Klobouky, Bez. Zlin). Das an einem über den Wlara-Grenzpaß führenden Weg günstig gelegene
W. K., 40 km sö. von → Zlin, wird erstm. 1341 erwähnt und bereits
1356 als Städtchen bezeichnet. Als lebhaftes Zentrum von Handwerk
und Handel besaß W. K. seit dem 16. Jh. Stadtrecht, doch fand der
wirtsch. Aufschwung (Tuchweberei) durch verheerende milit. Einfälle aus dem benachbarten Ungarn in der Zeit um 1700 ein jähes
Ende. Erst in der Zeit der Industrialisierung wurde die Tuchhand-
werks-Tradition in W. K., das 1928 einen Eisenbahnanschluß erhielt,
in Kleinbetrieben fortgesetzt. Die Grundschule besaß bis 1898 dt.-
tsch. Charakter, eine eigenständige dt. Bürgerschule existierte bis
1900. Ein dt. Lesebund bestand seit 1851, der älteste tsch. Verein
wurde 1870 gegr. Im Zweiten Weltkrieg agierten in den umliegenden Bergen starke Partisanenverbände gegen die dt. Besatzer; diese
Ereignisse fanden ihren literarischen Niederschlag im Werk des 1919
in W. K. geb. Schriftstellers Ladislav Mňacko (1919–94). – 1880:
2827 (davon 142 Dt.), 1921: 2746, 1991 über 5000 Eww.   (V)   *Šta*
LV 253, Bd. 8, 182–185; Jubilejní čítanka o Valašskokloboucku. 600 let městských
práv ve Valašských Kloboukách, Valašské Klobouky 1956; F. V. Peřinka, Z dějin
Valašských Klobouk, in: SMSVM (1904–05), 31–42; LV 290, Bd. II/29, 49–97; J.
Simonides, Valašské Klobouky, Praha 1955; LV 4 (Gottwaldov), 257–269.

Wallachisch Meseritsch (Valašské Meziříčí, Bez. Wsetin). Am Zusammenfluß der oberen und unteren Bečwa, im landwirtsch. er-
tragreichsten Teil des Bez. Wsetin liegt W. M., seit 1924 mit dem
benachbarten Städtchen Krasno an der Bečwa zusammengeschlossen.
Besitzer des urspr. auf landesherrlichem Boden gelegenen und im
Gefolge der Kolonisation in der 2. H. 14. Jh. gegr. W. M., das 1376

Stadtrecht erhielt, waren durchweg Adelige. Anfänglich hieß W. M. »Schönstadt« (1377), E. 14. Jh. taucht erstm. der Name M. auf, seit E. 18. Jh. der Doppelname W. M. Nach dem fehlgeschlagenen Bergarbeiteraufstand in Neusohl 1526 bot die Stadt dessen Anführern Zuflucht. Aktiv beteiligte sie sich an den antihabs. Ständeaufständen, im 30jähr. Krieg wurde sie mehrfach gebrandschatzt. Johann v. Pernstein begann 1538 mit dem Bau des 1. H. 18. Jh. erweiterten Schlosses. Die Mehrzahl der den Markt schmückenden Häuser, die got. Grundmauern aufweisen, wurde nach Bränden 1607 und 1685 umgebaut, ebenso das Rathaus, ein urspr. Renaissance-Gebäude vom A. 17. Jh. Auf dem Markt stehen auch die Mariensäule (1670–80) und die Statue des hl. Florian (M. 18. Jh.). Die urspr. got. Marienkirche besitzt einen Renaissance-Turm von 1581 mit wertvollem Portal, das ein wallachischer Steinmetz schuf. Bereits seit dem 16. Jh. bildete W. M. ein Zentrum des Tuchhandwerks, dessen Produkte nach Rußland, Polen und Ungarn ausgeführt wurden. Größere Bedeutung besitzen heute chemische, elektrotechnische, Textil- und Glasindustrie (1896: 3029, 1900: 3456 Eww.). – Krasno an der Bečwa, seit 1491 Städtchen, gehörte 1538–55 zu W. M., nahm dann jedoch eine eigenständige Entw.; seine Anfänge reichen bis in das 12. Jh. zurück, wie die Reste der rom. Rotunde der späteren St.-Jakobskirche beweisen. Das urspr. Renaissance-Rathaus (1580) wurde 1765–66 barockisiert, das obrigkeitliche Verw.-Gebäude M. 19. Jh. zu einem Schloß umgebaut; den Markt sowie die Allee zw. Kirche und Rathaus zieren Barockstatuen aus der M. 18. Jh. Im Unterschied zum handwerklich geprägten W. M. besitzt Krasno an der Bečwa weiter zurückreichende industrielle Anfänge: Schon 1855 entstand hier eine Glashütte, 1908 wurde die Herstellung von Gobelins aufgenommen, 1911 die Möbelproduktion. – 1869: 1992, 1900: 2338, nach der Vereinigung mit W. M. 1930: 8034 (davon 328 Dt.), 1950: 10 832, 1991: 28 175 Eww. (V) *Sp*

L. Baletka/L. Zapletal, Okres Vsetín, Ostrava 1987, 98–107; M. Borovička/J. Fojtík/L. Baletka, Valašské Meziříčí, Ostrava 1973; E. Domluvil, Paměti města Valašské Meziříčí a městečka Krásna, Brno 1877; LV 290, Bd. II/40, 142–244; F. Dostál, Valašské Meziříčí v pamětech třicetileté války, Ostrava 1962.

Wallern (Volary, Bez. Prachatitz). W. ist verm. bereits im 13. Jh. als Raststätte und Herbergssiedl. für die den Goldenen Steig von Passau über W. nach → Prachatitz befahrenden Salzsäumer angelegt worden. 1359 wird ein »Andreas de Waller« erstm. urk. genannt. Der Ort selbst findet 1373 als Pfarrsitz Erwähnung, dessen got. Kirche St. Katharina 1688/90 durch einen frühbarocken Neubau ersetzt wurde. Noch vor 1420 besaß W. Marktrecht und eine eigene Gerichtsbarkeit. Die nicht mehr genau zu rekonstruierende Herkunft seiner dt.sprachigen Eww. aus dem Alpengebiet schlug sich in einer für die Gegend einzigartigen Bauweise von Holzhäusern aus dem 16. Jh. nieder, die jedoch 1863 zu großen Teilen durch Brand vernichtet wurden. Urspr. im Besitz des Wyschehrader Kapitels, wechselte W. zus. mit Prachatitz häufig seinen Herrn. 1503 fiel es an die Herren v. Rosenberg, unter denen es als größter Säumerort am Goldenen Steig zu wirtsch. Blüte gelangte. Der 1602 ksl. gewordene, im 30jähr. Krieg umkämpfte Ort kam 1622 an die Eggenberg und 1719 an die Fstt. v. Schwarzenberg, von denen er 1848 unabhängig wurde. 1871 erfolgte die Erhebung zur Stadt. Durch den Knotenpunkt von 4 zw. 1899 und 1910 angelegten Eisenbahnlinien erlangte hier neben dem Holzgewerbe der Fremdenverkehr bis in die heutige Zeit Bedeutung. – 1869: 4611 (überwiegend Dt.), 1991: 3917 Eww.   (VI) *Hol*

Heimatkreis Prachatitz im Böhmerwald, Bd. 2, Augsburg 1977, 124ff.; V. Jeřábek, Volary – město v srdci šumavských hvozdů, České Budějovice 1959; R. Kubitschek/V. Schmidt, Wallern und die Wallerer [Budweis 1921]. Neu bearb. v. P. Praxl, Augsburg-Haunstetten 1972; LV 905, Bd. 38, 337–354; LV 952, Bd. 4, 602; Zd. Šmaus, Volary – městečko na Šumavě, Volary 1971; LV 289, 917f.; LV 906, Bd. 4, 256f.

Waltsch (Valeč, Bez. Karlsbad). Das am Abhang der Duppauer Berge gelegene W. wird erstm. 1358 als Besitz der Ritter v. W. erwähnt. Die Riesenburg besaßen die Siedl. wahrsch. 1378–1406, dann für ein Jh. die Ritter v. W. und Duppau. 1505 erscheint als Ortsherr Jakob v. Wřesowitz, der W. ein Privileg von Kg. Wladislaw II. erwirkte: Das Städtchen erhielt 1514 Brau- und Handwerksrechte, einen Wochen- und Jahrmarkt. Nach versch. Besitzern kaufte Christoph Stampach v. Stampach 1571 die kleine Herrsch., die bis 1721 im Besitz dieser Fam. blieb. Nach 1585 erbauten sie sich ein Renaissance-Schloß. Die Erben der Stampach v. Stampach, die Herren Globner v. Globen, bauten es im 18. Jh. im Barockstil um; berühmt waren Schloßterrasse und Garten durch die zahlr. allegorischen Figuren aus der Prager Werkstatt Matthias Brauns. Das Schloß – durch einen Brand 1976 fast zur Ruine geworden – beherrscht noch heute das Ortsbild. Im 18. Jh. wurde eine Glasmanufaktur für Tafelglas errichtet, die Eww. lebten jedoch vor allem von Forst- und Landwirtschaft sowie vom Weberhandwerk. – 1847: 912, 1930: 807 (davon 31 Tsch.), 1950: 396, 1991: 371 Eww.   (I/II) *Hil*

Heimatbuch des Kreises Luditz, München 1971, 383–403; LV 259, Bd. 4, 376f.; LV 507, 289f.

Wamberg (Vamberk, Bez. Reichenau an der Kněžna). Das 4 km s. → Reichenau an der Kněžna gelegene W. wurde erstm. 1341 als »Waldenberg« (um 1400 »Walmberg«) als Burgsitz erwähnt. Von der

Burg sind Spuren in Kellergewölben neben der barocken Dekanatskirche St. Prokop (1707–13) erhalten. W. zerfiel im 16. Jh. in 2 Teile.
Die Herrsch. W. wurde nach der Vereinigung in den Händen von
Wenzel Nikolaus Pencingár v. Bydžin wegen dessen Teilnahme am
böhm. Ständeaufstand 1618–20 konfisziert und fiel 1627 an Kaspar v.
Gramb. Dessen Frau Magdalena (†1671) förderte die tradit. Spitzenklöppelei, hob 1637 die Frondienste weitgehend auf und setzte nach
1648 die Rekatholisierung durch. Seit der 2. H. 17. Jh. wurde der
Marktort zu einem Zentrum der Spitzenherstellung. Aus dieser Zeit
stammt die Friedhofskirche St. Barbara (1696/97). 1654 wird erstm.
eine jüd. Gem. erwähnt, die 1688 einen Friedhof s. des Zentrums
erwarb, auf dem Juden aus den umliegenden Gem. → Daudleb und
→ Adlerkosteletz bestattet wurden und Grabsteine seit E. 17. Jh.
überliefert sind. Im 18./19. Jh. blieb W. eine Kleinstadt mit Textilindustrie, im 20. Jh. kamen Metall- und Lebensmittelindustrie hinzu.
– 1826: 1844, 1900: 3074, 1980: 5435 Eww.   (IV) *Bb*

J. F. Král, Paměti města Vamberka nad Zdobnicí, Vamberk 1927; LV 952, Bd. 4,
475.

Warnsdorf (Varnsdorf, Bez. Tetschen). Das einst als Waldhufendorf
unterhalb des Lausitzer Gebirges angelegte nordböhm. W. wurde
1352 als »Wernoldi villa« erstm. erwähnt. Bereits zu diesem Zeitpunkt
existierte die Pfarrkirche St. Peter und Paul, die 1777 nach Plänen
von Johann Wenzel Kosch barockisiert wurde. Im MA gehörte das
aus mehreren Siedl. bestehende Dorf als Lehen zur Herrsch. der Burg
Tollenstein. Nach der Schlacht am Weißen Berg 1620 verließen
zahlr. Prot. den Ort und gründeten unmittelbar jenseits der Landesgrenze Neusalza, Neugersdorf und Walddorf. 1681 erwarben die
Liechtenstein den Besitz und lösten im Zuge einer rationaleren Bewirtschaftung ihrer Güter die in der Umgebung von Altw. bestehenden 5 Meierhöfe auf, auf deren Grund und Boden nachfolgend 5
neue Dominikaldörfer angelegt wurden. Auf diese Weise entstanden
1689 Neuw., 1704 Floriansdorf, 1727 Karlsdorf und schließlich
1783/84 Alt und Neu Franzenthal. 1849 vereinigte man diese Siedl.
zur Kastralgem. W., wo damals 9760 Eww. lebten. Die rasche Zunahme der Eww.-Zahl setzte bereits in der 1. H. 18. Jh. ein und wurde von der beginnenden Industrialisierung beschleunigt. Anfänglich
bildete die Baumwollverarbeitung den Hauptproduktionszweig; der
Unternehmer Johann Josef Stolle, der 1772 die erste Manufaktur
gegr. hatte, gelangte so zu bedeutendem Reichtum. Als Ks. Joseph II.
1786 die Einfuhr von Baumwolle gestattete, stieg W. zum nordböhm. Manchester auf, wo man Baumwollwaren nach engl. Muster
erzeugte. Als Repräsentant dieser Produktion galt die bereits 1777

gegr. Fa. Fröhlich. 1790 begann die Samtherstellung, die fortan eine
Konstante in der Industrielandschaft bildete. Um 1850 galt W. als das
»größte Dorf in Böhmen«, folgerichtig erhielt die Gem. 1868 Stadtrecht. 1869 wurde die Eisenbahnverbindung nach → Tetschen fertiggestellt, was die Ansiedl. neuer Fabriken begünstigte. Nach dem Ersten Weltkrieg entstand mit den Kunert-Werken die größte Strumpf-
fabrik Europas. Daneben gab es eine Vielzahl großer und kleiner
Industrieunternehmen: Schuh- und Lederwarenfabriken, Glasschleifereien, chemische und metallverarbeitende Industrie sowie eine Klavierfabrik. 1830 erlebte Beethovens »Missa Solemnis« in der hiesigen
Pfarrkirche ihre Uraufführung. Nach 1872 schrieb sich W. zudem
durch die Entstehung der ersten altkath. Gem. in Österr.-Ungarn in
die Religionsgeschichte ein. Seit 1888 ist die Stadt Sitz eines altkath.
Btm.; die neogot. Kirche wurde 1874/75 erbaut. In W. wurden Maximilian Rudolf v. Schleinitz (1605–75), seit 1655 erster Bf. v. Leitmeritz, der Dichter Samuel Sieber (1813–70), der Bildhauer Vinzenz
Pilz (1816–96) und der Maler Julius Gross (1825–65) geb. – 1880:
15 162 (115 Tsch.), 1910: 23 320 (456 Tsch.), 1930: 22 621 (1617
Tsch.), 1950: 1543, 1991: 16 111 Eww.   (II) *Sm*

LV 259, Bd. 3, 495; A. Palme, Warnsdorf mit seinen historischen Denkwürdigkeiten von dessen Gründung an bis zum Jahre 1850, Böhmisch Leipa 1852; LV 279,
Bd. 14, 124ff.

Wartenberg (Stráž pod Ralskem, Bez. Böhmisch Leipa). Unterhalb
der 1256 errichteten Burg W. entstand ein 1281 erstm. erwähntes
gleichnamiges Städtchen, das wie die Burg von den Herren v. W.
gegr. wurde. Während in vorhuss. Zeit der Ort gemischt besiedelt
war, erlangten die Dt. hier um 1560 gegenüber den Tsch. das Übergewicht. A. 15. Jh. war W. im Besitz von Johann v. Ralsko, der zunächst auf der Seite der lausitzischen Städte stand, bis ihn die huss.
Truppen 1426 zum Bündnis zwangen. Nach mehreren Herrschaftswechseln gelangte W. 1504 in den Besitz der Hirsperger v. Königshain, die 1563 unterhalb der Burg ein Renaissance-Schloß errichten
ließen (1952 renoviert). Wegen der Beteiligung am Ständeaufstand
wurde W. den Hirsperger v. Königshain 1620 entzogen und an Albrecht v. Wallenstein übergeben. Die Burg wurde 1639 und 1645
von schwed. Truppen zerstört. Nachdem W. nach dem Tod Wallensteins 1634 zunächst in den Fideikommiß der Liechtenstein eingegliedert worden war, gelangte es 1714–1922 in den Besitz der
Reichsgff. v. Hartig. 1680 und 1775 kam es zu Bauernaufständen. –
Das Erwerbsleben gründete sich auf Ackerbau, Weberei, Gerberei
und holzverarbeitendes Gewerbe. Bedeutend war die 1596 gegr.
Weberzunft. Der an der Polzen gelegene Ort erlangte durch die nahe
Talsperre eine gewisse touristische Bedeutung. – 1869: 3762, 1930:
1061 (davon 898 Dt.), 1950: 869, 1980: 3277 Eww.   (III) *MSW*

W. Feistner, Geschichte der Stadt Wartenberg (1283–1926), Reichenberg 1927; LV 259, Bd. 3, 441ff.; I. Raková, Vývoj pozemkové držby pánů z Vartemberka v letech 1281–1915, in: HG 18 (1979), 69–102; LV 275, Bd. 4, 245ff.; LV 569, Bd. 1, 283.

Weidenau (Vidnava, Bez. Mährisch Schönberg). Das 16 km n. von → Freiwaldau gelegene W. wurde kurz vor 1268 unter dem Breslauer Bf. Thomas I. durch den Vogt Rüdiger Heldore als dt. Rechtsstadt gegr. und 1291 erstm. erwähnt. Wilhelm v. W., der Sohn des Rüdiger, wirkte als Mäzen des höfischen Dichters Dietrich v. der Glezze. Die Umgebung der Stadt war schon in prähist. Zeit besiedelt. Das Zentrum ist von Resten der got. Stadtmauer umgeben. Die spätgot. Burg der bfl. Vögte, deren rückwärtige Seite mit der urspr. Stadtmauer verbunden ist, wurde im Renaissancestil umgestaltet (heute Schule). 1428 wurde W. während der Huss.kriege zerstört. Ein großer Stadtbrand vernichtete 1574 außer Kirche, Pfarrhaus und Schule auch alle Gebäude. Überdies zerstörten die Schweden 1642 während des 30jähr. Krieges die Stadt. Ab 1742 gehörte W. zu Österr.-Schles.; spätestens seit dieser Zeit lebten 8 jüd. Fam. im sog. Judenkreis. Sie konnten aber keine selbst. Gem. bilden, sondern zählten zur 37 km entfernt liegenden Gem. → Hotzenplotz. Die frühgot. Dekanatskirche St. Katharina (1240–50) erhielt ihr Äußeres durch Umbauten 1883/84. Das W-Portal ist noch frühgot.; auf dem großen Marktplatz stehen 2 Barockstatuen aus der 2. H. 18. Jh.; 1899 wurde ein Priesterseminar für den Priesternachwuchs des österr. Anteils der Diözese Breslau gegr. Die kirchlichen Institutionen wurden 1945 aufgelöst. Das Kl. der Barmherzigen Schwestern von 1868 dient heute als Schule. Durch den späten Eisenbahnanschluß (1897) und die Grenzlage blieb eine Industrialisierung aus. Die Bev. war bis zur Vertreibung 1945 dt. (1900: 1869 dt. und 12 tsch. Eww., 1991: 1528 Eww.). W. ist Geburtsort des Begründers der modernen Orthopädie, Adolf Lorenz (1854–1946), an den eine Tafel am Marktplatz erinnert.

(IV) *Lb*

B. Brilling, Geschichte der Juden in Weidenau (Österreich-Schlesien), in: ZGJ 10 (1973), 155–161; Heimatkunde des politischen Bezirkes Freiwaldau, Freiwaldau 1893, 246–254; LV 950, Bd. 2, 705; LV 259, Bd. 2, 271f.; E. Kretschmer/R. Otto, Das Priesterseminar in Weidenau, in: MSH 20 (1975), 244–250; LV 266, 505–509; F. Then, Beiträge zur Geschichte der Stadt und der Vogtei Weidenau in Schlesien, Freiwaldau 1933; Vidnava (Weidenau) 1268–1993. Sborník k 725. výroči založení města, Vidnava 1993; Das Weidenauer Ländchen. Eine Chronik, Neuburg a. d. Donau 1986; R. Zuber, Původ jména Vidnava, in: SMor 13 (1966), 23–26; ders., Osídlení Jesenicka do počátku 15. století, Opava 1972, 94–97; ders., Jesenicko v období feudalismu do roku 1848, Ostrava 1966, 424–437.

Weipert (Vejprty, Bez. Komotau). Um einen für 1413 belegten, 1506 von Bohuslaus Hassenstein v. Lobkowitz an Hans Schneider verkauften Eisenhammer entwickelte sich weit auseinandergezogen am r. Ufer des Pöhlbaches der erstm. 1506 als »Weyberth« belegte Erzgebirgsort, der – wie die gesamte umliegende Region – dank des ertragreichen Abbaus von Silber, Zinn und Kupfer im 16. Jh. einen raschen Aufstieg nahm. Den Söhnen Schneiders, Benedikt und Jakob, folgte nach 1540 als neuer Besitzer Paul Spindler. Der Bergbau wirkte siedlungsfördernd, der Zuzug kam vor allem von sächs. Seite; das erste Gerichtsbuch (1532) und versch. Grenzstreitsurk. (1560/61) enthalten ausschl. dt. Familiennamen. Die Erhebung des 21 km nw. von → Kaaden gelegenen, zur Herrsch. Preßnitz gehörigen Grenzortes zur kgl. Freien Bergstadt 1607 durch Ks. Rudolf II., die neue Anreize zu stärkerem Bergbau bieten sollte, konnte dessen drastischen Rückgang nicht aufhalten. Zerstörungen durch schwed. Truppen während des 30jähr. Krieges und bes. die zeitgleich einsetzende Gegenref. verstärkten die Abwanderung der Bev., die sich unter den seit 1533 herrschenden Schlick frühzeitig dem Luth. zugewandt hatte, nach Sachsen. Trotz dieser Rückschläge vermochte sich W. bis E. 19. Jh. mit Büchsenmacherei, Spitzenklöppelei, Erzeugung von Posamenten, Strick- und Wirkwaren sowie mit Maschinen-, Textil- und Musikinstrumentenindustrie neue ertragreiche Erwerbszweige zu erschließen und eine führende Stellung innerhalb der Erzgebirgsregion zu erlangen. Vom Münchener Abkommen bis zum Kriegsende gehörte W. zum Dt. Reich. – Eine Pfarrei wurde schriftl. erstm. 1506 erwähnt; die spätgot., 1594 erneuerte Friedhofskirche St. Martin weist auf ältere Ursprünge als die 1660 neuerrichtete, 1783–86 barockisierte Pfarrkirche Allerheiligen, vor der sich ein Kalvarienberg (1717) befindet. Mit der Vertreibung und Aussiedl. der dt. Bev. nach 1945 verschwanden auch viele der bisher tradit. Wirtschaftszweige aus W., dem Geburtsort des späteren Ebf. v. Wien, Kardinal Theodor Innitzer (1875–1955). Im Zuge der Anlage einer Trinkwassertalsperre, durch die das nahegelegene Preßnitz sowie andere umliegende Orte überflutet wurden, zogen zahlr. Fam. nach W. – 1850: 3461, 1890: 9850, 1910: 11 692 Eww. (davon 11 158 Dt.), 1950: 4476, 1991: 3320 Eww.   (I) *Bah*

W. Behrbalk, Chronik der Stadt Weipert, Dortmund-Westerfilde 1960; T. Bílek, Die Gegenreformation in den Bergstädten des Erzgebirges 1623–1678, in: MVGDB 23 (1885), 209–228; Zd. Binterová, Průvodce Měděncem, Kovářskou, Vejprty a okolím, Chomutov 1971, 21–32; LV 259, Bd. 3, 394, Bd. 4, 378; LV 952, Bd. 4, 486f.; LV 275, Bd. 2, 102–106; C. G. Schmidl/M. Luft, Geschichte der Stadt Weipert, Komotau 1890; LV 569, Bd. 1, 163; LV 283, Bd. 15, 126–130; H. Sturm, Skizzen zur Geschichte des Obererzgebirges im 16. Jahrhundert, Stuttgart 1965, 93–104; LV 453, 37ff., 203ff.; J. Walfried, Der Amtsbezirk Kaaden, in: MVGDB 23 (1885), 21–55, 138–182; J. Wild, Geschichte der Stadt Weipert, Weipert 1926.

Weißensulz (Bělá nad Radbuzou, Bez. Taus). Der erste Beleg für das
5 km nw. von Hostau gelegene Dorf findet sich 1121 in der Cos-
mas-Chronik. Bis zum 16. Jh. war das Schicksal von W. mit der nahegelegenen kgl. Burg → Pfraumberg verknüpft. Im 15./16. Jh. bildete
W. neben dieser Feste sowie dem Ort → Neustadtl ein Zentrum der
Pfraumberger Choden, die hier Gericht hielten. Um 1550 erfolgte
eine rasche Germanisierung, im ganzen 16. Jh. kam es zudem zu
Streitigkeiten mit den als Pfandherren regierenden Herren v.
Schwanberg. Bald nach dem Verkauf der Herrsch. Pfraumberg ging
W. am A. 17. Jh. in den Besitz der Gff. Lammingen v. Albenreuth
über, die 1614 das Kastell fertigstellten und W. später ihrer Herrsch.
Heiligenkreuz inkorporierten. Unter den Cukr v. Tamfeld, denen
W. 1686–1796 gehörte, führte der Ort einen langjähr. Kampf um
seine Rechte; zuletzt herrschten hier die Koc v. Dobrš. Auch nach der
Erhebung zum Städtchen 1876 siedelte sich keine Industrie an, erst
nach 1960 entstanden eine Maschinenfabrik sowie eine Neubausiedl.
1964 erhielt W. den Status einer Stadt. – 1890: 1649, 1930: 1844
(davon 1743 Dt.), 1950: 952, 1991: 1341 Eww. – Im W-Teil der
Gem. steht das aus der Spätrenaissance stammende eingeschossige sog.
Kleinere Schloß, das später barockisiert wurde. Auf dem unregelmäßigen Markt befindet sich die einschiffige Barockkirche der
Schmerzensreichen Maria vom E. 17. Jh., die 1826–46 im Empirestil
umgebaut wurde. (I) *Pe*

LV 259, Bd. 4, 29f.; K. Liebscher, Der politische Amtsbezirk Bischofteinitz, Bischofteinitz 1913, 504ff.; E. Maur, Protifeudální hnutí na Chodsku kolem roku
1525, in: MZK 15 (1979), 155–171; LV 507[2], 58ff.; K. Pöhnl, Die Entstehung und
Entwicklung des Herrschaftsgebietes Heiligenkreuz-Weissensulz, in: UWH 10
(1938), 11ff., 25f., 37ff.

Weißwasser (Bělá pod Bezdězem, Bez. Jungbunzlau). Hynek Berka
v. Dubá, Pfandinhaber der Herrsch. W., erhielt 1304 von Kg. Wenzel II. die Erlaubnis, die ungünstig gelegene Stadtgründung → Bösig
w. unterhalb des gleichnamigen Berges zu verlegen, was er 1337 mit
Hilfe von 3 Lokatoren unternahm, welche 6 km weiter sö. auf einem
trapezförmigen Felsen über dem r. Ufer der Biela »Novus Bezdez«
anlegten. Im Mittelpunkt der Plananlage steht der große, 140 x 200 m
umfassende Marktplatz mit dem Rathaus (1593/1613) in der sw. Ek-
ke. Die Herrsch. Bösig war zunächst im Pfandbesitz versch. Adelsfam., bevor sie 1586 Aleš Berka v. Dubá kaufte, 1622–34 gehörte sie
zum Besitz Albrechts v. Wallenstein; nach dessen Ermordung gehörte
sie 1634–77 Francesco Caretto di Grana et Millesimo und blieb dann,
von 1678–1945, im Besitz der Fam. Waldstein. – Die ö. an die Stadt
anschließende Feste des 14. Jh. wurde 2. H. 16. Jh., als W. Sitz der
Herrsch. wurde, zu einem Schloß ausgebaut, 1582–1615 im Renais-

sancestil erweitert und 1689/91 durch Bernard Canevalle als Barockschloß mit Grundriß eines unregelmäßigen Fünfecks umgebaut;
1765/67 bis etwa 1785 wurde hier das erste Manufakturhaus in Böhmen betrieben; das Gebäude, in dem von 1855–1905 eine Forstaka-
demie untergebracht war, wurde 1855, 1889 und 1929 renoviert. Im
O des Burghofes befindet sich die Josephskapelle von 1529, 1629 und
1689 umgebaut, mit frühbarockem Interieur. – Aus der Gründungszeit stammt die Pfarrkirche (Kreuzerhöhung) in der ö. Ecke der Anlage, nach einem Brand von 1635 mit frühbarocker Einrichtung ausgestattet, und das 1345 angelegte Augustinerkl. am nw. Rand, das
nach Erlöschen A. 17. Jh. 1632 durch Augustiner vom Bösig neu besiedelt wurde; daneben befindet sich die 1708/12 als Barockbau erneuerte Wenzelskirche. Von der steinernen Stadtbefestigung aus der
2. H. 15. Jh. ist neben Mauerresten das nach SW führende sog.
Böhm. Tor erhalten. Die Bev., die bis etwa 1360 mehrheitlich dt.
Namen aufwies, war schon vor der Huss.zeit tschechisiert; 1519–21
befand sich in W. eine Druckerei der Böhm. Brüder. – 1869:
3148 Eww. (davon knapp 20% Dt.), 1930: 4723 (davon etwa 6% Dt.),
1991: 4735 Eww.   (III) *Ke*

J. Bergl, Die Waldsteinsche Klosterstiftung in Weißwasser, in: MVGDB 72 (1934),
20–29; A. Demuth, Das Manufakturhaus in Weißwasser, in: MVGDB 28 (1890),
293–334; W. Hieke, Die Berka von Duba und ihre Besitzungen in Böhmen, in:
MVGDB 24 (1886), 116–155, 25 (1887), 51–75, 26 (1888), 75–107, 381–395; LV
259, Bd. 3, 23–26; J. Kalousek, Listiny a zápisy bělské o věcech městských i sedlských
z let 1345–1708. Z archivu města Bělé pod Bezdězem, Praha 1889; W. Kuhn, Die
Stadtdörfer der mittelalterlichen Ostsiedlung, in: ZfO 20 (1971), 1–69, hier 14ff.;
LV 952, Bd. 1[2], 44, 75, Bd. 5, 125; V. Razím, K stavebnímu vyvoji opevnění Bělé
pod Bezdězem, in: PAP 10 (1985), 143–150; F. Šimáček, Paměti města Bělé pod
Bezdězem, Bělá pod Bezdězem 1937; LV 905, Bd. 46, 39–142; LV 906, Bd. 1, 49ff.;
J. Žemlička, Bezdězsko – »královské území« Přemysla Otakara II., in: ČsČH 28
(1980), 726–751.

Welehrad (Velehrad, Bez. Ungarisch Hradisch). Entgegen der lange
angenommenen Lokalisierung des Zentrums Großmährens und der
Kathedrale von Ebf. Methodius in W. werden diese heute mit dem
5 km sö. gelegenen Altstadt oder mit → Mikultschitz nö. von
→ Lundenburg in Verbindung gebracht. 1205 gründete Mkgf. Vla-
dislav III. (Heinrich) mit Unterstützung seines Bruders, des böhm.
Kg. Přemysl Otakar I., zu W. das erste Zisterzienserkl. in Mähren.
Die Besiedl. des Kl. erfolgte mit Mönchen aus → Plaß; die Grün-
dungsinitiative lag beim Olmützer Bf. Robert (1202–40), dem ehem.
Prior des Kl. Pomuk. Von W. wurde 1261 das Tochterkl.
→ Wisowitz besiedelt. Die Kl.tradition stellte schon E. 13. Jh. eine
Verbindung zw. dem Kl. und dem angeblichen Sitz des Methodius
her. Unter Hinweis auf diesen Zusammenhang erlangte der Abt von

W. 1379 das Recht zum Gebrauch der Pontifikalien; er nahm seit 1477 nach dem Olmützer Bf. den ersten Rang unter den mähr. Prälaten ein. Das Kl. wurde 1784 aufgehoben. – In der 2. H. 17. Jh. war der schles. Polyhistor Christian Gottfried Hirschmentzel (†1703) der bedeutendste Propagator des an W. gebundenen Cyrill-Method-Gedankens vor der mit dem 19. Jh. einsetzenden, durch die W.er Feiern zum Gedächtnis der Hll. 1863 und 1885 bes. geförderten eigentlichen Blütezeit der Cyrill-Method-Idee in Mähren. Bes. Verdienste um den Ausbau von W. zum Zentrum der kath. Aktion in Mähren und der ökumenischen Bewegung erwarb sich Antonín Cyril Stojan (†1923), der spätere Ebf v. Olmütz. Die seit 1907 in W. veranstalteten internat. ökumenischen Kongresse standen seit 1911 unter der Ägide der 1909/10 auf Initiative von Franz Grivec (†1963) errichteten W.er Akademie. 1928 wurde die ehem. Abteikirche, der rel. Mittelpunkt der W.-Bewegung, zur päpstlichen Basilika minor erhoben; 1935 fand die Abschlußkundgebung des ersten gesamtstaatl. Katholikentags in der ČSR in W. statt. Die zw. den Weltkriegen von dem Priesterpublizisten František Světlík (1875–1949) ausgegebene Losung »W. ist unser Programm« wurde nach 1945 immer stärker mit panslawistischen Zielvorstellungen verbunden. Die Unionskonvente von 1946/47 wurden seit 1949 durch »Massenwallfahrten« abgelöst, die von der sog. Kath. Aktion unter Einsatz der Nat. Front organisiert wurden. Nach der pol. Wende von 1989 betonte der Besuch Papst Johannes Pauls II. am 22.4.1990 die Bedeutung von W. als eines rel. Zentrums Mährens.

Die schon 1228 zu großen Teilen fertiggestellte und geweihte rom. Kirche Mariä Himmelfahrt wurde mehrfach schwer beschädigt und zw. 1684 und 1735 in barockem Stil wiederhergestellt bzw. erneuert. Die rom. Fundamente sind einschl. jener des abgebrochenen Paradieses in einem archäolog. Untergeschoß begehbar; hier ist auch die Nebengruft des Kl.stifters zugänglich. Der um 1230/40 erbaute Kreuzgang zählte zu den frühesten Werken der Gotik in den böhm. Ländern. Die barocken Kl.gebäude entstanden bis 1777. Erhalten ist die um 1250 im N der Basilika erbaute frühgot. Cyrillkapelle; eine bereits im 11. Jh. urk. erwähnte Johanneskapelle wurde um 1681 abgetragen. W. zählt bis heute zu den bedeutendsten Wallfahrtsorten Mährens. (VIII) *Ma*

LV 717, 8ff. u. ö.; V. Burian, Neumannův obraz »Hold Slovanů sv. Cyrilu a Metoději« na Velehradě, in: VVM 45 (1993), 366–420; F. Cinek, Velehrad víry, Olomouc 1936; R. Hurt, Dějiny cisterciáckého kláštera na Velehradě, Bde. 1–2, Olomouc 1934–38; LV 758; LV 760; LV 873, 285–291; F. Machilek, Welehrad, in: Lexikon für Theologie und Kirche 10 (1965), 1018f. (Lit.); ders., Welehrad und die Cyrill-Method-Idee im 19. und 20. Jh., in: AKBMS 6 (1982), 156–183 (Lit.); M. Pojsl, Velehrad. Stavební památky bývalého cisterciackého kláštera, Brno 1990;

ders., Velehrad. Basilika Nanebevzetí Panny Marie a sv. Cyrila a Metoděje, Velehrad 1990; R. Šmahel, Velehrad, Olomouc 1991.

Welhartitz (Velhartice, Bez. Klattau). In dem 14 km sö. von → Klattau gelegenen W., das erst 1373 urk. als Städtchen belegt ist, bestand bereits E. 12. Jh. eine rom. Pfarrkirche St. Marien, die im 14. Jh. got. umgebaut wurde; außerdem entstand 1373 die Friedhofskirche St. Maria Magdalena. Die Herren v. W. errichteten A. 14. Jh. eine Burg als ihren Stammsitz. Seit 1395 gehörte W. den Herren v. Neuhaus, unter deren Herrsch. die Bürger das volle Erbrecht erhielten. In der Burg wurden einst die böhm. Kroninsignien aufbewahrt, erstm. während der Huss.kriege und erneut 1448, als die kath. Herren v. Neuhaus gegen Georg v. Podiebrad aufbegehrten. 1458–1506 gehörte W. den Herren Schwihau v. Riesenburg. Noch im 16. Jh. wurde in W., das 1511 zur Stadt erhoben wurde und 1521 das Bergrecht erhielt, nach Gold und Silber gesucht. 1542–97 unterstand es Heinrich Planský v. Seeberg, danach bis 1620 den Perglar v. Perglas. Im Besitz des 1623 konfiszierten Gutes wechselten sich in der Folgezeit versch. ksl. Generäle ab, bis die Stadt 1743 an Gf. Johann Desfours fiel. Seither war sie nur noch von der Landwirtschaft geprägt. – 1850: 1035, 1900: 946, 1930: 839 (davon 6 Dt.), 1950: 583, 1990: 442 Eww. (I/VI) *Wei*

LV 905, Bd. 12, 149–166; L. Lancinger/D. Líbal/M. Heroutová, Velhartice hrad, stavebně historický průzkum, Praha 1970; LV 879, Bd. 1, 370ff., Bd. 2, 292–295; LV 507, 290ff.; LV 569, Bd. 1, 371; LV 279, Bd. 11, 106–121.

Welis (Veliz, Bez. Beraun). W. besteht aus einer Kirche sowie einigen Anwesen auf dem gleichnamigen Hügel oberhalb der Gem. Kublow 10 km n. von → Žebrak, zu dem W. heute als Ortsteil gehört. Verm. im Jahre 1003 wurde auf dem Boden ausgedehnter fstl. Jagdwälder die Kirche Johannes des Täufers als Dank für die Errettung des Fst. Jaromír errichtet, der an dieser Stelle aus einer Gefangenschaft befreit werden konnte. An der Kirche, deren heutige Gestalt auf die Zeit vor 1250 zurückgeht, bestand eine Propstei des Benediktinerkl. Ostrov bei → Prag, die jedoch 1425 von den Huss. zerstört wurde. Die einschiffige Kirche mit ihrem frühgot. Portal und 2 rom. Türmen an der W-Front wurde später barockisiert und 1751 dem hl. Wenzel geweiht. Das Altarbild, das Johannes den Täufer zeigt, wurde E. 19. Jh. von Adolf Pergl (1863–1935) gemalt. (II) *Pol*

LV 905, Bd. 39, 305–310; V. Kočka, Dějiny Rakovnicka, Rakovník 1936, 590–594; V. Líbalová, Gotická architektura středních Čech, Praha 1983, 7; R. Reichrtová, Proboštví ostrovského kláštera na vrchu Velizi, in: PA 76 (1985), 168–183; LV 906, Bd. 2, 170.

Welisch (Veliš, Bez. Jičin). Das 6 km sw. von → Jičin gelegene Dorf wird erstm. in der Gründungsurk. des Kl. Strahov von 1140 genannt. Auf einem Hügel über dem Dorf wurde um 1300 eine kgl. Burg angelegt, die 1316 in den Quellen erscheint. 1327 erwarben die Herren v. Wartenberg die Herrsch. zunächst als Pfandschaft, 1337 schließlich als erbl. Besitz. 1438 erscheint als neuer Besitzer Hašek v. Waldstein, der W. 1452 an Georg v. Podiebrad verkaufte. Dieser übereignete die Herrsch. seinen Söhnen. 1482 erwarb Samuel v. Hradek und Valečov W., ihm folgten die Trčka v. Leipa. 1606 verkaufte Johann Rudolf Trčka v. Leipa W. an Heinrich Matthias Thurn, der Böhmen nach der Schlacht am Weißen Berg 1620 verlassen mußte; W. gelangte an Albrecht v. Wallenstein. Nach dessen Ermordung 1634 kaufte Gf. Heinrich Schlick (†1650) den Besitz, den 1650 dessen Sohn Franz Ernst erbte. Im Zuge der Zerstörung einiger strategischer Punkte feindlicher Heere fiel W. 1658 der schrittweisen Liquidierung anheim. Im 19. Jh. breitete sich hier ein Basaltsteinbruch aus. (III) *Fr*

LV 259, Bd. 6, 517ff.; F. Pískač, Dějiny hradu Veliše a panství šlikovského, Jičín 1898; F. Pour, Dějiny obce a hradu Veliše u Jičína, Praha 1928; LV 279, Bd. 5, 251–264; LV 906, Bd. 4, 194ff.

Welleschin (Velešín, Bez. Krumau). Die Gründung der gleichnamigen Burg fällt in die 1. H. 13. Jh.; 1265 erwarb Čeč v. Budweis W. aus kgl. Besitz. 1283 ging die Burg in den erbl. Besitz der Herren v. Michalowitz über. Johann v. Michalowitz verkaufte das Gut 1387 an die Herren v. Rosenberg, worauf W. zum Mittelpunkt einer eigenständigen Herrsch. wurde. 1391 stieg die in unmittelbarer Nähe der Feste gelegene Siedl. zum Marktstädtchen auf, 1487 folgte die Inkorporation in die Herrsch. → Gratzen. Seit E. 15. Jh. verfiel die Burg, von der heute nur noch Reste zu sehen sind. Nach dem Aussterben der Herren v. Rosenberg fiel W. 1611 zunächst an die Herren v. Schwanberg, denen 1620 die Buquoy folgten. 1568–1705 organisierten sich zahlr. Gewerbe in Zünften (Schneider, Weber und Schuhmacher), eine gemeinsame Zunft bildeten Schmiede, Stellmacher und Böttcher ebenso wie Fleischer und Bäcker. W. lag an dem ins österr. Freistadt führenden Handelsweg, dessen Bedeutung nach der Fertigstellung der → Böhm. Budweis und Linz verbindenden Pferdeeisenbahn nach 1800 sank. Die um 1250 erbaute Dekanatskirche St. Wenzel wurde 1751–54 barockisiert und 1887–88 restauriert. – 1930: 1052 (davon 23 Dt.), 1950: 1068, 1991: 3226 Eww. (VI) *Bůž*

R. Jandová/M. Holakovský, Dvě knihy o Velešíně, Velešín 1991; LV 906, Bd. 4, 188f.; LV 279, Bd. 3, 220–228.

Weltrus (Veltrusy, Bez. Melnik). Die 14 km sw. von → Melnik gelegene Ortschaft taucht 1226 erstm. in einer Schenkungsurk. Kg. Přemysl Otakars I. an das Kl. → Hirschberg auf, in dessen Besitz sich W. bis 1410 befand. Häufige Besitzerwechsel kennzeichneten die Entw. im 15./16. Jh.; 1697 ging W. testamentarisch an Maria Theresia Scheidler, durch deren Heirat mit Gf. Wenzel Anton Chotek (1698) dessen Fam. W. erbte. Chotek ließ 1715–44 einen barocken dreigeschossigen Rundbau mit Kuppel, an den sich in Form eines Kreuzes 4 zweigeschossige Flügel anschließen, errichten. 1785 wurde von Richard van der Schotten ein engl. Park angelegt, ausgestattet mit historistischen Architekturen (antike Tempelruinen, ägyptisches Kabinett, chinesische Fasanerie), vorwiegend von Matthias Hummel aus Prag. 1754 wurde hier »Der Große Markt der Erzeugnisse des Kgr. Böhmen« veranstaltet, die erste Mustermesse einheimischer Manufakturprodukte. W. wurde 1899 zum Städtchen erhoben, im Jahr darauf verlieh Ks. Franz Joseph I. diesem ein Wappen. Die Industrialisierung im 19. Jh. brachte in dem landwirtsch. geprägten W. kaum Veränderungen. – 1869: 900, 1910: 1519, 1930: 1781 (davon 35 Dt.), 1950: 1950, 1991: 1502 Eww. (II) *Krz*

M. Brošovský, Veltrusy, Praha 1973; LV 259, Bd. 3, 503–507; L. Letošníková/J. Ondřej, Veltrusy, Veltrusy 1963; P. Neumann, Zámecký park ve Veltrusích, Praha 1955; O. Špecinger, První vzorkový veletrh v Čechách roku 1754, in: HD 13 (1985), 98–131; ders., Veltrusy, Praha 1973.

Welwarn (Velvary, Bez. Kladno). Die 12 km nö. von → Schlan gelegene Kleinstadt war im MA ein in einer frühbesiedelten Region, an einem von → Prag nach Sachsen führenden Weg gelegenes Dorf, das 1282 dem Kapitel auf dem Wyschehrad gehörte. Unter Ks. Karl IV. stieg W. zum Städtchen auf, 1482 erhielt es Stadtrecht. Der Versuch, W. dem Amt des Prager Oberstburggf. zu unterstellen, scheiterte 1579. Ks. Rudolf II. bestätigte 1593 das damals befestigte W. als kgl. Stadt. Den Siedl.kern bildet ein viereckiger Markt, an dessen SW-Flanke die got. Pfarrkirche St. Katharina mit ihrem barocken Interieur steht. Von den urspr. 4 Stadttoren blieb das Prager Tor von 1580 erhalten. Dahinter befindet sich, in Richtung Schlan, die 1613/14 als letzter prot. Kirchenbau in Böhmen vor der Schlacht am Weißen Berg 1620 errichtete Friedhofskirche St. Georg. Obwohl W. von Konfiskationen verschont blieb, starb die Stadt im 30jähr. Krieg fast aus. Der handwerklich-ländliche Charakter hat sich bis ins 20. Jh. hinein erhalten. Das Rathaus stammt von 1721–24. Am Markt weisen zahlr. Häuser Renaissance- und Barockfassaden auf. Mit der Schlaner und der Prager Vorstadt zählte W. 1845 193 Häuser und 1449 Eww.; der Eisenbahnanschluß 1882 zog keine wirtsch. Aufwärtsentw. nach sich. In W. wurde der Musiker Leopold Antonín

Koželuh (1758–1818) geb. – 1900: 2755, 1950: 2438 und 1991: 2848 Eww. (II) *Žem*
LV 283, Bd. 13, 113–118; LV 905, Bd. 20, 376–399; O. Špecinger, Stručné dějiny královského města Velvar, Kralupy nad Vltavou 1958; LV 906, Bd. 4, 209–213; F. Vacek, Paměti královského města Velvar, Praha 1884.

Wernstadt (Verneřice, Bez. Tetschen). Für 1352 erwähnen die Quellen eine »Werheri villa«. Um 1370 gehörte diese den Rittern v. Drahobuz, nach 1432 zur Burg Litaisch bei → Leitmeritz, welche die Herren v. Wartenberg in Besitz hielten. 1497 erhielt W. den Status eines Städtchens, seit 1542 herrschten hier die Ritter Dubanský v. Duban und auf Liebeschitz. Die Aufteilung von deren Gütern berührte auch W.: 2 Teile legte man 1680 erneut zus., das Ploskowitzer Drittel blieb bis 1848 administrativ getrennt. 1563 wurde die urspr. got. St.-Annenkirche umgebaut (1711 barockisiert). Die größte Ausdehnung erreichte W. um 1800. 1775 gründete hier der aus dem nahen → Lewin stammende Johann Josef Leitenberger, zu jener Zeit der größte Unternehmer in Böhmen, die erste Kattunfabrik in Österr.; 1797 kam die erste Baumwollspinnerei hinzu. Nach 1800 begann in der Umgebung der Abbau von Braunkohle aus kleinen Lagerstätten. In der 2. H. 19. Jh. stagnierte jedoch die wirtsch. Entw. der abgelegenen Gem., in der der spätere Wiener Bürgermeister Josef Strobach (1852–1905) geb. wurde. – 1930: 1597 (davon 63 Tsch.), 1950: 750, 1991: 846 Eww. (II) *Sm*
E. Richter, Beiträge zur Geschichte der Stadt Wernstadt, in: BHE 4 (1942), 15–24; J. Schmied, Beiträge zur Geschichte der Stadt Wernstadt, Wernstadt 1932.

Weseli an der Lužnitz (Veselí nad Lužnicí, Bez. Tabor). Die urspr. als Straßendorf angelegte Kleinstadt an einem Verbindungsweg von → Prag nach → Böhm. Budweis wurde erstm. 1259 als Besitz der Herren v. Rosenberg urk. erwähnt. A. 14. Jh. fiel W. an die Böhm. Krone. Ks. Karl IV. verlieh dem Ort 1362 die Rechte einer kgl. Stadt nach Budweiser Vorbild; danach wurde W. jedoch wiederholt verpfändet: 1376 an Ješek d. Ä. v. Mezimostí, 1390 an Wilhelm v. Landstein und A. 15. Jh. an Ulrich v. Rosenberg. Im MA gab es hier ein Kastell, das jedoch verm. bereits E. 14. Jh. unterging. Die Rosenberger hielten W. seit 1491 in erbl. Besitz und inkorporierten die Stadt ihrer Herrsch. → Wittingau. Nach dem Aussterben des südböhm. Adelsgeschlechts 1611 fiel W. an die Herren v. Schwanberg, nach der Schlacht am Weißen Berg 1620 als Konfiskat an Ks. Ferdinand II.; 1660 folgten die Schwarzenberg als Besitzer. Seit dem 17. Jh. war W. mit 4 Jahrmärkten privilegiert. In der 2. H. 19. Jh. erhielt W. einen Eisenbahnanschluß an die Strecke Wien–Prag. – 1850: 2296, 1900: 3260, 1950: 4029 und 1991: 4207 Eww. (VII) *Mik*

LV 259, Bd. 5, 206f.; F. Kuna, Dějiny města Veselí nad Lužnicí a okolí, Veselí nad Lužnicí 1927; LV 569, Bd. 1, 441f.; LV 279, Bd. 3, 177–180; LV 906, Bd. 4, 218–221.

Weseritz (Bezdružice, Bez. Tachau). Die 17 km n. von → Mies im S des Tepler Hochlandes gelegene Siedl. wurde 1227 erstm. urk. erwähnt. Die Besiedl. erfolgte durch die Johanniter, die hier eine Niederlassung hatten, und durch das Stift → Tepl. 1390 fiel W. an Burghardt v. Kolovrat, den Begründer des W.er Zweiges der Kolovrat, die hier bis 1540 herrschten. Dessen Enkel, Johann, gilt als bedeutender Diplomat und Politiker der Podiebrad-Ära; 1454 erwarb er für W. das Heimfallrecht. 1459 erhob Kg. Georg v. Podiebrad W. zur Stadt, verbunden mit peinlicher Gerichtsbarkeit und einem Wochenmarkt. Von Johanns Söhnen erbte Georg v. Kolovrat, ein eifriger Kath., die Stadt. Dieser erteilte den Bürgern weitere Privilegien. 1540 erwarb Johann Elbogner v. Unter Schönfeld W., 1549 erweiterte er die Herrsch. um die unweit gelegene Burg Guttenstein. Nach seinem Tod fiel der verschuldete Besitz zus. mit W. 1569 an Joachim v. Schwanberg, den Besitzer des benachbarten Schwanberg. Die bis 1659 herrschenden Herren v. Schwanberg inkorporierten W. dieser Herrsch.; 1646 brannten die Schweden Burg und Stadt nieder. Nach dem 30jähr. Krieg wurde W. Sitz der vereinigten Herrsch., die 1659 die Erben des kinderlosen Johann Friedrich v. Schwanberg an Johann Christoph v. Starhemberg verkauften. Unter diesem brach 1680 ein großer Bauernaufstand aus, in dessen Verlauf die Burg W. zerstört wurde. 1712–1945 gehörte die Stadt den Fstt. v. Löwenstein, die 1768 ihre Besitzungen in W., Schwanberg, Guttenstein und Zebau zur Herrsch. W. vereinigten, die nun mehr als 50 Dörfer umfaßte. 1772–76 wurde im Suburbium der alten Burg ein Barockschloß erbaut. 1730, 1809 und 1834 wüteten Feuersbrünste, die einen Großteil der alten Bausubstanz vernichteten. Land- und Forstwirtschaft sowie die seit 1714 bestehende Textilmanufaktur bestimmten das wirtsch. Leben. Seit 1850 saßen in W. Amtsgericht und Steuerbehörde, ein Eisenbahnanschluß erfolgte erst 1901. Aus W. stammt das Geschlecht der Schill, dessen bekannteste Persönlichkeit der Freiheitskämpfer Ferdinand v. Schill (1776–1809) war. – 1850: 1059, 1900: 1025, 1930: 1066 (davon 79 Tsch.), 1950: 572 und 1991: 821 Eww. (I) *Kub*

F. Bernau, Album der Burgen und Schlösser im Königreiche Böhmen, Saaz 1881, 205–218; LV 259, Bd. 4, 32f.; F. Klement, Der politische Bezirk Tepl, Tachau 1882, 201–210; O. Lenz, Geschichte des Weseritzer Ländchens sowie der Herren von Schwanberg und Guttenstein bis zum Ende des dreißigjährigen Krieges, Brünn 1931; LV 507, 60f.; G. Schmidt, Die Privilegien der Stadt Weseritz, in: MVGDB 47 (1909), 66–94; Unsere Heimat. Eine Heimatkunde des Weseritzer Gerichtsbezirkes und seiner Randgebiete, Weseritz 1936.

Wessely an der March (Veselí nad Moravou, Bez. Göding). Die 22 km nö. von → Göding gelegene Ortschaft wurde 1261 als »Wessele« erstm. erwähnt. Zu dieser Zeit existierte bereits eine Burg, die, auf einer von der March und ihren Nebenarmen umgebenen Insel erbaut, den Charakter einer Festung hatte. Als Station am Handelsweg nach Ungarn wurde die Burg A. 14. Jh. von Maté Csák v. Trentschin erobert. Bereits 1315 sorgte Kg. Johann v. Luxemburg für die Rückkehr von W. nach Mähren. 1403 gelangte die Herrsch. an Markwart v. Sternberg, dessen Sohn Jaroslav 1420 im Kampf gegen die Huss. fiel. Alesch v. Sternberg übergab die Herrsch. an Ks. Sigismund. Burg, Dörfer und die seit 1447 erwähnte Stadt wurden von Hynek Bilik v. Kornitz erworben. Er veranlaßte den Umbau der Burg in ein stark befestigtes Renaissance-Schloß mit Arkaden im Innenhof, einem großen runden Turm und 2 Toren. In der 2. H. 16. Jh. gab es in W. eine Gem. der Böhm. Brüder. Nach 1620 wurde die Herrsch. W. konfisziert, da sich ihre damaligen Besitzer, Friedrich und Karl Vojsko v. Bogdunčovic, aktiv am Ständeaufstand beteiligt hatten. Unter wechselnden Herren wurde das Schloß anschließend mehrfach umgebaut, bis es seine spätbarocke Form erhielt. In der Umgebung des Schlosses entstand ein engl. Park, in den A. 19. Jh. kleinere Gebäude, z. B. ein chinesisches Teehaus, eingefügt wurden. Bemerkenswert sind die Schloßbibliothek sowie die Galerie, die u. a. Arbeiten aus der Rembrandt-Schule besitzt. Das Schloß wurde im Frühjahr 1945 bei Kampfhandlungen in Mitleidenschaft gezogen, später jedoch renoviert. Zw. 1714 und 1774 gab es in W. ein Servitenkl. Die ins 13. Jh. zurückreichende Marienkirche wurde 1740 barockisiert, die Bartholomäuskirche stammt aus eben dieser Zeit. Vor 1918 existierten in W. 3 pol. Gem.: die Stadt, die Vorstadt und die jüd. Gem. Die im 20. Jh. rasch zunehmende, überwiegend tsch. Bev. ist in der Schuh-, Möbel-, Baustoff- und Textilindustrie sowie der Nahrungsgüterwirtschaft tätig. – 1850: 3629, 1900: 3660, 1950: 6237, 1991 mit Eingemeindungen 12 780 Eww. (VIII) *Had*

LV 543, 28; LV 253, Bd. 8, 106ff.; LV 255, 415ff.; LV 950, Bd. 2, 692f.; LV 259, Bd. 1, 250; R. Hurt/B. Němeček, Veselí nad Moravou. Dějiny města, Brno 1973; J. Vobr/V. Dokoupil, Tisky 16. století z knihovny hrabat Chorinských ve Veselí nad Moravou a z knihovny bývalého jezuitskeho gymnasia v Brně, Brno 1977; M. Zemek, Habánské lokality podle původní habánské kroniky, in: JM 17 (1981), 141–163; LV 716, 201f.

Wiese (Luka nad Jihlavou, Bez. Iglau). Das 8 km sö. von → Iglau gelegene Dorf W. wird erstm. 1197 urk. als Besitz des Benediktinerkl. → Trebitsch erwähnt. Später erfolgte die Eingliederung in die gleichnamige Herrsch. Im 16. Jh. trat der damalige Besitzer Burian Osovský v. Doubravitz das Dorf sowie einige weitere Güter an Johann Zahrádecký v. Zahrádek ab; dadurch entstand zugleich eine neue Herrsch., deren Verw.-Zentrum das neuerrichtete Kastell in W. bildete. Bis A. 18. Jh. prägten wechselnde Besitzverhältnisse die pol. Entw. 1737 erwarb Gf. Maximilian Ulrich v. Kaunitz L. und formte hieraus ein Fideikommißgut für die Sekundogenitur seines Geschlechts. Die Gff. v. Kaunitz ließen das alte Kastell zu einem Barockschloß umbauen, bei dem später ein engl. Garten angelegt wurde. 1768 wechselte W. an Josef Widmann und dessen Nachfahren. Im 19. Jh. ergänzten den landwirtsch. Charakter der Kleinstadt Textil- und Schuhproduktion. – 1850: 1835, 1900: 1508, 1950: 1855 und 1991: 2164 Eww. (VII) *Mik*

LV 259, Bd. 1, 146; V. Richter, K nejstarším dějinám Luk nad Jihlavou, in: ČSPS 46 (1938), 210–214.

Wiesenberg (Vízmberk, seit 1948 Loučná nad Desnou, Bez. Mährisch Schönberg). Das 6 km nö. von → Groß-Ullersdorf gelegene W. war diesem seit dem 13. Jh. zugehörig. 1496–1504 war Peter v. Žerotín Herr in W. und Groß-Ullersdorf. Dessen Bruder Viktor ließ in dieser Zeit unweit der Teß ein Jagdschloß erbauen, das er W. nannte. Im 15. Jh. standen hier Eisenhütten, die im 30jähr. Krieg zerstört und danach wieder aufgebaut wurden. Anstelle des hölzernen Jagdschlosses wurde 1608 ein Renaissance-Schloß erbaut. 1690–92 wurde es durch den Zubau des vorderen Traktes und der beiden Türme erweitert. 1770 wurde W. von der Abtei → Welehrad gekauft. Deren Abt Philipp renovierte das Schloß 1774 im Barockstil und erbaute die Schloßkapelle, die mit Malereien des Klosterbruders Ignaz Raab ausgestattet ist. Nach der Aufhebung des Kl. unter Ks. Joseph II. wurde 1784 die Schloßkapelle zur Pfarrkirche erhoben. Der österr. Oberstkanzler Gf. Anton Friedrich Mitrowsky v. Mitrowitz und Nemischl erwarb 1833 die Herrsch.; das Schloß wurde 1840 im spätklassiz. Empirestil umgebaut. Seit 1844 war W. wie auch → Zöptau im Besitz der Unternehmerfam. Klein, die bes. im Bauwesen und Eisenbahnbau engagiert war und 1853 mit dem Prädikat »v. W.« geadelt wurde. Das Schloß mit ausgedehntem Park diente bis zu seiner Renovierung als Jugenderholungsheim. Infolge des industriellen Aufschwungs stieg die Bev. im 19. Jh. rasch an (1910: 2605 Eww.). Die dt. Bev. (1930: 2067 dt. und 75 tsch. Eww.) wurde 1945/46 vertrieben (1950: 1251, 1991: 618 Eww.). W. ist Geburtsort des Pianisten und Musikschriftstellers Alfred Brendel (geb. 1931). (IV) *Lb*

LV 254, Bd. II/2, 260–266; LV 253, Bd. 4, 109f.; Č. Höll, Dvory v Podesní na vízmberském panství, in: SMor 28 (1974), 15–24; LV 950, Bd. 2, 717; LV 259, 147f.; Zd. Kříž, Zámecké parky okresu Šumperk, Šumperk 1971, 24–29; LV 266, 336–339; A. M. Vyskočil, Die Gebrüder Klein, ein Musterbild fruchtbringender Tätigkeit, Brünn 1850.

Wigstadtl (Vítkov, Bez. Troppau). Die 20 km sw. von → Troppau gelegene Stadt wurde als Bergsiedl. verm. in der 2. H. 13. Jh. von Witek v. Krawarn zus. mit der Burg Wiegstein gegr., die mit W. bis 1708 in der gleichnamigen Herrsch. vereint war. Die erste urk. Erwähnung stammt aus dem Jahre 1301, als W. Leobschützer Recht besaß. Kg. Ludwig II. erteilte W. 1525 das Privileg, jährlich einen Markt abzuhalten. Die Tradition der Tuchherstellung reicht in diese Zeit zurück. Zahlr. Adelsgeschlechter wechselten sich im Besitz der Herrsch. ab. Unter diesen traten insbes. die Herren Birka v. Nassidel, Planknar v. Kinsperk sowie die Oderský v. Liderau hervor. Die Burg Wiegstein wurde 1648 als Festung größtenteils gesprengt. 1708 fiel W. mit Unter- und Oberdorf an Franz Karl Wipplar v. Uschütz, der mit der Stadt zahlr. Auseinandersetzungen um Privilegien ausfocht. Er ließ 1713 im Oberdorf ein Barockschlößchen errichten (heute auf dem Gelände des Krankenhauses). Im 19. Jh. war W. (1949–60 Bez.-Stadt) Zentrum von Seiden- und Bandwarengewerbe. – Weithin sichtbar erhebt sich die 1910–14 in neogot. Stil erbaute Pfarrkirche Mariä Himmelfahrt. Die Friedhofskirche stammt aus dem Jahre 1635. W. ist der Geburtsort des sozialdemokratischen Politikers Ferdinand Hanusch (1866–1923). – 1869: 3799, 1900: 5090 (davon 5044 Dt.), 1930: 4535 (davon 4158 Dt.), 1950: 3238, 1991: 7456 Eww.

(V) *Mü*

LV 255, 774f.; L. Hosák/J. Schulz, K počátkům města Vítkova a Vítkovska, in: SlS 65 (1967), 105–109; LV 259, Bd. 2, 276; O. Káňa [u. a.], Okres Opava, Ostrava 1983, 113ff.; J. Kresta, Vítkov a Vikštejn. Malá kronika města a hradu, Vítkov 1957; 700 let města Vítkova. Hg. v. F. Kreuz, Vítkov 1965; J. Ullrich, Geschichte der Stadt Wigstadtl, Wigstadtl 1933.

Wildenschwert (Ústí nad Orlicí). Das am Zusammenfluß von Stiller Adler und Triebe gelegene W. wurde 1241 durch Wilhelm v. Dürnholz als »Wilhelmswert« gegr.; es zählte zur Herrsch. → Landskron und teilte deren Entw.; 1292 stiftete Kg. Wenzel II. W. dem Zisterzienserkl. → Königsaal, das den Ort 1358 an das Btm. Leitomischl abtrat. Nach dessen Zusammenbruch in der Huss.zeit kam der Ort in den Besitz der Herren v. Pernstein, der Hrzan v. Harras und nach 1622 der Liechtenstein. Seit dem 16. Jh. sind in dem 1544 erstm. als Stadt bezeichneten W. Weber- und Tuchmacherzünfte nachweisbar. Eine Gem. der Böhm. Brüder bestand seit E. 15. Jh.; sie wurde 1626 vertrieben. Im 30jähr. Krieg wiederholt erobert, erholte sich die 1706 abgebrannte Stadt nur langsam (1721: 169 Eww.). Erhalten sind aus dem 18. Jh. das 1721–23 erbaute Rathaus am Marktplatz, das Dekanatsgebäude (1742–48) sowie die Kirche Mariä Himmelfahrt (1770–76). 1795 wurde W. aus der Liechtensteinschen Herrsch. entlassen und zur Munizipalstadt erhoben. Seit der Erhebung zur Bez.-

Stadt 1850 und dem Ausbau der Textilindustrie nahm W. einen spürbaren Aufschwung. – 1900: 6108, 1980: 15 975 Eww.　　　(IV)　*Bb*

LV 905, Bd. 47, 210–259; R. Dvořák, Poorličí do roku 1848. Nástin historického a
kulturního vývoje v oblasti dnešního okresu Ústí nad Orlicí, Choceň 1970; F. Musil,
Hrady a zámky okresu Ústí nad Orlicí, Ústí nad Orlicí 1981; ders./V. Volák, Kulturní památky okresu Ústí nad Orlicí, Ústí nad Orlicí/Vysoké Mýto 1984; LV 952,
Bd. 4, 453f.; Ústeckoorlicko. Východočeský kraj, Hradec Králové 1987.

Wildstein (Vildštejn, seit 1950 Skalná, Bez. Eger). Die 10 km n. von
→ Eger gelegene Kleinstadt W. gehört zu den ältesten Siedl. im Egerland. Sie erwuchs um eine rom. Burg, die um 1150 das Egerer Ministerialengeschlecht der Nothaft angelegt hatte. In den Quellen erschien W. erstm. 1224 als Mittelpunkt einer der zahlr. Besitzungen
der Nothaft, die hier bis E. 13. Jh. herrschten. Danach wechselten die
Besitzer häufig: zu ihnen zählten im 15. Jh. mit den Frankengrün und
Gummerauer 2 Patriziergeschlechter aus Eger. 1452 brannte ein Heer
Georgs v. Podiebrad den Ort nieder. Im 16. Jh. fiel W. an die Wirsberg, welche die Herrsch. 1541 aufteilten. Zu jener Zeit wurde unterhalb der alten rom. Burg ein neues Schloß erbaut, daß später eine
barocke Gestalt erhielt. Den Wirsberg folgten bis 1799 als neue Herren die Trautenberg. 1810 vernichtete ein Feuer den Ort. 1865 wurde W. Marktflecken, 1905 erhielt es Stadtrecht. Die Bürger lebten
von der Landwirtschaft, im 19. Jh. kam ein Ton- und Schamottwerk
hinzu. Die 1705–09 erbaute Pfarrkirche Johannes des Täufers wurde
1810 nach einem Brand erneuert. In W. wurde der Barockdichter
Sigmund v. Birken (1626–81) geb. – 1850: 2489, 1900: 2157, 1930:
2509 (davon 99 Tsch.), 1950: 1322 und 1991: 1366 Eww.　　(I)　*Kub*
Die Gründung Wildsteins und des alten Fluch, in: EJ 14 (1884), 86–98; LV 259,
Bd. 4, 383f; J. Köhler, Eine Kunde des politischen und Schulbezirkes Eger, Eger
1905, 201ff.; LV 879, Bd. 1, 96ff.; LV 507, 250ff.

Winetz (Vinec, Bez. Jungbunzlau). Das 3 km sw. von
→ Jung-Bunzlau am r. Ufer der Iser liegende, heute zur Stadt Jung-
Bunzlau gehörende Dorf wird 1352 erstm. erwähnt; es gehörte damals den Herren Zvířetický v. Wartenberg, später zur Herrsch. Jung-
Bunzlau und nach 1620 zur Herrsch. → Dobrowitz. Nicht erhalten ist
eine Feste, die für die 1. H. 12. Jh. angenommen wird, aber wohl
schon im 14. Jh. unterging. Gut erhalten ist die kleine spätrom. Nikolauskirche aus der Zeit um 1240, der ein Bau des 12. Jh. voranging,
mit quadrat. Grundriß (9 x 9 m), polygonalem Chor, Zeltdach und
tiefgegliedertem Säulenportal mit Tympanon an der N-Seite. Die w.
Herrschaftsempore ragt bis in die M. des Schiffes, die Einrichtung
stammt aus der Zeit der letzten Restaurierung 1886. – 1869: 343,
1991: 198 Eww.　　　　　　　　　　　　　　　　　(III)　*Ke*

Dějiny obcí okresu mladoboleslavského a benátského, Mladá Boleslav 1926, 38–40; LV 259, Bd. 3, 512; LV 881, 265–269; LV 952, Bd. 4, 549f., Bd. 5, 296; LV 897, 19–137, hier 124–127, 137, 188; LV 906, Bd. 4, 235f.

Winterberg (Vimperk, Bez. Prachatitz). W. wurde erstm. 1264 in einer Urk. Kg. Přemysl Otakars II. erwähnt, in der ein Burkhard v. Janowitz aus »Wintherberc« auftritt. Umstritten ist, ob es sich bei der damaligen, über dem Tal der Wolinka gelegenen Burg um eine dt. Gründung vom E. 12. Jh. oder um eine tsch. des 13. Jh. handelt. Das aus der ma. Burg hervorgegangene Schloß (heute Sitz des Nat. Naturparks Böhmerwald, Museum und Böhmerwaldgalerie) wurde 1550/60 im Stil der Renaissance umgewandelt, 1622/24 erweitert, 1728/34 barockisiert und 1857 nach einem Brand wiederaufgebaut. Bei der Burg entstand eine Siedl., die verm. im Bereich der in der 2. H. 13. Jh. erbauten St.-Bartholomäus-Kirche (heute Friedhofskirche) zu suchen ist. Im 14. Jh. folgte um den heutigen Ringplatz die planmäßige Anlage des Ortes, der 1359 in einer Lehensurk. Karls IV. für Peter v. Janowitz erstm. als Städtchen genannt wird. In etwa dieser Zeit wurde auch die im 16. Jh. veränderte städt. Pfarrkirche Mariä Heimsuchung errichtet. 1369 kam W. an den Prager Patrizier Rothlew, der es 1378 an die Kapler v. Sullowitz verkaufte. Der Ort, der 1421 durch die Huss. und 1468 durch den Bf. v. Passau niedergebrannt worden war, erhielt erst eine Befestigung, nachdem er 1479 durch Kg. Wladislaw II. mit der Auflage zur Stadt erhoben wurde, den Handelsweg nach Passau instand zu halten. Der über diesen sog. Mittleren Goldenen Steig führende Handel mit Salz und anderen Produkten, die Glasherstellung, Goldwäscherei und Landwirtschaft bestimmten das wirtsch. Leben im SpätMA; 1484 begründete Johannes Alagraw aus Passau hier die zweitälteste Druckerei Böhmens nach der in Pilsen. 1494 fiel die Stadt, deren dt. und tsch. Eww. seit der Huss.zeit utraqu. und seit 1530 prot. waren, an die Herren Malovetz v. Malovitz, 1547 an Kg. Ferdinand I. und schließlich 1554 an die Herren v. Rosenberg, welche die städt. Entw. nachhaltig förderten. Die Blütezeit der Stadt, die 1601 an die Herren Novovohradský v. Kolovrat gekommen war, fand ein jähes E. im 30jähr. Krieg: 1619/20 wurde sie von prot. wie ksl. Truppen gleichermaßen gebrandschatzt und geplündert, in der Folgezeit unter dt. Führung rekatholisiert. 1630 fiel W. durch Kauf an die Eggenberg, von denen es 1719 an die Fstt. v. Schwarzenberg vererbt wurde. Nach Entlassung aus der schwarzenbergischen Herrsch. im Jahre 1848 wurde W. Sitz eines Bez.- Gerichts und Bez.-Amts. Im 19. Jh. entwickelte es sich durch seine Glasindustrie, Holzverarbeitung, Nahrungsgüterherstellung sowie durch die 1855 von der Fa. J. Steinbrener ins Leben gerufene Buchproduktion mit weltweitem Vertrieb von Kalendern und chr.

Schriften zur bedeutendsten Industriestadt des Böhmerwaldes. Nach
dem Zusammenbruch des Habsburgerreiches nahmen tsch. Truppen
W. im November 1918 in Besitz. Die auch in der Folgezeit vornehmlich von Dt. bewohnte Stadt wurde nach dem Münchener Abkommen 1938 durch dt. Truppen besetzt und Bayern angegliedert, während die tsch. Bev. zu großen Teilen wegzog. Im Mai 1945 nahmen
amerikanische Truppen W. ein, dessen dt. Bev. 1945/46 vertrieben
und zwangsausgesiedelt wurde. Heute ist die Stadt ein Industriezentrum und Erholungsort. – 1900: 4225 Dt. und 464 Tsch., 1920: 3708
Dt. und 997 Tsch., 1930: 3638 Dt. und 1185 Tsch., 1950: 3906,
1991: 8090 Eww.					(VI) *Hol*

G. Hrabe de Angelis, Winterberg im Böhmerwald. Sozialstruktur und Volksleben,
Marburg 1990; LV 259, Bd. 5, 207ff.; P. Kneidl, Vimperská tiskařská tradice, Praha
1984; LV 905, Bd. 38, 365–403; P. Praxl, Die Winterberger Stadtrechtsurkunde von
1479, in: OG 21 (1979), 210–214; LV 952, Bd. 4, 547; J. Puhani, Chronologische
Notizen zur Geschichte von Winterberg und Umgebung. 1195–1926, Winterberg
1927; F. C. Stumpfi, Kurze Geschichte von Stadt und Schloß Winterberg, in: Heimatkreis Prachatitz im Böhmerwald, Bd. 2, Augsburg 1977, 11–32; LV 289, 942ff.;
LV 906, Bd. 4, 230–234; Vimperk – město pod Boubínem. Hg. v. J. John, České
Budějovice 1979; J. Walter, Geschichte der Burg und Stadt Winterberg, Winterberg
1887.

Wischau (Vyškov). 18 km nö. von → Austerlitz liegt die Bez.-Stadt
W., einst Mittelpunkt einer dt. Sprachinsel in Mittelmähren. Der Ort
erscheint erstm. als Siedl. in einem verm. 1141 durch den Olmützer
Bf. Heinrich Zdik kodifizierten Güterverzeichnis der mähr. Kirche;
damals besaß das Btm. Olmütz hier einen Meierhof. Einen W.er Kastellan Jakob erwähnen die Quellen 1201, was darauf hindeutet, daß
der Ort A. 13. Jh. als landesherrliches Dorf den Mittelpunkt einer
kleineren Verw.-Einheit bildete. Etwa 1248 fiel W. neuerlich an das
Btm. Olmütz und wurde durch Bf. Bruno v. Schauenburg verm. zur
Stadt erhoben, die dem Oberhof zu → Brünn unterstand. Ein Erbgericht wird 1294 bezeugt, die Pfarrkirche Mariä Himmelfahrt jedoch erst 1328. 1341 erwähnen die Quellen W. als Dekanatssitz. Das
Stadtwappen – eine Burgmauer mit Turm und geöffnetem Tor – ist
für das Jahr 1404 bezeugt. In den Huss.kriegen zerstört, wurde die
Stadt später erneut befestigt und erhielt 1460 durch den Olmützer Bf.
Tas Černohorský v. Boskowitz ihre Privilegien zurück. 1464 brannte
ein Heer Kg. Georgs v. Podiebrad W. im Verlauf der milit. Auseinandersetzungen mit dem ungar. Kg. Matthias Corvinus nieder. Vor
1465 entstand der spätgot. Neubau der Kirche Mariä Himmelfahrt
auf dem Areal abgebrochener jüd. Häuser, im 18. Jh. wurde die Kirche barockisiert. 1490 vorgenommene Umbauten am W.er Schloß,
das aus einer got. Burg erwuchs, schlossen auch die Erneuerungen der

dazugehörigen Gartenanlagen durch den Olmützer Bf. Stanislaus Thurzó ein. Das Rathaus am Markt entstand 1569–1613. Eine Schule wird zwar erst 1561 erwähnt, existierte jedoch zweifellos bereits vor dieser Zeit. 1617 entstand die frühbarocke Kirche der ein Jahr zuvor hier eingeführten Kapuziner. Eine verheerende Feuersbrunst vernichtete 1753 fast die gesamte Stadt. Der barocke Schloßbau diente später als Militärkrankenhaus und Wohnstätte bfl. Beamter. Vor der Schlacht bei Austerlitz trafen hier Ks. Franz I. v. Österr. und der russ. Zar Alexander I. zus. Heute beherbergt das Schloß ein Heimatmuseum mit Sammlungen kunstgewerblicher Keramik des 17.–19. Jh. Seit 1850 Bez.-Stadt, erhielt W. 1869 einen Eisenbahnanschluß. Das wirtsch. Gepräge verliehen der Stadt vor allem Holz- und Maschinenindustrie. 1883 erfolgte die Aufteilung der bis dahin einheitlichen Schulen in tsch. und dt. Die Sprachinsel W. war die kleinste im böhm.-mähr. Raum. Das Deutschtum wurde allmählich zurückgedrängt und mit der Aussiedl. 1945 vollkommen beseitigt. – 1880: 5221 (davon 2150 Dt.), 1930: 5400 (5296 Tsch. und 83 Dt.), 1993: 23 000 Eww. (VIII) *Sta/Krz*

LV 253, Bd. 10, 184–188; F. Horut, Stručný přehled dějin Vyškova, in: Katalog výstavy hospodářské, průmyslové a národopisné ve Vyškově, Vyškov 1902, 8–16; LV 259, Bd. 1, 263f.; LV 4 (Vyškov), 87–123; Vyškov, Vyškov 1974; Vyškov na Moravě, Vyškov 1923; Vyškovsko, Brno 1965, 291–304.

Wisowitz (Vizovice, Bez. Zlin). 1261 wurde in dem 14 km ö. von → Zlin gelegenen W. eine Zisterzienserabtei gegr., die umfangreiche Ländereien sowie zahlr. Dörfer in der nahen Umgebung, aber auch bei → Ungar. Brod, → Kremsier, → Gaya, → Lundenburg und Brünn übertragen erhielt. In den Huss.kriegen fiel das Kl. 1418–20 sowie 1424 in die Hände der Utraqu. und ging zw. 1480 und 1490 unter. W. fiel an adelige Besitzer und erhielt 1570 Stadtrecht. Bewaffnete Einfälle aus dem benachbarten Ungarn 1663, 1683 und 1707 riefen schwere Schäden hervor, doch wurde im 18. Jh. mit der Tuchweberei die Voraussetzung für einen neuerlichen wirtsch. Aufstieg geschaffen. Die Stadt wird vom Neubau des dreiflügeligen, zweigeschossigen Barockschlosses beherrscht, das 1750–60 nach Plänen des Baumeisters Franz Anton Grimm entstand; das angrenzende Spital der Barmherzigen Brüder stammt von 1781. Seit E. 19. Jh. wurden hier mehrere kleine Spirituosenfabriken gegr.; Schulwesen und Vereinsleben gestalteten sich ausnahmslos tsch. In W. wurde der Komponist Alois Hába (1893–1973) geb. – 1880: 2668 (davon 51 Dt.), 1921: 3039, 1991: 4400 Eww. (V) *Sta*

J. Čížmář, Dějiny a paměti města Vizovic, Brno 1933; LV 253, Bd. 7, 224ff.; A. Jirka, Státní zámek Vizovice, Brno 1982; E. Peck, Vizovice, in: Okresní hejtmanství holešovské, Holešov 1892, 87–107; LV 290, Bd. II/72, 45–111; M. Vilímková/P.

Kneidl/J. Petrů, Vizovice. Státní zámek a památky okolí, Praha 1964; LV 4 (Gottwaldov), 271–277.

Wisternitz → Unter-Wisternitz

Wittingau (Třeboň, Bez. Neuhaus). Das von riesigen Teichen umgebene W. bewahrt mit seinem Dreiklang von Bürgerstadt, Schloß und Kl. ein reiches und harmonisches hist. Stadtensemble. E. 12. Jh. wurde durch die Witigonen im Zuge des hochma. Landesausbaus in der sumpfigen Niederung der Lužnitz, dem W.er Becken, ein Straßendorf angelegt, dessen linsenförmiger Anger sich im Marktplatz der Stadt erhalten hat. Ein Teil des Besitzes gelangte um 1185 an das Zisterzienserkl. Zwettl in Österr. – daher der Name des Teiches »Svět« –, wurde aber um 1250 von der W.er bzw. Landsteiner Linie der Witigonen zurückgekauft. Der dt. Ortsname ist erstm. 1261 als »Witigenowe« belegt, der tsch. 1267. E. 13. Jh. war W. ein Marktflecken mit Feste, in dem – bis ins 15. Jh. – auch dt. Handwerker und Kaufleute lebten. 1280 ist die Ägidiuskirche erstm. belegt. 1341 ist W., im Besitz Wilhelms v. Landstein, als Stadt bezeichnet. 1366 kam es durch Verkauf an die Herren v. Rosenberg, die hier 1367 mit Unterstützung des Mutterkl. in → Raudnitz das Augustiner-Chorherrenstift gründeten. Dieses übernahm die Ägidiuskirche, die zus. mit Kl.-Gebäuden und Kreuzgang 1367–84 – als erste der südböhm. und -mähr. zweischiffigen got. Hallenkirchen – neuerrichtet wurde. Zur reichen got. Ausstattung gehörte der Hauptaltar des »Meisters des W.er Altars« vom E. 14. Jh., ein Spitzenwerk der böhm. got. Tafelmalerei (Nationalgalerie Prag). Das Kl., seit 1389 unter einem Abt, besaß eine Bibliothek mit Scriptorium und unterhielt eine Schule. 1374 ist erstm. die Stadtbefestigung erwähnt, 1376 verliehen die Stadtherren W. »kgl.« Recht, eigentlich die Befreiung der Bürger vom Heimfall, 1384 stifteten sie ein Spital. Unter der Führung der Rosenberg trat 1395 in W. die Adelsopposition gegen Kg. Wenzel IV. zus. Die Taboriten belagerten W. 1423 und 1425 vergeblich. 1456 sowie 1479–82, unter dem in W. residierenden Wok v. Rosenberg, wurde die Feste zur Burg ausgebaut.

Die wirtsch. und kulturelle Blütezeit von Herrsch. und Stadt brach mit dem 16. Jh. an, maßgeblich bestimmt durch die beiden letzten Rosenberg, Wilhelm, Stadtherr seit 1551, und seinen Bruder Peter Wok. W. wurde zum Zentrum der für ihre Karpfenzucht bis in die Gegenwart berühmten südböhm. Teichwirtschaft: 1506–20 entstand mit dem Bau des Goldbachs durch den Rosenbergischen Oberfischmeister Štěpánek Netolický ein Kanalsystem, das die seit dem 14. Jh. angelegten Teiche sicherte. Es wurde durch den Schloßhauptmann Jakob Krčín v. Jelčany 1571–73 technisch perfekt vollendet mit der Anlage des Teiches »Svět«, für den 2 Vorstädte aufgelassen wurden, sowie des Neubachs und des größten böhm. Teichs »Rosenberg« 1584–89. Die Burg wurde 1522 erweitert und 1565–75 unter Leitung von Antonio Ericer zum Renaissance-Schloß ausgebaut. 1567 säkularisierte der Stadtherr das abgewirtschaftete Kl. mit Gut. Die beabsichtigte Gründung eines Jesuitenkollegs scheiterte jedoch. Mit der Herrsch. prosperierte auch die durch die Budweiser Vorstadt sich erweiternde Stadt, deren Zunftwesen und Selbstregierung sich entfalteten. Bes. nach einem Brand 1562 wurden Renaissance-Bürgerhäuser errichtet, 1566 das Rathaus mit Turm (A. 19. Jh. umgebaut). Die Stadt wurde 1525–27 und 1582 mit modernen Befestigungsanlagen versehen. 1592 trat Peter Wok v. Rosenberg die Herrsch. an und verlegte nach dem Verkauf von → Böhm. Krumau seine Residenz 1602 nach W. Er ließ, unter Verschiebung eines Stadttors aus der Platzachse, das Schloß 1599–1611 durch Domenico Cometa nochmals erweitern und das von dem Rosenbergischen Archivar und Chronisten Václav Březan geleitete Familienarchiv nach W. verbringen; es bildet den Kern des größten böhm. Adelsarchivs. Unter Peter Wok, einem Luth. und schließlich Anhänger der Brüderunität, war W. seit 1606 Schauplatz mehrerer Treffen der führenden prot., antihabs. Ständepolitiker der böhm. Länder und des Reiches, auf die der Rosenberger, mit dem das Geschlecht 1611 erlosch, freilich eher vermittelnd einzuwirken versuchte. Das Erbe traten die ev. Herren v. Schwanberg an. Im Ständeaufstand ergab sich W. trotz Stadtbrand 1618 erst 1622 den ksl. Belagerern unter Marradas. Die konfiszierte Herrsch. W. fiel an die Habs., mit denen die Gegenref. einzog. Das Augustinerkl. wurde 1631 wiedereröffnet. 1660 trat Ehzg. Leopold Wilhelm W. an die Gff. (seit 1670 Fstt.) Schwarzenberg ab. Erst E. 17. Jh. hatten Herrsch. und Stadt die Kriegsfolgen überwunden, die Teichwirtschaft erholte sich erst nach M. 18. Jh. Die Stadtbrände von 1723 und bes. 1781 erforderten erneut einen Wiederaufbau. 1785 wurde das mitgenommene Kl. säkularisiert und 1787 mit dem Gut von den Fstt. Schwarzenberg erworben. Im Vormärz entfaltete sich – unter Anteilnahme Franz Palackýs, der seit 1824 häufig das E. 18. Jh. neuorganisierte Schwarzenbergische Archiv besuchte – in der Schutz- und Munizipalstadt die tsch. Patriotenbewegung, die seit 1848 die Gemeindeselbstverw. dominierte. Nach E. der Patrimonialverw. wurde W. 1855 bzw. 1868 Bez.-Hauptstadt. Doch erhielt sich der maßgebliche Einfluß der Fstt. Schwarzenberg, die sich als Unternehmer in W. bes. auf die im 19. Jh. systematisch verbesserte Teichwirtschaft und auf die nach 1870 erweiterte Brauerei stützten. 1874–77 ließen sie in W. die neugot. Schwarzenbergische Gruftkirche errichten. Die Bodenreform 1924–

30 schmälerte ihren Großgrundbesitz in W. erheblich, der schließlich 1945 mit dem Schloß verstaatlicht wurde. Das Fam.- und Gutsarchiv ging 1956 im Staatsarchiv W. auf. 1960 wurde der Bez. W. aufgehoben und überwiegend mit → Neuhaus vereint. W. ist seit 1960 Heilbad, doch reicht die Geschichte des Moorbades bis E. 19. Jh. zurück. Die jüd. Gem., deren Friedhof noch besteht, entstand vor 1830. – 1841: 3319, 1890: 5767, 1930: 4838 (davon 97 Dt.), 1950: 4448, 1994: 9052 Eww. (VII) *Me*

LV 120; LV 337, 646f., 656–659; E. Cironisová, Vývoj správy rožmberských panství ve 13.–17. století, in: SAP 31 (1981), 105–178; LV 472, 377ff.; LV 249, 110–113; LV 259, Bd. 5, 196–199; J. Kadlec, Hospodářské poměry na panství třeboňského kláštera v 15. a 16. století, in: JSH 47 (1978), 13–22; F. Langweilová, Po stopách dávné minulosti Třeboně, Praha 1933; LV 951, 310; LV 263; F. Matouš, Třeboň, Praha 1972; LV 411; LV 279, Bd. 3, 119–154; LV 513, 561, 627ff.; LV 283, Bd. 9, 59–98; J. Šusta, Fünf Jahrhunderte der Teichwirtschaft in Wittingau, Stettin 1898; LV 905, Bd. 10, 52–103; Třeboň. Městská památková reservace, zámek a památky v okolí, Praha 1964; 1376–1976. Šest set let královských práv města Třeboně, Třeboň 1976; LV 906, Bd. 4, 93–103.

Wlašim

Wlašim (Vlašim, Bez. Beneschau). Die 18 km sö. → Beneschau gelegene Stadt W. liegt im gleichnamigen Hügelland an der Blanitz. Die lokale Burg ist seit 1318 urk. belegt, als hier ein gewisser Hynek v. W. residierte. Im Bereich unterhalb der Burg bildeten sich im 13.–14. Jh. 2 durch die Blanitz getrennte Städtchen heraus, die langsam zu einer Gem. verschmolzen. Die Blütezeit von W. steht im Zusammenhang mit den hier 1363–1413 herrschenden Herren v. W. bzw. v. Jenstein, denen 1442–1546 die Trčka v. Leipa und 1550–88 die Klenovský v. Ptení folgten. Aleš Klenovský v. Ptení erwirkte 1580 bei Ks. Rudolf II. die Erhebung von W. zur Stadt als Zentrum der Herrsch. Die gewaltsame Rekatholisierung der utraqu. Bev. nach 1622, als W. an Friedrich v. Thalenberg fiel, löste einen Aufstand aus, in dessen Verlauf die Bauern das noch im Umbau befindliche Schloß eroberten. Auch nach der gewaltsamen Niederschlagung der Rebellion und der Abwanderung vieler ev. Bürger wahrten zahlr. Verbliebene heimlich bis ins 18. Jh. ihren huss.-prot. Glauben. 1663 wütete ein Großfeuer. 1744–1848 befand sich der Ort im Besitz der Fstt. Auersperg. Erst nach dem Freikauf aus der Erbuntertänigkeit 1840 entfaltete sich ein Ges.-Leben, an dessen Spitze Antonín Norbert Vlasák (1812–1901) stand, ein patriotischer Geistlicher und einer der Begründer der hist. Heimatkunde in Böhmen. Der neue wirtsch. Aufschwung spiegelte sich in der Gründung einer bürgerlichen Vorschußkasse 1858, des ersten Geldinstituts dieser Art in ganz Böhmen; der Eisenbahnanschluß 1895 schuf zudem die Voraussetzung für eine Industrialisierung, die sich jedoch erst 1936 durchsetzte, als die Sprengstoffwerke

Sellier & Bellot aus Prag nach W. kamen und an die 300 Arbeiter und deren Fam. sich neu ansiedelten. Zu den bedeutendsten Baudenkmälern gehören das im 17.–18. Jh. errichtete und im 19. Jh. restaurierte Schloß (heute Museum) sowie die 1522/23 erbaute St.-Ägidius-Kirche. Die Anfänge der jüd. Bev. reichen bis in die Zeit vor 1570 zurück. – 1848: 2360, 1900: 3080, 1950: 5760 und 1991: 12810 Eww.   (III/VII) *Pán*

LV 248, 313f.; J. Hájek, Počátky občanské záložny ve Vlašimi, in: SVPP 24 (1983), 259–283; LV 259, Bd. 6, 531ff.; F. Kašička, Zámek ve Vlašimi a jeho stavebně historické proměny, in: PAP 5 (1980), 129–140; M. Navrátil, Okres Vlašimský. Příspěvky k jeho dějinám, Praha 1917; J. Pánek, Hrdelní soudnictví na Vlašimsku v 16.–18. století, in: SVPP 23 (1982), 163–197; S. Příhoda/O. Sladkovský/J. Pouzar, Vlašim, Praha 1975; LV 275, Bd. 10, 77–87; LV 279, Bd. 15, 181–189; F. A. Slavík, Dějiny města Vlašimě a jeho statku, Vlašim ²1994 [¹1889]; LV 283, Bd. 12, 50–63.

Wodňan (Vodňany, Bez. Strakonitz). Das an der Blanitz gelegene W. wurde in der 2. H. 13. Jh. durch Kg. Přemysl Otakar II. an Stelle des älteren Dorfes Vodná verm. als Bollwerk gegen die Herren v. Rosenberg angelegt, 1327 erstm. erwähnt und 1336 durch Kg. Johann zur Stadt erhoben. Noch heute ist der ringförmige Grundriß der Stadtanlage um den Markt mit der 1415–35 errichteten Kirche Mariä Geburt gut zu erkennen. Um 1400 zählte W. zu den kgl. Städten. In den Huss.kriegen unterstützte es die Taboriten und wurde 1420 verwüstet. Profitierte W. lange Zeit von seiner günstigen Lage als Durchgangsort wichtiger Handelsstraßen (von → Böhm. Budweis nach → Pisek, von → Netolitz nach → Prachatitz), so prägten seit dem 15. Jh. Fischzucht und Goldbergbau sein wirtsch. Leben. 1547 erhob Kg. Ferdinand I. W. zur kgl. Bergstadt. Als Strafe für seine Teilnahme am Ständeaufstand wurde W. 1623 an Balthasar de Marradas verpfändet; 1661–1710 war es im Pfandbesitz der Fstt. v. Schwarzenberg. Ein Brand vernichtete 1722 den größten Teil der ma. und frühneuzeitl. Bausubstanz. An älteren Bauten erhalten blieben – neben der 1584/85 veränderten, im 19. Jh. mit Malereien nach Entwurf von Mikoláš Aleš umgestalteten Kirche – vereinzelte Häuser wie die Apotheke oder das sog. Schlößchen sowie Teile der Stadtbefestigung aus der 1. H. 15. Jh.; in der ehem. Synagoge aus dem 18. Jh. sowie im Rathaus befinden sich Galerie und Museum. Seit E. 19. Jh. entwickelte sich W. bes. nach dem Anschluß an das Eisenbahnnetz zu einem Wirtschaftsstandort (Textilindustrie, Geflügel- und Fischzucht, Fachschule für Fischerei seit 1920). In W. wurden der Humanist und Rektor der Univ. Prag Johann v. Wodnian (†1622) sowie der Schriftsteller František Herites (1851–1929) geb., der ein bekannter Feuilletonist seiner Zeit war. Hier wirkten die Dichter Julius Zeyer (1841–1901) – einer der bedeutendsten Ver-

treter der tsch. Neoromantik – und Otakar Mokrý (1854–99). – 1930:
4629 (überwiegend Tsch.), 1991: 6581 Eww. (VI) *Hol*

R. Berka/J. Pazdera, Vodňany–650 let města 1336–1986, Vodňany 1986; LV 952,
Bd. 4, 592; Královské město Vodňany a okolí. Hg. v. F. Fencl, Vodňany 1914; V.
Mostecký, Dějiny bývalého královského města Vodňany, Vodňany 1940; LV 905,
Bd. 33, 339–357; LV 289, 161–164; LV 906, Bd. 4, 250–253.

Wolin (Volyně, Bez. Strakonitz). 1271 wurde erstm. die Herrsch. W.
erwähnt, in der das Prager Domkapitel über Besitz verfügte. Propst
Ulrich erhob 1299 den s. von → Strakonitz an der Wolinka gelegenen
Marktflecken W. zur Stadt, wo sich damals bereits die heutige aus
dem 14. Jh. stammende und 1460–1509 erweiterte Allerheiligenkirche sowie eine Burg befanden, deren ma., mehrfach veränderter Bau
gegenwärtig ein Museum beherbergt. Das Städtchen profitierte als
Durchgangsort bes. im 15. Jh. vom Salzhandel. 1463 vermachte Kg.
Georg v. Podiebrad W. den Johannitern von Strakonitz, die es 1621
an das Prager Domkapitel verkauften. In der Stadt, die ein schönes
Renaissance-Rathaus mit Laubengängen und Sgraffiti (1501/29) besitzt, war eine jüd. Gem. ansässig. Teile des jüd. Ghettos aus dem 17.
und des jüd. Friedhofs aus dem 18. Jh. sind erhalten geblieben. Bei
relativ konstanter Bev.-Zahl seit dem 19. Jh. setzt W. durch seine
Textilherstellung die im MA begründete Tuchmachertradition bis
auf den heutigen Tag fort. – 1869: 3854 (überwiegend Tsch.), 1991:
3251 Eww. (VI) *Hol*

V. Braun, Volyně, České Budějovice 1967; LV 259, Bd. 5, 212f.; J. Michálek/J.
Bláha/J. Vávra, 685 let města Volyně, Volyně 1985; LV 952, Bd. 4, 607; F. Teplý,
Dějiny města Volyně a okolí, Volyně ²1933; LV 289, 979f.; LV 906, Bd. 4, 261f.

Wollein (Měřín, Bez. Saar). Das 11 km nw. von → Großmeseritsch
gelegene W. wurde erstm. 1197 im Zusammenhang mit einer Schenkung an das Benediktinerkl. → Trebitsch als »na mirime« urk. erwähnt. Die got. Pfarrkirche Johannes des Täufers wurde 1208 drei-
schiffig nach Trebitscher Vorbild erweitert. 1298 gründete Kg. Wenzel II. in W. eine Benediktinerpropstei, 1402–04 verlieh Mkgf. Prokop dem Ort als Ausgleich für Schäden im Krieg mit seinem Bruder
Jobst das Marktrecht (1404 von diesem bestätigt). In den Huss.krie-
gen verwaiste die Propstei, 1479 verpfändete Abt Matthäus deren
Güter an den mähr. Unterkämmerer Johann Meseritsch v. Lomnitz.
1560 kam der Luth. Wenzel Ledecký, genannt »magister alemanus«,
nach W. und verbrannte Schriften und Plastiken aus der Propsteizeit.
Unter seinem Einfluß entstand 1568 in W. eine luth. Schule, die bis
zu ihrer Auflösung 1620 ein bedeutendes Bildungszentrum war.
Nach mehreren Besitzerwechseln gewann 1621 Gf. Rombaldo Collalto das konfiszierte W., das er mit der Herrsch. → Pirnitz vereinigte.

Einige nahegelegene Silbergruben belegen die damalige wirtsch. Tätigkeit. Im 19./20. Jh. entstand hier Holz-, Textil- und Lederindustrie. W. ist der Geburtsort von Samuel Sabbatecius, des Rektors der luth. Schule (1617–20) auf der Prager Kleinseite. – 1880: 1889 (nur Tsch.), 1930: 1419, 1950: 1339, 1991: 1732 Eww.   (VII) *Teu*
LV 253, Bd. 11, 327ff.; LV 290, Bd. II/41, 273–306; LV 716, 385f.; LV 791, Bd. II/6, 174–179.

Wopořan (Opařany, Bez. Tabor). Die 15 km w. von → Tabor gelegene Gem. W. bestand im SpätMA urspr. aus 2 eigenständigen Dörfern – W. und Wopařanky –, die noch im 16. Jh. unterschieden wurden. Die erste urk. Erwähnung von W. datiert aus dem Jahr 1407, als dieses dem Kapitel im nahegelegenen → Moldauthein bzw. dem Ebtm. Prag gehörte. Wopařanky dagegen befand sich A. 15. Jh. wahrsch. im Besitz lokaler Kleinadeliger und ist erstm. für 1410 belegt. Um 1440 wurde die Stadt Tabor Grundherr von W., sie verlor allerdings 1547 aufgrund der Beteiligung am Ständeaufstand sämtliche Güter. Ein Jahr später erwarb Víta d. J. v. Rzavý W., 1593 wechselte das Dorf an Anna Chrt v. Rtin. Zu den zahlr. Besitzern im 17. Jh. zählte u. a. der Kaufmann und Bankier Hans de Witte. 1667 kaufte das Jesuitenkolleg in → Neuhaus W., trat dieses jedoch bald darauf an die Prager Jesuiten ab. Auf dem Areal des ehem. Kastells ließen diese eine barocke Residenz errichten, Kilian Ignaz Dientzenhofer schuf dabei die Kirche St. Franz Xaver. Nach der Aufhebung des Jesuitenordens 1773 ging W. in die Hände des Religionsfonds über, 1825 kauften es die Gff. v. Paar. 1888 wurde in der ehem. Jesuitenresidenz eine Anstalt für Geisteskranke eingerichtet. – 1850: 862, 1900: 1417, 1930: 1281 (davon 103 Dt.), 1950: 1240 und 1991: 1411 Eww.   (VI) *Mik*
A. Chleborad, Popis okresu bechyňského, Bechyně 1928; J. Hejna, Paměti statků Opařanského, Podbořského, Dobronického a Stadleckého, Tábor 1885; LV 259, Bd. 5, 145f.; LV 905, Bd. 5, 120–137; LV 283, Bd. 10, 41–46; LV 906, Bd. 2, 531–534.

Worlik (Orlík, Bez. Pisek). An der Stelle des heutigen W. stand urspr. eine kleine Burg, die dem Schutz des zw. → Mühlhausen und → Mirowitz verlaufenden Handelsweges diente. Diese befand sich am l. Moldauufer in der Nähe einer Furt, an der für den Transport auf dem Fluß eine Maut zu entrichten war. Erstm. wird sie der derartige Zoll für das Jahr 1253 erwähnt. 1287/88 befand sich W. in kgl. Besitz. E. 13. Jh. wurde die Burg, die aus einem Wohngebäude mit vorgeschobenem zylinderförmigem Turm und umfriedetem Hof bestand, umgebaut. Später erhielt sie eine aus einer halbkreisförmigen Bastion bestehende Fortifikation. Zudem schützte die Anlage ein tiefer, in

den Fels geschlagener Graben. Nach 1300 wurde ein weiterer Palas
mit Kapelle errichtet. 1357 übertrug Ks. Karl IV. die Burg seinem
Kanzler Dietrich v. Portitz als Lehen. Mehrfach wechselnden Besitzern von Burg und Herrsch. folgte 1407 der oberste Münzmeister
Peter Zmrzlík v. Schweißing. Nach einer Feuersbrunst 1508 wurde
die Herrsch. an Christoph v. Schwanberg verkauft, der W. zum Wirtschaftszentrum seiner Güter bestimmte. Bauliche Veränderungen
führten zur Errichtung einer dem schützenden Felsen vorgelagerten,
mit 2 zylinderförmigen Türmen versehenen Mauer. 1575–88 wurden die Inneneinrichtung der Burg im Renaissancestil verändert und
die Flügel aufgestockt. Nach dem Sieg des ksl. Heeres 1620 wurden
die Güter Peters v. Schwanberg konfisziert. 1623 erwarb Johann Ulrich v. Eggenberg die Herrsch.; nach dem Aussterben dieses Geschlechts 1719 ging der Besitz an die Schwarzenberg. 1751–53 wurde
der SW-Flügel der Anlage nach Plänen des fstl. Baumeisters Anton
Erhard Martinelli umgebaut. Seit 1802 diente W. als Sekundogeni-
tur-Residenz der jüngeren Linie der Schwarzenberg, die nach einem
Feuer im selben Jahr die Seitenflügel um einen dritten Stock im Empirestil erhöhten. Sein heutiges, neogot. Aussehen erhielt das Schloß
1849–60 nach Plänen Bernhard Gruebers. 1861–64 wurde im
Schloßpark die Grabstätte der jüngeren Linie der Schwarzenberg eingerichtet. 1961 stieg der Wasserspiegel der Moldau durch die Inbetriebnahme der W.er Talsperre um 60 m; sie umgibt das Schloß mit
einem etwa 26 qkm großen, nahezu 60 km langen Stausee.

(VI) *Bůž/Gr*

LV 259, Bd. 5, 146ff.; J. Kostka [u. a.], Orlík. Das staatliche Schloß und Denkmäler
der Umgebung, Praha 1967; J. Kytka, Milevsko a jeho kraj, Milevsko 1940, 98f.;
F. B. Mikowec, Alterthümer und Denkwürdigkeiten Böhmens, Bd. 1, Prag 1860,
82–91; LV 879, Bd. 1, 164f., 308ff.; J. Malík, Die staatliche Burg Orlík, České Budějovice 1986; LV 906, Bd. 2, 541f.; LV 279, Bd. 11, 55–66; LV 275, Bd. 3, 16; LV
283, Bd. 8, 56ff.; LV 289, 523–539.

Woschitz → Jungwoschitz

Wosečan (Osečany, Bez. Příbram). 1352 erscheint das 4 km n. von
→ Selčan gelegene Dorf W. erstm. in den Schriftquellen, als ein in
Diensten der Herren v. Rosenberg stehender Johann v. W. genannt
wird. Um 1450 begründeten Johann und Hroch v. W. das Geschlecht
der Herren v. W. Ein weiterer Angehöriger aus diesem Hause, Johann v. W., wird 1480–1516 als Dienstmann der Herren v. Neuhaus
erwähnt. Erst für das Jahr 1526 ist das verm. ältere Kastell in W. bezeugt. Einer der häufig wechselnden Besitzer, Adam Řepický v. Su-
doměř, büßte aufgrund seiner Beteiligung am böhm. Ständeaufstand
1618–20 W. ein; den konfiszierten Besitz erwarb 1622 Albrecht v.

Wallenstein, verkaufte diesen jedoch bereits 1623 wieder. Um 1680 entstand w. des alten Kastells ein frühbarockes Schloß, vollendet wurde der Bau erst 1733 unter Johann Wenzel v. Bubna und Lititz. 1760 legten die neuen Besitzer, die Herren v. Wellenberg, einen engl. Park an. – 1869: 567, 1910: 572, 1950: 372, 1991: 283 Eww. (II/VI) *Krz*
LV 259, Bd. 4, 241f.; LV 279, Bd. 15, 247f.

Wostředek (Ostředek, Bez. Beneschau). Das 12 km nö. → Beneschau gelegene Dorf mit seinem Kastell erscheint M. 14. Jh. in den Quellen als Besitz eines gewissen Slávek v. W. Unter den ma. Obrigkeiten erlangte der Raubritter Nikolaus Zúl v. W., der für seine Verbrechen 1404 in Prag unter dem Henkerbeil starb, traurige Berühmtheit. 1574 wurde das kleine Rittergut W. mit der Herrsch. Kammerburg zusammengelegt, erhielt aber 1693 seine Eigenständigkeit zurück. Verm. in jener Zeit vollzog sich der Umbau des Kastells zu einem einfachen Barockschloß, dem Johann Wilhelm Mladota v. Solopisk 1739 die barocke St.-Nepomuk-Kapelle anfügen ließ. 1844–69 gehörte W. dem Prager Anwalt Václav Červinka, einem Repräsentanten der tsch. Nationalbewegung. Auf W. wurde der Dichter Svatopluk Čech (1846–1908) geb., dessen Vater hier als Verwalter arbeitete. – 1848: 620, 1900: 840, 1950: 480 und 1991: 360 Eww. (III/VII) *Pán*
A. Honzák [u. a.], Ostředek, rodiště Svatopluka Čecha, Ostředek 1945; LV 259, Bd. 6, 353f.; J. Tywoniak/J. Tywoniaková, Ostředek. Z jeho historie i současnosti, Benešov ²1986; A. N. Vlasák, Okres Benešovský, Praha 1874, 83–86.

Wostroměr (Ostroměř, Bez. Jičin). Archäolog. Funde weisen auf eine Besiedl. des 15 km sö. von → Jičin gelegenen W. bereits in prähist. Zeit hin. Auf dem Kamm des Mlazowitzer Hügels entstand zw. dem 6. und 10. Jh. eine breitangelegte Burgstätte der Charvaten. In den Schriftquellen wird W. 1382 als Gut des Ješek Kdulinec v. W. erstm. erwähnt, dessen Erben die kleine Herrsch. bis E. 15. Jh. innehatten. 1529 verkaufte Zdislav Dobřenský v. Dobřenice W. an Johann Sendražský v. Sendražice, der es wenig später an Hermann v. Rokytník abtrat. Dessen Nachfahren wiederum verkauften W. an Wenzel Ostromířský v. Rokytnik auf Bitowan. 1623 wurde Albrecht v. Wallenstein neuer Besitzer, er inkorporierte W. zum Teil seiner Herrsch. → Hořitz, zum Teil dem Gut Holowous. Den Hořitzer Teil erwarb 1665 Heinrich Ernst de Carmes, der W. ebenfalls Holowous angliederte. Sein Sohn Ferdinand de Carmes verkaufte die gesamte Herrsch. 1680 an die Walditzer Kartäuser. Als deren Orden im Zuge der Josephinischen Reformen aufgelöst wurde, übernahm der Religionsfonds dessen Besitz; der Ort gehörte fortan zur Herrsch. → Kumburg, die 1827 Fst. Ferdinand v. Trauttmannsdorff erwarb.

W. behielt immer den Status eines Dorfes. – 1843: 559, 1900: 1003, 1930: 1287, 1991: 1267 Eww. (III) *Fr*

LV 905, 31, 104; M. Holub, Z minulosti Ostroměře, in: Sborník k 1. sjezdu rodáků a přátel Ostroměře, Ostroměř 1973, 7–17; LV 259, Bd. 6, 351; LV 279, Bd. 5, 121; LV 906, Bd. 2, 557.

Wotitz (Votice, Bez. Beneschau). Die 17 km s. → Beneschau gelegene Stadt W. wird 1318 erstm. als Siedl. urk. erwähnt, die im 14. Jh. zu einem Städtchen mit der urspr. got., 1731 umgebauten Pfarrkirche St. Wenzel aufstieg. Diesen Status wahrte W. bis in die 2. H. 18. Jh., als sich die Bezeichnung Stadt einzubürgern begann, ohne daß ein formalrechtl. Akt hierfür nachweisbar wäre. Anfänglich residierten in W. die Ritter Woticky v. Wotitz, nach 1550 gab es häufig wechselnde Besitzverhältnisse. Zu den bekanntesten Obrigkeiten gehörten die Herren Kapler v. Sullowitz. Kaspar Kapler v. Sullowitz gehörte zu den Repräsentanten des böhm. Ständeaufstandes, die 1621 ihr Leben lassen mußten. Zwar hatte er zuvor seinen Enkeln alle Güter vermacht, doch fielen diese der Konfiskation anheim. W. kam an die Sezima v. Ústí, deren Nachfahren hier bis 1807 herrschten. Die Eww., die sich in nachhuss. Zeit zum Utraqu., zur Brüderunität und zur lokalen Volkssekte der Nikolaiten bekannten, wurden entweder gewaltsam rekatholisiert oder mußten emigrieren. 1627–29 entstand das Franziskanerkl. mit der frühbarocken Franziskuskirche, die im 18. und 20. Jh. bauliche Veränderungen erfuhr. Wiederholte Konflikte zw. der untertänigen Stadtbev. und der Obrigkeit gipfelten 1836 in einem gewaltsam niedergeschlagenen Aufstand gegen den neuen Herrn Franz Josef Wratislaw v. Mitrowitz. Eine gewisse Bedeutung gewann W. erst 1850, als der Ort zur Bez.-Stadt aufstieg (bis 1960). Den allmählichen wirtsch. Aufstieg förderten der Eisenbahnanschluß 1871, der Aufbau von Nahrungsmittelindustrie sowie nach 1945 die Ansiedl. kleinerer Betriebe für Elektrotechnik und Maschinenbau. Spätestens seit A. 16. Jh. lebten in W. auch Juden, die ältesten Grabsteine auf dem 1538 angelegten Friedhof stammen von 1716. – 1848: 3710, 1900: 2530, 1950: 2170 und 1991: 4510 Eww. (VI) *Pán*

Č. Habart, Kronika města Votic od nepaměti až do roku 1936, Benešov u Prahy 1937; ders., Sedlčansko, Sedlecko a Voticko, Bd. 4, Sedlčany 1994, 703–746; LV 259, Bd. 4, 392; E. Procházková, Hrdelní soudnictví města Votic v 16.–18. století, in: SVPP 22 (1981), 203–244; LV 275, Bd. 8, 194–202; LV 279, Bd. 15, 241f.; LV 283, Bd. 16, 128–137; A. N. Vlasák, Okres Votický, Praha 1873, 4–24.

Wrana (Vraný, Bez. Kladno). In leicht hügeliger Landschaft, 12 km nw. von → Schlan, liegt das kleine Städtchen W.; im 14. Jh. befanden sich Dorf und Kastell im Besitz lokaler Adeliger. Nach den Huss.kriegen wechselten die Herren v. Ilburg, v. Weitmühl und v. Boskowitz einander als Eigentümer ab. Unter den Herren v. Hasenburg erhielt W. 1513 den Status eines Städtchens, daher das Zeichen dieses Geschlechts im Wappen. 1543 erwarb die Stadt Schlan die Gem., verlor jedoch bereits 1547 diesen Besitz wieder. Die konfiszierte Herrsch. verkaufte Kg. Ferdinand I. an Peter Chotek v. Chotek und Wojnin (†1571), der nach 1550 ein Renaissancekastell errichten ließ. Unter den häufig wechselnden nachfolgenden Besitzern verfiel dieses Kastell, das zudem im 30jähr. Krieg erobert wurde. Seit 1706 gehörte W. dem Metropolitankapitel in → Prag. In unmittelbarer Nachbarschaft zu der einschiffigen, 1756–61 anstelle eines älteren Baus errichteten Kirche Johannes des Täufers erbaute das Kapitel nach 1760 ein Rokokoschloß mit engl. Park. Beide Gebäude bilden eine urbane Einheit. Außerhalb der Gem. steht ein Denkmal, das an die Begegnung des österr. Ks. Franz I., des russ. Zaren Alexander I. und des preuß. Kg. Friedrich Wilhelm III. 1813 erinnert. – 1845: 918, 1900: 1104, 1950: 737 und 1991: 614 Eww. (II) *Žem*

LV 259, Bd. 3, 520; LV 769, Bd. I/7, 269–279; LV 279, Bd. 8, 214; LV 283, Bd. 13, 92–97; LV 905, Bd. 20, 404–415; LV 906, Bd. 4, 267–270.

Wrbschan (Vrbčany, Bez. Kolin). Die Gründung der St.-Wenzels-Kirche in W., einem 10 km ö. von → Böhm. Brod gelegenen Dorf, wird dem hl. Adalbert für die Zeit um 990 zugeschrieben; diese Zuordnung ist in der Forschung jedoch umstritten. In den Annalen des sog. Wyschehrader Kanonikers findet W. im Zusammenhang mit der Schlacht bei → Kulm 1126 Erwähnung, als der fstl. Kaplan Vít ein Banner des hl. Adalbert fand, das er zum Heer des Přemyslidenfst. Soběslav brachte und das, auf der Lanze des hl. Wenzel befestigt, den Böhmen in der milit. Auseinandersetzung mit dem röm.-dt. Kg. Lothar v. Supplinburg rel. Beistand im für sie siegreichen Waffengang leistete. Kirche, Meierhof und Dorf gehörten dem Wyschehrader Kapitel. 1292 erwarb der Wyschehrader Propst Johannes das Dorf für seinen Sitz im nahegelegenen Tattez. Archäolog. Ausgrabungen 1935/36 wiesen nach, daß die einschiffige St.-Wenzels-Kirche wohl in der Regierungszeit Kg. Vladislavs II. (1158–72) als rom. Bau errichtet wurde. E. 17. Jh. erfolgte die Barockisierung, im darauffolgenden Jh. wurde die Inneneinrichtung umgestaltet. – 1869: 530, 1910: 810, 1950: 561, 1991: 380 Eww. (III) *Krz*

LV 881, 43f.; R. Nový/J. Sláma, Slavníkovci ve středověkém písemnictví, Praha 1987, 322, 451; LV 906, Bd. 4, 272; V. Wagner, Kostel ve Vrbčanech, in: Cestami umění, Prag 1944, 48–66.

Wscherau (Všeruby, Bez. Pilsen-Nord). Am nw. Rand der heutigen, 15 km nw. von → Pilsen gelegenen Gem. erhob sich einst auf hohem Felsvorsprung ein Burgwall, der nach 1160 zu einer Feste ausgebaut wurde. Innerhalb des Suburbiums stand die (erhaltene) rom. Tribünenkirche St. Martin vom E. 12. Jh.; das dreiseitige got. Presbyterium wurde 1684 barockisiert. Die unterhalb der Burg gelegene, 1378 urk. genannte Siedl. erhoben die Herren v. Guttenstein vor 1460 zu einem Städtchen. Georg v. Guttenstein galt als gefürchteter Raubritter in der Umgebung, 1505 rebellierte er gegen Kg. Wladislaw II.; seit 1520 befand sich W. im Besitz der Herren v. Kokořovec, unter denen die Burg, von der nur Wälle und der W-Graben erhalten blieben, aufgegeben wurde. Sie verkauften W. spätestens 1594 an die Herrsch. Böhm. Neustadtl. W. verlor dadurch seinen Status als Herrsch.sitz, da die Obrigkeit nun in Kuniowitz residierte. Eine Zuwanderung dt. Bev. setzte nach dem 30jähr. Krieg ein. In der 2. H. 19. Jh. erhielt W. den Status einer Stadt, deren Wirtschaftsleben vor allem Gemüse- und Obstbau sowie Rosenzucht bestimmten. Den länglichen Marktplatz dominiert in zentraler Lage die seit der 2. H. 14. Jh. belegte Hl.-Geist-Kirche, die 1837 einen N-Turm erhielt und 1907 in neogot. Stil restauriert wurde. Am O-Rand der Gem. steht die barocke Nepomuk-Kapelle von 1769. – 1890: 1224, 1930: 1058 (davon 839 Dt.), 1950: 589, 1991: 725 Eww.

(I/II/VI) *Pe*

LV 259, Bd. 4, 397; LV 507[2], 293f.; LV 701, 266f.; LV 279, Bd. 13, 222–225; LV 905, Bd. 30, 307–320.

Wsetin (Vsetín). Die Stadt W., das Zentrum des gleichnamigen Bez., entstand M. 19. Jh. durch die Zusammenlegung von Unter-W., gegr. während des 30jähr. Krieges, und Ober-W., das wahrsch. auf die ma. Kolonisation zurückgeht und erstm. 1308 als »Setteinz« belegt ist. Unter den wechselnden adeligen Besitzern ragt Albrecht v. Wallenstein heraus. 1618–20 bildete W. ein Zentrum des Ständeaufstandes, nach dessen Niederschlagung die Stadt 1644 gebrandschatzt wurde und zahlr. Aufständische auf dem Schaffot endeten. An der Stelle des untergegangenen Kastells erbaute man A. 17. Jh. ein später mehrfach baulich verändertes Schloß. Den oberen Marktplatz prägen das alte (1721) und neue (1901) Rathaus, ein Brunnen mit den Barockstatuen der Jungfrau Maria und des hl. Johannes v. Nepomuk (1769–70) sowie eine barocke Kirche (1689). In der Palacký-Straße stehen 2 ev. Kirchen (1782, 1827). Seit 1869 produzierte hier die Fa. Thonet & Kohn gebogene Möbel. Unter den Industriebetrieben besitzen heute lediglich eine Waffenfabrik, eine Glashütte sowie ein Werk für die Herstellung von Elektromotoren größere Bedeutung. – 1869: 3706, 1900: 6736, 1930: 7229 (davon 78 Dt.), 1950: 16626, 1991: 30 400 Eww.

(V) *Sp*

L. Baletka/L. Zapletal, Okres Vsetín, Ostrava 1987, 86–97; LV 4 (Vsetín); K. Krčmář/J. Klvač/R. Pavlík, Vsetín, Vsetín 1946; Okres vsetínský, obraz přírodní, kulturní a hospodářský, Bde. 1–4, Vsetín 1938–41; M. Václavek, Dějiny města Vsetína a okresu vsackého, Brno ²1901 [¹1881]; LV 290, Bd. II/71, 36–76.

Würbenthal (Vrbno, seit 1954 Vrbno pod Pradědem, Bez. Freudenthal). Das 10 km nw. von → Freudenthal, am Zusammenfluß der mittleren und der weißen Oppa gelegene W. basiert auf einer alten Goldbergbausiedl. Unterhalb der 1579 verwahrlosten hzgl. Burg Fürstenwalde gestattete 1348 Hzg. Nikolaus II. v. Troppau anstelle der wüst gewordenen Siedl. die Gründung einer Stadt (oppidum) nach Magdeburger Recht. Spätestens 1474 fiel die zur Herrsch. Freudenthal gehörende Stadt an Johann v. Würben und war 1505 wüst. Der Bergbau expandierte jedoch erneut, so daß Hynek v. Würben 1608 den Auftrag zum Wiederaufbau einer Bergstadt namens W. gab. Die Güter des Calv. Johann v. Würben wurden 1621 konfisziert und dem Dt. Orden übergeben, die überwiegend dt. prot. Bev. rekatholisiert. W. wurde 1646 im 30jähr. Krieg geplündert und durch ein Feuer fast völlig zerstört. Kurz zuvor, 1635–37, war die Pfarrkirche St. Michael erbaut worden, nach deren Abriß 1837 ein größerer klassiz. Neubau entstand (1844). An die Stelle des Bergbaus trat die Leinweberei. Die im Laufe des 19. Jh. vollzogene Industrialisierung mit Holz- und Textilbetrieben sowie Glas- und Kunststoffproduktion führte zu einem Anstieg der Bev.: 1880, im Jahr des Bahnanschlusses, lebten in W. 2619 Eww. (1900: 3113, 1930: 3757). Nach der Vertreibung der Dt. 1946 wuchs die Bev. langsam wieder an (1949: 2327; 1991: 6732 Eww.). W. ist Geburtsort des Mundartdichters Alois Franz Lowag (1879–1968). (IV) *Lb*

L. Dittrich, Würbenthaler Jugenderinnerungen, Prag 1927; A. Gottwald, Würbenthal. Zur Geschichte einer sudetendeutschen Bergstadt, Sindelfingen o. J.; LV 950, Bd. 2, 749; LV 259, Bd. 2, 67, 72; O. Kloske, Chronik von Würbenthal, Würbenthal 1911; M. Myška, Obrázky ze života podnikatelské rodiny vrbenských Grohmannů, in: SMor 66 (1993), 3–14.

Záboří nad Labem (Bez. Kuttenberg). In dem Dorf am l. Ufer der Elbe ö. der Mündung der Doubravka, 10 km nö. von → Kuttenberg, entstand im 12. Jh. ein Herrschaftssitz mit einer Feste, als deren Inhaber der Adelige Miroslav, Gründer des Zisterzienserkl. → Sedletz, vermutet wird; Z. kam 1301 durch Vermächtnis von Držislav v. Kojice an das Kl. Sedletz. Inmitten des Ortes wurde M. 12. Jh. die Marienkirche als einstöckige herrschl. Doppelkirche mit quadrat. Grundriß und Mittelturm errichtet. E. 12. Jh. wurde vor die S-Seite eine offene Vorhalle mit einem reich ornamentierten rom. Portal gesetzt. Nach einem Brand durch Kriegshandlungen schwed. Truppen 1639 wurde sie in der 2. H. 17. Jh. so umgebaut, daß der quadrat. Zentralraum zum Presbyterium und die nun zugemauerte Vorhalle

zum Kirchenschiff wurde; bei dieser Gelegenheit wurde sie als Prokopkirche neu geweiht. – 1869: 1022 und 1991: 780 Eww.   (III) *Ke*
A. Merhautová-Livorová, Původní podoba předsíněho kostela sv. Prokopa v Záboří n. Lab., in: UM 1 (1953), 226–232; dies., Význam zábořského kostela, in: UM 20 (1972), 393–400; dies., Stavební historie Zábořského kostela, in: PPé 32 (1972), 169–178; LV 952, Bd. 4, 685; LV 906, Bd. 4, 319ff.

Žampach (Bez. Wildenschwert). Die im Adlergebirgsvorland auf einem Felsen gelegene, um 1300 gegr. Burg Ž. wurde erstm. 1309 in der Königsaaler Chronik erwähnt. Im Kampf gegen Johann v. Smojna eroberte Ks. Karl IV. 1354 die Burg. In der 2. H. 14. Jh. unterstand Ž. den Herren v. Pottenstein, die 1469 die Burg umbauen ließen. 1513 wird erstm. auf der Vorburg eine Siedl., das spätere Dorf Ž., erwähnt. Die Herrsch. erreichte 1562, beim Tode Zdeněks v. Pottenstein, mit 2 Städten, 3 Marktorten und 29 Dörfern ihre größte Ausdehnung, wurde anschließend jedoch wiederholt geteilt. Die seit A. 17. Jh. nicht mehr ständig bewohnte Burg besetzten und zerstörten im 30jähr. Krieg schwed. und ksl. Truppen. Friedrich d. Ä. v. Oppersdorf vermachte bei seinem Tod 1630 den Ort dem Jesuitenorden in → Königgrätz, der 1672 in Ž. eine barocke Sommerresidenz erbauen ließ. Nach der Aufhebung des Ordens 1773 wechselte die Liegenschaft wiederholt den Besitzer; die beim Schloß entstandene Ansiedl. blieb unbedeutend. – 1890: 317, 1980: 303 Eww.
(IV) *Bb*
LV 259, Bd. 6, 585ff.; LV 952, Bd. 4, 803f.

Zamrsk (Zámrsk, Bez. Wildenschwert). Das 4 km nw. von → Hohenmauth gelegene Z. wurde 1349 erstm. als Pfarrort des Btm. Leitomischl erwähnt. Eine Burg wurde 1469 von Matthias Corvinus zerstört; an deren Stelle errichteten die Lukavský v. Lukavitz im 16. Jh. ein Renaissance-Schloß. 1623 wurde die Herrsch. konfisziert und nach mehreren Besitzwechseln 1648 einem Zweig der Herren Libštejnský v. Kolovrat übertragen, die das Schloß bis zum Aussterben des Geschlechts (1772) in einer 120jähr. Bautätigkeit zu einer repräsentativen vierflügeligen Barockanlage ausbauten. 1781/82 entstand am Ort der alten got. Kirche neben dem Schloß die Kirche St. Martin mit freistehendem Glockenturm. In dem 1945 beschlagnahmten Schloß ist seit 1960 das staatl. Bez.-Archiv Z. untergebracht. – 1900: 516, 1980: 704 Eww.   (IV) *Bb*
LV 259, Bd. 6, 240–245; LV 952, Bd. 4, 729; LV 905, Bd. 16, 240–246.

Zauchtel (Suchdol, seit 1959 Suchdol nad Odrou, Bez. Neutitschein). Die unweit der Oder gelegene, seit 1257 belegte Gem. Z. mit Pfarrei seit 1337 gehörte als Teil der Herrsch. → Fulnek seit dem

15. Jh. utraqu., später brüderischen bzw. luth. Besitzern. 1475 durch Johann v. Žerotín von der (schles.) Troppauer in die (mähr.) Olmützer Landtafel übertragen, kam es 1515 zur Angliederung an → Kunwald, mit dem Z. bis 1848 eine Grundherrsch. bildete. Unter den Zedritz v. Kinsberg entwickelte sich das Dorf E. 16. Jh. zu einem Stützpunkt der dt.sprachigen Brüderbewegung, die in der 1604–14 in Stein erbauten Dreifaltigkeitskirche einen der größten prot. Gemeinderäume besaß. Nach dem Verbot brüderischer Gottesdienste 1622/23 bestand in Form des Scheinkath. die geheime Brüdertradition fort, aus der David Nitschmann (1676–1758), Mitgründer der Herrnhuter Brüdergem. und seit 1735 deren Bf., und die Herrnhuter Gemeindeordnung hervorgingen. Die verschärfte Rekatholisierung trieb seit 1724 zahlr. Eww. zur Auswanderung nach Herrnhut in der sächs. Oberlausitz. Die 1730 geschaffene kath. Pfarre erhielt ein barockes Pfarrhaus nach Entwürfen von Johann Lucas v. Hildebrandt. Nach dem Toleranzpatent Ks. Josephs II. erklärten sich 1782 mit 446 Eww. etwa 75% der Bev. für herrnhuterisch. Da nur die Augsburgische Konfession anerkannt wurde, entstand 1783 eine luth. Gem., die im 19. Jh. eine eigene Kirche erbaute und bis 1945 stets mehr als die H. der Eww. umfaßte. – Der Blei- und Silberabbau (1696 Schmelzofen) wurde A. 18. Jh. eingestellt. Die landwirtsch. Gem., in der 1798/99 erstm. in der Habsburgermonarchie erfolgreich Impfungen gegen Blattern durchgeführt wurden, erlebte 1847 durch den Bau des Bahnhofs an der Strecke Leipnik–Oderberg einen Aufschwung. 1895 entstand hier die erste Hauswirtschaftsschule für Arbeiterinnen in Mähren. Unter den etwa 2100 Eww. (1900) waren nur wenige Tsch. Während der nationalsozialist. Herrschaft (Reichsgau Sudetenland) wurden hier etwa 50 Personen erschossen. Nach der Vertreibung des größten Teils der dt. Bev. erfolgte eine Wiederbesiedl. aus der Slowakei und Wolhynien. – 1991: 2491 Eww.

(V) *Lu*

LV 239, 226–230; Heimatbuch Kunewald. Chronik eines sudetendeutschen Dorfes von den Anfängen bis zur Austreibung 1946. Hg. v. R. Bönisch, Oberhaching 1979; LV 255, Bd. 2, 687; Moravské Kravařsko. Politický okres novojický, Příbor 1898, 359–362; L. Navrátil, Suchdol a kraj poznamenaný dávnověkem, Suchdol 1964; G. A. Ričan, Moravští bratří v Suchdolu, Suchdol 1992; A. Turek, Fulnecko, Brno 1940, 232–237; LV 294, Bd. 1, 254f.; LV 791, Bd. I/3, 169–172.

Zbirow (Zbiroh, Bez. Rokytzan). Auf dem von → Prag nach Bayern führenden Handelsweg erwuchs unterhalb einer vor 1230 erbauten Burg auf einem weithin sichtbaren Hügel vor 1236 das Städtchen Z., das bis zur Huss.bewegung den Herren v. Rosenberg gehörte. Im 16. Jh. herrschten hier die Herren v. Lobkowitz, doch ging Z. infolge des kgl. Prozesses gegen Georg d. Ä. Popel v. Lobkowitz 1594 in kgl.

Besitz über. Ks. Rudolf II. ließ die Burg zu einem Schloß umgestalten, das nach der Schlacht am Weißen Berg als Kerker für gefangen-
genommene Prot. diente. 1639 brannten die Schweden Z. nieder,
auch das Rathaus und die darin aufbewahrten städt. Privilegien wurden ein Raub der Flammen. Nach kurzzeitigen Verpfändungen verwaltete das oberste Bergamt in → Přibram fortan die gesamte
Herrsch. Z. Seit 1850 besaß der Ort staatl. Behörden, 1897 erhielt er
den Status einer Stadt. 1868 erwarb der Unternehmer und »Eisen-
bahnkg.« Bethel Henry Strousberg Z. mit dem Ziel, den Reichtum an
Holz, Eisenerz und Steinkohle in der Umgebung zu nutzen und ein
Eisenhüttenzentrum zu schaffen; aus Z. sollte ein böhm. Manchester
werden. 1875 zerplatzten diese Vorstellungen jedoch infolge des finanziellen Ruins von Strousberg. Zuvor hatte dieser das Schloß im
Neorenaissancestil umbauen lassen; aus den Wällen und Gräben entstand ein engl. Park. Auf dem Markt steht die einschiffige St.-Niko-
laus-Kirche mit N-Turm, die 1330 als Pfarrkirche erwähnt und 1716
barockisiert wurde. In Z. starb der Dichter Josef Václav Sládek (1845–
1912), dem auf dem Markt ein kleines Literaturmuseum gewidmet
ist. – 1843: 1470, 1890: 1736, 1930: 1540 (davon 22 Dt.), 1991:
2283 Eww.   (II/VI) *Pe*

J. Čáka, Podbrdskem od městečka k městu, Praha 1988, 150–163; P. Cironis, Zbiroh, Zbiroh 1980; A. Drachovský, Kulturní obrázky ze Zbirovska, Bde. 1–4, Rokycany 1906–13; LV 259, Bd. 4, 402–405; LV 507², 294ff.; J. Polák, Sládkův Zbiroh, Plzeň 1962; LV 279, Bd. 6, 234–257; V. Široký, Zbiroh, Zbiroh 1930; LV 905,
Bd. 9, 161–169.

Zdislawitz (Zdislavice, Bez. Kremsier). Das 14 km sw. von
→ Kremsier gelegene Dorf ist seit 1960 Teil der Gem. Troubek-Z.
Die aus der M. 14. Jh. belegte Herrsch. war im 15. Jh. auf versch.
Eigentümer aufgeteilt. Fast das gesamte folgende Jh. war sie in der
Hand der Herren v. Laznik vereint, wechselte jedoch im 17./18. Jh.
abermals häufig den Besitzer. 1830 gelangte Z. an die Gff. Dubský v.
Třebomyslitz. In dem um 1780 aus einer früher zum Kl. → Welehrad
gehörenden, aus dem Jahre 1397 belegten Feste entstandenen spätbarocken Schloß wurde 1830 die Dichterin Marie Freifrau v. Ebner-
Eschenbach (geb. Comtesse Dubský), geb. Sie schöpfte während der
alljährlichen Sommerbesuche in Z. Anregungen für einige ihrer ge-
sellschaftskritischen Werke wie »Božena«, »Dorf- und Schloßge-
schichten« und »Das Gemeindekind«. Sie ist in der Familiengruft der
Gff. v. Daun im angrenzenden Schloßpark beigesetzt. – 1854: 537,
1921: 446 (davon 15 Dt.), 1950: 301, 1980: 718 Eww.   (VIII) *Kle*

E. Fischer, Soziologie Mährens in der zweiten Hälfte des 19. Jahrhunderts als Hintergrund der Werke Marie von Ebner-Eschenbachs, Leipzig 1939; M. Grundner,
Marie von Ebner-Eschenbach. Wechselbeziehungen zwischen Leben, Werk und

Umwelt der Dichterin, Graz 1971; LV 290, Bd. II/75, 430–446; LV 791, Bd. I/2, 331.

Zdounek (Zdounky, Bez. Kremsier). Das 10 km sw. von → Kremsier gelegene Städtchen wurde erstm. 1298 erwähnt, die dazugehörige Pfarre 1366. Unter den wechselnden Besitzern sind die mächtigen Herren v. Holstein hervorzuheben, die Z. in der 2. H. 14. Jh. besaßen. Während der Huss.kriege wurden Ort und Festung von den Huss. zerstört, da der damalige Besitzer Stephan v. Vartnov ein Gefolgsmann Kg. Sigismunds war. Im Jahre 1635 vermachte Katharina Zoubek v. Zdětín die Herrsch. dem Jesuitenorden, um ein Kolleg zu errichten. Die Jesuiten beendeten erfolgreich die um 1600 begonnene Rekatholisierung. Nach der Auflösung des Ordens 1773 kam der Ort A. 19. Jh. an die Gff. Lamberg, 1906 gelangte er durch Heirat an die Gff. Strachwitz. An Stelle der aus dem 14. Jh. stammenden Festung wurde nach 1650 ein Schloß errichtet, das um 1850 umgebaut wurde. Die Pfarrkirche mit einem Renaissence-Turm erhielt 1934–36 ein modernes Schiff. – 1834: 937, 1900: 1361, 1921: 1498 (davon 8 Dt.), 1950: 1344, 1980: 2231 Eww. (VIII) *Kle*

J. Pecnik, Paměti Zdounek, Zdounky 1913; LV 290, Bd. II/75, 43–82; LV 791, Bd. I/2, 324–328.

Žebrak (Žebrák, Bez. Beraun). Die von Wäldern umschlossenen Ruinen der Burg Ž. erheben sich unweit der gleichnamigen Ortschaft am unteren E. einer Quarzklippe, an deren oberem E. die Burg → Točnik emporragt. Die Anfänge von Ž. gehen auf eine Gründung der Herren v. Buzice in der 2. H. 13. Jh. zurück. 1341 fiel die Burg an die Krone, unter Kg. Wenzel IV. erlebte die Anlage einen großräumigen Umbau. Im 15. Jh. verpfändet, lag sie nach einem Feuer 1532 fortan in Trümmern. Der Kern der ma. Anlage mit 2 Rundtürmen und dem Palas lehnte sich in der ältesten Bauphase architektonisch an den Bergfried-Typus an, erfuhr jedoch durch den extrem eingeengten Standort eine Modifizierung. Ks. Karl IV. ließ später die Kapellen St. Apollinaris und St. Margaretha erbauen. Den Ausbau zu einer prunkvollen Residenz veranlaßte allerdings erst Kg. Wenzel IV., unter dessen Herrsch. vor allem der Palastkomplex im Kern der alten Burg sowie der neue Palast in der Oberburg, den die kgl. Bauhütte errichtete, entstanden. Zus. mit ihrem Pendant Točnik stellt Ž. ein beredtes Beispiel für die Burgenarchitektur unter Kg. Wenzel IV. dar. (II/VI) *Dur*

LV 245, 89f., 180ff.; LV 248, 333ff.; T. Durdík, Die Burg Žebrák, Praha 1993; LV 259, Bd. 4, 412–415; D. Menclová, Žebrák a Točník. Státní hrady a okolí, Praha 1958; LV 879, Bd. 1, 334–339, Bd. 2, 152f.; LV 279, Bd. 6, 140–168.

Žerotitz (Žerotice, Bez. Znaim). Der an einer prähist. Begräbnisstätte gelegene Ort wurde erstm. 1237 als zum Prämonstratenserkl.
von Obrowitz gehörig erwähnt. Er hatte nachweislich schon 1253
eine eigene Pfarre. Im 14./15. Jh. gehörte Ž. dem Geschlecht v.
Weitmühl, deren bekanntestes Mitglied Beneš Krabice (†1375),
Chronist aus der Zeit Ks. Karls IV., war. Eine eigene Schule gab es in
Ž. seit E. 17. Jh.; unter den Besitzern finden sich die Herren v. Nachod und die Blier. A. 18. Jh. erwarben die Gff. v. Berchtold das Gut.
Von der A. 16. Jh. erbauten Festung, die 1643 zerstört wurde, sind
nur die Grundmauern erhalten. Die frühgot. Pfarrkirche St. Martin
wurde im 15. und 17. Jh. umgebaut. Z. ist der Geburtsort des mähr.
Heimatforschers František Václav Peřinka (1878–1949). – 1900: 600,
1930: 572 (davon 67 Dt.), 1950: 472, 1980: 321 Eww.   (VIII) *Kle*
J. Metyš, Zříceniny zámku v Žeroticích, in: Pod 1 (1923–24), 138–139; LV 290, Bd.
II/76, 534–542; F. V. Peřinka, Desátky fary Žerotické u Znojma, in: SA 3 (1904),
34ff.; R. Zuber, František Václav Peřinka, in: VVM 5 (1950), 1–4; LV 791, Bd. II/4,
258–263.

Žinkau (Žinkovy, Bez. Pilsen-Süd). Der 6 km w. von → Nepomuk
gelegene Herrensitz wurde erstm. 1176 urk. genannt. Oberhalb der
Gem. erbauten die Herren v. Ž. 1252–59 die Burg Potstein, aus deren
Suburbium A. 14. Jh. ein Städtchen erwuchs, das aber 1384 wieder
zum Dorf herabsank. Im 15. Jh. wurde die Burg aufgegeben, der
Herrsch.sitz verlagerte sich ins Dorf. In der Huss.zeit residierte hier
Bawor v. Ž., der 1415 das an das Konstanzer Konzil adressierte Protestschreiben böhm. und mähr. Adeliger gegen die Verbrennung von
Jan Hus besiegelte. 1419 versammelten sich in Ž. Wallfahrer, die unter der Führung des Predigers Wenzel Koranda d. Ä. dem revolutionären Prag zu Hilfe eilten. 1437 starb mit Bavor v. Ž. das Geschlecht
der Herren v. Ž. und Potstein aus, die Herrsch. fiel für nahezu 3 Jhh.
an die Herren v. Klenau. Diese erneuerten im 16. Jh. das Städtchen
und ließen ein Jh. später die Wasserburg zu einem zweigeschossigen
Schloß mit 3 Flügeln umbauen. Im 18. Jh. residierten hier die Herren
v. Vrtba. 1843 zählte das von der Landwirtschaft geprägte Ž., das als
Herrsch.zentrum von 2 Städtchen und 20 Dörfern fungierte, lediglich 62 Häuser und 577 Eww.; 1897 erwarb der Architekt Karel Wes-
selý den Ort und ließ das Schloß zu einem romant. Sitz umgestalten,
verschuldete sich jedoch hierbei. 1916–45 befand sich das rein tsch.
Ž. im Besitz der Industriellenfam. Škoda. – Auf dem langgestreckten
Markt steht die einschiffige, 1735 wohl von František Ignác Prée erbaute Barockkirche St. Wenzel; 1 km sö. des Marktes steht am Ufer
des Schwanenteiches ein zweigeschossiges dreiflügeliges Schloß, das
1897 die Wiener Architekten Hermann Helmer und Ferdinand Fellner im Stil der Neogotik und Neorenaissance umbauten. Etwa

0,5 km ö. vom Schloß stehen die wenigen Reste der frühgot. Burg
Potstein. – 1890: 771, 1930: 646, 1991: 706 Eww.   (I/VI)   *Pe*

D. Hníková, Žinkovy, Plzeň 1961; LV 259, Bd. 4, 271, 415ff.; LV 507², 299f.; V.
Pomahač, Žinkovy, Praha 1959; LV 279, Bd. 9, 241–245; A. Šlégl, Politický okres
přeštický, Přeštice 1925, 169–177; LV 905, Bd. 25, 123–131; LV 906, Bd. 4, 423f.

Zinnwald (Cinvald, seit 1955 Cínovec, Bez. Teplitz). Die Gem.
wurde 1378 erstm. als Pfarrdorf erwähnt, zugleich ist dies der erste
Hinweis auf Bergbau in diesem Gebiet. Erst 1537 wurde bei Z. der
endgültige Grenzverlauf zw. Sachsen und Böhmen festgelegt. Eine
Blüte erlebte der Bergbau nach 1547, als man im Stollen »Ungläu-
biger Thomas« Silber fand. Z. lag an einer wichtigen Verbindungsstraße nach Sachsen, was sich im 30jähr. Krieg jedoch als nachteilig
herausstellte. Die Förderung erlebte erst nach den Wirren des Krieges
einen Aufschwung. 1664 wurde Z. erstm. als Städtchen bezeichnet.
Das Bedürfnis nach qualifizierten Bergleuten bewirkte, daß Z. auch
fortan eine der wenigen Gem. in Böhmen blieb, in denen der Prot.
dominierte; die Gegenref. erreichte Z. erst 1728. 1729–33 wurde die
Barockkirche Mariä Himmelfahrt erbaut. Die Wohnhäuser zeichnete
der typische Erzgebirgsstil aus. Um 1750 herrschte der Silberbergbau
gegenüber dem Abbau von Zinnerzen vor. 1879 entdeckte man
Wolframit, das dann auch von den alten Halden gefördert wurde. Seit
dem Ersten Weltkrieg gewann man Erze, die in → Příbram und in
Sachsen weiterverarbeitet wurden. Auch die Gewinnung von Zinnerz wurde wieder aufgenommen, der jährliche Ertrag lag bis 1933 bei
mehr als 10 000 t; die danach eingestellte Förderung fand erst im
Zweiten Weltkrieg eine Wiederaufnahme. 1957–59 wurde die 1614
erstm. erwähnte Siedl. Vorderzinnwald aufgegeben. Nach 1960 erweiterte man dank neuer Fördermethoden den Abbau in großem
Umfang und erreichte mit neu erschlossenen Schächten eine größere
Tiefe. Der Abbau liegt seither in Händen der Erzschächte Příbram
AG. Der Ort ist heute zudem ein bedeutendes Touristen- und Erholungszentrum für Wintersport, zugleich ein stark frequentierter,
1958 wiedereröffneter Grenzübergang zum Freistaat Sachsen. Jenseits der Staatsgrenze liegen die sächs. Gem. Zinnwald und das damit
verbundene Georgenthal. Das tsch. Z. gehört seit 1980 zu Eichwald.
Die größte Eww.-Zahl hatte Z. 1921 mit 1479 Eww., 1931 waren es
1310 (davon 26 Tsch.), 1950: 549; 1991 zählte die Gem., in welcher
der spätere Leibarzt des Mkgf. v. Bayreuth, Johann Christoph Scheid-
ter (1700–48), geb. wurde, lediglich 84 ständige Eww.   (II)   *Sm*

J. Bernard/S. Götz/J. Urbanec, Cínovec – rudný důl v krušných horách, Teplice
1960; G. Loesche, Die Gegenreformation in Böhmisch-Zinnwald, in: MNVHW 45
(1922), 85–92; Šest set let dolování na Cínovci, Ústí nad Labem 1978; K. Vilím,
Cínovec, Teplice 1978.

Zittolib (Cítoliby, Bez. Laun). Die erste urk. Erwähnung der 3 km s. von → Laun gelegenen Gem. geht auf das Jahr 1325 zurück, als Kg. Johann v. Luxemburg Laun das Vorkaufsrecht für sein Dorf Z. zusicherte. Im 14. Jh. wurde hier eine Pfarrkirche gegr., im 16. Jh. ein Schloß erbaut. 1651 erwarb Ernst v. Schütz und Leopoldsheim die Herrsch. und ließ eine Barockresidenz erbauen, die 1665 eine neuerliche Umgestaltung erfuhr. 1715 entstand die St.-Jakobs-Kirche, die Meisterwerke böhm. Barockkunst vereint: Matthias Bernhard Braun übernahm die bildhauerische Ausgestaltung der Kirche. 1720 ging das Dominium an die Fam. Pachta v. Reihofen. Diese begründeten in Z. ein Orchester, in dem zahlr. bekannte Musiker und Komponisten wirkten. Die Musikschule wurde durch das Verdienst des hier geb. Komponisten Zdeněk Šesták in ganz Europa bekannt. 1835 wurde in Z. der Architekt Josef Mocker geb., der am Entwurf für die regotisierende Umgestaltung der Burg → Karlstein mitarbeitete. Trotz der unmittelbaren Nähe zur Sprachgrenze war die Bev. ausschl. tsch. Herkunft. – 1823: 505, 1921: 1325, 1990: 917 Eww.   (II) *Rd*

LV 270, Bd. 4, 445–448; LV 275, Bd. 7, 53ff.; LV 279, Bd. 14, 226; LV 283, Bd. 14, 38–45; J. Vesely, *Geschichte der fürstlich Schwarzenbergschen Besitzungen Citolib, Vršovic, Toužetin, Kornhaus und Jinonic*, Prag 1895.

Zlabings (Slavonice, Bez. Neuhaus). Das grenznahe Z. zeigt mit seinen um 2 Plätze gereihten, mit Sgraffiti geschmückten Renaissance-Häusern ein reiches hist. Stadtbild von seltener Geschlossenheit. E. 12. Jh. entstand zunächst eine Siedl. mit rom. Kirche um 1200 – seit 1414 die in der Vorstadt (Spitalgasse) gelegene Spitalkirche St. Johannes des Täufers. Z. fiel wohl vor 1200 zeitweise zu Österr. und gehörte seither – und bis ins 15. Jh. – zum Btm. Passau. Ein wenig weiter ö. wurde by M. 13. Jh. im Zuge der dt. Kolonisation das 1260 erstm. erwähnte Marktdorf Z. mit dreieckigem Marktplatz (Unterer Platz) an der Kreuzung wichtiger Fernhandelswege gegr. Seit dem Übergang der Herrsch. → Landstein-Neubistritz an die Wittingau-Landsteiner Linie der Witigonen M. 13. Jh. lag das mähr.-böhm.-österr. Dreiländereck 5 km w. von Z. (»Hoher Stein«). Gegr. oder bald nach der Gründung übernommen wurde das Marktdorf durch die Herren v. Neuhaus, die den Markt nach Erwerb der Herrsch. → Teltsch 1339 mit dieser administrativ vereinigten. 1280 entstand nw. von Z. die in den böhm. Ländern erste Fronleichnamskapelle mit Wallfahrt. Im 14. Jh. wurde Z., das 1354 erstm. als Stadt belegt ist, erweitert (Oberer Platz) und befestigt und mit dem Bau der neuen, dreischiffigen Pfarrkirche Mariä Himmelfahrt begonnen; sie wurde E. 15. Jh. vollendet, ihr Turm stammt von M. 16. Jh. Im 15. Jh. entfalteten sich städt. Selbstregierung und Zünfte, bes. Tuchmacher;

1450 verlieh Heinrich IV. v. Neuhaus Z. eine Stadtordnung. 2 Jahrmärkte wurden 1436 und 1497 bewilligt. Während der Huss.kriege
stand Z. auf kath. Seite. Die Befestigungen waren zwar verstärkt worden, doch brannten die Taboriten 1423 oder 1430 Vorstädte und
Fronleichnamskapelle nieder. Der Erneuerung des Kults nach der
Predigt des Franziskaners Johannes v. Capestrano in Z. 1452 folgte
1478–91 der zweischiffige Wiederaufbau der Kirche mit netzge-
wölbtem Chor. Die Kirchenbauten waren von der Blüte der spätgot.
Kunst (16 erhaltene Skulpturen) geprägt.
Im 16. Jh. wurde Z. zunächst Kurierposten, seit 1560 Station der regelmäßig verkehrenden Post Wien–Prag. Der Stadtherr, Zacharias v.
Neuhaus, Herr auf Teltsch, begünstigte den wirtsch. Aufstieg von Z.,
geriet aber zugleich in tiefen Konfessionsstreit mit der seit 1560
mehrheitlich, um 1600 rein luth. Stadt. Die prot. Bürger richteten
einen Betsaal ein, der in die Fronleichnamskirche verlegt wurde. Die
im Kern got. Bürgerhäuser mit kunstvoll gewölbten Maßhäusern erfuhren in dieser Zeit eine Umgestaltung in reichem Renaissancestil;
die Fassaden schmückte man mit Ornamenten und Bildprogrammen
in Sgraffitotechnik. Auch über Z. hinaus war die Baumeisterfam.
Estreicher (Österreicher) tätig. In der seit 1619 von ksl. Truppen besetzten Stadt begann 1622 die Rekatholisierung, die eine starke Abwanderung auslöste. 1645 von den Schweden gebrandschatzt, erholte
sich Z. nur mühsam von den Kriegsfolgen. Nach dem Aussterben der
Herren v. Neuhaus fiel die Stadt als Teil der Herrsch. Teltsch 1604 an
die Gff. Slawata, nach deren Aussterben 1693 an die Gff. Liechtenstein-Kastelkorn (seit 1762 Podstatský v. Liechtenstein). 1750 wurde
die Poststraße wegverlegt, so daß Z. endgültig zur Bedeutungslosig-
keit einer Ackerbürgerstadt absank, der die Stadt aber die Bewahrung
ihres im wesentlichen vom 16. Jh. geprägten Bildes verdankt. Seit
1850 im Bez. → Datschitz, ging Z. mit diesem 1960 an den Bez.
→ Neuhaus im südböhm. Kreis über. 1938 wurde Z. dem Sudetenland (Gau Niederdonau) zugeschlagen. – 1842: 2176, 1900: 2426 dt.
Eww., 1930: 2601, nach Zwangsaussiedl. der Dt. 1949: 1986, 1994:
2711 Eww.   (VII) *Me*

LV 472, 329ff.; L. Jirásko, Vývoj česko-rakouské hranice na Novobystřicku do 15.
století, in: JSH 46 (1977), 8–24; A. Kreuzer, Die Besiedlung des Raumes von Zlabings und Neubistritz, Geislingen/Steige 1973; O. Pechová, Slavonice. Městská památková rezervace, Praha 1967; H. Reutter, Die Stadt Zlabings, in: Südmährisches
Heimatbuch für Volk und Schule. Hg. v. A. Altrichter [u. a.], Nikolsburg 1923,
153–178; ders., Geschichte der Stadt Zlabings, in: ZVGMS 16 (1912), 1–83, 302–
373, 17 (1913), 29–113, 343–399; J. Sedlář/J. Sedlářová, Slavonice, Praha 1973; LV
290, Bd. II/82, bes. 25–91; LV 906, Bd. 3, 348–362; LV 294, Bd. 6, 481–541.

Žleb (Žleby, Bez. Kuttenberg). In der hügeligen Ebene ö. von → Časlau auf einer gestreckten Landzunge über dem r. Ufer der mittleren Doubravka, wo zu 1052 schon eine přemyslidische Verw.-Burg belegt ist, errichteten in den 1280er Jahren die Herren v. Lichtenburg eine 1289 erstm. erwähnte got. Burg, nach der sie sich benannten. Anežka v. Ž., die hier 1370 ein Hospital gründete, verkaufte den Besitz an die kgl. Kammer. Von dort gelangte die Burg in den folgenden Jahrzehnten an rasch wechselnde Pfandinhaber. Sie kam 1436 nach zweimaliger huss. Eroberung (1421, 1427) an Georg v. Dubá und Wiesenburg (†1450), der sie wieder aufbaute. Die Herrsch. war 1522–62 im Besitz der Bohdanecký v. Hodkov, 1575–1615 bei den Chotouchovský v. Nebovid, gehörte 1629–34 Gf. Johann Rudolf Trčka v. Leipa (†1634) und war schließlich 1754–1942 Sitz der Fstt. Auersperg. Die urspr. got. Burg erfuhr nach dem Wiederaufbau vor 1450 mehrere tiefgreifende Umgestaltungen; die heutige Gestalt als vierflügelige Anlage um einen trapezförmigen Hof mit Arkaden erhielt sie durch einen Renaissance-Umbau A. 17. Jh. und den spätbarocken Umbau nach 1754 unter Johann Adam v. Auersperg (†1795). Vinzenz Karl v. Auersperg (†1867) veranlaßte 1848–68 einen neugot. Umbau im Geist des engl. Romantizismus, wobei die Anlage um 3 Türme, eine Schloßkapelle und einen engl. Park ergänzt wurde; zuvor war 1822 auf dem Friedhof w. vor der Marienkirche die Grabkapelle der Fam. Auersperg errichtet worden. Gleichzeitig mit Burg und Herrsch.sitz entwickelte sich n. eine unbefestigte, durch 2 Tore zugängliche Vorburgsiedl. um einen ungefähr dreieckigen Marktplatz; sie wurde um 1353/56 zum Marktflecken, um 1540 Pfarrort mit der an der nö. Seite des Marktplatzes errichteten Marienkirche, erst 1853 allerdings Stadtgem., die 1869: 2324, 1991: 1339 Eww. aufwies.   (III) *Ke*

LV 905, Bd. 44, 411–465; G. Hofmann, Žlebsky cukrovar v letech 1810–1817, in: SSH 14 (1979), 175–185; LV 259, Bd. 6, 576–580; L. Letošníková, Anglický romantismus na zámku Žleby, in: PPé 29 (1969), 129–149; LV 952, Bd. 4, 857f.; LV 279, Bd. 12, 76–85; B. Štorm [u. a.], Žleby. Státní zámek a památky v okolí, Praha 1960; LV 906, Bd. 4, 436–442.

Zlin (Zlín). Die erste urk. Erwähnung des am w. Ausläufer der mähr. Walachei im bewaldeten Tal der Drzewnica, einem l. Zufluß der March gelegenen Z. stammt von 1322, als das Städtchen an Elisabeth v. Polen-Kalisch, Witwe Kg. Wenzels II., fiel. 1360 erwähnen die Quellen ein Kastell. Handwerk und Handel entfalteten sich vor allem um 1500; die Stadtherren residierten in einem später barockisierten Renaissance-Schloß, das im wesentlichen erhalten blieb (heute Heimatmuseum). Die Auswirkungen des 30jähr. Krieges vermochte die Stadt erst im 18. Jh. zu überwinden. Ohne größere Erfolge arbeitete seit 1779 in Z. zeitweilig eine Tuchmanufaktur, seit 1850 eine Streichholzfabrik. Seit E. 19. entwickelte sich das bis dahin kaum bekannte Z. zur »Schuhstadt«, nachdem der hier einheimische Tomáš Bat'a (1876–1932), dessen Vorfahren verm. seit dem 17. Jh. als Schuhmacher in Z. ansässig waren, nach 1894 seine anfänglich kleine Schuhmacherwerkstatt zu einer der größten Schuhfabriken überhaupt aufbaute. Ihren ersten Aufschwung verdankte die Fabrik vor allem den Lieferungen an das österr.-ungar. Heer im Ersten Weltkrieg (1914: 400, 1917: 600, 1927 8300, 1930: 21 259 Arbeiter). Neben der Massenherstellung von Schuhen, die größtenteils für den Export bestimmt waren, erzeugte der Konzern Treibriemen, Autoreifen und Kunstseide. Zu der Schuh-, Leder- und Strumpfherstellung trat später chemische Industrie (Barum-Reifenwerke), Maschinen- und Flugzeugbau, was ebenfalls zu einer erheblichen Ausdehnung des städt. Areals beitrug. Die funktionalistische Architektur, die Z. das Aussehen einer Gartenstadt verlieh, repräsentiert eine damals herausragende urbanistische Innovation. Am Ausbau der modernen Stadt beteiligten sich bekannte Architekten wie Jan Kotěra, Vladimír Karfík und František Lydie Gahura. – 1949 wurde das erstm. 1321 urk. erwähnte Dorf Malenowitz, seit 1406 als Städtchen belegt, eingemeindet; 1949–89 trug Z. den Namen Gottwaldov nach dem aus Mähren stammenden tschsl. komm. Politiker Klement Gottwald (1896–1953). – Neben der Friedhofskapelle St. Rochus (1701) zählt die St.-Nikolaus-Kirche zu den erwähnenswerten Baudenkmälern. – 1880: 2793 (davon 50 Dt.), 1921: 4676, 1930: 21 582 (davon 286 Dt.), 1950: 40 000, 1991 nahezu 84 000 Eww.　　　　(V) *Šta/Krz*

LV 253, Bd. 7, 200–217; LV 259, Bd. 1, 98f.; H. Lackner, Vom Schusterhandwerk zur Großindustrie: Das Beispiel Bat'a, in: LV 392, 347–354; B. Lehár, Dějiny Bat'ova koncernu (1894–1945), Praha 1960; Z. Pokluda, Dějiny malenovického hradu, in: GMS (1986), 111–197; ders., Kapitoly z dějin Zlína, in: GMS (1987), 63–188; ders., Sedm století zlínských dějin, Zlín 1991; ders./V. Štroblík, Počátky průmyslu a formování dělnické třídy v Gottwaldově-Zlíně, in: GMS (1981), 7–42; J. Polišenský, Ekonomická a sociální struktura Zlína na přelomu 16. a 17. století, in: GMS (1979), 105–109; ders., Ekonomický a sociální vývoj Zlína v první polovině 17. století, in: GMS (1980), 99–136; ders., Hospodářská a sociální skladba Zlína na přelomu 17. a 18. století, in: GMS (1982), 123–133; ders., Zlín po třicetileté válce, in: GMS (1981), 7–42; K. Stloukal, 550 let města Zlína, Zlín 1947; LV 4 (Gottwaldov), 101–167.

Zlonitz (Zlonice, Bez. Kladno). Das 7 km n. von → Schlan in hügeliger Landschaft gelegene heutige Städtchen Z. mit seinem Schloß wird für 1318 als Sitz des niederen Adels erwähnt. Um 1350 wurde auf einem Hügel die Burg Stauf erbaut, die möglicherweise als kgl. Feste diente. Nach häufig wechselnden Besitzverhältnissen im 15. Jh. erwarb 1535 Andreas Tatek v. Kuří und nach ihm Wenzel Valkoun

v. Adlar den Ort; letzterer ließ die Burg um 1560 umbauen. Z. stieg zum Zentrum der Herrsch. auf. Um 1602 ließ Bohuchval Valkoun v. Adlar (†1653) die Burg zu einem Renaissance-Schloß umbauen. Als Strafe für seine Beteiligung am Ständeaufstand 1618–20 mußte er als Kath. lediglich eine Geldstrafe zahlen. 1705 konnten die Herren Valkoun v. Adlar eine Erhebung zum Städtchen durchsetzen, 1707 jedoch verkauften sie die Herrsch. an Gf. Norbert Leopold Libštejnský v. Kolovrat. 1721 erwarb sie Philipp Joseph Kinsky v. Wchynitz und Tettau. Vor 1750 erhielt Z. nach Plänen von Kilian Ignaz Dientzenhofer und Franz Maximilian Kaňka ein barockes Aussehen. Beherrscht wird Z. von der 1727–35 umgebauten Kirche Mariä Himmelfahrt, die seit 1752 Pfarrkirche ist. Nach einer Feuersbrunst 1758 büßte das Schloß seine Renaissance-Gestalt ein und wurde in eine Kanzlei umgewandelt. Bis 1945 befand sich Z. im Besitz der Fam. Kinsky. – 1845: 761, 1900: 2434, 1950: 2072 und 1991: 1567 Eww.
(II) *Žem*

LV 259, Bd. 3, 535; LV 769, Bd. I/7, 127, 288–300; V. Přibyl, Zlonitz, Praha 1995; LV 279, Bd. 8, 207ff.; LV 283, Bd. 13, 101–109; LV 905, Bd. 20, 419–437; V. Tvrdý, Walkounové z Adlaru. Ku dvoustoleté památce založení fundačního kaplanství ve Zlonicích, Zlonice 1894; LV 906, Bd. 4, 371–374.

Znaim (Znojmo). Am Beginn der ma. Entw. von Z. stand ein die Furt über die Thaya beschützender Burgwall (Hradiště) aus großmähr. Zeit an dem aus dem mittelböhm. Raum in den Donauraum führenden Handelsweg. Der Burgwall, der rund 900 m nö. von jener Furt entfernt auf einer Anhöhe über dem l. Flußufer lag, wurde in přemyslidischer Zeit vor 1037 durch die über dem l. Steilufer des Flusses in unmittelbarer Nähe der Furt errichtete Burg ersetzt, deren Lage auf dem exponierten Felssporn strategisch weit günstiger war als die des älteren Burgwalls. Im Zuge des Ausbaus der Burgenverfassung und des milit. Gefolgschaftswesens unter dem 1035–55 in Böhmen und Mähren herrschenden Hzg. Břetislav I. und als Folge des Verlusts des Gebiets zwischen Thaya und Donau für Mähren erhielt die Burg die Funktion einer der Hauptgrenzfestungen in Südmähren gegenüber der österr. Mark der Babenberger bzw. dem Hzt. Österr.; aus der Vorburgsiedl. bzw. den dörfl. Siedl. ö. der neuen Burg erwuchs die 1226 durch Kg. Přemysl Otakar I. privilegierte kgl. Stadt, die nach ihrer Entstehung als Musterbeispiel eines aus gewachsener und geplanter Siedl. hervorgegangenen städt. Mischtyps gelten kann. – Hradiště und die dort im Lauf der Zeit entstehende Siedl. mit dem Kl. Pöltenberg erscheint in den Quellen seit 1671 als eigenes Städtchen; 1920 wurde es der Stadt Z. angegliedert.
Die přemyslidische Burg wird anläßlich der Bestätigung des Benediktinerkl. → Raigern durch Hzg. Břetislav I. 1048 als Sitz eines hzgl.

Burggf. und eines Truchsessen erstm. urk. erwähnt. 4 Jahre später erscheint sie in einer Urk. des gleichen Hzg. über Abgaben auf die über die Thaya führenden Brücken als civitas. Nach der auf Grund der Senioratsverfassung Břetislavs I. (1055) erfolgten Teilung Mährens in die Teilfstm. Brünn, Olmütz und Z. fiel die Herrsch. über das Teilfstm. Z. an Fst. Otto I. den Schönen (†1087), der jedoch schon 1061 das Teilfstm. Olmütz übernahm. Über längere Zeit hinweg war Z. nun Residenz přemyslidischer Teilfstt.; 1146 wurde die Burg als castrum munitissimum bezeichnet. In den damaligen innerfamiliären Auseinandersetzungen zw. Konrad II. und dem böhm. Hzg. und späteren Kg. Vladislav II. wurde die ö. der Burg gelegene Vorburg um 1146 durch das Heer des letzteren schwer beschädigt. Die Grenzlage der Burg spiegelt sich in mehreren frühen Ereignissen ihrer Geschichte wider: Im Herbst des Jahres 1100 wurde auf der Burg (in urbe) die Vermählung Bořivojs, des nachmaligen böhm. Hzg. (Bořivoj II.) mit Gerberga, der Schwester Mkgf. Leopolds III. v. Österr., gefeiert; 1176 wurde Z. bei einem durch Besitzansprüche an der Grenze ausgelösten Zug des österr. Hzg. Heinrich II. Jasomirgott gegen den böhm. Hzg. Soběslav II. und den mit diesem verbündeten Konrad II. Otto v. Z. erneut beschädigt. Auf das Ganze gesehen blieb die Grenze im Bereich von Z. jedoch über die Jhh. weitgehend stabil. Von der im MA als Verw.-Mittelpunkt dienenden Burg sind in der heutigen Schloßanlage noch beträchtliche Reste, darunter der Palas und der achteckige Bergfried, erhalten. Früh gewann Z. Bedeutung als kirchliches Zentrum. Das ehem. großmähr. Burgzentrum Hradiště befand sich zu E. 11. Jh. nachweislich im Besitz der přemyslidischen Fstt.; die dortige Kirche mit dem nach St. Pölten im alten Btm. Passau weisenden Patrozinium St. Hippolyt wurde 1221 zu einer Weltpriesterpropstei erhoben. Im Mauerwerk der heutigen barocken Kirche sind noch rom. Reste des 11. Jh. vorhanden. Die in der Vorburg der neuen přemyslidischen Burganlage errichtete Marienkapelle (1. H. 11. Jh.) gilt als älteste erhaltene Rotunde Mährens; sie trug später das Patrozinium der hl. Katharina. Die die Innenwand und Kuppel bedeckenden rom. Wandmalereien wurden seit der Entdeckung einer um 1300 entstandenen Inschrift mit der Nennung Fst. Konrads I. als »secundus fundator« und der Jahreszahl 1134 mit einer damals erfolgten Instandsetzung verbunden, ein Zeitansatz, der jedoch neuerdings in Frage gestellt wird. Ikonographisch umfaßt der wohl von 4 Künstlern geschaffene Freskenzyklus mariologische Szenen, Darstellungen der Herkunftssage und Genealogie der Přemysliden, die letzteren auf der Grundlage der Überlieferung des Cosmas v. Prag, im Gewölbe Engel und Evangelisten, in der Apsis über dem Altar den Weltenrichter. – Neben den beiden Kirchenbauten innerhalb der Burgareale

entstanden wohl bereits im 12. Jh. in der Vorburg im O der Burg die
beiden Kirchen St. Nikolaus und St. Michael, die 1226 in einem kurz
vor der Stadtgründungsurk. des gleichen Jahres geschlossenen Vertrag
über die Abgrenzung der Pfarreirechte erstm. urk. als Pfarrkirchen
belegt sind. 1190 gründeten Konrad II. Otto v. Z. und seine Mutter
Maria am Thayaübergang l. des Flusses die auf den Titel Mariä Himmelfahrt und zu Ehren des hl. Wenzel geweihte, mit Prämonstra-
tenserchorherren aus Strahov besiedelte Kanonie Klosterbruck. Zur
reichen Gründungsausstattung gehörte u. a. die Thayabrücke, die
dem Kl. den Namen gab. Von der rom. Kl.kirche ist die zweischiffige
Krypta erhalten.
Von entscheidender Bedeutung für die weitere Entw. von Z. war die
förmliche Erhebung der präurbanen Siedl. auf dem Areal der Vorburg zur Stadt durch Přemysl Otakar I. 1226. Im Gegensatz zur unregelmäßigen Anlage des w. Teiles der Stadt ist jene im sö. Teil um
den vom Rathaus zum Unteren (Wiener) Tor leicht abfallenden Unteren Platz planmäßig erfolgt. Von dem n. des Rathauses gelegenen
nahezu dreieckigen Oberen Platz war der Weg zu den beiden Pfarrkirchen und den Bettelordensniederlassungen ungefähr gleich weit
(etwa je 200 m); von ihm ging zudem der Weg zur hzgl. Burg aus. Er
stellte somit nach seiner Funktion den älteren Hauptplatz der Stadt
dar. Von dem zur ältesten Stadtbefestigung aus der 2. H. 13. Jh. gehörigen Unteren Tor ist noch der Wolfsturturm erhalten. Das nahezu
trapezförmige Stadtareal umfaßte rund 28 ha. Das spätgot. Rathaus
wurde 1945 zerstört und durch einen Neubau ersetzt; erhalten blieb
jedoch der von Nikolaus v. Edelspitz 1445–48 errichtete, als Wahrzeichen der Stadt geltende Uhrturm in der Füttergasse. 1298 erscheint
erstm. ein dem Rat vorstehender Bürgermeister. Seit 1328 ist das
Stadtsiegel mit dem geschachtelten mähr. Adler belegt, der später –
mit aufgelegtem Z – auch im Stadtwappen erscheint. 1278 erteilte
Kg. Rudolf I. v. Habs. der Stadt nach Vorbild des Wiener Stadtrechts
das älteste Stadtrecht. 1307 bestätigte Kg. Heinrich v. Böhmen und
Polen ihre Rechte und gewährte ihr zugleich alle vergleichbaren
Rechte der Altstadt Prag. Z. erhielt damals, wenngleich nur für kurze
Zeit, das Recht der freien Richterwahl durch die Gem. Um 1340
legte der städt. Notar Ortolf das erste Stadtrechtsbuch an. Seit dem
13. Jh. war Z. auch Sitz eines Landgerichts.
Z. lag an der Sprachgrenze. Von Beginn an lebten in der Stadt Dt. und
Tsch. Im Rat überwogen nach den für die Zeit 1285–1434 vorlie-
genden Quellen die dt. Ratsherren: 1285 stehen neben 7 dt. Namen 1
tsch. und 1 nicht bestimmbarer; 1324: 10:1:2; 1356: 14:0:3; 1391:
13:1:7; 1401: 12:1:7; 1408: 5:1:1; 1420: 16:2:1; 1434: 26:2:0. Die
Auszählung der Losungsregister ergibt folgendes Bild: 1363:

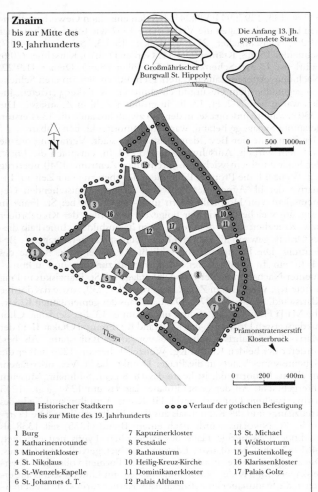

Znaim
bis zur Mitte des
19. Jahrhunderts

Die Anfang 13. Jh.
gegründete Stadt

Großmährischer
Burgwall St. Hippolyt

Thaya

N

0   500   1000m

Thaya

Prämonstratenserstift
Klosterbruck

0   200   400m

■ Historischer Stadtkern   ○○○○ Verlauf der gotischen Befestigung
bis zur Mitte des 19. Jahrhunderts

1 Burg	7 Kapuzinerkloster	13 St. Michael
2 Katharinenrotunde	8 Pestsäule	14 Wolfstorturm
3 Minoritenkloster	9 Rathausturm	15 Jesuitenkolleg
4 St. Nikolaus	10 Heilig-Kreuz-Kirche	16 Klarissenkloster
5 St.-Wenzels-Kapelle	11 Dominikanerkloster	17 Palais Goltz
6 St. Johannes d. T.	12 Palais Althann	

347:86:133; 1397: 944:326:341. Bei den einzelnen Gewerbetreibenden (ohne Erbe) lagen die Verhältnisse 1397 wie folgt: Tuchmacher
11:2:1; Fleischhacker 21:2:4; Bäcker 15:3:3; Schmiede 14:0:7;
Schneider 15:9:8; Krämer 26:3:11; Gerber 11:6:10; Kürschner 6:0:6;
Fuhrleute 13:3:4; Schenken 18:9:7; Höker 18:6:5; Diener 41:9:22.
Nach den letzteren Zahlen waren Tsch. nur in den ärmeren Schichten gegenüber dem Gesamtdurchschnitt etwas stärker vertreten. Juden waren bereits 2. H. 13. Jh. in größerer Zahl in Z. ansässig. Die
1330 erwähnte Judengasse, in der sich zweifellos auch die 1341 erstm.
genannte Synagoge befand, war dem Minoritenkl. benachbart.
Der Zunahme der Bev., dem Ausbau der städt. Verfassungsorgane
und dem wirtsch. Aufschwung im 13./14. Jh. entsprach die Entw.
der Stadt zu einem wichtigen kirchlichen Zentrum. 1240 übertrug
Kg. Wenzel I. die Propstei Pöltenberg der eben zu jener Zeit auf Initiative der hl. Agnes, der Schwester Wenzels, entstehenden Gemeinschaft von Hospitalbrüdern und -schwestern bei St. Franz in
Prag, aus welcher sich in der Folgezeit der Orden der Kreuzbrüder
bzw. Kreuzherren mit dem roten Stern herausbildete. Innerhalb dieses Ordens gewann die Propstei Pöltenberg später herausragende Bedeutung. Die heutige Kirche schließt Reste der rom. Kirche des
11. Jh. ein. In unmittelbarer Nachbarschaft zur Burg und in konse-
quenter Nachahmung der Doppelkl.anlage bei St. Franziskus in Prag
stiftete Kg. Wenzel I. in Z. das Minoritenkl. (1239) sowie das dortige
Klarissenkl. (wahrsch. 1273). Das Langhaus der gemeinsamen Kl.kir-
che Mariä Himmelfahrt stammt noch vom E. 13. Jh., der lange Chor
aus dem ersten Drittel 14. Jh.; 1279 fand Kg. Přemysl Otakar II. in der
Mariä-Himmelfahrts-Kirche eine vorläufige Ruhestätte. Als bes.
Förderer der beiden Kl. trat Kg. Wenzel II. hervor. 1296 ließ er die
Gebeine seines Vaters in die Prager Domkirche St. Veit übertragen.
Im ehem. Minoritenkl. ist heute das 1878 gegr. Südmähr. Museum
untergebracht. An der ö. Stadtmauer lag das um 1230 gegr., 1243
erstm. erwähnte Dominikanerkl. Hl. Kreuz. Von ihm sind Teile des
Kreuzgangs und des Kapitelsaals aus dem 15. Jh. erhalten. Die Pfarrkirche St. Nikolaus wurde nach einem Brand (1335) seit 1338 als
mächtige dreischiffige Halle des Parlerschen Typus neu errichtet;
1461–67 schuf Nikolaus v. Edelspitz das Netzgewölbe des Chores.
Die zweigeschossige, um 1520 in spätgot. Formen vollendete Wenzelskapelle im SW der Nikolauskirche geht im Untergeschoß auf einen in die Stadtmauer eingefügten rom. Karner zurück; sie dient heute dem orthodoxen Kultus. Seit M. 13. Jh. war Z. Sitz eines Olmützer
Archidiakonats. Die Äbte von Klosterbruck waren seit 1386 infuliert.
Während der Huss.zeit erlitt Klosterbruck schwere Beschädigungen.
1440–47 erbaute Nikolaus v. Edelspitz den spätgot. Chor der Abteikirche.

Die städt. Befestigungsanlagen wurden in der Regierungszeit Kg. Georgs v. Podiebrad erneuert und A. 16. Jh. durch einen dritten Mauerring mit halbrunden Basteien und Basteitürmen verstärkt. Eine farbige Miniatur im Stadtrechtsbuch von 1523 und der nach einer Zeichnung des Johann Willenberg angefertigte Holzschnitt von Z. im »Spiegel der berühmten Mkgft. Mähren« des Bartholomäus Paprocki von 1593 halten den Zustand der Befestigungen im 16. Jh. fest. Die in großer Zahl erhaltenen Renaissance- und Barockhäuser zeugen vom Reichtum der Bürger und des in Z. lebenden Adels. Im Handel Nürnbergs mit Ungarn bildete Z. seit dem späten MA eine wichtige Station. Im 15. Jh. zählten Büchsen, seit dem 16. Jh. Tonwaren zu begehrten Handelsobjekten. 1571 führte Abt Georg II. v. Klosterbruck den Gurkenanbau nach ungar. Vorbild in Z. ein. In den konfessionellen Auseinandersetzungen des 15. Jh. blieb die Stadt kath. und royalistisch. Kg. Sigismund, der sich schon 1421 in Z. aufgehalten hatte, starb hier auf der Reise nach Ungarn am 9.12.1437. Die Beisetzung fand dann in Großwardein statt. Im Herbst 1451 hielt sich Johannes v. Capestrano in Z. auf. Wohl auch als Folge dieses Besuchs wurde das bisherige Kl. der Minoriten 1461 den Franziskanerobservanten übertragen. 1453 schlossen in Z. Gf. Ulrich v. Cilli als Vertreter Österr. und Georg v. Podiebrad eine Vereinbarung über die Kompaktaten. Die Ref. des 16. Jh. fand in Z. breiten Anhang. In der Zeit der Kath. Reform wirkte bes. der Klosterbrucker Abt Gf. Sebastian Freitag v. Čepyroch (1572–85) im Sinn der Beschlüsse des Tridentinums; er gewann die 14 Klosterpfarreien, darunter auch die Stadtpfarrei in Z., für das kath. Bekenntnis zurück, wirkte für die Reform seines Ordens und errichtete im Kl. ein Gymnasium sowie eine Druckerei, die bis 1607 arbeitete. St. Michael erhielt den auf dem Holzschnitt Willenbergs bes. hervorstechenden, von Lucius Marekker 1581–84 erbauten mächtigen Turm, der allerdings bereits 1642 einstürzte. Zu den älteren Ordenshäusern in der Stadt traten in der Gegenref. die Niederlassungen der Jesuiten und Kapuziner hinzu. Erstere zogen 1624 in Z. ein; sie erhielten die Kirche St. Michael, die in den folgenden Jahrzehnten barockisiert wurde. Kolleg (heute Bez.-Archiv) und Gymnasium wurden neu errichtet. Die 4 Jahre später nach Z. gerufenen Kapuziner wurden am unteren E. des Unteren Platzes angesiedelt; die dem hl. Johannes dem Täufer geweihte Kl.kirche entstand 1628–32. Als Zeichen neuer Blüte auch in den älteren Kl. von Z. sind die rege Bautätigkeit und die reichen Neuausstattungen im Stil der Zeit unter Beteiligung hochrangiger Künstler zu werten: Die Dominikanerkirche Hl. Kreuz wurde 1653–77 neu gebaut; sie erhielt nach 1730 eine neue Zweiturmfassade; in Klosterbruck entstanden seit 1748 nach Plänen des Johann Lucas v.

Hildebrandt die monumentalen Kl.gebäude; die 1765–68 erbaute Pöltenberger Kirche erhielt 1778 Deckenfresken von Franz Anton Maulbertsch. In der M. des Unteren Platzes wurde 1679–82 die Mariensäule aufgestellt. Ausdruck des geistig-rel. Aufschwungs im 17./18. Jh. sind die Bemühungen um die Kl.bibliotheken, so in Pöltenberg und Klosterbruck, aber auch bei den Dominikanern und Kapuzinern. Unter den Klosterbrucker Konventualen ragte Wenzel Prokop Diviš (†1765) als Gelehrter hervor; er stellte 1754 in der von ihm versehenen Pfarrei Brenditz den ersten Blitzableiter auf. Gut ein Jahrzehnt nach der allg. Aufhebung des Jesuitenordens und der Schließung des Jesuitenkollegs in Z. wurden 1784 die Kl. Pöltenberg und Klosterbruck sowie das Kapuzinerkl. säkularisiert.

In jüngerer Zeit war Z. mehrfach Schauplatz pol. Ereignisse. 1632 wurde hier der Vertrag zw. Ks. Ferdinand II. und Albrecht v. Wallenstein geschlossen. 1742 wurde die Stadt von Friedrich dem Großen besetzt. 1809 fand bei der Stadt das Gefecht zw. der Nachhut Ehzg. Karl v. Österr. und den Franzosen unter den Marschällen Auguste Frédéric Louis Viesse de Marmont (1774–1812) und André Masséna (1758–1817) statt; am Tag darauf schlossen Österr. und Franzosen den Waffenstillstand von Z.; 1866 war Z. fast 2 Monate lang von preuß. Truppen besetzt. Tiefgreifende Änderungen des gewachsenen Stadtbildes brachten der Umbau bzw. die Abtragung der Burganlage im 17./A. 18. Jh. sowie das Ersetzen der Befestigungen durch Grünanlagen im 19./A. 20. Jh.; die von Ks. Joseph I. an Maximilian Franz Frh. v. Deblin und dessen Bruder verkaufte Burg wurde 1710–21 verm. nach Plänen des Johann Bernhard Fischer v. Erlach zu einem Schloß umgebaut; seit 1784 als Spital und Kaserne genutzt, dient es seit 1921 dem Südmähr. Museum. Im 19./A. 20. Jh. gewann die bis 1918 zu 80–90% von Dt. bewohnte Stadt als Verw.- und Schulzentrum, Verkehrsknotenpunkt, Mittelpunkt des Obst- und Gemüseanbaus, Handels- und Industriestandort sowie als Garnisonsstadt wachsende Bedeutung. Neben allg.bildenden Schulen entstanden eine Fachschule für Tonindustrie (um 1870), aus der der am Ort geb. Bildhauer Hugo Lederer (1871–1940) hervorging, sowie Acker- und Weinbauschulen. Verarbeitet wurden in Z. vor allem Ton, Gemüse und Obst, weiterhin auch Holz und Leder. 1869/71 wurde Z. an das Eisenbahnnetz angeschlossen. Der Anschluß an die Nordwestbahn Wien–Tetschen zog die Ansiedl. von Großbetrieben nach sich; eine Zweigbahn nach → Grusbach verband jene mit der Nordbahn Wien–Brünn. Auf der Nordwestbahnstrecke wurde s. der Stadt der 200 m lange und 45 m hohe Thayaviadukt errichtet. 1900 wurde an der Straße nach Klosterbruck das Stadttheater erbaut. Die Eww.-Zahl betrug 1880: 12254, 1900: 16239. Pöltenberg und Klosterbruck

hatten A. 20. Jh. etwa 405 bzw. 1150 Eww.; nach Eingemeindung
der beiden Orte betrug die Gesamteww.-Zahl von Z. 1935 etwa
26 000, 1948: 19 700, 1989: 39 000 Eww. (VII) *Ma*

H. Bornemann, Znaim. Das Stadtrechtsbuch von 1523, Geislingen/Steige 1992; G.
Chaloupka, Řemesla a živnosti ve Znojmě v době předhusitské, in: VMM 16 (1961–
64), 50–75; H. Einhorn, Chronik der jüdischen Gemeinde in Znaim, Makabi 1923;
A. Friedl, Královská kaple sv. Kateřiny ve Znojmě, Praha 1953; ders., Přemyslovci ve
Znojmě. Ikonografie posvátného oráče v českém mythu, Praha 1966; L. Havlík,
Znojmo. Z minulosti města a jeho okolí, Brno 1956; A. Hübner, Znaims geschichtliche Denkwürdigkeiten, Bde. 1–3, Znaim 1843–54; R. M. Kaplan, Paměti domi-
nikanského kláštera sv. Kříže ve Znojme, Znojmo 1931; B. Klíma, Nová etapa archeologických vyzkumů Znojma–Hradiště, in: JM 25 (1989), 125–144; A. Kreuzer,
Frühe Geschichte in und um Znaim, Geislingen/Steige 1971; B. Krzemieńska, Moravští Přemyslovci ve znojemské rotundě, Ostrava 1985; LV 875, 494–499; D. Líbal
[u. a.], Znojmo. Městská památková rezervace a památky v okolí, Praha 1964; LV
755, 140; J. Mezník, Znojmo na rozhraní 14. a 15. věku, in: ČMM 83 (1964), 175–
204; LV 4 (Znojmo); F. V. Peřinka, Dějiny kláštera luckého u Znojma od založení
do válek husitských (1190–1425), in: SHK 1 (1900), 109–118, 176–182, 234–239;
LV 290, Bd. II/76, 47–143; K. Polesný, K založení města Znojma, Znojmo 1926; V.
Podborský/V. Vildomec, Pravěk Znojemska, Brno/Znojmo 1972; V. Richter
[u. a.], Znojmo, Praha 1966; M. Scholz, Pöltenberg, Znaim 1899; M. Švábenský,
Jesuité v Znojmě 1243–1773. Inventář, Brünn 1954; ders., Křižovníci Znojmo
1226–1942. Inventář, Brno 1970; D. Třeštík, Objevy ve Znojmě, in: ČsČH 35
(1987), 548–576; A. Vrbka, Chronik der Stadt Znaim, Znaim 1902; ders., Gedenkbuch der Stadt Znaim 1226–1926, Nikolsburg 1927; ders., Das Municipalrecht der
Stadt Znaim 1523, Znaim 1931; LV 793, 402 (Reg.).

Zöptau (Sobotín, Bez. Mährisch Schönberg). Das zur Herrsch.
→ Wiesenberg gehörende Dorf Z., 10 km nö. von → Mähr. Schönberg, wurde erstm. 1351 anläßlich der Zuweisung des Mähr. Schön-
berger Dekanats an das neu gegr. Btm. → Leitomischl in einer päpstlichen Urk. erwähnt. Das Erbgericht von Z. erscheint erstm. 1475.
Ab 1504 gehörte Z. zur Žerotínschen Herrsch. → Groß-Ullersdorf
und seit A. 17. Jh. zu deren neu errichteter Herrsch. Wiesenberg.
1605 wurde anstelle eines Bethauses die 1780 und 1792 erweiterte
prot. Kirche St. Laurentius errichtet; A. 17. Jh. befanden sich in Z. ein
Hochofen, ein Eisenhammer, eine Gießerei und eine Schmelzerei.
Nach dem 30jähr. Krieg entwickelte es sich zum Zentrum der nordmähr. Eisenindustrie. Gf. Anton Friedrich Mitrowsky v. Mitrowitz
und Nemischl, inzw. Besitzer von Wiesenberg, übernahm 1840 die
Werke in Z.; Wiesenberg und Z. kamen nach Mitrowskys Tod an die
Fam. Klein, welche die Eisenbahnlinie Prag–Olmütz baute. 1865
wurden die Werke in Z. von der Herrsch. Wiesenberg losgelöst.
Nach 1880 geriet der Konzern in Schwierigkeiten, das Werk wurde
stillgelegt. Das bis 1945 im Besitz der Fam. Klein befindliche Schloß
entstand nach 1840 durch den Umbau des ehem. Eisenbacher Waf-

fenwerks im Stil des Historismus und ist seit seiner Restaurierung Hotel. In einem Parkareal r. der Straße steht das Mausoleum der Fam. Klein. Durch die Industrialisierung stieg die Bev. stark an (1869: 2069 Eww.). Die überwiegend dt. Bev. (1930: 1327 dt. und 88 tsch. Eww.) wurde nach dem Zweiten Weltkrieg vertrieben (1991: 1124 Eww.).							(IV) *Lb*

LV 254, Bd. II/2, 265f.; K. Haubertová, Odpor poddaných ze Sobotína a Rudoltic proti Janovi ze Žerotína, in: SMor 11 (1965), 22–27; LV 253, Bd. 4, 118f.; LV 950, Bd. 2, 474; LV 259, Bd. 2, 215; Zd. Kříž, Zámecké parky okresu Šumperk, Šumperk 1971, 30–34; LV 266, 429ff.; F. Procházka, Vznik a zánik železáren v Sobotíně, in: SKVMO 4 (1956–58), 191–213; H. Schön, Die ehemaligen Eisenhämmer des Alt-vaterlandes, in: MSH 18 (1973), 65–81.

Zruč nad Sázavou (Bez. Kuttenberg). Der am r. Ufer der Sazawa, 14 km n. von → Ledeč gelegene Ort wird 1335 erstm. erwähnt. Er war von 1364–1433 im Besitz der Herren v. Kolovrat, danach ge-hörte er bis 1547 den mit ihnen verwandten Zručský v. Křenowitz und seit 1553 den Kalenický v. Kalenice, bis 1623 der Besitz von Albrecht Bavor Kalenický v. Kalenice wegen Beteiligung am Stän-deaufstand konfisziert wurde. Im 30jähr. Krieg litten Dorf und Herrsch. großen Schaden, wodurch es auch zu häufigem Besitzer-wechsel kam. Zuletzt war die Herrsch. 1885–1948 Eigentum der Fam. Schebek. – Die Burg auf einer Anhöhe über der Stadt am Fluß-ufer ist zwar erst 1540 erstm. schriftlich belegt, muß aber schon E. 14./A. 15. Jh. errichtet worden sein. Unter den Kalenický v. Kalenice wurde sie in der 2. H. 16. Jh. zu einem vierflügeligen Renaissance-Schloß umgebaut; einen weiteren größeren Umbau veranlaßte im neugot. Stil erst Jan Schebek 1891–94. Am w. Rand des Schloßparks, wo die Flurbezeichnung »Na starém zámku« (Am alten Schloß) überliefert ist, sind Reste einer sonst unbekannten älteren Burganlage erhalten. Vor dem Schloß befindet sich die Kreuzerhöhungskirche, urspr. ein frühgot. Bau vom E. 13. Jh., dessen Schiff nach dem Brand von 1781 neu errichtet wurde. – 1869: 1236 und 1991: 5264 Eww.
							(III) *Ke*

LV 259, Bd. 6, 557ff.; LV 952, Bd. 4, 787f.; LV 906, Bd. 4, 374.

Zuckmantel (Cukmantl, seit 1949 Zlaté Hory, Bez. Freudenthal). Das 14 km nö. von → Freiwaldau gelegene Z. wurde 1263 als »Cuc-mantel« erstm. erwähnt. Die dortigen Goldgruben im Grenzgebiet zw. Mähren und Schles. waren schon seit 1222 Gegenstand von Aus-einandersetzungen zw. dem Bf. v. Breslau und dem Mkgf. v. Mähren, später mit dem Hzg. v. Troppau. Unter Troppauer Herrsch. wurde das als suburbium zur Burg Edelstein (um 1225) gehörende Z. vor 1306 zur dt.rechtl. Stadt mit Magdeburger Stadt- und Iglauer Bergrecht erhoben. Nach einigen Herrschaftswechseln gehörte Z. 1467–1742 endgültig zum schles. Fstm. Neisse und unterstand damit den Bff. v. Breslau. Bei der Rückeroberung 1467 wurde die schon vor 1455 ausgebrannte Burg Edelstein von Bf. Jodok v. Rosenberg als Sitz der Huss. unter Johann v. Žerotín völlig zerstört. Im 15.–17. Jh. nannte man Z. auch Edelstadt nach der verfallenen und heute von Buchenwald bewachsenen Burgruine Edelstein. E. 15. Jh. erlebte der Bergbau einen Aufschwung, der bes. von dem aus einer Bergbauunternehmerfam. stammenden Bf. Johannes V. Thurzó gefördert wurde. Zwar besetzten schwed. Truppen während des 30jähr. Krieges Z. zweimal, doch war die Stadt nicht Schauplatz von Kampfhandlungen. Sie gehörte im 17. Jh. neben Neisse und → Freiwaldau zum Zentrum der schles. Hexenprozesse. Der als Hexenrichter in → Mähr. Schönberg und → Groß-Ullersdorf berüchtigte Franz Heinrich Boblig v. Edelstadt stammte aus Z.; seit dem 16. Jh. wurde neben dem Bergbau zusätzlich auch Leinweberei (1666: 60 Meister) betrieben. Ab 1742 gehörte Z. zu Österr.-Schles.; mehrere Stadtbrände (1602, 1699, 1702, 1821) sowie die Plünderung und Einäscherung durch die Preußen 1741 zerstörten einen Großteil der hist. Bausubstanz. Einige barocke Bürgerhäuser haben sich in der langgestreckten Stadtanlage jedoch bis ins 20. Jh. erhalten. Zum Gedenken an die Pest wurde w. der Stadt die 1664 vollendete Rochuskirche erbaut. Die Kirche Mariä Himmelfahrt aus dem 15. Jh. wurde um 1700 barock umgebaut. Die barocke Alte Post aus dem 17. Jh. ist seit 1936 Bergbaumuseum. Seit E. 19. Jh. befand sich ein kleiner jüd. Friedhof in Z., der nach 1880 aufgelöst wurde. Der Bev.-Anteil der Tsch. stieg allmählich an (1921: 4113 Eww., davon 33 Tsch.; 1930: 4473 Eww., davon 126 Tsch.). Nach der Vertreibung der Dt. 1947 sank die Bev.-Zahl auf 1727, um dann langsam wieder anzusteigen (1949: 2190, 1991: 4550 Eww.). Nach dem Zweiten Weltkrieg bot Z. 2000 komm. Griechen Asyl. Neben etwa 1000 Tsch. lebten hier auch rund 1000 Slowaken. 1756 wurden in Z. Elisabeth Vitz, die Mutter von Franz Schubert, der Dichter Viktor Heeger (1858–1935), sowie die jüd. Bildhauerin und Graphikerin Alžběta Turoltová (1902–66) geb. (IV) *Lb*

LV 950, Bd. 1, 147ff.; LV 259, Bd. 2, 65; B. König, Bergordnungen und Freiheiten der Breslauer Fürstbischöfe für die Goldbergwerke von Zuckmantel und Obergrund, in: ZGKS 6 (1910–11), 131–168; T. Kruťa, Dějiny dolování ve Zlatých horách (Cukmantlu ve Slezsku), in: VVM 13 (1958), 77–84, 149–155; K. Peter, Die Goldbergwerke bei Zuckmantel und Freiwaldau, in: ZVGS 19 (1885), 35–62; J. Pfitzner, Geschichte der Bergstadt Zuckmantel in Schlesien bis 1742, Zuckmantel 1924; A. Sauer, Unvergessene Heimat Zuckmantel, Miesbach 1974; A. Seidel, Im Banne der Bischofskoppe. Hg. v. R. Zimprich, Esslingen 1981; Zlatohorsko včera a dnes (1224–1974), Zlaté Hory 1975.

Zweretitz (Zvířetice, Bez. Jungbunzlau). Im Zuge des hochma.
Landesausbaus gründete an der Wende zum 14. Jh. Zdislav v. Lämberg aus dem bei der Siedlungstätigkeit in Nordböhmen bedeutsamen
Geschlecht der Markwartinger auf halbem Weg zw. → Jung-Bunzlau
und → Münchengrätz auf einem Bergsporn über dem r. Ufer der Iser
die Burg Z., die sö. des heutigen Dorfes Z., das zur Gem. Bakow
gehört, liegt. Nach ihr benannte sich dieser Zweig der Fam. schon in
der folgenden Generation (1318/19 »de Swireticz« bzw. »de Zwier-
zeticz«). In ihrer Nachkommenschaft, die sich seit A. 15. Jh. Zvířetický v. Wartenberg nannte, blieb die Besitzung bis 1504 und gehörte
nach den Sezima v. Ústí von 1528–1610 einem Zweig des Geschlechts v. Wartenberg. 1622 wurde die Burg dem damaligen Besitzer Johann Vlk v. Kvitkov wegen Beteiligung an der Ständeerhebung entzogen und gehörte seitdem zum Besitz der Herren v. Waldstein. – Die Burganlage erfuhr mehrfach Umbauten und Funk-
tionsänderungen. Von der urspr. Befestigung sind noch 2 Rundtür-
me im N und W erkennbar; ob urspr. 2 weitere Türme vorhanden
waren, ist ungewiß. Umbauten A. und E. 16. Jh. veränderten die
Anlage zu einem Renaissance-Schloß. In der 2. H. 17. Jh. erfolgte
eine Barockisierung als Waldsteinsche Residenz. Die Gebäude waren
aber seit E. 17. Jh., als Ernst Joseph v. Waldstein das Schloß Münchengrätz bezog, nur noch Sitz der Behörden der Herrsch. Münchengrätz. 1693 und 1720 wurde die Burg durch Brand nach Blitzeinschlag stark zerstört und nach dem zweiten Brand nicht wieder
aufgebaut. (III) *Ke*

M. Flegl, Z dějin snah o záchranu zříceniny hradu Zvířetice, in: PAP 9 (1984),
262–268; LV 259, Bd. 3, 535–538; L. Paluzga, Zvířetice, stavební vývoj a historie
hradu, in: PAP 5 (1980), 393–400; LV 952, Bd. 4, 795; LV 279, Bd. 10, 101–110;
LV 905, Bd. 46, 609–617; J. V. Šimák, Dějinné Paměti okresu mnichovohradišt-
ského, Bd. 1, Mnichovo Hradiště 1917, 34–43, 147–152, 164–173; LV 906, Bd. 4,
381f.; LV 940, 76, 80, 117.

Zwittau (Svitavy). Die erste urk. Erwähnung der 15 km sö. von
→ Leitomischl am Oberlauf der Zwittawa gelegenen gleichnamigen
Stadt Z. stammt von 1256, als der Olmützer Bf. Bruno v. Schauenburg dem Prämonstratenserkl. Leitomischl das Patronatsrecht und die
Temporalien der neuen Stadtpfarrei in »oppidum nostrum Zwitavia«
zusprach. Die Gründung der am böhm.-mähr. Grenzwald in einem
Neurodungsgebiet geplanten Stadt erfolgte verm. einige Jahre zuvor
neben einem älteren Ort gleichen Namens (»antiqua Zwitavia«), der
sich im Umkreis der Ägidiuskirche, der heutigen Friedhofskirche, am
l. Flußufer erstreckte. Bei den ersten Eww. handelte es sich um dt.
Siedler. Wegen Platzmangels errichtete man den Markt in Form eines
langen schmalen Rechtecks. 1330 taucht in den Quellen erstm. die

Bezeichnung »civitas« auf. Privilegien, die den seit 1266 belegten Stadtvögten erteilt wurden, lassen auf wachsenden Wohlstand und vielfältiges Handwerksleben schließen. Trotz der um 1390 errichteten Stadtbefestigung wurde Z. 1424 von den Huss. besetzt. Huss. Hauptleute beherrschten in den Folgejahren die Stadt. 1484 gelangte Z. wiederum in den Herrschaftsbereich der Olmützer Bff., die die Stadt reich privilegierten. Die starke bäuerliche Zuwanderung aus den umliegenden Ortschaften führte im 16. Jh. zur Entstehung der Z.er Neustadt. 1554 wurde die luth. Ref. eingeführt.

Das 16. Jh. bescherte der Stadt eine wirtsch. Blüte; eine bedeutende Rolle nahmen dabei Pferde-, Vieh- und Garnhandel sowie Textilhandwerk ein. Entspechend der gestiegenen Wirtschaftskraft achteten die Bürger auf weitgehende Autonomie gegenüber der bfl. Obrigkeit. So erwarb die Stadt 1538 ein Bürgerhaus, das zum Rathaus bestimmt wurde, 1599 ging die Gerichtsvogtei in die Zuständigkeit der Bürgerschaft über, der bfl. Richter wurde zum Stadtbeamten. Im Verlauf des 30jähr. Krieges plünderten 1643 die Schweden die Stadt, 1781 und 1818 wüteten Großbrände. Die Mechanisierung im Textilgewerbe in der 1. H. 19. Jh. führte zu sozialen Spannungen, die 1847/48 zum Ausbruch kamen. Der aus Z. gebürtige Oswald Ottendorfer (1826–1900) – 1849 am Aufstand in Dresden beteiligt, dann in die USA geflüchtet, wo er zum Besitzer der »New Yorker Staatszeitung« aufstieg – setzte einen beträchtlichen Teil seines Vermögens für soziale Zwecke auch in seiner Heimat ein, wo er eine Volksschulbibliothek und ein Waisenhaus spendete. Der Krach an der Wiener Börse 1873 führte zu einem empfindlichen Einbruch im Textilgewerbe, neben dem nur allmählich andere Industriezweige wuchsen. Seit 1945 prägen bes. Textil- und Maschinenbauindustrie das wirtsch. Bild. Aus Z. stammen der Schriftsteller und Politiker Franz Jesser (1869–1954), der die Begriffe »sud.dt.« und »Sudetenland« einführte, sowie der Unternehmer Oskar Schindler (1908–74), der 1940–45 in der Nähe von Auschwitz und im Sudetenland in seinen Betrieben mehr als 1200 Juden vor der Vernichtung bewahrte. – 1869: 8670, 1910: 14 820 (98,7% Dt.), 1930: 15 031 (88,4% Dt.), 1950: 12 828, 1991: 17 441 Eww. (IV/VIII) *Ben/Krz*

J. Kopecký, Svitavy a jejich kraj v minulosti, Moravská Třebová 1946; C. Lick, Zur Geschichte der Stadt Zwittau und ihrer Umgebung, Zwittau 1910; ders., Beiträge zur Geschichte der Stadt Zwittau und ihrer Umgebung, Zwittau 1937; Svitavy – 700 let města. Hg. v. J. Peter, Brno 1956; Svitavy. Dějiny a současnost města. Hg. v. J. Bartoš [u. a.], Hradec Králové 1987.

ERLÄUTERUNGEN VERFASSUNGS-, WIRTSCHAFTS-, SOZIAL- UND KIRCHENGESCHICHTLICHER BEGRIFFE

Administrator: 1. Bistumsverweser, Verwalter einer Diözese anstelle des Bf. im Falle von dessen dauernder Verhinderung sowie bei dauernder Vakanz des Bf.-Stuhls; 2. Während der Vakanz des Ebtm. Prag 1431–1561 wurde die kath. Kirche von einem A. mit Konsistorium (»oberes Konsistorium« an der Kathedrale), praktisch Domdekan mit Domkapitel, verwaltet. An der Spitze der utraqu. Kirche stand bis 1631 ein A. mit Konsistorium (12 Pfarrer und Univ.-Magister), die von den Ständen gewählt waren und im Collegium Carolinum residierten (»unteres Konsistorium«).

Afterlehen: Unterleihe, d. h. von einem Lehensmann weiter vergebenes Lehen. Einwilligung des Oberherrn war dabei nicht erforderlich.

Allod, Allodialbesitz: Urspr. Erbgut, dann das Eigengut im Gegensatz zum Lehen, daher frei von Abgaben. Erst im 16. Jh. vielerorts Umwandlung der Lehen in freies Eigentum gegen Abfindung des Landesherrn (→ Allodifizierung). In Böhmen aber auch im 16. Jh. umgekehrt Umwandlung von freien Gütern in Lehen als Strafe.

Allodifizierung: Überleitung lehnsrechtl. Besitzes in freies Eigentum.

Appellationsgericht: In Prag von Kg. Ferdinand I. 1548 eingesetzt als oberste stadtrechtl. Instanz für die kgl. Städte der böhm. Länder; damit waren Appellationen nach Magdeburg oder an andere Oberhöfe untersagt. 1651 wurden dem A. auch die sog. dt. Lehen der Krone Böhmen untergeordnet.

Archidiakonat: Unterbez. einer Diözese, in dem von einem Archidiakon, meist Mitglied des Domkapitels, bestimmte kirchliche Verw.-Aufgaben, Aufsichtsbefugnisse und rechtsprechende Funktionen wahrgenommen wurden. Der Archidiakonatsbez. umfaßte im allg. mehrere → Dekanate. In der Neuzeit wird der Archidiakon allmählich zum bloßen Ehrentitel einer Domherrenpfründe.

Bezirk (okres): Unterste staatl. Verw.-Einheit, die nach 1848 geschaffen wurde und bald die alten → Kreise ersetzte. Die Aufgaben der Bezirkshauptmannschaft: Durchführung der Gesetze, öffentl. Sicherheit und Ordnung, Militärverw., Bev.-Statistik, Steuern, Paßangelegenheiten, Gewerbe- und Handelspolizei, Gesundheits-, Bau-, Kirchen- und Schulverw., Organisation der Reichsratswahlen. Der pol. B. umfaßte mehrere Gerichtsbez., die Rechtsprechung wurde erst 1868 von der Verw. getrennt. Die Bezirksgerichte urteilten in geringeren Strafsachen und waren Zivilgerichte erster Instanz. 1868 gab es in Böhmen 89, in Mähren 30, in Schlesien 7 pol. B., A. 20. Jh. entsprechend 98, 34, und 9; einige Städte bildeten besondere B. In der Verw.-Neugliederung der Tschsl. von 1928 hießen die Verw.-Behörden erster Instanz Bezirksbehörden. Die 103 pol. B. in Böhmen und 45 in Mähren-Schlesien umfaßten wiederum jeweils mehrere Gerichtsbez. Der »Reichsgau Sudetenland« (1938–45) war nach preuß. Muster in Regierungsbez. eingeteilt. Seit der Verfassung von 1948 waren die Verw.-Bez. mit ihren Bez.-Nationalausschüssen mit den Gerichtsbez. identisch (179 in Böhmen und Mähren-Schlesien). Sie wurden 1960 auf 75 reduziert (außer Prag).

Blutgerichtsbarkeit (Obere Gerichtsbarkeit): Gerichtsbarkeit über Verbrechen, die mit Blut bzw. durch Strafen an Hals und Hand gebüßt wurden.

Brüderunität (Unitas Fratrum)/ Böhm. Brüder: In Böhmen und Mähren bis zur Vertreibung nach 1620 die zweite huss. Konfession neben der utraqu. Kirche, aus der sie 2. H. 15. Jh. entstanden war. In pazifistischer Distanz zur Ges. und in Ablehnung der kath. Sakramente und des Priestertums lebten die Brüdergem. streng nach dem Evangelium. Oft von Verfolgung bedroht, waren sie auf den Schutz des Adels angewiesen und verbreiteten sich im 16. Jh. in Böhmen und Mähren, nach einer Vertreibungswelle 1548 auch in Polen. Die Unität wurde von Synoden und einem Rat aus vier Ältesten (Bf.) geleitet. Im 18. Jh. sammelten sich die Nachkommen der Exilierten in der Herrnhuter Brüdergem.; seit der Gründung der Tschsl. gibt es wieder zwei Kirchen der Böhm. Brüder.

Burg: Nach allen Seiten abgeschlossenes oder befestigtes (in der Frühzeit mit Wällen, später mit Mauern) Areal, das im Früh- und HochMA einer kleinen Bev.-Gruppe oder einem Herrn mit Gefolge als ständiger Wohnsitz oder als Zufluchtsort diente; meist auf Bergen gelegen, aber auch auf Inseln und Halbinseln (Höhen-, Niederungsburg). Im slaw. Bereich wurde eine milit.-pol. Verw.-Organisation von Kastellanei-Burgen errichtet. Die Verkleinerung der Burgfläche zeigt die Entw. von der

Volks- und Fluchtburg zur Adelsburg. In Böhmen überwog bis zum 12. Jh. der Typ des Burgwalls; seit dem 13. Jh. entstanden kgl. Burgen in Form von Kastellen als Stützen kgl. Macht, dann auch entsprechende Adelskastelle. Das Kastell als quadrat. Anlage mit Ecktürmen geht auf das röm. Castell zurück und wurde über Byzanz von den Arabern weiterentwickelt und dann durch die Kreuzritter vor allem in Italien und Westeuropa verbreitet. Aus der in Mitteleuropa eher verbreiteten unregelmäßigen Burganlage entwickelte sich in fließendem Übergang die Feste (Veste), die mit Mauern, Wohngebäuden und Turm (Wohnturm oder Bergfried) als Verteidigungsanlage oder als Sperrfort diente. Als Wehrbau mit einem System untergeordneter Verteidigungswerke und ausschl. zu milit. Zwecken gegen Feuerwaffen entstand seit dem 15. Jh. zunächst in Italien die neuzeitliche Festung.

Dekanat: Unterbez. einer Diözese, an dessen Spitze ein Dekan (Dechant) steht, der die ihm unterstellten Geistlichen eines Landkapitels beaufsichtigt, selbst aber dem → Archidiakon bzw. dem Bf. untersteht.

Direktorium: In Böhmen und Mähren kollegiales Regierungsorgan der Stände während der huss. Revolution, in der Ständekonföderation 1608–09 und im Ständeaufstand 1618–20.

Domkapitel: Korporation von Geistlichen (→ Kollegiatstift) an einer Kathedralkirche (bfl. Kirche). Die Mitglieder des D., die Domherren oder Kapitulare, erhielten Anteil an der bfl. Regierung, ab dem 12. Jh. das Recht auf Bf.-Wahl (nicht in Prag); dadurch eigenständige Stellung und Machtkämpfe mit dem Bf. Das D. wurde von Domdekan und Dompropst geleitet.

Donator: Derjenige, der sein Vermögen einem Kl. oder einer Kirche stiftet, um an deren geistl. Verdiensten teilzuhaben, aber auch bestimmte, in der Stiftung festgelegte Rechte wahrzunehmen.

Emphyteuse (Erbleihe): 1. Versch. Formen von vor allem erbl. Pachtverhältnissen, in Mitteleuropa insbes. zur Zeit der Ostsiedl. 2. Als Untereigentum vom Grundherrn zur dauernden Nutzung für festgelegten Zins überlassenes Gut.

Erzdekanat: Zusammenfassung mehrerer → Dekanate.

Exemtion: Im weiteren Sinn jede Befreiung von der ordentlichen → Gerichtsbarkeit und Zuerkennung eines bes. Gerichtsstandes (privilegium fori). Im MA waren viele Btm., Orden, Univ. und Kl. exemt, d. h. der bfl. Juriskdiktion entzogen und direkt dem Papst unterstellt.

Feste: → Burg

Fideikommiß: Wörtlich »auf Treu und Glauben Anvertrautes«. Unveräußerliches, unteilbares, einer bestimmten Erbfolge unterworfenes Vermögen, im allg. Grundbesitz; der Inhaber war in der Verfügung beschränkt. Seit dem 16./17. Jh. beim Adel verbreitete Vermögensform mit Erbfolge des Erstgeborenen (Familien-F.)

Filiale, Filialkirche: Tochterkirche oder -kapelle, anfangs ohne Sakramentsrechte, von der Mutterkirche abhängig (bzw. dorthin kirchgenössig) und unter der Aufsicht von deren Pfarrer.

Grundherrschaft: Die ältere G. bedeutete »Herrschaft über Land und Leute«, Großgrundbesitz verbunden mit adeligen Herrschaftsrechten, wobei Grund und Boden, in Hufen oder Huben aufgeteilt, an Bauern ausgegeben wurde, die als Grundholde dafür und für Schutz und Schirm des Grundherrn, der meist auch einen Teil der Gerichtsbarkeit innehatte, Abgaben zu entrichten und Frondienste zu leisten hatten (sog. Grundlasten). Das Zentrum der G. bildete im früheren MA meist ein herrschl. Eigenbetrieb (Fronhof) mit Salland, der Besitz war oft weit verstreut. Die G. entwickelte sich im Spät-MA weiter zu einer Renten-G. (ohne Fronhof, nur noch Zinsen und Abgaben).

Hauptmann: 1. Anführer eines milit. Aufgebots bzw. einer Truppenabteilung, 2. Spitze eines milit. und administrativen Bez. mit Polizeiaufgaben: Burgh., Kreish. (→ Kreis), Stadth. (seit 1548 kgl. Aufsicht in böhm. Städten), 3. → Landeshauptmann.

Herren/Herrenstand: In Böhmen und Mähren Bezeichnung für den vollberechtigten, alteingesessenen Adel mit Eigengut und niederadeligen Dienstleuten. Seit der huss. Revolution der höchste Stand des Adels, der auch Gff. und gegebenenfalls Fstt. umfaßte, mit der ersten Stimme im → Landtag und den meisten Sitzen im → Landrecht; als Hochadel (→ Magnaten) unterschieden vom zweiten Adelsstand, den → Rittern. Die Herren hatten die meisten und bedeutendsten Landesämter inne.

Hufe, Hube: Bezeichnung für die Gesamtheit eines bäuerlichen Grundbesitzes. Das Hufenmaß war versch., es umfaßte in älterer Zeit durchschnittlich 30 Morgen. Die H. wurde oft geteilt (Halb-H., Viertel-H.). Im Kolonisationsgebiet jedoch war die auf Rodungsland ausgegebene Hufe doppelt so groß (→ Grundherrschaft).

Hussitismus: Die Lehre und Bewegung, die von den Forderungen nach Kirchenreform in den Schriften und Volkspredigten des Prager Magisters Jan Hus ausging. Nach dessen Verbrennung in Konstanz 1415 entwickelte sich in Böhmen eine Protestbewegung gegen Kirche und Kg. zur ersten Reformation und seit 1419 zur Revolution. Diese erfaßte zwar alle Ges.-Schichten vor allem unter der tsch. Bev., zerfiel jedoch in gegensätzliche Gruppen. Die gemäßigten Huss. (Adel, Univ., Prager Städtebund) zielten nur auf eine Kirchenreform nach dem Evangelium (Ablehnung der päpstlichen Jurisdiktion) und auf eine breite Beteiligung von Adel und Städten an der Regierung. Nach der Praxis des Laienkelchs in der Messe als eines gesamthuss. Identifikationsmerkmals nennt man sie Kalixtiner (Kelchner) oder Utraqu. (sub utraque specie = unter beiderlei Gestalt). Die utraqu. Kirche bestand in Böhmen und Mähren bis nach 1620. Die radikalen, militanten Hussitengruppen entstanden aus apokalyptisch gestimmten Wallfahrten auf biblisch benannte Berge. Die größte Gruppe organisierte ihr Zentrum Tabor, daher Taboriten, in Südböhmen und entwickelte unter ihrem Führer, dem Landedelmann Jan Žižka v. Trocnov, eine erfolgreiche Militärtaktik zur Vernichtung der »Feinde Gottes« bei der Eroberung Böhmens, bei der Abwehr antihuss. Reichsheere und bei Feldzügen in die Nachbarländer. Ihr späterer Anführer war Prokop der Große. Sie lehnten Kirche und Priestertum ebenso ab wie Königtum und Adelsherrschaft. Eine ihnen verwandte Gruppe in Ostböhmen, die Orebiten, ging vom »Berg Horeb« (bei Königgrätz) aus, bildete ebenso wie die Taboriten einen eigenen Städtebund und war meist mit den Taboriten, zeitweilig auch mit der Prager Neustadt verbündet. Zu ihnen wechselte Žižka 1423; nach dessen Tod 1424 nannten sie sich »Waisen«. Die Radikalen wurden 1434 von Utraqu. und Kath. besiegt und ihre Reste um 1458 von Georg v. Podiebrad vernichtet. Die spätere → Brüderunität nahm einige ihrer theol. Lehren wieder auf.

Hutterer: Einer der drei Hauptzweige des Täufertums (Anabaptisten), der in Mähren seinen Ursprung hat und bis heute fortlebt. 1526 organisierte Balthasar Hubmaier die Gem. der Täufer in Nikolsburg. Da er milit. Gewalt zur Verteidigung akzeptierte, trennte sich von diesen »Schwertlern« die Gruppe der »Stäbler« und zog nach Austerlitz, wo sie durch Ulrich v. Kaunitz von Kriegsdienst und -steuern befreit wurden. Nach erneuter Spaltung ließ sich ein Teil von ihnen in Auspitz nieder. Dort reorganisierte der Tiroler Täuferprediger Jakob Hutter um 1533 die Gem. Die H. pflegten in ihren Gem. eine strenge Ordnung mit chr. Konsumtions- und Produktionskommunismus (Gütergemeinschaft). Nach 1620 emigrierten die mähr. Täufer nach Oberungarn und Siebenbürgen, später von dort in die Ukraine und einige nach 1870 von hier nach Nordamerika.

Indigenat: Rechtsstellung eines im Lande Geborenen, allg. auch eines Einheimischen. Urspr. Zugehörigkeit zu einem höheren Stand und Teilhabe an dessen Rechten. Nach Indigenatsrecht war zur Besetzung von Ämtern und zum Erwerb von Grundeigentum das I. erforderlich.

Inkolat: Rechtsstellung eines Einheimischen, praktisch identisch mit → Indigenat. Als Recht zum Erwerb von Grundbesitz mußte es in Böhmen und Mähren bis 1627/28 vom Landtag verliehen werden.

Inkorporation: Rechtl. und materielle Überweis. von (Pfarr-)Kirchen oder Benefizien in das Eigentum und die Verw. geistl. Korporationen (Kl., → Kollegiatstifte, → Domkapitel), durch den Bf. oder Papst vollzogen. Sie erscheint seit dem Investiturstreit und wurde durch das Trienter Konzil wesentlich eingeschränkt.

Kalixtiner: → Hussitismus
Kapitel: → Dom- oder Stiftskapitel (→ Kollegiatstift).
Kastell: → Burg

Kollatur: Recht auf aktive Übertragung eines kirchlichen Amtes, einer Pfründe (z. B. Pfarrstelle) durch den zuständigen Oberen bzw. durch einen berechtigten Dritten (→ Patronat).

Kollegiatkirche: Stiftskirche mit einem Kollegium (→ Kapitel) von Kanonikern (Chorherren).

Kollegiatstift: Körperschaft von Geistlichen, die an einer Stiftskirche zur Abhaltung von Gottesdienst und Chorgebet verpflichtet sind. Die Mitglieder leben meist in einer Gemeinschaft, werden Chor- bzw. Stiftsherren oder Kanoniker genannt und unterstehen der Leitung des Stiftspropstes. Im Unterschied zu Mönchen war die Armutsverpflichtung der Chorherren im MA lockerer.

Kommende: 1. Eine geistl. Pfründe (vor allem seit dem 15. Jh. viele Kl.), die einem Geistlichen oder Laien zum Genuß der Einkünfte zur Verfügung gestellt wurde, ohne daß er die Pflichten des damit verbundenen Amtes ausüben mußte. 2. Ordenshaus der Johanniter oder des Dt. Ordens, von einem → Komtur geleitet, auch Komturei genannt.

Komt(h)ur: Vorsteher der Niederlassung eines Ritterordens, führt eine Komturei (→ Kommende). Beim Dt. Orden bildeten in späterer Zeit mehrere Komtureien eine Ballei unter einem Landkomtur.

Konsistorium: Auf der Ebene der Btm. das Domkapitel als bfl. Regierungskollegium, vor allem dessen bedeutendste Ämter. Für Böhmen → Administrator.

Kreis (kraj): In Böhmen und Mähren seit dem 14. Jh. zwölf bzw. sechs regionale Verw.- und Militärbez. vor allem zur Organisation und Exekution von → Landfrieden und → Landesaufgeboten, zunächst auch zur Steuerbewilligung durch die Kreisstände, vom Kg. berufen. Später traten Kreistage bis 1526 selbst. zusammen, auch zur Vorbereitung von → Landtagen und zur Durchführung ihrer Beschlüsse (Steuererhebung), unter der Führung von Kreishauptleuten (je ein Herr und ein Ritter). Die K. hatten danach nur noch exekutive Bedeutung für Steuerverw. und -erhebung, Militärorganisation und Polizeiaufsicht. Die Kreishauptleute waren seit dem 17. Jh. allein auf den Kg. vereidigt und wurden besoldet. Kreisversammlungen verschwanden seit E. 17. Jh. In Böhmen wurde die Zahl der Kr. 1751 auf 16 erhöht. Joseph II. gestaltete die K. vollends zu rein staatl. Behörden um, erhöhte die Qualifikationsanforderungen der Kreisbeamten und beseitigte das Monopol des Adels auf die Stellen der Kreishauptleute; zur Kontrolle durch Visitationen wurden die K. in je drei → Bezirke eingeteilt. In den Verw.-Reformen nach 1848 wurden zunächst 1855 in Böhmen 13, in Mähren sechs K. als Ämter der Statthalterei gebildet; sie verloren jedoch ihre Kompetenzen 1862 völlig an die Bezirkshauptmannschaften. Nur in der Gerichtsorganisation blieb die Kreiseinteilung bis 1918 bestehen. 1949 wurden für Böhmen acht, für Mähren-Schlesien fünf K. mit Kreisnationalausschüssen geschaffen, die die hist. Länder ersetzten und nach Kreisstädten bezeichnet waren. 1960 wurde die Zahl der K. in Böhmen auf fünf, in Mähren auf zwei reduziert und die Benennung nach den Ländernamen erneuert (Nord-, Ost-, Westböhmen usw.). Die Verfassung von 1990 hat die K. zwar abgeschafft und die Namen der Länder wiederhergestellt, deren administrative Funktion aber ist noch nicht realisiert.

Kreuzherren mit dem roten Stern: Als Spitalbruderschaft 1233 von der hl. Agnes in Prag gegr.; seit 1252 Zentralsitz mit Spital an der Karlsbrücke; Hauptaufgabe Spitalpflege und Pfarrseelsorge; Ausbreitung in Städten der böhm. Länder und Ungarns, bes. im 14. Jh. Die meisten böhm. Niederlassungen (Kommenden) gingen in der Huss.-Zeit unter, die schles. hielten sich bis 1810. 1561–1668 war der Ebf. v. Prag zugleich Großmeister des Ordens.

Landesämter: Aus kgl. Kronämtern entstanden die obersten Landesämter in Böhmen und Mähren im 15. Jh. als ständ. Ämter. Die obersten Landesbeamten (seit dem 17. Jh. »Landesoffiziere«) wurden vom Kg. auf Vorschlag der anderen Landesbeamten aus dem Kreis der Stände ernannt, überwiegend aus dem → Herrenstand. Zus. mit den übrigen Beisitzern des → Landrechts bildeten sie in Böhmen den kgl. Rat. An der Spitze stand in Mähren der → Landeshauptmann, in Böhmen der Oberstburggraf (Führung des → Landesaufgebots, des → Landtags, Leitung der Königswahl und -huldigung, bei Abwesenheit des Kg. Statthalter). Landesbeamte waren auch die Burggrafen von Prag, Wyschehrad, Karlstein und Königgrätz. Die erste Stimme im kgl. Rat hatte der Oberstkanzler (Führung der Kanzlei und des großen Siegels, Vorlage der kgl. Proposition an den → Landtag und der Landtagsbeschlüsse an den Kg., Ausstellung kgl. Urk. und Prüfung auf deren Übereinstimmung mit den Landesfreiheiten; böhm. Hofkanzlei im 17. Jh. nach Wien verlegt). Der Obersthofmeister, urspr. nur für die Hoforganisation, erhielt im 16. Jh. Einfluß auf dem Kg. vorbehaltene Angelegenheiten, führte den Vorsitz im Kammergericht und bei Adelsprozessen. Der Oberstkämmerer, in Mähren nach dem → Landeshauptmann der erste Beamte, beaufsichtigte die → Landtafeln, leitete die Eintragungen und besaß Kompetenzen in den Exekutionen des Kammergerichts; 1783 mit dem Amt des Appellationspräs. zusammengelegt. Das Amt des Oberstlandschreibers war seit dem 15. Jh. dem Ritterstand vorbehalten (im 14. Jh. als

protonotarius terrae meist ein Domherr): Abfassung und Eintragung der Beschlüsse des → Landrechts und der → Landtage, Beisitzer beim Landrecht. Der Oberstlandrichter aus dem Herrenstand leitete die Landrechtssitzungen, seit 1783 Landrechtspräs. In Böhmen weitere Landesämter mit geringerer pol. Bedeutung: Obersthofrichter (Lehensgericht, in Mähren Ritter); Oberstmünzmeister (Überwachung der Münzprägung in Kuttenberg, seit 1564 Ritter oder Bürger); Oberstmarschall (Gericht über Hofbedienstete, in Mähren adelige Rang- und Ehrenprozesse; in der Rangordnung in Mähren der zweite, in Böhmen der dritte); Unterkämmerer (Ritter, für das kgl. Kammergut, vor allem Aufsicht über die kgl. Städte); Obersttruchseß; kgl. Kammermeister; Hofrichter der kgl. Städte.

Landesaufgebot: Zur Wahrung des Landfriedens und zur Landesverteidigung einberufenes, befristetes Militäraufgebot des ganzen Landes, vom Landtag zu beschließen und nach individuellen Kontingenten auf die Adeligen und Städte verteilt.

Landeshauptmann: In Böhmen im 15./16. Jh. zeitweilig eingesetzter Statthalter des Kg. aus dem Herrenstand, gelegentlich mit dem → Oberstburggrafen identisch. In Mähren erstm. 1298 erwähnt, seit dem 15. Jh. ständig, hieß seit 1621 auch Gubernator und seit 1782 Präs. des Guberniums. Vom Kg. als Stellvertreter ernannt, aber zugleich höchster Landesbeamter und den → Ständen verpflichtet; führte den Vorsitz bei → Landtagen und → Landrecht, Haupt des → Herrenstandes; leitete seit 1636 das Amt der kgl. Landeshauptmannschaft und das kgl. Tribunal, seit 1650 den Landesausschuß und seit 1763 das Gubernium.

Landfrieden: 1. Bündnis von Adeligen und Städten einer Region zur Wahrung des Friedens und zur Verhinderung individueller Fehde; auch die Angehörigen dieses Bündnisses. 2. In Böhmen und Mähren die Verbindung einzelner → Kreise, um Landesschädiger mit Waffengewalt niederzuhalten. 3. Insbes. seit den Hussitenkriegen in Mähren die schriftl. Verpflichtung der → Stände, die Gesetze zu beobachten, Streitigkeiten nur vor dem → Landrecht auszutragen und Friedensbrecher zu verfolgen; vor allem beim Antritt eines neuen Landesherrn abgeschlossen, auch um diesen auf die Rechte des Landes zu verpflichten.

Landrecht: 1. Im MA das allg. geltende Recht, soweit es nicht für bestimmte Personen durch anderes Recht (z. B. Burgrecht, Lehensrecht) ersetzt wurde. 2. Gesetztes Recht für eine Landschaft oder einen Landstand. 3. In Böhmen und Mähren das im 13. Jh. entstandene, vom Adel gebildete Gericht des Landes (»Herrengericht«, da anfänglich nur vom → Herrenstand beschickt). Der Adel konnte nur beim L. verklagt werden, ebenso der Kg. Unter den 20 Beisitzern saßen seit dem 15. Jh. in Böhmen auch acht Ritter. Landrechtssitzungen fanden viermal jährlich statt. Die Urteile waren inappellabel und wurden in die → Landtafeln eingetragen.

Landtafel: Sammelbegriff für alle von den Beamten des böhm. und mähr. → Landrechts geführten öffentlichen Bücher. Alle Besitzveränderungen an freiem Grund und Boden des Adels, später auch der Geistlichkeit und kgl. Städte gehörten vor das Landrecht und wurden daher in die L. eingetragen. Eigentumsstreitigkeiten bei freien Landesgütern (»Landtafelgütern«) wurden nur vom Landrecht entschieden. Die L. besaß daher endgültige Beweiskraft. Seit dem 15. Jh. war auch für die Rechtsgültigkeit von staatsrechtl. Akten und Landtagsbeschlüssen die Eintragung in die L. erforderlich. Die L. wurden in Böhmen und Mähren in versch. Sachgebiete aufgeteilt: große

und kleine Güter, Hoflehen, Verpfändungen, Gerichtsvorladungen mit Klagen, Kaufverträge, Schiedsurteile, Zahlungen, Ehrenbeleidigungen, Gedenkbücher für persönlich wichtige Aufzeichnungen. Die einzelnen nach Farben unterschiedenen Bände hießen Quaterne (kvaterny). Die L. gab es auch in den schles. Hzt. Troppau und Jägerndorf.

Landtag: Vom König unregelmäßig einberufene Versammlung der freien → Stände (hohe Geistlichkeit, Herren, Ritter, kgl. Städte) zum Beschluß der für das gesamte Land geltenden Gesetze und Ordnungen, zur Anordnung des → Landesaufgebots, zur Zustimmung zu kgl. Steuerforderungen und zur Wahl oder Annahme des Kg. Rechtsgültige Beschlüsse mußten in die → Landtafel eingetragen werden.

Lehen: Gut (feudum, beneficium), das einem Lehnsmann gegen bestimmte Leistungen (Abgaben, Waffenfolge) für eine gewisse Zeit verliehen wurde. Aus dem Recht der Verleihung bestimmter Güter entwickelte sich der Leihezwang und die Erblichkeit der Lehen. In Böhmen und Mähren nur in Randgebieten verbreitet.

Lokator: Siedl.-Unternehmer, der die Ansetzung der Bewohner neuzugründender Städte oder Dörfer vom Mkgf., Kg., Bf. oder von einem anderen Grundherrn übernahm. Er erhielt dafür in der Regel das Schulzenamt, Freihufen und andere Rechte, aus deren Einkünften er das angelegte Kapital amortisieren konnte.

Magdeburger Recht: Ein dem magdeburgischen Stadtrecht entsprechendes städt. Recht mit dem Oberhof in Magdeburg, von dem im Zweifel Rechtsbelehrung eingeholt wurde.

Magnaten: Moderner Begriff für den Hochadel, in Böhmen und Mähren somit für den Stand der → Herren (»Barone«) und Fürsten.

Meilenrecht: Das Städten eingeräumte Recht, im Umkreis von einer Meile das Monopol für bestimmte wirtsch. Aktivität durchzusetzen: das Brau- und Schankrecht, das Recht, bestimmte Handwerke auszuüben und Handel zu treiben. Das Gebiet der Bannmeile entsprach nicht immer dem Umkreis von einer Meile um die M.-Stadt; es konnte aufgrund geographischer oder siedlungsmäßiger Verhältnisse und rechtl. Entw. kleiner oder größer sein.

Ministerialen: Im HochMA freie Dienstleute des Kg., hoher Adeliger oder Bf. in Ämtern und Kriegsdienst. Da sie mit Gütern oder Lehen ausgestattet wurden, stiegen sie aus dem Königsdienst in den hohen, sonst in den niederen Adel auf, so daß sich daraus die Stände der → Herren und → Ritter differenzierten.

Münzen: Die alte, in Böhmen seit dem 13. Jh. geprägte Silbermünze war der Prager Groschen (urspr. 60 Groschen aus 1 Mark Silber), später vor allem in der Silberbergbaustadt Kuttenberg geprägt; fand auch in Nachbarländer Eingang (Schwert- oder Meißner Groschen seit 1457; Johannes- oder Schles. Groschen im Btm. Breslau; sächs. Engelsgroschen seit 1497 in Annaberg); 1 Schock Groschen = 60 Groschen. – In der Silberbergbaustadt St. Joachimsthal begannen die Gff. Schlick 1520, eigene Silbermünzen zu schlagen. Diese Thaler (daher der »Dollar«) setzten sich neben dem Groschen durch. 1544 wurden vom böhm. Kg. folgende Wertverhältnisse festgestellt: 1 Gulden = 24 böhm. Groschen; 1 Groschen = 7 rheinische Pf.; 1 ungar. Goldgulden = 1,5 Schock meißnische Groschen; 1 rheinischer Gulden = 1 Schock meißnische Groschen, 12 Pf.; 1 Thaler = 1 Schock meißnische Groschen.

Oberstburggraf, -hofmeister, -kämmerer, -kanzler, -landrichter, -landschreiber: → Landesämter

Oppidum: Urspr. befestigtes Lager, im Laufe der Zeit auch Marktflecken mit stadtähnlichen Funktionen, »Städtchen« (→ Stadt).

Orebiten: → Hussitismus

Patronat, Patronatsrecht: Die Gesamtheit der Rechte und Pflichten, die der Gründer einer Kirche oder Kapelle seiner Stiftung gegenüber hat. Infolge des Eigenkirchen-Wesens hatten das P. urspr. fast ausschl. Laien, insbes. hohe und niedere Adelige, später aber auch Städte, Kl. oder Bf. inne. Neben der Baulast sowie der Besoldung des Pfarrers besaßen sie neben dem Recht der Stellenbesetzung (Pfründenvergabe) auch bestimmte Ehrenrechte. Der Investiturstreit führte zur Einschränkung, daß der P.-Herr oder Patron nur noch das Vorschlagsrecht für eine Stellenbesetzung hatte, die Verleihung des Amtes (→ Kollatur) hingegen von geistl. Seite erfolgte.

Patrozinium: Die Heiligen, denen eine Kirche oder auch ein Altar geweiht sind und die damit als Herren (Patrone) dieser Kirche galten. Aus der Verbreitung bestimmter P. kann man mit einer gewissen Wahrscheinlichkeit – auch wenn sonst Belege fehlen – das ungefähre Alter der Kirchen und ihre urspr. Stellung in der Kirchenorganisation erschließen, da P. nach gewissen pol. oder geistl. Beziehungen gewählt wurden.

Pfründe, Präbende: Das mit einem Kirchenamt dauernd verbundene Einkommen aus Nutzungsrechten, im ausgedehnten Gebrauch auch das Kirchenamt selbst.

Piaristen: Aus einer Schulbruderschaft des hl. Josef von Calasanz in Rom 1617 entstandene Kongregation, die sich der Jugenderziehung in allen Schularten widmete. Die P. pflegten an ihren Gymnasien und philos. Instituten vor allem auch Musik, Sprachen, Geschichte und Naturwissenschaften. Außerhalb Italiens erfolgte die erste Ausbreitung in

den böhm. Ländern, zuerst 1631 in Nikolsburg. Die dt. Ordensprovinz umfaßte 1634 neben den böhm. Ländern
(1751 eigene böhm. Prov.) auch
Österr., Ungarn und Polen. Infolge des
Niedergangs im 19. Jh. überlebte nur
noch eine kleine Zahl von Schulen bis
1950.

Präbende: → Pfründe

Primator: In den Prager Städten im
MA der jährlich wechselnde »erste
Ratsherr«, damit Vorsitzender des Rats-
gerichts und pol. Führer; später bis heute die Bezeichnung für den Prager Bürgermeister.

Propst: 1. Würdenträger eines
→ Kapitels, für dessen äußere Angelegenheiten zuständig. 2. Vorsteher eines
Filialkl. (Priorat oder Propstei genannt)
oder unter dem Abt zweiter Vorsteher
eines Kl., später Prior genannt.

Regalien: Seit dem MA verwendeter
Ausdruck für dem Kg. zustehende
Rechte, Einkünfte usw. Seit dem
15. Jh. unterscheidet man niedere R.
(Bergbau, Jagd-, Forst- und Fischerei-
rechte, Markt, Mühlen, Münzen,
Steuer, Zoll), die veräußerlich, und höhere R. (Heerbann, → Blutgerichtsbarkeit), die als Hoheitsrechte unveräu-
ßerlich waren, bald aber auch vom nach
Territorialhoheit strebenden Adel
beansprucht wurden.

Religionsfonds: In den habs. Ländern
nach der Kirchenreform Ks. Josephs II.
1782 aus dem säkularisierten Kirchengut geschaffen zur Finanzierung des
Schulwesens und der Seelsorge.

Ring (rynk, rynek): Meist rechtecki-
ger Marktplatz in den böhm., mähr.,
schles. und poln. Stadtanlagen, die auf
die ma. Kolonisationszeit zurückgehen.

Ritter: In Böhmen und Mähren der
zweite adelige Stand nach den
→ Herren; bis ins 15. Jh. für R. auch die
tsch. Kollektivbezeichnung »zeman«.
Das Wort R. wurde aber bis ins 16. Jh.
oft auch synonym gebraucht mit dem

Begriff Wladyka. Seit E. 15. Jh. galt jedoch die Regel, daß der R. den höchsten Rang im Ritterstand einnahm, vor
dem »vládyka« oder »panoše«. Außerdem teilte sich der Ritterstand in alte
und neue Geschlechter (Aufstieg nach
der zweiten Generation). Bis 1629 galt
ein neuer oder ausländischer Adeliger in
Böhmen und Mähren nur als adelig,
wenn er vom Ritterstand aufgenommen wurde. Die R. besetzten einen
Teil der Landrechts-Beisitzerstellen
und drei hohe Landesämter (Oberstlandschreiber, Landeunterkämmerer,
Obersthofrichter in Mähren).

Robot: Unentgeltliche Arbeitslei-
stung, deren Pflicht entweder an Personen oder Grundstücken haftete und
die öffentlich oder privat waren (Fron-
dienst); im MA von Leibeigenen zu leisten. Man unterschied Hand- und
Spanndienste, gemessene und unge-
messene Dienste, ordentliche (z. B.
Feldarbeit) und außerordentliche (Bau-
dienste). In Böhmen und Mähren waren die Untertanen des Adels eine Anzahl von Tagen im Jahr zur R. verpflichtet. Nach dem 30jähr. Krieg verstärkte der Adel die Robotpflichten oft
auf mehrere Tage in der Woche. Seit
Ks. Joseph II. wurden Leibeigenschaft
und R. vermindert, 1848 aufgehoben.

Säkularisation: Überführung von
Kirchengut in Eigentum und Verw. des
Staates oder weltl. Herrschaften, in
Böhmen und Mähren erstm. während
der huss. Revolution.

Stadt: Die böhm. und mähr. Städte unterschieden sich nach ihrer Rechtsstellung. Die freien kgl. Städte waren meist
vom Kg. oder auf Königsboden gegr.
worden und hatten keine Grundobrigkeit, sondern waren dem Kg. unmittelbar untertan. Ihre Ratswahl wurde vom
Landeunterkämmerer beaufsichtigt.
Sie gehörten neben Adel und Geistlichkeit zu den pol. → Ständen, bildeten im
→ Landtag eine eigene Kurie und wa-

ren landtafelfähig. In Böhmen gab es etwa 30 kgl. Städte, in Mähren in älterer Zeit ungefähr 14, später nur noch sechs. – Die übrigen Städte unterstanden adeliger Grundobrigkeit, auch wenn sie gewisse Selbstverw.-Rechte genossen. Von der meist befestigten und mit eigenem Recht ausgestatteten S. unterschied sich das Städtchen (městečko), dem das Recht auf einen Markt oder Jahrmarkt zukam (Marktflecken) und das dadurch vom Dorf unterschieden war.

Stände: Die vordemokratische Ges. teilte sich in Geburtsstände mit unterschiedlicher Rechtsstellung. Aus diesen Ges.-Ständen bildeten meist Adel, hoher Klerus und freie Städte die pol. Stände, da sie nur dem Landesherrn direkt untertan waren, dem sie zu »Rat und Hilfe« verpflichtet waren; d. h., sie waren zur pol. Mitsprache berechtigt, besaßen eigenes Gericht, das Besetzungsrecht für die → Landesämter sowie das Zustimmungsrecht für Steuererhebungen und beschränkten so die monarchische Herrschaft. Die böhm. und mähr. Stände (Klerus, → Herren, → Ritter, kgl. → Städte) versammelten sich seit dem 14. Jh. im → Landtag, wo sie später je eine Kurie (Stimme) bildeten. 1420–1620 war die böhm. Geistlichkeit aus dem Landtag ausgeschlossen. Seit 1620 drängte der Kg. den Einfluß der Stände immer weiter zurück.

Statthalter: Zus. mit dem → Landeshauptmann ernannte der Kg. bei Abwesenheit gelegentlich mehrere Herren zu St., meist Landesbeamte. 1548–66 war Ehzg. Ferdinand von Tirol ständiger St. – Seit Kg. Ferdinand II. war die Statthalterei eine dauernde Institution, die der Hofkanzlei untergeordnet war.

Stiftskirche: → Kollegiatskirche

Stolgebühren: Gebühren für die kirchlichen Handlungen, ausgenommen Abendmahl, Beichte und letzte Ölung.

Suburbium: An eine Burg (urbs) sich anlehnende Siedl.

Taboriten: → Hussitismus

Templer: Beim Salomonstempel in Jerusalem 1119 gegr. Ritterorden, der nach dem Fall Akkons 1191 nach Europa übersiedelte, durch Stiftungen im 13. Jh. zu großer Blüte und Verbreitung kam und auf Druck des frz. Kg. 1311/12 vom Papst aufgelöst wurde. Der bedeutende Besitz fiel teilw. an andere Ritterorden, vor allem die Johanniter. Die T. wirkten caritativ und in der Pfarrseelsorge, Mitglieder waren Laien und Priester. Dem Großmeister unterstanden die Landkomture der Provinzen. Die → Kommenden wurden von einem Meister und Prokurator geleitet. In Böhmen gründeten sie um 1232 die erste Kommende in Prag, von wo aus der Komtur die böhm.-mähr.-österr. Provinz leitete.

Ungelt: 1. Ma. außergewöhnliche Verbrauchssteuer (Marktgeld), auch Spezialsteuer für Korn, Getränke, zumal Wein, und andere Konsumwaren; vor allem in Städten auf verkaufte Waren erhoben. 2. In Prag ein alter Hof hinter der Teyn-Kirche, einer der ersten Marktplätze, Stapel- und Warenumschlagplatz.

Urbar: Buchmäßiges Verzeichnis von Besitzungen und daraufliegenden Rechten und Einkünften einer → Grundherrschaft.

Utraquisten: → Hussitismus

Vogt (von lat. advocatus): 1. Urspr. ein Laie, der eine Kirche oder ein Kl. in weltl. Angelegenheiten nach außen vertrat, vor allem vor Gericht, und das Kirchengut verwaltete; das Amt wurde oft erblich. Später ging die urspr. Gerichtsvogtei über Kl., teilw. auch Bf. an die Landesherren als Schirmvögte über. 2. Verw.-Beamter und Richter in einem Sprengel, daher auch Bezeichnung von Vertretern des Landesherrn in größeren Gebieten (Land-, Reichs-, Stadtvogt) zur Wahrnehmung der Gerichtsbarkeit und Verw.-Aufsicht.

Waisen: → Hussitismus

Weichbild: 1. Im allg. das Stadtrecht und dessen Gebiet, daher der Sprengel des Stadtgerichts. 2. In Schlesien bezeichnete W. den Kreis, Weichbildtag den Kreistag, Weichbildstadt die Hauptstadt eines W.

Wladyka: → Ritter

Wüstung: Wüstliegender, von den Bauern verlassener Ort.

Zehnt: Ab dem 6. Jh. (allg. durchgesetzt im 10. Jh.) die wichtigste Abgabe der Laien zum Unterhalt der Pfarrei, die selten die Höhe von 10% erreichte. Sollte auf Vermögen und Einkommen entrichtet werden, wurde bald jedoch nur noch auf Ertrag vom Grundbesitz erhoben. Unterscheidung in Großz. (Halmfrüchte, Wein, Öl) und Kleinz. (andere Früchte und Gemüse, Vieh usw.), Zuordnung örtl. unterschiedlich und meist umstritten. Durch Belehnung wurden bald auch Kl., → Kapitel und Laien zu Z.-Herren.

Zins (Hufenzins = census): Abgabe an den oder die Grundherren.

STAMMTAFELN

Přemysliden

Bořivoj I.
Hzg. nach 867–88/89
x Ludmila †921

Spytihněv I.
Hzg. um 894–915

Vratislav I.
Hzg. 915–21
x Drahomira v. Stodor
(=Brandenburg/Havelland)

Wenzel I. d. Hl.
geb. um 903
Hzg. 922–35

Boleslav I.
Hzg. 935–72

Boleslav II.
Hzg. 972–99
x Emma

Dobrava †977
x 965/66 Mieszko I.
Hzg. v. Polen 960–92

Strahkvas/Christian
um 929–96
Mönch in
Regensburg

Mlada Maria
Äbtissin v. St. Georg
in Prag

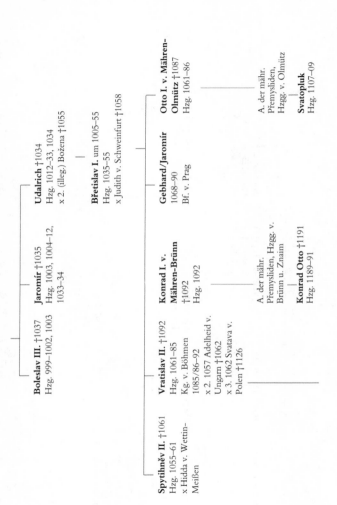

Boleslav III. †1037
Hzg. 999–1002, 1003

Jaromír †1035
Hzg. 1003, 1004–12,
1033–34

Udalrich †1034
Hzg. 1012–33, 1034
x 2. (illeg.) Božena †1055

Břetislav I. um 1005–55
Hzg. 1035–55
x Judith v. Schweinfurt †1058

Spytihněv II. †1061
Hzg. 1055–61
x Hidda v. Wettin-
Meißen

Vratislav II. †1092
Hzg. 1061–85
Kg. v. Böhmen
1085/86–92
x 2. 1057 Adelheid v.
Ungarn †1062
x 3. 1062 Svatava v.
Polen †1126

**Konrad I. v.
Mähren-Brünn**
†1092
Hzg. 1092

Gebhard/Jaromír
1068–90
Bf. v. Prag

**Otto I. v. Mähren-
Olmütz** †1087
Hzg. 1061–86

A. der mähr.
Přemysliden, Hzgg. v.
Brünn u. Znaim

A. der mähr.
Přemysliden,
Hzgg. v. Olmütz

Konrad Otto †1191
Hzg. 1189–91

Svatopluk
Hzg. 1107–09

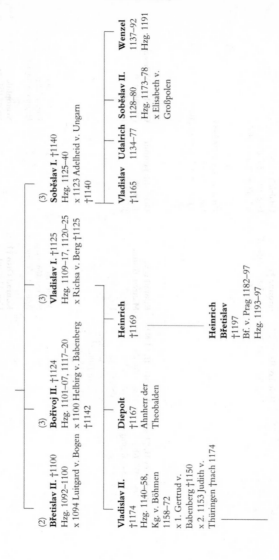

(2)
Břetislav II. †1100
Hzg. 1092–1100
x 1094 Luitgard v. Bogen

(3)
Bořivoj II. †1124
Hzg. 1101–07, 1117–20
x 1100 Helbirg v. Babenberg
†1142

(3)
Vladislav I. †1125
Hzg. 1109–17, 1120–25
x Richsa v. Berg †1125

(3)
Soběslav I. †1140
Hzg. 1125–40
x 1123 Adelheid v. Ungarn
†1140

Vladislav II.
†1174
Hzg. 1140–58,
Kg. v. Böhmen
1158–72
x 1. Gertrud v.
Babenberg †1150
x 2. 1153 Judith v.
Thüringen †nach 1174

Diepolt
†1167
Ahnherr der
Theobalden

Heinrich
†1169

Vladislav
†1165

Udalrich
1134–77

Soběslav II.
1128–80
Hzg. 1173–78
x Elisabeth v.
Großpolen

Wenzel
1137–92
Hzg. 1191

**Heinrich
Břetislav**
†1197
Bf. v. Prag 1182–97
Hzg. 1193–97

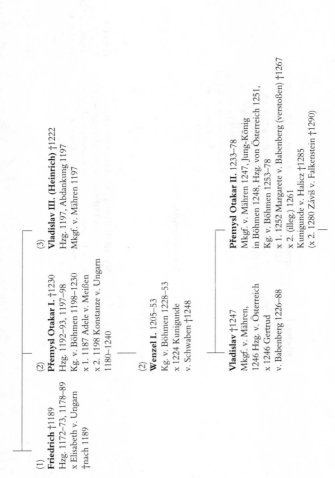

(1)
Friedrich †1189
Hzg. 1172–73, 1178–89
x Elisabeth v. Ungarn
†nach 1189

(2)
Přemysl Otakar I. †1230
Hzg. 1192–93, 1197–98
Kg. v. Böhmen 1198–1230
x 1. 1187 Adele v. Meißen
x 2. 1198 Konstanze v. Ungarn
1180–1240

(3)
Vladislav III. (Heinrich) †1222
Hzg. 1197, Abdankung 1197
Mkgf. v. Mähren 1197

(2)
Wenzel I. 1205–53
Kg. v. Böhmen 1228–53
x 1224 Kunigunde
v. Schwaben †1248

Vladislav †1247
Mkgf. v. Mähren,
1246 Hzg. v. Österreich
x 1246 Gertrud
v. Babenberg 1226–88

Přemysl Otakar II. 1233–78
Mkgf. v. Mähren 1247, Jung-König
in Böhmen 1248, Hzg. von Österreich 1251,
Kg. v. Böhmen 1253–78
x 1. 1252 Margarete v. Babenberg (verstoßen) †1267
x 2. (illeg.) 1261
Kunigunde v. Halicz †1285
(x 2. 1280 Záviš v. Falkenstein †1290)

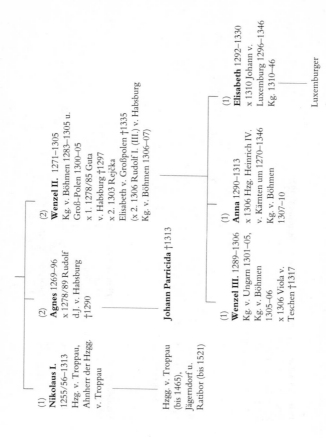

(1)
Nikolaus I.
1255/56–1313
Hzg. v. Troppau,
Ahnherr der Hzgg.
v. Troppau

(2)
Agnes 1269–96
x 1278/89 Rudolf
d.J. v. Habsburg
†1290

(2)
Wenzel II. 1271–1305
Kg. v. Böhmen 1283–1305 u.
Groß-Polen 1300–05
x 1. 1278/85 Guta
v. Habsburg †1297
x 2. 1303 Rejčka
Elisabeth v. Großpolen †1335
(x 2. 1306 Rudolf I. (III.) v. Habsburg
Kg. v. Böhmen 1306–07)

Elisabeth 1292–1330
x 1310 Johann v.
Luxemburg 1296–1346
Kg. 1310–46

Luxemburger

Hzgg. v. Troppau
(bis 1465),
Jägerndorf u.
Ratibor (bis 1521)

Johann Parricida †1313

(1)
Wenzel III. 1289–1306
Kg. v. Ungarn 1301–05,
Kg. v. Böhmen
1305–06
x 1306 Viola v.
Teschen †1317

(1)
Anna 1290–1313
x 1306 Hzg. Heinrich IV.
v. Kärnten um 1270–1346
Kg. v. Böhmen
1307–10

Luxemburger und Jagiellonen

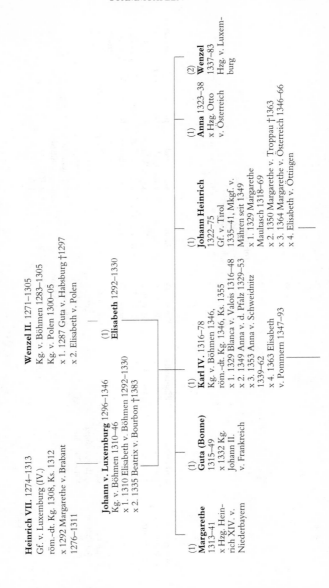

Heinrich VII. 1274–1313
Gf. v. Luxemburg (IV.)
röm.-dt. Kg. 1308, Ks. 1312
x 1292 Margarethe v. Brabant
1276–1311

Wenzel II. 1271–1305
Kg. v. Böhmen 1283–1305
Kg. v. Polen 1300–05
x 1. 1287 Guta v. Habsburg †1297
x 2. Elisabeth v. Polen

Johann v. Luxemburg 1296–1346
Kg. v. Böhmen 1310–46
x 1. 1310 Elisabeth v. Böhmen 1292–1330
x 2. 1335 Beatrix v. Bourbon †1383

(1)
Elisabeth 1292–1330

(1)
Margarethe
1313–41
x Hzg. Hein-
rich XIV. v.
Niederbayern

(1)
Guta (Bonne)
1315–49
x 1332 Kg.
Johann II.
v. Frankreich

(1)
Karl IV. 1316–78
Kg. v. Böhmen 1346,
röm.-dt. Kg. 1346, Ks. 1355
x 1. 1329 Blanca v. Valois 1316–48
x 2. 1349 Anna v. d. Pfalz 1329–53
x 3. 1353 Anna v. Schweidnitz
1339–62
x 4. 1363 Elisabeth
v. Pommern 1347–93

(1)
Johann Heinrich
1322–75
Gf. v. Tirol
1335–41, Mkgf. v.
Mähren seit 1349
x 1. 1329 Margarethe
Maultasch 1318–69
x 2. 1350 Margarethe v. Troppau †1363
x 3. 1364 Margarethe v. Österreich 1346–66
x 4. Elisabeth v. Öttingen

(1)
Anna 1323–38
x Hzg. Otto
v. Österreich

(2)
Wenzel
1337–83
Hzg. v. Luxem-
burg

(2)
Jobst 1351–1411
Mkgf. v. Mähren 1375,
röm.-dt. Kg. 1410–11

| (1)
Margarethe v. Böhmen-Luxemburg
1335–49
x 1338 Kg.
Ludwig v.
Ungarn u.
Polen 1326–82 | (1)
Katharina
1342–86
x 1. 1357
Hzg. Rudolf IV.
v. Österreich
1339–65
x 2. Hzg. Otto V.
v. Brandenburg
1346–79 | (3)
Elisabeth
1358–73
x Hzg. Albrecht III.
v. Österreich
1349–95 | (3)
Wenzel IV.
1361–1419
Kg. v. Böhmen
1378–1419,
röm.-dt. Kg.
1376–1400
x 1. 1370
Johanna v.
Niederbayern
1356–86
x 2. 1389 Sophie
v. Bayern 1376–1425 | (4)
Anna
1366–94
x 1381 Kg.
Richard II.
v. England
1367–1400 | (4)
Sigismund
1368–1437
Kg. v. Böhmen
1420, 1436–37,
Kg. v. Ungarn
1387, röm.-dt.
Kg. 1410,
Ks. 1433
x 1. 1385 Maria
v. Ungarn 1370–92
x 2. 1408 Barbara
v. Cilli
1395–1451 | (4)
Johann †1396
Hzg. v. Görlitz,
1370
x 1388
Richardis v.
Schweden
†nach 1400 | (4)
Margarethe geb. 1373
x 1387
Johann,
Burggf. v.
Nürnberg
1369–1420 |

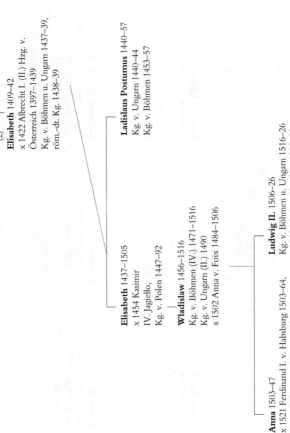

(2)
Elisabeth 1409–42
x 1422 Albrecht I. (II.) Hzg. v.
Österreich 1397–1439
Kg. v. Böhmen u. Ungarn 1437–39,
röm.-dt. Kg. 1438–39

Ladislaus Postumus 1440–57
Kg. v. Ungarn 1440–44
Kg. v. Böhmen 1453–57

Elisabeth 1437–1505
x 1454 Kasimir
IV. Jagiełło,
Kg. v. Polen 1447–92

Wladislaw 1456–1516
Kg. v. Böhmen (IV.) 1471–1516
Kg. v. Ungarn (II.) 1490
x 1502 Anna v. Foix 1484–1506

Ludwig II. 1506–26
Kg. v. Böhmen u. Ungarn 1516–26
x 1522 Maria v. Kastilien 1505–58

Anna 1503–47
x 1521 Ferdinand I. v. Habsburg 1503–64,
Kg. v. Böhmen u. Ungarn 1526–64,
röm.-dt. Kg. 1531, Ks. 1556

Habsburger

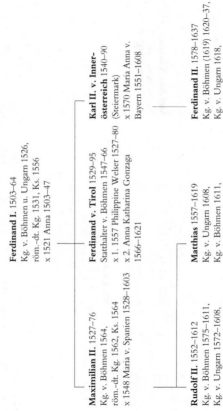

Ferdinand I. 1503–64
Kg. v. Böhmen u. Ungarn 1526,
röm.–dt. Kg. 1531, Ks. 1556
x 1521 Anna 1503–47

Maximilian II. 1527–76
Kg. v. Böhmen 1564,
röm.–dt. Kg. 1562, Ks. 1564
x 1548 Maria v. Spanien 1528–1603

Ferdinand v. Tirol 1529–95
Statthalter v. Böhmen 1547–66
x 1. 1557 Philippine Welser 1527–80
x 2. Anna Katharina Gonzaga
1566–1621

**Karl II. v. Inner-
österreich** 1540–90
(Steiermark)
x 1570 Maria Anna v.
Bayern 1551–1608

Rudolf II. 1552–1612
Kg. v. Böhmen 1575–1611,
Kg. v. Ungarn 1572–1608,
röm.–dt. Kg. 1575, Ks. 1576

Matthias 1557–1619
Kg. v. Ungarn 1608,
Kg. v. Böhmen 1611,
Ks. 1612
x 1611 Anna v.
Tirol 1585–1618

Ferdinand II. 1578–1637
Kg. v. Böhmen (1619) 1620–37,
Kg. v. Ungarn 1618,
röm.–dt. Kg., Ks. 1619
x 1. 1600 Maria Anna v. Bayern 1574–1616
x 2. Eleonore v. Gonzaga 1598–1655

Ferdinand III. 1608–57
Kg. v. Ungarn 1625, Kg. v. Böhmen 1627,
röm.–dt. Kg. 1636, Ks. 1637
x 1. 1631 Marie Anna v. Spanien 1608–46
x 2. Maria Leopoldine v. Tirol †1649
x 3. Eleonore v. Gonzaga 1630–86

Leopold I. 1640–1705
Kg. v. Ungarn 1657,
Kg. v. Böhmen 1657, Ks. 1658
x 1. Margarethe Theresa v. Spanien 1651–73
x 2. Claudia Felicitas v. Tirol 1653–76
x 3. 1676 Eleonore v. Pfalz–Neuburg 1655–1720

Ferdinand IV. 1633–54
Kg. v. Böhmen 1646,
Kg. v. Ungarn 1647,
röm.–dt. Kg. 1653

Karl VI. 1685–1740
röm.–dt. Kg., Ks. 1711,
Kg. v. Ungarn 1711,
Kg. v. Böhmen 1723
x 1708 Elisabeth Christine v.
Braunschweig-Wolfenbüttel
1691–1750

Joseph I. 1678–1711
Kg. v. Ungarn 1687, Kg. v. Böhmen
1705, röm.–dt. Kg. 1690, Ks. 1705
x 1699 Wilhelmine Amalie v.
Braunschweig–Lüneburg 1673–1742

Maria Theresia 1717–80
Kgn. v. Böhmen 1740, gekrönt 1743,
Kgn. v. Ungarn 1740,
x 1736 Franz I. Stephan
v. Lothringen 1708–65

Joseph II. 1741–90
röm.-dt. Kg. 1764, Ks. 1765,
Kg. v. Böhmen u. Ungarn 1780
x 1. 1760 Maria Isabella v. Parma
1741–63
x 2. 1765 Maria Josepha v. Bayern
1739–67

Leopold II. 1747–92
röm.-dt. Kg., Ks. 1790,
Kg. v. Ungarn 1790,
Kg. v. Böhmen 1790
x 1765 Maria Luise v.
Spanien 1745–92

Marie Antoinette 1755–93
x 1770 Ludwig XVI. v. Frankreich 1754–93

Franz II. (I.) 1768–1835
Kg. v. Böhmen u. Ungarn 1792,
röm. Ks. 1792–1806, Ks. v. Österreich 1804
x 1. Elisabeth Wilhelmine v. Württemberg 1767–90
x 2. 1790 Maria Theresia v. Sizilien 1772–1807
x 3. Maria Ludovica v. Österreich-Este 1787–1816
x 4. Karoline Augusta v. Bayern 1792–1873

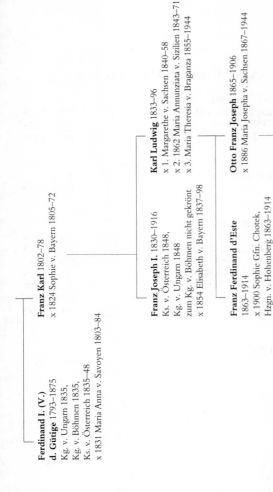

Ferdinand I. (V.)
d. Gütige 1793–1875
Kg. v. Ungarn 1835,
Kg. v. Böhmen 1835,
Ks. v. Österreich 1835–48
x 1831 Maria Anna v. Savoyen 1803–84

Franz Karl 1802–78
x 1824 Sophie v. Bayern 1805–72

Franz Joseph I. 1830–1916
Ks. v. Österreich 1848,
Kg. v. Ungarn 1848
zum Kg. v. Böhmen nicht gekrönt
x 1854 Elisabeth v. Bayern 1837–98

Franz Ferdinand d'Este
1863–1914
x 1900 Sophie Gfn. Chotek,
Hzgn. v. Hohenberg 1863–1914

Karl Ludwig 1833–96
x 1. Margarethe v. Sachsen 1840–58
x 2. 1862 Maria Annunziata v. Sizilien 1843–71
x 3. Maria Theresia v. Braganza 1855–1944

Otto Franz Joseph 1865–1906
x 1886 Maria Josepha v. Sachsen 1867–1944

Karl I. 1887–1922
Ks. v. Österreich 1916–18,
Kg. v. Ungarn 1916–18
x 1911 Zita v. Bourbon-Parma 1892–1989

STAATSOBERHÄUPTER (SEIT 1918)

Tschechoslowakische Republik

Tomáš G. Masaryk (1850–1937)	1918–1935
Edvard Beneš (1884–1948)	1935–1938[1]
Emil Hácha (1872–1945)	1938–1939

Protektorat Böhmen und Mähren

Emil Hácha	1939–1945

Tschechoslowakische Republik[2]

Edvard Beneš	1945–1948
Klement Gottwald (1896–1953)	1948–1953
Antonín Zápotocký (1884–1957)	1953–1957
Antonín Novotný (1904–1975)	1957–1968
Ludvík Svoboda (1895–1979)	1968–1975
Gustáv Husák (1913–1991)	1975–1989
Václav Havel (1936–)	1989–1992

Tschechische Republik

Václav Havel	seit 1993

[1] 1940–45 Präsident der tschechoslowakischen Exilregierung
[2] Seit 11.7.1960 Tschechoslowakische Sozialistische Republik, seit 28.3.1990 Tschechoslowakische Föderative Republik, seit 23.4.1990 Tschechische und Slowakische Föderative Republik, seit 1.1.1993 Tschechische Republik

BISCHOFSLISTEN

Die erste Jahresangabe bezieht sich auf die Wahl bzw. königliche Ernennung, die zweite auf das Ausscheiden aus dem Amt. Die mit * bezeichneten Personen wurden zu Kardinälen ernannt.

1. Die Bischöfe und Erzbischöfe von Prag

Bischöfe

Thietmar	973–982
Adalbert	982–997[1]
Strahkvas/Christian	994–997[2]
Thiddag	998–1017
Ekkehard	1017–1023
Hyzo (Izzo)	1023–1030
Severus	1030–1067
Jaromír-Gebehard	1068–1090
Cosmas	1091–1098
Hermann	1099–1122
Meinhard	1122–1134
Johannes I.	1134–1139
Silvester	1139–1140[3]
Otto	1140–1148
Daniel I.	1148–1167
Gotpold	1169[4]
Friedrich	1169–1179

[1] Adalbert verzichtete 988 auf die Amtsausübung und nahm sein bfl. Amt 992 wieder auf. Anschließend hielt er sich meist außerhalb Böhmens auf; aus diesem Grunde wurde Strahkvas/Christian wohl zum Bischof gewählt.

[2] Offenbar Bf. während der Abwesenheit Adalberts (Daten nicht genau bekannt; vgl. Anm. 1).

[3] Verzicht auf das Amt vor der Weihe.

[4] Verstorben vor der Weihe.

Valentin	1180–1182
Heinrich (Břetislav)	1182–1197
Daniel II. (Milík)	1197–1214
Andreas	1214–1224[5]
Pilgrim	1223–1226[6]
Budislaus	1226
Johannes II.	1227–1236
Bernhard	1236–1240
Nikolaus v. Aujezd (v. Riesenburg)	1240–1258
Johannes III. v. Draschitz	1258–1278
Tobias v. Bechin	1278–1296
Gregor Zajíc v. Waldeck	1296–1301
Johannes IV. v. Draschitz	1301–1343
Ernst v. Pardubitz	1343–1344

Erzbischöfe

Ernst v. Pardubitz	1344–1364
Johannes Očko v. Wlašim*	1364–1378[7]
Johannes VI. v. Jenstein	1378–1396[8]
Wolfram v. Škvorec	1396–1402
Zbynko Zajíc v. Hasenburg	1402–1411
Sigmund Albík v. Uničov	1411–1412[9]
Konrad v. Vechta	1413–1431[10]
[Vakanz	bis 1561][11]
Anton Brus v. Müglitz	1561–1580
Martin Medek v. Müglitz	1581–1590
Zbynko Berka v. Dubá und Leipa	1592–1606
Karl Frh. v. Lamberg	1606–1612
Johannes Lohelius	1612–1622
Ernst Adalbert Gf. v. Harrach zu Rohrau*	1623–1667[12]
Johann Wilhelm Gf. Libštejnský v. Kolovrat	1667–1668[13]

[5] Er übte das bfl. Amt längstens bis 1224 aus.
[6] Verzicht auf das Amt.
[7] Verzicht auf das Amt; vor 1364 Bf. v. Olmütz, 1378 Kardinal.
[8] Verzicht auf das Amt.
[9] Verzicht auf das Amt.
[10] 1421 durch den Papst des Amtes enthoben, von den Hussiten jedoch weiter anerkannt; vor 1413 Bf. v. Olmütz.
[11] Bis 1561 wurde das Erzbistum durch → Administratoren verwaltet (s. u.).
[12] 1626 Kardinal.
[13] Verstorben vor Erhalt der päpstlichen Bestätigung.

Matthäus Ferdinand Sobek v. Bilenberg	1668–1675[14]
Johannes Friedrich Gf. v. Waldstein	1675–1694[15]
Johann Josef Gf. v. Breuner	1694–1710
Franz Ferdinand Gf. v. Khuenburg	1710–1731
Daniel Joseph Mayer v. Mayern	1731–1733
Johann Adam Wratislaw v. Mitrowitz	1733[16]
Johann Moritz Gustav Gf. v. Manderscheid-Blankenheim	1733–1763
Anton Peter Gf. Přichowsky v. Přichowitz	1763–1793[17]
Wilhelm Florentin Fst. v. Salm-Salm	1793–1810
Wenzel Leopold Chlumczanský Ritter v. Přestavlk und Chlumetz	1814–1830
Alois Josef Gf. Krakovský v. Kolovrat	1830–1833
Andreas Alois Gf. Skarbek Ankvicz v. Poslavice	1833–1838
Aloys Josef Schrenk v. Nötzig	1838–1849
Friedrich Joseph Fst. v. Schwarzenberg*	1850–1885[18]
Franz de Paula Gf. v. Schönborn-Buchheim-Wolfstal*	1885–1899[19]
Leo Skrbenský v. Hříště*	1899–1916[20]
Paul Gf. Huyn	1916–1918[21]
František Kordač	1919–1931
Karel Kašpar Boromejský*	1931–1941[22]
[Vakanz	1941–1946]
Josef Beran*	1946–1969[23]
[Vakanz	1969–1977]
František Tomášek*	1977–1991[24]
Miloslav Vlk*	seit 1991[25]

[14] Vorher Bf. v. Königgrätz.
[15] Vorher Bf. v. Königgrätz.
[16] Verstorben vor der päpstlichen Bestätigung.
[17] 1752–1763 Koadjutor und 1753–1763 Bf. v. Königgrätz.
[18] 1842 Kardinal.
[19] Vorher Bf. v. Budweis; 1889 Kardinal.
[20] 1916 Ebf. v. Olmütz, 1901 Kardinal.
[21] Vor 1916 Bf. v. Brünn.
[22] 1935 Kardinal.
[23] 1949–1965 interniert, seit 1965 lebte er in Rom, 1965 Kardinal (†1969).
[24] 1965 bfl. Administrator, 1976 Kardinal.
[25] Vorher Bf. v. Budweis, 1995 Kardinal.

Administratoren der katholischen Kirche

Die Angaben über die Administratoren sind wissenschaftlich noch nicht vollständig gesichert. Die Übersicht stützt sich auf die neueste Forschungsliteratur. – Die Administratoren amtierten an verschiedenen Orten, zunächst in Zittau und Pilsen, später dann in Prag.

Johannes v. Bucca »der Eiserne«, Bf. v. Olmütz	1421–1430
Konrad v. Zvole, Bf. v. Olmütz	1431–1434
Johannes v. Kralovitz, Johannes v. Dubá	1426–1434
Simon v. Nimburg	1434–1444
Johannes v. Dubá	1434–1442
Georg v. Prag	1442–1446
Prokop v. Kladrau	1446–1453
Wenzel Hněvsín v. Krumau	1453–1458
Nikolaus v. Krumau	1453–1458
Wenzel Hněvsín v. Krumau	1458–1460
Nikolaus v. Krumau	1461
Hilarius v. Leitmeritz	1461–1462
Johannes Šimanek v. Krumau	1461–1462
Martin Terra v. Strašecí	1462
Hilarius v. Leitmeritz	1462–1468
Johannes Šimanek v. Krumau	1469–1481
Johannes v. Kolovrat	1469–1481
Wenzel v. Plan	1481–1484
Paul Pouček v. Thalenberg	1484–1498
Ambrosius Chrt v. Pilsen	1498–1510
Blasius Kremer v. Plan	1498–1509
Johannes Žák	1511–1525
Ernst v. Schleinitz	1525–1544
Valentin Hahn v. Mies	1544–1557
Johannes Podbradský v. Buchau	1544–1554
Heinrich Písek (Scribonius) v. Bischofteinitz	1554–1561

Administratoren der utraquistischen Kirche

Jan Rokycana	1431–1437[26]
Christian v. Prachatitz	1437–1439
Johannes v. Přibram	1439–1448

[26] Von den Ständen gewählter Erzbischof, ohne päpstliche Bestätigung und Weihe.

Prokop v. Pilsen	1439–1448
Jan Rokycana	1441–1471
Wenzel Koranda v. Pilsen	1471–1497
Jakob v. Mies	1497–1499
Paul v. Saaz	1500–1517
Matthäus Korambus v. Třebeč	1517–1520
Wenzel Šimánek v. Leitomischl	1520–1523
Gallus Cahera v. Saaz; Johannes Kulata v. Přestitz;	
Heinrich v. Laun; Johannes v. Böhmisch Brod	1523–1524
Gallus Cahera v. Saaz	1524–1529
Laurentius v. Wittingau	1529–1531
Wenzel v. Unhošť	1531–1539
Martin v. Klattau	1539–1541
Johannes Mystopol	1542–1556
Johannes v. Kolin	1542–1556
Matthias v. Hájek (Dapsilius Curius)	1555–1562
Johannes Mystopol	1562–1568
Martin v. Melnik	1562–1571
Heinrich Curius v. Helfenburg	1571–1581
Wenzel v. Beneschau	1581–1591
Fabian Rezek v. Strakonitz	1591–1594
Wenzel v. Datschitz	1594–1604
Johannes Benedikt	1605–1609
Thomas v. Soběslau	1609
Elias Šud v. Semanín	1609–1614
Sigismund Crinitus	1614–1619
Georg Dicastus Miřkovský	1619–1621
Samuel Martinius v. Dražov	1631–1639

2. Die Bischöfe und Erzbischöfe von Olmütz

Bischöfe

Johannes I.	1063–1085
Wezel	nach 1088–1091
Andreas I.	1092–1096
Heinrich I.	1096–1098
Petrus I.	1099–1104
Johannes II.	1104–1126
Heinrich II. Zdik	1126–1150
Johannes III.	1150–1157
Johannes IV.	1157–1172

Dietleb	1172–1181
Pilgrim	1182–1184
Kaim	1186–1194
Engelbert	1194–1199
Johannes V. Bavor	1199–1201
Robert	1202–1240[27]
Wilhelm, Gegenbf.	1240–1245[28]
Konrad v. Friedberg	1240–1247
Bruno v. Schauenburg	1247–1281
Dietrich de Novo Foro	1281–1302
Johannes VI. v. Waldstein	1302–1311
Peter II. v. Konitz	1311–1316
Konrad I.	1316–1326
Heinrich Berka v. Dubá	1326–1333
Johannes VII. Volek	1334–1351
Johannes VIII. Očko v. Wlašim	1351–1364[29]
Johannes IX. v. Neumarkt	1364–1380[30]
Peter Jelito	1381–1387[31]
Johannes X. Soběslav	1387[32]
Nikolaus v. Riesenburg	1390–1397
Johannes XI. Mraz	1397–1403
Lacek v. Krawarn	1403–1408
Konrad v. Vechta	1408–1413[33]
Wenzel Kralik v. Buřenice	1413–1416
Johannes XII. v. Bucca, der Eiserne*	1416–1430[34]
Konrad v. Zvole	1431–1434
Paul v. Miltschin und Thalenberg	1435–1450
Johannes XIII. Haz (Haes)	1450–1454
Bohuslaus v. Zwole	1454–1457
Tas (Protas) Černohorský v. Boskowitz	1459–1482[35]
Johann Filipec	1484–1490[36]

[27] Des Amtes enthoben.
[28] Verzicht auf das Amt.
[29] Seit 1364 Ebf. v. Prag.
[30] Vorher Bf. v. Leitomischl.
[31] Vorher Bf. v. Leitomischl.
[32] Vorher Bf. v. Leitomischl.
[33] Seit 1413 Ebf. v. Prag.
[34] Bis 1420 Bf. v. Leitomischl, 1426 Kardinal.
[35] Das Kapitel beauftragte 1482–84 als Administratoren des Bistums Johannes Paus-
wangel, Alex v. Iglau und Heinrich v. Zvole.
[36] Filipec war Bf. v. Großwardein [1477–90], wurde von Matthias Corvinus zum
Administrator ernannt, aber nie vom Papst anerkannt.

Johannes XIV. Vitéz, ernannter Administrator	1487–1489[37]
Ardicino della Porta, ernannter Administrator*	1489–1492[38]
Johannes XV. Borgia, ernannter Administrator*	1493–1497[39]
Stanislaus Thurzó v. Béthlenfalva	1497–1540
Bernhard Zoubek v. Zdětín	1540–1541[40]
Johannes XVI. Dubravius	1541–1553
Marek Khuen (Kuen)	1553–1565
Wilhelm Prusinovský v. Víckov	1565–1572
Johannes XVII. Grodecký v. Brod	1572–1574
Thomas Albin v. Helfenburg	1574–1575
Johannes XVIII. Mezoun (Mezon)	1576–1578
Stanislaus Pavlovský	1579–1598
Franz Seraph v. Dietrichstein*	1599–1636[41]
Johannes XIX. Ernst Plateis v. Plattenstein	1636–1637[42]
Leopold Wilhelm Ehzg. v. Österreich	1637–1662[43]
Karl I. Joseph Ehzg. v. Österreich	1663–1664
Karl II. v. Liechtenstein-Kastelkorn	1664–1695
Karl III. Joseph Ignaz Hzg. v. Lothringen und Baar	1695–1711[44]
Wolfgang Hannibal Gf. v. Schrattenbach*	1711–1738[45]
Jakob Ernst Gf. v. Liechtenstein-Kastelkorn	1738–1745[46]
Ferdinand Julius Gf. v. Troyer*	1745–1758[47]
Leopold Friedrich Gf. v. Egkh und Hungersbach	1758–1760
Maximilian Gf. v. Hamilton	1761–1776

[37] Vom Papst zum Administrator ernannt, residierte jedoch nicht. – Bf. v. Sirmium [1482–89], Bf. v. Veszprém [1489–90], Administrator des Btm. Wien [1490–99].
[38] Vom Papst zum Administrator ernannt, residierte nicht, verzichtete 1492. Bohuslaus Hassenstein v. Lobkowitz wurde vom Kapitel zum Bischof gewählt, vom Papst aber nicht bestätigt.
[39] Vom Papst zum Administrator ernannt, residierte nicht, verzichtete 1497.
[40] Starb vor der päpstlichen Bestätigung.
[41] 1599 Kardinal.
[42] Starb vor Eintreffen der päpstlichen Bestätigung.
[43] Ohne Weihe; Administratoren: Kaspar Karas v. Rhomstein 1638– 1640, Johannes Kaspar Stredele v. Montani und Wisberg (1640–42).
[44] Seit 1695 Ebf. v. Trier.
[45] 1712 Kardinal.
[46] Danach Ebf. v. Salzburg.
[47] 1747 Kardinal.

Erzbischöfe

Anton Theodor Gf. v. Colloredo-Waldsee-Mels*	1777–1811[48]
Maria Thaddäus Gf. v. Trautmannsdorf*	1811–1819[49]
Rudolf Johann Joseph Rainer Ehzg. v. Österreich*	1819–1831[50]
Ferdinand Maria Gf. v. Chotek	1832–1836
Maximilian Joseph Gottfried Frh. v. Sommerau-Beeckh*	1837–1853[51]
Friedrich Egon v. Fürstenberg*	1853–1892[52]
Theodor Kohn	1892–1904
Franz Sales Bauer*	1904–1915[53]
Leo Skrbenský v. Hříště*	1916–1920[54]
Antonín Cyril Stojan	1921–1923
Leopold Prečan	1923–1947
Josef Karel Matocha	1948–1961
[Vakanz	1961–1990]
František Vaňák	1990–1991
Jan Graubner	seit 1992

3. Die Bischöfe von Leitomischl

Johannes I.	1344–1353
Johannes II. v. Neumarkt	1353–1364[55]
Nikolaus	1364
Albrecht v. Sternberg	1364–1368[56]
Peter Jelito	1368–1371[57]
Albrecht v. Sternberg	1371–1380
Heinrich Kluk v. Klučov, Gegenbf.	1379–1387
Johannes III. Soběslav	1380–1387[58]
Johannes IV. v. Bucca, der Eiserne	1388–1418[59]
Albrecht v. Březí	1420–1442
Matthias Kučka	1441–1449

[48] 1803 Kardinal.
[49] 1816 Kardinal.
[50] 1819 Kardinal.
[51] 1850 Kardinal.
[52] 1879 Kardinal.
[53] 1911 Kardinal.
[54] Vorher Ebf. v. Prag, 1901 Kardinal.
[55] Danach Bf. v. Olmütz.
[56] Danach Ebf. v. Magdeburg.
[57] Danach Ebf. v. Magdeburg.
[58] Danach Bf. v. Olmütz.
[59] Danach als Johannes XII. Bf. v. Olmütz.

Beneš v. Zwittau	1443–1446
Elias v. Neuhaus	1462
Johannes VI. Bavor	1474

4. Die Bischöfe von Leitmeritz

Maximilian Rudolf Frh. v. Schleinitz	1655–1675
Jaroslav Ignaz Gf. v. Sternberg	1675–1709
Hugo Franz Gf. v. Königsegg–Rothenfels	1709–1720
Johann Adam Gf. Wratislaw v. Mitrowitz	1721–1733[60]
Moritz Adolf Karl Hzg. v. Sachsen-Zeitz	1733–1759
Emmanuel Ernst Gf. v. Waldstein	1759–1789
Ferdinand Kindermann v. Schulstein	1790–1801
Wenzel Leopold Chlumczanský Ritter v. Přestavlk und Chlumetz	1801–1814[61]
Josef Franz Hurdálek	1815–1822
Vinzenz Eduard Milde	1823–1831[62]
Augustin I. Bartholomäus Hille	1831–1865
Augustin II. Pavel Vahala	1865–1877
Anton Ludwig Frind	1879–1881
Emmanuel Johann Schöbel	1882–1909
Josef Gross	1910–1931
Anton Alois Weber	1931–1947
Štěpán Trochta*	1947–1974[63]
[Vakanz	1974–1989]
Josef Koukl	seit 1989

5. Die Bischöfe von Königgrätz

Matthäus Ferdinand Sobek v. Bilenberg	1660–1668[64]
Johann Friedrich Gf. v. Waldstein	1668–1675[65]
Johann Franz Christoph Frh. v. Thalenberg	1676–1698
Gottfried Frh. Kapoun v. Svojkov	1698–1701
Tobias Johann Becker	1701–1710
Johann Adam Gf. Wratislaw v. Mitrowitz	1710–1721[66]

[60] Vorher Bf. v. Königgrätz.
[61] Danach Ebf. v. Prag.
[62] Danach Ebf. v. Wien.
[63] 1969 Kardinal.
[64] Päpstliche Bestätigung 1664; 1668 Ebf. v. Prag.
[65] Päpstliche Bestätigung 1673; 1675 Ebf. v. Prag.
[66] Danach Bf. v. Leitmeritz

Wenzel Franz Karl Košinský Frh. v. Košín	1721–1731
Moritz Adolph Karl Hzg. v. Sachsen-Zeitz	1731–1733[67]
Johann Joseph Gf. Wratislaw v. Mitrowitz	1733–1753
Anton Peter Gf. Přichowsky v. Přichowitz	1753–1763[68]
Hermann Hannibal Gf. v. Blümegen	1763–1774
Johann Andreas Kayser Ritter v. Kaysern	1775–1776
Joseph Adam Gf. v. Arco	1776–1780
Johann Leopold Ritter v. Hay	1780–1794
Maria Thaddäus Gf. v. Trautmannsdorf	1794–1811[69]
Alois Josef Gf. Krakovský v. Kolovrat	1812–1830[70]
Karl Borromäus Hanl Frh. v. Kirchtreu	1831–1874
Josef Johann Hais	1875–1892
Eduard Jan Nepomuk Brynych	1892–1902
Josef Doubrava	1903–1921
Karel Kašpar Boromejský	1921–1931
Mořic Pícha	1931–1956
[Vakanz	1956–1989]
Karel Otčenášek	seit 1989

6. Die Bischöfe von Brünn

Matthias Franz Gf. Chorynský v. Ledska	1777–1786
Johann Baptist Lachenbauer	1786–1799
Vinzenz Joseph Gf. v. Schrattenbach	1799–1816
Wenzel Ritter Stuffler	1816–1831
Franz Grindl	1831–1841
Anton Ernst Gf. v. Schaffgotsch	1841–1870
Karl Nöttig	1870–1882
Franz Sales Bauer	1882–1904[71]
Paul Gf. Huyn	1904–1916[72]
Norbert Johann Klein	1916–1926
Josef Kupka	1926–1941
[Vakanz	1941–1946]
Karel Skoupý	1946–1972
[Vakanz	1972–1990]
Vojtěch Cikrle	seit 1990

[67] Danach Bf. v. Leitmeritz
[68] Danach 1763 Ebf. v. Prag.
[69] Danach Ebf. v. Olmütz.
[70] Danach Ebf. v. Prag.
[71] Danach Ebf. v. Olmütz.
[72] Danach Ebf. v. Prag.

7. Die Bischöfe von Budweis

Johann Prokop Gf. v. Schaffgotsch Frh. v. Kynast und Greiffenklau	1784–1813
Constantin Ernest Růžička	1815–1845
Joseph Andreas Lindauer	1845–1850
Jan Valerián Jirsík	1851–1883
Franz de Paula Gf. v. Schönborn*	1883–1885[73]
Martin Josef Říha	1885–1907
Josef Antonín Hůlka	1907–1920
Šimon Bárta	1920–1940
[Vakanz	1940–1947]
Josef Hlouch	1947–1972[74]
[Vakanz	1972–1990]
Miloslav Vlk	1990–1991[75]
Antonín Liška	seit 1991

8. Die Bischöfe von Pilsen

František Radkovský	seit 1993

9. Die Bischöfe von Ostrau – Troppau

František Lobkowicz	seit 1996

[73] Danach Ebf. v. Prag.
[74] 1950–1968 interniert.
[75] Danach 1991 Ebf. v. Prag.

AB = Der Ackermann aus Böhmen (Karlsbad)

AČ = Archivní časopis (Praha)

AFSB = Arbeits- und Forschungsberichte zur sächsischen Bodendenkmalpflege (Berlin)

AgA = Agrární archiv (seit 1920: Časopis pro dějiny venkova) (Praha)

AH = Archaeologia historica (Brno)

AHY = Austrian History Yearbook (Minneapolis)

AKBMS = Archiv für Kirchengeschichte von Böhmen-Mähren-Schlesien (Königstein/Taunus)

AKG = Archiv für Kulturgeschichte (Köln u. a.)

Alt = Altvaterbote (Hohenstadt)

AMR = Acta musei Reginaehradecensis (Hradec Králové)

Ant = Anthropozoikum (Praha)

AÖG = Archiv für österreichische Geschichte (bis 1864: Archiv für Kunde österreichischer Geschichts-Quellen) (Wien)

APr = Analecta Praemonstratensia (Tongerloae)

AR = Archeologické rozhledy (Praha)

AS = Annales Silesiae (Wrocław)

ASER = American Slavic and East European Review (New York)

ASKG = Archiv für schlesische Kirchengeschichte (Sigmaringen u. a.)

AT = Archivum Trebonense (Třeboň)

AUC-HUCP = Acta Universitatis Carolinae. Historia Universitatis Carolinae Pragensis (Praha)

AUPO = Acta Universitatis Palackianae Olomucensis (Olomouc)

AUW = Acta Universitatis Wratislaviensis (Wrocław)

AV = Ars vitraria (Jablonec nad Nisou)

BAV = Brněnský archivní věstník (Brno)

BDLG = Blätter für deutsche Landesgeschichte (Wiesbaden)

BGE = Beiträge zur Geschichte des Elbtales (Aussig)

BHAK = Beiträge zur Heimatkunde des Aussig-Karbitzer-Bezirkes (Aussig)

BHE = Beiträge zur Heimatkunde des Elbetales (Aussig)

BMD = Brno v minulosti a dnes (Brno)

BO = Bozeňsko (Březnice bei Rožmital)

BOH = Bohemia. Zeitschrift für Kultur und Geschichte der böhmischen Länder (bis 1980: Jahrbuch des Collegium Carolinum) (München)

Bol = Boleslavan (Mladá Boleslav)

Bsl = Boleslavica (Mladá Boleslav)

ČAŠ = Časopis archivní školy (Praha)

CB = Castellologica bohemica (Praha)

ČČH = Český časopis historický (Praha)

ČČM = Časopis Českého musea (Praha)

ČE = Československá etnografie (Praha)

ČKD = Časopis katolického duchovenstva (Praha)

ČL = Český lid (Praha)

ČLit = Českolipsko literární (Česká Lípa)

ČMKČ = Časopis Musea království Českého (Praha)

ČMM = Časopis Matice moravské (1959–1967: Sborník Matice moravské) (Brno)

ČMorM = Časopis Moravského muzea (Brno)

ČMorMZ = Časopis Moravského muzea zemského (Brno)

ČMSO = Časopis Musejního spolku Olomouckého (Olomouc)

ČNM = Časopis Národního musea (Praha)

ČPSV = Časopis pro právní a státní vědu (Brno)

ČRP = Z Českého Ráje a Podkrkonoší (Bystrá nad Jizerou)

ČsČH = Československý časopis historický (Praha)

ČSM = Časopis Slezského muzea (Opava)

ČSPS = Časopis Společnosti přátel starožitností (Praha)

ČSŠPN = Časopis Svobodné školy politických nauk (Praha)

CV = Communio viatorum (Praha)

CVL = Chrudimské vlastivědné listy (Chrudim)

DA = Deutsche Arbeit (Prag u. a.)

DAEM = Deutsches Archiv für Erforschung des Mittelalters (Köln u. a.)

DAGM = Deutsches Archiv für Geschichte des Mittelalters (Weimar u. a.)

DALV = Deutsches Archiv für Landes- und Volksforschung (Leipzig)

DAS = Dějiny a současnost (Praha)

Dem = Demografie (Praha)

DH = Deutschmährische Heimat (Brünn)

DMSH = Deutsch-mährisch-schlesische Heimat (Brünn)

DP = Documenta Pragensia (Praha)

DVBM = Deutsche Volksforschung in Böhmen und Mähren (Prag u. a.)

DVZ = Děčínské vlastivědné zprávy (Děčín)

EEQ = East European Quarterly (Boulder)

EJ = Egerer Jahrbuch (Eger)

FB = Forum Brunense (Brno)

FD = Folia diplomatica (Brno)

FHB = Folia Historica Bohemica (Praha)

FOG = Forschungen zur osteuropäischen Geschichte (Wiesbaden)

GMS = Gottwaldovsko od minulosti k současnosti (Zlín)

GS = Germania Slavica (Berlin)

HČ = Historický časopis (Bratislava)

HD = Historická demografie (Praha)

HDEH = Hospodářské dějiny – Economic History (Praha)

HG = Historická geografie (Praha)

Hist = Historica. Les sciences historiques en Tchécoslovaquie (Praha)

HK = Hradecký kraj (Hradec Králové)

Hl = Hlídka (Brno)

HP = Od Horácka k Podyjí (Znojmo)

HŠ = Historické štúdie (Bratislava)

HSÚ = Historický sborník Okresního vlastivědného muzea Ústí nad Labem (Ústí nad Labem)

HT = Husitský Tábor (Tábor)

HV = Historie a vojenství (Praha)

HVF = Jahrbuch Historischer Verein Furth im Wald und Umgebung (Furth im Wald)

IZ = Informační zpravodaj Klubu přátel pardubického muzea a kronikářů okresu Pardubice (Pardubice)

JB = Judaica Bohemiae (Praha)

JFL = Jahrbuch für fränkische Landesforschung (Neustadt an der Aisch)

JFW = Jahrbuch für Wirtschaftsgeschichte

JGF = Jahrbuch für Geschichte des Feudalismus (Berlin-Ost)

JGGJ = Jahrbuch der Gesellschaft für Geschichte der Juden in der Čechoslovakischen Republik (Prag)

JGGPÖ = Jahrbuch der Gesellschaft für die Geschichte des Protestantismus in Österreich (Wien)

JGJI = Jahrbuch des deutschen Gebirgsvereins für das Jeschken- und Isergebirge (Reichenberg)

JGMO = Jahrbuch für Geschichte Mittel- und Ostdeutschlands (Berlin)

JGO = Jahrbücher für Geschichte Osteuropas (Stuttgart u. a.)

JI = Jeschken-Iserland (Reichenberg)

JM = Jižní Morava (Mikulov)

JOV = Jahrbuch für ostdeutsche Volkskunde (Marburg)

JSFWUB = Jahrbuch der Schlesischen Friedrich-Wilhelm-Universität zu Breslau (Sigmaringen)

JSH = Jihočeský sborník historický (Tábor u. a.)

JSKK = Jahrbuch für Schlesische (Kirche und) Kirchengeschichte (Sigmaringen)

JVGDB = Jahrbuch des Vereins für Geschichte der Deutschen in Böhmen (Prag)

KHS = Krušnohorský historický sborník (Most)

KP = Krkonoše-Podkrkonoší (Trutnov)

KVS = Kralupské vlastivědné sešity (Kralupy nad Vltavou)

Lit = Litoměřicko (Litoměřice)

LKMU = Letopisy kraje a města Ústí nad Orlicí (Ústí nad Orlicí)

LP = Lesnická práce (Písek)

MB = Mediaevalia Bohemica (Praha)

MEH = Medievalia et Humanistica (Cleveland u. a.)

MHB = Mediaevalia Historica Bohemica (Praha)

MHS = Moravský historický sborník (Brno)

MIÖG = Mitteilungen des Instituts für österreichische Geschichtsforschung (Wien u. a.)

ML = Mostecko-Litvínovsko (Most)

MMG = Mitteilungen des Mährischen Gewerbemuseums in Brünn (Brünn)

MNEK = Mitteilungen des Nordböhmischen Excursionsclubs (Böhmisch Leipa)

MNVHW = Mitteilungen des Nordböhmischen Vereins für Heimatforschung und Wanderpflege (Böhmisch Leipa)

MNZ = Moravské numismatické zprávy (Brno)

MÖStA = Mitteilungen des Österreichischen Staatsarchivs (Wien)

MOLA = Mitteilungen des Oberösterreichischen Landesarchivs (Linz u. a.)

MPP = Minulostí Plzně a Plzeňska (Plzeň)

MSH = Mährisch-Schlesische Heimat (Steinheim am Main)

MVGDB = Mitteilungen des Vereins für Geschichte der Deutschen in Böhmen (Prag)

MVGDS = Mitteilungen des Vereins für die Geschichte der Deutschen in den Sudetenländern (Prag)

MVHJ = Mitteilungen des Vereins für Heimatkunde des Jeschken-Iser-Gaues (Reichenberg)

MVHSL = Mitteilungen zur Volks- (und Heimat)kunde des Schönhengster Landes (Mährisch Trübau)

MVHW = Mitteilungen des Vereins für Heimatforschung und Wanderpflege (Böhmisch Leipa)

MZK = Minulostí Západočeského kraje (Plzeň)

NASG = Neues Archiv für Sächsische Geschichte (und Altertumskunde) (Dresden)

Nbl = Notizenblatt der historisch-statistischen Section der k.k. mährisch-schlesischen Gesellschaft zur Beförderung des Ackerbaus, der Natur- und Landeskunde (Brünn)

NH = Nordmährisches Heimatbuch (Steinheim am Main)

NL = Numismatické listy (Praha)

NLM = Neues lausitzisches Magazin (Görlitz)

NM = Niederlausitzer Mitteilungen (Guben)

NML = Nordmährerland (Olmütz)

NS = Numismatický sborník (Praha)

NV = Naše Valašsko (Vsetín)

NVČ = Národopisný věstník československý (Praha)

OAO = Okresní archív v Olomouci (Olomouc)

OB = Oberschlesien (Berlin)

ÖGL = Österreich in Geschichte und Literatur (Wien u. a.)

ÖOH = Österreichische Osthefte (Wien)

OG = Ostbairische Grenzmarken. Passauer Jahrbuch für Geschichte, Kunst und Volkskunde (Passau)

OH = Opera Historica. Editio Universitatis Bohemiae Meridionalis (České Budějovice)

OHC = Od Hradské cesty (Žarošice)

OJT = Od Ještěda k Troskám (Turnov)

OO = Od Orebu. Vlastivědný sborník (Třebechovice pod Orebem)

Ost = Ostrava (Ostrava)

PA = Památky archeologické (Praha)

PAP = Památky a příroda. Časopis státní památkově péče a ochrany přírody (Praha)

PČS = Přírodovědný časopis slezský (Opava)

PH = Praehistorica (Praha)

PHS = Právněhistorické studie (Praha)

PK = Podřipský kraj (Kralupy nad Vltavou)

PMHK = Práce Muzea v Hradci Králové (Hradec Králové)

PMK = Práce Muzea v Kolíně (Kolín)

Pod = Podyjí (Znojmo)

PP = Plzeň a Plzeňsko (Plzeň)

PPé = Památková péče (Praha)

PŠ = Právnické štúdie (Bratislava)

PSČ = Památky středních Čech (Praha)

PSH = Pražský sborník historický (Praha)

PSK = Památky Středočeského kraje (Praha)

RÉS = Revue des études slaves (Paris)

RKAS = Ročenka Klubu Augusta Sedláčka (Plzeň)

RMP = Ročenka musea Prostějova (Prostějov)

RMSI = Ročenka Musejního spolku v Ivančicích (Ivančice)

RNPM = Ročenka Národopisného a Průmyslového musea města Prostějova a Hané (Prostějov)

RQ = Römische Quartalsschrift für christliche Altertumskunde und Kirchengeschichte (Freiburg i. B.)

SA = Selský archiv (Olomouc)

SAMV = Sborník Archivu ministerstva vnitra v Praze (Praha)

SAP = Sborník archivních prací (Praha)

SbD = Sborník k dějinám 19. a 20. století (Praha)

SbH = Sborník historický (Historický ústav ČSAV) (Praha)

SCH = Studia Comeniana et historica (Uherský Brod)

SchR = Schwarzenberská ročenka (České Budějovice)

SČSA = Sborník Československé společnosti archeologické (Brno)

SD = Statistika a demografie (Praha)

SDH = Studie z dějin hornictví (Praha)

SdJ = Südmährens deutsche Jugend (Znaim)

SDJ = Sudetendeutsches Jahrbuch (Augsburg)

SEER = The Slavonic and East European Review (London)

SEES = Slavic and East European Studies (Montréal)

SH = Sborník historický (Hg. A. Rezek) (Praha)

SHK = Sborník Historického kroužku (Praha)

SHS = Slovanské historické studie (Praha)

SKVMO = Sborník Krajského

vlastivědného muzea v Olomouci (Olomouc)

Sl = Slovácko (Uherské Hradiště)

SlP = Slovanský přehled (Praha)

SlS = Slezský sborník (Opava)

SMČL = Sborník Muzea Českého lesa v Tachově (Tachov)

SMM = Sborník Matice moravské (Brno)

SMor = Severní Morava (Zábřeh u. a.)

SMP = Studia mediaevalia Pragensia (Praha)

SMSH = Studien und Materialien zur Spezialgeschichte und Heimatkunde des deutschen Sprachgebiets in Böhmen und Mähren (Prag)

SMSVM = Sborník Musejní společnosti Valašské Meziříčí (Valašské Meziříčí)

SNM = Sborník Národního muzea v Praze (Praha)

SOM = Sborník Okresního muzea v Tachově (Praha)

SPDP = Sborník příspěvků k dějinám hlavního města Prahy (Praha)

SPFFBU = Sborník prací filosofické fakulty Brněnské university (Brno)

SPK = Sborník Přírodovědeckého klubu při Západomoravském muzeu v Třebíči (Třebíč)

SPPSK = Sborník památkové péče v Severomoravském kraji (Ostrava)

SPVA = Sborník prací východočeských archivů (Zámrsk)

SSH = Středočeský sborník historický (Praha)

SSM = Sborník Severočeského muzea (Liberec)

SSPS = Sborník Společnosti přátel starožitností (Praha)

StJ = Stifter-Jahrbuch (Gräfelfing)

StR = Studie o rukopisech (Praha)

StrK = Strahovská knihovna (Praha)

StřM = Střední Morava (Olomouc)

StT = Studie o Těšínsku (Český Těšín)

Sud = Sudetenland. Böhmen, Mähren, Schlesien (München u. a.)

Süd = Der Südmährer (Geislingen an der Steige)

SVMO = Sborník Vlastivědného muzea v Olomouci (Olomouc)

SVPP = Sborník vlastivědných prací z Podblanicka (Benešov)

SVPS = Sborník věd právních a státních (Praha)

TA = Táborský archív (Tábor)

TĚ = Těšínsko (Český Těšín)

TL = Terezínské listy (Terezín)

TV = Tvar (Praha)

UE = Unser Egerland (Eger)

UH = Unsere Heimat (Plan bei Marienbad, Podersam)

UM = Umění (Praha)

ÚSH = Ústecký sborník historický (Ústí nad Labem)

UWH = Unsere westböhmische Heimat (Pilsen)

VKČSN = Věstník Královské české společnosti nauk (Praha)

VMO = Věstník Matice opavské (Opava)

VO = Vinařský obzor (Bzenec)

VSČ = Vlastivědný sborník Čes-
kobrodska (Český Brod)

VSGÚ = Věstník Státního geo-
logického ústavu Československé republiky (Praha)

VSH = Východočeský sborník
historický (Pardubice)

VSONJ = Vlastivědný sborník
okresu Nový Jičín (Nový Jičín)

VSP = Vlastivědný sborník
Podbrdska (Příbram)

VSV = Vlastivědný sborník Vy-
sočiny (Jihlava)

VSWG = Vierteljahrschrift für
Sozial- und Wirtschafts-
geschichte (Stuttgart u. a.)

VVM = Vlastivědný věstník
moravský (Brno)

VZOAD = Výroční zpráva
Okresního archivu Domažlice
(Horšovský Týn)

Wald = Das Waldviertel
(Krems)

WSJ = Wiener slavistisches Jahrbuch (Wien u. a.)

ZAA = Zeitschrift für Agrarge-
schichte und Agrarsoziologie
(Frankfurt am Main)

ZAM = Zeitschrift für Archäologie des Mittelalters (Köln
u. a.)

ZCM = Zprávy Chebského muzea a okresního archivu (Cheb)

ZDH = Z dějin hutnictví (Praha)

ZFFUK = Zborník filozofickej
fakulty University Komenského (Bratislava)

ZfO = Zeitschrift für Ostmittel-
europa-Forschung (bis 1994:
Zeitschrift für Ostforschung)
(Marburg/Lahn)

ZGJ = Zeitschrift für die Ge-

schichte der Juden (in der
Tschechoslowakei) (Brünn
u. a.)

ZGKS = Zeitschrift für Ge-
schichte und Kulturgeschichte
(Österreichisch) Schlesiens
(Troppau)

ZGLM = Zeitschrift für Geschichte und Landeskunde
Mährens (Berlin)

ZKMG = Zprávy Krajského
muzea v Gottvaldově (Zlín)

ZKT = Z Kralické tvrze (Kralice
nad Oslavou)

ZMDČ = Z minulosti Děčínska
(a Českolipska) (Děčín u. a.)

ZMP = Zprávy Muzea Prostě-
jovska (Prostějov)

ZMVE = Zeitschrift des montanistischen Vereines im Erzgebirge (Karlsbad)

ZPP = Zprávy památkové péče
(Praha)

ŽR = Židovská ročenka (Praha)

ZSG = Zeitschrift für sudetendeutsche Geschichte (Brünn
u. a.)

ZSVK = Zpravodaj středočeské
vlastivědy a kronikářství (Roztoky u Prahy)

ZVGMS = Zeitschrift des
(Deutschen) Vereins für die
Geschichte Mährens und
Schlesiens (Brünn)

ZVGS = Zeitschrift des Vereins
für Geschichte (und Alter-
thum) Schlesiens (Breslau)

ZZAKČ = Zprávy Zemského
archivu království Českého
(Praha)

ZZKČSN = Zprávy o zasedání
Královské české společnosti
nauk (Praha)

LITERATURVERZEICHNIS ZUR GESCHICHTE BÖHMENS UND MÄHRENS
[Bearbeitungsstand: Dez. 1996]

Bibliographien, Forschungsberichte

1 Bibliografie československé historie za léta 1955–1965 [Bibliographie der tschechoslowakischen Geschichte für die Jahre 1955–1965], Bde. 1–9. Hg. v. Stanislava Jonášová [u. a.], Praha 1957–72.

2 Bibliografie dějin Československa za léta 1971–1977 [Bibliographie der Geschichte der Tschechoslowakei für die Jahre 1971–1977], Bde. 1–6. Hg. v. Věroslav Myška [u. a.], Praha 1979–90.

3 Bibliografie k vývoji Moravy a Slezska. Literatura z let 1801–1993 [Bibliographie zur Entwicklung Mährens und Schlesiens. Literatur der Jahre 1801–1993]. Hg. v. Jaromír Kubíček u. Marie Nádvorníková, Brno 1994 (Bibliografie a prameny k vývoji Moravy, 24).

4 Bibliografie okresu… Bibliografie a prameny k vývoji Moravy [Bibliographien und Quellen zur Entwicklung Mährens], Bd. 6: Vyškov; Bd. 8: Uherské Hradiště; Bd. 9: Kroměříž; Bd. 10: Hodonín; Bd. 12: Třebíč; Bd. 13: Gottwaldov; Bd. 14: Blansko; Bd. 15: Jihlava; Bd. 18: Prostějov; Bd. 20: Vsetín; Bd. 21: Znojmo; Bd. 22: Žďár nad Sázavou; Bd. 23: Přerov, Brno 1982–1993.

5 Bibliographie zur Geschichte und Landeskunde der böhmischen Länder von den Anfängen bis 1948. Publikationen der Jahre 1850 bis 1975, Bde. 1–3. Hg. v. Heinrich Jilek, Köln/Wien 1986–90 (LV 77, 19/1–3).

6 Bleha, Josef: Průvodce výtvarně uměleckými bibliografiemi, slovníky a informativními příručkami. Základní díla a dodatky [Führer durch die Kunstbibliographien, Wörterbücher und Nachschlagewerke. Grundwerke und Nachträge], Praha ³1976 [¹1968].

7 Bleha, Josef: Bibliografie bibliografií v ČSR. Problematika – historie – současný stav – přehled [Bibliographie der Bibliographien in der Tschechischen Sozialistischen Republik. Problematik – Geschichte – Forschungsstand – Übersicht], Praha 1982.

8 Brůha, Jan/Pechalová, Zdeňka: Bibliografie historických bibliografií [Bibliographie der historischen Bibliographien], Praha 1982.

9 Czechoslovakia. A Bibliographic Guide. Hg. v. Rudolf Sturm, Washington 1967.

10 Czechoslovakia. Hg. v. David Short, Oxford 1986.

11 Czerny, Robert: Einführung in die tschechoslowakische Bibliographie bis 1918. Praktische Übersicht der Informationsquellen, Baden-Baden 1971.

12 Eisenmeier, Eduard: Böhmerwald-Bibliographie. Veröffentlichungen bis 1900, München 1977.

13 Goll, Jaroslav/Šusta, Josef: Posledních padesát let české práce dějepisné. Soubor zpráv Jaroslava Golla o české literatuře historické, vydaných v »Revue historique« v letech 1878–1906, a souhrnná zpráva Josefa Šusty za léta 1905–1924 [Die letzten 50 Jahre tschechischer historischer Arbeit. Verzeichnis der in der »Revue historique« herausgegebenen Referate von Jaroslav Goll über die tschechische Literatur für die Jahre 1878–1906, und das zusammenfassende Referat von Josef Šusta für die Jahre 1905–1924], Praha 1926.

14 Historiografie v Československu 1970–1980. Výběrová bibliografie [Historiographie in der Tschechoslowakei 1970–1980. Ausgewählte Bibliographie]. Hg. v. Bohumila Houbová [u. a.], Praha 1980.

15 Historiografie v Československu 1980–1985. Výběrová bibliografie [Historiographie in der Tschechoslowakei 1980–1985. Ausgewählte Bibliographie]. Hg. v. Miloslav Kudelásek [u. a.], Praha 1985.

16 Historiografie v Československu 1985–1989. Výběrová bibliografie [Historiographie in der Tschechoslowakei 1985–1989. Ausgewählte Bibliographie]. Hg. v. Miloslav Kudelásek [u. a.], Praha 1990 (LV 78, D/1).

17 Kábrt, Jiří: Počátky české bibliografie. Od nejstarších zpráv o knihách až do roku 1620 [Die Anfänge der böhmischen Bibliographie. Von den ältesten Berichten über Bücher bis zum Jahre 1620], Praha 1961.

18 Kábrt, Jiří: Česká bibliografie v době temna od roku 1620 až do sedmdesátých let osmnáctého století [Die böhmische Bibliographie in der Zeit der Finsternis vom Jahre 1620 bis in die siebziger Jahre des 18. Jahrhunderts], Praha 1964.

19 Kábrt, Jiří: Základy české obrozenské bibliografie. Od sedmdesátých let 18. století do dvacátých let 19. století [Die Grundlagen der böhmischen Bibliographie in der Zeit der nationalen Wiedergeburt. Von den siebziger Jahren des 18. Jahrhunderts bis zu den zwanziger Jahren des 19. Jahrhunderts], Praha 1967.

20 Klik, Josef: Bibliografie vědecké práce o české minulosti za posledních čtyřicet let. Rejstřík Českého časopisu historického 1895–1934 [Bibliographie der wissenschaftlichen Arbeit über die böhmische Vergangenheit in den letzten vierzig Jahren. Register der Tschechischen historischen Zeitschrift 1895–1934], Praha 1935.

21 Klik, Josef: Dvacet pět let české historické vlastivědy [25 Jahre tschechische historische Heimatkunde], in: Acta regionalia. Sborník vlastivědných prací 1965. Doc. dr. Františku Roubíkovi k sedmdesátýmpátým narozeninám. Hg. v. Josef Klik u. Jiří Špét, Praha 1965, 13–36.

22 Krallert-Sattler, Gertrud: Kommentierte Bibliographie zum Flüchtlings- und Vertriebenenproblem in der Bundesrepublik Deutschland, in Österreich und in der Schweiz, Wien 1989 (Abhandlungen zu Flüchtlingsfragen, 20).

23 Krcal, Hans: Bibliographie der Iglauer Volksinsel 1918–1940. Auswahl, in: DALV 4 (1940), 359–376.

24 Kubíček, Jaromír/Vlach, Jaroslav: Bibliografie historickovlastivědné literatury k období let 1848–1960 na Moravě a ve Slezsku [Bibliographie der historisch-landeskundlichen Literatur zu den Jahren 1848–1960 in Mähren und Schlesien], Ostrava 1968 (LV 253, 2).

25 Kutnar, František: Přehledné dějiny českého a slovenského dějepisectví [Übersichtsgeschichte der böhmischen und slowakischen Geschichtschreibung], Bde. 1–2, Praha 1973–78.

26 Künzel, Franz P.: Übersetzungen aus dem Tschechischen und dem Slowakischen ins Deutsche nach 1945 bei Verlagen der Bundesrepublik Deutschland, der Bundesrepublik Österreich, der Schweizerischen Eidgenossenschaft und der Tschechoslowakischen Sozialistischen Republik. Eine Bibliographie, Bd. 1, München 1969.

27 Laiske, Miroslav: Příspěvek k soupisu moravských novin a časopisů z let 1848–1918 [Ein Beitrag zum Verzeichnis der mährischen Zeitungen und Zeitschriften der Jahre 1848–1918], Praha 1959.

28 Laiske, Miroslav: Časopisectví v Čechách 1650–1847. Příspěvek k soupisu periodického tisku, zejména novin a časopisů [Das Zeitschriftenwesen in Böhmen 1650–1847. Ein Beitrag zum Verzeichnis des periodischen Drukkes, besonders der Zeitungen und Zeitschriften], Praha 1959 (Bibliografický katalog Československé republiky, 6).

29 Malec, Karel: Soupis bibliografií novin a časopisů vydávaných na území Československé republiky [Verzeichnis der Bibliographien der Zeitungen und Zeitschriften, die auf dem Gebiet der Tschechoslowakischen Republik herausgegeben werden], Praha 1959.

30 Melanová, Miloslava/Svatoš, Michal: Bibliografie k dějinám pražské univerzity do roku 1622 (1775–1975) [Bibliographie zur Geschichte der Prager Universität bis zum Jahre 1622 (1775–1975)], Praha 1979 (LV 71, 11).

31 Ostdeutsches Kulturgut in der Bundesrepublik Deutschland. Ein Handbuch der Sammlungen, Vereinigungen und Einrichtungen mit ihren Beständen. Bearb. v. Wolfgang Kessler, München [u. a.] 1989.

32 Ost- und südostdeutsche Heimatbücher und Ortsmonographien nach 1945. Eine Bibliographie zur historischen Landeskunde der Vertreibungsgebiete. Bearb. v. Wolfgang Kessler, München [u. a.] 1979.

33 Przedak, Aladar G.: Geschichte des deutschen Zeitschriftenwesens in Böhmen, Heidelberg 1904.

34 Roubík, František: Časopisectvo v Čechách v letech 1848–1862 [Das Zeitschriftenwesen in Böhmen in den Jahren 1848–1862], Praha 1930.

35 Roubík, František: Bibliografie časopisectva v Čechách z let 1863–1895 [Bibliographie des Zeitschriftenwesens in Böhmen aus den Jahren 1863–1895], Praha 1936.

36 Roubík, František: Přehled vývoje vlastivědného popisu Čech [Überblick über die Entwicklung der landeskundlichen Beschreibung Böhmens], Praha 1940 (LV 70, 3).

37 Seibt, Ferdinand: Bohemica. Probleme und Literatur seit 1945, München 1970 (HZ. Sonderheft, 4).

38 Soupis archivní literatury v českých zemích 1895–1956 [Verzeichnis der Archivliteratur in den böhmischen Ländern 1895–1956]. Hg. v. Otakar Bauer u. Ludmila Mrázková, Praha 1959.

39 Strnad, Miroslav: Liberec a Jablonec nad Nisou. Soupis monografií o okresech Liberec a Jablonec n. N. [Reichenberg und Gablonz an der Neisse. Verzeichnis von Monographien über die Bezirke Reichenberg und Gablonz an der Neisse], Liberec 1969.

40 Sudetendeutsche Bibliographie, Bd. 1: 1949–1953. Hg. v. Josef Hemmerle, Marburg/Lahn 1959; Bd. 2: 1954–1957. Hg. v. Heinrich Jilek, Marburg/Lahn 1965 (LV 108, 42/72).

41 Šusta, Josef: Posledních deset let československé práce dějepisné. Soubor zpráv Josefa Šusty o československé literatuře historické, vydaný v »Revue historique«, za léta 1925–1935 [Die letzten 10 Jahre tschechoslowakischer historischer Arbeit. Zusammenfassung der Referate von Josef Šusta über die tschechoslowakische historische Literatur, die in der »Revue historique« in den Jahren 1925–1935 herausgegeben wurde], Praha 1937.

42 Tumpach, Josef/Podlaha, Antonín: Dějiny a bibliografie české katolické literatury náboženské od roku 1828 až do nynější doby [Geschichte und Bibliographie der tschechischen katholischen religiösen Literatur vom Jahr 1828 bis heute], Bde. 1–5, Praha 1912–23.

43 25 ans d'historiographie tchécoslovaque 1936–1960. Hg. v. Josef Macek, Praha 1960.

44 Výběrová bibliografie historické geografie Čech za léta 1961–1970 [Auswahlbibliographie der historischen Geographie Böhmens für die Jahre 1961–1970]. Hg. v. Zdeněk Boháč [u. a.], Praha 1971 (LV 63, 7).

45 Wurmová, Milada: Soupis moravských novin a časopisů z let 1848–1918 [Verzeichnis der mährischen Zeitungen und Zeitschriften aus den Jahren 1848–1918], Brno 1955.

46 Zeman, Jarold K.: The Hussite Movement and the Reformation in Bohemia, Moravia and Slovakia (1350–1650). A Bibliographical Study Guide, Michigan/Ann Arbor 1977.

47 Zíbrt, Čeněk: Bibliografie české historie [Bibliographie der böhmischen Geschichte], Bde. 1–5 [bis 1679], Praha 1900–12.

Schriftenreihen

48 Acta Universitatis Carolinae. Philosophica et Historica. Monographia, Praha 1 (1962)ff.

49 Acta Universitatis Palackianae Olomucensis. Facultas Philosophica. Historica

50 Acta Universitatis Purkynianae

51 Anton-Gindely-Reihe zur Geschichte der Donaumonarchie und Mitteleuropas

52 Bad Wiesseer Tagungen des Collegium Carolinum, München 1 (1969)ff.

53 Beiträge zur Geschichte der Städte Mitteleuropas

54 Beiträge zur Geschichte und Landeskunde Südmährens

55 Deutsche Chroniken aus Böhmen

56 Dolněvěstonické studie

57 East European Monographs

58 Edice dokumentů z fondů Státního ústředního archivu v Praze

59 Forschungen und Quellen zur Kirchen- und Kulturgeschichte Ostdeutschlands, Köln 1 (1964)ff.

60 Forschungen zur Geschichte des Donauraumes

61 Forschungen zur Geschichte und Landeskunde der Sudetenländer, Stuttgart 1 (1953)–5 (1965)

62 Forschungen zur Sudetendeutschen Heimatkunde
63 Historická geografie
64 Historickogeografické práce
65 Historický archiv
66 Historische und landeskundliche Ostmitteleuropa-Studien, Marburg/Lahn 1 (1986)ff.
67 Hospodářské dějiny/Economic History
68 Iglauer Schriftenreihe
69 Inventáře a katalogy fondů Státního archivu v Praze
70 Knihovna Společnosti přátel starožitností
71 Knižnice archívu Univerzity Karlovy v Praze, Praha
72 Marburger Ostforschungen, Marburg/Lahn 1 (1953)ff.
73 Monographia Historica Bohemica
74 Monumenta Archaeologica
75 Neue Forschungen zur Schlesischen Geschichte, Stuttgart 1 (1992)ff.
76 Novočeská bibliotéka
77 Ostmitteleuropa in Vergangenheit und Gegenwart, Köln 1 (1955)ff.
78 Práce Historického ústavu České akademie věd. Reihe A: Monographia; B: Editiones; C: Miscellanea; D: Bibliographia, Praha 1990ff.
79 Práce z dějin University Karlovy
80 Práce z hospodářských dějin
81 Praehistorica
82 Prameny dějin moravských, Brno
83 Právněhistorická knižnice
84 Publikace Zemského archivu v Brně
85 Publikace ze seminářů právnické fakulty Masarykovy university v Brně
86 Rozpravy Československé akademie věd. Řada společenských věd, Praha 63 (1953)ff.
87 Sborník archivu ministerstva vnitra Republiky Československé (1940: Sborník archivu ministerstva vnitra v Praze), Praha 1 (1926)–13 (1940)
88 Sborník právnické fakulty university Komenského v Bratislavě
89 Schriften der Deutschen Gesellschaft für Wissenschaft und Volkstumsforschung in Mähren
90 Schriften der historisch-statistischen Section der k.k. mährisch-schlesischen Gesellschaft zur Beförderung des Ackerbaues, der Natur- und Landeskunde
91 Schriften des Bundesinstituts für ostdeutsche Kultur und Geschichte
92 Schriftenreihe des Österreichischen Ost- und Südosteuropa-Instituts
93 Schriftenreihe des Sudetendeutschen Priesterwerkes
94 Stadt- und Urkundenbücher aus Böhmen
95 Studie a prameny
96 Studie a texty
97 Studie Československé akademie věd, Praha 1 (1968)ff.
98 Studien zum Deutschtum im Osten, Köln 1 (1962)ff.
99 Sudetendeutsche Geschichtsquellen
100 Sudetendeutsches Historisches Archiv
101 Südosteuropäische Arbeiten
102 Veröffentlichungen der Wissenschaftlichen Abteilung des Adalbert-Stifter-Vereins, Gräfelfing bei München [u. a.] 1 (1954)–16 (1967)

103 Veröffentlichungen des Collegium Carolinum, München 1 (1958)ff.
104 Veröffentlichungen des Institutum Bohemicum
105 Veröffentlichungen des Königsteiner Instituts für Kirchen- und Geistesgeschichte der Sudetenländer
106 Veröffentlichungen des Osteuropa-Institutes München, Reihe Geschichte
107 Vlastivědná knihovna moravská
108 Wissenschaftliche Beiträge zur Geschichte und Landeskunde Ost-Mitteleuropas, Marburg/Lahn 1 (1951)ff.
109 Wissenschaftliche Materialien und Beiträge zur Geschichte und Landeskunde der böhmischen Länder (bis 1966: Wissenschaftliche Materialien und Beiträge zur Landeskunde der böhmischen Länder), München 1 (1956)–26 (1981).

Quellenkunde, Archiv- und Bibliothekinventare, Quellenausgaben, Regestenwerke

110 Acta summorum pontificum res gestas Bohemicas aevi praehussitici et hussitici illustrantia, Bde. 1–2. Hg. v. Jaroslav Eršil, Praha 1980.
111 Akty jednoty bratrské [Akten der Brüdergemeine], Bde. 1–2. Hg. v. Jaroslav Bidlo, Brno 1915–1923 (LV 82, 3–4).
112 Archiv český čili staré písemné památky české i moravské z archivů domácích i cizích [Böhmisches Archiv oder alte schriftliche böhmische und mährische Denkmäler aus heimischen und ausländischen Archiven], Bde. 1–33, 35–37. Hg. v. František Palacký [u. a.], Praha 1840–1944.
113 Archiv koruny České [Archiv der Böhmischen Krone], Bd. 1: Dějiny archivu [Geschichte des Archivs]. Hg. v. Rudolf Koss u. Otakar Bauer, Praha 1939; Bde. 2–6: Katalog listin [Katalog der Urkunden] (1158–1526). Hg. v. Rudolf Koss [u. a.], Praha 1928–58.
114 Archiv pražské metropolitní kapituly [Archiv des Prager Domkapitels], Bde. 1–2 [bis 1561]. Hg. v. Jaroslav Eršil u. Jiří Pražák, Praha 1956–86.
115 Archivbestände zur Geschichte der böhmischen Länder. Bearb. v. Josef Hemmerle [u. a.], München 1966 (LV 109, 5).
116 Archivum Coronae regni Bohemiae, Bde. 1–2 [bis 1355]. Hg. v. Václav Hrubý, Praha 1928–35.
117 Berní rula [Steuerrolle], Bde. 1–16. Hg. v. Karel Doskočil [u. a.], Praha 1949–54.
118 Das »Böhmische Salbüchlein« Kaiser Karls IV. über die nördliche Oberpfalz 1366/68. Hg. v. Fritz Schnelbögl, München 1973 (LV 103, 27).
119 Briefe und Dokumente zur Geschichte der österreichisch-ungarischen Monarchie. Unter besonderer Berücksichtigung des böhmisch-mährischen Raumes, Bde. 1–2. Hg. v. Ernst Rutkowski, München 1983–91 (LV 103, 51).
120 Březan, Václav: Životy posledních Rožmberků [Das Leben der letzten Rosenberger], Bde. 1–2. Hg. v. Jaroslav Pánek, Praha 1985.
121 Bystrický, Vladimír/Hrubý, Václav: Přehled archivů ČSR [Übersicht der Archive der ČSR], Praha 1984.
122 Die Chronik der Böhmen des Cosmas von Prag. Hg. v. Bertold Bretholz, Berlin 1923 [ND 1980].

123 Codex diplomaticus et epistolaris regni Bohemiae, Bde. 1–5 [bis 1278]. Hg. v. Gustav Friedrich [u. a.], Pragae 1904–96.

124 Codex diplomaticus et epistolaris Moraviae, Bde. 1–15 [bis 1411]. Hg. v. Antonius Boczek [u. a.], Olomucii/Brunae 1836–1903.

125 Codex iuris Bohemici, Bde. 1–5. Hg. v. Hermenegild Jireček, Pragae 1867–90.

126 Codex iuris municipalis regni Bohemiae, Bde. 1–4. Hg. v. Jaromír Čelakovský [u. a.], Praha 1886–1961.

127 Decem registra censuum Bohemica compilata aetate bellum husiticum praecedente. Hg. v. Josef Emler, Praha 1881.

128 Dějiny českého státu v dokumentech [Geschichte des böhmischen Staates in den Dokumenten]. Hg. v. Zdeněk Veselý, Praha 1994.

129 Desky zemské 1541–1869. Inventář. Seznamy kvaternů. Rejstřík [Die Landtafeln 1541–1869. Inventar. Verzeichnisse der Kvaternen. Register]. Hg. v. Pavla Burdová, Praha 1990.

130 Documenta Bohemica Bellum Tricennale illustrantia, Bde. 1–7. Hg. v. Josef Kočí [u. a.], Praha 1971–81.

131 Dokoupil, Vladislav: Soupis brněnských tisků. Staré tisky do roku 1800 [Verzeichnis Brünner Drucke. Alte Drucke bis zum Jahre 1800], Brno 1978.

132 Donth, Franz/Donth, Hans H.: Quellen zur Geschichte der Herrschaft Starkenbach im Riesengebirge im 17. Jahrhundert, München 1974 (LV 109, 17).

133 Dopisy konsistoře podobojí z let 1610–1619 [Briefe des utraquistischen Konsistoriums aus den Jahren 1610–1619], Bde. 1–3. Hg. v. František Tischer, Praha 1917–25 (Jednání a dopisy konsistoře katolické a podobojí. Nová řada, 2).

134 Fontes rerum Bohemicarum, Bde. 1–6, 8. Hg. v. Josef Emler [u. a.], Praha 1873–1932.

135 Formulář biskupa Tobiáše z Bechyně (1279–1296) [Formelbuch des Bischofs Thobias von Bechyn (1279–1296)]. Hg. v. Jan B. Novák, Praha 1903 (LV 65, 22).

136 Geschichtsschreiber der hussitischen Bewegung, Bde. 1–3. Hg. v. Konstantin Höfler, Wien 1856–66 (Fontes rerum Austriacarum, I/2,6,7) (ND Graz 1969–70).

137 Goll, Jaroslav: Quellen und Untersuchungen zur Geschichte der Böhmischen Brüder, Bde. 1–2, Prag 1878–82.

138 Hlaváček, Ivan: Das Urkunden- und Kanzleiwesen des böhmischen und römischen Königs Wenzel (IV.), 1376–1419. Ein Beitrag zur spätmittelalterlichen Diplomatik, Stuttgart 1970 (Schriften der Monumenta Germaniae historica, 23).

139 Hlaváček, Ivan/Kašpar, Jaroslav/Nový, Rostislav: Vademecum pomocných věd historických [Vademecum der historischen Hilfswissenschaften], Praha ²1993 [¹1988].

140 Die Hussiten. Die Chronik des Laurentius von Březová 1414–1421. Hg. v. Josef Bujnoch, Graz/Wien/Köln 1988 (Slavische Geschichtsschreiber, 11).

141 Das hussitische Denken im Lichte seiner Quellen. Hg. v. Robert Kalivoda u. Alexander Kolesnyk, Berlin 1969 (Beiträge zur Geschichte des religiösen und wissenschaftlichen Denkens, 8).

142 Jilek, Heinrich: Die Wenzels- und Ludmila-Legenden des 10. und 11. Jahrhunderts. Neuere Forschungsergebnisse, in: ZfO 24 (1975), 79–148.

143 Karolinský katastr slezský [Schlesischer Karlskataster], Bde. 1–2. Hg. v. Jan Brzobohatý u. Stanislav Drkal, Praha 1972–73 (Edice berních katastrů českých, moravských a slezských, 5–6).

144 Knihopis československých (Bd. 2: českých a slovenských) tisků od doby nejstarší až do konce XVIII. století [Bücherkunde der tschechoslowakischen (Bd. 2: tschechischen und slowakischen) Drucke seit der ältesten Zeit bis zum Ende des 18. Jahrhunderts], Bd. 1/1–2: Prvotisky (do r. 1500) [Inkunabeln (bis zum Jahre 1500)], Praha 1925; Bd. 2/1–9: Tisky z let 1501–1800 [Drukke aus den Jahren 1501–1800]. Hg. v. Zdeněk Tobolka u. František Horák, Praha 1939–67.

145 Kopičková, Božena: Historické prameny k studiu postavení ženy v české a moravské středověké společnosti [Historische Quellen zum Studium der Stellung der Frau in der böhmischen und mährischen mittelalterlichen Gesellschaft], Praha 1992 (LV 78, A/4).

146 Legenda Christiani. Vita et passio sancti Wenceslai et sancte Ludmile ave eius. Hg. v. Jaroslav Ludvíkovský, Pragae 1978.

147 Letošník, Václav: Die böhmische Landtafel. Inventar, Register, Übersichten, Prag 1944.

148 Libri confirmationum ad beneficia ecclesiastica Pragensem per archidioecesim, Bde. 1–10 [bis 1436]. Hg. v. František A. Tingl u. Josef Emler, Pragae 1865–89.

149 Libri erectionum archidioecesis Pragensis saeculo XIV. et XV. [bis 1407], Bde. 1–6. Hg. v. Clemens Borový u. Antonín Podlaha, Pragae 1875–1927.

150 Magnae Moraviae fontes historici, Bde. 1–4. Hg. v. Lubomír E. Havlík [u. a.], Praha/Brno 1966–71.

151 Maiestas Carolina. Der Kodifikationsentwurf Karls IV. für das Königreich Böhmen von 1355. Hg. v. Bernd-Ulrich Hergemöller, München 1995 (LV 103, 74).

152 Městské knihy v Čechách a na Moravě 1310–1526. Katalog [Die Städtebücher in Böhmen und Mähren 1310–1526. Katalog]. Hg. v. Rostislav Nový, Praha 1963 (LV 48, 4).

153 Monumenta Vaticana res gestas Bohemicas illustrantia, Bde. 1–5 [1342–1404]. Hg. v. Ladislav Klicman [u. a.], Pragae 1903–96.

154 Moravské korespondence a akta z let 1620–1636 [Mährische Korrespondenzen und Akten aus den Jahren 1620–1636], Bde. 1–2. Hg. v. František Hrubý, Brno 1934–37 (LV 84. Nová řada, 2).

155 Nejstarší zpovědní seznamy 1570–1666 [Die ältesten Beichtverzeichnisse 1570–1666], Bde. 1–2. Hg. v. Eliška Čáňová, Praha 1973 (LV 58, 3).

156 Palacky, Franz: Würdigung der alten böhmischen Geschichtsschreiber, Prag ²1869 [¹1830].

157 Prameny a literatura k počátkům českého knihtisku [Quellen und Literatur zu den Anfängen des böhmischen Buchdrucks], Bde. 1–2. Hg. v. Emma Urbánková, Praha 1984–86.

158 Prameny k nevolnickému povstání v roce 1680 [Quellen zum Aufstand der Leibeigenen im Jahre 1680]. Hg. v. Eliška Čáňová [u. a.], Praha 1986.

159 Protocollum visitationis archidiaconatus Pragensis annis 1379–1382 per Paulum de Janowicz archidiaconum Pragensem factae. Hg. v. Ivan Hlaváček u. Zdeňka Hledíková, Pragae 1973.

160 Průvodce po archivních fondech (a sbírkách) [Führer durch die Archivfonds (und -sammlungen)], Bde. 1–26, Praha 1955–1990.

161 Quellen zur böhmischen Inquisition im 14. Jahrhundert. Hg. v. Alexander Patschovsky, Weimar 1979 (Monumenta Germaniae historica. Quellen zur Geistesgeschichte des Mittelalters, 11).

162 Quellenbuch zur Geschichte der Sudetenländer, Bd. 1: Von der Urzeit bis zu den Verneuerten Landesordnungen (1627/28). Hg. v. Wilhelm Weizsäcker, München 1960 (LV 103, 7).

163 Regesta Bohemiae et Moraviae aetatis Venceslai IV. (1378 dec.–1419 aug. 16), Bde. 1–4. Hg. v. Věra Jenšovská [u. a.], Praha 1967–89.

164 Regesta diplomatica nec non epistolaria Bohemiae et Moraviae, Bde. 1–7 [bis 1363, Lücke 1350–1355]. Hg. v. Karel J. Erben [u. a.], Pragae 1855–1963.

165 Regesta fondu Militare archivu ministerstva vnitra RČS [ab Bd. 3: ČSR] v Praze [Regesten des Fonds »Militare« des Archivs des Innenministeriums der RČS (ab Bd. 3: der ČSR) in Prag], (Prameny k československým dějinám vojenským, 1–8). Bd. 1: 1527–1589. Hg. v. František Roubík, Praha 1937, Bd. 2: 1590–1617. Hg. v. Václav Líva, Praha 1938, Bde. 3–8: Prameny k dějinám třicetileté války. 1618–1648 [Quellen zur Geschichte des Dreißigjährigen Krieges. 1618–1648]. Hg. v. Václav Líva, Praha 1951–57.

166 Reliquiae tabularum terrae regni Bohemiae anno MDXLI igne consumptarum, Bde. 1–2. Hg. v. Josef Emler, Pragae 1870–72.

167 Rochlitz an der Iser und Harrachsdorf in der frühen Neuzeit. Quellen zu Herrschaft und Alltag in einer ländlichen Industriesiedlung im Riesengebirge. Hg. v. Hans H. Donth, München 1993 (LV 103, 65).

168 Schlesisches Urkundenbuch, Bde. 1–5, Bd. 1: 971–1230. Bearb. v. Heinrich Appelt, Wien/Köln/Graz 1971, Bd. 2: 1231–1250. Bearb. v. Winfried Irgang, Wien/Köln/Graz 1977; Bd. 3: 1251–1266. Bearb. v. dems., Köln/Wien 1984; Bd. 4: 1267–1281. Bearb. v. dems., Köln/Wien 1988; Bd. 5: 1282–1290. Bearb. v. dems., Köln/Weimar/Wien 1993.

169 Sněmy české od léta 1526 až po naši dobu [dt. u. d. T. Die böhmischen Landtagsverhandlungen und Landtagsbeschlüsse vom Jahre 1526 an bis auf die Neuzeit], Bde. 1–11/1–2 [1526–1607]. Hg. v. Královský český archiv zemský, Praha 1877–1954, Bde. 15/1–3 [1611]. Hg. v. Jan B. Novák u. Bedřich Jenšovský, Praha 1917–39.

170 Soupis česky psaných listin a listů do roku 1526 [Verzeichnis der tschechisch geschriebenen Urkunden und Briefe bis zum Jahre 1526], Teil 1: Originály listin [Originale der Urkunden], Bde. 1/1–3/2. Hg. v. František Beneš u. Karel Beránek, Praha 1974–80.

171 Soupis prvotisků českého původu [Verzeichnis der Inkunabeln böhmischen Ursprungs]. Hg. v. Emma Urbánková, Praha 1986.

172 Staročeská kronika tak řečeného Dalimila [Die alttschechische Chronik des sogenannten Dalimil], Bde. 1–2. Hg. v. Jiří Daňhelka [u. a.], Praha 1988.

173 Tereziánský katastr český [Böhmisches Theresia-Kataster], Bde. 1–3. Hg. v. Aleš Chalupa [u. a.], Praha 1964–70 (Edice berních katastrů českých, moravských a slezských, 2–4).

174 Tereziánský katastr moravský (Prameny z 2. poloviny 18. století k hospodářským dějinám Moravy) [Mährisches Theresia-Kataster (Quellen aus der 2. Hälfte des 18. Jahrhunderts zur Wirtschaftsgeschichte Mährens)]. Hg. v. Jiří Radimský u. Miroslav Trantírek, Praha 1962 (Edice berních katastrů českých, moravských a slezských, 1).

175 Truhlář, Josef: Catalogus codicum manu scriptorum latinorum qui in c. r. bibliotheca publica atque universitatis Pragensis asservantur, Bde. 1–2, Pragae 1906.

176 Urbánková, Emma: Vzácné fondy Státní knihovny ČSR [Die bedeutenden Fonds der Staatsbibliothek der Tschechischen Sozialistischen Republik], Praha 1978.

177 Das Urbar der Liechtensteinischen Herrschaften Nikolsburg, Dürnholz, Lundenburg, Falkenstein, Feldsberg, Rabensburg, Mistelbach, Hagenberg und Gnadendorf aus dem Jahre 1414. Bearb. v. Bertold Bretholz, Reichenberg/Komotau 1930 (LV 99, 3).

178 Verneuerte Landes-Ordnung des Erb-Königreichs Böhmen 1627. Hg. v. Hermenegild Jireček, Praha 1888.

179 Verneuerte Landes-Ordnung des Erb-Markgrafthums Mähren 1628. Hg. v. Hermenegild Jireček, Brno 1890.

180 Volf, Miloslav: Prameny k dějinám českého stavovského povstání 1618–1620 [Quellen zur Geschichte des böhmischen Ständeaufstandes 1618–1620], in: SAP 21 (1971), 235–263.

181 Weg von Österreich! Das Weltkriegsexil von Masaryk und Beneš im Spiegel ihrer Briefe und Aufzeichnungen aus den Jahren 1914 bis 1918. Eine Quellensammlung. Hg. v. Frank Hadler, Berlin 1995 (Quellen und Studien zur Geschichte Osteuropas, 34).

182 Wünsch, Franz J.: Deutsche Archive und deutsche Archivpflege in den Sudetenländern, München 1958 (LV 109, 2).

Karten, Atlanten

183 Atlas československých dějin [Atlas der tschechoslowakischen Geschichte]. Hg. v. Jaroslav Purš, Praha 1965.

184 Atlas der Sudetenländer 1:750 000. Hg. v. Bernhard Brandt, Prag 1929.

185 Atlas Östliches Mitteleuropa. Hg. v. Theodor Kraus, Emil Meynen, Hans Mortensen u. Herbert Schlenger, Bielefeld 1959.

186 Atlas Republiky Československé [Atlas der Tschechoslowakischen Republik]. Hg. v. Jaroslav Pantoflíček, Praha 1935.

187 Die älteste Karte des Egerlandes (Müller, Johann Christoph, Mappa chorographica districtus Egrani). Hg. v. Richard Klier, Prag 1931 (Kartographische Denkmäler der Sudetenländer, 3).

188 Die älteste Karte des Riesengebirges, 1568. Hg. v. Waltraud Beyermann, Prag 1931 (Kartographische Denkmäler der Sudetenländer, 4).

189 Beranek, Franz J.: Atlas der sudetendeutschen Umgangssprache, Bd. 1, Marburg/Lahn 1970 (Handbuch der sudetendeutschen Kulturgeschichte, 5).

190 Boháč, Antonín: Národnostní mapa republiky Československé. Podrobný popis národnostních hranic, ostrovů a menšin [Nationalitätenkarte der Tschechoslowakischen Republik. Eine detaillierte Beschreibung der Nationalitätengrenzen, -inseln und -minderheiten], Praha 1926.

191 Český jazykový atlas [Tschechischer Sprachatlas], Bd. 1. Hg. v. Jan Balhar [u. a.], Praha 1992.

192 Early maps of Bohemia, Moravia and Silesia. Hg. v. Karel Kuchař, Praha 1961.

193 Hlavsa, Václav: Plány města Prahy a okolí 1801–1918 [Die Stadtpläne Prags und seiner Umgebung 1801–1918], in: SAP 24 (1974), 135–259.

194 Honl, Ivan/Kuchař, Karel: Mikuláš Claudianus: Mapa Čech z roku 1518 [Nicolaus Claudianus: Landkarte Böhmens aus dem Jahre 1518], Praha 1936.

195 Komenský, Jan Amos: Moraviae nova et post omnes priores accuratissima delineatio. Bearb. v. Karel Kuchař, Praha 1970.

196 Kořistka, Karel: Generální mapa království Českého [Generalkarte des Königreichs Böhmen], Vídeň 1875.

197 Kotyška, Václav: Mapa království Českého [Karte des Königreiches Böhmen], Blätter 1–12, Praha 1905.

198 Kuchař, Karel: Naše mapy odedávna do dneška [Unsere Karten von der ältesten Zeit bis heute], Praha 1958.

199 Kudrnovská, Olga: Josefské mapování českých zemí a jeho topografický popis (S rozborem popisu pražské sekce) [Die josephinische Aufnahme der böhmischen Länder und ihre topographische Beschreibung (Mit Analyse der Prager Sektionsbeschreibung)], in: HG 24 (1985), 55–103.

200 Literární atlas československý [Tschechoslowakischer Literaratlas], Bde. 1–2. Hg. v. Bohumil Vavroušek, Praha 1932–38.

201 Mapa kulturních památek ČSSR [Karte der Kulturdenkmäler der Tschechoslowakischen Sozialistischen Republik]. Hg. v. Petr Cafourek, Praha [4]1972 [[1]1962].

202 Müller, Johann Christoph: Tabula generalis Marchionatus Moraviae, Brünn 1716.

203 Müller, Johann Christoph: Mappa geographica regni Bohemiae, Augsburg 1720.

204 Roubík, František: Soupis map českých zemí [Kartenverzeichnis der böhmischen Länder], Bde. 1–2, Praha 1952–55.

205 Roubík, František: Rukopisné mapy od 16. do poloviny 18. století ve Státním ústředním archivu v Praze [Handschriftliche Karten aus dem 16. bis zur Hälfte des 18. Jahrhunderts im Staatlichen Zentralarchiv in Prag], in: SAP 11 (1961), 138–186.

206 Roubík, František: Zemští měřiči v Čechách v 16. až 18. století [Die Landvermesser in Böhmen vom 16. bis 18. Jahrhundert], in: SAP 15 (1965), 269–301.

207 Semotanová, Eva: Kartografie v hospodářském vývoji českých zemí v 19. a na počátku 20. století [Kartographie in der Wirtschaftsentwicklung der böhmischen Länder im 19. und am Anfang des 20. Jahrhunderts], Praha 1993 (LV 78, A/7).

208 Semotanová, Eva: O výzkumu dějin geodézie a kartografie v českých zemích do roku 1945 [Über die Erforschung der Geschichte der Geodäsie und der Kartographie in den böhmischen Ländern bis zum Jahre 1945], in: HG 24 (1985), 179–202.

209 Sudetendeutscher Atlas. Hg. v. Emil Meynen [u. a.], München [2]1955 [[1]1954].

210 Šmilauer, Vladimír: Atlas místních jmen v Čechách [Atlas der Ortsnamen in Böhmen], Bde. 1–2, Praha 1969.

Ortsverzeichnisse, Lexika

211 Abecední seznam obcí a jejich částí s příslušnými dodávacími poštami v Československé socialistické republice 1964. Podle stavu ke dni 1. července 1964 [Alphabetisches Verzeichnis der Gemeinden und deren Teile mit den zugehörigen Zustell-Postämtern in der Tschechoslowakischen Sozialistischen Republik 1964. Nach dem Stand vom 1. Juli 1964], Praha 1964.

212 Administrativní lexikon obcí v Republice Československé [Administratives Gemeindelexikon in der Tschechoslowakischen Republik], Bde. 1–2, Praha 1927–28.

213 Batovcův příruční místopis zemí Koruny české Čech, Moravy a Slezska. Zpracovaný na základě sčítání z roku 1900 a nejnovějších úředních udání pro praktickou potřebu zvláště upravený [Batovec' Hand-Ortsverzeichnis der Länder der Böhmischen Krone Böhmens, Mährens und Schlesiens. Bearbeitet auf Grund der Volkszählung vom Jahre 1900 und der neuesten amtlichen Angaben für den praktischen Gebrauch besonders ausgestaltet], Praha 1907.

214 Chromec, Břetislav: Místopisný slovník Československé republiky [Topographisches Lexikon der Tschechoslowakischen Republik], Praha ²1935 [¹1929].

215 Chytilův místopis Československé republiky [Chytils Ortsbeschreibung der Tschechoslowakischen Republik]. Hg. v. Alois Chytil, Praha ²1929 [¹1922].

216 Crusius, Christian: Topographisches Post-Lexikon aller Ortschaften der k. k. Erbländer. Des ersten Theils, welcher Böhmen, Mähren und Schlesien in sich enthält, Bde. 1–2, Wien 1798.

217 Gemeindelexikon von Böhmen. Bearbeitet auf Grund der Ergebnisse der Volkszählung vom 31. Dezember 1900, Bde. 1–2, Wien 1905.

218 Gemeindelexikon von Mähren. Bearbeitet auf Grund der Ergebnisse der Volkszählung vom 31. Dezember 1900, Wien 1906.

219 Kotyška, Václav: Úplný místopisný slovník království Českého [Vollständiges topographisches Lexikon des Königreiches Böhmen], Praha 1895.

220 Lexikon české literatury. Osobnosti, díla, instituce [Lexikon der tschechischen Literatur. Persönlichkeiten, Werke, Institutionen], Bde. 1–2/2 [bis L]. Hg. v. Vladimír Forst, Praha 1985–93.

221 Müllers Ortsbuch für das Protektorat Böhmen und Mähren. Hg. v. Friedrich Müller, Wuppertal/Nächstebreck ²1942 [¹1940].

222 Orth, Jan/Sládek, František: Topograficko-statistický slovník Čech čili podrobný popis všech měst, městysů, vesnic, pak zámků, dvorů, továren, mlýnů, hutí a podobných o samotě ležících stavení, jakož i všech zpustlých hradů a zaniklých osad království Českého [Topographisch-statistisches Lexikon von Böhmen, respektive genaue Beschreibung aller Städte, Marktflecken, Dörfer, dann der Schlösser, Güter, Fabriken, Mühlen, Hütten und ähnlicher einsam gelegener Gebäude sowie aller Burgruinen und untergegangenen Siedlungen des Königreiches Böhmen], Praha 1870.

223 Ortslexikon der böhmischen Länder 1910–1965. Hg. v. Heribert Sturm, München ²1995 [¹1977–83].

224 Palacký, František: Popis království Českého čili podrobné poznamenání všech dosavadních krajův, panství, statkův, měst, městeček, vesnic, někdejších hra-

dův a tvrzí, též samot a spustlých osad mnohých v zemi české s udáním jejich obyvatelstva dle popisu roku 1843 vykonaného, v jazyku českém i německém [Beschreibung des Königreiches Böhmen oder detaillierte Verzeichnung aller bisherigen Kreise, Herrschaften, Güter, Städte, Marktflecken, Dörfer, ehemaliger Burgen und Festungen, auch vieler Einzelgehöfte und verlassener Siedlungen im Lande Böhmen mit Angabe deren Bevölkerung laut der im Jahre 1843 vorgenommenen Beschreibung, in tschechischer und deutscher Sprache], Praha 1848.

225 Pfohl, Ernst: Orientierungs-Lexikon der Tschechoslowakischen Republik, Reichenberg [3]1931 [[1]1922].

226 Podrobný a úplný abecední místopis Čech, Moravy a Slezska, zpracovaný na základě nejnovějších a spolehlivých udání úředních [Detailliertes, vollständiges und alphabetisches Ortsverzeichnis von Böhmen, Mähren und Schlesien, erarbeitet auf Grund der neuesten und verläßlichen amtlichen Angaben], Praha 1895.

227 Přehled obcí a částí v Československé socialistické republice, jejichž názvy zanikly, byly změněny, nebo se staly místními částmi v době od 5.V.1945–1.VII.1964 [Übersicht der Gemeinden und Gemeindeteile in der Tschechoslowakischen Sozialistischen Republik, deren Benennungen verschwanden, verändert wurden oder die zu einem Ortsteil wurden, in der Zeit vom 5.5.1945–1.7.1964], Praha 1964.

228 Retrospektivní lexikon obcí ČSSR 1850–1970. Počet obyvatelů a domů podle obcí a částí obcí podle správního členění k 1. lednu 1972. Abecední přehled obcí a částí obcí v letech 1850–1970 [Retrospektives Gemeindelexikon der Tschechoslowakischen Sozialistischen Republik 1850–1970. Zahl der Bewohner und Häuser nach den Gemeinden und Gemeindeteilen nach der Verwaltungseinteilung vom 1. Januar 1972. Alphabetische Übersicht der Gemeinden und Gemeindeteile in den Jahren 1850–1970], Bde. 1–2, Praha 1978.

229 Soupis měst a obcí České republiky 1994 [Verzeichnis der Städte und Gemeinden der Tschechischen Republik 1994]. Hg. v. O. Mikulík [u. a.], Brno 1994.

230 Statistický lexikon obcí České republiky 1992. Podle správního rozdělení k 31. prosinci 1992 a výsledků sčítání lidu, domů a bytů ke 3. březnu 1991 [Statistisches Gemeindelexikon der Tschechischen Republik 1992. Nach der Verwaltungseinteilung vom 31. Dezember 1992 und der Volks-, Häuser- und Wohnungszählung vom 3. März 1991], Praha 1994.

231 Statistický lexikon obcí ČSSR 1982. Podle správního rozdělení k 1. lednu 1982 a výsledků sčítání lidu, domů a bytů k 1. listopadu 1980 [Statistisches Gemeindelexikon der Tschechoslowakischen Sozialistischen Republik 1982. Nach der Verwaltungseinteilung vom 1. Januar 1982 und der Volks-, Häuser- und Wohnungszählung vom 1. November 1980], Bde. 1–2, Praha 1984.

232 Statistisches Gemeindelexikon der Čechoslovakischen Republik auf Grund der Volkszählungsergebnisse vom 1. Dezember 1930, Bd. 1: Land Böhmen, Prag 1935; Bd. 2: Land Mähren-Schlesien, Prag 1935.

233 Sudetendeutsches Ortsnamenverzeichnis. Amtliches Gemeinde- und Ortsnamenverzeichnis der nach dem Münchner Abkommen vom 29.9.1938 (Grenzfestlegung vom 20.11.1938) zum Deutschen Reich gekommenen

Sudetendeutschen Gebiete. Hg. v. Sudetendeutschen Archiv u. Institut für Landeskunde mit Unterstützung des Collegium Carolinum, München [2]1987 [[1]1963].

234 Topographisches Lexicon von Böhmen. Ein alphabetisches Verzeichnis sämtlicher Ortschaften des Landes mit Angabe der Einwohnerzahl, der ehemaligen und gegenwärtigen behördlichen, so wie der kirchlichen Zuständigkeit, Prag 1852.

235 Úplný topografický německo-český seznam osad markrabství moravského a vévodství slezského s abecedním německo-českým a česko-německým rejstříkem míst [Vollständiges topographisches deutsch-tschechisches Verzeichnis der Gemeinden der Markgrafschaft Mähren und des Herzogtums Schlesien mit alphabetischem deutsch-tschechischen und tschechisch-deutschen Ortsregister], Brno 1885.

236 Zeměpisný lexikon České republiky. Obce a sídla [Geographisches Lexikon der Tschechischen Republik. Gemeinden und Wohnstätten], Bde. 1–2. Hg. v. Božena Nováková [u. a.], Praha 1991.

237 Zeměpisný lexikon České socialistické republiky [Geographisches Lexikon der Tschechischen Sozialistischen Republik], Bd. 1: Hory a nížiny [Gebirge und Tiefebenen]. Hg. v. Břetislav Balatka [u. a.], Praha 1987.

Landeskunde, Landesbeschreibung, Statistik

238 Anděl, Rudolf/Kabíček, Jan: Hrady a zámky Severočeského kraje [Burgen und Schlösser des nordböhmischen Kreises], Liberec 1962.

239 Baláš, Miloslav: Kulturní místopis Novojičínska [Kulturgeschichtliche Ortsbeschreibung des Neu-Titscheiner Gebietes], Nový Jičín 1967.

240 Bernau, Friedrich: Studien und Materialien zur Spezialgeschichte und Heimatkunde des deutschen Sprachgebietes in Böhmen und Mähren, Prag 1903.

241 Blau, Josef: Die Landes- und Volkskunde der Tschechoslowakischen Republik, Reichenberg [2]1927 [[1]1921].

242 Das Braunauer Land. Ein Heimatbuch des Braunauer Ländchens, des Adersbach-Wekelsdorfer und Starkstädter Gebietes. Hg. v. Heimatkreis Braunau, Forchheim 1971.

243 Doskočil, Karel: Popis Čech roku 1654 [Beschreibung Böhmens im Jahre 1654], Bde. 1–2, Praha 1953–54 (Berní rula, 2).

244 Dudík, Beda: Mährens gegenwärtige Zustände vom Standpunkte der Statistik, Brünn 1848.

245 Durdík, Tomáš: České hrady [Böhmische Burgen], Praha 1984.

246 Durdík, Tomáš: Burgen Nordböhmens, Praha 1992.

247 Durdík, Tomáš: Kastellburgen des 13. Jahrhunderts in Mitteleuropa, Wien/Köln/Weimar 1994.

248 Durdík, Tomáš: Encyklopedie českých hradů [Enzyklopädie böhmischer Burgen], Praha 1995.

249 Engel, Hans-Ulrich: Burgen und Schlösser in Böhmen – nach alten Vorlagen, Frankfurt am Main 1961 (Burgen – Schlösser – Herrensitze, 17).

250 Heber, Franz A.: Böhmens Burgen, Vesten und Bergschlösser, Bde. 1–7, Prag 1844–49.

251 Heimatkunde des Bezirkes [Kreises] Reichenberg in Böhmen [Sudetenland], Bde. 1–4. Hg. v. Erich Gierach [u. a.], Reichenberg 1931–41.

252 Heimatkunde des politischen Bezirkes Znaim, Bd. 1/1–10, Znaim 1898–99.

253 Historický místopis Moravy a Slezska v letech 1848–1960 [Historische Ortsbeschreibung Mährens und Schlesiens in den Jahren 1848–1960], Bde. 1–12. Hg. v. Josef Bartoš [u. a.], Ostrava 1966–90.

254 Historický místopis střední a severní Moravy [Historische Ortsbeschreibung Mittel- und Nordmährens]. Hg. v. Norbert Černý, František Doucha u. Jan Kühndel, Přerov 1942 (Vlastivěda střední a severní Moravy, II/2).

255 Hosák, Ladislav: Historický místopis země Moravskoslezské [Historische Ortsbeschreibung des Landes Mähren-Schlesien], Teile 1–9, Praha 1933–38 (LV 70, 2).

256 Hosák, Ladislav: Přehled historického místopisu Moravy a Slezska v období feudalismu do roku 1848 [Übersicht der historischen Ortsbeschreibung Mährens und Schlesiens in der Zeit des Feudalismus bis zum Jahre 1848], Ostrava 1967 (LV 253, Einführ.-Bd.).

257 Hosák, Ladislav/Zemek, Metoděj/Zimáková, Alena: Břeclavsko [Bezirk Lundenburg], Brno 1969.

258 Hrady a zámky. Sborník krátkých monografií o hradech a zámcích v českých krajích [Burgen und Schlösser. Sammelband kurzer Monographien über Burgen und Schlösser in den böhmischen Gebieten]. Bearb. v. Jiří Hilmera u. Hugo Rokyta, Praha 1963.

259 Hrady, zámky a tvrze v Čechách, na Moravě a ve Slezsku [Burgen, Schlösser und Festungen in Böhmen, Mähren und Schlesien], Bd. 1: Jižní Morava. Hg. v. Ladislav Hosák u. Metoděj Zemek, Praha 1981; Bd. 2: Severní Morava. Hg. v. František Spurný, Praha 1983; Bd. 3: Severní Čechy. Hg. v. Rudolf Anděl, Praha 1984; Bd. 4: Západní Čechy. Hg. v. Miloslav Bělohlávek, Praha 1985; Bd. 5: Jižní Čechy. Hg. v. Karel Tříska, Praha 1986; Bd. 6: Východní Čechy. Hg. v. Tomáš Šimek, Praha 1989; Bd. 7: Praha a okolí. Hg. v. František Holec, Praha 1988.

260 Hubala, Erich: Burgen und Schlösser in Mähren, Frankfurt am Main 1965.

261 Korkisch, Gustav: Geschichte der Schönhengstgaues, Bde. 1–2, München 1966–75 (LV 103, 20/31).

262 Kraft, Adam/Lang, Willy: Elbtal und Böhmisches Mittelgebirge, Augsburg 1965.

263 Kulturen an der Grenze. Waldviertel-Weinviertel-Südböhmen-Südmähren. Hg. v. Andrea Komlosy, Václav Bůžek u. Josef Svátek, Wien 1995.

264 Leitmeritz und das böhmische Mittelgebirge. Ein Heimatbuch über den Kreis Leitmeritz in Böhmen, umfassend die Gerichtsbezirke Leitmeritz, Lobositz, Auscha und Wegstädtl. Hg. v. Wilfried Brosche [u. a.], Fulda 1970.

265 Machatschek, Fritz: Landeskunde der Sudeten- und Westkarpathenländer, Stuttgart 1927.

266 Melzer, Miloš/Schulz, Jindřich [u. a.]: Vlastivěda Šumperského okresu [Heimatkunde des Bezirkes Mährisch Schönberg], Šumperk 1993.

267 Merian, Matthäus: Topographia Bohemiae, Moraviae et Silesiae, Frankfurt/Main 1650 [ND Kassel/Basel [2]1960, [1]1925–27].

268 Pekař, Josef: Kniha o Kosti. Kus české historie [Ein Buch über Kost. Ein Stück böhmischer Geschichte], Praha [4]1970 [[1]1909].

269 Peter, Anton: Burgen und Schlösser im Herzogthum Schlesien, Bde. 1–5, Teschen 1879–80.

270 Ponfikl, Joseph Eduard: Vollständiger Umriß einer statistischen Topographie des Königreichs Böhmen, Bde. 1–4, Prag 1822–29.

271 Preiß, Horst: Böhmen, wie es Johannes Butzbach von 1488–1494 erlebte, München 1958 (LV 103, 4).

272 Roubík, František: Příručka vlastivědné práce [Handbuch der Heimatkunde], Praha [2]1947 [[1]1941] (LV 70, 4).

273 Schacherl, Lillian: Böhmen. Kulturbild einer Landschaft, München 1966.

274 Schacherl, Lillian: Mähren. Land der friedlichen Widersprüche, München [2]1975.

275 Schaller, Jaroslaus: Topographie des Königreichs Böhmen, darinn alle Städte, Flecken, Herrschaften, Schlößer, Landgüter, Edelsitze, Klöster, Dörfer, wie auch verfallene Schlößer und Städte unter den ehemaligen, und jetzigen Benennungen samt ihren Merkwürdigkeiten beschrieben werden, Bd. 1: Rakonitzer Kreis, Bd. 2: Elbogener Kreis, Bd. 3: Prachiner Kreis, Bd. 4: Bunzlauer Kreis, Bd. 5: Leitmeritzer Kreis, Bd. 6: Cžaslauer Kreis, Bd. 7: Saatzer Kreis, Bd. 8: Berauner Kreis, Bd. 9: Pilsner Kreis, Bd. 10: Kauržimer Kreis, Bd. 11: Chrudimer Kreis, Bd. 12: Klattauer Kreis, Bd. 13: Budweiser Kreis, Bd. 14: Taborer Kreis, Bd. 15: Königgrätzer Kreis, Bd. 16: Bidschower Kreis, Prag [u. a.] 1785–1790 (mit einem Topographischen Universalregister des Königreichs Böhmen, Prag 1791).

276 Schnabel, Georg N.: Tafeln zur Statistik von Böhmen. Eine Sammlung tabellarischer Übersichten der Areal- und Bevölkerungs-, der Industrie- und Culturverhältnisse Böhmens, nach ihrem neuesten Stande, Prag 1848.

277 Schwabstedt, Johannes [u. a.]: Sudetendeutsche Heimat. Mittelgebirge. Die Geschichte einer deutschen Landschaft, Marburg/Lahn [2]1955 [[1]1954].

278 Schwoy, Franz J.: Topographie vom Markgrafthum Mähren, Bde. 1–3, Wien 1793–94.

279 Sedláček, August: Hrady, zámky a tvrze království Českého [Burgen, Schlösser und Festungen des Königreichs Böhmen], Bde. 1–15, Praha [2]1931–37 [[1]1882–1927, Bde. 1–3: [3]1993–94] [ND Praha 1993 ff.].

280 Sedláček, August: Místopisný slovník historický království Českého [Historisches Ortslexikon des Königreichs Böhmen], Praha 1908.

281 Seidl, Elmar: Die Entwicklung der mittelalterlichen Kulturlandschaft im Troppauer Schlesien und im angrenzenden Nordostmähren, Teile 1–3, phil. Diss. Frankfurt am Main 1993.

282 Slaminka, Vladimír: Československá republika v číslech. Statistický přehled populačního, kulturního a hospodářského stavu ČSR [Die Tschechoslowakische Republik in Zahlen. Statistische Übersicht des Bevölkerungs-, Kultur- und Wirtschaftsstandes der Tschechoslowakischen Republik], Brno 1932.

283 Sommer, Johann G.: Das Königreich Böhmen, statistisch-topographisch dargestellt. Bd. 1: Leitmeritzer Kreis, Bd. 2: Bunzlauer Kreis, Bd. 3: Bidschower Kreis, Bd. 4: Königgrätzer Kreis, Bd. 5: Chrudimer Kreis, Bd. 6: Pilsner Kreis, Bd. 7: Klattauer Kreis, Bd. 8: Prachiner Kreis, Bd. 9: Budweiser Kreis, Bd. 10: Taborer Kreis, Bd. 11: Časlauer Kreis, Bd. 12: Kauřimer Kreis, Bd. 13: Rakonitzer Kreis, Bd. 14: Saazer Kreis, Bd. 15: Elbogner Kreis, Bd. 16: Berauner Kreis, Prag 1833–49.

284 Statistická příručka království Českého [Statistisches Handbuch des Königreiches Böhmen], Bde. 1–2, Praha 1909–13.

285 Statistische Übersicht für die Čechoslovakische Republik 1936. Bevölkerung, Wirtschaft, Verwaltung, Prag 1937.

286 Sturm, Heribert: Nordgau – Egerland – Oberpfalz. Studien zu einer historischen Landschaft, München/Wien 1984 (LV 103, 43).

287 Sturm, Heribert: Districtus Egranus. Eine ursprünglich bayerische Region, München 1981 (Historischer Atlas von Bayern. Teil Altbayern, II/2).

288 Die sudetendeutschen Selbstverwaltungskörper. Eine Sammlung von Darstellungen der sudetendeutschen Städte und Bezirke und ihre Arbeit in Wirtschaft, Finanzwesen, Hygiene, Sozialpolitik und Technik, Bde. 1–11. Hg. v. Rudolf Lodgman u. Erwin Stein, Berlin-Friedenau 1929–32.

289 Trajer, Johann: Historisch-statistische Beschreibung der Diöcese Budweis, Budweis 1862.

290 Vlastivěda moravská [Heimatkunde Mährens], I. Země a lid [Land und Volk]; II. Místopis Moravy [Ortsbeschreibung Mährens]: Bd. 1: Dějepis Brna. Bearb. v. František Šujan, Brno ²1928 [¹1902]; Bd. 2: Dějiny Olomouce. Bearb. v. Václav Nešpor, Brno 1936; Bd. 3: Bítešský okres. Bearb. v. Ladislav Zavadil u. Jan Tiray, Brno 1900; Bd. 4: Blanský okres. Bearb. v. Jan Knies, Brno 1902; Bd. 5: Boskovský okres. Bearb. v. Jan Knies, Brno 1904; Bd. 6: Brněnský okres. Bearb. v. František A. Slavík, Brno 1897; Bd. 8: Břeclavský okres. Bearb. v. Jan Noháč, Brno 1911; Bd. 9: Bučovský okres. Bearb. v. Čeněk Kramoliš, Brno 1900; Bd. 12: Bystřický okres. Bearb. v. Jan Tenora, Brno 1907; Bd. 13: Dačický okres. Bearb. v. Jan Tiray, Brno 1925; Bd. 15: Frenštátský okres. Bearb. v. Jiří Felix, Brno 1908; Bd. 17: Hodonský okres. Bearb. v. Karel Hlavinka u. Jan Noháč, Brno 1926; Bd. 18: Holešovský okres. Bearb. v. Pavel Kvasnička, Brno 1929; Bd. 20: Hranický okres. Bearb. v. Vojtěch Bartovský, Brno 1909; Bd. 21: Hrotovský okres. Bearb. v. František Dvorský, Brno 1916; Bd. 22: Hustopečský okres. Bearb. v. Ladislav Hosák, Brno 1924; Bd. 23: Ivančický okres. Bearb. v. Augustin Kratochvíl, Brno 1904; Bd. 24: Jaroslavský okres. Bearb. v. František V. Peřinka, Brno 1905; Bd. 26: Jevický okres. Bearb. v. Benjamin Popelka, Brno 1912; Bd. 28: Jihlavský okres. Bearb. v. Alois J. Pátek, Brno 1901; Bd. 29: Klobucký okres. Bearb. v. Karel J. Bukovanský, Brno 1909; Bd. 30: Valašsko-Klobucký okres. Bearb. v. František V. Peřinka, Brno 1905; Bd. 31: Kojetský okres. Bearb. v. František Peřinka, Brno 1930; Bd. 31 [richtig 32]: Konický okres. Bearb. v. Bohuslav Burian, Brno 1939; Bd. 33/1–2: Kroměřížský okres. Bearb. v. František Peřinka, Brno 1911–12; Bd. 34: Moravsko-Krumlovský okres. Bearb. v. Vilém Haňák, Brno 1913; Bd. 35: Kunštátský okres. Bearb. v. Jan Tenora, Brno 1903; Bd. 38: Lipenský okres. Bearb. v. Jan Baďura, Brno 1919; Bd. 39: Litovelský okres. Bearb. v. Viktor Pinkava, Brno 1903; Bd. 40: Valašsko-Meziříčský okres. Bearb. v. E. Domluvil, Brno 1914; Bd. 41: Velko-Meziříčský okres. Bearb. v. Augustin Kratochvíl, Brno 1907; Bd. 42: Hrotovský okres. Bearb. v. František Dvorský, Brno 1916; Bd. 43: Místecký okres. Bearb. v. František Linhart, Brno 1915; Bd. 44: Lipenský okres. Bearb. v. Jan Baďura, Brno 1919; Bd. 45: Náměšťský okres. Bearb. v. František Dvorský, Brno 1908; Bd. 47: Okres Novojičínský. Bearb. v. Václav Severa, Brno 1933; Bd. 49: Olomoucký okres. Bearb. v. Josef Dostál u. František Říkovský, Brno 1935; Bd. 50: Žarošice. Bearb. v. Václav Frolec, Brno 1986,

Libavský okres. Bearb. v. Josef Malý, Brno 1931; Bd. 53: Přerovský okres. Bearb. v. Rudolf Kreutz, Brno 1927; Bd. 54: Příborský okres. Bearb. v. Ferdinand Pokorný, Brno 1917; Bd. 55: Rožnovský okres. Bearb. v. Čeněk Kramoliš, Brno 1907; Bd. 56 (u. 68): Uničovský a Rýmařovský okres. Bearb. v. Viktor Pinkava, Brno 1922; Bd. 57: Slavkovský okres. Bearb. v. Alois Ličman, Brno 1921; Bd. 59: Strážnický okres. Bearb. v. František Dvorský, Brno 1914; Bd. 60: Dějiny Prostějova. Prostějovský okres. Bearb. v. Vojtěch Janoušek, Brno 1938; Bd. 62: Kyjovsko. Bearb. v. Rudolf Hurt [u. a.], Brno 1970; Bd. 63: Uherskohradišťsko. Bearb. v. Vladimír Nekuda [u. a.], Brno ²1992 [¹1982]; Bd. 64: Telecký okres. Bearb. v. Jan Tiray, Brno 1913; Bd. 65: Tišnovský okres. Bearb. v. Václav Oharek, Brno 1923; Bd. 66: Třebický okres. Bearb. v. František Dvorský, Brno 1906; Bd. 70: Vranovský okres. Bearb. v. František V. Peřinka, Brno 1906; Bd. 71: Vsatský okres. Bearb. v. Matouš Václavek, Brno 1909; Bd. 72: Vizovský okres. Bearb. v. Václav Peřinka, Brno 1907; Bd. 75: Zdounecký okres. Bearb. v. František V. Peřinka, Brno 1910; Bd. 76: Znojemský okres. Bearb. v. František V. Peřinka, Brno 1904; Bd. 78: Žďárský okres. Bearb. v. J. F. Svoboda, Brno 1937; Bd. 79: Židlochovický okres. Bearb. v. Augustin Kratochvíl, Brno 1910; Bd. 81: Pohořelský okres. Bearb. v. Augustin Kratochvíl, Brno 1913; Bd. 82: Slavonický okres. Bearb. v. Jan Tiray, Brno 1926; Bd. 83: Novoměstský okres. Bearb. v. J. F. Svoboda, Brno 1948; Bd. 84: Vyškovsko. Bearb. v. Vladimír Nekuda, Brno 1965; ohne Nummer: Fulnecko. Bearb. v. Adolf Turek, Brno 1940; Plumlovský okres. Bearb. v. Vojtěch Janoušek, Brno 1933; Šumperský okres/Staroměstský okres/Vízmberský okres, Bde. 1–2. Bearb. v. Jan Březina, Brno 1931–32.

291 Vlček, P.: Encyklopedie českých zámků [Enzyklopädie böhmischer Schlösser], Praha 1994.

292 Wirth, Zdeněk/Benda, Jaroslav: Burgen und Schlösser der Tschechoslowakei [Böhmen und Mähren], Prag 1954.

293 Wlaschek, Rudolf M.: Rettendorf. Geschichte eines Dorfes am Königreichwald in Nordostböhmen von den Anfängen bis zur Mitte des 19. Jahrhunderts, München 1979 (LV 109, 25).

294 Wolný, Gregor: Die Markgrafschaft Mähren. Topographisch, statistisch und historisch geschildert, Bde. 1–6, Brünn 1835–42.

Vor- und Frühgeschichte

295 Bernt, Alois: Die Germanen und Slawen in Böhmen und Mähren. Spuren früher Geschichte im Herzland Europas, Tübingen 1989.

296 Dobiáš, Josef: Dějiny československého území před vystoupením Slovanů [Geschichte des tschechoslowakischen Gebietes vor dem Auftreten der Slawen], Praha 1964.

297 Eggers, Martin: Das »Großmährische Reich«. Realität oder Fiktion? Eine Neuinterpretation der Quellen zur Geschichte des mittleren Donauraumes im 9. Jahrhundert, Stuttgart 1995 (Monographien zur Geschichte des Mittelalters, 40).

298 Filip, Jan: Keltové ve střední Evropě [Die Kelten in Mitteleuropa], Praha 1956 (LV 74, 5).

299 Havlík, Lubomír E.: Morava v 9.–10. století. K problematice politického postavení, sociální a vládní struktury a organizace [Mähren im 9.–10. Jahrhundert. Zur Problematik der politischen Stellung, der sozialen und der Herrschaftsstrukturen und Organisation], Praha 1978 (LV 97, 7).

300 Havlík, Lubomír E.: Slovanské státní útvary raného středověku. Politické postavení, společenská a vládní organizace státních útvarů ve východní, střední a jihovýchodní Evropě od 8. do 11. století [Slawische Staatsformationen des frühen Mittelalters. Politische Stellung, gesellschaftliche und herrschende Organisation der Staatsformationen im Ost-, Mittel- und Südosteuropa], Praha 1987.

301 Klanica, Zdeněk: Počátky slovanského osídlení našich zemí [Die Anfänge der slawischen Besiedlung unserer Länder], Praha 1986.

302 Lederer, Hans: Die germanische Besiedlung Südmährens, Geislingen/Steige 1986 (LV 54, 9).

303 Měřínský, Zdeněk: Morava v 10. století ve světle archeologických nálezů [Mähren im 10. Jahrhundert im Lichte der archäologischen Funde], in: PA 77 (1986), 18–80.

304 Nový, Rostislav: Die Anfänge des böhmischen Staates, Bd. 1: Mitteleuropa im 9. Jahrhundert, Praha 1968 (LV 48, 26).

305 Pleiner, Radomír [u. a.]: Pravěké dějiny Čech [Urgeschichte Böhmens], Praha 1978.

306 Podborský, Vladimír [u. a.]: Pravěké dějiny Moravy [Urgeschichte Mährens], Brno 1993 (Vlastivěda moravská. Země a lid. Nová řada, 3).

307 Poulík, Josef: Mikulčice. Sídlo a pevnost knížat velkomoravských [Mikulčice. Sitz und Festung der großmährischen Fürsten], Praha 1975.

308 Poulík, Josef [u. a.]: Großmähren und die Anfänge der tschechoslowakischen Staatlichkeit, Praha 1986.

309 Preidel, Helmut: Die vor- und frühgeschichtlichen Siedlungsräume in Böhmen und Mähren, München 1953 (LV 101, 40).

310 Preidel, Helmut: Die Anfänge der slawischen Besiedlung Böhmens und Mährens, Bde. 1–2, Gräfelfing bei München 1954–1957 (LV 102, 1–2).

311 Preidel, Helmut: Das Großmährische Reich im Spiegel der Bodenfunde, Gräfelfing bei München 1968 (LV 102, 15).

312 Sklenář, Karel: Památky pravěku na území ČSSR. Od lovců mamutů ke státu Přemyslovců [Die Denkmäler der Urzeit auf dem Gebiet der Tschechoslowakischen Sozialistischen Republik. Von den Mammutjägern bis zum Staat der Přemysliden], Praha 1974.

313 Sklenář, Karel [u. a.]: Archeologické památky. Čechy, Morava, Slezsko [Archäologische Denkmäler. Böhmen, Mähren, Schlesien], Opava 1993.

314 Sláma, Jiří: Mittelböhmen im frühen Mittelalter, Bd. 1: Katalog der Grabfunde, Praha 1977 (LV 81, 9).

315 Sláma, Jiří: Střední Čechy v raném středověku [Mittelböhmen im frühen Mittelalter], Bd. 2: Hradiště, příspěvky k jejich dějinám a významu [Die Burgwälle, Beiträge zu ihrer Geschichte und Bedeutung], Bd. 3: Archeologie o počátcích přemyslovského státu [Archäologie über die Anfänge des Staates der Přemysliden], Praha 1986–88 (LV 81, 11/14).

316 Sláma, Jiří: Slavníkovci – významná či okrajová záležitost českých dějin 10. století? [Die Slawnikiden – eine bedeutende oder eine Randerscheinung der böhmischen Geschichte des 10. Jahrhunderts?], in: AR 47 (1995), 182–244.

317 Slavníkovci ve středověkém písemnictví [Die Slawnikiden im mittelalterlichen Schrifttum]. Hg. v. Rostislav Nový u. Jiří Sláma, Praha 1987.

318 Staňa, Čeněk: Mährische Burgwälle im 9. Jahrhundert, in: Die Bayern und ihre Nachbarn, Bd. 2. Hg. v. Herwig Friesinger u. Falko Daim, Wien 1985, 157–200.

319 Svoboda, Bedřich: Čechy v době stěhování národů [Böhmen in der Völkerwanderungszeit], Praha 1965 (LV 74, 13).

320 Svoboda, Jiří [u. a.]: Paleolit Moravy a Slezska [Ältere Steinzeit Mährens und Schlesiens], Brno 1994 (LV 56, 1).

321 Šolle, Miloš: Staroslovanské hradisko. Charakteristika, funkce, vývoj a význam [Die altslawische Burgstätte. Charakteristik, Funktion, Entwicklung und Bedeutung], Praha 1984.

322 Tejral, Jaroslav: Morava na sklonku antiky [Mähren am Ende der Antike], Praha 1982 (LV 74, 19).

323 Tejral, Jaroslav: Naše země a římské Podunají na počátku doby stěhování národů [Unsere Länder und der römische Donauraum zu Beginn der Völkerwanderungszeit], in: PA 76 (1985), 308–397.

324 Třeštík, Dušan: »Trh Moravanů« – ústřední trh Staré Moravy [Der »Markt der Mährer« – der Zentralmarkt Altmährens], in: ČsČH 21 (1973), 869–894.

325 Třeštík, Dušan: České kmeny. Historie a skutečnost jedné koncepce [Die böhmischen Stämme. Geschichte und Wirklichkeit einer Konzeption], in: SMP 1 (1988), 129–143.

326 Turek, Rudolf: Böhmen im Morgengrauen der Geschichte. Von den Anfängen der slawischen Besiedlung bis zum Eintritt in die europäische Kulturgemeinschaft (6. bis Ende des 10. Jahrhunderts), Wiesbaden 1974.

327 Turek, Rudolf: Slavníkovci a jejich panství [Die Slawnikiden und ihre Herrschaft], Hradec Králové 1982.

328 Zeman, Jiří: Nejstarší slovanské osídlení Čech [Die älteste slawische Besiedlung Böhmens], in: PA 67 (1976), 115–235.

329 Žemlička, Josef: »Duces Boemanorum« a vznik přemyslovské monarchie [»Duces Boemanorum« und die Entstehung der Monarchie der Přemysliden], in: ČsČH 37 (1989), 697–721.

330 Žemlička, Josef: Expanze, krize a obnova Čech v letech 935–1055 (K systémovým proměnám raných států ve střední Evropě) [Die Expansion, Krise und Erneuerung Böhmens in den Jahren 935–1055 (Zu den Systemveränderungen der frühen Staaten in Mitteleuropa)], in: ČsČH 93 (1995), 205–222.

Allgemeine und politische Geschichte

331 Appelt, Heinrich: Böhmische Königswürde und staufisches Kaisertum, in: Aus Reichsgeschichte und nordischer Geschichte. Karl Jordan zum 65. Geburtstag. Hg. v. Horst Fuhrmann, Hans E. Mayer u. Klaus Wriedt, Stuttgart 1972, 161–181.

332 Bachmann, Adolf: Geschichte Böhmens (bis 1526), Bde. 1–2, Gotha 1899–1905.

333 Bahlcke, Joachim: Regionalismus und Staatsintegration im Widerstreit. Die Länder der Böhmischen Krone im ersten Jahrhundert der Habsburgerherrschaft (1526–1619), München 1994 (LV 91, 3).

334 Bahlcke, Joachim: Falcko-české království (Motivy a působení zahraničně-politické orientace Falce od české královské volby po ulmskou smlouvu 1619–1620) [Das pfälzisch-böhmische Königtum (Motive und Rückwirkungen der außenpolitischen Orientierung der Kurpfalz von der böhmischen Königswahl bis zum Ulmer Vertrag 1619–1620), in: ČMM 111 (1992), 227–251.

335 Bahlcke, Joachim: Das Herzogtum Schlesien im politischen System der Böhmischen Krone, in: ZfO 44 (1995), 27–55.

336 Bartoš, František M.: České dějiny [Böhmische Geschichte], Bd. 2/6–8 (1378–1437), Praha 1947–66.

337 Bílek, Tomáš V.: Dějiny konfiskací v Čechách po roce 1618 [Geschichte der Konfiskationen in Böhmen nach dem Jahre 1618], Bde. 1–2, Praha 1882–83 (LV 76, 25).

338 Biermann, Gottlieb: Geschichte der Herzogthümer Troppau und Jägerndorf, Teschen 1874.

339 Biermann, Gottlieb: Geschichte des Herzogthums Teschen, Teschen [2]1894.

340 Boháč, Zdeněk: České země a Lužice [Die böhmischen Länder und die Lausitz], Tišnov/Bautzen 1993.

341 Bosl, Karl: Böhmen und seine Nachbarn. Gesellschaft, Politik und Kultur in Mitteleuropa, München/Wien 1976 (LV 103, 32).

342 Boubín, Jaroslav: Česká »národní« monarchie. K domácím zdrojům a evropskému kontextu království Jiřího z Poděbrad [Die böhmische »nationale« Monarchie. Zu den heimischen Quellen und zum europäischen Kontext des Königtums Georgs von Podiebrad], Praha 1992 (LV 78, A/5).

343 Böhmen und Bayern, München 1958 (LV 103. Hist.-Philol. Reihe, 1).

344 Böhmen und Mähren. Hg. v. Friedrich Prinz, Berlin 1993 (Deutsche Geschichte im Osten Europas, 1).

345 Die böhmischen Länder zwischen Ost und West. Festschrift für Karl Bosl zum 75. Geburtstag. Hg. v. Ferdinand Seibt, München 1983 (LV 103, 55).

346 Bretholz, Bertold: Geschichte Mährens, Bde. 1–2, Brünn 1893–95.

347 Bretholz, Bertold: Geschichte Böhmens und Mährens, Bde. 1–4, Reichenberg 1921–25.

348 České a československé dějiny [Tschechische und Tschechoslowakische Geschichte], Bde. 1–2. Bearb. v. Jaroslav Marek [u. a.], Praha 1991; Bd. 3 (Dokumente und Materialien). Bearb. v. Josef Harna [u. a.], Praha 1992.

349 Denis, Ernst: Fin de l'indépendance bohême, Bde. 1–2, Paris [2]1930 [[1]1890].

350 Denis, Ernst: La Bohême depuis la Montagne-Blanche, Bde. 1–2, Paris [2]1930 [[1]1903].

351 Československá vlastivěda. Dějiny [Tschechoslowakische Heimatkunde. Geschichte], Bde. 1–2. Hg. v. Josef Macek, Praha 1963–69.

352 Dějiny Československa [Geschichte der Tschechoslowakei], Bde. 1–2. Bearb. v. Josef Petráň u. Robert Kvaček [u. a.], Praha 1990.

353 Dillon, Kenneth J.: King and Estates in the Bohemian Lands 1526–1564, Bruxelles 1976.

354 Dudík, Beda: Mährens allgemeine Geschichte, Bde. 1–12, Brünn 1860–88.

355 Dvořák, Rudolf: Dějiny Moravy od nejstarších dob až do roku 1848 [Geschichte Mährens von den ältesten Zeiten bis zum Jahre 1848], Bde. 1–5, Brno 1899–1905 (Vlastivěda moravská. I. Země a lid, 3).

356 Eberhard, Winfried: Konfessionsbildung und Stände in Böhmen 1478–1530, München 1981 (LV 103, 38).

357 Eberhard, Winfried: Monarchie und Widerstand. Zur ständischen Oppositionsbildung im Herrschaftssystem Ferdinands I. in Böhmen, München 1985 (LV 103, 54).

358 Eberhard, Winfried: The Political System and the Intellectual Traditions of the Bohemian Ständestaat from the Thirteenth to the Sixteenth Century, in: Crown, Church and Estates. Central European Politics in the Sixteenth and Seventeenth Centuries. Hg. v. Robert J. W. Evans u. Trevor V. Thomas, London 1991, 23–47.

359 Evans, Robert J. W.: Rudolf II and his World. A Study in Intellectual History 1576–1612, Oxford 1973.

360 Evans, Robert J. W.: Das Werden der Habsburgermonarchie 1550–1700. Gesellschaft, Kultur, Institutionen, Wien/Köln 1989 (LV 60, 6).

361 Fiala, Zdeněk: Přemyslovské Čechy. Český stát a společnost v letech 995–1310 [Das přemyslidische Böhmen. Der böhmische Staat und die Gesellschaft in den Jahren 995–1310], Praha ²1975 [¹1965].

362 Fiala, Zdeněk: Předhusitské Čechy 1310–1419. Český stát pod vládou Lucemburků 1310–1419 [Das vorhussitische Böhmen 1310–1419. Der böhmische Staat unter der Herrschaft der Luxemburger 1310–1319], Praha ²1978 [¹1968].

363 Frankreich und die böhmischen Länder im 19. und 20. Jahrhundert. Beiträge zum französischen Einfluß in Ostmitteleuropa. Hg. v. Ferdinand Seibt u. Michael Neumüller, München 1990 (LV 52, 15).

364 Fritze, Wolfgang H.: Corona regni Bohemiae. Die Entstehung des böhmischen Königtums im 12. Jahrhundert im Widerspiel von Kaiser, Fürst und Adel, in: ders.: Frühzeit zwischen Ostsee und Donau. Ausgewählte Beiträge zum geschichtlichen Werden im östlichen Mitteleuropa vom 6. bis zum 13. Jahrhundert. Hg. v. Ludolf Kuchenbuch u. Winfried Schich, Berlin 1982, 209–296.

365 Graus, František: Struktur und Geschichte. Drei Volksaufstände im mittelalterlichen Prag, Sigmaringen 1971 (Vorträge und Forschungen. Sonderband, 7).

366 Graus, František: Böhmen zwischen Bayern und Sachsen, in: Hist 17 (1969), 5–42.

367 Handbuch der Geschichte der böhmischen Länder. Hg. v. Karl Bosl, Bd. 1: Die böhmischen Länder von der archaischen Zeit bis zum Ausgang der hussitischen Revolution; Bd. 2: Die böhmischen Länder von der Hochblüte der Ständeherrschaft bis zum Erwachen eines modernen Nationalbewußtseins; Bd. 3: Die böhmischen Länder im Habsburgerreich 1848–1919. Bürgerlicher Nationalismus und Ausbildung einer Industriegesellschaft; Bd. 4: Der tschechoslowakische Staat im Zeitalter der modernen Massendemokratie und Diktatur, Stuttgart 1967–74.

368 Handbuch der historischen Stätten: Schlesien. Hg. v. Hugo Weczerka, Stuttgart 1977.

369 Hassenpflug-Elzholz, Eila: Böhmen und die böhmischen Stände in der Zeit des beginnenden Zentralismus. Eine Strukturanalyse der böhmischen Adelsnation um die Mitte des 18. Jahrhunderts, München/Wien 1982 (LV 103, 30).

370 Hejnic, Josef/Polívka, Miloslav: Plzeň v husitské revoluci. Hilaria Litoměřického »Historie města Plzně«, její edice a historický rozbor [Pilsen am Ende der hussitischen Revolution. Die »Hystoria civitatis Plznensis« des Hilarius von Leitmeritz als Quelle zum Studium der Geschichte des Hussitentums], Praha 1987 (LV 73, 3).

371 Heymann, Frederick G.: George of Bohemia. King of Heretics, Princeton/ New Jersey 1965.

372 Heymann, Frederick G.: John Žižka and the Hussite Revolution, Princeton/ New Jersey [2]1969 [[1]1955].

373 Hlaváček, Ivan: Wenzel IV., sein Hof und seine Königsherrschaft vornehmlich über Böhmen, in: Das spätmittelalterliche Königtum im europäischen Vergleich. Hg. v. Reinhard Schneider, Sigmaringen 1987 (Vorträge und Forschungen, 32), 201–232.

374 Hoensch, Jörg K.: Přemysl Otakar II. von Böhmen. Der goldene König, Graz/ Wien/Köln 1989.

375 Hoensch, Jörg K.: Geschichte Böhmens. Von der slavischen Landnahme bis ins 20. Jahrhundert, München [3]1997 [[1]1987].

376 Hoensch, Jörg K.: Geschichte der Tschechoslowakei, Stuttgart/Berlin/Köln [3]1992.

377 Hrabovec, Emilia: Vertreibung und Abschub. Deutsche in Mähren 1945–1947, Frankfurt am Main [u. a.] 1995 (Wiener Osteuropastudien, 2).

378 Janáček, Josef: České dějiny. Doba předbělohorská [Böhmische Geschichte. Die Zeit vor der Schlacht auf dem Weißen Berg], Bde. I/1–2 (1526–1547), Praha [2]1971 [[1]1968]–1984.

379 Janáček, Josef: Valdštejn a jeho doba [Wallenstein und seine Zeit], Praha 1978.

380 Janáček, Josef: Rudolf II. a jeho doba [Rudolf II. und seine Zeit], Praha 1987.

381 Juritsch, Georg: Beiträge zur böhmischen Geschichte in der Zeit der Přemysliden, Prag 1928 (Quellen und Forschungen aus dem Gebiete der Geschichte, 5).

382 Kaiser Karl IV. Staatsmann und Mäzen. Hg. v. Ferdinand Seibt, München 1978.

383 Kalista, Zdeněk: Blahoslavená Zdislava z Lemberka [Die selige Sdislava von Lemberg], Praha [2]1991 [[1]1941].

384 Kaminsky, Howard: A History of the Hussite Revolution, Berkeley/Los Angeles 1967.

385 Kavka, František: Bílá hora a české dějiny [Der Weiße Berg und die böhmische Geschichte], Praha 1962.

386 Kavka, František: Vláda Karla IV. za jeho císařství (1355–1378) (Země České koruny, rodová, říšská a evropská politika) [Die Regierung Karls IV. während seines Kaisertums (1355–1378) (Die Länder der Böhmischen Krone, Reichs-, Haus- und europäische Politik)], Bde. 1–2, Praha 1993.

387 Kavka, František: Die Habsburger und der böhmische Staat bis zur Mitte des 18. Jahrhunderts, in: Hist 8 (1964), 35–64.

388 Kejř, Jiří: Anfänge der ständischen Verfassung in Böhmen, in: Die Anfänge der ständischen Vertretungen in Preußen und seinen Nachbarländern. Hg. v. Hartmut Boockmann, München 1992, 177–217.

389 Kejř, Jiří: Böhmen und das Reich unter Friedrich I., in: Friedrich Barbarossa. Handlungsspielräume und Wirkungsweisen des staufischen Kaisers. Hg. v. Alfred Haverkamp, Sigmaringen 1992 (Vorträge und Forschungen, 40), 241–289.

390 Klassen, John M.: The Nobility and the Making of the Hussite Revolution, Boulder 1978 (LV 57, 47).

391 Kočí, Josef: České národní obrození [Die tschechische nationale Wiedergeburt], Praha 1978.

392 Kontakte und Konflikte. Böhmen, Mähren und Österreich: Aspekte eines Jahrtausends gemeinsamer Geschichte. Hg. v. Thomas Winkelbauer, Horn/Waidhofen an der Thaya 1993 (Schriftenreihe des Waldviertler Heimatbundes, 36).

393 Kovtun, Jiří: Masarykův triumf. Příběh konce velké války [Masaryks Triumph. Das Ereignis des Endes des großen Krieges], Toronto 1987.

394 Krejčí, Jaroslav: Czechoslovakia at the Crossroads of European History, London/New York/Toronto 1990.

395 Krejčí, Oskar: Český národní zájem a geopolitika [Das tschechische Nationalinteresse und die Geopolitik], Praha 1993.

396 Krofta, Kamil: Nesmrtelný národ. Od Bílé hory k Palackému [Das unsterbliche Volk. Vom Weißen Berg zu Palacký], Praha 1940.

397 Krzemieńska, Barbara: Boj knížete Břetislava I. o upevnění českého státu (1039–1041) [Der Kampf Fürst Břetislaws I. um die Festigung des böhmischen Staates (1039–1041)], Praha 1979 (LV 86, 89/5).

398 Krzemieńska, Barbara: Břetislav I. [Břetislaw I.], Praha 1986.

399 Krzemieńska, Barbara: Wann erfolgte der Anschluß Mährens an den böhmischen Staat?, in: Hist 19 (1980), 195–243.

400 Krzenck, Thomas: Kultur und Gesellschaft in den böhmischen Ländern im Spannungsfeld der deutsch-böhmischen Beziehungen zur Zeit Friedrichs I. Barbarossa, in: Kaiser Friedrich Barbarossa. Landesausbau – Aspekte seiner Politik – Wirkung. Hg. v. Evamaria Engel u. Bernhard Töpfer, Weimar 1994, 115–127.

401 Kulturen an der Grenze. Waldviertel – Weinviertel – Südböhmen – Südmähren. Hg. v. Andrea Komlosy, Václav Bůžek u. František Svátek, Wien/Waidhofen an der Thaya 1995.

402 Macek, Josef: Jagellonský věk v českých zemích (1471–1526) [Das Zeitalter der Jagiellonen in den böhmischen Ländern (1471–1526)], Bd. 1: Hospodářská základna a královská moc [Wirtschaftliche Grundlage und königliche Macht]; Bd. 2: Šlechta [Adel], Praha 1992–94.

403 Matějek, František: Morava za třicetileté války [Mähren während des Dreißigjährigen Krieges], Praha 1992 (LV 78, A/6).

404 Metropolen im Wandel. Zentralität in Ostmitteleuropa an der Wende vom Mittelalter zur Neuzeit. Hg. v. Evamaria Engel, Karen Lambrecht u. Hanna Nogossek, Berlin 1995 (Forschungen zur Geschichte und Kultur des östlichen Mitteleuropa).

405 Novotný, Václav: České dějiny [Böhmische Geschichte], Bde. 1/1–4 [bis 1271], Praha 1912–37.

406 Nový, Rostislav: Přemyslovský stát 11. a 12. století [Der Přemyslidenstaat im 11. und 12. Jahrhundert], Praha 1972 (LV 48, 43).

407 Odložilík, Otakar: Karel starší ze Žerotína 1564–1636 [Karl d. Ä. von Žerotín 1564–1636], Praha 1936.

408 Odložilík, Otakar: The Hussite King. Bohemia in European Affairs 1440–1471, New Brunswick/New Jersey 1965.

409 Palacky, Franz: Geschichte von Böhmen, Bde. 1–5, Prag [2]1844–1867 [[1]1836–1867, ND Osnabrück 1968].

410 Patze, Hans: Die Pegauer Annalen, die Königserhebung Wratislaws von Böhmen und die Anfänge der Stadt Pegau, in: JGMO 12 (1963), 1–62.

411 Pánek, Jaroslav: Poslední Rožmberkové. Velmoži české renesance [Die letzten Rosenberger. Magnaten der böhmischen Renaissance], Praha 1989.

412 Pánek, Jaroslav: Das politische System des böhmischen Staates im ersten Jahrhundert der habsburgischen Herrschaft (1526–1620), in: MIÖG 97 (1989), 53–82.

413 Pánek, Jaroslav: The expedition of the Czech noblemen to Italy within period 1551–1552. A contribution to history of international relations in the field of culture, politics and finances in the 16th century, in: Hist 30 (1990), 29–95.

414 Pekař, Josef: Žižka a jeho doba [Žižka und seine Zeit], Praha [2]1992 [[1]1927–33].

415 Petráň, Josef [u. a.]: Počátky českého národního obrození. Společnost a kultura v 70. až 90. letech 18. století [Die Anfänge der nationalen Wiedergeburt. Gesellschaft und Kultur in den siebziger bis neunziger Jahren des 18. Jahrhunderts], Praha 1990.

416 Polišenský, Josef: Nizozemská politika a Bílá hora [Die niederländische Politik und der Weiße Berg], Praha 1958.

417 Polišenský, Josef: Der Krieg und die Gesellschaft in Europa 1618–1648, Prag 1971 (LV 130, 1).

418 Polívka, Miloslav: Nicholas of Hus. One of the Leading Personage of the Beginnings of the Hussite Revolution (Evolution of the Personality at the Time Corrective Efforts Were Developing into the Hussite Revolution in the Czech Lands at the Beginning of the 15th Century), in: Hist 27 (1988), 75–121.

419 Prinz, Friedrich: Prag und Wien 1848. Probleme der nationalen und sozialen Revolution im Spiegel der Wiener Ministerratsprotokolle, München 1968 (LV 103, 21).

420 Prinz, Friedrich: Böhmen im mittelalterlichen Europa. Frühzeit, Hochmittelalter, Kolonisationsepoche, München 1984.

421 Prinz, Friedrich: Geschichte Böhmens 1848–1948, Frankfurt am Main/Berlin [2]1991 [[1]1988].

422 Prochno, Joachim: Terra Bohemiae, Regnum Bohemiae, Corona Bohemiae [1945], in: Corona Regni. Studien über die Krone als Symbol des Staates im späteren Mittelalter. Hg. v. Manfred Hellmann, Darmstadt 1961, 198–224.

423 Přehled dějin Československa [Abriß der Geschichte der Tschechoslowakei], Bde. 1/1–2 [bis 1848]. Hg. v. Jaroslav Purš u. Miroslav Kropilák, Praha 1980–82.

424 Pustejovsky, Otfrid: Schlesiens Übergang an die Böhmische Krone. Machtpolitik Böhmens im Zeichen von Herrschaft und Frieden, Köln/Wien 1975 (LV 59, 13).

425 Rezek, Antonín: Děje Čech a Moravy za Ferdinanda III. až do konce třicetileté války (1637–1648) [Geschichte Böhmens und Mährens zur Zeit Ferdinands III. bis zur Beendigung des Dreißigjährigen Krieges (1637–1648)], Praha 1890.

426 Rezek, Antonín/Svátek, Josef/Prášek, Justin: Dějiny Čech a Moravy nové doby [Geschichte Böhmens und Mährens der Neuzeit], Bde. 1–10 [1648–1815], Praha 1892–1905.

427 Roubík, František: Dějiny Chodů u Domažlic [Geschichte der Choden in der Umgebung von Taus], Praha 1931 (LV 87, 4–5).

428 Schmidt, Roderich: Die Einsetzung der böhmischen Herzöge auf den Thron zu Prag, in: Aspekte der Nationenbildung im Mittelalter. Hg. v. Helmut Beumann u. Werner Schröder, Sigmaringen 1978, 439–463.

429 Schmidt-Hartmann, Eva: Thomas G. Masaryk's Realism. Origins of a Czech Political Concept, München 1984 (LV 103, 52).

430 Seibt, Ferdinand: Deutschland und die Tschechen. Geschichte einer Nachbarschaft in der Mitte Europas, München/Zürich ²1995.

431 Seibt, Ferdinand: Mittelalter und Gegenwart. Ausgewählte Aufsätze. Festgabe zu seinem 60. Geburtstag. Hg. v. Winfried Eberhard u. Heinz-Dieter Heimann, Sigmaringen 1987.

432 Seibt, Ferdinand: Hussitica. Zur Struktur einer Revolution, Köln/Wien ²1990 [¹1965].

433 Seibt, Ferdinand: Hussitenstudien. Personen, Ereignisse, Ideen einer frühen Revolution. Festgabe zum 60. Geburtstag von Ferdinand Seibt, München ²1991 [¹1987] (LV 103, 60).

434 Sigismund von Luxemburg. Kaiser und König in Mitteleuropa 1387–1437. Beiträge zur Herrschaft Kaiser Sigismunds und der europäischen Geschichte um 1400. Hg. v. Josef Macek, Ernő Marosi u. Ferdinand Seibt, Warendorf 1994 (Studien zu den Luxemburgern und ihrer Zeit, 5).

435 Spěváček, Jiří: Karl IV. Sein Leben und seine staatsmännische Leistung, Berlin 1979.

436 Spěváček, Jiří: Václav IV. 1361–1419. K předpokladům husitské revoluce [Wenzel IV. 1361–1419. Zu den Voraussetzungen der hussitischen Revolution], Praha 1986.

437 Spěváček, Jiří: Jan Lucemburský a jeho doba. 1296–1346 [Johann von Luxemburg und seine Zeit. 1296–1346], Praha 1995.

438 Stoob, Heinz: Bruno von Olmütz, das mährische Städtenetz und die europäische Politik von 1245 bis 1281, in: Die mittelalterliche Städtebildung im südöstlichen Europa. Hg. v. dems., Köln/Wien 1977, 90–129.

439 Ständefreiheit und Staatsgestaltung in Ostmitteleuropa. Übernationale Gemeinsamkeiten in der politischen Kultur vom 16.–18. Jahrhundert. Hg. v. Joachim Bahlcke, Hans-Jürgen Bömelburg u. Norbert Kersken, Leipzig 1996.

440 Stoob, Heinz: Kaiser Karl IV. und seine Zeit, Graz/Wien/Köln 1990.

441 Stölzl, Christoph: Die Ära Bach in Böhmen. Sozialgeschichtliche Studien zum Neoabsolutismus 1849–1859, München 1971 (LV 103, 26).

442 Šmahel, František: La révolution hussite, une anomalie historique, Paris 1985.

443 Šmahel, František: Husitská revoluce [Die hussitische Revolution], Bde. 1–4, Praha 1993 (LV 78, A/9/1–4).

444 Šmahel, František: Pražské povstání 1483 [Der Prager Aufstand von 1483], in: PSH 19 (1986), 35–102.

445 Šmahel, František: Das böhmische Ständewesen im hussitischen Zeitalter, in: Die Anfänge der ständischen Vertretungen in Preußen und seinen Nachbarländern. Hg. v. Hartmut Boockmann, München 1992, 219–246.

446 Šolle, Zdeněk: Socialistické dělnické hnutí a česká otázka 1848–1918 [Die sozialistische Arbeiterbewegung und die tschechische Frage 1848–1918], Praha 1969 (LV 86, 79/13).

447 Štaif, Jiří: Revoluční léta 1848–1849 a české země [Die revolutionären Jahre 1848–1849 und die böhmischen Länder], Praha 1990 (LV 78, A/3).

448 Šusta, Josef: České dějiny [Böhmische Geschichte], Bde. 2/1–4 [1272–1355], Praha 1935–48.

449 Tobolka, Zdeněk: Politické dějiny československého národa od roku 1848 až do dnešní doby [Politische Geschichte des tschechoslowakischen Volkes von 1848 bis heute], Bde. 1–4, Praha 1932–37.

450 Třeštík, Dušan: Kosmova kronika. Studie k počátkům českého dějepisectví a politického myšlení [Die Chronik des Kosmas. Studie zu den Anfängen der böhmischen Geschichtswissenschaft und des politischen Denkens], Praha 1968.

451 Třeštík, Dušan: Počátky Přemyslovců [Die Anfänge der Přemysliden], Praha 1981.

452 Urban, Otto: Die tschechische Gesellschaft 1848–1918, Bde. 1–2, Wien 1994 (LV 51, 2).

453 Urban, Rudolf: Die sudetendeutschen Gebiete nach 1945, Frankfurt am Main/Berlin 1964.

454 Válka, Josef: Dějiny Moravy [Geschichte Mährens], Bd. 1: Středověká Morava [Das mittelalterliche Mähren], Brno 1991, Bd. 2: Morava za reformace, renesance a baroka [Mähren während der Reformation, der Rennaissance und des Barocks], Brno 1994 (Vlastivěda moravská. Země a lid. Nová řada, 5–6).

455 Válka, Josef: Die Stellung Mährens im Wandel des böhmischen Lehensstaates, in: Europa 1500. Integrationsprozesse im Widerstreit: Staaten, Regionen, Personenverbände, Christenheit. Hg. v. Ferdinand Seibt u. Winfried Eberhard, Stuttgart 1987, 292–309.

456 Die Vertreibung der deutschen Bevölkerung aus der Tschechoslowakei, Bonn 1957 (Dokumentation der Vertreibung der Deutschen aus Ost-Mitteleuropa 4/1–2).

457 Vojenské dějiny Československa [Militärgeschichte der Tschechoslowakei], Bde. 1–5. Hg. v. Petr Klučina [u. a.], Praha 1985–89.

458 Vojtěch, Tomáš: Mladočeši a boj o politickou moc v Čechách [Die Jungtschechen und der Kampf um die politische Macht in Böhmen], Praha 1980.

459 Zeithammer, Anton O.: Zur Geschichte der böhmischen Ausgleichsversuche (1865–1871), Bde. 1–2, Prag 1912–13.

460 Žemlička, Josef: Století posledních Přemyslovců (Český stát a společnost ve 13. století) [Das Jahrhundert der letzten Přemysliden (Der böhmische Staat und die Gesellschaft im 13. Jahrhundert)], Praha 1986.

461 Žemlička, Josef: Přemysl Otakar I. Panovník, stát a česká společnost na prahu vrcholného feudalismu [Herrscher, Staat und böhmische Gesellschaft am Vorabend des Hochfeudalismus], Praha 1990.

Siedlungsgeschichte, Städtewesen

462 Altrichter, Anton: Kolonisationsgeschichte der Iglauer Sprachinsel, Wiesbaden 1959 (LV 68, 2).

463 Berger, Karl: Die Besiedlung des deutschen Nordmährens im 13. und 14. Jahrhundert, Brünn 1933.

464 Bělina, Pavel: Česká města v 18. století a osvícenské reformy [Die böhmischen Städte im 18. Jahrhundert und die Aufklärungsreformen], Praha 1985 (LV 97, 20).

465 Bobková, Lenka/Svobodová, Yveta: Struktura městské sítě v severních Čechách v druhé polovině 15. a na počátku 16. století [Die Struktur des Städtenetzes von Nordböhmen in der zweiten Hälfte des 15. und am Anfang des 16. Jahrhunderts], in: SSM Hist. 10 (1991), 5–26.

466 Boháč, Zdeněk: Dějiny osídlení středního Povltaví v době předhusitské [Die Siedlungsgeschichte an der mittleren Moldau in vorhussitischer Zeit], Praha 1978.

467 Boháč, Zdeněk: Vesnice v sídelní struktuře předhusitských Čech [Das Dorf in der Siedlungsstruktur des vorhussitischen Böhmen], in: HG 21 (1983), 37–116.

468 Burg – Burgstadt – Stadt. Zur Genese mittelalterlicher nichtagrarischer Zentren in Ostmitteleuropa. Hg. v. Hansjürgen Brachmann, Berlin 1995.

469 Česká města v 16.–18. století [Die böhmischen Städte im 16.–18. Jahrhundert]. Hg. v. Jaroslav Pánek, Praha 1991 (LV 78, C/5).

470 Dobiáš, Josef: Dějiny královského města Pelhřimova a jeho okolí [Die Geschichte der königlichen Stadt Pilgram und ihrer Umgebung], Bde. 1–5, Pelhřimov/Praha 1927–70.

471 Dobiáš, Josef: Německé osídlení ostrůvku jihlavského [Die deutsche Besiedlung der Iglauer Sprachinsel], in: ČAS 8 (1931), 1–92.

472 Dostál, Oldřich [u. a.]: Československá historická města [Tschechoslowakische historische Städte], Praha 1974.

473 Friedrich, Wilhelm: Die historische Geographie Böhmens bis zum Beginne der deutschen Kolonisation, Wien 1912.

474 Gottstein, Herbert: Studien zur Entwicklung der Dorf- und Flurformen im Wsetiner Land (17.–19. Jahrhundert), München 1976 (LV 109, 19).

475 Graus, František: Die Problematik der deutschen Ostsiedlung aus tschechischer Sicht, in: Die deutsche Ostsiedlung des Mittelalters als Problem der europäischen Geschichte. Hg. v. Walter Schlesinger, Sigmaringen 1975 (Vorträge und Forschungen, 18), 31–75.

476 Haas, Antonín: Pravomoc českého krále nad poddanskými městy a městečky [Die Rechtsgewalt des böhmischen Königs über die untertänigen Städte und Kleinstädte], in: PHS 4 (1958), 153–184.

477 Hoenig, Anton: Deutscher Städtebau in Böhmen. Die mittelalterlichen Stadtgrundrisse Böhmens mit besonderer Berücksichtigung der Hauptstadt Prag, Berlin 1921.

478 Hoffmann, František: České město ve středověku [Die böhmische Stadt im Mittelalter], Praha 1992.

479 Hoffmann, František: K oblastem českých práv městských [Zu den Gebieten der böhmischen Stadtrechte], in: StR 14 (1975), 27–67.

480 Hosák, Ladislav: Středověká kolonizace Dyjskosvrateckého úvalu [Die mittelalterliche Kolonisation des Thaya-Schwarza-Beckens], Praha 1967 (LV 49, 11).

481 Janáček, Josef: Die Städte in den böhmischen Ländern im 16. Jahrhundert, in: Die Stadt an der Schwelle zur Neuzeit. Hg. v. Wilhelm Rausch, Linz/Donau 1980 (LV 53, 4), 293–310.

482 Jirásko, Luděk: K postavení a úloze církevních institucí v počátcích rozvoje měst [Zur Stellung und Rolle kirchlicher Institutionen zu den Anfängen der Stadtentwicklung], in: Umění 13. století v českých zemích. Hg. v. Josef Krása [u. a.], Praha 1983, 527–545.

483 Kavka, František: Die Städte Böhmens und Mährens zur Zeit des Přemysliden-Staates, in: Die Städte Mitteleuropas im 12. und 13. Jahrhundert. Hg. v. Wilhelm Rausch, Linz 1963 (LV 53, 1), 137–153.

484 Kejř, Jiří: Zwei Studien über die Anfänge der Städteverfassung in den böhmischen Ländern, in: Hist 16 (1969), 81–142.

485 Kejř, Jiří: Die Anfänge der Stadtverfassung und des Stadtrechts in den böhmischen Ländern, in: Die deutsche Ostsiedlung des Mittelalters als Problem der europäischen Geschichte. Hg. v. Walter Schlesinger, Sigmaringen 1975 (Vorträge und Forschungen, 18), 439–470.

486 Kejř, Jiří: Zur Entstehung des städtischen Standes im hussitischen Böhmen, in: Städte und Ständestaat. Zur Rolle der Städte bei der Entwicklung der Ständeverfassung in europäischen Staaten vom 13. bis zum 15. Jahrhundert. Hg. v. Bernhard Töpfer, Berlin 1980, 195–213.

487 Kejř, Jiří: Ursprung und Entwicklung von Stadt- und Marktrecht in Böhmen und Mähren, in: BOH 31 (1990), 270–282.

488 Klápště, Jan: Paměť krajiny středověkého Mostecka [Das Gedächtnis der mittelalterlichen Landschaft in der Umgebung von Brüx], Most 1994.

489 Klápště, Jan: Topographie der frühmittelalterlichen Besiedlung in der Gegend von Most (Nordwestböhmen), in: AFSB 32 (1988), 35–79.

490 Korkisch, Gustav: Die Mährisch-Trübauer Stadtlandschaft auf Grund des ältesten Urbars von 1535 bis 1548, München 1960 (LV 103, 5).

491 Křivka, Josef: Nové osady vzniklé na území Čech v letech 1654–1854 [Neu entstandene Siedlungen auf dem Gebiet Böhmens in den Jahren 1654–1854], Praha 1979 (LV 64, 2).

492 Kuhn, Walter: Geschichte der deutschen Ostsiedlung in der Neuzeit, Bde. 1–2, Köln/Graz 1955–57 (LV 77, 1).

493 Kuhn, Walter: Vergleichende Untersuchungen zur mittelalterlichen Ostsiedlung, Köln/Wien 1973 (LV 77, 16).

494 Kuller, Inge: Die Erschließung der Böhmisch-Mährischen Höhe im Gebiet zwischen dem Adlergebirge und Saar im 13. Jahrhundert, München 1975 (LV 109, 18).

495 Küchler, Winfried: Das Bannmeilenrecht. Ein Beitrag der mittelalterlichen Ostsiedlung zur wirtschaftlichen und rechtlichen Verschränkung von Stadt und Land, Würzburg 1964 (LV 72, 24).

496 Líbal, Dobroslav: Starobylá města v Československu. Stavba jako obraz dějin [Die altertümlichen Städte in der Tschechoslowakei. Der Bau als Bild der Geschichte], Praha 1970.

497 Marek, Jaroslav: Společenská struktura moravských královských měst v 15. a 16. století [Die gesellschaftliche Struktur der mährischen königlichen Städte im 15. und 16. Jahrhundert], Praha 1965.

498 Marek, Jaroslav: Městská síť na Moravě v 15. a 16. století (Studie o moravské společnosti v době jagellonské) [Das Städtenetz in Mähren im 15. und 16. Jahrhundert (Eine Studie über die mährische Gesellschaft in der Jagiellonenzeit)], in: ČMM 90 (1971), 281–303.

499 Mayer, Anton: Die Besiedlung des Böhmerwaldes, Wien 1932.

500 Mezník, Jaroslav: Praha před husitskou revolucí [Prag vor der hussitischen Revolution], Praha 1990.

501 Mezník, Jaroslav: Die Entwicklung der hussitischen Städte vor der hussitischen Revolution, in: Folia diplomatica 1 (1971), 227–238.

502 Města v českých zemích v období feudalismu [Die Städte in den böhmischen Ländern in der Zeit des Feudalismus], Praha 1979 (LV 67, 4).

503 Moraw, Peter: Zur Mittelpunktsfunktion Prags im Zeitalter Karls IV., in: Europa Slavica – Europa Orientalis. Festschrift für Herbert Ludat zum 70. Geburtstag. Hg. v. Klaus-Detlev Grothusen u. Klaus Zernack, Berlin 1980 (Giessener Abhandlungen zur Agrar- und Wirtschaftsforschung des europäischen Ostens, 100), 445–489.

504 Nekuda, Vladimír: Zaniklé osady na Moravě v období feudalismu [Die untergegangenen Ortschaften in Mähren in der Zeit des Feudalismus], Brno 1961.

505 Nekuda, Vladimír/Unger, Josef: Hrádky a tvrze na Moravě [Hausberge und Festen in Mähren], Brno 1981.

506 Nový, Rostislav: Poddanská města a městečka v předhusitských Čechách [Die untertänigen Städte und Kleinstädte im vorhussitischen Böhmen], in: ČsČH 21 (1973), 73–109.

507 Pelant, Jan: Města a městečka Západočeského kraje. Stručné dějiny, současnost a výběrová bibliografie 129 míst [Städte und Kleinstädte des westböhmischen Kreises. Kurze Geschichte, Gegenwart und eine Auswahlbibliographie von 129 Orten], Plzeň [2]1988 [[1]1984].

508 Příspěvky k dějinám osídlení předhusitských Čech [Beiträge zur Siedlungsgeschichte des vorhussitischen Böhmen], Praha 1978 (LV 63, 17).

509 Roubík, František: Soupis a mapa zaniklých osad v Čechách [Ein Verzeichnis und eine Karte verschwundener Ortschaften in Böhmen], Praha 1959.

510 Smetana, Jan: K topografii areálů severočeských měst ve 13. a 14. století [Zur Topographie der Areale der nordböhmischen Städte im 13. und 14. Jahrhundert], in: ČsČH 27 (1979), 573–599.

511 Středověká archeologie a studium počátků měst [Die mittelalterliche Archäologie und die Erforschung der Anfänge der Städte]. Hg. v. Miroslav Richter, Praha 1977.

512 Sturm, Heribert: Eger. Geschichte einer Reichsstadt, Bde. 1–2, Augsburg 1951–52.

513 Šimák, Josef V.: Středověká kolonisace v zemích Českých. Pronikání Němců do Čech kolonisací ve 13. a 14. století [Die mittelalterliche Kolonisation in den böhmischen Ländern. Das Vordringen der Deutschen nach Böhmen während der Kolonisation im 13. und 14. Jahrhundert], Praha 1938 (České dějiny, I,5).

514 Technik, Svatopluk/Anděl, Rudolf: Města severních Čech [Die Städte Nordböhmens], Liberec 1967.

515 Teltschik, Albert: Zum Entstehen der mährischen Städte, in: ZGLM 46 (1944), 1–24, 102–149.

516 Tomek, Václav V.: Dějepis města Prahy [Geschichte der Stadt Prag], Bde. 1–12, Praha [2]1892–1906 (bis Bde. 7) [[1]1855–1901] (LV 76, 18).

517 Velímský, Tomáš: K problematice počátků českých měst – prostorový vývoj a nejstarší zástavba [Zur Problematik der Anfänge der böhmischen Städte – die

Raumentwicklung und die ältesten Bebauungsformen], in: Archaeologia historica 14 (1989), 67–93.

518 Weizsäcker, Wilhelm: Das deutsche Recht der bäuerlichen Kolonisten Böhmens und Mährens im XIII. und XIV. Jahrhunderte, in: MVGDB 51 (1913), 476–542.

519 Wędzki, Andrzej: Początki reformy miejskiej w środkowej Europie do połowy XIII wieku. Słowiańszczyzna Zachodnia [Die Anfänge der Städtereform in Mitteleuropa bis zur Mitte des 13. Jahrhunderts. Westslawentum], Warszawa/Poznań 1974.

520 Winter, Zikmund: Kulturní obraz českých měst. Život veřejný v XV. a XVI. věku [Kulturbild böhmischer Städte. Öffentliches Leben im 15. und 16. Jahrhundert], Bde. 1–2, Praha 1890–92 (LV 76, 29).

521 Zuber, Rudolf: Osídlení Jesenicka do XV. století [Die Besiedlung des Altvatergebirges bis zum 15. Jahrhundert], Opava 1972.

522 Zycha, Adolf: Prag. Ein Beitrag zur Rechtsgeschichte Böhmens im Beginn der Kolonisationszeit, Prag 1912.

523 Zycha, Adolf: Über den Ursprung der Städte in Böhmen und die Städtepolitik der Přemysliden, Prag 1914.

524 Žemlička, Josef: Vývoj osídlení dolního Poohří a Českého středohoří do 14. století [Siedlungsgeschichte des unteren Tales des Flusses Eger und des böhmischen Mittelgebirges bis zum 14. Jahrhundert], Praha 1980.

525 Žemlička, Josef: Přemyslovská hradská centra a počátky měst v Čechách [Die Burgzentren der Přemyslidenzeit und die Anfänge der Städte in Böhmen], in: ČsČH 26 (1978), 559–586.

Bevölkerungsgeschichte, Nationalitätenfragen

526 Baier, Dietmar: Sprache und Recht im alten Österreich. Art. 19 des Staatsgrundgesetzes vom 21. Dezember 1867, seine Stellung im System der Grundrechte und seine Ausgestaltung durch die oberstgerichtliche Rechtssprechung, München 1983 (LV 103, 45).

527 Bildungsgeschichte, Bevölkerungsgeschichte, Gesellschaftsgeschichte in den böhmischen Ländern und in Europa. Festschrift für Jan Havránek zum 60. Geburtstag. Hg. v. Hans Lemberg, Karel Litsch, Richard G. Plaschka u. György Ránki, Wien 1988 (LV 92, 14).

528 Bittner, Konrad: Deutsche und Tschechen. Zur Geistesgeschichte des böhmischen Raumes, Prag/Leipzig/Wien 1936.

529 Boháč, Zdeněk: Postup osídlení a demografický vývoj českých zemí do 15. století [Siedlungsgeschichte und demographische Entwicklung in den böhmischen Ländern bis zum 15. Jahrhundert], in: HD 12 (1987), 59–87.

530 Bohmann, Alfred: Bevölkerungsbewegungen in Böhmen 1847–1947 mit besonderer Berücksichtigung der Entwicklung der nationalen Verhältnisse, München 1958 (LV 109, 3).

531 Bretholz, Bertold: Geschichte der Juden in Mähren im Mittelalter, Bd. 1 [bis 1350], Brünn/Prag/Leipzig/Wien 1934.

532 Die Chance der Verständigung. Absichten und Ansätze zu übernationaler Zusammenarbeit in den böhmischen Ländern 1848–1918. Hg. v. Ferdinand Seibt, München 1987 (LV 52, 14).

533 Choc, Pavel: Osídlení Čech před účastí cizích kolonistů [Die Besiedlung Böhmens vor der Beteiligung der fremden Kolonisten], in: Dem 5 (1963), 38–52, 126–137, 235–244, 331–349; 6 (1964), 21–28.

534 Čáňová, Eliška: Mor v Čechách v roce 1680 [Die Pest in Böhmen im Jahre 1680], in: SAP 31 (1981), 265–337.

535 Čáňová, Eliška: Populační vývoj od poloviny 17. do konce 18. století [Die Bevölkerungsentwicklung von der Mitte des 17. bis zum Ende des 18. Jahrhunderts], in: HD 12 (1987), 153–175.

536 Deutsche in den böhmischen Ländern, Bde. 1–2. Hg. v. Hans Rothe, Köln/Weimar/Wien 1992–93 (LV 98, 25/1–2).

537 Drabek, Anna M.: Der Nationsbegriff in Böhmen an der Grenze von Aufklärung und »nationaler Wiedergeburt«, in: Vaterlandsliebe und Gesamtstaatsidee im österreichischen 18. Jahrhundert. Hg. v. Moritz Csáky u. Reinhard Hagelkrys, Wien 1989, 43–61.

538 Franzel, Emil: Sudetendeutsche Geschichte. Eine volkstümliche Darstellung, Mannheim ⁶1978 [¹1958].

539 Glettler, Monika: Die Wiener Tschechen um 1900. Strukturanalyse einer nationalen Minderheit in der Großstadt, München 1972 (LV 103, 28).

540 Gold, Hugo: Die Juden und Judengemeinden Böhmens in Vergangenheit und Gegenwart, Prag 1934.

541 Graus, František: Die Nationenbildung der Westslawen im Mittelalter, Sigmaringen 1980 (Nationes. Historische und philologische Untersuchungen zur Entstehung der europäischen Nationen im Mittelalter, 3).

542 Graus, František: Die Bildung eines Nationalbewußtseins im mittelalterlichen Böhmen. Die vorhussitische Zeit, in: Hist 13 (1966), 5–49.

543 Heřman, Jan: Židovské hřbitovy v Čechách a na Moravě, Praha o. J. [1981].

544 Hilsch, Peter: Di tutsch kronik von Behem lant. Der Verfasser der Dalimilübertragung und die deutschböhmische Identität, in: Ex Ipsis Rerum Documentis. Beiträge zur Mediävistik. Festschrift für Harald Zimmermann zum 65. Geburtstag. Hg. v. Klaus Herbers, Hans H. Kortüm u. Carlo Servatius, Sigmaringen 1991, 103–115.

545 Hoffmann, Roland J.: T. G. Masaryk und die tschechische Frage. Nationale Ideologie und politische Tätigkeit bis zum Scheitern des deutsch-tschechischen Ausgleichsversuchs vom Februar 1909, München 1988 (LV 103, 58).

546 Jahn-Langen, Helene: Das böhmische Niederland. Bevölkerungs- und Sozialstruktur einer Industriedorflandschaft, München 1960 (LV 109, 4).

547 Die Juden in den böhmischen Ländern. Hg. v. Ferdinand Seibt, München 1983 (LV 52, 11).

548 Die Juden und Judengemeinden Mährens in Vergangenheit und Gegenwart. Ein Sammelwerk. Hg. v. Hugo Gold, Brünn 1929.

549 Juritsch, Georg: Die Deutschen und ihre Rechte in Böhmen und Mähren im XIII. und XIV. Jahrhundert, in: Programm des k. k. Staats-Ober-Gymnasium in Mies 1904–05, Mies 1905, 1–183.

550 Kárníková, Ludmila: Vývoj obyvatelstva v českých zemích 1754–1914 [Die Bevölkerungsentwicklung in den böhmischen Ländern 1754–1914], Praha 1965.

551 Klik, Josef: Národnostní poměry v Čechách od válek husitských do bitvy bělohorské [Die Nationalverhältnisse in Böhmen von den hussitischen Kriegen bis zur Schlacht auf dem Weißen Berg], in: ČČH 27 (1921), 8–62, 289–352; 28 (1922), 31–73.

552 Kořalka, Jiří: Vztah rakouského státního patriotismu a velkoněmecké ideologie k Čechům v první polovině 19. století [Die Beziehung des österreichischen Staatspatriotismus und der großdeutschen Ideologie zu den Tschechen in der ersten Hälfte des 19. Jahrhunderts], in: ÚSH (1985), 241–262.

553 Křen, Jan: Die Konfliktgemeinschaft. Tschechen und Deutsche in den böhmischen Ländern 1780–1918, München 1996 (LV 103, 71).

554 Lemberg, Eugen: Grundlagen des nationalen Erwachens in Böhmen. Geistesgeschichtliche Studie, am Lebensgang Josef Georg Meinerts (1773–1844) unternommen. Im Anhang Briefwechsel zwischen J. G. Meinert und Josef Dobrowsky, Reichenberg 1932 (Veröffentlichungen der Slavistischen Arbeitsgemeinschaft an der Deutschen Universität in Prag, 1/10).

555 Lipscher, Vladimir: Zwischen Kaiser, Fiskus, Adel, Zünften. Die Juden im Habsburgerreich des 17. und 18. Jahrhunderts am Beispiel Böhmens und Mährens, Zürich 1983.

556 Maur, Eduard: K demografickým aspektům tzv. druhého nevolnictví [Zu den demographischen Aspekten der sogenannten zweiten Leibeigenschaft], in: HD 8 (1983), 7–43.

557 Maur, Eduard: Morová epidemie roku 1380 v Čechách [Die Pestepidemie des Jahres 1380 in Böhmen], in: HD 10 (1986), 37–71.

558 Mezník, Jaroslav: Dějiny národu českého v Moravě (Nárys vývoje národního vědomí na Moravě do poloviny 19. století) [Die Geschichte des tschechischen Volkes in Mähren (Eine Skizze der Entwicklung des nationalen Bewußtseins in Mähren bis zur ersten Hälfte des 19. Jahrhunderts)], in: ČČH 88 (1990), 34–62.

559 Měřínský, Zdeněk: Otázky kolonizace a interetnických vztahů na středověké Moravě [Die Fragen der Kolonisation und der interethnischen Beziehungen im mittelalterlichen Mähren], in: AH 18 (1993), 99–118.

560 Míka, Alois: Národnostní poměry v českých zemích před třicetiletou válkou [Die nationalen Verhältnisse in den böhmischen Ländern vor dem Dreißigjährigen Krieg], in: ČsČH 20 (1972), 207–233.

561 Mühlberger, Josef: Zwei Völker in Böhmen. Beitrag zu einer nationalen, historischen und geistesgeschichtlichen Strukturanalyse, München 1973.

562 Pěkný, Tomáš: Historie Židů v Čechách a na Moravě [Die Geschichte der Juden in Böhmen und Mähren], Praha 1993.

563 Placht, Otto: Lidnatost a společenská skladba českého státu v 16.–18. století [Bevölkerungsdichte und Gesellschaftsstruktur des böhmischen Staates im 16.–18. Jahrhundert], Praha 1957 (LV 95, 14).

564 Prinz, Friedrich: Hans Kudlich (1823–1917). Versuch einer historisch-politischen Biographie, München 1962 (LV 103, 11).

565 Rabl, Kurt: Das Ringen um das sudetendeutsche Selbstbestimmungsrecht 1918/19. Materialien und Dokumente, München 1958 (LV 103, 3).

566 Renner, Hans: Studien zum tschechischen Frühnationalismus. Motivationen, Anfänge und Initiatoren der tschechischen Wiedergeburt, Erlangen/Nürnberg 1974.

567 Schamschula, Walter: Die Anfänge der tschechischen Erneuerung und das deutsche Geistesleben (1740–1848), München 1973.

568 Schneider, Karl: Die Geschichte der Deutschen Ostböhmens, Bd. 1, Reichenberg 1924.

569 Schwarz, Ernst: Volkstumsgeschichte der Sudetenländer, Bd. 1: Böhmen, Bd. 2: Mähren-Schlesien, München [2]1987 [[1]1965–66] (Handbuch der sudetendeutschen Kulturgeschichte, 3–4).

570 Sieber, Ernst K.: Ludwig von Löhner. Ein Vorkämpfer des Deutschtums in Böhmen, Mähren und Schlesien im Jahre 1848/1849, München 1965 (LV 103, 18).

571 Sudetenland. Ein Hand- und Nachschlagebuch über alle Siedlungsgebiete der Sudetendeutschen in Böhmen und Mähren/Schlesien. Hg. v. Karl O. Kurth, Kitzingen 1954.

572 Šmahel, František: The Idea of the »Nation« in Hussite Bohemia. An Analytical Study of the Ideological and Political Aspects of the National Question in Hussite Bohemia from the End of the 14th Century to the Eighties of the 15th Century, in: Hist 16 (1969), 143–247; 17 (1969), 93–197.

573 Trapl, Miloslav: České národní obrození na Moravě v době předbřeznové a v revolučních letech 1848–1849 [Die tschechische nationale Wiedergeburt in Mähren in der Zeit des Vormärzes und in den Revolutionsjahren 1848–1849], Brno 1977.

574 Trützschler-von Falkenstein, Eugenie: Der Kampf der Tschechen um die historischen Rechte der böhmischen Krone im Spiegel der Presse, 1861–1879, Wiesbaden 1982 (LV 106, 50).

575 Wlaschek, Rudolf M.: Zur Geschichte der Juden in Nordostböhmen. Unter besonderer Berücksichtigung des südlichen Riesengebirgsvorlandes, Marburg/Lahn [6]1990 [[1]1986] (LV 66, 2).

576 Wlaschek, Rudolf M.: Juden in Böhmen. Beiträge zur Geschichte des europäischen Judentums im 19. und 20. Jahrhundert, München 1990 (LV 103, 66).

577 Wostry, Wilhelm: Das Deutschtum Böhmens zwischen Hussitenzeit und Dreißigjährigem Krieg, in: Das Sudetendeutschtum. Sein Wesen und Werden im Wandel der Jahrhunderte. Hg. v. Gustav Pirchan, Wilhelm Weizsäkker u. Heinz Zatschek, Brünn/Prag/Leipzig/Wien [2]1939, 307–388.

578 Wostry, Wilhelm: Das Kolonisationsproblem, in: MVGDB 60 (1922), 1–168.

Rechts-, Verfassungs-, Verwaltungsgeschichte

579 Barborová, Eva: Postavení Moravy v českém státě v době předhusitské (1182–1411) [Die Stellung Mährens im böhmischen Staat in vorhussitischer Zeit (1182–1411)], in: SAP 20 (1970), 309–362.

580 Bláhová, Marie: Die Beziehung Böhmens zum Reich in der Zeit der Salier und Frühen Staufer im Spiegel der zeitgenössischen böhmischen Geschichtsschreibung, in: AKG 74 (1992), 23–48.

581 Bobková, Lenka: Územní politika prvních českých Lucemburků na českém trůně [Territorialpolitik der ersten böhmischen Luxemburger auf dem böhmischen Thron], Ústí nad Labem 1993 (LV 50, 4).

582 Boháček, Miroslav: Einflüsse des römischen Rechts in Böhmen und Mähren, Mediolani 1975.

583 Brzobohatý, Jan: Finanční správa v českých zemích v období let 1850–1918 s přihlédnutím k vývoji v první polovině 19. století [Die Finanzverwaltung in den böhmischen Ländern in den Jahren 1850–1918 mit Rücksicht auf die

Entwicklung in der ersten Hälfte des 19. Jahrhunderts], in: SAP 26 (1976), 3–137.

584 Čelakovský, Jaromír: Povšechné české dějiny právní [Allgemeine böhmische Rechtsgeschichte], Praha ²1900 [¹1892].

585 Česká národní rada, sněm českého lidu [Der tschechische Nationalrat, die Versammlung des tsch. Volkes]. Hg. v. Václav Vaněček, Praha 1970.

586 Fischel, Alfred: Mährens staatsrechtliches Verhältnis zum Deutschen Reiche und zu Böhmen im Mittelalter, Wien 1906.

587 Grawert-May, Gernot von: Das staatsrechtliche Verhältnis Schlesiens zu Polen, Böhmen und dem Reich während des Mittelalters (Anfang des 10. Jahrhunderts bis 1526), Aalen 1971.

588 Hlaváček, Ivan: K organizaci státního správního systému Václava IV. [Zur Organisation des staatlichen Verwaltungssystems unter Wenzel IV.], Praha 1991 (LV 48, 137).

589 Hlaváček, Ivan: Die Itinerare der böhmischen Herrscher bis zum Jahre 1253 aus verwaltungsgeschichtlicher Sicht, in: FD 1 (1971), 113–127.

590 Hoffmann, Hartmut: Böhmen und das deutsche Reich im hohen Mittelalter, in: JGMO 18 (1969), 1–62.

591 Horna, Richard: K dějinám moravských úředníků [Zur Geschichte der mährischen Beamten], Bd. 1: Dvorští úředníci moravští do roku 1411 [Die mährischen Hofbeamten bis zum Jahre 1411], Praha 1922; Bd. 2: Zemští úředníci moravští do roku 1620 [Die mährischen Landesbeamten bis zum Jahre 1620], Praha 1923.

592 Horna, Richard: K dějinám centralisace Moravy na počátku XIII. století [Zur Geschichte der Zentralisierung Mährens am Anfang des 13. Jahrhunderts], Bratislava 1929 (LV 88, 4).

593 Janák, Jan/Hledíková, Zdeňka: Dějiny správy v českých zemích do roku 1945 [Geschichte der Verwaltung in den böhmischen Ländern bis zum Jahre 1945], Praha 1989.

594 Jireček, Hermenegild: Das Recht in Böhmen und Mähren geschichtlich dargestellt, Bde. 1–2, Prag 1865–66.

595 Kalousek, Josef: České státní právo [Das böhmische Staatsrecht], Praha ²1892 [¹1871].

596 Kameníček, František: Zemské sněmy a sjezdy moravské. Jejich složení, obor působnosti a význam. Od nastoupení na trůn krále Ferdinanda I. až po vydání obnoveného zřízení zemského (1526–1628) [Mährische Landtage und Ständeversammlungen. Ihre Zusammensetzung, ihr Wirkungsbereich und ihre Bedeutung. Von der Thronbesteigung König Ferdinands I. bis zur Ausgabe der Verneuerten Landesordnung (1526–1628)], Bde. 1–3, Brno 1900–05.

597 Kapras, Jan: Právní dějiny zemí koruny České [Rechtsgeschichte der Länder der Böhmischen Krone], Bde. 1–3, Praha 1913–37.

598 Karp, Hans-Jürgen: Grenzen in Ostmitteleuropa während des Mittelalters. Ein Beitrag zur Entstehungsgeschichte der Grenzlinie aus dem Grenzsaum, Köln/Wien 1972 (LV 59, 9).

599 Kejř, Jiří: Právní život v husitské Kutné Hoře [Das Rechtsleben in Kuttenberg zur Hussitenzeit], Praha 1958 (LV 83, 1).

600 Kejř, Jiří: O tzv. bezprostřední podřízenosti Moravy říši [Über die sogenannte unmittelbare Unterstellung Mährens unter das Reich], in: SAP 28 (1978), 233–286.

601 Klabouch, Jiří: Staré české soudnictví (Jak se dříve soudívalo) [Das altböhmische Gerichtswesen (Wie man früher richtete)], Praha 1967.

602 Köster, Arnold: Die staatlichen Beziehungen der böhmischen Herzöge und Könige zu den deutschen Kaisern von Otto dem Großen bis Ottokar II., Breslau 1912.

603 Krzenck, Thomas: Die politischen Beziehungen Böhmens zum Reich in der Stauferzeit (1158–1253), in: JGF 14 (1990), 159–179.

604 Kubátová, Ludmila: K otázkám ústřední a české zemské finanční správy v 16. až 19. století [Zu den Fragen der Zentral- und der böhmischen Landesfinanzverwaltung vom 16. bis 19. Jahrhundert], in: SAP 25 (1975), 95–142.

605 Macek, Jaroslav/Žáček, Václav: Krajská správa v českých zemích a její archivní fondy (1605–1868) [Die Kreisverwaltung in den böhmischen Ländern und ihre Archivfonds (1605–1848)], Praha 1958.

606 Malý, Karel/Sivák, Florián: Dějiny státu a práva v českých zemích a na Slovensku do roku 1918 [Die Staats- und Rechtsgeschichte in den böhmischen Ländern und in der Slowakei bis zum Jahre 1918], Praha ²1993 [¹1988].

607 Mendl, Bedřich: Tak řečené Norimberské právo v Čechách [Das sogenannte Nürnberger Recht in Böhmen], Praha 1938 (LV 86, 1/86).

608 Okáč, Antonín: Český sněm a vláda před březnem 1848. Kapitoly o jejich ústavních sporech [Der böhmische Landtag und die Regierung vor dem März 1848. Kapitel über ihre Verfassungsstreitigkeiten], Praha 1947.

609 Palacký, František: Přehled saučasný nejvyšších důstojníků a auředníků zemských i dvorských ve království Českém od nejstarších časů do nynějška [Gegenwärtiger Überblick der obersten Landes- bzw. Hofoffiziere und -beamten im Königreich Böhmen von den ältesten Zeiten bis zur Gegenwart], Praha 1832.

610 Pánek, Jaroslav: Die Halsgerichtsbarkeit der böhmischen Städte und Märkte vom 16. bis zum 18. Jahrhundert, in: MIÖG 96 (1988), 95–131.

611 Pešák, Václav: Dějiny královské české komory od roku 1527 [Geschichte der böhmischen königlichen Kammer seit dem Jahre 1527], Praha 1930 (LV 87, 3).

612 Peterka, Otto: Rechtsgeschichte der böhmischen Länder in ihren Grundzügen dargestellt, Bde. 1–2, Reichenberg ²1933 [¹1923–28].

613 Rieger, Bohuš: Zřízení krajské v Čechách [Die Kreisverfassung in Böhmen], Bde. 1–3, Praha 1889–93.

614 Roubík, František: Vývoj správního rozdělení Čech v letech 1850–1868 [Die Entwicklung der Verwaltungseinteilung Böhmens in den Jahren 1850–1868], Praha 1939 (LV 87, 12).

615 Roubík, František: Královští rychtáři v pražských a jiných českých městech v letech 1547–1783 [Die königlichen Schultheißen in den Prager und anderen Städten Böhmens in den Jahren 1547–1783], in: SPDP 6 (1930), 265–356.

616 Roubík, František: Místodržitelství v Čechách v letech 1577–1749 [Die Statthalterei in Böhmen in den Jahren 1577–1749], in: SAP 17 (1967), 539–603.

617 Roubík, František: K vývoji zemské správy v Čechách v letech 1749–1790 [Zur Entwicklung der Landesverwaltung in Böhmen in den Jahren 1749–1790], in: SAP 19 (1969), 41–188.

618 Russocki, Stanisław: Protoparlamentaryzm Czech do początku XV wieku [Der Protoparlamentarismus Böhmens bis zum Beginn des 15. Jahrhunderts], Warszawa 1973.

619 Schelle, Karel: Organizace veřejné správy v letech 1848–1948 [Organisation der öffentlichen Verwaltung in den Jahren 1848–1948], Brno 1993.

620 Schlesinger, Walter: Entstehung und Bedeutung der sächsisch-böhmischen Grenze, in: NASG 59 (1938), 6–38.

621 Schramm, Percy E.: Böhmen und das Regnum: Die Verleihungen der Königswürde an die Herzöge von Böhmen (1085/86, 1158, 1198/1203), in: Adel und Kirche. Gerd Tellenbach zum 65. Geburtstag dargebracht von Freunden und Schülern. Hg. v. Josef Fleckenstein u. Karl Schmid, Freiburg/Basel/Wien 1968, 346–364.

622 Sedláček, August: O starém rozdělení Čech na kraje [Über die alte Kreiseinteilung Böhmens], Praha 1921 (LV 86, 1/61).

623 Trávníček, Dušan: Přehled územního vývoje našeho státu [Überblick der territorialen Entwicklung unseres Staates], Brno 1984.

624 Urfus, Valentin: Právní postavení českých měst a rakouský absolutismus v období národního obrození [Die rechtliche Stellung der böhmischen Städte und der österreichische Absolutismus zur Zeit der nationalen Wiedergeburt], in: SAP 19 (1969), 386–440.

625 Vaněček, Václav: Základy právního postavení klášterů a klášterního velkostatku ve starém českém státě (12.–15. století) [Grundlagen der Rechtsstellung der Klöster und der klösterlichen Grundherrschaft im alten böhmischen Staat (12.–15. Jahrhundert)], Bde. 1–3, Praha 1933–39.

626 Vogt, Karl: Die Burg in Böhmen bis zum Ende des 12. Jahrhunderts, Reichenberg/Leipzig 1938 (LV 62, 8).

627 Volf, Miloslav: Dvorská komora a české finance před Bílou horou a po ní (1610–1640) [Die Hofkammer und die böhmischen Finanzen vor und nach dem Weißen Berg], in: SAP 30 (1980), 62–109.

628 Wegener, Wilhelm: Böhmen/Mähren und das Reich im Hochmittelalter. Untersuchungen zur staatsrechtlichen Stellung Böhmens und Mährens im Deutschen Reich des Mittelalters 919–1253, Köln/Graz 1959 (LV 77, 5).

629 Wierer, Rudolf: Poměr Moravy k říši římsko-německé [Das Verhältnis Mährens zum römisch-deutschen Reich], Brno 1928 (LV 85, 1).

630 Zemek, Metoděj: Moravsko-uherská hranice v 10.–13. století (Příspěvek k nejstarším dějinám Moravy) [Die mährisch-ungarische Grenze im 10.–13. Jahrhunderte (Ein Beitrag zur ältesten Geschichte Mährens)], Brno 1972.

631 Zycha, Adolf: Das böhmische Bergrecht des Mittelalters auf Grundlage des Bergrechts von Iglau, Bde. 1–2, Berlin 1900.

632 Žemlička, Josef: Te ducem, te iudicem, te rectorem (Sněmovní shromáždění v časně středověkých Čechách – kontinuita či diskontinuita ?) [Te ducem, te iudicem, te rectorem (Die Landtagsversammlungen im frühmittelalterlichen Böhmen – Kontinuität oder Diskontinuität?)], in: ČČH 91 (1993), 369–384.

Wirtschafts- und Sozialgeschichte

633 Der Außenhandel Ostmitteleuropas 1450–1650. Die ostmitteleuropäischen Volkswirtschaften in ihren Beziehungen zu Mitteleuropa. Hg. v. Ingomar Bog, Köln/Wien 1971.

634 Bednář, Karel: Rozmístění průmyslu v českých zemích na počátku 20. století (1902) [Die Verteilung der Industrie in den böhmischen Ländern am Anfang des 20. Jahrhunderts (1902)], Praha 1970.

635 Beranová, Magdalena: Zemědělská výroba v 11./14. století na území Česko-slovenska [Die landwirtschaftliche Produktion im 11./14. Jahrhundert auf dem Gebiet der Tschechoslowakei], Praha 1975.

636 Beranová, Magdalena: Versuche zur vorgeschichtlichen und frühmittelalter-lichen Landwirtschaft, in: PA 84 (1993), 97–119.

637 Brousek, Karl M.: Die Großindustrie Böhmens 1848–1918, München 1987 (LV 103, 50).

638 Bůžek, Václav: Úvěrové podnikání nižší šlechty v předbělohorských Čechách [Das Kreditgebaren des niederen Adels in Böhmen in der Zeit vor der Schlacht am Weißen Berg], Praha 1989 (LV 73, 4).

639 Čechura, Jaroslav: Die Struktur der Grundherrschaften im mittelalterlichen Böhmen unter besonderer Berücksichtigung der Klosterherrschaften, Stutt-gart/Jena/New York 1994.

640 Dudek, František: Vývoj cukrovarnického průmyslu v českých zemích do roku 1872 [Die Entwicklung der Zuckerindustrie in den böhmischen Län-dern bis zum Jahre 1872], Praha 1979.

641 Fritze, Wolfgang H.: Phänomene und Probleme des westslawischen Bauern-tums am Beispiel des frühpřemyslidischen Böhmen, in: Das Dorf der Eisen-zeit und des frühen Mittelalters. Hg. v. Herbert Jankuhn, Rudolf Schützei-chel u. Fred Schwind, Göttingen 1977, 494–529.

642 Graus, František: Dějiny venkovského lidu v Čechách v době předhusitské [Geschichte des Landvolks in Böhmen in vorhussitischer Zeit], Bde. 1–2, Praha 1953–57.

643 Henningsen, Uta: Besitz und Einkünfte der Herren von Rosenberg in Böh-men nach dem Urbar von 1379/84, Marburg/Lahn 1989 (LV 66, 5).

644 Hrabová, Libuše: Ekonomika feudální državy olomouckého biskupství ve druhé polovině 13. století [Die Wirtschaft der feudalen Grundherrschaft des Olmützer Bistums in der zweiten Hälfte des 13. Jahrhunderts], Praha 1964 (LV 49, 6).

645 Janáček, Josef: Přehled vývoje řemeslné výroby v českých zemích za feudalis-mu [Überblick der Entwicklung der handwerklichen Produktion in den böhmischen Ländern während des Feudalismus], Praha 1963.

646 Janáček, Josef: Stříbro a ekonomika českých zemí ve 13. století [Das Silber und die Wirtschaft der böhmischen Länder im 13. Jahrhundert], in: ČsČH 20 (1972), 875–906.

647 Juritsch, Georg: Handel und Handelsrecht in Böhmen bis zur hussitischen Revolution. Ein Beitrag zur Kulturgeschichte der österreichischen Länder, Leipzig/Wien 1907.

648 Klíma, Arnošt: Manufakturní období v Čechách [Die Manufakturperiode in Böhmen], Praha 1955.

649 Klíma, Arnošt: Economy, Industry and Society in Bohemia in the 17th–19th Centuries, Praha 1991.

650 Kloß, Ferdinand: Das räumliche Bild der Grundherrschaft in Böhmen bis zum Ende des 12. Jahrhunderts, Gablonz an der Neiße 1934.

651 Kořan, Jan: Přehledné dějiny československého hornictví [Geschichtlicher Abriß des tschechoslowakischen Bergbaus], Bd. 1, Praha 1955.

652 Kostlán, Antonín: K rozsahu poddanských povinností od 15. do první polo-viny 17. století ve světle odhadů a cen feudální držby [Zum Umfang der Untertanenpflichten vom 15. bis zur ersten Hälfte des 17. Jahrhunderts im

Lichte der Schätzungen und Preise des Feudalbesitzes], in: FHB 10 (1986), 205–248.

653 Krofta, Kamil: Dějiny selského stavu [Die Geschichte des Bauernstandes]. Hg. v. Emanuel Janoušek, Praha [2]1949 [[1]1920].

654 Kruppa, Erika: Das Vereinswesen der Prager Vorstadt Smichov 1850–1875, München 1992 (LV 103, 67).

655 Lacina, Vlastislav: Hospodářství českých zemí 1880–1914 [Die Wirtschaft der böhmischen Länder 1880–1914], Praha 1990 (LV 78, A/2).

656 Ledvinka, Václav: Úvěr a zadlužení feudálního velkostatku v předbělohorských Čechách (Finanční hospodaření pánů z Hradce 1560–1596) [Kredit und Verschuldung der feudalen Grundherrschaft in Böhmen in der Zeit vor der Schlacht am Weißen Berg (Finanzielle Bewirtschaftung der Herren von Neuhaus 1560–1596)], Praha 1985 (LV 73, 1).

657 Lippert, Julius: Social-Geschichte Böhmens in vorhussitischer Zeit, Bde. 1–2, Prag/Wien/Leipzig 1896–98.

658 Lübke, Christian: Arbeit und Wirtschaft im östlichen Mitteleuropa. Die Spezialisierung menschlicher Tätigkeit im Spiegel der hochmittelalterlichen Toponymie in den Herrschaftsgebieten von Piasten, Přemysliden und Arpaden, Stuttgart 1991.

659 Maur, Eduard: Poddanská otázka v předbělohorských Čechách [Die Untertanenfrage in Böhmen vor der Schlacht am Weißen Berg], in: FHB 11 (1987), 133–159.

660 Mendl, Bedřich: Z hospodářských dějin středověké Prahy [Zur wirtschaftlichen Geschichte des mittelalterlichen Prag], in: SPDP 5/2 (1932), 161–390.

661 Mikulec, Jiří: Poddanská otázka v barokních Čechách [Die Untertanenfrage im barocken Böhmen], Praha 1993 (LV 78, A/8).

662 Míka, Alois: Sociálně ekonomická struktura českých zemí před třicetiletou válkou [Die sozialökonomische Struktur der böhmischen Länder vor dem Dreißigjährigen Krieg], in: SbH 21 (1974), 41–74; 23 (1976), 37–80.

663 Nový, Luboš [u. a.]: Dějiny techniky v Československu (do konce 18. století) [Geschichte der Technik in der Tschechoslowakei (bis Ende des 18. Jahrhunderts)], Praha 1974.

664 Nový, Rostislav: Hospodářský region Prahy na přelomu 14. a 15. století [Die Wirtschaftsregion Prag an der Wende des 14. und 15. Jahrhunderts], in: ČsČH 19 (1971), 397–418.

665 Petráň, Josef: Zemědělská výroba v Čechách ve druhé polovině 16. a počátkem 17. století [Die landwirtschaftliche Produktion in Böhmen in der zweiten Hälfte des 16. und am Anfang des 17. Jahrhunderts], Praha 1963 (LV 48, 5).

666 Petráň, Josef: Poddaný lid v Čechách na prahu třicetileté války [Das untertänige Volk in Böhmen am Vorabend des Dreißigjährigen Krieges], Praha 1964.

667 Pittrof, Kurt: Böhmisches Glas im Panorama der Jahrhunderte. Eine Kultur- und Wirtschaftsgeschichte, München [2]1989 [[1]1987] (LV 103, 61).

668 Polívka, Miloslav: The Bohemian Lesser Nobility at the Turn of the 14th and 15th Century (On the Status of the Lesser Nobility in Bohemian Society on the Eve of the Hussite Revolution), in: Hist 25 (1985), 121–175.

669 Průcha, Václav [u. a.]: Hospodářské dějiny Československa v 19. a 20. století [Wirtschaftsgeschichte der Tschechoslowakei im 19. und 20. Jahrhundert], Praha 1974.

670 Sasse, Barbara: Die Sozialstruktur Böhmens in der Frühzeit. Historisch-ar-
chäologische Untersuchungen zum 9.–12. Jahrhundert, Berlin 1982 (Berli-
ner historische Studien, 7. Germania Slavica, 4).

671 Schenk, Hans: Nürnberg und Prag. Ein Beitrag zur Geschichte der Handels-
beziehungen im 14. und 15. Jahrhundert, Wiesbaden 1969 (Giessener Abhandlungen zur Agrar- und Wirtschaftsforschung des europäischen
Ostens, 46).

672 Stiefl, Anton: Die Entwicklung des Kohlenbergbaues im Braunkohlenrevier
Falkenau – Elbogen – Karlsbad, München 1973 (LV 109, 14).

673 Struktura feudální společnosti na území Československa a Polska do přelomu
15. a 16. století [Die Struktur der Feudalgesellschaft auf dem Gebiet der
Tschechoslowakei und Polens bis zur Wende des 15. und 16. Jahrhunderts].
Hg. v. Ján Čierny, František Hejl u. Antonín Verbík, Praha 1984.

674 Struktura společnosti na území Československa a Polska v 19. století do roku
1918 [Die Struktur der Gesellschaft auf dem Gebiet der Tschechoslowakei
und Polens im 19. Jahrhundert bis zum Jahre 1918]. Hg. v. František Hejl,
Antonín Verbík u. Pavla Vošahlíková, Praha 1988.

675 Šmelhaus, Vratislav: Vývoj zemědělské výroby v českých zemích v době předhusitské [Die Entwicklung der landwirtschaftlichen Produktion in den böhmischen Ländern in vorhussitischer Zeit], Praha 1980.

676 Třeštík, Dušan/Krzemieńska, Barbara: Zur Problematik der Dienstleute im
frühmittelalterlichen Böhmen, in: Siedlung und Verfassung Böhmens in der
Frühzeit. Hg. v. František Graus u. Herbert Ludat, Wiesbaden 1967, 70–98.

677 Türp, Max: Die Entwicklung des Kohlenbergbaues im Braunkohlenrevier
Teplitz – Brüx – Komotau, München 1975 (LV 109, 22).

678 Vacek, František: Sociální dějiny české doby starší [Böhmische Sozialgeschichte der älteren Zeit], Praha 1905.

679 Válka, Josef: Česká společnost v 15.–18. století (Úvod do problematiky sociál-
ních dějin pozdního feudalismu) [Die böhmische Gesellschaft im 15.–18.
Jahrhundert (Eine Einführung in die Problematik der Sozialgeschichte des
Spätfeudalismus), Bde. 1–2, Praha 1972–83.

680 Vaniš, Jaroslav: Hospodaření královského města Loun v druhé polovině 15.
století [Das Wirtschaftsgebaren der königlichen Stadt Laun in der zweiten
Hälfte des 15. Jahrhunderts], Praha 1979 (LV 80, 1).

681 Zháněl, Stanislav: Jak vznikla staročeská šlechta. Příspěvek k nejstarším poli-
tickým a sociálním dějinám českým [Wie der böhmische Adel entstanden ist.
Ein Beitrag zur ältesten politischen und sozialen Geschichte Böhmens], Brno
1930.

Siegel-, Wappen-, Münzkunde

682 Baletka, Ladislav/Louda, Jiří: Znaky měst Severomoravského kraje [Die Wappen der Städte des Nordmährischen Kreises], Ostrava 1980.

683 Böhmische Stadtsiegel aus der Sammlung Erik Turnwald. Hg. v. Aleš Zelenka,
München 1988.

684 Cach, František: Nejstarší české mince [Die ältesten böhmischen Münzen],
Bde. 1–4, Praha 1970–82.

685 Castelin, Karel: Česká drobná mince doby předhusitské a husitské (1300–1471) [Die böhmische Scheidemünze der vorhussitischen und hussitischen Zeit (1300–1471)], Praha 1953.

686 Čarek, Jiří: O pečetech českých knížat a králů z rodu Přemyslova [Über die Siegel der böhmischen Fürsten und Könige aus dem Geschlecht der Přemysliden], Praha 1934.

687 Čarek, Jiří: Městské znaky v českých zemích [Stadtwappen in den böhmischen Ländern], Praha 1985.

688 Fiala, Eduard: České denáry [Die böhmischen Denare], Praha 1895.

689 Hásková, Jarmila: Chebské mince z 12. a 13. století [Egerer Münzen aus dem 12. und 13. Jahrhundert], Cheb 1972.

690 Hásková, Jarmila: Vyšehradská mincovna na přelomu 10. a 11. století [Die Münzstätte am Vyšehrad an der Wende des 10. und 11. Jahrhunderts], in: SNM A 29/3 (1975), 105–160.

691 Hrdlička, Jakub: Pražská heraldika. Znaky pražských měst, cechů a měšťanů [Die Prager Heraldik. Die Wappen der Prager Städte, Zünfte und Bürger], Praha 1993.

692 Janáček, Josef/Louda, Jiří: České erby [Die böhmischen Wappen], Praha [2]1988 [[1]1974].

693 Kolář, Martin/Sedláček, August: Českomoravská heraldika [Die böhmisch-mährische Heraldik], Bde. 1–2, Praha 1902–25.

694 Král z Dobré Vody, Vojtěch: Heraldika. Souhrn pravidel, předpisů a zvyklostí znakových se zvláštním zřetelem ku zemím koruny České [Die Heraldik. Zusammenfassung der Wappenregeln, -vorschriften und -gewohnheiten mit besonderer Berücksichtigung der Länder der böhmischen Krone], Bde. 1–2, Praha 1901.

695 Kurz, Karel [u. a.]: Die Geschichte des Geldes auf dem Territorium der Tschechoslowakei, Praha 1983.

696 Nálezy mincí v Čechách, na Moravě a ve Slezsku [Münzfunde in Böhmen, Mähren und Schlesien]. Hg. v. Emanuela Nohejlová-Prátová, Bde. 1–4, Praha 1955–58.

697 Nohejlová-Prátová, Emanuela: Základy numismatiky [Die Grundzüge der Numismatik], Praha [2]1986 [[1]1975].

698 Nový, Rostislav: Pečeti pražských a olomouckých biskupů (Studie ze sfragistiky přemyslovského období) [Die Siegel der Prager und Olmützer Bischöfe (Eine Studie aus der Sphragistik der Přemyslidenzeit)], in: SAP 10 (1960), 181–214.

699 Nový, Rostislav: Organizace a vývoj českého mincovnictví v 13. století do měnové reformy Václava II. [Organisation und Entwicklung des böhmischen Münzwesens im 13. Jahrhundert bis zur Währungsreform Wenzels II.], in: SAP 24 (1974), 366–425.

700 Nový, Rostislav: Počátky znaků českých měst [Die Anfänge der böhmischen Stadtwappen], in: SAP 26 (1976), 367–412.

701 Pelant, Jan: Znaky a pečetě západočeských měst a městeček [Wappen und Siegel der westböhmischen Städte und Kleinstädte], Plzeň 1985.

702 Petráň, Josef: Český znak. Stručný nástin jeho vzniku a historického vývoje [Das böhmische Wappen. Ein kurzer Abriß seiner Entstehung und historischen Entwicklung], Praha 1970.

703 Pfeifer, Wilhelm: Städtewappen und Städtesiegel in Böhmen und Mähren, München 1952.

704 Pošvář, Jaroslav: Vývoj mincovního práva v Čechách do tolarových mincovních řádů (1520–1528) [Die Entwicklung des Münzrechts in Böhmen bis zu den Talermünzordnungen (1520–1528)], in: PHS 24 (1981), 19–42.

705 Přibyl, Alois/Liška, Karel: Znaky a pečetě středočeských měst [Wappen und Siegel der mittelböhmischen Städte], Praha 1975.

706 Radoměrský, Pavel: Mincovnictví Přemyslovců a Slavníkovců. Příspěvek k objasnění původu materiálové základny a mincovní techniky jejich stříbrné ražby 10. věku [Das Münzwesen der Přemysliden und Slawnikiden. Ein Beitrag zur Erklärung des Ursprungs der materiellen Grundlage und Münztechnik ihrer Silberprägung im 10. Jahrhundert], in: SDH 4 (1973), 79–106.

707 Ruda, Vladimír [u. a.]: Znaky severočeských měst [Die Wappen der nordböhmischen Städte], Ústí n. L. 1971.

708 Růžek, Vladimír: Chebská radnice a její středověké fresky [Das Rathaus in Eger und seine mittelalterlichen Fresken], Cheb 1994.

709 Sejbal, Jiří: Dějiny peněz na Moravě [Geschichte des Geldes in Mähren], Brno 1979.

710 Sejbal, Jiří: Die Beteiligung Mährens am Fernhandel mit dem Norden im Frühmittelalter nach numismatischen Quellen, in: Sigtuna Papers. Hg. v. Kenneth Jonsson u. Brita Malmer, London 1990, 289–299.

711 Skalský, Gustav: Stručný přehled vývoje českého mincovnictví [Eine kurze Übersicht der Entwicklung des böhmischen Münzwesens], Praha 1937.

712 Šefčík, Erich: Pečeti těšínských Piastovců [Die Siegel der Teschener Piasten], Ostrava 1982.

713 Šimek, Eduard: Drahé kovy a česká mince 16. století [Die Edelmetalle und die böhmische Münze im 16. Jahrhundert], in: SNM A 25 (1971), 1–61.

714 Vojtíšek, Václav: O pečetech a erbech měst pražských a jiných českých [Über Siegel und Wappen der Prager und anderer böhmischen Städte], Praha 1928.

715 Zelenka, Aleš: Die Wappen der böhmischen und mährischen Bischöfe, Regensburg 1979 (LV 104, 2).

716 Znaky a pečeti jihomoravských měst a městeček [Wappen und Siegel der südmährischen Städte und Kleinstädte]. Hg. v. Jaroslav Dřímal u. Ivan Štarha, Brno 1979.

Kirchengeschichte

717 Altrichter, Helmut: Die Zisterzienser in Mähren bis zu Karl IV. Besitz, Volkstum und Siedlungstätigkeit, Brünn 1943 (LV 89, 4) [ND Aalen 1979].

718 Benešovská, Klára [u. a.]: Řád cisterciáků v českých zemích ve středověku. Sborník vydaný k 850. výročí založení kláštera v Plasech [Zisterzienser in den böhmischen Ländern im Mittelalter. Sammelband zum 850. Jahrestag der Gründung des Klosters in Plaß], Praha 1994.

719 Bohemia sacra. Das Christentum in Böhmen 973–1973. Hg. v. Ferdinand Seibt, Düsseldorf 1974.

720 Bohemia sancta. Životopisy českých světců a přátel Božích [Bohemia sancta. Lebensgeschichten der böhmischen Heiligen und Gottesfreunde]. Hg. v. Jaroslav Kadlec, Praha ²1990 [¹1989].

721 Čermák, Dominik K.: Premonstráti v Čechách a na Moravě [Die Prämonstratenser in Böhmen und Mähren], Praha 1877.

722 České nebe. Topografie poutních míst barokních Čech [Böhmischer Himmel. Topographie der Pilgerorte im barocken Böhmen], Praha 1993.

723 Cibulka, Josef: Velkomoravský kostel v Modré u Velehradu a začátky křesťanství na Moravě [Die Großmährische Kirche in Modra bei Welehrad und die Anfänge des Christentums in Mähren], Praha 1958 (LV 74, 7).

724 Čáňová, Eliška: Vývoj správy pražské arcidiecéze v době násilné rekatolizace Čech (1620–1671) [Die Entwicklung der Verwaltung der Prager Erzdiözese in der Zeit der gewaltsamen Rekatholisierung Böhmens (1620–1671)], in: SAP 35 (1985), 486–560.

725 Čechura, Jaroslav: Cisterciácké kláštery v českých zemích v době předhusitské ve světle řádových akt [Die Zisterzienserklöster in den böhmischen Ländern in vorhussitischer Zeit im Lichte der Ordensakten], in: PHS 26 (1984), 35–72.

726 Čornejová, Ivana: Tovaryšstvo Ježíšovo. Jezuité v Čechách [Die Gesellschaft Jesu. Die Jesuiten in Böhmen], Praha 1995.

727 Czerwenka, Bernhard: Geschichte der Evangelischen Kirche in Böhmen, Bde. 1–2, Bielefeld/Leipzig 1869–70.

728 Ducreux, Marie-Élizabeth: La reconquête catholique de l'espace Bohémien, in: RÉS 60 (1988), 685–701.

729 Eberhard, Winfried: Entwicklungsphasen und Probleme der Gegenreformation und katholischen Erneuerung in Böhmen, in: RQ 84 (1989), 235–257.

730 Eberhard, Winfried: Die deutsche Reformation in Böhmen 1520–1620, in: LV 536, Bd. 1, 103–123.

731 Eckert, Alfred: Die deutschen evangelischen Pfarrer der Reformationszeit in Nord- und Ostböhmen, Bde. 1–2, Bad Rappenau/Obergimpern 1974/76–1977.

732 d'Elvert, Christian: Zur Geschichte des Erzbistums Olmütz und insbesondere seines mehrhundertjährigen Kampfes mit den mährischen Ständen und der Staatsgewalt, Brünn 1895 (LV 90, 29).

733 Fiala, Zdeněk: Die Organisation der Kirche im Přemyslidenstaat des 10.–13. Jahrhunderts, in: Siedlung und Verfassung Böhmens in der Frühzeit. Hg. v. František Graus u. Herbert Ludat, Wiesbaden 1967, 133–143.

734 Frind, Anton: Die Kirchengeschichte Böhmens, Bde. 1–4 [bis 1561], Prag 1864–78.

735 Frind, Anton: Geschichte der Bischöfe und Erzbischöfe von Prag, Prag 1873.

736 Gindely, Anton: Geschichte der Böhmischen Brüder, Bde. 1–2, Prag ^{2}1861 [^{1}1857–1858].

737 Gindely, Anton: Geschichte der Gegenreformation in Böhmen, Leipzig 1894.

738 Hilsch, Peter: Die Bischöfe von Prag in der frühen Stauferzeit. Ihre Stellung zwischen Reichs- und Landesgewalt von Daniel I. (1148–1167) bis Heinrich (1182–1197), München 1969 (LV 103, 22).

739 Hilsch, Peter: Der Bischof von Prag und das Reich in sächsischer Zeit, in: DAEM 28 (1972), 1–41.

740 Hledíková, Zdeňka: Úřad generálních vikářů pražského arcibiskupa v době předhusitské. Ze správních dějin pražské arcidiecéze [Das Amt der Generalvikare des Prager Erzbischofs in der vorhussitischen Zeit. Aus der Verwaltungsgeschichte der Prager Erzdiözese], Praha 1971 (LV 48, 41).

741 Hledíková, Zdeňka: Biskup Jan IV. z Dražic [Bischof Johann IV. von Dražic], Praha 1991 (LV 96, 6).

742 Hledíková, Zdeňka: Pronikání kuriálního centralismu do českých zemí (Na dokladech provizních listin do roku 1342) [Das Vordringen des kurialen Zentralismus in die böhmischen Länder (Anhand der Belege der Provisionsurkunden bis zum Jahre 1342], in: ČČH 88 (1990), 3–33.

743 Hrejsa, Ferdinand: Česká konfesse, její vznik, podstata a dějiny [Die Böhmische Konfession, ihre Entstehung, ihr Wesen und ihre Geschichte], Praha 1912 (LV 86, I/46).

744 Hrejsa, Ferdinand: Dějiny křesťanství v Československu [Geschichte des Christentums in der Tschechoslowakei], Bde. 1–6 [bis 1576], Praha 1947–50.

745 Huber, Augustinus K.: Das Verhältnis der Bischöfe von Prag und Olmütz zueinander. Ein Überblick, in: AKBMS 3 (1973), 58–76.

746 Jirásko, Luděk: Geistliche Orden und Kongregationen in den böhmischen Kronländern, Praha 1991.

747 Kadlec, Jaroslav: Přehled českých církevních dějin [Übersicht der böhmischen Kirchengeschichte], Bde. 1–2, Řím 1987 (ND Praha 1991).

748 Kadlec, Jaroslav: Katoličtí exulanti čeští doby husitské [Die böhmischen katholischen Exulanten der Hussitenzeit], Praha 1990.

749 Kavka, František/Skýbová, Anna: Husitský epilog na koncilu tridentském a původní koncepce habsburské rekatolizace Čech. Počátky obnoveného pražského arcibiskupství 1561–1580 [Der hussitische Epilog auf dem Trienter Konzil und die ursprüngliche Konzeption der habsburgischen Rekatholisierung Böhmens. Die Anfänge des erneuerten Prager Erzbistums 1561–1580], Praha 1969 (LV 79, 8).

750 Kroess, Alois: Geschichte der böhmischen Provinz der Gesellschaft Jesu, Bd. 1–2, Wien 1910–38.

751 Krofta, Kamil: Listy z náboženských dějin [Blätter aus der böhmischen Religionsgeschichte], Praha 1936.

752 Krumphanzlová, Zdeňka: Počátky křesťanství v Čechách ve světle archeologických pramenů [Die Anfänge des Christentums in Böhmen im Lichte archäologischer Quellen], in: PA 62 (1971), 406–456.

753 Kurka, Josef: Archidiakonáty Kouřimský, Boleslavský, Hradecký a diecéze Litomyšlská (Místopis církevní do roku 1421) [Die Kauřimer, Jung-Bunzlauer und Königgrätzer Archidiakonate und die Leitomischler Diözese (Kirchliche Ortsbeschreibung bis zum Jahre 1421)], Praha 1915.

754 Leśny, Jan: Konstantyn i Metody, apostołowie Słowian. Dzieło i jego losy [Kyrill und Method, die Apostel der Slawen. Das Werk und seine Schicksale], Poznań 1987.

755 Lorenz, Willy: Die Kreuzherren mit dem roten Stern, Königstein/Taunus 1964 (LV 105, 29).

756 Macek, Josef: Jean Hus et les traditions hussites (15e–19e siècles), Paris 1973.

757 Macháčková, Veronika: Církevní správa v době jagellonské (na základě administrátorských akt) [Die kirchliche Verwaltung in der Jagellonenzeit (aufgrund von Administratorenakten)], in: FHB 9 (1985), 235–290.

758 Machilek, Franz: Die Zisterzienser in Böhmen und Mähren, in: AKBMS 3 (1973), 185–220.

759 Machilek, Franz: Die Augustiner-Chorherren in Böhmen und Mähren, in: AKBMS 4 (1976), 107–144.

760 Machilek, Franz: Klöster und Stifte in Böhmen und Mähren von den Anfängen bis in den Beginn des 14. Jahrhunderts, in: LV 536, Bd. 1, 1–27.

761 Matzke, Josef: Mährens frühes Christentum, Königstein/Taunus 1969 (LV 93, 13).

762 Matzke, Josef: Das Bistum Olmütz im Hochmittelalter von Heinrich Zdik bis Bruno von Schaumburg. 1126–1281, Königstein/Taunus 1969 (LV 93, 14).

763 Matzke, Josef: Das Bistum Olmütz von 1281–1578. Vom Spätmittelalter bis zur Renaissance, Königstein/Taunus 1975 (LV 93, 20).

764 Medek, Václav: Dějiny olomoucké arcidiecéze [Geschichte der Olmützer Erzdiözese], Bd. 1: Osudy moravské církve do konce 14. věku [Die Schicksale der mährischen Kirche bis zum Ende des 14. Jahrhunderts], Praha 1971.

765 Milénium břevnovského kláštera (993–1993). Sborník statí o jeho významu a postavení v českých dějinách [Das Millenium des Břewnower Klosters (993–1993). Sammelband über seine Bedeutung und Stellung in der böhmischen Geschichte]. Hg. v. Ivan Hlaváček u. Marie Bláhová, Praha 1993.

766 Müller, Joseph Theodor: Geschichte der Böhmischen Brüder, Bde. 1–3, Herrnhut 1922–31.

767 Patschovsky, Alexander: Die Anfänge einer ständigen Inquisition in Böhmen. Ein Prager Inquisitoren-Handbuch aus der ersten Hälfte des 14. Jahrhunderts, Berlin/New York 1975.

768 Podlaha, Antonín: Dějiny arcidiecése pražské od konce století XVII. do počátku století XX. [Geschichte der Prager Erzdiözese seit dem Ende des 17. Jahrhunderts bis zum Anfang des 20. Jahrhunderts], Bd. 1/1, Praha 1917.

769 Podlaha, Antonín: Posvátná místa království Českého. Dějiny a popsání chrámů, kaplí, posvátných soch, klášterů i jiných pomníků katolické víry a nábožnosti v království Českém, I.: Arcidiecese Pražská [Heilige Orte im Königreich Böhmen. Geschichte und Beschreibung der Kirchen, Kapellen, heiligen Standbilder, Klöster und anderen Denkmäler des katholischen Glaubens, I.: Prager Erzdiözese], Bde. 1–7, Praha 1907–13.

770 Polc, Jaroslav: Svatý Jan Nepomucký [Der heilige Johannes von Nepumuk], Praha 1993.

771 Pražské arcibiskupství 1344–1994. Sborník statí o jeho působení a významu [Das Prager Erzbistum 1344–1994. Sammelband der Abhandlungen über seine Wirkung und Bedeutung]. Hg. v. Zdeňka Hledíková u. Jaroslav Polc, Praha 1994.

772 Rak, Jiří: Vývoj utrakvistické správní organizace v době předbělohorské [Die Entwicklung der utraquistischen Verwaltungsorganisation in der Zeit vor der Schlacht am Weißen Berg], in: SAP 31 (1981), 179–206.

773 Regensburg und Böhmen. Festschrift zur Tausendjahrfeier des Regierungsantrittes Bischofs Wolfgang von Regensburg und der Errichtung des Bistums Prag. Hg. v. Georg Schwaiger u. Josef Staber, Regensburg 1972.

774 Říčan, Rudolf: Das Reich Gottes in den böhmischen Ländern. Geschichte des tschechischen Protestantismus, Stuttgart 1957.

775 Říčan, Rudolf: Die Böhmischen Brüder. Ihr Ursprung und ihre Geschichte, Berlin 1961.

776 Schlenz, Johann: Geschichte des Bistums und der Diözese Leitmeritz, Bde. 1–2, Warnsdorf 1912–14.

777 Schlenz, Johann: Das Kirchenpatronat in Böhmen. Beiträge zu seiner Geschichte und Rechtsentwicklung, Prag 1928.

778 Schmid-Egger, Barbara: Klerus und Politik in Böhmen um 1900, München 1974 (LV 109, 21).

779 Sommer, Petr: První dvě století benediktinských klášterů v Čechách [Die ersten zwei Jahrhunderte der Benediktinerklöster in Böhmen], in: SMP 2 (1991), 75–100.

780 Svátek, Josef: Organizace řeholních institucí v českých zemích a péče o jejich archivy [Die Organisation der Ordensinstitutionen in den böhmischen Ländern und die Pflege ihrer Archive], in: SAP 20 (1970), 503–624.

781 Święty Wojciech w tradycji i kulturze europejskiej [Der heilige Adalbert in der europäischen Tradition und Kultur]. Hg. v. Kazimierz Śmigiel, Gniezno 1992.

782 Tausend Jahre Benediktiner in den Klöstern Břevnov, Braunau und Rohr. Hg. v. Johannes Hofmann, St. Ottilien 1993 (Studien und Mitteilungen zur Geschichte des Benediktinerordens und seiner Zweige. Erg.-Bd. 33).

783 Tisíc let pražského biskupství [Tausend Jahre Prager Bistum]. Hg. v. Jaroslav Kadlec, Praha 1973.

784 Vavřínek, Vladimír: Die Christianisierung und Kirchenorganisation Großmährens, in: Hist 7 (1963), 5–56.

785 Vlnas, Vít: Jan Nepomucký, česká legenda [Johannes von Nepomuk, eine böhmische Legende], Praha 1993.

786 Weltsch, Ruben E.: Archbishop John of Jenstein (1348–1400). Papalism, Humanism and Reform in Pre-Hussite Prague, The Hague/Paris 1968.

787 Werner, Ernst: Jan Hus. Welt und Umwelt eines Prager Frühreformators, Weimar 1991.

788 Winter, Eduard: Tausend Jahre Geisteskampf im Sudetenraum. Das religiöse Ringen zweier Völker, München ²1962 [¹1938].

789 Winter, Eduard: Frühhumanismus. Seine Entwicklung in Böhmen und deren europäische Bedeutung für die Kirchenreformbestrebungen im 14. Jahrhundert, Berlin 1964.

790 Winter, Zikmund: Život církevní v Čechách. Kulturně historický obraz z 15. a 16. století [Das kirchliche Leben in Böhmen. Ein kultur-historisches Bild aus dem 15. und 16. Jahrhundert], Bde. 1–2, Praha 1895.

791 Wolný, Gregor: Kirchliche Topographie von Mähren, Abt. 1: Olmützer Erzdiözese (Bde. 1–5), Abt. 2: Brünner Diözese (Bde. 1–4), Brünn 1855–66 (dazu: General-Index zu dem Werke: Kirchliche Topographie von Mähren, Brünn 1866).

792 Wolny, Reinhold J.: Die josephinische Toleranz unter besonderer Berücksichtigung ihres geistlichen Wegbereiters Johann Leopold Hay, München 1973 (LV 109, 15).

793 Zeman, Jarold K.: The Anabaptists and the Czech Brethren in Moravia 1526–1628. A Study of Origins and Contacts, The Hague/Paris 1969.

794 Zemek, Metoděj: Olomoucká dómská kapitula a její personální složení [Das Olmützer Domkapitel und seine personelle Zusammensetzung], masch. Olomouc 1969.

795 Zilynská, Blanka: Husitské synody v Čechách 1418–1440. Příspěvek k úloze universitních mistrů v husitské církvi a revoluci [Die hussitischen Synoden in Böhmen 1418–1440. Ein Beitrag zur Rolle der Universitätsmagister in der hussitischen Kirche und Revolution], Praha 1985.

796 Zuber, Rudolf: Osudy moravské církve v 18. století. 1695–1777 [Schicksale
     der mährischen Kirche im 18. Jahrhundert. 1695–1777], Praha 1987 (Dějiny
     olomoucké arcidiecéze, 4/I).

Literatur-, Bildungs-, Musik-, Theatergeschichte

797 Der Ackermann aus Böhmen des Johannes von Tepl und seine Zeit. Hg. v.
     Ernst Schwarz, Darmstadt 1968.
798 Baumann, Winfried: Die Literatur des Mittelalters in Böhmen. Deutsch-la-
     teinisch-tschechische Literatur vom 10. bis zum 15. Jahrhundert, Mün-
     chen/Wien 1978 (LV 103, 37).
799 Bohatcová, Mirjam [u. a.]: Česká kniha v proměnách staletí [Das böhmische
     Buch in den Wandlungen der Jahrhunderte], Praha 1990.
800 Brömse, Peter: Musikgeschichte der Deutschen in den böhmischen Ländern,
     Dülmen 1988 (Die Musik der Deutschen im Osten Mitteleuropas, 2).
801 Černý, František [u. a.]: Dějiny českého divadla [Geschichte des böhmischen
     Theaters], Bde. 1–4, Praha 1968–83.
802 Černý, Jaromír [u. a.]: Hudba v českých dějinách. Od středověku do nové
     doby [Die Musik in der böhmischen Geschichte. Vom Mittelalter bis zur
     Neuzeit], Praha 1989.
803 Česká středověká lyrika [Die tschechische mittelalterliche Lyrik]. Hg. v. Jan
     Lehár, Praha 1990.
804 Československý hudební slovník osob a institucí [Tschechoslowakisches Mu-
     siklexikon der Personen und Institutionen]. Hg. v. Gracián Černušák, Bo-
     humír Štědroň u. Zdenko Nováček, Bde. 1–2, Praha 1963–65.
805 Čornejová, Ivana: Kapitoly z dějin pražské univerzity 1622–1773 [Kapitel aus
     der Geschichte der Prager Universität 1622–1773], Praha 1992.
806 Dějiny exaktních věd v českých zemích do konce 19. století [Geschichte der
     exakten Wissenschaften in Böhmen bis zum Ende des 19. Jahrhunderts]. Hg.
     v. Luboš Nový, Praha 1961.
807 Hahn, Gerhard: Der Ackermann aus Böhmen des Johannes von Tepl, Darm-
     stadt 1984.
808 Hanzal, Josef: Od baroka k romantismu. Ke zrození novodobé české kultury
     [Vom Barock zum Romantismus. Zur Entstehung der neuzeitlichen
     tschechischen Kultur], Praha 1987.
809 Haubelt, Josef: České osvícenství [Die böhmische Aufklärung], Praha 1986.
810 Heck, Werner: Das Werk Adalbert Stifters, 1840–1940. Versuch einer Bio-
     graphie. Gesamt-, Einzel- und Briefausgaben, Einzelabhandlungen, Dis-
     sertationen über Stifter, Wien 1954.
811 Hejnic, Josef/Martínek, Jan: Rukověť humanistického básnictví v Čechách a
     na Moravě [Handbuch der humanistischen Dichtkunst in Böhmen und Mäh-
     ren], Bde. 1–5, Praha 1966–82.
812 Hlaváček, Ivan: Středověké soupisy knih a knihoven v českých zemích. Pří-
     spěvek ke kulturním dějinám českým [Die mittelalterlichen Verzeichnisse
     der Bücher und Bibliotheken in den böhmischen Ländern. Ein Beitrag zur
     böhmischen Kulturgeschichte], Praha 1965 (LV 48, 11).
813 Hlaváček, Ivan: Zum böhmischen Bildungs- und Bibliothekswesen in der er-
     sten Hälfte des 14. Jahrhunderts. Vom Versuch der Errichtung der Prager

Universität durch Wenzel II. bis zu ihrer Gründung durch Karl IV., in: Scientia und ars im Hoch- und Spätmittelalter. Hg. v. Ingrid Craemer-Ruegenberg u. Andreas Speer, Berlin/New York 1994, 795–806.

814 Hlobil, Ivo/Petrů, Eduard: Humanismus a raná renesance na Moravě [Humanismus und Frührenaissance in Mähren], Praha 1992.

815 Hrabák, Josef [u. a.]: Dějiny české literatury [Geschichte der böhmischen Literatur], Bde. 1–3, Praha 1959–61.

816 Iwańczak, Wojciech: Tropem rycerskiej przygody. Wzorzec rycerski w piśmiennictwie czeskim XIV wieku [Auf dem Wege des ritterlichen Abenteuers. Das Muster des Ritters in der tschechischen Literatur des 14. Jahrhunderts], Warszawa 1985.

817 Jílek, František [u. a.]: Dějiny Českého vysokého učení technického [Die Geschichte der tschechischen Technischen Hochschule], Bde. 1/1–2, Praha 1973–78.

818 Karbusický, Vladimír: Anfänge der historischen Überlieferung in Böhmen. Ein Beitrag zum vergleichenden Studium der mittelalterlichen Sängerepen, Köln/Wien 1980 (LV 77, 18).

819 Kavka, František [u. a.]: Stručné dějiny University Karlovy [Kurze Geschichte der Karlsuniversität], Praha 1964.

820 Kazbunda, Karel: Stolice dějin na pražské universitě [Der Lehrstuhl für Geschichte an der Prager Universität], Bde. 1–3, Praha 1964–68 (LV 79, 2/3/6).

821 Kejř, Jiří: Kvodlibetní disputace na pražské univerzitě [Die Quodlibetdisputationen an der Prager Universität], Praha 1971.

822 Knihtisk a kniha v českých zemích od husitství do Bílé hory [Der Buchdruck und das Buch in den böhmischen Ländern vom Hussitismus bis zum Weißen Berg]. Hg. v. Josef Polišenský u. František Šmahel, Praha 1970.

823 Kořalka, Jiří: Palacký, Sybel a počátky Historické Zeitschrift [Palacký, Sybel und die Anfänge der Historischen Zeitschrift], in: HT 9 (1987), 199–248.

824 Králíková, Marie [u. a.]: Nástin vývoje všeobecného vzdělání v českých zemích [Abriß der Entwicklung der allgemeinen Bildung in den böhmischen Ländern], Praha 1977.

825 Kučera, Jan P./Rak, Jiří: Bohuslav Balbín a jeho místo v české kultuře [Bohuslav Balbín und seine Stelle in der böhmischen Kultur], Praha 1983.

826 Lehár, Jan: Nejstarší česká epika. Dalimilova kronika, Alexandreida, první veršované legendy [Die älteste tschechische Epik. Die Chronik des Dalimils, Alexandreis, die ersten Verslegenden], Praha 1983.

827 Měšťan, Antonín: Geschichte der tschechischen Literatur im 19. und 20. Jahrhundert, Köln/Wien 1984.

828 Moraw, Peter: Die Juristenuniversität in Prag (1372–1419), verfassungs- und sozialgeschichtlich betrachtet, in: Schulen und Studium im sozialen Wandel des hohen und späten Mittelalters. Hg. v. Johannes Fried, Sigmaringen 1986 (Vorträge und Forschungen, 30), 439–486.

829 Mühlberger, Josef: Tschechische Literaturgeschichte. Von den Anfängen bis zur Gegenwart, München 1970.

830 Mühlberger, Josef: Geschichte der deutschen Literatur in Böhmen 1900–1939, München/Wien 1981.

831 Národní divadlo a jeho předchůdci. Slovník umělců divadel Vlasteneckého, Stavovského, Prozatímního a Národního [Das Nationaltheater und seine Vorgänger. Wörterbuch der Künstler des Patriotischen Theaters, Stände-

theaters, Provisorischen Theaters und Nationaltheaters]. Hg. v. Vladimír Procházka, Praha 1988.

832 Němeček, Jan: Nástin české hudby 18. století [Übersicht über die tschechische Musik des 18. Jahrhunderts], Praha 1955.

833 Pešek, Jiří: Měšťanská vzdělanost a kultura v předbělohorských Čechách 1547–1620 (Všední dny kulturního života) [Die bürgerliche Bildung und Kultur in Böhmen in der Zeit vor der Schlacht am Weißen Berg (Der Alltag des kulturellen Lebens)], Praha 1993.

834 Polák, Josef: Česká literatura 19. století [Die tschechische Literatur des 19. Jahrhunderts], Praha 1990.

835 Racek, Jan: Česká hudba. Od nejstarších dob do počátku 19. století [Die böhmische Musik. Von den ältesten Zeiten bis zum Beginn des 19. Jahrhunderts], Praha 1958.

836 Reichertová, Květa [u. a.]: Sázava, památník staroslověnské kultury v Čechách [Sázava, ein Denkmal der altslawischen Kultur in Böhmen], Praha 1988.

837 Ruprecht, Josef: Singende und klingende Heimat. Studien zur Geschichte der Musik im nördlichen Böhmen (Niederland). Kreise Rumburg, Schluckenau und Warnsdorf, Königstein/Taunus 1968 (LV 93, 11).

838 Serke, Jürgen: Böhmische Dörfer. Wanderungen durch eine verlassene literarische Landschaft, Wien/Hamburg 1987.

839 Auf den Spuren des Comenius. Texte zu Leben, Werk und Wirkung. Hg. v. Klaus Goßmann u. Henning Schröer, Göttingen 1992.

840 Streinz, Franz: Die Singschule in Iglau und ihre Beziehungen zum allgemeinen deutschen Meistergesang, München 1958 (LV 103, 2).

841 Studien zum Humanismus in den böhmischen Ländern. Hg. v. Hans-Bernd Harder u. Hans Rothe, Köln/Weimar/Wien 1988–93.

842 Sturm, Heribert: Die St. Joachimsthaler Lateinschulbibliothek aus dem 16. Jahrhundert (mit Katalog), Stuttgart 1964 (LV 61, 4).

843 Tadra, Ferdinand: Kulturní styky Čech s cizinou až do válek husitských [Die Kulturbeziehungen Böhmens mit dem Ausland bis zu den Hussitenkriegen], Praha 1897.

844 Die Teilung der Prager Universität 1882 und die intellektuelle Desintegration in den böhmischen Ländern. Hg. v. Ferdinand Seibt, München 1984 (LV 52, 12).

845 Turek, Rudolf: Počátky české vzdělanosti [Die Anfänge der böhmischen Kulturgeschichte], Praha 1988.

846 Tyrrell, John: Czech Opera, Cambridge 1988.

847 Varcl, Ladislav [u. a.]: Antika a česká kultura [Die Antike und die tschechische Kultur], Praha 1978.

848 Vlček, Jaroslav: Dějiny české literatury [Geschichte der tschechischen Literatur]. Hg. v. Olga Svejkovská u. František Svejkovský, Bde. 1–2, Praha ⁵1960 [¹1897–1920]; Bd. 3, Praha 1960.

849 Volek, Tomislav/Jareš, Stanislav: Dějiny české hudby v obrazech. Od nejstarších památek do vybudování Národního divadla [Geschichte der böhmischen Musik im Bild. Von den ältesten Denkmälern bis zum Aufbau des Nationaltheaters], Praha 1977.

850 Winter, Zikmund: O životě na vysokých školách pražských knihy dvoje. Kulturní obraz 15. a 16. století [Zwei Bücher von dem Leben an den Prager Hochschulen. Kulturbild des 15. und 16. Jahrhunderts], Praha 1899 (LV 76, 32).

851 Wolkan, Rudolf: Geschichte der deutschen Literatur in Böhmen und in den
     Sudetenländern, Augsburg 1925.
852 Z tradic slovanské kultury v Čechách. Sázava a Emauzy v dějinách české kultu-
     ry [Aus der Tradition der slawischen Kultur in Böhmen. Sazawa und Emaus
     in der Geschichte der tschechischen Kultur]. Hg. v. Jan Petr u. Sláva Šabouk,
     Praha 1975.

Kunstgeschichte

853 Architektura v českém národním dědictví [Die Architektur im tschechischen
     nationalen Erbe]. Hg. v. Zdeněk Wirth u. Augusta Müllerová, Praha 1961.
854 Barock in Böhmen. Hg. v. Karl M. Swoboda, München 1964.
855 Blažíček, Oldřich J.: Barockkunst in Böhmen, Prag 1967.
856 Blažíček, Oldřich J./Preis, Pavel/Hejdová, Dagmar: Kunst des Barocks in
     Böhmen. Skulptur-Malerei-Kunsthandwerk-Bühnenbild, Recklinghausen
     1977.
857 Böhmen im 19. Jahrhundert. Zwischen Klassizismus und Moderne. Hg. v.
     Ferdinand Seibt, Berlin/Frankfurt am Main 1995.
858 Böhmen und Mähren. Hg. v. Emanuel Poche, Leipzig 1986.
859 Denkstein, Vladimír/Matouš, František: Jihočeská gotika [Die südböhmische
     Gotik], Praha 1953.
860 Dějiny českého výtvarného umění [Geschichte der böhmischen bildenden
     Kunst], Bde. 1/1–2: Od počátků do konce středověku [Von den Anfängen
     bis zum Ende des Mittelalters]. Bearb. v. Rudolf Chadraba [u. a.], Praha
     1984; Bde. 2/1–2: Od počátků renesance do závěru baroka [Von den An-
     fängen der Renaissance bis zum Ende des Barocks]. Bearb. v. Jiří Dvorský
     [u. a.], Praha 1989.
861 Ehl, Petr/Pařík, Arno/Fiedler, Jiří: Alte Judenfriedhöfe Böhmens und Mäh-
     rens, Prag 1991.
862 Encyklopedie českého výtvarného umění [Enzyklopädie der böhmischen
     bildenden Kunst]. Hg. v. Emanuel Poche, Praha 1975.
863 Eschborn, Michael: Karlstein. Das Rätsel um die Burg Karls IV., Stuttgart
     1971.
864 Fiedler, Jiří: Židovské památky v Čechách a na Moravě [Jüdische Denkmäler
     in Böhmen und Mähren], Praha 1992.
865 Fučíková, Eliška/Bukovinská, Beket/Muchka, Ivan: Die Kunst am Hofe Ru-
     dolfs II., Prag ²1991 [¹1988].
866 Gnirs, Anton: Topographie der historischen und kunstgeschichtlichen Denk-
     male in dem Bezirke Karlsbad [Prag 1933], München 1996 (Handbuch der
     sudetendeutschen Kulturgeschichte, 8).
867 Gotik in Böhmen. Geschichte, Gesellschaftsgeschichte, Architektur, Plastik
     und Malerei. Hg. v. Karl M. Swoboda, München 1969.
868 Homolka, Jaromír [u. a.]: Pozdně gotické umění v Čechách (1471–1526) [Die
     spätgotische Kunst in Böhmen (1471–1526)], Praha ²1985 [¹1978].
869 Krčálová, Jarmila: Centrální stavby české renesance [Zentralbauten der böh-
     mischen Renaissance], Praha 1974.
870 Die Kunst am Hofe Rudolfs II. Hg. v. Jiří Dvorský, Praha ²1991 [¹1988].

871 Kuthan, Jiří: Středověká architektura v jižních Čechách do poloviny 13. století [Die mittelalterliche Architektur in Südböhmen bis zur Mitte des 13. Jahrhunderts], České Budějovice 1972.

872 Kuthan, Jiří: Gotická architektura v jižních Čechách. Zakladatelské dílo Přemysla Otakara II. [Die gotische Architektur in Südböhmen. Das Gründerwerk Přemysl Otakars II.], Praha 1975.

873 Kuthan, Jiří: Die mittelalterliche Baukunst der Zisterzienser in Böhmen und Mähren, München/Berlin 1982.

874 Kuthan, Jiří: Počátky a rozmach gotické architektury v Čechách. K problematice cisterciácké stavební tvorby [Anfänge und Entfaltung der gotischen Architektur in Böhmen. Zur Problematik der Bautätigkeit der Zisterzienser], Praha 1983.

875 Kuthan, Jiří: Česká architektura v době posledních Přemyslovců. Města – hrady – kláštery – kostely [Böhmische Architektur in der Zeit der letzten Přemysliden. Städte – Burgen – Klöster – Kirchen], Vimperk 1994.

876 Leisching, Julius: Kunstgeschichte Mährens, Brünn [u. a.] 1933.

877 Mašín, Jiří: Románská nástěnná malba v Čechách a na Moravě [Die romanische Wandmalerei in Böhmen und Mähren], Praha 1954.

878 Mencl, Václav: Czech Architecture of the Luxemburg Period, Praha 1955.

879 Menclová, Dobroslava: České hrady [Böhmische Burgen], Bde. 1–2, Praha [2]1972 [[1]1972].

880 Merhautová, Anežka: Raně středověká architektura v Čechách [Die frühmittelalterliche Architektur in Böhmen], Praha 1971.

881 Merhautová, Anežka/Třeštík, Dušan: Románské umění v Čechách a na Moravě [Die romanische Kunst in Böhmen und Mähren], Praha [2]1984 [[1]1983].

882 Merhautová, Anežka/Třeštík, Dušan: Ideové proudy v českém umění 12. století [Die Ideenströmungen in der böhmischen Kunst des 12. Jahrhunderts], Praha 1985 (LV 97, 2).

883 Neumann, Jaromír: Die neue tschechische Malerei und ihre klassische Tradition, Praha 1958.

884 Neumann, Jaromír: Das böhmische Barock, Wien 1970.

885 Nový slovník československých výtvarných umělců [Neues Wörterbuch der tschechoslowakischen bildenden Künstler], Bde. 1–3. Hg. v. Prokop Toman, Ostrava [4]1993–94 [[1]1927].

886 Die Parler und der schöne Stil 1350–1400. Europäische Kunst unter den Luxemburgern, Bde. 1–3. Hg. v. Anton Legner, Köln 1978.

887 Pešina, Jaroslav: Česká malba pozdní gotiky a renesance. Deskové malířství 1450–1550 [Die böhmische Malerei der späten Gotik und Renaissance. Tafelmalerei 1450–1550], Praha 1950.

888 Pešina, Jaroslav [u. a.]: České umění gotické. 1350–1420 [Die böhmische gotische Kunst. 1350–1420], Praha 1970.

889 Pešina, Jaroslav: Mistr vyšebrodského cyklu [Der Meister des Hohenfurther Zyklus], Praha 1982.

890 Petráň, Josef [u. a.]: Dějiny hmotné kultury [Geschichte der materiellen Kultur], Bde. 1/1–2, Praha 1985, Bd. 2/1, Praha 1995.

891 Poche, Emanuel: Böhmen und Mähren, Leipzig 1986 (Kunstdenkmäler in der Tschechoslowakei).

892 Prag um 1600. Kunst und Kultur am Hofe Rudolfs II., Bde. 1–2, Freren 1988.

893   Preis, Pavel: Italští umělci v Praze. Renesance. Manýrismus. Baroko [Ita-
      lienische Künstler in Prag. Renaissance, Manierismus, Barock], Praha 1986.
894   Prokop, August: Die Markgrafschaft Mähren in kunstgeschichtlicher Bezie-
      hung. Eine Studie, Bde. 1–4, Wien 1904.
895   Renaissance in Böhmen. Geschichte, Wissenschaft, Architektur, Plastik, Ma-
      lerei, Kunsthandwerk. Hg. v. Ferdinand Seibt, München 1985.
896   Rokyta, Hugo: Die Böhmischen Länder. Handbuch der Denkmäler und Ge-
      denkstätten europäischer Kulturbeziehungen in den böhmischen Ländern,
      Salzburg 1970 [ND Prag 1995–1996].
897   Romanik in Böhmen. Geschichte, Architektur, Malerei, Plastik und Kunst-
      gewerbe. Hg. v. Erich Bachmann, München 1977.
898   Samek, Bohumil: Umělecké památky Moravy a Slezska (A-I) [Kunstdenk-
      mäler Mährens und Schlesiens (A-I)], Bd. 1, Praha 1994.
899   Součková, Milada: Baroque in Bohemia, Michigan 1980.
900   Soukupová, Helena: Anežský klášter v Praze [Das Agnes-Kloster in Prag], Pra-
      ha 1989.
901   Spunar, Pavel: Kultura českého středověku [Die Kultur des böhmischen Mit-
      telalters], Praha 1987.
902   Stejskal, Karel/Voit, Petr: Iluminované rukopisy doby husitské [Illuminierte
      Handschriften der Hussitenzeit], Praha 1991.
903   Sturm, Heribert: Egerer Reliefintarsien, München 1961 (LV 103, 13).
904   Šamánková, Eva: Architektura české renesance [Die Architektur der böhmi-
      schen Renaissance], Praha 1961.
905   Topographie der historischen und Kunst-Denkmale im Königreich Böhmen
      von der Urzeit bis zum Anfang des 19. Jahrhunderts [1930: in der Tschecho-
      slowakei]. Soupis památek historických a uměleckých v království Českém
      od pravěku do počátku [do polovice] XIX. století [1930: v republice Česko-
      slovenské], Bde. 1–48, 50–51, Prag/Praha 1898–1937: Bd. 1: Kolín (Politic-
      ký okres kolínský); Bd. 2: Laun (P. o. lounský); Bd. 3: Selčan (P. o. sedlčan-
      ský); Bd. 4: Raudnitz I (P. o. roudnický I); Bd. 5: Mühlhausen (P. o. milev-
      ský); Bd. 6: Melnik (P. o. mělnický); Bd. 7: Klattau (P. o. klatovský); Bd. 8:
      P. o. česko-budějovický; Bd. 9: Rokytzan (P. o. rokycanský); Bd. 10: Wit-
      tingau (P. o. třebonský); Bd. 11: P. o. chrudimský; Bd. 12: P. o. sušický;
      Bd. 13: Příbram (P. o. příbramský); Bd. 14: P. o. jindřichohradecký; Bd. 15:
      Karolinenthal (P. o. karlínský); Bd. 16: P. o. vysokomýtský; Bd. 17: P. o.
      domažlický; Bd. 18: P. o. pelhřimovský; Bd. 19: Königgrätz (P. o. králo-
      hradecký); Bd. 20: P. o. slanský; Bd. 21: P. o. mladoboleslavský; Bd. 22: Po-
      lička (P. o. poličský); Bd. 23: P. o. chotěbořský; Bd. 24: Böhmisch Brod (P.
      o. českobrodský); Bd. 25: P. o. přeštický; Bd. 26: P. o. kladenský; Bd. 27:
      Raudnitz II (P. o. roudnický II); Bd. 28: Weinberge (P. o. vinohradský);
      Bd. 29: P. o. litomyšlský; Bd. 30: Mies (P. o. stříbrský); Bd. 31: P. o. novo-
      packý; Bd. 32: P. o. turnovský; Bd. 33: P. o. písecký; Bd. 34: Rakonitz I (P.
      o. rakovnický I); Bd. 35: Beneschau (P. o. benešovský); Bd. 36: Nachod (P.
      o. náchodský); Bd. 37: Kralowitz (P. o. kralovický); Bd. 38: Prachatitz (P. o.
      prachatický); Bd. 39: Rakonitz II (P. o. rakovnický II); Bd. 40: Joachimsthal
      (P. o. jáchymovský); Bd. 41: P. o. krumlovský; Bd. 42: Kaplitz (P. o. kaplic-
      ký); Bd. 43: Elbogen (P. o. loketský); Bd. 44: P. o. čáslavský; Bd. 45: P. o.
      broumovský; Bd. 46: P. o. mnichovohradištský; Bd. 47: P. o. lanškrounský;
      Bd. 48: P. o. královédvorský; Bd. 49: Plzeň I – Město Plzeň; Bd. 50: Tepl
      und Marienbad (Teplá a Marianské Lázně); Bd. 51: Reichenberg (Liberec).

906 Umělecké památky Čech [Kunstdenkmäler Böhmens], Bde. 1–4. Hg. v. Ema-
     nuel Poche, Praha 1977–82.
907 Umění doby posledních Přemyslovců [Die Kunst der Zeit der letzten Přemy-
     sliden]. Hg. v. Jiří Kuthan, Praha 1982.
908 Umění 13. století v českých zemích [Die Kunst des 13. Jahrhunderts in den
     böhmischen Ländern]. Hg. v. Josef Krása [u. a.], Praha 1983.
909 Wittlich, Petr: Česká secese [Der böhmische Jugendstil], Praha ²1985 [¹1982].

Personengeschichte, Genealogie, Lebensbilder

910 Der Adel von Böhmen, Mähren und Schlesien. Genealogisch-heraldisches
     Repertorium sämtlicher Standeserhebungen, Prädicate, Beförderungen, In-
     colats-Erteilungen, Wappen und Wappenverbesserungen des gesamten
     Adels der Böhmischen Krone mit Quellen und Wappen-Nachweisen. Hg. v.
     Adalbert Ritter Král von Dobrá Voda, Prag 1904.
911 Bačkovský, Rudolf: Bývalá česká šlechta předbělohorská i pobělohorská na
     svých sídlech v Čechách a na Moravě a ve svých znacích [Der ehemalige
     böhmische Adel vor und nach der Schlacht am Weißen Berg auf seinen Sit-
     zen in Böhmen und Mähren und in seinen Wappen], Praha 1948.
912 Beschorner, Hans: Die Herrschaft Riesenburg und ihre Besitzer bis zum
     Übergang in wettinischen Besitz, in: Forschungen zur Geschichte Sachsens
     und Böhmens. Hg. v. Rudolf Kötzschke, Dresden 1937, 92–128.
913 Biographisches Handbuch der Tschechoslowakei, Bde. 1–2. Bearb. v. Hein-
     rich Kuhn u. Otto Böss, München 1969–70.
914 Biographisches Lexikon zur Geschichte der böhmischen Länder, Bde. 1–3/8
     [bis Sch]. Hg. v. Heribert Sturm [u. a.], München 1974–95.
915 Československá generalita. Biografie armádních generálů 1918–1938 [Die
     tschechoslowakische Generalität. Biographisches Lexikon der Armee-
     Generäle 1918–1938]. Hg. v. Jiří Fiedler [u. a.], Praha 1995.
916 Československý biografický slovník [Tschechoslowakisches biographisches
     Wörterbuch]. Hg. v. Josef Tomeš u. Alena Léblová, Praha 1992.
917 Čornejová, Ivana/Fechtnerová, Anna: Životopisný slovník pražské univerzi-
     ty. Filozofická a teologická fakulta 1654–1773 [Biographisches Wörterbuch
     der Prager Universität. Philosophische und theologische Fakultät 1654–
     1773], Praha 1986.
918 Dejmek, Jindřich: Děpoltici (K mocenskému postavení a osudům jedné ved-
     lejší větve Přemyslovců) [Die Theobalden (Zur Machtstellung und den Ge-
     schicken eines Nebenzweiges der Přemysliden)], in: MHB 1 (1991), 89–144.
919 Doerr, August von: Der Adel der böhmischen Kronländer. Ein Verzeichniss
     derjenigen Wappenbriefe und Adelsdiplome, welche in den Böhmischen
     Saalbüchern des Adelsarchives im k.k. Ministerium des Innern in Wien ein-
     getragen sind, Prag 1900.
920 Genealogisches Taschenbuch der Ritter- und Adelsgeschlechter, Bde. 1–17,
     Brünn 1870–92.
921 Halada, Jan: Lexikon české šlechty. Erby, fakta, osobnosti, sídla a zajímavosti
     [Lexikon des böhmischen Adels. Wappen, Fakten, Persönlichkeiten, Wohn-
     sitze und Sehenwürdigkeiten], Bd. 1–3, Praha 1992–94.

922 Hosák, Ladislav: Příspěvky k starému rodopisu moravskému [Beiträge zur alten mährischen Geschlechterkunde], in: ČSPS 44 (1936), 56–63, 136–140; 45 (1937), 34–40, 63–69, 125–130, 167–169; 46 (1938), 55–57, 107–111, 154–162.

923 Kalista, Zdeněk: Čechové, kteří tvořili dějiny světa [Tschechen, die Weltgeschichte machten], Praha 1939.

924 Kdo byl kdo v našich dějinách do roku 1918 [Wer war wer in unserer Geschichte bis zum Jahre 1918]. Bearb. v. Pavel Augusta [u. a.], Praha ²1993 [¹1992].

925 Kdo byl kdo v našich dějinách ve 20. století [Wer war wer in unserer Geschichte im 20. Jahrhundert]. Bearb. v. Milan Churaň [u. a.], Praha 1994.

926 Kdo je kdo v České republice 94/95 [Wer ist wer in der Tschechischen Republik 94/95], Praha 1994.

927 Lebensbilder zur Geschichte der böhmischen Länder, Bde. 1–6. Hg. v. Karl Bosl [u. a.], München 1974–89.

928 Lesák, Vladimír [u. a.]: Biografický slovník osobností moderních dějin [Biographisches Wörterbuch der Persönlichkeiten der modernen Geschichte], Bde. 1–2, Hradec Králové 1990–92.

929 Pangerl, Matthias: Die Witigonen. Ihre Herkunft, ihre ersten Sitze und ihre älteste Genealogie, in: AÖG 51 (1873), 501–576.

930 Pernštejnové v českých dějinách [Die Herren von Pernstein in der böhmischen Geschichte]. Hg. v. Petr Vorel, Pardubice 1995.

931 Pilnáček, Josef: Rody starého Slezska [Die Geschlechter des alten Schlesien], Bde. 1–5, Jílové u Prahy 1969–72.

932 Pilnáček, Josef: Staromoravští rodové [Altmährische Geschlechter], Brno ²1972 [¹1930].

933 Pokluda, Zdeněk: Rod Šternberků na Moravě [Das Geschlecht der Sternberger in Mähren], in: Zlínsko od minulosti k současnosti 1988–1991, Zlín 1991, 117–158.

934 Procházka, Roman Freiherr von: Genealogisches Handbuch erloschener böhmischer Herrenstandsfamilien, Bde. 1–2, Neustadt an der Aisch/München 1973–90.

935 Schwarzenberg, Karl Fürst zu: Geschichte des reichsständischen Hauses Schwarzenberg, Neustadt an der Aisch 1963.

936 Topographisch-Statistischer Schematismus des Großgrundbesitzes im Königreiche Böhmen, zugleich Adressbuch sämtlicher bei demselben angestellten Beamten, des Forstpersonals [etc.]. Hg. v. Johannes F. Procházka, Prag ²1891 [¹1880].

937 Tříška, Josef: Životopisný slovník předhusitské pražské univerzity 1348–1409 [Biographisches Wörterbuch der vorhussitischen Prager Universität], Praha 1981.

938 Vaníček, Vratislav: Vítkovci a český stát v letech 1169–1278 [Die Wittigonen und der böhmische Staat in den Jahren 1169–1278], in: ČsČH 29 (1981), 89–110.

939 Vorel, Petr: Páni z Pernštejna (Českomoravský rod v zrcadle staletí) [Die Herren von Pernstein (Ein böhmisch-mährisches Geschlecht im Spiegel der Jahrhunderte)], Pardubice 1993.

940 Waldstein-Wartenberg, Berthold: Die Markwartinger. Geschichte einer böhmischen Familie im Zeitalter der Přemysliden, Gräfelfing bei München 1966 (LV 102, 14).

941 Wegener, Wilhelm: Die Přemysliden. Stammtafel des nationalen böhmischen Herzogshauses ca. 850–1306 mit einer Einführung, Göttingen ²1957 [¹1952].

942 Wegener, Wilhelm: Die Herzöge von Troppau und Leobschütz, Jägerndorf und Ratibor des Stammes der Přemysliden 1278–1521, Göttingen 1959.

943 Žemlička, Josef: K počátkům a rozrodu Hrabišiců [Zu den Anfängen und zur Verzweigung des Hrabische-Geschlechts], in: FHB 13 (1990), 7–41.

Sprachgeschichte, Namenkunde

944 Beschorner, Hans: Handbuch der deutschen Flurnamenliteratur bis Ende 1926, Frankfurt/Main 1928.

945 Bůžek, Václav: Zum tschechisch-deutschen Bilinguismus in den böhmischen und österreichischen Ländern in der frühen Neuzeit, in: ÖOH 35 (1993), 577–592.

946 Davídek, Václav/Doskočil, Karel/Svoboda, Jan: Česká jména osobní a rodová [Die tschechischen Personen- und Familiennamen], Praha 1941.

947 Deutsch-tschechische Beziehungen im Bereich der Sprache und Kultur. Aufsätze und Studien. Hg. v. Bohuslav Havránek u. Rudolf Fischer, Bde. 1–2, Berlin 1965–68.

948 Fischer, Rudolf: Zur Namenkunde des Egerlandes. Die slawischen Ortsnamen des Egerlandes und ihre Ausweitung für die Lautlehre und Siedlungsgeschichte, Reichenberg 1940 (LV 62, 9).

949 Gierach, Erich: Altdeutsche Namen in den Sudetenländern, Reichenberg 1922.

950 Hosák, Ladislav/Šrámek, Rudolf: Místní jména na Moravě a ve Slezsku [Ortsnamen in Mähren und Schlesien], Bde. 1–2, Praha 1970–80.

951 Lutterer, Ivan/Majtán, Milan/Šrámek, Rudolf: Zeměpisná jména Československa. Slovník vybraných zeměpisných jmen s výkladem jejich původu a historického vývoje [Die geographischen Namen der Tschechoslowakei. Wörterbuch ausgewählter geographischer Namen mit Erklärung ihres Ursprungs und ihrer historischen Entwicklung], Praha 1982.

952 Profous, Antonín: Místní jména v Čechách, jejich vznik, původní význam a změny [Ortsnamen in Böhmen, ihre Entstehung, ursprüngliche Bedeutung und ihre Veränderungen], Bde. 1–4, Praha 1949–57; Bd. 5: Dodatky [Ergänzungen]. Bearb. v. Jan Svoboda [u. a.], Praha 1960.

953 Schwarz, Ernst: Sudetendeutsche Familiennamen aus vorhussitischer Zeit, Köln/Graz 1957 (LV 77, 3).

954 Schwarz, Ernst: Die Ortsnamen der Sudetenländer als Geschichtsquelle, München ²1961 [¹1931] (Handbuch der sudetendeutschen Kulturgeschichte, 1).

955 Schwarz, Ernst: Sudetendeutsche Sprachräume, München ²1962 [¹1935] (Handbuch der sudetendeutschen Kulturgeschichte, 2).

956 Schwarz, Ernst: Sudetendeutsche Familiennamen des 15. und 16. Jahrhunderts, München 1973 (Handbuch der sudetendeutschen Kulturgeschichte, 6).

957 Sedláček, August: Snůška starých jmen, jak se nazývaly v Čechách řeky, potoky, hory a lesy [Sammlung alter Fluß-, Bach-, Berg- und Waldnamen in Böhmen], Praha 1920 (LV 86, 1/60).

958 Skála, Emil: Die Entwicklung der Sprachgrenze in Böhmen von 1300 bis etwa 1660, in: AUC Philol. 5 (1968), 7–16.

959 Stolle, Wilfried: Der Vokalismus in den Mundarten der Iglauer Sprachinsel, München 1969 (LV 109, 11).

960 Sudetendeutsches Flurnamenbuch. Hg. v. Erich Gierach u. Ernst Schwarz, Bde. 1–4, Reichenberg 1935–41.

961 Sudetendeutsches Ortsnamenbuch. Hg. v. Erich Gierach u. Ernst Schwarz, Bde. 1–8, Reichenberg 1932–44.

962 Sudetendeutsches Wörterbuch. Wörterbuch der deutschen Mundarten in Böhmen und Mähren-Schlesien. Hg. v. Heinz Engels, Bde. 1–2 [bis B/P], München 1988–96.

963 Svoboda, Jan: Staročeská osobní jména a naše příjmení [Alttschechische Personennamen und unsere Zunamen], Praha 1964.

964 Šmilauer, Vladimír: Osídlení Čech ve světle místních jmen [Die Besiedlung Böhmens im Lichte der Ortsnamen], Praha 1960.

965 Šrámek, Rudolf: Soustava místních jmen na severovýchodní Moravě a ve Slezsku [Das System der Ortsnamen in Nordostmähren und in Schlesien], in: SlS 63 (1965), 368–396.

Volkskunde

966 Chotek, Karel: Lidová kultura a kroje v Československu [Volkskultur und Trachten in der Tschechoslowakei], Praha 1937.

967 Československá vlastivěda [Tschechoslowakische Heimatkunde], Bd. 3: Lidová kultura [Volkskultur], Praha 1968.

968 Etnografie národního obrození [Die Ethnographie der nationalen Wiedergeburt]. Bearb. v. Antonín Robek [u. a.], Bde. 1–2, 4–5, Praha 1975–78.

969 Flajšhans, Václav: Česká přísloví. Sbírka přísloví, průpovědí a pořekadel lidu českého v Čechách, na Moravě a ve Slezsku [Tschechische Sprichwörter. Sammlung von Sprichwörtern und Sinnsprüchen des tschechischen Volkes in Böhmen, Mähren und Schlesien], Bde. 1–2, Praha 1911–13.

970 Frolec, Václav [u. a.]: Vánoce v české kultuře [Weihnachten in der tschechischen Kultur], Praha ²1989 [¹1988].

971 Frolec, Václav [u. a.]: Lidová architektura. Encyklopedie [Volksarchitektur. Eine Enzyklopädie], Praha 1983.

972 Hasalová, Věra/Vajdiš, Jaroslav: Die Volkskunst in der Tschechoslowakei, Praha 1974.

973 Karasek, Alfred/Lanz, Josef: Krippenkunst in Böhmen und Mähren vom Frühbarock bis zur Gegenwart, Marburg 1974.

974 Korkisch, Gustav: Schönhengster Volkskunde, München 1982 (Handbuch der sudetendeutschen Kulturgeschichte, 7).

975 Langhammerová, Jiřina: České lidové kroje [Böhmische Volkstrachten], Praha 1994.

976 Lidová kultura [Volkskultur]. Hg. v. Andrej Melicherčík, Praha 1968.

977 Märchen und Sagen der Deutschen aus Böhmen und Mähren, Bde. 1–2. Hg. v. Ulrich Benzel, Regensburg 1980.

978 Mencl, Václav: Lidová architektura v Československu [Volksarchitektur in der Tschechoslowakei], Praha 1980.

Aus dem Verlagsprogramm

erlin und Brandenburg
Mit Neumark und Grenzmark Posen-Westpreußen
Herausgegeben von Gerd Heinrich
3. Auflage 1995. CVI, 612 Seiten, 11 Karten, 15 Stadtpläne, 4
Stammtafeln
ISBN 3 520 31103 8 Kröners Taschenausgabe 311

Provinz Sachsen-Anhalt
Herausgegeben von Berent Schwineköper
2. Aufl. 1987. XCIV, 644 Seiten, 6 Karten, 11 Stadtpläne, 9 Tafeln
ISBN 3 520 31402 9 Kröners Taschenausgabe 314

Mecklenburg/Pommern
Herausgegeben von Helge Bei der Wieden und Roderich Schmidt
1996. LII, 385 Seiten, 5 Karten, 7 Stadtpläne, 3 Stammtafeln
ISBN 3 520 31501 7 Kröners Taschenausgabe 315

Ost- und Westpreußen
Herausgegeben von Erich Weise
1966. LXIX, 284 Seiten, 7 Karten, 12 Stadtpläne
ISBN 3 520 31701 X Kröners Taschenausgabe 317

Schlesien
Herausgegeben von Hugo Weczerka
1977. XCIII, 699 Seiten, 12 Karten, 15 Stadtpläne, 7 Stammtafeln
ISBN 3 520 31601 3 Kröners Taschenausgabe 316

Schweiz und Liechtenstein
Herausgegeben von Volker Reinhardt
1996. CXI, 798 Seiten, 2 Karten, 15 Stadtpläne
ISBN 3 520 28001 9 Kröners Taschenausgabe 280

Dänemark
Herausgegeben von Olaf Klose
1982. XLIV, 257 Seiten, 6 Karten, 4 Stadtpläne, 5 Stammtafeln
ISBN 3 520 32701 5 Kröners Taschenausgabe 327

Österreich, Band I: Donauländer und Burgenland
Herausgegeben von Karl Lechner
1985. 933 Seiten, 4 Karten, 15 Stadtpläne
ISBN 3 520 27801 4 Kröners Taschenausgabe 278

Volker Reinhardt (Hg.)
Die großen Familien Italiens

Dieser Band ist den etwa 80 Familien gewidmet, die die vielfältige kulturelle und historische Entwicklung Italiens geprägt
haben. Die alphabetisch angeordneten Einzeldarstellungen
möchten mit erzählerischer Anschaulichkeit nicht nur Wissenschaftler und Studenten, sondern ganz besonders auch inter-
essierte Laien und Reisende ansprechen.

1992. XXV, 629 Seiten. Leinen
ISBN 3 520 48501 X   Kröners Taschenausgabe 485

Gerhard Taddey (Hg.)
Lexikon der deutschen Geschichte
Ereignisse – Institutionen – Personen
Von den Anfängen bis zur Kapitulation 1945

Das unübertroffen informative und zugleich handliche
Standardwerk zur deutschen Geschichte wurde durchgängig
überprüft und auf den neuesten Stand gebracht. Die mehr als
6000 Artikel erfassen auch selten dokumentierte Personen,
Ereignisse und Institutionen, über die in keinem anderen
derzeit lieferbaren Nachschlagewerk etwas zu erfahren ist.

3. Auflage 1998. Ca. 1400 Seiten. Leinen
ISBN 3 520 81303 3

979 Nahodil, Otakar/Robek, Antonín: České lidové kronikářství [Das tschechi-
     sche Volkschronistentum], Praha 1960.
980 Sagen aus dem Böhmerwald, besonders aus Bergreichenstein und Umgebung,
     Bde. 1–2. Hg. v. Hans Kollibabe, Grafenau 1989.
981 Scheufler, Vladimír: Lidové hrnčířství v českých zemích [Volkstümliche Töp-
     ferei in den böhmischen Ländern], Praha 1972.
982 Scheybal, Josef V./Scheybalová, Jana: Umění lidových tesařů, kameníků a so-
     chařů v severních Čechách [Die Kunst der volkstümlichen Zimmerleute,
     Steinmetze und Bildhauer in Nordböhmen], Liberec 1985.
983 Schubert, Karl: Das Alt-Egerer Krippentheater. Ein Beitrag zur Geschichte des
     Krippenspiels, München 1986 (LV 103, 46).
984 Sedláček, August: Historické pověsti lidu českého [Historische Sagen des
     tschechischen Volkes], Praha ⁴1972 [¹1894].
985 Staňková, Jitka/Baran, Ludvík: Lidové umění z Čech, Moravy a Slezska
     [Volkskunst in Böhmen, Mähren und Schlesien], Praha 1987.
986 Vaclík, Vladimír: Lidové betlémy v Čechách a na Moravě [Volkskrippenspiele
     in Böhmen und Mähren], Praha 1987.
987 Zíbrt, Čeněk/Winter, Zikmund: Dějiny kroje v zemích českých od dob nej-
     starších až po války husitské [Geschichte der Tracht in den böhmischen Län-
     dern von den ältesten Zeiten bis zu den Hussitenkriegen], Bde. 1–2, Praha
     1892–93.

ORTSNAMENKONKORDANZ

tschechisch – deutsch

Abertamy = Abertham
Adamov = Adamsthal
Adršpach = Adersbach
Ahníkov = Hagensdorf
Albrechtice = Albersdorf
Albrechtice u Sušice =
 Albrechtsried
Andělská Hora = Engelhaus
Aš = Asch

Batelov = Battelau
Bavorov = Barau
Bechyně = Bechin
Bečov nad Teplou = Petschau
Bečváry = Bečwar
Bělá nad Radbuzou =
 Weißensulz
Bělá pod Bezdězem = Weißwas-
 ser
Benátky = Benatek
Benátky nad Jizerou → Benátky
Benešov = Beneschau
Benešov nad Ploučnicí = Bensen
Bernartice → Bernartice u Javor-
 níka
Bernartice u Javorníka = Barz-
 dorf
Beroun = Beraun
Bezděz = Bösig
Bezdružice = Weseritz
Bezno = Bezno

Bílina = Bilin
Bílovec = Wagstadt
Biskupice = Biskupitz
Bítov = Vöttau
Blaník = Blanik
Blatná = Blatna
Blovice = Blowitz
Bludov = Blauda
Bochov = Buchau
Bohosudov = Mariaschein
Bohumín = Oderberg
Bohutice = Bochtitz
Bor = Haid
Bor u České Lípy = Haida
Borovany = Forbes
Boršov = Payreschau
Boršov nad Vltavou → Boršov
Boskovice = Boskowitz
Bouzov = Busau
Boží Dar = Gottesgab
Brandýs nad Labem = Brandeis
 an der Elbe
Branná → Kolštejn
Břeclav = Lundenburg
Březnice = Březnitz
Březno = Březno
Břežany → Fryšava
Brníčko = Brünnles
Brno = Brünn
Brodek = Prödlitz
Brodek u Prostějova → Brodek

Broumov = Braunau
Brozany = Brozan
Brtnice = Pirnitz
Brůdek = Fürthel
Bruntál = Freudenthal
Brunzejf = Braunseifen
Brušperk = Braunsberg
Buchlov = Buchlau
Buchlovice = Buchlowitz
Bučovice = Butschowitz
Budeč = Budeč
Budenice = Budenitz
Budišov = Budischau
Budišov nad Budišovkou =
 Bautsch
Budyně nad Ohří = Budin an
 der Eger
Buštěhrad = Buštěhrad
Bystré = Bistrau
Bystřice nad Pernštejnem =
 Bystřitz
Bystřice pod Hostýnem =
 Bystřitz am Hostein
Bzenec = Bisenz

Čachrov = Čachrau
Čáslav = Časlau
Častolovice = Častolowitz
Čejkovice = Czeikowitz
Čelákovice = Čelakowitz
Černá Hora = Černahora
Červená Lhota = Rothlhota
Červená Řečice = Rothřečitz
Červené Poříčí = Rothporit-
 schen
Červený Hrádek = Rothenhaus
Česká Kamenice = Böhmisch
 Kamnitz
Česká Lípa = Böhmisch Leipa
Česká Třebová = Böhmisch
 Trübau
České Budějovice = Böhmisch
 Budweis

Český Brod = Böhmisch Brod
Český Dub = Böhmisch Aicha
Český Krumlov = Böhmisch
 Krumau
Český Rudolec = Böhmisch
 Rudoletz
Český Šternberk = Böhmisch
 Sternberg
Český Těšín = Teschen
Čestín = Čestin
Chabařovice = Karbitz
Cheb = Eger
Chelčice = Chelčitz
Chlum Sv. Maří = Maria Kulm
Chlumec = Kulm
Chlumec nad Cidlinou =
 Chlumetz an der Cidlina
Choceň = Chotzen
Chodová Planá = Kuttenplan
Chomutov = Komotau
Chotěboř = Chotěboř
Chotěšov = Chotěschau
Choustník = Chausnik
Chrastava = Kratzau
Chřenovice = Křenowitz
Chřibská = Kreibitz
Chropyně = Chropin
Chrudim = Chrudim
Chudenice = Chudenitz
Chvalšiny = Kalsching
Chýnov = Chejnow
Čimelice = Čimelitz
Čistá → Město Litrbachy
Cínovec → Cinvald
Cinvald = Zinnwald
Cítoliby = Zittolib
Cukmantl = Zuckmantel

Dačice = Datschitz
Dalečín = Dalečin
Dalešice = Dalleschitz
Davle = Dawle
Děčín = Tetschen

Dívčí Hrad = Maidelburg
Divišov = Diwischau
Dobříš = Dobřiš
Dobroslavice = Dobroslawitz
Dobrovice = Dobrowitz
Dobruška = Dobruška
Doksany = Doxan
Doksy = Hirschberg
Dolany = Dolein
Dolní Dvořiště = Unterhaid
Dolní Kounice = Kanitz
Dolní Lukavice = Unterluka-
   witz
Dolní Věstonice = Unter-
   Wisternitz
Domažlice = Taus
Doubravník = Doubrawnik
Doudleby = Teindles
Doudleby nad Orlicí = Daudleb
Doupov = Duppau
Dražice = Draschitz
Dřevohostice = Dřewohostitz
Drnholec = Dürnholz
Drobovice = Drobowitz
Dubá = Dauba
Duchcov = Dux
Dvůr Králové nad Labem =
   Königinhof an der Elbe
Dymokury = Dimokur

Encovany = Enzowan

Falknov nad Ohří = Falkenau an
   der Eger
Františkovy Lázně = Franzens-
   bad
Frenštát pod Radhoštěm =
   Frankstadt am Radhošt
Frýdberk = Friedeberg
Frýdek-Místek = Friedek-Mi-
   stek
Frýdlant = Friedland
Frýdlant nad Ostravicí = Fried-
   land

Fryšava = Frischau
Frývaldov = Freiwaldau

Golčův Jeníkov = Goltsch-
   jenikau
Grabštejn = Grafenstein

Hasištejn = Hassenstein
Havířov = Havířov
Havlíčkův Brod → Německý
   Brod
Házmburk = Hasenburg
Hejnice = Haindorf
Helfenburk = Helfenburg
Heřmanův Městec = Heřman-
   městetz
Hluboká nad Vltavou = Frauen-
   berg
Hlučín = Hultschin
Hodonín = Göding
Holasovice = Kreuzendorf
Holešov = Holleschau
Hora Svaté Kateřiny = Kathari-
   naberg
Hora Svatého Šebestiána =
   Sebastiansberg
Horažďovice = Horažďowitz
Hořepník = Hořepnik
Hořice = Hořitz
Hořice na Šumavě = Höritz im
   Böhmerwalde
Horní Benešov = Benisch
Horní Blatná = Bergstadt Platten
Horní Dunajovice = Oberdan-
   nowitz
Horní Kounice = Oberkaunitz
Horní Libchava = Ober-Liebich
Horní Litvínov = Ober-Leu-
   tensdorf
Horní Planá = Ober-Plan
Horní Slavkov = Schlaggenwald
Hořovice = Hořowitz
Horšovský Týn = Bischofteinitz

Hory Matky Boží = Bergstadtl
Hostinné = Arnau
Hostýn = Hostein
Hrabyně = Hrabin
Hradec Králové = Königgrätz
Hradec nad Moravicí = Grätz
Hrádek = Hradek
Hrádek nad Nisou = Grottau
Hranice = Mährisch Weißkirchen
Hranice → Roßbach
Hrochův Týnec = Hrochowteinitz
Hronov = Hronow
Hrotovice = Hrottowitz
Hroznětín = Lichtenstadt
Hrubá Skála = Großskal
Hrubý Rohozec = Großrohosetz
Hrušovany nad Jevišovkou = Grusbach
Hukvaldy = Hochwald
Hulín = Hullein
Humpolec = Humpoletz
Husinec = Husinetz
Hustopeče = Auspitz
Hustopeče nad Bečvou = Hustopetsch an der Bečwa

Ivančice = Eibenschitz
Ivanovice na Hané = Eiwanowitz in der Hanna

Jabkenice → Jablkynice
Jablkynice = Jabkenitz
Jablonec nad Nisou = Gablonz an der Neiße
Jablonné v Podještědí → Německé Jablonné
Jablunkov = Jablunkau
Jáchymov = Sankt Joachimsthal
Jankov = Jankau
Janovice = Janowitz

Janovice nad Úhlavou = Janowitz an der Angel
Jaroměř = Jaroměř
Jaroměřice = Jaroměřitz
Jaroměřice nad Rokytnou = Jaromeritz
Jaroslavice = Joslowitz
Javorník = Jauernig
Jemnice = Jamnitz
Jemniště = Jemnischt
Jesenice = Jechnitz
Jeseník → Frývaldov
Jevíčko = Gewitsch
Jevišovice = Jaispitz
Jezeří = Eisenberg
Jičín = Jičin
Jičíněves = Jičinowes
Jihlava = Iglau
Jilemnice = Starkenbach
Jílové = Eule
Jílové u Prahy → Jílové
Jimramov = Ingrowitz
Jindřichov = Hennersdorf
Jindřichovice = Heinrichsgrün
Jindřichův Hradec = Neuhaus
Jistebnice = Jistebnitz
Jistebník = Stiebnig
Josefov = Josefstadt

Kačina = Kačina
Kadaň = Kaaden
Kájov = Gojau
Kamenice nad Lípou = Kamenitz an der Linde
Kamenický Šenov = Steinschönau
Kaplice = Kaplitz
Kardašova Řečice = Kardaschřečitz
Karlova Studánka = Bad Karlsbrunn
Karlovy Vary = Karlsbad
Karlštejn = Karlstein

Karviná → Karvinná
Karvinná = Karwin
Kašperské Hory = Bergreichen-
stein
Kateřinky = Katharein
Kdyně = Neugedein
Kestřany → Staré Kestřany
Kladruby = Kladrau
Klášterec nad Ohří = Klösterle
an der Eger
Klášterec nad Orlicí = Klösterle
Klatovy = Klattau
Klenčí pod Čerchovem
→ Kleneč pod Čerchovem
Kleneč pod Čerchovem =
Klentsch
Klimkovice = Königsberg
Klobouky = Klobouk
Knovíz = Knobiz
Kočí = Koči
Kojetín = Kojetein
Kokořín = Kokořin
Kolín = Kolin
Kolštejn = Goldenstein
Kondrac = Kondratz
Konice = Konitz
Konojedy = Konoged
Konopiště = Konopischt
Kopidlno = Kopidlno
Kopřivnice = Nesselsdorf
Koryčany = Koritschan
Kosmonosy = Kosmanos
Kosova Hora = Amschelberg
Kostelec nad Černými Lesy =
Schwarzkosteletz
Kostelec nad Labem = Elbe-
kosteletz
Kostelec nad Orlicí = Adler-
kosteletz
Kostomlaty pod Milešovkou =
Kostenblatt
Košumberk = Koschumberg
Kouřim = Kauřim

Krakovec = Rothschloß
Kralice = Kralitz
Králíky = Grulich
Kralovice = Kralowitz
Kralupy nad Vltavou = Kralup
an der Moldau
Kraslice = Graslitz
Krásné Březno = Schönpriesen
Krásno → Schönfeld
Krásný Dvůr = Schönhof
Kravaře = Krawarn
Křinec = Křinetz
Křivoklát = Pürglitz
Křižanov = Křižanau
Krnov = Jägerndorf
Kroměříž = Kremsier
Křtiny = Kiritein
Kryštofovo Údolí → Údol Sva-
tého Kryštofa
Krupka = Graupen
Kuklov → Kuklvejt
Kuklvejt = Kugelweid
Kuks = Kukus
Kumburk = Kumburg
Kunětice = Kunětitz
Kunětická Hora = Kunětitzer
Berg
Kunín → Kunvald
Kunštát = Kunstadt
Kunvald = Kunwald
Kunžak = Königseck
Kuřim = Gurein
Kuřivody = Hühnerwasser
Kutná Hora = Kuttenberg
Kyjov = Gaya
Kynšperk nad Ohří = Königs-
berg an der Eger
Kyšperk = Geiersberg

Landštejn = Landstein
Lanškroun = Landskron
Lanšperk = Landsberg
Lány = Lana

Lanžhot = Landshut
Lázně Bělohrad = Bad Bělohrad
Lázně Kynžvart = Bad Königs-
wart
Lázně Libverda = Bad Liebwer-
da
Lednice = Eisgrub
Lemberk = Lämberg
Letohrad → Kyšperk
Letovice = Lettowitz
Levín = Lewin
Levý Hradec = Levý Hradec
Libá → Libštejn
Libčany = Libčan
Liběchov = Liboch
Liběice = Libějitz
Libějovice → Libějice
Liberec = Reichenberg
Liběšice = Liebeschitz
Libice nad Cidlinou = Libitz an
der Cidlina
Liblice = Lieblitz
Libočany = Libotschan
Libochovice = Libochowitz
Libštejn = Liebenstein
Lichnice = Lichtenburg
Líčkov = Litschkau
Lidice = Liditz
Lipník nad Bečvou = Leipnik
Litoměřice = Leitmeritz
Litomyšl = Leitomischl
Litovel = Littau
Litvínov → Horní Litvínov
Lnáře = Schlüsselburg
Lobkovice = Lobkowitz
Loket = Elbogen
Lomnice nad Popelkou =
Lomnitz an der Popelka
Loučeň = Lautschin
Loučná nad Desnou
→ Vízmberk
Louňovice pod Blaníkem =
Lauňowitz

Louny = Laun
Lovosice = Lobositz
Luby → Schönbach
Luhačovice = Luhatschowitz
Luka nad Jihlavou = Wiese
Lvová → Lemberk
Lysá nad Labem = Lissa an der
Elbe
Lysice = Lissitz

Malá Skála = Kleinskal
Malešov = Maleschau
Manětín = Manetin
Mariánské Lázně = Marienbad
Mašťov = Maschau
Měděnec = Kupferberg
Medlov = Meedl
Melč = Meltsch
Mělník = Melnik
Měřín = Wollein
Město Libavá = Stadt Liebau
Město Litrbachy = Lauterbach
Stadt
Mikulčice = Mikultschitz
Mikulov = Nikolsburg
Milešov = Mileschau
Milevsko = Mühlhausen
Miličín = Miltschin
Milotice = Millotitz
Mimoň = Niemes
Miroslav = Mißlitz
Mírov = Mürau
Mirovice = Mirowitz
Mladá Boleslav = Jung-Bunzlau
Mladá Vožice = Jungwoschitz
Mnichovo Hradiště = Mün-
chengrätz
Mníšek = Mnischek
Mníšek pod Brdy → Mníšek
Modřice = Mödritz
Mohelnice = Müglitz
Moravice = Morawitz
Moravská Ostrava = Mährisch
Ostrau

Moravská Třebová = Mährisch
Trübau
Moravské Budějovice =
Mährisch Budwitz
Moravský Beroun = Bärn
Moravský Krumlov = Mährisch
Kromau
Most = Brüx
Mšec = Kornhaus
Mušov = Muschau
Myslibořice = Mislibořitz

Náchod = Nachod
Nalžovy = Ellischau
Náměšť na Hané = Namiescht
Náměšť nad Oslavou = Namiest
an der Oslawa
Napajedla = Napajedl
Nebílovy = Nebillau
Nečtiny = Netschetin
Nejdek = Neudek
Nelahozeves = Mühlhausen
Německé Jablonné = Deutsch
Gabel
Německý Brod = Deutschbrod
Netolice = Netolitz
Nová Bystřice = Neubistritz
Nová Říše = Neureisch
Nové Hrady = Gratzen
Nové Město nad Metují = Neu-
stadt an der Mettau
Nové Město na Moravě = Neu-
stadtl in Mähren
Nové Město pod Smrkem =
Neustadt an der Tafelfichte
Nový Bohumín = (Neu-)Oder-
berg
Nový Bor → Bor u České Lípy
Nový Bydžov = Neubydžow
Nový Hrad = Neuschloß
Nový Jičín = Neu-Titschein
Nový Knín = Neuknin
Nový Rychnov = Neureiche-
nau

Nový Studenec = Neustudenetz
Nymburk = Nimburg
Nýrsko = Neuern

Odry = Odrau
Oldřišov = Odersch
Olomouc = Olmütz
Oloví = Bleistadt
Opálka = Opalka
Opařany = Wopořan
Opava = Troppau
Orlík = Worlik
Orlová = Orlau
Osečany = Wosečan
Osek = Ossek
Oslavany = Oslawan
Osoblaha = Hotzenplotz
Ostrava → Moravská Ostrava
Ostředek = Wostředek
Ostroměř = Wostroměř
Ostroh → Seeberg
Ostrov = Schlackenwerth
Osvětimany = Oswětiman

Pacov = Patzau
Panenský Týnec = Jungferntei-
nitz
Pardubice = Pardubitz
Pelhřimov = Pilgram
Pernštejn = Pernstein
Peruc = Perutz
Petrohrad = Petersburg
Písek = Pisek
Pivoň = Stockau
Planá = Plan
Plánice = Planitz
Plasy = Plaß
Ploskovice = Ploschkowitz
Plumlov = Plumenau
Plzeň = Pilsen
Poběžovice = Ronsperg
Počátky = Počatek
Podbořany = Podersam

Poděbrady = Poděbrad
Podhradí → Neuberg
Podivín = Kostel
Pohled = Frauenthal
Pohořelice = Pohrlitz
Police nad Metují = Politz
Police = Pullitz
Polná = Polna
Pořešín = Poreschin
Poříčí nad Sázavou = Pořič
Postoloprty = Postelberg
Potštát = Bodenstadt
Potštejn = Pottenstein
Prachatice = Prachatitz
Praha = Prag
Přelouč = Přelauč
Přerov nad Labem = Přerow an
  der Elbe
Přerov = Prerau
Přeštice = Přestitz
Příbor = Freiberg
Příbram = Přibram
Přibyslav = Přibyslau
Přibyslavice = Přibislawitz
Přimda = Pfraumberg
Přítluky = Prittlach
Prostějov = Proßnitz
Prostiboř = Prostibor
Protivín = Protiwin
Pustiměř = Pustoměř

Rabí = Raby
Rabštejn nad Střelou = Raben-
  stein an der Schnella
Račice = Ratschitz
Radnice = Radnitz
Radošov = Rodisfort
Raduň = Radun
Rájec = Raitz
Rajhrad = Raigern
Rakovník = Rakonitz
Rataje nad Sázavou = Rattay
Ratibořice = Ratibořitz

Říčany = Řičan
Římov = Řimau
Ročov = Rotschow
Rokycany = Rokytzan
Rokytnice nad Jizerou = Roch-
  litz an der Iser
Rokytnice = Roketnitz
Ronov nad Doubravou =
  Ronow an der Doubrawa
Rosice = Rossitz
Roudnice nad Labem =
  Raudnitz
Rožmberk = Rosenberg
Rožmberk nad Vltavou
  → Rožmberk
Rožmitál pod Třemšínem =
  Rožmital
Rožnov pod Radhoštěm =
  Rožnau am Radhost
Ruda nad Moravou = Eisenberg
  an der March
Rumburk = Rumburg
Rychmburk = Richenburg
Rychnov nad Kněžnou = Rei-
  chenau an der Kněžna
Rychvald = Reichwaldau
Rýmařov = Römerstadt
Rýžoviště → Brunzejf

Sadská = Sadska
Šatov = Schattau
Sázava = Sazau
Sedlčany = Selčan
Sedlec = Sedletz
Sedlec-Prčice = Sedletz-Prčitz
Sedlnice = Sedlnitz
Semily = Semil
Šenov = Schönhof
Šilperk = Schildberg
Šilheřovice = Schillersdorf
Skalná → Vildštejn
Skuteč = Skutsch
Slaný = Schlan

Slatiňany = Slatinan
Slavkov u Brna = Austerlitz
Slavonice = Zlabings
Slezské Rudoltice = Roßwald
Sloup = Bürgstein
Šluknov = Schluckenau
Smečno = Smečno
Smiřice = Smiřitz
Smržovka = Morchenstern
Soběslav = Soběslau
Sobotín = Zöptau
Sokolov → Falknov nad Ohří
Sovinec = Eulenberg
Spytihněv = Spitinau
Stadice = Staditz
Šťáhlavy = Sťahlau
Stará Boleslav = Altbunzlau
Stará Voda = Altwasser
Staré Hobzí = Alt-Hart
Staré Hrady = Altenburg
Staré Kestřany = Altkestržan
Staré Město = Mährisch Altstadt
Stárkov = Starkstadt
Starý Habendorf = Alt-Haben-
    dorf
Starý Rybník = Altenteich
Šternberk = Sternberg
Štíty → Šilperk
Štítina = Stettin
Stod = Staab
Stonařov = Stannern
Strachotín = Tracht
Strakonice = Strakonitz
Štramberk = Stramberg
Stráž = Neustadtl
Stráž nad Nežárkou = Platz
Stráž nad Nisou → Starý Haben-
    dorf
Stráž pod Ralskem = Warten-
    berg
Strážnice = Straßnitz
Střekov = Schreckenstein
Střela = Strahl

Stříbro = Mies
Střílky = Střilek
Studénka = Stauding
Stvolínky = Drum
Suchdol = Zauchtel
Suchdol = Sukdol
Suchdol nad Odrou → Suchdol
Šumburk = Schönburg
Šumná → Šumburk
Šumperk = Mährisch Schönberg
Sušice = Schüttenhofen
Švábenice = Schwabenitz
Svatý Jan pod Skalou = Sankt
    Johann unter dem Felsen
Švihov = Schwihau
Svitavy = Zwittau
Svojanov = Swojanow
Svojšín = Schweißing
Sychrov = Sichrow

Tábor = Tabor
Tachov = Tachau
Talmberk = Thalenberg
Tanvald = Tannwald
Telč = Teltsch
Teplá = Tepl
Teplice = Teplitz
Terezín = Theresienstadt
Těšín → Český Těšín
Tismice = Tismitz
Tišnov = Tischnowitz
Točník = Točnik
Tolštejn = Tollenstein
Toužim = Theusing
Tovačov = Tobitschau
Třebechovice pod Orebem =
    Hohenbruck
Třebenice = Trebnitz
Třebíč = Trebitsch
Třebívlice = Třiblitz
Třeboň = Wittingau
Třešť = Triesch
Trhové Sviny = Schweinitz

Trhový Štěpánov = Trhowy
  Štěpanow
Trmice = Türmitz
Trutnov = Trautenau
Turnov = Turnau
Týn nad Vltavou = Moldauthein
Týnec nad Sázavou = Tejnitz an
  der Sazawa
Týřov = Týřov

Údlice = Eidlitz
Údol Svatého Kryštofa =
  Christofsgrund
Uherčice = Ungarschitz
Uherské Hradiště = Ungarisch
  Hradisch
Uherský Brod = Ungarisch Brod
Uherský Ostroh = Ungarisch
  Ostra
Uhlířské Janovice = Kohljano-
  witz
Únětice = Aunětitz
Uničov = Mährisch Neustadt
Úsov = Mährisch Aussee
Úštěk = Auscha
Ústí nad Labem = Aussig
Ústí nad Orlicí =
  Wildenschwert
Úterý = Neumarkt
Úvalno = Lobenstein

Valašské Klobouky =
  Wallachisch Klobouk
Valašské Meziříčí = Wallachisch
  Meseritsch
Valdštejn = Waldstein
Valeč = Waltsch
Valtice = Feldsberg
Vamberk = Wamberg
Varnsdorf = Warnsdorf
Vejprty = Weipert
Velehrad = Welehrad
Velešín = Welleschin

Velhartice = Welhartitz
Veliš = Welisch
Veliz = Welis
Velká Bíteš = Großbittesch
Velké Heraltice = Großherrlitz
Velké Hoštice = Groß Hoschütz
Velké Losiny = Groß-Ullersdorf
Velké Meziříčí = Großmese-
  ritsch
Velké Pavlovice = Großpawlo-
  witz
Veltrusy = Weltrus
Velvary = Welwarn
Verneřice = Wernstadt
Veselí nad Lužnicí = Weseli an
  der Lužnitz
Veselí nad Moravou = Wessely
  an der March
Veverská Bítýška = Eichhorn
  Bittischka
Vidnava = Weidenau
Vildštejn = Wildstein
Vimperk = Winterberg
Vinec = Winetz
Vítkov = Wigstadtl
Vízmberk = Wiesenberg
Vizovice = Wisowitz
Vlachovo Březí = Wällisch-
  birken
Vlašim = Wlašim
Vlastějovice = Hammerstadt
Vodňany = Wodňan
Volary = Wallern
Volyně = Wolin
Votice = Wotitz
Vranov = Frain
Vranov nad Dyjí → Vranov
Vraný = Wrana
Vratislavice nad Nisou =
  Maffersdorf
Vrbčany = Wrbschan
Vrbno = Würbenthal
Vrbno pod Pradědem → Vrbno

Vrchlabí = Hohenelbe
Vrchotovy Janovice = Janowitz
Vroutek = Rudig
Všeruby = Wscherau
Vsetín = Wsetin
Vyškov = Wischau
Vysoké Mýto = Hohenmauth
Vysoký Chlumec = Hoch-
chlumetz
Vyšší Brod = Hohenfurth

Zábřeh = Hohenstadt
Zabrušany = Sobrusan
Žacléř = Schatzlar
Zahrádky = Neugarten
Zákupy = Reichstadt
Žamberk = Senftenberg
Zámrsk = Zamrsk
Žatec = Saaz
Zbiroh = Zbirow
Zbraslav = Königsaal
Ždánice = Steinitz
Žd'ár nad Sázavou = Saar
Zdislavice = Zdislawitz
Zdounky = Zdounek

Žebrák = Žebrak
Žehušice = Sehuschitz
Zelená Hora = Grünberg
Želetava = Schelletau
Železná Ruda = Eisenstein
Železný Brod = Eisenbrod
Želiv = Seelau
Žerotice = Žerotitz
Židlochovice = Großseelowitz
Žinkovy = Žinkau
Žirovnice = Serowitz
Žitenice = Schüttenitz
Životice = Seitendorf
Zlatá Koruna = Goldenkron
Zlaté Hory → Cukmantl
Žleby = Žleb
Zlín = Zlin
Zlonice = Zlonitz
Žlutice = Luditz
Znojmo = Znaim
Žulová → Frýdberk
Žumberk = Sonnberg
Zvíkov = Klingenberg
Zvířetice = Zweretitz

REGISTER DER ORTE OHNE EIGENEN STICHWORTARTIKEL

PERSONENREGISTER

Fischer, Johann Caspar Ferdinand (um 1670–1746), Kapellmeister, Komponist 549

Fischer v. Erlach, Johann Bernhard (1656–1723), Architekt, 1696 geadelt 77, 131, 141f., 499, 694

Fischer v. Röslerstamm, Josef Emanuel (1787–1866), Naturwiss., Unternehmer 533

Fňouk, Josef, Architekt 20. Jh. 273

Födisch, Rudolf, Gärtner um 1800 555

Fontana, Baldassare (um 1658–1738), Bildhauer, Baumeister 299

Forbes [z Borovan], Wok [Vok] v. (1261–1300) 142

Fortini, Josef, Baumeister 18. Jh. 246

Fortius, Johannes (1517–90), Humanist 260

Francklin, George, engl. Unternehmer 18. Jh. 533

Franke, Hermann (1857–1920), Fabrikant 152, 521

Frankengrün, Egerer Patrizierfam. 662

Franz I. Stephan v. Lothringen (1708–65), Ks. [1745–65] 461

Franz II. (I.) (1768–1835), als Ks. F. II. [1792–1806], als Ks. v. Österr. F. I. [seit 1804], Kg. v. Böhmen [1792–1835] 19, 63, 119, 144, 236, 384, 429, 511, 516, 606, 665, 675

Franz Ferdinand d'Este (1863–1914), Ehzg., Thronfolger 188, 287f.

Franz Joseph I. (1830–1916), Ks. v. Österr. [seit 1848] 4, 37, 299, 429, 458, 503, 517, 656

Franz Stephan v. Lothringen → Franz I.

Fredegar, fränk. Chronist 7. Jh. 244

Freienfels, Johann Christoph v. († nach 1720), Baumeister 76

Freisleben [Freysleben], Johann Adalbert, Adeliger 17. Jh. 94

Freitag v. Čepyroch, Sebastian Gf. († 1585), Abt v. Klosterbruck [1572–85] 693

Fremut v. Schönhof [F. z Krásného Dvora], Adelsgeschlecht 555
– Wilhelm [Vilém], böhm. Adeliger 13. Jh. 555

Freud, Sigmund (1856–1939), Psychologe 147

Frída, Emil → Vrchlický, Jaroslav

Friedberg [z Friedberka], Ogerius [Ojíř] v. († 1253), böhm. Adeliger 34

Friedrich, Bf. v. Prag [1169–79] 725

Friedrich [Bedřich] (um 1141–89), Hzg. v. Böhmen [1172–73, 1178–89] 142, 241, 402

Friedrich I. Barbarossa (1122–90), röm.-dt. Kg. [seit 1152], Ks. [seit 1155] 120f.

Friedrich II. (1194–1250), röm.-dt. Kg. [seit 1212], Ks. [seit 1220] 121, 134

Friedrich II. der Große (1712–86), Kg. v. Preußen [1740–86] 72, 148, 223, 281, 694

Friedrich III. (1831–88), als preuß. Kronprinz F. Wilhelm, später Ks., Kg. v. Preußen 273

Friedrich V., Kfst. v. der Pfalz (1596–1632), Kg. v. Böhmen [1619–20] (»Winterkg.«) 139, 277, 279, 387, 409, 469, 559

Friedrich Karl (1818–85), Prinz v. Preußen, Generalfeldmarschall 273

Friedrich Kasimir, Hzg. v. Teschen [1542–71] 255

Friedrich Maria Albrecht (1856–1936), Ehzg. v. Österr., Hzg. v. Teschen, österr.-ungar. Oberbefehlshaber [1914–16], Industrieller 609

Friedrich [Bedřich] v. Komotau [z Chomutova] († nach 1252), böhm. Adeliger 282

Friedrich Wilhelm v. Preußen → Friedrich III.

Friedrich Wilhelm (1820–75), Kfst. v. Hessen [1847–66] 202

Friedrich Wilhelm III. (1770–1840), Kg. v. Preußen [seit 1797] 63, 119, 432, 606, 675

Friedrich Wilhelm IV. (1795–1861), Kg. v. Preußen [seit 1840] 384

Friess, Moritz Gf. (1804–87), schweiz.-mähr. Adeliger 93

Frind, Anton Ludwig (1823–81), Bf. v. Leitmeritz [1879–81] 733

Frintropp [z Frintroppu], Vincenz Lamotte v., Adeliger 17. Jh. 572

Fritsch, Bohumír (1705–50), Bildhauer 199, 590

Fugger, Augsburger Kaufmanns- und Bankiersfam. 148, 540, 607

Fügner, Jindřich (1822–65), Mitbegr. des »Sokol« [1862] 282

Fühmann, Franz (1922–84), Schriftsteller 519

Führich, Joseph (1800–76), Maler 22, 295

Füllstein [z Fulštejna], schles. Adelsgeschlecht 173, 177, 204, 639

Füllstein und Wagstadt [z Fulštejna a Bílovce], schles. Adelsgeschlecht 643

Fünfkircher v. Fünfkirchen, Hans Bernard († 1626) 241

Říha, Martin Josef (1839–1907), Bf. v.
Budweis [1885–1907] 735

Rilke, Rainer Maria (1875–1926), Dichter
177, 228, 246, 468, 487, 618, 633

Řitka [z Řitky], Jakob [Jakub] v., böhm.
Adeliger 15. Jh. 106

Ritz, Franz Joseph (1697–1767), Baumeister 260

Robert, Bf. v. Olmütz [1202–40] 424,
434, 652, 730

Robetsch [z Robče], Haško v., böhm.
Adeliger 15. Jh. 559

Robmhap v. Suchá [Robmháp ze Suché],
böhm. Adelsgeschlecht
– Ernst [Arnošt] († 1627) 523
– Christoph [Kryštof] (1539–92) 288

Roda-Roda, Alexander → Rosenfeld,
Sándor Friedrich Ladislaus

Rödern → Redern

Roggendorf [z Roggendorfu], österr.
Adelsgeschlecht 247
– Anna v. († 1562), 2. Gemahlin Jodoks III. v. Rosenberg 54
– Georg [Jiří] v., 17. Jh. 508

Roháč v. Dubá [R. z Dubé], Johann [Jan]
(† 1437), huss. Hauptmann 572

Rohan, Fstt., frz.-böhm. Adelsgeschlecht
44, 342, 572

Roketnitz [z Rokytnice], Hermann [Heřman], mähr. Adeliger 14. Jh. 521

Rokycana, Jan (vor 1397–1471), huss. Prediger, Theologe, utraqu. Administrator
[1431–37, 1441–71] 270, 310, 522,
560, 728f.

Rokytník [z Rokytníku], Hermann [Heřman] v., böhm. Adeliger 16. Jh. 673

Rokyzan v. Okorz [Rokycanský z Okoře],
böhm. Adelsgeschlecht 88

Rolínek, Stanislav († 1931), Bildhauer
306

Römisch, Franz Zacharias v., Fabrikant 19.
Jh. 264

Ronow [z Ronova], böhm. Adelsgeschlecht, auch → Křinecký v. R.
– Čeněk v. († nach 1289) 497
– Christoph [Kryštof] v. († vor 1437)
241
– Hanusch [Hanuš] v. († vor 1432) 95
– Hynek v. († 1329) 497
– Hynek v., 15. Jh. 332
– Johann [Jan] v. → Křinecký v. R.
– Materna v. († vor 1437) 241
– Smil v. → Lichtenburg, S. Světlický v.
– Wilhelm [Vilém] v. († vor 1437) 95

Ronsperg [z Ronšperka] → Dobrohost
v. R.

Rosenauer, Josef (1735–1804) 246

Rosenberg [z Rožmberka], böhm. Adelsgeschlecht 23, 53, 54, 94, 112, 142,
165, 171, 195f., 235, 302, 375, 382,
392, 398, 440f., 469, 483, 502, 506,
517, 561, 565, 569, 575f., 594, 640,
646, 655, 657, 663, 666, 669, 672, 679
– Anna v. → Roggendorf, A. v.
– Heinrich [Jindřich] I. v. († 1310), Prager Burggf. 53
– Heinrich [Jindřich] III. v. († 1412), Prager Burggf. [1396–97, 1400–04] 302,
402, 575
– Heinrich [Jindřich] IV. v. († 1457),
Hauptmann in Schlesien [1454–57] 47
– Jodok (Jobst) [Jošt] v. († 1467), Prior
des Malteserordens in Böhmen, Bf. v.
Breslau [1456–67] 697
– Johann [Jan] II. v. († 1472), Hauptmann in Schlesien [seit 1457], böhm.
Oberstkämmerer [seit 1469] 576
– Johannes [Jan] III. v. (1484–1532),
Prior des Malteserordens in Böhmen
[seit 1517] 195
– Peter [Petr] I. v. († 1347), böhm.
Oberstkämmerer [nach 1310] 53, 196,
376, 524, 569, 619
– Peter [Petr] IV. v. (1462–1523), böhm.
Landeshauptmann [1490, 1497–99,
1500] 245, 640
– Peter Wok [Petr Vok] v. (1539–1611),
Ständepolitiker 25, 54, 576f., 666f.
– Polyxena → Popel v. Lobkowitz, P.
– Ulrich [Oldřich] I. v. († 1390) 375, 576
– Ulrich [Oldřich] II. v. (1403–62),
böhm. Landeshauptmann [1439] 54,
165, 235, 245, 247, 266, 379, 418, 466,
569, 575, 657
– Wilhelm [Vilém] v. (1535–92), böhm.
Oberstkämmerer [1560–70], -burggf.
[1570–92] 54, 142, 335, 392, 512, 666
– Wok [Vok] I. v. (1220–62), böhm.
Oberstmarschall [1255–62] 195, 440,
524
– Wok [Vok] II. v. (1459–1505), Hauptmann in Böhmen [vor 1490] 245, 576,
666

Rosenfeld, Sándor Friedrich Ladislaus
(Alexander Roda-Roda) (1872–1945),
Schriftsteller 353

Roskopf, Wendel (1480–1549), Baumeister, Bildhauer 594

Rossitz [z Rosic] → Hecht v. R.

Roth, Joseph (1894–1939), Journalist,
Schriftsteller 363

Rothenburg, Friedrich v. (um 1144–67),
Hzg. v. Schwaben [seit 1152] 120

GEBIETSKARTEN

I

DEUTSCHLAND

Katharinaberg
Eisenberg
Sebastiansberg
Weipert
Rothenhaus
Hassenstein
Komotau
Kupferberg
Eidlitz
Gottesgab
Hagensdorf
Bergstadt Platten
Klösterle an der Eger
Kaaden
Abertham
Sankt Joachimsthal
Schönburg
Graslitz
Neudek
Schlackenwerth
Roßbach
Lichtenstadt
Neuberg
Schönbach
Heinrichsgrün
Eger
Rodisfort
Maschau
Asch
Bleistadt
Falkenau
Karlsbad
Duppau
Schönhof
an der Eger
Elbogen
Engelhaus
Podersam
Wildstein
Altenteich
Maria Kulm
Waltsch
Rudig
Seeberg
Franzensbad
Schlaggenwald
Buchau
Petersburg
Liebenstein
Königsberg
Schönfeld
Eger
an der Eger
Petschau
Luditz
Jechnitz
Lauterbach Stadt
Theusing
Rabenstein
an der Schnella
Bad Königswart
Manetin
Kralowitz
Marienbad
Tepl
Netschetin
Kuttenplan
Neumarkt
Plaß
Plan
Weseritz
Tachau
Wscherau
Schweißing
Mies
Mies
Pilsen
Haid
Kladrau
Pfraumberg
Neustadtl
Chotěschau
Nebillau
Prostibor
Staab
Weißensulz
Unterlukawitz
Radbusa
Přestitz
Ronsperg
Bischofteinitz
Rothporitschen
Stockau
Chudenitz
Schwihau
Žinkau
Klentsch
Taus
Angel
Neugedein
Klattau
Planitz
Fürthel
Janowitz
an der Angel
Neuern
Opalka
Bergstadtl
Čachrau
Welhartitz

DEUTSCHLAND

Eisenstein

0   40 km

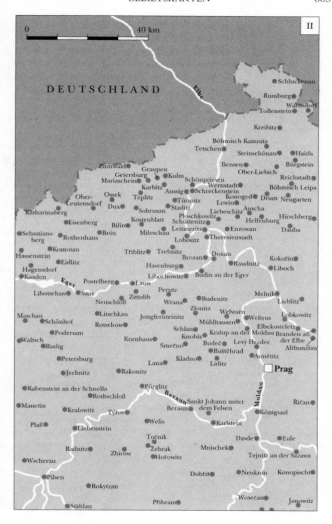

II

0   40 km

DEUTSCHLAND

Elbe

Schluckenau
Rumburg
Warnsdorf
Tollenstein
Kreibitz
Böhmisch Kamnitz
Tetschen
Steinschönau
Haida
Bensen
Burgstein
Zinnwald
Ober-Liebich
Reichstadt
Graupen
Kulm
Schönpriesen
Geiersburg
Wernstadt
Böhmisch Leipa
Mariaschein
Karbitz
Aussig
Schreckenstein
Konoged
Drum
Neugarten
Ober-
Ossek
Teplitz
Türmitz
Lewin
Leutensdorf
Dux
Sobrusan
Staditz
Liebeschitz
Auscha
Katharinaberg
Ploschkowitz
Helfenburg
Hirschberg
Eisenberg
Bilin
Kostenblatt
Schüttenitz
Dauba
Sebastians-
Rothenhaus
Brüx
Mileschau
Leitmeritz
Enzowan
berg
Lobositz
Theresienstadt
Komotau
Triblitz
Trebnitz
Doxan
Hassenstein
Brozan
Kokořin
Eidlitz
Hasenburg
Raudnitz
Liboch
Hagensdorf
Libochowitz
Kaaden
Eger
Postelberg
Laun
Budin an der Eger
Libotschan
Saaz
Zittolib
Perutz
Melnik
Neuschloß
Wrana
Budenitz
Lieblitz
Maschau
Litschkau
Jungfernteinitz
Zlonitz
Welwarn
Weltrus
Lobkowitz
Schönhof
Rotschow
Mühlhausen
Elbekosteletz
Podersam
Schlan
Kralup an der Moldau
Brandeis an
Waltsch
Kornhaus
Knobiz
Levý Hradec
der Elbe
Rudig
Smečno
Budeč
Altbunzlau
Petersburg
Kladno
Buštěhrad
Aunětitz
Lana
Liditz
Jechnitz
Rakonitz
Prag
Rabenstein an der Schnella
Pürglitz
Moldau
Rothschloß
Beraun
Sankt Johann unter
Řičan
Manetin
Kralowitz
Beraun
dem Felsen
Týřov
Königsaal
Plaß
Welis
Karlstein
Liebenstein
Točnik
Dawle
Eule
Radnitz
Žebrak
Mnischek
Zbirow
Tejnitz an der Sázawa
Wscherau
Hořowitz
Pilsen
Dobriš
Neuknin
Konopischt
Rokytzan
Wosečan
Janowitz
Přibram
Stahlau

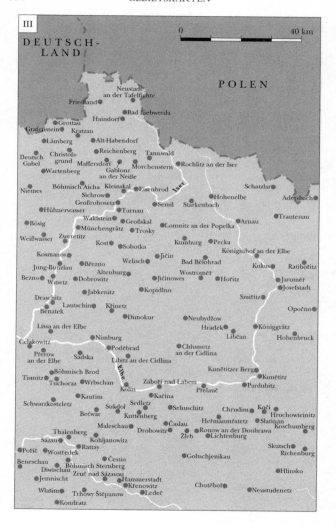

III

0   40 km

DEUTSCH-
LAND

POLEN

Neustadt
an der Tafelfichte
Friedland
Bad Fliebwerda
Haindorf
Grottau
Grafenstein   Kratzau
Lämberg   Alt-Habendorf
Deutsch   Christofs-   Reichenberg   Tannwald
Gabel   grund   Maffersdorf   Morchenstern   Rochlitz an der Iser
Wartenberg   Gablonz
an der Neiße
Niemes   Böhmisch Aicha   Kleinskal   Eisenbrod
Sichrow   Schatzlar
Großrohosetz   Semil   Starkenbach   Adersbach
Hühnerwasser   Turnau   Hohenelbe
Waldstein   Großskal   Trautenau
Bösig   Münchengrätz   Trosky   Lomnitz an der Popelka   Arnau
Weißwasser   Zweretitz
Kost   Sobotka   Kumburg   Pecka
Kosmanos   Welisch   Jičin   Königinhof an der Elbe
Jung-Bunzlau   Březno   Altenburg   Bad Bělohrad   Kukus   Ratibořitz
Bezno   Winetz   Dobrowitz   Jičinowes   Wostroměř   Hořitz   Jaroměř
Draschitz   Jabkenitz   Kopidlno   Smiřitz   Josefstadt
Lautschin   Křinetz   Opočno
Benatek   Dimokur   Neubydžow
Lissa an der Elbe   Hradek   Königgrätz
Čelakowitz   Nimburg   Libčan   Hohenbruck
Přerow   Sadska   Poděbrad   Chlumetz
an der Elbe   Libitz an der Cidlina   an der Cidlina
Böhmisch Brod   Kunětitzer Berg   Kunětitz
Tismitz   Tuchoraz   Wrbschan   Záboři nad Labem   Pardubitz
Kolin   Kačina   Prelauč
Kautim   Sedletz
Schwarzkosteletz   Sukdol   Sehuschitz   Chrudim   Koči   Hrochowteinitz
Bečwar   Kuttenberg   Hermanměstetz   Slatinan   Koschumberg
Thalenberg   Maleschau   Drobowitz   Časlau   Ronow an der Doubrawa
Sazau   Kohljanowitz   Žleb   Lichtenburg   Skutsch
Polič   Wostředek   Rattay   Richenburg
Beneschau   Čestin
Diwischau   Böhmisch Sternberg   Goltschjenikau   Hlinsko
Jemnischt   Zruč nad Sázavou   Hammerstadt
Wlašim   Křenowitz   Chotěboř   Neustudenetz
Trhowy Stěpanow   Ledeč
Kondratz

Iser

Elbe

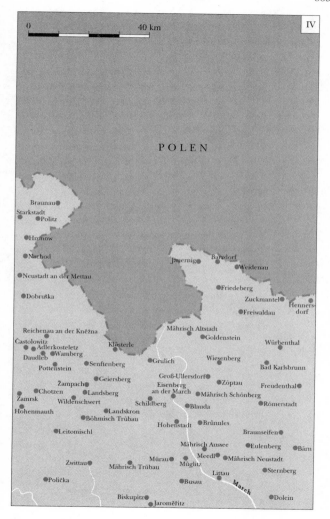

IV

0   40 km

POLEN

Braunau
Starkstadt
Politz

Hronow

Nachod

Jauernig   Barzdorf
Weidenau

Neustadt an der Mettau

Friedeberg

Dobruška   Zuckmantel   Henners-
                                                              dorf
                                         Freiwaldau

Reichenau an der Kněžna   Mährisch Altstadt
Častolowitz   Goldenstein
   Adlerkosteletz   Würbenthal
Daudleb   Wamberg   Klösterle   Wiesenberg
Pottenstein   Bad Karlsbrunn
          Senftenberg   Grulich
              Geiersberg   Groß-Ullersdorf
Žampach   Eisenberg   Zöptau   Freudenthal
Zamrsk Chotzen Landsberg an der March Mährisch Schönberg
Hohenmauth Wildenschwert Schildberg Blauda   Römerstadt
              Landskron
         Böhmisch Trübau   Hohenstadt Brünnles
   Leitomischl   Braunseifen

                              Mährisch Aussee   Eulenberg   Bärn
                                   Meedl Mährisch Neustadt
Zwittau   Mûrau   Müglitz
        Mährisch Trübau   Littau   Sternberg
Polička   Busau
                                        March

        Biskupitz   Dolein
              Jaroměřitz

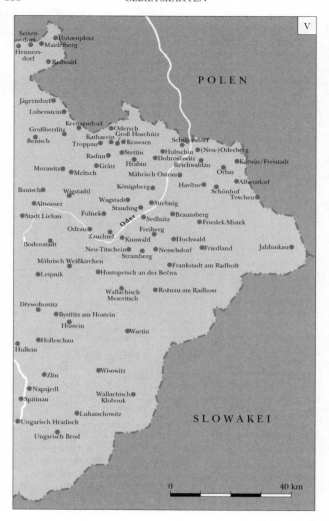

V

Seitendorf
Hotzenplotz
Maidelberg
Hennersdorf
Roßwald

POLEN

Jägerndorf
Lobenstein
Kreuzendorf
Großherrlitz
Odersch
Katharein
Groß Hoschütz
Benisch
Troppau
Krawarn
Schillersdorf
Radun
Stettin
Hultschin
(Neu-)Oderberg
Hrabin
Dobroslawitz
Karwin/Freistadt
Morawitz
Grätz
Reichwaldau
Meltsch
Mährisch Ostrau
Orlau
Königsberg
Havířov
Albersdorf
Bautsch
Wigstadtl
Schönhof
Altwasser
Wagstadt
Suebnig
Teschen
Stadt Liebau
Fulnek
Stauding
Braunsberg
Odrau
Sedlnitz
Friedek-Mistek
Zauchtel
Freiberg
Bodenstadt
Kunwald
Hochwald
Neu-Titschein
Nesselsdorf
Friedland
Jablunkau
Mährisch Weißkirchen
Stramberg
Leipnik
Hustopetsch an der Bečwa
Frankstadt am Radhošt
Wallachisch
Rožnau am Radhost
Drewohostitz
Meseritsch
Bystřitz am Hostein
Hostein
Wsetin
Holleschau
Hullein
Zlin
Wisowitz
Napajedl
Wallachisch
Spitinau
Klobouk
Luhatschowitz
Ungarisch Hradisch
SLOWAKEI
Ungarisch Brod

Oder

0   40 km

Radnitz
Zbirow
Žebrák
Mnischek
Wscherau
Beraun
Hořowitz
Tejnitz an der Sazawa
Pilsen
Dobris
Neuknin
Konopischt
Rokytzan
Wosečan
Janowitz
Stahlau
Pribram
Selčan
Amschelberg
Nebillau
Hochchlumetz
Wotitz
Unterlukawitz
Prestitz
Blowitz
Rožmital
Sedletz-Prčitz
Miltschin
Březnitz
Žinkau
Mirowitz
Worlik
Jistebnitz
Rothporitschen
Nepomuk
Čimelitz
Mühlhausen
Schlüsselburg
Blatna
Tabor
Klingenberg
Wopořan
Libějitz
Klattau
Planitz
Moldau
Ellischau
Horažďowitz
Pisek
Bechin
Čachrau
Raby
Altkestřan
Bergstadtl
Strahl
Strakonitz
Welhartitz
Schüttenhofen
Moldauthein
Albrechtsried
Protiwin
Wolin
Bergreichenstein
Wodňan
Wottawa
Barau
Chelčitz
Winterberg
Husinetz
Wällischbirken
Netolitz
Frauenberg
Prachatitz
Böhmisch Budweis
Kugelweid
Forbes
Wallern
Payreschau
Teindles
Kalsching
Goldenkron
Rimau
Schweinitz
Gojau
Welleschin
Ober-Plan
Böhmisch Krumau
Poreschin
Hořitz im Böhmerwalde
Kaplitz
DEUTSCHLAND
Rosenberg
Unterhaid
Hohenfurth
ÖSTERREICH

0   40 km

VI

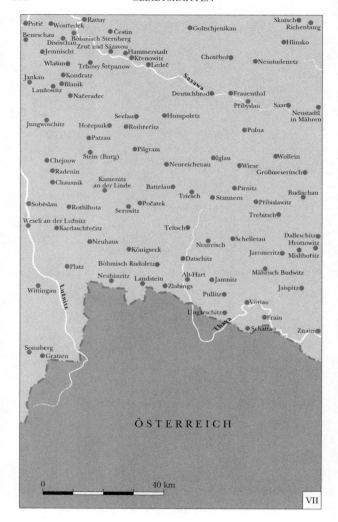

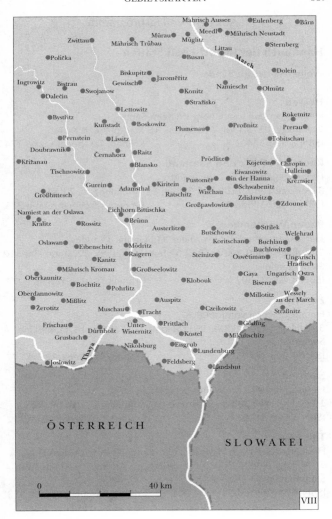

ÖSTERREICH

SLOWAKEI

0   40 km

VIII